# L'UNIVERS.

## HISTOIRE ET DESCRIPTION

### DE TOUS LES PEUPLES.

## ARABIE.

PARIS.—TYPOGRAPHIE DE FIRMIN DIDOT FRERES,
RUE JACOB, N° 56.

# ARABIE,

PAR

## M. NOEL DESVERGERS,

VICE-PRÉSIDENT DE LA SOCIÉTÉ DE GÉOGRAPHIE,

AVEC UNE CARTE DE L'ARABIE
ET NOTE SUR CETTE CARTE,

PAR M. JOMARD,

MEMBRE DE L'INSTITUT
(ACADÉMIE DES INSCRIPTIONS ET BELLES-LETTRES).

PARIS,

FIRMIN DIDOT FRÈRES, ÉDITEURS,

IMPRIMEURS DE L'INSTITUT DE FRANCE,
RUE JACOB, 56.

M DCCC XLVII.

# L'UNIVERS,

OU

# HISTOIRE ET DESCRIPTION

DE TOUS LES PEUPLES,

DE LEURS RELIGIONS, MŒURS, COUTUMES, ETC.

## ARABIE.

### PAR M. NOEL DES VERGERS,

MEMBRE DU CONSEIL DE LA SOCIÉTÉ ASIATIQUE.

## INTRODUCTION.

Il est impossible de ne pas reconnaître dans l'histoire des nations l'influence qu'a exercée sur leurs mœurs et leurs habitudes, la nature du sol qui leur échut en partage. Dominée, à l'enfance de la civilisation, par l'impérieux besoin de pourvoir à sa subsistance, chacune d'elles cherchait avec empressement les ressources que pouvait lui offrir la contrée qu'elle habitait. Chasseurs ou bergers, les montagnards conduisaient leurs troupeaux dans les vallées ou poursuivaient leur proie sur les pics aigus. Agriculteurs, les habitants de la plaine demandaient à la terre les richesses que bien rarement elle refuse à leurs travaux. Mais les Arabes, dans leur péninsule, ont eu pour patrie de vastes déserts dont les montagnes sont sans pâturages, les plaines sans fertilité.

Placée entre l'Asie, à laquelle elle appartient par le nom, et l'Afrique, dont elle offre les principaux caractères, l'Arabie, terre de transition entre ces deux continents, offre une étendue de plus de 150,000 lieues carrées sans un seul grand système de rivières. A cette configuration exceptionnelle, l'Arabe doit sa vie nomade et aventureuse. De là ce besoin d'échange et de commerce ; de là aussi cet esprit de conquête, qui, dès les temps les plus anciens, le lièrent aux deux continents que sépare sa vaste péninsule. A l'ouest, il étendit sa domination jusqu'à l'Océan ; à l'est, jusqu'aux murs de la Chine. Partout il porta sa langue, sa religion, ses mœurs ; partout il conduisit les intelligents compagnons dont il ne se séparait jamais, le cheval et le chameau ; partout il chercha à introduire le riz et les dattes, seuls aliments nécessaires à la sobriété de ses goûts. Né sur une terre ingrate, sous un ciel brûlant, il se plaisait dans la demeure étrangère à laquelle il apportait ses produits. C'est ainsi qu'il occupa tour à tour les bords du Nil et du Niger, les vallées de l'Atlas, les rives de la Guadiana, et les vastes plateaux qui, de Schiraz à Samarcande, de l'Indus à l'Oxus, lui offraient quelques rapports de patrie facilement surpassés par une nature plus riche et plus fraîche.

Mais avant l'époque où la puissance

des Arabes nivela sous le glaive tant de nations diverses, ils avaient dû déjà à la configuration de leur territoire l'importance et l'étendue de leurs rapports commerciaux. L'Arabie fut, dans les temps historiques les plus anciens, le siége principal du commerce continental que faisaient les Phéniciens. C'était à travers les sables brûlants de la presqu'île qu'ils avaient établi des communications avec l'Inde et l'Éthiopie. Liés à eux par l'affinité des langues, qui appartiennent toutes deux à la même famille, les Arabes devinrent agents des relations que Tyr avait organisées avec les peuples de l'ancien monde. L'habitude d'une vie nomade, leur bravoure constante, leur sobriété, étaient autant de qualités précieuses à l'aide desquelles ils franchissaient les obstacles du désert. Formés en caravanes, ils parcouraient d'immenses distances, et reliaient les côtes de l'Inde à celles de la Méditerranée. Les riches productions qu'ils apportaient sans cesse de leurs courses aventureuses excitèrent plus d'une fois la cupidité des conquérants. On croyait à Rome que la partie de la presqu'île désignée par les anciens sous le nom d'Arabie Heureuse produisait seule ces précieuses denrées, ces parfums, ces épices, ces légers tissus, que les Arabes allaient chercher sur les côtes de la Taprobane ou dans les mers de la Chine. Plus d'une fois le peuple-roi voulut étendre sa domination dans le Yémen. Ces empereurs qui avaient vu toutes les nations du monde connu se soumettre à leur puissance, Auguste, Trajan, Marc-Aurèle, Sévère, tentèrent une conquête qu'ils ne purent accomplir. Endurcis à toutes les fatigues de la guerre, toujours en selle, impétueux dans l'attaque, guidés par une témérité qui provenait de l'habitude du danger, défendus par les remparts de sable qui les isolent, les Arabes surent échapper au joug.

La première étude de cette race antique, qui seule s'est chargée de nous transmettre, à travers les siècles, un souvenir vivant des scènes de la Bible, et seule aussi s'est conservée pure au milieu du mélange des nations, doit donc être l'examen rapide de la contrée qu'elle habite.

### Anciennes divisions de l'Arabie.

La péninsule arabe, entourée au sud, à l'est et à l'ouest par l'océan Indien, le golfe Persique, la mer Rouge, ne pouvait pas offrir au nord des limites aussi tranchées. Les géographes de la Grèce et de Rome varièrent dans les frontières qu'ils lui avaient tracées au milieu des sables du désert. Xénophon, portant les confins de la presqu'île au delà de l'Euphrate, y comprenait encore la plus grande partie de la Mésopotamie. Ptolémée la bornait aux rives du fleuve, jusqu'à la ville de Thapsaque, près de la moderne Racca, ce qui était, avec peu de différence, l'opinion adoptée par Diodore et Strabon. Ce fut encore Ptolémée qui établit le premier la division de l'Arabie en trois régions principales : l'Arabie Pétrée, l'Arabie Déserte, l'Arabie Heureuse. Cette nomenclature, qui nous est restée familière, a été de tout temps, comme nous le verrons plus tard, inconnue aux Arabes.

L'Arabie Pétrée, qui nous représente à peu près ce qu'est aujourd'hui la presqu'île du mont Sinaï, occupait toute cette contrée montagneuse qui s'étend entre la Palestine et la mer Rouge. C'était l'Idumée, tombée en partage à Édom ou Ésaü; c'était la terre des Amalécites, des Madianites, des Nabathéens, de toutes ces tribus descendues aussi d'Abraham, et qui disputèrent si longtemps au peuple élu l'entrée de la terre promise. Peu de contrées offrent au voyageur préoccupé du souvenir des traditions bibliques, un intérêt plus constant et plus vif. C'est au milieu de ces solitudes, d'une effroyable stérilité, que s'accomplirent, après la sortie d'Égypte, les destinées du peuple d'Israël. Le désert de l'Égarement, le rocher qui se fendit sous la verge de Moïse, les puits amers de Marah, sont encore là, comme au jour où les Juifs désespéraient d'échapper à la mort qui les pressait de toutes parts au milieu de ces vallées

ARABIE. ARABIEN.

sablonneuses et de ces montagnes encore plus arides. Le Sinaï, sur le sommet duquel Dieu donna sa loi aux hommes ; Horeb, son buisson ardent, ses cavernes, où le prophète Élie se dérobait aux fureurs de Jézabel, conservent à ces régions désolées le respect des nations. Non loin de cette terre des miracles, Pétra, l'ancienne capitale des Nabathéens, cache dans les profondeurs de ses rochers les temples, les arcs de triomphe, les théâtres, les tombeaux, témoins irrécusables de sa grandeur passée. « Les Nabathéens et les Sabéens, dit Strabon, sont les premiers qui habitent l'Arabie au-dessus de la Syrie, où ils faisaient souvent des courses avant qu'elle appartînt aux Romains. La métropole des Nabathéens se nomme Pétra ; elle doit ce nom à sa position sur un terrain uni, formant un plateau, mais défendu tout autour par une chaîne de rochers garnis au dehors d'escarpements et de précipices, et renfermant dans leur enceinte des sources abondantes qui fournissent l'eau nécessaire à la consommation et à l'arrosement. Hors de cette enceinte, la majeure partie du pays est déserte, principalement du côté de la Judée. De cette ville, on compte par le plus court chemin trois ou quatre journées de marche jusqu'à Jéricho, et cinq jusqu'au Phœnicon. Athénodore, philosophe et notre ami, qui avait voyagé chez les Pétréens, nous a raconté qu'il avait été fort surpris de trouver beaucoup de Romains émigrés dans ce pays (*). » C'est là que, dès les temps les plus reculés, les tribus nomades du Yémen apportaient l'encens, la myrrhe et les aromates, précieux produits de leur heureuse contrée ; c'est là qu'ils recevaient en échange les moelleuses étoffes des Phéniciens ; car Pétra était, plusieurs siècles avant notre ère, le riche entrepôt du commerce de l'Arabie méridionale. Bien qu'elle n'eût pas encore été embellie des somptueux édifices qu'y élevèrent plus tard les Romains, c'était déjà une puissante capitale ; et nous savons par Diodore, que Démétrius Poliorcète reçut l'ordre de son père Antigone de surprendre dans cette vaste cité les marchands arabes dont les trésors excitaient sa cupidité.

L'Arabie Déserte s'étendait depuis le Yémen jusqu'à l'Euphrate, et était séparée de l'Arabie Pétrée par les montagnes qui bordent la vallée du Ghor au levant. Ses limites d'ailleurs sont incertaines, et probablement elle renfermait les plateaux de l'Arabie centrale, si peu connus encore de nos jours. C'est là, si nous plaçons dans cette division, ainsi que l'a fait d'Anville, le littoral du golfe Persique, c'est là que l'ancienne Gerrha offrait un centre commun au génie commercial des tribus nomades qui parcouraient ces tristes contrées. Les Gerrhéens, d'après Agatharchide (*), étaient l'un des peuples les plus riches de la terre, et cependant ils habitaient un pays stérile ; mais leur position était devenue la source de leurs richesses. Strabon, qui a pris ces détails dans les relations des compagnons d'Alexandre, dit « qu'après être entré dans la mer Érythrée, et avoir remonté la côte pendant l'espace de 2,400 stades, on arrive à Gerrha, colonie de Chaldéens émigrés de Babylone ; que la ville étant entourée de nombreuses salines, les maisons sont construites avec des blocs de sel que l'on doit souvent arroser, pour éviter qu'ils ne soient fendus par l'ardeur du soleil ; et qu'enfin les habitants de cette cité s'occupent à transporter par terre les denrées et les épices de l'Arabie (**). » Aristobule dit aussi qu'ils allaient souvent à Babylone, et même jusqu'à Thapsaque, d'où leurs marchandises pénétraient dans toute l'Asie occidentale. Heeren, d'après la comparaison des anciens géographes, pense que le golfe de Gerrha et la ville du même nom devaient être placés là où se trouvent maintenant le golfe et la ville d'El Katif, sur la côte occidentale du golfe Persique, entre le 26°

---

(*) Voy. Strabon, liv. XVI, par. 5.

(*) Agatharchides, de Rubro mari, in Geogr. min., Hudson, I, p. 60.

(**) Strabon, p. 1110.

et le 27° degré de latitude nord. Les îles de Tylos et d'Arados devraient alors s'identifier avec les îles Bahreïn, où la pêche des perles, encore abondante de nos jours, devait être dès lors une source de richesses. « Il est probable, dit aussi le savant allemand, que l'île de Dedan des Hébreux ne peut être qu'une des îles Bahreïn ou celle de Cathema, située un peu plus au nord (*). » Ainsi s'expliquerait la prospérité de cette contrée, prospérité constatée par les historiens sacrés ou profanes qui ont parlé de ces régions. Le golfe Persique doit avoir été, dans ces temps reculés, la route commerciale ouverte aux Arabes pour se rendre dans les mers de l'Inde. Si les anciens, à l'enfance de la navigation, ont tenté de longs voyages, il faut supposer que du moins ils ne s'éloignaient jamais des côtes, où ils cherchaient un abri contre la tempête. Dès lors, les habitants de l'Arabie orientale se trouvaient placés dans la situation la plus favorable pour aller prendre aux Indes les produits précieux qu'ils échangeaient contre les marchandises phéniciennes. Nous lisons dans Ézéchiel : « Les enfants de Dedan exploitaient ton commerce, et se dirigeaient vers de grands pays qui leur donnaient en échange la corne, l'ivoire, l'ébène (**). » C'est au retour de ces expéditions aventureuses que se réunissaient sur les côtes de l'Arabie voisines de Gerrha ces caravanes de Dedan dont parle Isaïe, qui se rendaient à Babylone ou dans les villes maritimes de la Phénicie, en traversant de vastes déserts. La civilisation ne pouvait occuper, en effet, dans ces immenses solitudes, que les oasis créées par la nature sur ce sol ingrat et stérile. L'Arabie Déserte ne mentait pas à son nom. Quelques cantons fertiles y viennent rarement rompre la monotonie de grands espaces privés d'eau, où croissent seulement plusieurs espèces d'arbustes épineux. Puis au nord et au sud se déroulent ces mers de sable dont les vagues agitées par le vent s'élèvent en tourbillons pour engloutir le voyageur. On peut dire de ces tristes lieux, avec Jérémie : « Terre inhabitée et inaccessible, terre sèche et aride, image de la mort, terre où jamais l'homme n'a passé, où il ne demeurera jamais. »

C'est pour l'Arabie Heureuse que l'imagination des Grecs, si facile à exalter, a gardé ses plus riches couleurs. C'est là que, donnant une forme à leurs rêves dorés, ils ont enchéri sur leurs descriptions les plus pompeuses pour peindre cette patrie de l'encens, où les champs étaient couverts d'une verdure éternelle et l'atmosphère chargée de parfums. Strabon, s'appuyant sur le témoignage d'Artémidore, parle avec exaltation des richesses de l'Arabie méridionale. Mariaba, capitale des Sabéens, était, selon lui, une merveilleuse cité ; les murs des maisons, les portes, les toits, étaient ornés d'ivoire, d'or, d'argent, incrustés de pierres précieuses ; des lits, des trépieds, des cratères richement ciselés, ornaient ces somptueuses demeures. Diodore de Sicile, Agatharchide, tiennent à peu près le même langage ; et cependant il ne faut pas conclure de cette exagération manifeste, que les Grecs ne connaissaient pas la contrée qu'ils voulaient décrire. Séduits par les productions qu'ils croyaient toutes appartenir à l'Arabie, ayant un besoin constant, pour le culte de leurs dieux, des précieux parfums qu'ils recevaient des Arabes, ils croyaient ne pouvoir employer de trop brillantes couleurs pour dépeindre ces régions favorisées des immortels. Ératosthène est moins pompeux, et nous retrouvons dans sa nomenclature, évidemment fondée sur de bonnes observations, quelques noms arabes du Yémen. « Les dernières contrées de l'Arabie vers le midi, dit-il, sont arrosées par des pluies d'été, et l'on y sème deux fois par an comme dans l'Inde. Outre que ces pays produisent beaucoup de fruits, on y fait une grande quantité de miel ; les bestiaux y sont abondants, et l'on y trouve des oiseaux de toute espèce. Quatre

---

(*) De la politique et du commerce des peuples de l'antiquité, t. II, p. 270.

(**) Ézech., XXVII, 15.

MONT-SINAÏ. BERG-SINAÏ.

Couvent de Ste Catherine. St Katharinen Kloster.

grandes nations habitent ces contrées, situées à l'extrémité de l'Arabie : les Minæens vers la mer Érythrée ; leur principale ville est Carna (Carn) ; les Sabæens, qui viennent immédiatement après, et dont la métropole est Mariaba (Mareb) ; en troisième lieu, les Cattabanes, qui s'étendent jusqu'à l'endroit le plus resserré où l'on passe le golfe ; le lieu de résidence de leur roi s'appelle Tamna ; enfin les Chatramotites (habitants du Hadramaut), les plus reculés vers l'Orient. Tous ces peuples sont gouvernés par un seul roi. Leur pays est très-fertile, orné et embelli de temples et de palais royaux ; les maisons, par la manière dont la charpente est assemblée, ressemblent à celles de l'Égypte. Les quatre provinces réunies occupent un pays plus grand que le Delta d'Égypte. On arrive chez ces peuples, c'est-à-dire, d'Ælana dans le pays des Minæens, en 70 jours ; or, Ælana est située au fond de l'autre extrémité du golfe Arabique. Les Gabæens (peut-être les Sabæens) se rendent dans la Chatramotitis en 40 jours (*). »

Dès le siècle d'Hérodote, les différentes espèces d'aromates qu'on tirait de l'Arabie ont été décrites avec soin par le père de l'histoire. « L'Arabie, dit-il, qui, du côté du midi, est l'extrémité de la terre habitable, comme l'Inde l'est du côté de l'Orient, est remarquable par ses productions. C'est dans l'Arabie seule que naissent l'encens, la myrrhe, la casie, le cinnamomum et le ladanum. Mais toutes ces denrées précieuses, si vous en exceptez la myrrhe, coûtent aux Arabes beaucoup de peine à recueillir. Par exemple, ils ne peuvent récolter l'encens qu'en faisant brûler du styrax, sorte de résine que les Phéniciens apportent en Grèce. Les arbres qui donnent l'encens sont défendus par une espèce de serpents d'une très-petite dimension, et qui ont une sorte d'ailes. Chaque arbre est habité par un très-grand nombre de ces reptiles, semblables d'ailleurs à ceux qui viennent

(*) Strabon, liv. xvi, p. 768.

désoler l'Égypte, et l'on ne peut les écarter de leur retraite que par la fumée du styrax.

« Quant à la casie, pour en faire la récolte, ils se couvrent le corps et la figure de cuirs de bœufs ou d'autres peaux, à l'exception des yeux, et se mettent en marche ainsi équipés. La plante croît dans des marais peu profonds ; autour de ces marais, et même dans leurs eaux, vit une espèce d'animaux ailés, assez semblables aux chauves-souris, et qui font entendre d'horribles sifflements. Ces animaux sont très-forts ; mais les Arabes, impénétrables à leurs coups, n'ont plus qu'à les écarter de leurs yeux, et parviennent ainsi à faire la récolte de la casie.

« Le cinnamomum (la cannelle) se recueille d'une manière encore plus merveilleuse. On ne sait ni dans quel pays cette plante naît, ni dans quelle sorte de terre elle croît. Tout ce que l'on dit, et qui paraît assez vraisemblable, c'est qu'elle est originaire des lieux où Bacchus a été nourri. Ce sont de grands oiseaux qui enlèvent l'aromate en bâtons, auquel, d'après les Phéniciens, nous donnons le nom de cinnamomum. Ces oiseaux les portent dans leurs nids, qu'ils construisent avec de la terre détrempée, et suspendent sur des précipices de montagnes tout à fait inaccessibles aux hommes. Les Arabes ont donc recours à un expédient particulier pour s'emparer de ces bâtons. Ils placent dans les environs des montagnes des lambeaux de chair de bœuf, d'âne, ou de tout autre animal, et les laissent à la portée des nids ; ils s'éloignent ensuite. Les oiseaux viennent voltiger autour de ces appâts, les enlèvent et les transportent dans leurs nids, qui, surchargés d'un poids qu'ils ne peuvent soutenir, finissent par se rompre et tomber à terre. Les Arabes surviennent, ramassent le cinnamomum qu'ils y trouvent, et après avoir fait leur récolte dans un lieu, ils passent dans un autre.

« Le ladanum offre aussi dans sa récolte des particularités plus extraordinaires que le cinnamomum. Quoique d'une odeur parfaitement agréable, on ne le trouve que dans un lieu tout à fait fétide : c'est dans la barbe des boucs et des chèvres qu'il se rencontre, sous la même forme que les gommes qui découlent de quelques arbres. On emploie cet aromate dans le plus grand nombre de parfums ; les Arabes en font beaucoup d'usage. Voilà ce que j'avais à rapporter sur les parfums de l'Arabie. Toute la contrée qui les produit répand au loin une odeur délicieuse, et pour ainsi dire divine (*). »

On voit qu'au nombre des produits de l'Arabie, Hérodote comptait la cannelle. Ainsi que beaucoup des historiens venus après lui, il pensait que les riches produits apportés par les Arabes sur les marchés de l'ancien monde prenaient tous naissance dans l'Arabie Heureuse. Il n'avait pas pu connaître combien la navigation avait pris d'extension sur les côtes méridionales et occidentales de la péninsule. Théophraste fournit aussi des renseignements précieux sur le même sujet. « L'encens, la myrrhe et la casse viennent, dit-il, dans le pays des Sabæens et des Hadramites. L'arbuste qui produit l'encens est plus élevé que celui qui produit la myrrhe, et tous deux sont tantôt sauvages, tantôt cultivés avec soin. La propriété étant sacrée chez les Sabæens, personne parmi eux ne gardait la sienne : la myrrhe et l'encens récoltés étaient portés au temple du soleil, si vénéré du peuple arabe, où ils étaient gardés par des hommes armés. Chaque propriétaire y étalait sa part, surmontée d'une tablette qui en indiquait la mesure et le prix ; puis les marchands venaient y déposer, à côté de chaque lot, le prix marqué sur la tablette ; venait ensuite le pontife qui prélevait le tiers de cet argent pour la divinité du temple, et laissait le reste au propriétaire. L'encens des jeunes arbustes est plus blanc, mais il a moins d'odeur ; celui des anciens est plus jaune, mais plus odoriférant (**). »

A ces produits venaient se joindre encore l'or que l'eau des torrents roulait en paillettes dans le Yémen (*), et les onyx, les agates, les rubis, que l'on trouvait en abondance dans les montagnes du pays des Hadramites. Voilà quelles étaient les causes du prestige dont les Grecs avaient entouré la patrie de l'encens, voilà ce qui excita leur attention dès les temps historiques les plus reculés.

L'*Arabia Felix* des anciens était bien autrement vaste que la région à laquelle les Arabes ont donné le nom de Yémen. Strabon la prolongeait depuis le pays des Nabathéens, pendant l'espace de 12,000 stades, vers le midi jusqu'à l'Océan. Ptolémée y décrivait de son temps 56 peuples, 170 villes, ports et bourgs, dont 6 métropoles et 5 villes royales, 15 montagnes, 4 grandes rivières. Pline a donné une nomenclature nombreuse des peuples et des villes qu'elle renfermait. « Sous un grand nombre de ces noms, a dit un savant géographe (**), on retrouve les noms encore existants que les auteurs arabes et les voyageurs modernes nous ont fait connaître. Les *Homeritæ*, les *Hadramitæ*, les *Chatramotitæ*, les *Sabæi*, les *Sapharitæ*, les *Omanitæ*, les *Maranitæ*, les *Minæi*, les *Thamudeni*, étaient là où sont encore aujourd'hui les gens de Himyar, les gens de Hadramaut, les gens de Saba (ou Mariaba), les gens de Zhafar (ou Safar), les gens d'Oman, ceux de Mahrah, ceux de Mina, de Thamoud, et bien d'autres peuplades dont le nom, pas plus que l'existence, semble n'avoir reçu du temps aucune atteinte. Il en est de même des villes. C'est ainsi que Iathrib a succédé à Iatrippa, Mâreb à Mariaba, Carn à Carna, Nedjran à Negrana (ou Anagrana), Obeïda à Oboda, Aden à Adane ; ou plutôt que les Grecs et les Romains se sont bornés à changer la désinence des antiques noms de lieux, tels que Jathrib, Mareb, Carn, Nedjrân, sans presque les altérer en aucune façon.» Les cités dont l'opulence rivalisait avec celle de

---

(*) Hérod., liv. III, parag. 107-112.
(**) Théop., Hist. plant., IX, 4.

(*) Strabon, p. 777.
(**) Jomard, Études géog. sur l'Arabie, p. 133.

Petra et de Gerrha, si elle ne les surpassait pas encore, c'était surtout Mareb ou Saba; Sanâ et Zhafar, la Saphar de la Bible, vaste emporium enrichi par le commerce des Indes. Ézéchiel, adressant sa puissante parole aux habitants de Tyr, nous confirme ce que disaient les Grecs sur le nombre et l'importance des villes de l'Arabie Heureuse. « Vadan et Javan t'apportaient de Sanâ des lames d'épée, de la casse et de la cannelle en échange de tes denrées. Les commerçants de Saba et de Raema te vendaient les épices, l'or, les pierreries. Haran, Canna, Aden, trafiquaient aussi avec toi (*). »

Si le concours de tant d'écrivains sacrés ou profanes auxquels nous aurions pu en joindre encore plusieurs, ne suffisait pas pour justifier en quelque sorte l'exagération des Grecs, en prouvant du moins l'antique splendeur de quelques villes arabes, nous pourrions invoquer le témoignage des écrivains orientaux. Édrisi, auteur consciencieux qui nous a laissé le meilleur traité géographique que nous devions aux Arabes, dit, en parlant de Sanâ: « C'était jadis la résidence des rois de tout le Yémen, et la capitale de l'Arabie; les rois y possédaient un palais aussi célèbre que vaste et bien fortifié. Ce palais est aujourd'hui ruiné; il n'en reste que les débris, qui forment une haute colline (**). » Ces mots, observe M. Jomard, semblent se rapporter précisément à l'ancien palais des rois que Strabon décrit, et où le monarque était comme relégué. Ce monument, encore debout au premier siècle, devait être ruiné en effet au douzième, après l'occupation des Éthiopiens, les guerres de religion et les invasions des Perses.

Ce serait une vaine entreprise que de chercher à assigner une position exacte à tous les lieux que les Romains et les Grecs ont nommés en parlant de l'Arabie. Quelques-uns sont assez bien connus, et ce sont les plus importants. Beaucoup d'autres présentent d'insurmontables difficultés, lorsqu'on veut déterminer d'une manière certaine la place qu'ils ont occupée dans la péninsule. De nouveaux voyages dans un pays si peu parcouru jusqu'à présent, amèneront peut-être de plus heureux résultats. Qu'il nous suffise d'avoir examiné rapidement quel était l'ensemble de ces contrées tel que les anciens avaient pu les connaître, longtemps avant que le génie d'un seul homme eût relié l'une à l'autre ces tribus nomades, et remplacé le paisible voyage des caravanes par la marche triomphale des armées.

*Divisions actuelles de l'Arabie.*

Parmi les contrées peu visitées par les modernes explorateurs, malgré la nouvelle impulsion donnée aux découvertes géographiques, il nous faut compter l'Arabie, défendue longtemps contre la curiosité des Européens par le fanatisme musulman et le désert. Depuis quelques années cependant, grâce à la courageuse persévérance de quelques voyageurs qui ont su vaincre tous les obstacles, nous avons vu se soulever en partie le voile qui dérobait à nos yeux cette intéressante contrée (*). La même incertitude qui existait chez les anciens sur les limites continentales de l'Arabie, se fait toutefois remarquer aussi, soit chez les géographes orientaux, soit parmi les modernes voyageurs. D'après Aboulféda, l'un des écrivains arabes qui ait le plus éclairé l'histoire et la géographie de ces régions, la limite septentrionale de la péninsule au commence-

---

(*) Ézech., XXVII, 19, 24.
(**) Edrisi, trad. de M. Jaubert, t. I, p. 50.

(*) Parmi les voyageurs modernes dont les travaux ont le plus contribué à augmenter nos connaissances géographiques sur l'Arabie, nous citerons : Badia, Finati, Seetzen, Burckhardt, Léon de la Borde, le capitaine Sadlier qui a traversé en entier la péninsule entre El Katif et Yanbo, le lieutenant Wellsted qui a parcouru et décrit l'Oman avec soin, M. Haynes qui a vu une grande partie du Mahrah et du Hadramaut, MM. Fulgence Fresnel, Tamisier, Prax, Cruttenden, Botta.

ment du quatorzième siècle, époque à laquelle il écrivait, aurait dû être prise depuis la ville d'Aïlah, au fond du golfe Élanitique, jusqu'à celle de Balès sur l'Euphrate, dont le cours formait ensuite une barrière naturelle (*). Burckhardt, cet intrépide voyageur qui paya de sa vie, il y a quelques années, ses longs et fructueux voyages, donne à la partie nord de l'Arabie une délimitation différente. D'après lui, la ligne frontière, qui part de Suez, traverse l'isthme du même nom jusqu'au port d'El-Arisch sur la Méditerranée ; puis, longeant ensuite les confins de la Palestine et l'extrémité méridionale de la mer Morte, traverse le désert de Syrie pour aller rejoindre l'Euphrate à la ville d'Anah, située sur la rive droite de ce fleuve. L'Arabie, dans cette dernière hypothèse, se trouve placée entre les 12° et 34° degrés de latitude nord, entre les 30° et 57° degrés de longitude orientale.

Pris dans son ensemble, ce vaste pays peut être considéré comme un plateau élevé dont les pentes s'adoucissent en descendant vers le golfe Persique, et qui offre comme caractère particulier l'absence complète de tout grand système de rivières. Des quatre fleuves nommés par Ptolémée, un seul semble mériter ce nom : c'est l'Aftan d'Édrisi, qui se jette dans le golfe Persique près d'El-Katif, après avoir arrosé la province d'El-Haça ; et cependant le capitaine Sadlier assure que l'Aftan se dessèche quelquefois en été. Les autres cours d'eau ne sont guère que des eaux torrentielles coulant quelquefois à plein bord dans la saison des pluies, mais qui dans aucun temps ne sont navigables. Au-dessus du plateau de l'Arabie s'élèvent de nombreuses montagnes qui peuvent être ramenées à deux systèmes : les unes, occupant la partie nord-ouest, appartiennent au groupe du Liban dépendant du système tauro-caucasien : ce sont les montagnes bibliques de la presqu'île du Sinaï ; les autres, réunies par Balbi sous le nom générique de système arabique, s'étendent dans plusieurs directions, quelquefois atteignant à une grande hauteur, puis d'autres fois interrompues par de hautes et vastes plaines frappées souvent d'une aridité complète. On peut les diviser en chaîne maritime, dont les ramifications s'étendent dans l'intérieur, mais qui généralement borde à une certaine distance du rivage la mer Rouge et l'océan Indien ; puis en chaîne centrale. Les subdivisions principales de cette dernière sont : d'abord les montagnes de Kharrah, auxquelles paraît se rattacher le Djebel-Schammar, lieu très-élevé du désert, par lequel passent les pèlerins en se rendant de Basra à la Mecque ; ensuite la chaîne de Toueyk au centre du Nedjd. Un point important de l'orographie arabe établi nettement pour la première fois sur la carte de la province d'Asyr, dressée par M. Jomard, c'est le passage qui existe entre les deux chaînes du Hedjaz et du Yémen sur les limites de ces deux contrées. Sa grande élévation, ainsi que le suppose le savant auteur de la carte, a dû former une limite naturelle en même temps qu'un grand obstacle aux communications d'une région à l'autre. Elle a pu ainsi devenir une des causes

(*) « L'homme qui voudrait suivre les « limites de l'Arabie, et qui partirait d'Ela, « en se dirigeant vers le midi, le long des « bords de la mer, aurait la mer à sa droite, « et passerait successivement par Madyan, « Yanbo, Albaroué, Djedda ; puis entrant « dans le Yémen, il traverserait Zebyd et « Aden. Là, il ferait le tour du Yémen, « ayant l'Orient devant lui, et comme auparavant la mer à sa droite ; il franchirait les côtes de Dhafar et de Mahra. « Ensuite, se dirigeant vers le nord, et « continuant à avoir la mer à sa droite, « il s'éloignerait des côtes de Mahra, traverserait l'Oman, passerait devant l'île « d'Aval et visiterait Alkatheif, Kadhemé et « Bassora. Là, il ferait un détour, et, s'éloignant de la mer, il se dirigerait vers le « couchant : l'Euphrate se trouverait à sa « droite, et il passerait successivement par « les villes d'Alsyb, Koufa, Ana, Rahaba, « Balès ; il longerait les frontières de la province d'Alep ; puis il passerait par Salamya, le Belca, et arriverait à Ela, d'où « il était parti. » *Géographie d'Aboulféda*, ch. I, trad. de M. Reinaud.

de l'espèce d'antagonisme qui de tout temps paraît avoir existé entre les tribus du Yémen et celles du Hedjaz. On sait, en effet, combien les circonstances du sol, les accidents de géographie physique influent sur les relations des peuples entre eux; et, sous ce rapport, les chaînes de montagnes ont formé presque partout une limite naturelle plus tranchée que les fleuves, quelquefois même que les mers. Quant à la hauteur absolue des points culminants dans les différentes chaînes de l'Arabie, il nous est impossible de donner à ce sujet des renseignements exacts. Quelques montagnes de la presqu'île du Sinaï ont été mesurées par M. Rüppel, et nous en indiquerons l'élévation en parlant de cette région; mais nous sommes privés de renseignements rigoureux sur les reliefs du reste de la péninsule. Ce que nous pouvons préjuger, c'est que plusieurs points atteignent une grande hauteur. Sous une latitude aussi basse que celle de l'Arabie, le froid n'existe que dans des lieux très-élevés, et plusieurs fragments, puisés dans des documents orientaux, nous font connaître qu'un froid rigoureux règne souvent dans quelques cantons de la vaste contrée dont tant d'autres parties sont brûlées en toutes saisons par les ardeurs du soleil. Edrisi nous apprend qu'on trouve de la glace en été sur les hauteurs qui avoisinent Taïef; Scheddad, le père du fameux Antar, appartenant à une tribu de l'intérieur, a célébré la jument qui le portait aux jours de bataille, par des vers où il dit : « Qu'on sache qu'en temps de disette je partage avec elle mon repas, et que je la couvre de mon manteau quand il gèle. »

Il y a longtemps, ainsi que nous l'avons déjà dit, que les géographes ont renoncé, en traitant de l'Arabie, à la division adoptée par Ptolémée et ses successeurs : cette division n'avait jamais été reconnue par les Arabes. Le morcellement du territoire, partagé depuis les temps les plus anciens en un grand nombre de petits États indépendants, a amené une nomenclature sur laquelle les géographes orientaux eux-mêmes ne sont pas toujours d'accord. Nous suivrons celle qui a été généralement adoptée en Europe depuis la publication des voyages de Niebuhr, en nous soumettant aux changements exigés par des travaux plus récents.

A la tête de toutes les provinces arabes, il nous faut mettre d'abord le Hedjaz, l'une des moins étendues et des plus stériles, mais la plus célèbre de toutes par la naissance de l'islamisme, et par l'immense influence qu'elle doit aux villes saintes que renferme son territoire. Partout où le mahométisme est en vigueur, depuis les rivages de l'Atlantique jusqu'à ceux de la Caspienne ou de la mer des Indes, des troupes nombreuses de pèlerins partent chaque année pour le Hedjaz, afin d'accomplir les rites sacrés imposés à tout bon musulman. C'est au prix d'immenses fatigues, c'est après avoir marqué la route par des ossements qui blanchissent au vent du désert, que ces longues caravanes arrivent à la terre vénérée qu'ils sont venus chercher de si loin. Ils se trouvent alors dans une province aride partagée en plaines sablonneuses s'étendant vers le rivage de la mer Rouge, et en collines rocheuses s'élevant de plus en plus à mesure que l'on pénètre dans l'intérieur du pays. Bientôt, traversant ce territoire sacré, ils se trouvent sur un sol plus vénéré encore : c'est le Beled-el-Haram, enceinte privilégiée qui s'étend autour de la Mecque à quelques lieues de distance, et paraît avoir pour limite à l'ouest Hadda, Asfan au nord, le Wadi-Mohrem à l'est, et Dhat-irk au sud. C'est là que, dépouillant leurs habits de voyage et revêtant la pièce d'étoffe blanche nommée *ihram*, les pèlerins se préparent à entrer dans la ville sainte qui va bientôt se montrer à eux.

La Mecque, dont la vue a été si longtemps interdite aux profanes regards des chrétiens, s'est révélée à l'Europe depuis peu d'années, grâce à l'intrépidité de quelques voyageurs, grâce surtout au dévouement de Burckhardt, qui parvint sous l'habit d'un pèlerin à tromper le fanatisme musulman. Cette ville sainte est désignée par les habitants sous les titres pompeux de mère des cités ou de patrie de la foi. Son caractère religieux, le prix attaché à sa possession, qui a été la véritable cause de la dernière guerre entre Mahmoud et Méhémet-Ali, et a ébranlé ainsi la paix du monde, lui donnent une importance que bien peu de villes en Orient peuvent réclamer aujourd'hui. Elle est bâtie dans une étroite vallée dont la direction s'étend du nord au sud; M. Jomard, par ses derniers travaux, a fixé sa position géographique à 21° 23' 17" de latitude septentrionale, et à 37° 54' 45" de longitude à l'est du méridien de Paris. Entourée de tous côtés par des collines grises et complétement dénudées, dont le triste aspect n'affecte même pas des formes hardies ou pittoresques, elle semble cacher sous une enveloppe commune et grossière les trésors de la grâce, que viennent y chercher tous les sectateurs de l'islam. La Mecque peut passer pour une belle ville aux yeux du voyageur qui n'a jamais vu que les ruelles tortueuses dont sont sillonnées les autres cités turques ou arabes. Ses rues sont assez larges et bâties avec une sorte de régularité; ses maisons, hautes et construites d'une pierre grise, seraient d'un aspect monotone, si de nombreuses croisées ornées souvent de balcons en saillie, et défendues contre les ardeurs du soleil par de légers stores en nattes de couleur, ne leur donnaient un air d'animation qu'on ne trouve en général que dans les villes de l'Europe. Défendue autrefois par une triple enceinte de murailles dont on distingue encore les ruines éparses sur le sol, la ville est maintenant ouverte de tous les côtés. D'une extrémité à l'autre des faubourgs, on compte 3,500 pas; mais, dans tout cet espace, il n'y a guère qu'une longueur de 1,500 mètres qui soit occupée par des constructions. A l'exception de quelques palais appartenant au schérif, de deux colléges, de la grande mosquée et de trois maisons de bains, il n'y a aucun édifice dans la ville, qui se distingue des autres par une apparence de grandeur, et elle est même inférieure, sous ce rapport, à beaucoup d'autres cités de l'Orient qui n'ont pas une population plus considérable que la sienne. Les maisons particulières sont en général composées de plusieurs petits appartements, que les propriétaires louent aux étrangers dans le temps du pèlerinage, et cette industrie devient une source de richesses pour les habitants de ce territoire ingrat, qui n'y recueillent aucune des denrées nécessaires à la vie.

Les rues, formées du sol battu et sans pavé d'aucune espèce, offrent à un haut degré les inconvénients de cette négligence si commune en Orient. Elles sont, en été, recouvertes d'une poussière fine qui s'élève en nuages épais au moindre souffle de l'air, et, dans la saison des pluies, elles deviennent de vrais cloaques dans lesquels le piéton ne peut s'aventurer qu'au risque évident d'y laisser ses chaussures. Il va sans dire qu'il faut joindre à ces ennuis tous ceux qui sont, dans le Levant, la conséquence indispensable du défaut de police : les rues restent toute la nuit dans une obscurité complète, ce qui est d'autant plus défavorable à celui qui doit alors les parcourir, que chacun y dépose dans la journée toutes les immondices dont il veut nettoyer sa maison. Un autre inconvénient qui n'est pas moins grave, est la rareté de l'eau, dont la qualité est loin de compenser ce désavantage. La meilleure, qui vient des environs du mont Arafa, situé à quelques heures de la ville, est amenée par un aqueduc que fit, dit-on, élever à grands frais la belle Zobéide, l'épouse préférée du héros des *Mille et une nuits*, Haroun-el-Reschid. Quelques quartiers possèdent des bazars élégants, pourvus des objets les plus précieux, surtout à l'époque du pèlerinage. C'est alors que les productions de tous les pays soumis à la loi du prophète viennent s'échanger les unes contre les autres, et font de la Mecque, pendant quelques mois, le marché peut-être le plus riche, et cer tainement le plus varié de tout l'Orient.

Au milieu de la cité sainte s'élève le temple auquel elle doit son illustration depuis tant de siècles; la maison de Dieu (Beïtallah), c'est ainsi que l'appellent les Arabes, est l'ensemble de toutes les constructions qui forment la grande mosquée et entourent le saint des saints, la Caaba, dont la fondation est attribuée à Abraham par les historiens orientaux. Depuis le temps d'Omar, qui le premier comprit dans un temple plus grand ce temple révéré, tant de khalifes, de sultans, d'imams, ont signalé leur piété par des changements, des réparations, des embellissements, des constructions nouvelles, qu'il est impossible d'y reconnaître quelques traces du premier travail. Sa forme est celle d'un quadrilatère, dont les faces sont engagées dans des constructions particulières qui lui ôtent à l'extérieur toute régularité. Dix-neuf portes disposées sans ordre donnent entrée dans la cour intérieure. Irrégulières dans leurs constructions, les unes sont terminées par une arcade ogivale, les autres par un plein cintre : quelques inscriptions en l'honneur de celui qui les a fait élever en forment toute la décoration. Ces portes n'ont point de vantaux, et la mosquée reste ainsi ouverte à toutes les heures du jour et de la nuit (*). Une fois entré dans l'intérieur du temple, le voyageur est pour la première fois frappé de son immensité. Il se trouve dans une vaste cour formant un parallélogramme parfaitement régulier de 250 pas de long environ sur 200 de large. Elle est entourée d'arcades soutenues par une forêt de colonnes, dont quelques-unes sont en granit, d'autres en marbre, mais dont la plus grande partie toutefois sont taillées dans la pierre grise et commune qui forme les collines d'alentour. Au-dessus de ces arcades, du sommet desquelles pendent des lampes que l'on allume chaque nuit, s'élèvent une quantité de petites coupoles surmontées elles-mêmes par sept minarets, dont quatre sont placés aux quatre angles, et les trois autres d'une manière irrégulière dans la longueur des galeries formées par les arcades. Ce nombre mystérieux des sept minarets du temple de la Mecque n'a jamais pu être surpassé depuis, dans aucune des mosquées élevées par la piété des khalifes ou des sultans. Ce serait offenser le prophète que de décorer un édifice religieux d'un plus grand nombre de ces flèches élancées qui donnent un aspect si pittoresque aux villes de l'Orient (*).

C'est au milieu du parvis que s'élève la maison sainte, cette Caaba révérée, le plus ancien temple, d'après les croyances arabes, qui ait été consacré au vrai Dieu. Sa forme et son architecture n'ont rien du reste qui puisse démentir une haute antiquité. C'est une espèce de cube, construit en pierres grises de la Mecque, grossièrement taillées en blocs de différentes grandeurs. Sa longueur, d'après Burckhardt, est de 18 pas, sa largeur de 14, et sa hauteur de 35 à 40 pieds anglais. Cette massive construction semble d'abord inaccessible. Ce n'est que par un examen attentif qu'on découvre, sur la face de l'édifice qui regarde le Nord, une petite porte placée environ à 7 pieds du sol. Il faut, pour y parvenir, que l'on applique à la muraille un escalier mobile en bois, qui disparaît pour quelques mois lorsque les pèlerins ont accompli les rites sacrés. L'intérieur du temple offre à l'œil une vaste salle, dont le plafond est soutenu par deux piliers; pas d'autres ornements que des inscriptions arabes, et les nombreuses lampes d'or massif qui éclairent seules ce sanctuaire. Le pavé est formé de beaux marbres, disposés en élégantes mosaïques. Non loin de la porte d'entrée, à l'angle qui regarde le Nord-Est, se trouve enchâssée, dans la muraille extérieure, la fameuse pierre noire, objet du culte le plus ancien dans ces contrées. Longtemps avant Mahomet, toutes les tribus de l'Arabie venaient baiser avec respect ce fragment de rocher, qui, d'après leur croyance, avait été apporté du ciel par les anges, lorsqu'Abraham était occupé de la cons-

(*) Voyez la planche 24.

(*) Voyez la planche 15.

truction du temple, et, lui servant de marchepied, s'élevait ou s'abaissait selon les besoins de son travail. Cette pieuse relique a environ 6 à 7 pouces de diamètre, et forme un ovale irrégulier d'un rouge tellement foncé, qu'il peut passer pour noir (*). Ce n'était pas là, au dire des Arabes, sa couleur primitive; jamais on n'avait vu, lors de sa miraculeuse arrivée sur la terre, hyacinthe d'un éclat plus brillant et d'une plus belle transparence; mais les baisers de tant d'hommes souillés d'iniquités de toute espèce l'ont ainsi métamorphosée. Quoi qu'il en soit de toutes ces merveilles, dues à l'imagination active des Orientaux, Burckhardt a cru reconnaître dans la pierre noire un fragment de lave, contenant quelques parcelles d'une substance jaunâtre, et Aly-Bey y a vu un basalte volcanique. Voici la singulière histoire qu'on lit, à propos de cette pierre vénérée, dans un manuscrit arabe : « La pierre noire qui, d'après le fils d'Abbas, est le seul objet venant du Paradis que la terre possède, est placée dans le coin de la Caaba qui regarde Basra. Elle est élevée de terre à la hauteur de deux coudées et deux tiers. Là, elle n'a pas cessé d'être visitée et révérée dans les temps d'ignorance comme depuis l'islamisme; mais, à l'époque où les Carmates (que Dieu les maudisse) envahirent la Mecque, en l'an 327, ils arrachèrent la pierre noire de la place qu'elle occupait, et l'emportèrent chez eux, dans la ville d'El-Hassa, au territoire de Bahreïn. Le Turc Iahkem, qui s'était emparé de Bagdad au temps de Redha-Billah, leur promit de grandes sommes s'ils voulaient la rendre; mais ils n'y consentirent pas. Ce ne fut qu'en l'année 335 que le chérif Abou-Ali-Amer, fils d'Iahia, s'étant porté intermédiaire entre eux et le calife El-Moti, ils consentirent enfin à sa reddition; en conséquence, ils l'apportèrent à Coufa, et la placèrent sur le septième pilier de la mosquée. On prétend qu'un Carmate, demandant à l'un des docteurs de Coufa, qu'il voyait la toucher avec vénération, comment il pouvait être sûr

(*) Voyez la planche 23.

que c'était bien la pierre sainte et qu'elle n'avait pas été changée, le docteur répondit : Nous avons un signe certain pour la reconnaître; car si on la jette dans l'eau, elle y surnage: l'expérience confirma sur-le-champ son assertion (*). » La pierre noire est le seul point de la Caaba qui soit constamment offert à la dévotion des pèlerins; tout le reste est recouvert d'un immense voile noir, qui n'est relevé à quelques pieds du sol et suspendu en festons à des cordes de soie que pendant les premiers jours du pèlerinage (**). On lit dans le Sirat-er-Reçoul (la vie du prophète) qu'un roi du Yémen, nommé Açad-Abou-Carib, fut le premier qui couvrit la Caaba d'une étoffe. Il la revêtit d'abord du drap grossier nommé en arabe *khassaf*. Averti en songe de la revêtir d'une étoffe plus belle, il y employa celle qu'on nomme *moafir*; et enfin, sur un nouvel avis révélé pareillement en songe, il la revêtit des étoffes rayées qu'on fabrique dans le Yémen (***). Avant l'islamisme, il y avait deux couvertures, l'une pour l'été, l'autre pour l'hiver. Maintenant ce voile, que l'on nomme *kesoua*, est renouvelé seulement une fois chaque année. Il est entouré, vers le milieu de sa hauteur, d'une large bande où sont brodées en lettres d'or des inscriptions pieuses et des passages du Coran.

Non loin de la Caaba, dans la cour de la mosquée, s'élève une autre construction carrée, d'apparence également massive, mais beaucoup plus petite. Elle recouvre le puits de Zemzem, cette source qu'un ange fit jaillir au moment où Agar, errant dans le désert, voilait sa tête pour ne pas voir son fils Ismaël expirer dans les tourments de la soif. La salle où se trouve le puits sacré est revêtue de marbres, et huit fenêtres y laissent pénétrer de toutes parts les rayons du soleil. Une estrade de marbre blanc, haute de cinq

(*) Meracid-el-Ittila, MS. ar. de la bibliothèque royale, f° 186.

(**) Voyez la planche 23.

(***) Sirat-er-Reçoul, MS. ar. de la bibliothèque royale, f° 4, v°.

ARABIE. ARABIEN.

pieds et large de dix, entoure la source où l'on puise l'eau sainte à une profondeur d'environ cinquante pieds (*). Elle est trouble, et semble devoir être pesante; mais elle est au contraire fort saine quand on en fait usage, et n'a rien de ce goût saumâtre qu'on rencontre dans les autres fontaines de la ville.

C'est près de la grande mosquée que se trouve une rue, longue environ de six cents pas et parfaitement unie; elle se termine, à chaque bout, par une plate-forme revêtue de pierres et surmontée d'arcades ouvertes, auxquelles on parvient par plusieurs marches; ces plates-formes recouvrent les deux antiques collines de Safa et de Méroua, entre lesquelles les pèlerins ont à exécuter la marche appelée *saï*, qui fait partie des rites du pèlerinage (**).

Le nombre des habitants de la Mecque est bien difficile à fixer d'une manière un peu certaine, puisque là, comme dans toutes les villes de l'Orient, ni listes, ni registres d'aucune espèce ne peuvent venir en aide à aucune recherche de statistique. Les chroniqueurs arabes qui ont écrit l'histoire de la ville, assurent, qu'à une époque éloignée de nous, elle a contenu jusqu'à 100,000 habitants, et lorsque les Carmates, en 936, s'emparèrent de la cité sainte, ils en passèrent, dit-on, dans leur rage fanatique, 30,000 au fil de l'épée. Peut-être n'y a-t-il pas d'exagération chez ces anciens écrivains, car une grande partie des faubourgs, complétement abandonnés, tombent en ruine. Aly-Bey avait cru qu'il n'y avait guère maintenant, dans la ville, plus de 16,000 à 18,000 habitants; Burckhardt, qui l'a visitée depuis, et qui a apporté dans cette recherche difficile une extrême sagacité, pense que la population peut se monter environ à 30,000 âmes, et que la ville en pourrait contenir trois fois autant.

La seconde ville du Hedjaz, celle où Mahomet, chassé de la Mecque, établit sa religion nouvelle, et qui devint, après sa mort, la capitale de l'empire des Arabes, c'est Médine, l'ancienne Iathreb, devenue *Medinet-el-Nebi*, la ville du prophète. On la nomme encore Taïbah, dit Aboulféda, qui ajoute qu'elle s'élève dans une plaine fertile en palmiers. Ahmed-ben-Joucef, parlant du fondateur de cette ville, dit : « Les Amalécites sont les premiers qui « élevèrent Médine et plantèrent de « palmiers son territoire; mais l'on « dit aussi que le premier qui vint plan-« ter sa tente sur le sol qu'elle occupe « et qui lui donna son nom, fut Ya-« threb, fils de Kabia, fils de Mehlaïl, « fils d'Aram, fils de Sem, fils de « Noë. » — « Parmi les quatre-vingt-quinze noms que porte Médine la Resplendissante, dit un géographe turc, voici ceux sous lesquels elle est le plus généralement désignée : Iathreb, Taïbah, Meskeneh, Merhoumeh, Mahboureh, Ardoullah, Dar-el-Hidjeh, Dar-el-Islam. Elle est bâtie sur un terrain uni, dans le troisième climat, au nord du mont Ohod, et à l'orient de la montagne Thébir (*). » Située sur la limite du désert, séparée de la Mecque par une distance de onze journées à travers des plaines de sables, des montagnes rocheuses, et quelques vallées qui permettent à peine la culture, elle partage avec sa rivale le triste avantage de trouver, dans la piété des pèlerins, les ressources que lui refuse son territoire ingrat. Aussi, malgré le dénûment complet des campagnes qui l'entourent, on est frappé, au premier coup d'œil, des soins apportés à sa construction. Les maisons, bâties avec régularité, sont en pierre de taille, et s'élèvent toutes à la hauteur de deux étages. Les rues principales sont pavées; il est vrai que les communications moins importantes ont lieu par des ruelles étroites et tortueuses qui ne jouissent pas de cet avantage, et où quelquefois deux personnes ont peine à passer de front. Un mur élevé entoure la ville, qui a deux mille huit cents pas de circonférence, et forme un ovale, terminé à l'un des bouts

(*) Voyez la planche 20.
(**) Voyez les planches 21 et 22.

(*) Kitab Menassik-el-Hadj, p. 141, t. II des mémoires de la Société de géographie.

par un roc sur lequel est bâtie la citadelle. A l'occident et au midi s'étendent des faubourgs plus vastes que la ville; ils en sont séparés par un espace découvert, occupé par quelques cafés, des marchés publics et des jardins. Un bien petit nombre d'édifices vraiment dignes de ce nom décorent cette cité, à laquelle Burckhardt suppose une population de 16 à 20,000 âmes, et bien peu de ces édifices appartiennent à la ville ancienne; ils sont presque tous l'œuvre des sultans de l'Égypte et de Constantinople. Il en est un cependant qui fait à lui seul l'illustration de Médine, et dont la vue rappelle les souvenirs les plus glorieux de l'islamisme : c'est la mosquée où le prophète venait enseigner ses compagnons, et qui maintenant lui sert de tombeau (*).

Comme ce temple, placé à l'extrémité orientale de la ville, est à peu près bâti sur le même plan que celui de la Mecque, bien que les dimensions en soient plus petites, il est inutile de décrire encore et sa cour carrée entourée d'arcades surmontées de coupoles, et ses quatre portes et ses cinq minarets. Du côté du nord, on y voit un bouquet de palmiers, plantés, dit-on, par Fatime, fille du prophète, et que le respect dû à cette noble origine a fait entourer d'un enclos qui les protége contre toute injure; mais c'est le tombeau de Mahomet qui amène tous les pèlerins et attire tous les regards. El-Hedjra, tel est le nom de l'enceinte vénérée qui renferme à la fois le corps de Mahomet et celui de ses deux successeurs immédiats, Abou-Bekr et Omar : composée d'arcades ouvertes soutenues par des colonnes, elle est protégée jusqu'aux deux tiers de sa hauteur par un treillage en fer tellement serré, qu'il intercepte jusqu'aux regards. Ce n'est qu'à travers quelques petites fenêtres placées sur les quatre faces qu'on peut apercevoir les riches étoffes de soie brodées en or qui recouvrent le tombeau du fondateur de l'islamisme. L'ensemble du monument est terminé par une haute coupole dont la cime dorée brille aux yeux des pèlerins, longtemps avant qu'ils arrivent à Médine, leur annonçant l'approche de la cité qui fut à la fois le berceau de leur religion et de l'empire des Arabes.

Situées dans une province infertile entourée elle-même de vastes déserts, les villes saintes doivent chercher au loin les ressources qui leur manquent : deux villes placées sur les bords de la mer Rouge leur servent de ports. Yanbo, dans la direction de Médine, occupe le côté nord d'une baie profonde et spacieuse où l'anerage est sûr et qui peut admettre des navires d'un tonnage assez élevé : elle est protégée contre les vents du large par une île qui la sépare de la haute mer. La ville, saine, aérée, entourée d'une forte muraille, n'a rien de l'importance que devrait lui donner cette heureuse position. Ses maisons, basses et irrégulières, sont habitées par une population mélangée d'Arabes, de Turcs, et de quelques Indiens. Sans les besoins de Médine, sans les approvisionnements qui lui sont nécessaires, surtout à l'époque du pèlerinage, la ville de Yanbo serait bientôt réduite à n'être plus qu'une pauvre bourgade. Il n'en est pas de même de Djidda (*) : cette ville importante, située par le 21° 30′ de latitude nord, ne compte pas moins de 12 à 15,000 habitants, selon Burckhardt; nombre qui augmente beaucoup encore pendant les mois d'été, par l'affluence des étrangers qu'appelle dans cette échelle le désir d'y échanger les produits de l'Égypte, de la Syrie, de la Turquie et des Indes. Des quais, qui se prolongent sur un espace d'environ 500 toises, offrent un débarcadère facile aux nombreux bateaux occupés sans cesse à opérer le déchargement des navires qui ne peuvent accoster, et dont les plus grands sont obligés de rester en rade à deux milles de distance. Ce désavantage n'a pas arrêté l'accroissement successif de ce port, dont la prospérité a toujours été en augmentant depuis le commencement du quinzième siècle. Les rues, spacieuses et aérées, sont bordées de hautes maisons, dont la blancheur

(*) Voyez la planche 17.

(*) Voyez la planche 33

MONT-SINAÏ.     BERG-SINAÏ.     Rocher de Moïse.     Moses-Felsen.

éclatante contraste avec la teinte triste des maisons de la Mecque, mais affecte l'œil d'une manière pénible lorsque le soleil y darde des rayons perpendiculaires. Des khans, de vastes magasins, de riches boutiques occupent tout le bas quartier. C'est là que s'élève le palais du pacha; c'est là qu'habitent les principaux négociants et les plus riches habitants de la ville. A partir de la rue qui borde la mer, la ville s'élève par une pente douce, et est fermée du côté de terre par des murs dans lesquels s'ouvrent les deux portes, dont l'une conduit à la Mecque et l'autre à Médine. Au delà, les faubourgs, ne contenant guère que des échoppes en bois ou en roseaux, sont habités en grande partie par des Bédouins. La distance de Djidda à la Mecque est généralement parcourue en deux nuits. Les voyageurs, afin d'éviter les chaleurs accablantes si redoutables dans ces contrées, se reposent, pendant le jour, à moitié route.

Parmi quelques autres villes de moindre importance, il en est une cependant qui mérite une mention particulière : c'est Taïef, qui a joué un rôle dans l'histoire du prophète; Taïef, dont les nombreux jardins produisent de magnifiques raisins, des figues, des coings, des grenades d'une saveur délicieuse. Voici la description qu'Édrisi en faisait au douzième siècle : « La « ville de Taïef fut la résidence de la « tribu de Thakif. Elle est petite, bien « peuplée, bien pourvue d'eau douce ; « le climat y est tempéré, les fruits « abondants, les champs fertiles. On y « recueille beaucoup de raisins ; les rai« sins secs de Taïef sont très-estimés, « et on en exporte au loin une quantité « très-considérable. La majeure partie « des fruits consommés à la Mecque « provient de ce lieu. On y fait beau« coup de commerce, on y travaille le « cuir parfaitement, et les chaussures « de Taïef sont proverbialement con« nues. La ville est bâtie sur le pen« chant du mont Ghaswan, où sont les « habitations des Beni-Seïd, dont le « nom est employé proverbialement « pour dire une famille très-nombreuse, « et celles d'une partie de la tribu des « Beni-Hodeïl. Dans tout le Hedjaz, il « n'est pas de lieu dont la température « soit plus froide que celle du sommet « de cette montagne ; l'eau y gèle quel« quefois en plein été (*). » Taïef offre encore une enceinte de deux milles à peu près, au pied des monts Ghaswan, dont les pentes, fertilisées par des sources abondantes, sont couvertes des jardins qui font la réputation de cette cité. C'est là que les riches habitants de la Mecque viennent passer dans d'élégants pavillons les mois chauds de l'été. Quant à la ville, elle est bien bâtie, entourée d'un rempart défendu par plusieurs tours. Sur un rocher plus élevé que le reste de la ville, est construite la citadelle.

C'est au delà de Taïef que les hautes montagnes qui donnent tant de fraîcheur à son climat, séparent le Hedjaz des plaines élevées du Nedjd, dont la surface ondulée est, dans plusieurs parties, brusquement coupée par quelques chaînes qui atteignent à une grande élévation. A la chaîne de Kharrah, qui occupe l'est de la Mecque ; à celle de Toueyk, placée à l'est de l'Aared et de Schemmar vers le nord, que nous avons déjà citées en parlant de la constitution physique de l'Arabie, il faudrait peut-être ajouter, d'après Niebuhr, une contrée montagneuse, placée entre le mont Schemmar et la Syrie ; mais ce lieu, situé à cent cinquante milles au nord-ouest de Médine, appartient plutôt à l'immense désert qui forme les limites septentrionales du Nedjd, depuis le Hauran jusqu'aux rives de l'Euphrate, et qui était compris dans l'Arabie déserte des anciens. « Solitude absolue, dit Buffon, mille « fois plus affreuse que celle des fo« rêts, car les arbres sont des êtres « pour l'homme qui se voit seul. Plus « isolé, plus dénué, plus perdu dans « ces lieux vides et sans bornes, il voit « partout l'espace comme son tombeau. « La lumière du jour, plus triste que « l'ombre de la nuit, ne renaît que pour

(*) Edresi, trad. de M. A. Jaubert, t. I, p. 142.

« éclairer sa nudité, son impuissance, « et pour lui présenter l'horreur de sa « situation en reculant à ses yeux les « barrières du vide, en étendant autour « de lui l'abîme de l'immensité qui le « sépare de la terre habitée : immen- « sité qu'il tenterait en vain de parcou- « rir; car la faim, la soif et la chaleur « brûlante pressent tous les instants « qui lui restent entre le désespoir et « la mort. » Au midi, d'autres déserts, les sables d'El-Akhaf, séparent le Nedjd du Hadramaut; mais, de ce côté du moins, il y a quelque espérance que, plus nos connaissances s'étendront, et plus nous pourrons restreindre ces immenses espaces sans nom, qui semblaient sur nos cartes l'empire du néant. M. Jomard, profitant des documents rassemblés par les Égyptiens pendant leur expédition en Arabie, a pu ainsi, dernièrement, resserrer le domaine du désert; et tout récemment un voyageur anglais, visitant quelques parties du Hadramaut demeurées inconnues jusqu'alors, y a trouvé des villes peuplées, des tribus nombreuses et puissantes qu'occupe un commerce actif, des restes de monuments anciens, dont les ruines attestent une haute civilisation (*). Ainsi pressé par une ceinture de déserts, le Nedjd doit se suffire à lui-même, et ses vallées, ses nombreuses oasis, arrosées par des eaux courantes, lui en assurent les moyens. C'est de là que sont sorties ces races fameuses de chevaux arabes qui font la gloire et la richesse de leurs possesseurs. On y élève aussi des chameaux, estimés par leur force et leur vitesse. Des fruits variés, des grains d'une bonne qualité y croissent en abondance, et les pâturages y nourrissent d'immenses troupeaux.

« Suivant Nadhar, fils de Schomayl, « dit Aboulféda, le mot nedjd, en gé- « néral, désigne des lieux pierreux, « âpres, difficiles et élevés. On n'est « pas d'accord sur les pays auxquels « s'applique cette dénomination. L'o- « pinion commune est qu'il s'agit ici « des hautes régions situées entre le Yé- « men, le Téhama, l'Irac et la Syrie. « Le côté du Yémen et du Téhama est « la partie la plus élevée ; celui de l'I- « rac et de la Syrie, la partie la plus « basse ; le Nedjd, du côté du Hedjaz, « commence à Dhat-Irc (*). » Suivant Ebn-Haukal, tout l'espace compris entre le Yémama et les environs de Médine, puis entre Basra et Bahreïn, fait partie du Nedjd. Dans la géographie turque, connue sous le nom de Djihan-Nouma, l'Arabie est divisée en douze parties : le Nedjd du Yémen est la troisième, le Nedjd du Hedjaz la dixième. Ce dernier comprend le Nedjd-A'âridh, vaste pays traversé par la montagne connue sous le nom de Djebel-el-A'âridh, aujourd'hui Imariïeh, qui commence à trois journées de la Mecque. Pris dans son acception la plus étendue, le Nedjd se divise en de nombreux districts, dont les principaux sont : El-Haça, Soudeyr, El-A'âred, El-Kacym, El-Oueschem, El-Khardj et El-Djebel. Ils sont rangés ici dans l'ordre de leur importance respective et de leur population. Au midi, est la province d'El-Afladj et quatre districts, nommés Ouadi-Shahran, Ouadi-el-Douâcer, Ouadi-Soubey et Ouadi-Tathlith. On compte, à part les provinces, plusieurs villes ou gros villages, dont les noms suivent, et qui sont également classés ici selon leur population : Dorama, El-Seleyel, El-Koueyyeh, El-Caçab, Zadek, El-Souarkyeh, El-Douâdemy, El-Schara, Bessam, Nefy, El-Henakyeh, Saryeh, Meskeh, Ain-el-Soueyna et El-Roueydah. Dorama seul passait pour avoir 7,700 habitants avant la conquête d'Ibrahim-Pacha (**). El-Derrey'eh, l'une des cités les plus importantes de cette vaste contrée, a été la capitale de l'empire des Wahabites. Indiquée sur les cartes comme un simple village, par la raison qu'elle n'était presque rien au temps d'Aboulféda, qui a guidé les

(*) Journal de la Société géographique de Londres, t. IX, p. 125.

(*) Géographie d'Aboulféda, trad. de M. Reinaud, p. 103.

(**) Notice géographique sur l'Arabie centrale, par M. Jomard, p. 5.

géographes modernes, cette ville possédait, avant l'expédition d'Ibrahim-Pacha, une population d'au moins 13,000 habitants : situé au fond de la fertile vallée dite Ouadi-Hanifeh, arrosé par les eaux d'une rivière assez considérable dont le cours, pendant la saison pluvieuse, s'étend jusqu'à plus de quatre-vingts lieues, son territoire a encore l'avantage d'une forte position. Le total de la population du Nedjd, dit M. Jomard, était porté à environ 300,000 âmes, et cette estimation paraît à ce savant devoir être au-dessous de la vérité. C'est bien peu, en effet, pour une province à laquelle le capitaine Sadlier, qui traversa la péninsule tout entière en 1819, ne donne pas moins de 750 milles de largeur.

On pourrait, jusqu'à un certain point, comprendre dans le Nedjd méridional une province que l'on trouve souvent nommée par les plus anciens historiens de l'Arabie, et qui joue un rôle important dans l'histoire des Arabes avant l'islamisme : c'est le Yémama, qui disparaît plus tard de la nomenclature géographique, et semble avoir cessé d'exister maintenant comme province particulière, pour se confondre avec celles qui l'entouraient. Les géographes arabes et à plus forte raison les géographes de l'Europe ont varié dans la position à assigner à cette partie de la péninsule qui paraît correspondre aux districts d'El-Khardj et d'El-A'âred dont nous avons parlé tout à l'heure. « Le Yémama, dit Édrisi, est arrosé par « une rivière appelée Aftan : elle sépare « la province en haute et basse, et sur « ses bords sont situés des villages bien « peuplés, des champs cultivés, des « palmiers et d'autres arbres. On « compte, au nombre des villes du Yé- « mama, Hadrama et Hadjar, aujour- « d'hui ruinée. Plusieurs villages, peu « éloignés les uns des autres, sont à des « distances à peu près égales. Entre « les villages de Salamia et de Sal on « compte une journée; entre Sal et « Hadrama la même distance. Salamia « est un joli bourg, entouré de vergers « et de palmiers, dont les fruits sont « d'une belle couleur et d'un goût « agréable. Sal est également un lieu « peu considérable, habité par de mi- « sérables Arabes : il y a des puits et « des sources d'eau thermale. Du Yé- « mama à Bahreïn, on compte treize « journées de chemin; du Yémama à « la province d'Oman, on compte la « même distance. »

Entre le Nedjd, le Hedjaz et le Yémen, s'étend un vaste territoire, dont on aurait en vain cherché le nom, pendant longtemps, sur les cartes de géographie. C'est le pays d'Asyr, dont les expéditions des troupes égyptiennes en Arabie ont révélé l'existence. A l'aide d'un tracé primitif recueilli par M. Fulgence Fresnel, et attribué à des officiers arabes, mais qui malheureusement ne repose sur aucune observation astronomique, M. Jomard a dressé une carte de cette province. Profitant d'une nomenclature nombreuse de lieux habités, ce savant a pu exécuter un travail qui vient nous confirmer combien notre connaissance de la péninsule est encore imparfaite. Là où nos voyageurs n'avaient pu placer que quelques noms cités par Édrisi comme appartenant au Hedjaz ou au Téhama, nous voyons figurer aujourd'hui des villes, des bourgs, et de nombreux villages. De hautes chaînes de montagnes couvrent le pays; des ruisseaux et des torrents l'arrosent. Commençant, vers le nord, au torrent de Tabalah, à 20° et 20' de latitude septentrionale, l'Asyr s'étend au midi vers le 17° degré 20', borné du nord-est au sud-ouest par le torrent de Bycheh et la mer. Les districts portent le nom des principales tribus, et sont appelés : Hamdan, Mohayl, Bell-Akmar, Tehmana, Djanfour ou Djanfou, Redjal-el-Ma, Djera ou Tejera, Khamys-Micheyt, Kharef, Obeydah, et Dar-Beni-Seba. Toute cette contrée, où l'on cultive le café, paraît peuplée d'une race belliqueuse : c'est là que les troupes du pacha ont rencontré la résistance la plus énergique, et chaque jour de nouveaux ennemis semblaient surgir sur ce sol que l'on croyait désert. « Il est donc probable,

« dit le géographe déjà cité, que l'as-
« pect de la carte d'Arabie, à mesure
« qu'elle se perfectionnera, ira tou-
« jours en se rapprochant un peu de la
« physionomie de la carte de Ptolémée.
« N'a-t-on pas vu, dans l'*Histoire som-
« maire de l'Égypte,* que le principal
« personnage du pays d'Asyr, Aly-
« Mujessen, y avait fait une levée de
« dix mille hommes pour la cause des
« troupes égyptiennes? Et cependant,
« tout le pays était soulevé et en ar-
« mes contre le vice-roi ! Il faut recon-
« naître que l'Arabie, relativement sur-
« tout au degré de fertilité du sol, doit
« être bien plus peuplée qu'on ne l'a
« cru jusqu'à présent. Cette péninsule
« appelle donc les explorateurs à des
« découvertes certaines, faites pour
« jeter un jour tout neuf sur une des
« pépinières du genre humain (*). »

Le mot Téhama a été employé par les Arabes, tantôt comme appellation générale de toute la plaine sablonneuse qui s'étend entre la mer Rouge et les montagnes, depuis Akabah jusqu'à Aden, tantôt comme nom de province. Dans ce dernier cas, il s'applique spécialement aux plaines maritimes qui commencent au sud du Hedjaz, et varie de largeur selon que les montagnes s'éloignent ou se rapprochent du rivage, depuis 30 jusqu'à 80 milles. « Le
« Téhama, nous dit le géographe Édri-
« si, est couvert comme d'un réseau
« d'une chaîne de montagnes qui com-
« mencent à la mer de Colzoum, qu'el-
« les dominent, et dont un embran-
« chement se dirige vers l'orient. Voici
« quelles sont les limites du Téhama :
« à l'ouest, la mer de Colzoum ; à l'est,
« une chaîne de montagnes se diri-
« geant du sud au nord. L'étendue de
« cette province en long, depuis Sordja
« jusqu'à Aden, en suivant les bords
« de la mer, est de douze journées. Sa
« largeur est de quatre journées de
« marche. Elle a, au levant, les villes
« de Sada, de Djoras et de Nedjran ;
« au nord, la Mecque et la ville de
« Djidda ; au sud, Sanâ, éloigné à peu
« près de dix journées (*). » Toute cette contrée semble avoir été originairement sous les eaux, qui l'ont laissée à découvert en se retirant. Le sol y est comme coupé par des bancs entiers de fossiles marins, et d'épaisses couches de sel se montrent en quelques places comme de hautes collines. On a cru observer que, la mer continuant à se retirer, le Téhama s'accroissait lentement. Les bancs de coraux qui s'élèvent chaque jour du fond des eaux, se recouvrent des sables enlevés par le vent ; mais cette conquête n'offre à l'homme que bien peu d'avantages, et ce sol nouveau reste entièrement infertile. Les géographes, qui, au lieu de confondre le Téhama avec les provinces voisines, en font un district particulier (**), y comprennent le pays d'Abou-Arisch, qui, dans le cas où le Téhama indiquerait seulement le bas pays, ainsi que le veut la signification de son nom arabe, doit appartenir au Yémen.

(*) Édrisi, 2ᵉ climat, 4ᵉ section.

(**) « Le sheïkh arabe qui a dressé la
« nomenclature dont j'ai donné la traduc-
« tion, dit M. Jomard, met sur la même
« ligne le Hedjaz, l'Asyr et le Yémen : à
« chacune de ces contrées il affecte une
« localité appelée Téhama : ainsi il énu-
« mère les lieux situés dans le Téhama du
« Hedjaz, dans le Téhama de l'Asyr et
« dans le Téhama du Yémen. Trois autres
« Téhama figurent encore dans la liste des
« tribus et dans celle des villes. On voit
« clairement par ces exemples que le mot
« est ici générique ; or, le sens, ainsi que
« je l'ai dit, est celui de pays plat ou plateau
« plus rapproché de la mer que le reste de
« la contrée. Mais, outre cette acception, le
« mot Téhama se rapporte encore à une
« province particulière. L'Edrisi en donne
« l'étendue ; il la prolonge même très-loin
« dans le nord. Il résulte de cette circons-
« tance un peu de confusion dans les cartes
« d'Arabie ; la plupart des géographes n'ont
« pas fait la distinction qui était nécessaire.
« Quand on voit le mot Téhama employé
« seul, il doit être rapporté à la province
« ou au territoire de ce nom. » *Études géographiques et historiques sur l'Arabie.*

(*) Études géographiques et historiques sur l'Arabie, accompagnées d'une carte de l'Asyr et d'une carte générale de l'Arabie, par M. Jomard.

Tombeau du Prophète Aaron.

Cette belle province, située à l'extrémité méridionale de la péninsule, résume pour ainsi dire en elle seule toutes les richesses de sol ou de climat concédées à l'Arabie. Ses divisions politiques sont nombreuses : Sanâ, que Seetzen regarde comme l'une des plus belles villes de l'Orient, est la capitale de l'Imamat du même nom, qui, d'après la nomenclature adoptée par Niebuhr, se divise en 24 districts ou départements. En outre des États de l'Imam de Sanâ, auquel le même géographe accorde par excellence le nom de Yémen, il cite encore comme dépendances de la même province la seigneurie d'Aden, la principauté de Kaukeban, le Beled-el-Kobaïl, le district d'Abou-Arisch, la contrée qui est entre Abou-Arisch et le Hedjaz, le domaine de Khaulan, le pays de Sabân, la seigneurie de Nedjrân, celle de Kakhtan, le pays de Djôf, ceux de Nehm et de Iafa. La vallée de Sanâ est à environ quatre mille pieds au-dessus du niveau de la mer : elle a de six à neuf milles de largeur, et s'étend vers le nord aussi loin que l'œil puisse atteindre. Bornée à l'est par des plateaux peu élevés que domine la cime du Djebel-Nagam, qui s'élève de quinze cents pieds anglais au-dessus du niveau de la plaine, elle est fermée à l'ouest par des hauteurs qui atteignent jusqu'à douze cents pieds; au sud, elle se joint bientôt à une vallée étroite appelée Tarik-el-Yemen.

La population de Sanâ est considérable, d'après ce que nous apprend M. Cruttenden, le dernier voyageur qui y ait pénétré; il pense qu'on pourrait la porter à 40,000 âmes, dont 3,000 environ sont des juifs. La vieille ville est entourée de murailles, qui se développent sur une étendue de plus de cinq milles géographiques. Quelques canons en mauvais état garnissent les remparts. Les maisons, grandes et bâties en pierres de taille, ont une apparence d'élégance, à laquelle contribuent de riches vitraux de couleurs, dont sont ornées quelques-unes de celles qui ont été construites avec plus de soin. Un beau pont de pierre traverse la rue principale, qui, dans le temps des pluies, devient souvent un torrent fougueux. Deux palais entourés de vastes jardins appartiennent à l'Imam : le premier et le plus grand est appelé Bostan-el-Sultan; l'autre, qui est le plus ancien, s'appelle Bostan-el-Metouakil. Le style d'architecture de ces deux monuments est à la fois élégant et simple : l'ogive et le plein cintre, employés avec juste mesure et sans profusion d'ornements, rappellent les plus sveltes productions du goût arabe. La couleur grise de l'enduit qui recouvre les différentes façades est heureusement coupée par le blanc éclatant des soubassements, des entablements et des corniches. De nombreuses fontaines répandent dans la ville quelque fraîcheur et y apportent les eaux de la vallée. Les ruines d'un grand aqueduc construit par les Turcs traversent la ville et témoignent de l'importance que ces conquérants attachaient à l'ancienne capitale du Yémen. Vingt mosquées rivalisent entre elles d'élégance et de richesses : quelques-unes de celles qui contiennent les tombeaux des imams ont leur coupole entièrement dorée.

Chaque vendredi, selon l'usage, l'imam se rend en grande pompe à la mosquée, et M. Cruttenden, qui eut l'occasion, pendant son séjour, d'assister à cette cérémonie, décrit ainsi le cortége du prince : « Cinquante Bédouins armés ouvraient la marche, rangés six par six et chantant en chœur. Les principaux chefs de famille venaient ensuite, chacun d'eux à cheval et portant à la main une longue lance, dont les banderoles flottaient dans l'air. L'imam s'avançait après eux, monté sur un cheval d'une blancheur éclatante, appartenant à cette race que nourrit le désert de Djôf, au nord de Sanâ, et qui, plus haute que la race du Nedjd, ne lui cède ni en vitesse ni en élégance. De la main droite, le prince portait une lance dont la pointe était d'argent et la poignée d'or ciselé; de la main gauche il s'appuyait sur l'épaule d'un eunuque, tandis que deux esclaves tenaient les

2.

rênes du cheval. Un large parasol, à franges garnies de clochettes d'argent. était porté au-dessus de sa tête, et l'abritait contre les rayons du soleil. Le seïf-el-khalifah s'avançait ensuite sous un dais moins riche que celui du souverain. Le commandant des troupes, les parents de l'imam, et ses principaux officiers, suivaient immédiatement ; cent Bédouins armés fermaient la marche. »

A environ cinq milles de Sanâ, en se dirigeant vers le nord-nord-ouest, on rencontre la ville de Rodah, résidence favorite des négociants de Sanâ, qui y possèdent des maisons de plaisance où ils viennent passer tout le temps que leur laissent les affaires. Les jardins de Rodah et de Wadi-Dhar, autre ville à cinq milles ouest de celle-ci, sont admirablement cultivés, et les eaux abondantes qui les arrosent y permettent la culture la plus variée. La vigne y forme, comme en Piémont ou en Lombardie, d'immenses berceaux soutenus par de légers treillages. Les fruits d'Europe les plus estimés, la pêche, l'abricot, la prune, y croissent en abondance. Mais le principal objet de commerce et d'exportation du pays, est le café. Cette précieuse denrée, qui acquiert dans le Yémen un parfum qu'on n'y retrouve dans aucune autre contrée, ne croît pas dans les environs immédiats de la ville. Le premier endroit où on la récolte est Heffasch, à trente milles au sud-est de Sanâ. Quelques essais faits dans les derniers temps pour cultiver le café dans les jardins qui environnent la ville, n'avaient pas réussi. Parmi les variétés les plus estimées, on distingue particulièrement les espèces appelées dans le pays habbat et schardji : le grain en est d'une extrême petitesse. Les habitants de Sanâ n'emploient que la cosse qui contient la graine, et la font infuser comme nous le faisons du fruit : ils trouvent cette boisson très-agréable au goût, et bien moins irritante, ainsi préparée, que celle dont nous faisons usage.

Avant de quitter la partie montagneuse du Yémen, M. Cruttenden aurait voulu visiter Mareb ou Saba (*), l'ancienne Mariaba, située à environ

(*) « On ne peut guère douter que Mareb
« n'ait été le nom d'une ville, et que ce ne
« soit celle qui a été désignée par Ératos-
« thène, Artémidore, Strabon, Pline, sous
« le nom de Mariaba et comme située sur
« une haute montagne ; mais on a quelque
« lieu de douter si Mareb ou Mariaba est
« la même ville que Diodore de Sicile nomme
« Saba, et que d'autres écrivains ont nom-
« mée Sabas, Sabo, Sabé, Sabæ. Il ne serait
« point étonnant que la capitale des Sabéens
« eût été nommée la ville de Saba, quoi-
« qu'elle portât d'ailleurs le nom de Mareb.
« Les écrivains arabes semblent quelquefois
« faire une distinction entre Mareb et la
« ville de Saba ; mais c'est une pure inexacti-
« tude d'impression. Aboulféda dit expressé-
« ment : *Mareb, que l'on nomme aussi Saba.*
« *Entre Mareb et Sanâ il y a trois stations ;*
« *d'autres en comptent quatre. Cette ville est*
« *ruinée : elle a été autrefois la capitale des*
« *Tobba du Yémen ; elle était située à l'ex-*
« *trémité des montagnes du Hadhramaut ;*
« *c'est là qu'était la digue : on la nomme la*
« *ville de Saba.* L'auteur du Moschtarek
« dit : *Prononcez Saba.* Il ajoute : *C'est la*
« *ville de Mareb dans le Yémen. Elle a été*
« *nommée ville de Saba, du nom de son fon-*
« *dateur Saba, fils de Yeschob, fils de Ya-*
« *rob, fils de Kahtan.* Ebn-el-Ouardi fait
« deux articles séparés de Mareb et de Saba ;
« mais la manière dont il s'exprime en par-
« lant de Mareb fait voir que c'est la
« même ville qu'il nomme Saba. Kazwini
« en fait aussi deux articles séparés dans
« l'ouvrage intitulé Adjaïb-el-Bouldan ; ce-
« pendant je suis porté à croire que Mareb
« et Saba n'ont été originairement qu'une
« seule et même ville, à moins que le nom
« de Saba ne convînt plus spécialement à la
« ville, et celui de Mareb au château ou à
« la citadelle qu'habitait le souverain du
« pays. » *Mémoire sur divers événements de l'histoire des Arabes avant Mahomet*, par M. Silvestre de Sacy, p. 505 à 508. Malgré l'autorité de M. de Sacy, M. Fresnel pense que Mareb a bien succédé à Saba comme ville royale des Sabéens, mais non pas sur le même emplacement. Ce voyageur appuie son opinion sur Ptolémée, qui donne la position de *Maraba Metropolis* par 76° de longitude et 18 $\frac{1}{3}$ de latitude, tandis qu'il place *Saba Regia* par 76° de longitude et 13° de latitude, c'est-à-dire

ARABIE.

Moka.

douze myriamètres à l'est de Sanâ, dans le pays de Djôf. Une maladie grave de son compagnon de voyage ne lui permit pas de mettre ce projet à exécution. « Mareb, qui n'est aujour-« d'hui qu'un bourg, disait le géogra-« phe Édrisi au douzième siècle, était « autrefois une ville très-célèbre parmi « les Arabes. On y voit les ruines de « deux châteaux, dont l'un fut, dit-on, « construit par ordre de Salomon, fils « de David, et l'autre par Belkis, « femme de ce prince. C'est à Mareb « que fut élevée cette digue, si fameuse « par l'utilité dont elle était pour l'ir-« rigation de la contrée, et parce que « sa destruction soudaine fut un mé-« morable exemple de la justice divine, « irritée par l'impiété des anciens ha-« bitants (*). » Quoi qu'il en soit des causes de ce cataclysme fameux, qui changea en déserts de riches contrées,

beaucoup plus au sud, quoiqu'à la même longitude. Or, la position que le géographe d'Alexandrie assigne à cette dernière ville s'accorde parfaitement avec celle des ruines que Niebuhr place près de Yerim, en ayant égard à l'erreur de plus d'un degré que l'on remarque dans les latitudes basses de Ptolémée. Il est vrai que, selon Niebuhr, les gens du pays donnent à ces ruines le nom de Zhafar; mais cette métropole doit plutôt, comme nous le verrons plus tard, être reportée vers la limite orientale de l'Hadramaut où se trouvent d'autres ruines qui portent le même nom. Nous ajouterons que trois villes du nom de Mariaba sont citées par Pline; mais il ne peut y avoir d'hésitation sur celle dont il est ici question, c'est *Mariaba Regia*. Du reste, les recherches qui auraient pour but de retrouver dans l'Arabie moderne ou chez les chroniqueurs de ce pays les noms de peuples ou de lieux qui nous ont été transmis par les Grecs et les Romains, sont entourées de difficultés : la géographie comparée de l'Arabie est encore à faire. L'examen d'anciens textes arabes, et les travaux de voyageurs européens dans une contrée si rarement visitée par eux jusqu'à présent, pourront seuls permettre de s'appuyer sur des données autres que de simples conjectures.

(*) Géographie d'Édrisi, deuxième climat, sixième section.

Mareb n'était, du temps de Niebuhr, qu'un bourg médiocre, composé d'environ trois cents maisons, et défendu par une mauvaise muraille. Il serait à désirer que quelque voyageur pût pénétrer dans cette ancienne capitale des Sabéens. Quelques inscriptions, quelques fragments vus entre les mains des Arabes de la contrée, semblent présager des découvertes précieuses pour l'archéologie (*).

Deux ports, heureusement situés à l'entrée de la mer Rouge, Mokha et Aden, verront probablement renaître leur ancienne splendeur, et seront encore appelés à de hautes destinées commerciales. Lord Valentia, lorsqu'il visita la première de ces deux villes, ne pensait pas que sa population s'élevât à plus de cinq mille âmes. Aden, il y a peu d'années, était encore plus déchue. Située sur le côté nord d'un promontoire élevé, dit le lieutenant Wellsted (**), Aden ne tient au continent que par un isthme très-étroit, qui n'a pas plus de deux cents brasses de largeur. Cette ville n'offre, comme échantillon de son antique magnificence, qu'un petit nombre de minarets, quelques débris de murailles, et une centaine de maisons mal bâties, perdues au milieu de tombes et de masures écroulées. Des quatre minarets restés debout, deux seulement sont encore assez solides pour résister quelques années. Ils sont d'une forme octogone, construits avec élégance, et s'élèvent à une hauteur d'environ soixante pieds. Les mosquées desquelles ils dépendent sont dans un tel état de ruine, que les fidèles n'osent s'y rassembler pour la prière. Parmi les maisons qui surgissent encore çà et là, il y en a bien peu qui soient habitables. La plus belle et la mieux conservée sert de résidence au sultan lorsqu'il vient dans la ville; elle est semblable, pour la forme et la construction, aux maisons turques de

(*) *Journal of the royal geographical Society of London*, t. VIII, p. 287 et 288.
(**) *Travels in Arabia by lieut. J. R. Welsted*, vol. II, ch. xix.

Djidda. Les fortifications qui existaient autrefois ont eu une grande importance. Au prix d'un immense travail, on avait entouré d'une enceinte de plus de quatre milles de longueur la première rangée de collines qui commandent la ville. Ce qui peut seul maintenant rappeler l'ancienne population d'Aden aux jours de sa splendeur, ce sont les nombreux cimetières qu'on rencontre çà et là. C'est une ville morte, et qui n'est, pour ainsi dire, habitée que par des morts, car on n'y compte plus guère que huit cents habitants; ces pauvres gens ont peine à gagner leur vie en portant aux barques qui transportent les pèlerins à la Mecque, l'eau, le bois et le poisson dont elles ont besoin. Ce n'est plus là cette brillante cité dont Édrisi disait, il y a six cents ans : « On y apporte du Sind, de l'Inde « et de la Chine, des objets précieux, « tels que les lames de sabre damas-« quinées, les peaux de chagrin, le « musc, les selles de chevaux, le poivre « odorant et non odorant, la noix de « coco, le hernout (graine parfumée), « le cardamome, la cannelle, le galanga « (sorte d'herbe odoriférante), le mu-« cis, les myrobolans, l'ébène, l'écaille « de tortue, le camphre, la muscade, « le clou de girofle, les cubèbes, di-« verses étoffes tissues d'herbes, et « d'autres riches et veloutées; des dents « d'éléphant, de l'étain, des rotangs « et autres roseaux, ainsi que la ma-« jeure partie de l'aloès amer, destiné « pour le commerce (*). » Les Anglais occupent maintenant cette belle position, dont ils ont compris toute l'importance.

Le Hadramaut s'étend à l'est du Yémen, et le long de la côte de l'océan Indien, jusqu'à l'Oman, si l'on y rattache le pays de Mahrah, compris par les anciens dans cette division de l'Arabie, à laquelle ils avaient donné le nom d'Heureuse. Il se rapproche beaucoup du Yémen par le sol, le climat, les produits et la configuration du terrain. Les collines y sont fertiles, et les vallées bien arrosées. Ses cités étaient mieux connues du temps de Strabon que de nos jours : Niebuhr y cite plus de vingt villes dont il n'a pu apprendre que le nom. Mais il croit y observer une grande ressemblance avec ceux que les anciens historiens ou géographes nous ont transmis. Le schérif El-Édrisi viendra encore à notre aide dans cette pénurie de documents plus récents : « Les deux villes princi-« pales de cette province, dit-il, sont « Tarim et Schibam (*). Nous avons « déjà parlé de la première; quant à « Schibam, c'est une citadelle très-« forte, bien peuplée, construite sur « le penchant de la montagne du même « nom, dont la cime est tellement es-« carpée, qu'on n'y peut parvenir qu'a-« vec de grands efforts. Le sommet « de cette montagne est couvert de « villages, de champs cultivés, d'eaux « courantes et de palmiers (**). On y

(*) « Le scheïkh de Schibam est, dit-on, « un des plus puissants princes de l'Hadra-« maut. Tout ce que je sais de bien positif « touchant cette ville, c'est qu'elle est à « huit journées de Sanâ et à dix de Ma-« reb. Un Arabe de Mareb, que je trouvai « à Sanâ, n'avait pas vu un seul village « en allant de sa ville natale de Schibam « dans le pays de Djôf; mais, en Hadramaut, « il passa par Hahnem, Saoun, et Tarim. « Il y a de plus en Hadramaut : Doan, « Zhafar, port de mer d'où l'on exporte le « meilleur encens, Keschin ; Ainad, et quel-« ques autres encore. Il faut observer que les « Arabes, si je ne me trompe, annexent à « l'Hadramaut le pays de Mahrah ; comme « ils ajoutent le Téhama au Yémen. » *Description de l'Arabie par Niebuhr*, t. II, p. 126 à 132.

(**) D'après le beau travail sur Aboulféda, que M. Reinaud vient de livrer au public, il paraît qu'Édrisi et Aboulféda, qui l'a suivi, ont confondu ici deux villes fort éloignées l'une de l'autre : la première dans le Yémen, l'autre dans le Hadramaut. La montagne dont parle Édrisi se trouverait probablement non loin de Sanâ. Voici l'article du Meracid-el-Ittila, qui a fait supposer à M. Reinaud cette erreur du géographe arabe : « Schibam, nom d'une grande « montagne auprès de Sanâ, parsemée « d'arbres et de sources ; c'est cette mon-

(*) Géographie d'Édrisi, premier climat, sixième section.

« trouve des cornalines, des améthystes
« et des onyx. Au premier coup d'œil,
« ces pierres semblent n'avoir que peu
« d'éclat, et ne peuvent être reconnues
« que par les personnes habituées à
« les chercher ; mais, travaillées et po-
« lies, elles acquièrent toute leur beauté
« et tout leur prix.

« A l'orient du Hadramaut, touche
« le pays de Schedjer, habité par des
« Arabes de Mahrah, qui sont de race
« non mélangée. Les dromadaires que
« produit ce pays n'ont pas leurs pareils
« en vitesse. On rapporte même qu'avec
« très-peu de soins, on parvient à leur
« faire comprendre ce qu'on veut d'eux.
« On leur donne des noms par lesquels
« on les appelle ; ils viennent et obéis-
« sent sans le moindre retard. Le prin-
« cipal bourg de Mahrah est Schedjer.
« Le langage des habitants est telle-
« ment corrompu, qu'on a de la peine
« à les comprendre : c'est l'ancien hi-
« myarite (*). Cette contrée est très-
« pauvre. Les seules ressources de ses
« habitants consistent dans le trans-
« port des marchandises et dans le
« commerce des chèvres et des cha-
« meaux. Ils nourrissent leurs bes-
« tiaux d'une espèce de poisson qui se
« pêche dans la mer d'Oman, et qu'on
« donne au bétail après l'avoir fait sé-
« cher au soleil. Les habitants de
« Mahrah ne connaissent ni le blé, ni
« le pain. Ils vivent de poisson, de
« dattes, de laitage, et ne boivent que
« très-peu d'eau ; ils sont tellement
« accoutumés à ce régime, que, lors-
« que, voyageant dans une contrée voi-
« sine, il leur arrive de manger un
« peu de pain ou quelques mets fari-
« neux, ils en sont incommodés, et

« tagne qui fournit de l'eau à Sanâ. Entre
« Sanâ et la montagne, il y a la distance
« d'un jour et d'une nuit ; la montagne est
« difficile à monter, et on n'y arrive que
« par un côté qui est habité par la tribu
« d'Yafer. Cette tribu y occupe des lieux
« d'une force merveilleuse, et des défilés
« considérables où se trouvent beaucoup de
« fermes, de vignes, et de palmiers. On dit
« que quatre lieux du nom de Schibam se
« trouvent dans l'Yémen ; ce sont (outre la
« ville dont il vient d'être parlé) : Schibam-
« Kaukeban, à l'ouest de Sanâ, à une
« journée de distance dans la montagne déjà
« décrite ; Schibam-Sokhaym, au sud-ouest
« de Sanâ, à la distance d'environ trois
« parasanges ; Schibam-Herzan, au sud-
« ouest de Sanâ, à deux journées de dis-
« tance. Schibam est aussi le nom d'une des
« deux villes du Hadramaut ; l'autre ville
« est Terym. » Trad. de la géographie d'A-
boulféda, par M. Reinaud, p. 132.

(*) Tous les historiens orientaux s'accordent à dire que, dans l'antiquité, on
parlait au Yémen, et dans une grande
partie de l'Arabie méridionale, une langue
différente de l'arabe du Hedjaz. Cet idiome,
quel qu'il soit, porte chez les chroniqueurs le
nom de langue himyarique ; il est regardé par
quelques-uns d'eux comme l'antique langage
d'Ad et de Thamoud, ces tribus antérieures
à Abraham, et dont l'existence forme le
souvenir le plus reculé auquel parvienne la
tradition arabe. Les témoignages les plus
récents nous apprennent d'autre part que,
dans toute la longueur de la côte du Mahrah,
depuis Sayhoût jusqu'à Hâouk, et sur une
profondeur septentrionale de quinze ou
seize journées de caravane, on parle une
langue très-distincte de l'arabe moderne.
Cette langue, que les gens du pays nomment ehkili, M. Fresnel pense qu'elle est
de famille sémitique, et qu'on doit la regarder comme l'ancienne langue himyarique de la tradition. Comme on n'a jusqu'à
présent recueilli aucun document écrit ap-
préciable sur cet idiome, la question n'est
pas résolue. Ebn-Khaldoun, parlant d'une
inscription tracée par ordre d'un roi himyarite du Yémen, dit qu'elle était écrite
en caractères indiens. Les fréquents rapports des habitants de la côte méridionale de
l'Arabie avec l'Inde ne rendent pas cette supposition impossible. On pourrait croire que
les Arabes du Yémen et du Hadramaut parlaient un dialecte de l'arabe, voisin mais
différent de celui du Hedjaz, et que l'arabe
n'existant pas alors comme langue écrite,
ils avaient emprunté à l'Inde les caractères
de l'écriture, telle, par exemple, que le
dévanagari. Cette opinion prendra plus de
probabilité si l'on fait attention que cette
écriture porte en arabe le nom de *mousnad*,
c'est-à-dire appuyée, et qu'en effet, dans le
dévanagari, les lettres sont appuyées les unes
aux autres par une espèce d'accolade continue. Je dois cette remarque à l'obligeance
de M. Caussin de Perceval.

« tombent quelquefois malades sérieu-
« sement. On dit que la longueur to-
« tale du pays de Mahrah est de 900
« milles, et sa largeur de 15 à 25. Il
« se compose en entier de sables mou-
« vants. De l'extrémité du pays de
« Schedjer jusqu'à Aden, on compte
« 300 milles (*). » Nous mettrons en
parallèle avec le récit du géographe
arabe qui écrivait au douzième siècle,
celui d'un voyageur moderne, M. Fresnel, dont le séjour en Orient est chaque jour plus utile aux sciences historiques et à la géographie.

« J'ai appris de quelques habitants
du Hadramaut, dit M. Fresnel, que
le territoire sur lequel notre géographe Brué a mis pour étiquette : *pays
totalement inconnu*, est rempli de villes
et de bourgades. La partie occidentale
de ce territoire dépend du Hadramaut, dont la capitale, Schibam, est
située à huit journées de Schedjer, et
à douze ou treize de Sanâ, ce qui pla-
cerait cette ville à environ 17° de latitude nord, et un peu plus de 46° longitude est. A une journée de distance
à l'ouest de Schibam, est Terim, ville
de quelque importance, puisqu'on y
compte autant de mosquées que d'é-
glises à Rome. A une demi-journée à
l'est, est Seywoum, autre ville très-
considérable. Le tombeau du patriarche Houd est situé près de Schibam;
et, à peu de distance de ce tombeau,
dans la vallée de Barahout ou Barhôt,
est un puits d'où sort un bruit lugu-
bre, des exhalaisons fétides, et où les
Arabes d'aujourd'hui placent les âmes
prédestinées à l'enfer. Ptolémée place
dans cette région, et à la latitude vou-
lue, ou à peu près, une source qu'il
appelle *Stygis aquæ fons*, « la source
du Styx ; » la partie occidentale du *pays
totalement inconnu* dépend du Mahrah. Cette contrée de Mahrah est beaucoup trop restreinte, et beaucoup trop
à l'est sur la carte de Brué; car elle
s'étend depuis Sayhout, entre Kischin
et le cap Baghaschouah, jusqu'au cap
Kerouan, un peu au delà de Haçik, in-
clusivement. Quant à Doân, ce n'est

(*) *Géographie d'Édrisi*, traduction de
M. Jaubert, t. I$^{er}$, p. 149 à 151.

pas une ville, comme Niebuhr l'a cru,
mais bien une région ou vallée du
Hadramaut, située à cinq ou six journées au nord de Moukallah (la Maccala de Ptolémée), et de chaque côté
de laquelle s'élèvent des bourgades ou
villages en vue les uns des autres. Sur
la plus haute montagne de Doân, sont
des chambres excavées dans le roc, où
les Arabes n'osent pas entrer, et qu'ils
rapportent au temps de Scheddad, fils
d'Ad. »

C'est sur les frontières du Hadramaut et de l'Oman qu'il faut peut-
être placer la ville de Zhafâr, pendant longtemps la capitale de l'empire des Himyarites et probablement
le Saphar de la Genèse. Deux villes ont
porté ce nom dans l'Arabie méridionale, et quelquefois elles ont été con-
fondues par les géographes orientaux.
L'une était dans le voisinage de Sanâ ; l'autre, sur le bord de la mer, et
près de Mirbat. « C'est probablement
de cette dernière, dit M. Fresnel, que
l'historien Maçoudi a voulu parler,
lorsqu'il dit que la plupart des rois du
Yémen ont résidé à Zhâfar ; et comme
cette cité, enrichie par le commerce
de l'Inde, était la ville la plus intéressante de l'Arabie méridionale, je suis
très-porté à croire que son homonyme
du Yémen occidental fut bâtie et nommée ainsi, dans un esprit de rivalité,
par le chef d'une province démem-
brée, lequel voulait pouvoir dire : Je
règne à Zhafâr. Si cette opinion est
fondée, il faudra reporter le pays de
Himyar à près de deux cents lieues à
l'est de la région où il est indiqué sur
nos cartes, ou admettre que la ville la
plus importante de ce pays-là était
une ville limitrophe. Ce qu'il y a de
certain, c'est que la plus ancienne
ville du nom de Zhafâr est généralement identifiée avec celle que la Bible
nomme Saphar ; du moins les savants
qui font autorité, depuis Bochart jusqu'à Gesenius, paraissent d'accord sur
ce point. L'identité de Saphar avec
l'antique Zhafâr une fois admise, il
s'ensuit de toute nécessité que la plus
ancienne ville du nom de Zhafâr est
celle qui se trouve, ou plutôt se trou-

vait dans le voisinage de Mirbat; car si c'était l'autre, c'est-à-dire, la ville située à vingt-quatre parasanges de Sanâ, dans le Yémen occidental, le pays du Hadramaut n'eût point été compris dans les limites assignées par Moïse aux enfants de Joctan; limites qui sont Mecha à l'ouest, et Saphar à l'orient. Pour que Saphar soit leur limite orientale, il faut absolument qu'elle se trouve au delà du Hadramaut. Le nom de Zhafâr s'applique aujourd'hui non plus à une ville en particulier, mais à une série de villages situés sur la côte, ou près de la côte de l'océan Indien, entre le cap Mirbat et le cap Sadjir. Du plus oriental au plus occidental, il peut y avoir la distance de dix-sept ou dix-huit heures, ou deux journées de caravane. Voici les noms de ceux qui avoisinent le rivage, en allant de l'est à l'ouest: Takah, El-Dahariz, El-Belid, El-Hafah, Salalah, Aoukad. Les quatre premiers sont sur la mer, et les deux derniers à peu de distance du rivage. Celui que l'on nomme El-Belid est en ruines, mais en ruines splendides. C'est peut-être l'antique Zhafâr. L'Arabe de qui je tiens mes renseignements a visité ces débris. Il m'assure y avoir vu et l'ogive et la voûte en plein cintre. Toutes les pierres sont taillées avec une précision géométrique, et l'on remarque dans chaque maison une mosquée ou un oratoire. Voici la tradition relative à cette particularité:

« Autrefois, il n'y avait à Zhafâr qu'une mosquée pour tout le monde. Un Arabe du désert, étant entré dans la ville à l'heure de la prière du soir, alla dans la mosquée où se trouvait réunie toute la population mâle; et, la prière finie, demanda l'hospitalité aux habitants. Ce fut à qui l'aurait pour hôte; les uns le saisirent par un bras, les autres, par l'autre; et, chacun tirant de son côté, le Bédouin fut écartelé vif. Le prince qui régnait alors, craignant que pareille scène ne se renouvelât, ferma la mosquée commune, et ordonna que chaque habitant eût une mosquée particulière. Dorénavant, dit-il aux habitants de Zhafâr, lorsqu'un étranger entrera dans vos murs, il sera l'hôte de celui dans la mosquée duquel il aura mis le pied. El-Belid est bâtie sur une presqu'île ou ci-devant presqu'île, entre l'océan et un golfe; en sorte que le port se trouvait autrefois derrière la ville, par rapport à un spectateur placé au large. Aujourd'hui, pendant presque toute l'année, au moins à la marée basse, le golfe est un lac, et la presqu'île un isthme, l'entrée du port s'étant obstruée à la longue; mais, ce qu'il y a de curieux, c'est que ce lac est un lac d'eau douce. Dans la saison des pluies (en été, comme dans l'Inde), il redevient golfe; golfe d'eau douce à la marée basse, et d'eau salée à la marée haute. Il n'y a plus aujourd'hui que trois ou quatre maisons dans ce village d'El-Belid (*). » Ptolémée, qui a eu soin de placer *Saphar Metropolis* dans sa liste des villes de l'Arabie, ne la mettant pas sur le rivage de l'Océan, M. Fresnel a supposé, plus tard, que le point appelé El-Belid, sur la portion de côte qui porte encore aujourd'hui le nom de Zhafâr, n'était, dans les temps antiques, que le port de la métropole orientale. Ce point coïnciderait alors avec le *Mosca portus*, qu'Arien et Ptolémée vantent comme le rendez-vous de tous les marchands qui faisaient le commerce entre l'Inde, la Perse et l'Arabie : il faudrait chercher les ruines de la *Saphar Metropolis* à douze ou treize lieues au nord-ouest d'El-Belid.

L'Oman, récemment parcouru par M. Wellsted, lieutenant de la marine royale en Angleterre, est cette partie de l'Arabie baignée à la fois par les eaux de la mer des Indes et du golfe Persique. Ses limites ne sont pas moins difficiles à fixer dans l'état actuel de nos connaissances, que celles des provinces dont nous avons déjà tenté la description. Quelques géographes comprennent, sous ce nom, tout le pays qui s'étend entre le Hadramaut, le Lahsa et le Nedjd; mais cette division est

---

(*) Voy. *Journal asiatique*, cahiers de juin 1838 et juillet 1839.

complétement inconnue aux habitants; ils ne donnent le nom d'Oman qu'à l'espace compris entre les districts de Djaïlan et de Batna. Appelé à choisir parmi ces opinions diverses, M. Wellsted a cru devoir donner le nom d'Oman à toute la contrée dont les caractères généraux diffèrent essentiellement des contrées voisines, et dont les subdivisions se rattachent, quoique souvent par un faible lien, au prince qui porte le titre de souverain de l'Oman.

Considérée sous ce point de vue, cette région forme une bande de terre dont la largeur n'excède jamais cent cinquante milles. Bornée à l'est par l'océan Indien, elle se termine, à l'ouest, par de vastes déserts, et s'étend en ligne directe, depuis l'île de Maseira, à 20° 48' de latitude septentrionale, jusqu'au cap Mussendom, à 26° 24', où elle se termine par un angle aigu. Les Arabes divisent cette vaste contrée en quatre districts principaux : celui de Djaïlan, celui d'Oman, celui de Dhorrah et celui de Batna. Une chaîne de montagnes granitiques, faisant partie de la grande chaîne qui enserre, pour ainsi dire, toute l'Arabie, traverse l'Oman dans une direction parallèle au rivage; et, vers le 23° de latitude, une chaîne transversale, plus élevée, vient s'appuyer, à angle droit, sur la première. On lui donne le nom de Djebel-Akhdar, ou la montagne verte; et quelques-uns de ses sommets les plus élevés atteignent six mille pieds anglais au-dessus du niveau de la mer.

L'aspect général du pays est celui d'une vaste solitude entrecoupée de nombreuses oasis et de fertiles vallées; mais toutefois les terres cultivées sont dans une proportion bien petite, si on les compare à l'immense étendue de plaines sablonneuses qui ne permettent ni culture, ni végétation. La bande étroite de terrains qui s'étend entre la mer et le pied des montagnes produit un grand nombre de dattiers, et de Sib à Khorfakan ils forment une véritable forêt, dont la longueur est de près de 200 milles, sur 5 à 6 milles de largeur. Aussi les poëtes de l'Arabie font-ils souvent allusion dans leurs vers aux palmiers de l'Oman.

Parmi les villes qui bordent la côte, la plus importante, comme place commerçante, et comme séjour de l'imam qui gouverne la contrée, c'est Maskat, dont la prospérité daterait de bien des siècles, si l'on devait l'identifier, ainsi que l'ont fait quelques géographes, avec *Moscaportus*, au pays des Hadramites. Quelle qu'ait pu être sa destinée dans des temps si éloignés de nous, il ne nous est possible de suivre son histoire qu'à dater de l'époque où les Portugais en prirent possession en 1508, et en firent un port destiné à ravitailler leurs flottes lorsqu'elles se rendaient de l'Inde à Ormuz. C'est dans cette vue qu'ils employèrent de grands travaux et de grandes sommes pour fortifier la ville. Aussi, lorsque les Persans, sous le règne de Schah-Abbas, en 1622, s'emparèrent d'Ormuz, les habitants les plus riches de cette ville vinrent se réfugier à Maskat, dont l'importance avait doublé par ce seul événement. Mais en 1658, les Arabes s'étant emparés de la place, passèrent la garnison au fil de l'épée; et maintenant, il n'existe d'autre trace du séjour des Portugais que les fortifications de la ville et deux églises, dont l'une a été convertie en un palais habité par l'imam.

Pour les personnes qui arrivent par mer, l'aspect de Maskat est à la fois étrange et pittoresque. Des collines élevées l'enserrent de tous côtés; et la teinte sombre des rochers dont elles sont formées contraste avec la blancheur des maisons et des forts qui dominent la ville. Ainsi que la plupart des villes de l'Orient, Maskat offre de loin l'apparence d'une belle cité : les dômes de ses mosquées, ses légers minarets, ses nombreuses terrasses attirent les regards et plaisent aux yeux; mais l'illusion ne dure que jusqu'au moment où l'on débarque. A peine est-on dans ses rues étroites, dans ses bazars fangeux, que toutes traces de régularité ou de propreté disparaissent pour ne laisser voir qu'un dédale inextricable de constructions incomplètes ou inachevées, bien rarement interrompues par quelques palais dont l'architecture persane est toute différente de celle qui est usitée dans le Hedjaz ou le Yémen.

« Il existe un chemin, dit Édrisi, pour se rendre, en suivant le littoral de l'Oman, à Bahreïn. Il passe par Sohar, Damar, Mascat, El-Djebel et Djolfar, lieux où sont des pêcheries de perles. De Mascat à Sohar, villes l'une et l'autre bien peuplées, on compte 450 milles sans habitations. Sohar est située sur le golfe Persique. C'est l'une des villes les plus anciennes du pays d'Oman. Autrefois il y venait des marchands de toutes les parties du monde, pour l'importation des productions du Yémen et l'exportation de toutes sortes d'objets, ce qui contribuait à la prospérité du pays, d'ailleurs fertile en dattes, en figues-bananes, en grenades, en coings, et autres fruits de qualité supérieure. De Sohar à Bahreïn, on compte environ vingt journées (*). »

Bahreïn, nommé aussi El-Haça ou El-Hedjr par quelques géographes arabes, s'étend le long du golfe Persique, depuis le cap Mussendom, ou mieux, depuis le pays de Djolfar, au nord de ce dernier, jusqu'à l'embouchure de l'Euphrate. Le nom de Bahreïn, qui est le duel du mot arabe *bahr* (la mer), vient, d'après Aboulféda, de ce que le pays est situé entre un lac nommé le lac d'El-Ahsa et la mer Salée (Bahr-el-Melih). « Bahreïn, dit l'auteur du Meracid-el-Ittila, d'accord en cela avec Bakouï, est l'appellation générale de tout le pays entre Basra et Oman. La capitale de cette province est la ville de Hedjr, qui est éloignée de quinze journées de Basra, tandis qu'elle est séparée de l'Oman par un mois de route (**). »

(*) Édrisi, sixième section, deuxième climat. Voyez aussi sur la ville de Sohar la relation du lieutenant Wellsted, t. I, p. 229. Ce voyageur attribue à cette ville une population d'environ neuf mille âmes et la regarde comme la plus importante de l'Oman après Maskat.

(**) Meracid-el-Ittila, manuscrit de la Bibliothèque royale, p. 81.

Formée d'une bande de terrain dont la largeur dépasse rarement 50 à 60 milles, cette contrée est l'une des moins connues de notre globe. Elle n'est ni infertile ni dépourvue d'eau ; mais les sables mouvants apportés par les vents du désert la changent souvent en une steppe aride ; aussi offre-t-elle aux navigateurs qui remontent ou descendent le golfe Persique, un aspect désolé et monotone, quelquefois interrompu par des bouquets de palmiers à l'ombre desquels se cachent quelques bourgs ou villages dont le nombre ne s'élève pas à plus de vingt. Là, en effet, où le sol est arrosé, on peut seulement trouver une végétation puissante ; et, dans ces lieux favorisés, de riches pâturages nourrissent ces admirables races de chevaux qui compensent pour l'Arabe tant de privations et de misères. La ville, maintenant la plus importante de la province de Bahreïn, porte le nom d'El-Haça, et est située sous le 25ᵉ degré de latitude septentrionale. Les dernières guerres des Arabes contre les pachas d'Égypte et de Bagdad ont prouvé que cette place est susceptible d'une longue défense. Du temps d'Aboulféda, elle était dépourvue de murailles ; mais d'après ce géographe elle abonde en palmiers, en eaux courantes, et en sources d'eau extrêmement chaudes. C'est auprès d'El-Haça, qui porte aussi le nom de Hedjr, qu'on doit placer le château d'Almoschaccar, où les gouverneurs du Bahreïn faisaient leur résidence lorsque les rois de Perse de la dynastie des Sassanides étaient maîtres de cette province, de l'Oman et du Yémen (*).

El-Katif, que l'on croit être l'ancienne Gerrha, a été l'un des plus riches entrepôts de l'Arabie. Située presque en vue des îles Bahreïn, au centre des pêcheries de perles les plus abondantes du monde entier, ce précieux produit était pour elle une source de prospérité. On y voit encore, au rapport d'un voyageur moderne, d'an-

(*) Géographie d'Aboulféda, trad. de M. Reinaud, p. 135 et 113.

ciens monuments en pierre, avec des inscriptions qui, malheureusement, n'ont pas été déchiffrées; mais la ville n'a plus maintenant qu'une chétive apparence, quoiqu'elle soit pourvue de tout ce qui est nécessaire à la vie, et entourée de nombreux bosquets de dattiers (*). Le capitaine Sadlier a fait, il y a quelques années, un long séjour à El-Katif et dans les environs. Le district d'El-Katif renferme neuf bourgs ou gros villages entourés de murailles, et sept qui n'ont pas d'enceinte. Les villages renferment 10,000 habitants, et la ville 6,000. La baie d'El-Katif a une largeur de 20 milles à son entrée; elle est fermée au nord par une langue de terre étroite et sablonneuse, dont l'extrémité forme un cap appelé Ras-el-Tanourah; au sud par une plaine de sable et un cap nommé Zahrân, ainsi que la montagne qui est à l'angle. Au centre de la baie est l'île Tarut, qui a 10 milles de long, et se dirige du sud-est au nord-ouest (**).

Le géographe arabe auquel nous avons déjà emprunté bien des notions sur un pays qu'il a mieux décrit qu'aucun autre, nous servira encore de guide pour le reste de la province de Bahreïn, et surtout pour la pêche des perles, dont il a rapporté les différentes opérations avec plus de détails que ne pouvait le faire espérer son style, ordinairement si concis. L'immobilité des usages de l'Orient doit nous faire supposer que l'état des choses a changé bien peu depuis l'époque à laquelle écrivait Édrisi.

« A partir d'El-Katif, le pays qui s'étend jusqu'à Bassora est un vaste désert où l'on ne trouve point d'eau, point de villes, point de places fortes. Il est fréquenté particulièrement par une tribu d'Arabes Bédouins qui porte le nom d'Amer Rebia. Les villes du Bahreïn sont : Hadjr, Hems, El-Katif, El-Haca, Bicha, El-Zasa, El-Khatha, où l'on fabrique les lances connues sous le nom de Khathié. L'île principale du Bahreïn se nomme île d'Awal; sa capitale se nomme Bahreïn, et c'est une ville bien peuplée, dont les environs fertiles produisent du grain et des dattes en abondance. Il y a beaucoup de sources dont les eaux sont douces, et assez abondantes pour former des chutes capables de faire tourner des meules de moulins. C'est dans cette île que résident les navigateurs qui se livrent à la pêche des perles. Ils habitent la ville, et des marchands, porteurs de sommes considérables, s'y rendent de toutes les parties du monde pour y séjourner durant des mois entiers, en y attendant la saison de la pêche. Ces marchands louent des plongeurs moyennant un salaire dont le taux est fixé. La pêche a lieu en août et en septembre, ou même avant cette époque, si les eaux sont assez limpides. Chaque marchand est accompagné du plongeur qu'il a loué, et toute la flottille sort de la ville au nombre de plus de 200 doundj, grandes barques construites avec un entrepont que les marchands divisent en cabines au nombre de cinq ou six, aucun d'entre eux ne devant empiéter sur la cabine d'un autre dans le navire. Chaque plongeur a un compagnon qui doit l'aider dans son travail; cet aide se nomme le moussfi. Les pêcheurs sortent donc tous ensemble de la ville, accompagnés d'un guide habile. Il y a certains lieux qu'ils connaissent, et où ils savent, à n'en pouvoir douter, qu'ils trouveront des huîtres à perles; car l'huître a des bancs autour desquels elle tourne, où elle pénètre, d'où elle sort selon les diverses époques de l'année. Lorsque les pêcheurs sortent d'Awal, ils sont précédés du guide, et ils le suivent dans leurs navires, avec ordre, sans le dépasser, ni sans s'écarter de sa route. Parvenu au lieu où l'on suppose que se trouve un banc de perles, le guide se dépouille de ses vêtements, plonge dans la mer, et regarde. S'il trouve la place favorable à la pêche, au sortir de l'eau il fait abattre la voile de sa doundj et jeter l'ancre; les autres navires s'arrêtent éga-

---

(*) *History of seyd Saïd sultan of Mascat*, London, 189.

(**) Voy. Not. géogr. sur l'Arabie centrale par M. Jomard.

ARABIE.

Vue de la ... Khasne.

lement, et tous les plongeurs se mettent à l'œuvre. La profondeur des bancs varie de deux à trois brasses. Lorsque le plongeur s'est dépouillé de ses vêtements, il se bouche les narines d'une sorte d'onguent composé de cire fondue avec de l'huile de sésame ; il prend son couteau et un petit sac destiné à contenir les huîtres qu'il pourra trouver. Chaque plongeur est muni d'une pierre pesant quatre quintaux ou environ, laquelle est attachée à une corde mince, mais solide. L'aide ou compagnon tient avec force cette corde, tandis que le plongeur, plaçant ses pieds sur la pierre et serrant la corde avec ses mains s'élance dans la mer. Alors le compagnon laisse glisser la corde, le plongeur descend rapidement au fond de l'eau, et lorsqu'il y est parvenu, il s'assied, ouvre les yeux, regarde autour de lui, ramassant avec promptitude toutes les huîtres qu'il peut atteindre. S'il parvient à remplir son sac, c'est à merveille, sinon il tâche de s'écarter un peu sans quitter la pierre ni la corde. Quand il est fatigué, il remonte à la surface de l'eau, reprend haleine, et plonge de nouveau pour faire de nouvelles recherches. Chaque fois que le sac est plein, le compagnon le tire du haut de la barque, le vide dans sa cabine et le renvoie au plongeur ; car s'il y a beaucoup d'huîtres, celui-ci continue ses recherches en raison de cette abondance. Lorsqu'ils se sont livrés au travail pendant deux heures, les plongeurs remontent et se reposent. Le moussi se met alors à ouvrir les huîtres ; le marchand assiste à l'opération depuis le commencement jusqu'à la fin, en recueille le produit, et en prend note par écrit. Quand un banc est épuisé, on se transporte sur un autre ; car la pêche dure jusqu'à la fin du mois d'août, époque à laquelle les pêcheurs retournent ensemble à l'île d'Awal, rapportant toutes leurs perles renfermées dans des bourses. Chacune de ces bourses porte une étiquette indiquant le nom du propriétaire, et est scellée d'un cachet. Au moment du débarquement, toutes les bourses sont retirées des mains des marchands, et mises sous la responsabilité du gouverneur. Quand vient le jour de la vente, tous les marchands prennent place dans le lieu destiné à cette opération ; on apporte les bourses, et on appelle par son nom chacun des propriétaires. Les cachets sont brisés l'un après l'autre, et l'on verse chaque lot de perles dans trois cribles superposés. Ces cribles sont percés de trous d'une dimension telle, qu'ils donnent passage aux petites perles et aux moyennes, en sorte qu'il ne reste sur le crible supérieur que les grosses, sur le second que les moyennes, et que les petites demeurent au-dessus du dernier. On sépare ainsi les espèces, on les estime, et on en annonce le prix à haute voix. Si le marchand désire garder sa marchandise, on l'inscrit sous son nom ; s'il préfère la vendre, celui qui l'achète est tenu de la payer comptant, de telle sorte que le marchand acquitte sa dette envers le plongeur, et qu'ils se séparent satisfaits les uns des autres. Quand il se trouve dans la récolte quelque perle d'une beauté rare, le gouverneur de l'île d'Awal la réserve et l'inscrit lui-même au nom du prince des croyants ; mais l'équité préside toujours à ces sortes de marchés, et il n'y a pour personne aucun sujet légitime de plainte (*). »

Le produit des pêcheries du golfe Persique, au seizième siècle, était estimé à 500,000 ducats (**) ; maintenant il est d'environ 20 lacks de roupies, c'est-à-dire, à peu près 5,000,000 de francs. La plus grande partie des perles ainsi recueillies est portée dans l'Inde ; le reste se vend à Buschin, Bassora ou Baghdad, pour la Turquie et la Perse. Quelques perles de choix arrivent chaque année de Constantinople ou de l'Égypte dans les principales capitales de l'Europe. « Il n'y a peut-être pas de pays, dit un voyageur

(*) Édrisi, t. I, p. 372 à 377.
(**) *Relaciones de Pedro Texeira del origen de los reyes de Hormuz, y de un viage hecho por el mismo autor dende la India oriental.* 1610.

anglais, où se trouve une plus grande quantité de perles : tout le fond de la mer est rempli de coquillages. La pêche en est suivie aujourd'hui avec moins d'ardeur, depuis que les marchés des Anglais ont été transportés à Ceylan. Son marché principal est actuellement à Mascate. Les perles du golfe Persique sont jaunes ou blanches; mais tandis que la perle de Ceylan s'effeuille, celle-ci est dure comme le rocher (*). »

Les îles Bahreïn ont été considérées en général, par les géographes, comme faisant partie de la province de ce nom. Elles sont au nombre de deux : celle à laquelle Édrisi donne le nom d'Awal porte spécialement le nom de Bahreïn chez les Occidentaux ; c'est la plus grande des deux. La plus petite a retenu le nom d'Arad, sous lequel elle était connue dès le temps de Strabon. Nous avons déjà dit, en traitant de la géographie ancienne de ces contrées, comment toutes les probabilités se réunissent pour nous convaincre que les îles appelées dans l'antiquité Tylos et Aradus, n'étaient autres que les îles Bahreïn. C'est là, qu'à travers des déserts de sable, les Phéniciens venaient échanger l'or de la Bétique contre les produits des Indes orientales. Les ressources que leur offraient les bancs de perles dont cette mer est sillonnée, étaient pour eux un puissant motif de braver les dangers de la route. Néarque en fait mention dans son journal (**). Il ne parle, à la vérité, que de la petite île de Cataea, sur le rivage oriental, parce qu'il ne vit pas la côte d'Arabie, ni les îles adjacentes ; mais il est facile de concevoir que si des îles d'une médiocre étendue, et à peine habitées, étaient fréquentées par les pêcheurs de perles, à plus forte raison l'esprit actif et commerçant des Phéniciens ne pouvait laisser échapper les trésors que les îles plus grandes renfermaient (***).

De l'embouchure de l'Euphrate, limite septentrionale du Bahreïn, jusqu'aux confins de la province d'Alep, s'étendent d'immenses pâturages ou d'arides déserts, dont la plus grande partie est regardée par les géographes de l'Europe comme une dépendance de la Syrie, mais que les Orientaux ont toujours rattachés à l'Arabie, bien qu'à proprement parler ils soient hors de la péninsule. Ibn Haukal, cité par Aboulféda, décrit une des grandes divisions de l'Arabie comme comprenant les campagnes désertes (Badyé) de l'Irac, du Djezyré et de la Syrie. « Les campagnes de l'Irac, ajoute-t-il, comprennent les pays situés depuis Abbâdan jusqu'à Anbar, le long du Nedjd et du Hedjaz. Dans les campagnes du Djezyré, il faut comprendre la région située depuis Anbar jusqu'à Balès, Tayma et Ouady-el-Cora. Enfin les campagnes de Syrie (Badyet-el-Scham) se composent des pays situés depuis Balès jusqu'à Éla, en face du Hedjaz et à côté du territoire de Tebouk. » « Tadmor ou Palmyre, dit encore Aboulféda, fait partie du Badyet-el-Scham, ou campagne de Syrie. C'est une petite ville dans la province d'Émesse, à l'orient de cette ville. La plus grande partie du territoire de Palmyre consiste en marais salins. On y remarque des palmiers et des oliviers. Il s'y trouve d'imposants monuments, remontant à une haute antiquité ; ce sont des colonnes et de grands blocs de pierre (*). » Ce n'est pas à nous qu'il appartient de faire une description plus étendue de ces ruines célèbres, et maintenant bien connues; nous passerons à une province de l'Arabie que les Arabes, à leur tour, n'ont jamais comprise dans les divisions politiques de leur patrie, bien que les géographes anciens et modernes qui appartiennent à l'Occident l'aient toujours considérée comme faisant partie de la péninsule. C'est la presqu'île formée par les golfes d'Aïlah et de Suez, c'est le désert du mont Sinaï, consacré par la tradition aux yeux

---

(*) Morier, *First voyage*, p. 53.
(**) Arrien, Ind. op., p. 194.
(***) Heeren, *Babylonieus*, sect. II, ch. II.

(*) Géographie d'Aboulféda, trad. de M. Reinaud, p. 106 et 118.

ARABIE.

des Juifs, des chrétiens, et même des Islamites; car ces derniers, à leur retour du pèlerinage, honorent par le sacrifice de quelques agneaux le lieu où Dieu s'est révélé dans toute sa gloire au législateur des Hébreux.

A l'exception du massif de hautes montagnes granitiques qui occupent le centre de la presqu'île du Sinaï, on pourrait considérer l'ensemble du pays comme un plateau élevé coupé par de profondes fissures se croisant dans plusieurs sens, et semblables, en quelque sorte, aux latomies qui sillonnent la plaine de Syracuse. Au fond de ces anfractuosités, où le roc dénudé affecte les formes les plus bizarres, la rose de Jéricho, l'épine d'Égypte, l'acacia, le câprier arborescent, offrent seuls à l'œil quelque apparence de verdure. Puis, au sortir de ces étroits défilés, lorsqu'on se rapproche du rivage, une mer de sable calciné par les rayons verticaux du soleil déroule au loin ses vagues jaunissantes, non moins perfides, sous le souffle du khamsin, que les abîmes de l'Océan. Au voyageur qui quitte les blanches murailles de Suez pour se diriger vers le mont Sinaï, s'offrent tour à tour ces aspects, variés dans leur monotonie : tantôt la plaine aride, tantôt les tortueuses vallées, toujours le désert. Après avoir suivi longtemps ces profondes fissures, dont l'une des plus remarquables est le Wadi-Mokatteb, tout couvert d'inscriptions en caractères indéchiffrables (*); après les fatigues du voyage et les périls de la route, on arrive enfin à l'entrée d'une vallée plus étroite encore que les autres. Là, s'élève sur les premières rampes du Sinaï, entre sa cime et celle du mont Horeb, qui part de la même base, l'antique couvent de Sainte-Catherine, fondé par les ordres de Justinien et de l'impératrice Théodora (**). Cet immense monastère, entouré de hautes murailles, et dont l'aspect est celui d'une forteresse au moyen âge (*), n'a d'autre entrée qu'une haute fenêtre par laquelle, à l'aide d'une corde, les religieux font hisser tout ce qui a droit ou permission de pénétrer dans le couvent. Habitants, étrangers ou provisions n'ont que cette voie d'introduction, depuis qu'à la fin du dix-septième siècle les fréquentes querelles des Arabes avec les moines faisaient craindre sans cesse à ces derniers d'être surpris par ces incommodes et turbulents voisins. L'intérieur du monastère offre à l'artiste ou au voyageur instruit plusieurs objets dignes de leur attention. L'église mérite de toutes manières la première visite. Construite en forme de basilique, elle est divisée par un double rang de colonnes en granit, dont les chapiteaux, différant presque tous entre eux, rappellent le style byzantin. A la voûte du chœur, une mosaïque de la même époque représente Justinien et Théodora dans leur costume impérial, ainsi qu'on les voit encore à la basilique de Saint-Vital à Ravenne. Tout dans l'ornementation de l'église, et les marbres sculptés, et les portraits de saints sur fond d'or, et les lampes d'argent qui pendent de la voûte, indique cette origine orientale, ce goût byzantin, dont les traces ne sont nulle part plus nombreuses en Occident que dans l'ancienne capitale des dernières possessions de l'empire grec en Italie. Outre le temple, digne d'un lieu si célèbre dans les traditions bibliques, 27 chapelles, dispersées dans le couvent, sont consacrées à des souvenirs pieux ou aux miracles accomplis sur la montagne sainte. Puis, en contraste avec tant de monuments chrétiens, et

---

(*) Voyez la planche 2.

(*) In provincia, quam olim Arabiam, odiè Palæstinam tertiam vocant, longisma est solitudo, plane sterilis, siticulosa, que omnibus vitæ commodis vacua. Propr mare Rubrum mons Sina asperrimus ac ræcipitiis deruptus pendet. Montem Sina incolunt monachi quibus charissima solitudine libere perfruentibus, vita nihil aliud est, nisi sedula quædam mortis meditatio. Illis ecclesiam Justinianus Augustus condidit dicavitque Dei genitrici; ut ipsis liceat ibi vitam in precibus sacrisque traducere. Eam autem non in montis vertice posuit, sed longè infrà. *Procop., de Ædificiis*, lib. v, cap. viii.

(*) Voyez la planche 3.

comme cachet de l'empire que l'islamisme exerce dans ces contrées, une mosquée s'élève dans un des angles du monastère. Elle fut, à ce qu'il paraît, construite au seizième siècle, pour garantir le couvent de la destruction dont il était menacé par le fanatisme musulman (*). Un passage creusé dans le roc, et fermé durant la nuit par des portes revêtues de fer, donne entrée dans les jardins, dont la fraîche végétation, entretenue par de l'eau courante, ressort de la manière la plus agréable au milieu du paysage sévère, nu, désolé, que l'on a sous les yeux. Ces jardins, semblables à ceux que les bénédictins de Catane ont plantés dans les laves de l'Etna, non moins dures que le granit du Sinaï, offrent tout le charme de la difficulté vaincue. Sur des terres rapportées, et malgré l'incessante chaleur du soleil, les moines, par des soins bien entendus, par des arrosements adroitement combinés, sont parvenus à réunir dans ce petit coin du désert, les fruits, les légumes des climats les plus divers. Ceux de ces pieux cénobites qui préfèrent à une vie active des occupations plus sédentaires, pourraient utilement occuper leurs loisirs dans la curieuse bibliothèque du monastère. Malheureusement, elle n'est visitée que par les voyageurs, et le désert du Sinaï n'est pas plus désert que cette partie du couvent, quand il n'est habité que par les moines. Burckhardt y compta environ 1,500 volumes grecs et 700 manuscrits arabes. Ces derniers, dont il examina un grand nombre, ne lui ont paru contenir que des ouvrages ascétiques, qui n'offraient aucun intérêt sous le rapport scientifique ou littéraire (**).

L'ascension du Sinaï, bien que pénible, n'offre ni dangers, ni fatigues insurmontables. Les moines ont tracé de larges marches de granit dans les passages les plus difficiles; et quoique les pluies torrentielles qui tombent quelquefois, aient disjoint ou même ruiné en plusieurs endroits ces escaliers gigantesques, le pèlerin, le voyageur, arrivent en quelques heures au sommet de la montagne, à 7,080 pieds au-dessus du niveau de la mer. C'est là que se déploie, dans toute son horreur comme dans toute sa magnificence, le panorama le plus étendu. Autour de soi des rochers, des monts, des pics aigus bizarrement entassés, et dont l'aspect inspirerait la terreur, s'il ne rappelait les traditions les plus vénérées du peuple élu pour faire connaître aux hommes le culte du Seigneur. Ici, la pierre d'Horeb, le rocher frappé par la verge de Moïse (*), alors que le peuple d'Israël, pressé par la soif, murmurait contre son chef, en disant : « Pourquoi nous avez-vous fait « sortir de l'Égypte pour nous faire « périr de soif, nous, nos enfants et « nos troupeaux?... » Le Seigneur dit alors à Moïse : « Marchez devant le « peuple, menez avec vous les anciens « d'Israël, prenez en votre main la « verge dont vous avez frappé le fleuve : « je serai devant vous près de la pierre « d'Horeb ; vous la frapperez, et il en « jaillira de l'eau afin que le peuple ait « à boire (**). »

Plus haut, la cime du mont Horeb (***), d'où Moïse levait les mains vers le ciel, tandis que, dans la plaine de Raphidim, les Israélites, conduits par Josué, livraient aux Amalécites un terrible combat : « Et, lorsque Moïse « tenait les mains élevées, Israël était « victorieux ; mais, lorsqu'il les abais« sait un peu, Amalek avait l'avantage. « Cependant, les mains de Moïse « étaient appesanties ; c'est pourquoi « ils prirent une pierre, et, l'ayant mise « sous lui, il s'y assit ; et Aaron e[t] « Hur lui soutenaient les mains des « deux côtés : ainsi, ses mains ne se « lassèrent pas jusqu'au coucher du « soleil, et Josué mit en fuite Ama« lek (****). »

---

(*) Burckhardt, p. 543.
(**) Idem, p. 551.

(*) Voyez la planche 4.
(**) Exode, ch. XVII, v. 3 à 6.
(***) Six mille cent vingt pieds au-dess[us] du niveau de la mer.
(****) Exode, ibid., v. 11, 12 et 13.

Puis, sur la cime même d'où le voyageur contemple cette terre consacrée par tant de miracles, Dieu se manifesta au législateur dans toute sa gloire, « et quand Moïse descendit de « la montagne, portant les deux tables « du témoignage, il ne savait pas que « son visage jetait des rayons qui lui « étaient restés de son entretien avec « le Seigneur (*). »

Vers le nord s'étend le désert de l'Égarement, dont les plaines ondulées se déploient au delà des montagnes que les Arabes nomment encore Djebel-el-Tih : au sud, l'œil embrasse les contours de la presqu'île, jusqu'au cap appelé le Ras-Mohammed, puis plonge au delà dans les profondeurs du golfe de Suez et de la mer Rouge; car, du sommet élevé qui domine toute la péninsule, la vue s'étend sans obstacle sur cette nature morte d'aspect, vivante de souvenir, où le pèlerin rencontre à chaque pas les traces de l'alliance que Dieu fit avec son peuple. Un des premiers voyageurs français qui aient visité le Sinaï dans un esprit d'observation, le médecin Bélon, disait en 1548, dans son vieux langage : « Quand nous fusmes sur le couppet « du mont, regardions que c'estoit ro- « che très-dure, de couleur de fer, qui « toutesfois n'est sans herbes ; car il « y a grande quantité d'absinthium « seriphium et de panaces asclepium. « Il est assiégé de toutes parts des « montagnes qui l'entourent, et est « beaucoup plus haut que n'est le mont « Æta en Grèce, ou que le mont d'Ida « en Crète ; mais, à nostre advis, il « n'est point si haut que le mont « Olympe de Phrygie. Toutesfois, il « est si élevé que, quand nous tour- « nions la face vers le Midy, veoyons « facilement les deux bords du Sine « arabique, outre ce que veoyons aisé- « ment les montagnes où est situé le « monastère de Saint-Antoine, qui est « es déserts joignants à l'Éthiopie, au « delà de la mer Rouge. En après, « nous retournants de la partie qui re- « garde l'Orient, tant que la veue s'est « peu estendre, n'avons veu sinon pays « de très-hauts et aspres rochers, qui « est l'Arabie Pierreuse ; puis, regar- « dants vers le Septentrion par-dessus « le mont Horeb, qui n'est distant de « là qu'une lieue et demie, veoyons en- « core pays de rochers et fréquentes « montagnes : regardants enfin la par- « tie de l'Occident, n'avons veu autre « chose que la plaine déserte, stérile « et sablonneuse que nous avions pas- « sée venants du Caire ; si ce n'est « qu'entre l'Occident et le Septentrion, « pour ce que le temps estoit clair et « serain, nous pouvions discerner l'en- « droict de la mer Méditerranée, qui « est distante à cinq journées de « là (*). »

Le voyageur qui, du mont Sinaï, se dirige vers le nord-est, arrive, en sortant des montagnes, sur les bords du golfe Élanitique : cette baie profonde, qui dessine un des côtés de la péninsule, se termine au nord par les ruines de l'ancienne ville nommée Élana par Strabon, Ailanon par Étienne de Byzance, Læana par Pline ; elle était appelée Élath ou Éloth par les Hébreux, Éla ou Aïleh par les Arabes. D'après Aboulféda et Édrisi, c'était une petite ville dont les environs étaient peu fertiles, et par laquelle passaient les pèlerins d'Égypte qui allaient à la Mecque. « De notre temps, ajoute « Aboulféda, il y a une tour où réside « un commandant égyptien ; autrefois, « il y existait une forteresse construite « dans la mer ; mais elle a été détruite, « et le commandant s'est retiré dans « la tour bâtie sur le rivage. » A peu de distance, et toujours sur les bords du golfe, s'élève la forteresse d'Akabah, gardée par les soldats du pacha d'Égypte. Quelques bouquets de palmiers l'entourent, et ses blanches murailles se détachent sur la tête verdoyante de ces élégantes colonnes du désert. Ici commence le Wadi-Araba, cette

---

(*) Exode, chap. xxxiv, v. 29.

(*) Les observations de plusieurs singularitez et choses mémorables trouvées en Grèce, Asie, Judée, Égypte, Arabie et autres pays estranges, par Pierre Bélon du Mans. Paris, 1555, liv. second, ch. LXIV.

longue vallée sablonneuse qui s'étend dans une direction toujours constante de la mer Rouge au lac Asphaltite. Elle court du nord-nord-est au sud-sud-ouest, roulant, en guise de fleuve, des torrents de sable que les vents du Midi y transportent des bords de la mer Rouge. Quelques acacias gommifères, quelques tamariscs y entretiennent à peine une faible apparence de végétation, car les couches de sable sont trop profondes pour que, même après la saison des pluies, la terre puisse produire aucune plante herbacée.

C'est vers le 30ᵉ degré 20 minutes de latitude nord, sur la droite du Wadi-Akabah, que se cache au pied du mont Hor (*), et dans les profondeurs du Wadi-Mousa, l'ancienne capitale des Nabathéens, la ville aux tombeaux, Pétra, dont M. Léon de Laborde nous a révélé dans son beau voyage toute la magnificence. Rien de plus frappant que le premier aspect de cette cité en ruine; pressée de tous côtés par un cercle de rochers, elle échappe longtemps aux recherches du voyageur. C'est seulement après avoir franchi l'étroit défilé ouvert entre les rocs de cinq ou six cents pieds de haut, qui lui servent de remparts, que l'œil embrasse enfin ces imposants débris, ces temples, ces théâtres, qu'enveloppe une enceinte immense de tombeaux creusés dans la montagne. La plupart des édifices que contenait la ville sont entièrement ruinés par le temps; cependant, quelques-uns d'entre eux conservent les traces de leur ancienne destination. Tantôt c'est un théâtre dont les gradins semblent attendre les spectateurs (**), tantôt un arc de triomphe à demi écroulé, tantôt un temple dont on distingue encore les triglyphes et les métopes élégamment sculptés (***). Mais les monuments les mieux conservés, ceux qui nous révèlent la richesse et l'importance de Pétra, ce sont les tombes innombrables taillées dans le roc, et dont l'ornementation syrienne, grecque, égyptienne, conserve, quelque forme qu'elle revête, tout le fini de l'exécution la plus soignée (*). Cette vaste nécropole appartient presque tout entière à l'époque romaine, et la seule inscription latine qu'y ait trouvée M. Léon de Laborde, lui parut de l'époque des Antonins. Cependant Pétra était déjà, du temps d'Alexandre, une des plus importantes échelles du commerce que faisaient les Arabes, et les grands marchés qui se traitaient dans son voisinage remontent peut-être à des siècles encore plus éloignés. La force de sa position dut, de tout temps, lui assurer un rang important parmi des peuplades toujours en guerre; aussi cette position est déjà citée par Diodore. « On voit, nous dit-il, dans « le pays des Nabathéens, un rocher « immense défendu par la nature au « delà de tout ce qu'on peut imaginer. « Un seul sentier permet d'y monter, « et ce sentier est tellement étroit, qu'à « peine quelques hommes peuvent y « passer à la fois, après avoir quitté « leurs armes et leurs équipements (**). »

Avant de terminer cette courte description des lieux qui ont attiré de siècle en siècle les voyageurs dans l'Arabie Pétrée, il nous reste à parler d'un des faits importants de la géographie physique du Ouadi-Arabah, de cette longue vallée par laquelle on croyait autrefois que la mer Morte avait pu communiquer avec la mer Rouge: ce fait, nouvellement acquis aux sciences géographiques, c'est l'existence d'une chaîne transversale déterminant le partage des eaux entre les deux mers. Le capitaine Callier revenant en 1833 d'un long voyage d'exploration dans la Syrie et l'Asie Mineure, fut le premier qui suivit cette ligne sans s'en écarter un seul instant, indiqua le point de partage, et constata ainsi l'impossibilité d'une ancienne communication entre le lac Asphaltite et le golfe Élanitique. De nouvelles observations,

---

(*) Voyez à la planche 6 une vue du mont Hor et du tombeau d'Aaron.
(**) Voyez la planche 11.
(***) Voyez la planche 10.

(*) Voyez les planches 5 et 12.
(**) Diodore, liv. 11, parag. XLVIII.

Costumes à Moussa.   Trachten zu Moussa.

ainsi que l'immense dépression de la mer Morte, pressentie par un de nos plus savants archéologues, M. Letronne, et déterminée récemment par plusieurs voyageurs (*), ont, depuis, complétement confirmé la solution de ce problème.

Une description de l'Arabie entraîne nécessairement celle des deux mers qui ont été, de tout temps, les grandes routes de son commerce, routes difficiles à l'enfance de la navigation, car le golfe Persique, simple continuation du bassin de l'Euphrate, ainsi que la mer Rouge, vaste enfoncement dans lequel ne s'écoule aucun fleuve, sont tous deux sillonnés de bas-fonds, d'écueils, de petites îles qui forment autant d'obstacles à la marche régulière des bâtiments. Les anciens ne parlent qu'avec épouvante des périls de la navigation dans les mers arabes. Arrien, Agatharchide, Strabon, Artémidore, sont unanimes dans leurs récits : tantôt c'est le golfe Persique ou mer Érythrée (**) dont ils dépeignent les terribles tempêtes, tantôt le golfe Arabique dont ils font de lamentables récits : alors les navigateurs les plus hardis ne se confiaient sur ces flots redoutés qu'après avoir imploré les dieux par des sacrifices; on les considérait, au retour, comme des victimes échappées à une mort certaine, et c'est ornés de guirlandes ou de bandelettes dorées qu'on les conduisait au temple voisin pour y remercier les immortels. Néarque, qui s'embarqua sur l'Indus par les ordres d'Alexandre, et remonta le golfe Persique, 326 ans avant J. C., éprouva plus de péripéties que Colomb à la découverte d'un nouveau monde (*). On échouait sur des bas-fonds, on était effrayé par la vue des baleines, et le rivage toujours voisin ne rassurait pas sur les périls du naufrage; l'œil n'y découvrait que des plaines désolées, habitées par des sauvages demi-nus, dont l'aspect étrange et les gestes hostiles inspiraient l'épouvante.

La mer Rouge n'avait pas, auprès des géographes grecs ou latins, une renommée moins fâcheuse. Nous lisons dans Strabon : « Le rivage du « golfe Arabique est d'abord pierreux, « puis il devient hérissé de rochers, et « difficile à côtoyer à cause de la rareté « des ports et des mouillages. En ef« fet, la côte est bordée de montagnes « escarpées et hautes dont le pied se « prolonge jusqu'à la mer, y forme « des écueils qui environnent le navi« gateur de dangers insurmontables, « surtout quand les vents étésiens souf« flent, et lors de la saison des pluies, « qui a lieu à la même époque (**). » Sans doute la distance grossissait les dangers, et l'on n'avait à Rome que des relations empreintes d'une exagération calculée peut-être sur le désir d'éloigner du riche commerce des Indes les nations rivales. Cependant, les Arabes eux-mêmes, qui parcouraient journellement les mers dont leur péninsule est entourée, peignent sous de

---

(*) MM. Moore, de Bertou, etc., etc.

(**) « Selon quelques auteurs, dit Artémi« dore, le nom de la mer Érythrée vient de « la couleur apparente qu'elle doit à la ré« flexion soit des rayons du soleil placé ver« ticalement au-dessus, soit des montagnes « rougies par l'intensité de la chaleur; car « l'une et l'autre cause est probable. Ctésias « de Cnide parle, au contraire, d'une source « rouge de couleur de *minium* qui se rend « dans la mer et lui donne son nom : mais « Agatharchide, son compatriote, raconte, « d'après un certain Boxus, Perse de nais« sance, que les chevaux d'un haras, chassés « jusqu'à la mer par une lionne piquée d'un « taon, passèrent à la nage dans une île voi« sine. Un Perse, nommé Érythras, qui les « poursuivait, construisit un radeau et aborda « le premier dans cette île ( l'île d'Ormuz ); « il ramena les chevaux en Perse ; mais « comme il avait trouvé cette île très-habi« table, il envoya des colons s'y établir, « ainsi que dans les autres îles, et donna son « nom à cette mer. » Strabon, livre XVI, p. 779.

(*) Omninò hæc Arabiæ continentis præternavigatio plena est periculi; regio impetuosa, infesta cautibus, atque scopulis inaccessa, horroris ubique plena. Arrien, *Scrip. mar. Eryth.*, p. 12.

(**) Strabon, liv. XVI, p. 776.

sombres couleurs les périls de la navigation. « De la mer de Chine, dit « Édrisi, dérive le golfe de Colzoum, « qui commence à Bab-el-Mandeb, au « point où se termine la mer des Indes. Il « s'étend au nord, en inclinant un peu « vers l'occident, longeant les rivages « occidentaux du Yémen, le Téhama, « le Hedjaz, jusqu'aux pays de Madian, « d'Aïla, de Faran, et se termine à la « ville de Colzoum (Suez), dont il tire « son nom. Se détournant ensuite vers « le sud, ses eaux baignent la côte « orientale du Saïd, Djoun-el-Melik, « Azab, Souakin, le pays de Bodjah, et « enfin l'Abyssinie, où elles rejoignent « la mer des Indes. La longueur de la « mer de Colzoum est de 1,400 milles. « Les profondeurs de cette mer sont « remplies de bancs de sable sur les- « quels périssent les navires, en sorte « qu'il n'y a que les navigateurs expé- « rimentés, et connaissant ces écueils « cachés ou les passages praticables, « qui osent s'y hasarder. Les bâti- « ments dont ils se servent sont com- « posés de planches cousues avec des « cordes de palmier, calfatées avec de « la résine pilée, et enduites de graisse « de chien de mer. Le capitaine se « tient assis sur la proue, muni d'ins- « truments nautiques nombreux et « convenables. Il examine attentive- « ment le fond des eaux pour recon- « naître les écueils, et il indique au « timonier la direction qu'il faut pren- « dre. Sans ces précautions, il serait « impossible de naviguer dans cette « mer, car elle est tellement périlleuse « qu'on ne se risque pas à marcher la « nuit. On mouille de jour dans quel- « que endroit convenable, et l'on n'en « repart que de jour. C'est une mer « sujette à des orages affreux, semée « d'îles inhospitalières, et qui enfin « n'offre rien de bon, soit dans ses « profondeurs, soit à sa surface. Elle « n'est pas comme la mer de la Chine « ou l'océan Indien, dont le fond recèle « les perles les plus rares, dont les « montagnes contiennent les pierres « les plus précieuses, dont les rivages « sont couverts de villes florissantes et « de résidences royales; où croissent « l'ébène, le rotting, le bois d'aloès, le « camphre, et divers parfums; où l'on « trouve la chèvre qui porte le musc. « La mer de Colzoum ne produit que « l'ambre, et encore vient-il de la mer « de l'Inde (*). »

Les progrès de la navigation ont fait disparaître pour les Européens les dangers qui menacent sans cesse les frêles embarcations des Arabes. Maintenant des navires à vapeur, bravant les moussons contraires, se rendent en peu de jours de Bombay à Suez. Le Bab-el-Mandeb, la porte des larmes, n'a plus rien d'effrayant que son nom de sinistre présage, et la mer Rouge, redevenue de nos jours la grande route des Indes, sera bientôt aussi complétement connue que les mers qui nous environnent. Le nom de mer Rouge a longtemps embarrassé les étymologistes et occasionné de nombreuses polémiques. Tantôt on le croyait dérivé de la couleur de l'eau, tantôt de la réflexion des montagnes, ou bien encore de la décomposition des rayons solaires traversant une atmosphère épaisse et chargée des vapeurs du désert. Il a bien fallu renoncer à ces hypothèses; car les montagnes n'affectent pas une teinte particulière, l'eau est d'une limpidité parfaite, et la pureté de l'air est rarement troublée. On ne pouvait non plus adopter cette opinion d'un chroniqueur du quatorzième siècle, qui, après avoir raconté le passage miraculeux des Israélites et la mort de Pharaon, dit :

En signe de cette merveille
Devint la mer royge et vermoylle
Nonc puis ne la surent nomer,
Autre nom que la royge mer (**).

Aussi est-on maintenant d'accord qu'il faut considérer ce nom comme une traduction de celui de mer d'Édom, si souvent employé dans l'Écriture, et dont la signification est la même en hébreu. La mer Rouge est semée d'un

(*) Édrisi, Prolégomènes, p. 5 et deuxième climat, cinquième section, trad. de M. A. Jaubert.

(**) Voyez le Commentaire géographique sur l'Exode et les Nombres, par M. Léon de Laborde. Appendice, p. 26.

Amphitheater zu Petra.

assez grand nombre d'îles, dont quelques-unes paraissent être de formation volcanique. La côte occidentale ou abyssinienne est en général d'une profondeur plus grande que celle de l'Arabie, où les rochers de corail prennent un immense accroissement. Dispersés dans toute la longueur du golfe, mais particulièrement sur les côtes du Téhama, ils s'élèvent quelquefois d'une hauteur de dix brasses au-dessus du niveau de la mer, ou d'autres fois, cachés à fleur d'eau, forment à marée haute des écueils toujours dangereux. La limpidité des eaux permet souvent, par un temps calme, de distinguer au fond de la mer, soit les innombrables ramifications du corail, soit une foule de plantes d'un vert éclatant, qui semblent une forêt sous-marine. Aussi, dès le temps d'Artémidore, ce géographe disait-il : « La surface du golfe Arabique est verte comme de l'herbe, parce que la transparence de l'eau laisse apercevoir les algues et les fucus qui en tapissent abondamment le fond ; il croît même en cet endroit des arbustes sous l'eau (*). » L'un des caractères particuliers de la mer Rouge est la grande phosphorescence de ses eaux. Peu de voyageurs y ont navigué sans être frappés de l'éclat lumineux que trace sur l'onde pendant la nuit le sillage du bâtiment. Si l'on plonge une rame dans l'eau, elle semble faire jaillir à l'instant des milliers d'étincelles. Le fil du loch, quand on le retire de la mer, semble une longue chaîne de rubis ou de diamants, dont le chatoyement dans l'ombre est d'un effet merveilleux. On sait que ce phénomène, qui se produit quelquefois, mais à un moindre degré, dans les mers de l'Europe, est dû à la phosphorescence de myriades d'animalcules au moment de la reproduction.

La longueur du golfe Arabique, depuis le détroit de Bab-el-Mandeb jusqu'à Suez, est de 1200 milles géographiques de 60 au degré. Sa largeur, qui n'est que de 20 milles à l'entrée du détroit, est de 190 milles entre Souakin, sur les côtes de Nubie, et Qonfodah dans le Téhama. La mousson du nord-est, qui règne depuis la dernière moitié d'octobre jusqu'à la première moitié d'avril, pouvait seule autrefois faciliter l'entrée du golfe. Elle devenait impossible par la mousson contraire. Dans le golfe Persique, c'étaient les vents de sud-est, régnant pendant les six mois d'été, qui favorisaient le passage des navires au détroit d'Ormuz, moins resserré toutefois par des îles ou des récifs que celui de Bab-el-Mandeb. La navigation à la vapeur, ainsi que nous l'avons dit, a levé tous les obstacles. Quelle que soit l'époque de l'année à laquelle les vaisseaux partent de l'Inde pour Suez ou Bassora, ils parcourent sans dangers comme sans retards ces mers étroites auxquelles leur position a, de tout temps, assuré une haute importance commerciale, alors même qu'on ne pouvait y naviguer sans braver les périls du naufrage.

*Climat et productions.*

Vaste région toute sillonnée de montagnes d'inégale hauteur, l'Arabie offre dans son climat de grandes différences, dans ses productions une grande variété. Ses caractères généraux, cependant, sont la sécheresse, la chaleur et la stérilité, conditions nécessaires de sa constitution géographique. Les parties les plus fertiles, les vallées du Hadramaut et du Yémen, sont entourées d'une ceinture de déserts ; non pas de déserts verdoyants comme les steppes de la Mongolie, les pampas de l'Amérique du Sud ou les prairies de l'Amérique septentrionale, mais de sables calcinés par un soleil vertical que les vents enlèvent au passage pour les porter quelquefois, dans leur violence, jusqu'au fond des oasis les mieux abritées ou des vallées les plus profondes. C'est seulement au sommet des montagnes les plus élevées de la péninsule que les pluies se changent en neiges, et résistent souvent pendant quelques semaines à l'action des rayons solaires. Tous les Européens qui ont visité les côtes de la mer Rouge ont

---

(*) Strabon, liv. xvi, p. 770.

été péniblement affectés de la chaleur lourde et humide qui règne presque toute l'année dans les basses terres. « L'humidité de l'air est si considérable à Djidda, dit Burckhardt, qu'en septembre, par un jour chaud et très-serein, ma robe fut complétement mouillée pour être resté deux heures à l'air libre (*). » Dans le Hedjaz, comme sur la côte maritime en Égypte, le vent du nord-ouest est le plus humide, et pendant qu'il souffle, le pavé de l'intérieur des maisons paraît toujours mouillé. Le climat de la Mecque, qui est également étouffant et insalubre, est au contraire très-sec. Mais les montagnes qui ferment la vallée, arrêtant les vents du nord, et réfléchissant les rayons du soleil, occasionnent dans les mois d'été une chaleur suffocante qui a souvent une fâcheuse influence sur la santé des habitants, et, à plus forte raison, sur celle des nombreux pèlerins qu'y réunit une fois chaque année l'époque du pèlerinage. La sécheresse du climat, nuisible à la Mecque, l'est plus encore à Sanâ. « Là, il n'y a même pas de rosée pendant la nuit, nous dit M. Cruttenden, et le vent, frappant à la figure ou aux mains, lorsqu'elles sont découvertes, y fait éprouver un sentiment fiévreux. Il n'est pas rare, dans les vallées de l'Arabie, de voir le thermomètre monter à l'ombre jusqu'à 40 degrés centigrades, y rester longtemps, et ne baisser qu'insensiblement pendant les nuits. C'est cette absence de toute fraîcheur à aucune heure du jour, qui ôte toute énergie, affaiblit les organes, et détruit peu à peu les santés les plus robustes. »

La disposition des massifs de montagnes, leur exposition différente, la direction de l'ouverture des vallées, déterminent la saison des pluies à des époques diverses, dans la plupart des contrées de l'Arabie. Dans le Hedjaz, la saison des pluies commence ordinairement en décembre; elles tombent à des intervalles de plusieurs jours et par fortes ondées. Sur le penchant occidental des hauteurs du Yémen, et le long du rivage de la mer Rouge, les pluies commencent en juin et se terminent en septembre, tandis qu'à l'est du même plateau elles se prolongent depuis le milieu de novembre jusqu'au milieu de février. Sur les côtes du golfe Persique, elles durent depuis le milieu de février jusqu'au milieu d'avril. C'est ainsi que, suivant les vents qui dominent, chaque partie de la péninsule est tour à tour arrosée par les pluies qui doivent fertiliser quelque portion de son territoire. Des positions privilégiées reçoivent plusieurs fois par an l'influence des vents humides. M. de Cruttenden rapporte qu'à Sanâ la pluie tombe trois fois par an : en janvier, on n'a guère que quelques pluies douces; en juin, il pleut environ pendant huit jours, et c'est à cette époque qu'on fait les semailles; puis, vers la fin de juillet, les vents du sud s'établissent avec constance, et amènent chaque jour de violents orages presque toujours accompagnés des grondements du tonnerre (*).

Malheureusement, le retour périodique des saisons pluvieuses, qui suffisent à peine à former quelques torrents, et ne parviennent pas à entretenir pendant toute l'année le cours d'une seule rivière, éprouve parfois de fâcheuses intermittences. La sécheresse la plus complète dure quelquefois deux ou trois ans de suite dans une province, frappant toute la contrée de stérilité, et amenant la disette ainsi que les maladies qui l'accompagnent ordinairement. Celles qui sont le plus à redouter dans les parties de la péninsule qui ont été parcourues par des Européens, sont les fièvres intermittentes, les dyssenteries, et les maladies contagieuses qui dégénèrent quelquefois en véritable peste. Une tradition religieuse existait autrefois dans le Hedjaz, et rassurait complétement ses habitants sur la possibilité d'être atteints de la peste, qui,

(*) Voyages en Arabie, traduits par M. Eyriès, vol. I, p. 358.

(*) M. C. S. Cruttenden's journey from Mokha to Sana'a. Journal of the royal geographical Society of London volume the eighth, p. 286.

disait-on, n'avait jamais pénétré sur le territoire consacré par la naissance de l'islamisme. Une triste expérience a mis fin à cette croyance pieuse, et en 1815, pendant le séjour de Burckhardt en Arabie, une peste meurtrière enleva à la Mecque ainsi qu'à Djidda plus du sixième de la population.

Parmi les vents dont l'influence se fait sentir dans la péninsule, il en est un qui vient doubler trop souvent les dangers du désert : c'est le khamsin ou semoum, dont le souffle est quelquefois si fatal aux voyageurs, que plusieurs ont pensé qu'il était empoisonné (\*). Il ne doit toutefois ses funestes effets qu'à la chaleur accablante qu'il apporte, et aux tourbillons de sable qu'il soulève. La caravane engagée dans le désert reconnaît bientôt le khamsin aux premiers symptômes qui signalent sa présence : le ciel prend à l'horizon une teinte rougeâtre, puis devient peu à peu grisâtre et livide ; le soleil, dépouillé de ses rayons, offre un aspect sanglant ; l'atmosphère se charge d'un sable fin, emporté par le vent comme l'écume de la mer pendant la tempête. C'est alors qu'il faut fuir au plus vite, car bientôt tout s'agite sous le souffle du khamsin : le désert se creuse et devient houleux ; la poitrine du voyageur est oppressée, son œil sanglant, ses lèvres arides et brûlantes. Tantôt les chameaux s'emportent dans un galop fougueux, tantôt ils s'arrêtent, et cachant leur long cou dans le sable, cherchent à échapper, en pressant leur naseau contre le sol, aux émanations du semoum. Si, malgré les tourbillons soulevés par l'ouragan, la caravane peut reconnaître sa route, elle s'abrite dans quelque anfractuosité de rocher, et y attend en sûreté que le calme soit revenu ; mais si elle s'égare dans l'immensité du désert, qu'elle soit trop éloignée d'un refuge, ou que la tempête redouble de force, hommes et animaux perdent toute énergie, l'instinct même de la conservation leur échappe. Oppressés par la chaleur brûlante, en proie au vertige, ils cessent de fuir, et bientôt le sable qui s'amoncelle autour d'eux leur sert de tombeau, jusqu'à ce qu'une autre tempête, agitant de nouveau les vagues du désert, découvre leurs ossements blanchis.

Ce n'est pas là le seul danger qui menace le voyageur dans ces contrées inhospitalières. Un ennemi terrible l'attend au départ et le suit dans sa route : c'est la soif, dont les atteintes deviennent alors le plus cruel supplice. Des puits, souvent saumâtres, sont l'unique ressource des caravanes. Quand la sécheresse les a taris, ou que leur eau corrompue par une cause quelconque n'est plus potable, ou que les outres sont épuisées, il faut périr ; et trop souvent les pèlerins qui, chaque année, se rendent à la Mecque, succombent bien avant le terme du voyage. Un voyageur français se rendant d'Anah à Alep par les plaines arides qui s'étendent dans le nord de l'Arabie Déserte, fut témoin d'une scène affreuse que nous empruntons à la relation de ses voyages. Déjà, depuis plusieurs jours, lui et son guide souffraient de la soif, quand ils aperçurent un Turc qui s'avançait vers eux le désespoir peint sur tous les traits. « Je « suis l'homme le plus malheureux de « la terre, leur dit-il ; j'ai près d'ici, « derrière cette colline, une caravane « entière qui périt dans les souffran- « ces les plus aiguës. Venez, et aidez- « moi, si cela vous est possible. » Ici nous laisserons parler le voyageur : « Comme le Turc achevait ces paroles, nous aperçûmes toute la troupe, qui consistait en une vingtaine de valets et environ 100 chameaux qui servaient à porter 200 jeunes filles de 12 à 15 ans, que cet homme eût été bien fâché de montrer à nos regards, si ce n'eût été l'extrême nécessité où toute la troupe était réduite. Elles étaient dans un état à faire pitié, couchées sur la terre, et la douleur qui se révélait sur ces jeunes et beaux visages offrait le spectacle le plus touchant du monde. Le désespoir était empreint dans leurs

---

(\*) L'appellation arabe du semoum semble favoriser cette opinion. Ce mot est dérivé du verbe *samma* : venenum propinavit alicui ; indidit cibo venenum.

yeux baignés de larmes; quelques-unes poussaient des plaintes déchirantes, d'autres s'arrachaient les cheveux et se meurtrissaient la poitrine, comme si elles n'eussent pas eu assez de leurs malheurs. Je ne serai jamais touché de ma vie comme je le fus à la vue de ces malheureuses, et quoique je me doutasse bien de la vérité, je demandai au Turc qui elles étaient, et pourquoi elles se lamentaient ainsi. Il me répondit en italien que je voyais sa ruine entière, et qu'il était un homme perdu, plus désespéré cent fois que toutes ces filles ensemble. « Il y a dix « ans, ajouta-t-il, que je les élève à « Alep, et qu'après les avoir payées bien « cher, je me donne pour leur éducation « des peines infinies. Ce sont les « plus belles personnes de la Grèce, de « la Géorgie, de l'Arménie; et au moment « où je vais, en les vendant à « Baghdad, recueillir le prix de mes « soins, j'ai le malheur de les voir périr « sous mes yeux. Voyez ces fosses, « elles renferment vingt de ces jeunes « filles, mortes pour avoir bu de l'eau « des puits; car cette eau est devenue « un poison mortel, corrompue qu'elle « est par les cadavres de myriades de « sauterelles (*), dont l'odeur seule est « capable de tout infecter. Quelques « jours encore, et de nouvelles tombes « creusées dans le sable renfermeront « toutes mes espérances de richesse. »

« En même temps que je détestais dans mon cœur la barbarie de cet indigne marchand, la compassion que j'éprouvais pour ces tristes victimes mouillait mes yeux de larmes; mais je me sentis mourir de saisissement et de douleur quand je vis quelques-unes de ces jeunes filles qui approchaient de leur fin, et sur les plus beaux visages du monde, les dernières convulsions de l'agonie. Ce fut alors que, courant à notre outre et coupant les cordes qui l'attachaient, je cherchai à en introduire l'ouverture entre les dents serrées d'une jeune Grecque prête à rendre le dernier soupir. Mais mon guide arabe, accourant en fureur : Insensé, me dit-il, veux-tu que nous périssions de soif à notre tour? et, bandant son arc, il perça d'une flèche le sein de la jeune fille. Me reprenant l'outre avec violence, il se hâta ensuite de la rattacher avec une expression de colère si marquée, avec des yeux si étincelants, que, pour peu, il m'eût attaqué moi-même. Nous ne pûmes donc offrir d'autres secours au marchand d'esclaves que de l'engager à envoyer quelques chameaux prendre de l'eau dans les marais près de Taibah; mais il ne voulut pas y consentir, dans la crainte que les Arabes de cette ville ne vinssent lui enlever les tristes débris qu'il réservait à son infâme trafic.

« Je ne dirai rien des cris que jetèrent toutes ces pauvres mourantes quand mon guide m'entraîna loin d'elles et qu'elles perdirent l'espoir que leur avait donné notre rencontre. Le souvenir m'en poursuit encore, et mon guide, tout cruel qu'il venait de se montrer, en fut touché. Il saisit par sa longue chevelure blonde une de ces pauvres abandonnées, et, la mettant entre ses bras, il poursuivit sa route au galop, m'assurant que dès ce moment il l'adoptait et la confierait à sa femme aussitôt qu'il serait de retour sous sa tente (*). » Nous ne suivrons pas plus longtemps notre voyageur dans son récit. La jeune fille s'évanouit plusieurs fois en passant devant les cadavres de ses compagnes : la provision d'eau s'épuise, on se voit en proie de nouveau à toutes les horreurs d'une soif brûlante. Les puits qu'on rencontre sont infectés; y toucher, c'est mourir. Enfin on découvre un beau puits

(*) En Arabie, on sait que les sauterelles viennent invariablement de l'Est; les Arabes disent en conséquence qu'elles sont produites par les eaux du golfe Persique. Le Nedjd est particulièrement exposé à leurs ravages; elles s'y montrent quelquefois en si prodigieuse quantité, qu'après avoir anéanti la récolte, elles pénètrent par milliers dans les habitations et dévorent tout ce qu'elles peuvent trouver, même le cuir des outres. (*Voyages en Arabie*, de Burckhardt, trad. par Eyriès, t. III, p. 344.)

(*) Voyage des Indes orient., par M. Carré, t. I, p. 261 à 268.

frais et limpide; le seau de cuir est descendu, mais la corde est trop courte, il s'en faut de beaucoup qu'elle atteigne la surface de l'eau. Les voyageurs se résolvent alors à sacrifier leurs manteaux, les découpent en lisières et tentent un nouvel effort. Cette fois la corde est assez longue, mais elle est si faible qu'ils craignent à chaque instant de la voir se rompre, et n'osent remplir le vase qu'à moitié; c'est au prix de tant de privations et de dangers qu'ils atteignirent enfin les limites du désert.

La constitution géologique de l'Arabie n'a jamais été déterminée d'une manière complète, et trop peu de parties ont été explorées en détail pour qu'on en puisse déduire un système général de formation. Cependant, on peut admettre comme principaux caractères géognostiques de la péninsule l'existence de plusieurs chaînes granitiques, telles que celle qui occupe le centre de la presqu'île du Sinaï et les montagnes élevées qui, suivant le rivage de la mer rouge, séparent le Téhama du Nedjd ou du Yémen. Le terrain basaltique se joint souvent au terrain granitique en Arabie, et s'y présente, soit en buttes ou montagnes particulières, soit en dykes, soit en amas superficiels. Le basalte y est quelquefois divisé en prismes, principalement dans les montagnes du Yémen, où Niebuhr en vit plusieurs exemples; mais il forme aussi des masses considérables entièrement cohérentes. Les premiers rangs de collines qui s'élèvent du golfe Arabique aux montagnes de l'intérieur sont formés d'un calcaire compacte passant, à mesure qu'on s'éloigne de la mer, aux schistes, aux talcs, et enfin au terrain granitique, qui devient bientôt dominant, puis ensuite exclusif. « Les collines inférieures, en « quittant Djidda, dit Burckhardt, ont « rarement plus de 4 à 500 pieds de « hauteur et sont calcaires; mais elles « se changent bientôt en gneiss et en « une espèce de granit, où la pâte de « tourmaline remplace le feldspath. Ce « n'est que dans le voisinage du Djebel-« Nour, à l'est de la Mecque, que com-« mence le granit proprement dit. » Le même voyageur ajoute qu'à peu d'heures de distance de la Mecque, au sud de Hadda, il y avait une carrière de beau marbre dont on s'était servi pour paver la grande mosquée. Des porphyres rouges ou verts pourraient aussi être exploités dans les mêmes localités. Le lieutenant Wellsted, qui a parcouru tout le pays d'Oman, et l'a exploré avec habileté, a trouvé que les roches calcaires formaient le trait distinctif de la géognostie dans cette province. Les collines qui environnent Maskat, et qui quelquefois s'élèvent jusqu'à 2,000 pieds de hauteur, sont composées de couches superposées de schistes micacés et de schistes à ardoise. Dans les environs du cap Mussendom, des masses imposantes de basalte se joignent au terrain secondaire, et quelques-unes s'avancent dans la mer, où elles forment des promontoires abrupts (*). Bien que la plupart des terrains qui se trouvent en Arabie appartiennent à des formations riches, pour la plupart du temps, en gîtes métallifères, Niebuhr ne trouva dans les provinces qu'il a parcourues ni or ni argent. Wellsted a cependant vu dans l'Oman des galènes, ou sulfures de plomb argentifères, sans pouvoir déterminer quelle était la proportion d'argent qu'elles contenaient. Le cuivre se rencontre aussi dans cette province, et le même voyageur en visita plusieurs mines dont l'une, située près d'un petit hameau, sur la route de Semed à Neswah, au delà du Djebel Akhdar, était exploitée par les Arabes. Le district de Saed, dans la partie septentrionale du Yémen, a des mines d'un fer cassant, ce qui tient peut-être à la manière défectueuse dont il est préparé; mais quelle que soit la pénurie actuelle de richesses métalliques dans laquelle se trouve la péninsule, on ne saurait repousser entièrement le témoignage unanime des anciens (**), qui

(*) *Travels in Arabia by L. Wellsted*, vol. I, p. 315.

(**) Isaïe, 60, v. 6; Ézéchiel, 27, v. 22; Strabon, xvi, p. 778; Diodore, ii, 50.

accordé à ce pays de nombreuses mines des métaux les plus précieux. « La con-« trée, dit Artémidore en parlant du « Yémen, renferme des mines d'or, où « l'on trouve ce métal, non en pail-« lettes, mais en petites boules qui « n'ont guère besoin d'affinage; elles « sont grosses au moins comme un « noyau, au plus comme une noix, « ordinairement comme une nèfle. Les « naturels percent ces boules, les enfi-« lent en les entremêlant de pierres « précieuses, et s'en font des colliers « et des bracelets. Ils vendent à leurs « voisins l'or à très-bon marché, en « leur donnant pour du cuivre trois « fois le poids en or; pour du fer, deux « fois, pour de l'argent, dix fois : la « raison en est dans leur inexpérience « à travailler l'or, et dans le manque « d'objets à échanger contre ceux qui « leur sont les plus nécessaires (*). » On conçoit, d'après cette description, que l'or formé en pépites et disséminé dans les dépôts arénacés ait disparu, ou plutôt se soit épuisé par suite des recherches faciles auxquelles on se livrait pour le trouver. Des voyages plus fréquents feront peut-être reconnaître les traces de ces anciennes exploitations, ainsi que le gisement des pierres gemmes, des émeraudes, des topazes vantées par les anciens, et que Niebuhr assure avoir entièrement disparu.

Bien que la sécheresse du climat et la nature du sol soient peu favorables à la végétation dans la plus grande partie de l'Arabie, bien que tant de déserts arides aient repoussé l'audace des naturalistes, cependant les nombreuses oasis qu'abritent les montagnes, d'après ce qui nous a été révélé par les voyageurs, offriraient de l'intérêt aux recherches de la botanique. Les plantes indigènes du Yémen étaient si peu connues de la science, que le compagnon de voyage de Niebuhr, Forskal, fut obligé de former trente nouvelles familles, et de laisser en dehors de ce nouveau catalogue un grand nombre d'espèces douteuses qu'il lui était difficile de classer. Nous n'avons à extraire de cette flore nombreuse que les plantes dont les habitants font usage, ou qui, par leurs formes et leur port, donnent un caractère particulier à l'aspect du pays.

Les plantes de la famille des joncées ne viennent nécessairement que dans certains districts. Les habitations dans le Yémen sont en général couvertes d'une espèce de roseau (le *panicum* de Linné) qui croît en grande abondance partout où le terrain conserve un peu d'humidité. Sur les bords du golfe Arabique, une espèce particulière de jonc à tige fine et flexible est employée par les habitants pour faire des nattes si habilement tressées qu'elles forment une branche importante de commerce, et sont exportées jusqu'à Constantinople. On trouve encore dans les environs de Suez des cannes de plus de vingt pieds de hauteur, qui sont chargées sur les bâtiments arabes et transportées dans le Yémen, où elles servent à lambrisser l'intérieur des maisons. Une espèce plus utile encore, la canne à sucre, a été cultivée pendant bien des siècles dans l'Arabie méridionale. On sait que les Arabes, dans leurs conquêtes, avaient porté ces tiges précieuses chez tous les peuples de l'Europe où le climat se prêtait à la culture. La Sicile, les Calabres, l'Espagne en avaient enrichi leurs champs, lorsque la découverte de l'Amérique, où la culture de la canne à sucre prit une grande extension, fit abandonner les plantations qui avaient jusqu'alors suffi à l'ancien monde.

La casse, le séné et plusieurs espèces de plantes médicinales, ont été placés par la Providence en Arabie, où les extrêmes de température occasionnent souvent de cruelles épidémies. La *cassia fistula* ou casse noire est regardée par les médecins arabes comme le remède le plus puissant contre le choléra-morbus et autres affections intestinales si dangereuses dans les climats chauds. Le séné, qui porte sur les marchés de l'Europe le nom de séné d'Alexandrie, se récolte dans

---

(*) Géographie de Strabon, trad. du grec en français, t. V, p. 288.

le territoire d'Abou-Arisch. Les habitants le vendent à la Mecque et à Djidda, d'où on le transporte par l'Égypte dans les ports de la Méditerranée.

L'Arabie, ainsi que nous l'avons dit, offre à peu près le climat de l'Afrique septentrionale; aussi les plaines sablonneuses y produisent en partie les mêmes plantes que celles de la haute Égypte ou de la Nubie. Si quelques lisières fertiles et agréables bordent le désert, on n'y rencontre bientôt, en y pénétrant, qu'une végétation rare et maigre, dont la plupart des espèces appartiennent aux plantes grasses ou salines : ce sont le mésembryanthème, l'aloès, l'euphorbe, la soude, la stapélie; mais les côtes de la mer nous offrent un aspect plus riche et plus varié. Le plus grand nombre des arbres fruitiers élevés dans nos jardins d'Europe sont indigènes en Arabie. La pomme, la poire, la pêche, l'abricot, l'amande, l'olive, le citron, l'orange, la grenade, croissent spontanément dans les vallées ou les plaines arrosées, depuis les bords de la mer Rouge jusqu'au rivage du golfe Persique; et, bien que l'usage du vin ait été défendu par la loi du prophète, la vigne n'offre nulle part une culture plus soignée ou des variétés de raisin plus nombreuses. Les Banians ont apporté de l'Inde plusieurs plantes utiles, dont ils ont doté leur nouvelle patrie : tels sont le bananier, le mango, le papaya, le cocotier. Mais dans la classe des palmiers, le dattier, qui est indigène, tient le premier rang par les immenses services qu'il rend à la population arabe; ses fruits, sains et savoureux, forment la principale nourriture des Bédouins. Un grand nombre de variétés ont chacune leurs partisans et jouissent d'une estime particulière, selon la grosseur du fruit, son abondance ou sa qualité. Un historien arabe cité par Burckhardt compte dans le Hedjaz plus de cent trente espèces de dattes. On sait que le palmier joue un rôle important dans la poésie orientale; sa tige élégante et flexible a de tout temps servi de comparaison à la taille svelte, aux formes élancées des jeunes habitantes du désert.

Si quelques bosquets couvrent les pentes des collines dans les provinces les plus favorisées de l'Arabie, cependant les arbres appartenant aux espèces forestières ne s'y rencontrent qu'en petit nombre. Parmi eux on compte le sycomore, le nebek ou lotus épineux, l'acacia dont on tire la gomme, le frêne qui produit la manne ; mais l'Arabie Heureuse s'enorgueillit surtout de deux arbres précieux, le baume et le café.

L'arbre qui produit le baume de la Mecque (*) (*balsamodendron, opobalsamum*) se rencontre fréquemment dans le Yémen, et quelquefois dans le Hedjaz. Il s'élève à une hauteur de douze à quinze pieds ; son tronc est uni et son écorce mince. On y pratique des incisions vers le milieu de l'été, et c'est par là que s'écoule la sève précieuse que l'on recueille avec soin. Quand elle reste d'un blanc pur, on la regarde comme d'une qualité supérieure; celle qui est jaunâtre est moins estimée. Quant au caféier, il forme à lui seul le plus riche produit du commerce de la mer Rouge. Transporté, à ce qu'il paraît, de l'Abyssinie dans le Yémen, il y est devenu indigène et s'y reproduit sans culture; mais il n'acquiert la saveur exquise qui lui a valu sa réputation que par les soins qu'on lui donne. Bien que les régions élevées de l'Arabie méridionale conviennent à la culture du café, il demande en même temps de l'humidité et de la fraîcheur; aussi les Arabes plantent-ils d'autres arbres à côté des caféiers, afin de leur procurer de l'ombrage. C'est dans les environs de Sanâ que cette plante, cultivée avec une grande intelligence, acquiert toute la qualité dont elle est susceptible. Les collines coupées en terrasses sont régulièrement arrosées pendant l'été à l'aide de grands réservoirs placés sur les hauteurs. Le caféier est toujours vert : sa hauteur ordinaire est de douze à quinze pieds; les branches sont élastiques, l'écorce rude et d'une couleur blanchâtre. Les fleurs ressemblent à celles du jasmin

(*) Voyez la planche 38.

et répandent un parfum agréable. A Bulgôse (*), Niebuhr trouva les arbres en fleur au commencement du mois de mars, et l'air était embaumé de leur délicieuse odeur. Quand la fleur tombe, le fruit la remplace, d'abord vert, puis rouge et ressemblant, quand il est mûr, à une cerise (**). Deux graines enveloppées d'une fine pelure se trouvent sous la cosse. On fait deux ou trois récoltes par an, et il arrive souvent, pour le caféier comme pour l'oranger, de voir des fruits et des fleurs sur le même arbre. La première récolte, qui se fait ordinairement au mois de mai, produit la meilleure qualité de café. On secoue la fève sur un linge étendu sous l'arbre, on la fait ensuite sécher à l'ardeur du soleil, et, à l'aide d'un rouleau pesant de bois ou de pierre, on sépare la graine de la cosse. Le café est apporté sur le marché de Sanâ, dans les mois de décembre et de janvier. Les différentes espèces de café sont, d'après M. Cruttenden, le schardji, l'habbat, l'ouddeïni, le matari, le harrazi, le haïmi et le schirazi : les deux premières, dont les graines sont très-petites et presque rondes, se vendent à un prix plus élevé que toutes les autres (***).

Si nous n'avons pas placé l'arbre à l'encens parmi les productions végétales les plus importantes de l'Arabie, c'est que, contrairement à l'opinion des anciens, l'encens que l'Europe tirait de l'Arabie Heureuse ne croissait pas dans cette province. Une seule espèce, nommée liban ou oliban par les Arabes, croît dans les environs de Zhafar et de Hazek. Voici ce que dit à ce sujet Ebn Batouta, scheikh maughrebin qui voyageait dans ces contrées au commencement du quatorzième siècle : « En quittant Zhafar, je me di-
« rigeai par mer vers Amman, et, le
« second jour, je relâchai au port de
« Hazek, résidence de quelques Ara-
« bes pêcheurs. J'y vis l'arbre à l'en-
« cens, dont la feuille est très-petite.
« Lorsqu'on y fait des incisions, il en
« découle une liqueur semblable à du
« lait, qui se change en une espèce de
« gomme qu'on appelle oliban et qu'on
« emploie comme encens (*). » On lit encore à ce sujet, dans le Meraçid-el-Ittila : « On ne trouve l'encens en
« Arabie que dans les montagnes de
« Zhafar, au pays de Schir, sur un
« espace de trois journées de long et
« de trois journées de large. Les habi-
« tants font des incisions aux arbres
« avec un couteau, et l'encens coule
« vers la terre. Cet encens est gardé
« avec soin, et on ne peut le porter
« qu'à Zhafar où le sultan s'en réserve
« la meilleure partie; le reste est aban-
« donné aux habitants. Quiconque por-
« terait l'encens ailleurs qu'à Zhafar
« serait mis à mort. »

Le froment, le maïs, l'orge, le dourra, couvrent les cantons fertiles de la péninsule. Le riz, qui n'est pas cultivé dans le Nedjd à cause de l'extrême sécheresse du climat, vient en abondance dans les provinces d'El-Hassa, de l'Oman et du Yémen. Un grand nombre de plantes potagères, fèves, laitues, oignons, betteraves, racines de toutes espèces, ainsi que de nombreuses variétés de concombres, courges et melons, forment une ressource précieuse pour la nourriture des Arabes, dont la frugalité se contente le plus souvent d'une pâte de farine détrempée dans le lait aigri de leurs chamelles.

Parmi les animaux de l'Arabie, nous ne nous arrêterons ni à l'élégante gazelle, ni aux chacals à la voix plaintive, ni aux gerboises ou rats de pharaon, ni à l'autruche, qui fait éclore ses œufs à la chaleur des sables du désert. Ces habitants des immenses solitudes qui repoussent l'espèce humaine, fuient à l'aspect de la caravane et disparaissent en quelques instants aux yeux du voyageur. Mais le cheval et le chameau, tous deux compagnons de l'Arabe, méritent une description particulière, car sans leur admirable

---

(*) Voyez la planche 37.
(**) Voyez la planche 38.
(***) *M. Cruttenden's Journey from Mokha to Sana'a, Journal of the R. Geog. Soc. of London*, vol. VIII, p. 285.

(*) MS. de la bibliot. roy., 1re partie.

ARABIE.  ARABIEN.

Ruines d'un arc de Triomphe et d'un Temple à Petra.
Ruinen eines Triumphbogens u. eines Tempels zu Petra.

instinct, sans leurs éminentes qualités, la plus grande partie de la péninsule serait inhabitable. Plusieurs races de chameaux sont distinguées en Arabie par des noms particuliers : mais nulle part on n'en élève un plus grand nombre que dans le Nedjd, qui porte par cette raison chez les Arabes le le nom de *Omm-el-Bel* (la mère des chameaux). La Syrie, le Hedjaz, le Yémen sont, sous ce rapport, tributaires de cette province. La faculté d'endurer la soif et la frugalité du chameau lui donnent sur le cheval un avantage immense pour les longs voyages, et en ont fait, comme on l'a dit bien des fois, le navire du désert. Chargé d'un poids de quatre à cinq cents livres, il se rend d'Alep à Bassora, ou des bords de l'Euphrate aux frontières de l'Inde. Le chameau du Nedjd, l'espèce la plus propre à endurer la fatigue, peut rester quatre jours entiers, pendant les chaleurs de l'été, sans boire une seule goutte d'eau ; et même, dans un cas de nécessité absolue, dit Burckhardt, un chameau arabe marchera sans boire peut-être pendant cinq jours ; mais le voyageur ne doit pas compter sur cette longanimité exceptionnelle, et, dans les circonstances ordinaires, un chameau, dès le troisième jour passé, sans qu'on ait trouvé quelque source, montre des symptômes évidents d'impatience ou de malaise. Quand un Arabe découvre dans un jeune chameau des formes grêles et des mouvements vifs, il le destine à être monté; car la race des chameaux de course, que nous nommons dromadaires, qui s'appellent en Égypte *hadjin* et en Arabie *déloul*, ne diffère des chameaux destinés aux transports des marchandises que par la finesse des formes et la manière dont ils sont dressés (*). En Arabie, on assure que les chameaux les plus propres à être montés, ceux dont le trot acquiert le plus de vitesse, viennent de la province d'Oman : le déloul el-omani a été célébré de tout temps par les poëtes de la péninsule. La vivacité de leur regard, la finesse de leur jarret annoncent leur noble race et justifient les louanges qu'on leur donne.

Fort, nerveux, léger, fier de son indépendance, le cheval arabe, errant en liberté dans les pâturages, offre le type de l'élégance dans les formes, de la perfection dans les qualités. Sa tête sèche et menue, sa prunelle ardente, ses naseaux bien ouverts, son garrot relevé, ses flancs pleins et courts, sa croupe un peu longue, sa queue se projetant en arrière, ses jambes fines et nerveuses, lui donnent sur tous ses rivaux la palme de la beauté, comme sa docilité, son courage, sa frugalité, sa vitesse lui assurent l'avantage sur nos races d'Europe les plus estimées. Les Bédouins comptent cinq races nobles de chevaux descendues, d'après leurs traditions, des cinq juments favorites montées par leur prophète. A la naissance d'un poulain de noble race, on réunit sous la tente un certain nombre de témoins, qui rédigent par écrit le signalement du nouveau rejeton, ainsi que le nom et la descendance de sa mère. Cet arbre généalogique, dûment confirmé par l'apposition des cachets et signatures, est renfermé dans un petit sac de cuir et suspendu au cou du cheval. Dès lors il prend rang parmi ces coursiers précieux, dont la possession enviée a plus d'une fois occasionné la guerre entre deux tribus. C'est que, dans le désert, la vitesse du cheval sauve souvent la vie du guerrier. Burckhardt raconte qu'en 1815 une troupe de Druses, bien montés, attaqua une bande de Bédouins dans le Hauran, et les repoussa jusque dans leur camp : là, entourés de toutes parts, assaillis par des forces supérieures, ils furent tous tués, à l'exception d'un seul qui, rassemblant sa jument et passant à travers les lignes ennemies, prit la fuite, poursuivi par les cavaliers les mieux montés de la troupe victorieuse. Rochers, plaines, collines, tout était franchi avec la rapidité du tourbillon, et la poursuite continuait toujours, car les Druses étaient implacables et avaient juré la mort du dernier de leurs ennemis. En-

(*) Voyez la planche 1.

fin, après plusieurs heures d'une course infernale, vaincus dans leur colère par leur admiration pour la jument qui entraînait son maître loin d'eux, ils lui promirent la vie et le conjurèrent de s'arrêter, afin qu'ils pussent seulement baiser le front de cet excellent coursier. L'Arabe y consentit, et les Druses, en le quittant, lui dirent cette phrase proverbiale chez eux : « Va laver les pieds de ta monture et bois l'eau ensuite. » Ils veulent exprimer ainsi leur extrême affection pour ces courageux compagnons de leurs périls.

Nous ne pouvons mieux terminer cette description du cheval arabe que par le passage suivant d'un des poëmes les plus anciens conservés dans le pays. Amrou'l-Kaïs, qui l'écrivait près d'un siècle avant l'islamisme, s'est plu à y varier ses tableaux, toujours empreints d'un coloris vrai et vigoureux, depuis les images les plus riantes et les plus gracieuses jusqu'aux peintures les plus sombres, ou aux figures les plus hardies. Voici ce que dit Amrou'l-Kaïs de son cheval :

« Avant même que les oiseaux sor-
« tent de leurs nids, je saute sur un
« haut et agile coursier dont le poil
« est court et luisant, qui devance les
« bêtes les plus légères et les arrête
« dans leur fuite. Plein de vigueur et
« de force, il se détourne, il fuit, il
« avance, il recule en un instant, avec
« la rapidité du caillou que le torrent
« détache et précipite du haut d'un
« rocher ; son poil est rougeâtre et
« luisant, ses flancs minces et allon-
« gés ; il brûle d'une noble impatience ;
« et, dans l'ardeur qui l'anime, sa
« voix entrecoupée imite le bruit de
« l'eau qui bout dans un vase d'airain.
« Tandis que les coursiers les plus gé-
« néreux, réduits aux abois, impriment
« profondément dans la poussière les
« traces de leurs pas, celui-ci préci-
« pite encore sa marche rapide. Le
« cavalier jeune et léger est infailli-
« blement renversé par la violence de
« sa course, et il fait voltiger au gré
« de ses mouvements impétueux les
« habits du vieillard que l'âge a rendu
« plus pesant. Ses reins sont ceux
« d'une gazelle, ses jambes celles d'une
« autruche : il trotte comme le loup et
« galope comme un jeune renard. Ses
« hanches sont larges et robustes ;
« lorsqu'on le regarde par derrière, sa
« queue touffue, et qui traîne jusqu'à
« terre, remplit tout l'espace qui est
« entre ses jambes, sans incliner plus
« d'un côté que de l'autre. Quand il
« est debout près de ma tente, le poli
« éclatant de son dos est semblable à
« celui du marbre sur lequel on broie
« des parfums pour une jeune épouse
« au jour de ses noces (*). »

### Histoire des Arabes avant l'islamisme.

Nous l'avons dit en commençant notre description géographique, la nature du sol de l'Arabie a déterminé le genre de vie des peuples qui l'habitaient, et ce genre de vie dut influer à son tour sur leurs relations sociales. La constitution politique qui unissait dans des pays plus favorisés les membres d'un même État, fut remplacée, au désert, par les liens intimes de la parenté : ces liens s'étendirent sans se relâcher, et comprirent bientôt, non-seulement la famille, mais la tribu. Les individus qui la composaient, maintenus et fortifiés dans leur union par les exigences de la vie nomade ou les besoins d'une défense commune, se ralliaient autour d'un chef dans les petites guerres qu'excitait entre eux la rivalité. Bientôt ce chef fut revêtu d'un caractère politique : juge pendant la paix, capitaine pendant la guerre, il exerçait un pouvoir d'autant plus absolu qu'il était né des relations de la famille. Aussi, lorsque vint l'heure de l'agrandissement et de la victoire, les Arabes obéirent comme un seul homme à l'homme qui leur donna pour mission la conquête du monde. Déjà, par leurs longs voyages, par leurs luttes intérieures, ils se trouvaient préparés à cette rapide extension de leur empire.

(*) Moallakah d'Amrou'l-Kaïs, traduction de M. Silvestre de Sacy, *Mémoires de l'Académie des inscriptions et belles-lettres*, t. L, p. 411.

ARABIE. ARABIEN.

Merveilleusement placés pour le commerce, entourés de races presque identiques, les peuples arabes, dès l'antiquité la plus reculée, parcouraient un territoire immense sans cesser de parler leur langue, sans avoir besoin d'interprètes. Des bords de l'Halys jusqu'au Tigre, du Caucase jusqu'à la côte méridionale de l'Arabie, plusieurs dialectes formaient un seul et même groupe d'idiomes que nous avons appelé la famille des langues sémitiques. C'était le cappadocien à l'ouest de l'Halys, le syriaque entre la Méditerranée et l'Euphrate, l'assyrien au delà du Tigre, le chaldéen à Babylone, l'hébreu et le samaritain en Palestine, le phénicien sur les côtes de la Méditerranée, l'éthiopien sur le rivage occidental de la mer Rouge, l'himyarite dans le Yémen, et enfin l'arabe non-seulement dans le reste de la péninsule, mais encore dans les steppes de de la Mésopotamie, fréquentés de tous temps par des tribus d'Arabes errants. On ne saurait douter qu'à une époque antérieure à l'histoire, ces immenses contrées n'aient été habitées par une seule et même race, qui modifia, suivant les localités, ses mœurs et son genre de vie. Dans les plaines de Syrie, elle cultiva la terre ; en Babylonie, elle eut des demeures fixes, et fonda la plus grande ville de l'antiquité ; sur les côtes de la Phénicie, elle creusa des ports et arma des vaisseaux ; en Arabie, elle continua sa vie nomade. Malheureusement, ces transformations d'un même peuple sont plutôt du domaine de l'ethnographe que de l'historien : il n'existe à ce sujet ni sources historiques, ni renseignements d'aucune espèce ; nous devons nous borner à des conjectures, et même, pour des temps moins éloignés de nous, l'histoire ancienne des Arabes est l'une des plus difficiles à reconstruire, par la pénurie de documents contemporains. Les annalistes orientaux n'ont commencé à rédiger des corps de chroniques que longtemps après l'établissement de l'islamisme. Leurs écrits, qui ont sans doute un haut intérêt pour l'histoire, en familiarisant le lecteur avec les idées de la nation et lui présentant les faits sous la couleur locale, manquent complétement de critique. On ne saurait surtout leur accorder une entière confiance, pour peu que l'on connaisse l'époque relativement récente à laquelle ces écrits ont été composés, ainsi que les altérations auxquelles est exposée chaque tradition qui traverse une longue suite de siècles. Il nous faudra donc avoir quelquefois recours, pour l'époque la plus ancienne, aux Juifs, aux Grecs, aux Romains, que leurs relations avec les Arabes ont mis à même de recueillir sur eux des notions contemporaines : puis, choisissant dans une histoire traditionnelle où les faits s'écartent et se resserrent au gré des systèmes, nous essayerons de recomposer, d'après les Orientaux eux-mêmes, les siècles qui se sont écoulés depuis l'arrivée des races arabes dans le Yémen jusqu'à la naissance de Mahomet. C'est alors que l'histoire des Arabes grandit à chaque page : ce ne sont plus des luttes de tribus à tribus entre les habitants d'un désert. C'est un peuple, organisé par un génie puissant, s'élançant à la voix de son chef, et marchant de conquête en conquête. L'empire des khalifes est l'époque la plus brillante de cette période de gloire. Sciences, littérature, géographie devinrent tributaires de l'Arabie, alors que la civilisation arabe remplaçait seule la civilisation romaine étouffée par les barbares.

Comme les autres nations, et plus peut-être que toutes les autres, l'Arabie a ses mythes, et l'histoire de ses origines ne nous est parvenue qu'escortée d'un nombre infini de traditions fabuleuses. Telle est l'existence de quelques tribus détruites par la colère divine avant les temps historiques. Peut-être aurions-nous passé sous silence ce qui regarde ces races éteintes, si le Coran n'avait consacré leur souvenir par de fréquentes allusions aux châtiments qu'elles s'étaient attirés. Ad, Thamoud, Djadis, Tasm, tels sont, parmi elles, les noms qui reviennent le plus souvent dans le code religieux des Arabes.

Ad, le père et le chef des Adites,

s'était établi peu de temps après la confusion des langues, dit la tradition, dans le désert d'El-Akhaf, au centre de la péninsule. Là, il avait fondé une ville qui était déjà devenue grande et puissante, quand il mourut. Son fils Scheddad lui succéda dans le gouvernement de sa tribu, et étendit beaucoup ses domaines. Parmi les merveilles qu'il avait créées, se trouvaient un somptueux palais, tout bâti de briques d'or, et des jardins suspendus qu'il avait eu la prétention de rendre égaux à ceux du paradis terrestre. Les fruits, les fleurs étaient des rubis ou des émeraudes; sur les branches des arbres, des oiseaux imités avec art se balançaient au vent, et leurs corps, remplis de doux parfums, livraient à la brise les plus délicieuses odeurs. Scheddad, fier de cette création, se crut un dieu, et voulut être adoré; mais le ciel ne permit pas que son orgueil et son impiété restassent impunis; il fut frappé de la foudre au moment où il allait prendre possession du palais qu'il venait d'achever. Comme signe éternel de la justice divine, ajoute la tradition, la ville existe encore au désert, mais elle y est invisible à tous les yeux. On retrouve dans cette fable quelques traces confuses de Bélus et de l'ancienne Babylone, à moins que l'on ne veuille y reconnaître le Ben-Hadad de l'Écriture qui régna sur la Syrie, et y fut adoré comme un dieu par ses sujets.

La tribu des Adites se réfugia ensuite dans le Hadramaut. Là, ils avaient abandonné le culte du Seigneur, et se livraient aux pratiques de l'idolâtrie la plus superstitieuse. Dieu envoya vers eux le prophète Houd, qui voulut les ramener au vrai culte; mais loin de l'écouter, ils le battirent de verges. Bientôt une grande sécheresse et la famine, qui en était la suite, annoncèrent le courroux du ciel. Les Adites ne virent d'autre remède à leur détresse que d'envoyer quelques-uns des leurs en pèlerinage au temple de la Caaba. Soixante-dix d'entre eux furent chargés de cette mission, et partirent sous la conduite de Morthadh et de Kil, deux des chefs les plus importants de la tribu. Arrivés près de Moawia, qui régnait alors dans le Hedjaz, ils en furent très-bien reçus, et obtinrent la permission de faire les sacrifices nécessaires pour obtenir une réponse favorable. Cependant Morthadh, touché de repentir, répétait souvent à ses compagnons, que les prières seraient inutiles tant qu'ils n'obéiraient pas à l'envoyé du Seigneur : « Comment voulez-vous, leur disait-il, que Dieu répande sur nous la pluie de sa miséricorde si nous refusons d'écouter la voix de celui qu'il a envoyé pour nous instruire? » Kil, fatigué de ces instances, sut exciter la défiance de Moawia contre son collègue, et, l'ayant fait retenir prisonnier par ce prince, guida seul, vers le saint lieu, le reste des Adites. Là, ils accomplirent les sacrifices, et demandèrent au Seigneur la pluie du ciel. Au même instant, trois nuées se rassemblèrent au-dessus de leurs têtes, l'une blanche, l'autre rouge, et la troisième noire : « Laquelle choisissez-vous ? » dit une voix qui se fit entendre du haut des airs. Kil choisit la noire, espérant qu'elle était plus chargée de pluie que les autres; mais elle recelait un violent ouragan qui renversa les habitations des Adites, et les priva eux-mêmes de la vie. Un sage, nommé Lokman, fut épargné avec quelques-uns de ses disciples; il devint le chef d'une nouvelle tribu, appelée la tribu du dernier Ad, et vécut l'âge de sept aigles. Les Latins disaient : vieux comme Saturne; les Arabes se servent du nom d'Ad dans le même sens. S'ils veulent exprimer combien un événement est ancien, ils disent qu'il s'est passé du temps d'Ad.

Avant de terminer cette courte notice sur les Adites, n'oublions pas que, d'après l'historien Ebn-Khaldoun, des guerriers de cette tribu passèrent en Égypte et régnèrent sur le pays. Si nous voulons voir dans cette tradition le souvenir de l'invasion des rois pasteurs, dont l'origine arabe avait été déjà supposée, nous devons reporter à dix-huit siècles avant l'ère chrétienne, d'après les calculs de Volney, souvent empruntés à Marsham, l'époque où les

Adites dont parle Ebn-Khaldoun quittèrent l'Arabie.

Une autre tribu dont l'existence n'est pas moins hypothétique, et qui fut tout aussi célèbre par son triste destin, est celle des Thamoudites ou descendants de Thamoud. Ils habitaient dans l'Arabie Pétrée, et s'étaient taillé dans le roc de vastes édifices, où ils se croyaient à l'abri des vents et des tempêtes; aussi se livraient-ils sans crainte comme sans remords à leurs passions et au culte des faux dieux. Ainsi que le prophète Houd avait été envoyé aux Adites, le prophète Saleh fut envoyé aux Benou-Thamoud, et reçut du Seigneur l'ordre de les ramener dans la bonne voie. Il commença par leur prouver la vérité de sa mission : un rocher de granit s'entr'ouvrit à son commandement, et il en sortit une chamelle pleine qui mit bas son petit. Ce prodige s'opérait à la demande des Benou-Thamoud; cependant il ne put les convaincre : non-seulement ils persistèrent dans leur idolâtrie, mais ils tuèrent la chamelle dont la présence était pour eux un reproche incessant de désobéissance et d'opiniâtreté. La vengeance céleste ne se fit pas attendre : le sol trembla, les montagnes se fendirent, et tous les gens de la tribu tombèrent morts la face contre terre (*). Leur nom et le lieu qu'ils habitaient sont encore frappés de malédiction aux yeux des bons musulmans.

Les tribus de Tasm et de Djadis, dit la tradition, ont vécu dans le Yémama : toutes deux avaient un gouvernement commun, dont le chef était pris tantôt dans une tribu, tantôt dans l'autre. Un chef de la tribu des Benou-Tasm, d'après Aboulféda, voulut publier une loi, par laquelle il aurait le droit de choisir pour son harem toutes celles des jeunes fiancées de la tribu des Benou-Djadis qui lui plairaient davantage. Cet acte de despotisme réveilla des haines longtemps assoupies; on conspira ; les chefs du complot invitèrent le prince et ses adhérents à une fête splendide. A peine étaient-ils réunis, que les Djadisites, prenant des armes qu'ils avaient cachées dans le sable, attaquèrent les Benou-Tasm. Le tyran fut mis à mort, et avec lui une grande partie de sa tribu; puis vainqueurs et vaincus se séparèrent. Plus tard, les restes de ces deux peuplades furent détruits par les rois du Yémen.

Nous pourrions multiplier les noms de ces tribus (*), sans passé et sans

(*) D'après Djelal-ed-Din-el-Soyouti, les neuf tribus primitives des Arabes qu'il appelle Arabes purs ou non mélangés, étaient Ad, Thamoud, Oumayim, Abil, Tasm, Djadis, Amlik, Djourhoum et Wabar, descendant toutes d'Aram, fils de Sem, fils de Noé. Il est singulier que parmi les noms cités dans cette ancienne tradition il n'y en ait qu'un présentant une analogie complète avec un nom biblique. C'est Amlik, dont nous avons fait les Amalécites. M. Fresnel a essayé d'identifier El-Tasm et El-Oumayim avec Letousim et Leoummim, deux enfants de Dedan, fils de Yoschan, fils de Cethura, seconde femme d'Abraham, se fondant sur l'identité des lettres radicales dans l'arabe et l'hébreu. Mais, en admettant son hypothèse, il n'en résultera pas moins que parmi les neuf plus anciens noms de tribus que nous fournissent les traditions de la péninsule, un seul appartient évidemment et deux hypothétiquement aux anciennes généalogies qui nous sont données par la Bible. Nous n'osons accepter sans discussion Hadoram pour Djourhoum, Abi pour Awbal, Adah, femme d'Ésaü, pour Ad. M. Fresnel lui-même a indiqué ces rapprochements sans paraître y attacher d'importance. Quoi qu'il en soit de ces analogies, on peut les compléter par l'examen des textes anciens de la Grèce et de Rome. C'est ainsi que les *Thamudini* sont évidemment les Benou-Thamoud, que les *Banabari* peuvent s'identifier aux Benou-Wabar, et que la position donnée par Ptolémée pour les Ἰολίσιται, répondant à celle du Yémama, habité par les Benou-Djadis, on peut supposer l'erreur d'un copiste qui a écrit un A en place d'un Δ, et rapprocher ces deux noms pour en faire celui d'une même tribu. Nous devons d'ailleurs, au début d'une histoire difficile et obscure, prévenir que dans l'état actuel des connaissances acquises sur l'Arabie, et vu l'époque comparativement

(*) Voy. le Coran, ch. VII.

avenir, dont l'existence n'a d'autre base que quelques paroles du Coran ou quelques traditions apocryphes; mais nous en avons dit assez sur la période fabuleuse de l'histoire des Arabes. Il est temps de passer à l'étude d'une époque où la fable est du moins mêlée de quelques vérités. La fable est née dans le berceau du monde : l'homme en est enveloppé au début de sa carrière, elle nous cache ses premiers pas; plus tard sa voix sait se faire entendre à travers le bruit ou le silence des nations, et rarement elle nous permet d'écouter, sans nous laisser distraire, les accents moins sonores de la vérité historique.

### Établissement des Arabes dans le Yémen.

#### Premiers rois himyarites.

Deux nations principales se sont en quelque sorte partagé la péninsule depuis les temps les plus anciens jusqu'à la naissance de Mahomet. L'une faisait remonter son origine à Kahtan, que l'on identifie ordinairement avec le Jectan de la Genèse (*); l'autre prétendait descendre d'Ismaïl, fils d'Abraham (**). Les descendants de Kahtan, fixés dans les campagnes de l'Arabie Heureuse ou Yémen, y avaient élevé des villes, et se livraient aux travaux de l'agriculture. Les Ismaélites, répandus dans les campagnes pierreuses du Hedjaz ou dans les plaines infertiles du Téhama, vivaient sous la tente, faisaient paître leurs troupeaux et se livraient au commerce. Ce sont les guerres ou les alliances de ces deux races qui forment les traits les plus saillants de l'histoire arabe avant l'islamisme.

Quelle que fût la prétention des Ismaélites ou Arabes du Hedjaz à une noble origine, ils ont toujours positivement reconnu l'antériorité nationale des Arabes du Yémen ou descendants de Jectan. Ils les proclamaient *Aribah*, Arabes de pur sang, Arabes par excellence, tandis qu'ils se déclaraient *Moustarribes* ou entés sur les Arabes par le mariage d'Ismaïl avec une fille de la race des Jectanides. C'est donc par ces derniers qu'il nous faut commencer l'histoire des anciens temps de la péninsule.

Nous chercherions en vain chez les Grecs quelque lumière sur la constitution politique du Yémen. Ceux d'entre eux qui nous ont laissé quelques détails à ce sujet, semblent se contredire sans cesse. La succession au trône, dit Ératosthène, n'était pas établie de père en fils; mais l'enfant né le premier après l'avénement du roi, parmi ceux des familles distinguées, devait succéder au monarque. En conséquence, on faisait le recensement de toutes les femmes de la classe élevée qui se trouvaient enceintes lors de cet avénement; on plaçait auprès d'elles des gardes pour connaître celle qui accoucherait la première, et l'enfant qu'elle mettait au monde recevait l'éducation réservée à l'héritier présomptif du trône (*). D'après Agatarchide, au contraire, le pays était gouverné par des rois pris successivement dans la même famille. Leur pouvoir était absolu; mais ils achetaient chèrement le droit de commander aux autres sans avoir à rendre compte à personne de leurs actions. Il ne leur était pas per-

---

récente à laquelle ont été recueillies les traditions relatives aux Arabes avant l'islamisme, tout rapprochement, quelque ingénieux, qu'il puisse être ne peut offrir qu'une hypothèse lorsqu'il s'agit de cette partie de l'histoire répondant, chez les Arabes, à la période mythologique des origines grecques ou romaines.

(*) Natique sunt Heber filii duo : nomen uni Phaleg, eo quod in diebus ejus divisa sit terra : et nomen fratris ejus Jectan. Genèse, ch. x, v. 25.

(**) Nous avons, pour plus de clarté, divisé la nation arabe en deux races principales; mais quelques chroniqueurs en reconnaissent trois. La première, ou celle des Arabes *Aribah*, se composait des tribus éteintes dont nous avons parlé tout à l'heure; la seconde, ou celle des Arabes *Moutaárribes*, descendait de Kahtan; la troisième race, ou celle des Arabes *Moustárribes*, était formée de la postérité d'Ismaïl.

(*) Strabon, liv. XVI, p. 768.

mis de sortir de leur palais, et, s'il leur arrivait de s'en écarter, ils étaient lapidés par le peuple en exécution des ordres d'un ancien oracle (*). Ces notions imparfaites et extraordinaires sont démenties par les traditions des Arabes, qui ont du moins pour elles l'autorité que leur prête le soin minutieux avec lequel on conserve, dans toute la péninsule, la généalogie des familles et le souvenir des faits qui peuvent les illustrer.

La plus grande difficulté qui résulte de la pénurie de documents écrits ou contemporains, c'est de pouvoir déterminer, même d'une manière approximative, la succession chronologique des événements, puisque les Arabes n'ont eu d'ère générale que postérieurement à l'ère du Christ. Nous avons à étudier l'histoire d'un pays qui, d'après les chroniques indigènes, était civilisé dès le temps de Salomon, qui, à l'époque de l'islamisme, jouissait peut-être, depuis plus de deux mille ans, des bienfaits d'une monarchie régulière, et nous n'avons pour nous guider que des listes de rois confuses, incertaines, évidemment insuffisantes pour combler les lacunes qu'elles sont destinées à remplir. Djennabi donne à la monarchie des rois du Yémen une durée de trois mille ans; Aboulféda ne lui en accorde que deux mille vingt, et il est impossible de supposer que vingt-six ou trente rois, dont les noms sont arrivés jusqu'à nous, aient pu remplir la plus courte de ces périodes. Les chroniqueurs arabes tranchent la difficulté en accordant trois ou quatre cents ans de règne à quelques-uns de ces princes; mais la critique historique la plus accommodante ne pouvant faire de pareilles concessions, il nous faut admettre, ou que l'origine d'un pouvoir monarchique et régulier dans le Yémen est de bien des siècles postérieur à Jectan, ou que les princes dont les noms sont parvenus jusqu'à nous étaient ceux-là seuls qui se firent remarquer par leur puissance et leurs conquêtes.

C'est dans l'espoir d'arriver à fixer notre incertitude à cet égard que nous allons commencer par exposer les faits rapportés par les chroniqueurs, sans nous préoccuper d'aucun système chronologique. Ces faits peu nombreux, incohérents, interrompus par des lacunes, sont fabuleux pour la plupart, incertains presque tous : ils n'apportent à l'histoire aucun enseignement utile, et peut-être les trouverons-nous bien peu dignes des discussions arides auxquelles il faut se livrer pour leur assigner une place dans la série des âges.

Kahtan ou Jectan, le fondateur de la dynastie, est regardé par Aboulféda, qui s'appuie sur l'autorité d'Ebn-Saïd le Maghrebin, comme le premier roi du Yémen; cependant Hamza-el-Isfahani prétend que c'est Iarob, fils de Kahtan, qui vint s'établir dans le Yémen avec ses enfants, et parla le premier la langue arabe : il eut pour fils Iaschob, qui engendra Saba. Ce dernier est regardé par Nowaïri comme le véritable fondateur du pouvoir royal, et il est probable du moins qu'il établit le premier d'une manière fixe le siège de sa puissance en construisant la ville de Saba, d'où son peuple prit le nom de Sabéens, sous lequel il a été connu par les Grecs. Nowaïri nomme aussi ce prince Abdschems. Ce qu'il y a de certain, c'est que toutes les tribus arabes comprises sous le nom de Saba reconnaissent pour auteur Kahtan. Jusqu'ici, l'histoire de ces anciens rois n'est qu'une pure nomenclature de noms. Saba eut un grand nombre d'enfants, parmi lesquels deux surtout jouent un rôle important dans l'histoire de l'Arabie, Himyar et Cahlan. Les enfants de Himyar, dit M. de Sacy, eurent toujours, à ce qu'il paraît, de grandes prétentions au gouvernement général de tous les descendants de Saba établis dans le Yémen; et de là vint sans doute que le nom de Himyarites ou Homérites fut souvent pris, du moins par les Grecs et autres nations étrangères, pour synonyme de celui de Sabéens. Le dernier, il est vrai, devait renfermer tous les descendants de Saba, au lieu

(*) Diodore de Sicile, liv. III, par. XLVII.

que le premier ne s'appliquait qu'à la branche de Himyar; mais les Himyarites ayant souvent étendu leur domination sur tout le pays qu'occupaient les descendants de Saba, la nation entière fut comprise sous leur nom. En effet, à la mort de Himyar, la famille de son frère Cahlan disputa le trône à ses fils, et l'empire se trouva partagé, une branche continuant de régner à Saba et l'autre à Zhafar, dans le Hadramaut. Quinze générations s'écoulèrent, nous dit Hamza, avant que les rênes de ces deux États fussent de nouveau réunies entre les mains de Harith-el-Raïsch (*). C'est dans cet intervalle qu'Aboulféda place les règnes de Ouathil-ben-Himyar, El-Secsac-ben-Ouathil, Iafar-ben-el-Secsac, Amer-ben-Bazan, surnommé Dhou-Riasch, El-Noman-ben-Djafar, surnommé El-Moafir, Asmah-ben-Noman, Scheddad-ben-Ad, son frère Lokman-ben-Ad, et, après celui-ci, son second frère Dhou-Sedad-ben-Ad.

Harith, fils de Dhou-Sedad, avait été surnommé El-Raïsch (celui qui enrichit), à cause des riches dépouilles qu'il avait recueillies dans ses nombreuses expéditions. Si nous en croyons la tradition, il alla attaquer les peuples de l'Azerbidjan, et étendit ses conquêtes jusque dans l'Inde. Ce fut lui qui, le premier, reçut le nom de Tobba, que prirent ensuite les rois du Yémen, comme les empereurs romains s'appelaient César, ou les rois d'Égypte Pharaon. Aboulféda (**) donne pour successeur à Harith, Dhou'l-Karnaïn (celui qui a deux cornes), personnage célèbre dans les légendes merveilleuses de l'Arabie. Ce prince apocryphe, que les Orientaux, dans leur ignorance de l'histoire, ont quelquefois confondu avec Alexandre, aurait poussé ses conquêtes vers les régions les plus éloignées de la terre, soumettant à son joug des nations dont la taille était colossale, ou prenant des villes dont les murailles de cuivre et d'airain étaient si brillantes que, pour se garantir de la cécité, les habitants portaient des masques. Ni Hamza ni Nowaïri ne placent le nom de Dhou'l-Karnaïn, à cette époque, sur les listes qu'ils nous donnent (*). D'après eux, le successeur de Harith aurait été Abraha, surnommé Dhou'l-Menar, qui porta ses armes en Afrique, et construisit dans le désert une ligne de fanaux pour servir de signaux et de points de reconnaissance. Son fils, Afrikis-ben-Abraha, étendit ses conquêtes jusqu'aux côtes de l'Afrique qui regardent l'Océan, soumit les Berbères, et bâtit la ville qu'il nomma, d'après son nom, Afrikieh (**). Il eut pour successeur son frère El-abd-ben-Abraha, surnommé Dhou'l-Azhar (celui qui répand la terreur). Il est regardé comme le conquérant des Blemmyes ou Pygmées, qu'il aurait soumis du vivant de son père. Plus tard, ses sujets, rebelles à son pouvoir, donnèrent la couronne à Haddad-ben-Scherhabil, descendant de Ouathil-ben-Himyar, et ce dernier, après plusieurs combats sanglants, demeura seul maître du royaume.

La reine Belkis, fille de Haddad, est

___

(*) « Avant lui, deux rois régnaient dans « le Yémen, le roi de Saba et le roi du « Hadramaut; en sorte que les Yémanites « furent partagés jusqu'au temps où régna « Harith. Tous les habitants du Yémen se « réunirent à lui et suivirent (*tabbahou*) ses « lois; d'où on l'appela *Tobba*. » *Historia imperii vetustissimi Joctanidarum in Arabia felice excerpta ab Alberto Schultens*, p. 22.

(**) *Imperium Joctanidarum ex Abulfeda*, p. 6.

(*) *Historia imperii vetustissimi Joctanidarum*, p. 22 et 52.

(**) « On pense que l'Afrique doit son nom à Afrikis-ben-Abraha-Erraisch; d'autres disent à Afrikis-ben-Saïfe-ben-Saba-ben-Iaschob-ben-Iarob-ben-Kahtan. Ce chef, à ce que l'on raconte, ayant porté la guerre dans le Maghreb, parvint à une vaste contrée, où il trouva de l'eau en abondance. Là il donna l'ordre d'élever une ville, et lorsqu'elle fut construite, il lui imposa le nom d'Afrikieh et la peupla de nombreux habitants : plus tard le pays tout entier prit le nom de cette ville. Afrikis retourna ensuite dans le Yémen. (Mer-el-Itt. MS. de la Bibl. royale, fol. 49.)

regardée par les Arabes comme cette fameuse reine de Saba, qui devint la femme du roi Salomon (*). Sa retraite dans les montagnes du Yémen, dit une légende arabe, fut révélée au prince juif par le moyen d'un vanneau que ce prince, pendant sa marche au travers des déserts de l'Arabie, avait envoyé à la découverte de l'eau dont son armée avait le plus pressant besoin. C'est à Belkis que quelques chroniqueurs ont attribué la construction de la fameuse digue voisine de Mareb, dont nous aurons bientôt à nous occuper, car sa rupture est la première ère générale dont les Arabes se soient servis dans le récit de leur histoire. « Les Himyarites, dit Hamza, racon- « tent que Belkis, étant devenue reine, « bâtit, dans le pays de Saba, la digue « nommée *Arim* : les autres habitants « du Yémen contestent ce fait ; ils sou- « tiennent que la digue *Arim* avait été « construite par Lockman, le second « fils d'Ad ; que le temps l'ayant en- « dommagée, Belkis, devenue reine, « répara les dommages qu'elle avait « soufferts. » Après la mort de Belkis, Iasasin, qui était son oncle, d'après Hamza, et son cousin, d'après Nowaïri, monta sur le trône du Yémen. On le surnomma Naschir-el-Niam (celui qui qui donne des richesses); il devait ce surnom aux trésors dont il avait enrichi les peuples qu'il gouvernait. Il entreprit de grandes expéditions dans le Maghreb, et s'avança jusqu'à une immense vallée à laquelle personne n'était encore parvenu. Là, il trouva une telle profondeur de sable mouvant, que tout passage était impossible. Tandis qu'il était arrêté par cet obstacle inattendu, les vents écartèrent une partie de ces sables, et il ordonna à un des principaux officiers de sa maison de tenter le passage à la tête de quelques troupes ; mais ce fut en vain qu'il attendit son retour. Tous avaient péri ; et le prince, désespérant de les revoir jamais, fit élever sur un rocher, à l'extrémité de la vallée, une statue d'airain, sur la poitrine de laquelle était tracée cette inscription en caractères himyarites : Naschir-el-Niam, descendant de Himyar, a élevé cette statue ; qui que vous soyez qui lisez ces mots, n'allez pas plus loin : le retour est impossible et la mort certaine.

Iasasin eut pour successeur Schamar-Iarasch-Abou-Carib, fils d'Afrikis, petit-fils d'Abraha et arrière-petit-fils d'El-Raïsch. On l'avait surnommé Iarasch, ou le Trembleur, parce qu'une maladie lui avait occasionné un tremblement général. C'est lui que Hamza assure, d'après l'autorité des gens du Yémen (*), être le Dhou'l-Carnaïn qui a été quelquefois confondu avec Alexandre, et qu'Aboulféda donne pour successeur à Harith, surnommé El-Raïsh. On l'avait appelé Dhou'l-Carnaïn, le porteur de cornes, parce qu'il avait deux longues tresses pendantes sur les épaules. Iarasch, d'après Nowaïri, était contemporain de Ystasf (Darius, fils d'Hystaspe), roi des Perses, qui lui prêta le serment d'obéissance et le reconnut pour son suzerain. Ce chef du Yémen, dont les traditions, d'après l'aveu de Hamza lui-même, racontent des faits incroyables, se mit en route pour le pays des Sines (la Mongolie). Il s'arrêta dans la Sogdiane, dont tous les habitants se réunirent dans les remparts de Samarcande, qu'ils croyaient une protection suffisante contre le conquérant arabe ; mais il mit le siège devant la ville, et le poussa avec une telle vigueur qu'il s'en empara bientôt, la détruisit de fond en comble, et passa la garnison au fil de l'épée. C'est cette catastrophe, dit Nowaïri, qui fit donner à cette malheureuse cité le nom de Samarcande, c'est-à-dire détruite par Schamar (**). Ce prince

---

(*) Rois, liv. III, chap. 10 ; Paralipom., liv. II, ch. 9. Les Abyssins, de leur côté, réclament pour une de leurs reines l'honneur d'avoir partagé la couche de Salomon, et prétendent que la dynastie royale était issue chez eux de l'union de leur souveraine avec le roi des Juifs. Voy. UNIVERS, Abyssinie, p. 7.

(*) *Imperium Joctanidarum ex Hamza Ispahanensi*, p. 26.

(**) *Imperium Joctanidarum ex Nowaïri*,

quitta alors la Sogdiane, et continua sa route vers le pays des Sines; mais là s'arrêta le cours de ses conquêtes, et la ruse fit ce que la force n'avait pu faire. Le vizir du roi des Sines, résolu à sauver son maître à tout prix, se mutila le visage et arriva, le nez coupé, dans le camp du roi des Arabes. Ce prince était alors sur les bords d'un grand désert, dont la longueur était de dix marches, et qui le séparait encore du pays des Sines. A la vue d'un homme qui lui parut un transfuge et dont l'état inspirait la pitié, Schamar non-seulement l'accueillit dans sa tente, mais lui accorda toute confiance lorsqu'il eut appris de la bouche du vizir que c'était le roi des Sines qui l'avait traité d'une manière si indigne pour le punir de lui avoir conseillé la soumission. En conséquence, il l'interrogea sur la longueur du désert qui lui restait à traverser, et reçut la fausse indication que trois jours suffisaient pour atteindre un pays où les Arabes trouveraient de l'eau et des vivres. Ainsi trompé, le roi ne fit prendre de provisions à ses troupes que pour trois jours, et marcha en avant; mais bientôt l'eau manqua, et le vizir lui ayant alors déclaré quel avait été son plan, lui annonça qu'il n'y avait, ni pour lui ni pour les siens, aucun moyen d'échapper à la mort. Ce fut en effet le sort du roi et de l'armée arabe : tous périrent de soif (*).

Schamar eut pour successeur son fils Abou-Malek, qui se préparait à venger la défaite des Arabes et la mort de son père, quand il apprit qu'il existait dans le Maghreb de riches mines d'émeraudes. Le désir de s'en rendre maître lui fit aussitôt abandonner le dessein de combattre les Sines, et il se dirigea vers l'Afrique; mais il mourut en route. Aboulféda rapporte qu'après la mort d'Abou-Malek, la postérité de Cahlan enleva la couronne aux descendants de Himyar, et que le Yémen fut gouverné par deux frères, Amran et Amrou, tous deux fils d'Amer-el-Azdi, descendant de Saba par Cahlan (**). Amran, ajoute le même auteur, était un habile devin, et Amrou avait reçu le surnom de Mozaïkia (celui qui déchire), à cause de la singulière habitude qu'il avait de déchirer ses robes chaque soir, dédaignant de les porter une seconde fois, et ne voulant pas que personne les portât après lui. Hamza et Nowaïri ne parlent pas de ce changement de dynastie, et donnent pour successeur à Abd-el-Malek, Akran, dont le règne, marqué par la rupture de la digue, forme une époque mémorable dans l'histoire des Arabes (***).

p. 58. Hamza rapporte comme une preuve des conquêtes de Schamar dans la Sogdiane, que l'on avait trouvé dans un édifice de Samarcande une inscription en caractères himyarites qui commençait ainsi : « Au nom de Dieu, Schamar Iarasch a élevé cet édifice au soleil son seigneur. » Aboulféda s'exprime ainsi dans sa géographie à l'article de Samarcande : « J'ai vu, a dit Ebn-Haukal, « sur l'une des portes de Samarcande que « l'on nomme la porte de *Kesch*, une pla- « que de fer sur laquelle se trouvait une « inscription. Au rapport des habitants, « elle était en caractères himyarites; ils di- « saient que cette porte avait été construite « par le Tobba, que de Sanâ à Samarcande « il y a mille parasanges, et que cela avait « été écrit du temps de Tobba. Ensuite il « survint une sédition à Samarcande dans « le temps même de mon séjour : la porte « fut brûlée et l'inscription anéantie. »

(*) Ce récit de Nowaïri (*Hist. imper. vetust. Joctanidarum*, p. 58) est évidemment une réminiscence de l'histoire de Zopyre. Voy. Hérodote, liv. III, par. 154 à 160.

(**) « Les Tobba du Yémen sont tous « descendus de Himyar, fils de Saba, à l'ex- « ception d'Amran et de son fils Mozaïkia. « Ils étaient tous deux fils d'Amer, fils de « Harith, fils d'Amrou'l-Kaïs, fils de Tha- « léba, fils de Mazen, fils d'Azd. Or Azd « descend de Kahlan. » Voy. le MS. arabe de la Biblioth. royale, n° 615.

(***) « On voit par Aboulféda, si on l'en- « tend dans le sens qui s'offre d'abord à l'es- « prit, que les auteurs qui comptaient « Amran et Amrou parmi les rois du Yémen, « n'étaient pas d'accord sur la place qu'ils « devaient occuper dans la liste de ces rois,

Quoi qu'il en soit de ces différences, il est bon, avant de passer à une période de l'ancienne histoire du Yémen

« les uns les mettant avant et les autres après
« Akran. Deux règnes ainsi placés entre
« celui d'Abou-Malek et de son fils Akran
« présentent une sorte d'invraisemblance,
« qui s'augmente si l'on observe qu'Amran
« et Amrou durent, dans ce cas, être des
« usurpateurs, et que cependant on ne
« parle ni d'une révolution qui ait fait pas-
« ser la couronne de la maison de Himyar
« dans celle de Cahlan, ni de la révolution
« contraire qui a dû remettre sur le trône
« un descendant de Himyar. Mareb ne pa-
« raît pas avoir été, généralement parlant,
« la demeure des souverains du Yémen,
« quoique peut-être elle fût primitivement
« le chef-lieu des Sabéens. Du moins, Ma-
« soudi nous assure-t-il positivement que les
« rois du Yémen demeuraient ordinairement
« à Zhafar. Il n'est donc pas facile de con-
« cevoir que la crainte de l'inondation du
« canton de Mareb eût pu déterminer Am-
« rou à abandonner le Yémen, si, maître
« de tout l'empire des Sabéens, il eût pu évi-
« ter le danger dont la ville était menacée
« sans renoncer à la couronne en transpor-
« tant son domicile à Zhafar, ou dans quel-
« qu'autre ville. Enfin, ni Masoudi, ni
« Nowaïri, ni Hamsa Isfahani, du moins
« dans le chapitre où il traite *ex professo* des
« souverains du Yémen, ni l'auteur du
« *Djohainat-el-Akhbar*, ne comptent Amran
« et son frère Amrou parmi les rois du Yé-
« men, quoique d'ailleurs ils en parlent en
« d'autres endroits comme de rois qui ré-
« gnaient à Mareb. »

« De tout cela, je me crois en droit de
« conclure qu'Amran et Amrou ne doivent
« pas occuper de place parmi les souverains
« du Yémen qui ont régné sur tous les des-
« cendants de Saba. Je suis convaincu qu'on
« doit les regarder comme des chefs parti-
« culiers des descendants de Cahlan, ou
« même simplement de la tribu d'Azd, qui
« reconnaissaient la souveraineté des Himya-
« rites : mais je suis fort porté à soupçon-
« ner qu'ils avaient cherché à se rendre in-
« dépendants dans le canton de Mareb, et
« que c'est ce qui aura donné lieu à quel-
« ques auteurs de les compter parmi les
« rois du Yémen. » *Mémoire sur divers événements de l'histoire des Arabes avant Mahomet*, par A. J. Sylvestre de Sacy, p. 519 et 520.

un peu moins obscure que celle-ci, de jeter un coup d'œil sur l'ensemble des traditions que nous venons de rapporter. Nous n'avons assigné aucune durée au règne des différents princes qui figurent jusqu'à présent sur la liste des rois du Yémen, et en cela nous avons suivi l'exemple d'Aboulféda, qui termine le chapitre où il traite des princes himyarites par cette réflexion : « On dit que l'empire des Hi-
« myarites dura deux mille vingt ans ;
« si nous n'avons pas indiqué la durée
« de chaque règne, c'est qu'on n'a au-
« cune certitude à cet égard. Aussi,
« est-ce pour cela que l'auteur du Ta-
« rikh-Aloman dit qu'il n'y a point
« d'annales plus imparfaites que celles
« des rois de Himyar, vu la durée con-
« sidérable qu'on assigne à leur em-
« pire et le petit nombre de rois qu'on
« compte durant ce temps : car, pour
« un espace de deux mille vingt ans,
« on ne compte que vingt-six rois(*). »
Au milieu de difficultés chronologiques aussi insolubles et de circonstances beaucoup trop romanesques pour ne pas exciter une grande défiance, il serait inutile de former quelques conjectures sur la réalité et l'extension des conquêtes entreprises par les rois du Yémen. Tout ce que nous pourrions découvrir dans les traditions parvenues jusqu'à nous serait quelques traces du caractère entreprenant et de la puissance qu'on peut, avec quelque raison, attribuer à ces souverains de l'Arabie. Nous serions trop heureux si des synchronismes, solidement établis, nous permettaient de fixer d'une manière approximative quelques-uns de ces règnes, dont la durée moyenne surpasse toutes les chances de la vie humaine, puisque chacun d'eux devrait être évalué à quatre-vingt-deux ans, selon Masoudi (**), ou à soixante-dix-huit, selon

---

(*) *Hist. imper. vetus. Joctan.*, p. 10.

(**) D'après Masoudi, il y eut trente-neuf rois de la race de Himyar, et ils régnèrent pendant trois mille cent quatre-vingt-dix ans ; chaque règne, par conséquent, aurait été de quatre-vingt-deux ans.

Aboulféda et Hamza d'Ispahan. C'est ainsi qu'on pourrait établir que Kahtan étant né, d'après la Bible, 532 ans après le déluge, cinq ou six générations, calculées d'après la durée de la vie humaine dans ces premiers âges, nous conduiraient à la mort d'Abraham, et ce dernier calcul s'accorderait avec celui de Nowaïri, qui fait Himyar contemporain de Kedar, fils d'Ismaïl (avant J. C. 1430). Seize règnes nous amèneraient de Himyar à Belkis, c'est-à-dire à l'époque de Salomon (avant J. C. 991), et donneraient ainsi, pour la durée moyenne de chaque règne, l'espace d'environ vingt-six ans, ce qui n'aurait rien de très-choquant, mais là finiraient les probabilités. Hamza et Nowaïri font Abou-Carib-Schamar, surnommé Iarasch, contemporain de Darius, fils d'Hystaspe ; or, Darius est monté sur le trône des Perses 522 ans avant l'ère chrétienne : il y aurait donc quatre cent soixante-neuf ans à placer entre les règnes de Belkis et d'Iarasch, qui ne sont séparés que par celui de Iasasin, ce qui forme une impossibilité complète. D'autre part, le synchronisme d'Iarasch et de Darius se trouve complétement détruit quand on observe qu'Abou-Malek, fils et successeur d'Iarasch, était le prédécesseur d'Akran, ou du moins que ces deux règnes n'ont été séparés que par celui d'Amrou-Mozaïkia. Or, le règne d'Akran, ainsi que nous le verrons tout à l'heure, a été placé, par suite de synchronismes bien plus nombreux que ceux dont nous avons pu disposer pour cette première série des rois du Yémen, au second siècle de notre ère. Il en résulterait un espace de plus de mille ans pour les quatre règnes écoulés entre Belkis et Akran, ce qui dispense de toute critique.

Comment supposer, en effet, que les traditions relatives aux siècles écoulés entre Abraham et Salomon se fussent conservées intactes, qu'aucun nom de rois n'eût échappé aux souvenirs de ces temps reculés, tandis que les époques plus rapprochées auraient présenté d'immenses lacunes ?

Tous les hommes qui se sont occupés de l'histoire ancienne des Arabes, ont reculé devant l'impossibilité d'établir pour les temps dont nous venons de parler, un système de chronologie raisonnable. M. Gosselin, dans ses Recherches sur la géographie systématique et positive des anciens, s'est attaché à faire voir combien d'anachronismes contenaient les listes des souverains données par les écrivains arabes. Puis examinant les synchronismes établis par Hamza et Nowaïri, entre plusieurs de ces souverains et les rois de Perse, il en a fait sentir l'absurdité ; mais il n'a pas cru que pour rapprocher ces traditions de la vérité il fallût supposer des lacunes dans ces listes, et s'appuyant sur une évaluation moyenne des règnes ou des générations, tels que les donnent ces auteurs, il a placé le commencement du règne de Himyar, et par conséquent la fondation de l'empire des Himyarites, vers l'an 374 avant Jésus-Christ. Il en résulterait que Himyar serait bien loin d'avoir été contemporain de Saba, fils de Jectan, arrière-petit-fils de Noé. M. Gosselin a pensé que, chez les Arabes, les premiers degrés de leurs généalogies n'indiquent que l'extraction, la filiation des tribus sorties de peuplades plus anciennes ; et que souvent ils ont appliqué au chef d'une dynastie ce qui n'était applicable qu'à la dynastie entière, ou à quelqu'un de ses derniers membres connu sous le même nom que celui de son chef. Ainsi la généalogie dont il est ici question ne signifierait autre chose sinon que les Sabéens ont été une colonie de Jectanides, et les Himyarites une colonie de Sabéens. Si, d'après cette méthode, et comptant les générations à raison de trente-trois ans et un tiers, comme c'est l'usage des chronologistes, on cherche l'époque du règne de Belkis, on trouvera qu'il répond à la trente-troisième année avant J. C. Ainsi, loin d'avoir pu être jamais l'épouse de Salomon, elle n'aurait vécu qu'environ 947 ans après lui (*).

(*) Voyez les Recherches sur la geogra-

M. Sylvestre de Sacy, le véritable créateur de l'érudition orientale en Europe, a combattu l'opinion de M. Gossellin, dans un savant mémoire où il a traité de divers événements de l'histoire des Arabes avant Mahomet. Mais comme il avoue lui-même que si l'histoire des temps antérieurs à l'islamisme, telle qu'elle nous est racontée par les Orientaux, mérite quelque confiance; que si on peut la regarder comme un édifice qui, au milieu d'une multitude de fables absurdes, repose sur quelques vérités solides, ce degré de certitude ne s'étend guère au delà du commencement de la dynastie des Sassanides, et que les synchronismes indiqués par Hamza, entre les souverains du Yémen et les rois de Perse antérieurs à Alexandre, ne présentent que confusion et invraisemblance (*), l'objet de son travail n'a rien de commun avec l'époque historique que nous venons de traiter. Ses objections contre les recherches de M. Gossellin ne portent que sur une époque plus récente dont nous allons nous occuper tout à l'heure; et il n'en reste pas moins probable que les chroniqueurs arabes, qui ont recueilli postérieurement au septième siècle de notre ère les traditions relatives aux anciens temps de l'Arabie, se sont plu à reculer dans un intérêt de vanité l'origine de leur nation et la fondation de leur empire.

Avant de passer au règne marqué, ainsi que nous l'avons dit, par le *seïl-el-arim* (**), ou l'inondation de la digue, dont l'époque a été déterminée d'une manière différente par Reiske, par Gossellin, et après eux par M. Sylvestre de Sacy, nous devons mentionner une expédition contre le Yémen, dirigée par les Romains, et dont eux seuls nous ont parlé ; nous y trouverons peut-être quelques renseignements qui pourront éclaircir pour nous la chronologie de l'empire des Himyarites dans les premiers temps de sa fondation.

Ce fut Auguste qui, en l'an 24 avant Jésus-Christ, chargea Ælius Gallus d'explorer l'Arabie Heureuse, dans le but de se concilier les peuples qui l'habitaient, ou de les soumettre. La réputation des produits propres à l'Arabie, et l'antique renommée de son commerce avec les Indes, lui donnaient l'espoir, ou d'acquérir des amis puissants, ou d'avoir de riches ennemis à vaincre. Il comptait d'ailleurs sur les Nabatéens, ses alliés, qui lui avaient promis de le seconder de tout leur pouvoir ; mais il fut trompé dans sa confiance. Un chef nabatéen, nommé Syllæus, qui s'était proposé pour servir de guide au général romain, et s'était chargé des approvisionnements nécessaires à l'armée, se conduisit avec une grande perfidie. « Au lieu d'indi-
« quer les chemins sûrs et les rivages
« qu'on pouvait côtoyer sans danger,
« dit Strabon, il fit prendre à Ælius
« Gallus des routes impraticables, et
« l'entraîna, par mille détours, dans

---

phie systématique et positive des anciens, par M. Gossellin, t. II, p. 104 à 111.

(*) Collection des Mémoires de l'Académie des inscript. et belles-lettres, t. XLVIII, p. 583.

(**) On peut juger, par la diversité des interprétations que les commentateurs du Coran et les lexicographes donnent au mot *arim*, que ce mot était étranger au langage des Koréischites, c'est-à-dire au dialecte que l'on parlait à la Mecque, et qui, par l'influence de la religion, devint le dialecte commun de tous les pays où elle pénétra. Ce mot appartenait, selon toute apparence, au dialecte du Yémen; et quoique l'événement connu sous le nom de Seïl-el-arim fût célèbre par toute l'Arabie, on n'avait point, dans les contrées où le langage était différent de celui des peuples du Yémen, des notions bien sûres de la signification du mot *arim*. On lit dans le grand dictionnaire arabe appelé *Kamous* ou l'Océan : *Arima*, digue qu'on oppose au cours d'un fleuve, pluriel *arim*: ou bien *arim* est un pluriel qui n'a pas de singulier, et il signifie les écluses que l'on construit dans les rivières. *Rat mâle, pluie violente, nom d'une vallée* : on l'explique de toutes ces manières dans le passage du Coran où on lit ces mots Seïl-el-arim. Voy. M. de Sacy, Mémoires de l'Académie des inscriptions et belles-lettres, t. XLVIII, p. 498 et 499.

« des lieux dénués de tout, sur des « côtes escarpées, dépourvues de mouil- « lages et hérissées d'écueils à fleur « d'eau : c'est surtout dans de tels « lieux que le flux et le reflux causè- « rent à Gallus de grands dommages. » Les Romains avaient alors si peu de connaissance de l'Arabie, qu'on leur persuada qu'il était impossible de s'y rendre de l'Égypte sans traverser le golfe. Ils construisirent quatre-vingts birèmes, trirèmes et vaisseaux longs à Arsinoé ou Cléopâtrie, près du canal qui communiquait des lacs salés à la mer Rouge, puis s'embarquèrent au nombre de dix mille hommes de pied, tant soldats romains qu'auxiliaires, dont cinq cents Juifs et mille Nabatéens, sous la conduite de Syllæus (Saleh). Après une traversée très-orageuse, dans laquelle périrent plusieurs bâtiments, Ælius Gallus débarqua à Leukècomè, qu'on a identifié longtemps avec *Moïlah*, à l'entrée du golfe Élanitique, mais qui paraît être plutôt le Haura des Arabes, situé à quelques journées au nord de Ianbo (*). L'armée avait tant souffert pendant la navigation, qu'elle fut forcée d'attendre une année entière avant de quitter le port auquel elle venait d'aborder. Gallus repartit ensuite; mais le manque d'eau et la perfidie des guides rendirent la marche si lente et la route si longue, que ce ne fut qu'au bout de plusieurs mois qu'on parvint à la contrée fertile dans laquelle est située la ville des Négranes (Nedjran). Leur roi prit la fuite et la ville fut emportée d'assaut. De là les Romains continuèrent leur route, et parvinrent sur les bords d'un fleuve dont le passage leur fut disputé par l'armée des Arabes. Ces derniers perdirent dix mille hommes dans la bataille qui se livra, et les Romains, dit Strabon, ne perdirent que deux soldats. La prise de la ville nommée Asca suivit immédiatement le combat. De là Gallus parvint à la ville d'Athrulla, s'en empara sans coup férir, et y laissa garnison. Ayant fait des provisions de blé et de dattes pour la route, il poussa jusqu'à la ville de Marsyaba (Mareb?), appartenant à la nation des Rhamanites (Iemanites?), qui étaient gouvernés par un roi nommé *Ilasarus*. Le général romain assiégea Marsyaba pendant six jours, mais la disette d'eau le contraignit à lever le siége : il était alors à deux journées du pays des aromates, selon le rapport des prisonniers. Gallus, convaincu trop tard de la perfidie de ses guides, prit pour le retour des routes différentes de celles où ils l'avaient si complètement égaré; aussi lui suffit-il de soixante jours pour franchir l'espace qu'il avait mis naguère six mois à parcourir. Après onze jours de navigation, il débarqua à Myos-Hormos (Cosseïr), d'où il se rendit par terre à Alexandrie avec ceux de ses soldats qui avaient échappé aux maladies, à la faim et à la fatigue.

Cette expédition, dont le récit le plus complet nous a été laissé par Strabon, peut nous offrir des renseignements importants sur la chronologie des rois himyarites. Nous voyons qu'en l'an 24 avant Jésus-Christ, les Romains, en pénétrant jusqu'à Marsyaba, trouvent cette ville gouvernée par un prince du nom d'*Ilasare*, auquel ils donnent, selon leur coutume, la terminaison latine : *Ilasarus*. Ne pourrait-on identifier ce monarque avec le successeur d'Afrikis, Dhoul-Azhar ou Dhîl-Azhar, dont le règne se trouverait ainsi fixé de manière à nous permettre une appréciation approximative des règnes précédents par le calcul des généalogies? En remontant ainsi et accordant un peu plus de trente années comme terme moyen de la vie humaine, nous arriverions à placer l'avénement du premier Tobba Harith-el-Raïsch, vers l'an 150 avant Jésus-Chrit, et le règne de Himyar, fondateur de la dynastie, vers le commencement du quatrième siècle de notre ère. On voit que ces calculs se rapprochent de ceux qui ont été faits par M. Gossellin, bien que ce géogra-

(*) Voy. le Mémoire sur les Nabathéens de M. Quatremère, *Nouveau journal asiatique*, janvier 1835

phé n'ait pas voulu admettre que les Romains aient pénétré en Arabie jusqu'aux provinces occupées par les Himyarites. Préoccupé d'un système qui le portait à restreindre les connaissances géographiques des anciens, il a apporté dans la comparaison qu'il a faite entre le récit de Strabon et la carte moderne des assimilations qui nous semblent tout à fait erronées. C'est ainsi qu'il a identifié Négranes avec Maaden-el-Nokhrah, et Mariaba avec la Mecque (*), en sorte que les troupes romaines, d'après lui, n'auraient pas dépassé le Hedjaz. Ces assertions sont en contradiction avec le texte même de Strabon et avec les distances que nous ont fait connaître les relations modernes. Ælius Gallus pénétra jusqu'à une ville du Yémen ou du Hadramaut qu'il appelle Marsyaba (**). Les *Manitæ* de Ptolémée ou Rhamanitæ (qu'il faudrait peut-être corriger par Iamanitæ) de Strabon, ont dû être les habitants du Yémen; il peut donc paraître naturel d'identifier le nom d'Ilasarus, roi des Yémanites, avec celui d'un prince régnant sur l'Arabie méridionale, et dont l'appellation arabe présentait à une oreille étrangère des sons complétement analogues (*).

Ce point une fois fixé, nous arriverons facilement à déterminer, toujours d'une manière approximative, l'époque à laquelle vivaient les princes qui succédèrent à Doul-Azhar. Il nous faut seulement conserver l'ordre des généa-

(*) La Mecque, considérée comme ville, n'existait pas à l'époque où Ælius Gallus pénétra dans l'Arabie. Nous verrons plus tard que le fondateur de cette ville fut Kosaï, fils de Kelab, qui vivait au commencement du v° siècle de notre ère.

(**) M. Fresnel, dont nous avons déjà cité plusieurs fois les travaux, a consacré un mémoire à la recherche de la ville que Strabon a indiquée sous le nom de Marsyaba. Après avoir remarqué que ni Pline ni Ptolémée ne portent ce nom sur leur liste, mais indiquent, le premier trois cités, et le second deux, dont les noms se rapprochent beaucoup de celui-là, après avoir écarté du concours le Mareb des géographes arabes, dont l'importance comme capitale des Sabéens lui paraît beaucoup trop grande pour que sa qualité ait été omise si elle avait été réellement le terme de l'expédition du général romain, M. Fresnel conclut ainsi : « Mon
« raisonnement peut se ramener à ceci : la
« ville nommée dans Strabon Marsyabæ
« doit se retrouver dans Pline et Ptolémée ;
« c'est-à-dire Pline et Ptolémée ont dû la
« connaître et en parler. Or, ce nom, ainsi
« écrit, ne se rencontre ni dans l'un ni
« dans l'autre. Le nom le plus semblable à
« celui-là que nous offre le texte de Pline,
« est *Mariaba*; mais cet auteur distingue
« trois villes de ce nom, une petite, une
« grande et une très-grande, ou métropole.
« De son côté, Ptolémée nous offre les
« noms de *Maraba* et *Mariama*, et applique
« le premier à une métropole. Mais Pto-
« lémée est géographe, et s'il n'a inscrit
« dans sa géographie que *deux* villes du
« nom de Mariaba, ou d'un nom appro-
« chant, tandis que Pline en met *trois* dans
« son catalogue, il faut croire qu'il a donné
« les deux plus considérables. Or, nous
« avons vu que Marsyabæ de Strabon ne
« peut pas être la métropole; c'est donc la
« *Mariama* de Ptolémée, la seconde des
« *Mariaba* de Pline, Mariaba Baramalacum
« de quatorze mille pas de circuit. »
M. Fresnel, cherchant ensuite à fixer la position de cette Mariaba, la place dans la vallée de Doan, en sorte que les Romains auraient pénétré dans le Hadramaut. Voy. *Jour. asiat.,* juillet et septembre 1840.

(*) M. Caussin de Perceval prépare depuis plusieurs années une histoire complète des Arabes avant l'islamisme. L'érudition du savant professeur et la profonde connaissance qu'il a acquise des textes les plus anciens soulèveront enfin le voile qui a dérobé jusqu'à présent aux yeux de l'Europe les origines de la nation arabe. M. Caussin a bien voulu aider de son expérience les efforts que j'ai faits moi-même pour parvenir à la vérité, et je crois d'autant plus probable l'identité du prince himyarite Dhoul-Azhar avec le roi du Yémen qui combattit les Romains, que l'habile orientaliste dont tous les amis de la science attendent le travail avec impatience, a été amené, par des synchronismes différents du mien, à fixer le règne de Dhoul-Azhar vers l'époque que m'avait paru indiquer la consonnance du nom arabe avec le nom cité par Strabon.

logies ; ce que permet l'habitude qu'ont les chroniqueurs arabes de rappeler, à chaque personnage dont ils parlent, la longue suite de ses aïeux. Nous placerons ainsi le règne de Belkis vers les premières années de notre ère, Abimalek vers l'an 7 de J. C. ; et comme il est très-probable qu'Amran et Amrou Mosaïkia, descendants de Cahlan, étaient parvenus à se soustraire momentanément à la puissance des Himyarites et ne doivent pas être comptés, ainsi que nous l'avons déjà dit, dans la série régulière des rois du Yémen, l'avénement d'Akran devrait être reporté à la fin du premier siècle de l'ère chrétienne ; ce qui ne diffère que peu des calculs établis par M. de Sacy dans le savant mémoire où il a traité de l'époque qui doit être assignée à l'événement connu chez les Arabes sous le nom de *rupture de la digue.*

Nous avons dit que dans le Yémen occupé par les descendants de Saba se trouvait une vaste province qu'on nommait plus particulièrement le pays de Saba ou de Mareb. Cette contrée, d'après la tradition arabe, avait été longtemps inhabitable, parce qu'elle était sujette à des inondations fréquentes occasionnées par les torrents qui se précipitaient du haut des montagnes, enflés par les pluies de l'hiver, et ravageaient la plaine que les habitants cherchaient en vain à cultiver. Un des rois du Yémen dont nous placerons le règne, d'après nos calculs, vers le commencement du second siècle avant J. C., Lokman, fils d'Ad, entreprit d'opposer un obstacle aux eaux torrentueuses qui enlevaient chaque année vignes et moissons. Il construisit un immense barrage à l'entrée de deux montagnes élevées qui formaient entre elles une gorge profonde par laquelle les eaux se précipitaient sur la plaine, et il forma ainsi d'une grande vallée un lac auquel on faisait, en temps utile, des saignées pour l'irrigation des contrées situées plus bas (*). Dès ce moment le pays de Mareb changea d'aspect et devint un des plus riches du Yémen. « Il se distinguait de tous « les autres, nous dit Masoudi, par l'a- « bondance de ses productions et de ses « eaux, la multitude de ses jardins, l'é- « tendue de ses prairies. On y voyait « de beaux édifices, des arbres magni- « fiques, des canaux en grand nombre, « des rivières qui le parcouraient en « tous sens. Tel était l'état de ce pays « qui avait en longueur et en largeur « l'étendue que pourrait parcourir en « un mois de temps un bon cavalier. »

Hérodote nous parle d'un immense réservoir situé dans la Khorasmie, et formé par les eaux du fleuve Acès. Aboulféda parle du lac de Kadis, près d'Émesse, en Syrie, dont les eaux ne sont retenues que par une digue pratiquée à l'extrémité septentrionale du lac, ouvrage colossal exécuté, au dire des habitants, par les ordres d'Alexandre ; il cite aussi la levée nommée par les Persans Bendischapour, auprès de Tostar, et destinée à élever les eaux d'un fleuve voisin jusqu'à la hauteur de cette ville. Tavernier dit qu'en sortant de Cachan on passe dans un vallon agréable où on marche assez longtemps le long d'un ruisseau par un chemin fort étroit. Au bout de ce vallon on voit une grande muraille qui le traverse et qui joint deux montagnes ; cette muraille a plus de cent pieds de long ; son épaisseur est de plus de trente pieds, et sa hauteur de plus de cinquante. C'est un ouvrage de Shah-Abbas, qui voulut arrêter les eaux et faire là un grand réservoir pour s'en servir au besoin. Au pied de la muraille, il y a une écluse qu'on tient fermée quand on veut garder l'eau, et qu'on ouvre quand on la veut laisser aller dans les terres de la plaine de Cachan. La forêt de Belgrade, près de Constantinople, contient des *bends* ou réservoirs absolument identiques à ceux dont nous venons de parler. Ce sont les barrages de vallées supérieures qui deviennent ainsi des lacs artificiels, et par des écluses habilement ménagées laissent en tout temps écouler l'eau nécessaire à l'approvisionnement d'une cité populeuse. Nous avons en France des travaux de ce genre : tels sont les bassins de Lampi et de Saint-Féréol, qui servent de réservoirs aux eaux de la montagne Noire, dans le Languedoc, et alimentent le canal du Midi.

(*) Des travaux du genre de la digue de Mareb ont été exécutés à toutes les époques.

« Un voyageur, soit à pied, soit à che-
« val, pouvait suivre toute cette route
« d'une extrémité à l'autre sans res-
« sentir les ardeurs du soleil : il y
« trouvait partout un ombrage touffu
« qui ne le quittait pas; car les arbres,
« dont la culture faisait la richesse de
« ce pays, couvraient toute cette terre
« et lui faisaient un abri continuel.
« Les habitants jouissaient de toutes
« les aisances de la vie : ils avaient en
« abondance tous les moyens de sub-
« sistance; une terre fertile, un air
« pur, un ciel serein, des sources d'eau
« nombreuses, une grande puissance,
« une domination bien affermie, un
« empire au plus haut point de prospé-
« rité; tout contribuait à faire de leur
« pays un séjour dont les avantages
« étaient passés en proverbe. Ils se dis-
« tinguaient aussi par la noblesse de
« leur conduite et par l'empressement
« avec lequel ils accueillaient de tout
« leur pouvoir, et suivant leurs facul-
« tés, tous les étrangers qui venaient
« dans leur pays et tous les voyageurs.
« Cet état de prospérité dura aussi
« longtemps qu'il plut à Dieu : aucun
« roi ne leur résista qui ne fût défait;
« aucun tyran ne marcha contre eux
« avec ses armées qui ne fût mis en
« déroute; toutes les régions leur
« étaient soumises, tous les hommes
« reconnaissaient leurs lois; ils étaient
« comme le diadème sur le front de
« l'univers (*). »

Tel était l'état de prospérité dont jouissait alors cette partie du Yémen; mais cette situation heureuse et exceptionnelle tenait à la conservation des digues qui permettaient aux habitants d'arroser à volonté leurs champs et leurs vergers. On était loin de prévoir aucune catastrophe, lorsque Amrou ben Amer, surnommé Mozaïkia, de la tribu des Benou Azd, fut miraculeusement averti de la prochaine rupture des digues, et quitta le pays avec une grande partie des descendants d'Azd

(*) Masoudi, MS. de la Bib. roy. n° 599, traduction de M. Sylvestre de Sacy, Mémoires de l'Académie des inscriptions et belles-lettres, t. XLVIII, p. 629.

et de Cahlan ses ancêtres. Nous entrons ici dans le domaine de ces légendes merveilleuses qui plaisent aux Orientaux et dont ils accompagnent le récit de chaque événement important de leur histoire. Amrou, qui gouvernait à Mareb, avait pour frère Amran, célèbre par son talent pour la divination, et de plus sa femme, nommée Dharifa-al-Khaïr, avait aussi de grandes connaissances dans les secrets de la magie. Tandis qu'Amran connaissait par certains présages que les habitants de la contrée seraient bientôt dispersés dans des pays éloignés l'un de l'autre, Dharifa, de son côté, eut le songe suivant : il lui sembla voir un gros nuage qui s'étendait sur la province et dont sortirent d'abord des éclairs nombreux; puis bientôt la nuée creva, des torrents d'eau se répandirent sur la terre, et la foudre tombant à chaque instant, réduisait en cendres tout ce qu'elle touchait. A peu de temps de là, d'autres pronostics annoncèrent à la devineresse de quel genre étaient les périls qui menaçaient la contrée. Amrou Mozaïkia était un jour entré dans un jardin, accompagné de deux jeunes filles. Dharifa sortit pour le rejoindre; et à peine mettait-elle le pied hors du palais, qu'elle vit se dresser devant elle trois taupes qui se tenaient debout sur leurs pattes de derrière. Plus loin c'était une tortue qui, sautant hors d'un canal dont le jardin était entouré, tomba au milieu du chemin renversée sur le dos, et cherchant en vain à se retourner, faisait voler la poussière à l'entour d'elle. Dharifa, tout émue de ces apparitions successives, arriva près d'Amrou, et lui dit : Un malheur épouvantable nous menace, une affliction terrible va tomber sur nous, et bien peu pourront échapper à la destruction; mais quelque petit que soit le nombre de ceux qui seront préservés, nous devons tout faire pour leur salut. — Quels sont les malheurs qui nous menacent? dit Amrou effrayé; quels signes me donneras-tu de ce que tu m'annonces? — Va visiter la digue, reprit Dharifa; si tu vois un rat y creuser des trous avec ses pattes et en détacher de grosses pierres, elle va se rompre : quitte un pays qui sera bientôt ravagé par l'inondation.

Amrou s'en alla donc vers la digue, l'examina soigneusement, et vit un rat qui détachait avec ses pattes un roc que cinquante hommes n'auraient pu remuer. Sûr désormais du triste sort qui attendait la contrée, et averti par quelques autres prodiges, Amrou tint la chose secrète et avisa aux moyens de sortir du pays après avoir vendu tous les biens qu'il y possédait. Craignant toutefois que les motifs de sa résolution ne vinssent à être soupçonnés, et que chacun voulant s'éloigner, ses biens ne fussent dépréciés dans leur valeur, il imagina le stratagème suivant : un grand festin fut préparé par ses ordres, et il y fit inviter les principaux habitants de Mareb. Cependant il était convenu avec un de ses fils, suivant les uns, ou avec un orphelin élevé dans sa maison, selon d'autres, que tandis qu'il serait occupé à faire les honneurs de sa table aux convives, ce jeune homme le contredirait sur le premier sujet venu, et dans la dispute qui s'élèverait à cette occasion, lui ferait subir le même traitement qu'il en aurait reçu. Tout se passa selon ce qui avait été décidé d'avance; et Amrou, feignant une grande colère lorsqu'il se vit contredit dans ce qu'il avançait par un enfant, lui donna un soufflet que celui-ci lui rendit aussitôt. Amrou, frappé, se leva et s'écria d'un ton d'indignation : « La gloire de ma maison est éclipsée ! un enfant a osé m'injurier et me frapper au visage. Dieu m'est témoin que je m'exilerai d'un lieu où j'ai été traité d'une manière si indigne de moi, et que je ne conserverai rien de ce que j'y possède, ni biens-fonds, ni richesses mobilières. » Les gens du pays n'eurent plus alors qu'une pensée, celle de profiter de la résolution d'Amrou avant que sa fureur fût apaisée, et en quelques jours il s'était défait de tous ses domaines.

Quand Amrou-ben-Amer eut recueilli le prix de tous ses biens, il annonça aux habitants de la contrée le danger dont ils étaient menacés et quitta le Yémen. Un grand nombre de familles en sortirent avec lui et se rendirent d'abord dans le pays habité par les descendants d'Acc, fils d'Adnan, où ils demeurèrent jusqu'à la mort d'Amrou ; plus tard ils se divisèrent et s'établissant dans diverses régions, y formèrent de puissantes dynasties dont l'histoire nous occupera bientôt (*).

(*) Amran, frère d'Amrou, et habile dans l'art de la divination, avait dit aux familles qui se préparaient à quitter Mareb : J'ai vu que vous devez être dispersés de divers côtés et dans des contrées fort éloignées l'une de l'autre. Je vais vous faire connaître les avantages et les propriétés de chaque pays ; choisissez la contrée qui vous plaira davantage, et allez y établir votre domicile. Quiconque parmi vous aime les grandes entreprises, possède un chameau robuste et une outre neuve, qu'il aille s'établir dans le château fortifié du pays d'Oman. Les descendants d'Azd, qu'on nomme Azd d'Oman, allèrent habiter ce pays. Le devin ajouta : S'il en est parmi vous quelqu'un dont l'âme ne soit pas portée aux grandes entreprises, qui ne possède ni un chameau robuste, ni une outre neuve, qu'il aille se joindre aux tribus des Curdes ; c'est le pays connu sous le nom de terre de Hamdam. Wadia, fils d'Amrou, choisit ce parti ; et ceux-ci furent confondus avec les habitants de ce pays. Amran continua : Quelques-uns de vous sont-ils doués d'une âme ferme, d'un cœur intrépide, qu'ils portent leurs pas vers Ména (dans le Nedjd) c'est le même pays que Sérat. Ceux-ci furent ceux à qui on donna le nom d'Azd de Schenoua. Que ceux, continua Amran, qui aiment les affaires, le travail, le gouvernement, l'autorité, et qui peuvent supporter les coups de la fortune, aillent choisir leur séjour à Batn-Marr (près de la Mecque). Ce furent les Khozaïtes qui fixèrent leur séjour en ce lieu. On leur donna le nom de Khozaa, parce qu'ils s'étaient séparés de leurs camarades d'émigration pour s'établir dans cette contrée. Voulez-vous, dit encore Amran, posséder des plantations d'arbres dont les racines soient profondément enfoncées dans une terre humide et fangeuse et qui fournissent des aliments dans les temps de stérilité, allez à Iathreb, cette ville riche en palmiers (c'est Médine). Elle fut choisie par Aus et Khazradj, fils de

Melik, fils d'El-Yaman, de la tribu des Benou-Azd, resta dans le pays de Mareb, nous dit Masoudi, et le gouverna après le départ des émigrés, jusqu'à ce que la catastrophe prévue par Amrou fût arrivée, et que les eaux rompant la digue, eussent de nouveau rendu toute la contrée inhabitable.

Quelque fabuleux que soient les détails dont est accompagné le récit de cette catastrophe, on ne peut guère douter d'un événement également rapporté par les traditions historiques et religieuses. Le Coran l'attribue à une juste punition du ciel pour l'idolâtrie dont les Sabæens s'étaient rendus coupables : « Les habitants de Saba pos-« sédaient des jardins arrosés par des « ruisseaux. Nous leur dîmes : Jouis-« sez des bienfaits du ciel. Ce vallon « est délicieux ; soyez reconnaissants. « Ils abandonnèrent le culte du Sei-« gneur. Nous déchaînâmes contre eux « les eaux entassées d'un torrent ; leurs « jardins, submergés et détruits, ne « produisirent plus que des fruits amers « et des arbres épineux (*). » Les poëtes, de leur côté, ont exprimé souvent dans leurs vers les sentiments de regret qu'excitait chez les Arabes du Yémen le souvenir de la destruction de Mareb, et parmi les plus anciennes poésies de la littérature arabe, on

Harith, fils de Thaleb, fils d'Amrou Mozaïkia. Amran dit encore : Si quelqu'un de vous aime le vin et les liqueurs fermentées, les étoffes tissées d'or et de soie, les soins du commandement et de l'administration, qu'il choisisse pour sa retraite Basra et Hafir (ce qui indique la Syrie). Ce fut là que se retira la famille de Ghassan. Que ceux, continue le devin, que leur goût porte vers les chevaux d'une noble race, les trésors et l'abondance des choses nécessaires à la vie, et le sang versé dans les combats, se transportent dans l'Irak. Ceux qui se retirèrent dans cette contrée furent les enfants de Malek, fils de Fahm Azdi, et une partie des Arabes de Ghassan, qui habitèrent Hira. Voy. le Mémoire de M. de Sacy sur l'hist. antéislam. des Arabes, t. XLVIII des Mémoires de l'Acad. des inscrip.

(*) Coran, chap. xxxiv.

compte plusieurs chants élegiaques ou petits poëmes composés sur ce sujet (*). On peut supposer, sans doute, que des causes politiques prenant leur origine dans la guerre civile ou l'invasion étrangère, ont pu contribuer, autant que l'état de décadence où se trouvait la digue de Mareb, à la révolution qui eut lieu à cette époque; mais ce qui est important pour l'histoire, c'est de constater la dispersion d'un grand nombre de familles du Yémen qui allèrent fonder des dynasties nouvelles dans les différentes parties de la Péninsule (**).

Nul point de la chronologie arabe n'a été discuté avec plus de soin que la

(*) « Mareb, détruite et effacée par le « torrent, est un exemple pour quiconque « sait le mettre à profit. Himyar avait em-« ployé le marbre à construire ses digues ; « et lorsque les eaux gonflées venaient les « battre, elles ne pouvaient les surmonter. « Leurs terres étaient abreuvées par ces « eaux, qui, divisées à propos, leur four-« nissaient des irrigations abondantes. En-« suite ils ont été dispersés, et ces mêmes « eaux aujourd'hui ne pourraient suffire à « désaltérer un tendre enfant que sa mère « vient de sevrer. » Maïmoun ben Kaïs, surnommé Ascha. Traduction de M. de Sacy.

(**) « On pourrait supposer avec assez « de vraisemblance que l'émigration des « Azdites et autres familles de la branche « de Cahlan fut moins occasionnée par les « alarmes que leur inspirait le mauvais état « des digues, auquel ils auraient pu appor-« ter remède, que par quelque guerre entre « les descendants de Himyar et ceux de « Cahlan, dont l'issue ne fut pas favorable « à ces derniers. Cela est d'autant plus vrai-« semblable, que tous les habitants de ce « pays ne le quittèrent pas à cette occasion, « et que l'on y voit encore, après l'émigra-« tion d'Amrou, des restes de la postérité « de Cahlan, et des rois de la même famille « qui ne tiennent pas de place dans les listes « des rois du Yémen, mais qui vraisem-« blablement étaient dans une dépendance plus « ou moins grande des souverains himya-« rites. » Mémoire sur divers événements de l'histoire des Arabes avant Mahomet, par M. Sylvestre de Sacy, p. 521.

date de cette inondation. La plupart des chroniqueurs indigènes l'avaient fixée vers le temps d'Alexandre; mais leur assertion n'est plus soutenable dès qu'on apporte quelque critique à cette recherche. La seule partie de leur témoignage qu'on ne puisse révoquer en doute, c'est qu'il faut rapporter cet événement au règne d'Akran. Reiske l'a placé trente ou quarante ans après l'ère chrétienne; M. de Sacy, cent quarante ans après. On a vu qu'Akran, d'après nos calculs, a dû monter sur le trône dans les dernières années du premier siècle de notre ère; c'est donc à la fin de ce siècle ou au commencement du second que nous croyons devoir placer la rupture de la digue. A partir de cette époque, l'histoire arabe devient plus exacte: des synchronismes nombreux entre les monarques de la Perse et les différents princes de la Péninsule permettent d'établir une chronologie sinon complétement exacte, du moins approximative.

*Rois du Yémen après la rupture de la digue.*

Le successeur d'Akran, qui avait régné cinquante-trois ans, d'après Hamza et Nowaïri, fut Dhou-Habschan, et monta sur le trône vers l'an 140 après J. C. Il eut pour successeur Tobba, son frère, dont le règne nous offre un synchronisme précieux, puisqu'il était contemporain de Nadhr (*), fils de Ke-nana, l'un des ancêtres de Mahomet, dont M. de Sacy a placé la naissance en l'an 142 de notre ère. Colaïcarb, fils de Tobba, lui succéda dans le gouvernement du Yémen, et le transmit à son fils Asad-Abou-Carib. A ce dernier prince était réservé d'élever le pouvoir des Tobba plus haut qu'il ne l'avait été avant la catastrophe à la suite de laquelle tant de familles s'étaient exilées sur la terre étrangère. Si nous en croyons les chroniques arabes, Asad rassembla des armées plus nombreuses, et étendit ses conquêtes plus loin qu'aucun de ses prédécesseurs. Il envahit le Téhama, força ses habitants à acheter la paix, et obtint d'eux vingt chameaux de tribut pour chacun des soldats qu'ils avaient tué en se défendant contre l'invasion. Portant ensuite ses armes vers le nord, il s'avança par la route de Mossoul, vers l'Azerbidjan, qu'il soumit en peu de jours. Alarmés par des succès aussi constants, les princes de l'Asie s'empressèrent de rechercher son amitié: parmi eux, et au premier rang, se trouvait le souverain de l'Hindoustan, qui crut devoir faire demander, par une ambassade, l'alliance du prince arabe: ses envoyés étaient chargés d'offrir des présents choisis parmi tout ce que le pays produisait de plus rare; mais leur effet fut tout différent de ce qu'en attendait le donateur. Charmé des objets précieux qui lui avaient été présentés, Asad résolut de soumettre à ses armes la contrée qui les produisait. Il partit cette fois du Yémen à la tête de mille drapeaux, dont chacun était suivi de mille hommes : puis, traversant la Perse et le Turkestan, il arriva sur les frontières du Thibet, où il laissa une division de douze mille Arabes comme corps de réserve en cas de défaite. Continuant ensuite à s'avancer vers l'est, il atteignit la muraille de la Chine, pénétra dans le céleste empire, et revint dans l'Inde à travers la Tartarie occidentale. Là, il rassembla d'immenses trésors, pilla les cités les

---

(*) Il faut supposer ici, ainsi que l'ont fait Reiske et M. de Sacy, que le texte de Hamza est fautif, et qu'il faut lire : Nadhr, fils de Kenana, au lieu de Kosaï fils de Kenana. Il est très-facile de confondre ces deux noms dans l'écriture des manuscrits, et l'on ne peut supposer qu'Hamza ait ignoré que Kosaï n'était pas fils de Kenana, mais son descendant à la neuvième génération. Il ne pouvait non plus commettre une erreur de chronologie aussi grossière, puisque tous les historiens sont d'accord sur la généalogie de Mahomet, du moins depuis Adnan, et placent Kosaï du temps de Firouz, vers le milieu du v<sup>e</sup> siècle de notre ère. Voy. *Animadv. criticæ in Hamzæ hist. regni Joctanid*, et les Mémoires de l'Académie des inscriptions, t. XLVIII, p. 541.

plus populeuses, et rentra, chargé d'or, dans le Yémen, après avoir employé sept années dans cette lointaine et périlleuse expédition.

Fatigués de ces guerres interminables, les Arabes conspirèrent contre ce prince, et engagèrent son fils Hassan à se mettre à la tête des révoltés, qui voulaient la mort de son père. Le jeune prince refusa avec indignation; mais il ne put sauver la vie d'Asad, dont le meurtre devint un signal de troubles et de déchirements occasionnés par le choix de son successeur. Tabari raconte qu'Asad-Abou-Carib, à sa mort, laissa trois fils, Hassan, Amrou et Zéra, trop jeunes tous trois pour monter sur le trône. Un homme de la famille de Lakhm, nommé Rébia-ben-Nasr, profitant d'une circonstance qui favorisait son ambition, s'empara du royaume. A peine régnait-il depuis un an, lorsqu'il eut une vision qui le remplit d'épouvante. Il avait vu dans les ténèbres un charbon ardent tomber sur la terre du Téhama, et y consumer tous les êtres vivants. Ayant fait venir un devin renommé, qui s'appelait Satih, cet homme lui apprit que les Éthiopiens viendraient un jour fondre sur le pays et s'en rendraient maîtres. Effrayé de cette prédiction, il envoya dans l'Irac ses enfants, qui étaient fort jeunes, et comme à sa mort ils étaient encore établis à Hira, les habitants du Yémen mirent sur le trône Hassan, fils aîné d'Asad-Abou-Carib. D'autres chroniques n'ont pas compté Rebia, fils de Nasr, parmi les rois du Yémen; ce qui porterait à croire qu'il ne fut jamais possesseur de tout l'empire des Himyarites, mais qu'il en usurpa une partie pendant quelques années. Hamza nous dit qu'à la suite des troubles occasionnés par la mort d'Abou-Carib, les hommes qui avaient conspiré contre lui eurent le dessous, et qu'Hassan se vit enfin maître du royaume. Son premier soin, en montant sur le trône, fut de rechercher et de punir avec la dernière rigueur tous les meurtriers de son père. Il excita ainsi de nouvelles haines, et fut mis à mort à son tour dans une conspiration dont son frère Amrou était le chef. Ces événements se passaient, ajoute Hamza (*), du temps de Sapor, fils d'Ardschir, c'est-à-dire, vers la moitié du troisième siècle de notre ère. Des meurtres aussi fréquents avaient ébranlé le pouvoir des Tobba, et le Yémen tomba dans une anarchie qui n'a pas permis de conserver le nom des quatre successeurs d'Amrou, surnommé Dhou'l-Awad. Nowaïri prétend qu'ils étaient ses fils; il ajoute qu'ayant pris tous ensemble le titre de rois, ils marchèrent contre la Mecque dans l'intention d'enlever de la Caaba la pierre noire, objet de la vénération des Arabes, et de transporter le culte religieux à Sanâ. Repoussés par les descendants de Kenana, qui leur livrèrent bataille sous le commandement de Fehr-ben-Malec, trois d'entre eux furent tués, et le quatrième fait prisonnier : leur sœur Aldhaa leur succéda; mais, fatigués de ses débauches, les Arabes du Yémen la mirent à mort (**). Hamza n'est pas d'accord avec Nowaïri sur la généalogie de ces rois éphémères (***). Ce qu'il y a de certain, c'est qu'ils ne firent que passer sur le trône, puisque tous quatre, ainsi que leur sœur Aldhaa, régnèrent du temps d'Hermuz ou Hormisdas (****), qui parvint à la couronne de Perse l'an 272 de J. C., et ne la conserva qu'un an et dix jours. Ils eurent pour successeur Abdkelal, fils d'Amrou-Dhou'l-Awad, qui, selon la chronique de Hamza, embrassa le christianisme,

(*) *Imper. Joctan. ex Hamza Ispahanensi*, p. 32.

(**) *Historia imperii vetust. Joctan.*, p. 62.

(***) M. de Sacy pense que ces événements pourraient être arrivés du vivant même de Dhou'l-Awad, que des maladies continuelles tenaient attaché au lit. Ce qui le porte à former cette conjecture, c'est que ni Aboulféda, ni les autres auteurs dont Pococke a fait usage, ne font mention de ces quatre rois. D'ailleurs un règne collectif de quatre souverains est peu vraisemblable. Voy. M. de Sacy, Mémoires de l'Académie des inscriptions et belles-lettres, t. XLVIII, p. 537.

(****) *Hist. Joct.*; p. 32.

bien que des motifs politiques l'aient détourné d'en faire profession ouvertement, ou de chercher à y convertir ses sujets (*).

Tobba, le dernier qui ait porté ce nom, était fils de Hassan et petit-fils d'Asad-Abou-Karib. Il parvint au trône dans les dernières années du troisième siècle de notre ère, n'ayant pu recouvrer le sceptre de ses ancêtres qu'après la mort d'Amrou et de sa postérité. C'est à ce prince, d'après l'opinion de M. de Sacy, que doit être rapportée l'introduction du judaïsme dans le Yémen. Voulant imposer son autorité, ainsi que l'avaient fait ses prédécesseurs, aux habitants du Hedjaz et de la Syrie, il rassembla une nombreuse armée, et s'avança d'abord vers la Mecque; mais il passa outre en voyant que cette ville, située au milieu de montagnes arides, était dénuée d'eau et de végétation. Arrivé à Médine, qui portait encore le nom d'Iathreb, il trouva une ville florissante, entourée de nombreux jardins, de plantations de palmiers, et s'y arrêta. Enchanté de l'aspect du pays, de la réception que lui avaient faite les habitants, il leur laissa, comme gouverneur, un de ses fils, et continua sa route. Pendant que le Tobba était occupé dans une expédition loin de l'Arabie, son fils fut tué par surprise. Cette nouvelle, quand elle lui parvint, lui inspira le désir d'une vengeance éclatante. Il marcha vers Médine, bien décidé, cette fois, à la détruire de fond en comble. Parmi les habitants d'Iathreb et de son territoire se trouvaient un certain nombre de familles juives, telles que les Benou-Koraïzha, les Benou-Nadhir et d'autres encore : peut-être avaient-ils quitté la Palestine ou la Syrie au temps des guerres de Titus ou d'Adrien. Deux docteurs, qui appartenaient à la famille des Benou-Koraïzha, résolurent de détourner le malheureux sort dont la ville était menacée. Ils vinrent trouver le Tobba pour le prévenir que, s'il persistait dans ses projets de carnage et de destruction, il périrait infailliblement. — « Comment cela? demanda « le roi. » — « Parce que le Dieu du « ciel, lui répondirent-ils, garde cette « ville de tout mal, et envoie un « prompt châtiment à quiconque vient « vers elle dans des intentions hosti- « les. C'est à Yathreb que doit se re- « tirer un prophète de la race des Ko- « reïschites, qui sera persécuté par les « habitants de la Mecque, et Dieu « protége notre cité en faveur de son « élu. » Le roi, frappé de leur résistance, non-seulement se désista de ses desseins, mais voulut s'instruire dans la religion des hommes qui venaient de lui parler : abandonnant donc le culte des idoles, il se convertit au judaïsme, ainsi que toute son armée. Les deux docteurs, qu'il avait engagés à le suivre dans le Yémen, l'accompagnèrent au retour, et bientôt ils se trouvèrent tous sur le territoire de la Mecque. Là, le Tobba vit venir à sa rencontre quelques Arabes de la tribu de Hodhaïl, qui lui proposèrent de le rendre maître d'un immense trésor caché dans le temple de la Mecque. Leur intention était de le faire périr, avec toute sa suite, car ils savaient que tous les princes qui avaient violé la Caaba avaient été frappés d'une mort soudaine. Le roi consulta à ce sujet les deux docteurs qui étaient devenus ses conseillers les plus intimes.

---

(*) Ce fait, dont les autres historiens ne parlent pas, paraît peu probable. Nous savons seulement que du temps de l'empereur Constance, Théophile, moine et évêque indien, fut envoyé par cet empereur dans l'Arabie Heureuse pour y favoriser l'établissement du culte chrétien. Théophile serait parvenu, d'après le récit de Philostorge, à convertir le roi des Himyarites au christianisme, ou, plus exactement, à l'arianisme, et en aurait obtenu la permission d'élever trois églises dans ses États : l'une à Zhafar, capitale du royaume; l'autre à Aden, et la troisième dans la principale ville maritime, sur la côte du golfe Persique. La conversion du roi des Himyarites par la prédication du moine Théophile n'est pas un fait bien avéré, et dans tous les cas il serait postérieur de près d'un siècle au règne d'Abdkelal, qui ne peut guère être reculé au delà de l'année 273 de notre ère. Voy. Philostorge, *Hist. eccl.*, lib. III.

— « Gardez-vous bien, lui dirent-ils, « de céder à de telles instigations; ces « gens-là méditent votre perte et celle « de toute votre armée : nous ne con- « naissons pas d'autre temple sur la terre « que Dieu protége à l'égal de celui-là. « Céder aux suggestions des gens de « Hodhaïl, c'est courir à une mort cer- « taine. » — « Que me conseillez-vous « donc de faire, reprit le roi, quand « je serai dans ce temple vénéré? » — « Vous y ferez, répondirent les doc- « teurs, ce que font ceux qui y demeu- « rent : vous ferez le tour de l'enceinte « sacrée; vous vous y comporterez « avec respect; vous aurez la tête ra- « sée, et vous pratiquerez avec une « modestie respectueuse toutes les cé- « rémonies usitées dans ce lieu. » Le prince ne put s'empêcher de leur demander alors quel motif les empêchait de pratiquer eux-mêmes à la Mecque les actes de religion qu'ils voulaient lui imposer. — « Il est bien vrai, di- « rent-ils, que ce temple est le temple de « notre père Abraham, et que nous ne « saurions trop en vanter la sainteté ; « mais les habitants de la Mecque ont « mis un obstacle entre nous et lui en « élevant des idoles à l'entour, en y « faisant de sanglants sacrifices. » Le Tobba, convaincu par ces paroles, fit couper les pieds et les mains aux traîtres qui avaient voulu attirer sur lui la vengeance du ciel; puis il entra dans la Mecque, fit le tour de la Caaba avec les rites accoutumés, se rasa la tête, et, pendant six jours qu'il demeura dans la ville, distribua des vivres aux habitants. Ce fut alors qu'il recouvrit la maison sainte d'une étoffe précieuse, d'après une vision qu'il avait eue pendant son sommeil, et, après avoir recommandé le temple aux bons soins de la tribu qui en avait l'intendance, il reprit la route du Yémen, toujours accompagné des deux docteurs juifs de la famille des Benou-Koraïzha.

A la nouvelle de l'arrivée du prince, les Himyarites vinrent à sa rencontre et voulurent s'opposer à sa rentrée dans ses États, lui faisant le reproche d'avoir abandonné la religion de ses pères. Le Tobba, de son côté, cherchait à les convertir a sa nouvelle croyance : on résolut de se soumettre de part et d'autre à une épreuve souvent pratiquée dans le pays. Il y avait alors dans une montagne près de Sanâ, ainsi que le rapporte la tradition, un feu toujours allumé, et qui, lorsqu'on s'en approchait, consumait l'oppresseur, tandis qu'il ne faisait aucun mal à l'innocent. Les sujets du Tobba portant leurs idoles et les docteurs ayant le livre de la loi suspendu sur la poitrine passèrent à travers les flammes. Ces derniers en sortirent sains et saufs, tandis que les païens furent consumés avec leurs faux dieux. Ce miracle décida les Himyarites à embrasser la religion du Tobba : telles furent, d'après les chroniqueurs orientaux, les circonstances de l'introduction du judaïsme dans le Yémen (*).

Nous ne pouvons nous dissimuler qu'il règne une grande incertitude chez les auteurs arabes sur le Tobba auquel on doit attribuer les événements que nous venons de raconter. Le judaïsme a dominé dans le Yémen avant la conquête que les Éthiopiens firent de ce pays : c'est là un point incontestable, et il est bien probable aussi qu'il y avait été introduit par un prince régnant, que quelques docteurs juifs du Hedjaz avaient converti à leur religion. Mais quel est ce prince? Il est difficile de le décider. Le nom de Tobba était, ainsi que nous l'avons dit, une appellation générique des rois du Yémen; quelques-uns ne figurent même que sous ce nom dans les listes que nous ont laissées les chroniqueurs, et le nom qu'ils portaient n'est pas venu jusqu'à nous : c'est là ce qui a donné lieu aux historiens arabes de varier dans le nombre des Tobba et d'en compter les uns trois, les autres beaucoup davantage. Toutefois deux opinions principales ont été soutenues à propos de l'introduction du judaïsme dans le

(*) Voy. le Sirat-el-Reçoul, manus. arabe de la Bibliothèque royale, f° 3 v°, et l'extrait de la traduction persane de Tabari, Mémoires de l'Académie des inscriptions et belles-lettres, t. XLVIII, p. 735 et suiv.

Yémen. La première l'attribue au prince dont nous venons de parler; la seconde à son prédécesseur Asad-Abou-Karib, dont nous avons raconté les prétendues conquêtes dans l'Inde. Nous ne voyons pas de raison absolue pour justifier notre choix, si ce n'est peut-être que : 1° l'auteur du Kitab-El-Djouman compte deux cents ans entre la mort du Tobba et la naissance de Mahomet. Il y aurait, d'après la supposition que nous avons adoptée, environ deux cent cinquante ans entre ces deux époques; au lieu qu'entre la naissance de Mahomet et le règne d'Asad-Abou-Karib il y aurait trois cent quarante ans au moins.

2° Le culte des idoles était établi à la Mecque depuis longtemps lorsque le Tobba s'y rendit : or tous les historiens attribuent le premier établissement des idoles à la Mecque à Amrou-ben-Lohaï, qui régnait dans cette ville vers le même temps où Asad-Abou-Karib monta sur le trône. Il est donc naturel de reporter l'aventure du Tobba à l'un des successeurs d'Asad (*).

Morthed, fils d'Abd-Kelal, succéda au Tobba, d'après Hamza, tandis qu'Aboulféda place entre eux Harith, fils d'Amrou. Morthed eut lui-même pour successeur son fils Wakia, après lequel le sceptre du Yémen passa entre les mains d'Abraha, fils d'El-Sabah. C'était un prince généreux et instruit, dont les connaissances, nous dit Hamza (*), allaient même jusqu'à percer l'avenir, en sorte qu'il sut que la souveraine puissance en Arabie passerait entre les mains des Koreïschites, tribu du Hedjaz, d'où plus tard est sorti Mahomet. Cette révélation le porta à mettre les plus grands égards dans toutes les relations qu'il eut avec eux. Le même chroniqueur nous dit encore que ce prince était contemporain de Sapor II, roi de Perse, qui naquit en l'an 310 de Jésus-Christ, et mourut en 380 (**).

Sahban, fils de Mohrith, successeur d'Abraha, régna sur le Yémen tout le temps où le trône de Perse fut occupé par Izdedjerd I$^{er}$ et son fils Bahram, surnommé Gour ou l'Ane sauvage, à cause de la passion qu'il avait pour la chasse de ces animaux. Ce synchronisme nous donnerait pour l'époque du règne de Sahban les quarante premières années du cinquième siècle après notre ère, c'est-à-dire depuis l'an 400 de J. C. jusqu'à l'an 441, où Izdedjerd II, fils de Bahramgour, monta sur le trône. Sabbah, fils d'Abraha (***), qui succéda à Sahban, régna quinze

---

(*) Après avoir semblé se déterminer pour le prince sous le règne duquel nous avons placé l'introduction du judaïsme dans le Yémen, M. de Sacy, dans le mémoire qu'il a publié sur l'histoire des Arabes avant Mahomet, paraît changer d'opinion, et ajoute : « Mais d'un autre côté, le récit de « Tabari, qui place l'histoire du Tobba « avant le règne de Rébia, et qui dit que « Rébia lui-même faisait profession du ju- « daïsme, semble devoir nous déterminer à « attribuer l'introduction du judaïsme à « Asad-Abou-Karib. » Cette hésitation de la part d'un savant dont l'érudition sur tout ce qui concerne l'Arabie était si profonde, peut servir à nous apprendre combien les questions chronologiques sont vaines et insolubles, lorsqu'en histoire nous manquons de relations originales, de monuments authentiques et même de traditions uniformes.

(*) *Imperium Joctan. ex Hamza Ispah.*, p. 34.

(**) C'est le Sapor qui avait été surnommé Dhou'l-Actaf (le seigneur des épaules), parce que dans une bataille où il avait fait un affreux carnage de ses ennemis, il ordonna à ses soldats, pour qu'ils pussent conduire tous leurs prisonniers, de leur percer les épaules et d'y passer des cordes.

(***) « Aboulféda et l'auteur du Djohainat- « El-Akhbar omettent entièrement Sabbah, « fils d'Abraha; et le prédécesseur de Dhou- « Schénatir est nommé par eux Amrou, fils « de Tobba. Nowaïri, au contraire, omet « absolument celui-ci, et admet Sabbah, fils « d'Abraha. Ne serait-ce point que Sabbah « et cet Amrou ou Hassan, fils d'Amrou, « rejeton des Tobba, auraient régné con- « curremment et se seraient disputé l'em- « pire, en sorte que les historiens se se- « raient partagés entre eux ? » Voy. M. de Sacy, Mémoires de l'Académie des inscriptions et belles-lettres, t. XLVIII, p. 534.

ans avec Izdedjerd II ; nous avons donc l'époque à peu près exacte de son avénement et de sa mort, puisque le monarque persan n'occupa lui-même le trône que seize ans, depuis l'an 441 de Jésus-Christ jusqu'en 457. Sabbah eut pour successeur Hassan-Ben-Amrou, son cousin.

Quelles sont les causes qui, après Hassan, firent tomber le sceptre entre les mains d'un homme n'ayant aucune origine commune avec la famille royale ? C'est ce que ne nous disent pas les chroniqueurs, dont plusieurs ont passé sous silence quelques-uns des princes dont nous venons de dresser la liste plutôt que nous n'avons écrit leur histoire, tant sont maigres et arides les chroniques qui nous servent de guides. Ce qui paraît probable, c'est que pendant une expédition de Hassan en Syrie, un homme, que les historiens appellent Dhou-Schenatir, s'empara du trône, qu'il souilla par les crimes les plus grands et les actions les plus honteuses. Il attirait dans son palais, à Sanâ, les jeunes gens les mieux faits, quand même ils appartenaient aux premières familles du pays, et satisfaisait sur eux ses passions brutales. Un prince demeuré seul de la race royale fut un jour conduit près du tyran ; mais il avait prévu le sort qui l'attendait, et s'était muni d'un poignard caché sous ses vêtements. Au moment où Dhou-Schenatir voulut lui prodiguer ses impures caresses, il le frappa, et, l'ayant étendu mort, lui coupa la tête, qu'il plaça au balcon après lui avoir mis un cure-dent entre les lèvres. C'était le signal ordinaire par lequel l'usurpateur faisait connaître que sa victime avait succombé. Les gardes, dupes du stratagème, ouvrirent les portes, et le jeune homme s'élançant sur la place publique proclama sa vengeance, dont la nouvelle fut accueillie avec enthousiasme. L'armée et le peuple se réunirent pour dire au jeune prince : « Personne n'est plus digne que vous de porter la couronne, car vous êtes de sang royal, et c'est vous qui nous avez délivrés d'un affreux tyran. » Élevé sur le pavois, il prit possession du trône sous le nom de Dhou-Nowas (le Bouclé), que lui mérita sa belle chevelure.

On aurait pu espérer de l'enthousiasme avec lequel avait été accueilli l'avénement de Dhou-Nowas, un règne plus heureux que les précédents ; mais son fanatisme pour la religion juive fut la source de tous les malheurs qui fondirent bientôt sur le Yémen. Il voulut convertir à la foi de Moïse les habitants de la ville de Nedjran, qui professaient la foi catholique sous la direction d'un évêque nommé Abdallah-Ben-el-Thamir. Ces malheureux eurent le choix d'apostasier ou de mourir ; et comme ils ne voulurent pas céder aux menaces, Dhou-Nowas fit creuser des fosses profondes dans lesquelles vingt mille d'entre eux furent livrés aux flammes. C'est à cet acte de barbarie qu'il doit le surnom de *seigneur de la fosse ardente*, sous lequel il est connu et maudit dans les traditions du Yémen. L'un des malheureux échappés au supplice alla se réfugier à la cour de Constantinople, et demanda vengeance à l'empereur grec, qui, craignant de s'engager dans une expédition lointaine, écrivit à l'empereur d'Abyssinie, dont les sujets étaient depuis longtemps convertis au christianisme. Ce prince, touché des malheurs de ses coreligionnaires, fit passer dans le Yémen trente mille hommes de troupes commandées par un chef nommé Aryat (\*), qui reçut pour mis-

---

(\*) Une lettre en langue syriaque, écrite par Siméon, évêque de Beth-Arsam, à Siméon, abbé de Gabbula, et publiée par Assemani, dans sa Bibliothèque orientale, t. I$^{er}$, p. 364-79, fixe à l'année 835 de l'ère des Séleucides, c'est-à-dire, à l'an 524 de J. C., l'expédition des Éthiopiens en Arabie. D'après cette lettre, Dhou-Nowas avait eu grand'peine à se rendre maître de Nedjran, et n'y était même entré que sur la foi d'un traité ; mais ce prince perfide était à peine dans la ville qu'il la livra au pillage et fit brûler l'église avec les prêtres et le peuple qui s'y était réfugié. Les os de l'évêque Paul, mort depuis deux ans en odeur de sainteté, furent déterrés et jetés dans un bûcher pour les ravir à la piété des

sion de mettre à mort le tiers des hommes en état de porter les armes, de ravager le tiers du pays, et de réduire en esclavage le tiers des femmes ou des enfants. Arrivé près d'Aden, le chef abyssin brûla ses vaisseaux, pour faire comprendre à ses troupes qu'il fallait vaincre ou mourir; puis marchant contre les Arabes, affaiblis par les dissensions et pris à l'improviste, il les mit en fuite pour ainsi dire sans combattre. Dhou-Nowas, poursuivi de près, et ne voyant aucun moyen d'échapper à l'ennemi, poussa son cheval dans la mer et s'y noya. Avec lui finit l'empire des Himyarites (*). Hamza rapporte que Dhou-Nowas était monté sur le trône du temps de Firouz (Perozès), fils de Isdedjerd II, qui commença à régner en l'an 458 de Jésus-Christ, et mourut en 482 (**).

Les conséquences de la victoire remportée par Aryat furent la soumission entière du Yémen et le changement de dynastie (***). Le vainqueur, confirmé dans sa conquête par l'empereur d'Abyssinie, gouverna sans opposition, l'empire des Himyarites au nom du roi d'Éthiopie, un prince de la race de Himyar, nommé Dhou-Djeden, disputa encore quelque temps la possession du trône dans certaines provinces de l'empire. Après sa défaite, un autre Himyarite, héritant de ses prétentions, n'aurait pas mieux réussi à les faire valoir : ce qui, cependant, aurait donné lieu à Hamza de dire que Dhou-Yezin et Dhou-Djeden auraient occupé le trône pendant soixante ans. Voy. le *Mémoire sur divers événements de l'histoire des Arabes avant Mahomet*, par M. de Sacy, p. 532. Les Actes des martyrs de l'Arabie, écrits en grec par Métaphraste, et publiés en latin par Surius, dans ses *Vies des Saints*, et Procope, *De bello persico*, l. I, chap. xx, donnent le récit de la guerre que les Éthiopiens portèrent en Arabie. Leur témoignage est trop précieux, dans la pénurie de documents où nous laissent les auteurs arabes, pour le passer sous silence. Ce serait, d'après eux, le roi d'Éthiopie qui aurait pris en personne le commandement de ses troupes, dont le nombre se montait à cent vingt mille hommes. Il avait fait construire pendant l'hiver sept cents navires indiens auxquels il joignit six cents bâtiments de commerce pris aux marchands romains et persans qui fréquentaient son royaume. Il détacha un corps particulier de quinze mille hommes, chargé de précéder la grande expédition; mais ce corps, détruit en entier par le manque d'eau et les fatigues de toute espèce, semblait un exemple effrayant pour ceux qui allaient attaquer un pays insoumis jusqu'alors. Toutefois, le roi d'Éthiopie ne se laissa pas décourager. Il prit la mer avec vingt jours de vivres, et après avoir perdu plusieurs vaisseaux brisés sur la côte par la tempête, il put enfin aborder avec toute son armée. Un premier corps de troupes voulut s'opposer à son passage, il le tailla en pièces, marcha droit à Zhafar, s'en empara, fit la reine prisonnière, et laissant une garnison dans la ville, alla combattre Dhou-Nowas, qui fut complétement défait et tué dans la déroute. À son retour à Zhafar, le roi d'Éthiopie fit mettre à mort tous les fauteurs du crime de Nedjran, puis il ordonna la construction d'une église dont il posa lui-même la première pierre. Il envoya ensuite au patriarche d'Alexandrie la nouvelle de sa victoire, et

fidèles. Les habitants qui refusèrent de renoncer à la foi chrétienne furent mis à mort avec leurs femmes et leurs enfants. Le gouverneur de la ville, qui se nommait Aréthas (Harith) fils de Kelab, et était alors âgé de quatre-vingt-quinze ans, sa femme Rehoumy, ses filles, ainsi que trois cent quarante des principaux citoyens, souffrirent le martyre avec une constance admirable. Le Martyrologe romain et les Actes de Métaphraste placent au 24 octobre 523 le martyre d'Aréthas et de ses compagnons, en sorte qu'il ne s'écoula que peu de mois entre leur mort cruelle et l'arrivée des Abyssins chargés de leur vengeance.

(*) Tabari, *Hist. imp. vetust. Joctan.*, p. 108, et Nowaïri, idem, p. 82.

(**) *Hist. imp. Joctan.*, p. 38.

(***) Aboulféda donne à Dhou-Nowas, pour successeur immédiat, un prince himyarite nommé Dhou-Djeden. Hamza, qui l'admet aussi dans la suite des rois du Yémen, le fait périr de même que Dhou-Nowas, après avoir été vaincu par les Éthiopiens. Nowaïri n'en fait pas mention. M. de Sacy a pensé qu'il était facile de concilier ces divers récits, en supposant qu'après la mort de Dhou-Nowas, et lorsque Aryat avait déjà commencé à gouverner

jusqu'au jour où un de ses officiers du nom d'Abraha, autrefois esclave d'un marchand romain à Adulis, se révolta contre lui. Appuyé d'une partie de l'armée, il vint offrir le combat au général abyssin, qui, dans l'espoir d'épargner le sang de ses soldats, proposa de terminer la querelle par une lutte en champ clos des deux prétendants. L'offre fut acceptée; mais Aryat fut traîtreusement poignardé par un esclave au moment où il venait de couper d'un revers de son sabre la figure de son ennemi, qui depuis lors fut appelé *El-Aschram*, ou le nez fendu. Abraha, devenu à son tour maître du Yémen, chercha, par tous les moyens possibles, à rendre la religion chrétienne dominante dans le pays (*). Voyant avec le plus grand

celui-ci se hâta d'envoyer dans le Yémen un évêque qui pût hâter les progrès du christianisme. Le premier soin de ce pontife fut de consacrer le temple que le roi avait fondé, puis il baptisa tous les Arabes qui demandèrent cette faveur, et ordonna un certain nombre de prêtres destinés à porter dans les provinces la parole du Seigneur. Pendant ce temps, le roi s'était rendu à Nedjran, où il fit aussi élever une église, dans laquelle furent réunis les ossements de tous les martyrs de la foi. Il lui accorda le droit d'asile et la dota de cinq domaines royaux, auxquels il joignit une partie des biens d'Aréthas, dont le fils fut investi du commandement qu'avait eu son père. De retour dans la capitale du Yémen, le roi d'Éthiopie s'occupa, avant de regagner ses États, d'organiser le pays. Il nomma pour vice-roi un Arabe qui, d'après Procope, se nommait Émisiphée, et lui confia un corps d'armée composé de dix mille chrétiens d'Éthiopie. Le monarque éthiopien laissa en outre dans le pays un de ses neveux, auquel la chronique de Malala donne le nom d'Anganès. Après avoir pris toutes ces précautions pour la conservation de sa conquête, il retourna à Axum. — On voit dans ce récit, qu'à l'exception de quelques noms propres altérés par les écrivains du Bas-Empire, les notions recueillies par les Grecs confirment et complètent celles que nous ont laissées les Arabes.

(*) Abraha fut puissamment secondé dans son zèle pour la religion chrétienne par

chagrin que ses sujets, lorsque arrivait le temps du pèlerinage de la Mecque, se rendaient dans cette ville et s'y livraient à des cérémonies païennes, il résolut de bâtir à Sanâ une église si belle que toutes les tribus de l'Arabie en feraient un lieu de dévotion. Au-dessus de l'autel était suspendue une perle d'un si grand éclat que, par la nuit la plus obscure, elle répandait autant de clarté qu'une lampe. Lorsque ce temple fut complètement achevé, il ordonna, par un édit, qu'on eût à y célébrer toutes les fêtes religieuses. Une telle prétention excita la colère des habitants du Hedjaz, et deux hommes de la tribu des Koreïschites s'étant introduits dans le sanctuaire la veille d'un jour solennel, le souillèrent de la manière la plus injurieuse. La colère d'Abraha ne connut plus de bornes, lorsqu'il apprit cet acte grossier, et en soupçonnant aussitôt les véritables auteurs, il jura de ne pas laisser pierre sur pierre du temple de la Caaba. A cet effet il rassembla une

l'évêque qu'avait envoyé dans le Yémen le patriarche d'Alexandrie. Ce pontife, que l'Église a mis au nombre des saints, se nommait Gregentius; il était né à Milan. Il donna aux habitants du pays des lois qui furent publiées au nom du nouveau roi. L'original de ce code, divisé en vingt-trois sections, et écrit en grec, est encore inédit, et se trouve parmi les manuscrits de la Bibliothèque impériale de Vienne. On possède encore d'autres monuments de la piété active de saint Gregentius et du roi éthiopien des Himyarites : ce sont les actes d'une conférence ou d'une dispute publique que l'évêque soutint à Zhafar contre le juif Herbanus, docteur de la loi, et qui fut suivie de la conversion de ce docteur et du baptême de la plus grande partie des juifs du Yémen. Pour éteindre entièrement le judaïsme, on abolit parmi les juifs la distinction des tribus, puis on les mêla avec les autres chrétiens, et on leur défendit, sous peine de mort, de donner pour époux à leurs filles des hommes de race juive; on leur enjoignit, au contraire, de les marier à des chrétiens, ce qui amena promptement la fusion des deux peuples. Voy. M. de Saint-Martin, *Histoire du Bas-Empire*, liv. XL.

armée de quarante mille hommes, dont il prit en personne le commandement, et se mit en marche, monté sur un éléphant blanc, remarquable par sa haute taille. Il mit en fuite les habitants du Téhama qui avaient voulu s'opposer à son passage, arriva à Taïef, et s'y empara de tous les troupeaux de la contrée, parmi lesquels se trouvaient deux cents chameaux appartenant à Abd-el-Mottalib, l'un des principaux chefs de la Mecque.

Cependant l'annonce de cette formidable expédition avait répandu la consternation dans la cité sainte, car les Mekkaouïs disposaient de forces trop inégales pour pouvoir espérer de résister longtemps. Abd-el-Mottalib se rendit au camp d'Abraha, où ce prince, pensant qu'il venait offrir de se soumettre, le reçut avec les distinctions dues à son rang. « Je viens, dit le Koréischite, pour demander la restitution de mes troupeaux. » — « Pourquoi n'est-ce pas plutôt, reprit Abraha, pour implorer ma clémence en faveur de ce temple, objet de votre culte et source de vos richesses. » — « Les chameaux sont à moi, répondit Abd-el-Mottalib, et la Caaba appartient aux dieux, qui sauront bien la défendre : d'autres rois ont tenté de la détruire, mais leurs projets n'ont jamais tourné qu'à leur confusion. » Les chameaux furent rendus, et Abd-el-Mottalib, se retirant avec ses concitoyens dans les montagnes, abandonna le temple à la protection du ciel, dont il appelait la vengeance sur la tête des sacrilèges.

Ses prières furent exaucées, nous dit la tradition. Abraha voulut entrer dans la ville monté sur son éléphant, dont le nom nous a été conservé, et qui s'appelait Mahmoud; mais ni la force ni les caresses ne purent le décider à faire un pas dans cette direction. Si on le tournait du côté de la Syrie ou du Yémen, il se mettait en marche avec vitesse; dès qu'on le ramenait vers le temple, il tombait à genoux, et semblait adorer le lieu que son maître venait détruire. Au même instant le ciel se couvrit comme d'un nuage, et des oiseaux de la grosseur d'une hirondelle se rassemblèrent en bandes innombrables au-dessus de l'armée des Abyssins. Chacun de ces oiseaux, portant dans son bec une petite pierre, qui n'était guère plus grosse qu'une lentille, la laissa tomber sur la tête des assiégeants avec une telle violence qu'elle perçait la coiffure des soldats, leur traversait le corps, et s'enfonçait profondément dans la terre : sur chaque pierre était écrit le nom de la victime à qui elle était destinée. Tous ceux qui échappèrent à cette punition du ciel périrent dans le désert; le seul Abraha réussit à atteindre Sanâ, où il mourut bientôt dans les souffrances d'une longue et douloureuse maladie (*).

La guerre de l'éléphant, car tel est le nom qu'elle a reçu, est l'une des époques célèbres dans l'histoire arabe : elle fut marquée par la naissance de Mahomet, en 571 de Jésus-Christ, et forme pour les auteurs orientaux une ère qui fut en usage jusqu'à celle de l'hégire. A compter de ce moment, nous verrons cesser cette incertitude continuelle dans la date à assigner aux événements que nous avions à retracer. Déjà, depuis le règne d'Akran, l'histoire de la Perse ou celle du Bas-Empire nous ont offert quelques synchronismes utiles; mais maintenant nous entrerons dans une voie plus large et plus sûre : les Arabes ont attaché trop d'importance à l'histoire de leur prophète, pour n'avoir pas signalé avec toute l'exactitude qu'on peut en attendre les faits qui se sont accomplis depuis sa naissance. On ne peut s'empêcher d'être étonné, cependant, que la légende ridicule de la défaite des Abyssins par des oiseaux ait trouvé à une époque si avancée des partisans aussi crédules. Doit-on la considérer comme une fiction inventée par Mahomet, qui en a parlé dans le Coran; ou faut-il croire que les Koréischites

(*) Voy. Aboulféda, MS. de la Bib. roy., n° 615 A, feuillets 78 v° et 79; et Hist. imper. vetust. Joctan. ex Taborita, p. 112 à 126.

renoncèrent à la gloire d'avoir défait les Abyssins par leur valeur, dans l'espoir d'augmenter, par le récit d'un miracle, le respect des nations pour la Caaba? Nous avons déjà dit, en traitant de l'histoire de l'Abyssinie, que quelques écrivains parmi les Orientaux ont expliqué cette destruction de l'armée des Abyssins par l'invasion de la petite vérole jusqu'alors inconnue dans ces contrées. Jusqu'à quel point peut-on supposer, disions-nous, que ces petites pierres grosses comme des lentilles, qui pénétraient dans le corps avec tant de force, sont la traduction en conte de fées, des traces profondes que cette maladie laisse souvent après elle; c'est ce que nous n'entreprendrons pas de décider (*).

Après la mort d'Abraha, ses deux fils Yaesoum et Masrouk se succédèrent sur le trône. Les historiens s'accordent pour nous les représenter comme de jeunes débauchés dont les exactions et la tyrannie ajoutaient encore à la répulsion qu'excitait chez les Arabes leur origine étrangère (**). Les chefs des premières familles du Yémen chargèrent Seïf-Ben-Dhou-Yezin, l'un des derniers descendants de la race royale des Himyarites (***), d'implorer le secours des rois de la terre et de les charger de leur vengeance. Il se rendit d'abord auprès de l'empereur de Constantinople, qui refusa de prendre parti pour des juifs ou des idolâtres contre des chrétiens (****). Seïf passa alors à la cour de Perse, dont Tabari fait une pompeuse description. Cosroës Parviz était à l'apogée de sa puissance. L'envoyé du Yémen le trouva dans sa salle d'audience, environné de courtisans, de musiciens, de femmes aux splendides parures. Sur la tête du prince était une couronne ornée des plus riches pierreries, et d'un poids si lourd que, sans la chaîne d'or qui la suspendait au plafond, elle eût écrasé le monarque. Cosroës se montra d'abord indifférent aux prières de Seïf : « Qu'irai-je faire, disait-il, dans un pays aride où je n'aurai d'autre butin que des chameaux et des brebis? Nos provinces nourrissent assez de troupeaux. » Puis il fit donner au suppliant, pour le consoler de ses refus, un habit et mille pièces d'or. Seïf, à l'instant même, les distribua au peuple qui assiégeait les avenues du palais : « Que faites-vous? lui dit Cosroës en apprenant cette apparente prodigalité; ne devriez-vous pas conserver mes présents dans l'état de détresse dont vous venez de vous plaindre? — Eh! de quel secours me

(*) Voy. *Univers pitt.*, ABYSSINIE, p. 12.
(**) Voy. Nowaïri, Masoudi, p. 144, *Hist. imp. vet. Joc.*, Tabari, p. 126. *Ibid*.
(***) Dhou Yesin, père de Seïf, avait résisté pendant plusieurs années, dans le Yémen, à l'autorité des Abyssins, ce qui a donné lieu à Hamza de lui donner rang parmi les rois himyarites de cette contrée. Voy. la note 3 de la page 70.
(****) La conquête du Yémen par des chrétiens avait établi des relations fréquentes entre les Romains et les nouveaux maîtres de l'Arabie Heureuse. Cette alliance était d'autant plus solide que des intérêts commerciaux la rendaient précieuse à la cour de Constantinople. Les ports de l'Arabie qui s'ouvraient sur l'océan Indien offraient aux Romains les moyens de s'affranchir de la dépendance des Perses pour l'importation de la soie, ce qui avait engagé plusieurs fois Justinien à envoyer des ambassades dans le Yémen. Les princes de cette contrée n'avaient pu cependant, ainsi que nous l'apprend Procope (*de Bello Pers.*, l. I, ch. XX), remplir complètement les intentions des Romains. Les marchands persans, profitant de l'heureuse position de leur pays, affluaient sur les places de l'Inde et trouvaient moyen, par leurs relations étendues, de se rendre maîtres de toute la soie qui y était apportée. Il n'était pas moins difficile aux Himyarites de secourir l'empire dans ses guerres contre la Perse, dont ils étaient séparés par d'immenses déserts. Cependant, les historiens du Bas-Empire ont mentionné plusieurs diversions faites en faveur des Romains par les rois chrétiens du Yémen, et dès lors il est facile de concevoir que les descendants des rois juifs ou païens qui avaient été renversés à l'instigation de Constantinople, ne pouvaient obtenir l'aide de cette cour pour remonter sur le trône de leurs ancêtres.

pourrait être, répondit Seïf, l'or ou l'argent de la Perse ; ces métaux forment la poussière de nos montagnes. » L'Arabe avait eu raison de penser que la cupidité s'augmente avec les richesses, et que plus la cour du prince persan déployait de luxe, plus elle cachait d'avides désirs. Cosroës, vaincu dans ses répugnances par la réponse de Seïf, arma des troupes, qui se mirent en route sous le commandement de Wahraz-Ben-Kamkhan, vers l'an de Jésus-Christ 601. Ce fut près d'Aden, où le débarquement avait eu lieu, que se livra entre les Persans et les partisans de Masrouk un combat acharné, dans lequel ce dernier fut percé d'une flèche lancée par Wahraz. La mort du prince abyssin mit fin dans l'Arabie méridionale à la domination des Éthiopiens, qui y avait duré pendant soixante-dix années. Le vainqueur prit possession de Sanâ, dont il fit abattre une porte afin que l'étendard de Cosroës entrât sans s'incliner dans la capitale du Yémen; et dès lors des vice-rois gouvernèrent le pays au nom de la Perse, jusqu'au jour où Mahomet le soumit à ses armes. Mais avant d'entreprendre l'histoire du prophète et de l'établissement de l'islamisme, il nous faudra suivre ces tribus dispersées par la rupture de la digue, et qui fondèrent dans d'autres parties de la péninsule d'importantes dynasties.

Nous terminerons l'histoire incomplète que nous avons pu recueillir dans les chroniques arabes, de la dynastie du Yémen, par un tableau chronologique des princes himyarites et de leurs successeurs, d'après les calculs qui nous semblent les plus probables.

*Tableau chronologique des rois du Yémen.*

| | |
|---|---|
| Himyar. | Av. J. C. 381 |
| Ouathil, fils d'Himyar. | 348 |
| Sacsac, fils d'Ouathil. | 315 |
| Yafar, fils de Sacsac. | 282 |
| Dhou-Riasch. | 266 |
| El-Noman-ben-Djafar. | 249 |
| Asmah-ben-Noman. | 216 |
| Scheddad-ben-Ad. | 183 |
| Lokman-ben-Ad, son frère. | 172 |
| Dhou-Sedad-ben-Ad, son frère. | 161 |
| Hareth-el-Raïsch, premier Tobba. | 150 |
| Dhou'l-Karnaïn. | 120 |
| Dhou'l-Menar. | 90 |
| Afrikis, fils de Dhou'l-Menar. | 60 |
| Dhou'l-Azar, du temps de l'expédition de Gallus. | 30 |
| Scherhabil. | Ap. J. C. 1 |
| Belkis. | 30 |
| Naschir-el-Niam, son oncle. | 40 |
| Schamar-Yarasch. | 50 |
| Abou-Malek. | 75 |
| Akran. | 95 |
| Dhou-Habschan, contemporain de Nadhr, fils de Kenana, né en 142. | 145 |
| Tobba, second fils d'Akran. | 160 |
| Colaïcarb, fils de Tobba. | 190 |
| Tobba-Asad-Abou-Carib, contemporain d'Ardeschir-Babec. | 220 |
| Haçan, fils d'Asad, tué par son frère. | 238 |
| Amrou, fils d'Asad, surnommé Dhou'l-Awad, contemporain de Sapor I$^{er}$, fils d'Ardeschir-Babec. | 250 |
| Quatre rois anonymes et leur sœur Aldhaa, contemporains d'Hormuz I$^{er}$, fils de Sapor I$^{er}$ et de Fehr, fils de Malec. | 272 |
| Abd-Kelal, fils d'Amrou-Dhou'l-Awad, selon Aboulféda. | 273 |
| Tobba, fils de Haçan. | 297 |
| Morthed. | 321 |
| Wakia, fils de Morthed. | 345 |
| Abraha, fils de Sabbah, contemporain de Sapor II. | 370 |
| Sabban, fils de Mohrith, règne tout le temps de Yzdedjerd I$^{er}$ et de son fils Bahram-Gour. | 399 |
| Sabbah, fils d'Abraha, règne 15 ans avec Yzdedjerd II. | 440 |
| Haçan-ben-Amrou. | 455 |
| Dhou-Schenatir. | 478 |
| Dhou-Nowas, sous le règne de Firouz. | 480 |
| Les Éthiopiens, maîtres du Yémen; commencement du règne d'Aryat, sous le règne de Cobad. | 529 |
| Abraha succède à Aryat. | 549 |
| Ère de l'Éléphant. Défaite d'Abraha : Yacsoum lui succède. | 571 |
| Masrouk succède à Yacsoum. | 589 |
| Entrée des Perses dans le Yémen : fin de la domination des Éthiopiens. | 601 |

### Rois de Hira.

Les tribus émigrées du Yémen avec Amrou-Ben-Amer, quelle qu'ait été la cause de leur exil, s'étaient réfugiées d'abord dans le pays des Benou-Aca, sur les frontières du Yémen et du Téhama. Des querelles qui s'élevèrent entre elles et les anciens habitants ne leur ayant pas permis de jouir en paix de cet asile, elles vinrent au bout de quelques années habiter Batn-Marr, dans le voisinage de la Mecque. Là elles se mêlèrent encore aux querelles intestines des Djorhomites et des enfants d'Israël, dont nous aurons à nous occuper plus tard. Ce fut l'origine d'une révolution dans le Hedjaz et de la fortune des Khozaïtes, tribu qui faisait partie des émigrés, et qui, vers l'année 210, se trouva en possession de l'héritage des Benou-Djorhom. Bientôt les vallées stériles qui entourent la cité sainte ne pouvant nourrir un si grand nombre d'étrangers, les seuls Khozaïtes, devenus maîtres du pays, demeurèrent à la Mecque : leurs compagnons d'exil se dirigèrent vers le nord, et se divisant de nouveau, les uns se rendirent en Syrie, les autres arrivèrent dans la Chaldée.

La Babylonie, la Chaldée, l'Irak-Arabi, tels sont les noms qu'a portés cette vaste contrée située entre l'Euphrate et le Tigre, dont le premier la borne au sud-ouest et l'autre au nord-est. Fertilisée par ces deux fleuves, la plaine immense qu'ils arrosent était douée d'une fertilité si grande, que les historiens, de peur d'être taxés d'exagération, osaient à peine en faire la peinture. « En général, cette contrée, « dit Hérodote, est le terroir le plus « fertile que nous connaissions : il est « tellement propre aux grains qu'on y « récolte deux cents, et même, dans « quelques années plus favorables, trois « cents pour un. La largeur des feuilles « du blé et de l'orge va quelquefois à « quatre doigts. Quant à celle où par-« viennent les feuilles du millet et du « sésame, quoique je la connaisse, je « ne la rapporterai pas, convaincu d'a-« vance que ceux qui n'ont pas visité ce « territoire ne voudraient pas croire ce « que je dirais de ses productions (*). »
C'est probablement à cause de cette étonnante fécondité qu'aucun autre pays de la terre n'a présenté comme celui-ci, malgré les révolutions dont il fut le théâtre et les dévastations des conquérants, une si étonnante succession de villes florissantes, qui, ainsi que l'a dit Heeren, semblaient renaître de leurs cendres comme le phénix. Dès les premières lueurs des temps historiques on voit apparaître Babylone, berceau de la civilisation des hommes à son enfance. Elle grandit pendant plusieurs siècles et tomba au moment où le vaste génie d'Alexandre allait en faire la reine des nations. Mais la Providence voulant changer le cours des destinées du genre humain, enleva au milieu de sa carrière le seul homme qui pût alors donner la paix au monde, et sa mort décida du destin de Babylone. Séleucie, fondée par les Macédoniens sur les bords du Tigre, Ctésiphonte, capitale de l'empire des Parthes, s'élevèrent dans son voisinage, bâties presque en entier de ses inépuisables débris. Puis, lorsqu'elles furent détruites par les Arabes, Baghdad devint à son tour le centre de cette civilisation nouvelle que l'islamisme imposait à l'Orient. Ainsi la Chaldée semble destinée à jouer un rôle des plus importants sur le globe : c'est là que se trouva longtemps la pierre angulaire de l'édifice social, et ce fait est d'autant plus curieux à observer dans une histoire des Arabes, que les anciens Babyloniens appartenaient à la race sémitique, ainsi que le prouve leur langue mal à propos nommée chaldéenne. Les Chaldéens, guerriers farouches et ignorants, avaient changé leur idiome grossier après la conquête qu'ils firent de la Babylonie, contre le dialecte araméen parlé par les indigènes et qui diffère très-peu du vrai syriaque.

La conformité du langage et les besoins du commerce avaient appelé, dès l'antiquité la plus reculée, des tri-

(*) Hérodote, livre I$^{er}$, § CXCIII.

bus d'Arabes nomades dans la Chaldée : quand Malek, fils de Fahm, qui se trouvait à la tête des exilés de Batn-Mar, y arriva vers la fin du second siècle de notre ère, il trouva des Arabes établis dans le pays depuis les premières expéditions des Tobba du Yémen (*). Les Arsacides régnaient encore sur la Perse; mais déjà se préparait la révolution qui fit passer la couronne dans la maison de Sassan, et les troubles qui agitaient l'empire favorisèrent l'établissement de Malek sur les bords de l'Euphrate. Les débuts de cette monarchie nouvelle ont laissé peu de traces dans les traditions parvenues jusqu'à nous. Malek avait apporté ses dieux, et le polythéisme des Arabes fit de rapides progrès parmi les populations qu'il avait soumises. Il avait fixé sa résidence à Anbar (**), sur la rive gauche de l'Euphrate. C'est là qu'il travaillait à organiser le nouvel empire dont il voulait se faire le chef, lorsqu'il fut tué accidentellement d'un coup de flèche pendant une promenade qu'il faisait sous un déguisement, pour s'assurer que le bon ordre régnait dans la ville. Son meurtrier, nommé Soleïmah, s'enfuit dans l'Oman.

Malek eut pour successeur Djodhaïmah, son fils, qui reçut le surnom d'El-Abrasch (le Lépreux). Ce prince déploya de grands talents militaires, et acheva de soumettre à ses armes toutes les tribus arabes établies dans l'Irak. Il avait introduit parmi ses Arabes une discipline qui lui donnait de grands avantages sur des ennemis moins exercés. On prétend qu'il se servit le premier d'une machine de guerre, espèce de baliste qui lançait des traits d'une grosseur inaccoutumée; aussi s'était-il emparé du pays de Souad, entre Hira et Anbar, de Bacca, de Aïn-el-Tamar, de Katkataïah, et d'autres villes encore dépendantes de l'Irak-Arabi, dans lesquelles il avait trouvé de grandes richesses ou tout au moins de nombreux troupeaux; il marcha aussi contre les restes des tribus de Tasm et de Djadis, dans le Yémama (*). Peut-être aurait-il étendu davantage les frontières de ses États, s'il n'eût trouvé dans le roi du Yémen, Asad-Abou-Carib, un rival digne de lui. Ce prince le repoussa de ses États, et aurait pu envahir à son tour le royaume de Hira; mais le désordre se mit dans les rangs de l'armée victorieuse. Cet événement

---

(*) D'après Tabari, les anciens habitants de Hira et d'Anbar, où vinrent se fixer les familles guidées par Malek, étaient de race araméenne, et se retirèrent devant les Arabes. Hamza fait entendre qu'il y avait déjà dans la Chaldée des Benou-Tomoukh, qui y avaient été conduits par Zohaïr le Codhaïte; et un passage de Masoudi semblerait indiquer que lorsque Malek arriva dans le pays, il y trouva aussi des Arabes descendants d'Ismaïl. Voici ce passage : « Avant « Djodhaïma avait régné son père, qui avait « été le premier des rois de Hira. On le « nommait Malek, fils de Fahm, fils de « Zeïd, fils de Cahlan, fils de Saba, fils de « Yaschob, fils de Yarob, fils de Kahtan. Il « était sorti du Yémen avec les enfants de « Djofna, fils d'Amrou-Mozaïkia, fils d'A- « mer. Les enfants de Djofna allèrent du « côté de la Syrie. Malek se sépara d'eux et « alla dans l'Irak. Il y régna douze ans sur « les descendants de Modhar, fils de Nizar. »

(**) On lit dans le Meracid-el-Ittila que le nom d'Anbar ne fut donné à cette ville qu'après que Sapor II Dhou'l-Actaf, qui régna de 310 à 380, y eut fait bâtir de vastes magasins (en arabe, *anabir* ou *anbar*). Il est bien probable cependant que ce nom est plus ancien, et qu'ainsi que le pense M. de Saint-Martin (*Histoire du Bas-Empire*, vol. III, p. 85), le nom d'Ancobaritis, qui désigne dans Ptolémée toute la partie méridionale de la Mésopotamie, tirait son origine de celui d'Anbar. Elle fut aussi nommée Pirisabora ou Bersabora par les historiens grecs du Bas-Empire. Ces deux noms étaient une corruption de celui de Fyrouz-Schapour, qui signifie en persan la victoire de Schahpour. Ce nom lui avait été imposé par Sapor I$^{er}$, deuxième prince de la race des Sassanides, qui régna de 238 à 271. Le nom d'Anbar a prévalu, et est resté longtemps en usage. Elle fut prise par l'empereur Julien en 363; mais le siège de la puissance des rois de Hira avait été déjà transporté dans la ville de ce nom.

(*) *Hist. præcip. arab. regn.*; ed. Rasmussen, p. 29.

sauva d'un échec complet la puissance de Djodhaïmah, qui tourna ses armes contre les possessions de l'empire grec dans la Mésopotamie. Là il fut pris par trahison et mis à mort par ordre d'une princesse arabe nommée Zobba, qui régnait sur la Mésopotamie et une partie de la Syrie. Djodhaïmah avait marié sa sœur à Adi, de la tribu des Benou-Lakhm, sorti du Yémen postérieurement à la rupture de la digue, et sur la foi d'un songe qui avait annoncé à son père, Rabia-Ben-Nasr, l'invasion des Éthiopiens. De ce mariage était né un fils nommé Amrou, qui fut l'héritier du trône et le chef de la dynastie des Lakhmites. Son premier soin fut de chercher à venger la mort de son prédécesseur. Il confia l'exécution de ses projets à Kosaïr, homme brave et dévoué, qui, sous le déguisement d'un marchand, se rendit au lieu habité par Zobba. Arrivé aux portes de la ville, il demanda la permission d'y faire entrer une longue caravane de chameaux, dont chacun portait deux sacs que Kosaïr annonçait être remplis de riches étoffes, dont il désirait offrir le choix à la princesse. Un prétexte si naturel n'éveilla aucun soupçon ; les chameaux furent introduits dans la ville et amenés dans un khan voisin du palais. Là Kosaïr ouvrit les sacs, dont chacun renfermait deux hommes complétement armés. Ils envahirent en un instant la demeure royale où régnait la sécurité la plus complète. Zobba voulut s'échapper par un passage souterrain creusé sous le lit de l'Euphrate ; mais sur l'autre rive elle trouva l'entrée du passage gardée par Amrou, qui avait voulu lui-même être l'un des guerriers cachés sous la charge des chameaux ; à l'aspect d'un ennemi dont elle n'attendait aucune pitié, elle ne voulut pas du moins recevoir la mort de sa main, et avala du poison caché dans un anneau. Ainsi fut vengée la mort de Djodhaïmah. Amrou avait fixé sa résidence à Hira, située dans la partie occidentale de l'ancienne Babylonie, sur un bras de l'Euphrate actuellement desséché, et qui se détachait du cours principal du fleuve pour s'avancer directement au sud vers les marais de Coufah (*).

Amrou'l-Caïs, fils d'Amrou, surnommé El-Beda ou le Premier, Amrou II, fils d'Amrou'l-Caïs, Aus, fils de Kallam, et un anonyme, tous deux Amalécites (**), qui interrompirent la suite des rois lakhmites, Amrou'l-Caïs II, surnommé El-Moharrek ou le Brûleur, fils d'Amrou II, n'eurent tous d'autre occupation que la chasse ou la guerre. Faire des expéditions rapides sur les frontières de la Syrie ou de l'empire grec, revenir dans leur capitale avec le butin qu'ils avaient fait, et en sortir de nouveau pour se défendre à leur tour contre les agressions de leurs voisins, telle était leur vie ; et la preuve la plus complète de cette existence agitée, c'est qu'aucun d'eux ne mourut sur le territoire dont ils étaient légitimes possesseurs.

Noman le Borgne, contemporain de Yzdedjerd I$^{er}$, et qui monta sur le trône vers l'an 390 après Jésus-Christ, étendit ses conquêtes plus loin que ne l'avaient fait ses prédécesseurs. Les immenses dépouilles qu'il avait recueillies dans plusieurs expéditions dirigées contre la Syrie, lui permirent de dé-

(*) Lorsque Coufah fut fondée par les premiers khalifes, son accroissement rapide amena, autant qu'on peut le supposer, la ruine de Hira.

(**) Post Amru-al-Kaisum, regnavit filius ejus Amru qui ævus fuit Saporis Dhu'l-Actafi. Huic in regno successit Aus filius Kallami *Amalecita*, et post hunc alius quidam ex Amalecitis. *Historia Anteislamica*, p. 122.

Les Arabes donnaient le surnom d'Amalécites à quelques familles établies de temps immémorial dans l'Arabie, et dont l'origine remontait peut-être, quoiqu'il n'y ait aucune certitude à cet égard, aux tribus qui avaient disputé aux Israélites l'entrée de la terre promise. On pourrait même supposer, d'après certains passages de leurs chroniques, et surtout d'après celui-ci, que le nom d'Amalécite était pris quelquefois d'une manière générique pour désigner l'invasion étrangère, et qu'en conséquence il s'agit ici de quelques gouverneurs imposés par les Persans.

ployer dans sa capitale un luxe rival de celui des monarques de la Perse ou de Constantinople. Ses palais étaient ornés des meubles les plus précieux, ses jardins des fleurs les plus rares. L'Euphrate, sillonné d'embarcations élégantes, réfléchissait pendant la nuit les mille lumières de ces barques remplies de riches seigneurs et d'habiles musiciens. Les Arabes ont employé toutes les ressources de leur imagination à raconter les merveilles de ces palais enchantés, devenus alors les plus belles et les plus salubres résidences de tout l'Orient. Ce fut sans doute cette réputation de magnificence et de salubrité qui engagea Izdedjerd à confier au prince arabe le seul de ses enfants qui lui fût resté : tous les autres étaient morts en bas âge. Cet unique rejeton de la race des Sassanides, Bahram, fut envoyé à Hira, où Noman rassembla, pour veiller sur son éducation, les hommes les plus sages de l'Arabie et de la Perse. Parmi eux et au premier rang se trouvait un chrétien dans lequel Noman avait placé toute sa confiance. Un jour qu'assis sur une des terrasses du palais le roi contemplait avec orgueil la ville qu'il avait embellie, et l'Euphrate, et ses bords fertiles : « Y a-t-il dans le monde, s'écria-t-il, un lieu plus beau que celui-ci ? — Non, sans doute, répondit le chrétien, et cependant, ni cette opulente cité, ni cette riche campagne ne sauraient exister toujours; cette pensée nuit à la beauté du spectacle. — Mais qu'y a-t-il d'éternel? dit le roi. — Le jardin de la miséricorde divine, répondit le ministre, dans lequel n'entreront que ceux qui auront abandonné les erreurs de l'idolâtrie pour se réfugier dans le sein du vrai Dieu. » Touché de ces paroles, Noman se convertit à la religion chrétienne, et pour mieux en méditer les sublimes vérités, il abdiqua la couronne.

Mondhir Ier, son fils, lui succéda vers l'an 418 (*) de notre ère, et ses premiers soins furent d'aider le jeune Bahram à ressaisir le sceptre de la Perse, qu'un descendant d'Ardeschir, fils de Babec, nommé Kesra, avait saisi après la mort d'Izdedjerd. Quarante mille cavaliers se rassemblèrent sous les ordres du roi de Hira, et pénétrèrent en Perse. On allait en venir aux mains, lorsque Bahram proposa de placer la couronne qu'il venait disputer à son adversaire entre deux lions affamés, et de reconnaître que celui-là en serait le plus digne qui irait la prendre. Kesra accepta d'abord cet étrange défi; mais le courage lui manqua au moment de l'épreuve, et il fut le premier à rendre hommage à Bahram, qui venait de mettre à fin sa téméraire entreprise. Mondhir retourna dans l'Irak, comblé de bienfaits et de promesses; mais le trône des Sassanides était dès lors occupé par une race vaillante, et le royaume de Hira se trouva plus que jamais dans la dépendance de la Perse. Mondhir eut bientôt l'occasion de rendre de nouveaux services au prince qui déjà lui devait sa couronne. L'une des causes de l'usurpation de Kesra avait été la tendance d'Izdedjerd à favoriser le christianisme. Cette disposition, en excitant la jalousie des mages, avait fomenté un mécontentement général, dont le compétiteur de Bahram avait profité. Aussi ce dernier suivit-il une ligne de conduite tout opposée à celle de son père, et son règne commença par une persécution sanglante : la persécution fit naître la guerre. Les chré-

---

(*) Il est difficile d'accorder que Mondhir Ier soit monté sur le trône, comme le pense M. de Sacy, vers l'an 430 de notre ère. Mirkhond et Tabari ne laissent aucun doute que Noman le Borgne n'eût déjà abdiqué en faveur de son fils Mondhir, lorsque Bahram s'empara de la couronne de Perse. Or, ce fait qui suivit de très-près l'avènement de Mondhir, se passa en 421, ce qui m'avait engagé d'abord à fixer le commencement du règne de ce roi de Hira vers l'an 420 après J. C. Mais je me suis rangé plus tard à l'avis de M. Caussin, dont les importants travaux sur l'histoire antéislamique méritent toute confiance, et qui a eu l'obligeance de me communiquer la liste chronologique qu'il a dressée des rois de Hira, ainsi que des princes de Ghassan.

tiens qui pouvaient échapper à la rigueur des édits allèrent chercher leur sûreté sur les terres de l'empire grec, et Théodose prit les armes pour les défendre. Les Romains s'étant portés vers l'Euphrate, Bahram, à ce que nous apprend l'historien Socrate (\*), demanda du secours aux Arabes de Hira. Mondhir vint à la tête d'une cavalerie nombreuse se ranger sous les ordres du monarque persan, lui promettant de pénétrer jusque dans le cœur de la Syrie et de s'emparer d'Antioche en quelques jours. Il partit aussitôt avec l'agrément de son suzerain, et déjà ses nombreux escadrons s'avançaient en remontant les bords de l'Euphrate, lorsque, frappés d'une terreur panique, ils s'imaginèrent que l'armée romaine allait fondre sur eux. Aussitôt chefs, soldats, fantassins, cavaliers se pressent et se renversent; ils veulent traverser le fleuve pour échapper plus promptement au danger, et dans la confusion, hommes et chevaux sont entraînés par le courant. Pas un n'atteignit l'autre bord : s'il faut en croire Socrate, cent mille Sarrasins trouvèrent la mort dans les flots de l'Euphrate; Aboulfaradj, dans sa chronique syriaque, porte le nombre des morts à soixante-dix mille.

La guerre continua l'année suivante, et, dès les premiers combats, Avitianus, l'un des généraux grecs, acheva de détruire dans la Mésopotamie les corps d'Arabes qui étaient venus renforcer l'armée persane. Ces succès semblaient promettre aux Romains une campagne glorieuse; cependant Théodose préféra la paix. Le roi de Perse qui, à la même époque, était obligé de s'opposer aux progrès des Turks ou des Huns, dont le chef venait de passer le Djihoun à la tête d'une armée puissante (\*\*), conclut à Ctésiphon une trêve de cent années. On était convenu que le roi laisserait aux chrétiens la liberté de leur culte; mais cet article ne fut pas fidèlement observé, et la persécution continua, quoique avec moins de fureur, pendant tout le règne de Bahram.

Mondhir I$^{er}$, après un long règne, mourut en 462 : il eut pour successeurs Noman II, son fils, qui régna sept ans; puis Aswad, son second fils, qui en régna dix; et après celui-ci Mondhir II, frère d'Aswad. Probablement l'état d'anéantissement où les tribus de Hira se trouvaient réduites par les revers qu'elles avaient éprouvés dans la guerre contre les Romains, s'opposait à des invasions nouvelles. Nous n'avons du moins que bien peu de renseignements sur les règnes d'Aswad et de son frère. Un des plus anciens monuments de la poésie arabe nous prouve cependant que sous le règne d'Aswad, il y avait eu entre les Ghassanides et les rois de Hira quelques-unes de ces expéditions rendues plus sanglantes par l'esprit de rivalité qui régnait entre ces tribus. Ce sont des vers adressés à Aswad, par un de ses cousins nommé Abou-Adina, et par lesquels il engage ce prince à ne pas faire grâce de la vie aux chefs de l'armée de Ghassan, que le sort des armes avait fait tomber entre ses mains. Ces vers respirent à la fois l'enthousiasme de la victoire et la cruauté inspirée par des haines implacables. Il ne sera pas hors de propos de les citer comme document contemporain sur une époque bien peu connue : « L'homme « n'obtient pas tous les jours l'objet « de ses vœux; tous les jours le destin « ne lui accorde pas si libéralement ses « faveurs. L'homme prudent est celui « qui, quand l'occasion se présente, « n'attend pas que la corde à laquelle « il peut s'attacher vienne à se rompre; et à celui-là, entre tous les habitants de la terre, convient éminemment le titre de juste, qui fait « avaler à ses ennemis la coupe dont « il a bu le premier. Il n'est point injuste à leur égard celui qui les frappe « du tranchant de l'épée, dont avant « eux il a reçu lui-même les premiers « coups. L'indulgence est une vertu, « mais non entre des égaux : quiconque

---

(\*) Socrate, liv. VII, chap. 18.
(\*\*) Voyez une note de M. de Saint-Martin, *Histoire du Bas-Empire*, t. V, p. 498, et t. IV, p. 251.

« ose dire le contraire est un menteur.
« Tu as fait périr Amrou, et tu vou-
« drais sauver Yézid. Le dessein que
« tu as conçu sera une source féconde
« de guerres et de calamités. Garde-
« toi de lâcher une vipère après lui
« avoir coupé la queue; si tu es sage,
« qu'un même sort enveloppe et la
« queue et la tête. Ils ont tiré l'épée :
« que l'épée les coupe en morceaux ;
« ils ont allumé du feu : que le feu
« leur serve de pâture. Si tu leur par-
« donnes, on ne verra pas dans ta con-
« duite un acte de clémence, mais un
« trait de pusillanimité. Plutôt que tu
« leur accordasses une telle impunité,
« il eût mieux valu que la fuite les eût
« dérobés à ton pouvoir : mais ils au-
« raient eu honte de fuir devant un
« homme tel que toi. Ils sont la fleur
« de Ghassan, les rejetons d'une race
« illustre : qu'ils aient aspiré à l'em-
« pire, il n'y a pas de raison de s'en
« étonner. Ils nous offrent une ran-
« çon ; ils nous vantent leurs chevaux
« et leurs chameaux, dignes de l'admi-
« ration des Arabes et des barbares :
« mais, quoi! ils ont tiré le plus pur
« de notre sang, et tu ne tirerais
« d'eux que des flots de lait (*). »

Mondhir II, qui avait occupé le trône environ depuis l'an 491 jusqu'à l'an 498, laissa le commandement à Noman, troisième du nom, son neveu. Ce prince, dont il n'est question ni dans Aboulféda ni dans Ebn-Kotaïba, n'a pas été porté sur la liste que M. de Sacy a dressée des souverains de Hira ; mais Hamza (**) assure positivement que Noman III, fils d'Aswad, succéda à son oncle Mondhir ; et le témoignage de ce chroniqueur arabe se trouve confirmé par celui des auteurs grecs ou syriens, qui lui font jouer le même rôle que les historiens orientaux attribuent aux rois de Hira, c'est-à-dire d'être le chef de toutes les tribus arabes alliées du roi de Perse. Vers l'an 498, dit Évagrius (*), les Arabes ou Sarrasins scénites, ainsi nommés par les Grecs parce qu'ils campaient sous des tentes des deux côtés de l'Euphrate, firent des courses dans toute la Mésopotamie, les deux Phénicies et la Palestine. Non contents de brûler les villages et d'inquiéter les villes, ils allaient jusque dans les déserts renverser les cellules des cénobites que la religion avait séparés du monde, et emmenaient captifs tous ceux qu'ils pouvaient surprendre. Eugène, guerrier actif et intrépide qui commandait dans la Syrie euphratésienne, se mit à leur poursuite, les atteignit près de Bithrapse, qui est, selon les apparences, la même ville que Bir ou Birtha, à l'orient de l'Euphrate, non loin d'Hiérapolis, et les défit complétement dans une bataille.

Cependant, vers l'an 485 de J. C., Cobad, fils de Firouz, était monté sur le trône de Perse. Après de longues dissensions occasionnées par le schisme d'un mage nommé Mazdak, Cobad, sentant le besoin de porter au dehors l'agitation qui s'était manifestée à l'intérieur, déclara la guerre à l'empereur Anastase, et réclama le secours des Arabes de Hira. Il avait fait avec eux, peu d'années auparavant, une alliance, en faveur de laquelle ils s'étaient engagés à lui fournir des troupes contre les Romains (**). Cobad se porta avec une partie de ses forces, au nombre desquelles se trouvaient les tribus arabes de l'Euphrate, vers la ville d'Amid, dont il forma le siége. Dès les premiers mouvements du prince persan, Anastase lui avait envoyé un ambassadeur chargé de lui offrir une somme d'argent considérable s'il voulait se retirer dans ses États; Cobad, pour toute réponse, fit mettre l'envoyé aux fers, et chargea Noman, le roi de Hira, de ravager le pays de Harran. Ce prince fut d'abord battu par les généraux grecs; mais, tandis que ceux-ci partageaient les dépouilles

---

(*) Voy. *Mon. vetust. arab.* ed. Schultens, p. 57, et les Mémoires de l'Académie des inscriptions, t. L, p. 371-372.

(**) *Hist. præcip. arab. regn.* Rasmussen, p. 10.

(*) Évag., liv. III, chap. 36.

(**) Josué Stylites, *ap.* Assem. Bibl. orient., t. I<sup>er</sup>.

qu'ils lui avaient enlevées, il revint sur ses pas, les surprit, et les battit à son tour à Telbesme, village près de Constantine (*) ou Antoninopolis. Noman ravagea ensuite tout le pays entre Harran et Édesse; mais, n'ayant osé attaquer aucune de ces deux villes, il se contenta de piller les environs, et revint au camp du roi de Perse, devant Amid, avec plus de 18,000 prisonniers. Malgré la vigoureuse résistance des habitants, la ville d'Amid fut prise au moment où l'empereur grec rassemblait, pour la secourir, une nombreuse armée, dont il avait confié le commandement à ses meilleurs généraux. Lorque l'armée romaine passa l'Euphrate, Cobad était campé près de Nisibe; là il fut harcelé sans cesse par les Grecs, et, après avoir perdu, dans diverses rencontres, une partie de ses troupes, il fut obligé de s'éloigner pour aller chercher des renforts. Il en reçut bientôt : c'étaient des Perses, des Huns, et des Arabes de Hira. On était alors au mois de juillet de l'année 503. A l'aide de ces troupes nouvelles, Cobad reprit l'offensive et s'avança de nouveau vers Nisibe. Il était précédé dans sa marche par un corps d'éclaireurs commandés par Noman; ce corps fut attaqué et détruit par les généraux grecs. Noman, mortellement blessé, parvint à s'échapper du champ de bataille, et alla porter la nouvelle de cette défaite à Cobad. Aussitôt, le roi, redoublant de vitesse, accourut avec toute sa cavalerie. Les Grecs, surpris dans l'ivresse du triomphe, furent défaits complétement. De toute cette grande armée, il n'échappa presque que les deux généraux, qui prirent la fuite les premiers; et Noman, par sa présence d'esprit, porta ainsi un coup fatal à la puissance de l'empire grec.

(*) Cette ville, nommée Tela ou la Colline par les Syriens, et Antoninopolis par les Romains, avait reçu l'appellation de Constantine, après avoir été réparée et agrandie par Constance, en 350. Elle était située, d'après Théophanes, p. 124, à 57 stades à l'occident de Nisibe, et à pareille distance d'Amid, au nord.

Cependant le roi de Hira, irrité de sa blessure, et particulièrement animé contre les Arabes Thaalebites (*), qui combattaient dans les rangs des Romains, pressait Cobad d'attaquer Édesse. La prise de cette place entraînait celle de toutes les autres et rendait les Perses maîtres de la Mésopotamie entière. Cobad, qui avait eu de la peine à s'y déterminer, tant il regardait cette ville comme bien protégée par son enceinte et sa garnison, fit proposer au gouverneur une conférence pour traiter de la paix. L'entrevue eut lieu en effet; mais, comme le roi demandait 10,000 livres d'or pour lever le siège, et que le gouverneur n'en offrait que 7,000, elle n'eut pas de résultat. Dans ce même temps, Noman mourut de sa blessure, et sa mort détermina Cobad à lever le siège. Josué Stylites place la mort de Noman avant cette époque, lorsque Cobad se dirigeait vers Tela ou Constantine; il nous dit aussi que le monarque donna à l'instant un autre roi aux Arabes de Hira, et ce nouveau chef, d'après Hamza, se nommait Abou-Djafar-Alcama-Dhomyali. Resterait donc à décider si ces deux chefs, Noman et Alcama, n'étaient pas plutôt des généraux chargés de commander les Arabes de Hira au service de la Perse, tandis que la race royale des Lachmites gardait le souverain pouvoir dans la capitale. Cette opinion a été émise par M. de Sacy, dans le compte qu'il a rendu de l'*Essai sur l'histoire des rois de Hira*, par M. Eichhorn (**). Cependant le témoignage de Hamza d'Ispahan, dont le texte a été publié, en 1817, par M. Rasmussen, semble prouver que Noman III et son successeur Alcama régnèrent en souverains sur la ville et la province de Hira.

La guerre des Perses contre les Romains avait été, pour les tribus arabes de la Syrie et de la Mésopotamie, un

(*) Josué Stylites, *ap.* Assemani, t. I$^{er}$, p. 276.

(**) Voy. Mines de l'Orient, t. III, et Magasin encyclopédique, année 1815, t. II.

signal de pillage et de dévastations. Dans les premières années du sixième siècle, les Arabes, vassaux de l'empereur grec, tels que les Benou-Thaleb, s'étaient jetés sur les terres des rois de Hira, enlevant les troupeaux, tuant les bergers, obligeant la tribu entière de s'enfuir au fond du désert. Mondhir III, fils et successeur d'Amrouleaïs III, qui, étant fort âgé, avait succédé lui-même à Alcama, vers l'an de J. C. 505, se signalait, de son côté, par ses expéditions aventureuses. Non content de ravager les parties de la Mésopotamie qui dépendaient de l'empire grec, il passait souvent l'Euphrate, brûlait les villages, pillait les campagnes, et ne rentrait jamais dans sa capitale qu'escorté d'un nombreux cortége de captifs. Il était monté sur le trône vers l'an de J. C. 513, et, pendant près de cinquante ans qu'il commanda aux Arabes de Hira, il fut, pour l'empire grec, un obstacle sérieux, pour la Perse, un allié très-utile. « Les ennemis ne pouvaient jamais le joindre quand ils étaient en force, nous dit Procope, car il était « toujours parfaitement informé de « leur marche, et il mettait tant de « promptitude dans ses expéditions, « qu'il revenait chargé de butin avant « qu'on eût le moindre soupçon de « ses mouvements. Si, parfois, il rencontrait quelque corps de troupes « envoyé à sa recherche, il fondait « sur lui avant qu'il eût pu se reconnaître et le mettait en déroute. » Un jour, il fit prisonniers tous ceux qui le poursuivaient, chefs et soldats. Justin lui envoya, à cette occasion, un ambassadeur nommé Abraham fils d'Euphrasius, chargé d'obtenir la délivrance des deux généraux, Timostrate et Jean, qu'il retenait prisonniers à sa cour. « Enfin, ajoute Procope, ce fut l'ennemi le plus redoutable qu'aient eu les Romains. « Exerçant une autorité souveraine sur « les Sarrasins, vassaux de la Perse, « il faisait irruption de tous côtés sur « nos terres, et personne ne pouvait « lui résister, soit parmi nos généraux grecs, qu'on appelait ducs, « soit parmi ceux qui commandaient « à nos Arabes, et qu'on appelait phylarques. Parmi ces derniers, Harith, « fils de Djabala, avait reçu de Justinien le titre de roi, afin qu'il pût « jouir d'une autorité plus complète; « mais soit que Harith trahît les intérêts des Romains ou qu'il ne fût pas « secondé par la fortune, comme son « rival, il était battu en toute rencontre (*). »

Quelques historiens du Bas-Empire ont prétendu que Mondhir III s'était fait instruire dans les principes du christianisme, et qu'ayant trouvé cette religion plus raisonnable que celle de ses pères, il avait reçu le baptême. Ce fait est assez obscur, et probablement il se rapporte plutôt à Mondhir II; du moins il paraît certain que Mondhir III, loin de professer le christianisme, était plutôt disposé à persécuter les chrétiens. Tandis qu'Abraham, fils d'Euphrasius, se trouvait à sa cour, en 424, pour y négocier, ainsi que nous l'avons dit, la liberté de Jean et de Timostrate, tombés par le droit de la guerre au pouvoir du prince arabe, Mondhir reçut une lettre du roi himyarite Dhou-Nowas, dans laquelle ce prince lui rendait compte du massacre qu'il avait fait des chrétiens à Nedjran, en lui donnant le conseil de suivre son exemple. Mondhir y semblait assez disposé; mais lorsqu'il exhorta ceux de ses soldats qui étaient chrétiens à renoncer à leur religion, un de ses plus braves officiers sortit des rangs, et lui dit : « Songe que « nous étions chrétiens avant d'être « tes sujets. Je ne sais ce que pensent « mes camarades; pour moi je n'ai « appris à craindre qui que ce soit. Je « ne connais personne assez puissant « sur la terre pour me forcer à croire « ce que je ne crois pas, ou à déguiser ce que je crois; et, s'il faut en « venir aux effets, je ne pense pas « qu'il y ait d'épée plus longue que la « mienne. » Mondhir jugeant, d'après une réponse si ferme, des obstacles

(*) Voy. Procope, de Bello Persico, liv. 1er, chap. 17, dernier paragraphe.

ARABIE.

Temple de la Mecque.

sérieux que rencontreraient ses projets, y renonça sur-le-champ (*).

A l'avénement de Justinien au trône de Constantinople, ce prince avait cherché à opposer aux Perses, qui n'avaient pas voulu accepter la paix, le plus habile de ses généraux. En conséquence, il avait appelé Bélisaire au commandement des troupes de l'Orient. Ce chef justifia la confiance de son maître, et ses premières campagnes furent fatales à Cobad, dont les troupes avaient été battues presque sur tous les points. Mondhir lui-même, poursuivi par Harith, fut forcé de s'enfuir dans le grand désert d'Arabie où les armes romaines n'avaient jamais pénétré. Son camp fut pillé : il était plein des dépouilles de la Syrie dont les Romains s'emparèrent, ainsi que de tous les prisonniers qu'il emmenait avec lui. Lorsqu'ils furent retournés en Syrie, Mondhir, furieux, rassembla tous les captifs qu'il avait pris dans ses courses précédentes, leur annonça qu'il voulait se venger des pertes qu'il venait de subir, et fit couper la tête à quelques-uns d'entre eux ; les autres, remplis de frayeur, demandèrent en grâce quelque délai pour faire venir une rançon qui le dédommagerait de la perte de son butin. Le chef d'une tribu d'Arabes, auquel Malala donne le nom de Taizanès, eut assez d'humanité pour se porter leur caution. Mondhir leur accorda deux mois de sursis. Aussitôt ils dépêchèrent à Antioche quelques envoyés chargés d'exposer la triste situation où ils se trouvaient. Leur requête, lue publiquement à l'église, tira des larmes de tous les yeux. Patriarche, clergé, magistrats, officiers, chacun voulut contribuer selon ses moyens, et, avant l'époque fixée, Mondhir recevant la rançon promise, les rendait à la liberté (**).

(*) Voy. la lettre syriaque de Siméon, évêque de Beth-Arsam; Assemani, Bibliot. orient., t. I$^{er}$, p. 364, et les Actes des martyrs arabes de Métaphraste. Voyez aussi l'Histoire du Bas-Empire, annotée par M. de Saint-Martin, t. VIII, p. 58.

(**) Voy. Chronique de Malala, part. II, p. 165 à 166.

Cependant le roi de Hira, de retour dans ses États, se rendit auprès de Cobad, qui semblait avoir perdu courage : « Prince, lui dit l'Arabe, les « armes sont journalières, mais le ju- « gement et l'adresse doivent leur ve- « nir en aide. Jamais les places de la « Mésopotamie n'ont été mieux appro- « visionnées et défendues par de plus « puissantes garnisons. La Syrie, au « contraire, est dégarnie de troupes ; « c'est en Syrie qu'il faut vous rendre. « Si vous attaquez à l'improviste « Antioche, que sa grandeur, ses ri- « chesses, le nombre de ses habitants « rendent, en ce pays, le boulevard « de la puissance romaine, vous l'au- « rez prise avant que les ennemis « aient songé à la possibilité d'une « telle attaque. Ne craignez ni la lon- « gueur de la route, ni de manquer « de provisions, mes Arabes sauront « vous guider par la voie la plus courte « et la plus sûre (*). » Cobad, encouragé par ces conseils, confia à Mondhir la conduite de l'armée. Les Perses passèrent l'Euphrate en Assyrie et remontèrent le long du fleuve vers la Commagène. Bélisaire, qui était en Mésopotamie, vers Nisibe, rassembla ses troupes, passa l'Euphrate à Samosate, et marcha à la rencontre des ennemis. Ceux-ci, surpris de sa diligence, commencèrent à rétrograder, et, poursuivis de près, ne cherchèrent qu'à passer le fleuve. Content de leur retraite, Bélisaire n'aurait pas voulu tenter le sort des armes ; mais toute l'armée, officiers et soldats, brûlait d'en venir aux mains. Ce fut la veille de Pâques, 20 avril 531, que Bélisaire, cédant au vœu de ses troupes, attaqua l'armée des Perses. On se battit d'abord à coups de flèches, tandis que des cavaliers, s'avançant de part et d'autre entre les deux armées, engageaient des combats partiels. Noman, fils de Mondhir, fut tué dans une de ces escarmouches ; aussitôt son père, voulant le venger, ordonna l'attaque générale. Elle dura les deux tiers du

(*) Voy. Procope *de Bello Persico*, liv. I$^{er}$, chap. 17, § VI.

jour, et la victoire était encore indécise. Enfin, les plus braves des Perses s'étant réunis pour former un escadron, fondirent sur l'aile droite où était Harith avec ses Sarrasins; ceux-ci prirent si promptement la fuite qu'on put croire à la trahison. Cet événement décida du sort de la journée. Bélisaire ayant trouvé un bateau se retira dans une île du fleuve où un grand nombre de fuyards s'étaient sauvés à la nage. Cependant la victoire avait été chèrement achetée; les Perses perdirent autant de monde que les Romains (*).

La mort de Cobad suivit de près cet événement, et Mondhir continua, sous son successeur Kesra ou Cosroës, de porter la guerre sur le territoire de l'empire grec, qu'il ravageait sans cesse depuis l'Égypte jusqu'à l'Asie Mineure. On ne saurait citer d'exemple plus frappant du courage personnel des Arabes, et de leur habileté dans la guerre de partisans, que le rôle important joué par le roi d'une petite province, ou, pour mieux dire, par le chef d'une tribu, dans les longues luttes de deux monarques qui se partageaient alors l'empire du monde. On reconnaît, du reste, dans le récit des écrivains du Bas-Empire, qui viennent heureusement en aide à la sécheresse et à la concision des chroniques orientales, le système d'expéditions que les Arabes ont employé de tout temps dans leur guerre. Ils partaient au printemps d'un lieu soumis à leur puissance, désolaient les campagnes, ravageaient les moissons, enlevaient les bestiaux, emmenaient captifs les habitants dont ils pouvaient s'emparer, et revenaient chez eux mettre leur butin à l'abri. Leur soumission au suzerain n'était jamais complète; ils agissaient dans un esprit d'indépendance, et les grands services qu'ils rendaient pouvaient seuls faire excuser leur indiscipline.

Mondhir III régna pendant environ 49 ans, ou du moins il s'écoula

(*) Voyez Procope, *de Bello Persico*, liv. I, chap. XVIII.

environ un demi-siècle entre son avénement à la couronne et sa mort. Mais pendant cet intervalle, d'après ce que nous disent Hamza d'Ispahan et Aboulféda, il resta quelques années éloigné du trône. Cobad avait nommé à sa place, pour commander les Arabes de Hira, Harith-ben-Amrou-ben-Hodjr de la tribu de Kenda. La cause de cette disgrâce, dit Aboulféda, avait été l'éloignement du prince de Hira pour les principes religieux de Mazdac qu'avait adoptés le souverain de la Perse. Hamza attribue aussi l'élévation de Harith aux secours que lui accordèrent les Benou-Bekr, irrités contre les princes de Hira qui leur avaient fait une guerre cruelle. « Harith, ajoute cet historien, n'est pas compté parmi les souverains du pays, parce qu'il n'établit pas le siége de sa puissance à Hira, mais qu'il erra de côté et d'autre à la tête de ses partisans. » Cet Harith, de la tribu de Kenda, qui succéda pendant quelque temps à l'omnipotence de Mondhir dans l'Irak-Arabi, était grand-père du fameux poëte Amrou'l-Caïs, dont la vie aventureuse fut une suite de revers et de triomphes, ainsi que nous le verrons plus tard, et qui fut persécuté par Mondhir, désireux peut-être de venger sur le petit-fils l'usurpation de l'aïeul.

C'est dans une expédition contre les Ghassanides que périt Mondhir III, dont le long règne est une des époques les plus glorieuses du royaume de Hira. Il était en marche vers l'ennemi, et près de l'atteindre, lorsqu'un homme de sa suite, Schamar, fils d'Amrou, issu de la tribu des Benou-Bekr par son père, mais appartenant par sa mère aux princes de Ghassan, quitta le camp de Mondhir pour passer dans celui des Ghassanides. Harith, fils de Djabala, leur chef, effrayé du danger qui le menaçait, résolut d'avoir recours à la ruse : il choisit parmi ses troupes cent guerriers dont il était parfaitement sûr, puis, pour animer leur zèle, les fit oindre de parfums et revêtir de leurs armes par sa propre fille Holeïma, qui était de la

ARABIE.

Attitudes d'un Musulman pendant la Prière appelée Namaz.

plus grande beauté. Ils partirent ensuite pour le camp de Mondhir, cachant leurs projets hostiles sous une apparence de soumission. Admis en présence du prince de Hira, comme messagers de paix entre les deux royaumes, ils lui firent part des intentions pacifiques de leur maître et lui demandèrent de fixer le tribut auquel ils devaient se soumettre. C'est après être ainsi parvenus à endormir la vigilance de Mondhir qu'ils saisirent un moment favorable et le mirent à mort (*).

Mondhir eut pour successeur son fils Amrou, appelé par les chroniqueurs Amrou fils de Hind, du nom de sa mère, fille d'Amrou-ben-Hodjr de la tribu de Kenda. C'était un prince doué d'un instinct guerrier, nous dit Hamza : il porta la guerre chez les Benou-Temim pour venger la mort d'un de ses frères, nommé Saad, qui avait été tué par un homme de cette tribu, chez laquelle il avait été élevé. La vengeance d'Amrou fut cruelle : il s'empara de 99 prisonniers, et, pour compléter le nombre de cent, fit jeter avec eux, dans un énorme brasier, Omar, fils de Dakhr, de la tribu des Benou-Baradjem, qui se rendait auprès de lui. Ces terribles représailles lui valurent le surnom de *Moharrek* ou du brûleur. C'est lui qui fut choisi pour arbitre par les tribus de Bekr et de Taghlib, dans la guerre connue sous le nom de guerre de Baçous, et dont nous parlerons plus tard. Deux poëtes fameux à la fois par leur courage et leur éloquence, Harith-ben-Hilliza et Amrou-ben-Kelthoum, furent choisis pour être chacun l'interprète de leur tribu. Harith obtint l'avantage sur son adversaire. Plus modéré dans ses expressions, plus réservé dans les reproches qu'il adressait aux ennemis de sa tribu, il sut vanter dignement les exploits de Mondhir III, père d'Amrou, et rappeler que les enfants de Bekr avaient vengé la mort de ce prince sur le roi de Ghassan, son meurtrier (*). Peu de temps après ce combat d'éloquence, Amrou, fils de Hind, fut tué par Amrou-ben-Kelthoum, à propos d'une querelle de préséance qui s'était élevée entre leurs mères. Il avait régné environ douze ans, et c'est dans la neuvième année de son règne, c'est-à-dire en 571, que Mahomet était né à la Mecque.

Kabous succéda à son frère; il n'occupa le trône que pendant quatre années : encore ses droits au titre de roi lui sont-ils contestés par quelques chroniqueurs. Les uns le représentent comme doué d'un extérieur agréable et de manières tellement engageantes qu'elles lui avaient valu le surnom de *séducteur des femmes*; d'autres assurent, au contraire, qu'il était d'une constitution maladive et d'un aspect repoussant. Il fut tué par un homme de la tribu des Benou-Bekr; événement à la suite duquel un lieutenant du roi de Perse, Cosroës-Anouscherwan, occupa le trône par intérim (**). Toutefois, au bout d'un an, Mondhir IV, troisième fils de Mondhir III et frère de Kabous, reprit l'exercice du pouvoir royal qui lui appartenait par droit de naissance; mais il ne l'exerça que pendant trois ans, et fut tué dans une guerre contre les Ghassanides, au lieu appelé Ayn-Obagh.

Son fils Noman, cinquième du nom, reçut l'investiture du roi de Perse, dont les princes de Hira, ainsi que nous l'avons déjà dit, n'étaient pour ainsi dire que les vassaux. C'était à la prière d'Adi, fils de Zeïd, puissant à la cour de Cosroës, que Noman avait dû de succéder sans contestation à l'autorité exercée par son père; aussi le reçut-il à sa cour, lorsqu'il s'y rendit, avec les plus grands honneurs. Hamza prétend même qu'Adi, qui était chrétien, parvint à convertir Noman à la suite d'une promenade faite au milieu des tombeaux qui bordaient l'Euphrate

---

(*) Voyez Meïdani, au proverbe : *Tout le monde connaît la journée de Holeïma.*

(*) Voyez *the Moallak. By W. Jones*; et les Mém. de l'Ac. des inscript., t. L, p. 390.

(**) Voyez Hamza, éd. par Rasmussen, p. 15.

hors de la porte de Hira, promenade pendant laquelle il l'avait convaincu du néant des choses d'ici-bas. Quoi qu'il en soit, la reconnaissance que Noman témoignait à son protecteur ne fut pas de longue durée. Excité par quelques courtisans envieux de la faveur dont jouissait Adi, il conçut contre lui des soupçons, le fit emprisonner, et bientôt le fit mettre à mort dans sa prison (*). Cette mort ne resta pas sans vengeance: Amrou, fils d'Adi, qui avait hérité de l'amitié que le roi de Perse avait eue pour son père, sut exciter la colère de ce prince contre Noman. Celui-ci, effrayé des conséquences que pouvait avoir pour lui le déplaisir de Cosroës, chercha son salut dans la fuite. Dès lors il ne fit plus qu'errer de tribu en tribu, ne trouvant nulle part d'asile assuré contre la toute-puissance du monarque qu'il avait irrité. Fatigué de cette vie précaire, et se rendant aux conseils de sa femme, il alla implorer son pardon à la cour du roi de Perse; mais Cosroës offensé pardonnait rarement: il fit jeter Noman dans un cachot, et l'y laissa périr lentement; d'autres prétendent qu'il le fit écraser sous les pieds de ses éléphants.

Iyas, fils de Cabiça, de la tribu des Benou-Tay, fut nommé, par le monarque persan, roi de Hira, et reçut l'ordre de s'emparer de tout ce qui avait appartenu à son prédécesseur. Parmi les dépouilles les plus précieuses de Noman se trouvaient toutes ses armes, consistant en huit cents cottes de mailles, plus un nombre infini de lances et de sabres. Ce dépôt précieux avait été confié par lui, avant son départ pour la Perse, à Hani, de la tribu des Benou-Bekr.

Ce chef intrépide refusa de livrer les armes placées sous sa sauvegarde, et son refus devint la cause d'une guerre acharnée entre la tribu des Benou-Bekr, qui tous avaient pris parti pour leur frère, et le puissant empereur de la Perse. Ce fut à Dhou-Kar, lieu situé sur les confins du désert et de l'Irak, que les troupes de Cosroës atteignirent les Bekrides. Attaqués par des forces supérieures, mais forts de leur bon droit, et voulant, au péril de leur vie, rester fidèles à la religion du serment, les Benou-Bekr renoncèrent à fuir. Handhalah, fils de Thalabah, pour anéantir chez les siens toute pensée de retraite, coupa les sangles qui retenaient les litières des femmes sur le dos des chameaux : « Il ne reste plus à chacun de nous d'autre parti à prendre, s'écria-t-il alors, que celui de combattre pour la femme qu'il aime. » Sept cents guerriers coupaient en même temps les manches de leur caftan, afin que, les bras nus jusqu'à l'épaule, ils eussent les mouvements plus libres. L'aile droite des Benou-Bekr était commandée par Yezid des Benou-Schayban ; l'aile gauche par Handhalah, fils de Thalabah; le centre par Hani, fils de Cabiça, le gardien fidèle des armes de Noman.

Peu de combats sont restés plus célèbres dans les traditions arabes que celui de Dhou-Kar. Les Persans, unis aux troupes du nouveau roi de Hira, formaient une armée imposante; mais elle ne put résister à l'attaque furieuse des Bekrides. Après une vaillante défense, elle fut mise en déroute et poursuivie jusque dans l'Irak méridional par les vainqueurs. Iyas, le roi de Hira, n'échappa à la mort que grâce à la vitesse de sa jument favorite, nommée *Hamamah*, ou la colombe. Elle le porta hors de tout péril, et il fut le premier qui vint porter à Cosroës des nouvelles du combat. Là un nouveau danger l'attendait : c'était la coutume de Cosroës de faire couper le bras à partir de l'articulation de l'épaule à quiconque venait lui annoncer une défaite. Connaissant cette cruelle pratique, Iyas parut devant le monarque, le visage riant et l'air triomphateur. « Nous avons vaincu, lui dit-il; les Bekrides sont en fuite, et nous t'amenons leurs filles captives. » Ravi

---

(*) Voyez, sur les détails de la mort d'Adi, fils de Zeïd, le mémoire sur le Kitab-el-Aghani, inséré par M. Étienne Quatremère dans le *Journal asiatique*, 3ᵉ série, t. VI, p. 477 et suiv.

d'un succès qu'il avait ardemment désiré, le roi de Perse fit le plus gracieux accueil au porteur d'une si bonne nouvelle, et le combla de présents; mais Iyas, aussi prudent qu'il était rusé, allégua, comme prétexte de quitter la cour, une prétendue maladie de son frère, et obtint facilement un congé dont il se hâta de profiter. Peu d'heures après, arrivait à la cour de Perse un homme de Hira, témoin de la défaite qu'avaient éprouvée les Persans. Il crut devoir demander, par prudence, si le prince avait déjà reçu des nouvelles de l'armée, et ayant appris qu'Iyas l'avait entretenu pendant longtemps, il se présenta sans crainte, espérant que la colère produite par la nouvelle de la victoire des Benou-Bekr était épuisée. Loin de là, car il fut le premier à révéler au monarque la honte de ses armes, et paya de sa vie sa malencontreuse véracité (*).

*Tableau chronologique des rois de Hira.*

| | |
|---|---|
| Malek, fils de Fahm, fonde le royaume de Hira. | 195 |
| Djodhaïma lui succède. | 215 |
| Adi, fils de Rebia, est envoyé à Hira sous Sapor I$^{er}$. | |
| Il épouse la sœur de Djodhaïma. | |
| Amrou, fils d'Adi, succède à Djodhaïma. | 268 |
| Amrou'l-Caïs I$^{er}$, son fils. | 288 |
| Amrou II, fils d'Amrou'l-Caïs. | 338 |
| Aus, fils de Kallam. | 363 |
| Amrou'l-Caïs II surnommé El-Mouharrik, son fils. | 368 |
| Noman le Borgne. | 390 |
| Abdication de Noman et commencement de Mondhir I$^{er}$, fils de Noman. | 418 |
| Noman II, fils de Mondhir I$^{er}$. | 462 |
| Aswad, fils de Mondhir I$^{er}$. | 471 |
| Mondhir II, frère d'Aswad. | 491 |
| Noman III, fils d'Aswad, neveu de Mondhir II. | 498 |
| Abou-Djafar-Alkamah. | 503 |
| Amrou'l-Caïs III. | 505 |
| Mondhir III. | 513 |
| Amrou, fils de Hind. | 562 |
| Cabous, son frère. | 574 |
| Zeïd gouverne par intérim. | 579 |
| Mondhir IV, frère d'Amrou et fils de Mondhir III. | 580 |
| Noman V, Abou-Cabous, fils de Mondhir IV. | 583 |
| Iyas, fils de Cabiça. | 605 |

### Rois de Ghassan et autres tribus indépendantes.

Le troisième État dont nous ayons à nous occuper dans l'histoire des Arabes avant l'islamisme, est celui des Ghassanides ou rois de Ghassan, nom sous lequel plusieurs historiens ont compris d'une manière générale les souverains arabes établis au sud-est de Damas, et qui, sous l'autorité des empereurs romains, gouvernaient les tribus fixées dans cette partie de la Syrie. Il y a toutefois une distinction à faire entre ceux de ces chefs dont le règne fut antérieur à l'arrivée de la colonie sortie du Yémen avec Amrou-ben-Amer, et ceux qui régnèrent depuis la venue des familles émigrées. Ces derniers seuls ont porté le nom de Ghassanides, qui ne saurait être donné aux premiers souverains, ou phylarques, comme les appelaient les Grecs, qui ont gouverné les Arabes de Syrie.

« Les rois de Ghassan, dit Aboulféda, « étaient comme les lieutenants des « Césars, et gouvernaient sous leur au- « torité les Arabes de la Syrie. La fa- « mille de Ghassan tire son origine du « Yémen. Elle descend de la tribu des « Azdites : ces Arabes ayant quitté le « Yémen à l'occasion de l'inondation « des digues, vinrent camper près « d'une citerne dans la Syrie. On ap- « pelait cette eau *ghassan*, et on leur « donna son nom. Avant eux, il y avait « dans la Syrie des Arabes qu'on nom- « mait Dhadjaïma, de la race de Salih « Les Ghassanides chassèrent les en- « fants de Salih, tuèrent leurs rois, et « régnèrent à leur place. Le premier des « rois de Ghassan fut Djofna, fils d'Am- « rou, fils de Thalaba, fils d'Amrou- « Mozaïkia. Le royaume de Ghassan « commença 400 ans et plus avant « l'islamisme. Il y en a qui lui donnent « une plus haute antiquité. » Hamza et

---

(*) Voyez la troisième lettre sur l'Histoire des Arabes avant l'islamisme, par M. Fulgence Fresnel, *Journal asiatique*, troisième série, t. V, p. 513 et suiv.

Masoudi ajoutent à ces détails que lorsque la tribu des Benou-Salih était venue s'établir en Syrie, elle y avait déjà trouvé une race de rois de la famille de Tenoukh. Ces rois furent vaincus par les Benou-Salih, qui embrassèrent le christianisme, et méritèrent ainsi d'être choisis par les Romains pour gouverner les nombreuses tribus arabes répandues dans le pays. Lorsque plus tard les familles émigrées avec Amrou-ben-Amer parvinrent en Syrie, elles y trouvèrent, ainsi que nous l'a dit Aboulféda, les Benou-Salih en possession du pouvoir. Ces derniers, ne voyant pas sans jalousie les Ghassanides se fixer sur leur territoire, voulurent leur imposer un tribut, auquel les Yémanites se refusèrent; mais ayant succombé dans la lutte qui s'éleva à cette occasion, ils furent obligés de se soumettre. Plus tard, leur nombre augmenta, et ils résolurent de secouer le joug. Un de leurs chefs, nommé Djoda, fils d'Amrou, fit faire une épée d'or massif; puis se rendit auprès de l'officier chargé de recueillir l'impôt. « Voilà, dit-il, la quantité d'or qui nous est demandée. » Au moment où l'Arabe de Salih s'avançait pour recevoir le tribut sous cette forme nouvelle, le Ghassanide lui plongea l'épée dans le cœur (*). Tel fut le signal de la révolte qui porta au pouvoir les Arabes de Ghassan. Ce ne fut pas Djoda, toutefois, qui profita de l'affranchissement que son audace avait acquis à sa famille : les Ghassanides reconnurent pour chef un de ses frères, nommé Thalaba, fils d'Amrou, fils de Moudjalid. A la mort de ce dernier, Djoda s'attendait à recueillir à la fois la succession d'un frère et le prix dû à son courage. Cependant Thalaba, fils d'Amrou, fils de Djofna, le petit-fils du chef qui avait guidé les Arabes vers la Syrie, lui fut préféré. Mécontent de ce double échec, Djoda s'unit à la famille d'Aus et de Khasradj, tous deux fils de Hauth, et arrière-petits-fils d'Amrou-Mozaïkia, pour quitter une tribu qu'il accusait d'ingratitude. Ils allèrent s'établir sur le territoire de Médine, qui portait encore le nom de Iathreb. C'était environ vers l'année 205 avant Jésus-Christ que les émigrés du Yémen avaient quitté Batn-Marr, et ce fut seulement vers l'an 300 que le petit-fils de Djofna, recevant l'investiture des Romains, prit, avec le titre de roi, le commandement des tribus de la Syrie.

Les princes ghassanides, depuis leur conversion au christianisme, n'ayant plus été que les lieutenants des Romains, qui les employaient comme troupes légères dans leurs guerres avec la Perse ou les autres tribus arabes, les écrivains orientaux nous ont encore laissé bien moins de détails sur eux que sur les princes du Yémen ou de Hira. Quelques listes de rois données par les chroniqueurs arabes, quelques passages des auteurs byzantins où figurent le nom des chefs qui combattaient pour Constantinople, tels sont les documents de leur histoire. Le nom d'Aretas, qui revient souvent chez les historiens du Bas-Empire, semble l'appellation générale que les Romains donnaient aux chefs des Arabes de Syrie : c'est la corruption du nom de Harith porté par plusieurs rois ghassanides, et dont on ne peut expliquer la suite, même d'après les chroniques orientales, sans supposer que quelques-uns de ces princes ont régné simultanément et que plusieurs d'entre eux indiqués sous d'autres noms ont été aussi désignés sous celui de Harith (*).

(*) Voyez Rasmussen, *Hist. præcip. arab. regn.* — *Notæ.*

(*) Le premier prince qui régna en Syrie est nommé, dans Pococke, Harith-ben-Amrou, puis aussi Ebn-Abi-Schamir. (Spec. hist. arab., p. 79.) Dans la vie du poëte Amroul'-Caïs (Kitab-el-Aghani, t. II, fol. 216 et suiv.), on voit un prince, nommé Harith-ben-Abi-Schamir-Ghassanide, tuer Amrou-ben-Hodjr, roi de Kenda, dont le fils, Harith, fut nommé, comme nous l'avons vu, vice-roi des Arabes, par Cobbad. Amrou'l-Caïs, fuyant les effets de la colère de Mondhir III, roi de Hira, est recommandé par le juif Samuel à un prince

On comprendra facilement, d'après ce que nous venons de dire, que l'histoire des rois de Ghassan doit être à peu près la contre-partie de celle des rois Harith-ben-Abi-Schamir, Ghassanide, qui favorise sa fuite auprès de l'empereur de Constantinople. Dans un autre passage du Kitab-el-Aghani (fol. 227, v°), on voit encore, relativement à une anecdote de la vie de Hassan-ben Thabet, qu'un prince, Harith-ben-Abi-Schamir, Ghassanide, régnait dans une partie de la Syrie, tandis que Djabala-ben-el-Aïham régnait sur l'autre. Enfin, lorsque le prophète, dans la septième année de l'hégire, envoya des députés à plusieurs souverains pour les convertir à l'islamisme, c'était un prince ghassanide, du nom de Harith-ben-Abi-Schamir, qui gouvernait les Arabes de Syrie. Voici la liste des princes ghassanides, telle que la donne Hamza d'Ispahan:

« Le premier prince qui régna sur les « Arabes de Syrie s'appelait Djofna; il de-« vait sa puissance à un empereur romain « nommé ........ Une fois établi sur le « trône, il fit périr les chefs des Benou-Kod-« haa, et soumit cette tribu, ainsi que les « Romains qui habitaient la Syrie. Il fonda « Halou, Karieh, et plusieurs autres forte-« resses. La durée de son règne fut de qua-« rante-cinq ans et trois mois. Il eut pour « successeur son fils Amrou, qui fit bâtir « plusieurs monastères, tels que Khaled, « Aïoub et Hanarah. Après un règne de « cinq années, Amrou laissa la couronne à « son fils Thalaba, qui fit bâtir Occa et « Sahr-el-Ghadir dans la province de Hau-« ran, non loin de Balka: il régna dix-sept « ans. Harith, fils de Thalaba, pendant un « règne de vingt années, ne fit aucune fon-« dation qui pût transmettre son nom à la « postérité. Il laissa la couronne à son fils « Djabala, qui régna dix ans, et construisit « El-Kenatir, El-Adrodj, El-Castel. Son fils « Harith lui succéda: il avait eu pour mère « Maria, fille d'Amrou, fils de Djofna: il « fixa sa résidence à Balka, où il bâtit El-« Hafir et Modha, entre Daâdjan, Casr-Abir « et Moâr. Son fils Mondhir-el-Acbar, qu'il « avait eu de sa femme Maria, monta sur le « trône après lui. Il fonda Harba et Wa-« raka, près d'El-Ghadir: son règne ne fut « que de trois ans. Il eut pour successeur « son frère Noman, qui régna quinze ans « et six mois; après celui-ci, son second « frère, Mondhir II, surnommé Abou-Scha-« mir, puis un quatrième frère, Djabala II, « qui fixa son séjour à Hareb, où il régna « trente-quatre ans, laissant en mourant les « rênes du gouvernement à son frère Aïham, « qui régna trois ans: c'est à ce prince « qu'est due la fondation des monastères « connus sous le nom de Dhakm, d'El-Ne-« bouah et de Saâf. Il eut pour successeur « le plus jeune de tous les frères, Amrou II, « qui fixa son séjour à Soudair, où il fit bâ-« tir Casr-el-Fadha, Dhafat-el-Adjilat et « Casr-Menar. Il régna seize ans et deux « mois. Djofna II, fils de Mondhir-el-Ac-« bar, succéda à ce prince: il fut surnommé « *Moharrek* (le brûleur), parce qu'il in-« cendia la ville de Hira. Des guerres con-« tinuelles le tinrent toute sa vie éloigné de « ses États; il régna trente ans: Noman II, « son frère cadet, hérita du trône après lui, « et ne l'occupa qu'un an. Il fut remplacé « par Noman III, fils d'Amrou, fils de « Mondhir, qui fonda Casr-el-Souïda et « Casr-Hareb. Son père n'a jamais régné, « mais il commanda souvent les Arabes de « Hira dans leurs expéditions guerrières. « Ses exploits ont été célébrés par le poëte « Nabegha. Djabala III, fils de Noman III, « monta sur le trône après lui. Il résidait « à Sofaïn; c'est lui qui, à la journée d'Aïn-« Obagh, mit à mort Mondhir III, roi de « Hira: il régna seize ans. Noman, fils d'Aï-« bam, occupa ensuite le trône pendant « vingt-deux ans, et eut pour successeur « son fils, également appelé Noman, qui, « pendant un règne de dix-huit ans, répara « complètement les citernes de Rosafa, « qui avaient été détruites par les Arabes « de Hira. Son fils Mondhir, qui lui suc-« céda, régna dix-neuf ans, et son frère Am-« rou trente-trois, sans rien entreprendre « qui mérite une mention particulière. « Hodjr, leur troisième frère, régna ensuite « douze ans, et eut pour successeur son « fils Harith, qui en régna vingt-six. Puis « Djabala, fils de ce dernier, occupa le trône « pendant dix-sept ans. Harith-ben-Djabala, « nommé aussi Ebn-Abi-Schamir, succéda à « Djabala son père: il fit une guerre meur-« trière aux Benou-Kenana, et régna onze « ans. Il avait fixé sa résidence à Djabia. « Son fils Noman, surnommé Catam, régna « trente-sept ans et trois mois. Il fonda Ma-« Asraf dans le Ghaur-el-Akça. Il a été cé-« lébré par Nabegha. Aïham, fils de Dja-« bala, petit-fils de Harith-ben-Abi-Schamir, « commanda pendant vingt-sept ans les tri-

de Hira : faire des razias sur les terres des rois de Perse, comme les princes lakmites en faisaient sur les possessions des empereurs de Constantinople, servir d'éclaireurs aux armées romaines pendant la guerre, ravager les plaines de l'Irak pour leur propre compte pendant la paix, telles devaient être les occupations de ces phylarques dont les Romains ne nous ont moins parlé que des princes de Hira, par cette raison que la vanité trouve plus de satisfaction à vanter le courage de l'ennemi vaincu que celui de l'allié qui nous a aidé à le vaincre. Les rois de Ghassan étaient donc les antagonistes naturels de ceux de Hira. Aboulféda dit qu'Aswad, suivant les uns, vainquit les rois de Ghassan, et que, suivant d'autres, il fut vaincu et tué. Ailleurs il dit que Djofna le Petit, roi de Ghassan, brûla la ville de Hira, et qu'en mémoire de cet exploit ses des-

« bus de Ghassan; il était seigneur de Pal-
« myre, de Casr-Barca, et de Dhat-Amar.

« Aïham eut pour successeur son frère,
« Mondhir, qui régna treize ans, puis son
« frère Sarahil, qui en régna vingt-cinq, et
« enfin un troisième frère, du nom d'Am-
« rou, qui mourut après dix années de rè-
« gne. Djabala, neveu d'Amrou et fils de
« Harith, monta sur le trône à la mort de
« son oncle. Il ne régna que quatre ans, et
« eut pour successeur Djabala, fils d'Aïham,
« le dernier roi des Ghassanides. C'est lui
« qui, après avoir embrassé l'islamisme,
« abjura sa religion, et, s'étant fait chrétien,
« se réfugia à la cour de Constantinople. » Voici, dit-on, la cause de cette conversion : Djabala, devenu musulman, avait fait avec Omar le pèlerinage de la Mecque. Comme il s'acquittait des tournées saintes que les pèlerins font en dehors de la Caaba, un Arabe marcha sur sa robe, et le fit trébucher. Djabala, furieux, donna un violent soufflet au maladroit, et Omar lui ayant fait les plus vifs reproches de son emportement, il se retira, plein de ressentiment, auprès de l'empereur Héraclius, à la cour duquel il se convertit au christianisme.

cendants avaient pris le nom de descendants du Brûleur. Nous avons vu dans Procope (*) que Harith ou Arétas, fils de Djabala, avait été mis par les Romains à la tête de toutes les forces arabes de l'empire grec. On espérait en augmentant sa puissance contre-balancer les succès de Mondhir III, dont le courage était si fatal aux Romains. Soit malheur ou timidité, Harith avait été vaincu, et Diomède, gouverneur de la Phénicie, mécontent de ce chef, l'avait obligé à sortir de la province. Mondhir le voyant ainsi abandonné de ses puissants alliés, l'attaqua avec avantage et le força de fuir, laissant à la merci des Arabes de Hira sa femme et ses enfants (**). La chronique de Malala ajoute même qu'Arétas fut tué, ce qui est peu d'accord avec le récit des autres auteurs, qui du reste sont assez ambigus. On pourrait supposer que cet Arétas, fils de Gabala, doit être Harith IV, El-Acbar, qui porta aussi le nom de Djabala III, et régna depuis l'an de Jésus-Christ 495 jusqu'en 529. Théophanes, qui est d'accord avec Malala pour attribuer le meurtre de Harith à Mondhir, place cet événement dans la seconde année du règne de Justinien, de Jésus-Christ 528 (***). Le royaume de Ghassan, comme celui de Hira, fut détruit dès les premières conquêtes de l'islamisme. Nous ne pouvons mieux faire, dans la pénurie de documents où nous sommes sur les souverains ghassanides, que de reproduire le tableau chronologique de leur avénement, dressé par M. Caussin de Perceval, et dont nous devons la communication à l'obligeance du savant professeur.

(*) Voyez plus haut les rois de Hira, p. 82.
(**) Voy. Malala, part. II, p. 165.
(***) Voy. Théophanes, p. 152, et l'Histoire du Bas-Empire, revue par M. de Saint-Martin, t. VIII, p. 151.

# ARABIE.

## ROIS GHASSANIDES (*)

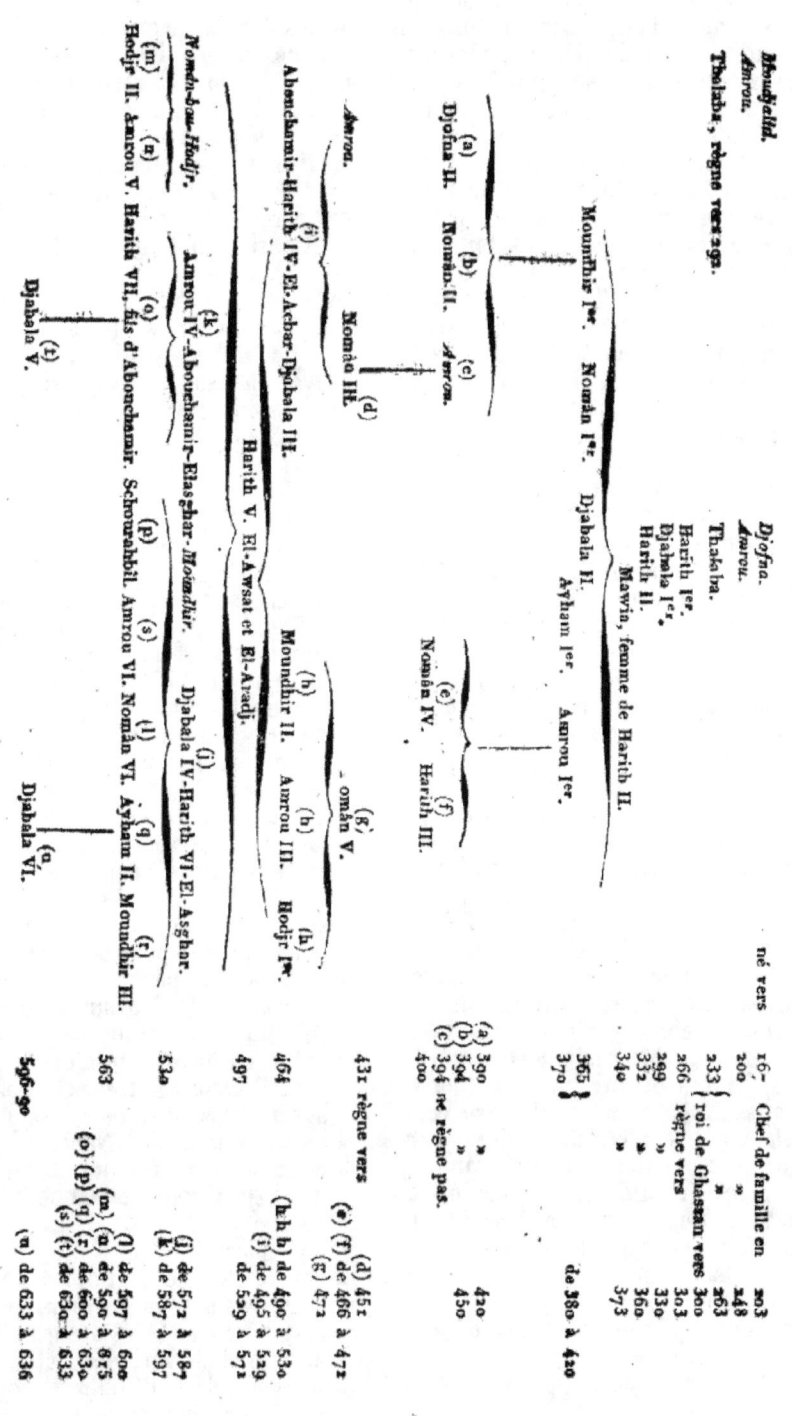

|  | né vers |
|---|---|
| Chef de famille en | 203 |
| » | 248 |
| roi de Ghassan vers | 263 |
| » | 300 |
| règne vers | 303 |
| » | 330 |
| » | 360 |
| » | 373 |
| | de 380 à 420 |
| (a) 390 | » |
| (b) 394 | 420 |
| (c) 394 ne règne pas. | 450 |
| 431 règne vers | |
| (d) 451 | |
| (e) (f) de 466 à 471 | |
| | (g) 471 |
| (h h') (i) de 490 à 530 | |
| (i) de 495 à 529 | |
| 464 | (k) de 529 à 571 |
| 497 | |
| | (j) de 572 à 587 |
| 530 | (k) de 587 à 597 |
| | (l) (a) de 597 à 600 |
| | (m) (n) de 590 à 815 |
| 563 | (o) (p) (q) (r) de 600 à 630 |
| | (s) (t) de 630 à 633 |
| 596-90 | (u) de 633 à 636 |

(*) Les noms écrits en caractères italiques appartiennent à des princes qui n'ont pas porté la couronne, et ne figurent au tableau que pour indiquer la filiation.

Outre les trois États principaux dont nous venons d'esquisser l'histoire, un grand nombre de tribus gouvernées par des chefs indépendants formaient autant de petites puissances qui ne reconnaissaient pas de suzerains. Les tribus de Kenda, vice-rois des Arabes pour les Tobba, Maad, Kelab, furent souvent gouvernées par des princes dont le courage et les exploits donnaient pour quelques instants un grand éclat à la nation. Toujours mêlés aux querelles de leurs voisins, ces Arabes errants ne vivaient que de guerre ou de pillage. Hodjr, fils de Harith des Benou-Kenda, traitait de puissance à puissance avec Anastase, à ce que nous apprend Théophanes, et fit alliance avec lui en l'an de Jésus-Christ 503 (*). Il avait pour frère Maadi-Karb, que les chroniqueurs du Bas-Empire appellent Badicharim, et qui commandait à la tribu de Kaïs-Aïlan (**). Nous remettons au chapitre où nous avons traité des mœurs des Arabes avant l'islamisme, tous les détails relatifs aux tribus qui n'appartenaient à aucun des trois États dont nous venons de parler.

Nous avons voulu joindre à cet aperçu général des divisions politiques de la péninsule, l'esquisse rapide de l'histoire des Nabatéens, peuple célèbre par ses richesses, par l'étendue de ses relations commerciales, et qui a gravé sur les rochers de Petra la marque indélébile de sa puissance; mais nous nous sommes trouvé retenu au début de notre récit par une importante considération. Un savant orientaliste, M. Étienne Quatremère, s'est livré à de profondes recherches sus les Nabatéens, et il a cru reconnaître qu'ils n'étaient point Arabes d'origine. Venus de la Babylonie, ils auraient formé une colonie araméenne qui, rivalisant avec la population syrienne de Palmyre, profitait de sa position pour se livrer aux spéculations du commerce. Cette opinion explique comment on trouvait, au milieu des déserts les plus arides de la péninsule, et entouré par des tribus vivant sous la tente, un peuple dont la civilisation avancée laissait bien loin en arrière celle de ses voisins. Toutefois, comme les Arabes s'étaient confondus en partie avec la population araméenne, que ces peuples se sont trouvés, plus que tout autre peuple de l'Arabie, en contact avec les Romains, qui leur ont toujours donné le nom d'Arabes, et que leur histoire se lie par conséquent à celle de la péninsule, nous ne croyons pas sortir des limites que nous nous étions tracées, si nous jetons un coup d'œil sur les habitants du vaste désert qui sépare la Palestine de la mer Rouge.

« S'il est permis, dit M. Quatre-
« mère, d'exprimer une conjecture
« sur l'époque à laquelle les Nabatéens
« durent se fixer dans le désert d'A-
« rabie, on peut dire qu'ils ne sont
« nommés nulle part dans le texte hé-
« breu de la Bible, tandis qu'il y est
« fait mention des différentes peupla-
« des dont ils étaient entourés; que
« Petra, qui devint par la suite capi-
« tale des Nabatéens, est désignée
« d'une manière expresse, mais que
« les écrivains sacrés se taisent abso-
« lument sur le peuple qui fit fleurir
« cette cité et l'embellit de monuments
« si extraordinaires. On peut donc, si
« je ne me trompe, conclure de ce si-
« lence que, pendant le temps de
« l'existence des royaumes d'Israël et
« de Juda, les Nabatéens n'avaient
« point encore formé d'établissement
« dans l'Arabie Pétrée. On peut sup-
« poser, avec quelque vraisemblance,
« que le séjour des Nabatéens, dans
« cette contrée, remontait à l'époque
« des expéditions de Nabuchodonosor
« contre la Judée. Il est possible
« que parmi cette foule d'hommes
« rassemblés de toute part, qui, vo-
« lontairement ou involontairement,
« marchaient sous les drapeaux du mo-
« narque chaldéen, des habitants des
« pays au delà de l'Euphrate voulant se
« soustraire aux fatigues d'une guerre
« aussi sanglante que pénible, aient

---

(*) Voy. Théophanes, p. 124, et l'Hist. du Bas-Empire, t. VII, p. 242.

(**) Voy. Mines de l'Orient, t. III, p. 26.

ARABIE.

Ascension de Mahomet.

« fixé leur demeure au milieu des déserts de l'Arabie. Peut-être aussi Nabuchodonosor avait-il cru devoir établir, dans un emplacement aussi fort que Pétra, un corps de soldats qui pût tenir en bride les tribus du voisinage; et les enfants de ces guerriers, ayant, avec le temps, perdu leurs habitudes militaires et adopté des mœurs plus douces, auront déposé leurs armes pour embrasser une position moins brillante, mais plus lucrative, celle du commerce (*). »

Diodore de Sicile est le premier historien qui parle des Nabatéens comme formant un corps de nation; mais il semble n'avoir en vue que les tribus nomades de l'Arabie Pétrée : « Les Arabes Nabatéens, dit-il, vivent en plein air; ils appellent du nom de patrie un pays où l'on ne voit aucune maison bâtie, où l'on ne trouve ni fleuve, ni sources abondantes qui puissent fournir de l'eau pour les besoins d'une armée ennemie. Une loi leur défend de semer du blé, de planter aucun arbre à fruit, de boire du vin ou de construire des maisons; quiconque serait trouvé parmi eux transgressant quelques-unes de ces défenses doit être puni de mort. Ils maintiennent cette loi constamment en vigueur, parce qu'ils sont persuadés que tous ceux qui peuvent atteindre à la possession de diverses choses dont elle leur interdit l'usage sont, pour se les procurer, facilement réduits à obéir aux hommes puissants. Ils nourrissent les uns des chameaux, d'autres des troupeaux de moutons, et habitent tous le désert. Plusieurs des tribus arabes vivent également en nomades; mais les Nabatéens sont de toutes ces tribus celle qui possède le plus de richesses, quoique le nombre des hommes dont la nation se compose ne s'élève pas à plus de 10,000, parce qu'ils ont l'habitude d'aller vendre dans les villes situées sur la Méditerranée, l'encens, la myrrhe, et d'autres aromates précieux qu'ils reçoivent des marchands qui les apportent de l'intérieur de l'Arabie Heureuse. Ils sont très-jaloux de leur liberté, et aussitôt que des ennemis puissants se présentent avec des forces considérables pour les attaquer, ils se réfugient dans le désert, qui devient pour eux la meilleure défense; car, entièrement privé d'eau, il est inaccessible à toute nation, et n'est praticable que pour eux seuls, au moyen des réservoirs blanchis à la chaux, creusés profondément en terre, qui fournissent l'eau nécessaire à leur existence. En effet, comme le terrain, dans ces contrées, est argileux et recouvre une couche de pierre tendre, les Arabes y pratiquent facilement de grandes citernes, dont l'ouverture est très-étroite, mais qui vont en s'élargissant à mesure qu'elles s'étendent en profondeur; de manière que ces réservoirs, de forme carrée, ont à la fin jusqu'à un plèthre (*) sur chaque côté. On les remplit avec les eaux de pluie, et l'ouverture en est scellée avec soin : on égalise ensuite le sol tout autour, de manière que personne ne puisse, en marchant, apercevoir aucune trace du travail souterrain; les Arabes y laissent seulement quelques indices qu'eux seuls connaissent et que tout autre ne peut distinguer (**). »

Ces détails curieux, donnés par l'historien romain, nous initient déjà à cette haine de la domination étrangère qui forme le caractère distinctif des tribus du désert. Lorsque l'empire assyrien tomba devant l'invasion des Mèdes, Cyrus, Cambyse, Darius, cherchèrent à entretenir des rapports d'amitié avec les peuples qui seuls pouvaient leur permettre l'entrée de l'Égypte. Hérodote observe que tandis que la Phénicie, la Syrie, la Palestine, divisées en satrapies, envoyaient de lourds tributs aux rois de Perse, les seuls Arabes en étaient exemptés et ne donnaient à ces monarques aucune marque de soumission.

Alexandre avait, il est vrai, rêvé la

---

(*) *Nouveau journal asiatique*, février, 1835.

(*) Trente mètres.
(**) Diodore de Sicile, liv. XIX, parag. XCIV, trad. de M. Miot.

soumission complète de l'Arabie, et l'expédition de Néarque autour de la péninsule semblait dirigée dans le but d'une agression prochaine. Le plus grand conquérant de l'ancien monde aurait-il réussi dans cette entreprise, qu'aucun autre depuis n'a pu réaliser? C'est ce dont il est permis de douter. Il mourut au moment de tenter cette dernière conquête, et emporta dans la tombe le mot de l'énigme. Lors du partage qui fut fait de son empire, l'Arabie fut l'une des provinces comprises dans le lot échu à Ptolémée; mais il ne s'agissait évidemment que des régions frontières de l'Égypte et de la Palestine. Il est probable que, dans la guerre qui éclata entre les successeurs d'Alexandre, les Nabatéens prirent parti pour Ptolémée contre Antigone. Du moins Diodore nous dit que ce dernier, lorsqu'il se trouva maître, par la retraite du roi d'Égypte, de toute la Syrie et de la Phénicie, forma le dessein d'aller attaquer les Nabatéens, qu'il savait lui être tout à fait hostiles, et qu'il fit choix, pour la conduite de cette guerre, d'un de ses meilleurs officiers. Il lui confia, en conséquence, un corps de troupes légères composé de 4,000 hommes d'infanterie et de 600 hommes de cavalerie, qui reçurent l'ordre d'attaquer les tribus à l'improviste et de leur enlever tous les troupeaux qu'elles possédaient. C'était justement l'époque de l'année dans laquelle les habitants de ces contrées célébraient une de ces fêtes religieuses où, à la faveur du concours des nations, venaient s'échanger les diverses marchandises de l'Europe et de l'Asie. Le général grec résolut de profiter de cette occasion favorable pour attaquer Pétra, où les tribus avaient coutume de déposer, pendant leur absence, ce qu'elles avaient de plus précieux. Il arriva près de la ville à l'insu des Arabes, et s'en rendit maître au milieu de la nuit. La plupart de ceux qui y étaient restés furent égorgés, les autres furent emmenés prisonniers, et les Grecs s'emparèrent en outre des parfums qu'ils trouvèrent en magasin, ainsi que d'une somme d'argent montant à près de 500 talents (*). N'ayant pas osé néanmoins prolonger leur séjour au delà d'une veille à l'autre, les vainqueurs se retirèrent précipitamment et établirent leur camp à la distance de deux cents stades; mais ils s'y gardèrent avec négligence, persuadés que les ennemis ne pourraient pas les joindre avant plusieurs jours. Les Arabes, instruits par quelques-uns des leurs, abandonnèrent sur-le-champ la fête, se réunirent, et marchèrent sur Pétra. Arrivés trop tard pour sauver la ville, ils se mirent, sans perdre un instant, à la poursuite des Grecs, les surprirent, en égorgèrent la plus grande partie dans leur sommeil, et percèrent à coups de traits ceux qui voulaient courir aux armes. Presque toute l'infanterie fut tuée, et à peine quelques centaines de cavaliers se sauvèrent, blessés pour la plupart. Les Nabatéens rentrèrent à Pétra, rapportant avec eux leur argent et leurs précieuses marchandises.

Antigone, furieux de la défaite de ses soldats, chargea son fils Démétrius de sa vengeance. Les Nabatéens, craignant de succomber dans une lutte inégale, avaient envoyé à Antigone une lettre écrite en caractères syriaques, par laquelle ils se plaignaient de l'injuste agression dont ils avaient été victimes, et qui rendait légitimes les représailles qu'ils avaient exercées. Antigone, cherchant à cacher ses desseins, désavoua son lieutenant, et se flatta d'endormir par des paroles de paix leur active vigilance; mais cette ruse ne lui réussit pas. Les Arabes, se défiant des projets du général grec, garnirent les hauteurs d'hommes chargés d'observer les mouvements qui auraient pu paraître menaçants pour la sûreté de leurs tribus. Telle était cependant l'adresse de Démétrius, qui avait fait choix pour l'accompagner des soldats les plus lestes et les meilleurs de son armée, que pendant trois jours il déroba sa marche à l'ennemi. Déjà

(*) Deux millions sept cent cinquante mille francs.

ARABIE.

il approchait de Pétra, lorsque les vedettes aperçurent le mouvement des troupes au fond des vallées, et, par le moyen de feux allumés sur les hauteurs, la nouvelle en parvint à l'instant dans la ville. Ainsi avertis, les Nabatéens laissèrent garnison dans Pétra, déjà admirablement défendue par sa position, et s'enfoncèrent dans le désert, en chassant leurs troupeaux devant eux. Bientôt arriva Démétrius, qui dirigea immédiatement plusieurs attaques contre la ville; mais ceux qui l'occupaient se défendaient avec courage, et la situation des lieux leur assurait la supériorité sur les assaillants. Après avoir prolongé le combat jusqu'au soir, Démétrius se décida à faire sonner la retraite. Le lendemain, au moment où il s'approchait de nouveau du rocher, un Nabatéen parut sur la cime, et lui adressa ces mots : « Roi « Démétrius, pourquoi nous fais-tu la « guerre, à nous qui habitons des dé- « serts où l'on ne trouve rien de ce qui « est nécessaire à la vie paisible des « habitants d'une cité? C'est parce que « nous sommes déterminés à fuir l'es- « clavage que nous avons cherché un « refuge au milieu d'une contrée privée « de toutes ressources. Consens donc « à accepter les présents que nous t'of- « frons pour faire retirer ton armée, « et sois sûr que tu auras dorénavant « dans les Nabatéens de fidèles amis. « Que si tu voulais prolonger le siège, « tu éprouverais bientôt des privations « de toute espèce, et tu ne pourrais ja- « mais nous contraindre à mener un « genre de vie différent de celui auquel « nous sommes habitués dès notre en- « fance. Si, tout au plus, tu parvenais « à faire parmi nous quelques pri- « sonniers, tu ne trouverais en eux que « des esclaves découragés, et incapables « de vivre sous d'autres institutions « que les nôtres. » Démétrius, persuadé par ce discours, et plus encore par les difficultés d'une longue guerre dans ces arides contrées, reçut les présents, prit des otages, et vint camper sur les bords de la mer Morte, où il remarqua l'immense quantité d'asphalte qui surnageait à la surface de l'eau. Revenu près de son père, il lui rendit compte de son expédition; Antigone, blessé dans sa vanité de grand capitaine par l'insuccès de ses armes, espéra du moins trouver un dédommagement dans les produits du lac Asphaltite. Il y envoya une expédition nouvelle chargée de recueillir en grande quantité l'asphalte, dont on faisait une consommation considérable en Égypte pour les embaumements; mais ce projet ne réussit pas mieux que les autres. Les Arabes, s'étant réunis au nombre de six mille, s'embarquèrent sur des radeaux de joncs qu'ils mirent à flot, et tuèrent à coups de flèches presque tous les soldats d'Antigone. Ce prince, alarmé sur le maintien de son autorité dans la haute Asie par les succès de Séleucus, ne chercha pas à se venger de cette nouvelle offense (*).

Nous avons rapporté dans leur entier ces détails donnés par Diodore. C'est à peu près le passage le plus explicite que nous ayons sur les Arabes nomades du désert qui s'étend entre le lac Asphaltite et la mer Rouge. Les faits y sont exposés d'une manière nette et précise, et la manière de vivre ou de guerroyer des tribus appréciée avec une apparence de vérité incontestable. C'étaient déjà ces hommes qu'on ne pouvait atteindre, évitant les actions générales pour harceler sans cesse l'ennemi, maîtres de leur attaque par la rapidité de leurs mouvements, choisissant toujours l'heure favorable, et trouvant dans leur tempérance extrême des ressources que n'avaient pas les soldats des autres nations. Tels ils étaient au temps d'Antigone, tels nous les avons retrouvés en Afrique; et nos généraux, pour les réduire, emploient encore les mêmes moyens que le lieutenant d'Alexandre, lorsqu'il donnait l'ordre à son fils de ne chercher qu'à s'emparer de leurs troupeaux.

Depuis l'ère des Séleucides jusqu'à l'ère chrétienne, les tribus nomades du désert prirent parti tantôt pour les Syriens, tantôt pour les Égyptiens,

(*) Voy. Diodore de Sicile, liv. XIX, parag. 94 à 100.

dans les guerres qui déchirèrent ces contrées. Antiochus le Grand réduisit les tribus qui habitaient le nord du désert, et son fils Hyrcan fut occupé pendant plusieurs années à châtier leurs incursions. A cette époque (avant J. C. 170), les Nabatéens étaient gouvernés par un prince nommé Harith (Arétas), dont les domaines s'étendaient jusqu'aux confins de la Palestine. Ces tribus, unies aux Juifs par un traité d'alliance, permirent à Judas Machabée et à son frère Jonathan de traverser leur territoire. Mais l'amitié qui les unissait aux Hébreux ne put l'emporter sur la tentation du pillage. L'occasion était belle; et l'un des principaux détachements de leurs fidèles alliés fut dépouillé de tous ses bagages (*). Un autre de leurs chefs, nommé Zabdiel, accorda un asile à Alexandre, roi de Syrie, qui avait été défait par Ptolémée-Philométor (avant J. C. 146). Mais la cupidité lui fit violer les lois de l'hospitalité, et le fugitif fut livré entre les mains de Tryphon à prix d'argent. Josèphe parle d'un prince arabe, nommé Obodas (Abd-Waad), qui attira les Juifs dans une embuscade (avant J. C. 92), et tailla leur armée en pièces. Le même historien nous apprend aussi qu'Arétas, roi de l'Arabie Pétrée, remporta de grands avantages sur Antiochus-Dyonisius, souverain de Damas, et que, quelques années après, s'étant avancé jusqu'à Jérusalem à la tête d'une armée de 50,000 hommes, il défit Aristobule. Peut-être aurait-il poussé ses succès plus loin; mais ayant su que les Romains prenaient parti pour ce prince, il retourna dans ses montagnes (**).

Les fréquentes incursions des tribus nomades en Syrie provoquèrent plus d'une fois la colère des Césars, dont l'empire à cette époque s'étendait jusqu'aux rives de l'Euphrate. Lucullus, Pompée, Scaurus, Gabinius, Marcellin, qui furent tour à tour proconsuls de Syrie, entreprirent des expéditions contre les habitants de l'Arabie Pétrée, gouvernés alors par des chefs que les Romains appellent Arétas (Harith), Malchus (Malek) et Obodas (Abd-Waad); mais ces habiles généraux n'obtinrent guère d'autre avantage que le payement momentané d'un tribut, ou la cessation des hostilités pendant quelques mois. Pompée, l'un de ceux qui eut le plus de succès, avait conçu, nous dit Plutarque, le plus vif désir de pénétrer par l'Arabie jusqu'à la mer Rouge, afin d'avoir de tous côtés, pour bornes de ses conquêtes, l'Océan, qui environne la terre. Déjà le roi de l'Arabie Pétrée, qui ne s'était pas fort inquiété jusqu'alors de la puissance romaine, commençait à craindre pour son indépendance : il avait écrit à Pompée, qui s'approchait de Pétra, et l'avait assuré de sa soumission, lorsque le général romain reçut la nouvelle de la mort de Mithridate, et, quittant l'Arabie, se dirigea vers le Pont (*). Antoine et Hérode parvinrent à joindre un prince des Nabatéens, nommé Malek, dans un lieu où il ne pouvait éviter de livrer bataille; aussi fut-il complétement défait. Jusqu'à la mort d'Hérode, il paya à Cléopâtre un tribut qui lui avait été imposé comme preuve d'allégeance pour les portions de son territoire attenantes à l'Égypte. Auguste crut dans son omnipotence qu'il pourrait imposer aux Arabes un prince de son choix ; mais ils en nommèrent un du leur, qui prit le nom d'Arétas (**), et continua, comme son prédécesseur Obodas, à entretenir des liaisons amicales avec les Romains. La politique des Arabes, toutefois, se montra tout entière lors de l'expédition d'Ælius Gallus; et nous avons dit, en parlant des rois du Yémen, comment les Nabatéens trahi-

---

(*) Liv. Machab., ch. v, v. 24-26 ; ch. xi, v. 15-18.

(**) Josèphe, Antiq., liv. xiii, ch. 1, 9, 19, 23 ; de Bello jud., liv. 1, ch. 4 5.

(*) Voyez Plutarque, Vie de Pompée, ch. xli-xliv.

(**) C'est le même Arétas qui menaçait saint Paul de sa vengeance, et auquel l'apôtre échappa en se faisant descendre d'une fenêtre dans un panier. Voy. II Corint. xi, 32.

rent la cause de leurs alliés en faveur des peuples qu'ils regardaient comme leurs frères.

Lorsque Titus vint assiéger Jérusalem, un corps d'auxiliaires arabes, comme nous l'apprend Tacite, servait de guides à son armée; mais c'est seulement sous Trajan que l'Arabie Pétrée se soumit, quoique momentanément, à la puissance romaine. Le lieutenant de cet empereur, Cornélius Palma, gouverneur de la Syrie, fit de l'Arabie Pétrée une province de l'empire, et lui donna le nom de troisième Palestine. C'est à compter de cette époque que Pétra s'embellit de ces belles constructions, de ces temples, de ces théâtres, de ces riches tombeaux qui en firent une merveilleuse cité. Des historiens qui encensaient le pouvoir, Lucien, Dion, Eutrope, ont avancé que Trajan avait soumis toute l'Arabie à ses armes (*). Des médailles furent frappées en commémoration de ce triomphe; mais nous ne devons voir dans ces monuments de la vanité romaine que l'exagération de la flatterie. Les conquêtes de Trajan n'avaient pas dépassé le golfe Élanitique. A l'exception de Sévère, qui, vers l'année 194 de notre ère, dirigea une expédition contre les tribus arabes du désert, pour les punir d'avoir embrassé le parti de son rival Niger, il ne paraît pas qu'aucun autre empereur ait troublé leurs solitudes, jusqu'au jour où Aurélien se rendit maître de Palmyre, et conduisit à Rome Zénobie captive. Un grand nombre d'Arabes se trouvaient parmi le cortége de prisonniers destinés à augmenter la pompe de son triomphe, lorsqu'il alla rendre grâces aux dieux du Capitole. Quelques années avant Aurélien, il s'était passé un fait remarquable, quoiqu'il n'ait pas influé comme il aurait pu le faire sur l'histoire de la péninsule. Un chef de tribu pillant les caravanes, un Arabe ayant longtemps vécu sous la tente, était devenu maître de l'empire romain. Philippe, né dans les environs de Bostra,

(*) Dion Cassius, p. 777; Lucien, Eutrope, in Traj. et Sever.; Gibbon, Grandeur et décadence de l'empire romain, ch. xi.

fut nommé, sous Gordien III, préfet du prétoire. Bientôt il mit à mort ce dernier descendant des Gracques, dont l'humble tombeau s'éleva loin du Tibre, au confluent du Chaboras et de l'Euphrate. Deux ans après son avénement, l'an de J. C. 248, l'ancien habitant du désert faisait célébrer à la lueur des flambeaux, dans le Colisée, les jeux séculaires qu'Horace avait chantés sous Auguste. Ils accomplissaient une période de mille ans pour l'ancienne Rome; et, par un singulier rapprochement, Rome était alors soumise aux lois d'un homme sortant de cette race qui devait anéantir à jamais les restes de la puissance romaine.

Un siècle plus tard, sous Julien, les empereurs de Constantinople accordaient aux Arabes de la Syrie et du grand désert un subside, afin qu'ils entretinssent un corps de cavalerie toujours prêt à défendre les frontières de l'empire. Quelques envoyés des tribus étant venus se plaindre au prince des lenteurs qu'ils éprouvaient dans leur payement, Julien répondit qu'un chef militaire acquittait de telles dettes avec du fer et non pas avec de l'or. Cette réponse coûta cher au monarque; les Arabes allèrent porter le secours de leurs armes à Sapor II, dans la guerre où Julien perdit la vie. Peu de mois avant sa mort, l'empereur grec avait pris et détruit Anbar, premier séjour des Arabes de Hira, lorsqu'ils avaient quitté le Hedjaz pour venir s'établir en Chaldée. Cette ville, presque entourée par un bras de l'Euphrate, était, ainsi que nous l'apprend Ammien, vaste, populeuse, fortifiée par une double muraille, et défendue par une citadelle élevée sur des rochers que baignait le fleuve. L'histoire des luttes que les Arabes soutinrent avec l'empire grec appartient désormais, ainsi que nous l'avons dit, aux histoires particulières des rois de Hira ou de Gassan, dont la puissance, fondée depuis plusieurs années, apportait un poids important dans la balance, suivant le parti qu'ils embrassaient lorsque la guerre éclatait entre la Perse et Constantinople.

On a souvent parlé de l'indépendance des Arabes placés entre les grandes invasions asiatiques ou romaines, et qui, comme nation, n'ont jamais été conquis. Plusieurs historiens y ont vu l'accomplissement des paroles bibliques, d'autres ont cherché la cause de leur liberté dans leurs mœurs et la nature de la contrée qu'ils habitent. Abrités par une barrière de sable qu'on ne pouvait franchir qu'en se soumettant à leurs habitudes, c'est-à-dire en n'ayant d'autres besoins que ceux exigés par leur excessive frugalité, ils ont bravé les conquérants de l'ancien monde, et seuls ils ont échappé au joug des plus puissantes monarchies. Mais les avantages qui assuraient leur indépendance sont restés longtemps un obstacle à l'influence qu'ils auraient pu acquérir au delà de leur propre territoire. Tandis que les Assyriens, les Perses, les Égyptiens, les Grecs, les Romains, s'élevaient tour à tour au faîte de la puissance et soumettaient la plus vaste partie du monde connu, à peine quelque lueur passagère brille-t-elle sur l'Arabie, et nous sommes obligés de reléguer au rang des fables les longues expéditions de la dynastie des Tobba. La division de la nation en tribus pour la plupart indépendantes s'opposait à tout projet d'agrandissement : nul motif d'avantages extérieurs ne pouvait leur faire oublier des rivalités sans cesse renaissantes; il fallait un mobile aussi puissant que celui de la religion pour en triompher, et, avant Mahomet, aucun homme parmi eux n'avait eu le génie ou l'adresse de concentrer leur impétueuse énergie dans un but d'agrandissement national.

## Souverains de la Mecque.

Jusqu'à présent nous avons suivi dans leur histoire ces Arabes du Yémen ou Jectanides, qui occupaient l'Arabie Heureuse, mais dont les colonies s'étaient disséminées dans le Bahreïn, le Nedjd, le Yémama, à Yathreb, en Syrie, et dans l'Irak. Il nous faut revenir maintenant aux tribus du Hedjaz et du Téhama, à ces Moustaribes, entés sur les Arabes par le mariage d'Ismaïl leur père avec une fille des Benou-Djorhom, descendants de Jectan, et parmi lesquels devait naître le grand législateur qui, le glaive d'une main, le Coran de l'autre, éleva son trône sur les débris de l'empire romain. Chacun connaît le touchant épisode d'Agar et d'Ismaïl, tel que nous le raconte la Genèse. Les Arabes, en le traduisant à leur manière, y ont mêlé, ainsi qu'à bien d'autres parties de leur histoire, beaucoup de circonstances romanesques ou fabuleuses. L'emplacement où s'élève maintenant la Mecque serait, d'après eux, le lieu du désert où Ismaïl fut sauvé par un miracle du Seigneur. C'est le puits de Zemzem qui s'ouvrit à la voix de l'ange pour étancher sa soif, et c'est en souvenir des grâces que le Très-Haut devait répandre sur Ismaïl et sa race, qu'il ordonna à Abraham de bâtir un sanctuaire où se rendraient en pèlerinage toutes les nations fidèles au vrai culte. Ce temple s'éleva sur l'emplacement d'un autre temple dont l'origine n'était pas de ce monde. Deux mille ans avant la création, la Caaba ou maison de Dieu (beitallah) avait été construite dans le ciel, et y était adorée par les anges, auxquels Dieu commandait de s'acquitter des mêmes prescriptions qui depuis ont été ordonnées aux vrais croyants sur la terre. Le jour où Dieu fit sortir du néant le premier homme, la Caaba fut transportée en Arabie et érigée par Adam sur son emplacement actuel, situé précisément au-dessous de la place qu'elle occupait dans les cieux. Dix mille anges avaient été chargés de la garde du temple, et probablement ils s'acquittèrent de leur charge avec négligence, car nous voyons dans l'histoire de la Maison sainte que les enfants d'Adam avaient été obligés de la réparer plusieurs fois.

C'est après le déluge qu'Abraham, ayant renoncé à l'idolâtrie de ses pères, reçut du Seigneur la mission de quitter la Syrie pour rééditier le

ARABIE.

Médine et Sépulcre du Prophète.

temple saint; son fils Ismaïl, qui depuis son enfance demeurait avec sa mère Agar près de l'emplacement de la Mecque, l'aida dans ses travaux. En creusant la terre pour y jeter les fondements d'un nouvel édifice, ils découvrirent celui qui avait été construit par Adam. Leur nouveau temple commençait à s'élever au-dessus du sol, lorsque Ismaïl s'éloigna pour chercher une pierre propre à marquer l'angle par lequel les pèlerins devaient commencer le *touaf*, ou les tournées saintes qu'ils accomplissent à l'extérieur de la Maison sainte. Comme il s'avançait vers le Djebel-Kobeïr, il rencontra l'ange Gabriel tenant à la main cette fameuse pierre noire qui depuis tant de siècles est l'objet de la vénération des fidèles. Elle était alors d'une couleur vive et brillante; mais elle perdit son éclat, soit, comme le dit El-Azraki, qu'elle ait souffert plusieurs fois les atteintes du feu, soit, comme le prétendent d'autres chroniqueurs, que les péchés de ceux qui l'ont touchée l'aient obscurcie. Quoi qu'il en soit, au jour du jugement elle rendra témoignage en faveur de ceux qui l'auront approchée avec une foi vive et un cœur sincère. Après la création miraculeuse du puits de Zemzem, mais avant la construction de la Caaba, les Benou-Djorhom, tribu jectanide, étaient venus se fixer dans le Hedjaz. Ismaïl fit alliance avec eux et épousa la fille de leur chef. Plus tard, lorsque s'éleva le temple vers lequel affluaient tous ceux qui regardaient comme un devoir d'adorer la providence dans un lieu qu'elle avait marqué d'une manière aussi visible pour l'accomplissement de ses desseins, Ismaïl en devint le pontife. Il mourut à l'âge de 137 ans, laissant une postérité nombreuse. Nabet, l'un de ses fils, lui succéda; mais il ne garda pas longtemps l'intendance de la Maison sainte, dont s'emparèrent les Benou-Djorhom. Telles sont les traditions de la théologie musulmane relatives à la Caaba, et, quelque absurdes qu'elles soient, on ne saurait douter que ce temple n'ait une haute antiquité. Il est bien possible que Diodore ait voulu parler de la Caaba, peut-être même des Beni-Djorhom, lorsqu'il a dit qu'après avoir passé la contrée habitée par les Nabatéens, on trouve le pays des Beni-Zomènes, chez lesquels existe un temple très-vénéré par tous les Arabes (*). Quoi qu'il en soit, la plus grande incertitude règne sur les destinées de la Caaba et des Ismaélites, qui vivaient en paix avec les Benou-Djorhom, chargés de la garde du temple, jusqu'au moment où l'une des colonies sorties du Yémen avec Amrou Ben Amer, vint s'établir à la Mecque (**).

Nous avons déjà dit qu'à l'époque de la rupture de la digue, Amrou et tous les Azdites de la contrée de Mareb qui l'avaient suivi étaient venus chercher un asile dans le pays d'un fils d'Adnan et descendant d'Ismaïl. Là ils avaient obtenu l'hospitalité des

---

(*) Voy. Diodore de Sicile, liv. III, p. XLIV.

(**) Une liste incertaine de rois appartenant à la tribu des Benou-Djorhom, voilà le seul renseignement qu'on puisse trouver dans les auteurs arabes sur cette période de l'histoire du Hedjaz. Nous donnons ici la traduction du court chapitre qui a été consacré à ces souverains par Aboulféda : « Les Djorhomites se divisent en deux « branches. La première est celle des anciens Djorhomites qui vécurent au temps « d'Ad. Ils ont entièrement péri ainsi que « leur postérité, et aucun renseignement « sur leur histoire ne leur a survécu. La « seconde branche se compose des Benou-« Djorhom qui descendent de Djorhom, fils « de Kahtan et frère d'Yarob. Yarob régna « sur le Yémen, et son frère Djorhom sur « le Hedjaz. Celui-ci eut pour successeur « son fils Abd-Yalil, auquel succéda son fils « Djorscham qui fut père d'Abd-el-Medan : « celui-ci engendra Baghila qui eut pour « fils Abd-el-Meçih auquel succéda son « fils Modhadh qui laissa le sceptre à son « fils Amrou, et ce dernier à son frère « Harith, auquel succéda Amrou second « du nom ; puis à celui-ci son frère Bachar « qui eut pour successeur Modhadh II. Ce « sont là les Benou-Djorhom qui firent « alliance avec Ismaïl, et parmi lesquels il « se choisit une épouse. » Voy. *Abulfedæ Hist. Anteislam.*, Fleischer, p. 130.

habitants du pays, tandis qu'Amrou envoyait à la découverte trois de ses fils pour chercher une contrée qui devînt leur nouvelle patrie. Avant leur retour, Amrou était mort, et Thaléba, l'un de ses fils, avait pris le commandement des familles émigrées. Elles ne restèrent pas longtemps en bonne intelligence avec la tribu qui les avait accueillies. Un des chefs de cette dernière fut tué par les nouveaux venus, et, à la suite de ces discussions, Thaléba, quittant le pays d'Acc, se dirigea du côté du Hedjaz. Ce fut à Batn-Marr, lieu voisin de la Mecque, que les tribus azdites se fixèrent : tout nous porte à croire qu'elles y restèrent un temps assez long, puisqu'elles y arrivèrent sous le commandement de Thaléba, fils d'Amrou, et que ce fut sous les ordres du petit-fils d'un de ses frères qu'une d'entre elles s'empara de l'intendance de la Maison sainte. En effet, nous avons fixé l'émigration des familles de Mareb vers les dernières années du premier siècle, ou les premières du second de notre ère. Nous allons retrouver un descendant d'Amrou-ben-Amer, au quatrième degré, dirigeant, vers les commencements du troisième siècle, l'entreprise qui donna pour chef à la Caaba un des émigrés du Yémen. Il en résulte que leur séjour au pays d'Acc et à Batn-Marr dut être de près de cent ans, intervalle justifié par le calcul des générations. C'est dans cet espace de temps que les stériles vallées du Hedjaz, ne pouvant suffire à l'approvisionnement des familles exilées, elles allèrent chercher d'autres demeures dans des pays moins arides. Il ne resta à Batn-Marr qu'une seule tribu, et elle reçut le surnom de *Khozaa* (séparation), parce qu'elle s'était séparée de ses compagnons pour rester en arrière. Cependant les Benou-Djorhom, rassurés contre toute agression par une longue possession du pouvoir, cherchaient de toutes les manières possibles à abuser de leur autorité. Les étrangers qu'attirait la dévotion ou le commerce étaient souvent dépouillés, et les dons destinés au temple détournés au profit de ses gardiens. Un tel état de choses avait fomenté des mécontentements parmi les différentes familles qui habitaient autour du temple, et qui voyaient avec peine s'introduire des abus contraires à la sainteté du lieu. Les Khozaïtes profitèrent de circonstances qui leur paraissaient, avec raison, favorables à des projets d'agrandissement. Ils se réunirent aux mécontents, parmi lesquels se trouvaient les tribus d'Yad et de Modhar, déclarèrent la guerre aux Benou-Djorhom, et parvinrent à les chasser de la Mecque. Les vaincus, abandonnant avec les plus grands regrets un lieu si célèbre, et où ils avaient exercé pendant si longtemps le souverain pouvoir, se retirèrent dans le Yémen; mais, avant de quitter le temple, ils y dérobèrent quelques objets précieux, entre autres, deux gazelles en or, des sabres, des baudriers, et les enfouirent pour se venger dans le puits de Zemzem. Peu de temps après leur départ, la guerre éclata entre les tribus ismaélites qui s'étaient réunies contre eux. Les deux familles d'Yad et de Modhar auraient voulu chacune recueillir l'héritage des vaincus, et, dans la lutte occasionnée par leurs prétentions, les Yadites éprouvèrent le sort des Benou-Djorhom. Obligés de céder la place à leurs rivaux plus heureux, ils s'emparèrent de cette fameuse pierre noire si vénérée des Arabes, la cachèrent avec soin et se dirigèrent vers la Syrie. Malheureusement pour leurs projets de vengeance, une femme de la tribu des Khozaïtes, témoin du larcin, avait épié leurs démarches; elle en instruisit sa famille, qui proposa aux Benou-Modhar, accablés d'une perte si fâcheuse, de leur rendre la pierre sainte, à condition que l'intendance de la Kaaba serait abandonnée désormais aux Benou-Khozaa. Quelque dure que fût cette condition, elle fut acceptée; et ces étrangers, venus en exilés du Yémen, acquirent ainsi la souveraineté du sanctuaire le plus vénéré dans toute l'Arabie.

Le premier chef de la tribu qui régna

ARABIE.

Arafat.

à la Mecque se nommait Amrou, fils de Lohaï, petit-fils de Hauth, frère de Thaléba. Il est célèbre dans les traditions pour avoir le premier introduit le culte des idoles dans le temple où l'on avait adoré jusqu'alors le Dieu d'Abraham (*). C'est dans un voyage en Syrie qu'il vit quelques hommes du pays se prosterner devant des idoles qu'ils semblaient implorer pour en obtenir des grâces. « Que faites-vous ? » leur dit-il ; ces hommes répondirent : « Nous avons taillé des images à la ressemblance des astres ou des créatures ; nous les adorons, nous leur demandons ce qui nous est nécessaire, et ces dieux nous l'accordent. » Amrou, persuadé par leur discours, exigea d'eux qu'ils lui fissent don d'une de leurs idoles, et ils lui remirent celle qu'ils appelaient Hobal. De retour à la Mecque, Amrou la fit placer sur le sommet de la Maison sainte, y en ajouta deux autres, et exhorta ses sujets à leur adresser des prières. Ils ne furent que trop dociles à un pareil commandement, et dès lors l'idolâtrie remplaça dans le Hedjaz le culte du Seigneur, qui s'y était conservé avec quelque pureté. Bientôt chaque tribu se choisit un dieu particulier et le plaça dans la Caaba, qui devint bientôt le panthéon de ce fétichisme ridicule. Le dattier, sous le nom de Ozza, dit Azraki, devint l'idole des Khozaïtes ; les Benou-Thekif adoraient un rocher nommé El-Lat. Un grand arbre nommé zat-arouat était vénéré par les Koréischites ; enfin, le nombre des idoles s'était tellement accru, que chaque maison, chaque tente de la vallée avait la sienne, et la Caaba en renfermait trois cent soixante.

L'intendance de la Maison sainte de-

(*) C'est là ce que disent les chroniqueurs orientaux ; mais on est tenté d'en douter, et de supposer qu'avant l'arrivée des Khozaïtes au pouvoir, le culte des idoles avait déjà pénétré dans le Hedjaz ; du moins les noms portés par quelques-uns des rois Djorhomites, dont nous avons cité tout à l'heure la liste d'après Aboulféda et Ibn-Khaldoun, portent des traces bien évidentes de fétichisme.

meura entre les mains des Khozaïtes, depuis les premières années qui suivirent l'expulsion des Djorhomites, vers l'an de J. C. 207, jusqu'au commencement du cinquième siècle de notre ère. Elle se trouvait alors confiée à Holaïl, descendant d'Amrou-ben-Lohaï à la quatrième génération. Kosaï, fils de Kelab, de la tribu des Koréischites, ayant demandé en mariage Hobba, fille de Holaïl, ce chef reçut favorablement sa demande et la lui accorda. Kosaï devint père d'une nombreuse famille, et son influence personnelle, car il descendait d'une des familles les plus distinguées parmi les enfants d'Ismaël, s'étant augmentée par l'alliance qu'il venait de contracter, il conçut le projet de supplanter les Khozaïtes dans les fonctions qui les rendaient souverains du Hedjaz. Dans cette espérance, il s'ouvrit aux Koréischites, aux descendants de Kénana, autre branche des Ismaélites, et quand il se fut assuré d'un grand nombre de partisans, il se prépara à faire valoir ses prétentions. A la mort de Holaïl, qui, d'après quelques chroniqueurs, avait favorisé lui-même les projets de son gendre, Kosaï se déclara, et, en présence d'un grand nombre de tribus rassemblées pour le pèlerinage, il accusa les Khozaïtes d'avoir autrefois usurpé le pouvoir qui aurait dû appartenir aux enfants d'Ismaël. La tribu qu'on voulait ainsi déposséder ne se retira pas sans combattre ; les deux partis se chargèrent avec vigueur, et le nombre des morts fut grand de part et d'autre. On convint enfin de s'en rapporter à la décision d'un arbitre. Amer, de la tribu des Benou-Kenana, fut choisi par les deux partis pour exercer ce grand acte de juridiction. C'était un Ismaélite, et probablement son jugement fut influencé par ses affections de famille. Il déclara que Kosaï avait plus de droit à l'intendance de la Caaba qu'aucun membre de la famille des Benou-Khozaa, que le sang des Khozaïtes versé par Kosaï l'avait été légitimement ; mais qu'il était dû une amende pour le sang des Koréischites répandu par la main des Benou-Khozaa; enfin, que Kosaï devait être laissé en paisible possession du temple et de la Mecque.

Kosaï, investi du souverain pouvoir, appela autour de lui tous les Koréischites épars dans les environs; il fit bâtir une ville qu'il divisa en quatre quartiers, et fut ainsi le fondateur de la Mecque qui avait été plutôt jusque-là un camp d'Arabes Bédouins qu'une grande cité (*). Personne avant lui n'avait exercé une autorité si complète; il réunissait tous les pouvoirs : c'était dans sa maison que se faisaient tous les mariages des Koréischites; c'était là qu'ils tenaient conseil et qu'ils allaient prendre leur drapeau quand ils devaient faire la guerre à quelqu'autre tribu. L'autorité de Kosaï sur les Koréischites tant qu'il vécut, et celle de ses enfants après sa mort, devint pour ainsi dire un article de leur religion, et personne jusqu'à l'établissement de l'islamisme n'eut la pensée de leur disputer le pouvoir. Kosaï eut pour successeur son fils aîné Abdmenaf, qui laissa à son tour le sceptre aux mains de Hescham : ce dernier fut le père et le prédécesseur d'Abd-el-Mottalib, célèbre à plus d'un titre dans les annales de l'islamisme, mais surtout comme ayant été le grand-père de Mahomet, dont il protégea les jeunes années.

Abd-el-Mottalib, au début de ses saintes fonctions, fit retrouver aux Koréischites les objets sacrés qui avaient été dérobés par les Djorhomites à l'époque où ces Arabes avaient été dépossédés par la tribu de Khozaa. Nous avons dit que ces objets avaient été enfouis juste à l'endroit où se trouvait le puits de Zemzem, comblé depuis bien des siècles. Le nouvel intendant du temple eut une révélation du ciel pendant son sommeil, et apprit à quel endroit il devait chercher les trésors enlevés à la Maison sainte. Il alla creuser la terre d'après l'ordre divin qu'il avait reçu, et non-seulement il trouva les gazelles d'or, les sabres, les boucliers appartenant à l'ancien trésor de la Caaba, mais il vit jaillir de nouveau la source du puits de Zemzem dont la perte était restée irréparable. Une aussi heureuse découverte aurait dû augmenter l'influence d'Ab-el-Mottalib, et cependant elle devint pour lui une source d'humiliations et de chagrins. Le partage des trésors retrouvés par l'intendant du temple ayant excité la jalousie de ses compatriotes, Abd-el-Mottalib, dans une des discussions qui s'élevèrent à cette occasion, fut accusé d'être frappé de la malédiction divine, puisqu'il n'avait qu'un fils pour toute postérité. On sait combien de gloire les Arabes attachaient à être chefs d'une nombreuse famille : le reproche des Koréischites blessa profondément Abd-el-Mottalib, et dans sa douleur il fit vœu, s'il avait un jour dix enfants, d'en immoler un au Seigneur. Plusieurs années après il était le père d'une des plus belles familles de sa tribu; il avait eu douze fils et six filles. Ce fut alors l'heure du repentir. Son vœu indiscret pesait nuit et jour sur son cœur; mais il fallait l'accomplir. Il assembla ses enfants et leur déclara l'engagement solennel auquel il croyait devoir sa nombreuse postérité. Tous s'offrirent pour expier sa fatale promesse; mais ne pouvant se décider à faire un choix, il les conduisit au temple et les fit tirer au sort devant l'idole appelée Hobal (*). Ce fut Abdallah, le plus jeune des fils, devenu depuis le père du prophète, qui fut désigné par le sort (**). Abd-el-Mottalib allait l'immoler de sa main sur la colline de Safa, lorsque les Koréischites, alarmés,

(*) Il n'y avait autour du temple que des tentes où les tribus résidaient pendant le jour; elles se retiraient pendant la nuit sur les montagnes voisines : le respect pour le lieu saint avait empêché jusque-là de construire des habitations permanentes dans son voisinage.

(*) On consultait le sort au moyen de flèches non empennées qu'on agitait dans un sac et dont on prenait une au hasard. Chacune des flèches était marquée d'une des réponses qu'il s'agissait d'obtenir.

(**) Abdallah était celui de tous ses fils qu'Abd-el-Mottalib aimait le mieux. Il l'avait eu, ainsi qu'Abou-Taleb, le père d'Ali, de Fatimah, fille d'Amrou, fils d'Aïd le Makhzoumite.

vinrent démontrer à leur chef quel triste exemple serait pour la nation un sacrifice aussi impie, et demandèrent à grands cris que l'offrande du sang humain fût remplacée par d'autres sacrifices ou des aumônes. Tout à la fois ébranlé par les remontrances des Koréischites et retenu par son fanatisme, Abd-el-Mottalib alla consulter une femme du Hedjaz à laquelle ses connaissances surnaturelles avaient valu le nom d'El-Kahineh ou la devineresse. Cette femme s'informa d'abord de la loi pratiquée chez les habitants de la Mecque pour le rachat du sang : on lui apprit que le prix du sang était de dix chameaux. Alors elle donna l'ordre de placer dix chameaux d'un côté, de l'autre le jeune Abdallah; de tirer au sort, et d'ajouter autant de fois dix chameaux que le sort se montrerait contraire au fils d'Abd-el-Mottalib. Ce fut à la dixième fois seulement que la chance lui devint favorable; en sorte qu'Abd-el-Mottalib dut immoler cent chameaux à la place de son fils : et depuis lors ce nombre devint chez les Koréischites le prix ou l'expiation du sang. Quelques mois après, Abd-el-Mottalib choisit une épouse à son fils parmi les jeunes filles des Koréischites. Son choix tomba sur Amina, fille de Wahab, chef de la tribu des Benou-Zahra. Elle était enceinte de Mahomet lorsque Abraha, qui gouvernait le Yémen au nom de l'empereur d'Abyssinie, vint attaquer la Mecque, et fut vaincu dans cette expédition célèbre qui prit, ainsi que nous l'avons vu dans l'histoire du Yémen, le nom de guerre de l'Éléphant (an de J. C. 571).

A partir de cette époque, l'histoire de la Mecque, ou, pour mieux dire, celle de l'Arabie tout entière, se confond avec l'histoire du prophète, qui fit disparaître devant l'islamisme toutes les divisions jusqu'alors adoptées. Mais avant de peindre l'homme dont le génie triompha des superstitions grossières qui l'entouraient, dont l'énergie sut réunir sous une loi commune tant de tribus séparées par la haine ou la méfiance, il nous faut jeter un coup d'œil sur les coutumes et les mœurs, les vices et les vertus de ces Arabes dont nous n'avons étudié jusqu'à présent que les dynasties.

## Mœurs et coutumes des Arabes avant l'islamisme.

Un tableau complet des mœurs arabes, pendant le siècle qui a précédé et préparé Mahomet, serait sans aucune espèce de doute un livre rempli d'intérêt. On y découvrirait l'origine de ces qualités brillantes, de ce courage indomptable, à l'aide desquels les Arabes franchirent tout à coup l'enceinte du désert et soumirent à leurs armes la moitié du monde connu. Nul doute que cette rapide métamorphose de pasteurs en conquérants, de tribus errantes en civilisateurs, n'ait été préparée par un mouvement général dans la nation qui habitait la péninsule. Si toutes les traditions de cette époque nous avaient été conservées, nous y verrions comment l'amour de la poésie, comment l'esprit chevaleresque s'étaient développés vers le sixième siècle, en sorte que l'œuvre du législateur en devint plus facile. Peut-être même pourrions-nous reconnaître que l'islamisme, en dirigeant vers un seul but, au profit du prosélytisme religieux, la force intellectuelle et matérielle des Arabes, a nui plutôt qu'il n'a servi à l'élévation de leur caractère comme au développement de leurs qualités individuelles. Malheureusement les matériaux nous manquent : il n'existe chez les Orientaux aucun récit suivi de cette époque remarquable; mais si nous ne pouvons nous flatter de trouver le mot de l'énigme, du moins nous avons recueilli, dans ces dernières années, un assez grand nombre de faits isolés, de lambeaux de poésie, de traditions populaires, pour nous faire une juste idée des mœurs de l'Arabie dans les derniers temps du paganisme.

Peut-être le trait le plus saillant du caractère arabe est-il ce mélange intime d'ardeur pour le pillage et d'hospitalité, d'esprit de rapine et de libéralité, de cruauté et de générosité chevaleresque, qui met tour à tour en relief les qualités les plus opposées et appelle vingt fois sur la même tête, dans le cours d'un récit, l'admiration et le blâme. On aurait peine à se rendre compte de ces inconséquences perpétuelles, si on ne se plaçait au point de vue exceptionnel d'une nation isolée de tout contact par sa position et devant se suffire à elle-même sur le sol le plus ingrat. La pauvreté de leur territoire était pour eux l'excuse du pillage : déshérités des moissons abondantes, ou des riches pâturages qui suffisaient aux besoins des autres peuples, ils réparaient l'injustice du sort à force ouverte, et croyaient reprendre sur chaque caravane attaquée par eux la portion de biens qui aurait dû leur être assignée dans le partage de la terre. Ne faisant pas de différence entre la guerre et le guet-apens, le vol à main armée leur semblait un droit de conquête : dépouiller le voyageur était à leurs yeux aussi méritoire que prendre une ville d'assaut ou réduire une province. De pareilles inclinations n'auraient mérité aucune sympathie, si elles n'eussent été rachetées par de nobles vertus. Ce même guerrier que la soif du pillage, le désir de la vengeance, l'amour-propre offensé, portaient à des actes d'une cruauté inouïe, devenait sous sa tente un hôte libéral et plein de courtoisie. L'opprimé qui recherchait sa protection ou se confiait à son honneur était reçu non-seulement comme un ami, mais comme un membre de la famille. Sa vie devenait sacrée, et son hôte l'eût défendu au péril de la sienne, quand même il eût découvert que l'étranger, assis à son foyer, était l'ennemi dont il avait cent fois désiré la perte. Peut-être ne se fût-il pas fait scrupule d'enlever par force ou par adresse le chameau de son voisin, pour offrir à son hôte une hospitalité plus grande et plus généreuse. La générosité a toujours été la vertu que les Arabes ont estimée plus que toutes les autres, et qu'ils regardaient pour ainsi dire comme un apanage particulier de leur nation. « Trois hommes de la tribu de Kelb avaient fait un pari sur la générosité comparative de certaines familles issues de Temim et de Bekr. Ils convinrent entre eux de choisir dans ces familles quelques individus auxquels ils iraient successivement adresser une demande; celui qui la leur accorderait à l'instant, sans s'informer qui ils étaient, devait être déclaré le plus généreux. Chacun des trois désigna un personnage pour être soumis à cette épreuve. Leur choix tomba sur Omaïr, de la famille de Schéiban, Thalébè, de celle de Mankar, et Ghaleb, de celle de Medjaschè. Ils se présentèrent d'abord chez Omaïr, et le prièrent de leur donner cent chameaux : « Qui êtes-vous? » leur dit-il. Au lieu de répondre, ils se retirèrent, et allèrent trouver Thalébè. Celui-ci leur ayant fait la même question, ils se rendirent chez Ghaleb et lui répétèrent leur demande. Ghaleb la leur accorda aussitôt; il leur donna de plus des esclaves pour garder les cent chameaux, et ne leur adressa aucune question. Ils s'éloignèrent, et le lendemain ils renvoyèrent les chameaux. Celui qui avait désigné Ghaleb gagna la gageure (*). »

Non-seulement les anciens Arabes accueillaient avec empressement, dans leur libéralité, le voyageur que le hasard conduisait sous leur tente, mais souvent des feux étaient allumés pendant la nuit sur les hauteurs, et servaient de phares pour guider l'étranger vers le lieu où l'attendaient repos et protection. Cette protection s'étendait même au delà du trépas. « Ascha ayant « fait des vers en l'honneur d'Aswad, « et celui-ci différant de l'en récom- « penser, Ascha vint le trouver pour « lui demander son salaire. Aswad lui « donna cinq cents mithkals d'or, cinq « habits et de l'ambre. Ascha s'en « alla chargé de ces présents ; mais « lorsqu'il se trouva dans le pays qu'ha- « bitait la tribu arabe des Benou-Amir, « il appréhenda qu'ils ne le dépouillas- « sent. Il vint donc trouver Alkama, « fils d'Oulatha, le priant de le prendre « sous sa protection. Alkama y con-

(*) Voy. la Notice de M. Caussin de Perceval sur Farazdak. *Nouveau Journal asiatique*, t. XIII, p. 510.

« sentit, et s'engagea à le défendre
« contre les hommes et les génies.
« Ascha lui demanda s'il promettait
« de le défendre aussi contre la mort,
« ce qu'Alkama refusa. Alors Ascha
« alla trouver Amir, fils de Tofaïl, qui
« lui promit de le protéger même con-
« tre la mort. « Et comment cela? lui
« demanda Ascha. — Si tu viens à
« mourir pendant que tu seras sous
« ma protection, je payerai à ta fa-
« mille l'amende qui est le prix du
« sang. » Ascha, satisfait de cette ré-
« ponse, fit des vers en l'honneur d'A-
« mir, et contre Alkama une satire,
« dans laquelle il disait : « Au fort de
« l'hiver, vous dormez le ventre plein,
« tandis que les femmes qui ont re-
« cherché votre protection passent la
« nuit dans les angoisses de la faim. »
« Alkama, maudissant le poëte, pre-
« nait Dieu à témoin que ce reproche
« était une insigne calomnie (*). »

C'était, en effet, un sanglant reproche que celui de refuser protection aux
femmes, dans un pays où l'on retrouve
tous les germes de cette chevalerie qui
plus tard a jeté tant de poésie sur la
barbarie du moyen âge. Défendre une
femme, la protéger contre toute insulte ou venger celles qu'elle avait reçues, tel était le devoir d'un Bédouin
du désert, comme celui d'un chevalier
de la Table-Ronde. Qu'aurait pu dire
de mieux un Amadis ou un Galaor,
que ces paroles du célèbre Antar, le
modèle des guerriers arabes :

« Nous défendîmes nos femmes à
« Elfourouk, et détournâmes de leurs
« têtes la flamme qui les menaçait.

« Je leur jurai au plus fort de la
« mêlée, quand le sang ruisselait du
« poitrail de nos chevaux, je leur jurai
« de ne pas laisser de repos à l'ennemi
« aussi longtemps qu'il brandirait une
« lance.

« Ne savez-vous pas que les fers de
« nos lances suffiraient pour nous as-
« surer l'immortalité, si le temps res-
« pectait quelque chose?

« Et quant à nos femmes nous som-
« mes les gardiens vigilants de leur
« honneur; notre extrême sollicitude
« fait leur quiétude et leur gloire (*). »

Les femmes, de leur côté, connaissaient tout le prix d'une réputation
sans tache, et préféraient souvent la
mort à la possibilité d'un soupçon.
Fatimah, fille de Khourschoub, épouse
de Ziad, fut prise un jour par Hamal,
de la tribu de Dhoubian, dans une
course que ce guerrier faisait contre la
tribu des Absides. Il dirigeait déjà
vers son camp sa captive et le chameau
qui lui servait de monture, lorsqu'elle
lui dit : « Hamal, qu'as-tu fait de ta
« générosité? Écoute bien ce que j'ai à
« te dire. Tu vois cette colline qui s'é-
« lève devant nous; si tu m'emmènes
« au delà, il n'y a plus de paix pos-
« sible entre toi et les fils de Ziad,
« parce qu'une fois qu'elle nous ca-
« chera aux regards, que nous ne se-
« rons plus en vue, le monde pensera
« ce qu'il voudra : or, un seul propos
« sur mon compte est pour moi et mes
« enfants l'équivalent de l'infamie. —
« Il faut te résoudre, répondit Hamal,
« à faire paître mes chameaux. » Une
fois assurée que la résolution de Hamal
était inébranlable, Fatimah se précipita la tête la première du haut de son
chameau, aimant mieux que ses enfants eussent à déplorer sa mort qu'à
concevoir un soupçon sur sa vertu.

Fatimah, qui sut à un si haut prix
conserver intact l'honneur de son
nom, était l'une de ces heureuses mères
que les Arabes décoraient du surnom
de *Moundjibât* (qui ont donné naissance à des héros). Trois de ses fils,
Rabi, Oumarah et Anas, furent désignés chez les Arabes de la postérité
d'Ismaïl par l'épithète de *kamalah*,
ou les parfaits. Fatimah les caractérisait ainsi : Oumarah est vigilant dans
la nuit du danger, tempérant dans la
nuit du banquet; Rabi, dont le courage est invincible, dont les exploits
sont innombrables, n'a jamais eu à se
reprocher un acte d'emportement;
tout ce qu'Anas a résolu il l'exécute,

(*) M. de Sacy, Chrest. arab., 2ᵉ édit.,
t. II, p. 473.

(*) Voy. *Journal asiatique*, juillet 1837,
Lettre de M. Fresnel à M. Mohl.

à toutes les questions qu'on lui propose il trouve une réponse, et chaque fois qu'il peut se venger il pardonne. Ces trois héros étaient bien jeunes encore lorsque leur mère reçut un étranger sous sa tente et lui accorda l'hospitalité. Elle étendit sur le sol son manteau en guise de tapis; comme il était imprégné de parfums, l'étranger, excité par les émanations du musc, donna une attention trop grande à la beauté de son hôtesse, et lui tint des propos inconvenants. Plusieurs fois Fatimah l'avertit de rentrer dans les bornes du respect, et chaque fois il se contint pour quelques instants; mais enfin, animé de plus en plus par l'enivrement des odeurs et les attraits de Fatimah, il se jeta sur elle pour lui faire violence. L'épouse de Ziad, qui réunissait la force physique à celle du caractère, le contint d'une main ferme, et appelant Kaïs, le plus jeune de ses fils, elle lui dit : « Mon fils, cet homme a voulu me déshonorer; qu'en faut-il faire? — Mon frère Anas est plus âgé que moi, répondit Kaïs; appelez-le. — Cet homme a voulu me faire violence, répéta Fatimah quand Anas fut venu; qu'en faut-il faire? — Mon frère Oumarah est plus âgé que moi, répondit Anas; appelez-le. — Mon fils Oumarah, dit Fatimah à ce dernier, cet homme voulait me déshonorer; qu'en faut-il faire? » Oumarah saisit son sabre; mais sa mère, l'arrêtant, lui dit : « Votre frère Rabi est votre aîné; ne devriez-vous pas lui demander son avis? » Rabi, consulté à son tour, dit à ses frères : « Fils de Ziad, jurez-vous de m'obéir? — Nous le jurons, répondirent-ils. — Eh bien! gardez-vous de compromettre l'honneur de votre mère et de répandre le sang de votre hôte; qu'il parte à l'instant (*). »

Il y a quelque chose de caractéristique dans cette soumission des plus jeunes au plus âgé, dans cet oubli de la passion la plus terrible chez les Arabes du désert, la vengeance, oubli

(*) Extrait du Kitab-el-Aghani, par M. Fresnel; voy. le *Journal asiatique*, avril 1837.

amené par la crainte de faire connaître que l'honneur d'une femme ait été exposé à une attaque, quelque insensée que cette attaque ait pu être; et puis l'inviolabilité de l'hospitalité mettait l'hôte à couvert des plus terribles ressentiments. Une injure dont la répression n'aurait pas dû attirer l'attention publique sur une mère de famille aurait été punie sans doute, mais non pas sous le toit qui servait d'asile à l'étranger. Il aurait pu le quitter librement, sauf à craindre, une fois hors du territoire de la tribu qui l'avait accueilli, l'attaque sans cesse menaçante des hommes chargés de lui demander compte de ses méfaits. Nous pourrions multiplier les exemples du dévouement des Arabes à la défense de l'honneur de leurs femmes; nous nous contenterons d'emprunter aux traditions arabes un récit qui rappelle les exploits des preux d'Arthur ou de Charlemagne.

Doraïd, fils de Samma, à la fois poëte et guerrier, était également célèbre par la hardiesse de ses exploits et la beauté de ses poésies. Il s'était mis en course contre les Benou-Kenanah, et se trouvait dans une vallée de leur territoire, lorsqu'il aperçut au loin un cavalier conduisant en main un chameau sur lequel une femme était montée. « Mets-toi à la poursuite de cet homme, dit Doraïd à l'un de ses guerriers. Arrivé près de lui, tu lui diras de fuir et de t'abandonner la femme qu'il escorte. » A peine à portée de la voix, l'Arabe crie au cavalier de chercher sa sûreté dans la fuite. Sans s'émouvoir, celui-ci se retourne, remet la bride du chameau entre les mains de la jeune femme à laquelle il sert de guide, et lui adresse ces vers :

« Chemine en paix comme une fem-
« me heureuse et tranquille dont la
« crainte n'a jamais fait battre le cœur;
« chemine en paix, et moi qui ne pour-
« rais sans honte tourner le dos à mon
« adversaire, je vais à tes yeux lui
« faire l'accueil qu'il mérite. »

En disant ces mots, le compagnon de la jeune femme s'élance sur son ennemi, le renverse sans vie d'un coup de lance et s'empare de son cheval, qu'il vient offrir à sa compagne comme trophée de sa victoire. Doraïd ne voyant pas revenir celui des siens qu'il avait chargé d'une expédition trop dangereuse, dépêche un second cavalier. Celui-ci, à moitié route, trouve le cadavre de son compagnon: animé par le désir de la vengeance, il presse sa course, atteint l'Arabe conducteur de la jeune femme, et le somme au nom de Doraïd de lui en abandonner la possession. Toujours aussi indifférent à l'approche du danger, toujours aussi maître de lui, le voyageur remet à sa compagne la bride du chameau, et accueille l'agresseur par cette nouvelle improvisation:

« Ne cherche pas à arrêter la marche
« de la femme que Rabiah protège;
« Rabiah dont la lance flexible a été
« fabriquée à Khathadjar. Si tu insistes,
« tu recevras un coup de cette lance,
« et ses coups ne portent pas à faux. »

A ces mots il se précipite, et le second messager de Doraïd va à son tour mesurer la terre. Cependant, impatient de nouvelles, Doraïd a déjà dépêché un troisième guerrier: docile à la voix du chef, il s'élance au galop, compte en passant deux victimes étendues sur la poussière, et aperçoit enfin l'étranger qui, d'un air nonchalant, conduit d'une main le chameau monté par la jeune Arabe, de l'autre laisse traîner derrière lui sa longue lance. « Lâche prise! » lui crie-t-il du plus loin qu'il l'aperçoit; mais, cette fois, Rabiah presse sa compagne de se diriger vers les tentes les plus proches:

« Qu'attends-tu de bon d'un front
« plissé par la colère? dit-il à son en-
« nemi; deux cavaliers sont restés sans
« vie; voici la lance qui a terrassé
« l'un et l'autre. » En achevant, il portait à son ennemi un coup mortel; mais sa lance se rompit au moment où Doraïd venait cette fois en personne apprendre le sort de ses guerriers. Il aurait pu combattre avec avantage un ennemi désarmé, mais l'admiration avait remplacé la colère: « Cavalier, » dit-il à Rabiah qui avait repris la bride du chameau et s'éloignait tran-quillement, « on ne tue pas un brave
« comme toi; cependant nos guerriers
« sont en campagne, et tu es désarmé;
« prends ma lance : je vais détourner
« mes compagnons du dangereux pro-
« jet de te poursuivre. »

Avant de dire comment la générosité de Doraïd fut récompensée par la tribu dont il avait respecté l'un des plus vaillants défenseurs, on nous saura gré peut-être de raconter la mort héroïque de Rabiah, ce preux chevalier dont la lance était si terrible à qui osait s'attaquer à lui. Son nom était Rabiah, fils de Mokaddem, de la tribu des Benon-Kenanah. Malgré son extrême jeunesse, il avait déjà mérité la première place dans sa tribu, lorsqu'un convoi qu'il escortait fut attaqué par un parti de Benou-Soulaym : Rabiah, bien qu'abattu par la maladie et obligé de se faire porter en litière, monte à cheval au premier signal du danger: il attaque les ennemis, supérieurs en nombre, avec sa valeur accoutumée, perce de sa lance le premier cavalier qui s'avance pour le combattre; mais dans le même instant il est blessé dangereusement par une flèche. Son sang coule à flots; obligé de se retirer, il rejoint le convoi dans lequel se trouvaient ses sœurs et sa mère, fait bander sa blessure par cette dernière, et sentant que ses forces allaient le trahir, il dit aux femmes : « Pressez l'allure de
« vos chameaux, gagnez les habita-
« tions les plus voisines : seul j'atten-
« drai l'ennemi, seul je protégerai votre
« retraite; placé à l'entrée du défilé
« par lequel vous allez fuir, j'arrêterai
« ceux qui voudraient vous poursui-
« vre : ils n'oseront pas venir jusqu'à
« moi pour aller jusqu'à vous. » Les femmes obéirent. Rabiah s'adosse à la montagne et se soutient sur sa lance, qu'il a fichée en terre pour lui servir d'appui. Ses yeux se ferment, ses forces s'épuisent, et l'ennemi n'ose approcher. Tout à coup Noubayschah, fils de Habib, s'écrie : « Il penche la tête; il est mort; » puis d'un trait il frappe les flancs du cheval : l'animal blessé s'emporte et un cadavre tombe sur le sable. Un cadavre avait sauvé la tribu,

car les femmes et les enfants, protégés par la terreur de l'ennemi, avaient eu le temps d'atteindre un asile assuré (*).

Ce fut quelque temps après la mort du héros que Doraïd, trahi à son tour par la fortune, tomba entre les mains des Benou-Kenanah. Son nom n'était pas connu, et il le cachait avec soin, lorsque, d'un groupe de femmes occupées à examiner les captifs, en sort une qui s'avance vers lui. « Par la mort! s'écrie-t-elle, nos gens ont fait une belle prise. Savez-vous quel est ce guerrier? C'est celui qui donna sa lance à Rabiah, fils de Mokaddem, le jour où il défendit sa compagne contre trois cavaliers qu'il renversa sur la poussière. » Puis, jetant sur lui son manteau : « Enfants de Kenanah, cet homme est sous ma protection; c'est l'homme de la journée d'El-Akhram (**). » Bientôt on sut le nom du prisonnier, qui s'informa à son tour du guerrier dont il avait admiré la valeur. On lui apprit qu'il avait été tué par les Benou-Soulaym. « Et la femme qui l'accompa« gnait, reprit Doraïd, qu'est-elle de« venue? — Vous la voyez, répondit « celle qui l'avait pris sous sa protec« tion; c'était moi qu'il ramenait dans « sa tribu : j'étais sa femme. » Doraïd, une fois reconnu, ne pouvait rester longtemps captif d'une tribu envers le chef de laquelle il s'était montré généreux. On se cotisa pour racheter sa liberté de l'Arabe qui l'avait pris; la veuve de Rabiah lui donna un riche vêtement, et il retourna chez les siens, en faisant le serment de ne plus porter les armes contre les enfants de Kenanah (***).

(*) Cette mort héroïque de Rabiah, fils de Mokaddem, a été empruntée par l'auteur ou les auteurs du roman d'Antar, qui terminent de cette manière touchante les aventures de leur héros.

(**) Tel était le nom de la vallée dans laquelle Rabiah avait défait tour à tour les trois guerriers envoyés contre lui par Doraïd.

(***) Tiré du Kitab-el-Aghani, et du livre intitulé El Ikd-el-Férid, et publié par M. Fresnel dans le *Journal asiatique*, troisième série.

Si l'extrême susceptibilité des Arabes sur tout ce qui touchait l'honneur de leurs femmes n'eût produit chez eux que cette valeur bouillante, ce mépris du danger, cette inquiète vigilance dont nous avons donné quelques exemples, elle ne mériterait que des éloges; elle serait digne des temps où les cours de Grenade et de Cordoue brillaient de l'éclat des vertus les plus chevaleresques; mais, dans les temps du paganisme, ces nobles qualités se trouvaient souvent obscurcies par des actes de froide cruauté. C'est ainsi que, dans la crainte de laisser sans protection des filles qui plus tard seraient enlevées et déshonorées par leurs ennemis, les Arabes de la classe pauvre, ou qui n'appartenaient pas à des tribus puissantes, avaient l'affreuse coutume d'enterrer vives les filles qui leur naissaient. C'est à Mahomet qu'on dut l'entière abolition de cette barbarie, et M. Caussin de Perceval nous a fait connaître à ce propos de curieux détails qui peignent les mœurs du temps. Sassaa, aïeul de Farazdak, l'un des meilleurs poëtes qui aient illustré les premiers temps de l'islamisme, s'était rendu célèbre par la généreuse philanthropie qui le porta à sauver de la mort un grand nombre de jeunes victimes condamnées par l'horrible préjugé dont nous venons de parler. Voici ce qu'il racontait lui-même :

« Je me présentai un jour devant « Mahomet. Il me proposa d'embrasser « l'islamisme. Je le fis, et le prophète « m'apprit quelques versets du Coran. « Je lui dis ensuite : « J'ai fait autre« fois certaines actions pour lesquelles « je voudrais savoir si Dieu me récom« pensera. — Quelles sont ces actions? « demanda Mahomet. — J'avais perdu, « répondis-je, deux chamelles prêtes à « mettre bas. Je montai sur un cha« meau pour les chercher. J'aperçus « de loin deux tentes auprès l'une de « l'autre. Je me dirigeai vers elles, et « je trouvai dans l'une un vieillard, « auquel je demandai s'il avait vu deux « chamelles pleines portant telle et « telle marque et touchant au moment « de leur délivrance. — Elles sont ici,

Chameau seul et chameau suffisant.

ARABIE.

« répondit-il ; nous les avons aidées « dans leur travail ; elles allaitent leurs « petits, et leur lait a été d'un grand « secours à une famille pauvre qui t'est « alliée par le sang; car nous sommes « descendants de Modhar. » Tandis « qu'il me parlait ainsi, on lui cria de « la tente voisine que sa femme venait « d'accoucher. « De quel sexe est l'en- « fant? dit-il. Si c'est un garçon, nous « partagerons avec lui notre nourri- « ture; si c'est une fille, qu'on l'en- « terre. — C'est une fille, s'écria la « femme. Quoi ! faudra-t-il donc la faire « mourir? — Épargne-la, dis-je au « père; je t'offre de l'acheter. — Mon « frère, répondit-il, comment peux-tu « me proposer de te vendre ma fille? « ne t'ai-je pas dit que je suis un Arabe « de noble race, un descendant de « Modhar? — Ce que je désire, répli- « quai-je, n'est pas d'en acquérir la « propriété et de la posséder comme « esclave; je veux seulement racheter « sa vie et t'empêcher de la tuer. — « Que me donneras-tu? — Mes deux « chamelles et leurs petits. — Ce n'est « pas assez; je veux encore le chameau « que tu montes. — J'y consens, à con- « dition que tu me le laisseras jusqu'à « ce qu'il m'ait ramené auprès de ma « famille; ensuite, je te le renverrai. » « L'accord fut ainsi conclu, et je fis « jurer à l'Arabe qu'il aurait soin de sa « fille. Fier d'un acte de bienfaisance « dont j'avais donné le premier exem- « ple parmi les Arabes, je fis serment « que toutes les fois que j'entendrais « parler d'une fille ainsi condamnée « par son père à être enterrée vivante, « je la rachèterais au prix de deux cha- « melles nouvellement mères et d'un « chameau. Depuis lors, jusqu'au mo- « ment où l'islamisme a aboli cette cou- « tume, j'ai racheté trois cent soixante « jeunes filles. Ai-je mérité par là quel- « que faveur du ciel? Mahomet répon- « dit : « Tu as fait une chose belle et « méritoire. Dieu t'en récompense dès « aujourd'hui en t'accordant le bonheur « d'embrasser la foi musulmane (*). »

(*) Extrait du Kitab-el-Aghani, IV, fol. 224, par M. Caussin de Perceval, et

Au premier rang des causes qui excitaient toutes les passions belliqueuses du Bédouin, nous devons, ainsi que nous l'avons déjà fait entendre, mettre encore la vengeance. Le meurtre d'un Arabe plaçait la tribu dont il faisait partie en état de *vendetta* vis-à-vis de la tribu du meurtrier, et le système de représailles s'organisant à l'instant, se continuait de part et d'autre jusqu'à ce que le prix du sang eût été acquitté. Ce prix du sang, ce tarif de la vie humaine variait suivant l'importance du guerrier qui avait succombé sous les embûches de son ennemi. Nous avons vu que chez les Koréischites le nombre des chameaux exigés comme compensation de la vie d'un homme avait augmenté de dix à cent (*), à la suite du

inséré dans sa notice sur les trois poëtes arabes Akhtal, Farazdak et Djérir. *Nouveau Journal asiatique*, t. XIII, p. 508-509.

(*) Il paraît que chez les Benou-Tamim, le rachat d'un meurtre était de deux cents chameaux. Voici ce que M. Fresnel a extrait des traditions d'Abou-Obaydah dans le livre intitulé el Ikd-el-Férid. Au combat de Rahrahan, dont nous parlerons plus tard, Mabad, chef des Benou-Tamim, avait été pris par deux frères, Amir et Tofaïl fils de Malik, fils de Djafar fils de Kilab.

« Laqît, fils de Zorarah, frère du prison- « nier, dit M. Fresnel, vint les trouver pour « traiter avec eux de la rançon de son frère, « et leur dit : « J'ai deux cents chameaux à « votre service. » — Les fils de Malik lui « répondirent : « Tu es fils d'Ylyas, et « Mabad ton frère est chef de Moudar; « nous n'accepterons pour lui que la ran- « çon d'un roi. » Mais Laqît ne voulut point « entendre à une augmentation. « Notre « père, dit-il, nous a recommandé, et c'est « une de ses volontés testamentaires, de ne « pas ajouter un seul chameau aux deux « cents qui forment depuis longtemps le « prix de nos rançons. » Alors Mabad dit « à Laqît : « Ne m'abandonne pas, ô Laqît; « j'en jure par Dieu, si tu me laisses « aujourd'hui entre leurs mains, tu ne me « reverras jamais. » — « Patience, mon « frère, » repartit Laqît, « car si je cède, « que deviendra le testament de notre père, « qui nous disait : Ne vous laissez pas man- « ger par les Arabes, et n'élevez pas le taux

vœu imprudent qu'avait fait Abd-el-Mottalib de sacrifier son fils Abdallah. L'existence d'un prince, d'un chef, ne pouvait se payer qu'au prix de mille chamelles, et quelquefois cette compensation était refusée avec hauteur. La guerre de Baçous entre les tribus de Bekr et de Taghlib, l'une des plus célèbres qui aient eu lieu avant l'islamisme, donna lieu à un refus de ce genre.

La chamelle d'une femme nommée Baçous fut tuée par Koulaïb-Waïl, chef des Taghlibites (*). Le beau-frère de Koulaïb, Djassas-ben-Morrah, de la tribu des Benou-Bekr, hôte de cette femme, crut devoir venger l'injure faite à l'étrangère qui était sous son toit, et tua Koulaïb, dont la grande puissance et l'orgueil avaient probablement excité bien des jalousies. Le meurtre d'un guerrier si renommé demandait une prompte vengeance. Quelques Taghlibites envoyés par Mouhalhil, frère de Koulaïb, vinrent trouver Morrah, le père du meurtrier, et lui dirent :

« Vous avez commis une grande in-
« justice en tuant Koulaïb pour venger
« la perte d'une chamelle; vous avez
« rompu tous les liens du sang et man-
« qué à notre alliance. Nous n'avons
« pas voulu néanmoins user de sur-
« prise à votre égard, ni vous attaquer
« avant de vous avoir offert un moyen
« de conciliation. Nous vous donnons
« le choix entre quatre manières de
« nous donner satisfaction qui assure-
« ront votre tranquillité, et dont nous
« voulons bien nous contenter. — Quel-
« les sont vos propositions ? demanda
« Morrah. — Rendez la vie à Koulaïb,
« reprirent les députés, ou livrez-nous

---

« de vos rançons au-dessus du prix cou-
« rant d'un cavalier de votre peuple, de
« peur que les loups ravissants qui infes-
« tent le pays ne se jettent sur vous, atti-
« rés par l'appât que vous leur aurez offert?»
« — « Et Laqit s'en alla sans avoir racheté
« Mabad, auquel les vainqueurs firent éprou-
« ver tant de mauvais traitements qu'il
« mourut d'inanition. » Lettre sur l'Hist. des Ar. av. l'Isl., page 46. Laqit se fit tuer plus tard au combat de Djabala pour venger la mort de son frère. Voy. *Abulfedæ Hist. anteislam.*, ed. Fleischer, p. 146.

(*) D'après les anciennes traditions arabes, les différentes tribus qui descendaient de Maad fils d'Adnan ne s'étaient réunies que trois fois sous un même chef. Chacun de ces combats eut pour cause le désir qu'éprouvaient les Ismaélites habitant le Téhama de se soustraire au tribut que leur avaient imposé les Arabes du Yémen. Ces trois batailles sont connues sous le nom de bataille d'el-Baydâ, bataille de Soullân et bataille de Khazaz. C'est cette dernière qui affranchit définitivement les descendants de Maad de la suzeraineté qu'exerçaient sur eux les rois de la postérité de Himyar. Aussi plusieurs tribus ont-elles réclamé l'honneur d'avoir produit le chef qui commandait, à cette journée, les enfants d'Ismaïl. Quelques chroniqueurs nomment Koulaïb-Waïl, comme ayant été le chef des Benou-Taghlib. C'est une opinion très-controversée, ainsi que tout ce qui regarde l'époque de ces combats connus seulement par les allusions fréquentes qu'y font quelques anciens poëtes. « Il y a soixante ans, dit Abou-Amr, « qui vivait au second siècle de l'hégire, « que j'interroge les hommes les plus ins-« truits, sur la journée de Khazaz, et je n'ai « pu trouver personne qui sût le nom du « général ou seulement le nom de sa tribu. « Tout ce que j'ai pu recueillir, c'est qu'avant « cette journée les gens du Yémen envoyaient « chez le peuple de Nizar fils de Maad un « homme accompagné d'un scribe et muni « d'un tapis sur lequel il s'asseyait pour « recevoir les tributs que le Yémen levait « alors arbitrairement sur la postérité de « Nizar, et les faire enregistrer par le scribe « de la même manière que les percepteurs « des aumônes légales les enregistrent au-« jourd'hui parmi nous. C'est de la jour-« née de Khazaz que date l'indépendance « des tribus maaddiques; depuis lors leur « population s'est accrue, et le Yémen n'a « pas remporté un seul avantage sur nos « pères. Des feux furent entretenus trois « jours et trois nuits sur les hauteurs de « Khazaz pour appeler au combat les en-« fants de Nizar. La flamme, durant la nuit, « la fumée pendant le jour furent les si-« gnaux de cette grande journée. » Voyez la Lettre de M. Fresnel sur l'Histoire des Arabes avant l'islamisme, supplément.

ARABIE.

Puits Zemzem

« Djassas, son meurtrier, afin que son « sang répandu par nos mains expie le « meurtre de Koulaïb; ou, si vous l'ai-« mez mieux, donnez-nous son frère « Hamam, que nous recevrons à sa « place; ou enfin remettez-vous vous-« même entre nos mains; votre sang « nous tiendra lieu de celui du coupa-« ble. — Rendre la vie à Koulaïb, c'est, « répondit Morrah, une chose impos-« sible. Djassas a frappé à la hâte un « coup fatal; son coursier l'a aussitôt « dérobé à nos yeux, et j'ignore le lieu « qui le recèle. Hamam est entouré de « dix enfants et d'autant de frères et « de neveux, qui sont tous les plus « braves cavaliers de leur tribu; jamais « ils ne consentiront à me le livrer « pour que je vous l'abandonne, et qu'il « expie par son sang le crime dont un « autre s'est rendu coupable. Quant à « moi, je n'ignore pas que les premiers « efforts de la guerre tomberont sur « moi, et que j'en serai infailliblement « la première victime; mais je ne veux « pas prévenir l'heure de mon trépas. « Je vous donne néanmoins le choix de « ces deux propositions. Vous voyez « ces enfants qui me restent, et qui « sont tous suspendus au cou de leur « mère, prenez celui que vous voudrez, « emmenez-le dans votre camp, et puis « égorgez-le comme on égorge un « agneau; ou bien acceptez mille cha-« melles aux yeux noirs que je vous « ferai payer, et recevez en garantie « du payement un répondant pris parmi « les enfants de Bekr. » A cette pro-« position, les ambassadeurs indignés « répondirent : « Oses-tu bien nous of-« frir le sang d'un enfant, ou le lait de « tes chamelles en échange du sang de « Koulaïb (*)! »

La guerre fut résolue, et dura quarante ans; Mouhalbil, frère de Koulaïb, poëte habile, qui jusque-là n'avait chanté que les plaisirs de l'amour ou de la bonne chère, et était connu par le surnom du conteur de fleurettes (*Zirannica*), devint l'implacable ennemi de tous ceux qui appartenaient à la tribu du meurtrier de son frère. Dès lors, ses chants ne furent plus que des chants de guerre ou de menace; et faisant allusion, plus tard, au surnom que lui avaient valu ses premières poésies, il s'écriait : « Oh! si mon frère pouvait soulever la terre qui le recouvre, et voir quels torrents de sang j'ai répandus pour le venger, que penserait-il de celui qu'il avait coutume de nommer le conteur de fleurettes. » Plusieurs combats meurtriers, et dans lesquels l'avantage était toujours resté aux Taghlibites, n'avaient pas assouvi la vengeance de Mouhalhil; il continuait à confondre dans sa haine tous les enfants de Bekr, bien que plusieurs familles de cette grande tribu eussent refusé de soutenir une querelle qui leur semblait injuste. Parmi les chefs bekrides qui avaient séparé leur cause de celle de Djassas, se trouvait Harith-Ben-Obbad, guerrier connu par de nombreux exploits, et dont l'opinion était tellement favorable à Mouhalhil, que son fils Boudjayr ayant été tué par ce dernier, il s'écria : Bénie soit cette mort qui rétablit la paix entre les tribus de Bekr et de Taghlib. Il s'imaginait que le meurtre d'un personnage aussi important que son fils serait regardé comme une compensation suffisante de la mort de Koulaïb; mais telle n'était pas l'opinion de Mouhalhil, qui avait dit au jeune chef, en le tuant : « Vaille ta mort pour les courroies des sandales de Koulaïb! Koulaïb reste encore à venger. » Au récit de cet outrage, Harith entra en fureur, et se mit à la tête des troupes de Bekr pour marcher contre celles de Taghlib. Bientôt il rencontra les ennemis, et, fondant sur eux avec impétuosité, les tailla en pièces; Mouhalhil lui-même, le poëte guerrier, se disposait à prendre la fuite lorsqu'il fut pris par Harith. Plein du désir de la vengeance, ce dernier, qui ne le connaissait pas, lui dit : « Qui que tu sois, je te promets la liberté, si tu me fais connaître Mouhal-

---

(*) Voy. le Mémoire sur l'origine et les anciens monuments de la littérature parmi les Arabes, par M. Sylvestre de Sacy, Mémoires de l'Académie des inscriptions et belles lettres, t. L, p. 181-182, et la Lettre sur l'Histoire des Arabes avant l'islamisme. Paris, 1836, p. 20.

hil. — Tu m'en donnes ta parole? reprit celui-ci. — Je te la donne. — Eh bien, c'est moi qui suis Mouhalhil. » Animé par une injure si récente, ayant entre ses mains le meurtrier de son fils, Harith ne trahit pas la foi jurée. Il relâcha Mouhalhil, se contentant de lui couper quelques mèches de cheveux, pour qu'on ne pût douter qu'il eût été en son pouvoir. Quelque temps après, Harith, qui d'abord avait fait vœu de n'entendre à aucun accommodement avec les enfants de Taghlib, consentit à mettre fin à sa vengeance, et les deux tribus se réconcilièrent après quarante années de discorde.

Il est facile de fixer approximativement la date de cette guerre, puisqu'il y avait peu de temps qu'elle était terminée lorsque deux poëtes rivaux, Harith-ben-Hilliza et Amrou, fils de Kelthoum, récitèrent, en présence d'Amrou-ben-Mondhir, roi de Hira, dont nous avons fixé le règne en l'an de J. C. 562, les poëmes qu'ils avaient composés chacun en l'honneur de leur parti, s'en rapportant à l'arbitrage du roi pour mettre fin à quelques dissensions qui menaçaient de renouveler une guerre à peine finie. Au jour où les enfants de Bekr et de Taghlib se présentèrent devant le roi, Amrou-ben-Kelthoum, de la tribu de Taghlib, prit place à côté de lui. Harith, qui était lépreux, avait chargé quelqu'un des siens de réciter son poëme; mais ayant voulu juger de la manière dont il s'en acquitterait, et n'en ayant pas été satisfait, il dit : « Quoiqu'il me répugne beaucoup de parler devant un prince qui ne m'adressera la parole que derrière sept voiles et fera laver les traces de mes pas quand je me serai retiré, cependant j'aime mieux me soumettre à toutes les humiliations que de compromettre le succès de votre cause. » Il récita donc le commencement de son poëme, étant séparé par sept tentures du lieu où se tenait le roi. Aux premiers vers, la reine s'écria : « Jamais homme aussi éloquent n'a parlé derrière sept voiles. » Le roi, touché de cette parole, en fit retirer un. Bientôt la reine répéta la même chose jusqu'à sept fois, et le roi faisant, à chaque fois, ôter un des voiles qui le séparait du poëte, Harith se trouva en présence du roi, sur le même tapis. Cependant son débit s'animait à mesure qu'il avançait dans le récit de son œuvre, et telle était la force du sentiment qui l'absorbait tout entier, que le bout de son arc, sur lequel il était appuyé, lui perça la main sans qu'il en ressentît aucune douleur. Amrou n'avait consenti à être arbitre entre les deux tribus qu'à condition que les enfants de Bekr lui remettraient entre les mains soixante-dix otages choisis parmi les plus nobles d'entre eux, et on était convenu que si les enfants de Bekr gagnaient leur cause, leurs otages leur seraient rendus, et que, dans le cas contraire, Amrou les remettrait prisonniers entre les mains des enfants de Taghlib. Quand Harith eut fini de parler, le roi fit couper les cheveux de devant aux soixante-dix otages de Bekr, et remit ces cheveux à Harith, qui les garda comme un trophée. En agissant ainsi, le roi voulait faire entendre qu'il regardait les otages de Bekr comme appartenant légitimement aux enfants de Taghlib, mais qu'il leur accordait la liberté en considération de Harith, leur défenseur, et comme une preuve de l'admiration qu'il éprouvait pour son talent. Le poëme de Harith nous a été conservé, ainsi que celui de son rival; ils font partie de ces *moallakas* ou poëmes *suspendus* conservés dans la Caaba, comme les plus précieux monuments du génie de la nation, et dont nous parlerons plus tard.

Nous pouvons donner, comme preuve nouvelle du zèle avec lequel était poursuivie l'expiation d'un meurtre important, les aventures de Harith des Benou-Dhobyan, qui avait cru devoir venger, même à la cour d'un roi, la mort de son chef. De pareils récits ont l'avantage de mettre en action les habitudes de la vie aventureuse des Arabes. Les chroniqueurs

(*) Voy. M. Sylvestre de Sacy, *Mémoires de l'Acad. des inscript.*, t. L, p. 386-387.

qui nous ont conservé ces naïves peintures des mœurs antiques nous initient à tous les détails qu'aurait peut-être omis un historien plus habile : ils n'ont sans doute ni critique, ni choix, ni méthode, ne s'occupent jamais de la moralité des faits, et n'en recherchent ni les causes, ni les conséquences. Loin de regarder l'histoire comme un enseignement qui rattache le passé à l'avenir, ils prennent les événements de toutes mains et de toutes bouches. Mais la simplicité même de leur récit accuse la fidélité de leurs tableaux : qu'ils aient écrit sur de simples ouï-dire, c'est probable ; et s'ils assistent aux événements de leur époque, l'oreille prête à tout entendre, leur témoignage n'en est que plus précieux pour nous : ils nous laissent ainsi la libre appréciation des faits dont ils ne sont que l'écho.

Zohaïr, fils de Djazimah, était le chef de la tribu d'Abs, issue de Ghatafan, et depuis longtemps les tribus des Benou-Hawazin lui payaient un impôt. Une vieille femme, appartenant à cette dernière famille, était venue lui apporter un pot de beurre, seul tribut que la sécheresse qui était venue frapper le pays, lui eût permis d'offrir ; Zohaïr goûta le beurre, et le trouva mauvais. Furieux de la mauvaise qualité d'un si mince présent, il renversa la vieille en la poussant du bout de son arc, et cette malheureuse femme tomba d'une manière qui offensa la décence. Telle fut la cause du meurtre de Zohaïr. Un Arabe de Hawazin, nommé Khalid, témoin de la chute de cette femme, qui lui parut une offense mortelle pour sa tribu, s'écria : « Par Dieu, je lè-
« verai mon bras jusqu'à ce que je tue
« ou sois tué. » Quelques jours après, Zohaïr, attaqué par surprise dans les montagnes, succombait sous les coups de Khalid. Celui-ci cherchant à échapper aux ennemis puissants que venait de lui faire un meurtre si hardi, se retira à la cour de Noman, fils de Mondhir, roi de Hira, qui l'accueillit avec bienveillance. Cependant Kaïs, fils de Zohaïr, se préparait à venger son père et à porter la guerre contre la tribu de son meurtrier, lorsque Harith, de la tribu de Dhobyan, qui était, ainsi que la tribu d'Abs, issu de Ghatafan, vint dire au jeune chef : « A toi les soins de la guerre, à toi la conduite d'une expédition ; moi je veux la mort de Khalid, et je m'en charge. — Mais ne sais-tu pas, répondit Kaïs, que Noman lui a accordé un asile ? — Je le sais, reprit Harith, mais je le tuerai entre les bras de Noman. »

Harith s'étant rendu, d'après sa résolution, à la cour du roi de Hira, y arriva au moment où ce prince partageait son repas du soir avec Khalid et son frère Otbah, qu'il avait admis à sa table. Introduit auprès de Noman, Harith en reçut l'accueil le plus distingué ; et comme il était de mœurs élégantes et polies, parfaitement bien fait de sa personne, très-habile dans l'art de raconter d'une manière attachante les anciennes légendes, le prince eut bientôt pour lui des attentions tellement exclusives, que Khalid en fut piqué. Aussi saisit-il la première occasion de prendre la parole, pour dire : « Eh bien, Harith, tu ne me re-
« mercies pas ? c'est pourtant moi qui
« ai tué Zohaïr ; c'est à moi que tu dois
« d'être devenu, par sa mort, un des
« chefs qui ont succédé à sa puis-
« sance. » L'impression de ces paroles sur Harith fut si forte, que sa main tremblante laissait échapper les dattes qu'il tenait, tandis qu'il répétait d'une voix entrecoupée : « C'est donc toi
« qui as tué Zohaïr ? » A la vue de cette émotion profonde, Noman toucha légèrement Khalid du bout de sa lance, et lui dit à voix basse : « Tu mourras
« de la main de cet homme. » Quelques moments après, Khalid et son frère se retiraient dans leur tente, dont ils boutonnaient les rideaux pour se livrer au sommeil, tandis que Harith prenait à son tour congé du prince. A peine est-il seul, qu'il va préparer son cheval, et revenant vers la tente de Khalid, il en fait sauter les boutons d'un coup de sabre. Les deux frères étaient endormis ; il éveille Khalid : « Pensais-tu
« donc, lui dit-il, que tu pourrais im-

« punément assassiner un chef tel que
« Zohaïr? » puis d'un coup de sabre il
le renverse sans vie. Otbah s'éveille au
bruit de la chute : « Silence ! lui dit
« Harith, ou je t'étends à côté de ton
« frère ! » et, sautant à cheval, il disparaît.

Cependant Otbah se précipite hors
de la tente : « A quoi sert donc la pro-
« tection royale? s'écriait-il en se diri-
« geant vers la demeure du prince ;
« Noman, on vient d'assassiner dans
« ton camp l'homme à qui tu avais pro-
« mis ta protection. » Le roi de Hira
fit sur-le-champ partir des cavaliers à
la poursuite de Harith : ils l'atteignirent avant l'aurore; mais à leur vue,
mettant le sabre à la main, il les chargea avec tant de vigueur, qu'il les
contraignit de fuir après en avoir tué
un grand nombre, tandis qu'il répétait ces paroles devenues proverbiales :
Qui veut acheter mon sabre? voilà
de ses coups. On emploie ce proverbe,
nous dit Meïdani, pour exprimer la
terreur qu'éprouve quelqu'un à la vue
d'un mal dont il connaît les funestes
effets (*).

Échappé aux cavaliers de Noman,
Harith se réfugia dans la tribu de
Kenda; et, poursuivi de nouveau par
la vengeance du prince de Hira, il
arriva, après quelque temps d'une vie
errante, chez les Benou-Idjl-ben-Loudjaym, où il fut accueilli par un Arabe
du nom de Rayan. A peine avait-il
joui d'un peu de repos dans ce nouvel
asile, que les tribus alliées des Benou-Idjl vinrent demander l'expulsion de
Harith, pour ne pas attirer sur eux
toutes les forces du roi de Hira. Les
Benou-Idjl refusèrent de manquer ainsi
aux lois de l'hospitalité; mais le proscrit voyant qu'il allait devenir une
cause de discorde, et appeler peut-être
la destruction sur la tête de ses protecteurs, renonça de lui-même à l'asile
qui lui avait été si généreusement accordé, pour se retirer dans les montagnes habitées par les Benou-Tay.
Là, il resta quelque temps à l'abri des
poursuites d'Aswad-ben-Mondhir, frère
de Noman, qui le faisait chercher partout, et qui, ne pouvant parvenir à
l'atteindre, fit enlever par ses cavaliers quelques femmes connues pour
être placées sous la protection de Harith. Aussitôt que la nouvelle de cet
enlèvement lui parvint, il descendit
des montagnes, se mêla, sous un déguisement qui le rendait méconnaissable, aux gens de la plaine, et, ayant
appris quel était le lieu où avaient été
transportées ses protégées, il vint à
bout de les mettre en liberté. Cet exploit ne lui suffit pas : on avait attenté
à son droit de protection, il lui fallait
une vengeance, et il la choisit horrible.
Aswad, son persécuteur, avait un tout
jeune fils nommé Scherahbil, qui était
nourri par la femme de l'hôte auprès
duquel Harith avait trouvé un asile.
La tendresse de cette femme pour son
nourrisson était si grande, que jamais
il ne sortait de ses bras. Harith profita d'un jour où son hôte, nommé
Sinan, se trouvait retenu loin de chez
lui par une affaire; il lui emprunta, sous quelque prétexte, la selle
dont il se servait ordinairement, et
revint en hâte au logis : la jeune nourrice donnait au rejeton des princes de
Hira ses soins ordinaires. « Je viens
« au nom de votre mari, lui dit Harith, vous demander de me confier
« le jeune Scherahbil, et voici la selle
« qu'il m'a confiée en preuve de la vé-
« racité de mon message. Sinan veut
« porter au prince son jeune fils, et
« espère en obtenir ma grâce s'il la lui
« demande au nom de cet enfant. »
L'épouse de Sinan, sans défiance, remit son nourrisson à Harith, qui, le
cœur plein de haine, l'emporta dans
les montagnes, et lui fendit la tête
d'un coup de sabre. Voici l'une de ces
actions dont la froide cruauté ne peut
être atténuée par aucune provocation,
et telle qu'il s'en présente malheureusement quelques-unes dans ces temps
d'ignorance, où l'énergie des passions
sauvages en arrivait souvent à déna-

---

(*) Voyez Meïdani à l'explication du proverbe: *Man yaschtari séifi*, etc., et la Lettre de M. Fulgence Fresnel à M. Duprat (sur l'Histoire des Arabes avant l'islamisme, p. 43).

turer les vertus pour en faire des vices. Les représailles d'Aswad ne furent pas moins atroces : non-seulement il mit tout à feu et à sang dans les tribus qui tenaient par quelque lien au meurtrier, mais ayant trouvé dans son retour les petites sandales de son fils chez les Benou-Mouharib, et jugeant d'après cet indice qu'ils n'étaient pas innocents du meurtre, il fit prendre tous ceux qu'on put atteindre; puis, ayant fait chauffer des cailloux au rouge, il les faisait marcher pieds nus sur ce sol brûlant, en leur disant : « Ah! vous aimez les sandales... eh bien! en voici de ma façon. » Ces cruautés ne cessèrent que lorsque Sayar, de la tribu de Dhoubyan, eut promis de payer à Aswad l'amende royale de mille chameaux, et livré son arc comme gage de sa promesse. Il avait acquitté sa dette et retiré son gage avant le terme d'un an.

Cependant Harith, qui avait de nouveau pris la fuite, s'était retiré chez Mabad, fils de Zorarah, de la tribu des Benou-Temim. Là, il devint encore un sujet de discorde. Plusieurs familles des Temimides vinrent trouver Mabad et lui déclarer qu'ils séparaient leur cause de la sienne, tant était grande la crainte qu'inspiraient les princes de Hira. Ce fut cette fois cependant un frère de Khalid, la première victime de Harith, qui vint demander compte au fils de Zorarah de la protection qu'il accordait à un meurtrier. Mabad, fidèle à la foi jurée, voulut défendre son hôte, et fut fait prisonnier dans un combat livré à Rahrahan, non loin d'Okadh, dans le Hedjaz. Obligé de fuir encore, Harith, qui se trouvait voisin de la Mecque, alla demander un asile aux Koréischites; et, pour les disposer en sa faveur, il avait composé en leur honneur un poëme où ils étaient glorifiés comme les amis de Dieu, chargés de la garde de la Maison sainte; mais cette fois la poésie, dont le charme était si puissant sur les Arabes, ne produisit pas son effet accoutumé. Les Mekkaouïs, ne voulant pas attirer sur leur ville les haines puissantes qui poursuivaient le proscrit, lui fermèrent leurs portes. Harith s'en vengea par une satire, et prit la route de la Syrie. Là, il fut accueilli par un parent des Ghassanides, appelé Yezid-ben-Amr, et c'était peut-être la meilleure protection qu'il pût trouver; car les Ghassanides, alliés ou plutôt lieutenants des empereurs de Constantinople, étaient presque toujours en guerre, ainsi que nous l'avons vu, avec les princes de Hira. Cependant la mauvaise fortune de Harith ne lui fut que trop fidèle. Yezid avait une chamelle favorite qui errait en liberté dans les pâturages, portant suspendus à son cou un couteau, un briquet et une salière : c'était un défi perpétuel à ceux qui auraient bravé la puissance de Yezid. Il semblait leur dire ainsi : Qui osera porter la main sur ma chamelle? Voici un couteau pour l'égorger, un briquet pour la faire cuire, et du sel pour en assaisonner la chair. La femme de Harith, qui était enceinte, ayant éprouvé un jour un vif désir de manger de la chair de chamelle, son mari, accoutumé à surmonter tous les obstacles, ne craignit pas, pour la contenter, de braver la colère du prince, et égorgea la chamelle en secret. Lorsque, plus tard, Yezid s'aperçut de la disparition de cet animal favori, il entra dans une violente colère, et envoya chercher un devin pour en obtenir des renseignements sur le coupable. Cet homme déclara que l'auteur d'une action si hardie était le réfugié Harith. Quel que fût le ressentiment du prince, il sut en réprimer la force. Harith était sous sa protection; il ne pouvait en tirer vengeance. Mais celui-ci, s'étant douté que son imprudence avait été dévoilée par le devin, le tua. Cette fois, Yezid trouvait l'occasion de se livrer à sa colère sans paraître mû par un sentiment personnel. Il fit appeler Harith en sa présence, et ordonna qu'on le mît à mort. En vain le malheureux réclama les priviléges de l'hospitalité. « Je puis bien les trahir une « fois, répondit Yezid, envers un « homme qui les a trahis souvent; » et il ordonna au fils du devin de venger son père. Le jeune homme obéit avec joie, et se saisit comme trophée du sabre de sa victime, qu'il porta à la foire d'Okadh, dont nous parlerons plus tard avec détails. Là, il osa se vanter d'être le meurtrier du célèbre Harith ; mais il fût tué à son tour par Kaïs, fils et successeur de Zohaïr, dont Harith avait vengé le trépas au prix du repos de toute sa vie (*).

Nous terminerons ce que nous avons à dire sur les habitudes belliqueuses des anciens Arabes, par le récit de la célèbre guerre de Dahis, née à l'occasion d'une course de chevaux, et qui pendant quarante ans arma l'une contre l'autre les deux tribus d'Abs et de Dhobyan. Pendant quarante ans, dit la tradition, aucune cavale, aucune chamelle ne donna de progéniture aux guerriers de ces deux tribus, parce que la guerre ne leur laissait aucun instant de repos.

Les circonstances qui accompagnent la naissance d'un héros, notées avec soin par ceux qui en écrivent l'histoire, sont parfois extraordinaires, et semblent annoncer d'avance une destinée peu commune. Il en a été ainsi du cheval Dahis. Les chroniqueurs ont recueilli tous les détails qui précédèrent ou suivirent sa venue, et les ont transmis à la postérité, comme s'il s'agissait d'Achille ou d'Homère. La cavale qui lui donna le jour appartenait à Kirwasch, de la tribu d'Iarbou, et se nommait Djalwa. Elle eut pour père un étalon qui s'appelait Dhou'lokkal, et appartenait à Haut, autre Arabe de la même tribu. Un jour que les deux filles de Haut conduisaient ce cheval au pâturage, le hasard voulut que la cavale de Kirwasch, qui était en chaleur, vînt à passer. A peine Dhou'lokkal l'eut-il sentie, qu'il se mit à se cabrer et à hennir ; en sorte que quelques jeunes gens de la tribu se moquant de l'embarras où se trouvaient les jeunes filles, elles lâchèrent, toutes honteuses, le cheval qu'elles retenaient à grand' peine, et il se jeta sur la ju-

(*) Voy. la Lettre sur l'Hist. des Ar. av. l'isl. adressée à M. Duprat, par M. Fresnel, passim.

ment. On reprit cependant l'étalon, qu'on rendit à ses conductrices, et bientôt elles furent rejointes par leur père. Cet homme, d'un caractère violent, attachait une grande importance à ne pas laisser saillir son cheval. Il n'eut pas plutôt jeté les yeux sur lui, qu'il comprit à son regard ce qui venait de se passer. « Par Dieu ! dit-il, je n'aurai pas de repos que je n'aie repris mon bien là où il peut être ; » et imprégnant son bras de terre humide, il le plongea dans le corps de la jument pour y reprendre le germe, qu'il regardait comme sa propriété. Malgré cela, la jument était fécondée, et, quelque temps après, elle mit bas un poulain, que Kirwasch nomma Dahis, d'après un mot arabe qui faisait allusion au moyen que Haut avait pris pour essayer de produire l'avortement.

Le jeune poulain était déjà devenu un cheval d'une rare beauté, lorsque Kaïs, chef des Absides, le fils de ce Zohaïr qui avait été tué par Khalid (*),

(*) Kaïs fils de Zohaïr est célèbre dans les traditions arabes comme vaillant guerrier, poëte habile, et doué d'un esprit si fin, qu'on disait en forme de proverbe plus fin que Kaïs. Meïdani rapporte l'anecdote suivante comme preuve de la sagacité de son jugement. Un homme s'approcha un jour des tentes où se trouvait El-Ahouas, et dès qu'il crut qu'on pouvait le voir, il descendit de son chameau, se dirigea vers un arbre, y suspendit une outre pleine de lait, un peu d'orge, et deux bourses, dont l'une contenait du sable, l'autre des épines ; puis il repartit au grand galop de sa monture. El-Ahouas ne pouvant deviner ce que signifiait l'action de cet homme, fit appeler près de lui Kaïs fils de Zohaïr et lui demanda l'explication qui l'embarrassait. « Rien de plus facile, « répondit Kaïs : l'homme que vous avez vu « a été pris par une armée qui marche « contre vous. Il a obtenu sa liberté, mais « sous la condition de ne pas proférer une « parole qui pût vous révéler le dessein de « vos ennemis. Il n'a donc pu employer « que des emblèmes. Les grains de sable « annoncent combien vos ennemis sont « nombreux, les épines disent qu'ils « sont bien armés. L'orge (en arabe hanta) « indique que ce sont les Benou-Hantala. « Maintenant goûtez le lait : s'il est aigre, les

Porte du temple nommé Bab-essafa.

fit une irruption dans le camp des Benou-Iarbou, et enleva les deux filles de Kirwasch, ainsi qu'une centaine de chameaux. Outre ces deux jeunes filles, il se trouvait encore au camp, dont tous les guerriers étaient absents, deux jeunes garçons chargés de la garde de Dahis, aux pieds duquel étaient des entraves de fer. Surpris par l'attaque imprévue du chef des Absides, ces deux enfants n'avaient eu que le temps de sauter sur le dos du cheval, sans lui ôter ses entraves; et Dahis, malgré l'obstacle qui arrêtait sa marche, tournait autour du camp avec une rapidité telle, que les cavaliers envoyés à sa poursuite ne pouvaient l'atteindre. L'une des jeunes captives eut alors la présence d'esprit d'élever la voix, et de rappeler aux deux gardiens que la clef des entraves se trouvait dans la mangeoire. Poussant Dahis, qui sautait à pieds joints, ils le dirigèrent de ce côté, et gagnèrent assez d'avance pour le délivrer avant d'être rejoints par l'ennemi. C'est alors que, sûrs d'échapper à toute poursuite, ils ne craignirent pas de se rapprocher de Kaïs, qui, émerveillé d'une telle vitesse, sentit le plus vif désir de devenir possesseur d'un si merveilleux coursier, et consentit à échanger jeunes filles et butin contre le seul Dahis, avec lequel il retourna dans sa tribu. Telle est la passion des Arabes pour les chevaux, que Kaïs renonça, en faveur d'un coursier, à tous les fruits de sa victoire, et que Kirwasch, à son retour, eut toutes les peines du monde à pardonner un arrangement qui lui rendait ses deux filles en le privant de son cheval.

Nous arrivons maintenant au récit de la course qui devint cause d'une longue et sanglante guerre. Kaïs, le chef des Absides, était déjà depuis quelque temps en possession de Dahis lorsqu'il fut engagé, à son insu, dans un défi contre Hodhaïfah, chef des Benou-Dhobyan. Il s'agissait de savoir quel serait celui des chevaux de Kaïs ou de Hodhaïfah qui atteindrait le premier au but placé à une distance de cinquante portées de flèche; le prix devait être quatre chameaux de bonne race. Kaïs apprit avec regret l'engagement qui avait été pris en son absence. « Les défis ont rarement une issue heureuse, dit-il, et il proposa d'annuler le pari. » Son antagoniste n'ayant pas voulu y consentir : « Eh bien, reprit-il; que les conditions d'une telle gageure soient du moins dignes de nous : la distance sera doublée, et le prix du vainqueur fixé à vingt chameaux. » Cette proposition étant acceptée, on marqua la lice entre Waridat et Dhat-el-Issad, au territoire des Benou-Dhobyan, sur une longueur de cent portées de flèche : cette distance était traversée par un ravin ; à l'extrémité on avait creusé un bassin, et il fut convenu que le coursier qui y boirait le premier serait vainqueur, car la course devait se faire à chevaux libres, ainsi qu'elles se font encore maintenant en Italie (*).

Après que les chevaux eurent été choisis de part et d'autre, et l'on pense bien que l'honneur de la tribu des Absides fut confié, en cette circonstance, aux jarrets de Dahis, on employa quarante jours à les *entraîner*, selon l'expression que nous avons empruntée à l'Angleterre, et, à l'époque fixée, on se rendit sur le théâtre de la lutte. Chacun des concurrents avait engagé deux chevaux : ceux de Kaïs étaient le cheval Dahis et la jument Ghabra. Au départ, les chevaux de Hodhaïfah parurent avoir l'avantage. Déjà il criait à Kaïs, car les deux rivaux suivaient la course : « Eh bien, Kaïs, tu es vaincu, ce ne sont pas des chevaux de course que les tiens. » — « Patience, répondit l'Abside, la course des chevaux, dans la force de l'âge, est une progression de vitesse, puis bientôt du

« ennemis sont encore loin; mais s'il est « frais, ils sont bien proches. » Le lait était tout frais; mais El-Abouas était sur ses gardes, et il put repousser l'agression des Benou-Hantala.

(*) Quelques chroniques prétendent que les chevaux étaient montés, mais il est plus probable qu'ils étaient libres.

sol ferme ils passeront dans le sol mouvant. » Ces mots, qui sont depuis devenus des proverbes, se réalisèrent à l'instant: la nature du terrain changea, et à peine les chevaux furent engagés dans les sables, que la vigueur des coursiers de Kaïs l'emporta sur l'agilité de ceux de Hodhaïfah qui étaient plus jeunes; non-seulement ils regagnèrent ce qu'ils avaient perdu, mais ils ne tardèrent pas à dépasser leurs concurrents. C'était à la fin de la carrière, au moment où Dahis allait remporter le prix, que la trahison des Benou-Dhobyan avait préparé sa défaite. Des hommes cachés dans le ravin se jetèrent sur lui et l'arrêtèrent jusqu'à ce que les chevaux de Hodhaïfah l'eussent entièrement franchi. Telle était cependant sa vitesse, que quand ils le lâchèrent, pensant qu'il n'y avait plus rien à craindre pour leur parti, il rattrapa ses rivaux par un effort désespéré, et aurait déjoué la trahison si, par un excès de mauvaise foi, d'autres Arabes n'avaient été apostés près du réservoir, des bords duquel ils repoussèrent les coursiers de Kaïs jusqu'à ce que ceux du chef des Benou-Dhobyan s'y fussent désaltérés.

La trahison était manifeste: Kaïs se plaignit amèrement, et on lui refusa toute réparation. Il fallait dévorer l'injure ou s'en venger par la force; or, les Absides étaient en petit nombre et se trouvaient sur le territoire de leurs rivaux; ils se retirèrent donc la rage dans le cœur, méditant une vengeance qui ne se fit pas attendre. Aouf, frère de Hodhaïfah, fut, peu de temps après, surpris par Kaïs, qui le tua et s'empara de ses chameaux. Dès lors s'ouvrit une ère de représailles, d'assassinats, de pillages, qui menaçait d'amener la ruine des deux tribus. Rabi, fils de Ziad et de Fatimah, celui dont nous avons parlé au commencement de ce chapitre, et qui mérita des Arabes le surnom de Parfait, résolut de s'opposer à tant de malheurs: il offrit de payer cent chamelles prêtes à mettre bas, en expiation du meurtre d'Aouf; et sa proposition ayant été acceptée, la paix parut pendant quelque temps rétablie entre les deux familles.

Déjà quatre ans s'étaient écoulés, et, malgré l'immense service rendu par Rabi à la tribu des Absides, son chef, Kaïs, avait eu avec lui un différend à propos d'une cotte de mailles dont chacun d'eux réclamait la possession. A la suite de cette querelle, Rabi s'était rendu dans la tribu des Benou-Fazarah dépendante de celle des Benou-Dhobyan, et il y avait trouvé une hospitalité complète. Un soir qu'assis sous la tente de son hôte Hodhaïfah, dont il avait épousé la sœur, Rabi prenait part à la conversation générale, il vit entrer quelques Arabes encore échauffés d'une expédition qui les avait éloignés de la tribu: « Eh bien, leur dit « Hodhaïfah, êtes-vous parvenus à « vous saisir de l'onagre? — Oui, ré- « pondirent-ils, et nous lui avons « coupé les jarrets. — Quelle folie, re- « prit Rabi, de mettre sur les dents « d'excellents coursiers pour attraper « un âne sauvage! — L'âne sauvage « dont nous parlons, lui répondit « Hodhaïfah, piqué de ses sarcasmes, « c'est Malik, le frère de Zohaïr, dont « le meurtre vient à la fin d'expier le « meurtre de mon frère. » A ces paroles Rabi sentit renaître dans son cœur toute l'affection qu'il avait eue pour son chef et sa tribu: « Tu as « commis une action mauvaise, dit-il « à Hodhaïfah, et elle aura pour toi « des suites terribles. » Il retourne aussitôt à sa tente, la traverse, va droit à son cheval, secoue sa crinière, lui passe la main sur le dos, saisit sa queue à la naissance, lâche prise, puis, revenant à l'entrée de la tente, prend sa lance fichée dans le sable, la brandit avec force et la replace. Sa jeune femme veut s'approcher de lui, lui prodiguer ses caresses, il la repousse; son esprit n'est plus aux plaisirs de l'amour, il est tout à la vengeance. Cependant Hodhaïfah avait fait épier ses pas: une jeune esclave, cachée sous le rideau de la tente, avait tout observé, et était revenue vers le chef qui avait compris à son récit que tout espoir de conserver Rabi parmi eux était perdu. En effet, le lendemain, dès l'aurore, il venait trouver son hôte, et lui disait : « Fixe le terme pendant lequel je puis jouir encore des priviléges d'un hôte, car je veux renoncer à ton hospitalité. » Trois jours lui furent donnés, et bientôt Rabi se mit en route. Il avait avec lui une outre qui contenait du vin. Hodhaïfah, instruit de cette circonstance, dit aux cavaliers qu'il envoya à sa poursuite : « Si dans trois jours vous « ne l'avez pas atteint, revenez; mais « remarquez avec soin les traces que « vous trouverez de son passage. Si le « vin qu'il emporte a été répandu, il « est même inutile de le poursuivre « aussi longtemps; il se hâte, et sera « en sûreté avant que vous puissiez « le rejoindre. Si vous trouvez, au « contraire, quelques débris de repas, « il y a bon espoir, redoublez de vi- « tesse et vous le mettrez à mort. » Munis de ces instructions, les Arabes partirent; mais ils avaient fait à peine quelques milles, qu'ils reconnurent les traces du vin répandu; Rabi avait crevé son outre pour alléger sa monture (*).

A peine Rabi fut-il réconcilié avec Kaïs, que tous deux se mirent à la tête des Absides, et s'étant avancés à la rencontre des Benou-Fazarah, de la tribu de Dhobyan, les défirent à Dhou'lmoraïkib, sur le territoire de Scharabbah. Cette défaite appela sous les armes tous les enfants de Dhobyan; ils se rassemblèrent à Dhou-Hiça, dans la vallée de Safa, et se trouvèrent bientôt en si grand nombre, qu'ayant atteint les Absides, qui se retiraient devant des forces supérieures, ceux-ci ne virent d'autre moyen d'échapper qu'en concluant une trêve et donnant des otages. Tel n'était pas cependant l'avis de Rabi; il aurait voulu combattre; mais Kaïs ayant insisté pour la trêve, on livra huit jeunes enfants de la tribu, qui furent confiés à la garde de Soubay, fils d'Amr, beau-frère de Hodhaïfah. Il veilla sur eux tant qu'il vécut, et quand il sentit venir sa dernière heure, il fit venir son fils Malik, auquel il dit : « Je te laisse un rang illustre, une « gloire qui ne périra jamais, si tu « sais la conserver; mais cette gloire « dépend de ces jeunes otages. Veille « sur eux, car il me semble voir déjà « ton oncle Hodhaïfah venir près de « toi, quand je ne serai plus, et ré- « pandre des larmes hypocrites, en te « disant : Nous avons perdu l'un des « plus dignes chefs de la tribu; puis « faire tant, par ses caresses et ses « séductions, que tu abandonnes à sa « vengeance les otages confiés à ta « garde. N'y consens jamais, ô mon « fils, autrement c'en est fait de ta « gloire. Que si tu craignais de ne « pouvoir résister aux instances de ton « oncle, mille fois mieux vaudrait « rendre ces enfants à leurs familles. » A peine le vieillard n'était plus, que Hodhaïfah, réalisant ses prévisions, venait entourer Malik de ses séductions, et faisait si bien qu'il en obtenait les otages. Le chef des Benou-Dhobyan ne fut pas plutôt en possession de ces jeunes enfants, qu'il les emmena chez lui; là, chaque jour, il en prenait un, le plaçait comme un but à quelques pas de distance, puis lui ordonnait d'appeler son père, et tandis que l'enfant s'écriait : Mon père! mon père! il le perçait à coups de flèches.

On conçoit quelle fureur excita cette atrocité, lorsque la nouvelle en parvint chez les Absides. Ils coururent aux armes, et, dans un premier engagement, ils tuèrent aux ennemis quelques cavaliers, au nombre desquels se trouvait Malik, fils de Soubay, celui-là même dont la faiblesse n'avait pas su résister aux instances de Hodhaïfah. Quelques jours après, les deux tribus rivales se livrèrent un autre combat. C'était aux jours les plus chauds de l'année : on se battit depuis l'aurore jusqu'au milieu du jour, non loin d'une citerne nommée la citerne de Habaah, et lorsque l'excès de la cha-

(*) Voy. le Kitab-el-Aghani, vol. IV, f° 6 v°, *Additamenta at hist. Arab. ex Ebn Nabatah, Nowaïri atque Ebn Kotaïbah*, edidit Rasmussen, texte ar., p. 40, 41; et M. Fresnel, *Journ. asiat.* Avril 1837.

leur sépara les combattants, Kaïs, qui savait combien le mouvement du cheval, par une température si élevée, fatiguait Hodhaïfah, dit aux Absides : « Hodhaïfah, que la chaleur fait beaucoup souffrir, est probablement à la recherche de l'eau ; cherchons nous-mêmes ses traces, et nous le surprendrons sans peine. » Aussitôt commence une de ces poursuites acharnées où toute la sagacité des habitants du désert est mise en jeu. Ils se divisent, examinent avec attention chaque trace que peut avoir laissée sur la poussière le sabot d'un cheval, et reconnaissent enfin la marque imprimée par le cheval de Hodhaïfah, dont un des pieds se tournait en marchant d'une certaine manière. Dès lors la piste est trouvée, et bientôt elle les conduit à la citerne où Hodhaïfah et son frère Hamal prenaient depuis quelques instants leurs ébats. Tout à coup Hamal, dont la vue était très-perçante, se retourne vers son frère, et lui dit : « Quels sont ceux, pendant que te voici désarmé, que tu redouterais le plus d'apercevoir au-dessus de ta tête. — Kaïs, fils de Zohaïr, et Rabi, fils de Ziad, répondit Hodhaïfah. — Eh bien, lève les yeux, car les voici. » Comme il achevait ces mots, Kaïs et Rabi parurent au haut de la citerne, criant : « Nous voici, nous voici, » comme s'ils eussent répondu à l'appel des jeunes otages quand Hodhaïfah les mettait à mort. Cependant Scheddad, fils de Moawiah, le père du fameux Antar, s'était jeté entre les chefs des enfants de Dhobyan et leurs chevaux ; la retraite n'était plus possible, et Kaïs répétait toujours d'une voix menaçante : « Nous voici, nous voici. » Hamal voulut implorer la miséricorde de Kaïs, mais Hodhaïfah son frère lui fit honte de sa lâcheté, et se contenta de dire à Kaïs : « Si je meurs, il n'y a plus de paix possible dans Ghatafan. — A Dieu ne plaise, répondit Kaïs, que la paix ait jamais lieu. » Au même instant Hodhaïfah tombait, les reins brisés par la large lance de Kirwasch, tandis que Rabi, fils de Ziad, donnait la mort à Hamal.

Cette complète vengeance des Absides était sans doute un baume bienfaisant pour les profondes blessures que leur avaient infligées les Benou-Dhobyan ; mais elle ne faisait que rendre leur position plus précaire, en soulevant contre eux toute la grande famille des Benou-Ghatafan, dont les Benou-Dhobyan faisaient partie. Aussi se retirèrent-ils dans le Yémama, chez les Benou-Hanifah, leurs parents, puis bientôt chez les Benou-Sad. Dans ce nouvel asile, les Absides, d'après Nowaïri, s'étaient conduits de manière à exciter le mécontentement de leurs hôtes, tandis que, d'après Ebn-Abd-Rabbihi, ils furent trahis sans y avoir donné lieu, par les Benou-Sad, qui allèrent trouver Moawiah des Benou-Kelb, prince de Hadjar, et l'engagèrent à leur confier ses troupes pour fondre sur les Absides et s'emparer de tout ce qu'ils possédaient. Les Absides, avertis de cette trahison par une femme de leur tribu mariée à un Sadite, cherchèrent leur salut dans la fuite, et quittèrent leur camp pendant la nuit, après y avoir allumé des feux à l'ordinaire, afin que leurs hôtes perfides ne se doutassent pas de leurs projets. Les femmes et les enfants, chargés du bagage, avaient été envoyés en avant : les cavaliers s'étaient postés dans un défilé nommé El-Fourouk, où ils avaient résolu de s'opposer à la poursuite des ennemis. Au lendemain matin, les Benou-Sad fondirent sur le camp des Absides, et, n'y ayant trouvé que des cendres chaudes, ils marchèrent sur leurs traces, et ne tardèrent pas à arriver à El-Fourouk. Antar, le héros de l'épopée arabe, l'Amadis de l'Orient, dont les rapsodes chantent les aventures dans les carrefours des villes comme sous les tentes du désert, Antar, l'un des auteurs de ces poëmes écrits en encre d'or et suspendus dans la Caaba avant l'islamisme, a célébré dans ses vers la journée d'El-Fourouk, ainsi que nous l'avons dit au commencement de ce chapitre. Il a rompu plus d'une lance dans la guerre de Dahis, et cette fois encore il repoussait l'ennemi, puis chantait ses exploits. En quittant les Benou-Sad, la tribu des Absides s'était rendue près des Benou-Dabbah; mais déjà de part et d'autre la lassitude avait remplacé l'ardeur des combats; on entama des négociations, et déjà tout faisait espérer une paix si longtemps différée, lorsqu'un Arabe de Dhobyan, dont le père avait été tué par Antar, se vengea sur un guerrier de la famille de ce héros, qu'il tua par surprise. De là, nouvelle fureur, nouvelles vengeances : « Non, s'écriaient les Absides, nous ne ferons pas la paix avec vous tant que la mer baignera Soufa; trop de fois nous avons été victimes de votre perfidie. » On prit les armes; mais désormais l'enthousiasme était éteint. On racheta au prix de cent chameaux le meurtre qui avait failli ranimer cette longue querelle, et la paix fut enfin rétablie entre les tribus d'Abs et de Dhobyan.

Ainsi que les commencements de la guerre de Dahis avaient été marqués par des circonstances extraordinaires, de même les embellissements n'ont pas manqué au récit des événements qui amenèrent une pacification générale. Zohaïr, l'auteur d'une *Moallaka*, a célébré dans ses vers les pacificateurs : « Vous avez réconcilié, leur dit-il, Abs « et Dhobyan après une guerre d'ex- « termination, après qu'ils avaient « longtemps broyé les parfums de « Minscham ( expression proverbiale « pour dire après une longue guerre). » Au nombre de ces pacificateurs on compte : Kharidja, fils de Sinan, qui avait payé cent chamelles pour le meurtre du parent d'Antar, et Harith, fils d'Aouf. Voici, dit-on, ce qui les poussa à cette généreuse intervention : Harith, chef renommé, jeune et habile, demandait un jour à Kharidja s'il pensait que, dans le cas où il voudrait se marier, il pourrait essuyer un refus. « Je le pense, répondit Kharidja. — Eh « de qui donc? — D'Aus, fils d'Ha- « retha des Benou-Tay. » A cette réponse, la vanité du jeune chef est vivement excitée; il veut sur-le-champ prouver à son ami l'erreur dans laquelle il est, fait seller son cheval, et tous deux se mettent en route pour se rendre auprès d'Aus. A peine arrivés, ils se dirigent vers lui, et le trouvent à la porte de sa tente. Après les premiers saluts : « Que demandez-vous? « dit Aus. — Je viens chercher une « femme, répond Harith. — Il n'y en « a pas ici pour vous, » lui dit Aus, et il rentre chez lui sans parler davantage. Déconcerté par une telle réception, Harith était remonté à cheval et s'en allait suivi par son ami. Cependant Aus étant rentré d'un air d'humeur près de sa femme, qui appartenait à la tribu des Absides : « Qu'avez- « vous, lui avait-elle dit, et quel est « cet étranger qui vient de venir? — « C'est un chef arabe, lui répondit son « mari, Harith, fils d'Aouf.—Et com- « ment ne lui avez-vous pas offert « l'hospitalité? — C'est un fou. — En « quoi donc? — Il venait ici chercher « une femme.—Et n'avez-vous pas des « filles à marier? — Sans doute. — A « qui donc les marierez-vous, si vous « refusez un chef arabe? — C'est une « chose faite. — Il y a moyen de la ré- « parer. — Et comment? — Courez « après lui; dites-lui que, préoccupé « d'une affaire pénible, vous ne l'avez « pas écouté comme vous auriez dû le « faire, mais que vous venez réparer « votre mauvaise réception. » Aus se rend à ce conseil, il monte à cheval, atteint les voyageurs, leur fait ses excuses, et Harith, joyeux, reprend le chemin de la tente de celui qui, cette fois, veut être son hôte. Une fois rendus, Aus fait venir sa fille aînée : « Ma « fille, lui dit-il, voici Harith, fils « d'Aouf, un chef arabe; il vient te de- « mander en mariage. — Et moi, je le « refuse, répond la jeune fille.—Pour- « quoi donc?—Parce que la nature l'a « fait beau et qu'elle m'a faite laide. Je « ne lui suis pas attachée par les liens « du sang de manière à ce que la pa- « renté le rende plus indulgent sur « mes défauts; je n'aurai pas dans « sa tribu d'ami qui prenne ma dé- « fense, s'il veut me répudier quand il « ne trouvera pas en moi la belle et « jeune épouse qu'il attendait; je serais « obligée de subir la honte du renvoi.

« Je refuse. » Son père, ne pouvant qu'approuver une aussi sage décision, fit venir sa sœur cadette, dont il obtint à peu près la même réponse. Ce fut ensuite le tour de la plus jeune fille : celle-ci accepta : « Je suis jeune, dit-« elle à son père, je suis jolie, j'ai des « talents ; s'il me répudiait, que Dieu « le prive à jamais d'une autre épouse. « — Dieu te bénisse, ma fille, lui ré-« pondit son père ; car tu as sagesse et « beauté. » Retournant alors vers son hôte, il lui apprit qu'il lui donnait pour épouse Haniça, sa plus jeune fille. « Et moi je l'accepte avec bonheur, » répondit Harith. Bientôt une tente s'élève pour les nouveaux époux. La jeune fille y est conduite par sa mère ; Harith vient la trouver : quelques instants après il sort, et son ami Kharidja vient lui demander s'il est l'heureux époux de la belle Haniça. « Non, « lui répondit-il, elle n'a pas voulu « condescendre à mes vœux, et m'a « demandé de ne pas user de mes droits « si près de son père et de sa mère. » En même temps Harith faisait abattre la tente, charger les chevaux, et se mettait en route, suivi de sa femme et de son ami. On chemine quelque temps, puis Kharidja prend discrètement les devants ; Harith s'écarte avec sa femme de la route. « Eh bien ? lui dit son ami « lorsqu'il l'eut rejoint. — Eh bien, elle « a refusé de céder, en me disant que « je la traitais comme si elle était une « esclave ou une captive faite à la « guerre. Elle veut que ses noces soient « célébrées par un nombreux concours « d'Arabes ; elle veut qu'on offre des « victimes, qu'on égorge des chamelles, « qu'on traite toute la tribu en son « honneur. » Les deux amis arrivèrent enfin. On invita la tribu, on égorgea des chamelles, et la jeune épouse, cette fois, ne se montra pas plus traitable. « Quoi donc, dit-elle, avez-vous assez « peu de noblesse dans l'âme pour son-« ger aux plaisirs de l'amour lorsque « des tribus entières d'Arabes, lorsque « les Absides et les Benou-Dhobyan « se livrent depuis si longtemps à toutes « les fureurs de la guerre? Rétablissez « la paix parmi eux, et voyez en moi « votre récompense. » Telle fut l'origine de la paix, et le caprice d'une jeune fille mit fin à des haines entretenues par quarante années de combats. Quelle que soit la valeur historique d'une pareille légende, il est bon de constater, en terminant le récit de la guerre de Dahis, que, d'après Meïdani, on était convenu de payer pour le meurtre du parent d'Antar, non pas cent, mais deux cents chameaux. Kharidja en avait payé cent d'abord, et les cent autres ne purent être exigés, parce que la loi de Mahomet, qui survint bientôt, fixa invariablement à cent chameaux le prix du sang. Une telle indication est précieuse pour nous faire connaître que la guerre de Dahis, ou plutôt la paix qui y a mis fin, n'a été que de peu d'années antérieure à l'islamisme.

Des querelles si longues pour des motifs si futiles auraient pu amener la destruction totale d'une nation chez laquelle les instincts guerriers étaient aussi développés ; mais une institution fondée sur la prévision des excès auxquels de tels caractères pouvaient se porter, venait chaque année s'opposer à la fureur des partis. Les hostilités étaient suspendues, par un commun accord, pendant quatre mois de l'année, et cet accord prouve en même temps qu'une espèce de lien fédéral unissait jusqu'à un certain point toutes ces tribus nomades, qui ne reconnaissaient du reste ni gouvernement central, ni pouvoir législatif. Ces mois de trêve, qu'on appelait mois sacrés, étaient, à l'époque du paganisme, le mois de dhoulcada, pendant lequel se tenait la foire d'Okadh ; celui de dhoulhidja, époque du pèlerinage ; ceux de moharrem et de redjeb. Les trois premiers mois se suivent : le quatrième était séparé du troisième par un intervalle de cinq mois. Il résultait de cette disposition religieuse que deux fois par année les vainqueurs se trouvaient arrêtés au moment où ils allaient peut-être abuser de la victoire, et que les haines, calmées par une inaction forcée, permettaient aux esprits pacifiques de changer la trêve en paix durable.

Les mois sacrés n'étaient cependant

pas toujours les mêmes, et la grande tribu des Benou-Kenanah, dont les Koréischites formaient une division, avait le privilége, à l'issue des cérémonies du pèlerinage, de les proroger, c'est-à-dire, de porter sur d'autres mois la défense de verser le sang. Voici ce que nous lisons dans Djewhari, célèbre lexicographe arabe, à propos de la transposition des mois sacrés avant l'islamisme : « Quand les pèlerins « quittaient Mina (vallée près de la « Mecque, dans laquelle on fait des sa-« crifices à l'époque du pèlerinage), un « homme de la postérité de Kenanah « se levait et disait : « Je suis celui « dont les volontés ne souffrent au-« cune opposition. » Les pèlerins lui « adressant la parole, lui disaient : « En « ce cas, proroge pour nous l'observa-« tion privilégiée du mois de mohar-« rem, et remets-la à safar. » Car il « leur était désagréable d'être obligés « de s'abstenir de toute expédition mi-« litaire pendant trois mois consécu-« tifs, à cause qu'ils ne vivaient que « du produit de leurs courses. Cet « homme leur permettait en consé-« quence de profaner moharrem (*). » Ces détails nous amènent naturellement à parler de l'année arabe, telle qu'elle était établie avant l'islamisme. Toutes les phases de cette année, la longueur des mois, le nombre et les époques des intercalations, ont été longtemps des objets de controverse entre les chronologistes. Nous devons de précieux renseignements à un mémoire récent de M. Caussin de Perceval, dont les beaux travaux sur l'histoire anté-islamique des Arabes éclaireront bientôt ce que ces temps ont d'obscur.

« On sait, dit M. de Perceval, que « les noms des mois dont se compose « l'année lunaire des musulmans, et « qui sont : moharrem, safar, rabi 1$^{er}$, « rabi 2$^{e}$, djoumâda 1$^{er}$, djoumâda 2$^{e}$, « redjeb, schaban, ramadhân, sche-

(*) Mémoire sur div. évén. de l'hist. des Arabes av. Mahomet, par M. S. de Sacy, Collec. des Mém. de l'Acad. des ins. et bel.-let., t. XLVIII, p. 615.

« wâl, dhoulcada et dhoulhidja, ont « été en usage, longtemps avant l'isla-« misme, chez les Arabes païens. On « croit qu'ils avaient été adoptés du « temps de Kelab, fils de Morra, l'un « des ancêtres de Mahomet, c'est-à-« dire, un peu plus de deux siècles « avant l'hégire. On sait en outre que « les Arabes païens considéraient « comme sacrés quatre de ces mois, « savoir : le premier, moharrem ; le « septième, redjeb ; le onzième, dhoul-« cada ; et le douzième, dhoulhidja, du-« rant lesquels il était défendu de com-« battre et de commettre aucun acte « d'hostilité. Les noms de ces quatre « mois sacrés indiquaient leur carac-« tère : *moharrem* signifie saint ou « inviolable ; le mot *redjeb* exprime les « idées de crainte ou de respect ; *dhoul-« cada* veut dire mois du repos, et « *dhoulhidja* mois du pèlerinage. Les « noms des huit autres mois étaient « également significatifs : *rabi* veut « dire verdure, pluie printanière ; les « deux rabi ont dû être originairement « des mois de pluie, de végétation, de « printemps. Après les deux rabi viennent « immédiatement les deux *djou-« mâda*. La racine *djamâd* contient « les idées de sécheresse, de cessation « de pluie. Cette interprétation justi-« fiera pleinement la position des deux « djoumâda à la suite des deux rabi, « mois de pluie et de végétation. *Rama-« dhân* signifie grande chaleur. Cette « dénomination n'a pu être créée que « pour être attribuée à un des mois les « plus chauds de l'été, caractère tout « à fait convenable d'ailleurs à la place « occupée par ramadhân, qui vient « deux mois plus tard que le second « djoumâda. »

« Les noms de ces cinq mois, les « deux rabi, les deux djoumâda, et ra-« madhân, avaient donc un rapport « bien marqué avec les saisons. De là « on peut déjà inférer que les Arabes « païens, lorsqu'ils ont adopté ces « noms, ne devaient point avoir un « système d'années purement lunaires. « Car l'année lunaire étant d'environ « onze jours plus courte que l'année « solaire, elle avance sur l'année so-

« laire de plus d'un mois en trois ans,
« et de plus d'une saison en neuf ans.
« Si donc les Arabes païens avaient
« alors suivi un calendrier purement
« lunaire, le rapport du nom de ces
« mois avec les saisons se serait trouvé
« dérangé si promptement, et d'une
« manière tellement choquante, que
« l'usage de ces noms n'aurait pu s'é-
« tablir. »

« Il paraît constant que, dans les
« temps les plus reculés, l'année des
« Arabes fut d'abord l'année lunaire
« vague. Leurs mois n'avaient aucune
« correspondance permanente avec les
« vicissitudes de la température, et
« portaient des dénominations diffé-
« rentes de celles que nous avons men-
« tionnées. Le commencement de leurs
« années et l'époque de la fête de leur
« pèlerinage avançant tous les ans de
« onze jours, parcouraient toutes les
« saisons successivement. Lorsque le
« pèlerinage tombait dans un temps
« où les récoltes de l'année courante
« n'étaient pas encore faites, et où
« celles de l'année précédente étaient
« déjà presque consommées, les pèle-
« rins éprouvaient de grandes difficul-
« tés à se procurer des vivres, soit
« pendant leur voyage, soit pendant
« leur séjour à la Mecque et en divers
« lieux voisins, où s'ouvraient des foi-
« res annuelles aux approches du pèle-
« rinage. On voulut remédier à cet in-
« convénient, et fixer l'époque du pè-
« lerinage au moment de l'année où les
« fruits et autres denrées sont les plus
« abondants, c'est-à-dire à l'automne.
« Pour cela, les Arabes se servirent
« d'un procédé d'embolisme ou inter-
« calation qui leur fut enseigné par les
« juifs établis à Yathreb. Ils conser-
« vèrent les mois lunaires, mais ils
« firent de temps en temps une année
« de treize lunaisons au lieu de douze.
« Par ce moyen, le calendrier des Ara-
« bes devint luni-solaire; leurs mois
« durent tendre à correspondre tou-
« jours à peu près aux mêmes saisons,
« et il y a grande apparence que la pra-
« tique de l'intercalation et les douze dé-
« nominations de mois, moharrem, sa-
« far, rabi, etc., dont cinq offrent avec
« les saisons un rapport sensible, ont
« dû être adoptées simultanément. »

« Les Arabes, ainsi que nous venons
« de le voir, avaient adopté l'interca-
« lation, afin de placer leur pèlerinage
« dans la saison où les vivres sont les
« plus abondants, en automne ou vers
« l'automne, car la récolte des fruits,
« et notamment des dattes, principale
« nourriture des Arabes, est terminée
« chez eux dans les commencements
« de septembre. Comment se fait-il
« alors que le pèlerinage que fit Maho-
« met à la fin de la dixième année de
« l'hégire, et dont la date doit être re-
« gardée comme certaine, se soit trouvé
« tomber aux approches du printemps,
« vers le 9 mars 632 de J. C. ? »

C'est que les novateurs n'avaient
opéré qu'une rectification approximative, en ajoutant, ainsi que nous le disent Aboulféda et Massoudi, un mois à
la fin de chaque troisième année lunaire.

« Ce système d'intercalation simple
« et grossier ne pouvait ramener le
« commencement de chaque quatrième
« année arabe, précisément au même
« point de l'année solaire. Car trois
« années solaires donnent mille quatre-
« vingt-quinze jours, dix-sept heures,
« vingt-huit minutes et quinze secon-
« des; trois années arabes, dont deux
« de douze mois et une de treize mois
« lunaires, ne donnaient que mille
« quatre-vingt-douze jours, quinze
« heures, trois minutes; différence :
« trois jours, deux heures, vingt-huit
« minutes et quinze secondes. En sorte
« que, après chaque série de trois ans,
« le commencement de la première an-
« née arabe d'une nouvelle série était
« en avant sur l'année solaire de trois
« jours et une fraction. »

La correspondance des mois arabes
avec les saisons s'altéra donc peu à
peu. Néanmoins, pendant trente et
quelques années, l'espace d'une génération, elle n'éprouva pas de dérange-
ment suffisant pour rendre tout à fait
choquantes les dénominations de mois
relatives aux différentes températures,
et, quand le rapport cessa d'exister,
l'habitude fit conserver des dénominations devenues inexactes.

ARABIE.

« La fête du pèlerinage se maintint
« plus longtemps à une époque conve-
« nable. Cinquante et un ans après l'in-
« troduction de l'intercalation, elle
« tombait encore bien près de l'au-
« tomne, dans les premiers jours de
« septembre, temps où les fruits sont
« récoltés en Arabie. Le but que l'on
« s'était proposé fut donc atteint pen-
« dant au moins un demi-siècle. Plus
« tard, lorsque le pèlerinage, avançant
« graduellement, se trouva tomber en
« août, puis en juillet, puis en juin, etc.,
« le but primitif de l'adoption du sys-
« tème intercalaire fut manqué. On
« peut dès lors s'étonner de la persis-
« tance des Arabes à suivre un mode
« vicieux d'embolisme; elle s'explique
« néanmoins par l'empire d'un usage
« établi, qui, peut-être, avait acquis la
« force d'un préjugé religieux. »

« Voici, au reste, un fait bien pro-
« pre à éclaircir les doutes à cet égard.
« Procope nous apprend que, dans une
« assemblée de généraux romains, con-
« voqués à Dara par Bélisaire, en 541
« de J. C., pour délibérer sur un plan
« de campagne, deux officiers, qui
« commandaient un corps formé des
« garnisons de Syrie, déclarèrent qu'ils
« ne pouvaient suivre l'armée dans sa
« marche contre la ville de Nisibe,
« donnant pour raison que leur ab-
« sence laisserait la Syrie et la Phéni-
« cie exposées aux incursions du roi
« des Arabes, Alamondar (El-Mondhir
« III). Bélisaire démontra à ces offi-
« ciers que leur crainte était mal fon-
« dée, parce que l'on approchait du
« *solstice d'été, temps auquel les Ara-*
« *bes devaient consacrer deux mois*
« *entiers aux pratiques de leur reli-*
« *gion, sans faire aucun usage de*
« *leurs armes.* »

« Il s'agit évidemment ici de l'épo-
« que du pèlerinage, car c'était le seul
« temps de l'année où les Arabes eus-
« sent deux mois sacrés consécutifs.
« Nous avons donc trois données à peu
« près certaines : le pèlerinage est
« placé en automne, vers l'an de notre
« ère 413, au solstice d'été en 541,
« aux approches du printemps en 632.
« Ces données se combinent si parfai-
« tement dans l'hypothèse de l'emploi
« constant et régulier de l'embolisme
« triennal, qu'il me paraît difficile de
« se refuser à le croire conforme à la
« réalité (*). »

Nous avons dit que la prorogation
des mois sacrés était l'un des actes
législatifs, ou, pour mieux nous exprimer, le seul acte législatif qui sem-
blât donner un caractère politique au
concours religieux du pèlerinage. Cependant, une autre assemblée nationale réunissait les tribus issues d'Ismaïl par Maad et Nizar. C'était la
foire d'Okadh, espèce de congrès littéraire où les héros de l'Arabie venaient célébrer par la poésie les exploits accomplis par la force de leurs
bras. « Cette foire, dit M. Fresnel, se
« tenait dans le voisinage de la Mec-
« que, entre Thaïef et Nakhlah, et
« s'ouvrait à la nouvelle lune de
« dhoulcada, c'est-à-dire au com-
« mencement d'une période de trois
« mois sacrés, durant laquelle toute
« guerre était suspendue, et l'homicide
« interdit. Elle ne devait donc point
« donner lieu à de sanglants débats,
« mais plutôt entretenir une noble
« émulation au sein des tribus ; et
« quand les statuts de cette assemblée
« auraient été violés de loin en loin,
« comme cela est effectivement arrivé,
« la peur des abus ne devait pas faire
« renoncer aux bienfaits de cette cou-
« tume. Sous un rapport, la foire d'O-
« kadh était sans doute une arène ou-
« verte à toutes les passions glorieu-
« ses, envieuses, haineuses, vindicati-
« ves ; mais on ne devait jamais perdre
« de vue que le jeu des passions, dans
« de certaines limites, est un besoin
« et un droit de tout individu comme
« de toute société. Quant à leur ex-
« pression, elle ne peut admettre au-
« cune entrave; que le législateur es-
« saye de la circonscrire, et la poésie
« disparaîtra, ou les poëtes se mettront
« hors la loi.... J'avoue que j'ai été
« longtemps sans pouvoir comprendre

(*) Voyez le mémoire de M. Caussin de
Perceval sur le calendrier arabe avant l'islamisme, *Journal asiatique*, avril 1843.

« la possibilité morale des héroïques « débats d'une assemblée où il n'y « avait ni président ni gendarmes pour « faire tête aux orages. Comment concevoir, en effet, que des hommes « dont les plaies étaient toujours saignantes, qui avaient toujours des « vengeances à exercer, des vengeances « à redouter, pussent, à une époque « fixe, imposer silence à leurs haines, « au point de s'asseoir tranquillement « auprès d'un ennemi mortel ? Comment le brave qui redemandait le « sang d'un père, d'un frère ou d'un « fils, selon la phraséologie du désert « et de la Bible, qui, depuis longtemps « peut-être, poursuivait en vain le « meurtrier, pouvait-il le rencontrer, « l'aborder pacifiquement à Okadh, et « faire assaut de cadences et de rimes « avec celui dont la seule présence « l'accusait d'impuissance et de lâcheté, avec celui qu'il devait tuer « sous peine d'infamie, après l'expiration de la trêve? Enfin comment « pouvait-il écouter un panégyrique où « l'on célébrait la gloire acquise à ses « dépens, et soutenir mille regards, et « faire bonne contenance? Est-ce que « les Arabes n'avaient plus de sang « dans les veines pendant la durée de « la foire? »

« Ces questions si embarrassantes, « et que mes lecteurs peut-être, de « quelque pénétration que la nature « les ait doués, regarderont comme « insolubles, ces questions furent « résolues dans le paganisme arabe de « la manière la plus simple et la plus « élégante. — A la foire d'Okadh, les « preux étaient masqués. — Dans les « récitations et les improvisations, la « voix de l'orateur était suppléée par « celle d'un rapsode ou crieur, qui se « tenait près de lui et répétait ses paroles. Il y a une fonction analogue « dans les prières publiques : c'est celle « du *mouballigh* (transmettant), qui « est chargé de répéter à haute voix « ce que l'imam dit à voix basse (\*). »

Les deux usages dont parle M. Fresnel n'étaient pas toujours observés ; mais un passage du *Kitab-el-Aghani* nous parle d'un obstacle encore plus efficace à l'explosion des inimitiés. Voici ce passage relatif à la guerre de Fidjar, dont l'époque correspond à l'enfance de Mahomet : « Les Arabes, « lorsqu'ils venaient à Okadh, remettaient leurs armes à Ebn-Djodhan « (Koreïschite), et les laissaient entre « ses mains jusqu'à ce que les marchés « fussent fixés et le pèlerinage terminé ; puis, au moment de leur départ, Ebn-Djodhan les leur rendait. « C'était un homme puissant, riche et « sage. » Il est vraisemblable, ainsi que l'a observé M. Caussin de Perceval, qu'antérieurement à Ebn-Djodhan, les armes étaient déposées entre les mains de quelque autre personnage distingué parmi les Koreïschites (\*\*).

C'est dans ce congrès des poètes arabes ; c'est à l'assemblée d'Okadh, à la fois grand marché ouvert aux tribus du désert et concours de poésie, de gloire, de vertus, que le lien fédéral des familles descendant d'Ismaïl se resserrait chaque année. C'est là que chaque guerrier venait faire assaut d'éloquence comme il avait fait assaut de bravoure sur les champs de bataille. Le sentiment intime de la victoire ne lui suffisait pas ; il lui fallait les émotions de la foule, et, pour ainsi dire, les enivrements de la tribune. Être cité devant ses pairs comme un guerrier brave et libéral, tel était l'espoir constant des chefs arabes, tel était le mobile de leurs actions les plus généreuses. Pas de levier plus puissant chez eux que la poésie, car les Arabes, comme tous les peuples méridionaux, plus peut-être que tous les autres, attachent le plus grand prix à l'harmonie de la parole, au brillant des images. Grâce aux poèmes récités chaque année à Okadh, devant le peuple assemblé, les dialectes de l'Arabie s'épurèrent, et de leur fusion se forma cet idiome riche et nerveux dont les

---

(\*) Lettres sur l'histoire des Arabes avant l'Islamisme, par F. Fresnel, p. 31.

(\*\*) Voy. Kitab-el-Aghani, t. IV, f° 255, v°., cité par M. Caussin de Perceval, *Journal asiatique*, 3ᵉ série, t. II, p. 524.

ARABIE.

1. Koulai et Verte qu'il le recouvre. 7. Pierre noire et sa coupe. Fragments divers servant au culte dans le Temple de la Mosquée.

mâles accents devaient, dans la bouche du prophète, appeler son peuple à la conquête du monde. Doués d'un instinct poétique développé au plus haut point, d'une imagination ardente, les Bédouins ont étudié, sous toutes ses faces, la nature rude et sauvage qui les entourait. L'aspect du désert, celui des cieux, variait pour eux d'une manière infinie. La tempête qu'amenait le printemps différait de celle de l'automne. Chaque pas du chameau, chaque période de sa croissance, avait son nom spécial : s'il fallait le désaltérer, ce soin s'exprimait différemment, selon le nombre de jours qu'il avait enduré la soif. Un torrent, un rocher, un nuage, une citerne, se désignaient par autant de mots qu'ils pouvaient présenter d'aspects divers. On compte plus de deux cents synonymes pour exprimer un serpent, plus de cinq cents pour un lion, plus de mille pour une épée; et cette immense nomenclature resta longtemps confiée à la mémoire des hommes dont le génie poétique avait su se créer un si brillant matériel. La pensée se revêtait des formes les plus élégantes chez les Arabes du désert, bien avant que l'art de la fixer par l'écriture leur eût été révélé. Des recherches profondes ont été tentées par plusieurs orientalistes, pour connaître quelle était à peu près l'époque à laquelle l'usage des caractères s'était introduit dans le Hedjaz. Voici ce que pense, à ce sujet, M. de Sacy, ce patriarche de la littérature orientale, dont on peut dire, avec le proverbe arabe : « La conjec-
« ture du sage est plus sûre que la
« certitude de l'ignorant. »

« Un grand nombre de faits prou-
« vent, jusqu'à l'évidence, que l'écri-
« ture était déjà d'un usage assez com-
« mun à la Mecque au temps de Maho-
« met, lorsqu'il commença à prêcher
« sa nouvelle doctrine. Si l'on pouvait
« en douter, il n'en faudrait point d'au-
« tre preuve que cet anathème écrit
« par les Koreïschites contre Maho-
« met, et dont les vers n'épargnèrent
« que le nom de Dieu, ayant mangé
« tout le reste; le traité entre Maho-
« met et les Koreïschites, qui fut mis
« par écrit, en la sixième année de
« l'hégire, par Ali, et dont la rédaction
« donna lieu à une vive querelle, quand
« il s'est agi des qualités des parties
« contractantes; enfin, les lettres adres-
« sées par Mahomet à plusieurs prin-
« ces, tant dans l'intérieur que hors
« de l'Arabie, pour les inviter à em-
« brasser sa religion. On trouve de
« nouvelles preuves de cette vérité
« dans ce que rapportent les historiens
« relativement à la compilation et à la
« correction de l'Alcoran, sous Abou-
« Becr et Othman, et dans une multi-
« tude d'autres faits, mais notamment
« dans le récit de la conversion d'O-
« mar, duquel il résulte évidemment
« que les différentes portions de l'Al-
« coran furent mises par écrit, du vi-
« vant même de Mahomet. »

« Mais, s'il est certain que lorsque
« Mahomet commença à publier sa
« nouvelle doctrine, l'écriture était
« déjà répandue parmi les Arabes du
« Hedjaz, ou du moins parmi ceux
« qui habitaient la Mecque, les diffé-
« rents témoignages que j'ai réunis
« prouvent aussi que l'époque où cet
« art s'était introduit parmi eux, n'é-
« tait pas encore fort éloignée. Toutes
« ces traditions s'accordent à peu près
« à fixer l'introduction de l'écriture
« parmi les Koreïschites, au temps de
« Harb, fils d'Omayya, quoique d'ail-
« leurs elles varient un peu sur les
« circonstances qui y donnèrent lieu.
« Omayya était cousin germain d'Abd-
« el-Mottalib, aïeul de Mahomet, et
« son fils Harb, cousin issu de germain
« d'Abd-Allah, père de ce législateur.
« Baschar, auquel plusieurs écrivains
« accordent l'honneur d'avoir porté
« l'écriture parmi les Koreïschites, et
« qui était frère d'Ocaïdar, avait épousé
« la fille d'Omayya, sœur de Harb.
« Nous pouvons donc fixer, d'après la
« généalogie de Mahomet, cette épo-
« que importante vers l'an 560, ou
« même quelques années plus tôt; et il
« n'y aura rien d'invraisemblable à
« supposer que, lors du commence-
« ment de la mission de Mahomet,
« vers l'an 612, l'écriture était déjà

« usitée parmi les Mecquois, et sur-
« tout dans la famille de Koreisch.
« D'un autre côté, nous serons peu
« étonnés que Mahomet, qui était né
« en l'an 571, dans un temps où l'é-
« criture était encore une nouveauté,
« et qui d'ailleurs était resté orphelin,
« n'eût pas reçu ce genre d'instruction
« dans son enfance. »

« Nous conclurons aussi, avec une
« certitude presque entière, du témoi-
« gnage à peu près unanime des tra-
« ditions musulmanes, que l'écriture
« arabe avait pris naissance à Anbar,
« sur les bords de l'Euphrate, d'où
« elle était passée à Hira, et que son
« premier inventeur, ou du moins ce-
« lui qui le premier avait imaginé
« d'employer, pour écrire la langue
« arabe, le caractère syriaque, peut-
« être avec quelque modification, se
« nommait Moramer, et était un Arabe
« de la tribu de Taï. Reiske conjecture,
« avec beaucoup de vraisemblance, que
« l'invention de l'écriture arabe fut
« due à des chrétiens, et il remarque
« que Baschar, qui la porta à la Mecque,
« professait sans doute cette religion,
« puisqu'on le surnomme *Ebadi*,
« nom que l'on donnait aux Arabes
« chrétiens qui habitaient Hira et ses
« environs (*). »

Ce que dit ici M. Sylvestre de Sacy de l'époque à laquelle l'écriture paraît s'être introduite parmi les Arabes de la Mecque et du Hedjaz en général, ne doit pas être étendu, ainsi qu'il l'observe lui-même, à tous les Arabes, mais bien à ces tribus qui descendent d'Ismaïl par Maad et Nizar, dont l'histoire nous occupe en ce moment d'une manière plus particulière. On parle dans le Yémen, ainsi que nous l'avons vu précédemment, une langue différente de celle qui forme cet idiome sémitique connu sous le nom de langue arabe; peut-être y a-t-il eu dans la langue himyarique des monuments historiques ou littéraires; aucun d'eux n'est parvenu jusqu'à nous. Quant aux tribus qui habitaient le royaume de Hira, elles possédaient l'écriture avant les habitants du Hedjaz, puisque c'est à elles que ces derniers en ont dû la connaissance. M. de Sacy pense que l'introduction de l'écriture à Hira pouvait bien être due au christianisme; or, nous avons vu que Noman le Borgne, qui monta sur le trône à la fin du quatrième siècle de notre ère, avait embrassé la religion chrétienne.

Il ne faut pas s'étonner, d'après l'époque tardive à laquelle l'écriture pénétra chez les Arabes, si ce que nous avons dit des combats de poëtes à la foire d'Okadh se rapporte surtout aux temps qui se rapprochent de l'islamisme. C'est dans le siècle qui précéda Mahomet que la poésie arabe prit son essor. C'est alors que l'œuvre du poëte qui avait réuni tous les suffrages était écrite en lettres d'or sur une étoffe précieuse et suspendue aux portes de la Caaba. Aussi le recueil des Moallakas est-il borné à sept poëmes, dont les auteurs furent contemporains du prophète, ou du moins précédèrent de peu sa naissance.

« Si l'on fait attention, dit M. de Sacy, à la manière dont sont composés les moallakas, et en général les anciens poëmes arabes, on sera porté à croire que l'usage de faire des poëmes d'une certaine étendue n'était effectivement pas fort ancien à l'époque où ceux-ci ont été faits. Chacun d'eux, en effet, est moins un seul poëme dont toutes les parties tendent au même but, qu'une réunion de plusieurs petits poëmes descriptifs, de divers tableaux liés, souvent avec peu d'art, au sujet principal; des peintures d'orages, de déserts, de combats; la description minutieuse et presque anatomique d'un chameau, d'un cheval, d'un onagre ou d'une gazelle; le portrait d'une belle, l'éloge d'un sabre ou d'une lance, sont autant de parties qui, toutes ou la plupart, se retrouvent constamment dans tous ces poëmes. Leur but principal semble être de prouver la profonde connaissance que le poëte possédait de sa langue, et son talent pour embrasser, dans chaque description particulière, le plus grand

---

(*) Mémoires de l'Acad. des inscript., t. L, p. 3o5 à 3o7.

nombre possible de synonymes qui indiquent tous le même objet, mais par des qualités différentes (*). »

Les auteurs des sept moallakas sont: Tarafa-ben-Abd., qui a consacré une grande partie de son poëme à la peinture des plaisirs que pouvait offrir la vie d'un jeune Bédouin épris de la beauté et de la bonne chère; Amrou-ben-Kelthoum et Harith-ben-Hilliza, qui ont chanté chacun les exploits de leur tribu dans la guerre de Baçous; Antar-ben-Scheddad et Zohaïr-ben-Abi-Solma, dont les poëmes ont tous deux rapport à la guerre des tribus d'Abs et de Dhobyan, connue sous le nom de guerre de Dahis; enfin Amrou'l-Kaïs et Lebid. Nous devons à Lebid une description pittoresque des mœurs des Arabes qui habitaient le désert sans avoir de demeure fixe, mais que leurs nombreux troupeaux obligeaient à une vie nomade. Quant à Amrou'l-Kaïs, fils d'un chef puissant de la tribu de Kenda, et descendant par conséquent des Arabes du Yémen, sa vie fut très-aventureuse. Chassé par son père, auquel déplaisait son goût exclusif pour la poésie, il se vit, fort jeune, obligé d'errer de tribu en tribu. Ayant appris cependant que le chef auquel il devait la vie avait été mis à mort par ses sujets, il ne pensa plus qu'à le venger. De là des combats fréquents, des expéditions hasardées, dans lesquelles il fut quelquefois vainqueur et d'autres fois vaincu. Poursuivi par ses ennemis après une défaite, et n'ayant pas trouvé chez les Himyarites les secours qu'il en attendait, il résolut d'avoir recours à l'empereur de Constantinople. En conséquence, il confia ses armes et tout ce qu'il possédait à un juif nommé Samuel-ben-Adia, qui aima mieux plus tard voir périr son fils unique que de livrer ce dépôt au roi ghassanide Harith-ben-Abi-Schamir, puis il partit pour se rendre dans la capitale de l'empire grec. Là, l'empereur accueillit sa demande, et lui promit de lui donner des troupes. On assure que ce prince avait une fille charmante dont Amrou'l-Kaïs sut se faire aimer, et on ajoute qu'il a fait allusion à cette aventure dans sa moallaka. Quoi qu'il en soit de ce succès d'un Arabe à la cour de Byzance, il paraît qu'il fut desservi auprès de l'empereur par un guerrier appartenant à la tribu sur laquelle il avait vengé la mort de son père. Victime des soupçons que le prince avait conçus contre lui, il mourut empoisonné par ses ordres, et fut enterré auprès d'Ancyre. Le poëme qu'il a composé, et qui lui a valu la renommée d'être un des plus grands poëtes de l'Arabie, n'a rapport à aucun fait historique. C'est une suite de tableaux tour à tour sombres et gracieux, dans lesquels il peint tantôt les plaisirs de l'amour, tantôt la fureur des combats. Nous avons donné, en parlant du cheval arabe, la description qu'il fait de son coursier.

Quelques extraits empruntés aux moallakas seront la meilleure manière de faire apprécier les idées poétiques, philosophiques ou chevaleresques des Arabes pendant le siècle qui a précédé l'islamisme. Tarafa, après une peinture des plaisirs que lui ont fait éprouver la société des femmes ou celle de joyeux compagnons de débauche, résume en ces mots sa facile morale:

« Ainsi je n'ai cessé de me livrer à la boisson et aux délices, de vendre ce que je possède et de dissiper pour fournir à mes plaisirs, et les biens que j'avais acquis et ceux que j'avais reçus de mes pères, jusqu'à ce qu'enfin tous mes proches, évitant ma société, se sont éloignés de moi, et que je me suis vu seul et délaissé comme un chameau attaqué d'une maladie contagieuse que l'on éloigne du troupeau. Mais les enfants de la terre, les malheureux dont j'ai soulagé l'indigence, ne me méconnaissent pas, et les riches qui habitent de vastes demeures ne dédaignent pas ma société. O toi, qui me reproches avec amertume ma passion pour les combats, et l'amour des plaisirs et de la joie, est-il en ton pouvoir de m'assurer ici-bas l'immortalité? Si tu ne

---

(*) Mémoires de l'Académie des inscript., t. L, p. 353.

peux repousser loin de moi le terme de mon destin, laisse-moi aller gaiement au-devant de la mort en jouissant des biens que je possède. Certes, je ne me soucierais guère à quel instant les consolations de mes amis viendront entourer le lit où je lutterai avec la mort, si trois choses n'adoucissaient ici la vie des humains : prévenir les reproches de ces femmes austères, en avalant à longs traits le jus de la vigne, qui écume lorsqu'on l'affaiblit avec de l'eau ; voler au secours de quiconque réclame mon assistance, monté sur un coursier dont l'agilité et la course impétueuse égalent celles du loup habitant d'une épaisse forêt, qu'a subitement réveillé le pas d'un voyageur qui cherche une citerne ; couler rapidement, avec une jeune beauté, à l'abri d'une tente élevée, les heures trop courtes d'une journée pluvieuse qui réjouit l'âme par un doux espoir.... L'homme qui, par une conduite généreuse, soutient la noblesse de son extraction, abandonne son âme à l'ivresse des plaisirs, tandis qu'il jouit de la vie. Si la mort nous enlève demain, tu connaîtras alors qui de nous deux sentira le regret de n'avoir pas étanché aujourd'hui l'ardeur de sa soif. Je n'aperçois aucune différence entre le sépulcre de l'avare follement économe de ses richesses, et celui du libertin qui les a prodiguées à ses plaisirs. Un tertre de poussière les couvre l'un et l'autre, et de larges dalles des pierres les plus dures ferment leurs tombeaux.

« La vie est à mes yeux un trésor dont chaque nuit enlève une portion. Un trésor que les jours et le temps diminuent sans cesse est bien près d'être réduit à rien. Certes, il en est des délais que la mort accorde à l'homme, tant qu'elle ne frappe pas sur lui le coup fatal, comme de la corde qui retient un chameau dans un pâturage : si la mort laisse aux hommes une ombre de liberté, en laissant flotter quelques instants la corde qui les attache, elle n'en tient pas moins le bout dans sa main. »

Antar, le célèbre Antar, a retracé dans son poëme l'image des combats auxquels se plaisait sa valeur : « O fils de Malec, s'écrie-t-il, si tu ignores les preuves que j'ai données de mon courage, interroge les braves cavaliers qui en ont été les témoins, ils t'apprendront avec quelle intrépidité je demeure fixé sur le dos d'un coursier impétueux, lorsque, assailli de tous côtés, il est déjà couvert de blessures. Ils te diront que je me précipite avec ardeur au fort de la mêlée, et que je méprise les dépouilles de l'ennemi vaincu. Souvent un brave guerrier couvert de fer, trop généreux pour chercher son salut dans la fuite ou dans une humble soumission, et qui était la terreur de tous les combattants, est tombé sous les coups que ma main lui a portés. Ma lame lui a fait une large blessure. Au milieu du silence de la nuit, le murmure du sang qui coulait à flots de sa plaie a rassemblé autour de son cadavre les loups affamés. Sa bonne armure n'avait pu résister à l'effet de ma lance ; la gloire et la noblesse ne sont pas un préservatif contre ses coups. »

Lebid nous a laissé quelques peintures animées du désert et de ses hôtes sauvages. Voici comment il décrit l'agile gazelle et la chasse que lui font les Arabes : « Est-ce à l'agilité de l'onagre que je comparerai la course de mon chameau, ou plutôt à l'impétuosité d'une gazelle qui cherche son faon dévoré loin d'elle, tandis qu'elle en avait confié la garde au mâle qui marche à la tête du troupeau ? Privée de l'objet de sa tendresse, elle parcourt sans repos les collines sablonneuses, appelant de sa voix stridente ce faon dont le poil était d'une éclatante blancheur. Renversé dans la poussière, il a servi de pâture à des loups affamés qui ont profité de l'absence de sa mère pour l'immoler à leur fureur. C'est ainsi qu'on ne peut éviter les traits du destin. Exposée à la violence d'un orage furieux qui inonde les terrains les plus arides, la pauvre mère n'a eu toute la nuit d'autre asile que le tronc rabougri d'un arbuste épineux au pied d'une colline dont le sable mouvant fuit sous ses pas. Tandis qu'elle bondissait dans l'obscurité, la blancheur de son poil brillait au milieu des ténèbres comme la perle qui glisse sur le brin de soie auquel elle est enfilée. A peine elle aperçoit les premiers rayons de l'aurore, et déjà elle a recommencé sa course vagabonde. Ses pieds glissent sur la terre détrempée que les nuages ont inondée de leurs eaux. Dévorée d'inquiétude, accablée de douleur, elle a erré sept jours et sept nuits dans les marais humides de Soaïd. Enfin elle a perdu tout espoir : ses mamelles, naguère gonflées de lait, sont maintenant flasques et arides ; hélas ! elles ne se sont pas taries en allaitant le fruit de ses amours ! Tout à coup elle entend la voix des chasseurs : elle ne peut les découvrir encore, mais leur approche lui annonce le danger qui la menace : elle fuit ; en voyant cette fuite rapide les chasseurs désespèrent de l'atteindre avec leurs flèches : ils lancent contre elle leurs chiens aux oreilles pendantes, au flanc maigre, dociles à la voix de leurs maîtres. Ils courent sur ses traces, l'enveloppent : serrée de près, elle va être atteinte. C'est alors qu'elle leur oppose l'extrémité de ses cornes aiguës, semblables au fer acéré dont est armée la lance du guerrier dans les combats. Elle sait qu'une défense intrépide peut seule la dérober au trépas qui la menace. Bientôt Cosab, teint de son propre sang, tombe sous les coups qu'elle lui porte, puis elle se retourne contre Sockam, et le laisse étendu sur la poussière. »

Lebid a terminé son poëme en vantant son courage et sa libéralité, ces deux vertus si chères aux Arabes. « Combien de fois, dit-il, le voyageur n'a-t-il pas trouvé sous ma tente un asile contre le froid du matin, quand l'aquilon tenait entre ses mains les rênes des vents et dirigeait leur souffle ! Je veille sans cesse à la défense de ma tribu ; un agile coursier porte mes armes. Lors même que j'ai mis pied à terre, sa bride, passée autour de mes reins, me tient lieu de ceinture. Je m'élance au haut d'une colline pour épier les mouvements de l'ennemi. Ils sont là ; un intervalle étroit me sépare de leur troupe, et la poussière qui s'élève autour de moi touche à leurs étendards. Ce poste dangereux, je le garde jusqu'à ce que le soleil dans sa course atteigne la nuit obscure, et qu'elle couvre de ses voiles épais les lieux par où nos ennemis pourraient nous attaquer avec avantage. Je guide alors mon cheval vers la plaine : il marche la tête levée, semblable à un palmier dont les branches portées sur une haute tige dérobent leurs fruits à l'avidité de celui qui voudrait les cueillir. Je hâte sa course, et bientôt elle dépasse en vitesse celle de l'autruche. La selle s'agite sur ses reins, l'eau coule sur son poitrail, les sangles sont baignées de la sueur écumante dont il est couvert. C'est la rapidité de la colombe, qui, dévorée par la soif, fend l'air, et précipite son vol vers le ruisseau où elle va se désaltérer.

« Si l'étranger vient chercher un asile auprès de moi, il se croit transporté tout à coup au milieu de la fertile vallée de Tébala. La mère de famille, réduite à la misère, établit sa demeure entre les cordes qui soutiennent ma tente : quand les vents de l'hiver se combattent dans la plaine, ses enfants, assis à ma table, y trouvent une abondante nourriture. Lorsque nos tribus se réunissent, on voit toujours s'élever au milieu d'elles quelque illustre rejeton de notre sang, dont le courage et la force triomphent de tous les obstacles, dont la justice rend à chacun ce qui lui appartient, qui renonce à ses droits, et ne peut souffrir que les autres éprouvent le moindre tort. Toujours on a trouvé parmi nous des hommes généreux, dont le bonheur était la bienfaisance, et qui regardaient les plus nobles vertus comme le seul gain digne de leur ambition. Chaque peuple reconnaît un législateur et des lois. Quant aux membres de ma famille, l'exemple de leurs ancêtres est l'unique loi qui règle leur conduite, aucune tache ne ternit l'éclat de leur gloire ; elle n'a point à craindre de revers, car les passions n'ont pas corrompu leur jeunesse. »

9.

Ces extraits suffiront pour faire connaître jusqu'à quelle hauteur s'était élevé le goût littéraire chez les Arabes dans les derniers temps du paganisme. « La poésie, a dit M. Caussin de Perceval, qui chez tous les peuples a précédé les autres genres de littérature, a été cultivée par les Arabes avec un succès remarquable dès les temps où, idolâtres et presque barbares, ils connaissaient à peine l'usage d'une écriture imparfaite. Cet âge d'enfance, appelé par les musulmans l'*ignorance*, a vu naître des poëmes qui n'ont été surpassés, ni même égalés, au jugement de bien des personnes éclairées, par aucune des productions des beaux siècles littéraires du khalifat. Un savant du règne de Haroun-el-Reschid dit, en parlant d'Akhtal : « S'il eût « vécu un seul jour au temps de l'igno-« rance, il serait à mes yeux le pre-« mier des poëtes. » Ce mot ne signifie pas, sans doute, que l'anarchie de la société arabe avant l'islamisme ait été plus favorable à l'inspiration que la civilisation apportée par Mahomet; c'est plutôt un aveu que le goût avait commencé à s'altérer peu après l'institution de la loi musulmane. On ne peut nier que la poésie ne se soit soutenue à une grande hauteur sous les khalifes; elle a brillé d'un vif éclat dans les œuvres d'Abou-Temam, de Motenebbi et d'autres, dont les vers ont eu une vogue extraordinaire. Mais on convient qu'Abou-Temam s'est fait encore plus d'honneur par le choix des poésies anciennes qu'il a recueillies que par ses propres compositions; que Motenebbi s'est abandonné trop souvent à de froids jeux d'esprit. Enfin, si l'on envisage la poésie arabe dans ses phases successives, il me semble qu'on la voit simple, nerveuse, sublime, dans les poëmes antérieurs à l'islamisme; se parer ensuite d'ornements plus étudiés, et tomber insensiblement dans une recherche de pensées et un luxe de mots qui constituent le caractère dominant des productions modernes (\*). »

(\*) Notice sur les trois poëtes arabes

On concevra facilement que dans un pays où l'on savait si bien apprécier les charmes de la poésie, le talent poétique fut une véritable puissance. Habile à manier le sarcasme ou la louange, pouvant à son choix appeler sur une famille la honte ou la célébrité, le poëte régnait par la force du génie, comme les khalifes par le droit divin : il excitait par un bon mot la haine des tribus, et apaisait leur ressentiment par un éloge (\*). Pris souvent pour arbitre,

Akhtel, Farazdak et Djérir, *Nouveau Journal asiatique*, t. XIII, p. 289-290.

(\*) Le trait suivant fera connaître combien les Arabes opposés à l'islamisme, lors de la prédication de Mahomet, redoutaient l'influence que le concours des poëtes célèbres pouvait donner au prophète. « As-« cha ayant fait des vers en l'honneur de « Mahomet, se mit en route pour aller le « trouver. Les Koréïschites, qui en furent « instruits, lui dressèrent une embuscade « sur sa route, dans la crainte que sa réputation n'ajoutât au crédit de Mahomet « et ne favorisât le succès de ses entreprises. « Quand il fut près d'eux ils lui demandè-« rent où il allait. — Je vais trouver, leur « dit-il, votre compatriote pour embrasser « l'islamisme. Ils lui dirent alors : Il te défendra certaines choses que tu aimes beau-« coup. Ascha s'informa quelles étaient ces « choses. — C'est la fornication, lui dit « Abou-Sofyan. — Elle m'a quittée, répondit Ascha, ce n'est pas moi qui l'ai quit-« tée. — Et quoi encore? ajoute-t-il. — Les « jeux de hasard, répondit Abou-Sofyan. « — Peut-être, dit Ascha, trouverai-je auprès de lui un plaisir qui me dédomma-« gera de la privation de celui-là. Puis il « ajouta : Que me défendra-t-il encore? « — L'usure, reprit Abou-Sofyan. — Je « n'ai jamais emprunté ni prêté, dit le poëte. « Y a-t-il encore autre chose? — Oui, dit « Abou-Sofyan, il t'interdira le vin. — En « ce cas, dit Ascha, je reviendrai chercher « le reste d'eau que j'ai laissé à Mihras, et « je le boirai. — Veux-tu, lui dit alors Abou-« Sofyan, accepter un parti meilleur pour toi « que le projet que tu as formé? nous sommes maintenant en trêve avec Mahomet. « Nous te donnerons cent chameaux, à condition que tu retourneras dans ton pays, « et que tu y resteras cette année. Tu verras « ce que deviendra notre querelle. Si nous

il prononçait dans les difficultés qui s'élevaient entre les familles, et sa décision était reçue avec respect. Que n'aurait-on pas préféré à la crainte de s'attirer la haine d'un de ces hommes dont la parole était plus tranchante que le glaive, plus pénétrante que le fer d'une lance? Un jeune poëte, appartenant à la tribu des Benou-Haram, s'avisa de faire des vers contre le célèbre Farazdak. Effrayés des suites de son imprudence, ses parents se saisirent de lui et l'amenèrent devant Farazdak. « Ce jeune homme, lui di« rent-ils, est à ta disposition. Coupe« lui la barbe, fais-le gémir sous le « bâton, nous ne conserverons contre « toi ni animosité ni désir de ven« geance. » Farazdak répondit qu'il lui suffisait, pour sa satisfaction, de voir combien ils craignaient son ressentiment.

Dans la nation arabe, si avide de poésie, dit encore M. Caussin, les individus de toute classe, hommes et femmes, se faisaient un honneur d'orner leur mémoire de vers sur toutes sortes de sujets, et de pouvoir les citer à propos; aussi les traits les plus saillants des compositions poétiques devenaient populaires en peu de temps. La voie nécessairement lente des copies manuscrites n'était pas le seul moyen qui leur procurât la publicité dont elles jouissaient du vivant même de leurs auteurs. La connaissance en était surtout répandue par des gens qualifiés de *rawia*, rapsodes ou récitateurs, qui s'attachaient aux poëtes les plus célèbres, apprenaient leurs vers par cœur et les répétaient en tous lieux. Quelques-uns de ces hommes avaient une mémoire prodigieuse. Le khalife Walid demandait un jour à l'un d'eux pourquoi on l'appelait Hammad le Récitateur; il répondit : « C'est parce que je sais des vers de tous les poëtes dont les noms sont parvenus jusqu'à vous, et de beaucoup d'autres encore. De plus, je distingue à l'instant si un vers que j'entends pour la première fois est d'un auteur ancien ou moderne. — C'est une grande science, dit Walid, et combien de vers sais-tu par cœur? — Je puis, répliqua Hammad, vous réciter sur chaque rime formée par une lettre de l'alphabet cent poëmes *cassidè*, tirés seulement des compositions antérieures à l'islamisme. — Je veux te mettre à l'épreuve, reprit Walid; commence donc. » Hammad se mit à réciter. Après quelques heures, Walid, fatigué d'écouter, quitta la place, et chargea un de ses officiers de confiance d'entendre le reste, et de lui en rendre un compte fidèle. Hammad remplit l'engagement qu'il avait pris, et récita de suite deux mille neuf cents poëmes (le poëme *cassidè* a rarement moins de vingt vers et plus de cent). Walid lui fit donner cent mille drachmes (*).

Telle était la passion des Arabes pour la poésie, que dans les premiers temps de l'islamisme, alors que les nouvelles destinées de la nation s'accomplissaient au milieu du tumulte des combats, ni l'ardeur guerrière, ni le fanatisme religieux ne pouvaient faire oublier les querelles littéraires. La prééminence de tel poëte sur tel autre était soutenue avec force, défendue avec acharnement, et quelquefois la présence de l'ennemi n'interrompit pas les discussions. Mohalleb faisait la guerre, dans le Khoraçan, aux hérétiques, nommés azareka. Il entendit un soir dans son camp un

« avons l'avantage sur lui, tu auras reçu une « indemnité. Si au contraire c'est lui qui a « l'avantage, tu reviendras le trouver. Ascha « accepta ces conditions. Abou-Sofyan dit « alors aux Koréischites : Si Ascha va trou« ver Mahomet et s'attache à lui, *il enflam« mera par ses vers les Arabes contre vous*, « donnez-lui cent chameaux. Les Koréischi« tes y consentirent, et Ascha ayant reçu « les cent chameaux, s'en retourna dans « son pays; mais quand il fut arrivé au lieu « qu'on nomme Manfouha, son chameau le « jeta par terre, et il mourut. On voit en« core son tombeau à Manfouha, lieu du « Yemâma où il faisait sa demeure et qu'il « a célébré dans ses vers. » (Chrest. ar. de M. de Sacy, t. II, p. 476, 2ᵉ édit.)

(*) Extrait par M. Caussin de Perceval du Kitab-el-Alghani, vol. I, fol. 386.

grand tumulte, et craignit une révolte. C'était une dispute littéraire qui s'était élevée entre ses soldats sur le mérite comparatif des deux poëtes Djérir et Farazdak. On voulut le prendre pour arbitre; mais il déclina cet honneur, ne voulant pas s'exposer au ressentiment de celui des deux rivaux contre lequel il se serait déclaré. « Je vous « indiquerai des juges, dit-il à ses guer- « riers, qui ne redoutent ni Djérir ni « Farazdak. Adressez-vous aux aza- « reka; ce sont des hommes qui culti- « vent la poésie et qui sont excellents « connaisseurs. » Le lendemain, les deux armées étaient en présence; mais, avant le combat, les soldats de Mohalleb demandèrent et obtinrent de leurs ennemis le jugement qui devait mettre fin à la contestation (*).

Nous terminerons ce chapitre par quelques mots sur la religion des anciens Arabes : elle était devenue peu à peu une complète idolâtrie : leurs traditions les représentent comme ayant quitté le culte du vrai Dieu, qui leur avait été enseigné par les patriarches, pour se livrer à tous les écarts d'une superstition grossière. Jusqu'à quel point le sabéisme ou le culte des astres, le magisme ou celui du feu avaient-ils pénétré dans la péninsule? Il est impossible de le décider d'une manière absolue. Les Himyarites adressaient plus particulièrement leur culte au soleil, et, sous le ciel toujours pur de l'Arabie Heureuse, observaient les astres plutôt dans des vues religieuses ou superstitieuses que pour en connaître la marche. Ce qui nous paraît incontestable, c'est que les relations commerciales des Arabes, en les liant à tant de peuples divers, avaient introduit chez eux un mélange de toutes les erreurs chaldéennes, juives, égyptiennes, persanes. Comme rendez-vous général de ce polythéisme ridicule, la caaba contenait trois cent soixante idoles : le dieu Hobal, que l'on a voulu quelquefois identifier avec Saturne (**);

(*) Voy. M. Caussin de Perceval, *Nouveau Journal asiatique*, juillet 1834.

(**) « *Zouhhal* (la planète Saturne) était

deux statues de pierre, Açaf et Naïlah (*); Lot sous la forme d'un rocher, Ozza sous celle d'un dattier, étaient vénérés à l'égal d'Abraham, l'ami de Dieu, ou d'Ismaïl, son fils, le premier pontife des Arabes. Burckhardt, empruntant à l'historien de la Mecque, El-Azraki, un fait qu'il croyait ignoré, a cité que parmi les figures qui ornaient la caaba, celle de la Vierge Marie avec le jeune Aïça (Jésus) sur ses genoux se

« adorée à la Mecque au moins par les
« Sabéens, et il est probable qu'Amrou, fils
« de Lohay, eut égard à la dévotion de
« ses concitoyens ou sujets, lorsqu'il choi-
« sit Hobal, entre toutes les divinités sy-
« riennes, pour l'installer dans la Caaba.
« Saturne ou le temps (*Addahr*) est effec-
« tivement, chez les Arabes, synonyme de
« *fortuna in sola inconstantia constans*, et
« c'est un des sens du mot hébreu *hèbèl*,
« qui s'applique aux divinités païennes en
« général. Je m'étonne que Gésénius n'ait
« point parlé d'*Hobal*, à l'article *Hèbèl*. Il
« cite un passage de l'Ecclésiaste, *Kol shebba*
« *Hèbèl* : « Tout avenir est nuage, incerti-
« tude. » La conséquence immédiate de ce
« principe, c'est que, pour connaître l'ave-
« nir, il faut consulter le dieu *Nuage* ou la
« déesse *Incertitude*, c'est-à-dire Hèbèl ou
« Hobal, — et c'est ce que les Arabes ont
« fait. » M. Fresnel, *Quatrième lettre sur l'histoire des Arabes*, Journ. Asiat., 3ᵉ série, t. VI, p. 227.

(*) « On rapporte qu'Açaf et Naïlah
« étant entrés dans la maison de Dieu et s'y
« étant livrés à la fornication, Dieu les
« transforma en deux pierres ou statues,
« que l'on retira ensuite et qui furent po-
« sées en dehors de la Caaba, comme un
« monument des vengeances divines. La
« tribu de Khozaa s'étant ensuite emparée
« de la Mecque, on finit par oublier l'his-
« toire d'Açaf et de Naïlah, à tel point
« qu'Amron, fils de Lohay, invita les Arabes
« au culte de ces deux statues en leur di-
« sant : « Ces deux pierres n'ont été érigées
« en ce lieu que parce que nos pères les
« adoraient. » Kosay, fils de Kelab, de la
« tribu de Koreisch, ayant obtenu dans la
« suite des temps l'intendance de la Caaba,
« transféra les deux pierres en face de l'édi-
« fice, sur l'emplacement du puits de Zem-
« zem, qui devint le lieu des sacrifices. »
Id., id., p. 204.

trouvait sculptée au haut d'une des colonnes qui soutiennent l'intérieur de l'édifice. Le témoignage d'El-Azraki est complétement confirmé par Harawi, qui dit, en faisant la description du temple de la Mecque : « Il y avait « six colonnes dans la caaba; on y « voyait des figures d'anges, celles des « prophètes, l'arbre; Abraham, l'ami « de Dieu, tenant dans ses mains les « flèches du sort; puis encore une « figure de Jésus, fils de Marie, avec « sa mère. L'année de la conquête de « la Mecque, le prophète ordonna que « toutes ces images fussent détruites. » Woudd, adoré sous la forme humaine par la tribu de Kelb, Sawaa par celle de Hamadan, Yauk représenté sous l'effigie d'un cheval, Nasr sous celle d'un aigle, Yaghout sous celle du lion, Menat, bloc informe d'une pierre noirâtre, partagèrent, à l'avénement de la religion nouvelle, le sort des symboles dont nous venons de parler.

C'est probablement à cause de l'origine divine qu'ils lui attribuaient, que les Arabes avaient fait de la Caaba le panthéon de toutes leurs croyances. Là on se réunissait tous les ans à l'époque du pèlerinage, là chaque tribu honorait les objets de son culte ; mais d'autres temples, consacrés à telle ou telle divinité, s'élevaient dans les différentes provinces de la péninsule. Nous lisons dans le Sirat-er-Reçoul (la vie du prophète) : « Outre la Caaba, les Arabes « avaient d'autres temples qu'ils révé- « raient presque à l'égal de celui-là. Ces « temples étaient desservis par des gar- « diens et des ministres. Ils y faisaient « des offrandes de même que dans la « Caaba, accomplissaient autour les « tournées saintes, y conduisaient des « victimes, et les immolaient. Toute- « fois, ils reconnaissaient la supériorité « de la Caaba sur ces temples, puis- « qu'elle était la maison d'Abraham et « son oratoire. Les Koréischites et les « Benou-Kenana avaient à Nakhla le « temple d'Ozza, dont les ministres et « les gardiens appartenaient à la tribu « des Benou-Schaïban-ben-Solaïm. « Les Benou-Thakif avaient le temple « de Lat à Taïef, et il était desservi par « les Benou-Moattib-ben-Thakif (*). »

Au nombre des superstitions les plus grossières de l'Arabie, il nous faut compter le sacrifice humain, qu'on rencontre chez tant de peuples, comme s'ils avaient tous senti qu'ils avaient à se racheter par le sang, tout en ignorant qu'ils étaient eux-mêmes insuffisants à leur rançon. Nous avons vu que le père du prophète, Abd-Allah, fut sur le point de devenir victime de cette affreuse croyance. Mais, à la naissance de l'islamisme, le travail des siècles, la maturité des temps, avaient adouci d'absurdes et barbares coutumes. L'Arabe croyait aux songes, aux devins, à la magie, consultait le sort par le moyen de flèches non empennées qu'il agitait dans un sac de peau pour en faire sortir une au hasard ; il suspendait ou hâtait sa marche d'après le vol d'un oiseau, redoutait les génies et fuyait l'influence du mauvais œil, mais il ne donnait plus la mort dans l'espoir d'être agréable à Dieu.

Les doctrines du judaïsme, les vérités de l'Évangile avaient alors pénétré en Arabie. C'est une croyance générale dans l'Église d'Orient que saint Thomas, l'apôtre, a prêché dans l'Arabie Heureuse lors de son voyage aux Indes, où il fut martyrisé pour la foi. Saint Paul résida dans la partie de la Syrie qui devint plus tard le royaume des Ghassanides, et il est probable que les marchands arabes qui se rendaient aux foires de Bosra ou de Damas eurent occasion de l'entendre (Galat., I, 17). Eusèbe nous apprend que, sur l'invitation d'un prince arabe, Origène était parti d'Alexandrie pour se rendre dans la péninsule, et avait converti à la vraie foi une tribu du désert. Mais c'est surtout dans le troisième et quatrième siècle que l'Arabie devint l'asile des victimes nombreuses de la persécution en Orient ; et lorsque plus tard, Théophile, envoyé par l'ordre de Constance chez les Himyarites, obtint, ainsi que nous l'apprend Philostorge (**), la

___

(*) Voy. Sir-er-Reç., MSS. de la Bibl. royale, fol. 13.

(**) Hist. ecclés., liv. III.

permission d'élever trois églises dans le Yémen, il avait dû y trouver bien des familles où la foi chrétienne s'était conservée pure au fond des cœurs.

Ce n'est cependant ni dans le Yémen, où les juifs et les chrétiens existaient en grand nombre, ni dans la Syrie, presque toute chrétienne, que se manifesta le grand mouvement civilisateur des Arabes. C'est à la Mecque, au centre des populations maaddiques, là où nous avons vu se développer, pendant les deux derniers siècles qui précédèrent l'islamisme, la poésie, et avec elle les germes de toutes les vertus chevaleresques qui naissent du désir de la louange ou des exigences du point d'honneur. La poésie dans les mœurs, tel était alors le caractère général de la civilisation arabe; or nous voyons dans la tradition que plusieurs tentatives avaient eu lieu, peu de temps avant Mahomet, pour opérer une transformation religieuse, et remplacer le culte de la forme par celui de l'idée. Nous allons voir maintenant comment le législateur arabe a répondu à la haute mission qu'il s'était attribuée. Constatons seulement qu'il fut l'expression et non la cause d'un immense progrès, en remplaçant par le dogme de l'unité de Dieu les absurdités du polythéisme.

## ÉTABLISSEMENT DE L'ISLAMISME.
### Naissance de Mahomet.

L'islamisme sépare l'histoire des Arabes en deux parties essentiellement distinctes. Depuis les temps bibliques jusqu'aux années qui précédèrent la naissance du prophète, des traditions incertaines et les documents historiques des peuples qui se trouvent en contact avec les habitants de la Péninsule, peuvent seuls nous servir de guide. Cependant, ainsi que nous l'avons vu, le siècle qui précéda Mahomet, plus riche en monuments littéraires, agité par des luttes fréquentes, préparait la race d'Ismaël à ses hautes destinées, et annonçait une révolution prochaine (*). Fatigués d'un polythéisme qui n'avait pas même en sa faveur le charme poétique des mythes de la Grèce, les Arabes étaient prêts pour recevoir les dogmes d'une religion nouvelle : déjà quelques tentatives avaient indiqué cette tendance générale des esprits. C'est alors que Mahomet vint au monde, et dès ce moment l'histoire de sa vie, qui devient celle de la nation arabe, est minutieusement décrite par un grand nombre d'auteurs. Nous n'aurons qu'à choisir et nous pourrons désormais entrer plus intimement dans les mœurs, dans la vie de ce peuple qui va imposer son joug à tant de nations diverses. Ce ne sont plus ces guerriers pasteurs qui se disputent le prix de la poésie, comme les bergers de Virgile, ou combattent pour la possession d'un coursier : c'est l'Arabie triomphante qui sort du désert pour aller porter à Grenade, à Fez, à Cordoue, ces écoles de philosophie et ces habitudes chevaleresques qui ont dominé l'Europe pendant toute la durée du moyen âge.

Ce fut un lundi, dixième jour du mois de Rébi-el-Aoual, que naquit Mahomet, dans l'année même où Abrahah, lieutenant du monarque abyssin dans le Yémen, avait attaqué la Mecque ; expédition à laquelle nous avons vu que les Arabes ont donné le nom de guerre de l'Éléphant. Abd-el-Mottalib, pontife ou gardien du temple de la Caaba, venait de perdre son fils, Ab-

---

(*) « Napoléon pensait qu'indépendamment des circonstances fortuites qui amènent parfois les prodiges, il fallait encore
« qu'il y eût dans l'établissement de l'isla-
« misme quelque chose que nous ignorons.
« Que le monde chrétien avait été si prodi-
« gieusement entamé, par les résultats de
« quelque cause première qui nous demeurai.
« cachée, que peut-être ces peuples, surgi
« tout à coup du fond des déserts, avaien
« eu chez eux de longues guerres civiles
« parmi lesquelles s'étaient formés de grand :
« caractères, de grands talents, des impul
« sions irrésistibles, ou quelque autre cause
« de cette nature, etc. » (*Mémorial de Sainte-Hélène*, t. III, p. 183.) — On voit que le génie de Napoléon avait deviné ce qu'on ignorait alors, et qu'un examen attentif des anciennes poésies ou des vieilles traditions de l'Arabie permet de constater aujourd'hui.

dallah, qu'il avait marié depuis un an à peine, à la jeune Amina, fille de Wahb, chef des Benou-Zohra. Mahomet, fruit de cette union, naquit donc orphelin (*) et peu favorisé des biens de la fortune, car son père en mourant laissa pour tout héritage, cinq chameaux et une jeune esclave abyssine. Nous ne rapporterons pas ici tous les prodiges dont les Arabes se sont plu à entourer la naissance de leur législateur, la lumière céleste qui sort du sein de sa mère et éclaire toute la Syrie, les génies du mal précipités du haut des étoiles, le feu sacré éteint chez les Mages, les tours du palais de Cosroës s'écroulant avec fracas comme pour lui prédire la ruine prochaine de son empire; de tout temps les peuples ont donné un berceau divin à l'origine de leur civilisation. C'est encore par suite d'une prévision surnaturelle qu'Abd-el-Mottalib, ayant convoqué chez lui les principaux chefs de famille de la tribu des Koréischites, leur annonça qu'il n'avait donné à son petit-fils aucun des noms usités dans la tribu, mais qu'il l'avait appelé *Mohammed* ou le glorifié, afin qu'il fût glorifié par Dieu dans le ciel, et par les créatures de Dieu sur la terre.

Amina voulut d'abord nourrir son fils, puis elle eut recours à une affranchie nommée Thouwaïba, qui donnait en même temps son lait à deux autres enfants, dont l'un était Hamza, oncle du prophète, que nous retrouverons plus d'une fois dans la suite de cette histoire, et dont le parfait dévouement remontait peut-être à ces souvenirs de la première enfance. Mahomet était depuis quelque temps confié aux soins de cette femme, lorsque arrivèrent à la ville de jeunes Bédouines, qui selon la coutume venaient des montagnes voisines chercher les enfants des riches citadins pour les nourrir à la campagne et les soustraire ainsi à l'influence d'un climat pernicieux (*). Les plus adroites ou les premières arrivées s'adressèrent aux familles dont la richesse était connue, et bientôt il ne resta plus que le pauvre Mahomet, qui, privé de son père, et resté sans fortune, n'offrait pas à leur zèle intéressé grand espoir de récompense. Il échut en partage à une femme de la tribu des Benou-Saad, nommée Halima, et elle l'emmena sous les tentes des Saadites. Les bénédictions du Très-Haut, dit la tradition, descendirent aussitôt sur les parents d'adoption du prophète : jamais les pâturages n'avaient été si gras, jamais les brebis ou les chamelles n'avaient eu un lait plus abondant. La protection divine était si marquée, qu'à l'époque désignée pour le retour de son nourrisson, Halima le conduisit en effet à la Mecque, mais pour y faire les plus grandes instances auprès de sa mère afin qu'on lui laissât encore quelques

(*) Quelques auteurs disent aussi que Mahomet était déjà né et âgé de deux mois lorsqu'il perdit son père. Voici la généalogie de Mahomet, telle que la donne Aboulféda : « Abou'l-Kaçim Mohammed était fils « d'Abd-Allah, fils d'Abd-el-Mottalib, fils « de Haschem, fils d'Abd-Menaf, fils de « Kossay, fils de Kelab, fils de Morra, fils « de Caab, fils de Loway, fils de Ghaleb, « fils de Fehr ou Koreisch, fils de Malek, « fils de Nadhr, fils de Kenana, fils de « Khozaïma, fils de Modreca, fils d'Élyas, « fils de Modhar, fils de Nezar, fils de Maad, « fils d'Adnan, descendant d'Ismaïl. »

(*) Cette coutume d'envoyer les enfants dans le désert pour y être nourris est encore en vigueur à la Mecque parmi les schérifs ou descendants de Mahomet; on lit dans Burkhardt (t. I$^{er}$, p. 317 de la trad. de M. Eyriès) : « Les schérifs ont la cou- « tume d'envoyer chaque enfant mâle, huit « jours après sa naissance, à la tente de « quelque Bédouin qui fréquente les envi- « rons de la ville; ces enfants y sont élevés « jusqu'à l'âge de huit ou dix ans, ou jus- « qu'à ce qu'ils soient en état de monter une « jument; alors leurs pères les reprennent. « Pendant tout le temps de son séjour par- « mi les Bédouins, l'enfant ne va jamais « voir ses parents, ni n'entre dans la ville « que lorsqu'il a atteint son sixième mois. « Alors sa mère nourricière le porte pour « quelques instants à sa famille, puis s'en « retourne aussitôt avec lui dans sa tribu. « L'exemple de Mahomet, élevé dans la tribu « des Beni-Sad, est continuellement cité par « les Mekkaouis quand ils parlent de cet « usage. »

années celui dont la présence, disait-elle, avait apporté le bonheur à tous les siens. Amina, ravie du bon effet qu'avait produit sur la santé de son fils l'air pur des montagnes, consentit à s'en séparer de nouveau, et la nourrice le ramena chez elle, où il resta jusqu'à l'âge de trois ans. A cette époque, nouvelle tradition miraculeuse, nouveau signe de la mission future du prophète : Mahomet jouait avec les enfants de sa nourrice à quelque distance de la tente qui leur servait d'habitation; deux hommes se présentent à lui; ils sont vêtus de blanc, et leur visage resplendit d'une lumière surnaturelle. A leur aspect, les enfants d'Halima s'enfuient effrayés; Mahomet au contraire s'avance à leur rencontre : ils le prennent, lui fendent la poitrine et lui remplissent le cœur d'une foi divine. Bientôt accourt sa nourrice que les enfants ont avertie, mais les messagers célestes ont disparu, Mahomet raconte froidement son aventure, et dès lors Halima ne pense plus qu'à le ramener à sa mère. L'épreuve avait été trop forte pour la Bédouine, qui ne sait si ces étranges visiteurs sont venus du ciel ou de l'enfer, et craint d'avoir donné asile à un possédé du démon.

Mahomet, revenu chez sa mère, commençait à peine à sortir de la première enfance, lorsque Amina mourut et le laissa tout à fait orphelin. Il eut alors pour tuteur et pour unique soutien son grand-père, Abd-el-Mottalib, qui se montra pour lui plein de tendresse; mais le malheur s'attachait à ses premières années : Abd-el-Mottalib mourut deux ans après sa belle-fille Amina, et Mahomet, recueilli par son oncle Abou-Taleb, entra dans la vie réelle, sachant qu'il n'avait rien à attendre que de ses propres efforts. Abou-Taleb était occupé, ainsi que la plupart des Koreïschites, au commerce de transit, qui se faisait au travers de la Péninsule, entre les pays baignés par la mer des Indes et l'Asie occidentale. Ses affaires l'appelèrent en Syrie, où il conduisit son neveu, devenu son pupille. C'est dans ce voyage, dit-on, que Mahomet, admis à Bosra, dans un monastère chrétien, fut accueilli avec la plus grande amitié par un moine nestorien, nommé Bohaïra (*), qui lui prédit de hautes destinées, et l'initia pour la première fois à la connaissance de l'Ancien Testament, dont Mahomet fit en partie, plus tard, la base de sa religion nouvelle : « Gardez bien cet enfant des séductions des Juifs, » disait le cénobite à Abou-Taleb, et sans doute il espérait avoir converti à la religion chrétienne celui dont il avait su apprécier la haute intelligence. Peut-être a-t-il plus tard déploré son enseignement, s'il a vécu assez pour voir que la semence de vérité avait produit l'erreur.

A l'âge de quatorze ans, d'après Aboulféda, ou de vingt ans selon d'autres chroniqueurs, Mahomet accompagna ses oncles dans la guerre que les Koreïschites et les Benou-Kénana firent à la tribu des Benou-Hawazin, guerre appelée du Sacrilége, parce qu'on y combattit pendant les mois sacrés (**). Les Koreïschites, vaincus

(*) Gagnier (p. 11) rapporte un passage de Maçoudi, ainsi conçu : « Le nom de Bohaïra, dans les livres des chrétiens, est Sergius : il habitait le couvent d'Abd-el-Kaïs. » Ce n'est pas peut-être une raison suffisante pour l'identifier, ainsi que font Gagnier et Prideaux, avec le Sergius dont parle longuement Vincent de Beauvais, dans son Miroir historique.

(**) D'après Nowaïri, la mésintelligence avait éclaté plusieurs fois entre les descendants de Kenana et les Benou-Hawazin. La première querelle qui s'éleva eut pour cause l'arrogance d'un certain Bedr-ben-Djaâthir des Benou-Kenana, qui, à la foire d'Okadh, après avoir prononcé une pièce de vers toute à l'honneur de sa tribu qu'il exaltait hautement, en la plaçant, sous le rapport du courage, au-dessus des autres, posa fortement son pied sur le terrain, en disant : « Je suis le plus vaillant d'entre les Arabes ici rassemblés : que celui qui osera prétendre le contraire me fasse reculer d'un pas. » Indigné de cette prétention, un guerrier de la tribu des Benou-Hawazin, le poussa violemment, et il s'ensuivit un conflit qui aurait ensanglanté la scène, si quelques hommes plus modérés n'avaient fait

d'abord, eurent tout l'avantage à la fin de la campagne, et Mahomet y révéla les talents militaires qui serviraient si puissamment plus tard à l'établissement de sa doctrine. Il avait dès lors acquis les qualités les plus propres à attirer l'attention de son peuple. Sa taille moyenne était admirablement proportionnée, sa peau blanche et rose; son front élevé semblait éclairé du feu qui sortait de ses yeux noirs; son nez aquilin se plissait au moindre signe de colère, et sa bouche vermeille laissait voir, quand il souriait, des dents semblables à des perles. A ces avantages extérieurs il joignait, disent ses historiens, la sincérité, la bienveillance et une grande pureté de mœurs; aussi, les Koréischites l'avaient-ils surnommé *El-Amin* ou le fidèle.

Sa réputation de droiture, peut-être aussi ses avantages personnels, lui acquirent à vingt-cinq ans la confiance et l'affection d'une riche veuve qui le chargea des intérêts de son commerce. Elle se nommait Khadidja, fille de Khowaïled (*), et appartenait de même que Mahomet à la tribu des Koréischites. Ses affaires ayant exigé bientôt un voyage sur les côtes de la Syrie, Mahomet eut ainsi l'occasion de retourner à Bosra, où il eut de nouvelles conférences avec Bohaïra, et ce fut cette fois peut-être qu'il conçut sérieusement le plan d'une réforme religieuse. Cependant, tout moyen d'action lui manquait encore: sans fortune, sans influence personnelle, il n'avait même pas le titre de chef de famille, honoré par toute la terre, mais surtout chez un peuple constitué en tribus. Ce fut au retour de son expédition que Khadidja le prit pour époux et lui apporta en dot toute la considération qui s'attachait à ses nombreuses alliances comme à ses grandes richesses (**). Dès lors, Mahomet n'ayant

comprendre aux tribus rivales combien elles seraient coupables de troubler la paix des mois sacrés pour une question de vanité. La seconde dissension avait une cause plus grave, si l'on se reporte à ce que nous avons dit de la susceptibilité des Arabes pour tout ce qui touchait à l'honneur de leurs femmes. Quelques jeunes Koréischites et autres membres de la grande famille des Benou-Kenana entouraient, à la foire d'Okadh, une femme de la tribu d'Hawazin, assise sur la place du marché. Ils la prièrent de lever son voile; et comme elle s'y refusa, l'un d'entre eux attacha doucement, à l'aide d'une longue épine, le bas de son vêtement à ses épaules. Cette femme se leva bientôt; et, comme ce ne fut pas son visage qui demeura exposé aux regards de la foule, des rires éclatèrent de tous côtés. La Bédouine, furieuse de l'injure qu'on lui avait faite, appela à son aide les gens de sa tribu; on se battit, et ce ne fut qu'avec beaucoup de peine que Harb, le père d'Abou-Sofian, parvint à calmer la fureur des partis. Ce fut à la troisième et dernière querelle que Mahomet, alors âgé de quatorze ans, d'après Aboulféda et Nowaïri, ou de vingt ans, selon Hamza et Ebn-Kolaïba, prit une part active. Elle avait pour cause première le meurtre d'un chef des Benou-Hawazin, assassiné traîtreusement par un allié des Koréischites, pendant qu'il escortait une caravane envoyée à la foire d'Okadh par le roi de Hira. Cette mort donna lieu à de nombreuses représailles, et il y eut beaucoup de sang versé de part et d'autre. Comme les Arabes, tout en se laissant emporter par leur désir de vengeance, comprenaient le tort immense qu'ils faisaient à leurs institutions en rompant ainsi la trêve des mois sacrés pendant laquelle toutes ces collisions éclatèrent, ils répétaient en combattant, لقد فجرنا, *Nous avons mal agi:* c'est ce qui a fait donner à tous ces combats le nom de combats d'El-Fidjar.

(*) Khowaïled était fils d'Açad, fils d'Abd-el-Ozza, fils de Kossay l'un des ancêtres de Mahomet, dont Khadidja se trouvait ainsi parente au quatrième degré.

(**) « Ce fut la première femme du pro-
« phète, dit Aboulféda, et il n'en prit point
« d'autre tant qu'elle vécut. Il avait alors
« vingt-cinq ans, et elle quarante; elle était
« veuve, et il n'épousa point d'autre femme
« vierge qu'Aïescha. Khadidja fut la pre-
« mière qui crut à la mission du prophète.
« Elle vécut avec lui dix ans encore après sa
« mission divine, et mourut trois ans avant
« l'hégire. — On compte un certain nombre
« d'hommes accomplis, a dit le prophète,
« mais parmi les femmes on n'en peut citer
« que quatre: Asiia, femme de Pharaon;

plus à s'occuper des intérêts matériels de la vie, prépara dans le silence les dogmes de cette religion nouvelle dont il voulait se faire l'apôtre. Pendant quinze ans, les détails de sa vie privée nous échappent. Nous savons toutefois qu'une occasion due au hasard ou ménagée par son adresse, lui fit jouer un rôle important aux yeux des habitants du Hedjaz. Depuis longtemps, le sanctuaire de la Caaba avait besoin de réparations importantes dont on avait résolu de profiter pour l'élever et l'agrandir. On prépara en conséquence les matériaux nécessaires et les Koréïschites se mirent à l'œuvre; mais arrivés à la hauteur où devait se placer la fameuse pierre noire, une dispute violente s'éleva entre toutes les tribus, qui prétendaient à l'honneur de porter la sainte relique à la place qu'elle devait occuper. Chacun soutenait ses droits avec une extrême violence, et la querelle allait devenir sanglante, lorsque quelqu'un proposa de s'en rapporter au jugement de la première personne qui franchirait les limites de l'enceinte sacrée. L'expédient fut adopté, et Mahomet se présenta au même instant sur le seuil du lieu saint. Appelé par acclamation à prononcer entre tant de prétentions diverses, il fit apporter un tapis sur lequel on posa la pierre noire, puis des hommes choisis dans toutes les tribus prirent par ses ordres les bords du tapis et l'élevèrent jusqu'à l'endroit désigné. Ce fut alors Mahomet lui-même qui souleva la pierre et la scella dans le mur, consacrant ainsi, par un premier acte, le sacerdoce auquel il allait bientôt prétendre.

### Mission de Mahomet.

Mahomet avait atteint l'âge de quarante ans : son esprit profond, mûri chaque année par un mois de retraite sur une montagne solitaire, avait conçu le plan général de la réforme à laquelle il devait soumettre sa nation. Soutenu par une réputation de probité et de haute piété, il crut pouvoir désormais risquer l'effet de sa puissance, et annoncer les révélations célestes dont il voulait se dire l'organe. Ce fut à la suite de sa retraite habituelle sur les hauteurs désertes du mont Harra (*), qu'il revint trouver Khadidja la figure toute troublée et les yeux animés d'un feu extraordinaire. « Cette nuit, lui « dit-il, j'errais sur la montagne, lors- « que la voix de l'ange Gabriel est venue « frapper mes oreilles : *Au nom de* « *ton maître, qui a créé l'homme et* « *qui vient enseigner aux hommes ce* « *qu'ils ignorent, Mahomet, tu es le* « *prophète de Dieu et je suis Gabriel!* « Telles sont les paroles divines, et dès « ce moment j'ai senti en moi la puis- « sance prophétique. » La fidèle Khadidja n'hésita pas un seul instant à croire à la mission de son époux : « Réjouis- « toi, lui dit-elle; car, par celui qui tient « l'âme de Khadidja entre ses mains, tu « vas être le prophète de notre nation. » Ensuite elle alla trouver un de ses cousins, nommé Waraka, qui passait pour l'un des hommes les plus instruits de la Mecque et avait beaucoup étudié auprès des docteurs juifs ou chrétiens. Elle lui raconta ce que Mahomet venait de lui apprendre : « Dieu saint! s'écria-t-il, si ce que vous me dites est réel, votre mari vient de voir apparaître l'ange du Seigneur, qui autrefois alla trouver Moïse : plus de doute qu'il ne soit destiné à être notre prophète et notre législateur. » Ainsi encouragé, Mahomet, pour rendre grâce au ciel et se préparer à ses hautes destinées, alla faire sept fois le tour de la Caaba, puis rentra dans sa demeure, où, à compter de ce moment, nous dit Aboulféda, les révélations se succédèrent pour lui sans interruption.

Pendant trois ans, la prédication du prophète ne s'étendit pas au delà de ses

« Marie, mère de Jésus; Khadidja, fille « de Khowaïled, et Fatima, fille de Maho- « met. » Voy. ma traduction de la *Vie de Mohammed*, par Aboulféda, p. 11 et 13.

(*) Cette montagne, célèbre chez les musulmans par la retraite du prophète, s'élève à trois milles de la Mecque, d'après le Dictionnaire géographique arabe connu sous le nom de *Meracid-el-Ittila*, voy. p. 189.

parents les plus proches et de ses amis intimes : Ali-ben-Abou-Taleb, son neveu, qu'il avait accueilli chez lui à une époque de disette (*); Abou-Bekr, homme influent par son âge, sa position et sa haute probité (**); Othman, fils d'Affan; Abd-el-Rahman, fils d'Aouf; Saad, fils d'Abou-Waccas; Zobéïr, fils d'Awam, et Talha, fils d'Obaïd-Allah, furent ses premiers disciples. Tous figureront avec éclat dans la suite de cette histoire, car tous travaillèrent puissamment à l'établissement de l'islamisme. Après s'être ainsi assuré du concours de quelques hommes d'élite, Mahomet se crut assez fort pour annoncer hautement sa doctrine et combattre le polythéisme à découvert. « Il « ordonna à Ali, dit Aboulféda, de faire « cuire une demi-mesure de froment, « de faire rôtir la cuisse d'un agneau, « puis de remplir un vase de lait, et « d'inviter au repas préparé tous les « descendants d'Abd-el-Mottalib. Ils « vinrent au nombre d'environ qua-« rante, parmi lesquels on comptait « trois oncles du prophète, Abou-Ta-« leb, Hamza et Abbas. Chacun but et « mangea selon ses désirs, bien que ce « qu'on eût servi fût à peine suffisant « pour une seule personne; puis, Maho-« met allait prendre la parole, lorsque « Abou-Lahab s'écria : « Amis, notre « hôte a usé envers nous de sortilége. » « A ces mots chacun s'enfuit épou-« vanté, et Mahomet, resté seul avec « Ali, lui dit : « Tu vois comment cet « homme m'a empêché aujourd'hui « d'appeler à la vraie foi ces infidèles. « Prépare pour demain un nouveau « repas, et va les inviter de nouveau. » « Cette fois, personne n'interrompit « le prophète, qui prit la parole et dit « à ses convives : « Je ne connais pas « un seul homme parmi les Arabes, « qui puisse vous apporter plus de bien « que je ne vous en apporte dans cette « vie et dans l'autre. Dieu Très-Haut « m'a ordonné de vous appeler à lui. « Quel est donc celui d'entre vous qui « veut m'aider dans cette œuvre sain-« te? Que celui-là soit mon frère, mon « délégué et mon mandataire auprès « de vous. » Tous se taisaient, lorsque « Ali, fils d'Abou-Taleb, qui alors, « ainsi qu'il a pris soin de nous le dire « lui-même, était le plus jeune d'en-« tre vous, et offrait, dans son aspect « maladif, des yeux chassieux, un ven-« tre gonflé, des jambes grêles, s'é-« cria : A moi, prophète de Dieu, à « moi appartient l'honneur d'être ton « soutien et ton vizir. A ces mots, « Mahomet le pressant sur son cœur, « l'appelle son frère et son successeur. « Écoutez-le, disait-il, et obéissez-lui. « Cependant chacun dans l'assemblée « riait aux éclats, et répétait à Abou-« Taleb : Te voilà obligé maintenant « d'obéir à ton propre fils. »

C'était là commencer sous de tristes auspices, et nous avons cité les paroles de l'historien arabe, pour faire voir que les musulmans eux-mêmes n'ont pas cherché à pallier toutes les diffi-

---

(*) « Cet enfant, dit Aboulféda, était « élevé par les soins du prophète avant l'is-« lamisme, et en voici la cause : Les Ko-« reïschites se trouvant une fois en proie à « une grande famine, et Abou-Taleb étant « chargé d'une famille nombreuse, le pro-« phète de Dieu dit à son oncle Abbas : « Ton frère Abou-Taleb a beaucoup d'en-« fants, allons le trouver, et prenons-en « quelques-uns avec nous, de manière à « rendre son fardeau moins pesant. » Ils se « rendirent en conséquence auprès d'Abou-« Taleb, et lui dirent : « Nous voulons allé-« ger ton fardeau. » Abou-Taleb répondit : « Laissez-moi Okaïl, puis faites ce qu'il « vous plaira. » Alors Abbas prit avec lui « Djafar, et le prophète prit Ali, qu'il garda « près de lui jusqu'au temps de sa mission « prophétique. » *Vie de Mohammed*, p 14.

(**) Abou-Bekr-es-Siddik ou le Véridique était né à la Mecque quelques années après Mahomet; il était fils d'Abou-Kohafa, fils d'Amer, de la postérité de Taïm, fils de Morra. D'après Kodhaï, son premier nom avait été Abd-el-Caaba, qu'il changea pour celui d'Abd-Allah lorsqu'il embrassa l'islamisme. Il prit le nom d'Abou-Bekr ou Père de la Vierge, lorsque Mahomet épousa sa fille Aïescha; on le surnomma le Véridique lorsqu'il eut confirmé de la manière la plus formelle le récit que faisait Mahomet de son voyage au septième ciel, récit que ses compagnons avaient reçu avec une grande incrédulité.

cultés qui arrêtèrent leur législateur au début de sa carrière prophétique. Le ridicule ne fut pas la seule arme employée pour le combattre. L'unité religieuse était pour les tribus du désert l'annonce de l'unité politique, et chacune d'elles, dans son amour de l'indépendance, préférait le culte absurde de quelque divinité de son choix à la connaissance d'un seul Dieu révélé par un seul pontife (*). Dès lors les chefs poursuivirent de leur haine l'homme dont leur instinct devinait les projets sans les comprendre. La résistance s'organisa de toute part; l'insulte, le mépris, l'injure, puis bientôt les attaques à main armée furent employés pour détourner et anéantir les sectateurs du nouveau prophète. S'il n'avait pas été défendu par une famille nombreuse et puissante, il eût succombé lui-même : mais d'éclatantes conversions venaient de jour en jour donner plus de force à ses doctrines. Ce fut d'abord Hamza, son oncle, homme de cœur et d'énergie, qui fut poussé à l'islamisme par la force même des injures dont on abreuvait un de ses parents les plus proches. Quelques jours plus tard, Omar Ben-el-Khattab, ce même Omar qui porta dans la suite l'islamisme des extrémités de la Perse aux colonnes d'Hercule, mais qui alors se déclarait l'ennemi le plus acharné du novateur, promit aux Koréischites de leur apporter la tête de Mahomet (*).

(*) « Sa tribu, dans les premiers temps, « ne s'éloigna pas de lui, et ne combattit « pas sa doctrine jusqu'au moment où il « jeta le blâme sur le culte qu'ils rendaient « aux idoles, et où il les accusa, eux et leurs « ancêtres, d'impiété et d'erreur; dès lors « ils se réunirent pour le persécuter, à l'ex- « ception de ceux auxquels Dieu offrit un « refuge dans l'islamisme. Comme son oncle « Abou-Taleb le protégeait contre ses en- « nemis, quelques-uns des plus considéra- « bles d'entre les Koréischites vinrent un « jour le trouver. Parmi eux étaient Otba « et Schaïba, tous deux fils de Rabia; Abou- « Sofian, fils d'Omaïa; Abou-Bohtori, fils « de Hescham; Asouad, fils de Mottalib; « Abou-Djahl, fils de Hescham, fils de Mo- « ghaïra; son oncle Walid, fils de Moghaïra- « el-Makhzoumi; Nabih et Monabbeh, tous « deux fils de Hadjadj, de la famille de « Sahm, et As, fils de Waïl, de la même « famille; ce dernier, père d'Amrou Ben- « el-As. Ils dirent à Abou-Taleb : « Le fils « de ton frère a déversé le blâme sur notre « religion; il a accusé nos sages de folie et « nos ancêtres d'erreur. Empêche-le donc « de nous attaquer, ou reste neutre entre « nous et lui. » Abou-Taleb opposa à leur « désir un refus adouci par des paroles hon- « nêtes. Le prophète ayant cependant con- « tinué l'œuvre de sa mission, et ayant gra- « vement offensé les Koréischites, ils re- « vinrent une seconde fois vers Abou-Taleb, « et répétèrent ce qu'ils avaient dit la pre- « mière fois; puis ils ajoutèrent : « Si tu « ne lui interdis pas ses attaques, nous vous « combattrons tous deux jusqu'à ce que « périsse un des deux partis. » Cette me- « nace parut grave à Abou-Taleb, et il dit « au prophète : « Voici que les gens de ta « tribu disent telle et telle chose. » Le pro- « phète, qui crut que son oncle l'abandon- « nait, s'écria : « O mon oncle, quand même « ils placeraient le soleil à ma droite et la « lune à ma gauche, je n'abandonnerais pas « mon œuvre. » Le prophète sentit alors ses « yeux gonflés de larmes, et il pleura; puis « il se leva, et comme il s'éloignait : « O fils « de mon frère, lui dit Abou-Taleb en le « rappelant, reviens, et tiens les discours « que tu voudras; par Dieu puissant, rien « ne me décidera jamais à te livrer. » Dès « lors toutes les tribus persécutèrent qui- « conque embrassait l'islamisme. » Voyez Aboulféda, *Vie de Mohammed*, p. 17.

(*) Omar se nommait, d'après Kodhaï, Abou-Hafs Omar, fils de Khattab, fils de Nofaïl, de la tribu des Benou-Ada. Il était né à la Mecque, et dans son enfance il avait été employé à garder les chameaux de son père, qui le traitait avec une extrême sévérité lorsqu'il manquait en quelque chose à son devoir. On lit dans le *Camous* qu'Omar avait été surnommé El-Farouk, ou le *Séparateur*, parce que sa conversion à l'islamisme avait marqué la séparation entre la religion nouvelle et l'idolâtrie des anciens Arabes; en effet, jusque-là l'islamisme, professé en secret par quelques prosélytes, n'avait pas eu le retentissement qu'il acquit alors qu'Omar, homme influent par sa position et son courage, se fut consacré tout entier à la propagation du nouveau culte auquel il venait de se soumettre. D'après Tabari, le nom de Séparateur lui fut donné

Son courage, sa force prodigieuse, donnaient une grande valeur à sa menace ; déjà il était en route pour l'exécuter, lorsqu'il rencontra Noaïm, fils d'Abdallah-el-Nahham. Où vas-tu? lui dit celui-ci. — Mettre à mort le faux prophète, répond Omar. — Ne ferais-tu pas mieux, d'abord, d'arracher ta sœur et ton cousin Saïd à leurs nouvelles croyances? En apprenant ainsi que sa sœur s'est convertie à l'islamisme, Omar change de route; il se rend chez elle, où il la trouve occupée à lire le Coran. Elle entend les pas de son frère, cache le livre, mais trop tard; Omar l'a vu, il exige qu'elle le lui remette à l'instant; elle hésite, il la frappe, et, vaincue par la douleur, elle obéit. Omar se saisit du Coran, en lit quelques phrases. Les grandes pensées, le style poétique l'émeuvent profondément. Quelle douce morale ! s'écria-t-il ; où est celui qui l'a apportée aux hommes ? Sa sœur lui répond qu'il le trouvera au milieu de ses disciples, dans une maison sur la colline de Safa. Il s'y rend à l'instant, abjure ses erreurs entre les mains du prophète, et devient l'un des plus fermes soutiens de l'islamisme.

Quelques conversions brillantes ne firent que rendre la persécution plus active, et bientôt, sur l'ordre même de leur chef, les disciples de Mahomet émigrèrent en Abyssinie (*). On peut voir dans le choix de cet empire chrétien combien Mahomet cherchait à rapprocher ses enseignements de ce que lui avaient appris nos livres saints. La connaissance d'un Dieu unique manifestée par un culte, telle était la vérité religieuse qu'il venait révéler à son peuple. Cette vérité, il l'avait prise dans la Bible et dans l'Évangile pour la travestir plus tard selon les besoins de son ambition ; mais tout porte à croire qu'il se tint d'abord aussi près que possible des doctrines de l'Homme Dieu dont il ne niait pas l'essence divine. Aussi les musulmans furent-ils reçus à la cour du monarque abyssin avec tous les égards d'une sincère hospitalité. En vain les Koréischites députèrent quelques-uns d'entre eux vers le prince pour réclamer les fugitifs et l'avertir qu'il avait accordé sa protection aux sectateurs d'un faux prophète, à des ennemis du christianisme. Placé entre des païens et des hommes dont la religion lui semblait se rapprocher de la sienne, le prince abyssin ne crut pouvoir mieux faire que d'interroger les exilés sur ce qu'ils pensaient de Jésus-Christ : « Jésus, lui répondirent-ils, c'est le verbe de Dieu envoyé par lui à Marie toujours vierge. » Cette réponse, conforme aux doctrines du Coran, ôtait tout prétexte à des persécutions nouvelles, et les Koréischites revinrent à la Mecque avec le regret de voir leurs ennemis échapper à la haine qu'ils leur portaient.

Cependant Mahomet s'était retiré chez son oncle Abou-Taleb, qui, quoique n'ayant pas embrassé publiquement l'islamisme, portait à son neveu le plus grand intérêt et s'était toujours montré prêt à le défendre. Bientôt sa maison devint le rendez-vous de tous ceux qui inclinaient vers les nouvelles croyances, et chaque jour quelque conversion inattendue venait irriter les Koréischites. Ils résolurent alors de frapper pour ainsi dire d'une

---

par Mahomet, pour avoir coupé en deux, d'un coup de sabre, un musulman qui refusait d'obéir à la sentence que le prophète venait de prononcer contre lui.

(*) « Les premiers qui quittèrent l'Arabie « étaient au nombre de douze hommes et de « quatre femmes. Parmi eux se trouvaient « Othman, fils d'Affan, et sa femme Ro« kaïa, fille du prophète; Zobéir, fils d'A« wam; Othman, fils de Matoun ; Abd-« Allah, fils de Maçoud, et Abd-er-Rahman, « fils d'Aouf. Ils s'embarquèrent et se diri« gèrent vers le Nadjaschi, auprès duquel « ils restèrent. Djâfar, fils d'Abou-Taleb, « vint ensuite se réfugier près d'eux, et « plusieurs musulmans le suivirent l'un après « l'autre. Le nombre entier de ceux qui « passèrent en Abyssinie fut de quatre-vingt-« trois hommes et dix-huit femmes, sans « compter les petits enfants et ceux qui « naquirent dans ces climats. » Voy. Aboulféda, *Vie de Mohammed*, p. 20.

note d'infamie, non-seulement l'homme qui réclamait au nom d'un Dieu unique un pouvoir qu'ils ne voulaient pas reconnaître, mais encore ceux qui tenaient à lui par les liens du sang. Tous les Haschémites ou descendants de Haschem, père d'Abd-el-Mottalib et bisaïeul de Mahomet, furent enveloppés dans la proscription. Il fut défendu non-seulement de s'allier à eux, mais même d'opérer avec eux de simples transactions commerciales : ils étaient mis au ban des tribus, frappés dans leur honneur et dans leurs intérêts de fortune. Le pacte solennel qui contenait le serment prononcé à ce sujet par les Koréïschites fut enfermé dans la Caaba et mis sous la protection des trois cent soixante divinités dont les simulacres ornaient ce temple.

Ce fut là l'occasion d'un miracle rapporté par les chroniqueurs orientaux, et que suffisent parfaitement à expliquer les nombreuses intelligences entretenues par Mahomet dans les tribus ennemies. Abou-Taleb vint un jour trouver les Koréïschites, et se plaignant avec force de leurs injustes préventions contre la famille de Haschem : « Vous avez consacré votre « haine, leur dit-il, par un acte so« lennel que vous avez enfermé pour « plus de sûreté entre les murs de la « Caaba. Eh bien, je vous le dis au « nom de mon neveu Mohammed, cet « acte a été rongé par les vers ; vos « menaces infamantes contre une fa« mille respectable n'existent plus : le « nom seul de Dieu que vous aviez in« voqué est resté intact, et vous le re« trouverez encore. Vérifiez mes paro« les, ouvrez les portes du temple, et si « j'ai dit la vérité, revenez sur une « résolution qui fait plus de honte à « vous qu'à nous-mêmes. » Les Koréïschites coururent à la Caaba : tout ce qu'avait dit Abou-Taleb était vrai, et beaucoup d'entre eux renoncèrent à persécuter une famille que la Providence protégeait d'une manière si évidente.

Il y avait déjà dix ans que Mahomet luttait contre la réprobation de ses concitoyens, lorsqu'il se vit presque accablé par deux pertes successives qui lui enlevèrent ses plus fidèles soutiens. Son oncle Abou-Taleb, qui l'avait recueilli dans sa maison, protégé de son influence, défendu contre ses plus ardents adversaires, et sa femme Khadidja, cette enthousiaste dévouée qui l'avait aimé d'amour lorsqu'il n'était qu'un orphelin sans fortune, puis avait cru en lui lorsqu'il s'était dit l'envoyé de Dieu, moururent à peu de mois l'un de l'autre (*). Atteint dans ses plus chères affections, exposé désormais à toute la fureur de ses ennemis, Mahomet ne put tenir tête à l'orage. Il se retira à Taïef, ville située dans les montagnes à l'est de la Mecque. Ne pouvant résister, dans ce nouvel asile, au désir de répandre sa doctrine, il se présenta devant l'assemblée des Benou-Thakif, habitants de Taïef, pour y soutenir la vérité de sa mission, et ne fut pas plus heureux qu'il ne l'avait été auprès des Koréïschites (**). Non-

(*) « Abou-Taleb mourut au mois de « schewal de la dixième année écoulée de« puis la mission prophétique. Lorsque sa « maladie eut pris un caractère de gravité, « le prophète lui dit : « Récite le témoi« gnage de la foi musulmane, ô mon oncle, « afin qu'au jour du jugement il me soit « permis d'intercéder en ta faveur. — Ô fils « de mon frère, répondit Abou-Taleb, si « ce n'était la crainte des injures et l'idée « qu'auraient les Koréïschites que je n'ai « cédé qu'à la peur de la mort, certes je « prononcerais la formule du témoignage. » « Lorsqu'il fut sur le point de cesser de « vivre, il se mit à remuer les lèvres, et « Abbas ayant approché son oreille, s'é« cria : « Par Dieu puissant, ô mon neveu, « les paroles que tu lui avais prescrites, il « vient de les prononcer. » Le prophète dit « alors : Louange à Dieu, qui l'a guidé dans « la bonne voie. » Voy. Aboulféda, *Vie de Mohammed*, p. 22.

(**) L'un des Benou-Thakif lui dit alors : « Dieu n'a-t-il donc point trouvé d'autre « envoyé que toi ? » Et un autre ajouta : « Certes, je ne veux jamais discourir avec « toi : car, si tu es l'envoyé de Dieu, tu es « un trop grand personnage pour que je « réplique à tes discours ; si tu mens con-

seulement on refusa de le croire, mais on le força de sortir de la ville.

Jusqu'alors toute prédication publique avait été pour Mahomet l'occasion d'un échec nouveau. Il avait rallié autour de lui quelques disciples ; mais ses parents eux-mêmes, qui, par suite de l'esprit de famille si puissant chez les Arabes, avaient toujours pris sa défense, étaient loin de croire tous en lui. Pas une ville, pas une bourgade ne lui aurait offert un asile contre la persécution : rien ne semblait donc faire prévoir encore son triomphe, et dans cette année même où il devait se croire plus loin de son but qu'au premier jour, l'attendait le vrai succès qui jeta les fondements de sa puissance. Ce fut à l'époque du pèlerinage, pendant le concours, autour de la Mecque, de toutes les tribus du désert, que Mahomet se présenta sur la colline d'Acaba (*) aux portes de la ville, à quelques habitants de Médine venus pour s'acquitter des rites sacrés. Médine, ainsi que nous l'avons vu, avait été peuplée par les tribus d'Aws et de Khazradj venues du Yémen à l'époque de la grande émigration. Ces deux familles devaient d'autant mieux comprendre les dogmes du prophète qu'il les avait puisés dans les différents livres de l'Ancien Testament, et que deux tribus juives, les Benou-Nodhaïr et les Benou-Koraïzha, vivaient à Médine dans un contact continuel avec les Arabes. Sans doute les anciens élus du Seigneur s'y trouvaient dans cet état de dépendance et d'abaissement, miracle permanent depuis l'anathème prononcé contre eux ; mais plus hardis dans le désert qu'ils ne le furent jamais en Occident, ce n'était pas sans frémir de colère qu'ils baissaient la tête sous le joug. Plus d'une fois ils avaient dit aux Arabes : « Vienne le prophète que nous attendons, et à votre tour vous nous serez soumis. » En écoutant Mahomet, en entendant l'exposition de cette doctrine si semblable à celle des juifs, les Benou-Aws et les Benou-Khazradj crurent à la venue du prophète qu'appelaient chaque jour leurs antagonistes : « Voici sans doute l'envoyé du Seigneur, se dirent-ils ; prévenons les juifs et mettons-le dans nos intérêts. » Dès lors ils crurent en lui, et de retour à Médine, ils parlèrent avec un tel enthousiasme du nouveau législateur, que son nom retentissait dans chacune des maisons de la ville.

C'est à l'année suivante qu'il faudrait probablement rapporter cette légende que les musulmans appellent le voyage nocturne du prophète, et qu'ils ont brodée d'une foule de merveilles telles que peut en comporter un pareil sujet. Aboulféda qui, en fait de prodiges, s'est montré le plus sobre des historiens du prophète, a beaucoup simplifié la question en disant : « Le « voyage du prophète de Dieu depuis « la Mecque jusqu'à Jérusalem en une « seule nuit, et son ascension au delà « du septième ciel, sont placés par dif- « férents auteurs à différentes épo- « ques. On n'est pas d'accord non plus

« tre Dieu, il ne me convient pas de t'adres- « ser la parole. » A ces mots, le prophète « se leva pour s'éloigner, désespérant de la « conversion des Benou-Thakif ; mais ils « ameutèrent contre lui les jeunes turbu- « lents et les esclaves qui le poursuivirent « d'injures et de cris, au point que les ras- « semblements l'obligèrent à entrer dans un « enclos. Alors tous ces insensés le quittè- « rent, et il s'écria : « O mon Dieu, c'est « à toi que je me plains de ma faiblesse, de « mon manque de ressources, et du mépris « où je suis tombé parmi les hommes. O toi, « le plus miséricordieux des miséricordieux ; « toi, le maître des faibles, tu es mon sei- « gneur ; à quel autre que toi pourrais-tu « vouloir que je m'adressasse ? Serait-ce à des « étrangers qui me feront mauvais visage, « ou à des ennemis auxquels tu as donné la « puissance sur moi ? Si tu n'as pas contre « moi de colère, que m'importe le reste ? » Voy. *Aboulféda* et le *Sirat-er-Reçoul*, fol. 68 v.

(*) La colline d'Acaba s'élève au nord de la Mecque. Ce lieu étant devenu célèbre dans les fastes de l'islamisme, on y a depuis élevé un temple. El-Djouzi dit dans l'ouvrage où il décrit les rites et cérémonies du pèlerinage : « La treizième station est la « mosquée d'El-Acaba, où les ansariens « prêtèrent serment. »

« si le prophète fit ce voyage en réa-
« lité, ou si, pour lui, ce fut une vi-
« sion. » Nous imiterons la réserve du
prince de Hamah qui n'en dit pas davantage à ce sujet, et nous passerons
sous silence la jument Borak avec sa
figure de femme, sa crinière de perles, sa queue d'émeraudes, ainsi que
l'échelle merveilleuse par laquelle le
prophète monta aux délices du Paradis (*).

Les semences de doctrine apportées
par quelques hommes des tribus d'Aws
et de Khazradj dans la ville de Médine qui portait encore le nom d'Iathreb, avaient prospéré au delà de leurs
espérances. Là s'était formée pour la
première fois une majorité puissante
d'hommes entraînés par conviction ou
politique vers une religion dont l'apôtre n'était pas né parmi eux : tant il
est vrai que nul n'est prophète en son
pays. La Mecque et Iathreb avaient
été de tout temps les deux villes les
plus importantes du Hedjaz; mais le
temple de la Caaba attirant chaque
année la foule des pèlerins, donnait à
la Mecque une supériorité que sa rivale ne supportait qu'avec peine. Une
occasion favorable se présentait d'accueillir l'ennemi des Koréïschites,
cette orgueilleuse tribu qui s'était emparée de la garde du temple. Les habitants de Iathreb la saisirent avec
empressement; douze d'entre eux se
rendirent auprès de Mahomet pour le
prier de les instruire à fond dans les
croyances qu'il était venu apporter
aux Arabes, et, après avoir entendu
ses instructions, lui prêtèrent serment
sur cette même colline d'Acaba où
leurs concitoyens avaient rencontré

(*) L'ascension nocturne est mentionnée
dans la 17ᵉ sourate du Coran, dont elle
forme le titre. Gagnier a publié un long
récit de ce voyage, d'après les traditions
d'Abou-Horaïra, recueillies par l'auteur du
Sirat-er-Resoul, et autres écrivains orientaux, dans la Vie de Mahomet, qu'il a publiée en trois volumes. Voy. t. Iᵉʳ, p. 251
à 342. Voy. sur le même sujet les Monuments arabes, turcs et persans du cabinet
de M. le duc de Blacas, par M. Reinaud,
t. II, p. 83 à 87; voy. aussi la planche 13.

le prophète l'année précédente. Le serment qu'ils prêtèrent fut celui qui plus
tard a été exigé des femmes. Il consistait à promettre de ne reconnaître
qu'un Dieu unique, de ne pas dérober
le bien d'autrui, de ne commettre ni
adultère ni homicide, et de ne point
mettre à mort ses enfants (*). Nous
avons déjà vu que Mahomet avait eu
la gloire d'abolir cet usage dénaturé
où étaient les Arabes pauvres et chargés d'une nombreuse famille de se
défaire de leurs filles, de peur que la
pauvreté ne fût un écueil pour leur
honneur (**). Les autres articles du
serment dérivent également d'une morale pure et douce opposée aux préceptes de violence qui plus tard firent
de l'islamisme la religion du sabre. Il
est probable que Mahomet avait voulu
d'abord vaincre par la persuasion; et
les premiers chapitres du Coran qu'il
fit descendre du ciel, étaient empreints
des sentiments de charité à l'aide desquels il espérait triompher des superstitions du paganisme. Plus tard, la résistance opiniâtre des Mekkaouïs l'entraîna vers les mesures de violence, et
le glaive une fois tiré, ni lui ni ses
successeurs ne le remirent dans le
fourreau.

Les députés de Médine, dont les habitants en faveur de leur zèle prirent
le nom d'*Ansariens* ou aides du prophète, de même que leur ville changea

(*) Ce serment se trouve dans l'avant-
dernier verset de la 6ᵉ sourate : « O pro-
« phète! si des femmes fidèles viennent à
« toi, et qu'elles te jurent de n'adorer qu'un
« seul Dieu, de ne pas dérober, de ne pas
« commettre d'adultère, de ne pas mettre à
« mort leurs enfants, de ne pas forger de
« mensonges, de ne te point désobéir en
« rien de ce qui est juste, accorde-leur ta
« foi, et invoque pour elles la clémence di-
« vine, Dieu est clément et miséricordieux. »

(**) Mahomet a fait allusion à cette coutume barbare dans ce passage du Coran :
« Si on annonce à un idolâtre qu'une fille
« lui est née, son visage s'assombrit, il est
« opprimé par la douleur : il se dérobe aux
« regards, et hésite s'il doit subir cette honte
« ou l'ensevelir dans la poussière. Quel ex-
« cès de déraison! » Sourate, xvi, v. 60.

son nom d'Iathreb contre celui de Medinet-el-nebi, retournèrent chez eux avec Mossab ben Omaïr, l'un des disciples de Mahomet chargé par lui d'expliquer sa doctrine. Deux hommes avaient jusqu'alors résisté aux insinuations des nouveaux sectaires et tous deux, malheureusement pour les progrès de l'islamisme, jouissaient dans Médine d'une imposante considération. L'un était Saad-ben-Moadh, chef des Benou-Aws; l'autre, Oçaïd, fils de Hossaïn. Ce dernier apprenant la venue d'un habitant de la Mecque qui semblait chargé d'une mission importante, saisit sa lance, et craignant quelque embûche, se fit conduire dans des intentions hostiles à la demeure du nouvel arrivé : « Que viens-tu faire ici? dit-il à Mossab. Espères-tu répandre chez nous l'erreur et le mensonge? viens-tu égarer la faiblesse de quelques-uns d'entre nous? Retire-toi, si la vie t'est chère. — Ne jugez pas avec précipitation, répondit Mossab, mais asseyez-vous et écoutez. » Puis il se mit à réciter des passages choisis du Coran, lui déroulant successivement les principaux dogmes de l'islamisme. Oçaïd se sentit à l'instant ébranlé dans ses convictions premières. Cette morale pure, exprimée dans un style élevé dont le rhythme a le plus grand charme pour les Arabes, triompha de ses répulsions. Il abjura entre les mains du disciple de Mahomet, et l'assura qu'il allait lui amener Saad-ben-Moadh dont la conversion entraînerait celle de tous les récalcitrants. En effet, Saad, après avoir écouté la prédication de Mossab, suivit l'exemple de son ami, et dès le soir même, nous dit Aboulféda, il n'y avait pas dans toute la tribu des Benou Abd-el-Aschal un seul homme qui ne fût musulman.

Il est probable que les succès de Médine furent pour Mahomet le signal du changement de sa doctrine, et que se voyant dès lors appuyé par des tribus entières, il résolut de soumettre par la force ceux qui ne céderaient pas à la persuasion. Nous voyons du moins que dans une nouvelle assemblée qui eut lieu sur la colline d'Acaba dans la treizième année de son apostolat, il fit cette fameuse promesse du Paradis à tous ceux qui seraient tués en combattant pour l'islamisme; promesse dont l'effet a été de soumettre aux khalifes un empire plus vaste que celui d'Alexandre ou de César. La troisième réunion d'Acaba avait eu pour but de soustraire le prophète aux persécutions toujours croissantes que lui faisaient éprouver les Koréischites : soixante-quinze Ansariens y assistaient. Abbas, oncle du prophète, quoiqu'il n'eût pas encore renoncé au culte des idoles, vint exposer aux musulmans les dangers qui menaçaient leur législateur, et les exhorter à lui être fidèles : « Vous « savez, leur dit-il, combien de pé- « rils l'environnent; cependant nous « avons pu l'y dérober jusqu'ici, et « nous le ferions encore s'il ne pré- « férait se rendre au milieu de vous. « Pensez donc bien à la responsabilité « que vous allez prendre, et consultez « vos forces. Si vous êtes prêts à dé- « fendre Mahomet contre tous ses en- « nemis, si vous vous croyez assez de « courage pour entreprendre une telle « tâche, assez de force pour l'exécu- « ter, allez en paix et chargez-vous « du fardeau que vous vous imposez « à vous-mêmes; que si vous devez, « au contraire, trahir notre parent et « l'abandonner plus tard à ceux qui « ont juré sa perte, quittez-le dès à « présent, il en est temps encore. » Les Ansariens ne répondirent à Abbas qu'en faisant le serment de défendre le prophète comme ils défendraient leurs femmes et leurs enfants. C'est alors qu'ils ajoutèrent : « Mais si nous mourons pour la foi nouvelle que tu nous enseignes, ô Mahomet, quelle sera notre récompense ? — Le Paradis, » répondit le prophète, et ses disciples, pleins de confiance, allèrent l'attendre à Médine (*).

(*) Le Sirat-er-Reçoul rapporte, au sujet du second serment d'Acaba, un fait curieux, qui prouve combien Mahomet a cherché, dans plusieurs circonstances de sa vie,

Arrêtons-nous un moment à l'époque où nous voici arrivés. Pendant treize ans Mahomet a prêché sa doctrine, et depuis treize ans il vient pour la première fois de la faire triompher. A la Mecque, il n'a rencontré qu'une résistance opiniâtre, non par conviction pour d'antiques et superstitieuses coutumes, le fanatisme comptait peu parmi les obstacles qu'il a eus à vaincre; mais le temple de la Mecque devenait chaque année le rendez-vous des tribus errantes, dont la vie nomade favorisait le commerce de l'ancien monde. Les Koréischites étaient les gardiens du sanctuaire, et parler au nom d'une religion nouvelle, c'était les attaquer dans leur intérêt personnel, cette arche sainte en tout temps et par tous si bien défendue. Ce qui avait été près des Koréischites un obstacle aux desseins de Mahomet, lui valut la conquête de Médine, rivale envieuse des richesses que les caravanes apportaient à la capitale du Hedjaz. Le prophète a trouvé son point d'appui; il va désormais remuer le monde. Sa retraite à Médine devient l'ère que les Arabes ont appelée l'hégire ou la fuite. C'est de là que

à imiter les actes de Jésus-Christ. On lit (fol. 73 du ms. de la Bibl. roy., n° 629) : Le prophète dit aux Ansariens : « Présentez-moi douze chefs d'entre vous qui aient autorité sur leurs tribus. » Ils lui présentèrent aussitôt douze chefs choisis parmi eux, neuf d'entre les Benou-Khazradj et trois d'entre les Benou-Aws. Ceux d'entre les Benou-Khazradj étaient Abou-Omama, fils de Zorara; Saad, fils de Rabi; Abd-Allah, fils de Rewaha; Rabi, fils de Malek; El-Bera, fils de Marour; Abd-Allah, fils d'Omar; Abbâda, fils de Sama; Saad, fils d'Abbada, et El-Mondhir, fils d'Omar. Parmi les Benou-Aws, il y avait : Oçaïd, fils de Hodbaïr; Saad, fils de Kaïthama, et Refaa, fils d'Abd-el-Mondhir. Abd-Allah, le fils d'Abou-Bekr, m'a rapporté, continue Ebn-Ishak, auquel est due cette tradition, que le prophète de Dieu dit à ces chefs : « Vous serez les répondants de vos tribus, « ainsi que l'étaient en faveur de Jésus, fils « de Marie, les apôtres : moi, je suis le ré- « pondant de tout mon peuple. » Ils répondirent : « Nous le serons. »

l'islamisme compte sa naissance, et chaque jour maintenant il va faire de nouveaux progrès. Pontife, guerrier, législateur, Mahomet fera descendre du ciel ce triple code dont les feuillets se succèdent suivant les besoins de sa politique. Tant qu'il a été persécuté, il s'est tenu plus près de la divine morale du Messie; triomphant, il impose le dogme à ses disciples et emprunte à Moïse ses minutieuses prescriptions. L'Évangile parle au cœur un langage tout moral, ou mieux encore tout divin. Le Coran, qui lui a emprunté ce qu'il peut y avoir de touchant dans ses instructions ou d'élevé dans ses maximes, réunit à la fois ce qui regarde la vie intime et la vie extérieure, l'action du corps et celle de l'intelligence. Tout y a été réuni par l'ambitieux enthousiaste. Les pratiques les plus indifférentes y sont formulées, et le musulman fidèle doit les suivre tout aussi bien que les lois les plus essentielles de la morale. En vain les Arabes, doués d'un esprit fin et profond, chercheront plus tard à modifier le code qui les régit. En vain les universités de Fez ou de Cordoue, pressées dans ce cercle étroit, tenteront des discussions ou des controverses. Tout a été prévu, tout a été prescrit. Il faudra, pour rester dans la loi, courber la tête sous la parole du prophète et l'esprit sera tué par la lettre.

*Fuite du prophète (hégire).*

Les Koréischites surent bientôt que Mahomet avait trouvé à Médine de nombreux disciples, et que ses partisans à la Mecque étant allés les joindre, ils allaient avoir à combattre, non plus des ennemis isolés, mais des tribus rivales qu'une haine longtemps comprimée rallierait toutes contre la capitale du Hedjaz. Ils s'assemblèrent donc dans la maison du conseil (*),

(*) La maison du conseil, d'après le Sirat-el-Reçoul (fol. 18), avait été construite par Kossay, arrière-grand-père d'Abd-el-Mottalib, l'aïeul de Mahomet; elle était placée près du temple de la Caaba, et la porte ouvrait sur le parvis.

et cherchèrent les moyens de prévenir les desseins du prophète. Trois avis différents furent ouverts : les uns voulaient le renfermer à jamais dans une étroite prison ; les autres, le bannir du territoire ainsi que tous ses sectateurs; les troisièmes, enfin, le mettre à mort (*). Ce dernier avis fut fortement soutenu par Abou-Djahl, l'un des ennemis les plus implacables de Mahomet (**). « Si vous le mettez en « prison, dit-il, sa captivité ne sera « pas longtemps un secret, et l'espoir « de le délivrer armera contre nous « tous les partisans de sa doctrine ; « si vous le chassez de la Mecque, il « emploiera sa funeste éloquence à « entraîner dans sa vengeance ceux « qui ne sont déjà que trop portés à « nous combattre : il n'y a de sûreté « pour nous que dans sa mort ; choi« sissons un des chefs de chaque tribu ; « que tous ces conjurés frappent en« semble Mahomet comme un seul « homme, et que son sang, ainsi ré« pandu par toutes les familles, reste « sans vengeance. » Cet avis fut unanimement adopté, mais non pas si secrètement que le prophète ne fût bientôt instruit du complot formé contre lui. Il fallait échapper, et déjà sa maison était entourée d'assassins attendant l'heure du sommeil pour entrer et le mettre à mort. Ce fut alors que, par un dévouement sublime, Ali consentit à se coucher sur le lit du prophète, enveloppé du manteau vert que Mahomet portait lorsqu'il sortait de sa demeure. Il devait attendre ainsi les coups des conjurés, tandis que Mahomet s'échappait à la faveur des ténèbres. Il est vrai que, d'après le récit des Orientaux, le prophète avait promis à son disciple bien-aimé qu'il échapperait à tout péril, et que lui-même, employant un pouvoir surhumain, avait aveuglé ses ennemis en leur jetant au visage une poignée de terre et récitant le chapitre du Coran qui commence par ces mots : « Je jure « par le livre saint que tu es l'apôtre « chargé d'enseigner la droite route, « afin que tu avertisses ceux dont les « pères n'ont pas été avertis et qui « vivent dans l'indifférence de l'avenir. « Notre sentence est déjà prononcée « contre plusieurs d'entre eux, et ils ne « croiront pas..... Nous avons couvert « leurs yeux d'un voile et ils ne pour« ront rien voir. » En effet, Mahomet passa sans être aperçu, et Ali, reconnu par eux, échappa au danger qu'il avait bravé avec tant d'audace. Les premiers pas du prophète se tournèrent vers la demeure de son fidèle Abou-Bekr. Il lui fit connaître que Dieu avait ordonné sa fuite. « Vous accompagnerai« je? lui dit Abou-Bekr. — Vous m'ac« compagnerez, » répondit Mahomet, et le disciple pleura de joie. Leur premier soin fut de s'assurer d'un guide, et ils s'adressèrent à Abd-Allah, fils d'Oraïca, bien que ce fût un idolâtre ; mais dès qu'il leur avait engagé ses services, le respect pour la foi jurée, cette vertu des Arabes païens, ôtait toute crainte de trahison. S'attendant à une vive poursuite, ils pensèrent que le parti le plus sûr était de donner le change à leurs ennemis, et se retirèrent, avant le jour, dans une caverne creusée sur les flancs de la montagne de Thour, à quelques milles au midi de la Mecque (*). C'est là qu'ils restèrent pendant trois jours, entendant quelquefois la voix des hommes que les Koréischites

---

(*) Le verset 30 du 8ᵉ chapitre du Coran est une allusion à ce fait : « Quand les « infidèles tramaient un complot contre toi, « quand ils voulaient te prendre, te tuer ou « te chasser de la Mecque, Dieu complota « contre eux, et qui pourrait être plus habile « que lui à tramer un complot ! »

(**) Amrou-ben-Hescham des Benou-Makhzoum ; son véritable surnom était Abou'l-Hikam (le père des maximes de la sagesse); mais il est plus connu sous celui d'Abou-Djahl (le père de l'ignorance) que lui avaient donné ses antagonistes.

(*) « A peu près à une heure et demie de « marche au sud de la Mecque et au sud du « chemin qui conduit au village de Hossei« nié, s'élève le Djeber-Thour. Sur son som« met existe encore la caverne où Mahomet « et Abou-Bekr se réfugièrent pour échap« per aux Mekkaouïs. » (Voy. les Voyages de Buckhardt en Arabie, t. Iᵉʳ, p. 237.)

avaient envoyés à leur poursuite dans toutes les directions. Les musulmans n'ont pas perdu cette occasion de se livrer à leur goût pour le merveilleux et de signaler toute la protection que Dieu accordait à leur prophète. Les ennemis avaient parcouru la montagne, disent-ils, ils approchaient de la caverne, elle ne pouvait échapper à leurs soupçons, si l'entrée n'eût été toute couverte de longues toiles d'araignées, tandis que deux colombes y avaient bâti leur nid et y couvaient leurs petits à peine éclos. Le moyen de croire après cela que des hommes se fussent approchés de là depuis longtemps. Les Koréïschites, persuadés qu'ils avaient perdu les traces des fugitifs, s'éloignèrent au plus vite, et depuis ce temps la colombe est devenue sacrée pour tous ceux qui professent l'islamisme.

A leur sortie de la caverne, Mahomet, Abou-Bekr et leur guide, accompagnés d'Amer, fils de Fohaïra, affranchi d'Abou-Bekr, prirent le chemin de Médine. Ils arrivèrent sur le territoire de cette ville un lundi à midi, douzième jour du mois de rebi-el-aoual, après avoir échappé à la poursuite de Soraca, de la tribu des Benou-Modhledj, dont le cheval s'enfonça dans le sable à la voix du prophète, au moment où il était près de l'atteindre (*). Mahomet s'arrêta d'abord, à deux milles de la ville, dans un bourg nommé Coba : il y descendit dans la maison d'un de ses disciples nommé Coulthoum, fils d'El-Hadem, et y passa quatre jours, pendant lesquels il jeta les fondements du premier temple qui ait été consacré à l'islamisme. Ce temps fut employé par ses disciples à préparer et assurer son triomphe; aussi, lorsqu'il entra dans Médine, ce fut au milieu du peuple qui avait couru à sa rencontre, et les branches de palmier dont ses disciples ombrageaient sa tête, semblent indiquer qu'il voulait rappeler ou imiter, dans cette occasion solennelle, l'entrée de Jésus dans Jérusalem. A chaque maison devant laquelle il passait, les Ansariens se précipitaient vers lui, cherchant à entraîner sa chamelle, afin qu'il descendît chez eux pour y faire sa demeure; mais il leur disait : « Ne « cherchez pas à arrêter cette cha-« melle, car elle obéit à l'ordre d'en « haut. » En effet, dit la tradition, quand elle fut arrivée dans un lieu rempli de masures, de palmiers et de tombeaux, appartenant aux Benou'n-Nadjar, elle s'agenouilla et reposa son poitrail sur la terre. Le prophète descendit alors, et Abou-Aïoub l'Ansarien emporta dans sa maison l'équipage de la chamelle. C'est là que resta Mahomet jusqu'à ce qu'il eut fait bâtir, sur l'emplacement où il s'était arrêté, la mosquée célèbre où les Musulmans vont encore aujourd'hui en pèlerinage vénérer le tombeau de leur législateur (*).

Tel est le récit de la fuite de Mahomet, et cet événement mémorable, en ouvrant aux Arabes de nouvelles destinées, est devenu pour eux le point de départ de la numération des années, sur laquelle ils n'avaient aucune donnée certaine avant cette époque. Il est donc important d'en fixer la date avec exactitude, et l'imperfection des calculs astronomiques chez les Orientaux

---

(*) « A la vue de Soraca, Abou-Bekr « s'écria : « O prophète de Dieu, voilà que « ceux qui nous cherchent nous ont atteints. » « Le prophète répondit : « Ne t'afflige pas, « car Dieu est avec nous. » Puis il implora « contre Soraca le secours divin, et à l'ins-« tant son cheval s'enfonça jusqu'au ventre « dans la terre sèche. Soraca dit alors : « O Mohammed, implore Dieu pour qu'il « me délivre, et je m'engage à éloigner ceux « qui te poursuivent. » Le prophète fit en « effet des vœux en sa faveur, et il fut dé-« livré, mais il n'en continua pas moins de « le poursuivre. Mohammed implora de « nouveau contre lui le secours de Dieu, « et de nouveau le cheval de Soraca s'en-« fonça. Il demanda alors au prophète de « le sauver encore, promettant une seconde « fois de faire cesser la poursuite. Le pro-« phète y consentit... Et Soraca étant re-« tourné sur ses pas, arrêta tous ceux qu'il « rencontra occupés de la recherche du « prophète, en leur disant : « Dispensez-« vous de chercher, il n'est pas de ce côté. » Voy. Aboulféda, *Vie de Mohammed*, p. 35.

(*) Voy. la planche 17.

offre à ce sujet de grandes difficultés : « C'est de la fuite du prophète, « nous dit Aboulféda, que date le « commencement du *tarikh* ou ère des « Islamites. Quant au mot *tarikh*, il « est nouveau dans la langue arabe, et a « été arabisé des deux mots *mah-rouz*. « Il existe à ce sujet une tradition « d'Ebn-Salman, d'après Maïmoun, « fils de Mahran, qui rapporte qu'on « présenta à Omar, fils de Khattab, « alors khalife, un billet dont l'échéance « était indiquée au mois de schaaban. « Quel mois de schaaban? dit-il ; est-ce « celui dans lequel nous sommes ou « celui qui doit venir ? » A ce sujet, il « assembla les principaux d'entre les « compagnons de Mohammed, et leur « dit : « Voici que nos revenus sont « devenus considérables, les allocations que nous en avons faites n'ont « pas de termes fixes; comment arriver à un moyen de préciser les époques de payement? — Il nous faudrait, répondirent-ils, chercher ce « moyen dans les usages des Persans. » « Omar fit alors venir El-Harmozan et « l'interrogea sur ce point. « Nous « avons une manière de compter, dit « celui-ci, que nous appelons *mah-« rouz*, ce qui signifie compte des « mois et des jours. » On arabisa le « mot, et l'on dit d'abord *mourakh*, « dont on fit ensuite *el-tarikh*, dont « l'usage devint général. On chercha « ensuite quelle époque on désignerait « comme commencement de l'ère de « l'empire islamite, et l'on convint de « prendre pour point de départ l'année « de la fuite du prophète. »

« La fuite de la Mecque vers Médine « (que ces deux villes soient glorifiées « par Dieu très-haut) eut lieu lorsque « déjà s'étaient écoulés de l'année le « mois de moharrem, celui de safar, « et huit jours de rebi-el-aoual. Or, « pour fixer l'ère de l'hégire, on revint en arrière de soixante-huit jours, « et l'on prit pour première date le « premier jour de moharrem de cette « année. On compta ensuite depuis ce « premier jour de moharrem jusqu'au « dernier jour de la vie du prophète, « et on trouva dix ans et deux mois; « mais si on comptait ce qu'il a vécu « depuis la date véritable de sa fuite, « on ne trouverait que neuf ans onze « mois et vingt-deux jours. »

Tel est le calcul des Musulmans ; mais la difficulté est de l'adapter à notre ère, dans l'ignorance où nous sommes de l'époque précise à laquelle commençait alors l'année chez les Arabes. « Théophane, Aboulfarage et Aboulféda, a dit M. Daunou dans sa Chronologie technique, s'accordent à dire que la fuite de Mahomet arriva l'an 12 de l'empire d'Héraclius, qui correspond à notre an 622 ; et s'il est vrai que Mahomet eût alors cinquante-trois ans, comme ses historiens le disent, 622 est encore le terme convenable, puisqu'on suppose qu'il était né en 569 ou 570. Mais de quel jour de 622 partira l'hégire? La plupart des chronologistes orientaux la font ouvrir au vendredi 16 juillet, en observant que ce vendredi commençait, pour les Arabes, la veille au soir, c'est-à-dire vers six heures après midi du jeudi 15. Une autre hypothèse substitue au vendredi 16, ce jeudi 15, commençant au soir du mercredi 14 : c'est ainsi que semblent compter presque tous les historiens orientaux, plusieurs astronomes, particulièrement Ulugh-Begh, et ce calcul, adopté par l'Anglais Greaves, l'a été, dans ces derniers temps, par MM. Savoni, Ideler, Halma et Silvestre de Sacy. Dans l'impossibilité de résoudre cette question par l'histoire de Mahomet, on a cherché à la décider par les dates que les Musulmans donnent à leurs actes publics. D'Aubais, Lenglet-Dufresnoy, les Bénédictins, ont avancé que ces dates supposaient toujours l'ouverture de l'hégire au vendredi 16 juillet 622. Ils citent, par exemple, l'échange des signatures du traité de paix entre l'Allemagne et la Porte, échange daté du 10 juin 1740, 15 rabi el-oual 1153 ; et ils montrent que ce rapport n'est exact que dans l'hypothèse qu'ils soutiennent. Mais en une telle matière, un seul fait ne prouve rien, parce qu'il serait aisé d'en trouver d'autres qui donneraient lieu à une conséquence contraire. Cette diversité provient de ce que les musulmans ne suivent pas des règles invariables dans la supputation des temps, et qu'ainsi que nous l'avons observé déjà, ils déterminent les néoménies d'après des apparitions et non par des calculs exacts (*). »

### Premières années de l'hégire.

Le premier soin de Mahomet, en se voyant enfin reconnu par un peuple nombreux dans cette qualité de prophète-législateur à laquelle il prétendait depuis treize ans, fut d'assurer l'union de ses nouveaux sectateurs avec ses anciens disciples. Chacun des Mohadjériens (on appela ainsi ceux qui l'avaient accompagné dans son hégire ou sa fuite) choisit un frère d'armes parmi les Ansariens. Abou-Bekr s'unit à Kharidja, fils de Zeïd; Abou-Obaïda à Saad, fils de Moadh, le chef des Benou-Aws; Omar-Ben-el-Khattab à Atban, fils de Malek. Le prophète lui-même s'unit par un lien semblable à son fidèle Ali, qui était venu le retrouver à Médine et dont il voulait récompenser le dévouement. Aussi ce dernier disait-il avec orgueil dans la chaire de Koufa, lorsqu'il fut khalife : « Je suis le serviteur de Dieu et le frère du prophète de Dieu. » Ce fut vers la même époque que Mahomet épousa la jeune Aïescha (**), fille d'Abou-Bekr, et qu'il donna à Ali sa fille Fatime, qu'il avait eue de sa femme Khadidja, avant sa mission prophétique.

L'islamisme était né : désormais le Dieu de Mahomet était reconnu par tous ceux qui avaient obéi à sa voix. Mais son œuvre n'était pas complète; un culte manquait à cette religion, une expression à la pensée. Mahomet, dans les deux premières années de l'hégire, en arrêta les bases principales. Ce fut d'abord l'institution de la prière, pendant laquelle on dut invariablement se tourner vers le temple de la Mecque (*). Le nouveau prophète voulait ainsi faire reconnaître que sa mission avait été de rappeler les hommes au culte du dieu d'Abraham, dont ils s'étaient écartés depuis tant de siècles (**). En effet, Mahomet a toujours évité avec le plus grand soin tout ce qui pouvait le faire regarder comme un novateur. Il avait bien compris qu'il donnait plus de force à sa doctrine en l'appuyant sur la révélation commune aux juifs et aux chrétiens; en sorte que les intérêts matériels représentés par l'influence du pèlerinage sur le commerce de l'Arabie, les traditions de son peuple, son origine, tout l'engageait à conserver à la Caaba le respect des nations, et à se donner comme un envoyé céleste chargé par le Dieu très-haut de purifier ses autels, non d'en créer de nouveaux. La prière une fois instituée comme pratique obligatoire de l'islamisme, Mahomet hésita sur le mode qu'il emploierait pour appeler les fidèles à la mosquée. Devait-on se servir de la trompette comme

---

(*) Voy. les *Études historiques*, par M. Daunou, t. II, p. 511 à 513.

(**) « Cette union avait eu lieu après la « mort de Khadidja et antérieurement à l'hé- « gire ; mais le mariage ne fut consommé que « huit mois après l'hégire, lorsque Aïescha « eut atteint l'âge de neuf ans. » Voy. Aboulféda, *Vie de Mohammed*, p. 36.

(*) Dans les premiers temps de sa mission, Mahomet n'avait pas indiqué de lieu particulier vers lequel on dût se tourner pour faire la prière, mais il avait dit : « Dieu est l'Orient et l'Occident ; partout où les hommes se tourneront, là sera la face de Dieu, car il est partout, et rien ne lui échappe. » Après l'ascension nocturne, il indiqua le temple de Jérusalem, où il avait prié avec les saints et les prophètes, espérant d'ailleurs que cette préférence en faveur d'un lieu si cher aux juifs, les amènerait à lui. Lorsqu'il s'aperçut que sa concession ne servait qu'à donner occasion aux juifs de placer le temple de Salomon bien au-dessus de la Caaba, il changea encore, et fit descendre du ciel le 146$^e$ verset de la 2$^e$ sourate. « Tourne ta face vers la mosquée sainte. « Partout où vous serez, tournez votre face « vers elle. »

(**) « On vous dit : Soyez juifs ou chré- « tiens, et vous serez sur la bonne voie. « Répondez-leur : Nous sommes de la reli- « gion d'Abraham : c'est lui qui a été le « vrai croyant, et n'a jamais pratiqué le culte « des idoles. » Coran, 2$^e$ sourate, v. 129.

les juifs, ou de la crécelle comme les chrétiens d'Orient? Un de ses disciples, Abd-Allah, fils de Zeïd, fit cesser ses doutes en déclarant qu'il avait eu en songe une révélation par laquelle la voix humaine lui avait été indiquée comme la plus noble manière d'inviter les hommes à adorer leur créateur. C'est depuis lors que, de la galerie des minarets, dans les cités musulmanes, s'élève la voix du muezzin qui, pendant le silence des nuits, semble descendre du ciel, et qui dit : « Dieu est grand, « il n'y a pas d'autre Dieu que Dieu; « Mahomet est le prophète de Dieu; « venez à la prière, venez au salut; « Dieu est grand; il n'y a pas d'autre « Dieu que Dieu (*). » Ce fut encore dans la seconde année de l'hégire que fut institué le jeûne du Ramadhan, qui fut imposé aux fidèles pendant toute la durée du mois ainsi nommé, et consiste dans une abstinence entière de toute nourriture depuis l'aurore jusqu'au coucher du soleil. Cette prescription sévère, praticable sous les tropiques, où la différence des jours varie peu selon les saisons, rendrait impossible l'observance de l'islamisme sous les latitudes élevées : aussi s'est-on servi de cet argument lorsque la religion du prophète, triomphante dans une grande partie de l'ancien monde, valait la peine d'être combattue.

### Combat de Bedr.

Les soins que Mahomet avait donnés, depuis son arrivée à Médine, aux rites de l'islamisme, ne l'avaient pas empêché de diriger soit en personne, soit par l'entremise de quelques-uns de ses compagnons (**), plusieurs expéditions contre les Koréischites. Elles n'avaient pas eu d'abord de résultats; la dernière seulement avait produit pour les Musulmans quelque avantage. Abdallah, fils de Djahsch, à la tête de huit Musulmans, s'était embusqué dans les environs de Nakhla, entre la Mecque et Taïef. Là, il avait pillé une petite caravane appartenant aux Koréischites, et dont l'escorte fut mise en fuite après la mort de son chef, Amrou-Ben-el-Hadhrami. Deux Mecquois furent faits prisonniers et conduits à Médine, ainsi que le butin. Ce fut là, observe Aboulféda, le premier succès dû à la force des armes. Il redoubla le courage des compagnons du prophète, et bientôt se répandit dans la ville une nouvelle qui leur promettait une proie bien autrement importante.

Deux fois chaque année, les Koréischites expédiaient une nombreuse caravane pour la Syrie. Celle qui revenait en ce moment vers la Mecque chargée de riches marchandises, se composait de mille chameaux, et son escorte, formée d'une trentaine de vaillants soldats, était commandée par Abou-Sofian, fils de Harb, l'un des plus grands antagonistes du prophète. Ce fut au commencement du mois de ramadhan que Mahomet apprit l'arrivée de cette caravane dans le Hedjaz,

---

(*) Voy. la planche 14.
(**) Nous employons quelquefois indifféremment le titre de compagnon ou celui de disciple du prophète, bien que le plus souvent nous n'accordions le premier qu'aux musulmans qui jouissaient de son intimité et de sa confiance. Chez les Arabes, le titre de compagnon de Mahomet est très-vague, et chaque chroniqueur l'a appliqué à un plus ou moins grand nombre de disciples, selon sa manière d'envisager la question. Voici ce que dit Aboulféda à ce sujet : « On « a été peu d'accord sur la question de sa- « voir quels étaient les hommes qui méri- « taient le titre de compagnons du pro- « phète. Saïd, fils de Moçaïeb, ne compte « au nombre des compagnons que ceux qui « ont été un an et plus avec le prophète, « combattant à ses côtés. D'autres préten- « dent que tous ceux qui, ayant atteint l'âge « de puberté, ont embrassé l'islamisme et « ont vu le prophète, doivent être comptés « comme ses compagnons, si même ils n'ont « passé avec lui qu'un instant. D'autres, « au contraire, disent que ceux-là seuls sont « les compagnons de Mahomet qui ont été « admis dans son intimité, qui ont reçu des « preuves de sa confiance, et qui ne le quit- « taient pas, soit qu'il fût en voyage ou en « séjour. Toutefois l'opinion du plus grand « nombre, c'est que le titre de compagnon « est dû à quiconque a embrassé l'islamisme, « et a vu le prophète, quelque peu de temps « qu'il ait passé près de lui. »

et il forma aussitôt le projet de l'enlever. Ses disciples s'empressèrent de prendre les armes à son appel. Il avait avec lui, quand il sortit de la ville, trois cent treize hommes, parmi lesquels on comptait soixante-dix-sept Mohadjériens, ou exilés de la Mecque; tous les autres étaient Ansariens ou habitants de Médine. Cette petite armée n'avait pour montures que soixante-dix chameaux dont on se servait à tour de rôle, et la possession d'un cheval était une chose si rare, qu'on n'en comptait que trois dont la tradition a conservé religieusement le nom, ainsi que celui de leurs possesseurs. C'étaient Baredjè, appartenant à Micdad, fils d'Amrou; Yaçoun à Zobéir, fils d'Awwam, et Seïl, jument de Marthad, fils d'Abou-Marthad. On les conduisait à la main afin de réserver leur force pour le moment du combat.

Cependant, Abou-Sofian, qui se dirigeait sur Bedr, entre Médine et la mer, faisait éclairer sa route par quelques espions; et il ne fut pas longtemps à apprendre le danger qui le menaçait. Aussitôt il expédia à la Mecque Damdam, fils d'Amrou, et le chargea d'appeler aux armes en toute hâte les Koréischites, s'ils voulaient sauver leurs richesses et préserver leurs compatriotes de la mort ou de la captivité. Les principaux chefs de la tribu étaient réunis dans le parvis du temple, lorsque retentit dans le vallon voisin la voix du messager d'Abou-Sofian. Il avait coupé en signe de détresse les oreilles de son chameau, avait tourné la selle sens devant derrière, et, déchirant ses vêtements, il s'écriait : « Koréischites, à la caravane, à la ca-« ravane! Mahomet veut enlever vos « riches marchandises. A peine pour-« rez-vous arriver à temps pour les « défendre. Au secours! vite, au se-« cours! » A peine est-il arrivé dans la ville, que toute la tribu court aux armes. Défendre leurs biens, se venger de Mahomet, c'était pour eux deux intérêts également puissants. La troupe s'organise, chacun court à son rang. Le seul Abou-Lahab, trop malade pour supporter la marche, se fait remplacer par un de ses esclaves, et lui promet la liberté s'il revient du combat. Omeyya, fils de Khalaf, l'un des principaux chefs de la tribu, espère que son âge, et sa grande corpulence, qui lui permet difficilement de se mouvoir, lui serviront d'excuse; mais tandis qu'il était assis dans l'enceinte du temple, Ocba, fils d'Abou-Monaït, se présente tenant en main une cassolette remplie de parfums. Il la place à ses pieds : « Omeyya, lui dit-il, parfume-« toi, car tu es une femme. » Un tel affront le couvre de honte, il ne peut y résister et se joint à la tribu.

Les Koréischites partirent de la Mecque au nombre d'environ mille hommes, parmi lesquels on comptait à peu près cent cavaliers. Les Musulmans de leur côté étaient sortis de Médine le 3 du mois de ramadhan, se dirigeant aussi vers les puits de Bedr, station obligée de la caravane qu'ils voulaient attaquer. Arrivé dans la vallée de Safra (*), Mahomet apprit que les Koréischites, avertis de son dessein, avaient pris les armes et s'avançaient contre lui en grand nombre. Aussitôt il assembla ses officiers en conseil, et, leur communiquant l'information qu'il venait de recevoir, les consulta sur le parti qu'il y avait à prendre. Les premiers qui parlèrent après lui, Abou-Bekr, Omar, Micdad, fils d'Amrou, furent d'avis de marcher à l'ennemi avec confiance : « Nous « n'imiterons pas, disaient-ils, les « enfants d'Israël qui répondaient à « Moïse : *Va, toi et ton Seigneur,* « *combattez ensemble contre l'ennemi;* « *pour nous, nous restons ici.* Mais « nous te disons : Va, toi et ton Sei-« gneur, combattez l'ennemi; nous le

(*) Safra, d'après Burckhardt, est un village situé dans la vallée du même nom, sur la route de Médine à la Mecque, à environ trois journées au sud-ouest de Médine : cette place sert de marché aux tribus voisines. Les maisons sont bâties sur la pente de la montagne et dans la vallée qui est étroite, laissant à peine un espace suffisant pour les bocages de dattiers qui les bordent des deux côtés. (*Voyage en Arabie*, t. II, p. 24.)

« combattrons avec vous. » Mahomet loua leur zèle ; mais ces trois chefs étaient Mohadjériens, exilés de la Mecque et attachés sans retour à la fortune du prophète. Ce qui était plus important pour lui, c'était de connaître quelle serait la résolution des Ansariens, qui formaient la majorité de sa troupe, et qui, en lui jurant de le défendre dans leur ville, ne s'étaient pas engagés à le suivre contre ses ennemis. Aussi ne fut-il pleinement rassuré sur leur compte qu'après avoir entendu Saad, fils de Moadh, leur chef, s'écrier avec enthousiasme : « Pro« phète de Dieu, nous croyons à la « vérité de ta mission ; nous avons fait « serment de t'obéir : conduis-nous « donc où tu le jugeras à propos. « Quand tu voudrais nous mener au « milieu des flots de la mer, nous y « marcherions à ta suite (*). »

L'ordre du départ est donné ; les Musulmans laissent à leur droite le mont Hannan et vont camper à quelque distance de Bedr, où Mahomet envoie deux émissaires. Ces hommes s'y arrêtent auprès d'une source pour faire rafraîchir leurs chameaux, et la conversation de deux femmes de la tribu de Djohaïna, qui habitait ce territoire, leur apprend que la caravane des Koréischites est attendue dans deux jours au plus tard. C'était là tout ce qu'ils voulaient savoir; aussi s'empressèrent-ils de retourner auprès du prophète, dont cette information devait régler les mouvements. A peine avaient-ils disparu, qu'Abou-Sofian, précédant la caravane qu'il escorte, vient faire une reconnaissance. Il s'adresse au chef des Benou-Djohaïna et lui demande s'il n'a aperçu dans les environs personne de suspect : « Je n'ai vu, répond celui-ci, que deux voyageurs montés sur des chameaux. Ils ont fait halte au pied de cette colline et ont puisé de l'eau dans ce puits, après quoi ils sont partis. » Il n'en fallait pas davantage pour exciter les soupçons d'Abou-Sofian. Il court à la colline, cherche la trace des chameaux, la trouve, et aperçoit dans leurs excréments des noyaux de dattes, qui croissent à Médine en si grande abondance, qu'on en donne quelquefois aux animaux. Sûr désormais que les Musulmans ne sont pas loin, il retourne à la caravane de toute la vitesse de son cheval, et lui faisant changer de route, il laisse les puits de Bedr sur sa gauche pour se rapprocher de la mer. On atteint le rivage en doublant le pas, on le côtoie, et lorsque Abou-Sofian se voit à l'abri des poursuites, il envoie dire aux Koréischites qu'il est désormais en sûreté, les engageant, puisque la caravane ne court plus de danger, à reprendre le chemin de la Mecque.

Le message d'Abou-Sofian divisa les Koréischites en deux partis. Les uns, sachant leurs marchandises à l'abri de tout risque, ne voyaient plus la nécessité d'un combat qui pouvait être meurtrier pour eux, malgré la supériorité de leur nombre ; les autres, excités par Abou-Djahl, dont la haine contre Mahomet ne connaissait ni paix ni trêve, insistaient pour profiter d'une circonstance si favorable, qui pouvait anéantir à tout jamais le parti de l'homme dont ils avaient juré la perte. Ces derniers l'emportèrent : les Koréischites continuèrent leur marche, et ne s'arrêtèrent qu'au pied de la colline d'Akankal. Au delà de cette colline s'étend la vallée de Bedr, dont les puits sont situés au bas du coteau qui la termine du côté du nord, c'est-à-dire du côté le plus rapproché de Médine. C'était derrière ce coteau que se tenaient cachés les Musulmans, tandis que les Koréischites étaient campés de l'autre côté des collines qui

(*) Il paraît toutefois que quelques musulmans avaient appris avec frayeur quel était le grand nombre des ennemis qui les menaçait : du moins les commentateurs ont pensé que Mahomet faisait allusion à leur effroi, lorsqu'il a dit dans le chapitre du Coran intitulé *le Butin* : « Souviens-toi du « moment où Dieu te fit sortir de ta de« meure pour la mission de vérité, lors« qu'une partie des croyants ne te suivaient « qu'à contre-cœur, et qu'ils discutaient avec « toi comme si on les eût conduits à la « mort. »

ferment la vallée au midi; en sorte que les paisibles habitants de cette vallée, prête à devenir le champ clos où allait se vider un débat qui, par le fait, devait changer une partie de la face du monde, ignoraient complétement l'approche des deux armées qui déjà les entouraient. Aussi les premières informations que chaque parti fit prendre par ses espions furent-elles complétement erronées; et Mahomet croyait encore avoir affaire à une caravane qui ne pouvait lui offrir de résistance sérieuse. Un jour se passe; au matin du second jour, deux hommes attachés au service de l'armée des Koréischites s'avancent auprès des puits de la vallée pour y puiser de l'eau; Ali et Zobeïr venaient justement à la même heure faire une reconnaissance à Bedr; ils se saisissent de ces deux hommes et les ramènent au camp, où l'on apprend par eux le départ de la caravane et l'approche des Mecquois. « Prisonniers, leur dit Mahomet, où sont les Koréischites? — Là-bas, derrière cette colline dont on aperçoit d'ici le sommet, de l'autre côté de la vallée. — Sont-ils nombreux? — Oui. — Combien sont-ils? — Nous ne le savons pas. — Combien, chaque jour, égorgent-ils de chameaux pour leur consommation? — Un jour neuf, un jour dix. — En ce cas, leur nombre est de neuf cents à mille hommes. Et quels sont les personnages marquants qui se trouvent dans l'armée? — Otba et son frère Scheïba, Aboul-Bakhtari, Naoufal, fils de Khowaïled, Abou-Djahl, Omeyya, fils de Khalaf, Noubaïh, fils de Hadjadj, son frère Mounabbeh et autres. — Allons, dit Mahomet, en s'adressant à ses officiers, la Mecque a envoyé contre nous tous ses enfants les plus chers. » Désormais que le combat était décidé et que la vallée de Bedr en devait être le théâtre, chacune des deux troupes ennemies avait le plus grand intérêt d'y arriver la première, pour se rendre maîtresse des sources. Un orage vint fondre sur le canton : quelques gouttes de pluie seulement tombèrent sur le terrain que les Musulmans avaient à parcourir, et favorisèrent leur marche en raffermissant le sol qui était de nature sablonneuse (*); au contraire, des torrents d'eau inondèrent l'espace que les Koréischites devaient franchir. La terre profondément détrempée devint impraticable pour eux, et ils n'avaient pu encore quitter Akankal, lorsque Mahomet arriva à Bedr (**). Il y resta toute la journée, et des troupes lui élevèrent une cabane de feuillage où il pût être à l'abri des traits pendant le combat. Le lendemain matin la terre était sèche, et les Koréischites se mirent en marche : Mahomet en les voyant descendre de la colline s'écria : « O mon Dieu, les voici « qui approchent dans leur orgueil et « leur vanité, pour accuser ton pro« phète de mensonge. Viens me secou« rir, ô mon Dieu, ainsi que tu me « l'as promis. »

Après cette invocation, Mahomet s'empressa de ranger ses troupes en bataille : il les alignait à l'aide d'une flèche sans pointe qu'il tenait à la main, et Sewad, fils d'Yrya, se trouvant trop avancé, il le frappa sur la poitrine en lui disant : « Aligne-toi, Sewad. — Tu m'as fait mal, prophète de Dieu, répondit celui-ci, et d'après les lois divines que tu nous as apportées, j'ai droit à des représailles contre toi. — Eh bien! venge-toi, » reprit Mahomet, en écartant ses vêtements : Sewad, au lieu de lui rendre coup pour coup, le serra dans ses bras et posa ses lèvres sur sa poitrine : « Je vais peut-être périr tout à l'heure, lui dit-il, j'ai voulu, avant d'être séparé de toi pour toujours, que ma peau pût toucher la tienne. » L'armée des Ko-

(*) « Souvenez-vous de ce moment où « Dieu Très-Haut, dans l'intérêt de votre « sûreté, fit descendre l'eau du ciel pendant « votre sommeil, pour vous purifier, lier « vos cœurs par la foi, et affermir vos pas. » Ce verset de la 8e sourate du Coran fait allusion à la circonstance que nous rapportons ici.

(**) Ces détails sont empruntés à M. Caussin de Perceval, *Journal asiatique*, 3e série, t. VII, p. 115.

reïschites fit halte dans la vallée en face et à peu de distance des Musulmans : après les vains efforts de quelques guerriers pour s'emparer d'un des bassins, Otba, fils de Rabia, Walid son fils, et Schaïba son frère, sortirent des rangs et défièrent les Musulmans en combat singulier. Trois Ansariens se présentaient, mais ils les refusèrent pour antagonistes et crièrent à Mahomet : « Mahomet, envoie contre nous des hommes de notre tribu. » Le prophète choisit alors pour champions, son oncle Hamza, Ali et Obeïda, fils de Harith. Les trois guerriers s'avancèrent aussitôt : « Qui êtes-vous ? leur dirent les Koréischites. « Je suis Hamza, » « je suis Ali, » « je suis Obeïda.» Ces trois réponses partirent en même temps. « C'est bien, répondirent les Koréischites ; vous êtes dignes de nous, vous êtes nos pairs, c'est vous que nous voulions. » A ces mots, les trois couples fondent l'un sur l'autre, les deux armées s'arrêtent et cherchent à prévoir par le succès de cette première lutte quel sera celui d'un combat général. Dès le premier choc, Hamza, qui s'était placé devant Schaïba, et Ali, qui avait déjà défié Walid, tuèrent chacun leur adversaire. Otba était tombé grièvement blessé par Obeïda, qui était gisant lui-même sur le sable, ayant eu la jambe séparée du tronc. Les deux vainqueurs se réunirent pour achever Otba, et emportèrent Obeïda, qui ne survécut que quelques jours à sa blessure.

Le triomphe des trois Musulmans fut le signal d'une mêlée générale ; les flèches volèrent de part et d'autre ; et Mahomet, au moment où l'attaque était la plus vive, se sentit saisi d'un léger tremblement (*) et s'écria : « O « mon Dieu, si tu laisses périr cette « troupe fidèle, tu ne seras plus adoré « sur la terre ; accomplis tes promes-« ses, ô mon Dieu ! » Puis sortant de la cabane que ses compagnons lui avaient élevée : « Quiconque d'entre « vous, leur dit-il, combattra vail-« lamment aujourd'hui et mourra des « blessures reçues par-devant, ira en « paradis. » Omaïr, fils de Hammam, entend ces paroles ; il tenait alors à la main quelques dattes qu'il était occupé à manger : « Eh quoi ! dit-il, il « ne faut pour entrer en paradis qu'être « tué par ces gens-là ! » Et tout en parlant, il jette ses dattes, tire son sabre, et se précipitant dans les rangs des Koréischites, il en renverse plusieurs avant de trouver la mort qu'il était allé chercher. Un tel fanatisme devait triompher du nombre, Mahomet pour l'augmenter prend, comme par inspiration divine, une poignée de cailloux et la lance à la face des ennemis en s'écriant : « Que la confusion « couvre leur visage ; Musulmans, char-« gez-les. »

La résistance fut terrible ; les guerriers les plus braves de la Mecque tombèrent sur le champ de bataille. Les Musulmans semblaient insensibles aux blessures et à la douleur. Maadh, fils d'Amrou, rencontre Abou-Djahl dans la mêlée, et d'un coup de sabre lui coupe la jambe au-dessous du genou. Au même instant Acrama, fils d'Abou-Djahl, frappe Maadh et lui abat le bras gauche, qui ne tient que par un lambeau de chair : Maadh, gêné par ce membre inutile, met le pied dessus, l'arrache et continue de combattre. La chute d'Abou-Djahl jeta la confusion dans l'armée des Koréischites : ils plièrent de toutes parts, poursuivis par les Musulmans. Aboul-Bakhtari

(*) Un auteur moderne a cru pouvoir attribuer à la peur ce tremblement de Mahomet, et M. Caussin de Perceval, dans la Notice qu'il a publiée sur le combat de Bedr, a observé avec raison que Mahomet a donné trop de preuves de fermeté d'âme et de courage guerrier, en maintes occasions, pour qu'on doive supposer qu'il en a manqué en celle-ci. Ce qu'il y a de certain, c'est qu'il était sujet à des phénomènes nerveux que les historiens arabes ont attribués à l'apparition de l'esprit divin qui l'inspirait, et que quelques auteurs chrétiens ont pris pour le mal caduc dont ils offraient plusieurs symptômes. (Voy., entre autres, la Notice sur un fait relatif à Mahomet, insérée dans le *Journal asiatique*, juillet 1842, par M. Weil, bibliothécaire à Heidelberg.)

fuyait, monté sur un chameau et emmenant en croupe un de ses compagnons d'armes. Il est atteint par Moudjaddir, fils de Ziad: « Rends-toi, lui crie-t-il, le prophète nous a ordonné de respecter ta vie, car tu l'as souvent protégé à la Mecque contre les insultes de tes compatriotes. — Grâce aussi pour mon compagnon. — Non, le prophète n'a voulu épargner que toi. — Eh bien, pas de grâce pour moi-même, je ne veux pas que les femmes de la Mecque disent de moi que j'ai abandonné mon ami pour sauver ma vie. » Aussitôt il attaque Moudjaddir en récitant ce vers improvisé:

« L'homme de cœur ne livre point son compa-
« gnon ; il meurt ou se sauve avec lui. »

Après une courte lutte, Aboul-Bakhtari tomba victime de sa générosité (*).

Bientôt les Musulmans revinrent au camp, chargés des dépouilles des vaincus et traînant après eux un grand nombre de prisonniers. Mahomet ne voyant pas Abou-Djahl parmi ces derniers, le fit chercher sur le champ de bataille, et ne crut sa victoire complète que quand on lui eut apporté la tête de son plus ardent ennemi : « Ju-
« res-tu que c'est bien elle ? » dit-il à Abd-Allah, fils de Massoud, qui venait de trouver Abou-Djahl expirant sur le champ de bataille et lui avait porté le dernier coup : « Oui, je le
« jure, » répondit Abd-Allah. Alors Mahomet se prosterna et rendit grâce au ciel.

Le combat de Bedr, qui fonda la puissance de Mahomet et prépara le triomphe de sa doctrine, fut livré le 17 du mois de ramadhan, dans la seconde année de l'hégire. Soixante-dix Koréischistes furent tués sur le champ de bataille, et un nombre égal fut fait prisonnier. Les Musulmans n'avaient perdu en tout que quatorze combattants, six Mohadjériens et huit Ansariens. Les cadavres des Koréischistes furent traînés, par ordre de Mahomet, auprès des puits de Bedr et jetés au fond de l'eau ; « Indignes compatrio-

(*) M. Caussin de Perceval, id. ibid., p. 126.

« tes d'un prophète, » s'écriait-il pendant qu'on les ensevelissait ainsi sous les ondes, « vous m'avez traité d'im-
« posteur, d'autres ont cru à ma mis-
« sion. Vous m'avez chassé de ma pa-
« trie, vous vous êtes armés contre
« moi ; d'autres m'ont accueilli et ont
« pris ma défense. » Après trois journées de séjour sur le champ de bataille, pendant lesquelles Mahomet régla le partage du butin (*), qui avait excité des querelles parmi ses soldats, il reprit le chemin de Médine. Arrivé à Safra, il fit mettre à mort l'un de ses prisonniers nommé Nadhr-ben-Harith, et cet acte de froide cruauté semble être dans un désaccord complet avec le reste de sa conduite après la victoire, car les autres prisonniers, traités avec une grande douceur, ne tardèrent pas à se racheter, et ceux qui étaient connus pour être pauvres ou chargés d'une nombreuse famille, furent renvoyés sans rançon, sous la promesse de ne jamais porter les armes contre lui. Nous trouverons, sinon la justification, du moins l'explication de sa conduite, dans les blessures profondes que Nadhr avait faites à l'amour-propre du

(*) « Le lendemain du combat, Mahomet
« donna ordre de rassembler et de lui pré-
« senter tout ce qui avait été enlevé à l'en-
« nemi. Chacun s'empressa d'apporter de-
« vant lui les objets qu'il avait recueillis. De
« vives discussions s'élevèrent alors sur le
« partage. Ceux qui avaient fait le butin di-
« saient : Il est à nous. Ceux qui ne s'étaient
« occupés qu'à combattre et à poursuivre
« les Mecquois répondaient : Sans nous,
« vous n'auriez rien pris. Enfin, les Ansârs,
« qui avaient gardé Mahomet, réclamaient
« leurs droits en disant : Nous aurions pu
« également combattre avec les uns ou piller
« avec les autres, si l'intérêt de la sûreté du
« prophète ne nous eût retenus ici. Afin
« de terminer ces débats, Mahomet déclara
« que le butin appartenait à Dieu, et que
« son prophète en disposerait. Plus tard, il
« le répartit par portions égales entre tous
« les musulmans qui l'avaient accompagné
« dans cette expédition. Dans le lot qu'il
« s'attribua à lui-même, était le fameux sabre
« Dhou'l-Ficar, dont, par la suite, il fit pré-
« sent à Ali. » M. Caussin de Perceval, *Journal asiatique*, février 1839.

prophète, en cherchant à couvrir de ridicule ses nouvelles doctrines. « Ce « Koréischite, dit M. Étienne Quatremère, qui était bien supérieur à ses « compatriotes, sous le rapport de « l'esprit et des connaissances, avait « voyagé hors de son pays, lu avec soin « les monuments littéraires et histori-« ques des Perses et des Grecs, et ap-« porté ces ouvrages à la Mecque, où « il avait introduit le goût de la musi-« que. Se trouvant dans cette ville à « l'époque où Mahomet se glorifiait « d'avoir reçu la mission divine, Nadhr « se déclara contre lui, et lui fit, par « ses discours bien plus que par son « épée, une guerre cruelle. Fier de son « érudition, il relevait avec aigreur « l'ignorance du prophète, tournait en « ridicule les contradictions et les er-« reurs dont fourmille l'Alcoran, et « empêchait ainsi la population arabe, « dont il était l'oracle, d'accueillir les « lois et les dogmes que Mahomet pré-« tendait imposer à ces hommes sim-« ples et crédules (*). »

La nouvelle des succès de l'islamisme fut portée à Médine par Zéïd, fils de Haritha. Dieu, disait-on, avait envoyé ses anges au secours du prophète, et ses ennemis avaient été balayés comme la poussière. Aussi toute la population sortit-elle à sa rencontre, et son triomphe aurait encore été plus complet si, par un excès de délicatesse, il n'eût voulu devancer ses soldats et leurs prisonniers, afin d'épargner à ces derniers la honte de servir publiquement de trophée à sa victoire.

*Du combat de Bedr au combat d'Ohod.*

Tandis que Mahomet avait à la fois à s'applaudir de sa victoire et à déplorer la perte de sa fille Rokaïa (*), femme d'Othman-ben-Affan, qui était morte à Médine pendant l'absence de son père, les Koréischites méditaient déjà leur revanche. La première nouvelle de leur désastre avait répandu la consternation dans la Mecque ; Abou-Lahab en était mort de douleur ; mais Abou-Sofian, fier d'avoir sauvé la caravane confiée à sa garde, avait juré de s'abstenir de femmes et de parfums jusqu'à ce qu'il eût vengé, sur les Musulmans, les guerriers tués au combat de Bedr. Il appela donc aux armes deux cents cavaliers, et s'avança à leur tête jusqu'à la vallée d'Oraïdh, située dans le territoire de Médine. Là, ils rencontrèrent quelques Ansariens qu'ils mirent à mort ; aussitôt que le prophète l'eut appris, il monta à cheval et marcha à leur rencontre : mais sa victoire avait été trop complète, elle était trop récente pour que ses ennemis eussent le courage de l'attendre. Ils s'enfuirent de toute la vitesse de leurs chevaux, et comme leurs provisions, consistant en quelques sacs de farine de froment, les gênaient dans leur course, ils les jetèrent sur leur route ; aussi les Arabes ont-ils donné à cette expédition le nom de journée des farines.

A peine Mahomet était rentré dans la ville, qu'il vit éclater une nouvelle collision entre les Islamites et la tribu des Benou-Kaïnoka, avec lesquels il

(*) Voyez le mémoire sur le kitab-alagâni, inséré par M. Étienne Quatremère dans le *Journal asiatique*, t. XVI, p. 507 et 508. C'est à ce même Nadhr-ben-Harith, et à la préférence qu'il donnait aux traditions persanes sur celles qui sont rapportées dans le Coran, que Mahomet fait allusion dans les versets suivants de la trente et unième sourate : « Tel parmi les infidèles « achètera des contes futiles pour écarter « les hommes de la voie du Seigneur ; il n'a « pas de véritable science, et cherche un « vain amusement de l'esprit. A un tel « homme sont réservées des peines igno-« minieuses. Il détourne l'oreille de notre « doctrine, comme si elle était bouchée et « qu'il ne pût entendre. Annonce-lui donc « un rude châtiment. »

(*) Rokaïa était la troisième fille que Mahomet avait eue de Khadidja ; les deux premières étaient Fatima, qu'il maria à Ali, et Zaïnab, qui épousa Abou'l-As. Otba, fils d'Abou-Lahab, avait été le premier mari de Rokaïa ; mais il la répudia, et elle épousa Othman, qu'elle accompagna dans sa fuite en Abyssinie, puis dans son retour à Médine. Après sa mort, Othman épousa sa sœur Omm-Kolthoum, la quatrième fille que Mahomet avait eue de Khadidja.

avait fait alliance. Une femme arabe était allée vendre son lait dans un de leurs marchés. Quelques juifs se permirent avec elle une plaisanterie grossière qui excita leur rire et couvrit cette pauvre femme de confusion. Un Musulman, irrité de cette insulte faite par des juifs à une Arabe, prit le parti de l'offensée, et, dans la rixe qui s'ensuivit, le principal agresseur fut tué sur la place. Les juifs l'ayant voulu venger, quelques Musulmans succombèrent à leur tour, et pour avoir prompte réparation de cette infraction aux traités, Mahomet résolut de les assiéger dans un bourg où ils s'étaient retranchés de leur mieux. Il partit, au mois de schewal, et employa quinze jours entiers à les réduire; au bout de ce temps, ils se rendirent à discrétion, mais il était trop tard. On leur lia les bras derrière le dos, et le prophète les condamna tous à perdre la tête : ils allaient être exécutés, lorsqu'un Musulman de la famille des Benou-Khazradj, nommé Abd-Allah-ben-Obayy, courut auprès de Mahomet et lui demanda la grâce d'une tribu unie à la sienne par une étroite alliance. Mahomet refusa; Abd-Allah renouvela sa demande et essuya un second refus. Il saisit alors le prophète à l'endroit où son manteau se croisait sur sa poitrine, et le tenant fortement, il lui dit : « Prophète de Dieu, montre-toi clément. — Lâche-moi, répondit Mahomet. — Pas avant que tu aies fait grâce. — Eh bien, prends-les donc, ils sont à toi. » Ainsi sauvée de la mort, toute la tribu fut bannie du territoire de Médine, et les Musulmans se partagèrent ses richesses.

Telle fut la première marque d'hostilité que Mahomet donna contre les juifs, et, à compter du bannissement des Benou-Kaïnoka, nous verrons éclater entre les deux races une haine qui ne s'est jamais démentie (*). Caab, fils d'Aschraf, juif de nation, en fut, vers le même temps, l'instigateur et la victime. Les succès des Musulmans à Bedr lui avaient été si odieux, qu'il avait quitté Médine pour aller à la Mecque ranimer par ses vers le courage des Koréïschites : poëte habile et passionné, il avait mêlé sa voix aux voix qui déploraient cette grande catastrophe. Ses œuvres ne nous sont pas parvenues, mais Aboulféda nous a conservé le chant élégiaque que fit entendre Omaïa, fils d'Abou-Salt, sur le même sujet. Il était en Syrie à l'époque du combat de Bedr, et, à son retour dans le Hedjaz, passant près du puits où avaient été jetés les corps des victimes de la guerre, il s'arrêta, coupa, en signe de deuil, les oreilles de sa chamelle (*) et improvisa les vers suivants :

(*) Plusieurs passages du Coran témoignent de la différence que Mahomet a cherché à établir, dans ce livre, entre les juifs, qu'il traite toujours comme ses plus ardents ennemis, et les chrétiens, auxquels il se montre beaucoup plus favorable. Dans la cinquième sourate, Dieu dit à son prophète : « Tu reconnaîtras que ceux qui nourrissent « la haine la plus violente contre les fidèles « sont les juifs et les idolâtres; et que ceux « qui sont les plus disposés à les aimer « sont les hommes qui se disent chrétiens; « c'est parce qu'ils ont des prêtres et des « moines, hommes exempts de tout orgueil. » Tous les commentateurs ont cru que, dans la première sourate, lorsque Mahomet dit : « Ne nous guide pas, ô mon Dieu, dans la « voie de ceux qui ont encouru ta colère, « ou de ceux qui s'égarent, » cette dernière expression s'adressait aux chrétiens, tandis que la première désignait les juifs. C'est encore à ces derniers que le législateur arabe fait allusion dans la cinquante-huitième sourate : « N'as-tu pas remarqué ceux qui « ont pris pour ami ce peuple contre lequel « Dieu est courroucé (les juifs) ? Dieu leur « a préparé un châtiment terrible, car leurs « œuvres sont détestables. » Ainsi, non-seulement les juifs étaient anathématisés, mais encore ceux qui ne les traitaient pas en ennemis.

(*) Cette action de couper les oreilles à sa chamelle était, de la part d'Omaïa, un hommage rendu aux morts, au nom desquels il donnait la liberté à la chamelle qu'il venait de traiter ainsi. En effet, l'animal auquel on faisait subir cette mutilation était, par cela même, rendu à la liberté la plus entière; il pouvait à son gré errer dans les pâturages; on ne lui imposait au-

Je pleurerai sur ces nobles guerriers, fils de guerriers nobles aussi et dignes de toutes louanges.

Ainsi que dans le feuillage de l'Aïk se plaignent les colombes sur les rameaux inclinés,

Le soir, tristes, abattues, elles se réunissent pour gémir :

Telles gémissent avec des sanglots les femmes qui pleurent aux funérailles.

Que de chefs et de princes ensevelis à Bedr et à Akankal,

Vieillards et jeunes gens, robustes, braves et courageux!

Comme elle a changé, la vallée de la Mecque! ce n'est plus qu'un désert rocailleux.

C'était ainsi que les poëtes du Hedjaz cherchaient à faire sentir aux tribus vaincues toute l'étendue de leurs pertes, pour les porter à la vengeance. Caab ne se contenta pas de réciter ses vers à ceux pour qui ils avaient été composés, il eut l'imprudence de retourner à Médine et de les dire aux disciples de l'homme qu'il attaquait avec amertume. Mahomet connaissait trop bien toute la puissance de la parole pour ne pas la redouter (*), et déjà nous avons vu qu'il était plus implacable contre ceux qui l'attaquaient par leurs discours que contre des ennemis armés de fer. Il proscrivit Caab, qui tomba, quelques jours après, sous les coups de Mohammed, fils de Meslèmè.

### Combat d'Ohod.

Si Caab était mort, l'esprit de vengeance qu'il avait ranimé parmi les Koréischites lui avait survécu. Une année écoulée depuis le combat de Bedr, avait calmé les craintes et relevé le courage des Mecquois. Il rassemblèrent toutes leurs forces et se réunirent au nombre de 3,000, sous le commandement d'Abou-Sofian. 700 guerriers étaient recouverts de cuirasses, et la cavalerie se composait de 200 chevaux. Les femmes elles-mêmes avaient voulu prendre leur part de la revanche qu'espéraient les Koréischites. Elles semblaient prévoir que leur influence allait disparaître avec l'islamisme, et, déterminées à le combattre, elles s'étaient réunies sous les ordres de Hend, femme d'Abou-Sofian. Armées de tambours, elles faisaient entendre des sons lugubres, pleuraient sur les victimes de Bedr, et empruntaient à la poésie tout ce qu'elle a de puissance sur les imaginations du Midi pour exciter leurs frères, leurs pères, leurs époux, à vaincre ou mourir. De la Mecque, l'armée des Koréischites alla camper à Dhou-Holaïfa, village entouré d'arbres, situé à deux heures de Médine. On était alors au quatrième jour du mois de schewal de la troisième année de l'hégire. Mahomet, en apprenant quel était le nombre de ses ennemis, avait eu d'abord l'intention de rester dans Médine et de s'y défendre derrière ses murailles. Mais, à l'exception d'Abd-Allah-ben-Obayy, tous ses compagnons furent d'un avis contraire. Il ne crut pas en conséquence pouvoir résister à une résolution si généralement adoptée, et sortit de la ville à la tête de 1,000 Musulmans, pour aller camper dans un défilé du mont Ohod, massif isolé qui s'élève dans la plaine, à environ six milles de la cité du prophète. Là, il fut abandonné par Abd-Allah, qui, piqué de ce qu'on ne se fût pas rangé à son opinion, se retira dans Médine et entraîna 300 hommes dans sa défection; en sorte que Mahomet n'avait plus que 700 hommes à opposer à trois mille ennemis.

Parmi les Musulmans, 200 hommes seulement étaient armés de cuirasses, et ils n'avaient aucune cavalerie. Des deux seuls chevaux que possédait leur

cun service, on ne pouvait plus le mettre à mort, ni même se nourrir de son lait. (Voy. Ann. moslem. adnotationes hist., t. I, p. 19.)

(*) Dans la vingt-sixième sourate du Coran, Mahomet cherche à prémunir ses disciples contre cette influence de la poésie dans laquelle les Arabes nomades du désert, qui se sont convertis les derniers à l'islamisme, avaient une grande supériorité. « Savez-vous, dit-il, quels sont les hommes sur lesquels descendent les démons ? Ce sont les poëtes, que les hommes égarés suivent à leur tour. »

petite troupe, l'un était monté par Mahomet, et l'autre par Abou-Borda. Mossab-ben-Omaïr, de la famille des Benou-Abd-Eddar, portait l'étendard de l'islam. Les Koréischites, de leur côté, avaient confié le commandement de leur aile droite à ce Khaled, fils de Walid, qui depuis porta la terreur du nom musulman en Perse et en Syrie; leur aile gauche était commandée par Acrama, fils d'Abou-Djahl. Mahomet donna une grande étendue à sa première ligne, afin de n'être pas enveloppé, et plaça à l'arrière-garde ses archers, au nombre de 50. Ce fut dans cette disposition que les deux armées se joignirent. Le premier choc fut favorable aux Musulmans. En vain les femmes qui accompagnaient les Koréischites faisaient résonner leurs tambours et criaient : « Courage, fils d'Abd-ed-Dar, défenseurs de vos familles, frappez du tranchant de vos glaives. » Hamza, l'oncle du prophète, Ali, Omar, faisaient des prodiges de valeur; le centre de l'armée des Mecquois avait été rompu et enfoncé par eux; Artah, porte-enseigne des Koréischites venait d'être tué par Hamza. Abou-Sofian avait pris la fuite, et malgré la disproportion du nombre, cette fois encore les Musulmans allaient remporter une victoire complète, si le corps des archers voyant les ennemis en déroute, ne se fût ébranlé malgré les ordres de Mahomet, pour aller prendre sa part du butin. Khaled, fils de Walid, à la tête de la cavalerie des Koréischites, profita habilement de cette fausse manœuvre. Il s'empara de leur position qui n'était plus gardée, et les attaquant à revers, changea complétement la face du combat. Dans le même moment, Hamza succombait sous les coups d'un Abyssin nommé Wahschi, qui s'était caché traîtreusement derrière un rocher, et, au moment où l'oncle du prophète passait, lui avait enfoncé sa pique dans le ventre. Mais ce qui acheva de porter la confusion dans les rangs des Musulmans, ce fut l'erreur d'Ebn-Kamia qui, ayant tué Mossab, le porte-étendard du prophète, crut avoir tué le prophète lui-même, et s'écria : « J'ai tué Mahomet. » A ces mots, tout plie, et Mahomet lui-même tombe blessé d'une pierre lancée au hasard par Otba, fils d'Abou-Waccas; le coup l'atteignit à la figure et brisa deux des anneaux de la chaîne qui retenait son casque; leurs débris étaient entrés profondément dans les chairs, et deux dents avaient été brisées par la violence du coup (*). Tandis qu'Abou-Obaïda retirait à la fois de la blessure, et les morceaux du casque et les dents arrachées de leurs alvéoles, Sénan, père d'Abou-Saïd, suçait le sang qui coulait en abondance, et Mahomet, fidèle à son caractère apostolique, lui disait en récompense : « Celui dont le sang s'est « mêlé au mien ne sera pas atteint par « le feu de l'enfer. » Malgré la blessure du prophète, Othman, Ali, ses disciples les plus fidèles, parvinrent à l'enlever de la mêlée et à le mettre en sûreté dans un village voisin. Cependant, les Koréischites, au lieu de poursuivre leurs succès, s'étaient arrêtés sur le champ de bataille, et s'y livraient aux actes les plus barbares contre les cadavres de leurs ennemis. Les femmes luttaient avec eux de férocité. Tout le fiel amassé dans leurs cœurs depuis la bataille de Bedr débordant à la fois, produisait en elles une excitation digne de cannibales. Non-seulement ces mégères coupaient aux morts le nez et les oreilles pour s'en faire des bracelets et des colliers, mais Hend, la femme d'Abou-Sofian, ayant trouvé le corps de Hamza, lui ouvrit le ventre et en arracha le foie qu'elle déchira avec ses dents. Il ne faut pas perdre de vue des traits pareils, lorsque nous voulons juger Mahomet avec

(*) On lit dans d'Ohsson : « Sous le nom de sinn schérif, ou dents sacrées, on conserve encore, à Constantinople, deux des dents que le prophète perdit à Ohod ; l'une est gardée au sérail, et l'autre dans la chapelle sépulcrale de Mohammed II, où on l'expose à la vénération du public pendant la nuit appelée *Leilet-el-Cadr*, le 27 du mois de ramadhan. » (Voy. Mouradjha d'Ohsson, t. II, p. 395, et Histoire des Ottomans, par Démétrius Cantemir, t. I, p. 295.)

ARABIE.

1. Farasch ou Gardien du Sépulchre du Prophète.

sévérité, non-seulement au point de vue religieux, mais encore au point de vue politique. On n'a voulu voir souvent dans les succès du législateur des Arabes qu'un stupide enthousiasme, qu'un aveugle fanatisme inspiré à la multitude par des ravages et des mensonges (\*). On aurait jugé sans doute avec plus d'impartialité, si l'on avait examiné avec soin quels étaient les éléments dont Mahomet avait à disposer, et combien, malgré l'incohérence de sa doctrine, il est supérieur, sous le rapport de la morale, à tous ceux qui l'entouraient.

On s'explique difficilement comment les Koréischites, ces implacables ennemis de l'islam, se contentèrent de la vaine satisfaction d'insulter à des cadavres et retournèrent à la Mecque sans chercher à détruire jusque dans ses racines le mal qui les rongeait depuis quinze ans. Abou-Sofian avait eu, pour ainsi dire, peur de son triomphe. Il s'était hâté de gravir le sommet du mont Ohod, pour y proclamer sa victoire et y célébrer ses faux dieux; puis, rassemblant ses compagnons, tous avaient disparu en jetant aux Musulmans, comme un dernier défi, l'invitation de se rencontrer aux puits de Bedr l'année suivante, et les vaincus se trouvaient seuls maîtres du champ de bataille. Le premier soin de Mahomet fut de faire chercher le corps de son oncle : on le trouva tout mutilé, et le prophète le fit couvrir d'un manteau, puis il dit à ses disciples : « Gabriel est venu à moi et m'a révélé que Hamza est porté au nombre des élus du septième ciel sous ce nom : « Hamza, fils d'Abd-el-Mottalib, le « Lion de Dieu et de son prophète. » Il fit ensuite apporter le corps des autres victimes : il priait sur eux, et à chaque fois sur Hamza, en sorte, dit Aboulféda, qu'il pria soixante-dix fois sur son oncle, car les Musulmans avaient perdu soixante-dix des leurs : c'était une revanche complète du combat de Bedr. Quelques Musulmans fi-

(\*) Voy. Études historiques par M. Daunou, Chronologie technique, seizième leçon.

rent transporter à Médine les corps de leurs parents, pour les faire placer dans la sépulture de la famille; mais Mahomet défendit qu'on imitât leur exemple : « Enterrez les morts, dit-il, « au lieu où ils ont succombé, et qu'ils « se réveillent glorieux au jour de la « résurrection. »

*Quatrième année de l'hégire.*

Les Koréischites n'avaient pas profité, comme ils l'auraient pu, du succès de leurs armes au combat d'Ohod, et Mahomet, de son côté, fit descendre du ciel les paroles qu'il crut les plus propres à ranimer ses disciples ou à confondre ceux qui l'avaient abandonné. On y retrouve les germes de ce fatalisme qui depuis a été pour les Musulmans une cause de succès militaire et d'immobilité dans la grande marche des peuples vers la civilisation.

« Une partie d'entre vous, dit Ma« homet dans le troisième chapitre de « son Coran, désiraient les biens de « ce monde, les autres désiraient la « vie future. Dieu vous a fait prendre « la fuite devant vos ennemis pour « vous éprouver; mais il vous a par« donné ensuite, parce qu'il est plein « de bonté pour les fidèles.

« Tandis que vous preniez la fuite « en désordre et que vous n'écoutiez « plus aucune voix, le prophète vous « rappelait au combat. Dieu vous a « fait éprouver affliction sur afflic« tion, afin que vous ne ressentiez « plus de chagrin à cause du butin « qui vous échappa et du malheur qui « vous atteignit. Dieu est instruit de « toutes vos actions.

« Après ce revers, Dieu fit descen« dre la sécurité et le sommeil sur « une partie d'entre vous. Les pas« sions ont suggéré aux autres de vai« nes pensées à l'égard de Dieu, des « pensées d'ignorance. Que gagnons« nous à toute cette affaire? disent« ils. Réponds-leur : Toute affaire dé« pend de Dieu. Ils cachaient au fond « de leurs âmes ce qu'ils ne te mani« festaient pas. Ils disaient : Si nous « avions dû obtenir quelque avantage

« de toute cette affaire, certes nous n'aurions pas été défaits ici. Dis-leur : Quand vous seriez restés dans vos maisons, ceux dont le trépas était écrit là-haut seraient venus succomber à ce même endroit, afin que le Seigneur éprouvât ce que vous cachiez dans vos seins et débrouillât ce qui était au fond de vos cœurs. Dieu connaît ce que les cœurs recèlent.

« Ceux qui se retirèrent le jour de la rencontre des deux armées furent séduits par Satan, en punition de quelque faute qu'ils avaient commise. Dieu leur a pardonné, parce qu'il est indulgent et clément.

« Si vous mourez ou si vous êtes tués en combattant dans le sentier de Dieu, l'indulgence et la miséricorde de Dieu vous attendent. Ceci vaut mieux que les richesses que vous ramassez.

« Lorsqu'un revers vous a atteints pour la première fois, vous avez dit : « D'où nous vient cette disgrâce ? Réponds-leur : De vous-mêmes.

« Le revers que vous avez éprouvé le jour où les deux armées se sont rencontrées eut lieu par la volonté de Dieu, afin qu'il distinguât les fidèles des hypocrites. Quand on leur cria : Avancez, combattez dans le sentier de Dieu, repoussez l'ennemi, ils répondirent : Si nous savions combattre, nous vous suivrions. Ce jour-là ils étaient plus près de l'infidélité que de la foi.

« Ne croyez pas que ceux qui ont succombé en combattant dans le sentier de Dieu soient morts ; ils vivent près de Dieu et reçoivent de lui leur nourriture.

« Ceux qui, dans les revers, obéissent à Dieu et au prophète, qui font le bien et craignent le Seigneur, ceux-là recevront une récompense magnifique (*). »

C'est ainsi que chaque acte important de la vie de Mahomet amenait une nouvelle révélation dont les paroles, adaptées à la circonstance, exaltaient l'esprit des Arabes, célébraient leur triomphe ou faisaient oublier l'insuccès en le représentant comme la punition momentanée d'un manque de soumission aux ordres du prophète. Cette politique adroite lui gagna chaque jour de nouveaux partisans. Au commencement de la quatrième année de l'hégire arrivèrent à Médine des députés de deux tribus appelées les tribus d'Adhal et de Cara. Ils venaient supplier le prophète d'envoyer avec eux des hommes qui pussent instruire leur peuple dans l'islamisme. Mahomet choisit six de ses disciples et les chargea d'aller porter sa parole à ces néophytes. Ils étaient déjà parvenus à quatorze milles d'Osfan et campés sur les bords de la source de Radji appartenant aux Benou-Hodhaïl, lorsque cette tribu tomba traîtreusement sur les six Musulmans, en tua trois et fit prisonniers les trois autres, avec lesquels elle prit le chemin de la Mecque. L'un d'eux, nommé Abd-Allah, fils de Tarek, prévoyant le sort qui les attendait s'ils étaient livrés aux Koréischites, chercha à s'échapper, fut poursuivi et tué à coups de pierres. Les deux autres, nommés Zeïd, fils de Dathna, et Khobaïb, fils d'Adi, arrivèrent à la Mecque, où ils furent vendus à leurs implacables ennemis et mis à mort, non plus dans le feu du combat, mais avec la plus froide barbarie. Khobaïb avait été acheté par les enfants de Harith-ben-Amer, qu'il avait tué au combat de Bedr. On l'enchaîna sous la tente, où il dut attendre quelque temps la mort, afin que toute la famille fût rassemblée pour se repaître du spectacle de son supplice. Un jour qu'il se trouvait seul avec une des filles de Harith, jeune femme mariée depuis peu d'années, il en obtint pour quelques instants un de ces couteaux affilés dont les Arabes se servent pour se raser les cheveux ou la barbe. A peine l'avait-il entre les mains que l'enfant de cette jeune femme entre étourdiment sous la tente et court vers le prisonnier, qui le prend dans ses bras. La mère pousse un cri de douleur : Khobaïb avait désormais un

---

(*) Trad. de M. Kasimirski.

ARABIE.

otage; mais lui caresse l'enfant et le renvoie vers sa mère, en lui disant : Croyez-vous donc qu'un Musulman sache se venger sur des enfants ou sur des femmes? Quelques jours après, on conduisit Khobaïb hors de la ville, et, quand il eut passé les limites du territoire sacré, où les meurtres sont défendus, on le tailla en pièces à coups de sabre.

Au mois de safar de la même année, Mahomet reçut la visite d'un des plus vaillants guerriers parmi les Arabes, Abou-Bera-Amer-ben-Malek, surnommé *Molaib-el-Acinna*, ou celui qui joute contre les lances, parce que le poëte Aws-ben-Hadjar avait dit de lui : « Amer a jouté contre la « pointe des lances, tandis que la li- « gne entière de l'escadron avait été en- « foncée et avait cédé à leur violence. » Précédé de la réputation que donnait en Arabie l'habileté dans le maniement des armes et le courage personnel, Amer venait engager le prophète à envoyer dans le Nedjd quelques-uns de ses compagnons pour en convertir les habitants à l'islamisme. « Je le « ferais à l'instant, répondit Maho- « met, si, au milieu de ces tribus éloi- « gnées, je ne craignais pour la vie de « mes disciples. Qui me garantira leur « sûreté? — Ce sera moi-même, re- « prit Amer; si on les attaque, je se- « rai leur défenseur. » Ainsi rassuré sur le sort de ses envoyés, Mahomet choisit quarante Musulmans, à la tête desquels il mit Mondher, fils d'Omar l'Ansarien, et cette petite troupe de fidèles s'achemina vers les montagnes de l'intérieur. Arrivés au puits de Maouna, à quatre journées de Médine, ils s'arrêtèrent et envoyèrent à Amer-ben-Tofaïl, l'un des principaux chefs du Nedjd, un messager porteur d'une lettre que lui écrivait Mahomet. Amer, qui plus tard se convertit à l'islamisme, en était alors un si ardent ennemi, qu'il fit mettre à mort le porteur de la lettre, arma aussitôt sa tribu et vint attaquer les Musulmans, qui s'attendaient si peu à cette trahison, que leurs chameaux étaient au pâturage sous la conduite de deux des leurs. Toute la troupe fut massacrée, à l'exception de Caab, fils de Zeïd, qui, ayant encore un souffle de vie, resta parmi les morts, puis revint à lui, retourna vers le prophète, et succomba plus tard dans le combat du Fossé, quand les tribus du Hedjaz vinrent attaquer Médine. Cependant les deux gardiens qui surveillaient les troupeaux se doutèrent de quelque désastre en voyant de loin tournoyer au-dessus de la plaine où ils savaient qu'était placé leur camp, une grande quantité d'oiseaux de proie. Ils revinrent en toute hâte, et trouvèrent l'œuvre de destruction qui s'achevait : l'un fut tué en combattant; l'autre, nommé Amrou-ben-Omaïa, de la tribu des Benou-Dhamra, fut rendu à la liberté par Amer-ben-Tofaïl, parce qu'il était issu de Modhar. Ce fut lui qui revint à Médine apporter cette triste nouvelle.

L'œuvre du prophète avançait à pas lents; chaque succès, pendant les premières années de sa prédication, était suivi d'un revers. Il échappa à grand'peine, vers cette même époque, à un complot tramé contre sa vie par une tribu de juifs, appelés les Benou-Nodhaïr, qui s'étaient établis à trois milles de Médine, sur la route de la Mecque. Un jour qu'il s'était rendu chez eux avec une suite peu nombreuse pour y traiter de quelque affaire, ils l'invitèrent à un repas somptueux, avec l'intention, lorsque les têtes seraient échauffées par le vin, de monter sur le faîte de la maison et de l'accabler sous une pluie de pierres dans la salle du festin. Mahomet, averti par quelque espion de leur perfidie, quitta au plus vite ce toit inhospitalier et revint à Médine, où il publia qu'une révélation du ciel l'avait instruit du danger qu'il courait. Au mois de rebiel-aoual, il fit le siége du bourg fortifié où ils étaient retranchés, brûla tous les palmiers qui en rendaient l'approche peu facile, et au bout de quinze jours les força à capituler. Ils se rendirent sous la condition de quitter librement le territoire qu'ils occupaient, emportant avec eux tout ce qu'ils pourraient charger sur leurs chameaux, à l'exception de leurs armes. Le reste de leurs possessions devint la propriété particulière de Mahomet, qui décida que le butin fait sans combat appartenant tout entier au prophète, dès lors il devenait libre de le garder ou de le donner aux personnes de son choix. En conséquence il distribua toutes les terres des Benou-Nodhaïr aux membres de sa famille et aux Mohadjériens, deux pauvres Médinois seulement ayant été compris dans la distribution. Selon son usage en pareille occurrence, la voix du ciel confirma sa décision, et on reçut avec respect ces nouveaux versets du Coran : « Le butin que Dieu vient d'accorder à son apôtre, vous ne l'avez disputé ni avec vos chevaux, ni avec vos chameaux..... Les dépouilles des juifs, habitants de ce pays, appartiennent à Dieu et à son envoyé; elles doivent être distribuées à ses parents, aux indigents...... aux pauvres émigrés qui ont été chassés de leur patrie. Recevez ce que le prophète vous donne et abstenez-vous de prétendre à ce dont il vous prive (*). » C'est encore à l'occasion des Benou-Nodhaïr et pendant le siège de leur forteresse que Mahomet fit descendre du ciel la défense de boire du vin. Le souvenir des dangers qu'aurait pu lui faire courir l'ivresse qui suit quelquefois les festins, au repas que lui avaient offert les Benou-Nodhaïr, contribua peut-être à cette prescription dont les vrais Musulmans ne s'exemptent sous aucun prétexte.

Après avoir ainsi vengé la tentative formée contre sa vie, Mahomet voulut venger la mort de ceux de ses disciples qu'il avait envoyés dans le Nedjd. Il s'avança à la tête de ses troupes jusqu'au lieu appelé Dhat-er-Rika(**), et y rencontra une troupe de Benou-Ghatafan, qui, craignant d'en venir aux mains, résolurent de se défaire de Mahomet par trahison. Un des leurs s'étant chargé de l'exécution, trouva moyen de pénétrer dans le camp du prophète. Il s'approcha de lui et lui demanda la permission d'examiner de près le sabre que Mahomet portait ce jour-là : c'était une belle arme dont la poignée était ciselée en argent. Le prophète le lui tendit; il le prit, le tira du fourreau, en fit briller la lame, et au moment de frapper, soit crainte, soit repentir, il se contenta de demander au prophète s'il n'avait pas eu quelque inquiétude en voyant son arme aux mains d'un autre : « Celui dont Dieu protége les jours ne peut craindre, » répond Mahomet, toujours attentif à soutenir son rôle. N'y a-t-il pas, en effet, chez les hommes providentiels un sens intime qui leur dit qu'une volonté toute-puissante les défend contre les hasards de la vie tant que leur mission n'est pas accomplie sur la terre? L'expédition de Dhat-er-Rika n'eut pas d'autre suite, et, sans avoir combattu, les Musulmans rentrèrent à Médine. Ils en sortirent au mois de schaaban pour se trouver au rendez-vous qu'Abou-Sofian leur avait assigné aux puits de Bedr l'année précédente ; mais cette fois encore l'ennemi se retira avant l'arrivée du prophète, qui campa huit jours sur le champ de bataille, et revint à Médine après avoir ainsi constaté l'infériorité des Koréïschites.

*Attaque des alliés contre Médine, appelée par les Arabes la guerre du Fossé.*

Si les Koréïschites n'avaient pas voulu se présenter seuls sur le champ de bataille où ils avaient déjà été vain-

(*) Sourate LIX, v. 6 et 7.
(**) On lit dans le dictionnaire géographique arabe, intitulé : Meracid-el-Ittila, p. 293 : « Rika, est le pluriel de rokat « (piece, morceau). Dhat-er-Rika est un lieu « qui fut, dit-on, ainsi appelé parce que les « soldats dont les pieds avaient été déchirés « par la marche s'y arrêtèrent pour les en- « velopper de chiffons, ou bien encore « parce qu'ils y raccommodèrent leurs drapeaux. D'autres disent que Dhat-er-Rika « est une montagne dont les flancs ont des « parties blanches, noires et rouges qui ressemblent à des morceaux d'étoffes rapportés. »

cus et où ils avaient appelé les Musulmans à tenter une seconde fois le sort des armes, c'est qu'ils nourrissaient l'espoir de réunir contre leurs ennemis des forces suffisantes, cette fois, pour les accabler. Mahomet, depuis quatre années, avait étendu au loin son influence et fait des conquêtes par ses armes ou par sa parole; mais ce n'avait pas été sans froisser bien des intérêts, briser bien des existences. Les juifs chassés de leur territoire, les tribus de l'intérieur gênées dans leur commerce, s'étaient unis aux Koréischites pour anéantir l'ennemi commun. Une ligue se forma, et, après les délais nécessaires pour que chacun pût rassembler ses forces, on se décida à marcher contre Médine. Le bruit de cette expédition ne tarda pas à parvenir jusqu'à la ville du prophète, et Mahomet, qui jusqu'alors avait toujours attaqué, songea cette fois à se défendre. Il avait parmi ses disciples un Persan né dans la ville d'Ispahan, dont les longs voyages et l'instruction qu'il avait puisée chez les chrétiens avaient déjà été d'un grand secours à Mahomet. Salman, c'était son nom, conseilla d'entourer la ville d'un fossé profond. Ce travail fut l'occasion de plusieurs miracles qu'Abou'lféda, toujours si sobre de prodiges, a cru devoir rapporter, et dont quelques-uns semblent calqués sur le miracle de la multiplication des pains rapporté dans l'Évangile : « La « fille de Baschir l'Ansarien, dit-il en « citant les paroles d'Abou-abd-Allah- « Djaber, fils d'Abd-Allah l'Ansarien, « avait été envoyée par sa mère pour « porter un repas composé de quel- « ques dattes à son père Baschir et à « son oncle Abd-allah, fils de Re- « waha; elle passa près du prophète, « qui l'appela et lui dit : « Donne-moi « ce que tu tiens, ô ma fille ! — A ces « mots, ainsi qu'elle-même me l'a ra- « conté, je versai les dattes dans les « mains du prophète, et il n'y en avait « pas assez pour les remplir; alors il « fit apporter un manteau, y mit les « dattes, et dit à quelqu'un : Appe- « lez les travailleurs, qu'ils viennent

« prendre leur repas. En effet, ils se « mirent tous à manger, et les dattes « se multipliaient au point que, lors- « que les ouvriers furent rassasiés, des « fruits tombaient encore de tous les « plis du manteau. » Le même Abou- « abd-Allah-Djaber a laissé aussi cette « tradition : « J'avais pour toute provi- « sion chez moi une petite brebis mai- « gre; j'ordonnai à ma femme de la « faire rôtir et de faire cuire un pain « d'orge pour le prophète. Cependant « nous travaillions tout le jour au « fossé et nous retirions vers le soir. « Au moment de partir, je dis au pro- « phète : J'ai préparé pour toi une « brebis et un pain d'orge, je serais « heureux que tu voulusses venir à « ma maison. Aussitôt le prophète « ordonna à quelqu'un de crier aux « travailleurs qu'ils eussent à se ren- « dre avec le prophète à la maison de « Djaber : « Nous appartenons à Dieu « et nous devons revenir à lui, dis-je « en moi-même; mais que vais-je faire « de tout ce monde avec ma brebis et « mon pain d'orge ? » Cependant Maho- « met et tous les travailleurs avec lui « arrivèrent chez moi. Nous lui offrî- « mes les mets qu'il bénit en pronon- « çant la formule du *Bism-illah*, puis « les travailleurs s'approchèrent tour « à tour, une nouvelle troupe succé- « dant à celle qui se retirait, jusqu'à « ce qu'ils fussent tous rassasiés. »

Salman le Persan rapporte le miracle suivant : « J'étais, dit-il, au- « près du prophète, et je travaillais au « fossé, lorsque je tombai sur une « place qui résistait à mes efforts. « Le prophète, ayant vu l'obstacle qui « m'arrêtait, prit la pioche et frappa « un coup : sa pioche fit jaillir un « éclair. Il frappa un second coup, et « un second éclair jaillit. Il en frappa « un troisième qui fut suivi d'un troi- « sième éclair. O toi qui m'es plus « cher que mon père et ma mère, lui « dis-je, qu'est-ce qui jaillit ainsi sous « les coups de ta pioche ? — As-tu « donc vu cela, ô Salman ? reprit-il. « — Je l'ai vu, lui dis-je; et il me ré- « pondit : — Par le premier éclair, « Dieu m'a promis la conquête du Ye-

« men ; par le second, celle de la Syrie et de l'Occident ; par le troisième, celle de l'Orient. »

Les travaux étaient à peine achevés, lorsque, au mois de schewal de la cinquième année de l'hégire, les Koréischites parurent devant la ville. Ils avaient avec eux les Benou-Kenana, les Benou-Ghatafan, suivis par une partie des habitants du Nedjd et plusieurs tribus juives. Le nombre total des combattants surpassait de beaucoup 10,000 hommes. Quelques-unes des tribus juives, telles que les Benou-Koraïzha, commandés par Caab-ben-Açad, avaient été d'abord de fidèles alliés du prophète ; mais les Benou-Nodhaïr, chassés par lui, avaient tellement excité le ressentiment de leurs coreligionnaires, qu'ils avaient rompu leur pacte et pris part à la ligue formée contre Mahomet. Leur défection et l'approche d'un nombre si considérable d'ennemis acharnés ôta aux Musulmans toute leur confiance. En vain le prophète cherchait à les rassurer par l'annonce de la protection divine : pour la première fois ses paroles étaient impuissantes, et son éloquence ne suffisait plus à relever les esprits de leur abattement. « Mahomet nous « promettait les trésors de Cosroës et « de César, disait Moatteb, fils de « Koschaïr, et voilà qu'aujourd'hui « pas un de nous n'est sûr de sa vie, « si quelque besoin l'appelle hors de « sa maison. » Les ennemis, de leur côté, ne se risquaient pas à forcer les retranchements de la ville, et l'on passa près de trois semaines à décocher quelques flèches, qui, lancées au hasard, ne faisaient aucun mal aux deux armées.

Fatigués de cette guerre d'escarmouche, quelques cavaliers koréischites excitèrent de l'éperon leurs légers coursiers et franchirent d'un bond le fossé qui avait coûté tant de travail aux Musulmans. Ils firent alors caracoler leurs chevaux dans l'espace qui s'étendait entre le retranchement et les premiers rangs de l'armée musulmane, défiant les plus braves au combat. Ce fut Ali qui s'élança pour soutenir l'honneur de l'islamisme ; il vint se poster devant Amrou-ben-Abd-Woudd : « Ton sang est le mien, lui « dit Amrou, nous descendons des « mêmes ancêtres, ce n'est pas sur « toi que je voudrais faire tomber ma « colère. — Et moi, je veux ta mort, » répond Ali. A ces mots, Amrou n'écoute plus que sa haine contre l'islamisme ; mais il veut du moins combattre à armes égales. Il saute à bas de son cheval, lui coupe les jarrets d'un coup de sabre, renonçant ainsi à toute chance de fuite, et se précipite sur son antagoniste. Tous deux se frappent, se défendent et s'attaquent encore. Un nuage de poussière s'élève sous leurs pieds ; on ne les voit plus, on ne fait qu'entendre les coups qu'ils se portent. Les autres guerriers, restés immobiles, cherchent à deviner l'issue du combat, quand on entend tout à coup résonner : *Allah Akbar*, Dieu seul est grand. C'est la formule de l'islamisme, elle annonce la victoire d'Ali ; la poussière s'abaisse autour des combattants, et l'on voit le fils d'Abou-Taleb agenouillé sur la poitrine de son adversaire auquel il coupait la tête. Après la mort d'Amrou, les Koréischites ne songèrent qu'à regagner leur camp, et Dieu très-haut, dit Aboulféda, augmenta leur confusion en faisant souffler un vent du midi qui renversa leurs tentes, ainsi qu'il est écrit dans le Coran : « O vous qui croyez, rappelez-vous « combien Dieu a été bon à votre « égard lorsque des armées mar- « chaient contre vous, et que nous « avons envoyé contre elles un vent « violent et des légions invisibles (*). » La discorde suivit de près l'insuccès. Les Koréischites, les premiers, abandonnèrent la ligue pour retourner à la Mecque ; chaque tribu regagna son territoire, et les Musulmans, délivrés, ne songèrent plus qu'à la vengeance.

(*) Voyez le Coran, sourate 32, v. 9.

## Expédition contre les Benou-Koraïzha.

Les dernières tribus s'étaient éloignées pendant la nuit; les musulmans, revenus vers le matin des retranchements, venaient de déposer leurs armes lorsque Mahomet parut au milieu d'eux à la prière de midi. « L'ange Gabriel, « leur dit-il, vient de m'apporter l'or- « dre du ciel. Dieu vous commande de « marcher contre les Benou-Koraïzha; « que tous ceux qui entendent et qui « obéissent ne fassent pas la prière du « soir (*) avant d'être sur leur terri- « toire. » A ces mots, chacun reprit ses armes; et Mahomet, confiant à Ali son étendard, se mit en marche. « Le « prophète, dit Aboulféda, vint cam- « per auprès de l'un des puits appar- « tenant aux Benou-Koraïzha, et ses « soldats vinrent successivement l'y « rejoindre. Plusieurs arrivèrent lors- « que la nuit était déjà close, et ils ne « firent pas ce jour-là la prière du soir, « parce que le prophète avait dit que « personne ne la fît avant d'être ar- « rivé sur le territoire ennemi : le pro- « phète ne leur fit aucun reproche de « cette omission. »

Pendant vingt-cinq jours entiers Mahomet assiégea les juifs qui avaient rompu son alliance, et auxquels il en voulait bien plus qu'à ceux qui l'avaient toujours combattu. Rien ne fut épargné pour les forcer dans leur retraite; et réduits enfin aux dernières extrémités, les Benou-Koraïzha se rendirent à discrétion. Il est vrai qu'ils étaient alliés aux Benou-Aws, ces Ansariens dont le secours avait fait triompher la cause du prophète; et ils comptaient trouver en eux l'appui que les Benou-Khazradj avaient prêté, en pareille circonstance, aux Benou-Kaïnoka. En conséquence, ils chargèrent de leur cause leurs anciens amis, et ceux-ci ne manquèrent pas à leur confiance. Ils vinrent trouver Mahomet, le conjurant d'accorder au moins la vie à leurs clients : « Je ne serai pas leur juge, répondit Mahomet; avez-vous confiance dans la décision de Saad-ben-Moadh, votre chef? — Sans aucun doute, » dirent-ils. Et ils allèrent chercher Saad, qu'ils amenèrent monté sur un âne, car il avait été dangereusement blessé à l'attaque du fossé, et il se soutenait à peine. Chemin faisant, on lui apprit les augustes fonctions que la volonté du prophète l'appelait à exercer, et chacun lui disait : « Montre-toi clément pour tes clients, ô père d'Amrou. » Lui, cependant, ne faisait point connaître son sentiment, et cachait le désir de vengeance que lui avait inspiré la blessure qu'il avait reçue, et à laquelle il sentait qu'il ne pouvait survivre. Arrivé en présence de Mahomet, celui-ci lui adressa la parole : « Père d'Amrou, le prophète de Dieu t'a constitué le juge de tes anciens alliés. » Saad répondit : « Que les hommes soient mis à mort, que les biens soient partagés, que les femmes et les enfants soient réduits en servitude. — Dieu très-haut, s'écria Mahomet, vient de te dicter du haut du septième ciel ton jugement à leur égard. » La sentence de mort fut exécutée; sept cents hommes eurent la tête tranchée. Les femmes, les enfants, les biens de ces malheureux furent ensuite partagés entre les Musulmans. C'est alors que, pour la première fois, le prophète préleva le quint de Dieu, *khoums*, et forma des lots qu'il fit tirer au sort (*); les Musulmans avaient parmi eux trente-six cavaliers; chacun d'eux eut trois parts, une pour lui, et deux pour son cheval. Les Médinois étaient complétement dépourvus de cavalerie lorsque Mahomet vint se réfugier à Mé-

---

(*) La prière de l'*asr*, ou prière du soir, est l'une des cinq prières qui sont d'obligation pour les Musulmans dans les vingt-quatre heures. Le temps où on peut la faire commence dans l'après-midi, au moment où l'aiguille du cadran solaire projette une ombre du double de sa longueur, et finit au coucher du soleil. ( Voy. sur les heures canoniques de la prière, le chapitre qui traite du Coran et des formes du culte chez les Musulmans. )

(*) Voy. M. Caussin de Perceval, d'après Ebn-Hescham, *Journal asiatique*, février 1839.

dine. Nous avons vu qu'il n'y avait du côté des Musulmans que trois chevaux au combat de Bedr : c'était un grand désavantage pour eux. Plus tard, les Koréischites avaient dû à leur troupe de cavaliers la victoire d'Ohod ; Mahomet, en établissant une disproportion si marquée dans le partage du butin entre le fantassin et l'homme qui possédait un cheval, voulut sans doute encourager la formation d'une cavalerie qui lui permît de lutter à armes égales contre tous ses ennemis. En outre de la cinquième partie que la loi divine accorde à Dieu et à son prophète, Mahomet, usant, comme le lion de la fable, du privilége d'envoyé céleste, s'attribua en cette qualité la possession d'une belle jeune fille, nommée Rihana, fille d'Amrou. « A peine « l'expédition des Benou-Koraïzha « était-elle terminée, dit Aboulféda, « que la blessure de Saad se rouvrit, « et il mourut. Ceux qui périrent mar- « tyrs de la foi musulmane dans la « guerre du Fossé sont au nombre de « six ; et, parmi eux, il faut compter « Saad-ben-Moadh, bien qu'il soit « mort après l'expédition des Benou- « Koraïzha, ainsi que nous venons de « le raconter. Ce chef, au moment où « il avait été blessé à l'attaque de Mé- « dine, avait prié Dieu de prolonger « sa vie jusqu'au moment où il aurait « pu contribuer à punir les Benou-Ko- « raïzha de leur trahison envers le « prophète. En effet, sa blessure se ci- « catrisa jusqu'à la fin de l'expédition, « ainsi qu'il l'avait demandé au Très- « Haut, ensuite elle se rouvrit, et il « mourut ; Dieu ait pitié de lui ! » Quel que soit le soin que prenne Aboulféda de rejeter sur le chef des Benou-Aws l'odieux de la mort des Benou-Koraïzha, on ne saurait excuser Mahomet, puisqu'il est bien probable qu'il connaissait la pensée du juge qu'il avait choisi. Nous répéterons cependant que, malgré l'opinion contraire soutenue par plusieurs de ceux qui, parmi nous, ont voulu juger Mahomet sans consulter les chroniques arabes, de pareils traits sont rares dans la vie du prophète. Sans doute, ainsi que nous l'avons dit autre part, l'ambition, en supposant qu'elle n'ait pas été le premier mobile de sa conduite, a suivi de près ses premiers succès : l'amour du pouvoir succéda promptement à son enthousiasme ; mais cette ambition, presque toujours sage et réglée, ne le porta que bien rarement à quelque acte qui puisse rappeler la barbarie des temps où il vécut. Excité sans cesse par les conseils irritants des hommes d'action et de violence qui l'entouraient, il sut maîtriser à la fois ses désirs de vengeance et l'emportement de ses compagnons. Persécuté par une tribu puissante, traqué avec toute sa famille dans les montagnes, il pardonna, au jour de la victoire, à des ennemis qui l'avaient accablé d'outrages. Toujours affable pour ceux qui venaient à lui, jamais son visage ne trahit l'ennui ou l'impatience ; simple dans toutes les habitudes de sa vie, chaque soir, à l'heure du repas, il faisait appeler, pour le partager avec lui, quelques-uns des hommes pauvres qui n'avaient d'autre asile que le banc de la mosquée. Et cette simplicité si grande, il la conservait alors même que les Arabes de son temps, qui avaient visité dans leurs palais Cosroës ou César, déclaraient hautement que la puissance de ces rois sur leurs sujets n'était pas comparable à celle du prophète sur ses compagnons (*). Ajoutons cependant que la passion de Mahomet pour les femmes fut assez forte chez lui, ainsi que nous venons d'en voir un exemple, pour l'emporter plusieurs fois sur ses principes et sa politique. Strict observateur des lois qu'il avait données aux Arabes, sur ce point seul il ne sut pas se soumettre ; et la chasteté ne sera jamais comptée au nombre des vertus qu'en bonne justice on peut lui reconnaître.

Ce fut au retour de son expédition contre les Benou-Koraïzha, que Mahomet donna une nouvelle preuve de la violence de son amour pour les fem-

(*) Introduction de la vie de Mahomet, traduite d'Aboulféda, p. vii et viii.

mes, en épousant Zaïnab, fille de Djahsch, qui se trouvait alors mariée au fils adoptif du prophète, Zeïd, fils de Haritha, de la tribu des Benou-Kelb. Zeïd ou Séïde, dont le nom est devenu la personnification du dévouement poussé jusqu'au fanatisme, depuis le rôle que lui a fait jouer un de nos grands poëtes dans la tragédie de Mahomet, avait été l'esclave du prophète avant l'époque de sa mission prétendue, et s'était tellement attaché à lui, que son père Haritha étant venu à la mosquée pour acheter la liberté d'un fils dont il avait ignoré le sort pendant longtemps, Zeïd répudia les joies de sa famille, et ne voulut reconnaître d'autre père que le maître qui lui en avait servi pendant son enfance. Mahomet, touché d'une telle affection, l'avait adopté pour son fils, et l'avait uni à Zaïnab, que sa beauté faisait remarquer parmi toutes les autres jeunes filles arabes. Pendant longtemps, Mahomet n'avait vu en elle que la femme de son fils; mais un jour, qu'il s'était rendu chez Zeïd de grand matin, il surprit Zaïnab dans un négligé mille fois plus favorable à sa beauté que la plus riche toilette. L'éclat et la blancheur de sa peau, ses beaux cheveux noirs se déroulant sur ses épaules, les gracieux contours de sa taille frappèrent le prophète d'une espèce de vertige; il ne put que s'écrier : « Louange à Dieu, qui tient nos cœurs entre ses mains, et les change selon sa volonté; » ce fut assez pour que Zaïnab reconnût à ses paroles et à son trouble la passion qu'elle venait de lui inspirer. Elle en instruisit Zeïd, et tous deux sentirent l'impossibilité de résister à celui qui faisait parler le ciel à volonté. Zeïd, en conséquence, vint trouver Mahomet, et lui annonça l'intention où il était de répudier sa femme. Après de faibles instances pour détourner Zeïd de sa résolution, Mahomet, entraîné par sa passion, accepta le sacrifice, et l'en récompensa, car il est le seul des compagnons du prophète qui soit nommé dans le Coran. Mahomet, voulant calmer les murmures qu'excitait parmi les musulmans l'annonce de son mariage avec la femme de son fils d'adoption, fit descendre du ciel ce verset: « O Mahomet, tu as dit un jour à cet « homme envers lequel Dieu a été « plein de bonté et qu'il a comblé de « ses faveurs : Garde ta femme et « crains Dieu ; et tu cachais dans ton « cœur ce que Dieu devait bientôt « mettre au grand jour. Il était cepen- « dant plus juste de craindre Dieu. « Mais lorsque Zeïd prit un parti et « résolut de répudier sa femme, nous « l'unîmes à toi par le mariage, afin « que ce ne soit pas pour les croyants « un crime d'épouser les femmes de « leurs fils adoptifs, après leur répu- « diation. Ce que Dieu décide s'ac- « complit; il n'a pas donné deux cœurs « à l'homme; il n'a pas accordé à vos « épouses le droit de vos mères, ni à « vos fils adoptifs ceux de vos enfants. « Ces mots ne sont que dans votre « bouche. Dieu seul dit la vérité, et « dirige dans le droit chemin (*). »

*Expédition contre les Benou-Mostalak.*

Après deux expéditions peu importantes, l'une contre les Benou-Lahian qui se retranchèrent dans les montagnes, et ne furent pas attaqués ; l'autre contre les Benou-Fazara qui s'étaient emparés des chamelles du prophète, Mahomet résolut de marcher contre les Benou-Mostalak, qui avaient alors pour chef Harith-ben-Abou-Dherar, et qui s'étaient rassemblés à sa voix pour combattre les progrès de l'islamisme. Résolu à ne pas se laisser prévenir par eux, Mahomet partit de Médine au mois de schaaban de la sixième année de l'hégire, et il les rencontra sur leur propre territoire, auprès d'une source appelée la source de Moraïci. Dès la première escarmouche, Harith-ben-Abou-Dherar tomba mortellement blessé d'un coup de flèche ; ses troupes cependant ne se découragèrent pas, et soutinrent le combat pendant une heure ; puis l'ascendant des Musulmans l'emporta.

(*) Voy. le Coran, sourate 33, versets 4 et 37, trad. de M. Kasimirski.

Les plus braves de leurs ennemis avaient été tués, le reste prit la fuite ; les femmes, les enfants, les troupeaux tombèrent au pouvoir des vainqueurs. La fille du chef de la tribu, la belle Djowaïria, était échue en partage à Thabet-ben-Kaïs ; elle convint avec lui du prix de sa rançon : mais Mahomet se hâta de le payer à Thabet, et épousa la jeune Arabe. En faveur de cette alliance, le prophète accorda la liberté à cent chefs de famille, en sorte que Djowaïria, disent les chroniques arabes, devint la bienfaitrice de sa tribu.

Dans la confusion qui suivit le combat, tous les Musulmans se précipitèrent vers la source pour y puiser de l'eau et apaiser leur soif. Djahdjah, de la tribu des Benou-Ghafar, attaché au service d'Omar-ben-El-Khattab, se prit de querelle avec un allié des Ansariens, nommé Senan, de la tribu des Benou-Djohaïna : « A moi les Mohadjériens ! » dit l'un ; « A moi les Ansariens ! » s'écrie l'autre ; et le trouble augmente, et chacun est prêt à combattre pour soutenir les prérogatives de son parti. Abd-Allah-ben-Obayy, celui qui déjà avait abandonné le prophète avant le combat d'Ohod, redouble le désordre et anime les Ansariens par ses discours : « Eh bien, leur dit-il, « les y voilà ces hommes de la Mecque, « ils viennent vous disputer votre pro-« pre pays ; vous les avez reçus chez « vous, vous les avez admis au partage « de vos biens, et vous vous êtes « donné des maîtres ; mais nous re-« viendrons à Médine, et le plus puis-« sant chassera le plus faible. » Ce fut là peut-être un des plus grands dangers qu'ait courus Mahomet. L'antagonisme des deux cités rivales s'était réveillé : un mot de plus pouvait briser à jamais le lien qui avait réuni ces tribus animées les unes contre les autres d'une haine jalouse qu'on ne connaît qu'au désert. Heureusement pour le législateur arabe, son étoile triompha de ces semences de discorde. La plupart des Ansariens comprirent le tort qu'une telle querelle faisait à l'islamisme ; et l'un d'eux, Zeïd, fils d'Arkam, vint même avertir Mahomet des propos tenus par Abd-Allah. Omar, qui se trouvait alors auprès du prophète, l'engageait à punir de mort l'auteur d'une si dangereuse rébellion : « Et que penserait-on de moi, répondit Mahomet, si j'ordonnais la mort de mes compagnons ? » La seule mesure qu'il crut devoir prendre, fut d'avancer l'heure du départ, afin que les préparatifs de la marche fissent diversion à l'agitation des esprits. Au moment où on levait le camp, Mahomet vit arriver près de lui le fils d'Abd-Allah-ben-Obayy, qui venait d'apprendre que son père avait été le principal auteur du désordre. « Prophète de Dieu, lui dit « ce jeune homme, on me dit que tu « veux punir mon père de mort ; si « telle est ton intention, ordonne, et « je t'apporte sa tête. — Ce que je t'or-« donne, répondit Mahomet, c'est « d'être, à l'égard de ton père, un fils « tendre et un frère d'armes dévoué. »

Les Musulmans, dans l'attaque contre les Benou-Mostalak, n'avaient perdu qu'un seul homme ; encore était-il tombé sous les coups d'un Ansarien qui l'avait cru du parti ennemi. Le soldat victime de cette méprise se nommait Hescham, et appartenait à la famille des Benou-Laïth, de la tribu des Benou-Bekr. Il avait un frère appelé Mikyas, qui était encore idolâtre, et habitait la Mecque. A peine Mikyas eut-il appris la mort de son frère Hescham, qu'il feignit d'embrasser l'islamisme, et se rendit à Médine. Là, il demanda le prix du sang, car Mahomet avait conservé, dans la loi religieuse, cette expiation du meurtre par l'offrande (*), usitée dans

(*) « Pourquoi un croyant tuerait-il un « autre croyant, si ce n'est involontaire-« ment ? Celui qui en tuera un involontai-« rement sera tenu d'affranchir un esclave « croyant, et de payer à la famille du mort « le prix du sang fixé par la loi, à moins « qu'elle ne fasse convertir cette somme en « aumône. Pour la mort d'un croyant d'une « nation ennemie, on donnera la liberté à « un esclave croyant. Pour la mort d'un « individu d'une nation alliée, on affran-« chira un esclave croyant, et on payera à « la famille du mort la somme prescrite. « Celui qui ne trouvera pas d'esclave à ra-

ARABIE

quelques tribus, mais que la plupart des Arabes répudiaient lorsqu'il s'agissait d'un fils, d'un frère ou d'un père. Mahomet lui accorda la réparation qu'il réclamait; mais sa conversion n'avait été qu'une ruse pour s'introduire à Médine. Il guetta pendant quelque temps une occasion favorable; et l'ayant trouvée, il tua le meurtrier de son frère, puis se sauva à la Mecque, où il abjura l'islamisme : « J'ai « satisfait mon désir, disait-il en vers « arabes, je me suis vengé du meur- « trier de mon frère, et maintenant je « suis le premier qui donne l'exemple « de retourner au culte des idoles. » Nous verrons, plus tard, quelle vengeance Mahomet crut devoir tirer d'un homme dont la conduite était un si dangereux précédent pour le fondateur d'une religion nouvelle.

Ce fut pendant cette expédition que l'armée ayant à traverser des sables arides, Mahomet, qui avait ordonné l'ablution dans beaucoup de cas, comme prescription religieuse, fit descendre du ciel ce verset du Coran : « Lorsque « vous êtes en voyage, et que vous ne « trouvez pas d'eau, frottez-vous le « visage et les mains avec du sable. « Dieu ne veut vous imposer aucune « charge, mais il veut vous rendre « purs et mettre le comble à ses bien- « faits, afin que vous lui soyez recon- « naissants (*). »

Les Musulmans étaient en marche pour le retour; et les différents corps de troupes ne craignant plus les attaques d'un ennemi qui avait été complétement battu, se tenaient à quelque distance les uns des autres. Au centre de l'armée cheminait un chameau, porteur d'une litière fermée par des voiles épais. C'est là que se trouvait Aïescha, la fille d'Abou-Bekr, la jeune épouse du prophète. Elle n'avait alors que quinze ans, en paraissait moins

« cheter jeûnera deux mois de suite. Voilà « les expiations établies par Dieu : il est « savant et sage. » Trad. de M. Kasimirski, chap. IV, verset 94.

(*) Voy. le Coran, verset 9 de la cinquième sourate. On appelle cette ablution du sable à défaut d'eau; le *Teyemmom*.

encore, et tenait plus de l'enfant que de la femme. Vers l'entrée de la nuit elle se fit mettre à terre, car c'était l'heure où les regards profanes ne pourraient plus distinguer les traits de ce visage qui ne devait être vu que par le prophète de Dieu. Après quelques instants de repos, elle allait rentrer sous le pavillon de sa litière, quand, par un mouvement machinal, elle porte la main à son cou, et s'aperçoit qu'elle a perdu le collier de perles de Zhafar, dont il était orné. Elle ne peut se résoudre à sacrifier un ornement qui lui est cher, et s'éloigne pour le chercher; les conducteurs en font autant. Quelques instants après, arrive une troupe d'Arabes, faisant partie de l'arrière-garde; on reconnaît la litière d'Aïescha et son chameau; et ne la voyant pas, on croit qu'elle est déjà renfermée sous les voiles qui la cachent ordinairement à tous les yeux. Quelques soldats soulèvent la litière; et on savait la jeune femme si mignonne, que la légèreté du fardeau ne les surprend pas : il est placé sur le chameau qui continue sa marche, et tous s'enfoncent dans le désert. Cependant Aïescha ayant trouvé son collier, revient à la place où elle avait laissé son chameau, et ne le voit plus. Elle est seule, et la nuit est obscure. La frayeur la prend, elle court éperdue de tous côtés, appelle du secours à grands cris; puis, vaincue par la fatigue, se laisse tomber sur le sable, et s'y endort. C'est en cet état qu'elle fut trouvée, vers le matin, par Safouan, fils de Moattal, qui commandait l'arrière-garde. « Quand il fut arrivé au lieu où je re- « posais, a dit Aïescha elle-même, dans « le récit que lui prête la tradition, il « me reconnut, car j'étais sans voile, « et il me réveilla en prononçant deux « fois ces paroles : « Nous apparte- « nons à Dieu, et nous devons retour- « ner à lui. » A peine eus-je ouvert « les yeux, que je me couvris la figure; « et je proteste devant Dieu qu'il ne « me dit pas un mot de plus pendant « le peu d'heures que nous avons pas- « sées ensemble. Safouan avait mis « pied à terre : pendant que j'achevais

« de m'éveiller, il ajustait la selle de
« son chameau, sur laquelle il me plaça;
« puis, prenant l'animal par la bride,
« il le guida jusqu'au camp, où nous
« arrivâmes vers midi. C'est là que
« m'attendaient les calomnies de ceux
« qui avaient juré ma perte. » En effet, l'absence d'Aïescha, et son retour en compagnie d'un jeune chef, donna lieu à mille bruits fâcheux sur leur liaison prétendue. Un cousin d'Abou-Bekr, nommé Mistah, Hassan-ben-Thabet, Abd-Allah-ben-Obayy, toujours prêt à accueillir ce qui pouvait nuire à Mahomet, et une femme nommée Oman-Haçana, fille de Djahseh, furent les principaux artisans des calomnies dirigées contre Aïescha. Mahomet lui-même hésita sur ce qu'il devait croire; mais, soit conviction, soit amour pour sa jeune femme, il se résolut à lui rendre sa confiance, et à confondre ses ennemis. En conséquence, il se rendit chez elle, où il la trouva avec sa mère et son père Abou-Bekr, pleurant sur le triste sort dont elle était la victime. Mahomet commença par l'interroger, l'exhortant au repentir, et lui promettant le pardon de Dieu si elle était coupable. Mais comme elle persistait dans ses protestations d'innocence, le prophète fut saisi tout à coup d'un de ces tremblements dont nous avons déjà vu un exemple au combat de Bedr, et qu'il faisait passer pour les avant-coureurs des révélations du ciel. « On
« l'enveloppa dans son manteau, a dit
« Aïescha, et on lui mit un coussin
« sous la tête. Pour moi, je n'éprouvai à cette vue aucune crainte, aucune inquiétude; je savais que j'étais innocente, et que Dieu ne pouvait me condamner. Mais mon père
« et ma mère, dans quelle anxiété ils
« étaient! Je crus qu'ils allaient mourir de crainte que le ciel ne confirmât l'accusation portée contre moi.
« Après quelques instants, le prophète
« revint à lui; il essuya son front couvert de gouttes de sueur, quoique
« nous fussions en hiver, et me dit :
« Réjouis-toi, Aïescha, Dieu vient de
« me révéler ton innocence. — Merci,
« dis-je; et le prophète, sortant aussi-

« tôt de ma maison, récita aux Musulmans les versets du Coran qu'il venait de recevoir du ciel, et qui me
« justifiaient (*). » Mahomet ne se borna pas à faire descendre du ciel la justification d'Aïescha, il fit frapper chacun de ses calomniateurs de quatre-vingts coups de verges, à l'exception d'Abd-Allah-ben-Obayy, auquel il fit remise de cette peine.

*Voyage à Hodaïbia.*

Depuis six ans Mahomet avait étendu sa puissance; plusieurs tribus de l'intérieur s'étaient soumises à lui, d'autres étaient entrées dans son alliance; celles qui lui avaient résisté avaient

(*) Voy. M. Caussin de Perceval, *Journal asiatique*, février 1839. Voici les versets du Coran qui justifiaient Aïescha. « Ceux qui accuseront d'adultère une femme
« vertueuse, sans pouvoir produire quatre
« témoins, seront punis de quatre-vingts
« coups de fouet; au surplus, vous n'admettrez jamais leur témoignage en quoi que
« ce soit, car ils sont pervers. »

« Ceux qui ont avancé un mensonge sont
« en assez grand nombre parmi vous;
« mais ne le regardez pas comme un mal;
« bien plus, c'est un avantage pour vous.
« Chacun de ceux qui sont coupables de ce
« crime en sera puni; celui qui l'a aggravé
« éprouvera un châtiment douloureux. »

« Lorsque vous avez entendu l'accusation,
« les croyants des deux sexes n'ont-ils pas
« pensé intérieurement en bien de cette affaire ? N'ont-ils pas dit : C'est un mensonge évident ? »

« Pourquoi les calomniateurs n'ont-ils pas
« produit quatre témoins ? et s'ils n'ont pu les
« produire, ils sont menteurs devant Dieu. »

« Si ce n'était la grâce inépuisable de
« Dieu, et sa miséricorde dans cette vie et
« dans l'autre, un châtiment terrible vous
« aurait déjà atteints, en punition des bruits
« que vous avez propagés, quand vous les
« avez fait courir de bouche en bouche,
« quand vous prononcez de vos lèvres ce
« dont vous n'aviez aucune connaissance,
« que vous regardiez comme une chose légère, et qui est grave devant Dieu. »

« Que n'avez-vous dit plutôt, en entendant ces bruits : Pourquoi en parlerons-nous ? Louange à Dieu! C'est un mensonge
« atroce. » Le Coran, sourate 24, trad. de M. Kasimirski.

ARABIE.

été repoussées ou détruites. Cependant il ne pouvait compter sur un complet triomphe que quand il serait maître de la Mecque. Lui-même avait consacré la sainteté du temple de la Caaba; Dieu dit dans le Coran: « Nous avons établi la maison sainte pour être l'asile des hommes et nous leur avons dit: Prenez la station d'Abraham pour oratoire (*). » Ne se sentant pas encore assez puissant pour s'emparer de vive force du boulevard des Arabes idolâtres, Mahomet résolut de ne pas priver plus longtemps les Musulmans du pèlerinage, et il espéra que s'il ne pouvait encore être admis en maître dans les murs de la Mecque, on n'oserait du moins lui en refuser l'entrée lorsqu'il s'y présenterait comme pèlerin. Il se revêtit en conséquence du manteau blanc que portent les Arabes quand ils visitent les lieux saints, et, suivi de 1,400 Musulmans, tant Mohadjériens qu'Ansariens, qui conduisaient les victimes destinées aux sacrifices, il prit la route de la Mecque. Arrivé sur la limite du territoire sacré, il y établit son camp, près d'une source appelée Hodaïbia. Malheureusement cette source était à sec, et ses gens vinrent l'avertir que l'eau manquait à la caravane; mais lui, tirant une flèche de son carquois, la plongea dans la source, d'où l'eau jaillit à l'instant. C'est là, disent les historiens arabes, l'un des miracles les plus avérés de leur prophète.

Cependant, les Koréïschites n'avaient pas appris sans inquiétude l'approche des Musulmans. On avait tenu conseil, et le résultat de la délibération avait été que sans s'opposer d'abord de vive force à l'entrée de Mahomet et de ses disciples dans la ville, il fallait leur faire savoir que les sectateurs de la religion nouvelle ne seraient pas admis à s'acquitter des rites sacrés du pèlerinage. Ce fut Oroua, fils de Maçoud, chef des habitants de Taïef, qui fut député vers le prophète: « Les Koréïschites, lui « dit-il, ont revêtu la peau du léo- « pard et ils ont pris Dieu à témoin « du serment qu'ils ont fait de ne pas « te laisser entrer à la Mecque. » Tout en parlant, et comme pour adoucir l'amertume du refus, il passait sa main sur la barbe de Mahomet, en manière de caresse; mais Moghaïra-ben-Schoba, présent à l'entretien, saisit avec violence la main du Koréïschite en lui disant: « Ne porte pas ta main sur le visage du prophète, si tu tiens à la conserver. » Oroua se plaignit de la brusquerie du Musulman, et Mahomet, observe Aboulféda, souriait en voyant l'empressement de ses disciples à prévenir toute familiarité. C'est ce même Oroua qui, de retour auprès des Koréïschites, leur disait: « J'ai visité César et Cosroës dans leurs palais, mais je n'ai jamais vu de souverain vénéré par son peuple comme Mahomet l'est par ses compagnons. »

Désirant lever tout obstacle à son pèlerinage, et attribuant le refus des Koréïschites à la défiance, Mahomet résolut de leur envoyer un des lieutenants qui avaient toute sa confiance, pour les rassurer pleinement sur ses intentions. Il fit d'abord choix d'Omar, qui lui observa que sa haine bien connue pour les Koréïschites l'exposait à de grands dangers au milieu d'eux, et serait d'un augure peu favorable pour le succès de sa mission. Othman, d'un caractère plus doux, fut ensuite désigné pour se rendre à la Mecque. Il alla trouver Abou-Sofian, qui le reçut d'abord avec courtoisie, et lui offrit même de s'acquitter des rites sacrés en faisant autour de la Caaba les tournées ordonnées par la prescription religieuse. Othman refusa: « Non cer- « tes, répondit-il, je n'accomplirai pas « le pèlerinage que le prophète ne s'en « soit acquitté lui-même. » Irrités de son refus, les Koréïschites se saisirent de lui et le jetèrent en prison; le bruit se répandit même qu'ils l'avaient mis à mort. Cette nouvelle produisit dans le camp des Musulmans un effet électrique; tous coururent aux armes, et, réunis autour de leur prophète, que protégeait l'ombre d'un mimosa épineux, ils lui jurèrent de

(*) Coran, sourate 2, verset 119.

ne pas reculer devant l'ennemi, en quelque nombre qu'il pût être (\*). Chacun vint tour à tour répéter la formule du serment, à l'exception de Djadd, fils de Kaïs, qui s'était caché derrière sa chamelle; et en l'absence d'Othman, le prophète jura pour lui en mettant sa main gauche dans sa main droite. Bientôt après on apprit que l'inspiration du prophète ne l'avait pas trompé et que le fidèle Othman vivait encore.

Une troupe de Koréischites, composée d'environ quatre-vingts cavaliers, s'était avancée vers le camp des Musulmans pour observer leurs mouvements, et peut-être les attaquer s'ils en trouvaient l'occasion favorable. Mahomet, averti, les fit cerner par des forces considérables et tous furent obligés de se rendre : on aurait pu croire qu'ils seraient traités comme prisonniers de guerre ou du moins gardés comme otages; mais le prophète les renvoya sans exiger de rançon (\*\*),

(\*) Ce serment se prêtait en mettant la main dans la main du prophète. Mahomet en a parlé en ces termes, dans la quarante-huitième sourate du Coran, intitulée : la Victoire : « Ceux qui, en te donnant la main, « te prêtent serment de fidélité, le prêtent « à Dieu; la main de Dieu est posée sur « leurs mains. Quiconque violera le ser-« ment, le violera à son détriment; et celui « qui reste fidèle au pacte, Dieu lui accor-« dera une récompense magnifique. — Dieu « a été satisfait de ces croyants qui t'ont « donné la main en signe de fidélité sous « l'arbre; il connaissait les pensées de leurs « cœurs; il y a versé la tranquillité, et les a « récompensés par une victoire immédiate, « ainsi que par un riche butin qu'ils ont « enlevé. Dieu est puissant et sage. » Trad. de M. Kasimirski.

(\*\*) C'est à ce sujet que Mahomet récita au peuple les versets suivants, de la quarante-huitième sourate : « C'est Dieu qui « a détourné de vous le bras de vos enne-« mis et qui retint les vôtres, afin qu'ils fus-« sent à l'abri de vos coups, lorsque vous « eûtes remporté la victoire sur eux dans « la vallée de la Mecque : et cependant ce « sont des incrédules qui vous ont interdit « l'entrée du temple saint, et se sont oppo-« sés à l'oblation des victimes que vous vou-« liez sacrifier au Seigneur. ».

et les Koréischites, touchés de ce généreux procédé, se résolurent à traiter de la paix. Ils députèrent vers Mahomet, Sohaïl-ben-Amrou, qui trouva autant de facilité auprès du prophète que d'opposition auprès de ses principaux lieutenants. « Eh quoi « donc! disait Omar au prophète, n'es-« tu pas le prophète de Dieu, ne som-« mes-nous pas des Musulmans, et ne « sont-ils pas des idolâtres? — Certaine-« ment, répondit Mahomet. — Pourquoi « alors allier le vice à notre sainte reli-« gion? — Je suis le serviteur de Dieu, « reprit le prophète, je ne serai pas re-« belle à ses ordres, et il ne me con-« duira pas dans la voie de l'erreur. » Tel était le désir qu'éprouvait Mahomet de traiter de puissance à puissance avec ces hommes qui l'avaient chassé de leur ville, qu'aucune difficulté de forme ne put l'arrêter, et qu'il renonça à prendre ce titre de prophète, qui faisait toute sa force, mais que ses adversaires ne voulaient pas reconnaître. Il avait fait appeler Ali-ben-Abou-Taleb pour lui servir de secrétaire (\*). « Il commença, dit Abou'l-Féda, par « lui dicter la formule musulmane : « Au nom de Dieu clément et miséri-« cordieux. — Je ne connais pas cette « formule, reprit Sohaïl; écris ainsi : « En ton nom, ô mon Dieu. — Écris-« le, j'y consens, dit le prophète; puis « il continua : Ceci est le traité de « paix arrêté par Mahomet, prophète « de Dieu. » A ces mots, Sohaïl l'in-« terrompit encore : «Si j'avais reconnu, « dit-il, que tu fusses le prophète de « Dieu, je ne t'aurais pas combattu; « fais écrire ton nom et le nom de ton « père. » Le prophète reprit alors : « Écris : Ceci est le traité conclu en-« tre Mahomet, fils d'Abd-Allah, et

(\*) Ali et Othman écrivaient le plus souvent sous la dictée du prophète. On compte encore, au nombre de ses secrétaires, Obaï, fils de Caab; Khaled, fils de Saïd; Abban, Ala, Zeïd et Abd-Allah, qui apostasia, puis revint à l'islamisme le jour de la prise de la Mecque. Après cette dernière victoire, Moawia, qui fut depuis khalife et chef de la dynastie des Ommiades, fut investi de ces importantes fonctions.

« Sohaïl, fils d'Amrou, pour assurer
« entre les deux parties contractantes
« une trêve de dix années, en sorte
« que celui qui voudra contracter al-
« liance avec le prophète et vivre sous
« sa loi, le pourra faire librement, et
« qu'il en sera de même pour ceux qui
« voudront s'allier aux Koréischites. »
« Mahomet fit ensuite apposer à ce
« traité le témoignage de plusieurs Mu-
« sulmans et idolâtres. Cependant les
« compagnons du prophète qui, d'après
« une vision qu'il avait eue, étaient
« sortis de Médine avec l'espoir de
« s'emparer de la Mecque, conçurent
« un si violent chagrin de la conclu-
« sion de ce traité et de la nécessité de
« revenir à Médine, que plusieurs pen-
« sèrent mourir de dépit. »

« Cette affaire terminée, le prophète
« fit égorger les victimes et se rasa la
« tête; puis, pour consacrer cette me-
« sure par une invocation religieuse,
« qui en fît désormais une prescription
« irrévocable, il s'écria : « Que Dieu
« ait pitié de ceux qui ont la tête rasée.
« — Et pareillement, ô prophète de
« Dieu, de ceux qui ont seulement les
« cheveux taillés, » reprirent les siens.
« Mais il dit encore : « Dieu ait pitié
« de ceux qui ont la tête rasée, » et ils
« répétèrent leur demande, et lui, sa
« réponse trois fois, jusqu'à ce qu'en-
« fin il ajouta : « Dieu ait pitié aussi
« de ceux qui ont les cheveux taillés. »
« Il revint ensuite à Médine, où il
« resta jusqu'à la fin de l'année, puis
« on entra dans la septième année de
« l'hégire (*). »

### Siége et prise de Khaïbar.

Parmi les ennemis de Mahomet, il n'en était pas de plus implacables que les juifs, dont l'état politique en Arabie était bien loin de l'abaissement auquel l'avait réduit, dans l'Occident, la haine des chrétiens au moyen âge. Réunis en tribus, vivant de la vie du désert, comme les Arabes idolâtres, ils avaient ainsi qu'eux des richesses acquises par le commerce, de nombreux troupeaux et tout le courage que donnent les habitudes nomades aux peuples établis sur un sol ingrat; ils avaient de plus qu'eux, peut-être, l'organisation à la fois politique et religieuse qu'ils devaient à leur législateur, dont Mahomet essayait de renouveler l'exemple à son profit chez les Arabes. Le prétendu prophète ne voyait donc pas sans crainte dans son voisinage les sectateurs d'une loi à laquelle il avait dû l'idée première de son système; système incomplet, incohérent, arrivant par fragments suivant les occasions qui lui semblaient exiger des révélations nouvelles, et qui ne pouvait soutenir la comparaison avec les livres sacrés auxquels il avait fait tant d'emprunts. Pour consoler les Musulmans de la blessure qu'avait soufferte leur amour-propre, lorsqu'ils s'étaient vus exclus de la Mecque, Mahomet résolut de les conduire contre les juifs de Khaïbar. Cette ville, entourée d'un territoire fertile qui forme une oasis au milieu des montagnes rocheuses de l'Arabie centrale, s'élevait à cinq journées environ au nord-est de Médine. C'était l'une des principales cités habitées par des juifs dans la Péninsule; elle leur servait d'entrepôt pour leur commerce, et ils en avaient défendu l'approche par plusieurs châteaux fortifiés (*). On partit

---

(*) Voy. Aboulféda, *Vie de Mohammed*, p. 62 et 63.

(*) Benjamin de Tudelle, qui voyageait au douzième siècle pour connaître par lui-même les lieux où les juifs vivaient réunis en grand nombre, a dit, dans sa relation, que la ville de Khaïbar contenait encore cent cinquante mille juifs dans l'année 1173. C'est probablement de Khaïbar que parle Louis de Barthème, lorsqu'il fait mention de juifs indépendants qui habitent une montagne où ils sont retranchés comme dans des forteresses, et près desquels on passe en approchant de Médine par la route de Syrie (Voyage de Louis de Barthème, liv. I$^{er}$, c. VI). D'après Niebuhr (Descr. de l'Arabie, t. I$^{er}$, p. 248), Khaïbar, lors du séjour de ce voyageur en Arabie, était encore habitée par des juifs qui se gouvernaient par eux-mêmes, et avaient leurs propres scheikhs comme les tribus arabes du désert; mais Burckhardt trouva, vers le

au mois de moharrem, et la marche des Musulmans fut si secrète, qu'ils surprirent le château de Naem, le plus avancé de ceux qui protégeaient la ville, du côté de Médine, et s'en emparèrent sans coup férir. Cette conquête fut suivie de celle de presque toutes les forteresses qui défendaient la place, et bientôt ils purent agir contre Khaïbar, où s'étaient retirés toutes les forces des ennemis. Le siège durait depuis quelques jours, et les Musulmans commençaient à souffrir de la famine; car les juifs, avant de se retirer dans le corps de la place, avaient coupé tous les dattiers et ruiné la campagne. Mahomet, au moment où il se préparait à donner l'assaut, fut atteint de douleurs névralgiques dans la tête, auxquelles il était sujet, et qui, pendant le temps de leur durée, le rendaient incapable de tous soins. Ne voulant pas retarder une conquête que la disette rendait chaque jour plus nécessaire, le prophète confia son étendard à Abou-Bekr, et l'investit du commandement en chef, en lui ordonnant de tout préparer pour l'assaut du lendemain. Abou-Bekr se montra digne de la confiance du prophète. Il combattit avec le plus grand courage, resta longtemps exposé sur la brèche, mais il ne put pénétrer dans la place. Après un combat acharné, les Musulmans furent repoussés et rentrèrent au camp. Le lendemain, ce fut Omar qui, désigné par le choix de Mahomet, revint à la charge. Il ne se montra pas moins vaillant que son prédécesseur, et cependant il n'eut pas plus de succès que lui. Mahomet en l'apprenant, dit à ceux qui l'entouraient : « Je con-« fierai demain mon étendard à un « homme qui aime Dieu et son pro-« phète, et que Dieu et son prophète « aiment aussi, à un homme qui mar-« che toujours en avant et ne sait pas « fuir; c'est lui qui soumettra l'ennemi « par la force des armes. » Ces paroles avaient excité la curiosité des Musulmans : chacun regardait autour de soi et cherchait quel était celui dont le prophète avait une si haute opinion. Ali se trouvait alors en mission, il arriva le même soir au camp; mais il avait été atteint d'une ophthalmie qui l'obligeait à se couvrir les yeux d'un bandeau. Lorsqu'il entra dans la tente du prophète, Mahomet le fit approcher, lui mouilla les paupières de sa salive et il fut guéri. Chacun prévit alors quel serait celui devant qui tomberaient les portes de Khaïbar. En effet, Mahomet lui remit son étendard, et il s'élança, plein de confiance, au combat.

La garnison de Khaïbar avait pour chef un juif du nom de Marhab, que les chroniques arabes nous représentent comme une espèce de géant d'une force surhumaine. Ce fut lui qui vint en personne repousser l'attaque du fils d'Abou-Taleb; et les deux champions, à la manière des héros d'Homère, se provoquèrent d'abord par des paroles piquantes : « Tout Khaïbar, dit le juif, sait que je suis Marhab, aux armes bien trempées : qui osera braver la force de mon bras? — Ce sera moi, répondit Ali, moi que ma mère a surnommé le Lion et qui vais te mesurer de mon sabre à la grande mesure. » Ils se frappèrent à la fois : l'épée de Marhab brisa le bouclier d'Ali; le sabre d'Ali fendit le casque et la tête de Marhab, qui tomba mort sur le sable. Abou-Rafé, affranchi du prophète, achève ainsi le récit de la conquête de Khaïbar : « Le fils d'Abou-Taleb se « trouvant alors sans bouclier, arracha « de ses gonds une des portes de la « ville, et s'en couvrant contre les coups « qu'on lui portait, il ne cessa de com-« battre jusqu'à ce que Dieu très-haut « lui eût accordé la victoire. Il la jeta « ensuite, et sept de mes compagnons, « ainsi que moi huitième, nous essayâ-« mes de la soulever sans pouvoir y « parvenir. »

La prise de Khaïbar et des châteaux qui en complétaient la défense livra aux Musulmans plus de butin qu'ils n'en avaient encore fait dans leurs expéditions précédentes. C'était, ainsi que nous l'avons dit, l'entrepôt du com-

---

commencement de ce siècle, que la colonie de juifs autrefois établie à Khaïbar était entièrement disparue. (T. II, p. 244.)

Damas.

merce actif des juifs qui habitaient le Nedjd, et outre les provisions de toute espèce en armes, grains et troupeaux, les vainqueurs y trouvèrent un grand nombre de marchandises précieuses. « Les biens des habitants de Fadak, petit bourg qui s'était rendu sans combat après la prise de Khaïbar, furent déclarés propriété particulière du prophète. Il choisit aussi pour lui-même, parmi les prisonnières de Khaïbar, la jeune Safya, fille d'un des principaux chefs, qu'il épousa en lui rendant la liberté; les autres prisonnières furent réparties entre ses soldats. Quant aux terres de Khaïbar, les deux portions nommées *Chikk* et *Nata*, composant ensemble la vallée de *Sourair*, furent divisées en lots et tirées au sort entre les Musulmans qui avaient été du voyage de Hodaïbia, soit qu'ils eussent été présents ou non à l'expédition de Khaïbar. Mahomet eut lui-même un lot dans ce tirage. La portion appelée *Coutaïba*, autre vallée qui reçut depuis la dénomination de *Ouadi Khass*, fut réservée comme le quint de Dieu, pour le prophète et ses parents, pour les orphelins et les pauvres; enfin, pour la subsistance des femmes de Mahomet et des hommes dont l'entremise avait amené la reddition de Fadak. Il fut permis aux habitants de ce bourg et aux juifs de Khaïbar de rester sur leur territoire comme fermiers soumis à donner aux Musulmans propriétaires la moitié de tous les produits du sol. Le nombre des Musulmans, entre lesquels les terres et les prisonniers de Khaïbar furent partagés, était de quatorze cents ; ils avaient deux cents chevaux. On divisa la conquête en dix-huit cents lots ; chaque homme eut un lot et chaque cheval en eut deux ; ce qui faisait trois lots pour le cavalier. Mahomet, dans son désir d'encourager les Musulmans à se former une cavalerie puissante, alla même jusqu'à faire une distinction entre ceux de ses compagnons qui avaient des chevaux de pur sang, et ceux dont les montures n'étaient pas d'une race aussi fine(*). »

(*) Voy. M. Caussin de Perceval, *Journal asiatique*, 3ᵉ série, t. VII, p. 143 et 144.

La conquête nouvelle que venait de faire Mahomet, pensa lui coûter cher. Il était encore dans la joie du triomphe et avait établi sa demeure dans un des châteaux qui n'avaient pu résister à ses armes, lorsqu'une juive, nommée Zaïnab, fille de Harith, et que quelques auteurs donnent même pour sœur à Marhab tué par Ali, entreprit de venger, par l'assassinat, la défaite de ses compatriotes. Elle fit servir sur la table du prophète une brebis dont elle avait empoisonné la chair. Mahomet trouvant au premier morceau qu'il voulut avaler un goût extraordinaire, le rejeta, et toujours désireux de faire servir chaque événement nouveau à consolider la foi qu'avaient ses disciples en son pouvoir surnaturel, il s'écria que la brebis venait de l'avertir qu'elle était empoisonnée. La juive qui l'avait apprêtée fut aussitôt saisie et amenée devant le prophète. Interrogée par Mahomet sur le motif qui l'avait portée à ce crime : « Il n'y a point de prophète, dit-elle, « qui n'ait des révélations célestes ; « j'ai voulu, si tu n'étais qu'un impos- « teur, venger les malheurs de ma pa- « trie ; et si tu étais véritablement « l'envoyé du Seigneur, je savais qu'il « ne te laisserait pas succomber sous « de telles embûches. » Mahomet, flatté de voir augmenter son crédit par l'événement même qui aurait dû le faire périr, pardonna à la coupable ; mais la force du poison était telle, qu'il se ressentit toute sa vie d'avoir gardé quelques instants dans sa bouche le morceau qui en était imprégné ; et probablement c'est à la tentative de la juive de Khaïbar que, trois ans plus tard, le prophète des Arabes a dû sa mort prématurée. Mahomet, dans son retour, s'empara du bourg de Ouadi-el-Kora, situé sur les confins du territoire de Médine, et en rentrant dans la ville, il y retrouva ceux de ses premiers disciples qui avaient fui en Abyssinie pour éviter les persécutions des Koréischites. Aboulféda rapporte qu'il dit à ce sujet : « Je ne sais ce qui me rend plus joyeux, de la conquête de Khaïbar ou du retour de mes anciens compagnons. » Parmi eux se trouvait une fille d'Abou-Sofian, qui se nommait Omm-Habiba. Elle avait émigré autrefois avec son mari Obaïd-Allah, qui depuis s'était fait chrétien et qui resta en Abyssinie. Sa beauté la fit distinguer par le prophète qui, dans son ardeur pour les femmes, et quoiqu'il en eût déjà un grand nombre, l'épousa. Lorsque cette nouvelle parvint à la Mecque et que l'ennemi le plus acharné du prophète, Abou-Sofian, apprit que sa fille venait à son tour d'entrer dans le harem de l'homme qu'il poursuivait de sa haine depuis tant d'années, il s'écria, disent naïvement les chroniques arabes : « Cet homme est un fougueux étalon qu'on ne peut dompter. » Les nouveaux arrivés d'Abyssinie furent admis, du consentement général des Musulmans, au partage du butin fait à Khaïbar.

### Mahomet envoie des députés à divers souverains.

Jusqu'au moment où nous voici parvenus, tous les faits qui accompagnèrent l'établissement de l'islamisme s'étaient accomplis dans les étroites limites du Hedjaz. Mahomet avait agi sur les tribus indépendantes qui habitaient cette partie de la Péninsule, et les gouverneurs persans du Yemen ou de Bahreïn, les rois arabes de Hira ou de Ghassan étaient restés totalement étrangers à l'apparition d'un prophète législateur dans l'une des plus pauvres provinces de l'Arabie. Après la prise de Khaïbar, Mahomet se crut assez puissant pour traiter de souverain à souverain, non-seulement avec les chefs arabes qui vivaient sous la dépendance des Grecs ou de la Perse, mais encore avec les princes qui gouvernaient ces vastes États, qu'une guerre terrible épuisait tous deux depuis près de vingt-quatre ans.

Héraclius, en arrachant le trône et la vie au tyran Phocas, avait trouvé l'empire de Constantinople affaibli par les défaites nombreuses que Cosroës II, nommé par les auteurs orientaux Kesra-Parwiz, avait fait subir aux armées romaines. Pendant douze ans il essaya de lutter contre ce puissant ennemi, et pendant douze ans son habileté, son courage n'avaient abouti qu'à de nouveaux revers. L'esprit militaire s'était éteint chez les Grecs pendant le règne de son prédécesseur. La cruelle jalousie de Phocas avait fait périr les seuls généraux capables de défendre l'empire, et la mort de Narsès, brûlé vif à Constantinople, avait été pour l'État une calamité plus grande que la prise de tant de villes, ou la perte de tant de batailles. Obligé de se défendre, à l'occident, contre les Avares, les Bulgares, les Esclavons ; à l'orient, contre Cosroës, Héraclius aurait succombé dans la lutte si le roi de Perse, non content de ravager l'empire, de verser avec une froide barbarie le sang des Romains, ne se fût rendu de jour en jour plus odieux à ses propres sujets par ses cruautés et les impôts dont il les accablait. Ce fut l'année même de l'hégire, en 622, que, tranquille du côté de l'Occident, Héraclius ne songea plus qu'à repousser les invasions annuelles des Perses, et voulut à son tour prendre l'offensive. Il rassembla ses meilleures troupes, fit fondre, pour suppléer au mauvais état de ses finances, l'or qui servait à la décoration des églises, et passa en Asie, où, dès lors, la victoire lui fut fidèle. Cosroës perdit en quelques années ses meilleurs généraux sur le champ de bataille ; il fit périr les autres pour avoir été vaincus, et, prévoyant désormais une mort que hâtaient le chagrin et les fatigues, il pensait à assurer l'empire au fils cadet qu'il avait eu d'une femme chrétienne, pour laquelle il avait éprouvé une violente passion, lorsque son fils Siroës résolut de déjouer le projet qui l'excluait du trône. C'est alors que Mahomet se croyant assuré du pouvoir qu'il avait conquis par sa parole ou son épée, voulut s'annoncer aux princes de la terre comme envoyé du Seigneur.

Ce fut d'abord à Cosroës que le prophète des Arabes adressa une lettre

ARABIE.

Habitant de Damas.

dont Abd-Allah, fils de Hodhafa, était le porteur : « Mohammed-ben-Abd-Allah, prophète de Dieu, à Kesra, fils d'Hormouz, roi de Perse, » disait la suscription, et Cosroës n'en voulut pas lire davantage. « Voici donc un esclave qui place son nom avant le mien, » s'écria-t-il, et il déchira la lettre en mille morceaux. « Que Dieu, dit Mahomet en l'apprenant, déchire son royaume comme il a déchiré ma lettre ! » Mais là ne se borna pas la vengeance de Cosroës. Il écrivit de suite à Badhan qui gouvernait le Yémen en son nom, et lui donna l'ordre de faire conduire à Ctésiphon, où il résidait alors, cet homme du Hedjaz qui voulait se faire passer pour un prophète. L'ordre était facile à donner, mais déjà l'exécution n'en était plus possible. Badhan le comprit. « Il « députa vers le prophète, dit Aboul-« féda, deux hommes dont l'un se nom-« mait Khorkhosra, chargés d'une let-« tre par laquelle il engageait le pro-« phète à se rendre auprès de Kesra « (Cosroës.) Ils parurent devant Maho-« met, ayant la barbe et les mousta-« ches rasées. A ce spectacle, le pro-« phète détourna les yeux avec dégoût: « Malheur à vous ! leur dit-il ; qui « vous a donné l'ordre de vous mettre « dans un pareil état? » « Notre maî-« tre, » répondirent-ils, et ils voulaient « parler de Kesra. Mon maître à moi, « reprit le prophète, m'a ordonné de « respecter ma barbe et de tailler mes « moustaches. » Ils firent ensuite con-« naître à Mahomet l'objet de leur « mission, et lui dirent : « Si tu « obéis, Badhan écrira en ta faveur; « si tu refuses, il te fera périr. Le « prophète remit au lendemain sa ré-« ponse. »

« Une révélation d'en haut » (ou plutôt un Arabe qui avait rapidement franchi le désert) « vint apporter à « Mahomet la nouvelle que Dieu avait « suscité contre Kesra son fils Schi-« raouaïh (Siroës) qui l'avait tué. Le « prophète fit appeler les deux en-« voyés, leur apprit l'événement qui « venait de bouleverser la Perse, et « ajouta : « Ma religion et ma puis-« sance s'étendront aussi loin que « s'étend l'empire de Kesra ; dites à « Badhan qu'il embrasse l'islamisme. » « De retour auprès de Badhan, ses « envoyés l'instruisirent du résultat « de leur mission, et peu après il re-« çut de Schiraouaïh la lettre par la-« quelle il lui mandait le meurtre de « son père, et lui ordonnait de ne pas « se montrer opposé à Mahomet. Ba-« dhan alors embrassa l'islamisme, « ainsi que les Persans qui étaient « dans le Yémen avec lui (*). »

A en croire les historiens arabes, la réception de l'envoyé du prophète par l'empereur Héraclius aurait été aussi honorable que celle de Cosroës avait été sèche et insultante. Dahya-ben-Holaïfa de la tribu des Benou-Kelb serait arrivé à Émesse où se trouvait alors Héraclius qui, ayant fait placer sur un coussin doré la lettre par laquelle Mahomet l'engageait à embrasser l'islamisme, aurait longuement entretenu l'envoyé de Mahomet sur la personne du prophète et les dogmes de la religion nouvelle. Quelques auteurs ont même été jusqu'à dire que l'empereur grec, charmé de ce qu'il entendait, avait embrassé l'islamisme ; mais qu'il n'avait pas osé en faire ouvertement profession, dans la crainte d'indisposer ses sujets contre lui. Malheureusement pour la véracité des chroniqueurs musulmans, les événements qui suivirent prouvent que si un envoyé de Mahomet fut admis à la cour de Byzance, on n'y vit, dans les prétentions du prophète, qu'une dangereuse hérésie à combattre. C'est par une erreur semblable que les historiens arabes racontent la conversion à l'islamisme de l'empereur d'Abyssinie qui aurait fait profession entre les mains de Djafar, le fils d'Abou-Taleb et le frère d'Ali. Il est cependant avéré que si ce prince accorda sa protection aux premiers disciples du prophète, lorsqu'ils fuyaient la persécution des Koréischites, c'est qu'il les considérait comme s'arra-

(*) Voy. Aboulféda, *Vie de Mohammed*, p. 67.

chant aux erreurs du paganisme pour se rapprocher des dogmes de la religion chrétienne. Les princes abyssins ne cessèrent à aucune époque de professer le christianisme altéré par les erreurs d'Eutychès, tel qu'ils l'avaient reçu du patriarche Dioscore.

Ce fut, en général, chez les peuples chrétiens que les mandataires du prophète arabe obtinrent le moins de succès. Schodja de la tribu des Benou-Açad, s'étant rendu près de Harith-ben-abi-Schamar, prince des Ghassanides qui presque tous étaient chrétiens, ainsi que nous l'avons vu, ce chef ne répondit à la lettre de Mahomet qu'en rassemblant ses troupes pour marcher contre lui. Houdha-ben-Ali, chef du Yémama, appartenait aussi à la religion chrétienne; l'envoyé du prophète, Salit-ben-Amrou, ne fut pas mieux accueilli par lui. Cependant le gouverneur de l'Égypte ne se montra pas aussi hostile à la nouvelle doctrine. C'était un Copte que les Arabes appellent Mokaoukas-Djarih, fils de Matta : les historiens grecs, du reste, n'en font aucune mention, et on s'explique difficilement comment à cette époque il aurait pu exister, en Égypte, un chef égyptien d'origine, distinct des officiers chargés de l'administration du pays au nom de l'empereur Héraclius. Il était, dit-on, de la secte des Jacobites attachés aux erreurs d'Eutychès, et haïssait mortellement les Grecs orthodoxes. Ce fut probablement le fanatisme religieux qui le porta à répondre à Mahomet par une lettre flatteuse, dans laquelle, sans lui contester sa mission divine, il lui demandait du temps pour réfléchir. Il accompagna sa réponse de présents, au nombre desquels figuraient deux jeunes filles de noble famille, dont une appelée Marie, fille de Siméon, ou Marie la Copte, eut de Mahomet un fils nommé Ibrahim qui ne vécut que peu d'années (*). Ce fut à la même occasion, dit Aboulféda, que ce prince donna à Mahomet sa mule Doldol et son âne Iafour qui jouent un rôle important dans les traditions relatives au prophète.

Quant aux chefs arabes qui relevaient de l'empire des Perses et dont la religion était en grande partie fondée sur le sabéisme, ils se montrèrent beaucoup plus favorables que les princes chrétiens aux mandataires du prophète. Cinq chefs hymiarites du Yémen, et Mondhir-ben-Sawa, prince de Bahreïn, vers lequel avait été envoyé Ala d'Hadramaut, ne tardèrent pas à embrasser l'islamisme.

### Visite des lieux saints appelée Visite de l'Accomplissement.

L'année pendant laquelle Mahomet, à la demande des Koréischites, s'était interdit l'entrée de la Mecque, étant expirée, il résolut d'accomplir le pèlerinage dont il avait fait une prescription obligatoire de l'islamisme : « Celui, avait-il dit, qui meurt sans s'être acquitté du devoir du pèlerinage, peut mourir, s'il le veut, juif ou chrétien. » Il conduisait avec lui soixante et dix chameaux destinés aux sacrifices. Lorsqu'il approcha de la Mecque, les Koréischites sortirent de la ville. « Le bruit « courait parmi eux, dit Abou'lféda, « que le prophète et ses compagnons « étaient épuisés de la fatigue du « voyage. Ils vinrent donc se ranger « pour les voir devant la maison du « conseil. Le prophète, lorsqu'il entra « dans le temple, plaça sous son bras « droit le milieu de son manteau en « rejetant les deux bouts sur l'épaule « gauche, puis il dit : « Que Dieu fasse « miséricorde à quiconque leur fera « voir aujourd'hui qu'il a de la vi- « gueur. » Ensuite il fit avec vitesse « quatre de ces tours sacrés qu'on « appelle *Touafs*, et se rendit ensuite « aux collines de Safa et de Meroua, « entre lesquelles il accomplit les mar- « ches prescrites par les rites sacrés.

---

(*) A l'exception d'Ibrahim, tous les enfants du prophète étaient nés de Khadidja. Nous avons déjà parlé de ses filles; ses fils moururent tous en bas âge. L'aîné s'appelait El-Kaçem, d'où Mahomet avait pris le surnom d'Abou'l-Kaçem, ou le père d'El-Kaçem; les trois autres fils de Khadidja se nommaient Taïeb, Taher et Abdallah.

« Ce fut dans ce voyage qu'il épousa Maïmouna, fille de Harith, à laquelle il fut uni par le ministère de son oncle Abbas. On assure que le prophète se maria revêtu de l'ihram, et c'est un de ses priviléges (*). » Les priviléges du prophète étaient nombreux, comme on le voit, quand il s'agissait de satisfaire sa passion pour les femmes. Ce fut alors cependant qu'en ayant onze vivantes, sans compter la Copte Marie sa concubine, il voulut bien faire descendre du ciel cette prohibition un peu tardive : « Il ne t'est pas permis de prendre désormais d'autres femmes que celles que tu as, ni de les échanger contre d'autres, quand même leur beauté te charmerait, à l'exception des esclaves que tu peux acquérir, Dieu voit tout (**). »

L'année où Mahomet consacra ainsi l'institution de sa doctrine par l'accomplissement du rite qui liait les anciennes croyances des tribus aux croyances nouvelles, fut remarquable par la conversion de deux hommes qui ont joué un rôle important dans l'histoire des conquêtes de l'islamisme. Khaled fils de Walid, et Amrou fils d'As, de la tribu des Benou-Sahm, se rendirent auprès du prophète pour abjurer les erreurs du paganisme entre ses mains. Nous les verrons tous deux plus tard à la tête de ces armées invincibles qui étendirent en quelques années l'empire du mahométisme de l'Inde à l'Atlantique. Déjà l'un d'eux, Khaled fils de Walid, avait montré en combattant les Musulmans, à la bataille d'Ohod, ce que peut le courage uni à l'intelligence ; et le jour était proche où il devait se montrer ami aussi utile qu'il avait été dangereux ennemi.

### Première guerre entre les Musulmans et les Grecs.

Harith-ben-Omaïr, que Mahomet avait envoyé vers le chef arabe qui gouvernait la ville de Bostra sous le patronage de l'empereur Héraclius, avait été tué par Amrou fils de Schourahbil, prince de la race des rois de Ghassan, qui commandait dans la ville de Mouta au nom de l'empereur. Nous avons déjà vu que les rois de Ghassan, convertis à la religion chrétienne, relevaient de l'empire grec ; et bien que le gouvernement de Constantinople ne pût agir chez eux avec une grande régularité, ils recevaient l'investiture des successeurs de Constantin, et avaient combattu pour les Grecs dans toutes les guerres qui avaient éclaté entre l'Empire et la Perse. Mahomet, sans être effrayé de la puissance colossale du prince qui sans aucun doute voudrait soutenir la cause de son vassal, choisit 3,000 hommes d'élite : il en donna le commandement à Zeïd son affranchi, et les envoya sur les frontières de la Palestine commencer cette lutte sanglante qui devait durer jusqu'au jour où Mahomet II ayant foulé aux pieds le corps du dernier Constantin, viendrait proclamer le Coran dans l'église de Sainte-Sophie. Ce fut aux portes de Mouta que les Musulmans et les Grecs se rencontrèrent. L'armée de ces derniers, au dire des chroniqueurs arabes, s'élevait jusqu'à 100,000 hommes ; exagération manifeste, qui a eu pour but d'exalter leur victoire ou d'excuser leur défaite, car ils furent tour à tour vaincus et triomphants. Dès la première attaque, Zeïd, qui portait l'étendard du prophète, fut tué, et les Arabes, malgré leur mépris de la mort, reculèrent devant le nombre immense de leurs ennemis. La perte du général en chef avait été prévue par Mahomet. « Si Zeïd succombe, avait-il dit, que Djafar-ben-Abou-Taleb prenne le com-

---

(*) Voy. Aboulféda, *Vie de Mohammed*, p. 69.

(**) Coran, ch. 33, v. 52. Mahomet a eu en tout quinze femmes ; mais les traditions arabes rapportent qu'il n'a consommé son mariage qu'avec treize d'entre elles, et qu'il n'en a jamais eu plus de onze à la fois. Quand il mourut, il en avait neuf, qui étaient : Aïescha, fille d'Abou-Bekr ; Hafça, fille d'Omar ; Saouda, fille de Zama ; Zaïnab, fille de Djahsch ; Maïmouna, Safiya, Djowaïria, Omm-Habiba, et Omm-Salama.

mandement; s'il succombe à son tour, c'est Abd-Allah fils de Rewaha qui vous guidera au combat. » Ce fut donc Djafar qui saisit le drapeau de l'islam et s'élança contre les Grecs; un coup de sabre lui abattit la main droite; il saisit l'étendard de la main gauche, elle est coupée pareillement; il le serre alors de ses deux bras contre sa poitrine, et c'est ainsi qu'il reçoit la mort. Abd-Allah n'eut pas plus de succès : il combattit avec vaillance; mais il tomba sur le champ de bataille. Toutes les chances prévues par Mahomet étaient épuisées. Les Musulmans se réunirent pour confier le commandement à Khaled. Il rassembla ses troupes, les anima par ses paroles, les disposa dans l'ordre le plus favorable, et à son tour obtint l'avantage. C'est du moins ce que rapportent quelques historiens de Mahomet, tandis qu'Aboulféda se contente de dire que Khaled ayant pris l'étendard ramena les Musulmans à Médine. Cette dernière version se rapproche du récit des historiens byzantins, qui donnent aux Romains tout l'honneur de la campagne. Voici ce qu'ils racontent : Mahomet avait choisi quatre capitaines ou émirs pour subjuguer les Arabes chrétiens qui servaient l'empire. Ils marchèrent vers un bourg nommé Mouta, où Théodore, lieutenant du gouverneur de Palestine, se trouvait alors. Théodore fut averti de leur marche par un Koréischite nommé Kotaïba qui trahissait son parti. Ayant aussitôt rassemblé toutes les troupes chargées de la garde des frontières du côté du désert, il prévint les ennemis, fondit sur eux et les tailla en pièces; des quatre émirs désignés par Mahomet, le seul Khaled (*) survécut à la défaite des Arabes. On voit que les deux récits, bien qu'écrits par des nations rivales qui avaient intérêt à cacher leurs revers, semblent s'accorder dans les circonstances principales, puisque évidemment Khaled, par son habileté et sa bravoure, arracha l'armée des Musulmans à une perte certaine. Quand même, d'ailleurs, les Romains auraient eu l'avantage dans cette première rencontre, leurs propres historiens conviennent que l'avarice et l'insolence d'un de leurs officiers leur firent perdre tout le fruit de la victoire. Les Arabes de Ghassan employés à la garde des frontières du désert recevaient du gouverneur de Constantinople une solde modique. A l'arrivée du trésorier, qui était un eunuque du palais, ils se présentèrent à lui pour être payés de ce qui leur était dû. Mais à la vue de ces hommes demi-nus, maigris par la fatigue et bronzés par le soleil, le courtisan du Bas-Empire crut pouvoir les traiter avec tout le dédain que lui inspirait leur aspect misérable : « Retirez-vous, « leur dit-il, l'empereur ne trouve « qu'avec peine de quoi payer ses sol- « dats; il n'a rien à donner à ses « chiens. » Une pareille insulte rompit tous les liens qui les attachaient à l'empire grec; ils se retirèrent du service d'Héraclius, et vinrent trouver l'homme qui promettait à l'Arabie une nationalité dont elle avait manqué jusqu'alors (*).

*Prise de la Mecque.*

Mahomet, doué d'un esprit vaste et puissant, d'une volonté immuable, d'un caractère dont la fermeté soutenait le poids de son génie, avait compté chaque année, depuis l'hégire, par des succès. L'homme qui s'était enfui dans les ténèbres pour échapper à la haine de sa tribu, avait rallié sous son drapeau les hordes errantes de la Péninsule. Il avait agrandi son territoire par les armes, son pouvoir par la parole, appelait à lui toutes les nations sémitiques, et disputait à César comme à Cosroës leur influence sur ce peuple arabe auquel il préparait de hautes destinées. L'heure était venue

(*) Théophane, en parlant de Khaled, rappelle le surnom d'épée de Dieu que lui avait donné Mahomet (en arabe *seïf-allah*) : Ἀμηρᾶς ὁ Χάλεδος, ὃν λέγουσι Μάχαιραν τοῦ Θεοῦ.

(*) Voy. Théophane, Chronographie, p. 277, 278, 279; et Lebeau, Histoire du Bas-Empire, t. II, p. 78 à 81.

maintenant d'abattre ces Koréischités qui depuis longtemps avaient cessé d'être formidables. L'aveu de leur faiblesse ne se fit pas attendre au moment du danger. Leurs alliés les Benou-Bekr avaient attaqué les Benou-Khozaa, alliés des Musulmans, et c'était là sans doute un prétexte que s'empresserait de saisir celui qu'ils avaient répudié lorsqu'il était faible, qu'ils redoutaient depuis qu'il était puissant. Abou-Sofian sacrifiant tous ses ressentiments au salut des siens, vint s'humilier à Médine, et se rendit chez sa fille Omm-Habiba, la femme de Mahomet. C'était une entrevue pénible que celle de cet implacable ennemi de Mahomet avec la fille rebelle, épouse dévouée de l'imposteur. Abou-Sofian affecta l'aisance d'un père qui vient visiter son enfant soumis, et voulut s'asseoir sur le tapis qui servait de lit au prophète; mais, à son premier mouvement, Omm-Habiba se hâta de le rouler pour qu'il ne pût s'en servir : « Eh quoi! ma fille, lui dit-il, trouvez-vous ce tapis indigne de moi, ou me trouvez-vous indigne de ce tapis ? » — « C'est celui du prophète, répondit-elle, et vous ne pouvez y prendre place étant souillé d'idolâtrie. » — « Adieu, reprit alors son père, vous avez perdu l'esprit depuis que vous m'avez quitté. » Abou-Sofian n'ayant plus aucun espoir d'être secondé par sa fille se présenta devant Mahomet sans intermédiaire. C'était là un triomphe pour le prophète dont il a plus joui peut-être que de succès bien autrement importants à sa cause. Voir son ennemi l'implorer et ne pas même l'honorer d'une réponse, il y avait là de quoi consoler en un jour de bien des injures. Que lui aurait-il répondu, d'ailleurs? la prise de la Mecque était résolue. Il fallait à Mahomet le temple de la Caaba, il le lui fallait dépouillé de ces idoles qui en souillaient l'enceinte. Abou-Sofian ne pouvant se faire écouter du prophète s'adressa à ceux de ses disciples auxquels il supposait le plus d'influence sur son esprit. Il visita tour à tour Ali, Abou-Bekr; mais ils avaient l'ordre du maître : toutes les fois que le Koréischite voulut parler de paix ou de trêve, il n'obtint pas un mot de réponse, et bientôt il reprit le chemin de la Mecque, trop sûr désormais que la puissance de sa tribu était anéantie.

Mahomet ayant achevé ses préparatifs, marcha contre la Mecque à la tête de 10,000 hommes ; c'était l'armée la plus nombreuse qu'il eût encore rassemblée. Son premier projet avait été de surprendre les Koréischites, et il avait ordonné le plus grand secret sur les dispositions qu'il avait prises. Cependant un Musulman nommé Hateb-ben-Abou-Baltaa écrivit aux Mecquois tout le plan d'attaque, et envoya sa lettre par une affranchie des Benou-Haschem, espérant qu'une femme échapperait facilement aux soupçons et pourrait tromper la vigilance des espions du prophète. Il n'en fut pas ainsi, et les historiens de Mahomet n'ont pas manqué de dire que Dieu lui avait révélé cette trahison (*). Il envoya donc à la poursuite de Sara (ainsi s'appelait la messagère) Ali et Zobeïr qui l'atteignirent à quelque distance de Médine. La lettre fut saisie et apportée au prophète, qui fit venir Hateb en sa présence. « Qui a pu te porter, lui dit Mahomet, à trahir l'intérêt de ta religion ? Ne serais-tu pas un vrai croyant ? — Je le suis, répondit Hateb, j'ai embrassé l'islamisme par conviction, et j'y persisterai

---

(*) Mahomet fait allusion à cette révélation dans le premier verset de la soixantième sourate du Coran : « O vous qui croyez,
« ne prenez pas mes ennemis et les vôtres
« pour amis. Vous leur montrez de la bien-
« veillance, et ils ne croient pas à la vérité
« qui vous a été révélée; ils vous repous-
« sent, vous et le prophète, de leur sein,
« parce que vous croyez en Dieu, votre Sei-
« gneur. Quand vous sortez de vos foyers
« pour la guerre sainte, pour combattre
« dans ma voie et pour obtenir ma satis-
« faction, leur témoignerez-vous de l'ami-
« tié? Mais moi, je sais le mieux ce que
« vous cachez et ce que vous produisez au
« grand jour, et quiconque d'entre vous le
« fait s'écarte de la vraie route. » Trad. de M. Kasimirski.

jusqu'à la mort; mais pour te suivre, j'ai laissé parmi les infidèles des enfants, une famille qui n'ont plus de défenseur. J'ai voulu m'attacher les Koréischites par un service, afin d'acheter ainsi le salut des otages précieux que j'ai été forcé de laisser entre leurs mains. » Omar-ben-el-Khattab, présent à la conférence, se montra peu satisfait de ces explications : « C'est un traître, dit-il à Mahomet, et c'est la tête d'un traître qui va rouler à tes pieds, si tu me le permets par un signe. » C'est alors que Mahomet faisant allusion à un verset du Coran, répondit : « Dieu savait sans doute ce que feraient les guerriers de Bedr, lorsqu'il a dit : « Ils peuvent commettre beaucoup d'offenses, car il leur sera beaucoup pardonné. » Le dix du mois de ramadhan, Mahomet à la tête de son armée sortit des murs de Médine et se dirigea vers la Mecque.

Nous empruntons à Abbas, l'oncle du prophète, ou plutôt à Aboulféda, qui l'a rapporté d'après lui, le récit de la conversion un peu forcée d'Abou-Sofian, qui avait renoncé à tout espoir de défendre la ville, et ne cherchait plus qu'un moyen de traiter le plus honorablement possible avec un ennemi désormais trop puissant pour être combattu. L'armée des Musulmans, après deux jours de marche, approchait de la vallée sablonneuse qui entoure la Mecque, et vers le soir Abbas était sorti du camp, monté sur la mule du prophète: « Peut-être trouverai-je, se disait-il, quelque bûcheron ou quelque « pâtre attardé qui puisse apprendre « aux Koréischites que le prophète « marche contre eux avec des forces « tellement imposantes, qu'il faut se « soumettre ou périr jusqu'au dernier. » Tandis que l'oncle du prophète, mû par cette affection de tribu qui ne perd jamais ses droits chez l'Arabe du désert, cherchait à prévenir la perte des Koréischites, Abou-Sofian, de son côté, était sorti de la ville avec deux de ses compagnons, Hakim-ben-Hazam et Bodaïl-ben-Warka, pour apprendre quelque nouvelle ou peut-être pour faire leur soumission particulière. « Je crus, dit Abbas, re« connaître dans les ténèbres la voix « d'Abou-Sofian, et l'appelant d'un « surnom par lequel il était connu « dans sa tribu : Holà! criai-je, est-ce « toi, Abou-Hantala? C'est moi, répondit-il, et toi, n'es-tu pas Abbas? « Nous nous joignîmes, et il me demanda sur-le-champ quels étaient « les projets du prophète. « Il marche « contre vous, répondis-je, à la tête « de dix mille Musulmans. — Que « dois-je donc faire? me demanda Abou-« Sofian. — Monte sur ma mule, je « vais t'emmener au camp et je demanderai ta grâce au prophète; si« non, il te fera trancher la tête. » En « effet, il monta en croupe derrière « moi, et nous nous dirigeâmes vers « la tente du prophète. En chemin, « nous rencontrâmes Omar Ben-el-« Khattab, qui reconnut Abou-Sofian « et lui dit : Grâce à Dieu, te voilà en « mon pouvoir sans que je sois lié par « aucun pacte ou serment! En disant « ces mots il courait vers le prophète, « et je le suivais pour m'opposer à son « dessein. — Prophète de Dieu, dit-il, « en entrant sous la tente, permets-« moi de lui couper la tête, et moi je « m'écriai : — Fais-lui grâce, ô pro« phète de Dieu! Ce fut vers moi que se « tourna Mahomet. — Je lui accorde « ma protection, me dit-il, et demain « tu l'amèneras près de moi. Abou-So« fian passa la nuit sous ma tente, et le « lendemain je le conduisis en pré« sence du prophète, qui lui dit : Ne « sais-tu pas, Abou-Sofian, qu'il n'y « a pas d'autre Dieu que Dieu? — Je « le sais, répondit le prisonnier. — Et « ne reconnais-tu pas aussi que je suis « le prophète de Dieu? — Quant à « ceci, répondit le chef des Koréischi« tes, je conserve encore quelques « doutes. A ces mots je le poussai for« tement. Que fais-tu? lui dis-je; « rends témoignage avant que ta tête « tombe. Et Abou-Sofian rendit té« moignage. Ses deux compagnons, « Hakim-ben-Hazam et Bodaïl-ben-« Warka, se convertirent en même « temps que lui à l'islamisme. Le pro« phète me dit alors: Rends-toi avec

« Abou-Sofian à l'entrée de la vallée, « qu'il voie combien est forte et puis- « sante l'armée de Dieu. Je répon- « dis au prophète: Cet homme aime « la gloire; accorde-lui quelque privi- « lége qui le distingue aux yeux de « son peuple. Et Mahomet, reconnais- « sant lui-même toute l'influence de « son nouveau prosélyte, fit procla- « mer : « Que celui qui se réfugiera « dans la maison d'Abou-Sofian soit « épargné! que celui qui se rendra « dans la mosquée soit épargné de « même ! qu'il en soit ainsi de celui « qui fermera les portes de sa demeu- « re et de celui qui se retirera dans la « maison de Hakim, fils de Hazam ! » « Nous étions arrivés à l'entrée de la « vallée, lorsque les troupes commen- « cèrent à défiler, et à mesure que « chaque tribu passait devant Abou- « Sofian, je la lui faisais connaître. « Arriva enfin le prophète, entouré de « sa garde particulière, appelée El- « Khadhra et composée de l'élite des « Mohadjériens ou des Ansariens, « tellement couverts de fer des pieds « à la tête, qu'on n'apercevait que « leur prunelle ardente: Qui sont « ceux-là? me dit Abou-Sofian. — « C'est, répondis-je, le prophète de « Dieu, entouré de ses compagnons « les plus fidèles. — Vraiment, me « dit-il alors, la royauté du fils de ton « frère est une grande royauté ! — « Malheureux, veux-tu toujours ou- « blier que celui que tu nommes un « roi est un prophète ? — C'est vrai, » me dit-il.

L'armée des Musulmans avait été divisée par Mahomet en trois corps. Zobéir-ben-Awam, commandant l'une des divisions, devait entrer dans la ville par le côté de Koda. Khaled de- vait pénétrer par la partie basse de la Mecque, tandis que Saad-ben-Abba- da, à la tête des Benou-Khazradj, était chargé de gravir la colline de Khada; mais comme il avait dit à ses troupes: « C'est aujourd'hui le jour du carnage, le jour où rien ne sera respecté, » Ma- homet le priva de son commandement, et le remplaçant par Ali, remit à ce dernier l'étendard des Benou-Khaz- radj. L'ordre de marcher ayant été donné, chacun des corps d'armée pé- nétra dans la ville. La troupe de Kha- led seule fut attaquée, et les Koréis- chites lui ayant lancé quelques volées de flèches, il les repoussa et en tua vingt-huit. Mahomet, chez lequel on remarqua, pendant toute cette campa- gne, un esprit de modération qui fait à la fois honneur à son cœur et à sa poli- tique, fut très-peiné de cet engage- ment; car il avait défendu toute atta- que contre les biens ou les personnes. Il ne s'apaisa qu'après s'être convaincu que les Koréischites et non les Mu- sulmans avaient été les agresseurs. Ce fut, du reste, le seul sang versé pour s'emparer de cette cité fameuse, bou- levard du paganisme, qui résistait de- puis dix ans au législateur né dans son enceinte. Les trois corps d'armée opérèrent leur jonction, et le 20 du mois de ramadhan, dix jours après son départ de Médine, Mahomet, sou- verain du Hedjaz, maître du temple où se réunissaient de toute antiquité les populations errantes de la Pénin- sule, pouvait déjà rêver l'empire que, quelques années plus tard, réalisèrent ses successeurs.

L'un des premiers soins du vain- queur fut de faire appeler devant le parvis du temple les principaux chefs de ces Koréischites qui avaient pros- crit ses jours. « Comment pensez-vous, leur dit-il, que je me conduirai à vo- tre égard ? — Avec bonté, répondirent- ils, car tu es un frère généreux. — Allez-donc, et qu'il vous soit fait ainsi que vous l'avez dit, vous êtes libres. » Monté sur sa chamelle, il fit alors les sept tours sacrés autour de la maison sainte, et toucha la pierre noire d'un bâton recourbé qu'il tenait à la main; puis il entra dans l'intérieur du tem- ple, et ayant vu entre les mains de la statue d'Abraham les flèches dont se servaient les Koréischites pour con- sulter le sort: « Quelle profanation ! s'écria-t-il; ils ont placé dans les mains de notre saint patriarche les instru- ments de leur superstition. Qu'a de commun Abraham avec les flèches du sort? » Toutes les représentations de dieux ou de déesses dont les descendants d'Ismaël avaient souillé le sanctuaire, furent ensuite enlevées ou détruites par ses ordres, et il consacra désormais la caaba au culte de l'islamisme (*).

Six hommes et quatre femmes furent seuls exceptés du pardon accordé à tous les Koréischites. Ils s'en étaient rendus indignes, soit par l'assassinat, soit par l'apostasie, celui de tous les crimes que l'islamisme pardonne le moins. Parmi eux se trouvait Abdallah-ben-Saad, frère de lait d'Othman. Il avait été l'un des disciples du prophète, qui l'avait même chargé d'écrire ses révélations; mais, interprète infidèle, il les avait altérées, puis était venu abjurer l'islamisme à la Mecque. Après la prise de la ville, il se rendit auprès du prophète qui venait de pardonner au proscrit Acrama, fils d'Abou-Djahl, et le conjura de le comprendre aussi dans l'amnistie. Mahomet garda longtemps le silence, puis enfin il pardonna. « Cet homme était proscrit, dit-il à ceux qui l'entouraient, pourquoi l'un de vous ne l'a-t-il pas mis à mort avant qu'il eût reçu son pardon? — Nous attendions un signe de ta part, répondirent-ils. — Il n'est pas permis aux prophètes, reprit Mahomet, de faire un signe qui serait une trahison. » Abd-Allah fut, depuis, l'un des plus vaillants guerriers de l'islamisme. Il vécut jusqu'au khalifat d'Othman, qui lui avait confié le gouvernement de l'Égypte. Habbar-ben-Asouad était le troisième proscrit; il avait offensé le prophète par des chansons satiriques, et la vanité blessée pardonne difficilement. Cependant, il se déroba avec tant de soins à toutes les recherches, qu'il fut impossible de le trouver. Plus tard, conduit par le repentir, il se rendit à Médine, et ayant embrassé l'islamisme, il se présenta devant Mahomet implorant le pardon de ses offenses. « Je te pardonne, lui répondit le prophète, car l'islamisme efface toutes les fautes qu'on a pu commettre jusqu'au moment où on l'embrasse. » Mikias et Abd-Allah, fils de Khatal, qui avaient apostasié tous deux, furent mis à mort. Howaïreth-ben-Nofaïl avait été l'un des ennemis les plus acharnés du prophète. Non-seulement il s'était répandu en injures contre lui, mais il avait vivement offensé deux de ses filles, Fatima et Omm-Kolthoum. Les ayant rencontrées, un jour qu'elles se rendaient de la Mecque à Médine, en compagnie de leur oncle Abbas, il les poussa si violemment qu'il les jeta à terre. Peut-être, malgré tout, aurait-il obtenu sa grâce s'il avait pu la demander à Mahomet, mais avant d'être parvenu en sa présence, il fut rencontré par Ali qui le tua.

« La première des femmes proscrites par le prophète, dit Aboulféda,
« fut Hend, femme d'Abou-Sofian,
« mère de Moawia, qui plus tard succéda à Ali, et fut le premier khalife
« de la famille des Omeyyades. C'est
« elle qui sur le champ de bataille
« d'Ohod avait déchiré de ses dents le
« foie de Hamza, l'oncle du prophète.
« Elle se confondit, sous un déguisement, parmi les femmes des Koréischites et prêta serment d'obéissance
« à Mahomet. Plus tard, il la reconnut, mais elle lui dit: « Pardonne
« le passé, » et il pardonna. L'affranchie des Benou-Haschem, qui s'était
« chargée de porter aux Koréischites
« la lettre par laquelle Hateb les ins-

(*) Burckhardt, d'après l'histoire de la Mecque par El-Azraki, observe un fait remarquable dont il croit qu'il n'a pas encore été fait mention : c'est que, parmi les figures qui ornaient la Caaba, celle de la Vierge Marie, tenant l'enfant Jésus sur ses genoux, se trouvait sculptée sur une des colonnes qui soutiennent l'intérieur de l'édifice (Voy. Burckhardt, t. I$^{er}$, p. 221). Le témoignage d'El-Azraki est complétement confirmé par le passage suivant, emprunté à la description du temple de la Mecque, par Harawi : « Il y avait six colonnes dans la Caaba; on y voyait des figures d'anges, celles des prophètes; Abraham, l'ami de Dieu, tenant dans ses mains les flèches du sort; puis encore une figure de Jésus, fils de Marie, avec sa mère. L'année de la conquête de la Mecque, le prophète ordonna que toutes ces images fussent détruites. » *The travels of Ibn-Batuta*, p. 51.

« truisait de l'attaque que préparait
« contre eux le prophète, obtint aussi
« son pardon. »

Telle fut l'expiation imposée aux Koréischites par l'homme qui avait été pendant plus de vingt ans exposé à leurs embûches et qu'ils avaient poursuivi comme une bête fauve pour le mettre à mort. Nous le répéterons encore ici, Mahomet a été mal jugé par ceux qui l'ont accusé de cruauté et qui n'ont voulu voir en lui qu'un fanatique sanguinaire. Né dans un temps de barbarie, sur un sol ingrat où une vie précaire et aventureuse inspirait le mépris de la mort, entouré d'hommes violents qui couvraient du fanatisme religieux leurs passions haineuses, il a résisté à tous les entraînements. Le jour même de la soumission de la Mecque, il pouvait se convaincre que ses prescriptions étaient tournées en ridicule par les vaincus, qui conservaient toute leur haine au fond du cœur. « Lorsque l'heure de la prière de midi
« fut arrivée, dit Aboulféda, Bélal l'an-
« nonça du haut de la Caaba. Djowaï-
« ria, fille d'Abou-Djahl, dit en l'en-
« tendant : « Dieu a été miséricordieux
« envers mon père, lorsqu'il n'a point
« permis qu'il entendît braire Belal au
« haut du temple. — Harith-ben-Hes-
« cham ajouta : Plût à Dieu que je
« fusse mort avant cet événement ! —
« Et Khaled, fils d'Acid, rendait grâ-
« ces à la clémence de Dieu, qui n'a-
« vait pas voulu que son père fût té-
« moin d'un pareil jour. Au milieu de
« ces imprécations, le prophète parut
« tout à coup, et leur rapporta les pro-
« pos qu'ils venaient de tenir ; mais il
« n'en tira pas d'autre vengeance. »

### Combat de Honaïn.

Après la prise de la Mecque, un grand nombre de tribus se soumirent, d'autres se préparèrent à la résistance, et réunirent leurs forces dans l'espoir d'arrêter enfin la puissance toujours croissante du novateur. Mahomet résolut d'abord d'envoyer quelques-uns de ses lieutenants à celles des tribus qui ne faisaient pas de dispositions hostiles pour les amener à lui par la persuasion, et n'avoir plus de diversion à craindre lorsqu'il voudrait attaquer les Arabes qui lui résistaient encore. Khaled fut chargé, à cette occasion, de se rendre vers les Benou-Djadhima, et ce fut là un choix malheureux, car, quelques années auparavant, cette tribu ayant attaqué une caravane des Koréischites à son retour du Yémen, l'oncle de Khaled, qui en faisait partie, était tombé sur le champ de bataille. Le chef musulman vengea la mort de son parent par une perfidie. Les guerriers de la tribu étant venus à sa rencontre préparés au combat, il les engagea à déposer les armes et à embrasser l'islamisme ; puis quand ils l'eurent fait, ils furent entourés, liés et mis à mort par les ordres de Khaled. La douleur de Mahomet fut grande quand il apprit la trahison dont son lieutenant venait de souiller l'islamisme. « Grand Dieu, dit-il, en levant les mains vers le ciel, je te prends à témoin que je suis innocent d'une action si indigne. » Il envoya aussitôt son fidèle Ali vers la tribu si cruellement décimée. Le prix du sang fut acquitté pour chaque Arabe tué par les soldats de Khaled ; et comme il restait encore après cette expiation une partie des richesses dont Ali avait été le porteur, il les distribua entre les plus nécessiteux des Benou-Djadhima, sûr qu'il était d'être approuvé par le prophète, qui en effet le loua de sa conduite. Khaled, à son retour, fut fortement blâmé par tous les Musulmans, et peut-être aucun d'eux ne se montra plus offensé du manque de foi dont il s'était rendu coupable, qu'Abd-er-Rahman, fils d'Aouf, quoiqu'il eût perdu son père dans cette même attaque de caravane où l'oncle de Khaled avait succombé. Khaled voulut en vain lui faire croire qu'il avait eu dessein de venger la mort d'Aouf. « Dis plutôt, répondit Abd-er-Rahman, que tu as pensé à ton oncle Fakeh, et que tu as commis au temps de l'islamisme une action digne des ténèbres de l'idolâtrie. » Le prophète, lorsqu'il apprit cette altercation, dit à Khaled : « Ne cherche pas à t'excuset, et surtout n'entre pas en discussion avec mes compagnons, car, quand tu aurais autant d'or qu'il en faudrait pour égaler la montagne d'Ohod, et que tu l'emploierais au service du Seigneur, tu n'atteindrais pas au mérite d'un de leurs soirs ou d'un de leurs matins. »

Le temps était venu de réduire les tribus de Hawazin, Bekr et Thakif, liguées pour tenter un dernier effort contre les envahissements de l'islamisme. Les Arabes païens avaient rassemblé leurs forces dans la vallée de Honaïn, à trois milles de la Mecque, sur la route qui va de cette ville à Taïef. Le chef qu'ils avaient choisi s'appelait Malek-ben-Aouf, et sa valeur le rendait digne du poste auquel il venait d'être élevé; mais un autre chef, trop âgé pour combattre, n'était pas moins à redouter par sa longue expérience et le poids que donnait son immense réputation au parti qu'il avait embrassé : c'était Doraïd, fils de Samma, ce poëte habile, ce vaillant guerrier, que nous avons vu lutter de courage ainsi que de générosité, avec Rabiah, fils de Mokaddem, dans l'histoire des Arabes avant l'islamisme. Doraïd, alors âgé de près de cent ans et privé de la vue, était porté sur un chameau, dans une litière, mais rien ne se décidait sans ses conseils. Lorsqu'on fut dans la vallée d'Aoutas, il demanda en quel endroit on était arrivé, et en l'apprenant, il engagea les Arabes infidèles à combattre sur ce terrain : « C'est un bon champ de bataille pour la cavalerie, leur dit-il, car le sol n'est ni rocailleux ni mouvant. » Cependant, Mahomet avait paru à la tête de 12,000 hommes : 2,000 habitants de la Mecque étaient venus se joindre aux 10,000 Musulmans de Médine. Il est vrai que ces derniers convertis désiraient au fond du cœur la défaite de Mahomet, et les Musulmans qui s'avançaient sans précautions, fiers de leur supériorité numérique (*), ayant été repoussés à la première attaque, les Mecquois les poursuivirent de leurs imprécations et exaltèrent leur fuite comme un triomphe. Mahomet, monté sur la mule Doldol, que lui avait envoyée le gouverneur d'Égypte, ne s'était pas laissé entraîner dans la retraite; mais pendant la confusion qui suivit l'attaque des infidèles, il se retira vers la droite, entouré de ses principaux officiers. Lorsque le premier moment de trouble fut passé, il revint à la charge, et, animés par son exemple, les Musulmans rétablirent le combat avec un succès bien différent. Les infidèles, repoussés à leur tour, s'enfuirent en désordre; les Musulmans ne leur laissèrent pas le temps de se rallier, et cette fois la victoire fut complète. C'est alors que périt Doraïd, ce dernier type du chef arabe au temps du paganisme. Il était, comme nous l'avons dit, dans une litière portée par un chameau. Dans la déroute, ce chameau fut atteint par Rabia, fils de Réfi, jeune Arabe de la tribu de Soulaïm, qui, à l'aspect d'une litière fermée, espéra devenir possesseur d'une jeune femme, que sans doute son mari avait voulu emmener avec lui dans cette campagne. Plein du désir de contempler sa conquête, il souleva le voile qui couvrait la litière, et n'y voyant qu'un vieillard, le dépit le rendit cruel; il frappa Doraïd de son sabre; mais son arme était faible, son bras sans vigueur, il redoubla sans pouvoir lui ôter la vie. Le vieux chef alors lui demanda son nom, et l'ayant appris, il lui dit : Prends mon sabre que tu trouveras derrière ma litière, et frappe avec plus d'assurance; mais promets-moi, en retour du présent que je te fais, de dire à ta mère que tu as donné la mort à Doraïd, fils

(*) Mahomet fait allusion à cette confiance des Musulmans dans le neuvième chapitre du Coran : « Dieu vous a secourus dans « maintes occasions, à la journée de Honaïn, où vous vous êtes comptés dans « votre grand nombre qui ne vous servit de « rien : quelque vaste qu'elle soit, la terre « fut alors étroite pour vous; vous avez « tourné le dos et pris la fuite. Puis Dieu « fit descendre sa protection sur son apôtre « et les fidèles; il fit descendre des armées « invisibles pour vous, et il châtia ceux qui « ne croyaient pas. C'est la rétribution des « incrédules. » Trad. de M. Kasimirski, p. 145.

ARABIE.

de Samma. Rabia prit l'arme pesante, fendit la tête au vieillard; puis, de retour auprès de sa mère, il lui raconta son exploit. — Mon fils, lui dit celle-ci, celui que tu as tué sans défense, avait donné la liberté à trois femmes de tes ancêtres tombées entre ses mains (*).

Les Benou-Thakif s'étaient enfuis d'une seule traite jusque dans la ville de Taïef, dont ils avaient aussitôt fermé les portes et garni les murailles. Mahomet, voulant détruire ce foyer d'opposition, vint mettre le siége devant la ville, et pendant vingt jours employa tous ses efforts pour la réduire. N'ayant pu en venir à bout, il fit couper toutes les vignes et se retira à Djaïrrana, sur la route de la Mecque. C'est là qu'il avait laissé tout le butin dont la victoire de Honaïn l'avait rendu maître. Malek-ben-Aouf, le chef des Benou-Hawazin, vint le trouver, et comme il se soumit à l'islamisme avec une foi qui paraissait vive, non-seulement Mahomet lui conserva le commandement de sa tribu, mais il rendit, en cette occasion, la liberté à 6,000 captifs. Il fit ensuite le partage des dépouilles des vaincus, qui se montaient à 24,000 chameaux, 40,000 brebis et 4,000 onces d'argent. Les nouveaux convertis furent traités avec la plus grande générosité, dans l'espoir que la reconnaissance les attacherait à un parti que la plupart d'entre eux étaient loin d'avoir embrassé par conviction (**). Les Ansariens, qui avaient été négligés dans le partage, semblèrent mécontents que de nouveaux venus eussent été préférés à ceux qui s'étaient montrés les plus fermes soutiens de l'islamisme. « Vous murmurez, leur « dit Mahomet, pour quelques riches-« ses périssables, avec lesquelles j'ai « appelé à Dieu des hommes qui ne le « connaissaient pas: quant à vous, je « m'en suis remis à votre attachement « pour la foi. Ne serez-vous pas heu-« reux lorsqu'ils retourneront chez eux « avec des chameaux et des brebis, de « revenir dans vos foyers ayant au mi-« lieu de vous le prophète de Dieu? Je « vous le dis, en vérité: par celui qui « tient mon âme entre ses mains, si « ma fuite de la Mecque à Médine n'a-« vait dû s'accomplir, j'aurais voulu « naître à Médine; et si les hommes « avaient dû entrer dans une voie et « les Ansariens dans une autre, la voie « des Ansariens aurait été la mienne. « Que Dieu soit miséricordieux pour « eux, pour leurs enfants et pour les « enfants de leurs enfants. »

*Expédition de Tabouk.*

Au mois de redjeb de la neuvième année de l'hégire, Mahomet, qui était de retour à Médine depuis quelque temps, apprit que les Grecs se préparaient à entrer en Arabie, et qu'ils étaient campés à Balka, au delà du Jourdain. Prenant aussitôt le parti de les prévenir dans leur attaque, il rassembla son armée, et, contre son or-

---

(*) Kitab-el-Aghani, t. II, p. 288.

(**) « Le butin, dit Aboulféda, fut dis-« tribué aux *mouallafa-couloub-houm* (c'est-« à-dire à ceux dont les cœurs devaient être « attirés à l'islamisme), tels qu'Abou-Sofian « et ses fils Yezid et Moawia; Sohaïl, fils « d'Amrou; Acrama, fils d'Abou-Djahl; Ha-« rith, fils de Hescham, frère d'Abou-Djahl; « et Safouan, fils d'Omaïa, tous Koréïschites. « Akra, fils de Habes des Benou-Tamim; « Oyaïna, des Benou-Dhobian; Malek, fils « d'Aouf, chef des Benou-Hawazin, et d'au-« tres encore eurent part aux largesses. Cha-« que chef emmena cent chameaux, chacun « des autres en eut quarante. » Le Sirat-er-Reçoul (fol. 233, v°) explique ce que l'on doit entendre par l'expression de *mouallafa-couloub-houm*. Les mouallafa-couloub-houm, dit-il, étaient des personnages influents dont le prophète cherchait à se concilier l'amitié pour agir ensuite sur leurs tribus par leur intermédiaire. La mesure toute politique qu'avait prise Mahomet dans cette circonstance, fut assez vivement improuvée pour qu'il ait cru devoir la justifier par ce verset du Coran: « Les aumônes sont destinées aux pauvres, à ceux qui les recueillent, aux *mouallafa-couloub-houm* (à ceux dont le cœur doit être gagné à l'islamisme), au rachat des esclaves, aux insolvables, au service de Dieu et aux voyageurs. » Soûrate IX, v. 50.

dinaire, fit connaître le but de l'expédition, afin que chacun pût faire ses dispositions pour une longue marche. On était alors dans la saison la plus chaude de l'année, et les récoltes étant mûres, on voyait avec peine qu'au lieu de vaquer aux soins que cette saison rend nécessaires, il fallait quitter le pays pour aller, à travers les sables du désert, chercher un ennemi dangereux. Plusieurs Musulmans commencèrent à murmurer; et Mahomet, voulant les dédommager, donna l'ordre à ses principaux compagnons de faire, en faveur des plus nécessiteux, le sacrifice d'une partie de leurs richesses. Chacun se fit donc un devoir de contribuer, selon ses moyens, aux frais de l'expédition. Le seul Othman donna trois cents chameaux et mille dinars; quelques hommes dont la foi était suspecte refusèrent cependant, non-seulement de contribuer, mais de suivre l'armée. Ils entraînèrent même dans leur résistance trois Ansariens dont le dévouement s'était montré jusque-là irréprochable. Sans essayer plus longtemps de ramener à lui ceux qui s'en éloignaient, Mahomet ordonna le départ, et laissa le soin de ses affaires à Ali, qu'il n'emmena pas, contre sa coutume. A peine l'armée s'était éloignée, que les mécontents, restés à Médine, cherchèrent à ébranler l'affection d'Ali pour le prophète, en lui persuadant que la détermination prise à son égard était un signe certain de défaveur. Ne pouvant supporter l'idée d'un refroidissement dans l'amitié du maître auquel il avait consacré sa vie, le fils d'Abou-Taleb prit ses armes, et, rejoignant l'armée musulmane, il fit part à Mahomet des soupçons qu'on lui avait fait concevoir : « Ils ont menti « lâchement, répondit le prophète, « ceux qui ont voulu te faire douter de « mon affection : en me privant de tes « services à l'armée, j'ai voulu laisser « à Médine un second moi-même, qui « prit soin de ceux que j'ai laissés der-« rière moi. Retourne et veille sur ma « famille. N'es-tu donc pas satisfait « d'être auprès de moi ce qu'Aaron « était auprès de Moïse? Avec cette « différence qu'après moi, il n'y aura « plus de prophète (*). »

Mahomet, qui avait conduit trois cents hommes au combat de Bedr, était alors à la tête d'une armée de trente mille hommes, dont dix mille de cavalerie, tant la reddition de la Mecque avait eu d'influence sur la soumission des tribus de l'intérieur. Malgré les nombreux approvisionnements réunis par les soins du chef, les Musulmans eurent beaucoup à souffrir, pendant la route, de la chaleur et de la soif. On arriva enfin à Hedjr, ancien sé-

(*) Mahomet a fait allusion au refus de quelques Musulmans de le suivre dans l'expédition de Tabouk, et à leurs machinations, par les versets suivants du neuvième chapitre du Coran : « S'il se fût agi d'un « succès très-proche, d'une expédition avec « un but fixe, ils l'auraient suivi sans diffi-« culté; mais la route leur parut longue, et « cependant ils jurèrent par Dieu, et dirent : « Si nous l'avions pu, nous aurions fait l'ex-« pédition avec vous. Ils se perdent eux-« mêmes, Dieu sait bien qu'ils mentent. — « Que Dieu te le pardonne! Pourquoi leur « as-tu permis de rester avant qu'il te fût « démontré qu'ils diraient la vérité, et que « tu eusses connu les menteurs ? — Ceux « qui croient en Dieu et au jour du juge-« ment ne te demanderont pas la permis-« sion de ne pas contribuer de leurs biens, « ni combattre de leurs personnes. Dieu « connaît ceux qui le craignent. — Ceux-là « t'en demanderont la permission, qui ne « croient point en Dieu ni au jour du juge-« ment; leur cœur doute, et, dans le doute, « ils chancellent. — S'ils avaient eu l'inten-« tion d'aller à la guerre, ils auraient fait « des préparatifs. Mais il a déplu à Dieu « qu'ils y allassent; il les a rendus pares-« seux, et on leur a dit : Restez avec ceux « qui restent. — S'ils étaient allés avec vous, « ils n'auraient fait qu'augmenter vos em-« barras; ils auraient mis le désordre au « milieu de vous; ils auraient cherché à « exciter la mutinerie : or, il y a parmi vous « des hommes qui les écoutent avidement, « et Dieu connaît les méchants. — Déjà pré-« cédemment ils ont cherché à faire naître « la rébellion, ils ont même renversé tes « plans jusqu'au moment où la vérité fut « connue, et que la volonté de Dieu devint « manifeste en dépit d'eux. » Trad. de M. Kasimirski, p. 148.

jour de la tribu des Benou-Thamoud, qui, d'après les traditions arabes, avait été détruit par la colère divine. La vallée de Hedjr, sur la route de Damas aux villes saintes, est située à sept journées au nord de Médine. Elle est bordée de hauts rochers creusés de main d'homme, et qui semblent avoir servi autrefois de demeure à quelque peuplade de troglodytes : le terrain y est fertile, et arrosé par un grand nombre de sources. Là, les Musulmans s'attendaient à avoir quelque repos ; mais Mahomet, les soumettant à une des plus rudes épreuves qu'on puisse imposer à des hommes qui viennent de voyager dans le désert, leur défendit de boire l'eau d'une vallée maudite de Dieu, fit jeter celle dont les outres venaient déjà d'être remplies, et fit donner aux chameaux les pains pétris avec cette eau.

Après de grandes fatigues, l'armée des Musulmans arriva enfin à Tabouk, situé à moitié chemin entre Médine et Damas. Mahomet y apprit que les Grecs, au bruit de sa marche, s'étaient retirés dans l'intérieur de la Syrie, et ne pensaient plus à venir attaquer les Arabes. Il résolut, en conséquence, de ne pas aller plus loin, et établit son camp pour donner quelques jours de repos à ses troupes. Ce fut pendant son séjour dans cette partie de la péninsule que quelques petits princes de l'Arabie Pétrée vinrent le trouver, et, quoique chrétiens, firent alliance avec lui, sous la condition de payer tribut. Jean, seigneur d'Aïla, petite ville située au fond du golfe Élanitique, donna trois cents dinars pour obtenir que ses caravanes pussent librement traverser l'Arabie, sans craindre d'être attaquées par les Musulmans. Les habitants d'Adhroh, sur les confins de Syrie, obtinrent la même protection, moyennant un tribut de cent dinars, payable tous les ans, au mois de redjeb. Mahomet envoya ensuite Khaled à Daoumat-el-Djandal, sur les confins de l'Arabie Déserte et de la Mésopotamie. Cette ville était gouvernée par Ocaïdar-ben-Abd-el-Malek, Arabe chrétien, de la tribu des Benou-Kenda. Il voulut résister, mais il fut fait prisonnier, et conduit au prophète, qui lui rendit la liberté, en lui imposant, comme aux autres, le payement d'un tribut annuel.

Après avoir ainsi assuré sa suzeraineté sur toute la partie de la péninsule qui confine avec l'Égypte et la Syrie, Mahomet revint à Médine. Dès qu'il y fut arrivé, les trois Ansariens qui n'avaient pas voulu le suivre vinrent témoigner leur repentir, et demandèrent à rentrer en grâce ; mais ils furent refusés tout d'abord. Il fut défendu d'avoir aucun commerce avec eux, de leur adresser une seule parole ; en sorte qu'ils erraient par la ville, où ils se trouvaient plus isolés que dans le désert. Pendant cinquante jours, ils portèrent ainsi la peine de leur désobéissance ; puis Mahomet pensa qu'ils avaient expié leur faute, et fit paraître ce verset du Coran : « Comme Dieu « est plein de miséricorde, il s'est « montré bon pour les trois hommes « qui étaient restés en arrière. La « terre, toute large qu'elle est, leur « était étroite ; leur esprit était dans « la détresse ; mais ils ont pensé qu'ils « n'avaient d'autre refuge contre Dieu « qu'en revenant à lui ; et il a été bon « pour eux, parce qu'ils se sont convertis, et qu'il est indulgent et miséricordieux. » Une nouvelle soumission vint, à cette époque, témoigner de l'impossibilité où croyaient être les tribus de résister plus longtemps à Mahomet. Les Benou-Thakif, ces fiers habitants de Taïef, que Mahomet n'avait pas pu réduire après la prise de la Mecque et la victoire de Honaïn, envoyèrent des députés à Médine, et demandèrent à être reçus au nombre des Musulmans. Ils voulurent toutefois obtenir quelques conditions, au nombre desquelles était celle de conserver encore pendant trois ans le culte de Lat, leur divinité favorite. Le prophète refusa ; ils réduisirent alors leur demande à un mois ; le prophète refusa de même. « Eh bien, dirent-ils, à nous qui venons de notre plein gré nous soumettre à votre doctrine, accordez-nous au moins d'être dispensés de la prière. — Ce n'est pas une bonne religion, répondit Mahomet, que celle où l'on ne connaît pas la prière. » Ainsi repoussés dans toutes leurs demandes, ils se soumirent enfin, et embrassèrent l'islamisme sans restriction. Moghaïra-ben-Schoba et Abou-Sofian furent envoyés pour détruire les idoles, mission dont ils s'acquittèrent au milieu des pleurs et des gémissements de toute la ville.

Le pèlerinage de la neuvième année de l'hégire fut dirigé par Abou-Bekr, que le prophète chargea de conduire la caravane des pèlerins qui se rendirent à la Mecque. Elle était déjà en route lorsque Mahomet résolut de profiter de cette grande réunion pour faire publier quelques versets du Coran, où il traite des rapports qui doivent exister entre les Musulmans et les infidèles. En conséquence, il envoya Ali sur les traces d'Abou-Bekr, et le chargea de lire au peuple assemblé les nouveaux préceptes qu'il voulait faire entrer dans son corps de doctrine. Abou-Bekr fut blessé de n'avoir pas été choisi pour être l'intermédiaire entre le prophète et son peuple : il crut devoir revenir sur ses pas, et dit à Mahomet : « Depuis que tu m'as char« gé de conduire les fidèles au pèleri« nage, le ciel t'a-t-il fait quelque révé« lation contre moi ? — Non, répon« dit le prophète ; mais personne, si « ce n'est moi ou quelqu'un de ma fa« mille, ne peut proclamer ce qui m'a « été révélé. N'es-tu donc pas satisfait « d'avoir été mon compagnon dans la « caverne lorsque nous fuyions sur les « montagnes, et de n'avoir pas quitté « mes côtés pendant le combat de « Bedr ? » Abou-Bekr, persuadé, revint prendre la tête de la caravane, et régla toutes les cérémonies du pèlerinage. Quand fut venu le jour où l'on immola les victimes, Ali fit la lecture de la sourate appelée *El-Berat*, l'Immunité, dans laquelle Dieu promet aux infidèles qu'ils seront respectés s'ils maintiennent leurs engagements, et ne rompent pas les premiers la paix du Seigneur. « Autrement, qu'ils soient « tués partout où on les trouvera,

« qu'ils soient assiégés dans leurs forts,
« guettés à toutes les embuscades ;
« mais s'ils observent la prière, s'ils
« font l'aumône, alors laissez-les en
« paix, car Dieu est indulgent et mi« séricordieux. Si quelque idolâtre vous
« demande un asile, accordez-le-lui,
« afin qu'il puisse entendre la parole
« de Dieu ; puis faites-le conduire en
« un lieu sûr. Que les temples du Sei« gneur ne soient visités que par ceux
« qui croient en Dieu et au jugement
« dernier, par ceux qui observent la
« prière et font l'aumône ; peut-être
« ceux-ci seront-ils dirigés dans la
« droite voie. » Adorer Dieu et être charitable envers son prochain, tels sont les deux préceptes fondamentaux de la doctrine musulmane. Pourquoi faut-il que cette morale si pure, empruntée au christianisme, soit souillée par des paroles de meurtre ; contraste pénible que recèle chaque page du Coran, et qui nous annonce, sans qu'il soit besoin de pénétrer plus avant dans l'histoire pour s'en convaincre, que l'islamisme s'est propagé par le sabre comme le christianisme par la persuasion ?

Un peuple nouveau s'élève à côté de vieilles nations qui tombent. Ce peuple a toutes les qualités et tous les vices des races primitives : passions fortes, mépris de la vie, jeunesse d'idées, cruauté, enthousiasme. Depuis quelque temps il s'agite comme l'enfant qui veut marcher seul ; où ira-t-il ? Il ne le sait pas encore. Autour de lui, l'empire romain achève de périr sous les coups des barbares ; et la Perse, longtemps rivale heureuse des Césars, n'est plus que le jouet de quelques despotes sans énergie. C'est alors qu'une voix puissante appelle à elle toutes ces tribus, membres épars d'un corps qui s'éveille à la vie. L'homme qui les dirige est lui-même le type de sa race : courageux, ardent, brûlé par le soleil qui calcine les sables du Hedjaz, il dicte sa loi au milieu des batailles ; et dans cette loi, dont il emprunte à nos livres saints toute la partie morale, il inscrit le combat comme la voie du salut. C'est là ce qui

ARABIE.

1. Prêtre à Djedda. 2. Scheik de distinction. 3. Chef de Wahabites.

donne un caractère particulier à la conquête arabe.

Sortis de leurs steppes immenses ou de leurs arides montagnes, les Assyriens, les Chaldéens, les Perses, les Parthes, plus tard les Mongols, ont fait tour à tour plier sous le glaive les habitants amollis de l'Asie occidentale, et créé de puissants empires en échangeant leur ingrate patrie pour de plus heureux climats. Mais l'influence de ces climats heureux, les habitudes d'un luxe facile, les arts qu'il appelle à lui, altéraient les mœurs des conquérants. Ils se dépouillaient de la rudesse qui leur avait valu la victoire pour jouir des douceurs d'une civilisation qui devait les affaiblir. Bientôt confondus avec les peuples qu'ils avaient vaincus, ils en adoptaient les manières, le langage, jusqu'au jour où, de leurs anciennes demeures, sortaient de nouveaux peuples qui, purs de corruption, fondaient un nouvel empire sur les débris de l'ancien. Telle n'a pas été l'invasion des Arabes. Mus par le fanatisme religieux, entraînés par la voix de leur prophète, ils ont taillé les nations vaincues à leur mesure, leur ont imposé la loi qui les régissait, et, depuis douze siècles, l'Orient, stationnaire, tourne dans le cercle qui l'étreint sans avoir pu le briser pour en sortir.

### Pèlerinage d'adieu, mort du prophète.

Ce fut dans la dixième année de l'hégire que Mahomet vint faire à la Mecque un dernier pèlerinage, auquel les Musulmans ont donné le nom de pèlerinage d'adieu, parce qu'il sembla y prévoir sa fin prochaine: « C'est aujourd'hui, « disait-il aux fidèles assemblés, que les « incrédules désespèrent du triomphe. « Ne les craignez plus, mais craignez-« moi. J'ai achevé l'œuvre de votre loi « religieuse; les grâces que j'ai répan-« dues sur vous sont accomplies, et « l'islamisme est le pacte qui vous unit « à moi. » Abou-Bekr ne put retenir ses larmes, car il voyait bien, dit Aboulféda, qu'après l'accomplissement de la grâce, elle ne pouvait plus que décroître, et que le ciel annonçait ainsi au prophète que sa mort était proche. Ce fut pendant sa visite au mont Arafa que Mahomet, changeant l'ordre établi pour l'année arabe, ainsi que nous l'avons vu en parlant du calendrier des Arabes, supprima le mois embolismique qui servait à rapprocher leur année lunaire de l'année sidérale, et prescrivit de s'en tenir à douze lunaisons, mode grossier de mesurer le temps, dont chaque nation qui l'avait adopté n'a pas tardé à sentir les inconvénients, mais que les Musulmans n'ont jamais cherché à corriger, parce qu'ils y voient une prescription religieuse : « O vous « qui m'écoutez, avait dit leur pro-« phète, sachez que le temps ayant ac-« compli sa révolution, est revenu tel « qu'il était lorsque Dieu créa le ciel « et la terre; Dieu a voulu que les « mois fussent au nombre de douze. »

Ali vint retrouver Mahomet à la Mecque, après avoir accompli une mission que le prophète lui avait donnée pour le Yémen, et pendant laquelle cette riche province, secouant complétement le joug de la Perse, avait embrassé l'islamisme. Ainsi se réunissaient par un lien commun et indissoluble tous ces enfants du désert, que les rivalités de tribus avaient jusque-là séparés les uns des autres.

De retour à Médine, le prophète n'en sortit plus pendant tout le reste de la dixième année; et déjà deux mois s'étaient écoulés de la onzième lorsqu'il tomba malade dangereusement. « Il « était alors, dit Aboulféda, dans la « maison de Zaïnab, fille de Djahsch, « car il passait tour à tour une nuit « chez chacune de ses femmes : son « état ayant empiré le jour qu'il se « trouva dans la maison de Maïmouna, « fille de Harith, il les fit toutes ras-« sembler, et leur demanda à être soi-« gné chez l'une d'elles sans en plus « sortir. Elles y consentirent aussitôt, « et on le porta dans la maison d'Aïes-« cha. Malgré la gravité de sa maladie, « il pressait le départ d'une expédition « dont il avait confié le commande-« ment à son affranchi Oçama, fils de « Zéïd. Voici ce que rapporte la tradi-« tion, d'après le témoignage d'Aïes-

« cha : « Lorsque le prophète vint chez
« moi, dit-elle, je me plaignais d'un
« violent mal de tête, et il me dit : —
« Ce serait à moi à me plaindre des
« douleurs que je souffre. Puis il
« ajouta : — L'idée de mourir avant
« moi ne devrait pas t'être pénible : ne
« serais-je pas là tout prêt pour t'en-
« velopper d'un linceul, prier sur toi,
« et te déposer dans la tombe? — Sans
« doute, répondis-je, et puis je crois
« te voir, après l'avoir fait, revenir
« chez moi y prendre tes ébats avec
« quelque autre de tes femmes. » Le
« prophète, malgré l'accablement de
« son mal, ne put s'empêcher de sou-
« rire. »

Il y avait déjà quelques jours que Mahomet était malade, lorsque ayant reconnu tout ce que sa position avait de grave, il résolut de parler encore une fois au peuple assemblé. Soutenu par Fadhl, fils d'Abbas, et par son fidèle Ali, il parvint à monter dans la chaire d'où il donnait ses instructions aux fidèles. Là, il commença par adresser des actions de grâces au Seigneur, pour le remercier de lui avoir permis d'accomplir sa mission sur la terre, puis il ajouta : « O vous qui m'écoutez, si j'ai frappé quelqu'un sur le dos, voici mon dos, qu'il frappe; si j'ai nui à la réputation de quelqu'un, qu'il se venge sur ma réputation; si j'ai dépouillé quelqu'un de son bien, voici mon bien, qu'il se paye, et que, pour cela, il ne craigne pas de s'attirer ma haine, la haine n'est pas dans mon caractère. » Il descendit alors, et fit la prière de midi : comme il se disposait à remonter, un homme l'arrêta par son manteau, et lui demanda le payement d'une dette de trois dirhems; Mahomet les lui rendit aussitôt : « La honte de ce monde, dit-il, est plus facile à supporter que celle du monde à venir. » Il pria ensuite pour ceux qui avaient combattu avec lui à la bataille d'Ohod, et termina en disant : « Dieu a permis à son serviteur de choisir entre les biens de ce monde et ceux qu'on goûte auprès de lui; ce sont ces derniers qu'il a choisis. » Chacun se sentait ému, et Abou-Bekr s'écria : Que ne pouvons-nous racheter ta vie au prix de la nôtre! On le reconduisit ensuite chez Aïescha, et, les jours suivants, il eut encore le courage malgré ses souffrances de se faire porter à la mosquée pour y faire la prière au peuple. Trois jours avant sa mort, ses forces l'ayant trahi et son mal étant devenu trop grand pour lui permettre d'accomplir ce dernier devoir, il nomma Abou-Bekr pour faire la prière à sa place. Ce fut cette désignation qui devint ensuite le plus beau titre du père d'Aïescha lorsqu'il fallut nommer un successeur à Mahomet.

« Quand la maladie fut dans toute sa force, dit Aboulféda, le prophète dit à ceux qui l'entouraient : « Apportez-moi de l'encre et du papier; je vais écrire un livre qui vous empêchera, après ma mort, de tomber jamais dans l'erreur. » Cette proposition excita une vive discussion parmi les assistants : les uns voulant qu'on obéît aux ordres du prophète, les autres ne voyant dans cette demande que l'effet du délire, et regardant le Coran comme la seule règle de l'islamisme à laquelle rien ne pouvait être changé. Importuné des voix qui s'élevaient autour de lui, Mahomet fit retirer ses compagnons; et comme ils le pressaient de nouveau d'expliquer ce qu'il voulait : « Laissez-moi, leur dit-il, ce qui m'occupe vaut mieux que ce que vous m'engagez à faire (*). » A compter de ce moment, il sembla ne plus s'occuper que du passage de cette vie à une mort dont il sondait tous les abîmes. Qui peut savoir quelles furent à cette heure solennelle les réflexions de celui dont la volonté venait d'armer tout un peuple contre les religions auxquelles l'univers avait obéi jusqu'alors ! « Je « ne quittai pas le prophète, dans les « derniers moments de sa vie, a dit « Aïescha; il avait près de lui un « vase plein d'eau, dans lequel il trem- « pait sa main, puis il se touchait le « front en disant : O mon Dieu, « aidez-moi à surmonter les angoisses

(*) Voy. Aboulféda, *Vie de Mohammed*, p. 91.

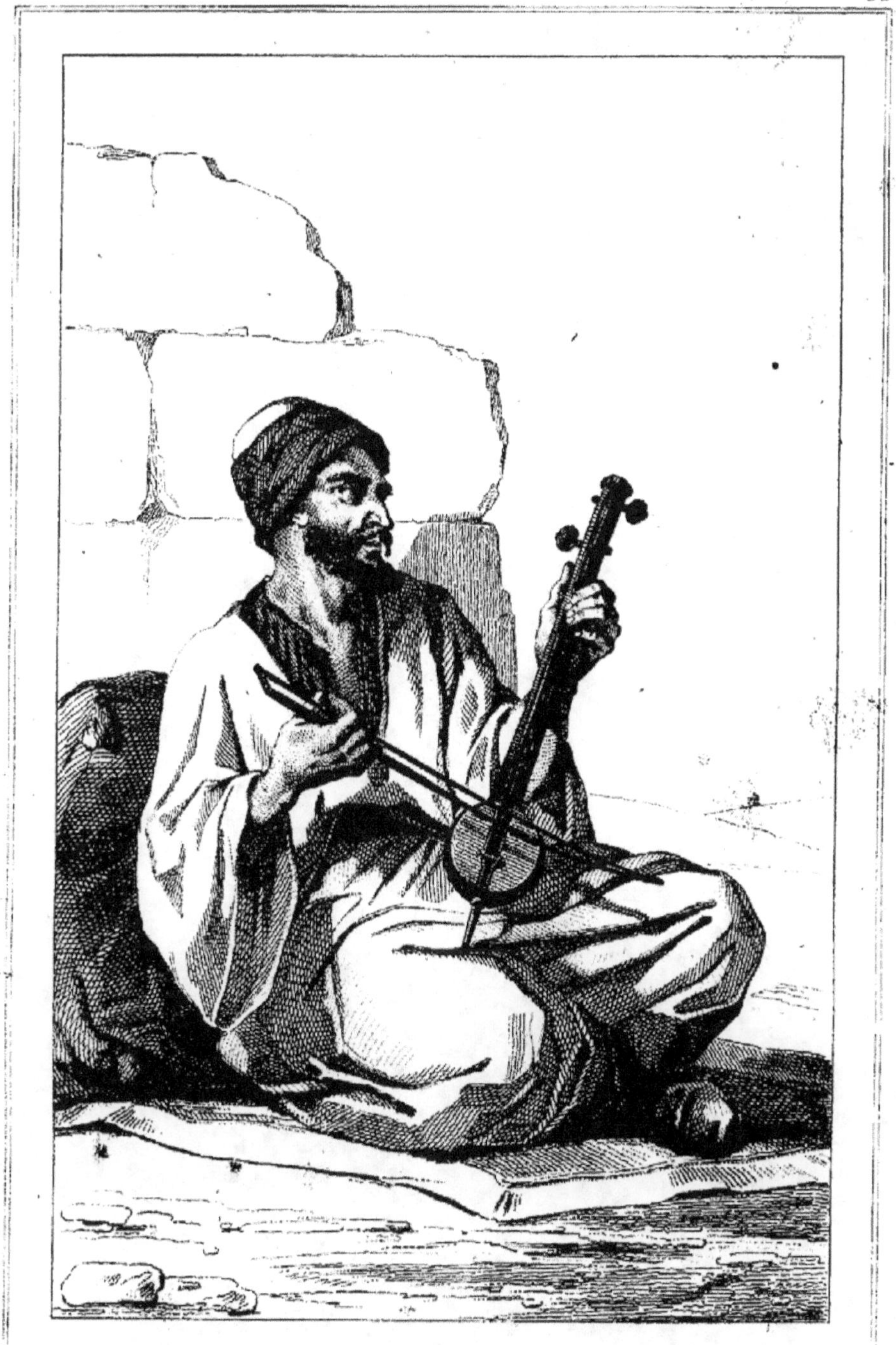

Vernier, del. Lemaitre, dir. Brancke, Sc.

*Arabe jouant du Violon.*

« de la mort. Je lui avais souvent
« entendu dire que Dieu n'appelait
« jamais à lui un prophète sans lui
« avoir donné le choix de rester en-
« core sur la terre, ou de recevoir
« dans le ciel la récompense de ses
« travaux; or, tout à coup sa tête de-
« vint pesante, et il retomba sur mon
« sein; je jetai les yeux sur son visage;
« son regard était fixe, et il murmura :
« C'est le compagnon d'en haut que je
« choisis. » Je compris alors que Dieu
« tout-puissant venait de lui donner
« le choix, et qu'il avait renoncé à la
« terre. Lorsque son âme se fut envo-
« lée vers le ciel, je reposai sa tête sur
« l'oreiller, puis je me mis à gémir
« et à me frapper le visage, ainsi que
« toutes ses femmes (*). »

Ce fut un lundi, 12 du mois de rebi-el-aoual, dans la onzième année de l'hégire, que Mahomet mourut, après une maladie d'environ quinze jours, dont il attribua lui-même la cause au poison que lui avait fait prendre une juive après le siége de Khaïbar. Peu s'en fallut que cet événement ne détruisît l'islamisme dans les provinces plus rapidement encore qu'il ne s'y était élevé. Médine elle-même, la fidèle Médine éprouva quelque hésitation dans sa foi. A peine la nouvelle s'était répandue dans la ville, que les uns parlaient de retourner au culte des idoles; les autres, se rassemblant devant la maison du prophète, disaient : « Comment est mort celui qui doit rendre témoignage contre nous? Non, certes, il n'est pas mort, mais il est monté au ciel comme Jésus (**). » Puis ils criaient à ceux qui étaient dans l'intérieur : « N'enterrez pas le prophète de Dieu, car il ne peut pas être mort. » Ce ne fut qu'au troisième jour, et lorsque le corps, tout enflé par la décomposition, ne permettait plus d'illusion au fanatisme le plus ardent, qu'Abbas, l'oncle de Mahomet, vint parler au peuple et lui dire : « Rendons à la terre le corps de notre prophète, car, par celui qui est le seul Dieu de l'univers, il s'est endormi du sommeil de la mort. » Abbas, ses deux fils et Ali le déposèrent, après l'avoir enseveli, dans une fosse creusée à la place même qu'occupait le lit où il avait rendu le dernier soupir. C'est là, près d'un bosquet de palmiers plantés, dit-on, par sa fille Fatima, que les Musulmans vont, chaque année, à l'époque du pèlerinage, prier sur la tombe de leur législateur.

« On n'est pas d'accord, dit Aboul-
« féda sur l'âge qu'avait le prophète
« quand il mourut; cependant l'opinion
« la plus commune, c'est qu'il avait en-
« viron soixante-trois ans. En effet, les
« traditions les plus authentiques ad-
« mettent que c'est à quarante ans qu'il
« reçut du ciel sa mission prophéti-
« que. Il resta ensuite à la Mecque
« pendant treize ans et plus, appelant
« les hommes à l'islamisme; ensuite il
« se retira à Médine, où il vécut envi-
« ron dix ans après l'hégire, ce qui
« forme un total d'un peu plus de
« soixante-trois ans. Ali, son premier
« disciple et son gendre, nous l'a dé-
« peint dans la tradition comme un
« homme d'une taille moyenne; sa tête
« était forte, sa barbe épaisse; sa char-
« pente osseuse annonçait la vigueur;
« son visage était plein et coloré; quel-
« ques cheveux blancs sur le sommet
« de la tête, quelques poils blancs au
« milieu de sa barbe noire indiquaient

---

(*) Voy. le Sirat-er-Reçoul, ms. de la Bibl. roy., n° 629, fol. 269.

(**) D'après la croyance des Musulmans, les juifs crucifièrent non pas Jésus lui-même, mais un homme auquel Dieu avait donné sa ressemblance. Voici les versets du Coran, sur lesquels est fondée cette opinion. « Les « juifs dirent : Nous avons mis à mort Jé- « sus, fils de Marie. Non, ils ne l'ont pas « tué, ils ne l'ont pas crucifié; un homme « qui lui ressemblait fut mis à sa place, et « ceux qui disputaient là-dessus ont été eux- « mêmes dans le doute. Ils ne le savaient « pas de science certaine, ils ne le savaient « que d'opinion. Ils ne l'ont pas tué réelle- « ment; Dieu l'a élevé à lui, et Dieu est « puissant et sage. Il n'y aura pas un seul « homme parmi ceux qui ont eu foi dans « les Écritures, qui ne croie en lui avant sa « mort. Au jour de la résurrection, Jésus « témoignera contre eux. » Chap. IV, vers. 156, 157, trad. de M. Kasimirski.

« à peine la trace des années. Entre les
« deux épaules, il avait une excrois-
« sance charnue grosse comme un
« œuf de pigeon : c'était le sceau de la
« prophétie. Quant à ses qualités mo-
« rales, elles l'emportaient sur celles
« des autres hommes. Adressant à Dieu
« de fréquentes prières, il était sobre
« de discours futiles, et son goût le por-
« tait à garder le silence. Son visage
« annonçait la bienveillance ; son hu-
« meur était douce, son caractère égal ;
« parents ou étrangers, faibles ou puis-
« sants trouvaient en lui une égale jus-
« tice. Il aimait les humbles et ne mé-
« prisait pas le pauvre à cause de sa
« pauvreté, comme il n'honorait pas
« le riche à cause de sa richesse. Tou-
« jours soigneux de se concilier l'amour
« des hommes marquants et l'attache-
« ment de ses compagnons qu'il ne re-
« butait jamais, il écoutait avec une
« grande patience celui qui venait s'as-
« seoir auprès de lui. Jamais il ne se
« retirait, que l'homme auquel il don-
« nait audience ne se fût retiré le pre-
« mier ; de même que si quelqu'un lui
« prenait la main, il la lui laissait aussi
« longtemps que la personne qui l'avait
« abordé ne retirait pas la sienne. Il
« en était de même si l'on restait de-
« bout avec lui à traiter de quelque af-
« faire ; toujours dans ce cas il ne par-
« tait que le dernier (*). Souvent il
« visitait ses compagnons, les interro-
« geant sur ce qui se passait entre eux.

(*) Mahomet, toutefois, avait eu soin de remédier, par de prétendues révélations célestes, aux inconvénients de sa popularité. On lit, dans le trente-troisième chapitre du Coran, verset 53 : « O vous qui croyez, « n'entrez pas dans la maison du prophète « de Dieu sans qu'il vous l'ait permis, ex-« cepté lorsqu'il vous invite à sa table. « Aussitôt après le repas, retirez-vous sépa-« rément, et ne prolongez pas vos entre-« tiens. Vous lui seriez à charge, et il au-« rait honte de vous en faire apercevoir ; « mais Dieu n'a jamais honte de la vérité. » Il a dit aussi, dans l'avant-dernier verset du vingt-quatrième chapitre : « N'appelez « pas l'apôtre de Dieu avec cette même fa-« miliarité que vous employez quand vous « vous appelez entre vous. »

« Il s'occupait lui-même à traire ses
« brebis, s'asseyait à terre, raccommo-
« dait ses vêtements et ses chaussures,
« qu'il portait ensuite tout raccommo-
« dés qu'ils étaient. Au nombre de ses
« compagnons, il admettait de pauvres
« gens qu'on appelait *Ahl-es-Saffa*,
« les hommes du banc. C'étaient de
« malheureux Arabes qui, n'ayant ni
« asile, ni famille, dormaient la nuit
« dans la mosquée de Médine et s'y
« abritaient le jour. Le banc de la mos-
« quée étant leur domicile, ils en avaient
« pris le nom. Quand le prophète allait
« souper, il en faisait appeler quel-
« ques-uns pour partager son repas, et
« distribuait les autres aux principaux
« de ses compagnons pour qu'ils pour-
« vussent à leur nourriture. Abou-Ho-
« raïra, l'un d'eux, nous a laissé la
« tradition suivante : Le prophète,
« dit-il, sortit de ce monde sans s'être
« une seule fois rassasié de pain d'orge,
« et quelquefois il arrivait que sa fa-
« mille entière passait un ou deux mois
« sans que, dans aucune des maisons
« où elle faisait sa résidence, on eût
« allumé du feu pour y préparer des
« aliments. Des dattes et de l'eau, voilà
« quelle était sa nourriture. J'ai vu
« quelquefois le prophète tellement
« pressé par la faim, que pour en moins
« sentir les angoisses, il était obligé
« d'appuyer fortement une pierre sur
« son ventre et de l'y maintenir avec sa
« ceinture. »

Telle est l'appréciation que les traditions arabes nous ont apportée sur l'homme qui a fondé leur culte. Ce qu'il y a de certain, c'est qu'il eut assez d'ambition et d'éloquence pour persuader et asservir. De tous les législateurs qui ont fondé des religions, a dit Voltaire, il est le seul qui ait étendu la sienne par des conquêtes. D'autres peuples ont porté leurs cultes avec le fer et le feu chez des nations étrangères ; mais nul fondateur de secte n'avait été conquérant. Ce privilège unique est aux yeux des Musulmans l'argument le plus fort que la Divinité prit soin elle-même de seconder leur prophète. Pour nous, qui ne voyons en lui qu'un réformateur hardi, devenu par le succès l'un des plus importants personnages de l'histoire, nous devons convenir que l'islamisme, tel qu'il existe aujourd'hui, est dans son entier l'œuvre de Mahomet. Ces lois religieuses et civiles, qui régissent l'Orient depuis douze siècles, c'est lui qui les a dictées; chaque acte important de sa vie amenait une révélation nouvelle, et depuis sa mort, il règne encore par le Coran sur les peuples qui croient en lui. Il nous faut donc, avant de passer à l'histoire de ses successeurs, parler de cette œuvre bizarre, imposée comme une révélation divine à une grande partie de l'ancien monde.

### De l'Islamisme et du Coran.

Peu de livres seraient moins intéressants et plus rebelles à l'analyse que le Coran. Un code incohérent et confus, recueil de prédications inspirées par l'événement du jour, et démenties par l'événement du lendemain; des récits tronqués, empruntés à nos livres saints; un style serré dont les beautés nous échappent et dont la concision a besoin pour les Arabes eux-mêmes de nombreux commentaires; des prescriptions minutieuses, extraites pour la plupart de la loi de Moïse; le maintien de l'esclavage, c'est-à-dire l'inégalité des hommes entre eux, l'inégalité sociale de l'homme et de la femme, tels sont les principaux caractères du joug religieux qui a courbé l'Orient sous le despotisme. Au sein de l'empire romain, corrompu par les plaisirs, souillé par les vices, avili par l'esclavage, le christianisme était né pour régénérer le monde; au sein du désert et de la liberté, chez un peuple plein de jeunesse et de vigueur, Mahomet a comprimé par son Coran l'essor d'une civilisation progressive: les Arabes ont payé de leur avenir l'immense succès qui leur soumit pour quelques années une partie de l'univers. L'ère qui remonte à Mahomet et qui consacre l'origine de ses triomphes est inconciliable avec les institutions fécondes produites par le travail des siècles et la maturité des temps; et cependant nous avons défendu le législateur arabe contre les injustes préventions qui n'ont voulu voir en lui qu'un fanatique cruel, sacrifiant à son ambition personnelle toutes les règles de la morale. Nous l'avons défendu parce qu'il fut puissant et qu'il ne voulut pas se venger; mais malgré son éclat trompeur, malgré ses rapides conquêtes, l'œuvre qu'il a laissée est demeurée fatale aux peuples qui l'avaient pris pour guide, et c'est son œuvre que nous avons maintenant à juger.

Deux dogmes fondamentaux dominent l'enseignement religieux du Coran : le premier est l'unité de Dieu, le second est la croyance au jugement universel, par lequel tout homme sera récompensé ou puni selon les rapports que l'islamisme, la prière et les bonnes œuvres auront établis entre lui et son créateur. Mahomet, en prêchant l'unité de Dieu, voulut arracher les Arabes au fétichisme, à cette adoration stupide des divinités les plus ridicules; puis il chercha en même temps à jeter de la défaveur sur les chrétiens par des accusations multipliées de polythéisme. Il a toujours feint de prendre les trois personnes pour trois dieux séparés, désireux qu'il était d'attaquer la religion à laquelle il avait fait tant d'emprunts : « Dieu, « dit-il, c'est la vérité; et les dieux que « vous invoquez à côté de lui, c'est le « mensonge. Dieu ne peut avoir d'en- « fants; loin de sa gloire ce blasphème! « Peu s'en faut que les cieux ne se fen- « dent en l'entendant, que la terre ne « s'entr'ouvre et que les montagnes ne « s'écroulent. Quiconque dirait: Je suis « un dieu à côté de Dieu, aurait l'enfer « pour récompense. C'est Dieu qui « vous a donné la terre pour lit et a « élevé comme un pavillon le ciel au- « dessus de vos têtes, c'est lui qui vous « envoie une pluie bienfaisante pour « faire germer les fruits destinés à « vous nourrir. Ne vous a-t-il pas sou- « mis tout ce que la terre supporte, « tout ce qu'elle renferme dans son « sein? N'est-ce pas lui qui guide le « vaisseau sur l'immensité des mers, et « lui encore qui soutient le ciel au-

« dessus de vos têtes ? C'est lui qui vous
« fait vivre, c'est lui qui vous fait mou-
« rir, c'est lui qui vous rappellera à la
« vie. Ne donnez pas d'associés à Dieu.
« Dieu pardonnera tous les autres pé-
« chés, mais il ne pardonnera pas à
« ceux qui lui ont associé des créa-
« teurs : ceux-là commettent un crime
« irrémissible. Ils ont dit : Le Messie
« est le fils de Dieu; que Dieu les com-
« batte! Ils ont pris leurs moines et le
« Messie, fils de Marie, pour leurs
« seigneurs, préférablement à Dieu,
« et cependant il leur a été ordonné de
« n'adorer qu'un seul Dieu, qui n'a ni
« associés ni compagnons. Ils adorent
« à l'égal des dieux des êtres qui ne
« peuvent leur servir, et disent : Voilà
« nos intercesseurs auprès de Dieu.
« Dis-leur : Pouvez-vous apprendre à
« Dieu quelque chose qu'il ignore ? Il
« est trop haut placé pour que d'autres
« s'asseyent à côté de lui. Tout ce qui
« est dans les cieux et sur la terre lui
« appartient et doit retourner à lui.
« Gloire à Dieu qui n'a point de fils,
« qui n'a point d'associés au pouvoir.
« Les cieux et la terre célèbrent ses
« louanges : c'est lui qui a suscité au
« milieu des hommes illettrés un apôtre
« pris parmi eux, afin qu'il leur redît
« ses miracles, qu'il les rendît vertueux
« et les instruisît dans le livre et la sa-
« gesse. Il donne la foi à qui lui plaît,
« et il est plein d'une immense bon-
« té (*). » L'unité, tel est le premier
caractère de Dieu dans le Coran. Dieu
est unique et éternel; il vit, il est
tout-puissant, il sait tout, il entend
tout, il voit tout; il est doué de volonté et d'action; il n'y a en lui ni
forme ni figure, ni bornes ni limites,
ni nombres ni parties, ni multiplica-
tions ni divisions, parce qu'il n'est ni
corps ni matière, qu'il n'a ni commencement ni fin; qu'il existe par lui-même
sans génération, sans demeure, sans
habitation, hors de l'empire du temps;
incomparable dans sa nature comme
dans ses attributs, lesquels sans être
hors de son essence, ne la constituent
cependant pas. Ainsi, Dieu est doué
de sagesse, de puissance, de force,
d'entendement, de regard, de volonté,
d'action, de création, de dons et de
parole. Il possède la parole; cette parole, éternelle dans son essence, est
sans lettres, sans caractères, sans
sons, et sa nature est l'opposé du silence (*).

La première création de Dieu produisit les anges qui, dans la théogonie
musulmane, ne virent qu'avec peine la
création de l'homme, car l'homme est
au-dessus des anges; il est le vicaire
de Dieu sur la terre : « Lorsque Dieu
« dit aux anges : Je vais établir un vi-
« caire sur la terre, les anges répon-
« dirent : Vas-tu placer sur la terre un
« être qui y propagera le mal et ré-
« pandra le sang pendant que nous cé-
« lébrons tes louanges et que nous
« t'offrons sans cesse des sacrifices ?
« — Je sais, répondit le Seigneur, ce
« que vous ne savez pas. Puis il ap-
« prit à Adam le nom des êtres de la
« création, et les fit comparaître en-
« suite devant les anges en les in-
« vitant à les nommer; mais ils ré-
« pondirent : Que ton nom soit béni,
« nous ne possédons d'autre science que
« celle que nous devons à tes enseigne-
« ments. Dieu dit alors à Adam : Ap-
« prends-leur les noms de tous les
« êtres, et lorsqu'il l'eut fait, le Sei-
« gneur dit : Ne vous avais-je pas averti
« que je connaissais le secret des cieux
« et de la terre, ce que vous produisez
« au grand jour et ce que vous cachez ?
« Lorsque nous ordonnâmes aux anges
« d'adorer Adam, ils l'adorèrent tous,
« excepté Eblis; celui-ci s'y refusa et
« s'enfla d'orgueil, il fut du nombre
« des infidèles (**). » C'est ce dernier
verset du Coran, qui a établi aux yeux
des Musulmans la supériorité de l'essence
humaine sur celle des anges.
Tous les commentateurs du Coran et

---

(*) Voy. le Coran, sourates II, 20; IV,
51; IX, 30, 31; X, 19, 67, 69; XVII, 8;
XIX, 36; XX, 92; XXI, 30; XXII, 61, 62,
64, 65; LXII, 1, 2, 4.

(*) Voy. Mouradjha d'Ohsson, Code religieux, t. I$^{er}$, p. 82.

(**) Voy. le Coran, sourate II, v. 28
à 32.

docteurs de l'islam divisent les anges en différentes catégories. La première, et celle dont l'essence est supérieure à toutes les autres, a été formée par les quatre archanges, qui sont regardés comme les exécuteurs des ordres du Très-Haut, les seuls qui aient accès auprès de son trône. Gabriel est chargé d'annoncer aux hommes que Dieu a choisis pour en faire des prophètes, leur mission divine, et de leur transmettre les mystérieuses paroles du Seigneur. L'archange Michel préside aux éléments, assemble les nuages et verse les pluies bienfaisantes qui développent la végétation. Azraïl est l'ange de la mort; c'est lui qui accueille l'âme dans son passage à une vie nouvelle et la conduit devant son juge. Israfil, le gardien de la trompette céleste, la fera deux fois retentir à la fin des siècles : la première pour ôter la vie à tous les êtres animés, et la seconde pour ressusciter les morts. « Tout homme, dit le Coran, a des anges qui se succèdent sans cesse placés devant lui et derrière lui; ils veillent sur lui par l'ordre du Seigneur (*). » Le Coran admet encore une race intermédiaire entre les hommes et les anges : ce sont les génies, *djinn*, dont l'origine et la nature sont définies d'une manière bien vague dans la cosmogonie arabe. Plusieurs commentateurs ont regardé Eblis ou Satan, après sa chute, comme le père des génies. Il est de fait que le mot *djinn* et celui de scheïtan (Satan) sont souvent employés indifféremment dans le Coran pour exprimer le principe du mal, et cependant ils semblent appartenir à deux cultes différents : le Satan biblique étant évidemment l'une des plus anciennes croyances de la race sémitique, tandis que les génies ont dû être empruntés aux mythes gracieux de l'Inde et de la Perse.

La création en six jours, la chute du premier homme par les suggestions de l'esprit du mal, ont été prises avec assez de fidélité dans la Genèse par les traditions de l'islam. Chassés du paradis après leur désobéissance, le premier homme et sa compagne errent séparément sur la terre pendant près d'un siècle. Après cette longue séparation, ils se rejoignent sur le mont Arafa, près de la Mecque (*). Par les ordres du Très-Haut, des anges prirent une tente du paradis et la dressèrent sur le sol même où la Caaba s'est élevée. Adam reçut alors du ciel dix feuillets sacrés sur lesquels se trouvaient inscrits le grand principe de l'unité de Dieu et les prescriptions d'un culte qui, ayant été depuis négligé et oublié par les hommes, leur fut annoncé de nouveau lors de la venue de Mahomet, le dernier des prophètes. Ce divin code était écrit en mille langues différentes, et Adam fut doué par inspiration de la science de l'écriture, science qui fut ensuite transmise aux hommes par le prophète Énoch. Adam s'adonna aux soins de l'agriculture, et son bonheur ne fut plus troublé que par les querelles de ses deux fils aînés *Kabil* et *Habil*, Caïn et Abel. Tous les enfants d'Adam naissaient jumeaux, garçon et fille; ils s'alliaient entre eux; mais le frère n'épousait jamais sa sœur jumelle. Séduit par la beauté de la sienne, Caïn la disputait à Abel. Adam les fit consentir à s'en rapporter au jugement de Dieu, et leur ordonna d'offrir chacun un sacrifice. Tous deux se rendirent dans la vallée sablonneuse de Mina, auprès de la Mecque, où le feu du ciel consuma l'offrande d'Abel, tandis que celle de Caïn fut rejetée par le Seigneur. Dans sa fureur jalouse, Caïn frappa son frère d'une pierre et le tua. A peine il avait commis son crime qu'il en fut saisi d'horreur et voulut en dérober les traces à tous les yeux. Un corbeau qui descendit du haut des airs gratta le sable devant lui, et lui enseigna ainsi comment il pouvait cacher son forfait dans les profondeurs de la terre. Il se sauva ensuite dans le Yémen et se cacha dans un vallon à l'orient d'Aden. Adam chercha, dans sa douleur, le

---

(*) Sourate XIII, v. 12.

(*) C'est de là que cette colline a pris son nom, *Arafa*, lieu de la reconnaissance.

corps de son fils; et quand il se fut assuré que la terre lui avait dérobé la triste consolation de le contempler encore une fois, il la maudit. C'est depuis ce temps que la vallée de Mina n'est plus qu'un lieu stérile semé de ronces et de roches grisâtres.

Dieu, touché de la douleur d'Adam, lui accorda un fils qui surpassait tous les autres en beauté: il se nommait Schiss (Seth). C'est lui qui est le fondateur de la Caaba; il l'éleva au lieu même où les anges avaient dressé pour Adam une tente prise parmi les trésors du paradis. Arrivé à l'âge de neuf cent trente ans, Adam s'endormit dans le Seigneur: les anges lavèrent et purifièrent son corps, c'est là l'origine des lotions funéraires. Il fut ensuite déposé dans une grotte, sur la montagne d'Abi-Coubeïs, qui domine la Mecque: il laissait en mourant une postérité composée de 40,000 descendants. Berd, issu de la branche de Seth, naquit trente-cinq ans après la mort d'Adam, et engendra, à l'âge de cent cinquante-sept ans, le prophète Énoch. Son grand amour pour l'étude des vérités éternelles et des pratiques de l'islamisme lui mérita le surnom d'*Idris* ou le studieux. Favorisé de révélations surnaturelles, il reçut du ciel trente feuillets qui contenaient, entre autres, les principes de l'astronomie et de la médecine. En l'instruisant dans beaucoup d'autres mystères, Dieu lui ordonna de ne pas chercher à pénétrer son essence et à sonder l'abîme de son immensité, parce qu'il était infiniment au-dessus de l'intelligence des hommes. Ce fut Énoch qui transmit aux hommes l'écriture et l'art de tisser la toile. Le Seigneur mit le comble aux dons qu'il lui avait prodigués en l'admettant vivant aux délices du paradis, dans lequel il fut emporté par les anges, à l'âge de trois cent soixante-cinq ans. *Metouschalkh* ou Mathusala, fils d'Énoch, engendra Lamech, père de Noé. Mais au temps de ce dernier patriarche, les peuples avaient déjà quitté le culte d'un seul Dieu pour se livrer à l'idolâtrie. « Nous avons envoyé Noé vers son peuple, dit le Coran, pour le remettre dans la voie du Seigneur: O mon peuple, n'adorez qu'un seul Dieu; pourquoi offrir votre encens à d'autres dieux que lui? Je crains pour vous le jour du châtiment. — Beaucoup d'entre eux répondirent: Nous voyons bien que c'est toi qui es dans l'erreur. — Non, je ne suis pas dans l'erreur, je suis l'envoyé du maître de l'univers, je viens vous apporter ses ordres et vous donner des conseils salutaires, car il m'a révélé ce que vous ne savez pas. — Son peuple le traita d'imposteur: aussi nous l'avons sauvé avec ceux qui se sont réfugiés dans l'arche auprès de lui, et tous les autres ont péri sous les flots, car les avertissements que nous leur avions donnés, ils les avaient traités d'impostures. — Nous avons ensuite envoyé son frère Houd vers les Adites, et Houd leur a dit, comme Noé l'avait dit à son peuple: N'adorez pas d'autres dieux que votre Seigneur. Pourquoi vous étonner que l'un d'entre vous soit chargé de vous apporter les paroles de votre Seigneur? Rappelez-vous qu'il a fait de vous les successeurs du peuple de Noé, et qu'il vous a doués d'une taille gigantesque (\*). Souvenez-vous de ses bienfaits, si vous voulez être heureux. — Es-tu venu, lui répondirent-ils, pour nous faire quitter le culte de nos pères? Si tu as dit la vérité, que tes menaces s'accomplissent. — Par l'effet de notre miséricorde, nous avons sauvé Houd et ceux qui avaient cru en sa parole; les incrédules ont été exterminés jusqu'au dernier. — Nous avons encore envoyé Saleh aux descendants de Thamoud; il leur a dit: O mon peuple, n'adorez qu'un seul Dieu; pourquoi offrir votre encens à d'autres dieux que lui? Voici le signe du Seigneur: cette chamelle est le signe de ma mission (\*\*), gardez-vous de lui faire aucun mal, un affreux châtiment tomberait sur vous. Rappelez-vous que le Seigneur a fait de vous les successeurs du peuple d'Ad, et qu'il vous a

---

(\*) Voy., plus haut, l'histoire des Arabes avant l'islamisme, p. 48.

(\*\*) Voy. ibid., p. 49.

placés dans une vallée où vous avez taillé les rochers en larges édifices. Songez aux bienfaits dont il vous a comblés et croyez à sa parole. — Les Thamoudites ont été incrédules et rebelles, ils ont coupé les jarrets de la chamelle, et ils dirent à Saleh : Si tu nous as apporté la vérité, que tes menaces s'accomplissent. Le lendemain ils étaient étendus morts la face contre terre. — Nous avons aussi envoyé Loth à son peuple, qui ne répondit à ses reproches qu'en disant : Chassons-le de la ville. Nous avons sauvé Loth et les siens ; sa femme seule est restée en arrière. La ville et ses habitants ont été détruits par une pluie de feu (*). »

On peut voir, par ces passages extraits du Coran ou de ses commentateurs, comment des fables ridicules, empruntées aux plus anciennes traditions arabes, viennent se grouper autour de quelques récits bibliques. Deux idées fondamentales, ainsi que nous l'avons déjà exprimé, dominent la partie morale et religieuse du Coran. La première, à laquelle se rapporte ce qui précède, est l'unité de Dieu ; la seconde, c'est le jugement universel. « Lorsque le son de la trompette se « fera entendre pour la première fois, « dit le Coran, que la terre et les mon-« tagnes, enlevées dans les airs, se-« ront brisées d'un même choc, ce « jour-là sera le jour du jugement der-« nier. Les étoiles seront dispersées, « les mers confondront leurs eaux, les « tombeaux brisés laisseront échapper « les corps qu'ils renferment, et les « anges porteront le trône du Seigneur. « C'est alors que l'homme verra à la « fois toutes les actions de sa vie. Ce-« lui à qui on remettra le livre de ses « œuvres dans la main droite, sera « admis dans le jardin de délices ; ce-« lui à qui on remettra le livre de ses « œuvres dans la main gauche, invo-« quera la mort sans pouvoir la rece-« voir, car il sera livré aux gardiens de « l'enfer, qui le chargeront de chaînes « longues de soixante-dix coudées. Son « crâne se fendra sous l'ardeur du feu, « et ses pieds reposeront sur les char-« bons ardents. Si les infidèles sont « abreuvés d'eau bouillante, les justes « videront des coupes pleines des plus « délicieuses liqueurs. Vêtus d'une soie « moelleuse ou de riches brocarts, ils « se reposeront sur des siéges ornés « des plus précieux métaux. Servis « par des esclaves dont la jeunesse « sera éternelle, ils verront sans cesse « circuler autour d'eux des vases cise-« lés remplis d'un vin qui ne pourra « les enivrer ; les bananiers pencheront « vers eux leurs branches chargées de « fruits, et des vierges aux yeux noirs, « dont la virginité renaîtra dans la « jouissance, serviront à leurs plai-« sirs (*). » Nous n'insisterons pas plus longtemps sur les délices du paradis de Mahomet ; quelques commentateurs ont voulu voir dans ces tableaux voluptueux sur lesquels revient le Coran dans plusieurs chapitres, des allégories à l'amour divin, semblables à celles que nous devinons dans le Cantique des Cantiques ; mais il faut avouer que le texte se prête peu à une telle interprétation, et il est plus probable que Mahomet aura voulu séduire ses disciples par la promesse des seuls plaisirs auxquels il ait lui-même sacrifié, quelquefois, jusqu'aux intérêts de son ambition.

L'islamisme admet encore un lieu intermédiaire entre l'enfer et le paradis, espèce de limbes destinés à ceux qui naissent et meurent dans un état de démence ou d'imbécillité, sans avoir pu embrasser ou professer aucune religion. « La séparation appelée el Araf, « dit le Coran, s'étend entre les ré-« prouvés et les élus. Sur l'Araf se « tiendront des hommes qui connaî-« tront chacun à sa marque distinctive ; « ils diront aux habitants du paradis : « La paix est avec vous ; et lorsque « leurs yeux se tourneront vers ceux « que l'ardeur du feu consume, ils s'é-« crieront : O mon Dieu, ne nous placez « pas avec les méchants. » Si ceux aux-

---

(*) Coran, sourate VII, intitulée : El-Araf ; voy. aussi la sourate LIV, intitulée : la Lune.

(*) Coran, sourates LVI, LXIX, LXXVI, LXXXI.

quels le Seigneur a refusé l'usage de leur intelligence ont trouvé grâce devant le prophète arabe, tout homme d'un esprit sain qui ne se sera pas soumis à la religion de Mahomet est dévoué aux peines éternelles. Mais aussi, chez le Musulman, les plus grands péchés n'effaceront pas le caractère de la foi, et ne l'excluront pas du sein de l'islamisme, en sorte que pour lui, les tourments de l'enfer ne seront qu'une expiation passagère, les seuls infidèles étant condamnés au feu qui ne s'éteindra jamais. C'est là du moins l'opinion des Musulmans orthodoxes, qui n'accordent d'autre mérite aux bonnes œuvres que d'acquérir à celui qui les pratique, un degré de béatitude proportionné à la nature et au nombre des sacrifices qu'il s'est imposés. D'après ce principe, quiconque meurt dans la foi musulmane arrivera un jour au bonheur des élus. En vain aurait-il commis les fautes les plus graves, en vain il aurait transgressé la loi ou violé le culte, si au fond du cœur il est resté Musulman. C'est un enfant rebelle qui a encouru le châtiment de son père céleste, et un père ne punit jamais que pour pardonner après l'expiation. Purifié par le feu de la géhenne, il pourra plus tard paraître devant la face de son créateur, et être admis enfin à cette béatitude éternelle à laquelle sont destinés tous ceux qui ont la foi.

Cette foi musulmane, dont les effets bienfaisants surpassent tous les maux desquels la volonté de l'homme peut se rendre l'organe, consiste dans la croyance explicite et formelle des six articles que l'on regarde comme les fondements de la religion. Tous sont compris dans cette formule : « Je crois en Dieu, en ses anges, en ses livres, en ses prophètes, au dernier jour du jugement et à la prédestination divine, soit pour le bien, soit pour le mal. » Les interprétations des docteurs de l'islam sur ces différents points donnent : 1° à Dieu, les qualités les plus sublimes et l'unité pour le premier de ses attributs ; 2° aux anges, un nombre indéfini, en rangeant dans la plus haute classe de ces esprits célestes, ainsi que nous l'avons dit plus haut, les quatre archanges Gabriel, Michel, Azraïl et Israfil ; 3° aux livres célestes, le nombre de cent quatre, dont les plus importants sont le Pentateuque, les Psaumes, l'Évangile et le Coran ; 4° aux prophètes, celui de cent vingt-quatre mille, dont le plus grand et le plus auguste est Mahomet, consommateur des prophéties et des mystères éternels ; 5° au jour du jugement, les pronostics les plus effrayants pour l'humanité (*) ; 6° enfin, à la prédestination ou aux décrets divins, les effets les plus immuables sur la destinée spirituelle des hommes.

Le dogme de la prédestination, l'un des plus importants de la religion musulmane, puisqu'on attribue à son influence l'état d'immobilité dans lequel, malgré la marche du temps, sont restées les nations qui pratiquent l'islamisme, a été mal compris par l'Occident, et souvent par les islamites eux-mêmes. La loi religieuse a toujours envisagé les Musulmans sous deux points de vue essentiellement différents, et relatifs, l'un à l'état temporel, l'autre à l'état spirituel. Sous le premier rapport, l'homme qui s'ac-

---

(*) Le prophète a donné dix signes comme les annonces terribles de la fin du monde, savoir : 1° une fumée noire et épaisse qui enveloppera tout le globe ; 2° l'apparition de l'Antechrist ; 3° celle de la bête qui, dans l'Apocalypse, s'élève de la terre, *Dabbet-el-Ardh ;* elle aura dans sa main la verge de Moïse et le sceau de Salomon ; elle touchera les élus avec cette verge, traçant sur leurs visages, en caractères visibles, le mot *moumin*, croyant, et appliquera l'empreinte du sceau sur le front des réprouvés, en traçant le mot de *kafir*, infidèle ; 4° le lever du soleil du côté de l'occident ; 5° l'avénement de Jésus-Christ, fils de Marie ; 6° l'apparition des descendants de Gog et Magog ; 7° l'écroulement de l'Orient ; 8° celui de l'Occident ; 9° le bouleversement de l'Arabie ; 10° un immense incendie qui, prenant sa naissance dans le Yémen, chassera les peuples devant lui, jusqu'à ce qu'ils soient réunis au lieu destiné pour leur jugement. Voy. M. d'Ohsson, t. I$^{er}$, p. 424.

ARABIE.

quitte avec exactitude de tous ses devoirs, qui accomplit toutes les prescriptions du culte ou de la morale, est désigné sous le nom d'observateur de la loi ; celui qui néglige ses devoirs ou viole ses obligations, est un prévaricateur. Sous le second rapport, l'homme qui a la foi, seule vertu nécessaire pour mériter le ciel, est qualifié du titre de *saïd*, qui veut dire heureux, élu pour le bonheur. Celui auquel il manque la foi est un *kafir*, c'est-à-dire un réprouvé ou un infidèle. C'est sous ce dernier rapport seulement que la doctrine de la prédestination est applicable, et que les hommes sont destinés de toute éternité à être au nombre des élus ou des réprouvés. Mais les plus anciens imams, les docteurs les plus célèbres ont décidé que nier le libre arbitre et attribuer les actions de l'homme à la seule volonté divine, c'était pécher contre la religion de l'islam. Dans toutes les circonstances de la vie, le Musulman doit implorer les lumières du ciel, par l'intercession du prophète et celle des bienheureux admis déjà aux récompenses de la vie future ; mais après avoir ainsi cherché à placer chaque action importante sous l'invocation du Très-Haut, il faut encore réfléchir, consulter ses propres lumières et appeler à son secours les règles de l'expérience ou de la raison. Ce n'est qu'après avoir mis en œuvre les ressources de l'intelligence, qu'on peut attribuer aux éternels décrets de la Providence les événements, quels qu'ils soient, et dès lors il faut s'y soumettre avec la plus complète résignation.

Telle est l'interprétation donnée par les premiers docteurs de l'islam au dogme de la prédestination, et, malgré leurs efforts, un préjugé toujours dominant a fait prévaloir, auprès d'un grand nombre de Musulmans, la croyance d'une intervention divine dans toutes les actions civiles ou morales de l'homme. On s'en tint au principe d'un destin immuable excluant les effets du libre arbitre, et dès lors la fatalité, introduite dans les événements publics comme dans les actes de la vie privée, a détruit l'énergie, éteint l'enthousiasme, déguisant, sous le nom de résignation, l'engourdissement dans lequel l'empire d'Orient attend, sans le prévoir, le moment de sa chute.

Si la foi, comprise dans les différents dogmes dont nous venons de faire rapidement l'analyse, est la seule obligation spirituelle imposée au Musulman, il doit encore se soumettre au culte extérieur, dont la profession de foi, la prière, l'aumône, le jeûne et le pèlerinage forment les cinq bases fondamentales (*). Il n'y a pas d'autre Dieu que Dieu, et Mahomet est le prophète de Dieu. Ces paroles, que prononça l'ange Gabriel lorsqu'il vint annoncer à Mahomet, sur le mont Harra, que Dieu l'avait choisi pour son prophète, forment la profession de foi qui donne le caractère de Musulman à quiconque les prononce avec conviction.

La prière, cinq fois répétée pendant les vingt-quatre heures, devient obligatoire pour celui qui, en prononçant la profession de foi, s'est soumis aux lois de l'islamisme. Cette prière, que les Musulmans nomment *Namaz*, forme en quelque sorte toute la liturgie du culte mahométan, et tout a été minutieusement prévu par le prophète arabe pour lui donner la solennité qu'exige cet hommage de reconnaissance, cet humble aveu que l'homme fait de sa faiblesse auprès de la toute-puissance de l'Éternel : « La prière, a dit le Coran, est pour tout croyant un devoir qu'il accomplira aux heures marquées. O croyants, quand vous vous disposez à faire la prière, lavez-vous le visage et les mains jusqu'au coude ; lavez-vous la tête et les pieds jusqu'à la cheville (**). » Cette pres-

---

(*) La circoncision à laquelle se soumettent presque tous les Musulmans n'est cependant que d'obligation imitative. L'enfant trop faible ou mal conformé, l'infidèle qui embrasserait l'islamisme dans un âge avancé, peuvent, tout en étant bons Musulmans, se dispenser d'une opération qui, pour eux, serait dangereuse.

(**) V. sourate IV, v. 104 ; et sourate V, v. 8.

cription a rendu les ablutions l'une des pratiques les plus essentielles de l'islamisme ; c'est elle qui a élevé autour des mosquées ces nombreuses fontaines où chaque fidèle va se laver de toute souillure avant d'entrer dans le temple du Seigneur. La décence dans les vêtements, telle est la seconde condition essentielle pour que la prière soit valide. Même dans les climats les plus chauds, l'homme doit être couvert au moins depuis la ceinture jusqu'aux genoux ; la femme esclave, depuis les épaules jusqu'aux genoux ; la femme de condition libre doit être entièrement cachée par ses voiles. La troisième prescription imposée pendant la prière, c'est la direction constante vers le point de l'horizon qui répond à la position de la Mecque. La quatrième et la plus importante de toutes est l'intention : le fidèle, au moment de prier, doit se dépouiller de toutes les pensées de la terre. Pénétré de la présence de Dieu, il s'unit d'intention à l'imam dans les sentiments les plus profonds d'amour, de crainte et de respect. Le prophète lui-même en a donné l'exemple, disent les commentateurs, puisque toutes les fois qu'il priait il se détachait du monde et se pénétrait de la majesté de l'Être suprême, au point que son cœur bouillonnait comme l'eau exposée dans un vase d'airain à la chaleur du foyer. Ainsi disposé à se mettre en présence de son Créateur, le Musulman élève ses deux mains, les doigts entr'ouverts et portant le pouce de chaque main sur la partie inférieure de l'oreille, il récite le *Tekbir :* « Dieu est grand, Dieu est grand, il n'y a pas d'autre Dieu que Dieu, Dieu est grand, louange à Dieu. » Les deux mains s'abaissent ensuite et se croisent au-dessous de la ceinture. Le Musulman, debout et les yeux baissés, dit : « Que ton nom soit exalté, ô mon Dieu ; je te sanctifie, je te loue ; il n'y a pas d'autre Dieu que toi ; j'ai recours à toi contre les embûches du démon. » Alors commence la récitation du premier chapitre du Coran : « Au nom de Dieu clément et miséricordieux, louanges à Dieu seigneur de l'univers, souverain maître du jour du jugement. Nous t'adorons, Seigneur, et nous implorons ton assistance : dirige-nous dans la voie du salut, dans la voie de ceux que tu as comblés de tes bienfaits, de ceux qui n'ont pas mérité ta colère et qui ne sont pas du nombre des égarés. » Un autre chapitre du Coran, au choix du fidèle, termine cette partie du *namaz*. On s'incline alors profondément en récitant le *tekbir*, puis on se relève en disant : « Dieu écoute celui qui le loue ; les louanges n'appartiennent qu'à Dieu. » C'est alors que le fidèle se prosterne la face contre terre, s'assied sur ses genoux et se prosterne encore. Relevé et debout, il termine par une dernière récitation du *tekbir*(*). Toute cette partie de la prière forme un *rika*; la prière *namaz* est composée de plusieurs de ces *rika*, selon les heures de la journée auquel on la prononce. La dévotion des Musulmans va même souvent, sous ce rapport, au delà des prescriptions religieuses, et nous verrons que le fameux Haroun-el-Reschid, ce héros du Khalifat et des Mille et une Nuits, trouvait le temps, malgré ses nombreuses occupations, de réciter cent *rika* par jour.

C'est Mahomet qui a déterminé les heures consacrées à la prière. Celle du matin est valide depuis que la lumière de l'aurore permet de distinguer un fil blanc d'un fil noir, jusqu'au lever du soleil. Adam, disent les commentateurs, fit le premier cette prière lorsqu'il fut chassé du paradis. Effrayé des ténèbres de la nuit qui l'avaient enveloppé sur la terre, il rendit grâce à l'Éternel en apercevant les premières lueurs de l'aurore, et prononça deux *rika*, l'un pour avoir été délivré des horreurs de l'obscurité, l'autre pour avoir vu renaître la lumière du jour. La prière de midi doit se prononcer, non pas au moment où le soleil passe

---

(*) Voy. à la planche 16, les différentes positions prescrites au Musulman pendant qu'il récite un *rika*.

ARABIE.

au zénith, mais lorsqu'il commence à s'incliner au couchant ; elle se compose de quatre *rika*, et son institution remonte, dit-on, à Abraham, lorsqu'il remercia Dieu de lui avoir donné la force de sacrifier son fils et de lui avoir épargné la douleur du sacrifice. La prière de l'après-midi se prononce au moment où l'ombre que produit l'aiguille du cadran solaire atteint le double de sa longueur ; elle se compose de quatre *rika*. On en attribue l'origine au prophète Jonas, qui rendit grâces au Seigneur de s'être vu délivré de quatre espèces de ténèbres : celles de l'ignominie, celles de la nuit, celles de la mer et celles qui l'enveloppaient dans le ventre de la baleine. Au coucher du soleil, le muezzin annonce la prière du soir, et chacun doit s'en être acquitté avant que l'obscurité soit complète. C'est Jésus-Christ qui fit le premier ce *namaz*, disent les mahométans ; il le composa de trois *rika*, dont les deux premiers avaient pour objet de reconnaître sa dépendance et celle de sa mère, le troisième de rendre hommage au Dieu puissant, qui s'était manifesté à lui. La cinquième et dernière prière est celle de la nuit ; on peut la faire depuis le moment où la lumière du jour a entièrement disparu, jusqu'à celui où l'aurore se lève. D'après la tradition, Moïse, égaré à l'entrée de la nuit au sortir de la ville de Madian, se livrait aux inquiétudes que lui inspiraient d'une part son persécuteur Pharaon et de l'autre le sort de sa femme, de ses enfants et d'Aaron son frère. Rassuré par une voix céleste sur les motifs de crainte qui agitaient son esprit, il institua la prière de la nuit, et la composa de quatre *rika* en souvenir des quatre sujets de tourments dont l'avait délivré l'intervention du Seigneur. On voit ainsi que Mahomet, dans le but de rendre la prière plus sainte aux yeux de ses disciples, en avait fait remonter l'origine aux personnages les plus célèbres de la Bible. Jésus-Christ lui-même passait pour l'auteur de la prière du soir ; car, si le législateur arabe a cherché dans mille occasions à nier la divinité du Christ, il l'a placé cependant à la tête de tous les prophètes qui avaient paru jusqu'à lui. C'est le lendemain de son prétendu voyage nocturne, de son ascension au septième ciel, que Mahomet révéla aux Musulmans la loi religieuse qui les obligeait aux cinq prières canoniques. Tel était l'ordre du Très-Haut, qu'il avait pu contempler face à face, et qui avait voulu rétablir sur la terre le culte que lui rendaient les anciens patriarches. La prière doit se faire en particulier, et mieux encore en commun dans les mosquées ; personne n'en est dispensé ; les devoirs les plus importants, les affaires les plus sérieuses ne peuvent en retarder l'accomplissement : les voyageurs et les malades obtiennent seuls quelques restrictions.

« O croyants ! donnez aux pauvres
« une partie des biens qui vous ont
« été accordés par nous avant que le
« jour vienne où il n'y aura plus
« ni vente ni achat, où l'intercession
« sera insuffisante. Ceux qui répan-
« dent leurs trésors dans le sentier
« de Dieu sont semblables à la se-
« mence de froment qui, confiée à la
« terre, produit sept épis, dont cha-
« cun donne cent grains. Ceux qui
« répandent leurs trésors dans le sen-
« tier de Dieu et qui ne font pas ache-
« ter leurs bienfaits par des repro-
« ches, trouveront leur récompense
« dans le Seigneur ; ni la crainte ni
« l'affliction ne descendront sur eux.
« L'homme qui donne et reproche son
« bienfait ressemble à la colline ro-
« cheuse à peine recouverte d'une lé-
« gère poussière ; si l'eau du ciel vient
« à tomber, elle n'y laisse qu'un ro-
« cher stérile. Celui qui donne pour
« plaire à Dieu ressemble au jardin
« planté sur la pente adoucie d'un co-
« teau ; les pluies l'arrosent et ses
« arbres portent une double récolte.
« O croyants, faites l'aumône de vos
« biens les meilleurs, des fruits que
« vos travaux ont demandés à la ter-
« re. » Telles sont les paroles du Co-

ran (*); aussi la dîme aumônière est-elle considérée par tous les Musulmans comme d'obligation divine, et ce grand précepte de l'islamisme, si bien d'accord avec l'hospitalité généreuse des anciens Arabes, a rarement été négligé, même par les hommes qui n'avaient pas d'autre vertu. Pour ceux qu'un penchant naturel à l'avarice arrêterait dans l'accomplissement de ce devoir, la loi religieuse a réglé jusqu'aux moindres détails de l'aumône obligatoire. Toute propriété, toute richesse sont soumises à la dîme aumônière. Les troupeaux, les récoltes, l'or, l'argent, les effets mobiliers doivent acquitter le droit des pauvres, et ces pauvres ne peuvent être choisis dans la famille, de peur qu'un sentiment de partialité ne fasse préférer des parents à de plus nécessiteux. La distribution de l'aumône, du reste, est à la libre disposition du donateur, et l'indigent ne peut la solliciter à son profit dès qu'il est assuré du pain de sa journée : la loi religieuse lui défend de songer au lendemain. Sous le titre d'aumône sont encore compris, au jour des sacrifices, l'immolation d'une victime dont la chair est distribuée aux indigents, et les *wakfs* ou fondations pieuses, dont le donateur offre à Dieu la propriété absolue en s'en réservant l'usufruit ou la jouissance.

Mahomet a dit : « O vous qui croyez! le jeûne est obligatoire pour vous comme il l'a été pour vos prédécesseurs; craignez Dieu! La lune de ramadhan, pendant laquelle le Coran est descendu du ciel pour guider les hommes dans la voie du salut, est le temps destiné au jeûne. Celui qui l'aperçoit dans le ciel doit se disposer à l'abstinence. Il vous est permis de manger et de boire jusqu'au moment où, à la lueur du crépuscule, vous pouvez distinguer un fil blanc d'un fil noir : alors commence le temps d'abstinence jusqu'au coucher du soleil, et pendant ce temps n'approchez pas de vos femmes, mais livrez-vous à des œuvres de dévotion dans les mosquées. Le malade ou le voyageur compenseront plus tard le jeûne qu'ils ne peuvent accomplir par un nombre de jours égal à celui pendant lequel ils en auront négligé l'observance. » Ces versets de la deuxième sourate du Coran ont déterminé les principales dispositions de la sévère abstinence imposée aux islamites par Mahomet. La loi religieuse divise le jeûne en cinq espèces : il est canonique, satisfactoire, expiatoire, votif ou surérogatoire. Ces cinq espèces, quoique déterminées par des motifs différents, exigent cependant chacune la même abstinence pendant toute la durée du jour. Le jeûne canonique, institué par Mahomet pendant la seconde année de l'hégire, est d'obligation divine pour tout Musulman de l'un et l'autre sexe parvenu à l'âge de la majorité. Le jeûne satisfactoire, également de précepte divin, a pour objet de remplacer, conformément aux paroles du Coran, les jours de jeûne canonique qui ont été omis par suite d'un empêchement légitime ou involontaire. Le jeûne expiatoire, d'obligation canonique, a été établi pour expier la transgression volontaire du jeûne solennel imposé aux fidèles pendant le mois de ramadhan. Chaque jour du mois pendant lequel le jeûne aurait été rompu doit être racheté par un jeûne de soixante et un jours; soixante jours comme expiation et un jour comme satisfactoire. Le jeûne votif est également d'obligation canonique. Le fidèle s'y soumet par suite d'un vœu inspiré soit par esprit de pénitence, soit par sentiment de dévotion, soit même par des vues toutes mondaines, pourvu qu'elles ne portent sur aucun objet contraire à la morale ou à la religion. Enfin le jeûne surérogatoire est un acte de pénitence entièrement soumis à la volonté du Musulman, mais qui devient obligatoire dès qu'il a été commencé avec l'intention de s'y soumettre régulièrement. Telle est l'obligation que s'imposent quelques dévots musulmans de

---

(*) Voy. la seconde sourate, intitulée la Vache.

jeûner deux jours chaque semaine ou les dix premiers jours de chaque mois.

Nous avons vu que, de toute antiquité, le temple de la Mecque avait été le but d'un pèlerinage qui favorisait le commerce de l'Arabie. Mahomet n'avait garde de heurter une coutume appuyée sur l'intérêt personnel ; il se contenta de purifier le temple en en expulsant tous les dieux que chaque tribu y avait apportés, et consacra le pèlerinage dans sa loi nouvelle. « Fai-
« tes le pèlerinage de la Mecque, dit le
« Coran, faites-le, à moins que vous
« ne soyez cernés par vos ennemis,
« et, dans ce cas du moins, envoyez
« quelque offrande. Lorsque vous n'a-
« vez rien à craindre de l'attaque de
« vos ennemis et que vous vous con-
« tentez cependant de faire une sim-
« ple visite au temple sans vous sou-
« mettre à tous les rites du pèleri-
« nage, vous devez expier cette in-
« fraction par une offrande, et si vous
« ne possédez rien, trois jours de
« jeûne pendant le voyage, et sept
« jours de jeûne après le retour, for-
« meront l'expiation de votre faute.
« Cette même expiation est imposée à
« celui que sa famille n'accompagne
« pas au temple de la Mecque. Vous
« connaissez les mois destinés au pè-
« lerinage : celui qui l'entreprendra
« doit s'abstenir d'approcher de ses
« femmes, éloigner tout sujet de rixe
« et ne transgresser la loi en aucun
« point. Le bien que vous ferez, Dieu
« en aura connaissance. Prenez des
« provisions pour le voyage, et sou-
« venez-vous que la meilleure de tou-
« tes les provisions, c'est la piété. Ce-
« pendant ce n'est pas un crime que
« de demander à Dieu l'augmentation
« des biens de ce monde en vous li-
« vrant au commerce pendant la du-
« rée du pèlerinage. Lorsque vous en
« aurez accompli tous les rites, gar-
« dez le souvenir de Dieu comme vous
« gardez celui de vos pères, et qu'il
« soit plus vif encore. Celui qui meurt
« sans s'être acquitté des devoirs du
« pèlerinage peut mourir, s'il le veut,
« juif ou chrétien ; mais celui qui s'en
« est acquitté dignement ne saurait
« être récompensé que par les délices
« du paradis. »

Tels sont quelques-uns des principaux commandements dictés par le prophète à l'occasion du pèlerinage, et sur lesquels il revient plus d'une fois dans le Coran ; aussi cet acte d'obligation divine doit-il être accompli au moins une fois en sa vie par tout musulman de l'un ou de l'autre sexe. Chaque année, depuis le Maroc jusqu'aux parties de l'Inde soumises à l'islamisme, les caravanes de pèlerins se mettent en marche pour le Hedjaz, achetant au prix des périls de toutes sortes la vue de ce temple saint, dont le culte remonte aux plus anciennes traditions des races sémitiques. Arrivé sur les confins du territoire sacré, le pèlerin se purifie par une ablution complète et revêt l'*ihram* ou manteau pénitentiel, composé de deux pièces de laine blanches et sans coutures (*). C'est le symbole des nouvelles pensées qui doivent assaillir le musulman en approchant du lieu consacré, depuis l'origine du monde, à l'adoration de l'Éternel. Toute idée terrestre est dès lors repoussée avec soin, et chacun doit s'efforcer de concentrer son intelligence sur les ineffables vertus du Très-Haut. Plus d'œuvres mondaines et charnelles, plus d'amour, plus de parfums ; le pèlerin s'avance vers la Mecque en récitant à haute voix cette prière : « Mon Dieu !
« c'est ici ta région sainte. J'ai pro-
« noncé les paroles de ton culte, et
« ta parole est la vérité même ; celui
« qui entre dans ton temple y trouve
« son salut. O mon Dieu ! préserve du
« feu ma chair et mon sang, et sauve-
« moi de ta colère au jour de la ré-
« surrection de tes serviteurs. » Quelle que soit l'heure à laquelle le pèlerin arrive aux portes de la ville, il doit se rendre aussitôt à la Caaba, dont le parvis intérieur est ouvert, nuit et jour, et s'arrêtant à l'angle où la pierre noire est enchâssée dans la muraille, il dit : « O mon Dieu ! je crois en toi

---

(*) Voy. à la figure 2 de la planche 25 un Musulman revêtu de l'*ihram*.

« et en ton livre, je crois en ta pa-
« role, je crois en ta promesse. J'ob-
« serve les pratiques et les œuvres de
« ton prophète. Ce temple est ta mai-
« son, ta demeure, ton sanctuaire;
« c'est le séjour du salut. J'ai recours
« à toi; sauve-moi des feux de l'éter-
« nité. » Il baise alors la pierre noire
et commence les tournées ou *touafs*
qu'il doit accomplir autour du temple
en s'avançant de droite à gauche.
Après en avoir sept fois fait le tour,
il baise de nouveau la pierre noire,
puis, sortant par la porte appelée la
porte de Safa, il monte sur la colline
qui porte ce même nom, et parcourt
sept fois dans sa longueur la petite
vallée qui la sépare de la colline de
Méroua (\*). Cette pratique a été instituée, dit-on, en imitation de la conduite d'Abraham, qui, voyant dans ce
même lieu Agar et Ismaïl en proie aux
horreurs de la soif, monta sur la colline de Safa pour découvrir au loin
quelque source; et n'en ayant pu trouver, parcourut sept fois dans son
désespoir l'espace où ce rit s'accomplit aujourd'hui (\*\*). Dès lors le pèlerin a rempli les obligations de sa première visite; il est libre d'aller dans
la ville chercher un lieu de repos pour
ne plus prendre part ensuite qu'aux
pratiques communes à tout le corps
des pèlerins.

Le huitième jour du mois de dhou'-
lhidjé, aussitôt après la prière du
matin, tous les fidèles, sous la conduite de l'imam, quittent la ville et
se rendent à la vallée de Mina. Là,
on dresse des tentes, où la foule des
pèlerins, après avoir accompli les rits
et récité les prières, passe la nuit pour
se rendre le lendemain au mont Arafa.
Le molla qui préside à cette seconde
station, s'avance à cheval sur une espèce de terrasse placée au pied de
la montagne et commence le cantique
*Telbiyé*, dont il donne le signal à ceux
qui ne peuvent entendre sa voix en
agitant un mouchoir blanc qu'il tient
à la main droite. Au moment où le
soleil disparaît sous l'horizon, il se
met en marche le premier, et, suivi de
tous les fidèles, dirige ses pas vers
Mouzdélifé. C'est en traversant les
plaines qui portent ce nom, que chaque pèlerin ramasse sept petites pierres qu'il devra jeter le lendemain autour de lui en mémoire d'Abraham
qui, traversant ces lieux pour aller
immoler son fils, repoussa le démon
à coups de pierres au moment où ce
tentateur cherchait à lui inspirer la
désobéissance aux ordres du Seigneur.
Le soleil se lève enfin, et la dixième
journée commence. C'est le jour du
Beyram, c'est le moment des sacrifices. Le sang des victimes rougit les
sables du désert; des feux s'allument,
et une foule d'Arabes nomades, attirés par les distributions que font les
pèlerins de la chair des animaux sa-
crifiés, viennent prendre leur part du
festin. Chacun ensuite revient à la
Mecque, renouvelle sept fois la marche sainte autour du temple et va
boire à longs traits l'eau du puits de
Zemzem. Dès lors le pèlerin peut quitter l'*ihram*, et dès lors aussi il n'est
plus assujetti à aucune des prohibi-
tions faites aux fidèles lorsqu'ils sont
couverts de ce manteau. Les trois
jours que dure la fête du Beyram sont
employés au contraire en jeux, en festins, en plaisirs de toutes espèces; mais
au quatrième jour, le pèlerin doit quitter la ville; y rester plus longtemps,
c'est s'exposer à profaner par le péché un lieu sacré où chaque faute est
comptée au double et demande une
double réparation, car la ville de la
Mecque est si sainte, a dit le prophète, qu'un jour de jeûne y est égal
à cent mille accomplis partout ail-

---

(\*) Voy. Safa et Méroua aux planches
21 et 22.

(\*\*) Cette pratique avait été entachée d'i-
dolâtrie par les Arabes païens; aussi les Musulmans hésitèrent d'abord à admettre la
promenade entre les collines de Safa et Méroua au nombre des cérémonies du pèlerinage; mais le prophète les rassura par le
verset suivant : « Safa et Méroua sont des
monuments de Dieu; celui qui fait le pèlerinage de la Mecque, ou qui visitera la maison sainte, ne commet aucun péché s'il fait
le tour de ces deux collines. » Coran, chap. 2,
v. 153, trad. de M. Kasimirski.

leurs, et qu'une drachme qu'on y donne au pauvre est inscrite comme cent mille drachmes au compte du donateur.

Telles sont les obligations imposées aux fidèles par le prophète arabe, et sur lesquelles est appuyé, selon ses paroles, l'édifice de l'islamisme; mais il ne s'est pas borné à ordonner l'aumône, la prière, le jeûne, le pèlerinage. A l'instar du législateur des Hébreux, il a donné une forme religieuse aux prescriptions hygiéniques, aux lois somptuaires, et les détails de la vie usuelle, l'usage de certaines viandes, la prescription de quelques autres, la manière de les préparer, la coupe, l'étoffe des vêtements, l'autorisation ou la défense de certains amusements, sont prévus par le Coran. « Il est interdit aux croyants, dit ce livre, de manger les animaux morts, le sang, la chair de porc, tout ce qui a été tué sous l'invocation d'un autre nom que le nom de Dieu; mais il leur est permis de se nourrir de la chair de leurs troupeaux et des animaux tués à la chasse, pourvu qu'ils aient été placés sous l'invocation du Seigneur au moment où on leur a donné la mort. » Il résulte de ces restrictions, que les Musulmans ne se nourrissent en général que des viandes de boucherie dont ils connaissent la provenance, afin d'être bien sûrs que les rites ordonnés par la religion ont été accomplis. Quant au gibier, à moins qu'ils ne l'aient tué eux-mêmes, ils n'osent s'en nourrir, de peur qu'il n'ait été tué contrairement à l'esprit de la loi. Beaucoup de mahométans ont d'ailleurs pour principe de ne jamais maltraiter les animaux; aussi les Arabes ne montrent pas pour la chasse cette ardeur qu'on retrouve chez d'autres peuples nomades. « Si « l'on t'interroge sur le vin comme « sur le jeu, a dit Mahomet, réponds « que l'un et l'autre sont de grands « péchés. Celui qui boit du vin est « comme celui qui adore les idoles, et « sachez que le vin, le jeu, les idoles « sont des abominations suggérées par « les artifices du démon. Abstenez- « vous-en pour votre bien, pour vo- « tre salut. En vérité, c'est par le vin « et par le jeu que l'esprit des ténè- « bres veut nous armer de haine et « d'inimitié les uns contre les autres. « C'est par là qu'il vous détourne de « Dieu, de la prière, de la méditation. « Que ne vous en abstenez-vous? » On pense bien qu'après une défense si formelle, il n'est pas un vrai croyant qui puisse goûter au vin ou jouer à un jeu de hasard sans mettre en péril son salut éternel. C'est donc aux prescriptions du Coran que les Musulmans ont dû la tempérance et la frugalité qui leur ont conservé pendant longtemps une constitution robuste et une santé à l'épreuve d'un climat énervant. L'eau faisait leur seule boisson; ils n'avaient d'autre amusement que le jeu du djérid, et c'est par une espèce de relâchement à la stricte observance des préceptes de Mahomet, que quelques imams ont permis des boissons sucrées contenant un principe de fermentation, ou des jeux de combinaison, tels que les dames et les échecs.

Être vêtu d'une manière simple, mais décente, est un précepte divin dont ne doivent jamais se départir les fidèles de l'un et de l'autre sexe: « Ne portez pas d'habits de soie, a dit le prophète; car celui qui s'en revêt dans ce monde, ne s'en revêtira jamais dans l'éternité. » La simplicité des vêtements entraîna celle de tous les meubles à l'usage de la vie commune. « Certes, le feu de l'enfer, a dit encore Mahomet, consumera les entrailles de celui qui boit ou mange dans des vases d'or ou d'argent. » Bientôt, cependant, et malgré la défense du législateur, le luxe rendit moins rigoureuses les prescriptions qu'il avait laissées à ses disciples. Dès le temps du khalife Abdallah, deuxième du nom, on revêtait de métaux précieux les parties d'un vase qui ne devaient pas toucher les lèvres; quelques imams, rigides observateurs de la loi, blâmaient cet usage, et le khalife les assembla un jour pour qu'ils eussent à exposer leurs scrupules devant le plus grand docteur de l'islamisme, l'imam Abou-Hanifa. Chacun discuta son opinion et l'appuya des meilleures raisons que pouvaient lui fournir les textes, les traditions, ou les simples règles du bon sens. Abou-Hanifa, après avoir prêté à la discussion une oreille attentive, demanda s'il était permis à un homme qui porterait au doigt une bague d'argent, ainsi qu'en portait le prophète, de boire l'eau qu'il aurait prise dans le creux de sa main. Tous en demeurèrent d'accord, et la question fut décidée. Depuis, les dispositions qui proscrivaient le luxe ont disparu à mesure que la nation arabe est devenue riche et puissante, et cependant, nous retrouverons encore, à l'apogée de ses triomphes, des princes qui diront, ainsi que le disait Omar, le second successeur du prophète : « L'islamisme est le vêtement le plus beau, l'ornement le plus magnifique, la plus brillante décoration de tous ceux qui ont le bonheur de vivre sous ses lois. »

La partie morale du Coran offre plusieurs préceptes pleins d'onction et d'ardente charité qui ressortent comme autant de joyaux précieux au milieu des prescriptions minutieuses, des déclamations emphatiques, des paroles menaçantes, des incohérences de toutes sortes dont il est rempli. On peut dire à la louange de l'islamisme, que ceux qui en suivent les lois sont en général esclaves de leur parole, qu'ils ne voudraient, au prix d'aucun avantage terrestre, trahir leur prochain, tromper sa confiance ou profiter de sa candeur : « Ne trompez personne, a dit « leur prophète, remplissez la mesure, « pesez avec équité ; soyez vrais dans « vos discours, dans vos serments, fût- « ce contre vous-mêmes. — Écartez la « fraude de vos discussions et de vos « marchés. — Ceux qui dévorent injus- « tement le bien d'autrui, se nourris- « sent d'un feu qui consumera leurs « entrailles. — Dieu vous châtiera si « vous manquez à un engagement que « vous avez pris avec réflexion. L'in- « fraction au serment que vous aurez « prêté ne pourra être rachetée qu'en « donnant à dix pauvres ce qui est né- « cessaire pour leur nourriture, ou « vêtement, ou bien encore en affran- « chissant un esclave. Celui à qui sa « fortune ne permettra pas cette ex- « piation, devra du moins jeûner pen- « dant trois jours. Le fidèle qui aime « Dieu doit aussi aimer son prochain. « Il est obligé de secourir ses parents, « les orphelins, les veuves, les pau- « vres, les voyageurs, les étrangers, les « captifs, tous ceux enfin qui se re- « commandent à sa charité. — Faites « le bien, le Seigneur aime les bienfai- « sants. — Faites l'aumône, le jour, la « nuit, en secret, en public ; vous en « recevrez le prix des mains de l'Éter- « nel. — O fidèles, ne perdez pas le « mérite de vos aumônes par le mur- « mure, par l'ostentation ou par l'ini- « quité. — Il est bien de manifester « ses bonnes œuvres, mais il est en- « core mieux de les dérober aux re- « gards d'autrui : elles effacent le pé- « ché, parce que le Très-Haut est le « témoin de toutes les actions des « hommes. — Que l'avare ne considère « pas les biens qu'il reçoit de Dieu « comme une faveur, puisqu'ils cau- « seront son malheur s'il n'en fait pas « un bon usage : les trésors qu'il ca- « ressait dans son avarice, lui seront « attachés au cou quand viendra le jour « de la résurrection. — Si tu t'éloignes « de l'indigent, parle-lui du moins avec « humanité (*). » Tels sont quelques-uns des préceptes empruntés à la divine morale de l'Évangile, et qui rachètent un peu ces menaces de guerre, ces prédictions fanatiques par lesquelles l'auteur du Coran a armé son peuple contre tous ceux qui ne se soumettraient pas à sa loi, et a isolé pour toujours l'islamisme en l'entourant d'une barrière qu'il ne peut franchir sans se briser. La guerre sainte, le prosélytisme à la pointe de l'épée, sont ordonnés par Mahomet, et cette politique sanguinaire que justifiaient peut-être les absurdes et barbares croyances des tribus qui l'entouraient, est devenue par la suite l'écueil où vint échouer

---

(*) Voy. Coran, sourates II, IV, V et passim.

l'œuvre de son génie. « Armez-vous « contre les païens, dit le Coran, com- « battez tous ceux qui ne croient ni en « Dieu, ni au jugement dernier. Com- « battez ceux qui ne croient pas en « Dieu, jusqu'à ce que vous puissiez les « soumettre et recevoir le tribut légal « de leurs mains abjectes. — Ne fléchis- « sez jamais devant l'ennemi, ne soyez « jamais les premiers à proposer la « paix. — Point de paix si elle n'est « avantageuse. — Combattez donc les « infidèles, qu'ils trouvent en vous « des ennemis implacables. — Jeunes « et vieux, marchez à la guerre ; vie « et richesses, sacrifiez tout à la dé- « fense de la foi. Il n'y a pas pour vous « de sort plus glorieux ; oh ! si vous « saviez quelle récompense vous attend ! « Prédisez à ceux qui entassent l'or « dans leurs coffres et refusent de l'em- « ployer au soutien de la foi, qu'ils « subiront d'affreux tourments. — Que « les vrais croyants combattent avec « courage : vingt d'entre eux terrasse- « ront deux cents infidèles, cent en « mettront mille en fuite, car la sa- « gesse et la force du Seigneur ne sont « pas avec eux. — Ne dites pas que « ceux qui sont tués sous les étendards « de la foi, sont morts, ils vivent au « contraire, et c'est le Tout-Puissant, « dans sa bonté, qui se charge de leur « nourriture. » C'est à l'aide de ces paroles belliqueuses, sur lesquelles Mahomet est revenu bien des fois dans le Coran, que les Arabes, marchant au nom du Seigneur, contre les peuples dont la foi était différente de la leur, ont établi en quelques années leur empire des bords de l'Atlantique à la mer des Indes.

La religion nouvelle promettait à ses adhérents les délices du paradis s'ils mouraient sur le champ de bataille, et les dépouilles des vaincus pour prix de leurs conquêtes. A la voix de leur khalife, ils marchaient au nord ou au midi, combattaient les Romains ou les Perses, les Cantabres ou les Francs; et les succès qu'ils durent à l'enthousiasme, leur firent croire à la conquête du monde. Les chrétiens, les Hébreux, en faveur de leurs livres sacrés, pouvaient conserver leur culte en se soumettant au tribut; les idolâtres, les apostats, les schismatiques, n'avaient que le choix d'embrasser l'islamisme ou de mourir. Toutes les terres conquises appartinrent aux successeurs de Mahomet : s'autorisant de son exemple, les khalifes en disposaient selon leur bon plaisir. Tantôt, ils en distribuaient les terres à leurs soldats à titre de fiefs militaires, tantôt ils les donnaient à des Musulmans, à condition de payer la dîme des produits, ou les laissaient aux anciens propriétaires qui se soumettaient à la capitation. Ce tribut, imposé comme rachat de la captivité qu'encourent les infidèles par suite de la conquête, expie aux yeux de la loi le crime de ne s'être point soumis à l'islamisme, et dès lors les nouveaux sujets de l'empire ont le droit de jouir au même degré que les Musulmans du bénéfice des lois civiles qui garantissent la sûreté des personnes et des propriétés : « Les infidèles ne sont « soumis au tribut, a dit le khalife Ali, « que pour mettre au même niveau « leur sang avec notre sang, leurs biens « avec nos biens. » Ces paroles, pleines d'humanité, ne sont pas cependant l'expression de l'état réel auquel furent réduits, de tout temps, les sujets non Musulmans de l'empire arabe. On leur laissait, il est vrai, le libre exercice de leur culte, mais ils l'achetaient au prix de toutes les humiliations que leur imposait l'intolérance de leurs vainqueurs.

Nous avons déjà trouvé, dans le Coran, dogmes religieux, morale, philosophie, codes politique et guerrier, nous allons y trouver encore tout un code civil et judiciaire réglant les rapports des hommes entre eux dans chacune des phases importantes de la vie : « Épousez les femmes qui vous « plaisent, dit le Coran ; épousez-les « au nombre de deux, trois, et même « quatre. Mariez-vous, a dit le Sei- « gneur, multipliez, car au jour du ju- « gement je me glorifierai dans la « multitude de mes peuples. » Et Mahomet a ajouté : « Le mariage est un « des actes que j'ai pratiqués, et celui

« qui ne suit pas mon exemple, n'est « pas des miens. » Ces injonctions répétées ont fait du mariage, chez les Musulmans, le plus auguste et le plus solennel des actes civils. Tout mahométan, arrivé à l'âge de majorité et sain d'esprit, est libre de choisir sa compagne, et ce choix, il peut le répéter jusqu'à quatre fois, puisque la loi lui accorde quatre femmes. Tous les temps, tous les lieux sont favorables à l'accomplissement du mariage; le pèlerin, revêtu du manteau pénitentiel, dans les jours consacrés au pèlerinage de la Mecque, peut se marier, d'après l'exemple qu'en a donné le prophète quand il épousa Maïmouna. Les Arabes païens avaient admis un mariage temporaire, dont les parties fixaient la durée d'un commun accord; mais après la conquête de la Mecque, Mahomet abolit cet usage en déclarant que l'union conjugale serait désormais un contrat qui lierait le mari à la femme pour le reste de leurs jours, hors les cas de divorce prévus par la loi. Mahomet a déclaré dans le Coran quels étaient les degrés de parenté qui devaient interdire le mariage : « Il « vous est défendu, a-t-il dit, d'épou- « ser vos mères, vos filles, vos sœurs, « vos tantes paternelles ou maternel- « les, vos nièces, qu'elles soient filles « de vos frères ou de vos sœurs, vos « nourrices, vos sœurs de lait, vos « belles-mères, les filles confiées à vo- « tre tutelle. Il vous est encore défendu « d'épouser des femmes mariées, à l'ex- « ception des captives que le sort de la « guerre a fait tomber entre vos mains. « Celui qui n'a pas assez de fortune « pour épouser une Musulmane libre, « pourra épouser une esclave qui pro- « fesse la foi musulmane, pourvu qu'il « ait obtenu la permission de son maî- « tre; il la dotera convenablement et « aura soin qu'elle puisse rester tou- « jours une épouse chaste et fidèle. »

La dissolution du mariage s'opère par la répudiation ou par le divorce. La répudiation est une faculté donnée à l'homme afin qu'il puisse se séparer de la femme que son inconduite, son indocilité ou les exigences de son caractère lui rendent à charge, et dont les défauts ou les vices troubleraient son repos. On ne doit donc y avoir recours que pour de graves motifs, et avoir constamment présentes à la pensée ces paroles du prophète : « Que Dieu maudisse quiconque répudie sa femme par inconstance et dans l'intérêt de ses plaisirs. Ne répudiez votre compagne, quand vous en aurez un juste motif, qu'après l'avoir gardée dans votre maison pendant quatre lunes sans vous approcher d'elle. Comptez les jours avec exactitude, car vous ne pouvez, avant ce terme, ni la chasser de votre domicile, ni l'en laisser sortir, à moins qu'elle n'ait commis un adultère avéré. Tels sont les ordres du Très-Haut, malheur à qui les transgresse. » C'est donc seulement lorsque trois mois complets sont écoulés, sans que le mari, se repentant de sa décision, se soit rapproché de sa femme, que la séparation devient définitive. Il faut alors, pour qu'ils puissent de nouveau se réunir, le consentement de la femme, un nouveau contrat de mariage et un nouveau don nuptial. Ces trois circonstances suffiront toutefois pour rapprocher les deux époux, et le mari pourra encore répudier sa femme, puis la reprendre; mais à la troisième fois, tous les liens sont rompus, et ce n'est qu'après avoir été mariée à un autre homme, qui aura consommé le mariage, que la femme, libre de nouveau par la mort de ce second mari, ou par la répudiation, pourra revenir à celui qui avait usé contre elle de toute la sévérité de la loi. Malheur à celui qui, se repentant d'avoir à jamais séparé de lui la femme qu'il aime encore, compterait sur la complaisance d'un ami pour l'épouser et la répudier sur-le-champ. C'est à eux que s'adressent ces paroles du prophète : « Que Dieu maudisse et le second mari, qui répudie sa femme, et le premier mari, en faveur duquel il la répudie. »

Le divorce, dans la loi musulmane, est la séparation des époux prononcée par acte juridique, sur la demande de la femme, avec le consentement formel du mari, et au moyen d'un sacrifice pé-

cuniaire par lequel elle se rédime à la manière de l'esclave quand il achète sa liberté. L'acceptation du prix offert n'est cependant pas une condition essentielle, et le désintéressement de l'époux peut lui faire refuser toute compensation, bien qu'il consente au divorce. Avant la réponse du mari, la femme a le droit de se rétracter; mais le mari n'a pas le même droit quand une fois il a donné son consentement, et dès lors la séparation est définitive. De tout temps, les peuples du Midi, portés aux plaisirs des sens par la chaleur du climat, ont laissé peu de liberté à leurs femmes et ont montré envers elles une défiance jalouse; mais l'islamisme a consacré l'esclavage de la femme : « Les hommes sont supé-
« rieurs aux femmes, dit le Coran, car
« Dieu, en les dotant plus richement
« de ses dons, les a élevés au-dessus
« d'elles. Vous réprimanderez celles
« qui n'obéiront point à vos ordres,
« vous les reléguerez hors de votre lit,
« vous pourrez même les frapper; mais
« si elles obéissent, soyez bons envers
« elles ; la femme vertueuse est obéis-
« sante et soumise, elle vit dans la chas-
« teté, baisse les yeux, se couvre d'un
« voile épais, et ne laisse voir ses traits
« qu'à son mari, à son père ou au père
« de son mari, à ses fils, à ses frères,
« aux hommes qui n'ont plus de sexe,
« ou aux enfants qui n'en connaissent
« pas encore la différence. Les femmes
« impudiques sont faites pour les hom-
« mes impudiques ; aux hommes ver-
« tueux les femmes vertueuses. — Vous
« infligerez cent coups de fouet à la
« femme adultère, et cent coups de
« fouet à son complice; ne vous lais-
« sez pas égarer par la compassion
« dans l'accomplissement de ce pré-
« cepte, et que le supplice ait lieu en
« présence des fidèles. » La sévérité de la loi, la croyance religieuse, la honte attachée à l'inconduite, tout s'est réuni chez les Musulmans pour donner aux mœurs une grande austérité, et rien n'est plus rare que l'application des peines imposées par Mahomet aux femmes qui manquent à la chasteté conjugale. Il n'en est pas moins vrai que la polygamie, en réduisant pour ainsi dire la femme au rôle de concubine, en rompant le lien de tendresse conjugale et affaiblissant en même temps les liens de l'amour paternel, rend moins vif l'intérêt que le citoyen doit porter à l'État. De tout temps, les gouvernements de sérails ont porté en eux un germe de destruction que prouvent les fréquentes révolutions devant lesquelles ils se sont écroulés; et Mahomet, en consacrant la polygamie par sa loi nouvelle, léguait à son peuple, dans un avenir plus ou moins éloigné, l'esclavage, le despotisme et l'anarchie.

La loi musulmane ne reconnaît pas le droit d'aînesse en fait d'héritage; tous les enfants mâles sont appelés à une part égale, et cette part est du double de celle qui est destinée aux filles. Les ascendants, lorsqu'ils existent encore, sont les premiers héritiers nommés par la loi : « Lorsque vous sentez
« que la mort est proche, dit le Coran,
« il vous est ordonné de laisser par
« testament vos biens à votre père,
« à votre mère et à vos parents les
« plus proches. C'est un devoir pour
« tous ceux qui ont la crainte du Sei-
« gneur. — Celui qui a reçu les dispo-
« sitions testamentaires d'un mori-
« bond, et qui plus tard en altère le
« sens, commet un crime. Dieu sait
« tout, et entend tout. — Dieu vous
« commande, dans le partage de vos
« biens entre vos enfants, de donner
« aux fils la portion de deux filles; s'il
« n'y a que des filles et qu'elles soient
« plus de deux, elles auront les deux
« tiers de la succession; s'il n'y en a
« qu'une seule, elle recevra la moitié.
« Les père et mère du défunt auront
« chacun le sixième de la succession s'il
« a laissé un enfant; s'il n'en laisse
« aucun, et que ses ascendants lui suc-
« cèdent, la mère aura un tiers; s'il
« laisse des frères, la mère aura un
« sixième, après que les legs et les
« dettes du testateur auront été acquit-
« tés. Vous ne savez pas qui de vos
« parents ou de vos enfants vous est
« plus utile. Telle est la loi de Dieu :
« il est sage, il est savant. — La moitié

« des biens d'une femme morte sans « postérité appartient au mari, et un « quart seulement si elle a laissé des « enfants, les legs et les dettes préle-« vés. — Les femmes auront un quart « de la succession des maris morts « sans enfants, et un huitième seule-« ment s'ils en ont laissé, les legs et « les dettes prélevés. — Si un homme « hérite d'un parent éloigné ou d'une « parente éloignée, et qu'il ait un frère « ou une sœur, il doit à chacun des « deux un sixième de la succession ; « s'ils sont plusieurs, ils concourront « au tiers de la succession, les legs et « les dettes prélevés, sans préjudice « des héritiers. C'est ce que Dieu vous « recommande ; il est savant et clé-« ment (*). » Ces dispositions du Coran ont amené le partage des héritiers en deux classes principales : 1° ceux qui sont héritiers universels, tels que les descendants mâles, le père à défaut de fils, les frères germains ou consanguins, et à leur défaut, les oncles ou cousins du côté paternel ; 2° les héritiers légitimaires dont la part est fixée par la loi, tels que le père, dont la légitime est d'un sixième de la succession quand il y a des fils ; le conjoint survivant, qui entre dans le partage, savoir, le mari pour un quart quand il y a des enfants, et les femmes pour un huitième qu'elles partagent entre elles quand elles sont plusieurs. Les héritiers les plus proches excluent absolument ceux d'un degré plus éloigné, et les héritiers qui étaient unis au défunt par un double lien de parenté, sont appelés de préférence en qualité d'héritiers universels. Il est encore de principe que les cohéritiers d'un même degré partagent par tête, mais que les hommes ont une portion double de celle des femmes. La représentation n'étant pas même admise en ligne directe, et les fils dont le père n'existe plus n'ayant aucun droit à la succession de leur aïeul, lorsque celui-ci laisse d'autres enfants, il arrive souvent que le Musulman, maître de disposer par legs, du tiers de sa fortune, dédommage ainsi ceux des siens qui n'ont aucun droit à sa succession ; mais s'il peut de cette manière satisfaire à ses affections, il ne lui est permis dans aucun cas d'exclure ceux que la loi appelle au partage.

C'est encore dans le Coran que les Musulmans vont chercher les arrêts qu'ils prononcent contre les crimes ou délits, tels que le meurtre, les blessures graves et le vol, quelles que soient les circonstances qui l'accompagnent. « Celui qui tue un vrai croyant, a dit « Mahomet, en supportera la peine « au feu de l'enfer. — L'Éternel ver-« rait avec moins d'horreur le bou-« leversement du globe que le meurtre « d'un Musulman. — Pourquoi le vrai « croyant en tuerait-il un autre, si ce « n'est par un accident indépendant « de sa volonté ? Celui auquel un tel « malheur sera arrivé, devra en expia-« tion affranchir un esclave musul-« man et payer à la famille de la vic-« time le prix du sang fixé par la loi, « à moins que de son consentement « la somme ne soit convertie en au-« mônes. Si le mort, bien que Musul-« man, appartient à une nation en-« nemie, l'affranchissement d'un es-« clave fidèle suffira. Celui auquel sa « fortune ne permettra pas de mettre « un esclave en liberté devra jeû-« ner pendant deux mois de suite. « — O croyants, la peine du talion « vous est prescrite pour le meurtre. « Un homme libre pour un homme « libre, un esclave pour un esclave, « et une femme pour une femme. « Que celui qui obtiendra le pardon « de son frère paye le prix du sang, « et qu'alors on use d'indulgence à « son égard dans l'application de la « loi (*). » Conformément aux dispositions contenues dans ces versets, l'homicide est puni par des peines différentes selon qu'il est volontaire ou accidentel. Volontaire, il doit être expié par la mort : sang pour sang, dit la loi. Tous les complices du meurtre sont enveloppés dans la même con-

---

(*) Coran, sourates II et IV, p. 24 et 63 de la traduction de M. Kasimirski.

(*) Voy. sourates II et IV.

damnation. Ce fut sous le khalifat d'Omar que pour la première fois cette disposition de la loi reçut une sévère exécution. Quelques habitants de Safa s'étaient entendus entre eux pour mettre à mort un de leurs concitoyens. Le khalife, appelé à prononcer sur le sort des meurtriers, les condamna tous à perdre la vie ; et comme on trouvait sévère le jugement qui avait exigé plusieurs vies pour une : « Si tous les habitants de ce district, répondit Omar, eussent eu le malheur de prendre part au crime, aucun d'eux n'aurait échappé au glaive de la loi. » Nous avons vu cependant que, d'après l'intention du législateur, les parents de la victime peuvent arrêter le cours de la justice en se contentant du prix du sang que Mahomet avait fixé à la valeur de vingt chameaux. C'est là encore le prix dû pour le meurtre involontaire ou accidentel. On y joint la peine expiatoire de l'affranchissement d'un esclave. Avant de passer aux dispositions prises par le Coran contre des crimes moins graves, disons que le suicide y est proscrit à l'égal du meurtre. Le prophète s'adressant aux habitants de la Mecque dans un des jours du pèlerinage, leur a dit : « Sachez, ô peuple chéri de Dieu, qu'il vous est défendu de disposer de votre existence. C'est par ma bouche que Dieu très-haut vous renouvelle cet ordre sacré : ayez-le toujours présent à votre esprit. Je vous y exhorte par la sainteté de ce jour, par la sainteté de ce mois consacré au pèlerinage, par la sainteté de cette ville auguste et vénérable. » Toute blessure ou mutilation faite à autrui de propos délibéré entraîne la peine du talion comme dans la loi de Moïse ; car le prophète a dit : « Nous avons
« fait descendre le Pentateuque pour
« diriger les hommes dans la voie véritable, et dans ce livre nous avons
« dit : âme pour âme, œil pour œil,
« dent pour dent, nez pour nez,
« oreille pour oreille ; les blessures
« seront punies par la loi du talion.
« Celui qui mettra un prix à sa blessure et en fera des aumônes sera
« dans la bonne voie, il obtiendra
« ainsi le pardon de ses fautes (*). »
Ici comme dans le cas de meurtre et conformément à l'esprit de la loi, le blessé peut commuer la peine et exiger seulement un dédommagement pécuniaire qui se règle selon la nature du délit. La moitié du prix exigé pour le meurtre rachètera la mutilation d'un bras ou d'une jambe. Celle du nez, des yeux ou de la langue, exigera le prix du sang tout entier. Les accidents involontaires se rachètent par les mêmes amendes ; tout homme est responsable des malheurs causés par les animaux qu'il monte ou qu'il conduit.

« Vous couperez les mains aux
« voleurs, a dit le prophète, c'est la
« peine que Dieu a établie contre eux,
« et Dieu est sage et puissant (**). »
Cette brève sentence, insuffisante comme presque toutes les maximes du Coran, pour décider les nombreuses questions qu'offrent les différents degrés du vol depuis la fraude jusqu'au brigandage à main armée, a été commentée dans les dispositions législatives de la Sonna, recueil de traditions authentiques auxquelles ont recours les jurisconsultes musulmans lorsque les paroles du prophète sont trop concises ou contradictoires. Le vol ne donne lieu à la perte de la main que lorsqu'il réunit les cinq circonstances suivantes : majorité d'âge et saine raison chez le coupable ; absence complète de tout droit de propriété, quelque minime qu'il soit, sur l'objet volé; manque de toute publicité ; effraction; valeur réelle de dix drachmes dans l'objet du vol. Le vol des enfants esclaves et celui des bestiaux confiés à la foi publique est également puni d'une peine afflictive. Les voleurs convaincus d'avoir attaqué des voyageurs sur la route et de s'être emparés de leurs effets par la violence sont condamnés à perdre à la fois la main droite et le pied gauche ; s'ils se sont rendus coupables de meurtre, ils devront l'ex-

(*) Voy. sourate v.
(**) Voy. sourate v.

pier au prix de leur vie. Tout autre vol qui ne comporterait pas les cinq circonstances aggravantes, les simples larcins, les fraudes, les friponneries, sont punis par la prison et la bastonnade.

Telles sont les principales dispositions législatives empruntées par les Musulmans au code que leur avait laissé leur législateur; code incomplet pour avoir voulu tout prévoir, incohérent, contradictoire dans plusieurs de ses chapitres, dont les plus importantes prescriptions sont empruntées à la loi mosaïque, ainsi que Mahomet en convenait lui-même lorsqu'il disait : « Avant le Coran existait le livre de Moïse que la bonté de Dieu avait accordé aux hommes pour leur servir de guide. Le Coran en répète les maximes dans la langue arabe, afin que les méchants soient avertis et que les bons aient bonne espérance (*). » Donné sans ordre, sans plan, sans unité, selon les besoins ou les caprices du moment, ce recueil contient quelques récits instructifs et touchants, quelques préceptes d'une saine morale, quelques descriptions animées qui se trouvent perdues au milieu de déclamations ampoulées et de répétitions fastidieuses. On a peine à comprendre comment Mahomet a pu ranger sous cette loi confuse le peuple auquel il s'adressait, et l'entraîner aux destinées nouvelles que lui préparait son fanatisme. Sans doute, sa parole accentuée, l'animation de ses discours, l'ignorance du temps, se réunissaient pour dérober à ses disciples la faiblesse des moyens qu'il mettait en œuvre pour les convaincre. Il parlait à des hommes qui méprisaient la vie, et promettait les délices du paradis à ceux qui tombaient sur le champ de bataille : tel fut le grand mobile de ses succès. Sa religion était la religion du sabre, et c'est par le sabre qu'elle s'est étendue en peu d'années depuis le plateau de l'Asie centrale jusqu'aux frontières méridionales de la France. La voix du prophète ranima la lutte dans laquelle les peuples sémitiques s'étaient plus d'une fois essayés contre les peuples indo-germaniques. Perses et Chaldéens, Phéniciens et Grecs, Romains et Carthaginois s'étaient longtemps disputé l'empire du monde. Ces deux races ennemies, dont chacune compta des nations puissantes, avaient ensanglanté de leurs débats l'Asie, l'Europe et l'Afrique. La puissance de Tyr, les conquêtes d'Alexandre, les guerres puniques marquèrent les différentes péripéties de leur antagonisme. Longtemps on put croire que Scipion avait anéanti dans les champs de Carthage jusqu'aux dernières espérances des fils de Sem; et huit siècles plus tard leur formidable arrière-garde inondait le monde de ses fanatiques soldats. Les Perses, les Grecs tombaient à leur tour sous le sabre des enfants d'Ismaïl; et sans la francisque de Charles Martel, la civilisation romaine purifiée par le christianisme s'écroulait pour faire place à cette œuvre bizarre que nous avons dû étudier, quelque aride que soit une pareille étude, avant de suivre les successeurs de Mahomet dans leurs rapides conquêtes.

SUCCESSEURS DE MAHOMET.

*Abou-Bekr.*

Mahomet était mort sans désigner son successeur; cette faute compromit fortement tout l'édifice social qu'il venait d'élever avec tant de peine et qui pensa s'écrouler avec lui. A tant de nouveaux convertis il fallait un chef à la fois pontife et législateur, prêchant le peuple du haut de la chaire de Médine et le guidant à l'ennemi. Le premier soin des compagnons du prophète fut donc de choisir parmi eux celui qui serait le khalife ou vicaire de Mahomet sur la terre. Mais là éclata de nouveau cette rivalité constante de la Mecque et de Médine, rivalité que la voix puissante du prophète pouvait à peine contenir dans de justes bornes. Les Mohadjériens avaient pour eux la supériorité incontestable que les habitants de la Mec-

---

(*) Voy. la sourate XLVI.

que s'étaient de tout temps attribuée sur les autres tribus du Hedjaz. Mahomet était né parmi eux, ils lui étaient attachés par les liens du sang, et avaient répondu les premiers à son appel. Les Ansariens alléguaient en leur faveur l'aide qu'ils avaient donnée au prophète, alors que ses compatriotes l'avaient chassé de leurs murs et forcé à chercher dans les cavernes les plus sombres un abri contre les embûches. Cependant la vieille suprématie des tribus de la Mecque l'emporta promptement sur les prétentions des Ansariens, et bientôt on compta seulement trois concurrents sérieux, Omar, Abou-Bekr et Ali, Mohadjériens tous les trois. Ce fut, dit Aboulféda, sous le portique des Benou-Saad que chacun fit valoir ses droits, et cette rivalité, en divisant à tout jamais les forces des nouveaux prosélytes, allait peut-être les anéantir, si Amrou, qui avait d'abord penché pour Omar, ne se fût décidé à prêter serment d'obéissance à Abou-Bekr que Mahomet semblait avoir désigné en le nommant pendant sa maladie pour réciter la prière au peuple en sa place. Son exemple fut suivi par le plus grand nombre, et Omar se soumit de bonne grâce ; mais les Haschémites qui s'enorgueillissaient d'avoir vu naître dans leur tribu Mahomet et Ali, tinrent bon pour le gendre du prophète. Ils se retirèrent dans la maison de Fatima, où l'un d'eux, Otba-ben-Abou-Lahab, en véritable enfant du désert qui ne connaît que les armes ou la poésie, improvisa dans sa colère les vers suivants :

« Jamais je n'aurais cru que le premier rang pût être disputé aux Benou-Haschem, et surtout à celui qui parmi eux porte le nom d'Abou-Haçan. »

« A celui qui le premier de tous les hommes embrassa l'islamisme, et de tous les hommes est le plus savant dans le Coran et la Sonna. »

« A celui qui le dernier de tous a vu le prophète, et auquel l'ange Gabriel est venu prêter son secours pour ensevelir celui que nous regrettons.»

« A celui qui réunit en lui seul les vertus de tous et en possède que les autres n'ont pas. »

Le nouveau khalife, cependant, sentait combien il était important de réduire promptement sous son obéissance un homme dont les droits étaient tels, que maintenant encore les Persans le révèrent comme le véritable successeur du prophète, et considèrent les trois premiers khalifes comme des usurpateurs. Omar, qui s'était soumis de bonne grâce, fut chargé de se rendre auprès du fils d'Abou-Taleb et d'employer la force dans le cas où la persuasion ne suffirait pas. Ce fut par la première de ces deux méthodes qu'il jugea à propos de commencer, et il ne trouva pas de moyen plus expéditif que la menace de mettre le feu à la maison où s'étaient retirés les partisans d'Ali. « Eh quoi, lui dit « Fatima, oseriez-vous, fils de Khat-« tab, mettre le feu à la maison de la « fille du prophète ? — Qui certes, je « le ferai, répondit Omar, si vous ne « vous rendez tous aux vœux de la « multitude. » Ali ne résista plus, et se soumit ; en sorte qu'après trois jours d'agitation et de querelles, les Musulmans se trouvèrent de nouveau réunis sous un seul chef.

Jamais ils n'avaient eu un plus grand besoin d'union pour triompher des imposteurs qui, séduits par l'exemple de Mahomet, élevaient autel contre autel et cherchaient à se faire passer pour des envoyés du Seigneur. Asouad-el-Anasi, dès les derniers temps de la vie du législateur arabe, avait joué le rôle de prophète avec tant de succès, que Nedjran, Sanâ et la plus grande partie du Yémen s'étaient rangés sous sa loi. Partout on avait chassé les envoyés de Mahomet, et séduits par l'éloquence entraînante de leur nouvel apôtre, jaloux peut-être que les fils de Ioctan dussent obéir à un descendant d'Ismaïl, les Himyarites avaient abandonné l'islamisme lorsqu'à peine ils s'y étaient soumis. Ce schisme aurait enlevé au prophète la plus belle province de la péninsule arabe, si quelques disciples dévoués n'avaient affronté, pour empêcher cette dangereuse scission, une mort presque inévitable. A l'aide de quelques ennemis qu'Asouad s'était faits par ses cruautés, à l'aide surtout de sa propre femme dont il avait fait tuer le père, les Musulmans s'introduisirent pendant la nuit dans le palais qu'habitait le nouveau législateur du Yémen ; ils tombèrent sur lui pendant son sommeil et le mirent à mort ; mais il ne succomba pas sans disputer sa vie, et appela ses gardes à son secours. Déjà ils se rassemblaient à sa voix quand sa femme se présenta devant eux. « Que faites-« vous ? leur dit-elle ; allez-vous trou-« bler votre prophète lorsque l'esprit « saint vient le visiter ? ne reconnais-« sez-vous pas à ces accents étouffés « le transport qui l'agite ? Loin d'ici « tout regard profane. » Le lendemain au point du jour le muezzin annonçait du haut des mosquées qu'il n'y avait pas d'autre Dieu que Dieu et que Mahomet était son seul prophète. La mort d'Asouad fut aux yeux des Arabes la meilleure preuve de la vanité de sa puissance, et le Yémen entier revint à l'islamisme. La tête de l'imposteur avait été envoyée à Mahomet, mais il était mort sans pouvoir jouir de ce dernier triomphe ; ce fut Abou-Bekr qui reçut le message, et à peine rassuré sur ce péril, il dut tourner ses armes contre un nouveau compétiteur.

Moçaïlama, séduit aussi par la facilité avec laquelle les hommes doués de quelque talent pouvaient alors jouer le rôle de prophète, avait profité de l'agitation qui régnait dans tous les esprits, et son influence, au temps d'Abou-Bekr, s'était étendue sur la province entière du Yémama. Cet Arabe, homme éloquent et habile guerrier, avait autrefois accompagné les envoyés des Benou-Honaïfah lorsqu'ils étaient venus rendre hommage à Mahomet ; il avait même embrassé l'islamisme, puis il avait imaginé d'ajouter au Coran quelques nouveaux chapitres qui, sans nier la mission de Mahomet, lui accordaient les mêmes droits au respect des nations et lui donnaient le titre d'envoyé du Seigneur. Le khalife résolut de tourner contre lui ses premiers efforts, et confia le commandement des troupes chargées de le combattre, à Khaled fils de Walid, que de nombreux exploits désignaient déjà comme l'un des plus braves défenseurs de l'islamisme. Les deux armées se rencontrèrent dans un lieu nommé Akrabah ; au premier choc, les Musulmans furent repoussés, et peut-être sans la valeur de Khaled les disciples de Moçaïlama auraient-ils joué, dans le moyen âge, le rôle brillant destiné aux sectateurs de Mahomet. Heureusement pour les progrès de l'islamisme que Khaled ranima le courage de ses soldats, les ramena sur le champ de bataille, et par sa valeur personnelle changea la face du combat. Les hérétiques plièrent à leur tour, et dans la déroute l'imposteur fut tué par un Abyssin du nom de Wahschi, qui le perça de la même lance dont il avait frappé Hamza, l'oncle du prophète, au combat d'Ohod.

La mort de Moçaïlama mit fin au schisme que ses prétentions avaient fait naître, et toute la province du Yémama se soumit de nouveau à l'islamisme. Mais la victoire avait été chèrement achetée. Les plus braves guerriers musulmans avaient succombé dans la lutte ; et Abou-Bekr en apprenant que tant de disciples chéris du prophète étaient restés sur le champ de bataille, prévit pour la première fois que tous ceux qui avaient eu le bonheur d'entendre Mahomet devaient disparaître un jour, emportant avec eux la tradition véritable des doctrines révélées par leur législateur. Il ordonna aussitôt, dit Aboulféda, qu'on recueillît de la bouche des compagnons de Mahomet toutes les paroles qu'il avait prononcées du haut de la chaire, et qu'on y joignît ceux des chapitres du Coran qui avaient été transcrits par ses secrétaires sur des feuilles de palmier ou des peaux de brebis. Le recueil de ces précieux documents fut déposé chez Hafsa, fille d'Omar, qui avait été l'une des femmes du prophète, et ce fut là que plus tard on alla chercher le texte véritable du code des Arabes, lorsque des dissensions commencèrent à s'élever sur les différentes leçons qui devaient être adoptées par les vrais croyants.

Tandis qu'Abou-Bekr triomphait ainsi des imposteurs qui, à l'instar du prophète, voulaient faire remonter jusqu'aux cieux l'origine de leur puissance, d'autres chefs moins ambitieux cherchaient tout simplement à se soustraire au payement des impôts dont ils avaient été frappés par Mahomet. A leur tête se trouvait Malek, fils de Nowaïrah, prince des Benou-Iarbou, célèbre par sa valeur et son talent pour la poésie. Il avait regardé la mort du prophète comme une occasion favorable de ressaisir l'indépendance à laquelle les tribus du désert renoncent avec tant de peine, et à sa voix toutes les tribus sur lesquelles il avait quelque influence avaient refusé au khalife la dîme et les aumônes imposées par la loi de l'islam. Abou-Bekr comprit tout ce qu'un pareil exemple pouvait avoir de dangereux pour les nouveaux convertis; il se hâta de porter en avant son meilleur général, chargé cependant d'entrer d'abord en conférence, car tout en refusant la dîme, les tribus insoumises n'avaient pas renoncé à l'islamisme, et on ne pouvait pas agir envers elles avec la même sévérité qu'avaient méritée les hérétiques en quittant la voie du Seigneur pour suivre de faux prophètes. Mais Abou-Bekr, s'il voulait user d'indulgence, aurait dû choisir un autre messager. Homme d'action, fanatique dans ses croyances, voluptueux dans ses goûts, prodigue de sa vie et n'attachant aucun prix à celle des autres, Khaled avait un double motif pour ne point ménager Malek. Il voyait en lui un rebelle et l'époux d'une femme dont il désirait ardemment la possession. Aussi la conférence se termina-t-elle par l'ordre de mettre à mort le malheureux chef des Benou-Iarbou; et Malek, ne se méprenant pas sur la véritable cause de la trahison dont il était victime : « C'est cette femme, dit-il, en la montrant à Khaled, qui m'envoie au supplice. » L'accusation était fondée, car trois jours après, la veuve de Malek devenait la femme du général musulman, et cette scandaleuse union irrita tellement les vrais croyants, qu'Omar insista fortement auprès d'Abou-Bekr, pour que Khaled subissant le supplice des adultères, fût lapidé en vue de l'armée (*). Le prudent khalife résista cependant, et ne voulut pas se priver de son plus vaillant capitaine au moment où la fermentation des esprits menaçait sa puissance de toutes parts.

Le moyen qu'il crut le plus efficace pour calmer l'agitation intérieure, ce fut de la porter au dehors, et de reprendre les projets de conquête que le prophète se préparait à mettre à exécution quand la mort l'avait arrêté. Mahomet déjà grièvement atteint de la maladie qui mit fin à ses jours, avait désigné Oçama, fils de Zeïd, pour aller attaquer les Grecs en Syrie; ce général était donc resté investi du commandement, et lorsque Abou-Bekr fut élevé au khalifat, il était encore à la tête des troupes destinées à marcher contre l'empire des Césars. Omar-ben-el-Khattab, choqué de voir un homme si jeune revêtu d'une si haute dignité, vint trouver le khalife et lui dit : « Je crois que les Ansariens voudraient un chef moins jeune qu'Oçama. » Mais il avait à peine prononcé ces mots, qu'Abou-Bekr sortant du caractère de douceur qui lui était naturel, le saisit par la barbe, le secoue fortement et lui crie : « Quoi donc! fils de Khattab, faut-il que je souhaite la mort du fils de ta mère? oses-tu bien me proposer d'ôter le commandement à celui que le prophète lui-même a placé à la tête de ses armées? » Tel était alors le respect qu'inspirait le nom de Mahomet, qu'Omar, malgré son humeur violente, reçut sans murmurer cette dure réprimande. Abou-Bekr se rendit au camp, donna l'ordre aux troupes de se mettre en marche, et les suivit quelque temps à pied, tandis qu'Oçama l'accompagnait monté sur son cheval de bataille. « Successeur du prophète

---

(*) Aboulféda, Ann. mosl., t. I$^{er}$, p. 218.

de Dieu, dit le général au khalife, il faut que vous montiez à cheval ou que je mette pied à terre. — Je ne monterai pas à cheval, répondit le khalife, et vous ne mettrez pas pied à terre ; je ne puis me fatiguer en marchant dans la voie du Seigneur. » Pendant cette conférence, Abou-Bekr fit entendre à Oçama que sa grande jeunesse semblait un obstacle au poste élevé qu'il occupait, et que peut-être il devrait consentir à marcher sous les ordres d'un chef plus âgé. Le jeune général, avec le désintéressement qui caractérisait alors les héros de l'islamisme, déclara qu'il était prêt à obéir comme il l'avait été à commander (*).

Tandis que les Musulmans se disposaient à attaquer, en Syrie, les forces de l'empereur Héraclius, Khaled, par l'ordre du khalife, allait combattre dans l'Irak les rois de Hira, vassaux de la Perse. Mondhar V, fils de Noman III, surnommé El-Maghrour, régnait alors sur l'ancienne Babylonie ; il fit demander du secours à son suzerain Iezdedjerd, roi de Perse ; mais en vain ce monarque lui envoya de nombreux renforts sous les ordres de Roustam, gouverneur général de l'Aderbaïdjan ; les Persans furent vaincus ; Khaled s'empara d'Anbar, de Hira, d'Aïn-el-Taman (**), sur les bords de l'Euphrate ; et le dernier roi de Hira, dépouillé de ses États, se réfugia à la cour de Perse.

Cependant Oçama, puis bientôt après Abou-Obaïda, qui l'avait rejoint à la tête de nombreux renforts, et avait été investi par le khalife du commandement général, avaient pénétré dans la Syrie, où leurs premiers pas furent marqués par des triomphes. Héraclius, à leur approche, s'était porté sur Damas. Il détacha Sergius, gouverneur de Césarée, et lui ordonna de surveiller, à la tête de quelques troupes, la marche des Arabes, et de les combattre s'il en trouvait une occasion favorable. Il y avait déjà quelques jours que, conformément aux ordres qu'il avait reçus, ce capitaine observait les ennemis, lorsque, dans les environs de Gaza, il se vit surpris par les Musulmans et forcé d'accepter le combat. Cherchant à réparer sa faute, il déploya la plus brillante valeur : deux fois renversé de son cheval, blessé grièvement, il dit aux siens qui cherchaient à l'emporter du champ de bataille : Retirez-vous en bon ordre, et ne vous chargez pas d'un vieillard inutile. On lui obéit à regret, il fut pris, et les Arabes l'enfermèrent tout vif dans une peau de chameau qui l'étreignit en se desséchant, et le fit périr dans des tourments épouvantables. Nicéphore, qui rapporte ce fait (*), prétend que Sergius était devenu l'ennemi implacable des tribus arabes, autrefois alliées des Césars, parce qu'il s'était opposé à ce que l'empereur leur permît d'employer les trente onces d'or qu'il leur donnait chaque année au commerce qu'elles avaient coutume de faire avec les autres tribus de la Péninsule. Quels que fussent les motifs de haine qui animaient les Arabes de Syrie contre Sergius, ils n'auraient pas dû oublier ainsi les derniers ordres du khalife. « Fidèles serviteurs de Dieu et de son prophète, avait dit Abou-Bekr aux chefs qu'il envoyait combattre les infidèles, gardez-vous de traiter durement vos soldats, car vos soldats sont mes enfants. Rendez à tous une égale justice ; les injustes ne prospéreront pas. Combattez vaillamment, et mourez, s'il le faut, la face tournée vers l'ennemi, mais qu'il ne vous voie jamais fuir devant lui. Si vous êtes vainqueurs, épargnez les vieillards, les enfants et les femmes. Ne coupez pas les palmiers, ne brûlez pas les moissons, et ne prenez du bétail que ce qu'il en faudra pour votre nourriture. »

Abou-Obaïda fit parvenir au khalife la nouvelle de ses succès ; et la pensée du riche butin que devait offrir la Syrie détermina un grand nombre d'Arabes à solliciter d'Abou-Bekr la permission de rejoindre l'armée d'invasion.

---

(*) Aboulféda, Ann. mosl., t. Ier, p. 208.
(**) Elmacin, Hist. sarac., p. 17.

(*) Nicéph., p. 16.

En conséquence, il forma un nouveau corps d'armée, et en donna le commandement à Amrou-ben-el-As, guerrier célèbre qui s'était converti à l'islamisme dans la huitième année de l'hégire, en même temps que le fameux Khaled. Ce dernier ayant achevé la conquête du royaume de Hira, se rendit aussi dans la Syrie, où se trouvèrent ainsi rassemblées toutes les forces des Musulmans. Abou-Obaïda, désirant alors s'assurer d'un centre d'opérations, résolut de s'emparer de Bostra, ville riche et commerçante sur la limite du désert, au midi de Damas. Elle était protégée par d'épais remparts, et défendue par un général du nom de Romain, qui avait sous ses ordres douze mille hommes de cavalerie. S'il eût été fidèle à sa religion et à sa patrie, il eût pu défendre longtemps la ville confiée à sa garde. Les habitants étaient pleins d'enthousiasme et de courage; on avait arboré sur les murailles l'étendard de la croix; tous les hommes couraient aux remparts; les femmes, les enfants, les vieillards se rassemblaient dans les églises pour y invoquer le Seigneur; mais Romain avait résolu de renier son Dieu et son roi. Pendant la nuit, il perça les murailles de la ville, auxquelles son palais était adossé, et se rendit sous la tente de Khaled. Le Musulman, qui n'espérait pas une victoire si facile, fait prendre à cent de ses meilleurs soldats des vêtements semblables à ceux que portaient les chrétiens; il en donne le commandement à Abd-er-Rahman, et, sur les pas du traître, ils pénètrent dans la ville. Les uns se rendent maîtres des portes, d'autres s'emparent de la citadelle; tout à coup le cri d'*Allah-Akbar* retentit de toutes parts; les Musulmans sont au cœur de la place, ils égorgent les habitants surpris sans défense, et le massacre ne cesse qu'à la voix de Khaled, qui ordonne qu'on épargne tous ceux qui se soumettent à payer le tribut. La prise de Bostra fut bientôt suivie de celle de Rakkah et de Soknah.

Nous ne pouvons nous dissimuler combien sont peu authentiques tous les récits que nous ont laissés les chroniqueurs arabes sur les premières conquêtes de l'islamisme; on espérerait en vain de trouver quelque secours dans les historiens byzantins, qui se taisent tous sur les désastres dont fut alors frappé l'empire de Constantinople. Eutychius, Théophanes, Nicéphore consacrent à peine quelques lignes à l'invasion de la Syrie; et la plupart du temps, ils placent sous le règne d'Omar les faits qui se sont évidemment passés sous celui d'Abou-Bekr. Un historien arabe, auquel on donne le nom de Wakedi (*), et dont les récits ont jusqu'à présent servi de guide à ceux qui ont écrit sur cette

(*) « Il existe, en langue arabe, une histoire un peu romanesque de la conquête de la Syrie. Elle est attribuée à Abou-abd-Allah Mohammed, fils d'Omar, fils de Waked, nommé ordinairement Wakedi. Il vivait sous le règne du khalife Haroun-el-Reschid, et mourut en l'an 207 de l'hégire, 823 de J. C. Le texte arabe, dont il existe quatre manuscrits à la bibliothèque de Paris, est inédit, à l'exception de quelques fragments en vers qui ont été publiés récemment par M. Grangeret de Lagrange dans son Anthologie arabe. C'est dans cette chronique arabe qu'Ockley a puisé la plus grande partie de détails qu'il a donnés, dans son Histoire des Sarrasins, sur la conquête de la Syrie par les Arabes. Les meilleurs critiques regardent cet ouvrage comme supposé et comme une composition d'un âge bien postérieur au temps de l'ancien et célèbre Wakedi. «Nous reproduisons ici cette appréciation du Wakedi par M. de Saint-Martin, insérée dans l'Histoire du Bas-Empire de Lebeau, liv. LVIII, § 59. Nous ajouterons seulement que cette espèce de poëme, mêlé de prose et de vers, n'est pas seulement un peu romanesque, ainsi que le dit M. de Saint-Martin, mais contient évidemment une foule de fables plus ou moins merveilleuses, dont le fond, toutefois, s'appuyait probablement sur la tradition. Nous avons retranché avec soin tout ce qui ne paraît convenir qu'au roman, cherchant autant que possible à étayer ce que nous avons emprunté à l'écrivain arabe du récit des auteurs byzantins ou d'autres chroniqueurs orientaux moins explicites, mais plus véridiques.

période de l'histoire musulmane, a été aussi prodigue de détails que les Byzantins se sont montrés réservés. Il prend un à un tous les héros de ces premiers temps de l'islamisme, et leur prête des aventures dignes des chevaliers de la Table ronde. Khaled, Amrou, Dhérar, fils d'Aswar, de la tribu de Thay, sont célébrés par lui. Dhérar surtout est son héros de prédilection; c'est l'*Antar* de l'islamisme. Tantôt il est poursuivi par trente cavaliers des plus braves de l'armée grecque; laisse leurs chevaux se distancer l'un l'autre, puis revient sur eux, en abat dix-sept d'autant de coups de lance, et met les autres en fuite. Une autre fois, envoyé par Abou-Obaïda vers le nord de la Syrie pour y piller les villes maritimes, il tombe dans une embuscade dressée par Haïm, fils de Djabalah, prince des Ghassanides, et est mené prisonnier à Antioche. On l'amène en présence d'Héraclius (\*); on veut qu'il se prosterne, il refuse : une dispute théologique s'élève entre l'empereur grec et le chef arabe. Dhérar triomphe par ses arguments, mais on y répond à coups de sabre : il en reçoit quatorze, et aucun d'eux n'est mortel. Sauvé par un chrétien qui s'est fait musulman, il regagne le camp d'Abou-Obaïda, où sa sœur Koulah pleurait avec des larmes de sang le frère qu'elle ne croyait plus revoir. Le lendemain, on rencontre l'ennemi; Dhérar fond sur les Grecs; à chaque coup de sabre il en abat un, et à chaque chrétien qui tombe il s'écrie: Vengeance de Dhérar; seul il rompt, il disperse les bataillons; un seul Musulman ose le suivre à travers l'armée ennemie. Celui-là aussi frappe de son cimeterre, et les armures volent en éclats. Bientôt il est sur la même ligne que Dhérar, le devance, et celui-ci l'entend qui s'écrie, à chaque coup qu'il frappe : Vengeance de Dhérar. Curieux de savoir quel est le guerrier qui l'aide si bien dans sa vengeance, le chef arabe redouble de vitesse, atteint son émule, et reconnaît sa sœur (\*). Les femmes arabes jouent un grand rôle dans les récits de Wakedi; celles de la tribu d'Hymiar surtout y surpassent par leurs prouesses les plus braves guerriers. Nous ne suivrons pas le chroniqueur arabe dans tous les épisodes de cette sanglante conquête. Ils offrent beaucoup trop le caractère du roman, et les forces des Grecs y sont à chaque instant exagérées pour donner plus d'éclat aux victoires remportées par les Musulmans. Ce qu'il y a de certain, c'est que les Arabes, après plusieurs combats partiels dans lesquels ils avaient toujours eu l'avantage, réunirent toutes leurs forces pour former le siège de Damas. Héraclius, qui, se trouvant trop près de l'ennemi à Émèse, où il était d'abord, avait choisi Antioche pour le lieu de sa résidence, n'eut pas plutôt appris le danger qui menaçait l'une des villes les plus importantes de son empire, qu'il fit rassembler toutes les garnisons de la Syrie, et mit à leur tête un de ses frères, nommé Théodore. Ce fut Dhérar qui fut chargé par Khaled, devenu général en chef des armées combinées, d'arrêter la marche des Grecs. Il les rencontra près de Gabetha (\*\*), les

(\*) Ce n'est pas Héraclius qui se trouvait alors à Antioche, ainsi que nous le verrons plus tard, mais son fils Constantin. La captivité de Dhérar se rapporte, d'après le chroniqueur arabe, aux dernières années de la conquête de Syrie, lorsque les Musulmans assiégeaient Antioche, et il est évident qu'à cette époque, Héraclius, ayant renoncé depuis longtemps à défendre en personne cette belle province de son empire, était retourné à Constantinople.

(\*) Voy. Journal asiatique, t. I$^{er}$, p. 16 à 27.

(\*\*) Théophane, p. 279; Cédrénus, t. I$^{er}$, p. 425. « On trouve plusieurs endroits du nom de Gabetha dans la Palestine, dit M. de Saint-Martin dans ses Notes sur l'Histoire du Bas-Empire de Lebeau, mais ce ne peut être aucun d'eux, car ils n'étaient pas sur la route d'Émèse à Damas, comme le devait être le lieu où les Romains furent vaincus par les Musulmans qui assiégeaient Damas, sous les ordres d'Abou-Obaïda et de Khaled. Je crois que c'est mal à propos que dans cette occasion les auteurs modernes ont combiné les indications trop brèves des écrivains grecs avec

combattit malgré le petit nombre de ses soldats, fut fait prisonnier, et bientôt après délivré par Rafy-ben-Omaïrah. Le retard qu'avait causé aux Grecs la nécessité de combattre Dhérar donna le temps à Khaled de les rejoindre dans leur marche. Il s'ensuivit une action générale dans laquelle Théodore fut complétement défait. S'étant réfugié auprès d'Héraclius, il en fut très-mal reçu, et renvoyé à Constantinople; depuis lors, les historiens grecs n'en font plus aucune mention : de leur côté, les chroniqueurs arabes n'en ont jamais parlé, mais donnent le nom de Caloùs (*) au général qui commandait l'armée des Grecs; nouvelle preuve des difficultés qui se présentent pour établir une concordance entre les Byzantins et les Orientaux sur ces premiers temps de l'islamisme.

Héraclius ayant rassemblé les débris de l'armée vaincue, en donna le commandement à deux généraux, l'un appelé Théodore Trithirios, son sacellaire ou garde du trésor; l'autre nommé Vahan, probablement Arménien de naissance, et qui, s'étant retiré sur les terres de l'empire pendant les troubles auxquels la Perse était en proie, avait amené avec lui un jeune prince, fils de Schaharbarz, qui avait joué dans ce royaume un rôle important. Ces deux généraux se rendirent à Émèse, où ils appelèrent aux armes tous les Arabes de Ghassan, cantonnés sur la frontière de la Syrie (**), en sorte que l'armée des Grecs se trouva encore forte de quarante mille hommes. Elle se dirigea sur Damas, toujours investie par les Arabes; et ayant rencontré, dans une prairie nommée Merdj-el-Safir, un corps de Musulmans commandé par Khaled-ben-Saïd, qu'il ne faut pas confondre avec le célèbre

les récits détaillés, mais bien romanesques, des Arabes. »

(*) Voy. El-Wakedi, Conquête de la Syrie, et Ockley, t. I$^{er}$, p. 57.

(**) Voy. les Annales arabes d'Eutychius, patriarche d'Alexandrie, t. II, p. 273, et Saint-Martin, t. II, p. 208, notes de l'Hist. du Bas-Empire.

Khaled, elle le défit complétement (*). Mais si les Arabes éprouvaient quelque échec, ils ne tardaient pas à voir leurs forces renouvelées par les secours qui leur arrivaient; et, à la première nouvelle que reçut Abou-Bekr de la défaite de Khaled, qui était resté mort sur le champ de bataille, il fit partir pour la Syrie un renfort considérable sous les ordres de Moawiah, fils d'Abou-Sofian, que nous verrons plus tard, fonder la dynastie des Ommiades.

Cependant Khaled-ben-Walid, à l'approche de l'armée grecque, avait écrit à tous les chefs arabes que les chances de la conquête avaient dispersés sur les frontières de la Syrie : par son ordre, Iezid-ben-Abou-Sofian, qui commandait à Balkaa; Schourahbil, fils de Haçanah, qui se trouvait en Palestine; Noman, qui occupait Tadmor ou Palmyre; Amrou, alors dans l'Irak, se rassemblèrent à Adjnadin, à quelques lieues de Damas. Khaled lui-même leva le siége de la ville, et se porta avec toutes ses troupes vers le lieu du rendez-vous. A peine avait-il quitté son camp, que les habitants de Damas, encouragés par sa retraite, se mirent à sa poursuite; ils étaient commandés par deux frères, nommés Pierre et Paul, tous deux de la plus brillante valeur. L'arrière-garde des Arabes, vivement attaquée par eux, fut bientôt mise en désordre; c'était Abou-Obaïda qui la commandait : il envoya demander du secours à Khaled; mais, avant qu'il lui fût arrivé, Pierre emmenait vers Damas les captifs, parmi lesquels se trouvaient beaucoup de femmes, et, entre autres, la sœur de Dhérar, cette Khaulah dont nous avons plus haut raconté les exploits. Il aurait pu peut-être les mettre en sûreté derrière les remparts de Damas, si le désir de contempler plutôt une femme dont on ne vantait pas moins la beauté que le courage, ne l'avait porté à faire dresser son camp à quelque distance des portes de la ville. Il entra donc sous la tente où se trouvait Khaulah, en-

(*) Elmacin, Hist. sarac., p. 17 et 18.

tourée de ses compagnes qui appartenaient presque toutes à la tribu d'Himyar, et parla en vainqueur qui voulait abuser des droits de la victoire; mais il rencontra une résistance à laquelle il ne s'attendait pas. A la voix de la sœur de Dhérar, les prisonnières arrachent les pieux qui servaient à soutenir la tente; elles s'en servent comme de piques, se serrent les unes contre les autres, et attaquent les Grecs avec toute l'énergie du désespoir. Ceux-ci d'abord n'osent faire usage de leurs armes; mais plusieurs d'entre eux tombent sous les coups de ces amazones; et bientôt le dépit, la colère les portent à ne plus épargner leurs adversaires. Pendant cet étrange combat, Khaled, averti de l'attaque de son arrière-garde, avait fait partir successivement quatre détachements, chacun de deux mille hommes, sous les ordres de Refy-ben-Omeïrah, de Kaïs-ben-Obaïrah, d'Abd-er-Rahman, fils du khalife Abou-Bekr, et de Dhérar. Lui-même enfin se rend sur le champ de bataille, attaque Paul qui protégeait la retraite de son frère, et le fait prisonnier. Aussitôt les Musulmans s'élancent à la poursuite de Pierre, et Dhérar à leur tête, Dhérar qui veut venger sa sœur, comme sa sœur, plus tard, devait le venger. A leur approche, Pierre cessa le combat, et essayant de parlementer, cria à Dhérar qu'il lui rendait sa sœur sans rançon : « Eh quoi, lui dit celle-ci en continuant de frapper d'estoc et de taille, voilà donc cette grande passion que vous m'avez témoignée il y a quelques heures! Votre ardeur s'est promptement calmée; mais c'est moi maintenant qui ne veux plus m'éloigner de vous. » A ces mots, elle se jette sur lui, et, d'un coup de son terrible piquet, le renverse. Dhérar l'achève et lui coupe la tête, qu'il rapporte au camp de Khaled. Paul, en voyant la tête de son frère, demanda à partager son sort, et insulta à la religion du prophète qu'on lui proposait d'embrasser, comme le seul moyen de sauver sa vie; il eut la tête tranchée.

Les différents corps de troupes qui s'étaient rejoints à Adjnadin marchè-rent contre les Grecs, et bientôt les deux armées furent en présence. La bataille qui s'ensuivit semble avoir été confondue par les Byzantins (*) avec celle d'Yarmouk, livrée deux ans plus tard. Aboulféda lui-même place cette dernière dans l'année à laquelle nous voici parvenus (**) (treizième année de l'hégire); mais Wakedi, qui donne le nom de Verdan au général grec que les historiens du Bas-Empire appellent Vahan, si l'on peut croire, au milieu de cette confusion, qu'il s'agisse du même personnage, entre dans de grands détails sur cette action, dans laquelle les Romains furent entièrement vaincus. Aveuglés par la poussière qu'élevait un vent violent du midi, ils ne se voyaient plus l'un l'autre, et tombaient sous le sabre des Arabes, sans apercevoir le bras qui les frappait. Vahan alla cacher sa honte dans les déserts du mont Sinaï, où, selon ce que rapporte Eutychius, il prit l'habit de moine sous le nom d'Amatan, et passa le reste de ses jours à composer des commentaires sur les psaumes (***). Le

(*) Théophane, p. 280.
(**) Aboulféda, Ann. moslem., p. 220. « Théophane, p. 276 et 280, parle en termes « très-vagues et très-ambigus de la bataille « d'Yarmouk; mais il ne donne aucun ren- « seignement qui puisse nous la faire mieux « comprendre, et en fixer la véritable date, qui « présente autant d'incertitude dans les « écrivains orientaux que dans ceux de l'Oc- « cident. Le vague de leurs relations pour- « rait presque donner lieu de croire qu'il y « eut deux batailles dans le même lieu; la « première avant la prise de Damas, et la « seconde après la prise d'Émesse. » Voy. Saint-Martin, t. II, p. 237, note 1 de l'Histoire du Bas-Empire; voy. aussi plus loin, sous le règne d'Omar, le récit de la bataille livrée par les Arabes aux Romains sur les bords de la rivière d'Yarmouk, non loin de la ville du même nom, dans la vallée supérieure du Jourdain.

(***) Nous verrons cependant figurer plus tard, à la bataille d'Yarmouk, un général du nom de Vahan. Doit-on croire qu'Eutychius s'est trompé en rapportant la retraite de Vahan au Sinaï; ou y avait-il, dans l'empire, deux généraux de ce nom? Voyez, sur le second Vahan, Hamaker, *liber*

retour des Arabes, vainqueurs encore une fois des forces de l'empire, enleva aux habitants de Damas toute espérance d'échapper au sort qui les menaçait; privés de toutes ressources, ils étaient prêts à se rendre, si un gendre de l'empereur, nommé Thomas, qui se trouvait dans la ville, n'eût ranimé leur courage. Ils firent, sous ses ordres, une sortie vigoureuse dans laquelle les Arabes furent d'abord repoussés. Thomas, à la tête des Grecs, se montrait vaillant général et habile archer: il lançait incessamment de longues flèches dont chacune portait la mort dans les rangs des Musulmans. Parmi ses victimes, se trouvait un jeune Arabe qui venait d'épouser, à Adjnadin, une de ces courageuses amazones qui, aux premiers temps de l'islamisme, cherchaient à conquérir une place, à coups de sabre, dans le paradis de Mahomet. Elle apprit sans verser une larme la mort de son époux, mais elle jura de le venger: « Heureux, dit-elle, le guerrier qui va se reposer dans les bras du Seigneur. Dieu nous avait unis, Dieu nous a séparés; que son nom soit béni. Je ne murmurerai pas contre ses décrets, mais je vengerai la mort de l'époux que j'ai perdu, et jamais aucun autre n'aura de droits sur ma personne. » A ces mots, elle prend un arc et court sur le champ de bataille. Sa première flèche perce le Grec qui portait l'étendard des chrétiens; les Arabes s'en saisissent, Thomas se précipite pour le reprendre; et il allait y réussir quand une seconde flèche, lancée par la même main, le blesse au visage et lui perce un œil. On l'emporte dans la ville, et la victoire échappe aux chrétiens. Deux autres sorties furent encore plus malheureuses. Malgré le courage de Thomas, qui, à peine pansé, était retourné sur les remparts, la garnison se trouva réduite de moitié; l'aveugle impétuosité des Musulmans, le fanatisme avec lequel ils cherchaient la mort comme la voie du salut, triomphaient, dans toutes les occasions, de la tactique des Grecs; et les habitants se virent enfin réduits à solliciter une suspension d'armes pour traiter de la reddition de la place. Khaled, toujours ennemi du nom de chrétien, refusa toute composition; mais, bien qu'il eût le commandement en chef depuis son retour de l'Irak, Abou-Obaïda avait conservé une grande autorité. Les habitants de Damas, sachant combien son caractère doux et humain différait de celui du fils de Walid, s'adressèrent à lui, et en obtinrent plus qu'ils n'avaient espéré. Il leur accorda la vie sauve, la disposition de leurs biens particuliers, et la permission de conserver sept églises pour la célébration de leur culte. Des otages furent livrés pour la sûreté des conditions arrêtées, et Abou-Obaïda entra dans la ville. Pendant ce temps, un traître, auquel Wakedi donne le nom de Josias, était venu trouver Khaled, et lui avait livré une des portes des remparts, en sorte qu'Abou-Obaïda entra paisiblement par un des côtés de la ville, tandis que Khaled, à la tête de ses bandes fanatiques, entrait par un autre, passant au fil de l'épée tous ceux qu'il rencontrait. Ce fut au milieu de la ville que les deux généraux musulmans se rejoignirent, chacun d'eux ne pouvant comprendre comment l'autre avait pénétré dans une place dont ils assiégeaient en vain les murailles depuis près de six mois.

C'était un mardi, 22 de djoumadi second, 13ᵉ année de l'hégire (23 août 634), que Damas tombait au pouvoir des Arabes; et, le même jour, Abou-Bekr mourait à Médine. « Les historiens, dit Aboulféda, diffèrent sur la cause de sa mort. Les uns prétendent qu'il fut empoisonné par les juifs (*);

*de expugnatione Memphidis et Alexandriæ*, adnot., p. 52.

(*) « Quelques traditions rapportent que des juifs avaient mêlé du poison au riz qui fut servi sur la table du khalife ou à la boisson qu'il devait prendre; on ajoute encore que le médecin Harith, fils de Kalda, était admis ce jour-là à la table d'Abou-Bekr, et mangea aussi des mets empoisonnés. Il ne tarda pas à s'en apercevoir, et dit: « Nous

les autres, s'appuyant sur une tradition qui remonte à Aïescha sa fille, attribuent sa mort à un bain qu'il aurait pris un jour où le froid était très-vif. Cette imprudence lui occasionna une fièvre violente à laquelle il succomba le quinzième jour; et, pendant tout le temps de sa maladie, ce fut Omar qu'il désigna pour faire la prière au peuple, montrant ainsi qu'il le choisissait pour lui succéder dans les honneurs du khalifat. Il avait régné pendant deux ans, trois mois et dix jours (*). Les traditions s'accordent pour représenter Abou-Bekr comme un de ces hommes d'une foi vive et d'une profonde moralité, dont l'enthousiasme ne fait que rendre les vertus plus saillantes. Laissé par le sort dans un rang obscur, il aurait été un de ces Arabes des anciens jours, dont la parole était sacrée, dont la tente devenait l'asile inviolable de l'ennemi qui venait s'y asseoir. Parvenu au rang suprême, s'il ne déploya pas de grands talents comme général ou législateur, il justifia ces paroles du prophète : « Il n'y a pas, dans tout mon peuple, un homme plus charitable qu'Abou-Bekr (*). » Comme il avait donné son bien aux pauvres, il prit, pendant toute la durée de son khalifat, trois dirhems par jour dans le trésor public; et cette somme, si petite pour une si haute dignité, non-seulement défrayait toute sa maison, mais lui permettait encore de faire des aumônes. L'habit qu'il portait, le chameau dont il se servait, l'esclave qui en prenait soin, voilà tout ce qu'il laissa à ses héritiers. Il leur laissa aussi l'exemple des vertus qui avaient fait dire à Mahomet : « Celui qui ressuscitera le premier au jour de la résurrection, c'est Abou-Bekr. »

*Règne d'Omar-ben-el-Khattab.*

Le jour même de la mort d'Abou-Bekr, Omar monta, comme successeur du prophète, dans la chaire de Médine, et reçut, de tous les assistants, le serment de fidélité. « O vous qui m'écoutez, dit-il ensuite, sachez bien qu'il n'y aura jamais d'homme plus puissant à mes yeux que le plus faible d'entre vous, lorsqu'il aura pour lui la justice; et que jamais homme ne me paraîtra plus faible que le plus puissant parmi vous, s'il élève des prétentions injustes (**). » Ces paroles étaient belles, et il s'y conforma toute sa vie. Son inflexible justice lui faisait pardonner l'exigence et la sévérité de son commandement. Il ne demandait à ses sujets aucun sacrifice qu'il ne fût prêt à accomplir lui-même. C'était alors le beau temps du khalifat : les armées victorieuses des Arabes s'emparaient des riches trésors de l'empire romain ou de la Perse, et le chef de l'État n'entrait lui-même dans la distribution du butin qu'au même titre que le soldat de ses légions. Fakr-eddin-Rasi nous a conservé un trait caractéristique de cette simplicité des premiers khalifes, et du prix auquel ils achetaient l'obéissance passive d'hommes élevés dans l'indépendance

venons de prendre un poison qui fera son effet dans l'année. » En effet, au bout de l'année, tous deux étaient morts. » Voy. Aboulféda, *Ann. moslem.*, t. I, p. 220.

(*) Voy. Aboulféda, *Ann. moslem.*, p. 220. « Le khalife avait soixante-trois ans quand il « mourut : sa femme Asima, fille de Omaïça, « lava son corps. On le porta ensuite sur « le même lit qui avait servi au prophète, « et il fut enterré près de lui, sa tête placée à la hauteur des épaules de l'apôtre « de l'islamisme. Omar alors pria pour lui. « Abou-Bekr était d'une taille élégante; sa « barbe peu épaisse recouvrait à peine des « joues amaigries; il avait les yeux enfoncés dans leur orbite, le front élevé; ses « membres étaient grêles et son dos voûté; « il avait l'habitude de se teindre avec le « henné et le katam. » *Ibid.*, p. 222. Selon Eutychius, t. II, p. 264, Abou-Bekr régna deux ans trois mois et vingt-deux jours; selon Elmacin, *Hist. sarac.*, p. 18, deux ans trois mois et neuf jours; selon la chronique arabe d'Aboulfaradj, pendant deux ans et quatre mois moins huit jours.

(*) Hamaker, *De expugn. Memphidis et Alexandriæ adnot.*, p. 76.
(**) Aboulféda, Ann. moslem., t. I*er*, p. 222.

du désert. « Omar avait reçu des toiles « rayées du Yémen; il les distribua en« tre les Musulmans : chacun en eut « pour sa part une pièce, et Omar fut « partagé comme les autres. Il s'en fit « faire un habit; puis, revêtu de cet « habit, il monta en chaire, et haran« gua les Musulmans pour les exhor« ter à faire la guerre aux infidèles. « Un homme de l'assemblée se levant, « l'interrompit et lui dit : Nous ne « t'obéirons pas. —Pourquoi cela ? lui « demanda Omar. — Parce que, ré« pondit cet homme, lorsque tu as par« tagé entre les Musulmans ces toiles « du Yémen, chacun en a eu une « pièce, et tu en as eu de même pour « toi une seule pièce. Cela ne peut « suffire pour te faire un habit, et ce« pendant nous voyons que tu en as « aujourd'hui un habit complet. Tu es « d'une grande taille, et si tu n'avais « pris pour toi une part plus considé« rable que celle que tu nous a don« née, tu n'aurais pas pu en avoir « une robe. Omar se retourna vers « son fils Abd-Allah, et lui dit : Abd« Allah, réponds à cet homme. Abd« Allah, se levant, dit alors : Lors« que le prince des croyants, Omar, a « voulu se faire faire un habit de sa « pièce de toile, elle s'est trouvée in« suffisante. En conséquence, je lui ai « donné une partie de la mienne pour « compléter son habit. — A la bonne « heure, lui dit cet homme; à présent, « nous t'obéirons (\*). »

Les premiers regards du nouveau khalife se tournèrent vers la Syrie : l'instinct de la conquête s'était emparé du peuple arabe : cette arrière-garde de la race sémitique accomplissait une vengeance qu'elle ne pouvait elle-même s'expliquer; chefs et soldats couraient aux batailles comme à une fête. Damas était en leur puissance; ils chargeaient leurs chameaux de tout ce que les arts de la Grèce avaient accumulé pendant tant de siècles, et rêvaient déjà d'autres combats. Héraclius, effrayé des progrès de leurs armes, avait quitté le séjour d'Émèse pour celui d'Antioche; mais bientôt il ne se trouva plus en sûreté dans cette ville, malgré ses tours et ses remparts. Il s'enfuit à Constantinople, car, disaient ses meilleurs conseillers, la Providence protégeait évidemment les Arabes; les Romains avaient attiré sa colère par leur impiété, leurs concussions, leur violence. Plus occupés de leurs dissensions intérieures que des ennemis qui les menaçaient, ils semblaient frappés d'aveuglement, et ne retrouvaient d'énergie que pour le vice (\*). Ce fut en fugitif qu'Héraclius rentra dans Constantinople; et cependant Omar, comme s'il eût voulu donner quelque relâche à l'empire grec, venait d'ôter le commandement au terrible Khaled, *l'épée de Dieu*, ainsi que le nommaient les Arabes. Depuis longtemps, le caractère absolu de ce chef, et les actes d'injuste cruauté auxquels l'avait porté la violence de ses passions, avaient excité contre lui la haine du nouveau khalife, dont le caractère n'était peut-être ni moins violent, ni moins absolu, mais dont l'esprit d'équité était du moins inaltérable. L'un des premiers soins d'Omar, en arrivant au pouvoir, fut donc d'écrire à Abou-Obaïda pour lui conférer le commandement en chef des armées musulmanes en Syrie; et Khaled, se montrant plus digne du rang qu'il occupait au moment où on l'en faisait descendre, non-seulement résigna sans murmurer ses hautes fonctions, mais se dévoua aux intérêts du nouveau général, dont son instinct

---

(\*) Voy. la Chrestomathie arabe de M. de Sacy, t. II, p. 58 et 59.

(\*) Aboulféda ne place le départ d'Héraclius que dans la quinzième année de l'hégire, lorsque les Arabes étaient maîtres de toute la Syrie. Selon le sultan de Hamah, l'empereur grec, arrivé dans sa fuite sur le sommet d'une hauteur d'où ses regards s'étendaient sur le beau pays qu'il allait quitter, s'écria : « Adieu, Syrie, « je ne te reverrai plus, et les Grecs « ne reviendront plus qu'avec effroi dans « tes plaines fertiles jusqu'au jour où naîtra « cet enfant dont la naissance sera pour eux « le signal de nouveaux malheurs. » Voy. Ann. moslem., t. 1$^{er}$, p. 226.

guerrier lui révélait l'infériorité (*).

Maître de Damas et de la plaine fertile arrosée par les nombreux canaux que forme le Barrady, Abou-Obaïda résolut de donner quelque repos à ses troupes. Il n'avait plus désormais d'obstacle à craindre, et sa nouvelle conquête lui ouvrait les portes de toute la Syrie. Plusieurs mois se passèrent en courses rapides, en incursions passagères qui n'avaient d'autre mobile que le butin, et où l'impétuosité arabe triomphait chaque fois du nombre, quelque disproportionné qu'il pût être. Un jour cependant, Abd-Allah-ben-Djaafar s'était porté, avec cinq cents cavaliers, vers un monastère situé sur la route de Tripoli, et nommé Daïr-Abi-l'-Koudous. Là vivait un saint vieillard dont la réputation attirait de tous côtés les gens pieux, qui venaient le visiter et lui demander sa bénédiction. Ce concours de pèlerins donna lieu, ainsi que cela arrivait souvent, à des transactions commerciales; et l'usage s'établit de tenir, vers le temps de Pâques, un marché considérable aux environs du couvent. C'était l'espoir du pillage qui avait attiré les Arabes; et ils n'attendaient d'hommes occupés d'intérêts commerciaux ou religieux aucune résistance. Malheureusement pour le succès de cette *razia*, le gouverneur de Tripoli avait accompagné au couvent sa jeune fille mariée depuis peu, et vingt mille cavaliers leur servaient d'escorte. Les Arabes, surpris, pensèrent d'abord à fuir; mais Abd-Allah, qui les commandait, était un de ces Musulmans fanatisés par la parole du prophète, et qui voulait conquérir sur le champ de bataille ce paradis où l'attendaient des houris aux yeux noirs: « Mes « amis, dit-il aux siens, le bonheur de « la vie future se trouve à l'ombre des « épées; combattons pour la victoire ou « le martyre. » Il s'élance en même temps, ses cavaliers le suivent, et bientôt, selon l'expression d'un auteur arabe, cette troupe de fidèles au milieu des Romains ne semble plus qu'une tache blanche sur la peau d'un chameau noir. Quelle que fût leur vaillance, ils auraient succombé sans doute; mais un d'eux s'était détaché pour aller avertir Abou-Obaïda. Ce chef ne voit qu'un homme capable, par son activité et son courage, de sauver ces élus du Seigneur qui vont recevoir le martyre. Cet homme, c'est Khaled; mais voudra-t-il obéir? Abou-Obaïda le connaissait mal, puisqu'il en doutait: « J'obéirais à un enfant, dit le « fils de Walid, si le khalife lui avait « donné le commandement de l'armée; « et à vous, Abou-Obaïda, je vous dois « obéissance et respect, car vous m'a- « vez précédé dans votre conversion à « l'islamisme. » Monter à cheval, courir, à la tête d'un corps d'Arabes, au secours de ses frères, ce fut pour Khaled l'affaire d'un instant. Abd-Allah résistait encore; la vue d'un renfort renouvelle le courage des siens. Les chrétiens cèdent à l'impétuosité de l'attaque; le gouverneur de Tripoli est tué par Dhérar; la jeune mariée est prise avec toutes les femmes qui l'accompagnaient, et les riches marchandises des Syriens deviennent la proie des Arabes.

Après quelques mois de repos, Abou-Obaïda ayant laissé à Damas Safouan-ben-Amar, à la tête de cinq cents chevaux, dirigea ses troupes vers le nord de la Syrie, dans l'intention de s'emparer d'Alep, l'ancienne Berrhée, dont la citadelle inexpugnable rendait la possession très-importante. Tandis que le général arabe suivait avec le gros de l'armée la base occidentale du Liban, Khaled, s'enfonçant dans les montagnes, se portait sur Héliopolis, aujourd'hui Baalbeck, dont le gouverneur demanda une trêve d'un an, qui lui fut accordée au prix de quatre

---

(*) Omar ne tarda pas à rendre justice à la perspicacité de son prédécesseur: ayant appris, après la prise d'Alep et celle de Kenesrin, combien les talents militaires de Khaled avaient contribué à la chute de ces deux villes, il s'écria: « Khaled était digne « du commandement; que Dieu ait pitié « d'Abou-Bekr, mais, certes, il savait mieux « que moi reconnaître la valeur des hom- « mes. » Voy. *Selecta ex historia Halebi e codice Arabico edidit Freytag*, p. 2.

mille pièces d'or. Les deux chefs se rejoignirent devant Émèse; et cette ville, ainsi que celle de Kenesrin, l'ancienne Chalcis, achetèrent à leur tour une paix momentanée au prix de dix mille pièces d'or et de deux cents robes de soie. Les habitants promettaient de se soumettre si Alep était prise, et que l'empereur les laissât sans secours. Abou-Obaïda se contenta donc de lancer dans la campagne ses bandes de Bédouins qui ravageaient le pays, et ramenaient chaque jour de nombreux prisonniers. Tous ceux qui se soumettaient au tribut et s'engageaient à ne plus porter les armes contre les Musulmans, étaient aussitôt remis en liberté. On leur rendait leurs troupeaux, on enregistrait leurs noms; ils suivaient librement les exercices de leur culte; et la plupart d'entre eux, séduits par l'espoir de partager les succès de leurs vainqueurs, servaient, dans l'armée des Arabes, d'interprètes, de guides ou d'espions.

Beaucoup de Musulmans, cependant, murmuraient de voir traiter des chrétiens avec tant de douceur; Omar lui-même, circonvenu par les rapports qui lui étaient adressés, écrivit à Abou-Obaïda pour lui reprocher son excès d'indulgence; mais aucun blâme, aucun reproche ne fut capable de faire manquer le général arabe à sa parole. Il ne combattit les Grecs que quand ils avaient eux-mêmes rompu la trêve, ou quand elle était expirée; et toutefois, au bout d'une année, Hamah, Kenesrin, Laodicée, Djabalah, Antartous, Maarrah, étaient au pouvoir des Arabes, dont les conquêtes s'étendaient ainsi depuis les frontières orientales de la Syrie et de la Phénicie jusqu'à la mer. La prise d'Émèse fut ensuite résolue, et le siége dura deux mois, sans que les Musulmans parussent obtenir d'avantage marqué. La garnison, pleine de résolution, faisait de fréquentes sorties; en vain Khaled animait ses troupes de son exemple; en vain, un jour, son épée s'étant rompue sur l'armure d'un cavalier qui le combattait, il saisit son adversaire dans ses bras, l'étouffa dans une étreinte désespérée, et le rejeta mort sur le sable. Malgré leur courage personnel, malgré leur nombre, les Arabes étaient repoussés à chaque rencontre. Ce fut la ruse qui leur ramena la victoire. Ils feignirent de se retirer en désordre; les Grecs, entraînés par leur ardeur, les suivirent de près, et donnèrent dans une embuscade où le gouverneur et un grand nombre de soldats tombèrent sous le sabre des Sarrasins. Privée de son chef et de ses meilleurs défenseurs, livrée aux horreurs de la famine, la ville se rendit au moment où Héraclius envoyait à son secours une des armées les plus nombreuses qu'il eût encore rassemblées.

A la tête de toutes les forces de l'empire marchaient les Arabes de Ghassan, commandés par Djabalah-ben-Aïham. Héraclius avait compris que ces hommes élevés pour une vie nomade, habitués aux fatigues et aux marches du désert, combattraient les Musulmans à armes égales; tandis que les Grecs, à demi vaincus par le climat, surpris, effrayés par les manœuvres rapides de l'ennemi, fuyaient le plus souvent sans combattre. Au premier bruit de l'approche d'une armée dont on portait les forces à plus de deux cent mille hommes, les Arabes s'émurent et perdirent la confiance qui avait jusque-là si bien aidé à leur triomphe. Khaled lui-même, l'intrépide Khaled conseilla à Abou-Obaïda de se replier vers les frontières de l'Arabie; car les Musulmans, menacés, au nord, par l'armée qui débouchait des passages du Taurus, et, au midi, par une autre armée qui se rassemblait à Césarée de Palestine, sous les ordres de Constantin, fils d'Héraclius, allaient bientôt se trouver isolés des points de communication par lesquels ils attendaient du secours. Quittant donc la vallée de l'Oronte, Abou-Obaïda revint sur ses pas, dépassa Damas, et ne s'arrêta qu'auprès de la ville d'Yarmouk, placée sur les bords d'une petite rivière qui va se jeter dans le Jourdain, au sud du lac de Tibériade (*). Là, il reçut un renfort de

(*) Voy. la note 2 de la page 226.

huit mille hommes qu'Omar, du haut de la chaire de Médine, avait armés pour la défense de l'islamisme, et dont l'arrivée releva le courage des Musulmans. Quelques conférences entre le général de l'armée des Grecs et le chef arabe n'ayant amené aucun résultat favorable à la paix, puisque le lieutenant de l'empereur voulait l'inviolabilité du territoire de l'empire, tandis que les Arabes étaient bien décidés à ne pas quitter les plaines fertiles de la Syrie pour les vallées stériles ou les montagnes rocailleuses de leur péninsule, on se prépara de part et d'autre au combat. Abou-Obaïda confia à Khaled l'étendard de l'islam, se plaçant lui-même à l'arrière-garde, pour s'opposer à ce qu'aucun Musulman n'abandonnât son poste pendant la bataille. Bientôt les deux armées en vinrent aux mains; les Arabes de Ghassan, soutenus par les Grecs, rompirent d'abord la cavalerie musulmane; elle prit la fuite, et aurait entraîné dans sa déroute l'armée entière, si les femmes, frappant au visage les fuyards avec les piquets qui servent à dresser les tentes, ne les eussent forcés, par leurs coups et leurs injures, de retourner au combat. Trois fois les Musulmans se rallièrent, trois fois ils furent rompus et mis en fuite. La nuit seule sépara les combattants, qui se rejoignirent au lever de l'aurore; et cette seconde journée, passée tout entière à combattre, ne donna encore la victoire à aucun des deux partis. Le troisième jour, les Grecs, trahis par un des leurs, crurent pouvoir poursuivre un corps d'Arabes qui s'était montré en désordre de l'autre côté du fleuve; mais le gué qu'on leur avait indiqué n'existait pas; chevaux et cavaliers sont entraînés par le courant; l'ennemi fait volte-face, et ceux des chrétiens qui parviennent à l'autre bord sont tués ou captifs. A partir de ce moment, les Arabes reprirent leur ascendant ordinaire; la moitié de l'armée grecque périt sous les coups des Musulmans; son chef, nommé par les chroniqueurs arabes Mahan ou Vahan, fut pris, conduit à Damas, et mis à mort; et le roi de Ghassan, intimidé par tant de succès, abjura le christianisme pour se soumettre à la religion de l'islam, ainsi que la plupart des tribus qui vivaient sous ses lois.

A peine le khalife eut-il appris que la défaite de toutes les forces de l'empire grec ouvrait aux Arabes le reste de la Syrie et la Palestine, qu'au lieu d'ordonner à Abou-Obaïda de reprendre la route d'Alep et d'Antioche, il lui écrivit de descendre la vallée du Jourdain pour aller mettre le siège devant Jérusalem. Cette ville sainte, où se sont accomplis les principaux mystères de notre religion, est, pour ainsi dire, aussi sainte aux yeux des Musulmans qu'aux nôtres. Non-seulement elle leur retrace la vie de Jésus-Christ qui, pour eux, est le plus grand des prophètes venus avant Mahomet, mais leur prophète lui-même avait été ravi en esprit dans le temple de Jérusalem. C'était de là qu'il était monté au septième ciel; et c'est vers ce temple qu'il avait ordonné d'abord aux Musulmans de se tourner pendant la prière. La religion s'unissait donc à la politique pour rendre cette conquête précieuse aux Arabes. Khaled arriva le premier, et investit la place; Abou-Obaïda le suivait de près avec le gros de l'armée; et, pendant quatre mois, les deux chefs n'épargnèrent aucun effort pour se rendre maîtres de la ville. Les chrétiens, de leur côté, défendaient avec l'énergie du désespoir le tombeau du Christ, et, soutenus par les courageuses paroles du patriarche Sophronius, subissaient sans se plaindre toutes les conséquences de leur position rigoureuse. Cependant les vivres étaient épuisés; la famine et les maladies qui la suivent sévissaient dans la ville; Sophronius, n'espérant pas de secours, consentit à capituler, sous la condition que le khalife en personne viendrait prendre possession de la cité sainte. Informé du traité, Omar se mit en marche: l'homme qui venait de fonder Bassora sur les bords du golfe Persique, et de battre les armées romaines dans les plaines de Syrie, quitta Médine sans gardes, sans suite, monté sur un chameau qui portait deux sacs, dont l'un contenait de l'orge, et l'autre des dattes. Devant lui était un plat de bois ; derrière lui, une outre remplie d'eau ; marchant jour et nuit, ne s'arrêtant que pour faire la prière, il arriva ainsi devant Jérusalem ; et ayant aperçu de simples soldats revêtus des robes de soie qu'ils avaient pillées dans les riches cités de la Syrie, il les leur fit déchirer sur le dos, car il avait toujours présentes à la pensée ces paroles du prophète : « Ne portez pas d'habits de soie ; celui qui s'en revêt dans ce monde ne s'en revêtira pas dans l'éternité. »

Omar ayant signé la capitulation, les portes s'ouvrirent : vêtu d'une vieille robe de poil de chameau, et suivi seulement de quelques-uns de ses officiers, il demanda, dit Théophane, *à être conduit au temple de Salomon, afin d'en faire un oratoire pour son impiété* (\*). Arrivé à l'église de la Résurrection, il s'assit au milieu, tandis que le patriarche Sophronius, qui l'accompagnait, s'écriait en langue grecque, et les yeux pleins de larmes, que c'était bien là l'abomination de la désolation prédite par le prophète Daniel. Omar se trouvait encore au saint sépulcre lorsqu'il s'aperçut que l'heure de la prière était proche. Il demanda au patriarche où il pourrait s'acquitter de ce devoir, et refusa de le faire dans l'église même, ainsi que le lui proposait Sophronius : « Si je ne veux « pas prier dans une église chrétienne, « lui dit-il, c'est dans votre intérêt ; « car les Musulmans s'empareraient « aussitôt de ce temple, et rien ne « pourrait les empêcher de prier à leur « tour dans le lieu où leur khalife au« rait fait sa prière. » Il se retira, en conséquence, sur les degrés extérieurs de l'église ; et, s'étant tourné du côté de la Mecque, il récita le *Namaz*. Son premier soin fut ensuite de demander au patriarche en quel lieu il devait faire élever une mosquée où les Musulmans pourraient désormais accomplir les rites de l'islamisme, sans troubler les chrétiens dans l'exercice de leur culte. Sophronius le conduisit à la place où Jacob s'était endormi lorsqu'il avait eu la vision de l'échelle mystérieuse. Une pierre marquait cette place ; et cette pierre, réceptacle des immondices de la ville, était couverte d'ordures accumulées depuis longtemps. Omar, donnant l'exemple aux ouvriers qu'il avait fait appeler pour déblayer l'emplacement où allait bientôt s'élever une des plus belles mosquées de l'Orient, remplit les pans de sa robe du fumier qu'il fallait transporter loin de là ; et, ainsi excités par leur chef, ils eurent bientôt mis à nu le sol que recouvre aujourd'hui le dôme brillant de la mosquée d'Omar (\*). Le khalife voulut encore visiter l'église de Bethléem, et accorda, aux prières du patriarche, un édit signé de sa main, par lequel il était défendu aux Musulmans d'y prier plus d'un seul à la fois. Malgré l'extrême modération avec laquelle Omar usait de la victoire, Sophronius ne put résister au chagrin de voir les Musulmans maîtres de la cité sainte ; il mourut de douleur, et fut remplacé par Sergius, évêque de Joppé, qui n'eut pas honte d'accepter d'un successeur de Mahomet le titre de patriarche. Ainsi s'accomplissait la malédiction des prophètes contre la ville où le Dieu fait homme avait expiré sur la croix ; et, depuis la conquête d'Omar, tous les efforts de l'Occident n'ont pu ravir que pour quelques années à l'islamisme cette ville où le christianisme était né.

Avant de retourner à Médine, Omar avait partagé, entre ses généraux, et le gouvernement des provinces conquises, et les conquêtes à faire : Abou-Obaïda tenait sous sa dépendance le pays qui s'étend entre le Hauran et Alep, dont il devait s'emparer à tout prix. Iezid, fils d'Abou-Sofian, nommé gouverneur de Damas, avait pour lieutenants son frère Moawiah, et Schourahbil-ben-Haçanah, chargé plus particulièrement de la vallée supérieure

---

(\*) Théophane, p. 281.

(\*) Voy. à la planche 28 une *Vue de Jérusalem et de la mosquée d'Omar*.

du Jourdain; Amrou-ben-el-As devait aider à la conquête de la Palestine, pour de là passer en Égypte, dont l'invasion était déjà résolue, tant le désir des conquêtes s'éveillait rapidement au cœur de ces Arabes qui, jusque-là, n'avaient eu pour patrie qu'un désert. Aussitôt que le khalife, monté sur son chameau, eut repris le chemin du Hedjaz, Iezid marcha vers Césarée, dont il voulait faire le siége; mais, comme la garnison de cette ville avait reçu depuis peu de nombreux renforts, il renonça momentanément à la soumettre; et, remontant vers le nord, alla rejoindre Abou-Obaïda qui marchait sur Alep. Cette ville, ainsi que nous l'avons dit, importante par sa population, par son commerce, ne le cédait guère qu'à Antioche, dans la Syrie septentrionale; et son château, bâti sur le haut d'une colline élevée, en devait faire une place de défense du plus haut intérêt pour les projets ultérieurs des Musulmans. Le gouverneur d'Alep, nommé Youkinna par les chroniqueurs arabes, faisait sa résidence dans le château alors séparé de la ville, et où il avait sous ses ordres deux mille hommes de garnison. C'était un vaillant capitaine, dont les talents militaires égalaient le courage; pendant quatre mois il tint en échec toutes les forces des Arabes; et déjà ils pensaient à lever le siége, lorsque les habitants d'Alep, plus attachés aux intérêts de leur commerce qu'à celui de l'empire, rendirent la ville aux Musulmans. Ne voulant pas reconnaître cette honteuse capitulation, Youkinna continua à se défendre dans la forteresse; et ce fut par surprise que l'ennemi s'en rendit maître. A la tête de trente montagnards intrépides, un esclave sarrasin, nommé Damis, gravit la partie la plus abrupte de la colline, par une route où l'agile gazelle n'aurait osé se risquer; et, comme les remparts n'étaient pas défendus de ce côté, qui avait passé jusque-là pour impraticable, il pénétra, pendant la nuit, dans l'intérieur du château, dont il ouvrit les portes à l'armée des assiégeants. Youkinna, forcé de se rendre, se montra chrétien aussi peu zélé qu'il avait été brave capitaine. Non-seulement il embrassa l'islamisme, mais il devint, après son apostasie, l'un des ennemis les plus acharnés et les plus dangereux des Grecs.

Pas de repos pour les Arabes dans la conquête; la prise d'Alep ne fut pour eux qu'un acheminement à celle d'Antioche. Rivale d'Alexandrie, inférieure à peine à Constantinople, cette dernière ville offrait aux Musulmans le double appât de son importance politique et de ses richesses. Sa possession leur assurait à tout jamais la domination de la Syrie; et l'empereur Héraclius le comprenait si bien, qu'il se réveilla, dans cette occasion, du profond abattement où l'avaient jeté tant de revers. Constantin, son fils préféré, l'héritier de l'empire, fut mis à la tête de toutes les troupes qu'on avait pu rassembler en Égypte (*), et la flotte impériale vint débarquer sur les côtes septentrionales de la Syrie, rassurant, par sa présence, les habitants d'Antioche, que le bruit de tant de places tombant autour d'eux avait frappés de stupeur. Par une réaction soudaine, les populations arabes de la Syrie, que le sabre, et non la conviction, avait converties à l'islamisme, menaçaient leurs vainqueurs; et la grande tribu des Benou-Thenoukh s'arma pour se joindre à l'armée des Grecs. Abou-Obaïda, retournant en hâte à Émèse, appela à son secours Khaled, auquel il avait confié le gouvernement de Kenesrin, et, contrairement à l'avis de ce général qui voulait marcher sur-le-champ à l'ennemi, se renferma avec toutes ses troupes dans des retranchements, tandis qu'un exprès allait demander du secours à Médine. Bientôt les Grecs arrivés d'Égypte, les Arabes insoumis, et trente mille hommes venus en hâte des plaines de la Mésopotamie, se réunirent contre les Musulmans, dont la position devint très-critique. Peut-être auraient-ils été refoulés dans leur presqu'île,

---

(*) Voy. *Selecta ex historia Halebi edidit Freytag*, p. n.

et les progrès de l'islamisme se seraient-ils arrêtés au début, si, du haut de la chaire de Médine, Omar n'avait ordonné à Saad-ben-Abou-Waccas, cantonné dans l'Irak, de se porter en hâte sur les villes principales de la Mésopotamie, et d'envoyer au secours d'Émèse une partie des troupes qu'il avait avec lui sous le commandement de Kaakan-ben-Amrou. Cette double intervention produisit, pour les Musulmans, les plus heureux effets : les trente mille hommes venus de la Mésopotamie quittèrent l'armée des Grecs dès qu'ils surent leur pays menacé; et les Benou-Thenoukh, effrayés de cette défection, écrivirent à Khaled pour implorer sa merci : « Si j'é-
« tais chef suprême, répondit le vail-
« lant capitaine, peu m'importerait le
« nombre de ceux qui se sont déclarés
« contre nous; mais il y a un chef
« au-dessus de moi ; je dois donc vous
« répondre que si vous êtes de bonne
« foi dans votre repentir, vous devez
« en donner la preuve en vous reti-
« rant sur-le-champ, comme se sont
« retirées les troupes venues de la
« Mésopotamie. » — « Nous exécuterons vos ordres, lui dirent alors les Benou-Thenoukh, car nous sommes résolus à vous obéir désormais; mais si vous marchez contre nous, tandis que nous faisons encore partie de l'armée des Grecs, nous fuirons à l'instant, jetant le désordre parmi eux. » Cette dernière ouverture fut accueillie par Khaled, qui en fit part à Abou-Obaïda ; et les deux généraux, étant sortis de leurs retranchements, tombèrent sur les Grecs avec furie. Fidèles à la parole qu'ils avaient donnée, les Benou-Thenoukh s'enfuirent au premier choc, entraînant les troupes impériales, qui furent, dit Kemal-Eddin, anéanties jusqu'au dernier homme (*). Il est probable, toutefois, qu'il y a exagération dans le chroniqueur arabe, puisque nous retrouvons Constantin, qui avait commandé les Grecs dans cette campagne, enfermé dans les murs d'Antioche, où probablement il

(*) Histoire d'Alep, par Kemal-Eddin.

était venu se réfugier avec les débris de son armée. Avant d'entreprendre le siège de cette importante cité, les Musulmans, maîtres désormais de leurs mouvements, s'emparèrent du château d'Azaz, situé dans une forte position à une journée d'Alep, sur la route d'Antioche. Youkinna, ce gouverneur d'Alep, qui, après son apostasie, était devenu l'un des plus ardents ennemis du nom chrétien, fut, par ses perfidies, le principal artisan de la prise d'Azaz, ainsi que de celle d'Antioche, qui, malgré les efforts des Grecs et un combat meurtrier livré sous ses murs, fut obligée de se rendre (*). Constantin s'était retiré à Césarée lorsque tout espoir d'une plus longue défense avait été perdu ; et les habitants se rachetèrent du pillage au prix de trois cent mille pièces d'or.

Ainsi tombaient, l'une après l'autre, tant de belles cités que le commerce des Phéniciens, les trésors des Séleucides et les arts de la Grèce avaient enrichies tour à tour. Les saints lieux où, dans une humble obscurité, s'étaient accomplis les mystères de notre religion; les monuments superbes élevés par le paganisme à l'apogée de sa grandeur, devenaient la proie de ces habitants du désert, également ennemis de la religion chrétienne et du polythéisme. Baalbeck, Palmyre, Antioche, Jérusalem, Ascalon, Tibériade, Naplouse (**), étaient en leur

(*) D'après le manuscrit arabe intitulé : Conquête de la Syrie, et attribué à Wakedy, c'est pendant le siège d'Antioche qu'eut lieu la captivité de Dherar, dont nous avons raconté les principaux incidents page 224. D'après le même auteur, Constantin, dans l'espoir d'échapper par la mort du khalife au danger qui le menaçait, aurait envoyé à Médine un Arabe chrétien, sujet des rois de Ghassan, qui se serait chargé d'assassiner Omar ; mais, tremblant à la vue du khalife, l'Arabe aurait avoué son coupable dessein au successeur du prophète, trop généreux pour punir son meurtrier.

(**) Sidon, Beryte, Gabala, Laodicée, suivirent leur exemple. Aboulféda semble placer la prise de Césarée et de quelques

pouvoir. Déjà Iezid menaçait Césarée; Tyr, Tripoli avaient ouvert leurs portes, et Constantin, s'embarquant nuitamment pour le Bosphore, abandonnait à jamais cette vaste contrée que les Romains possédaient depuis sept cents ans (*). Dans cette triste occurrence, les hommes faibles reniaient leur religion sur le sol même où elle avait été consacrée par tant de miracles; ceux que le souvenir des martyrs de la foi soutenait au milieu de ces rudes épreuves fuyaient dans les montagnes, emportant avec eux les vases sacrés, les ornements des églises, les saintes reliques, et moins de sept ans avaient suffi pour enlever ainsi à l'empire des Césars l'une de ses plus riches provinces. Sept années de combats toujours malheureux arrachaient aux Romains cette conquête qui datait de sept siècles, et à laquelle remontait peut-être l'extension rapide du christianisme, puisque, en initiant les soldats de Pompée aux douceurs de la vie d'Orient, elle avait porté un coup fatal à la liberté patricienne de Rome, préparant l'égalité civile et la diffusion facile d'une doctrine nouvelle par la réunion sous la loi d'un seul homme des plus populeuses contrées de l'ancien monde; en sorte qu'il semblait alors que la destinée du christianisme fût attachée à celle de la Syrie. Les hommes de l'Occident avaient dû peut-être à sa possession les bienfaits de la religion née à l'ombre des palmiers de la Judée, et on pouvait craindre qu'en perdant ce boulevard de la foi ils n'eussent bientôt plus qu'à courber la tête sous la loi du prophète arabe. Qui peut savoir, disons-le à la gloire de la France, ce que devenait l'Europe après les succès sans exemple de l'islamisme à son début, s'il n'avait été arrêté dans sa longue victoire par la francisque de Charles Martel? Quoi qu'il en soit, les chrétiens ne se sont jamais consolés d'avoir perdu le berceau de leur religion, et de savoir le tombeau du christianisme aux mains des infidèles. Leurs regrets, leurs cris de vengeance se répétant d'âge en âge, appelèrent au temps des croisades toutes les populations de l'Occident sur cette terre consacrée, où, malgré des succès momentanés, tant de nobles familles demeurèrent ensevelies dans leur triomphe.

Ce fut aussi dans leur triomphe que moururent ces vaillants capitaines, ces hommes du destin dont nous venons de suivre les traces, et qui semblent n'avoir vécu que pour accomplir leur mission providentielle. Les Grecs dissolus du Bas-Empire, les chrétiens dégénérés, avaient été chassés de la terre sainte comme la poussière par le vent du midi; puis, les décrets de la Providence une fois accomplis, les vainqueurs disparurent à leur tour,

---

autres villes de la Judée, telles que Naplouse, Jaffa, etc., avant la capitulation de Jérusalem. Voyez Annales mosl., t. I$^{er}$, p. 228.

(*) La fuite de Constantin détermina la reddition de Césarée, qui se racheta du pillage par une rançon de deux cent mille pièces d'or. Ockley, dans son *Histoire des Sarrasins*, t. I$^{er}$, p. 430, place la prise de Césarée en l'an 17 de l'hégire, de J. C. 639. Il faudrait, dans ce cas, que cette ville se fût rendue au commencement du mois de janvier, puisque la dix-septième année de l'hégire répond à l'espace de temps compris entre le 22 janvier 638 et le 11 janvier 639. D'après Théophane, p. 283, la ville de Césarée ne s'était rendue qu'après un siège de sept années; et le même historien donne les honneurs de la conquête à Moawiah, tandis que les chroniqueurs arabes l'attribuent à Iezid. Ces différences peuvent s'expliquer, si l'on suppose que Moawiah, qui était lieutenant de son frère Iezid, ait été chargé par lui de traiter de la capitulation de la ville. Quant à la durée du siège, on peut supposer aussi que les Grecs ayant infesté, depuis les premiers temps de l'invasion, les abords d'une cité que sa position sur la mer de Syrie rendait d'une haute importance, l'historien byzantin aura confondu ces fréquentes razias avec le siège véritable qui n'eut lieu que dans la septième année de la conquête, et en aura prolongé de beaucoup la durée. Eutychius, qui attribue également à Moawiah la prise de Césarée, ajoute que ce même chef fit ensuite la conquête d'Ascalon. Eutychius, t. II, p. 296.

emportés par un de ces terribles fléaux qui viennent souvent punir les hommes de s'être armés les uns contre les autres. Une peste cruelle ravagea toute la Syrie. Ces Arabes invincibles, éprouvés par le fer et le feu des batailles, tombèrent en foule sur le sable où blanchissaient les ossements de leurs ennemis vaincus. Vingt-cinq mille d'entre eux furent emportés dans l'espace de quelques jours. Abou-Obaïda, Iezid, Schourahbil, succombèrent aux premières atteintes, et Khaled ne fut épargné d'abord que pour mourir plus tard à Émèse, sans avoir illustré ce qui lui restait de jours par un seul exploit dont la mémoire soit venue jusqu'à nous.

Mais l'islamisme était alors riche en vaillants capitaines, riche en hommes du destin. Tandis qu'Amrou, par les ordres d'Omar, préparait la conquête de l'Égypte, Aïadh-ben-Ghanem passant l'Euphrate soumettait la Mésopotamie. Charres ou Harran, Saroudj, Racca, Tourabdin, Mardin, Rhésena, qui prit ensuite le nom d'Aïn-Ouerda, Circésium, qui devint Karkisiah, toutes les villes, enfin, qui s'élevaient sur les bords du Tigre ou de l'Euphrate ouvrirent leurs portes à la sommation d'Aïadh ou à celle d'Amrou-ben-Saïd et d'Habib-ben-Moslem, ses lieutenants. Habitée en partie par les tribus arabes qui étaient venues s'y établir lorsque le Seil-el-Aram, ou rupture de la digue, les avait chassées du Yémen, la Mésopotamie était pour les Musulmans une conquête plus facile encore que la Syrie. L'action de l'empire grec n'avait jamais été puissante sur ces steppes immenses rebelles aux travaux du laboureur, et où des populations nomades pouvaient seules trouver à nourrir leurs troupeaux. De tout temps la race sémitique peuplait le pays qui s'étend entre le Tigre et l'Euphrate, en sorte que l'analogie des mœurs préparait celle des lois et de la religion.

Tandis que les généraux du khalife envahissaient ainsi le monde romain, Omar s'efforçait d'organiser à Médine un empire né d'hier. Il fondait Bassora sur le golfe Persique, et Coufa sur le lac de Réhéma, à quelques milles des ruines de Hira, saccagée par les soldats d'Abou-Bekr. Élevées par le khalife pour servir de places d'armes et faciliter les conquêtes de l'islamisme du côté de la Perse, ces deux villes prirent un accroissement rapide : Coufa devint en quelques années le centre du gouvernement de toutes les provinces orientales de l'empire, tandis que Bassora s'enrichissait des produits variés du commerce que les Arabes faisaient avec l'Inde par le golfe Persique. Comme organisation politique, la tâche d'Omar à Médine ne fut pas sans difficulté. Un code d'institution divine servait de base à un gouvernement populaire où jusque-là l'élévation du souverain était élective, et ne lui laissait qu'un pouvoir limité. Les germes d'une législation compliquée et souvent contradictoire se trouvaient dans cette œuvre indigeste empruntée à des éléments divers, et le successeur du prophète était l'interprète obligé de la loi. Il se trouvait contraint toutefois, par le respect des Musulmans pour les compagnons de Mahomet, à les consulter lorsqu'il fallait choisir entre des textes incohérents qui portent à chaque page l'empreinte de leur origine mixte et des besoins du moment. Cette judicature, fondée sur l'interprétation du Coran et mitigée par le droit de conseil que s'arrogeaient les disciples du législateur, ne permettait donc au khalife de procéder que par ordonnance, et ne lui laissait à régler que les détails regardant la police, les charges, les emplois de l'État. Faire des lois n'était plus en son pouvoir ; car celles qu'avait dictées le Coran étaient sous la sauvegarde des croyances religieuses, et désormais l'œuvre devait porter ses fruits à travers les siècles : brillante à son début, appelant comme un clairon les Arabes à la conquête, inspirant le mépris du danger, irritant la soif du martyre, mais impuissante à organiser, stationnaire et assistant à la marche de l'esprit humain sans lui emprunter ni un mouvement ni une idée.

Les conquêtes nouvelles ayant augmenté le revenu de l'État, l'un des premiers soins du khalife fut de régler la rentrée des impôts, et d'organiser, à cet effet, le système de la numération de l'année chez les Arabes, en prenant pour point de départ la fuite du prophète, qui devint ainsi le commencement de l'ère musulmane (*). Le partage des dépouilles enlevées aux ennemis donna lieu aussi à une rémunération fixe des divers emplois de l'État, à l'aide de laquelle on rattacha d'une manière plus intime à la nouvelle constitution les agents du pouvoir. Jusque-là, il n'y avait rien eu de déterminé dans la solde des différentes charges civiles ou militaires. A peine six années s'étaient-elles écoulées depuis que Mahomet avait engagé ses disciples à contribuer chacun d'une partie de leurs biens afin de dédommager les tribus appelées à négliger le soin de leur moisson pour se porter vers les frontières de la Syrie (**); maintenant l'État, enrichi des dépouilles de la Perse et de l'empire romain, pouvait les récompenser de leurs sacrifices. A Abbas, oncle de Mahomet, Omar assigna d'abord un revenu de vingt-cinq mille dirhems; puis, considérant, nous dit Aboulféda, les services rendus à l'islamisme, il assigna cinq mille dirhems à tous ceux qui avaient combattu à Bedr; quatre mille à ceux qui avaient prêté le serment volontaire à Hodaïbia; trois mille à ceux qui ne s'étaient rangés sous l'étendard de l'islamisme que postérieurement à cette époque. Quant aux Musulmans qui n'avaient pas servi sous les ordres du prophète, et ne pouvaient dater leur carrière militaire que de la conquête de Syrie ou de celle de l'Irak, ils eurent chacun mille dirhems (***) : « La considération attachée au titre de compagnon du prophète, a dit M. OElsner dans un mémoire sur l'influence de l'islamisme, était également grande dans les camps et dans la cité; la puissante autorité qu'ils avaient s'accrut avec les conquêtes des Musulmans. Elles faisaient remarquer au peuple que la foi émise par Mahomet, nourrie et propagée par ses premiers disciples, était l'unique source de tant d'immenses progrès. Alors la qualité de compagnon portait avec soi un caractère de sainteté et de noblesse. Quand un personnage revêtu de ce titre était présent dans une action, la foule se pressait à ses côtés, et combattait à son exemple. Tous dévoués à l'islamisme, et d'une piété sincère, les premiers compagnons de Mahomet s'occupaient sans relâche à méditer et à développer les grands corollaires de la foi. Le prophète les avait consultés pendant sa vie : après sa mort, ils avaient des traditions orales à rapporter et à scruter, leur témoignage et leur avis étant partout du plus grand poids. S'agissait-il d'expliquer quelque passage de la loi, ou d'appliquer aux faits un prononcé obscur, chacun avait le droit d'y apporter ses lumières, puisque le code de lois était confié à la garde de tous. Il vient du ciel; ses dispositions doivent rester inaltérables; il n'appartient pas à l'homme d'y toucher; tous les Musulmans lui sont également sujets, le gouvernant comme le gouverné (*). » Il était donc d'une bonne politique, pour le commandeur des croyants, de s'attacher, par les liens de la reconnaissance et l'intérêt personnel, les hommes qui exerçaient une telle influence. Fidèle à ses principes d'abnégation personnelle et de désintéressement, Omar ne voulut s'attribuer aucune partie des biens conquis sur les ennemis de l'islam. Vêtu d'une robe tellement usée, qu'elle avait quelquefois, nous dit Aboulféda, jusqu'à douze morceaux (**), il se tenait, tout le jour, sur les marches qui conduisaient

---

(*) Voyez, à la page 151, les détails donnés par Aboulféda sur la fondation de l'hégire.

(**) Voyez, à la page 192, le récit de l'expédition de Tabouk.

(***) Voyez Aboulféda, *Ann. moslem.*, t. I<sup>er</sup>, p. 228.

(*) Des effets de la religion de Mohammed, par M. OElsner, Paris, 1810, p. 91 à 93.

(**) Aboulféda, id., p. 252.

à la mosquée, écoutant les plaintes des derniers de ses sujets, rendant à tous une justice égale, au prince comme au chamelier. Djabalah-ben-Aïham, roi de Ghassan, qui avait embrassé l'islamisme après la bataille d'Yarmouk, s'était rendu à la Mecque pour s'acquitter du pèlerinage, et accomplissait, autour de la Caabah, les tours sacrés auxquels est obligé tout pèlerin. Un homme de la tribu des Benou-Fazarah, qui le suivait de près dans la foule, ayant mis par mégarde le pied sur son manteau, le fit tomber, et lui découvrit les épaules. Djabalah se retourna aussitôt, et d'un vigoureux soufflet lui meurtrit le visage. Irrité d'un traitement qu'il ne méritait pas, l'Arabe offensé court se plaindre à Omar, qui, chaque année, pendant la durée de son khalifat, se rendait à la Mecque avec les pèlerins. Omar fit venir en sa présence le prince ghassanide, et lui demanda la raison de sa brutalité : — « Cet homme, en marchant sur mon manteau, dit Djalabah, m'a découvert le haut du corps dans l'enceinte sacrée du temple; et, sans le respect que je dois au lieu saint, je l'aurais tué sur la place. — Tu viens d'avouer un mauvais dessein, répondit Omar, et tu as commis une action blâmable; je suis obligé de t'appliquer la loi du talion; cet homme, en présence du peuple, te frappera au visage. — Eh quoi! commandeur des croyants, un homme du peuple portera la main sur le chef de tant de tribus! — Telle est la loi de l'islam, reprit le khalife; il n'y a devant elle ni priviléges, ni castes, et tous les Musulmans étaient égaux aux yeux du prophète comme ils le sont à ceux de ses successeurs (*). » Cette égalité devant la loi fut un des attraits puissants qu'offrit l'islamisme dans sa marche rapide à travers l'ancien monde. Il n'y avait pour lui ni patriciens, ni plébéiens; et les peuples, en l'adoptant, voyaient s'accomplir à la fois leur révolution politique et religieuse. Il n'en a pas été de même avec le christianisme : sa divine morale ne s'adressait pas aux choses de la terre; et les peuples attendirent longtemps l'émancipation civile qui, dans l'Occident, sortit enfin du chaos causé par l'invasion des barbares.

Après l'entière soumission de la Syrie et de l'Yrak, la terre des Pharaons, la fertile vallée du Nil, ne pouvait échapper aux triomphantes conquêtes de l'islamisme. Déjà, quelques années auparavant, le patriarche d'Alexandrie, prévoyant l'invasion des Musulmans, et comprenant qu'au milieu des querelles religieuses dont le pays était déchiré, lorsqu'au lieu de songer à se défendre, on ne s'occupait que des hérésies d'Apollinaire, de Nestorius ou d'Eutychès, le succès des Arabes ne serait pas douteux, avait acheté le repos de l'Égypte au prix d'un tribut annuel de deux cent mille pièces d'or (*). Le refus que fit Héraclius de valider une condition qui rendait ainsi tributaire des Sarrasins une des provinces de son empire, hâta l'époque de la conquête, et sembla justifier la marche des Arabes. C'était Amrou-ben-el-As

(*) Djabalah fut tellement irrité de la stricte équité d'Omar, qui voulait le traiter comme il avait traité l'homme de la tribu de Fazarah, qu'il résolut de renoncer à l'islamisme. Il demanda un jour pour se décider à donner à son antagoniste la satisfaction demandée; et, pendant la nuit, il s'enfuit vers un des ports de la Syrie, où il s'embarqua avec ses enfants, ses parents et les principaux de sa tribu, pour se rendre par mer à Constantinople. Voyez le livre de la conquête de l'Égypte, attribué à Wakedi, et publié par Hamaker, texte arabe, p. 66.

(*) Voy. Théophane, p. 280. Le patriarche d'Alexandrie était alors Cyrus, d'abord évêque de Phasis, dans la Colchide, et lui-même zélé partisan de l'hérésie des monothélites. C'était une invention de Théodore, évêque de Pharan en Arabie, qui, pour concilier les hétérodoxes, dont les uns, avec Apollinaire, confondaient les deux natures du fils de Dieu fait homme; dont les autres, avec Nestorius, prétendaient que l'union des deux natures ne consistait que dans l'union d'opération et de volonté; et enfin, dont les troisièmes, selon la doctrine d'Eutychès, ne reconnaissaient qu'une nature, n'avait admis en Jésus-Christ qu'une seule volonté en deux natures.

qui les commandait, Amrou tout à la fois poëte, guerrier, administrateur, dont les talents et le mérite avaient excité la jalousie des conseillers du khalife. À leur inspiration, Omar avait senti s'ébranler la confiance qu'il avait dans son lieutenant. Son irrésolution se trahit par une lettre qu'Amrou reçut lorsqu'il était en marche, et qu'il eut la prévision de n'ouvrir qu'après avoir dépassé les frontières de la Syrie : « Si mes ordres, écrivait « le khalife, vous parviennent pendant « que vous êtes encore en Syrie, reve-« nez sur vos pas; si ,.au contraire, « vous êtes déjà sur la terre d'Égypte, « marchez devant vous, et que la bé-« nédiction du Très-Haut vous accom-« pagne : mes secours ne vous man-« queront pas. » Ainsi justifié par les paroles même du khalife, puisque l'armée se trouvait alors à El-Arisch, l'ancienne Rhéna-Colura, Amrou continua sa marche, et rencontra bientôt Manuel, Arménien de naissance, auquel Héraclius avait confié le commandement de ses troupes et le soin de défendre l'Égypte. Aussitôt que les deux armées furent en présence, Manuel envoya demander à Amrou ce qu'il venait faire dans une des provinces de l'empire romain. — « Je viens, répondit le chef arabe, recueillir le trésor qu'on s'est engagé à nous payer. — Je ne suis pas ce lâche prélat qui vous a promis un tribut, reprit Manuel; je suis un homme armé de toutes pièces (*). » L'effet ne répondit pas malheureusement à la fierté de cette réponse. Les Grecs furent vaincus, et Manuel, contraint de prendre la fuite, fut obligé de se jeter dans Alexandrie avec quelques soldats échappés du champ de bataille.

A la nouvelle de la défaite de son armée, Héraclius ordonna une nouvelle levée de troupes dont il confia la direction à un de ses chambellans appelé Marianus. Celui-ci, à son arrivée en Égypte, apprit de Cyrus, l'archevêque d'Alexandrie, l'étrange dessein qu'il avait formé d'obtenir la paix des Arabes en accordant en mariage à Amrou la fille de l'empereur (*). Déjà, dans sa confiance toute chrétienne, le zélé prélat entrevoyait la conversion du général sarrasin, qui, avec l'espoir d'une telle alliance, s'empresserait de réclamer le baptême. Marianus, surpris de l'extravagance de ce projet, se hâta de le faire connaître à Héraclius; et, sans attendre un désaveu dont il était bien certain, marcha à l'ennemi. Les deux armées se rencontrèrent non loin de l'ancienne Péluse, qui était alors à demi détruite, et avait été remplacée par la ville plus moderne de Périmoun ou Farma, à l'embouchure du bras oriental du Nil. L'ascendant des Arabes l'emporta encore cette fois : l'armée impériale fut défaite, Marianus fut tué, et les Musulmans, maîtres du pays, allèrent mettre le siége devant la Babylone d'Égypte, ainsi nommée par les captifs babyloniens auxquels elle devait son origine (**). Cette ville, placée alors sur le sol où s'élève aujourd'hui le vieux Caire, était devenue puissante sous la domination romaine, et son accroissement rapide avait entraîné la ruine de l'antique Memphis : munie d'une forte garnison, défendue par de larges fossés, elle arrêtait depuis sept mois tous les efforts d'Amrou, et aurait pu les arrêter bien longtemps encore, si elle n'avait pas eu

(*) Voy. Théophane, p. 281, et l'*Histoire du Bas-Empire*, par Lebeau et Saint-Martin, livre LVIII, parag. LXIV.

(*) Voy. Nicéphore, p. 17.
(**) « En remontant le fleuve, on trouve « Babylone, château fort, ainsi appelé de « certains prisonniers babyloniens qui, s'é-« tant révoltés, s'emparèrent de cet endroit, « et obtinrent des rois, par capitulation, la « permission d'y demeurer. Il sert aujour-« d'hui de cantonnement à l'une des trois « légions qui gardent l'Égypte. De là, on « aperçoit très-distinctement les pyramides, « de l'autre côté du Nil, vers Memphis; en « effet, elles sont à peu de distance. » Voy. Strabon, liv. XVII, § XIV. La ville dont Amrou fit alors le siége est appelée Misr par les chroniqueurs orientaux; et tout ce qu'ils en disent se rapporte bien plutôt à la position de la Babylone égyptienne qu'à celle de Memphis.

pour gouverneur un traître à la cause d'Héraclius. C'était Mocaoucas, dont nous avons rapporté les relations amicales avec Mahomet, lorsque le législateur arabe envoya quelques-uns de ses disciples annoncer aux grands de la terre sa nouvelle doctrine. Fidèle aux principes qui, dès cette époque, lui avaient fait accueillir avec bienveillance les envoyés du novateur, Mocaoucas guettait l'instant favorable pour rendre la ville aux musulmans. Il trouva moyen, par de faux rapports, de faire sortir des murs la plus grande partie des troupes chargées de les défendre, et ouvrit à l'ennemi les portes du château. Les Grecs, vivement poursuivis, furent pris ou tués; quant aux Coptes, Mocaoucas, qui appartenait à cette race, traita en leur nom, et acheta pour eux le libre exercice de leur religion par un impôt de deux dinars qu'auraient à payer tous ceux qui ne pouvaient être rangés dans la catégorie des vieillards, des femmes ou des enfants. On fit, à cette occasion, un recensement général de tous les Coptes qui habitaient l'Égypte; et le nombre, dit Eutychius, monta à six millions. La domination romaine n'avait donc pas pesé sur l'Égypte d'un poids trop lourd, puisque sa population n'avait pas sensiblement diminué depuis que Rome en avait fait la conquête. Les renseignements donnés par Josèphe, sous le règne des premiers empereurs, nous représentent l'Égypte comme peuplée en tout de sept à huit millions d'habitants; les sectateurs du prophète n'en ont guère laissé maintenant plus de deux.

Alexandrie restait seule désormais en la possession des Grecs: cette riche cité, dans laquelle se concentrait une grande partie du commerce de la Méditerranée, était trop importante à la prospérité de l'empire pour qu'Héraclius n'achetât pas aux conditions les plus dures sa conservation. Ces clauses qu'il avait rejetées d'abord avec mépris, il chargea Cyrus de les offrir encore, promettant, cette fois, de les ratifier; mais il était trop tard: « Vois-tu cette colonne, répondit Amrou au patriarche, en lui désignant l'une des aiguilles de granit qui portent le nom de Cléopâtre, nous sortirons de l'Égypte lorsque tu l'auras avalée. » Il ne restait plus qu'à soutenir le siége, et les Grecs le firent avec valeur. Pendant quatorze mois, ils repoussèrent les attaques des Arabes, renouvelées chaque jour; et, en quatorze mois, Amrou, auquel le khalife envoyait souvent de nombreux renforts, avait perdu vingt-trois mille hommes. Un dernier assaut rendit les musulmans maîtres de la place; et, le 22 décembre 641, vingtième année de l'hégire, les Grecs échappés aux horreurs du siége faisaient voile pour Constantinople, abandonnant à jamais le sol de l'Égypte.

Héraclius n'eut pas à supporter la honte de cette dernière défaite: il était mort le 11 février de cette même année; et la dernière moitié de son règne, pendant laquelle il avait perdu les plus belles provinces de son empire, avait complétement effacé l'éclat de ses victoires sur les rois de la Perse. L'empire, à sa mort, tomba aux mains de Constantin, son fils aîné, prince d'une haute espérance, qui avait combattu avec courage en Syrie, mais dont la santé languissante inspirait depuis quelque temps des inquiétudes trop fondées (*). Il succomba après quelques mois de règne; et, quand les musulmans s'emparèrent d'Alexandrie, un enfant, âgé de onze ans, tenait les rênes de cet empire, qui aurait eu besoin, pour se défendre, de toute l'énergie d'un Julien ou d'un Théodose.

Médine avait reçu avec enthousiasme la nouvelle du dernier succès des armes musulmanes. Ces hommes, qui ne

(*) Les auteurs byzantins accusent l'impératrice Martine et le patriarche Pyrrhus d'avoir empoisonné Constantin, fils d'une première femme d'Héraclius, pour assurer la couronne à Héracléonas, que l'empereur avait eu de Martine. Ce prince la garda en effet pendant quelques mois; mais une révolte fomentée par Valentin, écuyer du grand trésorier Philagrius, remit sur le trône le fils aîné de Constantin, qui prit le nom de Constant II. Voy. Nicéph., p. 20 et 21.

connaissaient pas de campagne plus fertile que les bords de l'Oronte et les jardins des environs de Damas, se voyaient cette fois maîtres des rives du Nil, dont les eaux fécondantes faisaient des plaines du Delta le grenier du peuple romain. En envoyant au khalife le récit de sa victoire, Amrou écrivit que, dans la seule ville d'Alexandrie, il avait compté quatre mille palais, autant de bains publics, quatre cents cirques ou théâtres, et douze mille jardins potagers. Omar défendit le pillage; l'argent recueilli par le payement des contributions de guerre, ainsi que les objets précieux, furent destinés à faire les frais de conquêtes nouvelles; et les blés entassés dans les magasins de la basse Égypte furent portés à dos de chameaux dans le Hedjaz, où l'émigration des gens de la campagne occasionnait une grande disette. De la conquête de l'Égypte, on peut réellement dater l'accroissement des richesses de l'empire naissant des khalifes. Les Grecs avaient quitté le pays, mais la population indigène était restée : six millions de Coptes, soumis au kharadj, payaient en outre une taxe proportionnée au produit de leurs fonds; et la vallée du Nil était d'une si merveilleuse fertilité, que, malgré leurs charges nouvelles, ses habitants tiraient encore un grand fruit de leurs labeurs. Avec de telles ressources, leur prosélytisme envahissant, et leur ardeur guerrière, les Arabes devaient bientôt porter le Coran jusqu'aux extrémités de l'Europe : l'Égypte fut à la fois leur point d'appui, la source de leurs trésors, et la route toujours ouverte à leur marche vers l'Occident. Les Arabes, en effet, sont les navigateurs du désert : à eux l'énergie, la patience, la frugalité nécessaire pour guider la caravane dans les sables brûlants; mais ils n'auraient pas, comme le faisaient les Phéniciens ou les Carthaginois dans l'intérêt de leur commerce, traversé les mers pour porter au loin leurs mœurs, leurs institutions, leur doctrine. La navigation des Arabes, plus hardie dans les mers de l'Inde, a toujours été timide dans la Méditerranée, où leur inexpérience des combats de mer donnait à leurs ennemis des chances favorables. Ce fut par le détroit de Gibraltar qu'ils pénétrèrent pour la première fois en Europe, et, deux cents ans plus tard, ils hésitaient encore à franchir le bras de mer qui sépare la Sicile de l'Afrique (*).

Parmi les trésors que la conquête d'Alexandre venait de mettre entre les mains des Musulmans, il en était un qu'ils étaient loin encore de pouvoir apprécier. La bibliothèque du Sérapion, la plus vaste collection de livres qui fût dans l'univers, avait été l'un des plus précieux ornements de la ville d'Alexandrie. Depuis le règne de Ptolémée-Philadelphe, époque à laquelle elle se composait de plus de cinq cent mille volumes, elle avait vu chaque année nouvelle augmenter ses richesses. Euclide, Apollonius de Perge, Aratus, Hipparque, Ératosthène, Strabon, Ptolémée, y avaient puisé leur savoir et consigné leurs travaux : philologues, grammairiens, scoliastes, critiques littéraires, géomètres, astronomes, y formaient par leur réunion cette école célèbre qui prit la plus grande part au développement de l'intelligence dans l'antiquité. Amrou, que le métier des armes et l'enivrement de la victoire n'empêchaient pas de comprendre tout ce que son peuple avait encore à apprendre des nations vaincues, s'était lié d'amitié, depuis la prise de la ville, avec un célèbre grammairien et philosophe nommé Jean Philoponus. A la prière de ce savant, dont il appréciait la doctrine, le général musulman écrivit à Omar, proposant au khalife de conserver précieusement l'immense dépôt où se trouvaient réunis tous les trésors de l'ancienne littérature. On connaît la réponse du khalife : « Si les livres dont tu parles, écrivit-il à Amrou, contiennent ce qui est déjà dans le livre de Dieu, ils sont inutiles ; s'ils contiennent autre chose, ils sont dangereux : ainsi fais-les brûler. »

(*) Voy. Nowaïri, ms. de la Biblioth. roy., n° 702, fol. 68.

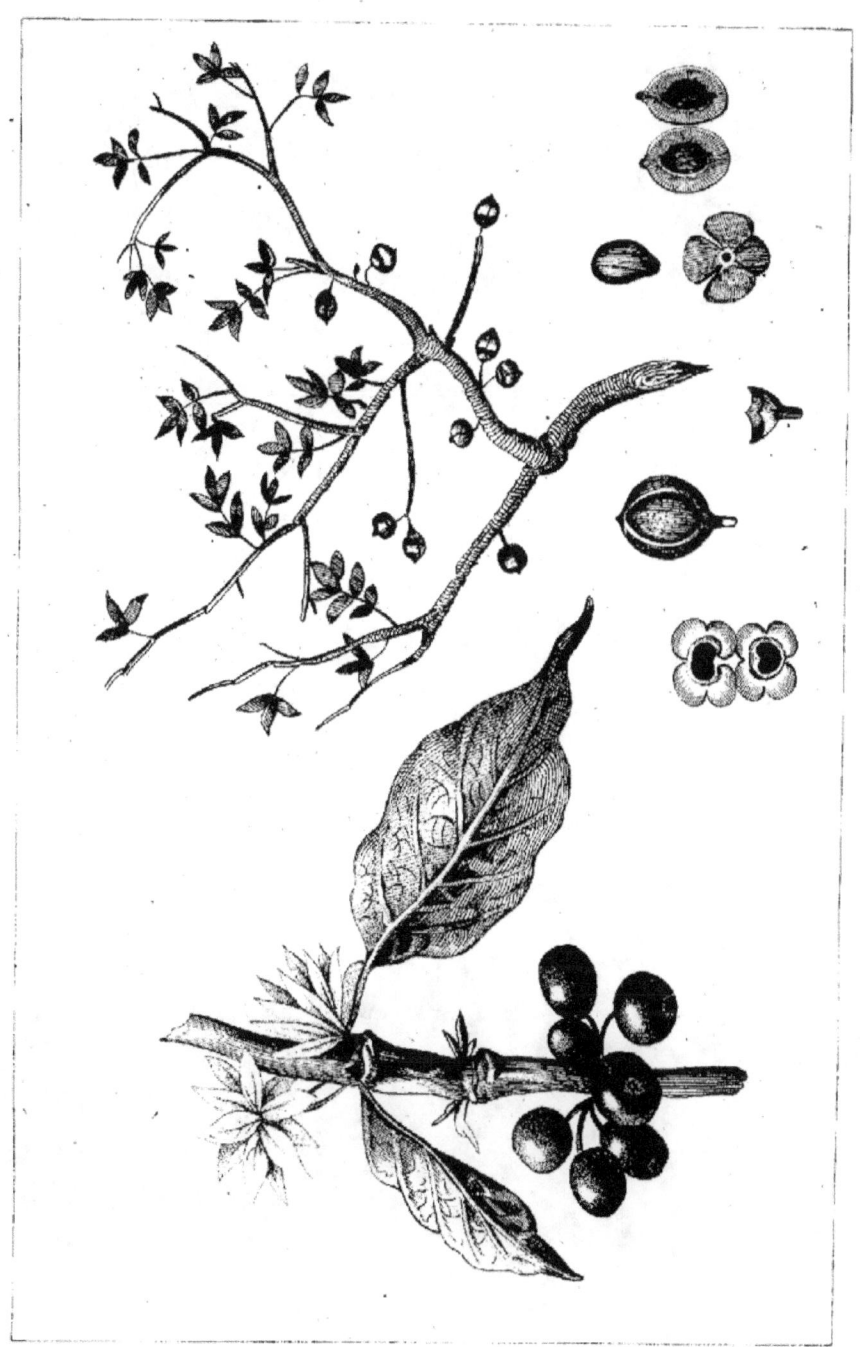

On a beaucoup douté de cette réponse, et depuis longtemps les savants qui se sont occupés de l'histoire des conquêtes arabes sont divisés d'opinion sur la question de savoir si la bibliothèque d'Alexandrie a été réellement détruite par les ordres d'Omar. Le texte arabe d'Aboulfaradj et celui d'Abd-Allatif ne permettent guère d'élever des doutes sérieux sur un fait qu'ils affirment d'une manière toute positive, et qui convient parfaitement aux habitudes de ce rude khalife toujours prêt à chercher ses arguments au bout de son épée. Toutefois Omar, en prouvant ainsi son ignorance des lettres et de la science, ne négligea rien de ce qui pouvait, dans la conquête de l'Égypte, assurer les intérêts matériels de son peuple. Sur l'emplacement de la Babylone d'Égypte détruite par Amrou, s'éleva la ville de Fostat, qui devint la résidence des gouverneurs et la capitale de la fertile vallée du Nil : un ancien canal, ouvrage des Romains, mais comblé depuis par les sables du désert, fut creusé de nouveau, établissant, entre le Nil et la mer Rouge, une communication facile, à l'aide de laquelle les blés du Delta étaient en quelques jours transportés dans les ports de l'Arabie. Enfin une expédition, dont le commandement fut confié à Abdallah, fils de Saad, remontant le fleuve jusqu'aux premières cataractes, les dépassa et pénétra en Nubie, dont les habitants, malgré leur réputation méritée d'archers habiles, furent vaincus et dispersés par les Musulmans (*).

Attaquer au nord et au midi les ennemis de l'islamisme, envoyer vers le levant et le couchant des armées commandées par ces généraux improvisés que l'enthousiasme fait surgir au sein des peuples quand le destin a marqué l'heure de leurs triomphes, tel était le but constant des premiers successeurs du prophète. Non-seulement Omar, maître de la Syrie, avait envahi l'Égypte, la Nubie et menaçait l'Afrique romaine, mais il avait rassemblé dans l'Oman des troupes destinées à la conquête de l'Inde (*), et nous devons maintenant raconter celle de la Perse, tant était rapide alors la chute des empires. Déjà nous avons vu Khaled soumettre, sous le règne d'Abou-Bekr, la partie de l'Irak qui appartenait aux Cosroës : Omar, à son avénement au khalifat, y envoya trente mille hommes commandés par Saad-ben-Abou-Waccas, et les Perses, de leur côté, comprenant combien il était important pour eux d'arrêter au début de sa course ce torrent dévastateur qui venait de franchir les limites du désert, s'apprêtèrent à défendre leur patrie avec ce courage auquel ils avaient dû jusqu'alors d'échapper au joug que les Romains avaient imposé à une si grande partie de l'ancien monde. La première bataille, livrée près de Cadesiah, dans la quinzième année de l'hégire (de J. C. 636), dura trois jours, pendant lesquels on combattit avec un acharnement dont on avait vu peu d'exemples. Roustam, l'un des meilleurs généraux d'Iezdedjerd, avait sous ses ordres cent vingt mille soldats. Malgré leur nombre, ils ne purent, après une longue défense, résister à l'impétuosité des Arabes : vers le milieu du troisième jour, un vent violent s'étant élevé qui chassait au visage des Perses une poussière épaisse et les privait de la vue, les Musulmans profitèrent de cette circonstance heureuse et jetèrent le désordre dans leurs rangs. A travers leurs lignes rompues, quelques braves guerriers pénétrèrent jusqu'au centre occupé par les bagages, et trouvèrent Roustam qui, accablé par le poids du jour comme par la fatigue du combat, se reposait à l'ombre des chariots où se trouvaient les trésors de l'armée (**). Se voyant surpris, il se

(*) Voy. M. Étienne Quatremère, Mémoires sur l'Égypte, t. II, p. 39.

(*) Voy. les extraits des historiens arabes relatifs à l'histoire de l'Inde, publiés par M. Reinaud, Journal asiatique, quatrième série, t. V, p. 122.

(**) Voy. Aboulféda, Ann. moslem., t. I$^{er}$, p. 230. Le texte arabe dit que Rous-

leva pour fuir; mais Hélal, fils d'Alkamah, le saisit au même instant par une jambe et le frappa de son épée. La mort du chef détermina l'entière défaite de ses troupes. Les Arabes, maîtres désormais de toute la rive droite du Tigre, vinrent camper à Nahar-Schir, en face de Ctésiphon, et apercevant de l'autre côté du fleuve les tours élevées du palais des rois de Perse, poussèrent de bruyantes acclamations : « A nous, s'écriaient-ils, à nous ces dômes étincelants dont Dieu nous a promis la conquête par la bouche de son prophète. » Iezdedjerd n'osa pas rester dans l'enceinte d'une ville où il entendait les cris de joie de l'armée ennemie : trois généraux furent chargés par ses ordres de s'opposer aux progrès des Arabes. Mihran devait combattre Djoraïr-ben-Abdallah, Schahrokh repousser Othman-ben-Abou'l-As, et Hormouzan défendre le Khousistan contre les efforts d'Abou-Mouça-el-Aschari; puis, après avoir ainsi pourvu, à ce qu'il croyait, à la défense de son empire, le successeur dégénéré des Cosroës s'enfuit dans la ville de Holwan, d'où il commandait les passages de montagne qui pouvaient conduire dans la Médie et dans l'intérieur de la Perse. Ainsi abandonnée par son souverain, Ctésiphon, bâtie sur les ruines de l'ancienne Séleucie, et nommée pour ce fait *Madaïn* ou *les deux villes* par les Arabes, ne put résister aux efforts de Saad victorieux. En vain Khorzad, frère de Roustam, qui commandait la garnison, tenta une sortie désespérée; il fut fait prisonnier et mis à mort au pied des murailles. Accablés de cette perte, craignant le sort le plus funeste s'ils osaient résister, les habitants ouvrirent leurs portes, et les Arabes ne songèrent plus qu'à se charger des innombrables trésors accumulés dans la capitale du plus riche empire de l'Asie. La plupart des historiens musulmans se sont plu à retracer ces merveilles du luxe de l'Orient; quant à Aboulféda, il renonce à énumérer tant d'objets précieux, dont la seule énonciation, dit-il, formerait un trop long chapitre. Il ne fait d'exception qu'en faveur d'un tapis long et large de soixante coudées, qui représentait un parterre dont chaque fleur, formée de pierres précieuses, s'élevait sur une tige d'or. Quelle que fut alors l'ignorance des Arabes, Saad avait compris tout ce que valait une semblable merveille, et la racheta du pillage pour en faire un présent à Omar. Mais le rigide khalife, qui ne voulait pas qu'on pût le soupçonner d'avoir pris dans les dépouilles du Yémen plus de grosse toile rayée qu'il ne lui en fallait pour se faire une robe, n'avait garde de justifier, en acceptant de pareils dons pour son usage, un luxe dont il redoutait les funestes effets sur son peuple. Il fit couper le précieux tapis en autant de parts qu'il y avait alors de Musulmans à la cour de Médine, et telle était la valeur intrinsèque de ce riche produit des manufactures de la Perse, qu'Ali vendit pour vingt mille dirhems à des marchands de Syrie le lambeau qui lui échut en partage.

A peine maître de Madaïn, Saad voulut poursuivre sa victoire, et prit la route de Holwan, où Iezdedjerd avait cherché un refuge. Entre les deux villes se trouvait celle de Djaloula. Les Perses qui avaient échappé à la déroute de Cadesiah s'y étaient rassemblés pour y arrêter l'ennemi et défendre la position occupée par leur souverain. Saad les attaqua, les défit de nouveau, et conquit par cette victoire Tacrit, Mossoul, Masendan et Circesium. Chassé de nouveau par la crainte de tomber entre les mains de ses implacables ennemis, Iezdedjerd se retira dans l'intérieur de la Perse pour y organiser de nouveaux moyens de défense, qui chaque jour devenaient plus impraticables. Les liens de la vaste monarchie persane avaient été rompus par l'invasion des Arabes, et chaque gouverneur de province cherchait à se rendre indépendant dans les États qu'il était chargé d'administrer. Harmozan, intendant de la Suziane, fut l'un de ceux

---

tam était couché sous les mules qui avaient apporté le trésor de Cosroës.

ARABIE.

Distillateur.

qui résistèrent aux Musulmans avec le plus de courage; ils l'assiégèrent longtemps dans la forteresse où il s'était retiré, et qu'il ne consentit à rendre qu'après avoir consommé toutes ses provisions, s'en remettant à la personne du khalife pour prononcer sur son sort. En conséquence il fut conduit à Médine sous la garde d'une escorte commandée par Anas-ben-Malek et Ahnaf-ben-Kaïs. Arrivés dans la ville du prophète, ces deux chefs voulant faire valoir aux yeux d'Omar l'importance de leur prisonnier, lui firent revêtir le manteau brodé d'or et la tiare étincelante, marques de sa dignité. Ainsi paré de ses insignes, le Persan est amené à la mosquée, où le khalife dormait sans gardes à l'ombre d'un portique pendant le poids du jour. Éveillé par les rumeurs du peuple qui suivait le captif, Omar vit devant lui cet homme vêtu avec toute la pompe usitée à la cour de Perse, et qui demandait à être conduit en présence du khalife, se refusant à le reconnaître dans cet Arabe couché tout seul dans le parvis d'un temple, sur une natte de jonc: « Louange à Dieu! » s'écria Omar en reconnaissant l'un de ces orgueilleux satrapes qui avaient si longtemps fait trembler d'un de leurs regards les tribus du désert; « louange à Dieu, qui a suscité l'islamisme pour humilier toi et tes pareils! » Il le fit ensuite dépouiller de ses vêtements dorés et couvrir d'une étoffe grossière. « Maintenant que te voilà vêtu selon tes mérites, dit-il, reconnaîtras-tu la main du Seigneur qui traite chacun selon ses œuvres? » — « Je la reconnaîtrai sans peine, répondit Harmozan; car, tant que Dieu a été neutre, nous vous avons vaincus, j'en atteste la longue série de nos triomphes; si vous venez de nous vaincre à votre tour, il faut donc qu'un Dieu ait combattu en votre faveur. » Ce n'était pas un pareil acquiescement que demandait Omar: l'approbation y était trop voisine de l'insulte. Aussi le satrape s'aperçut-il, au tour que prenait le dialogue, combien il avait à redouter que l'entretien ne fût terminé par un arrêt de mort. Feignant alors une soif violente, il demanda de l'eau, et, prenant la coupe qu'on lui présenta, il fixa ses regards sur le khalife et parut hésiter à la porter à ses lèvres: « Que crains-tu? lui dit Omar. » — « Je crains, répondit Harmozan, qu'on « ne profite du moment où je boirai « pour me donner la mort. » — « Ban- « nis un tel soupçon; je jure que tes « jours sont en sûreté jusqu'à ce que « cette eau ait rafraîchi tes lèvres. » A ces mots du khalife, l'adroit Persan jette le vase à terre et le brise. Omar, esclave de sa parole, renonça dès lors à une vengeance qu'il n'aurait pu accomplir sans enfreindre son serment, et Harmozan, ayant embrassé l'islamisme, reçut une pension de deux mille dirhems (*).

Cependant les Arabes poursuivaient en Perse le cours de leurs victoires. En vain, par un dernier effort, Firouzan, surnommé Dhou'l-Hadjib ou le Chambellan, avait réussi à lever dans l'Irak une armée considérable. Les Musulmans marchèrent contre lui sous la conduite de Noman, et le rencontrèrent dans les montagnes du Curdistan, qu'ils voulaient traverser pour pénétrer dans la Médie. On se battit près de Nahavend, et le fanatisme d'une part et le désespoir de l'autre variaient à chaque instant les chances du combat. Noman fut tué dans la mêlée; Amrou-ben-Maadi-Karb de la tribu des Benou-Kenda lui succéda dans le commandement, rallia les Arabes et tomba lui-même sous les coups des Persans. Ce fut un troisième général qui remporta enfin l'avantage de cette journée, que les Musulmans appellent la victoire des victoires, car elle laissa la Perse sans défense. Plus d'armée pour leur disputer le passage des montagnes: les escadrons des Persans une fois rompus avaient été détruits ou dispersés sans retour. Firouzan était tombé dans sa fuite sous les coups d'un des soldats qui le poursuivaient; aussi la conquête de Daïnavar, de Saïmarah, de Hamadan, d'Ispahan, fut la consé-

(*) Voy. Aboulféda, Ann. moslem., t. I, p. 242.

quence de cette dernière victoire. Les Persans n'osaient plus désormais tenir la campagne, et Iezdedjerd, chassé du Khoraçan, où il avait trouvé momentanément un refuge, par Ahnaf, fils de Kaïs, alla implorer, dit Aboulféda, le secours du roi des Turcs, de celui de la Sogdiane et jusqu'à l'empereur de la Chine, fait peu croyable, si les annales chinoises, d'accord en cela avec le chroniqueur arabe, n'en faisaient mention (*).

Tandis que ce peuple valeureux, qui avait si longtemps arrêté les armées romaines à l'apogée de leur puissance, courbait ainsi la tête sous le joug que lui imposait l'islamisme, un esclave persan vengea son pays en ne voulant venger qu'une injure personnelle. Il s'appelait Abouloulou-Firouz et appartenait à Moghaïrah-ben-Schobah, qui venait de conquérir toute la province que les Persans nomment l'Aderbaïdjan. Irrité contre son maître qui le traitait avec dureté, Abouloulou était venu se plaindre à Omar, qui l'avait repoussé. A ce déni de justice, sa haine changea d'objet ; il vint attendre le khalife à la mosquée et le perça de trois coups de poignard pendant qu'il faisait sa prière ; puis, se précipitant sur les Musulmans qui voulaient l'arrêter, il en blessa treize, dont sept moururent de leurs blessures, et se plongea son arme dans la poitrine. Omar, frappé à mort, vécut encore trois jours ; et comme on le pressait de reconnaître pour successeur son fils Abdallah : « Non, non, dit-« il, c'est bien assez pour les enfants « de Khattab, qu'il y en ait eu un « parmi eux chargé de rendre compte « au Seigneur du sort de tant de fidè-« les confiés à ses soins. » Il offrit ensuite la couronne à Abderrahman-ben-Aóuf, qui ne voulut pas accepter, et, à son refus, nomma six commissaires chargés de choisir celui qui assumerait sur sa tête l'effrayante responsabilité de guider les hommes dans

(*) Voy. Mémoires historiques et géographiques sur l'Arménie, par M. de Saint-Martin, t. II, p. 17, note 1.

cette voie de l'islamisme, que chaque année voyait s'agrandir dans des proportions immenses. Omar, en mourant, laissait son peuple dans un état de prospérité qui passe toute croyance, si l'on pense au peu de jours écoulés depuis que Mahomet s'était attribué la mission d'imposer aux hommes une religion nouvelle. La Syrie entière, la Mésopotamie, la Perse jusqu'à l'Oxus, l'Égypte, la Libye jusqu'aux confins de la Tripolitaine, avaient reçu sous son règne la foi musulmane, ou s'en rachetaient par un tribut. Tant de grandes batailles où ses armées remportèrent la victoire, tant de villes prises par la force des armes ou soumises par l'ascendant de son nom suffiraient à la gloire de plusieurs conquérants. La sagesse de son gouvernement assura la durée de ses conquêtes, et sa simplicité, son désintéressement, son énergie, avaient créé d'immenses ressources aux princes qui devaient venir après lui. Le bâton d'Omar, disent les Arabes, inspirait plus de crainte que l'épée de ses successeurs (*).

(*) « Omar, dit Aboulféda, mourut le « 27e jour du mois de Dhou'l-Hidja, l'an « XXIII de l'hégire, après avoir exercé le « khalifat pendant douze ans, six mois et « huit jours. Il était d'une taille élevée, « presque entièrement chauve, et le peu « de cheveux qui lui restaient avaient blan- « chi. Cependant il n'avait que cinquante- « cinq ans, selon quelques auteurs, et soixante « ans, selon d'autres. Ses mœurs étaient « d'une admirable pureté, et il avait une « grande élévation de caractère. Bienfai- « sant, sobre, chaste, équitable, il portait « à tous les Musulmans sans distinction un « si profond intérêt, qu'il était toujours « prêt à veiller pour leur bonheur ou leur « sécurité. Nous pouvons en citer une preuve « bien évidente : Une nuit qu'Abd-er-Rah- « man-Ben-Aouf était occupé chez lui à « faire ses prières, il fut tout étonné de « voir arriver le khalife, et lui demanda « quelle pouvait être la cause qui le faisait « sortir à une heure si avancée : J'ai su, « répondit Omar, que des étrangers arrivés « tard dans la ville reposent dans les alen- « tours du marché, et j'ai craint qu'ils ne « fussent victimes de quelque vol ; viens « m'aider à veiller sur eux. Tous deux, en

## Règne d'Othman.

Les six Musulmans chargés par Omar, à son lit de mort, de lui nommer un successeur, avaient été choisis parmi les plus illustres capitaines ou les plus anciens compagnons du prophète. C'était Ali, déjà dépossédé deux fois d'un droit qu'il tenait à la fois de sa naissance et de ses vertus; Abd-er-Rahman-ben-Aouf, qui avait refusé le sceptre que lui avait offert Omar; Othman-ben-Affan, l'un des premiers disciples de Mahomet; Saad-ben-Abou-Waccas, le conquérant de la Perse; Thalhah-ben-Abdallah, guerrier célèbre, et Zobaïr-ben-Awam, cousin de Mahomet, qui avait secondé de ses talents comme de son courage Amrou-ben-El-As dans la conquête de l'Égypte. A peine rassemblés, ils firent valoir leurs prétentions, excepté Abd-er-Rahman, auquel le refus qu'il avait fait de la couronne assurait dans cette élection le rôle le plus important, d'autant plus qu'Omar avait déclaré que, si au bout de trois jours le choix des commissaires n'était pas fixé, le candidat d'Abd-er-Rahman serait préféré à tous les autres. Ali, prévoyant déjà que ses collègues lui seraient

« effet, s'entretenant ensemble et assis dans « un coin de la place publique, assurèrent « par leur vigilance, pendant toute la nuit, « le repos des voyageurs. Omar est le premier qui ait pris le titre d'émir-el-moumenin ou commandeur des croyants; le « premier aussi il ordonna que tous les « écrits fussent datés, et prit pour début « de l'ère musulmane l'hégire ou la fuite du « prophète. On lui doit la création des « gardes de nuit et la défense de vendre « ses concubines lorsqu'on en a eu des enfants. Il fixa aussi à quatre le nombre des « tekbir qui devaient être récités aux funérailles, tandis que jusqu'alors on avait « varié entre quatre, cinq et six récitations. « Il voulut aussi que les prières du soir, « pendant le mois de Rhamadan, se fissent « en commun en présence de l'imam, et il « envoya à ce sujet des rescrits dans toutes « les provinces de l'empire. Il avait souvent « à la main un fouet dont il frappait ceux « qui avaient manqué en quelque chose à « leur devoir. C'est lui encore qui organisa « les émoluments à donner aux différents « employés du service public; et, tout en « ayant ainsi amélioré la position des agents « du gouvernement, il était si strict dans « sa dépense personnelle, qu'il parut un « jour en public revêtu d'une robe faite de « douze morceaux d'étoffes différentes. Il « disait un jour en passant par Dhahian, « pour faire un des nombreux pèlerinages « qu'il accomplit pendant sa vie : — Il n'y a « pas d'autre Dieu que Dieu, et il favorise « de ses dons qui il lui plaît. Dans cette « même vallée où je passe à présent, j'ai fait « paître les chameaux de mon père El-Khattab, qui me nourrissait à peine lorsque j'avais accompli mon devoir avec zèle, « et me frappait sans pitié au moindre manquement, et voici que j'en suis arrivé au « point d'être après Dieu le premier sur la « terre.— En un mot, les perfections d'Omar « sont en trop grand nombre pour qu'on « puisse se flatter de les mentionner toutes.» Voy. *Aboulféda*, Ann. moslem., p. 250 à 252. Dans l'extrait des livres des Druzes, donné par M. Silvestre de Sacy (Chrestomathie arabe, t. II, p. 363), on trouve les détails suivants sur le costume des premiers khalifes: « Si vous voulez imiter la conduite d'A-bou-Bekr et d'Omar, il faut que vous ôtiez « le voile blanc de dessus votre tête, que vous « déposiez la mitre et le manteau; que vous « preniez un bonnet long noir, avec de longues bandes jaunes pendantes sur votre « poitrine, que vous vous revêtiez d'une « casaque de coton sans col, mais fendue sur « la poitrine, brodée de rouge, de jaune et « de brun foncé, de la fabrique de Taïef, « et qui soit plus courte que vous, afin que « vous ressembliez à Omar fils de Khattab ; « que vous ayez un fouet sur votre cuisse, « afin d'en donner les coups prescrits à ceux « qui les auront mérités, en vous tenant assis dans la mosquée; et que vous ayez dans « chaque marché un lieutenant habillé comme vous, également muni d'un fouet pour « frapper ceux qui auront mérité cette punition, comme les fornicateurs, les voleurs, « ceux qui font des insultes, et ceux qui « boivent du vin parmi les disciples de votre religion; que vous fassiez le Khotba « en personne; que vous montiez sur votre « chaire sans avoir une épée; qu'en allant « ou revenant à pied, de chez vous à la mosquée, vous marchiez sans chaussures, afin « que vous imitiez ainsi vos camarades qui « vous ont précédé, Abou-Bekr et Omar. »

hostiles, alla trouver son oncle Abbas, et se plaignit à lui de la nouvelle injustice qu'on allait lui faire : « Saad, dit-il, est le cousin d'Abd-er-Rahman, ce dernier est le gendre d'Othman, nul doute qu'ils ne s'entendent pour exclure à leur profit le fils adoptif du prophète. — Jamais, répondit Abbas, je ne t'ai donné de conseil que tu ne te sois repenti, mais trop tard, de ne pas l'avoir suivi. Je t'avais engagé à interroger le prophète avant sa mort sur le choix de son successeur; plus tard je t'ai exhorté à t'emparer du pouvoir. Enfin, je n'aurais pas voulu que tu acceptasses la mission de choisir un khalife, semblant reconnaître ainsi qu'il est possible d'en choisir un autre que toi. Chaque fois tu as négligé mes avis. Maintenant plus d'espoir que ces hommes ligués contre nous te laissent parvenir au commandement avant qu'il ait passé par les mains d'un autre (*). » En effet, les trois jours fixés par Omar s'écoulèrent sans que l'on pût s'entendre; Abd-er-Rahman, usant alors du pouvoir qui lui avait été concédé, prit Othman par la main, se tourna vers la mosquée de Médine et s'écria : « Dieu m'est témoin que je remets sur les épaules d'Othman le fardeau imposé à mes épaules; Othman est le successeur du prophète. — Quant à moi, répondit Ali, je prends aussi Dieu à témoin que votre but, dans un pareil choix, est de régner sous le nom d'un homme faible et accablé par le poids des ans. »

Othman (**), élu khalife le 3 du mois de moharrem de la vingt-quatrième année de l'hégire (644 de J. C.), était alors, en effet, âgé de près de quatre-vingts ans, et la faiblesse de son caractère, sa partialité pour ses parents ou ses amis promettaient de faciles avantages à tous ceux qui lui étaient unis par les liens du sang ou ceux de l'affection. A peine sur le trône, il se vit entouré de solliciteurs, et sa facilité naturelle l'emporta sur l'esprit de justice qui aurait dû présider à ses choix. Omar, par un acte de dernière volonté, avait imposé à son successeur la condition de conserver pendant un an dans leur emploi les agents de son pouvoir. Dès que l'année fut écoulée, les vieux généraux, qui, partis de la vallée sablonneuse de Médine, avaient conquis tant de riches provinces, furent rappelés et remplacés par des hommes auxquels l'amitié du maître tenait lieu de mérite. C'est ainsi que Moghaïrah-ben-Schoba fut dépossédé du gouvernement de Koufa, donné à Walid-ben-Ocba, frère de mère du khalife, tandis qu'Amrou quittait l'Égypte qu'il avait conquise avec tant d'éclat, pour faire place à un des proscrits de la Mecque, Abdallah-ben-Saad, sauvé autrefois du supplice par les prières d'Othman, dont il était le frère de lait, et nommé maintenant gouverneur de la plus belle province de l'empire(*). L'opportunité de ce nouveau choix ne tarda pas à recevoir un éclatant démenti. A peine Amrou était-il revenu d'Égypte, que l'eunuque Manuel, à la tête d'une flotte grecque, se présenta devant le port d'Alexandrie. A la vue du pavillon à l'abri duquel ils avaient vécu si longtemps, les habitants courent aux armes, chassent les Musulmans et ouvrent les portes de leur ville aux troupes impériales. Maîtres de la clef de l'Égypte, les Grecs rêvent déjà une vengeance éclatante de leurs longues défaites. Peut-être ce rêve se fût-il réalisé si les Coptes, fortement compromis vis-à-vis de Constantinople par la faveur avec laquelle ils avaient accueilli les Arabes, n'avaient fait demander à Médine le rappel d'Amrou, seul capable de conserver à l'Arabie sa riche conquête. Othman céda; Amrou revint en Égypte, marcha contre Alexandrie, où, pendant plusieurs jours, les Grecs soutinrent avec courage les ef-

(*) Voy. Aboulféda, ibid., p. 256.
(**) Othman, gendre de Mahomet, était né à la Mecque dans la tribu des Koréischites. Il était fils d'Affan, fils d'Abou-el-As, fils d'Omaïah, fils d'Abd-Schems, fils d'Abd-Ménaf. Il avait pour mère Aroua, fille de Koraïz, fils de Rabiah.

(*) Voy. la Prise de la Mecque par le prophète, p. 188.

forts de son armée. Irrité de leur défense obstinée, le général avait juré de n'accorder aucun quartier; mais sa bonté naturelle fut plus forte que sa colère. Au jour de la victoire, il arrêta le carnage, et, sur le lieu même où il avait imposé un frein à la vengeance des soldats, il fit bâtir une mosquée qu'il appela *Djami-el-Rahmet*, la mosquée de la miséricorde (\*).

Ingrat comme tous les hommes faibles, Othman ne laissa pas jouir Amrou de sa nouvelle victoire. Le vaillant capitaine fut rappelé de nouveau, et de nouveau remplacé par cet Abdallah que des souvenirs d'enfance rendaient si cher au khalife. Pour faire accepter l'objet de son choix, le prince voulut l'entourer du prestige de la gloire : il lui destina la conquête de l'Afrique (\*\*), et bientôt on ne s'occupa plus à Médine que de cette expédition, qui devait, en peu d'années, amener l'islamisme jusqu'au cœur de la France. En effet, ainsi que nous l'avons dit autre part, l'invasion de l'Afrique romaine par les Arabes, l'occupation de cette vaste contrée par les apôtres infatigables d'une religion nouvelle, forment l'une des parties les plus remarquables de l'histoire occidentale au moyen âge. Parvenus aux colonnes d'Hercule, les Musulmans franchirent bientôt l'impuissante barrière qui les séparait de l'Europe. L'Espagne entière leur fut soumise ; les Pyrénées ne purent arrêter leur audace, et, sans les exploits de Charles-Martel, le monde entier se trouvait nivelé par le sabre des successeurs du prophète. Plus tard ils passèrent d'Afrique en Sicile, et, maîtres de cette île pendant plus de deux siècles, portèrent jusqu'à Rome la terreur de leurs armes. C'est donc à la possession de l'Afrique qu'ils ont dû l'influence exercée par eux sur l'Europe, depuis les conquêtes d'Othman jusqu'à la prise de Constantinople par les Turcs. Ce fut la route incessamment ouverte aux entreprises que leur suggérait la haine du nom chrétien, et, sous ce rapport, tout nous intéresse dans l'histoire de la conquête d'une contrée qui semblait être au septième siècle le boulevard de la foi, mais qui courba la tête sous le fer des Musulmans comme ses palmiers sous le vent du midi.

A l'époque où nous voici parvenus, il y avait à peine un siècle que Bélisaire, chassant les Vandales de l'Afri-

---

(\*) Voy. Ockley, Hist. de Sar., t. I\*r, p. 469 ; et Eutychius, t. II, p. 339 et 340.

(\*\*) L'Afrique des Arabes, outre l'*Africa propria* des Romains, qui, d'après Pline (lib. v, c. 4) se bornait à la Zeugitanie, comprend encore la Numidie et une partie de la Mauritanie césarienne. Elle correspond, d'après les divisions géographiques modernes, aux régences de Tripoli et de Tunis, auxquelles il faut joindre encore la partie orientale de l'Algérie jusqu'à Méliana. Le Dictionnaire géographique, connu sous le nom de *Meracid-el-Ittila*, trace ainsi la position et les limites de cette vaste contrée : « L'Afrique est un vaste pays qui fait
« face à la Sicile et à l'Espagne. Ces deux
« contrées sont situées au nord de l'Afrique,
« la Sicile du côté du levant, et l'Espagne
« vers le couchant. On pense que l'Afrique
« doit son nom à Afrikis-ben-Abrahah-
« Erraïsch ; d'autres disent à Afrikis-ben-
« Saïf-ben-Saba-ben-Iaschhob. Ce chef, à
« ce que l'on raconte, ayant porté la guerre
« dans le Maghreb, parvint à une vaste
« contrée où il trouva de l'eau en abon-
« dance. Là il ordonna d'élever une ville,
« et lorsqu'elle fut construite, il lui imposa
« le nom d'*Afrikia*, et la peupla de nom-
« breux habitants : plus tard, le pays tout
« entier prit le nom de cette ville. Afrikis
« retourna ensuite dans le Yémen. Les con-
« fins de l'Afrique s'étendent depuis la ville
« de Tripoli, dans le Maghreb, du côté de
« Barca et d'Alexandrie, jusqu'à Bougie et
« même Méliana ; en sorte que sa longueur
« comprend une marche de deux mois et
« demi : on compte aussi sa plus grande
« longueur depuis Barca, au levant, jusqu'à
« la ville de Tanger, au couchant. Quant à
« sa largeur, on la calcule depuis la mer
« jusqu'aux déserts du Soudan. Ce vaste
« empire, de l'orient à l'occident, est occupé
« par des sables ou des montagnes. » Voy. le *Meracid-el-Ittila*, ms. de la Bibl. roy., fol. 49, et mon Histoire de l'Afrique sous la dynastie des Aghlabites, Paris, F. Didot frères, 1841, p. 1 et 2.

que, avait rendu à l'empire de Constantinople cette terre regrettée que décoraient tant de monuments de sa puissance et de sa gloire. Depuis lors, les Grecs n'avaient eu à réprimer dans cette vaste province que les tribus sauvages qui de tout temps ont trouvé dans le seul amour de l'indépendance les forces nécessaires pour combattre les nations les plus habiles dans l'art de la guerre. Les Numides, Maures ou Berbers, quel que soit le nom qu'on leur donne, ont de temps immémorial dressé leurs tentes dans les vallées de l'Atlas; qu'ils soient autochthones, ou, comme le veut Salluste, un débris de l'armée d'Hercule, ou, ainsi que le dit Procope, les descendants des Cananéens vaincus par Josué, ou bien encore, ainsi que le rapporte Ebn-Khaldoun, quelques tribus descendant d'Himyar, fils de Saba, tandis que d'autres remontent par Mazich à Chanaan, fils de Cham, c'est un de ces mystères d'origine dont le passé garde le secret. Chasseurs dans les montagnes, pasteurs dans la plaine, sobres, agiles, cavaliers infatigables, ils ont toutes les qualités qui font le soldat. Dès les premiers pas qu'au temps des guerres puniques les Romains firent sur la terre d'Afrique, ils y trouvèrent ces dangereux rivaux, et huit siècles plus tard, alors qu'ils venaient d'anéantir la puissance des Vandales, ils devaient songer à se défendre contre ces mêmes ennemis dont l'audace était quelquefois réprimée, jamais abattue. En effet, Rome, dans ses luttes avec Carthage, Constantinople sous Justinien, les Arabes sous les premiers khalifes, ont trouvé chez les habitants de l'Atlas ce que nous y rencontrons aujourd'hui : courage personnel, mépris de la vie, patience dans les fatigues, tempérance extrême; qualités par lesquelles ils seraient invincibles si l'esprit de rivalité qui règne de tribu à tribu ne permettait souvent de les désunir pour en triompher.

Des documents rares et concis, quelques passages des historiens de la Byzantine ou de l'histoire ecclésiastique, quelques monuments épigraphiques comprennent tous les renseignements qui peuvent nous guider sur l'état des provinces africaines, au moment où la domination musulmane allait détruire dans ces contrées jusqu'aux derniers vestiges de la civilisation romaine. Nous savons cependant que l'exarque Gennadius avait dû réprimer plusieurs fois, vers la fin du sixième siècle, les attaques des Maures, et acheter la paix au prix de fatigantes expéditions. Malgré ces fréquentes alertes, l'Afrique conservait encore sous le règne d'Héraclius un caractère de tranquillité plus général que celui des autres possessions de l'empire. Ce prince, voulant se soustraire aux troubles qu'une extrême disette avait fait éclater dans sa capitale, résolut de passer en Afrique. Il ne trouvait pas dans les vastes États dont tant de provinces allaient échapper à son pouvoir, un refuge plus assuré; et, sans la tempête qui dispersa sa flotte en vue de Carthage, l'ancienne rivale de Rome allait devenir celle de Constantinople.

C'est dans ce calme trompeur que l'Afrique attendit, sans les prévoir, les dangers qui allaient fondre sur elle. La marche du gouvernement était encore régulière, les villes entretenues, les édifices publics réparés avec soin. Des familles opulentes gardaient les habitudes d'un luxe dont les besoins répandaient l'aisance dans toutes les classes; et quelques noms illustres nous ont été conservés sur les monuments de cette époque parvenus jusqu'à nous (*). Mais la langueur, qui avait saisi au cœur l'empire grec, arrêtait tout élan guerrier. Bientôt les querelles religieuses, les rivalités du cirque, la honte de nombreuses défaites, ne laissèrent aux gouverneurs de chaque province que l'énergie nécessaire pour échapper au faible joug de Constantinople; et, quand les Arabes pénétrèrent à l'ouest de la Cyré-

(*) Voy. les Monuments épigraphiques rassemblés par les soins de la commission chargée d'explorer l'Algérie, et le Rapport sur quelques inscriptions latines trouvées dans l'ancienne régence d'Alger, par M. Hase.

naïque, tout nous porte à croire que le gouverneur de l'Afrique avait acquis une indépendance presque complète. Nous voici donc arrivés à l'époque où, par ordre d'Othman, Abdallah rassemblait en Égypte les forces destinées à la conquête de l'Afrique romaine. Cette invasion porte avec elle un caractère tout particulier. Plus heureux que les Romains, les Musulmans firent adopter leur croyance aux peuplades errantes, dont les habitudes, les besoins, la physionomie se rapprochaient des leurs; et, bien que cet avantage décisif n'ait pas toujours suffi à les garantir de leurs attaques, ils se trouvèrent, dès les premiers progrès de leurs armes, au centre d'une contrée dont ils ne devaient plus sortir. Appartenant à l'Asie par le nom, à l'Afrique par le climat, l'Arabie, ainsi que nous l'avons déjà dit, semble être placée comme une terre de transition entre ces deux continents. L'habitant des plateaux élevés du Nedjd, comme celui des montagnes du Hedjaz, retrouvait dans l'Atlas les souvenirs de sa patrie : le cheval, le chameau, la datte lui offraient dans les deux contrées les ressources nécessaires à ses habitudes frugales, et cette similitude eut probablement une grande influence sur les victoires rapides qui enlevèrent le pays aux Romains. Il est impossible, en lisant l'histoire de la conquête musulmane, de ne pas être frappé du peu de chances qui reste aux princes de Constantinople pour ressaisir désormais l'empire de l'Afrique. Leurs tentatives ne peuvent exciter d'intérêt, car le dénoûment en est connu d'avance: on sent trop bien qu'elles seront vaines. Il n'en est pas ainsi des guerres que les sectateurs de Mahomet auront à soutenir contre les indigènes. L'Arabe et le Berber, voilà les champions qui vont combattre. Les armes sont égales, le courage l'est aussi ; un puissant mobile donne l'avantage aux Arabes; c'est l'enthousiasme religieux, l'ardeur du prosélytisme. Leur foi est si forte, leur volonté si ferme, que tout d'abord les populations entières viennent à eux.

Fascinés par le triomphe des Musulmans sur les nombreuses armées de Constantinople, les Berbers croient à la toute-puissance du Dieu qui a guidé les vainqueurs. En peu d'années l'Afrique se soumet à l'islamisme ; mais le prestige disparaîtra avec le souvenir de la victoire. Bientôt s'organiseront cette résistance partielle, ces révoltes, ces schismes fréquents dont la succession et les phases diverses constituent dès lors l'histoire de ces contrées (*).

En concevant la pensée de porter ses armes si loin de la péninsule arabique, Othman n'avait pas cru pouvoir se dispenser de consulter les compagnons de sa gloire, ces vieux soutiens du prophète et de l'islamisme ; mais ils furent tous de son avis, à l'exception d'Abou-el-Aour-Saïd. Ce chef arabe se prononça hautement contre le projet du khalife, et appuya son avis de l'autorité d'Omar, qui avait toujours refusé, disait-il, d'encourager une si chanceuse expédition. Othman, toutefois, ne s'en laissa pas imposer par cette opposition inattendue, et, en appelant de l'avis qui ne lui plaisait pas à celui de deux hommes qui jouissaient auprès des Musulmans d'une grande considération, Zéïd, l'un des secrétaires du prophète, et Mohammed-ben-Meslémé, l'Ansarien, il obtint leur complet assentiment. Dès lors il ne songea plus qu'aux moyens d'assurer le succès de son entreprise. Chaque jour il montait dans la chaire de Médine et appelait ses sujets à la guerre sainte. De son propre bien il fournit des chevaux, des armes et mille chameaux destinés à transporter les Musulmans trop pauvres pour se procurer une autre monture. Bientôt se réunit à Médine une armée nombreuse, surnommée l'armée des Abd-Allah, où figuraient, parmi les Haschémites, Abd-Allah, fils d'Abbas; parmi les Benou-Taïm, Abd-er-Rahman, fils d'Abou-Bekr; parmi les Benou-Adi,

(*) Voy. l'Introduction de mon histoire de l'Afrique et de la Sicile sous la domination musulmane; Paris, 1841, p. I à xiv.

Abd-Allah, fils d'Omar-ben-el-Khattab; parmi les Benou-Açad, Abd-Allah-ben-Zobaïr, et bien d'autres personnages éminents, tous accompagnés d'un certain nombre de guerriers de leur tribu : « Je vous ai placés, leur dit Othman, sous les ordres de Merwan-ben-el-Hakim jusqu'au moment où vous arriverez dans les pays gouvernés par Abd-Allah-ben-Saad ; ce sera lui alors qui prendra le commandement. » En effet, à l'arrivée de l'armée d'Arabie en Égypte, Abd-Allah rassembla ses troupes, et bientôt vingt mille Musulmans se trouvèrent sous les armes. Laissant alors son gouvernement sous les ordres d'El-Harith-Okbah-ben-Nafi, Abd-Allah partit pour l'Afrique.

Le siége de Tripoli bientôt levé, puis celui de Cabès (\*) furent les premières entreprises de l'armée expéditionnaire. L'approche des Grecs sauva ces deux places, et bientôt les deux armées se trouvèrent en présence. A la nouvelle de l'irruption des Arabes, Grégoire, alors patrice des possessions de l'empire sur le continent africain, avait rassemblé toutes ses forces, et il se trouvait alors à la tête de cent vingt mille soldats. Abd-Allah-ben-Saad, qui avait reçu des renforts depuis qu'il était sorti de l'Égypte, en avait quarante mille à lui opposer. Selon la coutume adoptée par les Musulmans, leur général commença par offrir la paix au patrice, sous la condition qu'ils se convertiraient à l'islamisme et se reconnaîtraient tributaires. Cette offre ayant été repoussée avec mépris, Chrétiens et Musulmans se livrèrent chaque jour de vives escarmouches qui fatiguaient les troupes sans décider la victoire. La guerre se prolongea ainsi des deux côtés pendant plusieurs semaines. Si les Musulmans n'agissaient pas dans cette occasion avec leur vigueur ordinaire, c'est qu'ils ne trouvaient plus dans leur chef ce bouillant courage auquel les avaient accoutumés les Khaled, les Dherar, les Amrou. Abd-Allah-ben-Saad se tenait dans sa tente, sous le prétexte que le patrice Grégoire ayant mis sa tête à prix, il y avait trop de danger pour lui à se porter au premier rang, ainsi que ses prédécesseurs avaient coutume de le faire. Abd-Allah-ben-Zobaïr, homme énergique, qui aspira plus tard à l'empire, résolut d'arracher son général à cette lâche oisiveté ; il pénétra sous sa tente, malgré les gardes qui l'entouraient, et lui dit : « Si tu veux déjouer les projets de « ton ennemi, fais annoncer par un « crieur public que quiconque tuera « Grégoire recevra une somme de cent « mille pièces d'or, aura sa fille en « mariage et sera nommé gouverneur « des provinces qui sont sous la dé-« pendance de ce général. » L'avis fut suivi : Grégoire, à son tour, trembla pour ses jours : mais la crainte qu'éprouvaient mutuellement les deux chefs n'influait en rien sur la destinée des deux armées rivales. Chaque matin le combat s'engageait, et lorsqu'à midi la chaleur du jour devenait trop pesante, Chrétiens et Musulmans se retiraient dans leur camp pour recommencer le lendemain une lutte toujours inutile. Ce fut encore Abd-Allah-ben-Zobaïr qui, à l'aide d'une ruse de guerre, attira la victoire sous les drapeaux des Arabes : « Les choses « traînent en longueur, dit-il au fils « de Saad ; nous ne pouvons nous flat-« ter d'obtenir un succès décisif sur « les Chrétiens, qui combattent chez « eux et reçoivent continuellement des « renforts, tandis que nous sommes « séparés par une grande distance des

---

(\*) L'ancienne *Tacape*, dans l'enfoncement de la petite Syrte, entre le territoire de Tripoli et celui de Carthage. C'est, d'après Edrisi (vol. I, p. 255), une grande ville bien peuplée, à six milles du bord de la mer, à trois journées de Cafça : le pays produit des palmiers, de la vigne, des oliviers. El-Bekri dit aussi que Cabès renferme une citadelle extrêmement forte, des faubourgs, des marchés, des *fondouks*, une mosquée d'une belle architecture et des bains nombreux. Il ajoute qu'on y voit les plus beaux mûriers de l'Afrique, et qu'on y récolte de la soie d'une qualité parfaite. Voy. M. Étienne Quatremère, dans les not. et extr. des mss. de la Bibl. du roi, t. XII, p. 462.

Vue de Bulgose sur les Montagnes qui fournissent le Café.

ARABIE.

« Musulmans et de leur pays; si tu « m'en crois, nous laisserons dans « notre camp un corps nombreux des « plus braves Musulmans, tandis que « nous, à la tête du reste de l'armée, « nous tiendrons tête aux Grecs jus- « qu'à ce que la fatigue les oblige d'a- « bandonner le champ de bataille. Dès « qu'ils seront rentrés dans leurs ten- « tes et que les Musulmans en auront « fait autant de leur côté, alors les « soldats que nous aurons laissés dans « nos lignes, et qui n'auront pas pris « part au combat, monteront aussitôt « à cheval. A la tête de ces troupes, « nous fondrons à l'improviste sur « l'ennemi, et je me flatte qu'avec « l'aide de Dieu nous remporterons la « victoire. » Abd-Allah-ben-Saad ayant convoqué plusieurs des compagnons du prophète, leur fit part de l'avis qui venait de lui être donné, et qui obtint l'assentiment général. En conséquence, dès le lendemain, il se mit en devoir d'exécuter cette résolution. Il laissa dans le camp l'élite des Musulmans, dont chacun avait auprès de lui son cheval tout sellé, et, avec le reste de l'armée, il marcha contre les Grecs, et engagea le combat, qui fut vivement disputé jusqu'à l'heure de midi. Au moment où l'on entendit retentir le cri des muezzins qui appelaient à la prière, les Grecs se disposèrent à se retirer, suivant leur usage; mais Ebn-Zobaïr, devinant leur projet, continua l'attaque avec une nouvelle vigueur jusqu'à ce qu'il les vit accablés de fatigue. Alors il fit sonner la retraite. Les soldats des deux partis quittèrent leurs armes et se jetèrent à terre pour prendre quelque repos. Cependant Ebn-Zobaïr, se faisant accompagner des troupes fraîches qui étaient demeurées dans le camp, marche à leur tête sur les Grecs, qui ne s'attendaient pas à soutenir un second combat. Les Musulmans, poussant tous à la fois le cri *Dieu est grand*, fondirent sur l'ennemi avec une impétuosité sans égale. Les Grecs, surpris et n'ayant pas le temps de prendre leurs armes, furent mis dans une déroute complète, et l'on en fit un carnage affreux. Grégoire périt sous les coups d'Ebn-Zobaïr. La fille du général grec se trouva au nombre des prisonniers, et fut donnée par Abd-Allah-ben-Saad à Abdallah-ben-Zobaïr, qui la prit pour sa concubine. Les Musulmans firent un butin immense; en sorte que chaque cavalier eut pour sa part trois mille pièces d'or, et que chaque fantassin en eut mille (*).

(*) Ce récit est emprunté au Mémoire historique sur la vie d'Abdallah-ben-Zobaïr inséré par M. Étienne Quatremère dans le Journal asiatique, avril 1832. Il est d'ailleurs conforme, dans les principales circonstances, au récit de Nowaïri, ms. de la Bibl. roy., n° 702, fol. 1 et 2. D'après une autre narration également rapportée par M. Quatremère, Ebn-Zobaïr racontait en ces termes les événements de cette bataille : « Grégoire attaqua les Musulmans réunis « sous nos drapeaux, et qui étaient au nom- « bre de 20,000 hommes. Tout le monde « accourait pour prendre les ordres d'Ab- « dallah-ben-Saad; mais celui-ci s'était re- « tiré dans sa tente, et s'y tenait renfermé « sans laisser entrer personne. Cependant « j'aperçus Grégoire, qui, dans une pleine « sécurité, s'avançait derrière ses troupes, « monté sur une mule grise, et accompagné « de deux jeunes filles, qui lui procuraient « de l'ombre en tenant au-dessus de sa tête « des plumes de paon. Ce général avait laissé « entre lui et son armée un espace consi- « dérable, et dans lequel on ne voyait pas « un seul soldat. Je courus en hâte pour « chercher Abdallah-ben-Saad, et lui ren- « dre compte des observations que je venais « de faire. J'appris que cet officier était ren- « fermé seul dans sa tente; je m'adressai à « son chambellan qui refusa de m'intro- « duire : alors, faisant un détour, je levai « le bas de la tente, et me présentai inopi- « nément devant le général, que je trouvai « étendu sur le dos. Effrayé de me voir, il « se releva et s'assit. Je lui dis alors : *Tout « homme poilu est poltron.* — Fils de Zo- « baïr, me dit-il, quel motif t'amène ici? « — Je lui répondis que j'avais observé une « occasion favorable pour surprendre l'en- « nemi, et qu'il fallait se hâter de convo- « quer les Musulmans. Après qu'il m'eut « demandé des détails, et que je lui eus « exposé ce que j'avais vu, il sortit préci- « pitamment, et ordonna aux soldats de « marcher sous mes ordres. Je choisis trente

C'est à Iacouba que s'était livrée cette bataille. Ceux des Grecs qui échappèrent aux coups des Musulmans se retirèrent sous les murs de Sufétula, dont ils n'étaient séparés que par une journée et une nuit de chemin. Cette ville, que les Arabes appellent Sobeïtala, est encore un des lieux les plus remarquables de toutes les régences par l'étendue et la magnificence de ses ruines. Les restes bien constatés de deux arcs de triomphe, de trois temples, de thermes, d'aqueducs, de chapiteaux travaillés avec soin, de riches colonnes, de pavés en mosaïque, attestent sa puissance déchue. C'était alors, en effet, la capitale de la Bysacène, et la beauté de son aspect, la douceur de son climat, la fraîcheur de ses eaux, y avaient attiré une population nombreuse. Les Arabes en formèrent le siége, qu'ils pressaient avec vigueur. « Enfin, dit Nowaïri, Dieu leur accorda la victoire; « ils s'emparèrent de la ville, détrui« sirent en grande partie la popula« tion et s'emparèrent d'immenses « richesses en espèces d'or et d'ar« gent. Abd-Allah-ben-Saad ayant « réuni tout le butin, en fit le partage, « après avoir prélevé la cinquième « partie, puis il fit partir des corps « expéditionnaires et des partis de ca« valerie qui pénétrèrent jusqu'aux « châteaux de Cafça, d'où ils rame« nèrent butin et captifs. Quelques ca« valiers s'avancèrent même jusqu'à « Mermadjana, bourg appartenant aux « Berbers de la tribu des Benou-Hawarah. Tant de succès ayant complétement abattu le courage des « Grecs, ils éprouvèrent une vive ter« reur, et, n'osant plus tenir la cam« pagne, cherchèrent un refuge dans les « places fortes. La plupart d'entre eux « se rassemblèrent dans le district de « Fohss-el-Adjem, autour du château « qui passait pour une des places les « plus importantes du pays. De là ils « députèrent quelques-uns des leurs « vers Abd-Allah-ben-Saad, et lui fi« rent offrir trois cents *cantars* d'or « s'il voulait épargner leurs personnes « et sortir du pays. D'abord il refusa « leurs offres, mais enfin il se rendit à « leurs prières, et consentit à leur ac« corder la paix, moyennant le paye« ment de deux millions cinq cent « mille dinars. Tout énorme que fût « cette somme, les Grecs parvinrent à « la rassembler, la firent porter au « général musulman; et le traité fut « conclu de manière que les Arabes « devaient garder tout ce qu'ils avaient « pris avant la paix, tandis que ce qui « aurait été enlevé aux Chrétiens de« puis la conclusion de ce pacte devait « leur être rendu. Abd-Allah-ben-Saad « fit ensuite appeler Abd-Allad-ben« Zobaïr et lui dit : « Personne n'est « plus digne que toi d'annoncer l'heu« reuse nouvelle de notre victoire. « Va donc; dis à Othman et aux Mu-

« cavaliers d'élite, et j'enjoignis au reste de « l'armée de garder ses rangs. Je me diri« geai avec impétuosité du côté où j'avais « aperçu Grégoire. Et, après avoir recom« mandé à mes compagnons de veiller à ce « que je ne fusse pas attaqué par derrière, « je perçai en un moment la ligne des enne« mis, et je courus rapidement vers leur « général. Lui et ses soldats se persuadèrent « d'abord que j'étais chargé d'un message. « Mais lorsque je fus près de lui, il recon« nut son erreur, et tourna la bride de sa « mule pour prendre la fuite. Je l'atteignis, « et d'un coup de lance je le renversai à « terre. Les deux jeunes filles se précipitè« rent alors sur lui. Sans perdre un mo« ment, je sautai à bas de mon cheval, et, « armé de mon épée, je fondis sur mon « ennemi, et le frappai avec vigueur. J'at« teignis une des jeunes filles, et lui coupai « la main. Ensuite, je tranchai la tête de « Grégoire, et la plaçant au bout de ma « lance, je m'écriai : *Dieu est grand!* A « cette vue, les Musulmans, animés d'un « nouveau courage, se précipitèrent sur « l'ennemi, qui, rompu de tout côté, fut « mis dans une déroute complète. Abdallah« ben-Saad, voulant envoyer au khalife « Othman un courrier pour lui annoncer « cette victoire, me déclara que personne « dans l'armée n'était plus digne que moi « de remplir une pareille mission, et m'en« joignit de partir sur-le-champ pour an« noncer au prince des croyants ces bril« lantes nouvelles. » Voy. Nouveau Journal asiatique, t. IX, p. 297, 298.

ARABIE.

« sulmans comment Dieu très-haut a
« béni nos armes. » Abd-Allah eut à
« peine reçu cet ordre, qu'il se hâta
« de parcourir la longue route qu'il
« avait à faire. Quelques personnes
« prétendent qu'il franchit la distance
« de Sobeïtala à Médine en vingt jours
« de marche, d'autres disent en vingt-
« quatre, ce qui n'est pas étonnant de
« la part d'un homme tel que lui. A
« son arrivée, le khalife lui donna
« l'ordre de monter dans la chaire
« et d'annoncer lui-même au peuple
« la victoire remportée par les Mu-
« sulmans. Zobaïr, le père d'Abd-Al-
« lah, apprenant cette nouvelle, se
« hâta de se rendre à la mosquée, et,
« adressant des reproches à Othman :
« Abd-Allah-ben-Zobaïr, dit-il, en est-
« il donc arrivé à occuper cette même
« place que le prophète de Dieu foulait
« de son pied! Plût à Dieu que je
« fusse mort avant une telle profana-
« tion! » On dit aussi qu'Abd-Allah-
« ben-Zobaïr ne monta pas dans la
« chaire du khalife, mais qu'il se te-
« nait devant pour annoncer la vic-
« toire, tandis qu'Othman était assis
« dans la chaire. On a dit des hauts
« faits d'Abd-Allah-ben-Zobaïr en
« Afrique, qu'ils ont égalé ceux de
« Khaled-ben-Walid en Syrie et ceux
« d'Amrou-ben-el-Ass en Égypte. Abd-
« Allah-ben-Saad, après le départ
« d'Abd-Allah-ben-Zobaïr, ne tarda
« pas à se retirer en Égypte. L'armée
« arabe avait séjourné en Afrique pen-
« dant quinze mois, et bien peu de
« Musulmans avaient péri dans cette
« expédition (*). »

Pendant que l'armée arabe faisait en Afrique les premiers pas qui devaient amener bientôt la soumission de cette province romaine, Othman n'avait pas négligé d'assurer, par de nouvelles expéditions, le complet asservissement de la Perse. Iezdedjerd, à la suite des combats qui avaient anéanti toutes ses forces, s'était renfermé dans Istakhar, l'ancienne Per-

sépolis; assiégé par les Musulmans, il traversa le Kirman et passa dans le Sedjestan, à l'extrémité orientale de son empire. Là, il se tint caché pendant quelque temps, sollicitant le secours des Turcs établis dans la Transoxane, et obtint d'un de leurs princes un secours de six mille hommes. Loin de ménager ces précieux alliés, l'héritier des Cosroés traita les barbares comme s'il eût encore occupé le trône de ses ancêtres; il en fut cruellement puni. Leur chef s'unit au gouverneur mécontent de la ville de Mérou, dans le Koraçan, et tous deux se mirent à la poursuite du malheureux prince. Son escorte fut taillée en pièces : échappé seul, grâce à la vitesse de son cheval, il arriva près d'un moulin et pria le meunier de lui donner asile, offrant pour prix du plus humble réduit ses armes qu'ornaient les plus riches joyaux de la Perse : « Je n'ai
« nul besoin de pareilles armes, ré-
« pondit le meunier, qui ne connais-
« sait ni son hôte ni la valeur du pré-
« sent qu'il lui offrait; si vous me
« donnez les quatre *dirhems* que cha-
« que jour mon moulin me rapporte,
« j'arrêterai ma roue et ne m'occuperai
« plus que du soin de votre sûreté. »
Quelques cavaliers turcs survinrent au moment où le marché se concluait et tuèrent le prince sans le reconnaître. Ainsi finissait en la personne d'Iezdedjerd (an de J. C. 651) la dynastie des Sassanides qui, pendant 426 ans, avait occupé le trône le plus important de l'Asie et servi de contre-poids à l'empire romain. Firouz, fils d'Iezdedjerd, continua, selon le récit des historiens chinois, à exercer quelque pouvoir dans le Tokharistan, à l'orient de la Perse. Il y fut attaqué quelques années plus tard (de J. C. 661) par les Arabes, qui l'en chassèrent et le contraignirent à chercher un asile en Chine, où il mourut, laissant un fils appelé par les Chinois Ni-ni-ché, ce qui correspond peut-être à Narsès (*).

Profitant de leurs conquêtes en

___
(*) Voy. Nowaïri, Ms. de la Bibl. roy., n° 702, fol. 1, 2 et 3, et mon Histoire de l'Afrique sous les Aghlabites, p. 7 et 8.

(*) Voy. M. de Saint-Martin, Histoire du Bas-Empire, t. XI, p. 317, note 4.

Perse, dix-huit mille Arabes, conduits par un chef auquel les chroniqueurs donnent le nom d'Abd-er-Rahman, avaient, longtemps avant la mort d'Iezdedjerd, pénétré en Arménie. « Le prince Vahan de Camsar, dit M. de Saint-Martin, maître du canton de Daron, par lequel ils firent invasion dans la contrée, leva huit mille soldats, et envoya des messagers à tous les seigneurs ses voisins pour en obtenir du secours. Son frère Diran, le général Mouschegh, et Sahour, prince des Andsévatsiens, furent les seuls qui répondirent à cet appel; ils lui amenèrent aussi huit mille hommes. Les deux armées se rencontrèrent dans un lieu nommé Gargroï. Le combat fut acharné. La victoire semblait se déclarer pour les Chrétiens, quand la trahison de Sahour fit passer l'avantage du côté des Arabes. Il y eut un horrible carnage des Arméniens. Pressé de tous côtés, Diran succomba après avoir immolé le traître Sahour. Mouschegh périt aussi, et les restes de l'armée chrétienne se dispersèrent dans toutes les directions, laissant les Arabes maîtres du pays. Ils se portèrent en avant, et étendirent leurs ravages jusque dans la province d'Ararat, tandis que d'autres troupes de Musulmans, vainqueurs des Perses, s'avançaient dans l'Aderbadégan. Cependant Théodore, prince des Reschdouniens, s'efforçait de rallier les troupes et les seigneurs de l'Arménie : ses exhortations furent vaines ; il ne put les résoudre à suspendre leurs démêlés particuliers pour combattre l'ennemi commun, et fut contraint d'être le spectateur tranquille de la ruine de sa patrie. Le patriarche Esdras, qui le secondait de tous ses efforts, ne fut pas plus heureux : il en mourut de chagrin, et on s'occupait de lui donner un successeur quand les Arabes parurent devant Dovin, capitale du pays et résidence patriarcale. Ils en formèrent le siége le 28 novembre 639, et s'en rendirent maîtres le 6 janvier, jour de l'Épiphanie de l'année suivante. Ils brûlèrent et dévastèrent tous les édifices publics de cette belle ville, y firent un grand carnage, et emmenèrent en Syrie trente-cinq mille captifs. Le chef de cette expédition était Habib-ben-Moslemah, commandant de Kinesrin, en Syrie ; il était entré en Arménie par ordre de Moawiah, qui gouvernait alors la Syrie au nom d'Othman. Salman, fils de Rabiah, autre chef arabe de la race des Bahélites, lui avait été adjoint avec un corps auxiliaire formé de soldats venus de l'Irak. Après la prise de Dovin, Habib se rendit maître de Nakhtchévan et y reçut la soumission du prince du Vaspourakan. Il passa de là dans le pays de Sisakan, au delà de l'Araxe, et se rendit maître du chef-lieu du canton de Vaïots-dsor, château très-fort de l'Arménie septentrionale. Habib se dirigea ensuite vers l'Ibérie, la Géorgie des modernes, prit Tiflis et les principales villes du pays. Il pénétra de là dans le Caucase, où il soumit plusieurs peuplades barbares. Tous les princes de l'Arménie septentrionale, de l'Ibérie et du Caucase, consentirent à payer tribut pour se délivrer des Arabes. Dans le même temps, Salman, le lieutenant de Habib, se portait vers l'Arménie orientale, où il soumettait la ville de Bardaah, et bientôt après celle de Phaïtakaran, que les Arabes appellent Baïlakan. Il prit ensuite Schamkor, passa le Kour et s'empara de Kabalah, une des principales villes de l'Albanie. Il conquit ensuite le pays de Schaki, vaste territoire sur la rive gauche du Kour, pénétra dans le Schiswan, battit ou soumit la plupart des petits chefs albaniens ou montagnards, qui commandaient dans les régions sauvages qui s'étendent jusqu'à la mer Caspienne ; il franchit le défilé de Derbend et s'avança dans les vastes plaines du nord, où il fut vaincu auprès de Balandjar, sur les bords du Terek, par le roi des Khazars, auquel ces peuples donnent le titre de *Kakan*. Salman périt dans le combat avec la plupart de ses compagnons. Cet échec amena la retraite des troupes arabes et la perte de la plus grande partie de leurs conquêtes ; elles abandonnèrent l'Arménie après l'avoir pillée. Mais en 646, les Musulmans revinrent en plus grande force. Ils ravagèrent le canton de Peznounie, situé au nord-ouest du lac de Van, et celui d'Aghiovid, d'où ils pénétrèrent une autre fois jusque dans la province d'Ararat. On ne trouva rien de mieux, pour mettre un terme à leurs courses dévastatrices, que de se soumettre au tribut, et c'est le parti que prirent les deux principaux chefs du pays, Théodore et Sembat (*). »

Les Arabes ne se contentaient déjà plus d'avoir étendu leur empire jusqu'à l'Oxus d'une part et à la Mauritanie de l'autre. Un homme habile avait été chargé par Othman d'explorer la vallée de l'Indus, dans l'espoir d'y porter plus tard les armes toujours victorieuses des islamites, et, s'il n'avait pas été frappé de l'aspect d'aridité des contrées qu'il fallait parcourir, l'islamisme aurait dès lors pénétré dans cette Inde mytérieuse, berceau des peuples et des religions (**). Arrêtés à l'orient et à l'occident par les sables du Sahara ou les déserts de l'Asie centrale, les Arabes se hasardèrent pour la première fois sur les flots de la Méditerranée et voguèrent à la conquête de Chypre. Les deux gouverneurs de Syrie et d'Égypte s'étaient réunis pour cette expédition, qui fut couronnée d'un plein succès. Les Cypriotes se soumirent après une longue résistance, dans laquelle ils avaient perdu beaucoup de monde, et achetèrent la paix par un tribut de sept mille dinars.

(*) Extrait par M. de St-Martin (dans l'Histoire du Bas-Empire, t. XI, p. 332 à 338) de l'ouvrage de Mouradja d'Ohsson, intitulé : *Des peuples du Caucase et des pays au nord de la mer Noire et de la mer Caspienne dans le $X^e$ siècle*, in-8°, 1828. Cet ouvrage a été composé sur un grand nombre de mss. arabes ou persans, dont plusieurs n'existent pas dans la collection de la Bibliothèque royale.

(**) Voy. les Fragments arabes et persans, relatifs à l'Inde, recueillis par M. Reinaud, *Journal asiatique*, 4e série, t. V, p. 123.

Si l'empire des Arabes semblait menacer d'un prochain asservissement toutes les nations de l'ancien monde, il perdit en cohésion ce qu'il gagnait en étendue. La chaire de Médine n'était plus occupée par cet inflexible Omar, dont la justice rigoureuse ne laissait aucune offense impunie, aucun abus sans répression. La faiblesse d'Othman, sa partialité pour ceux qui lui étaient unis par les liens du sang, assuraient à ceux de ses nombreux parents, auxquels il avait distribué les premières charges de l'empire, une impunité d'autant plus dangereuse, que la religion était encore dans toute la pureté de sa doctrine. Fiers de leurs victoires, habitués à voir à leur tête des hommes toujours prêts à sacrifier leur intérêt au bien public, les Arabes ne pouvaient supporter une exaction ou le moindre déni de justice. La prodigalité avec laquelle Othman partageait à ses favoris les trésors acquis par tant de combats, l'oppression, l'injustice auxquelles donnaient lieu les besoins d'un luxe jusqu'alors réprimé avec le plus grand soin par les khalifes, augmentaient chaque jour les mécontents et préparaient une catastrophe. Avant de succomber, Othman rendit toutefois à l'empire naissant un éminent service. Malgré le peu d'années écoulées depuis la mort du prophète, déjà le Coran avait souffert de nombreuses altérations : « Les habitants « de l'Irak, dit Aboulféda, et ceux de « la Syrie invoquèrent chacun leur « Coran comme le seul qui dût faire « foi. N'avons-nous pas pour nous, di- « saient les hommes de l'Irak, la ver- « sion revue par Abou-Mouça-el-As- « chari? — Et nous, disaient les Sy- « riens à leur tour, n'avons-nous pas « reçu la nôtre des mains de Mocdad- « ben-el-Açoud ? » Non-seulement ces « deux provinces, mais bien d'autres « villes encore étaient en dissentiment « sur le même sujet. Ce fut alors « qu'Othman résolut d'avoir recours « à l'exemplaire recueilli par les soins « d'Abou-Bekr et qui avait été déposé « chez Afça, l'une des épouses du pro- « phète. On en fit tirer un très-grand

17e *Livraison.* (ARABIE.)

« nombre de copies, et toutes les au-
« tres versions furent livrées aux flam-
« mes. Zeïd-ben-Thabet, Abd-Allah-
« ben-Zobaïr, Saïd-ben-el-As et Abd-
« er-Rahman-ben-el-Harith de la tribu
« des Benou-Makhzoum, avaient été
« chargés du travail. Ils avaient reçu
« pour mission spéciale d'employer le
« dialecte koréischite toutes les fois
« qu'un mot pourrait se traduire de
« différentes façons dans les divers
« dialectes de l'Arabie ; car, disait le
« khalife, c'est dans la langue des Ko-
« réïschites que le Coran a été révélé
« aux hommes (*). »

Bien que la mesure ordonnée par Othman dans cette circonstance fût urgente et assurât pour l'avenir à l'islamisme une unité sans laquelle les grands systèmes politiques ou religieux ne peuvent espérer une longue durée, elle souleva contre le khalife de nouvelles haines. Tous ceux dont les croyances religieuses se trouvaient froissées par l'adoption d'une version du livre saint différente de celle à laquelle ils accordaient leur confiance, criaient à l'abus ou à l'impiété. Ambitieux trompés dans leurs espérances, dévots blessés dans leur foi, s'unissaient pour anathématiser l'homme qui se lançait aveuglément, disaient-ils, dans une autre voie que celle du prophète. Les circonstances les plus indifférentes prêtaient des armes contre lui. Un jour il laissa tomber au fond d'un puits l'anneau d'argent qu'il portait à son doigt : cet anneau, qui avait appartenu au prophète, portait gravés ces trois mots : *Mohammed Recoul Allahi* (**). Mahomet s'en était servi pour sceller d'abord les lettres qu'il avait écrites aux différents souverains de l'Europe ou de l'Asie afin de leur annoncer sa mission, puis enfin les différents actes qui émanaient de sa toute-puissance ; et plus tard Abou-Bekr, ainsi qu'Omar, l'avaient employé au même usage. La perte de ce bijou, qu'on ne put retrouver malgré tous les soins pris à cet effet, fut considérée comme une marque du courroux céleste, et des troubles violents semblèrent bientôt justifier ces sinistres prédictions.

Ce fut à Coufa qu'éclatèrent les premiers germes de la guerre civile : les habitants de cette ville, à laquelle son heureuse situation avait acquis en peu d'années une grande importance, s'encourageaient mutuellement dans un esprit de résistance, et déploraient hautement la partialité que montrait Othman en préférant des parents incapables à des hommes d'un vrai mérite. Saïd-ben-el-As, gouverneur de Coufa, crut devoir écrire au khalife quel était l'état des esprits, et reçut l'ordre de faire déporter en Syrie les chefs de la révolte. Soit faiblesse, soit calcul, Moawiah-ben-Abou-Sofian, gouverneur de cette dernière province, ne put réussir à calmer ces têtes exaltées, et, comme on n'osait sévir d'une manière plus rigoureuse contre des hommes qui appartenaient aux premières familles de l'Arabie, après un court exil, on les renvoya à Coufa, où l'impunité redoubla leur audace. Bientôt Saïd fut contraint de quitter la ville, et Abou-Mouça-el-Aschari, son successeur, ne put apporter au milieu de l'irritation qui fermentait dans tous les esprits qu'un calme trompeur. De nouveaux griefs venaient chaque jour s'ajouter aux anciens sujets de plainte. Non-seulement Othman avait rappelé près de lui Hakem-ben-el-As, exilé par les ordres du prophète, et que ni Omar ni Abou-Bekr n'avaient osé relever de l'anathème qu'il avait encouru (*), mais encore il avait choisi son fils Merwan pour son secrétaire particulier, lui avait donné la cinquième partie des dépouilles de l'Afrique, et se laissait entièrement guider par les intrigues de ce nouveau parvenu. Le mécontentement général contre cette élévation imméritée éclata d'abord en vers satiriques, et l'on sait combien c'est une arme puissante que la poésie chez les Arabes.

(*) Voy. Aboulféda, Ann. moslem. ; t. I, p. 264.
(**) Mohammed envoyé de Dieu.

(*) Voy. la Prise de la Mecque, par le prophète, p. 188.

ARABIE.

Santons auprès de l'Imam de Sanàa.

« Tes deux prédécesseurs, disait une de ces satires, avaient élevé un phare dont la lumière servait aux hommes de guide vers le bien;

« Et pas un seul *dirhem* de leur trésor n'avait été acquis par l'injustice ou dépensé pour le plaisir.

« Mais toi, tu as rappelé l'homme maudit par le prophète, en dépit de l'exemple qui t'était donné.

« Tu as prodigué à Merwan et à ceux qui n'y ont aucun droit ce qui appartenait aux serviteurs du Très-Haut (*). »

Bientôt les passions empruntèrent un langage plus énergique; des partis se formèrent, résolus à marcher contre Médine. Mille hommes quittèrent l'Égypte (an 35 de l'hégire, de J. C. 655); d'autres vinrent de Coufa, d'autres de Bassora, tous déterminés à déposer le khalife, mais bien éloignés de s'accorder sur celui qu'ils mettraient à sa place. Les Arabes d'Égypte voulaient Ali pour chef, ceux de Coufa portaient Zobaïr, et les habitants de Bassora s'étaient déclarés en faveur de Talha. Par une coïncidence singulière, ou par suite d'un plan combiné entre tous les mécontents, ces troupes, parties de provinces si éloignées les unes des autres, traversèrent sans obstacle tout l'empire et arrivèrent le même jour aux portes de Médine. C'était un vendredi; Othman occupait dans la chaire sa place accoutumée et faisait la prière au peuple. Cette circonstance semble lui donner plus d'autorité; il s'élève avec force contre les perturbateurs:

« Peuple de Médine, s'écrie-t-il, n'étiez-vous pas attentifs autrefois aux paroles que du haut de cette chaire prononçait notre prophète? ses accents n'étaient-ils pas écoutés dans le plus religieux silence? Pourquoi couvrir aujourd'hui la voix de son khalife? »

Loin d'être touchés de ce reproche, les assistants se lèvent en tumulte; ceux qui voudraient défendre le khalife sont assaillis à coups de pierres

(*) Ces vers sont rapportés par Aboulféda et Ebn-Kotaïba.

par les nouveaux arrivés; Othman lui-même est atteint dans la chaire, et la violence du coup lui ôte toute connaissance. Sans le dévouement de quelques amis, il succombait ce jour-là; mais Haçan, fils d'Ali, Saad, fils d'Abou-Waccas, Zeïd-ben-Thabet et Abou-Horaïra l'entourent, l'enlèvent et le portent à sa maison, où il reprend ses sens pour comprendre enfin quel triste sort lui est réservé. Pendant trois mois l'anarchie ne put être comprimée dans la ville; les factieux s'opposaient à toute action du gouvernement; en vain, dans les premières semaines, Othman, bravant le danger personnel qu'il courait à se montrer en public, se rendit chaque vendredi à la mosquée; il ne put se faire entendre, et, les scènes de désordre se renouvelant chaque fois avec plus de violence, il dut renoncer à faire la prière au peuple, laissant occuper sa place par le chef des Arabes venus d'Égypte. Tous les habitants de Médine, imitant la conduite de leur khalife, restèrent dès lors renfermés chez eux, et une catastrophe devenait de plus en plus imminente, lorsque Ali, oubliant ses griefs personnels, vint au secours de son rival, et employa en sa faveur toute l'influence qu'il devait à ses brillantes qualités, ainsi qu'à son alliance avec le prophète. Il n'en fallait pas moins pour calmer les esprits, et peut-être Ali n'aurait-il pas réussi dans son entreprise s'il n'avait su déterminer le khalife à satisfaire à quelques-unes des demandes des insurgés. C'est ainsi qu'Othman consentit enfin à dépouiller Merwan de son emploi de secrétaire, à ôter la préfecture de l'Égypte à Abd-Allah-ben-Saad et à nommer à sa place Mohammed, fils du khalife Abou-Bekr. Ces conditions une fois consenties, les différents corps d'insurgés se séparent, et les Égyptiens reprennent la route de Suez, ayant à leur tête leur nouveau gouverneur. Ils avaient compté à tort sur la parole d'un homme faible, encore affaibli par les années, car il avait alors quatre-vingt-dix ans. A peine la dernière troupe des insurgés avait laissé derrière elle les collines rocheuses qui lui dérobaient la vue de Médine, que le vieil Othman oubliait à quel prix il avait acheté la paix : Merwan reprit ses emplois, et sa triste influence. Il en fit bientôt le plus triste usage. Les Arabes d'Égypte continuaient leur route, satisfaits d'avoir obtenu la destitution d'un homme qui n'avait jamais compris leurs véritables intérêts, quand ils se voient atteints par un courrier qui semble, en les apercevant, vouloir les éviter et presse les pas de son dromadaire. Cette circonstance inspire des soupçons; on court après lui, on l'arrête : il était porteur d'une lettre revêtue du sceau du khalife et adressée à Abd-Allah-ben-Saad; elle était ainsi conçue : « Tu recevras « par Mohammed, fils d'Abou-Bekr, « l'ordre de résilier tes fonctions ; « garde-toi d'y consentir. Il se don-« nera pour ton successeur : refuse de « le reconnaître ; emploie l'adresse « pour le séparer des siens, empare-« toi des pleins pouvoirs qui lui ont « été confiés, et dès lors tu n'as plus « rien à craindre; gouverne l'Égypte « selon ton bon plaisir. » Une telle trahison ranime l'indignation des insurgés; ils reprennent à l'instant le chemin de Médine, y arrivent en tumulte, convoquent à grands cris une assemblée générale des Musulmans, et exposent au peuple la nouvelle perfidie du khalife. Othman, averti, se rend à l'assemblée; on lui montre les preuves de sa déloyauté. Il reconnaît son sceau, il ne peut nier l'écriture de son secrétaire; mais il assure qu'un tel ordre n'est point émané de lui, qu'on a surpris sa signature : « Eh bien, s'écrie-t-on de toutes parts, livrez-nous du moins la tête de Merwan ! » Othman refuse et se retire dans son palais, que les rebelles exaspérés se préparent à forcer pour se faire à eux-mêmes cette justice qu'on leur refuse.

Dans cette dernière attaque, Ali vint encore au secours du rival qui l'avait privé de la couronne. Il ne combattit pas en personne, il est vrai; mais, par ses ordres, son fils Haçan se mit à la tête du peu d'Arabes restés fidèles à la cause du khalife. Zobaïr donna le même ordre à son fils Abd-Allah, et Talha à son fils Mohammed, mais en vain : on ne respecta pas des personnages si éminents, on les repoussa, on les attaqua eux-mêmes. Haçan, blessé, fut obligé de se retirer, et les conjurés pénétrèrent dans l'intérieur du palais par une maison voisine. Ils y trouvèrent le commandeur des croyants affaibli par un long jeûne et s'inspirant par la lecture du Coran pour braver la mort qui le menaçait. Le livre saint fut une barrière impuissante ; Othman fut frappé sans défense, et son sang rougit les feuillets où le meurtre est proscrit sous les peines les plus sévères dans ce monde et dans l'autre (*).

### Règne d'Ali.

La mort d'Othman, arrivée le dix-huitième jour du mois de dhou'l-hidja de la trente-cinquième année de l'hégire (de J. C. 655), devait plonger dans de longs troubles l'empire des Arabes et éveiller bien des prétentions nouvelles. Toutefois, la stupeur qui suivit l'événement, fit taire momentanément toutes les ambitions, et les chefs réunis à Médine furent unanimes en faveur de celui dont les droits avaient été longtemps méconnus. Ali, proclamé par les Arabes venus d'Égypte, de Bassora, de Coufa, unis aux tribus du Hedjaz, cherchait toutefois, en vain, dans les rangs qui se pressaient autour de lui, quelque membre influent de la grande famille des Omeyyades, des descendants d'Abou-Sofian, qui, se regardant comme les vrais souverains de la Mecque, n'avaient adopté l'islamisme que dans l'espoir d'exercer un jour le pouvoir sans limites légué par le prophète à ses successeurs. Abou-Sofian était mort sous le règne d'Othman, en l'an de l'hégire 31 (de J. C. 651); mais son fils Moawiah, gouverneur de la Syrie,

(*) Aboulféda, Ann. mosl., t. I$^{er}$, p. 274 à 278.

ARABIE

Tombeau de Schiele à Bagdad

avait hérité de ses prétentions, et dès que le bruit de l'assassinat du khalife fut parvenu jusqu'à lui, il se prépara à les faire valoir. Une ennemie non moins redoutable avait juré de ne jamais pardonner à Ali d'avoir osé douter de sa vertu. Aïescha, accusée d'adultère, avait eu contre elle le fils d'Abou-Taleb, et depuis lors elle avait usé d'une influence due au souvenir de toute l'affection que lui portait le prophète pour l'éloigner du trône. L'élection qui venait d'avoir lieu excita tout son ressentiment. Non-seulement elle fit, contre toute évidence, courir le bruit qu'Ali avait été au nombre des plus fougueux instigateurs de la mort d'Othman, mais elle se rapprocha de Talha et de Zobaïr, qui tous deux avaient quitté Médine par dépit d'un choix qui renversait leurs plans d'élévation personnelle. Elle flatte leur ressentiment, exalte leurs espérances, et leur fait concevoir le projet de renverser du trône l'homme qui venait d'y être appelé par les vœux presque unanimes de la nation.

« Lorsque ces deux généraux, de concert avec Aïescha, eurent résolu de prendre les armes contre Ali, ils s'efforcèrent d'attirer dans leur parti Omm-Selmah, l'une des épouses de Mahomet. Mais cette femme, dans un discours plein de sagesse et de raison, leur représenta la témérité de leur entreprise, et mit tout en œuvre pour les engager à se désister d'un projet qui n'aboutirait qu'à faire couler en pure perte des flots de sang musulman. Abd-Allah-ben-Zobaïr, qui se tenait à la porte de la salle, piqué de rencontrer une opposition à laquelle il ne s'attendait pas, prit la parole, et, d'un ton plein d'aigreur, reprocha à cette femme vénérable qu'elle avait toujours témoigné peu de bienveillance pour la famille de Zobaïr. Omm-Selmah, sans répondre directement à cette inculpation, ajouta de nouveaux arguments à ceux qu'elle venait d'employer, et acheva de démontrer, par l'autorité de Mahomet et par tout ce que peuvent inspirer l'expérience et la sagesse, qu'une guerre civile, allumée pour satisfaire des ambitions et des haines particulières, était tout à la fois un grand malheur et un grand crime. Ses conseils ne produisirent aucun effet; les conjurés persistèrent dans leur entreprise, partirent de la Mecque et se dirigèrent vers la ville de Bassora. Aïescha, qui se trouvait à l'avant-garde, étant arrivée auprès d'une source, des chiens se mirent à aboyer devant elle; aussitôt elle demanda quel était le nom de cette fontaine. Ayant appris qu'elle s'appelait *Haoub*, elle manifesta l'intention de rebrousser chemin, et en donna l'ordre, qu'elle répéta deux fois de la manière la plus formelle. Les conjurés, surpris et consternés de ce changement de résolution, désiraient vivement en connaître le motif : « L'apôtre « de Dieu, dit Aïescha, m'apprit un jour « qu'une de ses femmes se trouverait « près d'une source appelée Haoub, « et verrait des chiens hurler à son « aspect : il m'engagea à prendre bien « garde que je ne fusse l'objet de cette « prédiction. Maintenant, ajouta-t-elle, « aucun motif ne saurait me déter- « miner à vous accompagner plus loin, « et je veux sur-le-champ retourner « sur mes pas. »

« Abd-Allah-ben-Zobaïr, ayant appris à son arrivée ce qu'avait dit Aïescha, et l'intention expresse qu'elle avait manifestée, imagina, pour la tromper, un artifice bien condamnable. Il choisit, parmi les habitants du lieu, une cinquantaine d'hommes qui certifièrent unanimement que cette fontaine ne s'appelait pas Haoub, que l'armée avait passé durant la nuit devant la source de ce nom et l'avait laissée bien loin derrière. Aïescha ne pouvant soupçonner de mauvaise foi cinquante Musulmans, consentit à poursuivre sa route. Les historiens remarquent expressément que ce fut là le premier faux témoignage dont les annales de l'islamisme offrent la mention. Lorsque les conjurés furent arrivés à Bassora, Aïescha choisit Abd-Allah-ben-Zobaïr et Mohammed-ben-Talha pour remplir les fonctions d'imam, et ce fut Abdallah qui le premier fit la prière.

Bientôt l'armée se rangea en bataille, et ce fut Abd-Allah qui prit le commandement de l'infanterie. Ali essaya encore de prévenir l'effusion du sang, en écrivant à Aïescha et aux deux chefs de ses ennemis des lettres pressantes, dans lesquelles il leur rappelait les serments solennels par lesquels ils l'avaient assuré de leur soumission, et les conjurait de mettre fin à une guerre impie et sans motif. Des réponses laconiques et insignifiantes furent le seul résultat que le khalife obtint de sa démarche. Abd-Allah-ben-Zobaïr se leva au milieu de l'armée, accusa hautement Ali du meurtre d'Othman, et exhorta les soldats à venger le sang de leur khalife et à combattre en gens de cœur pour la défense de leurs femmes, de leurs enfants et de leur honneur. Ali, qui avait entendu les reproches que lui adressait Abd-Allah, et craignant sans doute qu'ils ne fissent impression sur l'esprit des Musulmans, chargea son fils Haçan de réfuter, en présence de l'armée, ces imputations calomnieuses (*). »

Toutes tentatives d'accommodement ayant ainsi échoué, les deux armées en vinrent aux mains dans la plaine de Khoraïba, près de la ville de Bassora, dont l'armée des révoltés s'était rendue maîtresse, et sur la route de Coufa, dont les habitants, fidèles à Ali, s'étaient rangés en grand nombre sous sa bannière. Outre ce renfort, l'armée d'Ali comptait au premier rang quatre mille Médinois, hommes éprouvés par vingt batailles, parmi lesquels on en comptait quarante ayant prêté serment à Mahomet dans le voyage à Hodaïbia (**), et huit cents ayant droit au titre d'Ansariens. Haçan commandait l'aile droite, Hoçaïn l'aile gauche; Amar-ben-Iaser était à la tête de la cavalerie; Mohamed, fils d'Abou-Bekr, avait la direction de l'infanterie, et l'avant-garde marchait sous les ordres d'Abd-Allah, fils d'Abbas. C'est dans cette disposition que les Alides attaquèrent leurs ennemis. Le combat fut longtemps douteux, et de part et d'autre on déploya cette valeur brillante qui venait de soumettre aux Arabes tant de nations diverses. Si les partisans du khalife comptaient parmi eux de vaillants soldats et des chefs dignes de les commander; Talha, Zobaïr, son fils Abd-Allah, n'avaient pas acquis moins de gloire ni déployé moins de courage. Ils soutinrent longtemps l'effort d'Ali et de ses fils, mais ils avaient la conscience de la faiblesse de leur cause. « Zobaïr, attendri par les discours que lui adressa Ali au milieu de la mêlée, se repentait de son entreprise et voulait abandonner le combat. Son fils osa alors lui adresser des reproches injurieux, le taxa de lâcheté, et l'accusa d'imprimer sur sa famille un déshonneur ineffaçable. Zobaïr, ému de ces discours piquants, se précipita au milieu des rangs ennemis et y trouva la mort. Talha, de son côté, fut tué d'un coup de flèche. Abd-Allah-ben-Zobaïr, qui avait voulu se mesurer en combat singulier avec Aschter-Nakhaï, un des principaux officiers et des plus braves champions de l'armée d'Ali, lui porta d'abord un coup, reçut lui-même six ou sept coups de flèche, et fut renversé de son cheval. Les deux rivaux, se prenant corps à corps, luttèrent quelque temps sans avantage décisif; enfin Aschter, saisissant d'un bras nerveux le pied d'Abd-Allah, le précipita dans un fossé et monte sur sa poitrine: Abd-Allah, pressé sous le poids de son redoutable ennemi, criait à ses compagnons: « Tuez-moi avec lui ou tuez-le avec moi. » Mais Aschter, inébranlable sur le corps de son rival, lui déclara dédaigneusement que s'il ne respectait en lui le sang du prophète, il lui mettrait tous les membres en pièces (*). »

----

(*) M. Étienne Quatremère, *Mémoire historique sur la vie d'Abd-Allah-ben-Zobaïr*, Nouveau Journal asiatique, vol. IX, p. 300 à 363.

(**) Voyez cette circonstance dans la vie du prophète, p. 176.

(*) Voyez M. Quatremère, *loc. laud.*, d'après Ebn Khilcan; ms. ar. 730, fol. 502 verso; Masoudi, *Mouroudj*, t. I<sup>er</sup>, fol. 321 verso; Abou'lmahásen, ms. 659, fol. 37

Pendant que les principaux chefs des révoltés se trouvaient ainsi mis hors de combat, l'action principale se passait autour d'Aïescha, que les Alides avaient tout intérêt à faire prisonnière, et que ses partisans défendaient avec la fureur du désespoir. Cette femme implacable, montée sur un chameau célèbre par sa vitesse et qui avait coûté cent pièces d'or, parcourait les rangs, encourageant de ses paroles dorées tous ces hommes auxquels elle avait fait partager sa haine contre celui qui méritait à tant de titres de succéder au prophète dont il avait été l'appui le plus fidèle. Bientôt les troupes du khalife ayant mis l'avant-garde en désordre, pénétrèrent jusqu'à elle et voulurent se saisir du chameau qui la portait; mais chaque bras qui se posait sur le frein était à l'instant coupé par les défenseurs de la veuve du prophète, et bientôt des membres abattus, des corps sanglants formèrent autour d'elle comme un rempart (*). Renonçant alors à conduire dans le camp du khalife ce chameau qui a donné son nom à la bataille (les Arabes appellent ce combat la bataille du Chameau), les soldats d'Ali ne songèrent plus qu'à couper les jarrets de l'animal. Ils y réussirent, et Aïescha, prisonnière, fut conduite par Mohammed-ben-Abou-Bekr, son frère, dans les murs de Bassora, qui ouvrit ses portes aux vainqueurs. Ali se montra aussi clément après la victoire qu'il avait été courageux dans le combat. Il défendit de frapper les fuyards, pria sur le corps de ses ennemis, et leur fit faire de pompeuses funérailles. La vue de Talha, étendu sans vie sur le champ de bataille, lui fit verser des larmes : « Hélas ! s'écria-t-il, je ne « puis contempler sans une vive dou- « leur le corps d'un Koréischite, vic- « time de la guerre civile ! N'est-ce « pas, d'ailleurs, celui dont un poëte « a dit : S'il est comblé des biens de la « fortune, il appelle ses amis de toutes « parts; s'il est malheureux, il s'i- « sole (*). » Quant à la cause première de cette sanglante journée, quant à cette femme, dont l'ambition et l'esprit vindicatif troublaient l'Arabie depuis tant d'années, elle trouva près de son vainqueur le pardon le plus entier et l'hospitalité la plus honorable. « Assurée de n'avoir rien à craindre pour elle-même d'un ennemi généreux, elle montra une vive inquiétude pour Abd-Allah-ben-Zobaïr, et promit une somme de dix mille pièces d'argent à celui qui lui apprendrait que son neveu n'avait pas succombé dans le combat. Ayant reçu à cet égard des renseignements qui la tranquillisèrent, elle pressa son frère Mohammed, fils d'Abou-Bekr, de demander une amnistie pour Abd-Allah-ben-Zobaïr. Mohammed lui représenta qu'elle avait tort de s'intéresser si vivement à un homme qui avait attiré sur elle les dangers qu'elle avait courus et les embarras dans lesquels elle se trouvait : « Mon frère, dit Aïescha, garde-toi d'aigrir le sentiment de mes maux. Va chercher Abd-Allah : c'est le fils de ta sœur, et il faut absolument que je le voie. » Mohammed étant retourné sur le champ de bataille, trouva Abd-Allah blessé et très-souffrant : « Abd-Allah, lui dit-il, descends de cheval, et venons trouver nos parents. » Abd-Allah se jeta à terre; Mohammed monta sur son cheval, et conduisant Abd-Allah devant lui, il l'amena en présence d'Aïescha, qui se mit à

---

*recto.* Abd-Allah conserva toute sa vie, ajoute M. Quatremère, les traces de la lutte terrible qu'il avait eue à soutenir au *combat du Chameau.* Zedjer-Iben-Kaïs racontait qu'étant un jour au bain au moment où s'y trouvait Ebn-Zobaïr, il vit sur la tête de celui-ci une cicatrice si profonde qu'elle aurait pu contenir une bouteille d'huile : « Sais-tu, lui dit Abd-Allah, quel est l'homme qui m'a porté un coup si violent ? c'est ton cousin Aschter-Nakhaï. »

(*) La litière où Aïescha se tenait enfermée avait été atteinte par un si grand nombre de flèches, que, suivant l'expression d'Aboulféda, elle en était toute hérissée, et ressemblait à un porc-épic.

(*) Voyez Aboulféda, *Ann. moslem.*, t. I$^{er}$, p. 298.

fondre en larmes et pressa Mohammed d'aller aussitôt implorer en faveur d'Abd-Allah la clémence d'Ali. Mohammed courut auprès du khalife et intercéda pour obtenir la grâce du fils de Zobaïr; mais le généreux prince déclara que l'amnistie qu'il venait d'accorder comprenait tous ses adversaires, sans aucune exception (*).

Vainqueur d'Aïescha, Ali devait avoir bientôt un ennemi plus puissant à combattre : Moawiah, fils d'Abou-Sofian, n'avait pas oublié qu'au temps de l'idolâtrie, son père commandait aux tribus du Hedjaz. Ces tribus venaient de conquérir une partie de l'ancien monde, et Moawiah aspirait à ressaisir, au nom de l'islamisme, le pouvoir qu'au nom des dieux du paganisme avaient exercé ses ancêtres. Souple, rusé, inébranlable dans son ambition, il s'était créé, dans la Syrie qu'il gouvernait depuis quinze ans, des partisans nombreux et dévoués. Trop confiant dans son bon droit, Ali s'était cru assez fort, en arrivant au trône, pour changer tous les gouverneurs de province dont la foi lui paraissait douteuse. Moawiah se trouvait le premier porté sur la liste : en vain le fils d'Abbas avait donné à son parent le sage conseil de déguiser son ressentiment jusqu'au jour où il pourrait s'y livrer sans contrainte; Ali avait cédé à des avis dictés par la trahison. « Le jour où j'allai offrir au « khalife l'hommage que je lui devais « à tant de titres, a dit Abd-Allah-ben-« Abbas, je le trouvai en conférence « intime avec Moghaïra. Après le dé-« part de cet officier, je demandai au « khalife quel avait été le sujet de leur « entretien; Ali me répondit : Il y a « quelques jours, Moghaïra me donnait « le conseil de confirmer Moawiah et « les autres gouverneurs dans leur di-« gnité jusqu'au jour où, m'ayant tous « prêté serment, je me verrais sans « contestation assis dans la chaire de « Médine; cet avis ne me plaisait pas. « Aujourd'hui, Moghaïra est revenu « près de moi et s'est rangé à mon « opinion. Je répondis au khalife, « continue le fils d'Abbas, que le pre-« mier avis était celui d'un sage con-« seiller, et le second, celui d'un traître; « qu'il fallait laisser Moawiah en toute « sécurité dans la Syrie, et que les « troubles une fois apaisés, je me « chargerais de l'enlever à Damas pour « le conduire à Médine. — Non, ré-« pondit Ali, entre lui et moi il n'y « aura que l'épée : une mort prompte « n'est pas à redouter si elle est glo-« rieuse (*). » Ainsi emporté par un fanatisme de gloire et de loyauté, le khalife, avant même d'avoir vaincu Talha et Zobaïr, avait poussé à une prompte révolte le plus dangereux de ses rivaux. Non-seulement Moawiah méprisa l'ordre qui le rappelait à Médine, mais il fit suspendre dans la mosquée de Damas la robe sanglante que portait Othman le jour de son assassinat, et chaque fois qu'il faisait la prière au peuple, il appelait sur la tête d'Ali la vengeance du ciel, et l'accusait hautement d'avoir suscité les factieux qui s'étaient souillés du meurtre de leur khalife.

Excités par ces prédications chaque jours renouvelées, les Syriens ne tardèrent pas à prendre les armes, et bientôt soixante mille soldats formèrent à Moawiah une armée puissante que commandait le vainqueur de l'Égypte, Amrou-ben-el-As, alors gouverneur de la Palestine. Ali, triomphant à la bataille du Chameau, avait réuni, de son côté, dans l'Irak et la Perse, soixante-dix mille combattants. Les deux armées se rencontrèrent dans les plaines de Siffin, près de la ville de Racca, sur la rive occidentale de l'Euphrate (**); on était alors dans les

(*) Voyez Aboulféda, *Ann. moslem.*, p. 286.

(**) « Théophane donne à cette place le nom de Sapphin, Σαπφίν. C'est au milieu de ce territoire désert que se trouvait la ville de Sergiopolis : il s'étendait, toujours d'après Théophane (p. 288), depuis Barbalissus jusqu'à Césarium sur l'Euphrate. *Barbalissus* était situé non loin du fleuve, à une petite distance de l'antique Hiérapolis; les Arabes la nomment Balès; c'était une

(*) Voyez M. Quatremère, *loc. laud.*

premiers mois de la trente-septième année de l'hégire. Au moment de compromettre la vie de tant de guerriers, parmi lesquels se trouvait un grand nombre des anciens compagnons du prophète, les deux partis tentèrent un accommodement. Plusieurs entrevues eurent lieu, dans lesquelles, ainsi qu'il arrive souvent, les haines, loin de se calmer, se rallumèrent avec une fureur nouvelle. On en vint aux mains ; et tel était l'acharnement des deux armées, telle était l'égalité de leurs forces et de leur courage, que pendant l'espace de cent dix jours, il y eut quatre-vingt-dix combats, dans lesquels aucune des deux causes ne put complétement triompher. Cependant les Alides avaient eu le plus souvent l'avantage : sous leur drapeau combattait un vieillard révéré, l'un de ces premiers Musulmans qui, au combat de Bedr, avaient préparé à l'islamisme ses brillantes destinées : c'était Amar-ben-Iaser, qui, ainsi que nous l'avons vu, commandait la cavalerie au combat du Chameau ; il avait alors atteint l'âge de quatre-vingt-dix ans, et sa main tremblante avait peine à soutenir le poids de sa lance. Le prophète, d'après la tradition, avait prédit que le meurtre d'Amar-ben-Iaser serait, pour ceux qui s'en rendraient coupables, le signe qu'ils servaient une mauvaise cause ; aussi sa mort jeta le découragement parmi les Omeyyades, et les Alides, de leur côté, en tirèrent une prompte vengeance. Leur khalife, prenant avec lui douze mille soldats d'élite, se précipita sur l'armée des Syriens avec une telle fureur, qu'il rompit tous les rangs et pénétra jusqu'au centre de leur ordre de bataille, y portant la terreur ou la mort. Tout fuyait devant le fils d'Abou-Taleb, qui s'indignait de ne pas trouver d'ennemi digne de son courage. « Eh quoi ! s'écriait-il, j'égorgerai les soldats de Moawiah comme un vil troupeau, et il ne viendra pas les défendre en personne. Épargnons désormais le sang de tant d'Arabes ; combattons seul à seul, et que Dieu très-haut donne la victoire à la bonne cause. » Ce défi étonne les Syriens et les arrête ; Amrou presse Moawiah de l'accepter. Mais le fils d'Abou-Sofian n'avait garde de risquer contre un si rude jouteur ses projets ambitieux et sa vie. — Ne sais-tu pas, dit-il en lançant à Amrou un regard de colère, que personne n'est jamais descendu dans la lice où combattait Ali sans y mesurer la terre sous les coups de ce grand pourfendeur de guerriers ? As-tu le désir de ne plus me trouver sur ton chemin, et veux-tu te frayer une route au trône sur mon cadavre ? — Loin de moi, répondit Amrou, la pensée d'ambitionner le rang suprême ; mais je crains que ton refus n'ait une fâcheuse influence sur l'esprit de tes partisans : les soldats sont moins prêts à affronter la mort si leur chef la redoute. » Les combats suivants prouvèrent combien était fondée la prévision d'Amrou (*).

En trois mois de combats, dit Aboulféda, les Syriens avaient perdu quarante-cinq mille hommes, et les partisans d'Ali vingt-cinq mille, parmi lesquels on comptait vingt-six guerriers qui avaient assisté au combat de Bedr. La dernière lutte, qui fut la plus sanglante, mit les Omeyyades à deux doigts de leur perte : c'était pendant la nuit qu'Ali, voulant mettre fin à cette longue querelle, avait attaqué le camp de Moawiah. L'épée au poing, il frappait sans relâche, et à chaque ennemi qui tombait, il s'écriait d'une voix terrible : *Allah akbar*, Dieu est grand. Quatre cents fois on entendit sa voix retentir dans les ténèbres, et quatre cents cadavres marquaient son passage. Électrisés par son courage, ses soldats le suivent et font des prodiges à leur tour. Pres-

place très-ancienne. Sa position indique que celle de Césarium devait être bien plus au midi ; mais rien ne peut faire connaître cette dernière d'une manière plus précise. Cet endroit n'est mentionné dans aucun autre auteur. » M. de Saint-Martin, notes pour l'*Histoire du Bas-Empire*, vol. II, p. 373.

(*) Voyez Aboulféda, *Ann. moslem.*, t. 1er, p. 312.

ses de toutes parts, décimés par le fer, les Omeyyades ne résistent plus ; ils se débandent, ils vont être anéantis, lorsque Amrou donne à Moawiah le conseil de faire arborer le Coran au haut des piques, et de ramener ses soldats ainsi armés à la rencontre de l'ennemi : — Voici le livre de Dieu, crient les Syriens, qu'il soit jugé entre vous et nous. En vain Ali veut renverser ce nouvel obstacle : ses troupes refusent de le suivre, la victoire lui échappe, le combat devient une conférence, où l'adresse, la ruse, la trahison vont triompher du bon droit et de la force.

On a vivement reproché à Ali d'avoir ainsi trahi sa cause en reportant sur le terrain de la discussion une question vidée sur le champ de bataille. Avant de l'accuser, il faudrait savoir s'il lui était possible de refuser l'appel à ce code religieux et politique où, dans toute occasion solennelle, les Musulmans croient découvrir les jugements de la Providence. Les quatre premiers khalifes ne fondèrent pas de dynastie. Élus par les compagnons du prophète, ils gouvernaient par sa parole et ne pouvaient se soustraire à l'envahissante obsession des hommes qui les avaient portés au pouvoir, quand ces hommes parlaient au nom du livre saint dont l'Arabie venait de recevoir la doctrine. Ali, moins qu'un autre, aurait pu résister au principe religieux que lui opposait son adroit rival. L'homme qui, le premier, avait embrassé la religion de l'*islam* ou de la soumission, ne pouvait avoir recours à l'argument du sabre quand on invoquait la loi de Dieu. Il hésita toutefois, et ne se soumit qu'en se voyant menacé par ses propres soldats d'être traité comme l'avait été Othman, son prédécesseur. La trêve fut signée, et Moawiah, toujours par les conseils d'Amrou, demanda qu'on nommât deux arbitres chargés de découvrir dans le Coran ou la Sonna, c'est-à-dire l'ensemble des traditions rassemblées par les compagnons de Mahomet, quel était celui des deux prétendants qui avait mission de gouverner les fidèles. Non-seulement Ali fut obligé de consentir à remettre ainsi en question des droits acquis depuis tant d'années, mais il n'eut même pas la liberté de choisir pour mandataire l'un des hommes qui avaient sa confiance. L'esprit de révolte s'était glissé dans son camp à la suite des conférences qui avaient lieu entre les deux armées, et y avait fait de rapides progrès. El-Aschtar et le fils d'Abbas furent ainsi repoussés par les factieux, qui, sous prétexte de ne confier des pouvoirs aussi étendus qu'à un homme également impartial pour les deux rivaux, nommèrent, contre la volonté d'Ali, obligé de céder à une défection presque générale, un Arabe, brave sans doute, puisqu'il avait puissamment contribué à la conquête de la Perse, mais dont le khalife avait eu plus d'une fois occasion de pressentir les mauvaises dispositions à son égard. Abou-Mouça, c'était son nom, devint donc le mandataire des Alides, tandis que les Omeyyades confiaient la défense de leurs espérances au conquérant de l'Égypte, Amrou-ben-El-as, aussi fin politique qu'il était habile guerrier. Ce choix une fois fait, les deux compétiteurs se retirèrent, l'un à Coufa, l'autre à Damas, tandis que leurs mandataires, chacun accompagné de quatre cents hommes, se réunirent dans la petite ville de Daoumat-el-Djandal (*), pour y traiter des inté-

(*) Cette place, d'après Aboulféda, est située entre la Syrie et l'Irak, à sept journées de Damas et à treize de Médine. Niebuhr la regarde comme faisant encore partie du Nedjd (*Descript. de l'Arab.*, t. II, p. 205). D'après Iakouti (Rommel, p. 93), elle est située dans une plaine large de cinq parasanges, au couchant de laquelle se trouvent des sources qui arrosent quelques plantations de palmiers. Un château, entouré de fortes murailles, la protége. Il est probable qu'on peut identifier Daoumat-el-Djandal avec la ville dont parlent Étienne de Byzance sous le nom de Δουμάθα πόλις Ἀραβίας, et Ptolémée (liv. V, ch. 19), sous celui de Δουμαίθα. D'après ce dernier, elle est située sur les confins de l'Arabie déserte et de la Mésopotamie. Dès la neuvième année

rêts importants dont ils se trouvaient chargés. Tous les yeux étaient fixés sur cette place, jusqu'alors sans célébrité, mais où se pressaient maintenant les personnages les plus influents de l'empire, impatients de connaître la décision qui allait donner un chef à l'État. Amrou ne démentit pas, dans cette occasion, l'espoir que faisait concevoir aux partisans de Moawiah, son adresse bien connue. Ses dehors de franchise, sa feinte affliction des malheurs que causait à l'Arabie une fâcheuse rivalité, lui valurent les sympathies de son collègue. Par le peu d'importance qu'il semblait attacher à conserver la couronne à Moawiah, il parvint à inspirer à Abou-Mouça le désir de repousser à la fois les prétentions des deux rivaux pour reporter le choix de l'islamisme sur un homme dont l'avénement pourrait obtenir une adhésion générale. Ce point important une fois fixé, on dressa au milieu de la plaine une estrade élevée, du haut de laquelle les arbitres devaient formuler leur jugement : « Arabes qui m'écoutez, » s'écria le mandataire d'Ali, qui, sur les instances d'Amrou, s'était décidé à parler le premier, « deux compétiteurs « ont, par leur querelle, ensanglanté « l'empire : eh bien, je les déclare tous « deux déchus de leurs droits, quels « qu'ils fussent, et je les dépose du « khalifat en la même forme et de la « même manière que j'ôte cet anneau « de mon doigt. » Puis, joignant le geste aux paroles, il déposa son anneau sur la tribune. Amrou, qui n'attendait que cet instant, éleva aussitôt la voix : « Arabes qui m'écoutez, » dit-il à son tour, « vous venez d'en-« tendre mon collègue, en vertu de ses « pouvoirs, déposer Ali du khalifat : « en vertu des miens, je confirme l'ex-« clusion d'Ali, et de même que je « mets à mon doigt cet anneau, sym-« bole de la puissance, je revêts du « khalifat, comme seul successeur du « prophète, Moawiah, fils d'Abou-So-« fian. »

Un long tumulte suivit cet étrange jugement ; les partisans d'Ali crièrent au scandale et à l'impiété ; Abou-Mouça, poursuivi de leurs invectives et n'osant plus retourner près du prince dont il avait si mal soutenu les intérêts, se réfugia à la Mecque. Quant à Amrou, il revint triomphant à Damas, où il salua Moawiah du titre de seul commandeur des croyants. Dès lors, dit Aboulféda, la puissance d'Ali s'affaiblit aussi rapidement que s'augmenta celle de son rival. Telle est, en effet, l'inconstance des partis, que les mêmes hommes qui avaient obligé Ali à s'arrêter au milieu de sa victoire, lorsque Moawiah en avait appelé à la loi religieuse, lui faisaient un crime maintenant d'avoir cédé à leurs exigences, et compromis ainsi le caractère indélébile de successeur du prophète. Connus sous le nom de *Khouaridj* ou schismatiques, ces hommes semblaient n'avoir pour but que de se soustraire à tout lien politique ou religieux. Refusant à la fois de reconnaître Moawiah et Ali, ils protestaient au nom de l'ancienne indépendance arabe, et ne trouvaient pas que la gloire fût une suffisante compensation de la liberté. Au nombre de quatre mille, ils vinrent camper dans les environs de Coufa, dont ils avaient quitté les murs, et là, non-seulement ils repoussèrent toutes les tentatives de conciliation par lesquelles le khalife essaya de les ramener à l'obéissance, mais ils mirent à mort plusieurs envoyés chargés de leur porter des paroles de paix. Il fallait à la fois venger ces meurtres injustifiables et couper court à une défection qui s'étendait chaque jour davantage : Ali prit les armes, et à la tête d'un corps d'armée considérable, défit complétement cette secte menaçante ; ce fut à Nahrwan, sur les bords du Tigre, qu'ils reçurent le châtiment de leur trahison. Peu d'entre eux échappèrent, et ce succès assura du moins au gendre de Mahomet la tranquille posses-

---

de l'hégire, Mahomet avait envoyé, contre les habitants de Daoumat-el-Djandal, Khaled, fils de Walid, qui les avait soumis au tribut.

sion de la Mésopotamie et de la Perse. Quant à l'Égypte, Moawiah venait d'y envoyer Amrou à la tête d'une nombreuse armée. Cette province était alors gouvernée par le frère d'Aïescha, Mohammed-ben-Abou-Bekr qui, résistant à l'influence de sa sœur, était toujours resté un des plus fidèles partisans d'Ali. Dès qu'il eut connaissance de l'attaque projetée contre lui, il fit demander du secours au khalife, qui lui envoya quelques troupes d'élite commandées par El-Aschtar; malheureusement ce chef, empoisonné par les ordres de Moawiah, mourut en mettant le pied sur le territoire de l'Égypte. Frappées dans la personne de leur commandant, ces troupes furent aisément coupées par Amrou, qui marcha sur Alexandrie et mit en fuite le peu de soldats dont pouvait disposer Mohammed. Resté seul, le frère d'Aïescha s'enfonça dans le désert pour échapper à la poursuite de ses ennemis; mais il fut pris et livré à un partisan des Omeyyades nommé Moawiah-ben-Khodaïdj, qui eut la barbarie de le faire brûler après l'avoir enfermé dans la peau d'un âne. Ce fut alors, mais trop tard, qu'Aïescha se repentit d'avoir combattu un prince aussi généreux qu'il était brave, pour favoriser de ses vœux et de son influence un homme dont les agents pouvaient se livrer à de si coupables excès; il n'y eut pas de jours depuis lors, disent les chroniqueurs arabes, où elle n'adressât au ciel dans ses prières, des malédictions contre Amrou et Moawiah, demandant à Dieu de les faire consumer par les flammes de l'enfer, eux au nom desquels on avait brûlé le fils d'Abou-Bekr, le beau-frère du prophète.

Une fois maître de la Syrie et de l'Égypte, Moawiah tourna ses armes à la fois contre l'Irak et le Hedjaz. Un jour, ses généraux s'emparaient d'Anbar et dépouillaient la ville de toutes ses richesses; une autre fois ils se rendaient maîtres de Médine, la remplissaient de carnage et pénétraient jusque dans le Yémen. Les partisans d'Ali étaient comme frappés de stupeur ou d'aveuglement. La fatalité s'était prononcée contre eux, le malheur et la trahison s'attachaient à leurs pas; ils fuyaient sans combattre devant une destinée qui leur semblait inévitable, et la tradition arabe nous a conservé des plaintes touchantes qu'Ali faisait entendre à ce sujet du haut de la chaire de Coufa : « Ne vous ai-je pas appelés nuit et jour au combat, disait-il à ses anciens compagnons de gloire, et n'ai-je pas toujours été prêt à y marcher à votre tête? Si vous m'aviez écouté, loin d'attendre l'attaque de l'ennemi, nous l'aurions prévenu : c'est lui qui aurait souffert les pertes que nous déplorons ; mais vous avez été saisis d'un esprit de vertige, ou plutôt d'une crainte pusillanime qui vous livre sans défense aux coups de vos adversaires. Si je vous appelle aux armes dans le cœur de l'hiver, vous craignez les rigueurs du froid; si c'est en été, vous ne pouvez supporter l'ardeur du soleil; tous les temps sont mauvais pour vous dès qu'il s'agit de combattre, car ce n'est ni le froid ni la chaleur que vous craignez, c'est l'épée de l'ennemi; et cependant vos femmes sont insultées, vos troupeaux enlevés, et on dit que je ne sais pas faire la guerre. Qui donc la connaîtrait mieux que moi ! Moi qui, au sortir de l'enfance, ai commencé à combattre pour le triomphe de l'islamisme, je ne saurais plus la guerre maintenant que j'ai soixante ans! Mais hélas! il faut pour savoir vaincre, commander à des soldats qui sachent obéir (*). »

Tandis qu'Ali, ne régnant de fait que sur une partie de la Mésopotamie et de la Perse, déplorait ainsi la perte d'un pouvoir acquis par des titres bien légitimes, trois hommes appartenant à cette secte d'indépendants connus sous le nom de Khouaridj, juraient de rendre le repos à l'empire en ôtant la vie aux compétiteurs dont les préten-

(*) Tiré du *Kamel* d'Abou'l-Abbas-Mohammed-ben-Iezid, surnommé Mabarred, et cité par Reiske dans ses *Adnotationes historicæ ad Abulfedæ annalium tomum primum*, p. 67 et 68.

ARABIE

Château du Sultan d'Aden à Sahuely.

tions diverses avaient coûté tant de sang à l'Arabie. Échappés au massacre qu'Ali avait fait de ces révoltés à la bataille de Narhwan, ils voulaient à la fois venger leurs frères et amener une catastrophe à l'aide de laquelle ils espéraient peut-être rendre aux tribus leur première indépendance. L'un d'eux, Abderrahman-ben-Moldjem, appartenait à la tribu des Moradites; les deux autres, dont le premier s'appelait Amrou fils de Bekr, et le second Borak fils d'Abdallah, étaient tous deux de la tribu des Benou-Temim. Leur projet était de se rendre, l'un à Coufa, l'autre à Damas, le troisième en Égypte, et d'y mettre à mort le même jour Ali, Moawiah, Amrou, qu'ils regardaient comme les fléaux du peuple arabe. Chacun d'eux se lia par d'horribles serments; ils trempèrent leur épée dans un poison subtil, et fixèrent l'exécution de leur projet au vendredi 17 du mois de Rhamadan, résolus qu'ils étaient à frapper chacun sa victime au milieu de la mosquée où les chefs venaient ce jour-là faire la prière au peuple, afin de donner au cruel résultat de leur fanatisme un caractère religieux. Borak-ben-Abdallah étant arrivé à Damas, y attendit le jour fixé, pénétra dans la mosquée et y frappa Moawiah d'un coup d'épée dans les reins; mais le prince n'était que blessé; l'assassin fut arrêté par les gardes avant d'avoir pu redoubler, et le fils d'Abou-Sofian en fut quitte pour être tout le reste de sa vie frappé d'impuissance. Amrou fut plus heureux; une indisposition l'avait retenu chez lui malgré la solennité du jour, et l'officier qu'il chargea de remplir ses fonctions, reçut la mort à sa place. Amrou-ben-Bekr, l'auteur du meurtre, fut saisi sur-le-champ et amené en présence du gouverneur de l'Égypte. Quel est celui à qui tu voulais donner la mort? lui demanda Amrou. — C'était Amrou-ben-el-As. — Et tu as tué son lieutenant Kharidja. — La volonté de Dieu soit faite, répondit l'assassin, je voulais Amrou, Dieu a voulu Kharidja.

Quant à Abderrahman, c'était Ali qu'il avait réservé à sa vengeance. Ayant à faire une route moins longue que ses compagnons, il arriva dans les murs de Coufa longtemps avant l'époque marquée pour l'accomplissement de ce triple sacrifice, sanglante protestation de la tribu contre l'État. Le hasard le conduisit chez une femme qui lui accorda l'hospitalité, et dans cette femme, qui avait perdu ses parents les plus proches à la bataille de Nahrwan, il ne tarda pas à découvrir une implacable ennemie du khalife. La conformité d'opinion les lia bientôt; Abderrahman chercha à capter les bonnes grâces de son hôtesse, espérant en recevoir des secours pour l'exécution de son dessein; mais il n'osa pas tout d'abord s'ouvrir à elle et déguisa ses sentiments sous une apparence de galanterie. « N'espérez pas me plaire et obtenir ma main, lui dit un jour cette femme, que vous ne m'apportiez en dot trois mille dirhems, une esclave et la tête d'Ali. » A ces mots, Abderrahman n'hésita plus, il lui confia son projet, et apprit en retour qu'il trouverait dans la ville même de Coufa, des complices dévoués. En effet, elle lui fit connaître deux hommes dont l'un se nommait Verdan et l'autre Schabib, qui entrèrent dans l'exécution de son dessein et jurèrent de l'aider de tout leur pouvoir. Les chroniqueurs arabes ne manquent pas, ainsi que cela est arrivé dans tous les temps et chez tous les peuples à l'occasion de la mort violente des grands personnages, de rapporter une foule de présages annonçant la catastrophe dont allait être frappé l'islamisme. Ali avait conçu lui-même les plus tristes pressentiments; il passa dans une profonde tristesse les premiers jours du mois de Rhamadan, et souvent ses amis l'entendaient déplorer sa mort prochaine, s'exhortant lui-même à la patience dans cette grande épreuve. Le vendredi, dix-septième jour du mois, il sortit de bonne heure pour se rendre à la mosquée, et la cour de sa demeure était remplie d'une troupe d'oiseaux domestiques qui firent entendre des cris confus à son approche. Un esclave de la suite du khalife courut sur eux le bâton à la main pour les faire partir, mais le khalife l'arrêta en lui disant : « Laissez ces animaux en paix, leurs cris lugubres sont pour moi un chant de mort. » Comme il entrait dans la mosquée, Schabib, l'un des trois conjurés, dirigea contre lui un coup d'épée qui n'atteignit que la porte du temple. Aussitôt il s'enfuit et se perdit dans la foule; mais Abderrahman, prenant sa place, porta un coup plus assuré : il frappa Ali sur la tête et le renversa mortellement blessé. Il parvint aussi, pour l'instant, à s'échapper à l'aide du tumulte (\*), et l'on ne pensa d'abord qu'à transporter chez lui le khalife qui respirait encore. Là, il fit appeler ses deux fils, Haçan et Hocein, les seuls qu'il eût eus de Fatima, la fille du prophète, et employa les derniers moments de sa vie à leur donner des conseils, cherchant à les détacher des grandeurs, et les engageant à tourner leurs pensées vers le ciel. Peut-être à cette heure suprême lisait-il dans l'avenir, que toujours repoussés par une inexorable fatalité, ses descendants, malgré leurs titres à la vénération des Arabes, malgré leurs droits acquis et leurs vertus personnelles, échoueraient dans toutes leurs tentatives pour ressaisir le pouvoir, attirant sur eux, par d'infructueux efforts, la proscription, l'exil ou la mort.

Dès qu'Ali eut rendu le dernier soupir, ses deux fils lavèrent son corps, soin pieux dont alors les enfants ou les parents les plus proches ne se dispensaient jamais; puis ils le déposèrent dans un lieu qui fut longtemps tenu secret, tant on craignait la haine des partis, qui n'auraient pas hésité à violer un tombeau pour faire subir à un ennemi de nouveaux outrages. Quelques historiens donnent à Ali soixante-cinq ans lorsqu'il mourut, d'autres soixante-trois, d'autres seulement cinquante-neuf. Il avait régné pendant quatre ans et neuf mois; mais depuis trois ans, la plus grande partie des provinces soumises à l'islamisme obéissaient à son rival. « Ali, dit un savant orientaliste qui l'a apprécié d'après le témoignage d'un grand nombre d'historiens, était naturellement bon et généreux. Lorsqu'il fut monté sur le trône, il distribuait, tous les vendredis, aux pauvres, l'argent qui restait dans son trésor. Il était brave, et l'on rapporte de lui des choses extraordinaires. C'est à ce sujet qu'Abou-Bekr disait : — Quand Ali parut dans le monde, les plus braves épées rentrèrent dans le fourreau. — Mais il était facile à abattre, et en lui le courage d'esprit n'égalait pas le courage du corps. Les Musulmans attribuent ses plus beaux faits d'armes à la vertu de l'épée Dhou-Fikar, qu'il avait reçue de Mahomet, et qui, entre ses mains, acquit une réputation immortelle. Il est certain qu'Ali avait de grands talents; mais il fut bien malheureux, ou ses talents ne furent pas au niveau des circonstances. On peut se faire une idée des causes qui amenèrent sa chute, par le témoignage de son rival. Moawiah, parlant un jour de sa longue lutte avec Ali, disait : « Deux choses m'ont donné l'avantage : Ali était d'un esprit ouvert, et moi j'étais impénétrable; Ali commandait à des troupes indisciplinées, et les miennes obéissaient au moindre signal. »

---

(\*) Ces détails sur la mort d'Ali sont empruntés pour la plupart à la Bibliothèque orientale de d'Herbelot. D'après lui, Abderrahman, ayant été saisi dans un coin où il s'était caché l'épée à la main, fut conduit en présence du khalife expirant, qui donna ordre à son fils Haçan d'en prendre soin, et de ne le punir que dans le cas où il succomberait à sa blessure; et encore devait-on lui épargner toute souffrance en le faisant mourir d'un seul coup, ce qui fut exécuté. Le récit d'Aboulféda diffère ici de la version donnée par d'Herbelot. Le chroniqueur arabe assure que l'assassin fut puni d'un affreux supplice : on lui coupa d'abord la main, puis un pied, puis on lui plongea dans les yeux un fer rouge, on lui arracha la langue, et enfin on brûla son corps ainsi mutilé. Voyez d'Herbelot, art. Ali, et Aboulféda, *Ann. moslem.*, t. I$^{er}$, p. 336.

ARABIE

Bagdad.

« Ali passe pour avoir été fort savant. Les Musulmans citent cette tradition de Mahomet : — Je suis la ville de science, et Ali en est la porte. — On représente Ali comme l'homme le plus éloquent de son temps. Il avait du goût pour la poésie, et il improvisait facilement les vers, surtout à la veille d'une bataille et dans les grandes occasions ; il nous reste encore de lui quelques poésies arabes fort estimées. Les principales consistent en sentences morales et pieuses. Outre cette science, quelques Musulmans lui en attribuent une d'un ordre plus relevé ; c'est celle de l'avenir et des choses cachées. Ils prétendent que le dépôt en est conservé dans un ouvrage mystérieux appelé *Gefr*. Le mot *Gefr* est arabe, et se dit vulgairement d'une espèce de membrane ; mais ici il désigne une grande feuille couverte de caractères et de figures magiques, et contenant l'explication du passé, du présent et de l'avenir. Les uns disent que ce livre est resté entre les mains des descendants d'Ali, et qu'à eux seuls en est réservée la connaissance ; les autres croient que la possession en est commune à tous, et qu'il est libre à chacun d'y recourir. Les sultans mamlouks d'Égypte avaient entre les mains une copie de cet ouvrage, qui a passé au pouvoir des sultans de Constantinople. Il en existe plusieurs versions. Les Persans, et en général les partisans des droits d'Ali, y ont une foi aveugle et le consultent assez souvent.

« Rien n'égale le respect des Musulmans pour Ali ; ils regardent sa mort comme un martyre, et ils vont en pèlerinage à son tombeau, dans les environs de Coufa. On a bâti sur la place une magnifique mosquée, et ce lieu a reçu le nom de *Meshed-Ali*, ou lieu du martyre d'Ali. A l'exemple de ce qui a été fait pour ses prédécesseurs, on lui a donné un grand nombre d'épithètes particulières ; les principales sont celles de *distributeur des lumières et des grâces*, de *roi des hommes*, etc. Toutes les fois que les Musulmans prononcent son nom, ils l'accompagnent de cette bénédiction : « Que Dieu rende sa face glorieuse ! » Ceux surtout qui croient que lui seul avait droit à l'autorité, et que tous les autres khalifes ont été des intrus ou des usurpateurs, ne tarissent pas sur ses louanges ; ils le regardent comme un prophète, comme un être privilégié, comme l'égal ou même le supérieur de Mahomet. Supposant qu'il n'est pas encore mort, ils croient qu'il reviendra sur la terre, et qu'alors les hommes, par leur docilité, lui feront oublier toutes les traverses qu'il eut d'abord à souffrir. Quelques-uns, l'identifiant avec la divinité, ont prétendu que bien souvent il se montra dans les nuages aux ennemis de son nom, tenant dans ses mains les foudres célestes, et qu'il les épouvantait à coups de tonnerre. Du reste, les Musulmans actuels, à quelque secte qu'ils appartiennent, s'accordent à gémir sur le malheureux sort d'Ali ; ceux même qui reconnaissent ses trois prédécesseurs, et qui ne fondent ses droits au khalifat que sur la libre élection que firent de lui les compagnons de Mahomet, détestent les excès dont il fut la victime ; ils désapprouvent l'ambition de Moawiah, et ne font commencer le règne de ce prince qu'après la mort d'Ali, lorsque tous les Musulmans se furent rangés sous son étendard. Pour mettre une différence entre les quatre premiers khalifes et les princes qui sont venus plus tard, ils ont honoré ceux-là du titre de khalifes légitimes par excellence ; ils les ont également appelés les quatre amis, et les ont regardés comme les amis chéris de leur prophète, comme ceux qui étaient réellement faits pour régner sur les hommes, si les hommes s'en étaient montrés dignes. De là, pour se distinguer, ils ont pris le titre de partisans des *Quatre amis*, et ils ont donné à leurs adversaires le nom de *Schiites* ou de sectaires. Ceux-ci, à leur tour, faisant allusion aux droits sacrés d'Ali, se sont appelés *les défenseurs de la justice* ; et voulant faire honte à ceux qui admettent indifféremment tous les princes et tous les tyrans qui ont désolé la terre, ils les ont qualifiés de *Sunnites*, c'est-à-dire partisans de la tradition (\*). »

### DYNASTIE DES OMEYYADES.

La mort d'Ali, l'avénement de son rival, furent les conséquences de la lutte qui s'était engagée dès les premières tentatives apostoliques de Mahomet, entre la branche des Benou-Haschem dont il descendait et le reste de la tribu des Koréischites. Abou-Sofian, chef du temple de la Mecque, n'avait jamais vu, dans le prétendu prophète, qu'un sujet rebelle qui voulait se dérober à son pouvoir. Longtemps il l'avait poursuivi de sa haine, et sa conversion à l'islamisme fut bien plutôt un hommage obtenu par la victoire que par la conviction. La rapide extension de la nouvelle doctrine, en enlevant au prince des Koréischites tout espoir de ramener les tribus à l'idolâtrie qui avait si longtemps favorisé sa puissance, n'arrêta pas son ambition : elle changea de route sans changer de but, et Moawiah, devenu sur l'instante demande de son père l'un des secrétaires de Mahomet, profita de cette position influente pour se créer, dans les tribus, des partisans qui aimaient à reconnaître en lui le descendant des chefs du Hedjaz. Pendant trente ans, les Omeyyades, ainsi nommés d'Omeyyah, l'aïeul d'Abou-Sofian, cachèrent leurs desseins et se montrèrent les sujets fidèles des chefs de l'État. Abou-Bekr, Omar, Othman, portés par les suffrages du peuple à un rang qu'ils ne désiraient pas, n'avaient jamais eu la pensée de l'immobiliser dans leur famille, et semblaient au contraire n'avoir eu pour but que de dérober leurs fils à un titre dont ils comprenaient toute la responsabilité, à un fardeau dont ils avaient senti tout le poids. De tels hommes ne pouvaient porter ombrage aux descendants d'Omeyyah qui, pendant ce temps, cherchaient à donner à l'islamisme des gages capables de faire oublier leur tardive adhésion. Mais Ali regardait depuis longtemps l'empire des Arabes comme son héritage, il voulait le transmettre à ses enfants ; c'était donc lui, c'était son élection qu'il fallait combattre, et les Omeyyades étaient alors prêts pour la lutte. Ce fut au nom de l'islamisme si longtemps combattu par eux, ce fut le Coran à la main qu'ils conquirent le premier rang. Dès lors le principe d'élection, maintenu sous les premiers khalifes, fut entièrement aboli, et l'ambitieuse famille qui, ne pouvant s'opposer à la religion de Mahomet, s'en était fait une arme puissante, garda pendant près de cent années un pouvoir fondé par l'usurpation, mais consolidé par de brillants succès.

Avec la nouvelle dynastie, l'empire des Arabes s'étend, et notre tâche se resserre. La presqu'île Arabique, que nous avons entrepris de décrire dans le grand recueil historique et géographique dont cet ouvrage fait partie, ne jouera plus qu'un rôle bien secondaire sous les khalifes Omeyyades et Abbassides, qui fixèrent leur séjour, les premiers à Damas, les seconds à Baghdad. Ces princes franchirent rarement la barrière de sables qui les séparait de la péninsule. Ils ne visitèrent plus qu'en pèlerinage ce territoire du Hedjaz, berceau de l'étrange révolution sociale et religieuse qui domina l'ancien monde au moyen âge. Cette révolution, nous en suivrons, toutefois, la marche et les développements. A l'Arabie appartient l'histoire de la grande conquête arabe; à l'Arabie surtout, appartient l'histoire de l'islamisme et de la civilisation qu'il apportait avec la conquête, civilisation plus apparente que durable. Le despotisme du khalifat dans lequel venaient se concentrer tous les pouvoirs, l'incohérence du Coran qui, dans sa triple unité religieuse, civile ou militaire, présentait cependant aux commentateurs mille interprétations diverses, l'inflexible niveau qu'il fai-

---

(\*) Voy. M. Reinaud, *Monuments arabes, persans et turcs du Cabinet de M. le duc de Blacas*, tome I<sup>er</sup>, p. 345 à 350.

sait peser sur les peuples, le fatalisme qu'il imposait à ses sectateurs, toutes ces causes arrêtèrent promptement l'élan du triomphe. Si quelques princes chez lesquels un instinct de justice naturelle suppléait à l'insuffisance de la loi, jetèrent un vif éclat sur l'histoire des khalifes; si, maîtres des plus riches contrées de la terre, ils accomplirent de grandes choses et rendirent l'Europe elle-même tributaire de leurs écoles, de leur littérature, de leurs jeux chevaleresques; bientôt les vices d'un état social fondé sur la conquête et qui ne se soutenait que par elle, les prétentions rivales de familles puissantes, l'impatience de tant de races diverses clouées à une religion stationnaire qui mesurait tous les hommes à la même mesure, divisèrent l'empire des Arabes; ses nombreuses provinces formèrent alors autant d'États différents dont l'histoire appartient à celle des pays où ils prirent naissance.

### Moawiah-ben-Abou-Sofian.

Échappé au péril qui avait menacé ses jours, Moawiah pouvait craindre que la mort de son rival ne fût pas le dernier épisode de cette guerre sanglante. Les habitants de l'Irak, fidèles à la mémoire d'Ali, avaient salué khalife Haçan, son fils aîné, et s'étaient armés prêts à défendre ses droits; mais pour profiter de leurs dispositions présentes, il aurait fallu un homme d'énergie, et peut-être alors la réaction produite chez les Musulmans par le lâche assassinat du fils adoptif de Mahomet, aurait puissamment servi les intérêts de sa race. Malheureusement Haçan n'avait aucune des qualités qu'aurait exigées sa position. D'une humeur douce et paisible, il dédaignait le pouvoir s'il devait l'acheter encore par l'effusion du sang. Malgré les conseils de son frère, qui avait hérité de la bouillante valeur d'Ali, il se décida à faire des conditions à son compétiteur, et, si elles étaient acceptées, à lui céder la couronne. Une sédition qui éclata dans son armée, hâta l'exécution de son projet. Il écrivit à Moawiah, lui proposant de le reconnaître pour khalife, pourvu qu'on lui cédât tout l'argent qui se trouvait dans le trésor de Coufa, ainsi que les revenus du *Kharadj*, que l'on tirait de la province de Perse, à laquelle Aboulféda donne le nom de Darabdjerd, et que l'on s'abstînt, à l'avenir, de prononcer contre Ali les imprécations dont les Omeyyades et leurs partisans accompagnaient toujours ce nom redouté. Les demandes d'argent furent accordées sur-le-champ; mais Moawiah ne put se résoudre à ne plus proscrire le dangereux rival qui, si longtemps, lui avait fermé le chemin du trône; il s'engagea seulement à s'abstenir en présence de Haçan de toute parole injurieuse à la mémoire de son père, et encore assure-t-on que sur ce point il ne tint pas sa parole. Haçan, après avoir publiquement déclaré qu'il se démettait, en faveur du fils d'Abou-Sofian, de tous ses droits au khalifat, se retira à la Mecque, où les exercices continuels d'une piété fervente lui firent oublier le sacrifice qu'il avait fait au repos de l'islamisme (*).

Un grand nombre de Musulmans ne font commencer le règne de Moawiah

(*) Haçan était, dit-on, si peu attaché aux biens de la terre, que deux fois, dans le cours de sa vie il se dépouilla de toutes ses richesses en faveur des pauvres. Voici un exemple frappant de son extrême modération : Un jour qu'il était à table, un esclave laissa tomber sur lui un vase plein d'un mets liquide et bouillant. Confus de sa maladresse, le serviteur malencontreux se jette à genoux en prononçant ces paroles du Coran : « Le paradis est pour ceux qui répriment leur colère. — Je ne suis point en colère, répond Haçan en réprimant jusqu'à l'expression de la douleur qu'il éprouve. — Le paradis est aussi pour ceux qui pardonnent, continua l'esclave. — Aussi je t'accorde ton pardon. — Mais ceux que Dieu aime par-dessus les autres, ajoute l'esclave en achevant le verset, ce sont ceux qui répondent à l'offense par le bienfait.—Eh bien, dit Haçan, reçois donc la liberté et quatre cents dirhems. » Haçan mourut à Médine en l'an 49 de l'hégire (an de J. C. 669). On accusa Yezid, fils de Moawiah, de l'avoir fait empoisonner.

que de l'abdication de Haçan, qu'ils regardent comme le seul et légitime successeur d'Ali; mais il y avait longtemps que le descendant d'Omeyyah régnait de fait sur les plus belles provinces de l'empire des Arabes. Gouverneur de la Syrie sous trois règnes, il s'y était rendu pour ainsi dire indépendant, depuis bien des années, et c'était bien plutôt pour obéir à ses instincts de conquête que sur l'ordre des khalifes dont il tenait son pouvoir, qu'il avait fait aux Grecs une guerre acharnée. Nous avons vu que sous le khalifat d'Othman, ses lieutenants avaient conquis l'Arménie, et que, pour s'emparer de l'île de Chypre, il avait uni sa flotte à celle du gouverneur de l'Égypte. Encouragé par le succès de cette dernière expédition, il n'avait pas tardé à faire de nouvelles courses dans la Méditerranée. Sa flotte, composée de douze cents barques, car les bâtiments que possédaient alors les Arabes ne méritent pas un autre nom, s'était emparée des îles de Cos, de Crète et de Rhodes. Malgré leur ignorance de tout ce qui touchait aux beaux-arts, les Musulmans avaient été frappés d'admiration à la vue du colosse de Rhodes, gisant sur le sol où depuis près de neuf cents ans il avait été précipité par un tremblement de terre. Quelle que fût, toutefois, l'impression produite sur les enfants du désert par cette merveille du monde, elle ne fut pas assez forte pour leur faire respecter une œuvre d'art qui leur offrait une riche proie. Le colosse fut dépecé par les ordres de Moawiah; on rompit, on arracha le bronze qui recouvrait la maçonnerie de cette gigantesque statue, et un juif d'Émèse en acheta, disent Théophane et Constantin Porphyrogénète (*), la charge de neuf cent quatre-vingts chameaux. C'étaient là de nouveaux subsides à l'aide desquels Moawiah pouvait tenter de nouvelles conquêtes; aussi fit-il équiper une flotte encore plus considérable dans le port de Tripoli de Syrie, et sur les côtes de Lycie osa pour la première fois combattre la flotte des Grecs, sur laquelle se trouvait alors l'empereur de Constantinople. Les Romains s'étaient précipités les premiers sur les vaisseaux de leurs ennemis, espérant remporter une victoire facile; mais ils furent reçus avec vigueur, et plusieurs de leurs bâtiments légers furent mis en pièces par l'éperon tranchant des longues barques arabes. Bientôt plusieurs navires des Musulmans s'attachèrent au vaisseau sur lequel flottait l'étendard impérial, et si Constant II n'eût pas été, par le dévouement des siens, transporté à bord d'un autre bâtiment qui s'enfuit au plus vite vers Constantinople, il était ramené prisonnier à Damas. Les troubles qui précédèrent et suivirent la mort d'Othman empêchèrent Moawiah de suivre le cours de ses succès, et depuis l'élection d'Ali il avait été trop occupé de le combattre pour distraire dans un autre but aucune partie de ses forces (*); mais il se vit à peine seul maître de l'empire, qu'il songea de nouveau à recommencer contre l'empire grec une lutte dont il avait eu jusqu'alors tout l'avantage.

Après avoir assuré la paix de l'Irak en reconnaissant publiquement pour son frère, et nommant au gouvernement de Bassorah, Ziad, fils adultérin d'Abou-Sofian, dont l'éloquence, la fermeté, la bravoure faisaient un précieux allié ou un dangereux ennemi, et qui, jusque-là, s'était montré l'un des plus zélés champions de la cause

___

(*) Voy. Théophane, p. 286, et Const. Prop. de Adm. imp., c. 20 et 21.

(*) Théophane (p. 288) rapporte que Constant se disposait à équiper une nouvelle flotte pour venger sa défaite sur les côtes de la Lycie, lorsque Moawiah, alors occupé de faire la guerre à son rival, fit faire à l'empereur des propositions de paix, et que ces propositions furent acceptées, à condition que les Sarrasins fourniraient chaque jour à l'empire un esclave, un cheval et mille pièces d'argent. Aboulfaradj prétend au contraire (Chron. Syri., p. 112) que ce fut Constant II qui envoya à Moawiah un ambassadeur nommé Ptolémée, pour demander une trêve de trois ans, qui fut conclue.

des Alides (\*), Moawiah, sollicité par les habitants de l'Afrique romaine, y envoya une armée. Nous avons déjà dit qu'au commencement du septième siècle, l'Afrique était à peine soumise de nom aux empereurs de Constantinople, et que le patrice Grégoire avait à peu près usurpé le souverain pouvoir dans ces lointaines contrées. Lorsqu'il eut succombé sous les armes musulmanes à la bataille d'Iacouba, les Romains lui nommèrent pour successeur un homme auquel Nowaïri, dans sa chronique, donne le nom de Djenaha, et qu'on pourrait supposer, d'après les altérations si fréquentes dans la transcription des noms grecs en arabe, s'être appelé Gennadius, appellation commune à cette époque. Ce nouveau chef fut bientôt troublé dans l'exercice de son pouvoir par un patrice qui venait, au nom de Constant II, réclamer des habitants de l'Afrique une somme aussi forte que celle qu'ils venaient de payer aux Arabes à titre de rançon. Outré d'une si injuste prétention, Djenaha chassa, de sa propre autorité, l'envoyé de Constantinople; mais le peuple, qui n'était peut-être pas encore entièrement désaffectionné pour ses anciens maîtres, et se trouvait offensé d'un acte de rébellion si ostensible, prononça la déchéance de Djenaha pour élever à sa place El-Attilioun, appellation qui pourrait être une altération de l'accusatif *Attilium*, le nom d'Attilius ayant pu appartenir à quelques-unes des familles romaines qui peuplaient encore l'Afrique. Djenaha ne put se résoudre à céder le pouvoir sans résistance : il eut la funeste idée d'appeler les Arabes au secours de son ambition déçue, et passa en Syrie, où il décida sans peine le khalife à une nouvelle invasion (\*).

(\*) Abou-Sofian, passant un jour par Taïef, y logea chez un esclave grec qui faisait métier d'héberger les voyageurs et de leur vendre du vin; car on était encore au temps du paganisme, et Mahomet n'avait pas encore formulé la prohibition de toute liqueur spiritueuse. Stimulé par l'ivresse, Abou-Sofian désira la femme de son hôte, qui la lui abandonna ; de cette nuit de débauche naquit Ziad, dont l'enfance annonçait déjà les qualités brillantes qui lui valurent le rôle élevé auquel ne semblait pas l'appeler sa naissance entachée d'adultère. Élevé parmi les Arabes Bédouins, il porta plus loin qu'aucun d'eux cette verve entraînante, cette éloquence du cœur qui les distingue entre tous les autres Arabes, et le conquérant de l'Égypte, Amrou, disait après l'avoir entendu : « Si ce jeune homme était de la famille de Koréïsch, il conduirait les Arabes avec son bâton aussi facilement qu'un berger conduit ses brebis. » Un procès jugé par Omar acquit à Ziad un protecteur puissant. Moghaïrah-ben-Schoba, gouverneur de Bassorah, ayant été surpris par quatre témoins en flagrant délit d'adultère avec une femme de la tribu des Benou-Amer, le rigide Omar ne pouvait pardonner un tel délit. Il cita devant lui le coupable et les témoins, parmi lesquels figurait Ziad ; mais ce jeune Bédouin, mû par le désir d'acquérir un ami, ou par la pitié que lui inspirait une faute à laquelle il avait dû l'existence, refusa son témoignage nécessaire pour la condamnation du coupable. Depuis ce temps, Moghaïrah le prit sous sa protection, le mit à même de faire connaître ce qu'il valait, et après avoir exercé plusieurs emplois éminents, il en était arrivé, sous le règne d'Ali, à gouverner la Perse au nom de ce khalife. Plus tard, l'abdication de Haçan ne lui sembla pas une raison suffisante pour se soumettre à Moawiah, et, par les conseils de Moghaïrah, alors gouverneur de Coufa, ce khalife ne crut pas acheter trop cher l'adhésion de Ziad en le saluant du nom de son frère aux yeux de l'Arabie étonnée, et en lui donnant ainsi place dans cette famille des Koréïschites, si orgueilleuse de son rang, si fière des privilèges de sa naissance. Ziad ne résista pas à cet appel flatteur, il prêta serment dans la quarante-deuxième année de l'hégire, entre les mains de Moawiah, et reçut de lui la mission d'apaiser les troubles qui s'étaient élevés aux environs de Bassorah, mission qu'il accomplit avec le plus grand succès. Il fut nommé gouverneur de Coufa après la mort de Moghaïrah, et il venait d'être désigné pour gouverner le Hedjaz, lorsqu'il mourut en l'an 53 de l'hégire (672 de J. C.), d'un ulcère pestilentiel à la main droite.

(\*) Il est à regretter que M. Saint-Martin, dont la judicieuse érudition, dont

L'armée expéditionnaire fut mise sous le commandement de Moawiah-ben-Khodaïdj (*), et se mit en route pour Alexandrie. Arrivé dans cette ville, Djenaha mourut, et Ebn-Khodaïdj, continuant sa marche, pénétra dans la province d'Afrique, qui n'était plus pour ainsi dire qu'un désert ravagé par la guerre et une complète anarchie. Au nombre des guerriers qui marchaient sous les ordres du général arabe, on comptait Abd-el-Melik-ben-Merwan, Yahia-ben-el-Hakem, Khalid-ben-Thabet le Koréïschite, Abdallah, fils du khalife Omar, Abdallah-ben-Zobaïr; en un mot, tous les plus braves guerriers de l'armée de Syrie et d'Égypte. A peine arrivé, Moawiah établit son camp au pied d'une montagne située à dix parasanges d'une ville nommée Camounia, dont il est important de déterminer la position, puisqu'on a cru que le fort de Camounia avait été construit sur les ruines de Cyrène (**). Les Musulmans avaient à peine dressé leurs tentes qu'elles furent renversées par un violent orage qui fondit sur elles du haut de la montagne. « Certes, dit alors Moawiah, cette montagne est bien tempétueuse (en arabe *Mamtour*); » et depuis ce temps, dit Nowaïri, ce lieu porte toujours le nom de *Mamtour*. Les Arabes,

l'ingénieuse critique ont rendu tant de services à l'histoire de l'Orient, faute d'avoir consulté les mss. de Nowaïri; et trompé par les passages tronqués ou la mauvaise orthographe de Cardonne, dans son histoire de l'Afrique sous les Arabes, ait supposé un récit des causes de la seconde invasion musulmane, qui ne peut supporter l'examen. S'il avait jeté les yeux sur les mss. originaux, il n'aurait pas manqué de rendre plus de justice à Cardonne, auquel il n'a manqué que de moins abréger un récit intéressant, et probablement aussi de travailler sur des textes moins fautifs.

(*) Ebn-Khaldoun dit que Moawia-ben-Khodaïdj était gouverneur de l'Égypte.

(**) *Mém. de l'Acad. des Inscr.*, t. XXI. Si c'est sur l'emplacement de Camounia que Caïrouan fut fondé plus tard, cette ville était éloignée de Cyrène de plus de trois cents lieues.

à la voix de leur chef, quittèrent cette montagne inhospitalière pour se porter vers une pointe de terre, qui prit dès lors le nom de la Pointe (en arabe El-Korn), et où ils bâtirent par la suite une ville qui figure plusieurs fois dans l'histoire de l'Afrique musulmane. Cependant Constant II ayant su les nouveaux dangers qui menaçaient l'Afrique, venait d'y envoyer une armée de trente mille hommes, qui prit terre à Sabaratha (*), ville voisine de Djeloula que Schaw identifie avec l'Usille des anciens géographes, et qui est placée au bord de la mer, vis-à-vis de l'île de Cérine. Les Grecs avaient à peine achevé leur débarquement, qu'ils furent attaqués par la cavalerie arabe, et forcés, après avoir perdu beaucoup de monde, de se rembarquer précipitamment. Cependant Moawiah, dont le camp était toujours placé à El-Korn, donna à Abd-el-Melik-ben-Merwan le commandement de mille cavaliers, et l'envoya contre la ville de Djeloula, qu'il tint assiégée pendant plusieurs jours; n'ayant pu s'en rendre maître, il se retirait, et n'avait fait que peu de chemin, lorsqu'il aperçut à l'arrière-garde une grande poussière. Persuadé qu'il était poursuivi par l'ennemi, il fit volte-face; mais il se trouva que tout un côté des murailles qui défendaient la ville s'était écroulé. Les Musulmans, pénétrant par la brèche, passèrent au fil de l'épée toute la garnison, mirent la ville au pillage et firent un grand nombre de prisonniers (**). La ville une fois prise, Abd-el-Melik revint auprès de Moawiah, toujours retranché à El-Korn, et on procéda au partage du butin. Abd-el-Melik voulait que ses soldats seuls qui avaient emporté la ville d'assaut

(*) Voy. sur cette ville, Procope, *de Ædificiis*, lib. VI, ch. IV. On lit dans le Ms. de Nowaïri *Santabarta*.

(**) Voy. Nowaïri, ms. de la Bibl. roy., n° 702, fol. 3 vers. et 4 rect. Nowaïri donne encore une autre version, et prétend que c'est en venant chercher son arc, qu'il avait oublié pendu à un arbre, qu'Abd-el-Melik s'aperçut qu'une partie des remparts était renversée.

recueillissent le fruit de leur victoire, tandis que le général voulait répartir également entre tous les Musulmans les dépouilles de l'ennemi. On en écrivit au khalife qui, par une décision spéciale, ordonna un partage général entre toute l'armée.

Ce fut là cette fois que se borna l'expédition musulmane, et Moawiah-ben-Khodaïdj rentra en Égypte à la tête de son armée; mais de cette époque date une décision du khalife, importante dans l'histoire générale des conquêtes arabes. Jusque-là, des expéditions dirigées par les gouverneurs de l'Égypte allaient s'enrichir des dépouilles des colonies romaines dans la Bysacène, et revenaient, dans des régions plus complétement soumises à l'islamisme, jouir des fruits de leurs triomphes; en sorte que les contrées à l'occident de l'Égypte étaient regardées comme une annexe de cette dernière province, et ne formaient pas encore un gouvernement particulier, à l'instar des autres provinces de l'empire. Le khalife Moawiah trancha la question. Il confirma Moawiah-ben-Khodaïdj dans son titre de gouverneur de l'Égypte, mais lui retira tout pouvoir sur l'Afrique, divisant ainsi l'administration de ces deux pays. Ce fut Okbah-ben-Nafi qui fut nommé gouverneur de la province d'Afrique. Pour réunir ici tout ce qui appartient à la conquête de cette vaste contrée, nous dirons de suite par quel acte de son administration Okbah annonça aux populations indigènes l'intention formelle où étaient les Arabes de ne plus abandonner leurs nouvelles possessions. « Okbah-ben-Nafi, dit No-« waïri dont nous empruntons ici le « naïf récit, ayant résolu d'assurer la « puissance musulmane dans le pays, « par la fondation d'une ville nouvelle, « mena ses compagnons vers le lieu « qu'il avait choisi : c'était un fourré « épais dans lequel aucun chemin n'é-« tait tracé. Aussi, lui dirent-ils, « quand il les engagea à se mettre à « l'œuvre : « Eh quoi, tu voudrais nous « faire construire une ville sur l'em-« placement d'une forêt inextricable! « Comment ne redouterions-nous pas « les bêtes sauvages de toute espèce « et les serpents qui vont nous atta-« quer de toutes parts? » Okbah, dont « l'intercession était toute-puissante « auprès de la divinité, s'adressant « alors à Dieu très-haut, tandis que « ses guerriers, parmi lesquels se trou-« vaient dix-huit compagnons du pro-« phète, répondaient *amen* à ses in-« vocations, s'écria : « O vous, serpents « et bêtes sauvages, sachez que nous « sommes les compagnons du pro-« phète de Dieu ! retirez-vous du lieu « que nous avons choisi pour nous « établir; ceux de vous que nous pour-« rions rencontrer plus tard seraient « mis à mort. » Quand il eut achevé « ce discours, les Musulmans virent « avec étonnement, pendant toute la « journée, les animaux féroces, les « bêtes venimeuses se retirant au loin, « emmenant avec eux leurs petits; « miracle qui convertit un grand nom-« bre de Berbères à l'islamisme. Pen-« dant cette retraite, Okbah recom-« mandait à ses soldats d'éviter soi-« gneusement d'approcher de ces « animaux, tant qu'eux-mêmes cher-« cheraient à s'éloigner des hommes. « La migration une fois accomplie, « Okbah rassembla ses principaux « compagnons, et fit avec eux le tour « du lieu où il voulait fonder sa ville « nouvelle, adressant des vœux au « ciel pour qu'il y fît prospérer la « science et la sagesse; pour qu'elle « ne fût habitée que par des hommes « craignant Dieu, le servant avec « amour, et enfin pour qu'elle fût pré-« servée de l'atteinte des puissants de « la terre. Il s'établit ensuite dans la « vallée, ordonnant qu'on traçât les « rues et qu'on arrachât les herbes. « On prétend que pendant les quarante « années qui suivirent, les habitants « n'aperçurent jamais ni serpents ni « scorpions. Le premier soin d'Ok-« bah fut de tracer les plans du châ-« teau et de choisir le lieu où s'élè-« verait la mosquée; mais il ne fit pas « encore construire cette dernière, et « se contenta de réciter des prières « sur l'emplacement qu'il avait mar-« qué; car il y avait dissentiment

« dans la population au sujet de la
« *Kibla*, c'est-à-dire de l'endroit vers
« lequel on doit se tourner pendant
« la récitation du *Namaz*. On disait
« qu'à l'avenir les habitants de l'Afri-
« que adopteraient la *Kibla* de cette
« mosquée, et on engageait Okbah à
« en déterminer la position avec le
« plus grand soin. Pendant l'hiver et
« pendant l'été, les Musulmans s'ap-
« pliquèrent à observer le lever des
« astres et celui du soleil, afin de s'o-
« rienter exactement; cependant Ok-
« bah, voyant persister le désaccord
« sur un point aussi essentiel, en
« conçut une vive inquiétude, et s'a-
« dressa à Dieu très-haut pour obtenir
« une solution. En effet, il eut pen-
« dant son sommeil une révélation,
« et une voix d'en haut lui adressa
« ces paroles : « O toi qui es aimé du
« maître des mondes, lorsque le matin
« sera venu, prends l'étendard, mets-
« le sur ton épaule; tu entendras de-
« vant toi réciter le *tekbir* sans qu'au-
« cun autre que toi puisse l'entendre ;
« le lieu où se terminera la prière, c'est
« celui-là qu'il faut choisir comme
« *Kibla*, c'est là qu'il faut placer dans
« la mosquée le siége de l'Imam. Dieu
« très-haut protégera cette ville et
« cette mosquée; sa religion y sera
« établie sur des bases solides, et jus-
« qu'à la consommation des temps les
« incrédules y seront humiliés. » A ces
« paroles, Okbah sortit de son som-
« meil, tout éperdu d'une telle révéla-
« tion ; il fit ses ablutions et se rendit
« à la mosquée ou plutôt à l'emplace-
« ment désigné pour la bâtir, afin
« d'y réciter la prière; les principaux
« habitants s'y étaient rendus avec
« lui. Dès que le jour parut, il s'in-
« clina, et, entendant le *tekbir*, il
« demanda à ceux qui l'entouraient
« s'ils l'entendaient aussi, mais ils
« lui répondirent que non. Les aver-
« tissant alors qu'il agissait par l'or-
« dre de Dieu très-haut, il prit l'é-
« tendard, le plaça sur son épaule, et
« suivit le son de la voix, qui s'arrêta
« lorsqu'il fut parvenu à l'endroit où
« fut placé depuis le siége de l'Imam.
« Aussitôt il planta là son drapeau,

« disant : « Voilà dorénavant le lieu
« vers lequel on doit se tourner pen-
« dant la prière. « Les palais, les
« mosquées et les habitations qui peu-
« plèrent bientôt Caïrouan (tel est le
« nom qui fut donné à la cité nouvelle),
« s'élevèrent avec rapidité ; l'enceinte
« de la ville avait 3,600 brasses de
« tour, et elle fut achevée en l'an 55
« de l'hégire. De nombreux habitants
« s'y rendirent de toutes parts, et elle
« ne tarda pas à devenir une puissante
« capitale. Elle comprenait dans son
« étendue une forteresse qui avait ap-
« partenu aux Grecs, et qui se nom-
« mait Camounia (*). Okbah gouverna
« l'Afrique avec une grande sagesse,
« jusqu'au moment où Moawiah-ben-
« Abou-Sofian rappela d'Égypte Moa-
« wiah-ben-Khodaïdj, et réunit encore
« une fois l'Égypte et l'Afrique sous
« le gouvernement de Moslem-ben-
« Makhlid (**). »

Si nous avons donné dans son entier
le récit que fait Nowaïri de la fondation de Caïrouan, c'est pour offrir
un nouvel exemple du pieux enthousiasme qui faisait braver alors aux
Musulmans fatigues et périls de toutes sortes ; c'est aussi que la ville nouvelle, devenue la résidence des gouverneurs de l'Afrique, fut pour cette
vaste contrée un centre de civilisation
où fleurit pendant longtemps l'étude
des sciences et des lettres. Pendant
que les armées de Moawiah assuraient
ainsi leurs nouvelles conquêtes en

---

(*) Doit-on identifier cette forteresse, qui avait appartenu aux Grecs, avec la place portant le même nom, et à l'occident de laquelle Moawiah-ben-Khodaïdj était venu placer son camp lors de la seconde invasion des Arabes? La proximité de Djeloula, qui est constante dans les deux cas, peut favoriser cette supposition.

(**) Voy. mon Histoire de l'Afrique sous les Aghlabites, et Nowaïri, ms. ar. de la Bibl. roy., n° 702, f° 4, r° et v°. On trouve aussi le même récit dans le ms. de la Bibl. roy., n° 752, qui traite de la conquête de l'Afrique et des hommes remarquables qui ont illustré ce pays. On attribue ce manus-crit à Abou-Bekr-Abdallah-el-Maleki (voy. f°⁵ 1 et 2).

Afrique, et portaient leurs armes jusque sur les côtes de la Sicile (*), Abderrahman-ben-Khaled ravageait en Asie les frontières de l'empire grec, affaibli par des révoltes et des dissensions intérieures. Depuis la destruction du royaume de Perse, plusieurs généraux, attachés aux Sassanides, avaient pris du service dans l'armée des Grecs pour échapper au joug des Arabes. Un d'eux, nommé Schapour ou Sapor, commandait en Arménie, et y avait acquis par ses talents une influence qui éveilla bientôt son ambition. Constant II, prince lâche et méprisé de ses peuples, Constantin son fils, associé à l'empire dans son extrême jeunesse, ne lui semblaient pas de bien redoutables rivaux, et il espérait s'emparer d'un trône qu'ils ne sauraient pas défendre : mais il avait besoin d'un appui et il mendia celui des Musulmans. Un officier du nom de Sergius fut chargé par lui de se rendre à Damas et de demander au khalife s'il consentait à lui fournir des troupes, sous la condition de payer un tribut aux Arabes après la réussite de ses desseins. Un ministre zélé de Constantin, l'eunuque André, ayant eu connaissance du complot ourdi contre son maître, se rendit en toute hâte en Syrie pour le déjouer. Les deux émissaires se rencontrèrent à la cour de Damas, où Sergius avait déjà su se faire écouter favorablement, et Moawiah répondit à André qui lui demandait, au nom de Constantin, son appui contre un sujet rebelle : « Chacun de vous m'appelle à lui ; je me déciderai dans cette occurrence en faveur de celui qui m'offrira les plus grands avantages ; déjà Sergius se soumet à me payer tribut, en ferez-vous autant et davantage encore ? — Prince, répondit André, il est aisé pour celui qui n'est qu'un sujet de promettre l'obéissance ; il ne ferait que changer de maître ; quant à moi, je parle au nom d'un empereur romain, et je ne puis souscrire en son nom à des conditions qui seraient une honte pour l'empire : vous offrez une ombre et vous voulez qu'on vous abandonne un corps ; mais Dieu est au-dessus de vous, quelque puissant que vous soyez, c'est lui qui nous vengera. » Il sortit de l'audience en disant ces mots, et prenant sur-le-champ la route de Mélitène en Arménie, se rendit à Arabissus pour s'y entendre avec l'officier chargé de garder contre les incursions des Arabes les défilés du mont Taurus. Heureusement l'homme qui avait cette importante mission était resté fidèle à l'empereur. Les passages furent fermés, et quand Sergius, heureux d'avoir réussi dans sa mission, se présenta pour porter à Sapor la nouvelle de son succès, il fut arrêté, chargé de chaînes, et conduit devant André, qui le fit pendre, disant qu'il n'y avait point de grâce pour un traître à sa patrie. Constantin, averti de son côté, levait une armée pour combattre le rebelle ; mais un accident imprévu étouffa la conspiration en enlevant son chef. Sapor, emporté par son cheval, fut précipité contre une porte et s'y brisa la tête ; c'était au moment où les troupes envoyées par le khalife à son aide pénétraient dans la petite Arménie. Elles s'arrêtèrent aussitôt, et Fadhl, leur chef, envoya demander de nouveaux ordres au khalife, qui, jugeant son armée trop faible pour agir seule, fit partir de nouvelles troupes, sous le commandement de son fils Iezid. Les deux généraux traversèrent alors une partie de l'Asie Mineure, s'emparèrent de la ville d'Amorium, en Galatie, y laissèrent une garnison de cinq mille hommes, et revinrent en Syrie chargés de butin. L'infatigable André ne put supporter l'idée de savoir une place si voisine de Constantinople au pouvoir des Musulmans. Il profita de l'hiver, et lorsque la terre fut couverte de neige, il traversa le Bosphore, arriva pendant la nuit devant

---

(*) Nowaïri (ms. arab., n° 702, fol. 3, verso) dit que Moawiah-ben-Khodaïdj est le premier qui ait entrepris la conquête de la Sicile, en dirigeant contre cette contrée une expédition commandée par Abdallah-ben-Caïs.

les murs d'Amorium, où les Arabes, engourdis par le froid, se tenaient à couvert, et, escaladant les remparts, passa au fil de l'épée tous les sectateurs du prophète (*).

Moawiah, toujours heureux jusqu'alors, n'était pas homme à supporter un revers sans en tirer vengeance. Il mit en mer une flotte nombreuse, sous les ordres de Sofian, fils d'Aouf, et lui donna la dangereuse mission de traverser l'Archipel pour aller assiéger Constantinople, défendue par ses hauts remparts et ses tours menaçantes (**). Effrayés des préparatifs qui menaçaient leur capitale, les Grecs réunirent tous leurs moyens de défense : ils en cherchèrent aussi de nouveaux. C'est à cette occasion, dit-on, qu'un habitant d'Héliopolis, nommé Callinicus, vint apporter à Constantinople l'invention du feu grégeois, composition meurtrière qui consumait de ses flammes inextinguibles, hommes, vaisseaux, édifices. Ce fut probablement cette arme nouvelle qui retarda de quelques siècles encore la chute de l'empire grec. L'armée navale des Arabes occupait le vaste contour qui s'étend depuis la Porte Dorée, au couchant, jusqu'au promontoire qui termine la Corne d'Or, et qu'on appelle aujourd'hui la pointe du Sérail; et les troupes de débarquement, placées à la base du triangle qui regarde la Thrace, renouvelaient sans cesse leur attaque contre les murailles. Jamais les Arabes n'avaient apporté plus d'acharnement dans le combat, car Mahomet, disait la tradition, avait déclaré que tous les péchés seraient remis à l'armée musulmane qui parviendrait à s'emparer de la ville capitale des Césars. Aussi les terribles engins employés par les Grecs, ce feu qui traversant les airs avec l'éclat de la foudre,

embrasait bataillons et navires, ne pouvaient décourager les Arabes, dont l'enthousiasme semblait croître avec les difficultés. Chaque année, aussitôt que renaissait le printemps, ils pressaient la ville de leurs lignes formidables, puis, dès que les brouillards de la mer Noire leur annonçaient les frimas, ils se retiraient dans le port de Cyzique, dont ils s'étaient emparés, et y établissaient leurs quartiers d'hiver. Le siège dura sept ans. Iezid, le fils aîné de Moawiah, y vint en personne; trois anciens compagnons de Mahomet s'y trouvaient aussi. L'un d'eux, le plus respectable par son âge et les souvenirs qui s'attachaient à sa personne, Abou-Aïoub, l'hôte du prophète à Médine lors de l'hégire, fut tué au pied des murailles. Les Arabes l'enterrèrent sur le lieu même où il avait succombé, et c'est dans la mosquée élevée sur son tombeau que les sultans vont encore ceindre l'épée lorsqu'ils prennent possession du trône. Malgré l'habileté des chefs et le courage des soldats, les assaillants se voyaient décimés chaque année devant ces remparts qu'ils ne pouvaient ni renverser ni franchir. Découragés enfin par l'inutilité de leurs efforts, ils repassèrent les Dardanelles sur ceux de leurs vaisseaux que le feu grégeois n'avait pas détruits, tandis qu'une partie de leur armée, sous la conduite de Sofian, prenait par terre la route de Syrie. Cette double retraite, à en croire les historiens grecs, fut également malheureuse. La flotte, battue par la tempête sur les côtes de la Pamphylie, fut brisée contre des écueils, et une armée envoyée par Constantin à la poursuite de Sofian, tailla en pièces les troupes qu'il commandait (*).

La paix, jusqu'alors refusée par Moawiah, fut le résultat de sa défaite : paix glorieuse pour les Grecs, si l'on s'en rapporte à Théophane, car le khalife avait consenti à payer tribut à l'empire. Chaque année il devait en-

(*) Voy. Théophane, p. 291.
(**) Aboulféda donne pour date au siége de Constantinople l'année de l'hégire 48 (de J. C. 668). Il semble, d'après les historiens grecs, qu'il faille reculer cette expédition de quatre ans, et la reporter à l'année de J. C. 672.

(*) Voy. Théoph., p. 294 et 295; Cedr., t. I, p. 437; Niceph., p. 22; Zonare, liv. 14, t. II, p. 90.

voyer à Constantinople trois mille livres d'or, accorder la liberté à cinquante captifs, et donner pour les écuries de l'empereur cinquante chevaux de la race la plus estimée. Arrêter ainsi l'invasion arabe, dresser une digue devant ce torrent dévastateur, c'était déjà beaucoup, et ce fait est certain. La soumission de Moawiah l'est beaucoup moins. Il est peu probable que le fier successeur du prophète ait consenti, pour une première défaite, à payer le tribut qu'il imposait à tant de nations. Les chroniqueurs musulmans ne disent rien, d'ailleurs, de ce traité. Aboulfaradj est le seul historien arabe qui en parle, et sa qualité de chrétien ne lui permettait peut-être pas une complète impartialité. L'échec éprouvé par Moawiah devant les murs de Constantinople fut un peu compensé par les succès de Saïd, fils d'Othman, qui gouvernait le Khoracan au nom du khalife. Ce chef ayant passé l'Oxus, entra dans la Sogdiane et pénétra jusqu'à Samarcand; il défit en bataille rangée les habitants de cette province, et se rendit maître, par capitulation, de la ville de Tarmud, sur l'Oxus.

Si, après avoir suivi les armées arabes dans leurs lointaines expéditions, nous revenons à la cour de Damas, nous y trouverons le khalife, toujours adroit, toujours dissimulé, occupé de s'assurer l'obéissance des nombreuses provinces de son vaste empire, en les confiant à des sujets dévoués, et de gagner à sa cause ceux qui semblaient encore attachés à la famille de son rival. Un trait, rapporté par M. Caussin de Perceval dans sa notice sur trois anciens poëtes arabes, prouvera combien Moawiah tenait à éviter de blesser ceux qui pouvaient lui être utiles, et combien son adroite longanimité l'emportait sur la fougueuse vivacité de son fils Iezid, auquel il destinait l'empire. « Il y avait alors à Damas un poëte qui chantait dans ses vers une fille du khalife nommée Ramlè; c'était Abderrahman, appartenant à une famille d'Ansariens, c'est-à-dire des habitants de Médine qui avaient embrassé la cause de Mahomet après sa fuite de la Mecque. Le prince Iezid fut vivement piqué de cette hardiesse, il voulut engager son père à sévir contre Abderrahman; mais Moawiah, loin de traiter avec rigueur le poëte indiscret, se contenta de lui dire : « On m'a rapporté que tu peins dans tes vers ton amour pour Ramlè, fille du Commandeur des croyants. — Il est vrai, répondit Abderrahman, et si j'avais connu quelque beauté plus illustre, dont le nom pût donner à mes compositions plus d'éclat et de vogue, je l'aurais célébrée. — Eh bien, dit Moawiah, que ne célèbres-tu Hind, sa sœur, qui la surpasse en attraits? » L'intention du khalife, en invitant Abderrahman à chanter à la fois les deux sœurs, était de le mettre ainsi en contradiction avec lui-même, de manière à ce que le public vît clairement que son amour pour l'une et pour l'autre était une fiction poétique. Cet expédient, dicté par la modération, ne satisfit pas le prince Iezid. Il fit venir Caab, fils de Djoaël, et lui dit de faire une satire contre les Ansariens. Caab, qui était musulman, s'en excusa, alléguant qu'il craignait le courroux du khalife, et qu'il ne pouvait d'ailleurs se résoudre à attaquer des hommes qui avaient prêté leur appui au prophète. « Mais, ajouta-t-il, je vous indiquerai un poëte plein de talent, qui n'est point de notre religion et qui n'a rien à ménager. — Quel est-il? dit Iezid. — C'est Akhtal, répondit Caab. Iezid le fit appeler sur-le-champ, et lui commanda une pièce de vers contre les Ansariens, lui promettant de le protéger de tout son pouvoir si le khalife s'irritait. Akhtal, qui était chrétien, s'empressa de se mettre à l'œuvre, et fit une diatribe virulente dans laquelle était ce vers :

« Les nobles actions et la gloire sont l'apanage
« des Koreïschites; la lâcheté et l'avarice se ca-
« chent sous les turbans des Ansariens. »

Noman, fils de Béchir, l'un des principaux personnages des Ansariens, ayant eu connaissance de cette satire, se présenta devant Moawiah, ôta son turban, et montrant au khalife sa tête nue, il lui dit : « Commandeur des croyants, voyez-vous en moi quelque signe de lâcheté et d'avarice? — Je ne vois rien en toi que d'honorable, répondit le khalife. — Eh bien, reprit Noman, Akhtal a prétendu que ces vices sont cachés sous nos turbans.— Je te permets de lui couper la langue, » dit le khalife indigné. En même temps il envoya chercher Akhtal pour le livrer à la vengeance de l'Ansarien. Akhtal pria l'officier qui vint le prendre, de l'introduire d'abord chez Iezid. Ce prince alla trouver à l'instant Moawiah, et défendit si vivement Akhtal, qu'il sauva sa langue de l'opération (*). »

Le but que se proposait Moawiah en cherchant à capter la bienveillance de tous les Arabes influents, était moins d'éviter pour lui-même des troubles qu'il aurait su maîtriser comme il avait su détrôner son rival, que de fonder une dynastie dans sa famille, et d'assurer à son fils la paisible possession d'un sceptre que bien des mains voudraient saisir. Déjà, depuis longtemps, prévoyant les tentatives que feraient à sa mort, les Alides d'une part, et Abdallah-ben-Zobaïr de l'autre, il avait conçu le projet de faire couronner Iezid de son vivant, et de prévenir toute opposition par une reconnaissance publique de ses droits. « Les conseils de Ziad, qu'il avait adopté pour son frère, l'engagèrent à différer de quelques années. Ziad étant mort l'an 53 de l'hégire, trois ans après, Moawiah reprit son premier dessein et ordonna à tous ses sujets de prêter serment de fidélité à Iezid. Tout le monde obéit, à l'exception de cinq hommes qui étaient également distingués par leur mérite et leur naissance, savoir : Hoçaïn fils d'Ali, Abdallah fils d'Abbas, Abdallah fils de Zobaïr, Abdallah fils du khalife Omar, et Abderrahman fils d'Abou-Bekr. Moawiah ayant appris de Merwan-ben-Hakim, qu'il avait nommé gouverneur de Médine, l'opposition de ces personnages éminents, résolut de vaincre par lui-même cette résistance. Il entreprit le pèlerinage de la Mecque et eut soin de passer par Médine. Hoçaïn, Abdallah-ben-Zobaïr, Abdallah-ben-Omar et Abderrahman sortirent à la rencontre du khalife avec le reste des habitants. Suivant le récit de Tabari, Moawiah les ayant invités à reconnaître leur futur souverain, et n'ayant obtenu qu'un refus formel, ne répondit rien et continua sa route. Après avoir accompli son pèlerinage, il repassa par Médine : mais il ne crut pas que la prudence lui permît de recourir à des mesures violentes. Suivant une autre version, Moawiah, avant de quitter la Mecque, avait mandé près de lui les deux Abdallah, Abderrahman et Hoçaïn, qui s'étaient réfugiés tous les quatre dans la ville sainte. Il leur représenta les bienfaits qu'il leur avait accordés, leur en promit de plus considérables encore, et leur dit : « Iezid est votre frère et votre cousin. « Je désire le faire reconnaître pour « khalife, et la chose dépend de vous; « faites maintenant ce que vous juge- « rez convenable. » Abdallah-ben-Zobaïr répondit : « Vous avez, ô Moawiah, « à choisir entre trois partis. L'apôtre « de Dieu mourut sans avoir désigné « son successeur; continuez à remplir « avec bonheur les fonctions du kha- « lifat, et après votre mort, les Mu- « sulmans décideront qui ils doivent « élever à ce rang honorable. » Moawiah répondit : « Je ne puis accepter « cette condition, car je ne vois pas « parmi vous un second Abou-Bekr, « et j'ai peu à compter sur vos dispo- « sitions bienveillantes. » — « Eh bien, « dit Abdallah, suivez l'exemple d'A- « bou-Bekr qui, bien qu'il eût des « fils et des parents, tous dignes « du khalifat, ne choisit pas parmi « eux son successeur, mais désigna « un des plus illustres d'entre les Ko- « réischites, Omar-ben-el-Khattab. Si « ce parti ne vous convient pas, imi- « tez Omar, qui remit aux chances « d'une élection le choix du khalife.

(*) Notice sur les trois poëtes arabes Akhtal, Farazdak et Djérir, par A. Caussin de Perceval, *Nouveau Journal asiatique*, t. XIII, p. 295 à 297.

« Il nomma pour cet effet six des prin-
« cipaux compagnons du prophète, et
« ces hommes vénérables, après une dé-
« libération, remirent les rênes du gou-
« vernement entre les mains d'Othman.
« Et cependant Omar avait des fils
« et des proches qui n'étaient nulle-
« ment indignes du khalifat ; mais il
« ne crut pas devoir fixer son choix
« sur aucun d'eux. » Moawiah répondit
qu'il connaissait très-bien ces trois
partis, et demanda s'il n'en existait
pas un quatrième qui méritât la préférence. — « Non, dit Abdallah, c'est
« entre ces trois manières d'agir qu'il
« faut nécessairement choisir. »

« De retour à Damas, le khalife, constamment occupé du soin d'aplanir les
obstacles que devait présenter l'élection
de son fils, crut avoir trouvé un
moyen efficace de désarmer l'ambition
d'un rival redoutable, en concluant le
mariage d'Iezid avec Omm-Hakim, la
fille chérie d'Abdallah-ben-Zobaïr ;
mais celui-ci ayant connu ce projet,
résolut de donner sa fille à son neveu
Abdallah fils d'Arwah. Il en fit la proposition à ce jeune homme, qui était
loin, ainsi que son père, de prétendre
à cette alliance ; il refusa même une
somme de 20,000 pièces d'argent pro-
venant de la succession de son père,
et que son frère voulait assigner pour
dot à la jeune épouse. Lorsque le courrier de Moawiah arriva auprès d'Ebn-
Zobaïr, et lui remit la lettre qui contenait la demande de la main d'Omm-
Hakim, Abdallah, qui s'était hâté de
faire célébrer les noces, dit à l'envoyé
de retourner immédiatement auprès
du khalife, et de lui annoncer le mariage dont il venait d'être témoin (*). »

Un pareil mépris d'une offre d'alliance si honorable pour celui à qui
elle était proposée, annonçait de la
part d'Abdallah-ben-Zobéïr le projet
bien arrêté de s'opposer à l'ambition
qu'avait le khalife de transmettre à
ses descendants le pouvoir dont il s'é-
tait emparé. Se sentant donc près de
sa fin, et renonçant à vaincre la ré-
pugnance avec laquelle les habitants du
Hedjaz s'opposaient à ses desseins, Moawiah se contenta de faire reconnaître
Iezid par les Syriens, au dévouement
desquels il avait déjà dû la couronne,
et donna à ce jeune prince les conseils
qui pouvaient lui aplanir les difficultés dont seraient sans doute hérissés
les débuts de son règne. « Vois, ô
« mon fils, lui dit-il, tout ce que j'ai
« fait pour t'assurer un trône dont la
« possession m'avait déjà coûté tant
« d'efforts. Sortis de l'Arabie, nous
« voici établis à Damas, et c'est parmi
« les habitants de la Syrie que nous
« avons trouvé nos plus fidèles sou-
« tiens. Reste donc dans ta patrie d'a-
« doption ; mais souviens-toi que tu
« es Arabe, et sois toujours plein de
« déférence pour ces nobles tribus dont
« tu tires ton origine. Grâce à la sa-
« gesse que j'ai déployée pendant un
« long règne, presque tous nos chefs
« t'obéiront comme au véritable suc-
« cesseur du prophète. Quatre hom-
« mes seulement te seront hostiles ;
« mais ce sont quatre noms puissants
« parmi les tribus, et tu as déjà re-
« connu Hoçaïn fils d'Ali, Abdallah-
« ben-Omar, Abderrahman fils d'Abou-
« Bekr et Abdallah-ben-Zobaïr. Hoçaïn
« a conservé de nombreux partisans
« dans l'Irak ; ils chercheront à réveil-
« ler en lui l'ambition du pouvoir ; si
« tu dois avoir à le combattre, sou-
« viens-toi qu'il nous est attaché par
« les liens du sang, et s'il tombait
« entre tes mains, rends-lui la liberté.
« Quant au fils d'Omar, ses principes
« religieux, sa dévotion extrême l'oc-
« cupent tout entier. Il ne nous est
« pas favorable et prendra parti con-
« tre toi si quelque autre lève l'éten-
« dard de la révolte ; mais il se sou-
« mettra dès que nous n'aurons plus
« d'autre ennemi. Abderrahman, de
« son côté, n'a pas dans son carac-
« tère l'énergie nécessaire à un chef
« de parti. Mais méfie-toi d'Abdallah-
« ben-Zobaïr ; peu éloquent, d'un
« esprit médiocre, n'ayant ni la libé-
« ralité qui séduit ni la persévérance
« qui fait réussir, il est cependant le

---

(*) M. Quatremère, *Mémoire historique sur la vie d'Abdallah-ben-Zobair; Nouveau Journal asiatique*, t. IX, p. 308 à 313.

« plus dangereux de tes ennemis. Brave
« jusqu'à la témérité, rusé jusqu'à la
« perfidie, son ambition ne connaît
« pas de bornes; c'est lui sans doute
« que tu seras obligé de combattre.
« S'il t'offre la paix, accepte-la, et
« traite-le avec la plus grande bien-
« veillance. S'il te fait la guerre, il
« la fera en lion affamé, en renard
« perfide. Épargne dans ce cas, autant
« qu'il te sera possible, le sang de
« tes sujets. » Après avoir ainsi donné
à son fils les derniers avis d'un père
tendre et d'un roi habile, Moawiah
mourut à l'âge de soixante-quinze ans,
après avoir régné dix-neuf ans depuis
l'abdication de Haçan. On était alors
au mois de Redjeb de la soixantième
année de l'hégire (mars 680), et Iezid
se trouvait à Haouarin, petit village
du territoire d'Émesse. Quelle que fût
la promptitude avec laquelle on lui fit
parvenir la triste nouvelle, il ne put
se trouver à Damas pour présider,
selon la coutume arabe, aux funérailles de son père; mais son absence n'a-
vait pas eu d'autre conséquence fâcheuse, grâce à la fidélité des peuples
de la Syrie, qui obéissaient à Moawiah
depuis près de quarante ans, et il
monta sans opposition sur le trône de
son père.

### Iezid, fils de Moawiah.

Si Iezid n'avait trouvé à Damas
que des sujets fidèles, si les nouvelles
provinces acquises à l'empire des Arabes par la conquête n'avaient pas de
préférence dans le choix d'un maître,
il n'en était pas de même du Hedjaz
où les traditions du prophète étaient
toutes fraîches encore, et où les personnages de sa famille jouissaient d'une
autorité que toute l'adresse de Moawiah n'avait pas pu leur enlever. Aussi
les premiers regards du nouveau khalife se portèrent du côté de Médine,
et il se hâta de révoquer Merwan-ben-
Hakim, qui en était gouverneur, pour
nommer à ces fonctions Walid-ben-
Atabah, son parent, auquel il donna
l'ordre formel d'exiger de chaque habitant le serment de fidélité. Cette
mesure devait surtout comprendre, et
avant tous les autres, Hoçaïn, Abderrahman, Abdallah-ben-Omar, Abdallah-ben-Zobaïr: « Si quelqu'un d'entre
eux, ajoutait Iezid, refuse de me reconnaître, fais-lui couper la tête, et
envoie-la-moi immédiatement. »
« Walid, effrayé d'une pareille commission, dit M. Étienne Quatremère,
appela son prédécesseur Merwan-ben-
Hakim, et lui demanda ce qu'il avait
à faire. Merwan lui conseilla de faire
venir sur-le-champ les quatre personnages susdits, avant qu'ils fussent instruits de la mort de Moawiah, et de les
inviter à prêter serment de foi et hommage à Iezid. Il ajouta que s'ils refusaient, il fallait à l'instant leur faire
trancher la tête; que ce moyen expéditif était le seul parti à prendre pour
prévenir des troubles interminables.
Walid resta consterné, versa des larmes, et déplora la triste nécessité que
lui imposait l'ordre de son souverain.
Merwan lui représenta l'inimitié de la
maison d'Ali contre celle d'Omeyyah,
et les guerres civiles qu'une conduite
peu énergique ne manquerait pas de
faire naître parmi les Musulmans. Il
ajouta qu'il fallait également tout
craindre de l'ambition d'Abdallah-ben-
Zobaïr (*). »

Cependant le fils de Zobaïr était
sur ses gardes, car il connaissait déjà
la mort de Moawiah. « Passant dans les
rues de Médine, après la prière du soir,
il avait rencontré Abdallah-ben-Saad,
sous les ordres duquel il avait servi
en Afrique, et qui avait le visage
complétement enveloppé, en sorte
qu'on ne lui voyait que les yeux.
L'ayant toutefois reconnu, il l'aborda,
lui demanda ce qu'il avait fait depuis
l'époque de leur séparation, et en quel
état il avait laissé le khalife; ne recevant aucune réponse, il ajouta: « Eh
quoi! le prince des croyants serait-il
mort? » Cette question n'ayant été
accueillie que par un froid silence,
Abdallah s'était hâté de venir trouver
Hoçaïn, lui avait communiqué sa con-

(*) Voy. le *Nouveau Journal asiatique*
t. IX, p. 319 et 320.

lecture, l'engageant à réfléchir promptement sur le parti qu'il voulait prendre. Il ajouta qu'il avait fait disposer des chevaux dans sa maison, et qu'il allait convenir d'un rendez-vous, dans le cas où ils parviendraient à endormir la vigilance de leurs ennemis. Abdallah avait à peine quitté Hoçaïn qu'il reçut un message qui l'invitait à se rendre auprès du gouverneur Walid-ben-Atabah. Il obéit et trouva chez cet officier Hoçaïn et Merwan. On lui annonça officiellement la mort de Moawiah ; il répondit en prononçant la formule : Nous devons tous retourner auprès de Dieu. — Invité par Walid à reconnaître Iezid en qualité de khalife, il répondit : « Je n'ignore pas que ce prince a conservé contre moi quelque ressentiment de ce que, durant la vie de son père, j'ai refusé de le reconnaître pour héritier du trône. Si donc je fais aujourd'hui la démarche qu'on me demande, Iezid ne manquera pas de supposer que j'ai agi par contrainte, et cette soumission ne le flattera pas autant que je le désire ; mais attendons le matin, et réunissons la multitude, afin que la prestation du serment ait lieu avec toute la solennité possible. » Merwan, regardant Abdallah, dit à Walid : « C'est bien là ce que j'avais annoncé ; si cet homme sort d'ici, on ne le verra plus. » Abdallah voulant, à quelque prix que ce fût, détourner l'attention de cet homme clairvoyant, s'approcha de lui et lui adressa un reproche plein d'aigreur. Une querelle s'engagea, et tous deux finirent par se prendre aux cheveux. Walid se leva pour les séparer : « Eh quoi ! lui dit Merwan, au lieu de te rendre médiateur entre nous, que ne donnes-tu un ordre à tes gardes ? » Walid répondit : « Je sais ce que tu veux dire, mais je me garderai bien de suivre ton conseil. » Puis, s'adressant à Abdallah : « Tu es libre, lui dit-il, de te retirer où tu voudras. » Abdallah prit la main de Hoçaïn, tous deux sortirent ensemble et se rendirent à la mosquée. A leur arrivée dans le temple, ils se séparèrent, et chacun alla de son côté faire sa prière. Les émissaires du gouverneur venaient les épier, et le bruit qu'ils faisaient en marchant sur les cailloux, trahissait leur approche jusqu'au moment où la voix des deux amis cessa de se faire entendre. Tous deux reprirent alors le chemin de leur demeure. Abdallah, qui avait tout disposé pour sa fuite, monta à cheval, sortit de sa maison par une porte de derrière, trouva Hoçaïn à l'endroit qu'il lui avait assigné comme rendez-vous, et cette même nuit ils prirent le chemin de la Mecque.

« Leur départ fut à peine connu de Walid que, furieux de se voir pris pour dupe, il dépêcha trente hommes, montés sur des dromadaires, à la poursuite des fugitifs. Ils étaient atteints, s'ils avaient suivi la route ordinaire, mais ils s'avançaient par des sentiers détournés vers le but de leur voyage, et les gardes de Walid revinrent à Médine sans avoir pu retrouver leurs traces. Ne pouvant donc se venger sur eux, le gouverneur donna du moins l'ordre d'arrêter leurs partisans, parmi lesquels on distinguait Abdallah-ben-Moti, parent du khalife Omar ; mais quelques-uns de leurs amis eurent l'audace de forcer les portes de la prison et de mettre en liberté les captifs. Cependant Abdallah qui, dans ses vues ambitieuses, aspirait à se faire proclamer khalife, ne voyait qu'avec un extrême déplaisir le séjour de Hoçaïn à la Mecque ; il craignait, avec toute raison, la concurrence d'un rival aussi redoutable qui, par sa naissance et ses qualités personnelles, devait réunir en sa faveur les suffrages des vrais Musulmans. Toutefois il dissimulait avec le plus grand soin ; il se rendait chaque jour auprès de Hoçaïn, le comblait d'égards et de marques de déférence, lui laissait le soin de faire la prière, et écoutait attentivement ses discours et ses conseils. Sur ces entrefaites, Hoçaïn avait reçu des lettres des habitants de Coufa, qui le pressaient vivement de venir se mettre à leur tête, promettant de le reconnaître pour khalife et de faire déclarer en sa faveur toute la population de l'Irak. Le fils d'Ali, ébranlé par ces offres séduisantes, songea sérieusement à tenter l'entreprise. Abdallah-ben-Zobaïr saisit avec empressement cet espoir de demeurer seul maître de la Mecque : « J'ignore, dit-il à Hoçaïn, quel motif nous engage à laisser des usurpateurs jouir tranquillement du fruit de leurs intrigues, tandis que nous, fils de ceux qui ont accompagné le prophète dans sa fuite, nous avons au pouvoir suprême des droits incontestables. Pour toi, que prétends-tu faire ? » Hoçaïn répondit qu'il avait dessein de partir pour Coufa et de se rendre aux vœux de ses partisans et des hommes distingués qui l'appelaient dans cette ville. Abdallah se hâta de répondre : « Si je comptais comme toi, à Coufa, un nombre de sectateurs zélés, je ne serais jamais sorti de cette importante cité. » Mais aussitôt craignant que Hoçaïn ne soupçonnât ses intentions secrètes, il ajouta avec un empressement hypocrite : « Si tu te décides à rester dans le Hedjaz et à revendiquer le rang suprême, bien loin de rencontrer en moi un rival, tu y trouveras un auxiliaire plein de zèle et de dévouement. » Lorsqu'il eut pris congé, Hoçaïn dit à ceux qui l'entouraient : « Voilà un homme qui ne désire rien tant au monde que de me voir quitter le Hedjaz ; car il sait fort bien qu'il ne pourrait lutter contre moi dans l'opinion publique, et il espère que mon départ lui laissera le champ libre. » Cependant Abdallah, le fils d'Abbas, vint trouver Hoçaïn et le conjura de ne point entreprendre le voyage de Coufa, lui représentant les périls que devait entraîner une entreprise aussi audacieuse. Mais voyant qu'il ne pouvait le faire changer de résolution, il ajouta : « Si tu quittes le Hedjaz, tu vas combler de joie le fils de Zobaïr, car, tandis que tu es ici, personne ne le regarde. » Abdallah ayant pris congé de Hoçaïn, et passant auprès d'Ebn-Zobaïr, lui dit : « Sois tranquille et satisfait, ô fils de Zobaïr, » puis il récita ce vers : « O alouette de Moammer, l'air est libre pour toi ; ponds, gazouille, becquète tant que tu voudras. Voilà Hoçaïn qui part pour l'Irak et qui t'abandonne le Hedjaz (*). »

Hoçaïn, qui depuis la mort de son frère résumait en lui seul toutes les espérances des Alides, s'était en effet résolu à céder aux instances des habitants de Coufa. Déjà, depuis quelque temps, des messages secrets échangeaient entre les deux villes les promesses et les serments. Moslem-ben-Ocaïl, descendant d'Ali, mais d'une autre femme que Fatimah, et neveu d'Hoçaïn, avait réussi à s'assurer de l'active coopération de trente mille Coufiens, prêts à soutenir par la force des armes les droits du fils d'Ali au khalifat. Iezid, averti de cette ligue puissante, révoqua à l'instant de ses fonctions Noman-ben-Bechir, alors gouverneur de Coufa, et le remplaça par Obéïdallah-ben-Ziad, déjà gouverneur de Bassorah, auquel il enjoignit de s'emparer à tout prix des chefs qui fomentaient la révolte. Le nouveau lieutenant d'Iezid était l'un de ces hommes d'action dont l'énergie augmente avec le danger. Entièrement dévoué au fils du khalife qui avait reconnu pour frère son père Ziad, malgré l'illégitimité de sa naissance, et l'avait ainsi enté sur la plus noble tige des tribus arabes, il ne devait reculer devant aucun moyen de témoigner aux Omeyyades sa reconnaissance. Chargeant des espions de feindre un grand zèle pour la cause des Alides, leur prodiguant l'or afin de donner à ces agents du crédit auprès des conjurés, il parvint à connaître quels étaient les principaux chefs du complot, et fit arrêter, par ses gardes, Hani-ben-Aroua, dans la maison duquel se rassemblaient souvent pendant la nuit les partisans d'Hoçaïn. La détention de cet homme fut à peine connue dans la ville, que sa tribu tout entière s'assembla pour le délivrer. Excité par Moslem qui, voyant la conjura-

(*) Voy. le mémoire sur Abdallah-ben-Zobaïr, publié par M. Quatremère dans le *Nouveau Journal asiatique*, t. IX, p. 323-328.

tion découverte, avait jeté le masque, une grande partie des habitants de Coufa s'étaient rassemblés autour du château et semblaient disposés à l'attaquer de vive force. Il est probable qu'en ce moment la fortune des Omeyyades tenait à un fil bien léger. La moindre hésitation du gouverneur pouvait tout perdre. La garnison était peu nombreuse, et, en fait de révolutions, un premier succès en appelle d'autres. Mais loin de se décourager, Obéïdallah vit dans cette manifestation mal combinée et hâtée par les circonstances, une occasion favorable de faire avorter des plans encore peu mûris. Sous le prétexte de parlementer, il envoya aux hommes les plus considérables du parti des Alides, quelques agents dévoués qui leur représentèrent tout ce qu'ils risquaient en rallumant le feu de la guerre civile. La fortune, la vie de chacun allait de nouveau se trouver compromise, et cela, pour faire révolter une province qui aurait aussitôt à combattre les forces de tout l'empire. Ce raisonnement, présenté avec adresse, l'intérêt personnel habilement exploité dans ce qu'il a de plus intime, agirent avec force sur ces peuples inconstants, dont les passions, soulevées par un souffle, s'apaisent avec la même facilité. L'irritation se calma, les hommes les plus ardents rentrèrent dans leurs foyers, et bientôt Moslem, presque seul, craignant d'être livré par ceux-là même qui tout à l'heure s'armaient à sa voix, sortit de la ville : mais la trahison s'attachait à ses pas. Errant, épuisé par la faim, par la fatigue, il fut obligé d'entrer dans une pauvre habitation, où il espérait rester inconnu. Une vieille femme l'accueillit d'abord avec bienveillance ; il put prendre quelques heures de repos, et dormait d'un profond sommeil lorsque le maître de la maison revint de la ville. Il y avait connu la fuite de Moslem et la riche récompense que promettait Obéïdallah à ceux qui ramèneraient le fugitif. Espérant que le hasard venait de lui livrer l'homme dont on proscrivait la tête, il se hâta de retourner à Coufa, et en ramena quelques cavaliers de la garde du gouverneur, qui se saisirent de Moslem. Conduit à la forteresse, il y fut jeté dans le même cachot que Hani, où ils purent déplorer tous deux, non-seulement le sort qui les attendait, mais la perte de Hoçaïn qui s'avançait alors vers l'Irak, espérant rencontrer de zélés partisans, là où il n'allait trouver que des ennemis implacables. Bientôt on leur fit connaître l'arrêt qui les condamnait à mort, et ils furent décapités sur la plate-forme la plus élevée du château, afin que les habitants de Coufa pussent contempler le supplice auquel s'exposait quiconque refusait de reconnaître les droits d'Iezid.

Cependant, partie de la Mecque depuis le huitième jour du mois de Dhou'l-Hidjah (hég. 60, J. C. 680), la petite troupe des Alides s'avançait dans le désert vers les bords de l'Euphrate. Des parents, des serviteurs dévoués, des femmes, des enfants, formaient la caravane, qui se composait, en tout, de soixante et douze personnes marchant à la mort, en croyant marcher vers un facile triomphe. Ce fut à quelque distance de l'Euphrate que leur illusion se dissipa ; ils se virent entourés par une cavalerie nombreuse, et apprirent de quelques agents fidèles qui pénétrèrent dans leur camp, la perte de toutes leurs espérances. Hoçaïn offrit alors le sacrifice de tous ses droits pour assurer la vie de ses compagnons : « Ou laissez-nous reprendre le chemin de l'Arabie, disait-il, ou rendez aux miens la liberté et conduisez-moi vers Iezid, ou menez-moi sur quelque frontière de votre vaste empire, afin que je puisse consacrer une vie désormais inutile à combattre les ennemis de l'islamisme. » Ces propositions furent envoyées à Obéïdallah, qui les refusa toutes ; il voulait que la troupe entière se rendît à discrétion, et dès lors Hoçaïn ne pensa plus qu'à mourir en vendant chèrement sa vie. C'est un drame touchant que l'histoire de cette dernière lutte dans laquelle une poignée d'Arabes, combattant au nom du petit-fils de leur prophète et presque tous unis entre eux par les liens du sang, tinrent en échec, pendant une journée entière, les forces d'un prince dont le pouvoir usurpé s'étendait alors sur la moitié du monde connu. Dès la nuit qui précéda le jour de l'attaque, Hoçaïn avait fait appuyer l'une à l'autre chaque tente de sa petite caravane, les avait entourées d'un fossé profond rempli de bois, de joncs, de broussailles, et aux premières lueurs du matin, un feu ardent ne devait permettre l'abord du camp que par un étroit passage. Ne s'en rapportant qu'à lui du soin de veiller sur ses compagnons dans cette nuit solennelle, Hoçaïn avait passé de longues heures à la porte de sa tente, les yeux fixés sur le côté par où l'ennemi pouvait seulement tenter une attaque. La fatigue l'ayant à la fin emporté sur sa vigilance, il s'endormit la tête appuyée sur la garde de son épée, et vit en songe le prophète qui lui disait : « Prends patience, Hoçaïn, bientôt tu te reposeras avec nous. » Acceptant cette vision comme le présage d'une mort prochaine, il en fit part à sa sœur Zeïnab, à laquelle l'unissait une vive affection. Cette jeune femme y vit aussi la menace d'une fatale destinée, et ne la reçut pas avec le même courage : « Plût à Dieu, s'écria-t-elle, que je n'eusse pas vécu pour voir cette triste journée ! Ali notre père est mort assassiné ; Haçan notre frère est mort aussi ; faut-il vous perdre encore ! — Nous appartenons à Dieu, répondit Hoçaïn, et nous devons retourner à lui. Mon père valait mieux que moi, et il n'est plus ; mon frère valait mieux que moi, et il n'est plus ; pourquoi me plaindre du sort si je dois les rejoindre ? »

Le jour avait grandi (10° de Moharrem, an de l'hég. 61, de J. C. 680); quatre mille hommes, commandés par Omar-ben-Saad, s'avançaient contre cette petite troupe des Alides, dont tous les hommes en âge de porter les armes, frottés d'huiles parfumées comme les anciens athlètes, et revêtus de leurs plus belles armes, semblaient plutôt se rendre à une fête qu'à un combat désespéré. Tel était l'enthousiasme qui rayonnait sur leur visage, tel était le respect qu'ils inspiraient même à leurs ennemis, que trente Arabes de l'armée d'Iezid désertèrent leur drapeau et vinrent se ranger autour de Hoçaïn pour mourir avec lui. « Eh quoi ! disaient-ils, nous avons appelé parmi nous cet homme, le dernier rejeton de la famille de notre prophète, et non-seulement nous n'avons pas tenu les serments par lesquels nous nous étions liés à lui, mais aujourd'hui nous venons le combattre. Nous lui refusons tout accès à l'Euphrate ; il souffre les angoisses de la soif, faute de cette eau dans laquelle les juifs, les chrétiens, les mages se baignent impunément ; les chiens eux-mêmes vont s'y désaltérer, et nous n'avons pas voulu que le petit-fils de Mahomet pût y mouiller ses lèvres : malheur à nous ! » Les sentiments qu'exprimaient ainsi quelques hommes avaient trouvé tant d'écho dans le cœur des soldats d'Obéïdallah, qu'au moment de l'attaque, tous hésitèrent à se porter en avant. Schamar-ben-Dhou'l-Djaouschan, commandant de la cavalerie, vit le danger d'une telle hésitation ; il prit un arc, et y ajustant une flèche : « Soyez témoins, dit-il, que j'ai porté le premier coup. » Son exemple entraîna les siens et l'action commença. Ce fut d'abord une suite de combats singuliers, où les plus braves guerriers de l'armée du khalife voyant la nécessité de relever le moral des soldats à demi gagnés à la cause des Alides, allaient défier ces fiers ennemis, engageaient avec eux une lutte mortelle, dans laquelle les partisans d'Hoçaïn remportaient presque toujours la victoire. Renonçant alors à un plan d'attaque qui tournait à l'avantage de leurs adversaires, les Coufiens se retirèrent hors de la portée de la lance, et firent pleuvoir sur le petit camp des Alides une grêle de traits qui eurent bientôt démonté tous les cavaliers de Hoçaïn. Mais bien que réduits à combattre à pied, ces braves gens, serrés les uns contre les autres, rendaient coup pour coup, et les Coufiens n'avaient pas encore osé revenir à un combat corps à corps, lorsque du camp d'Iézid les muezzins annoncèrent l'heure de la prière ; Hoçaïn demanda une suspension d'armes et l'obtint. Entouré de ses enfants, de ses sœurs, de ses compagnons, dont le nombre avait déjà beaucoup diminué depuis le matin, il pria, implorant les secours du ciel, puisqu'il n'avait plus rien à espérer sur la terre. Le combat reprit ensuite avec un nouvel acharnement ; mais, cernés de toutes parts, les Alides ne pouvaient plus retarder l'heure du martyre. Jamais cause plus désespérée, toutefois, ne fut défendue avec plus d'enthousiasme. Tous ces fidèles amis du malheur succombèrent l'un après l'autre, immolant chacun de nombreuses victimes à leur vengeance. Bientôt Hoçaïn se trouva presque seul ; un de ses fils, six de ses frères, un grand nombre de ses neveux lui faisaient un rempart de leurs cadavres. A ce moment suprême, ses ennemis n'osaient encore le frapper. Un d'eux cependant, excité par Schamar et moins touché que les autres de la crainte de répandre le sang du prophète, lui porta sur la tête un coup de son épée. Hoçaïn blessé et ne voyant plus autour de lui que les corps mutilés de ceux qui avaient eu toute son affection, renonça à défendre plus longtemps sa vie. Il se retira à la porte de sa tente, prit dans ses bras son plus jeune fils et attendit la mort. Ce fut l'enfant que vint percer une flèche lancée contre le héros, qui jeta vers le ciel le sang de la victime en s'écriant : « O mon « Dieu, si vous nous avez refusé vo- « tre aide, accordez-la du moins à « ceux qui ne vous ont pas encore of- « fensé, et punissez les méchants. » Le soleil s'avançait vers l'occident, et le combat avait duré depuis le matin. Accablé par le poids du jour, la soif, le chagrin, la souffrance, Hoçaïn se leva pour aller puiser quelques gouttes d'eau dans l'Euphrate ; il fut tué sur les bords du fleuve et sa tête fut portée à Coufa, tandis que son corps, foulé aux pieds des chevaux, restait sans sépulture (*).

Le meurtre de Hoçaïn, les outrages prodigués à sa sœur Zeïnab et au seul de ses fils qui ait survécu à la journée de Kerbela (**), ont toujours été considérés par les Schiites ou partisans d'Ali comme l'indigne abus d'un pouvoir fondé sur le mensonge et l'usurpation. C'est en vain qu'Iézid témoigna un vif regret de la mort de son compétiteur, et adressa de sévères reproches à Obéïdallah qui, pendant le combat, n'avait pas respecté le sang du prophète de Dieu, et, après le combat, lui avait envoyé chargées de chaînes les captives échappées au massacre ; son repentir ne l'a pas sauvé de l'exécration des sectateurs du fils d'Abou-Taleb. Hoçaïn est pour eux un martyr, et le dix du mois de Moharrem, anniversaire de la catastrophe qu'ils déplorent, est devenu un jour de deuil, pendant lequel ils cherchent à racheter, par le jeûne ou la prière, le crime dont s'est alors souillé l'islamisme.

Beaucoup des partisans de la maison d'Omeyyah avaient été eux-mêmes douloureusement affectés du triste destin de Hoçaïn. Iézid, voulant distraire les esprits du pénible spectacle des guerres intestines, chercha à ranimer chez les Arabes le goût des expéditions aventureuses et la soif des conquêtes. Salem-ben-Ziad, gouverneur du Khoraçan, fut chargé de pénétrer dans la Transoxane, et Okbah-ben-Nafi qui, après avoir fondé Caïrouan, avait été rappelé par Moawiah du gouvernement de l'Afrique, y fut renvoyé avec ordre de soumettre celles des possessions de l'empire grec qui, sur ce continent, avaient résisté jusque-là au joug de l'islamisme. « Traversant « l'Égypte et la Cyrénaïque à la tête « d'une nombreuse armée, Okbah s'a-

---

(*) Voy. Aboulféda, t. I$^{er}$, p. 384 à 392 ; Tabari, *Version persane*, et Ockley, *Hist. des Sarr.*, t. II, p. 195 à 273.

(**) Tel était le nom de la plaine où les Alides avaient péri. Elle était peu éloignée de Coufa, sur les bords de l'Euphrate.

« vança, dit Nowaïri, jusqu'à la ville « de Baghaïa, située entre Bougie et « Constantine. Il livra sous les murs « de cette cité un combat meurtrier « aux troupes qui y tenaient garnison, « et leur enleva un grand nombre de « chevaux, tels que les Arabes n'en « avaient jamais vu de plus lé- « gers. Les Grecs s'étant retirés dans « le château, Okbah ne voulut pas en « faire le siége, et s'avança sur Malisch, « l'une des places les plus importan- « tes des Grecs en Afrique. Tous les « habitants des alentours vinrent se « réfugier dans les murs de cette for- « teresse ; ils firent ensuite une sortie, « et combattirent avec un tel acharne- « ment, qu'on se croyait arrivé au « jour du jugement dernier ; mais en- « fin ils prirent la fuite, et poursuivis « jusqu'à la porte de leur forteresse, « abandonnèrent à l'ennemi de nom- « breuses dépouilles. Ayant continué « sa marche, Okbah parvint ensuite « jusqu'à Tahart ; au bruit de sa pro- « chaine arrivée, les Grecs s'empres- « sèrent de demander du secours aux « Berbères, qui consentirent à se « joindre à eux. Okbah, de son côté, « ayant harangué ses troupes et leur « ayant représenté la nécessité de « combattre avec courage, les deux « armées fondirent l'une sur l'autre. « L'armée des Grecs fut repoussée ; « Okbah en fit un grand carnage, et « les dispersa loin de la ville. Le gé- « néral musulman ayant ensuite mar- « ché sur Tanger, y trouva un Grec « nommé Julien, homme important « dans sa nation, qui le combla de « présents, de caresses, et lui fit sa « soumission. Okbah l'interrogea sur « l'Espagne, Julien lui répondit : « Elle « est bien gardée. » — Il lui demanda « ensuite de lui servir de guide pour « le mener contre les Grecs et les « Berbères. — « Quant aux Grecs, lui « répondit Julien, tu les as laissés « derrière toi, et en t'avançant davan- « tage tu ne trouveras plus que les « Berbères et leur cavalerie, dont « Dieu seul connaît le nombre ; or, « ces Berbères sont les plus braves de « leur nation. » — Okbah lui demanda « encore quels étaient les lieux qu'ils « habitaient : « Sous-el-Adna, dit Ju- « lien ; c'est là que ces hommes sans « religion se nourrissent de chair im- « pure et boivent le sang de leurs trou- « peaux ; car ils sont plus semblables « à des brutes qu'à des hommes, et « n'ont aucune idée de Dieu. » Okbah « dit alors à ses compagnons : « Mar- « chons contre eux, à la grâce de « Dieu. » — De Tanger, il se dirigea « vers Sous-el-Adna, qui est au midi « de cette ville, et parvint à Tarou- « dant ; arrivé au milieu des tribus, « il les tailla en pièces, et ceux qui « purent échapper s'étant hâtés de « prendre la fuite, il envoya sa cava- « lerie à leur poursuite. De là il péné- « tra jusqu'à Sous-el-Akça, et des « troupes innombrables de Berbères « s'étant rassemblées pour s'opposer à « ses progrès, il leur livra un combat « tel qu'on n'en avait jamais vu d'aussi « acharné. Un grand nombre de Ber- « bères fut tué, et leurs femmes, dont « les Musulmans n'avaient jamais vu « les pareilles, réduites en captivité, « se vendirent sur les marchés d'Orient « jusqu'à mille mithkals, plus ou « moins. Continuant ensuite sa mar- « che et ses conquêtes, Okbah ne s'ar- « rêta que sur les bords du grand « Océan. Ce fut alors qu'il entra dans « la mer jusqu'à ce que les flots vins- « sent baigner le poitrail de son che- « val, et qu'il s'écria : « O mon Dieu ! « tu le vois, si cette mer ne m'oppo- « sait un obstacle invincible, j'irais « dans d'autres contrées encore incon- « nues combattre au nom de l'isla- « misme ceux qui adorent un autre « Dieu que toi (*). »

N'ayant plus d'ennemis à combattre, ayant porté jusqu'à l'Atlantique le triomphe des armes arabes, Okbah reprit le chemin de Caïrouan. Il approchait de Tahouda, et se croyant en sûreté parfaite s'était fait précéder par le gros de son armée, lorsqu'il tomba

(*) Voy. Nowaïri, ms. ar. de la Bibl. roy., n° 702, f° 5, recto et verso. Voy. aussi mon Histoire de l'Afrique sous les Aghlabites, p. 17 à 21.

dans une embuscade qui lui avait été dressée par un Berbère nommé Kacila, chef des deux tribus puissantes d'Aourba et de Beranis. Cet homme, qui avait d'abord paru se convertir à l'islamisme et prêtait aux Arabes un loyal concours, avait conçu contre Okbah une haine violente, dit Ebn-Khaldoun, à cause des humiliations que ce général lui faisait supporter. On en cite comme exemple, ajoute le même chroniqueur, que chaque jour il le faisait venir et lui ordonnait d'écorcher les moutons qu'on tuait pour sa cuisine. Le Berbère avait d'abord voulu s'en excuser et laisser ce vil emploi à quelques-uns de ses serviteurs; mais, le chargeant d'injures, Okbah exigea qu'il remplît par lui-même cet office indigne de lui. Il le fit alors, et comme il essuyait ensuite à sa barbe ses mains remplies de sang, les Arabes qui passaient près de là lui dirent : « Que fais-tu donc là, Berbère? — Ce que je fais, répondit-il, est bon pour le poil. » Un scheikh arabe, qui se trouvait là par hasard et savait interpréter ce langage énergique, leur dit alors : « Le Berbère vous menace. » Mais Okbah, confiant dans sa force et dans ses récentes victoires, ne connaissait pas encore toute l'énergie de ces âmes primitives dont les passions violentes savaient dissimuler et attendre l'heure d'une vengeance qu'elles ne perdaient jamais de vue. En vain Abou-el-Mohadjir, qui avait remplacé Okbah dans le gouvernement de l'Afrique, pendant sa disgrâce, l'avertit plusieurs fois de se méfier d'un homme puissant ulcéré par le traitement qu'il avait subi : soit qu'il ne voulût pas se rendre aux avis d'un rival auquel il pouvait croire quelque ressentiment du triomphe qu'il avait obtenu sur lui, et qu'il menait avec lui comme un otage; soit qu'il se crût trop puissant pour avoir rien à craindre, Okbah négligea toute précaution et tomba dans l'embuscade qui lui avait été dressée par le Berbère. A la vue des tribus ennemies qui l'entouraient de toutes parts, il rendit justice à la générosité d'Abou-el-Mohadjir qui, depuis sa révocation, traité en captif par son successeur, avait tout fait pour le soustraire au sort qui l'attendait. Aussi, dans sa reconnaissance, il lui rendit la liberté et voulut lui faire éviter la mort qu'il allait braver lui-même. Voici comment s'exprime Nowaïri à cette occasion : « Okbah, touché du dévouement d'A-« bou-el-Mohadjir, lui rendit la liberté « et lui dit :—« Va rejoindre les Mu-« sulmans et veille sur eux, car j'ai « résolu de succomber ici martyr de « la foi. » Mais Abou-el-Mohadjir lui « répondit :—«Ton sort sera le mien. » « Alors Okbah récita deux *rika*; puis, « brisant le fourreau de son épée, il « se prépara à combattre. Abou-el-« Mohadjir en fit autant, et tous les « soldats imitèrent leur exemple; ils « descendirent de cheval par ordre de « leur chef et se précipitant sur l'en-« nemi, ils se firent tuer jusqu'au der-« nier en combattant avec vaillan-« ce (*). »

C'est ainsi que ces hommes, également heureux de vaincre ou de mourir, car s'ils triomphent, l'empire de la terre leur appartient, et s'ils meurent, le royaume des cieux est pour eux, implantèrent sur tous les sols leur bannière, rapportant à la seule volonté du Seigneur leurs succès ou leurs disgrâces. Trois cents guerriers d'élite, parmi lesquels se trouvaient plusieurs compagnons du prophète, succombèrent dans cette occasion, et l'effet moral que cette défaite produisit sur les Berbères fut tel, qu'ils vinrent de toutes parts se soumettre à Kacila, lui demandant de marcher contre Caïrouan, où s'était retirée l'armée des Arabes. Zohaïr-ben-Caïs, qui avait succédé à Okbah dans le commandement, voulut en vain maintenir sa position. Attaqué au dehors, inquiété au dedans par des dissensions intestines, il dut renoncer à conserver la ville, et, à la tête de ses troupes, se retira jusqu'à Barca, tandis que les habitants de Caïrouan recevaient Ka-

(*) Voy. Ebn-Khaldoun dans mon Histoire de l'Afrique sous les Aghlabites, et Nowaïri, ms. n° 702, f° 5 v°, et 6 r°.

cila dans leurs murs et se rangeaient sous sa loi (*).

Iézid aurait cherché sans doute à venger l'échec que son armée venait de subir, s'il n'eût été occupé à combattre un ennemi bien autrement dangereux qu'un chef de Berbères. Abdallah-ben-Zobaïr nourrissait depuis longtemps, ainsi que nous l'avons vu, une ambition sans limites. La mort de Hoçaïn eut pour lui le double avantage de le délivrer d'un rival dont les prétentions étaient fondées sur des droits plus réels que les siens, et d'exciter le ressentiment des tribus du Hedjaz, qui ne pouvaient pardonner à la maison d'Omeyyah d'avoir abandonné le séjour des villes saintes pour faire de Damas la capitale de l'empire. Encouragé par l'assentiment des habitants de la Mecque, Abdallah, à compter du jour où la nouvelle du massacre de Kerbela lui fut parvenue, annonça ses prétentions à être traité comme le vrai khalife ou successeur du prophète. Instruit de ce fait par Walid-ben-Atabah, gouverneur de Médine, Iézid crut qu'une simple démonstration suffirait pour ramener le rebelle; il envoya vers lui dix habitants de la Syrie chargés de le conduire à la cour de Damas. Arrivés à la Mecque, les envoyés comprirent toute la difficulté de leur mission : « Qu'avons-nous de commun, toi et « moi ? répondit Abdallah à l'un d'eux « qui l'engageait à le suivre; je suis « ici comme une des colombes de la « Mecque : oserais-tu tuer un de ces « oiseaux ? — Certes, répondit l'envoyé : quel privilége spécial ferait « respecter les colombes de la Mec- « que ? Jeune esclave, continua-t-il , « apporte-moi mon arc et mes flè- « ches. » Ce qui fut exécuté. Alors, « prenant une flèche et la posant au « milieu de l'arc, il la dirigea vers une « des colombes de la mosquée, et se « mit à dire : « Colombe, est-il vrai « que le khalife Iézid est adonné au « vin ? réponds affirmativement, et, « dans ce cas, par Dieu, je te percerai « de cette flèche. Colombe, prétends- « tu dépouiller de la dignité de kha- « life, Iézid fils de Moawiah, te séparer « du peuple de Mahomet, et rester « dans la maison sainte jusqu'à ce que « tu sois livrée à l'insulte et à l'ou- « trage ? si tu le fais, par Dieu, je « vais te percer de ce trait aigu. — « Malheureux, lui dit Ebn-Zobaïr, « crois-tu qu'un oiseau puisse parler? « — Non, dit l'envoyé, mais toi tu « peux répondre; je jure au nom de « Dieu que tu prêteras serment à Ié- « zid, soit de gré, soit de force, ou « que tu verras les drapeaux des Ascharis flotter dans cette vallée ; et « alors je ne reconnaîtrai guère les « grands priviléges que tu réclames « pour ce lieu. — Quoi, dit Ebn- « Zobaïr, le territoire sacré sera « donc livré à la profanation ? — Le « profanateur de ce lieu, répondit le « messager d'Iézid, est l'homme qui « y professe des maximes hérétiques. » « Abdallah, après avoir retenu les dé- « putés en prison pendant un mois, « les renvoya vers le khalife sans les « charger d'aucune réponse (*). »

Irrité du mépris qu'Abdallah témoignait pour ses ordres, Iézid résolut d'avoir raison, par la force des armes, de ce dangereux compétiteur. Deux mille hommes furent envoyés contre lui et repoussés par Abdallah-ben-Safouan, qui les défit complétement. Ce premier succès retentit jusqu'à Médine où, à la suite d'un mouvement populaire, tous les partisans de la maison d'Omeyyah furent chassés de la ville, et bientôt le khalife apprit à Damas que les deux cités saintes obéissaient au fils de Zobaïr. Dans cette circonstance critique, il eut recours au fils de Ziad, à cet Obéidallah, gouverneur de l'Irak, qui avait déployé contre le parti des Alides une si cruelle fermeté. Mais en recevant la lettre qui lui enjoignait de marcher

(*) Histoire de l'Afrique sous les Aghl., par Ebn-Khaldoun, p. 22.

(*) Mém. hist. sur la vie d'Abdàllah-ben-Zobaïr, par M. Quatremère, membre de l'Institut, Nouveau Journal asiatique, t. IX, p. 336.

contre la Mecque. Obéïdallah s'écria : « Quel sort m'est donc échu en partage! j'ai égorgé les enfants du prophète, et maintenant j'irais porter la guerre contre la maison de Dieu ! » Résolu à se soustraire au pénible devoir qu'on lui imposait, il écrivit au khalife qu'une maladie grave l'empêchait de sortir de chez lui, et le commandement de l'armée fut donné à Moslem-ben-Okbah. Ce chef vint mettre le siége devant Médine; Abdallah-ben-Handalah, qui commandait la garnison, fit une sortie dans laquelle il avait confié le commandement de la cavalerie à Fadhl-ben-Abbas, le plus courageux des nombreux descendants d'Abd-el-Mottalib. Abdallah-ben-Moti, à la tête de la tribu des Koréischites, attaqua si vivement l'armée des Syriens, qu'il la mit tout d'abord en déroute. Fadhl, suivi de ses cavaliers, pénétra jusqu'à la tente où Moslem, retenu par une dangereuse hydropisie, était couché sur un lit de douleurs. Un esclave gardait la porte : Fadhl lui fend la tête d'un coup de sabre et s'écrie qu'il a tué Moslem. A sa voix, le vieux général oublie ses maux, s'arme, monte à cheval, rallie ses troupes, porte à Fadhl un coup de lance qui l'étend sans vie sur le sable, et arrachant la victoire aux habitants de Médine, les ramène vers les murs de leur cité. Abdallah-ben-Handalah espère du moins l'arrêter au pied des remparts, mais il tombe percé de flèches; les Syriens pénètrent dans la ville et l'inondent de sang. Plus de quatre mille Médinois périrent sous leurs coups, et c'est à cette occasion que Moslem reçut le triste surnom de *Mousrif* ou le prodigue, par allusion au sang qu'il avait fait verser.

Ce combat, appelé par les Arabes la journée de Harrah, avait été livré le mercredi vingt-huitième jour du mois de dhou'l-hidjah, l'an 63 de l'hégire (an de J. C. 682). La nouvelle en parvint à la Mecque le premier de moharrem de l'année 64, et elle jeta dans une grande consternation tous les partisans du nouveau souverain du Hedjaz. Si le farouche vainqueur eût pu conduire à cette nouvelle conquête ses troupes encore enivrées de leur récent triomphe, peut-être le fils de Zobaïr eût-il dû descendre du trône où il venait à peine de monter; mais Moslem était mort sur la route de Médine à la Mecque. Hacin-ben-Nomaïr, auquel il laissa le commandement, n'inspirait pas aux soldats la même confiance; d'ailleurs la marche des troupes fut retardée par la mort de leur chef. Abdallah avait donc eu le temps d'approvisionner la ville et d'appeler à lui les tribus du Hedjaz. Ce fut le 27 du mois de moharrem que les Syriens investirent la place. Pendant tout le mois de safar ils continuèrent leurs attaques, battant les murs avec des machines de guerre sans parvenir à les ébranler. C'était sur la colline d'Abou-Kobaïs qu'étaient placés la plupart de ces engins de destruction. Un soldat abyssin, qui les manœuvrait, fit pleuvoir sur la Caaba des vases remplis de bitume allumé, qui eurent bientôt brûlé les voiles sacrés dont elle était couverte. Mais, suivant la chronique, la punition suivit de près le sacrilége; tandis que le soldat était occupé à son œuvre de destruction, un vent violent s'étant élevé repoussa contre lui les flammes qu'il allait lancer, et dans l'incendie qui consuma toutes les machines il fut brûlé avec dix de ses compagnons. Suivant un autre récit (*), les assiégés eux-mêmes auraient été la cause involontaire de cette profanation. Une nuit où l'ouragan sévissait avec une extrême violence, Abdallah crut entendre, au milieu des mugissements du vent et des coups redoublés du tonnerre, des voix retentir sur la montagne. Craignant une attaque des Syriens, il fit élever un fanal au haut d'une lance pour servir de signal à ses soldats; le fanal, emporté par le vent, alla tomber sur la Caaba, dont il embrasa les voiles. En vain on voulut arrêter l'incendie; l'édifice resta debout, mais à moitié brûlé et chancelant sur sa base. Ab-

---

(*) Tiré du Kitab-el-Aghani, t. I, f° 194 recto, par M. Quatremère.

dallah, se prosternant alors et voulant assumer sur sa tête la responsabilité de ce triste présage, s'écria : « Vous savez, ô mon Dieu, que cet accident funeste n'est pas l'effet de ma volonté. Ne faites pas périr vos serviteurs en punition de ma faute; me voilà devant vous, faites de moi ce qu'il vous plaira. »

Chaque jour rendait la position d'Abdallah plus critique, et après un siége de plus de deux mois il commençait à désespérer de son salut, lorsqu'il reçut, par un Arabe du désert, la nouvelle que le khalife était mort à Damas, le quinzième jour du mois de rebi de l'année 63 de l'hégire. Cet événement inattendu suspendit toute attaque de la part des assiégeants, et après une conférence entre Abdallah et Hacin-ben-Nomaïr, le chef des Syriens, ce dernier reprit, avec son armée, la route de Damas.

En effet, Iézid, à peine âgé de trente-trois ans, venait de mourir, n'ayant pas encore accompli la quatrième année de son règne. Ce prince, dit Aboulféda, était d'une taille élevée; ses yeux noirs et vifs animaient un visage marqué de petite vérole, qu'encadraient des cheveux bouclés et une barbe élégante. Il avait eu pour mère Maïçoun, fille de Bahdl, de la tribu des Benou-Kelb, et il avait passé avec elle une partie de son enfance chez ces Arabes nomades auprès desquels il avait acquis cette pureté du langage, cette facilité d'élocution, ce goût de la poésie, qui sont l'apanage de presque tous les hommes du désert, mais qui passaient alors pour distinguer plus particulièrement les Kelbites. C'était cet enthousiasme de la poésie, naturel aux gens de sa tribu, qui avait occasionné la disgrâce de Maïçoun et son éloignement de la cour de Damas. Elle récitait un jour des vers dans lesquels le poëte avait célébré les charmes de la vie du Bédouin et ses formes élégantes, sa taille élancée, les opposant aux plaisirs artificiels du citadin appesanti par le séjour des villes. Moawiah, ayant cru voir dans ce chant du désert une critique indirecte de son énorme corpulence, renvoya sous la tente des Benou-Kelb la jeune mère et son fils (*).

Aussi Iézid se faisait-il souvent l'application des vers suivants qu'il aimait à réciter :

« Je nourris donc un espoir trompeur, ô mon père, en me flattant que « tes richesses sont aussi les miennes ?

« A quel baudrier attacheras-tu ton « glaive quand tu t'es privé des forces « du fils qui te restait pour le porter ?

« Avec quel fer pourras-tu frapper « tes ennemis, quand tu as toi-même « ôté à ta lance sa pointe acérée ?

« Pour moi, pauvre, je n'importune « pas le riche ; riche, je partage avec « le pauvre. Si ma demeure ne me « convient pas, je suis prompt à la « quitter.

« Mon cœur est rempli d'audace; « aucun danger ne m'effraye quand ma « main est armée de mon épée (**). »

Ces vers avaient été composés par Djérir, alors qu'il était tout jeune, et n'avait pas encore conquis la brillante réputation qu'il eut plus tard. A l'avénement d'Iézid, Djérir vint à Damas et se présenta au palais du khalife, espérant que sa qualité de poëte lui en faciliterait l'entrée. « Le khalife, lui répondit-on, ne reçoit que les poëtes dont il a pu apprécier les productions. — Eh bien, répondit Djérir, dites au commandeur des croyants que celui qui demande à être introduit en sa présence est l'auteur de la pièce de vers où un fils reproche à son père l'abandon dans lequel il le laisse. » Iézid n'eut pas plutôt appris la présence du poëte, qu'il le fit venir près de lui, lui fit revêtir des habits d'une grande richesse, et lui assigna la pension dont il récompensait à sa cour les littérateurs les plus distingués.

Cette libéralité envers les poëtes, ce goût de la poésie, inhérent à sa nature et à ses habitudes d'enfance, sont à peu près les seules qualités que lui reconnaissent les historiens.

(*) Voy. Annales moslem., t. Ier, p. 398.
(**) Kitab-el-Aghani, t. II, fol. 121 verso, traduction de M. Caussin de Perceval.

La mort de Hoçaïn, la destruction des Alides, les excès que commirent ses soldats dans les villes saintes, lorsqu'il eut à combattre les prétentions d'Abdallah à la couronne, lui ont mérité, aux yeux des dévots musulmans, des reproches d'impiété et de cruauté. Ne faudrait-il pas toutefois tenir compte, dans leur appréciation, des circonstances critiques au milieu desquelles il se trouva? Ce qu'il y a de certain, c'est que le goût du luxe, si fréquent chez les hommes d'une nature vive et poétique, s'introduisit sous son règne à la cour de Damas, apportant avec lui ce mélange de bien et de mal qui en résulte toujours pour les peuples chez lesquels il pénètre.

*Abdallah-ben-Zobaïr, Moawiah II, Merwan, Abd-el-Melik.*

La mort de Iézid ouvrit aux prétentions d'Abdallah une ère nouvelle. Il prit hautement le titre de khalife, et tous les hommes influents qui se trouvaient à la Mecque vinrent lui prêter serment de fidélité, le saluant du titre de commandeur des croyants. Bientôt Médine suivit l'exemple de la Mecque : Merwan-ben-Hakim, qui la gouvernait au nom des khalifes de Damas, fut obligé de s'enfuir en Syrie avec son fils Abd-el-Melik et tous les hommes qui de loin ou de près tenaient à la famille des Omeyyades, tandis qu'Obaïd-Allah-ben-Zobaïr, frère d'Abdallah, venait, au nom de ce dernier, prendre possession, comme gouverneur, de la ville du prophète. Tous les Arabes du désert, ceux de l'Irak, du Yémen, l'Égypte, une partie de la Syrie, se tournèrent du côté du nouveau khalife, et la dynastie d'Omeyyah, qui n'avait encore donné que deux souverains à l'Arabie, fut alors sur le point de périr. A Iézid avait succédé son fils Moawiah; mais ce jeune homme, dont l'extrême douceur et la scrupuleuse probité s'effrayaient de la tâche qui lui était imposée, ne put se résoudre à s'en charger longtemps. Trois mois après son avénement, disent les uns, ou quarante jours seulement, disent les autres, il assembla les principaux personnages de l'État, et leur parla ainsi : « J'ai résolu de descendre du trône; mais, moins heureux qu'Abou-Bekr, je n'ai pas trouvé un Omar que je pusse désigner comme mon successeur; moins heureux qu'Omar, je ne vois pas autour de moi des hommes auxquels j'ose confier la tâche de choisir un chef à l'empire. C'est donc à vous que ce soin appartient : cherchez le plus digne et donnez-lui la couronne (*). » Il se retira ensuite dans son palais, et ne survécut que peu de temps à son abdication.

Merwan-ben-Hakim, l'ancien secrétaire d'Othman, fut alors choisi pour khalife par ceux des Syriens qui étaient restés fidèles aux descendants d'Abou-Sofian. C'était lui qui était gouverneur de Médine lors des premiers efforts d'Abdallah pour s'emparer du pouvoir, et il avait alors été obligé de fuir honteusement une ville qu'il ne pouvait défendre. On dut croire qu'Abdallah allait trouver en lui un ennemi implacable; mais il était d'un âge déjà avancé, et la perspective d'une longue guerre, dont on ne pouvait prévoir l'issue, l'effraya tellement, qu'il fut sur le point d'acheter la paix par une soumission complète, renonçant à un pouvoir qu'il ne devait conserver qu'au prix du sang de bien des fidèles. Sans les encouragements de son fils Abd-el-Melik, d'Obaïd-Allah-ben-Ziad, gouverneur de Bassorah, d'Amrou-ben-Saïd, il aurait écouté la voix d'une timide prévoyance; mais ces hommes, dont l'énergie était soutenue par l'ambition, lui représentèrent qu'il était devenu maintenant le chef des Koréischites et ne pouvait sans honte abandonner les droits des enfants d'Omeyyah. Vaincu par leurs instances, Merwan ne pensa plus qu'à combattre le rival auquel il avait été sur le point de se soumettre, et rassembla treize mille soldats. Les partisans d'Abdallah étaient commandés par Dahak-ben-

---

(*) Aboulféda, Ann. moslem., t. I<sup>er</sup>, p. 402.

Kaïs, et se composaient en grande partie d'Arabes appartenant aux tribus de Kaïs, de Modhar, de Nezar et de Kodaah : ils formaient par leur réunion une armée de près de soixante mille cavaliers.

Les deux partis se rencontrèrent à Merdj-Rahet, dans la campagne de Damas, et les Omeyyades remportèrent une victoire complète. « Si l'on en croit un historien, dit M. Étienne Quatremère, Merwan ne dut son succès qu'à la perfidie. Obaïd-Allah-ben-Ziad, qui se trouvait dans son armée, lui représenta que Dahak, ayant sous ses drapeaux une armée aussi nombreuse qu'aguerrie, ne pouvait être vaincu que par la ruse ; qu'il fallait lui proposer un traité, et, lorsqu'on aurait endormi par de fausses espérances un ennemi trop crédule, tomber sur lui à l'improviste. Merwan, approuvant ce conseil, députa vers son rival pour l'inviter à une conférence. Dahak et les Arabes de Kaïs supposèrent que Merwan allait reconnaître pour khalife Abdallah-ben-Zobaïr. Dès que Merwan les vit sans défiance, il tomba sur eux et les tailla en pièces; le général lui-même fut tué par un Arabe de la tribu de Taïm-Allat. Vers le même temps, Noman-ben-Beschir, qui commandait dans Hamat et qui soutenait la cause d'Abdallah-ben-Zobaïr, fut massacré par la population de cette ville (*). »

Un tel succès livrait à Merwan toute la Syrie : il se hâta d'entrer à Damas, prit possession du palais d'Iézid et épousa la veuve de ce prince, à laquelle il restait encore un fils trop jeune pour porter une couronne qu'il fallait défendre le sabre à la main. Merwan, pour rallier à lui tous les partisans de la famille d'Abou-Sofian, promit d'adopter ce jeune homme qui s'appelait Khaled, et de le choisir comme successeur, de préférence à son propre fils Abd-el-Melik, l'aîné de ses enfants. Étant ainsi parvenu à rassurer ceux des Omeyyades qui voyaient dans son avénement une atteinte portée à la légitimité, il ne pensa plus qu'à reconquérir les provinces qui obéissaient encore à son rival. Déjà il avait envoyé à Aïlah, au fond du golfe Élanitique, son fils Abd-el-Aziz à la tête d'un corps de troupes qu'il destinait à la conquête de l'Égypte, et bientôt il partit lui-même pour guider son armée victorieuse vers cette riche province. « Abderrahman-ben-Djahdam, qui gouvernait le pays au nom d'Abdallah-ben-Zobaïr, ayant appris l'arrivée prochaine de l'ennemi, se disposa à repousser cette invasion, et fit creuser, dans l'espace d'un mois, un fossé profond qui environnait la ville de Fostat. Merwan vint camper près d'Aïn-Schems ; Abderrahman, de son côté, sortit pour le combattre. Les deux partis en vinrent aux mains, et luttèrent un jour ou deux avec un grand carnage et sans aucun succès décisif ; mais, tandis que les armées étaient aux prises, Amrou-ben-Saïd, à la tête d'un détachement des troupes de Merwan, ayant tourné le camp ennemi, arriva devant Fostat et se rendit maître de cette ville. Abderrahman chercha alors son salut dans la fuite. Merwan, étant entré dans la capitale de l'Égypte, donna le gouvernement de cette province à son fils Abd-el-Aziz, après avoir destitué Abderrahman. Il s'empara du trésor, et supprima les distributions d'argent qui s'étaient faites jusqu'alors. Il reçut le serment de fidélité de tous les habitants. Des Arabes de la tribu de Maâfer, au nombre de quatre-vingts, ayant refusé de se soumettre, le vainqueur leur fit trancher la tête. Abdallah, fils d'Amrou-ben-el-As, qui habitait Fostat, étant venu à mourir le jour de la conquête, les troubles qui agitaient la ville ne permirent pas de porter son corps au cimetière, et il fut enterré dans sa propre maison. Merwan fit trancher la tête à Okaïdar-ben-Hamman, le principal chef de la tribu de Lakhm, qui avait été un des meurtriers du khalife Othman. Après avoir installé son fils Abd-el-Aziz

---

(*) Voy. le Nouveau Journal asiatique, t. IX, p. 419-420 ; et Aboulféda, Ann. moslem., t. I<sup>er</sup>, p. 406.

comme gouverneur de l'Égypte, et lui avoir confié tout à la fois l'autorité civile et financière, il reprit le chemin de la Syrie. Avant son départ, il donna à son fils les avis les plus sages, et lui recommanda de traiter les Égyptiens avec une extrême douceur (*). »

On ne peut concevoir comment Abdallah-ben-Zobaïr, dont la brillante valeur s'était déployée sur tant de champs de bataille, n'ait plus combattu en personne lorsqu'il s'agissait pour lui de conquérir un trône. Si, à la mort d'Iézid, il avait marché contre la Syrie; si sa présence était venue ranimer ses nombreux partisans, il est probable que les Omeyyades n'auraient pu résister à son ascendant; mais il semblait n'avoir eu pour but que de régner sur les villes saintes. Maître de la Mecque et de Médine, il ne les quitta plus, et ne sut pas comprendre que si l'empire tout entier ne lui appartenait pas, on saurait plus tard lui en arracher jusqu'à la dernière province. Dès qu'il s'était vu paisible possesseur de la Mecque, il avait pensé à réédifier le temple de la Caaba, qui avait été presque entièrement détruit pendant le siège de la ville. La première proposition qu'il en fit aux Mecquois ne fut pas accueillie. Il fallait raser ce qui restait de l'édifice pour l'élever de nouveau, et l'idée de porter une main sacrilége sur ces saintes murailles effrayait les superstitieux habitants du Hedjaz. Résolu de vaincre leurs préjugés, Abdallah annonça qu'il assumait sur lui toute la responsabilité, et commencerait seul l'œuvre qu'il voulait accomplir. Telle était la terreur dont les esprits étaient frappés, que les habitants sortirent de la ville et allèrent attendre à Mina, pendant trois jours, la catastrophe que devait attirer sur leur cité un si grand sacrilége. Ce ne fut qu'au bout de ce temps qu'ils furent entièrement rassurés, et vinrent aider Abdallah à raser les murs jusqu'aux fondements. Le temple fut ensuite reconstruit avec un luxe dont les nouvelles conquêtes des Arabes leur fournissaient des éléments jusqu'alors inconnus pour eux. Sanâ fournit la chaux, le plâtre, des mosaïques apportées autrefois par les Abyssins, et des colonnes de marbre; les portes furent recouvertes de lames d'or; on mêla le safran au plomb qui reliait entre elles les diverses parties de l'édifice; les voiles qui le dérobaient aux yeux des profanes et qui jusqu'alors étaient en étoffe de laine, furent tissus en soie et imprégnés de parfums précieux. On avait fait venir de la Perse et de l'empire grec d'habiles ouvriers : ce sont eux, dit-on, qui introduisirent les premiers le goût de la musique dans le Hedjaz.

La reconstruction du temple de la Caaba fut achevée dans la soixante-sixième année de l'hégire (de J. C. 685), et, cette même année, vers le mois de ramadhan, mourut le khalife de Syrie Merwan-ben-Hakim, âgé de soixante-trois ans, dont il n'avait régné que neuf mois. Il avait promis, à l'époque de son avénement, ainsi que nous l'avons dit plus haut, de choisir pour son successeur Khaled, fils d'Iézid, et, comme garantie de sa promesse, avait épousé la veuve de ce dernier; mais il ne put se résoudre à priver de la couronne son fils Abd-el-Melik, dont les qualités semblaient d'ailleurs annoncer aux Arabes un chef digne de leurs brillantes destinées. Il le fit reconnaître comme khalife quelque temps avant sa mort, et s'attira ainsi la haine de sa femme, la mère de Khaled, qui, selon quelques historiens, l'empoisonna ou l'étouffa sous des oreillers. Si sa mort fut l'effet d'un crime, ce crime ne profita pas du moins à ses auteurs. Tous les Syriens prêtèrent hommage à Abd-el-Melik, et ce prince se trouva sans obstacle maître des provinces qui avaient obéi à son père, c'est-à-dire de la Syrie et de l'Égypte.

L'empire arabe se trouvait alors divisé entre trois rivaux qui exerçaient chacun un pouvoir indépendant sur quelques contrées du grand territoire

---

(*) M. Étienne Quatremère, *loc. laud.*, p. 420-421.

islamique. Abd-el-Melik, comme nous venons de le dire, était le khalife reconnu par les habitants de l'Afrique, de l'Égypte et de la Syrie; Abdallah-ben-Zobaïr régnait en Arabie; l'Irak, sur lequel il avait d'abord exercé sa puissance, venait de lui échapper, et, soulevé par un chef habile nommé Mokhtar, qui se portait vengeur de Hoçaïn et des Alides, refusait de reconnaître l'autorité d'Abd-el-Melik, comme celle du fils de Zobaïr. Ce n'était pas en son propre nom que Mokhtar avait ranimé les restes d'un parti qui bien des fois encore devait jouer un rôle important dans l'histoire des khalifes. Il avait agi au nom de l'imam Mohammed, fils d'Ali, qui devait à sa mère le surnom d'Ebn-Hanefiiah. Ce descendant d'une famille illustre vivait à Médine dans la retraite : ce fut probablement contre son gré que Mokhtar se servit de son nom pour s'emparer de Coufa et soulever de nouveaux troubles dans l'islamisme; mais les persécutions que lui attirèrent les succès de ses partisans l'obligèrent, ainsi que cela est arrivé plusieurs fois, à se jeter dans les bras de ceux qu'il avait désavoués d'abord. Profitant d'un pèlerinage qu'il fit à la Mecque, Abdallah le fit saisir avec ses compagnons de voyage, presque tous ses parents, et voulut l'obliger à le reconnaître comme le véritable successeur du prophète. Ne pouvant méconnaître à ce point les droits que lui assurait sa naissance, et quoique décidé à ne pas les faire valoir par la force des armes, Mohammed-ben-Hanefiiah demanda un délai d'une année. « Pas seulement une heure, » répondit Abdallah; mais les assistants s'écrièrent qu'il fallait fixer un terme de deux mois. Abdallah y consentit, sous la condition que Mohammed et ses parents, au nombre de sept, seraient enfermés dans une petite maison attenante au puits de Zemzem. Il leur signifia que si, après le délai convenu, ils persistaient dans leur refus, il les ferait livrer aux flammes; et, pour leur montrer que sa menace ne serait pas vaine, il fit entasser autour de leur prison une immense quantité de bois, en sorte qu'une étincelle devait suffire pour allumer l'incendie et les réduire tous en cendre. Une garde fut placée devant la maison. Cependant Ebn-Hanefiiah, voyant le temps s'écouler et n'ayant aucun espoir de délivrance, prit le parti d'écrire à Mokhtar pour implorer son secours. Celui-ci, charmé de se voir recherché par un homme dont il se disait le client, jura de sauver Mohammed par un coup hardi qui étonnerait Abdallah-ben-Zobaïr. Il choisit un corps d'élite composé de mille cavaliers, à la tête desquels il mit trois chefs nommés Abou-Abdallah, Djadeli et Abou-Tofaïl. Il leur distribua une somme de trente mille pièces d'argent et les divisa en plusieurs bandes, leur recommandant de s'avancer avec une extrême circonspection, dans la crainte qu'Abdallah, instruit de leur marche, ne se hâtât de réaliser sa menace : du reste, comme l'eau et les fourrages avaient été fort abondants cette même année, l'entreprise présentait toutes les chances de succès. Le premier escadron parut à l'improviste sous les murs de la Mecque, avant qu'Abdallah eût pu faire aucun préparatif de défense. Il ne fallait plus que deux jours pour atteindre l'expiration du terme que celui-ci avait fixé.

« Les soldats de Mokhtar pénétrèrent dans la ville en s'annonçant comme vengeurs du meurtre de Hoçaïn. Ils étaient armés de bâtons, ne voulant pas tirer l'épée sur le territoire sacré. Ils brisèrent la porte de la maison du puits de Zemzem et délivrèrent Ebn-Hanefiiah, qui, de son côté, leur défendit expressément d'engager un combat dans l'enceinte consacrée par la religion, et de tuer personne, à moins que ce ne fût pour défendre leur vie. En effet, sans causer aucun désordre, il sortit de la ville à la tête de ses partisans qui faisaient retentir les airs d'imprécations contre le fils de Zobaïr, et se retira au lieu nommé le défilé d'Ali. Son parti allant toujours croissant, il eut bientôt sous ses ordres un corps de quatre mille hommes, et se vit en état de braver toutes les attaques. Abdallah avait fait arrêter Haçan, fils de Mohammed, et l'enferma dans la prison d'*Arem*, qui était un lieu sombre et malsain : il avait dessein de le faire périr ; mais le jeune homme parvint à s'échapper, et, suivant des chemins détournés au travers des montagnes, il alla rejoindre son père.

« Sur ces entrefaites, Abd-el-Melik-ben-Merwan, ayant rassemblé une armée de quatre-vingt mille hommes, la mit sous les ordres d'Obaïd-Allah-ben-Ziad, qui s'avança vers l'Irak dans l'intention d'accabler Mokhtar et de marcher ensuite contre Abdallah-ben-Zobaïr. Ses troupes étaient déjà arrivées à Mausel ou Mossoul, lorsque Iézid-ben-Anes, envoyé par Mokhtar, remporta sur elles un avantage marqué. Mais ce général étant mort immédiatement après sa victoire, Mokhtar fit partir, pour le remplacer, Ibrahim-ben-Malek-Aschtar. À peine ce dernier avait-il quitté Coufah, que les habitants de cette ville se soulevèrent contre Mokhtar. Celui-ci, ayant cherché, par des propositions captieuses, à endormir les rebelles, afin de gagner du temps, dépêcha en hâte un courrier monté sur un dromadaire, afin d'engager Ibrahim à rebrousser chemin et à marcher vers Coufah. Celui-ci, ayant obéi sur-le-champ, arriva à l'improviste, fondit sur les rebelles, en tua une partie, et fit huit cents prisonniers ; sur ce nombre, deux cent cinquante, qui avaient figuré dans la guerre contre Hoçaïn, furent condamnés à avoir la tête tranchée. Ibrahim, voyant les troubles apaisés, sortit de Coufah pour aller combattre l'armée de Syrie. Étant venu camper à cinq parasanges de Mausel, il attaqua l'ennemi et le défit complétement. Obaïd-Allah et tous les chefs de l'armée d'Abd-el-Melik restèrent sur le champ de bataille ; leurs têtes, apportées à Coufah, furent envoyées par Mokhtar à Mohammed-ben-Hanefiiah, qui voulut d'abord les faire exposer à la vue du public ; mais Abdallah-ben-Zobaïr l'ayant appris, s'y opposa, et fit rendre à ces têtes les honneurs de la sépulture. Il ne pouvait voir sans un vif chagrin les triomphes de Mokhtar qui avait soumis à son autorité toute la province de Coufah jusqu'à Madaïn, le Diar-Rebiah et le Diar-Modar, c'est-à-dire, la Mésopotamie.

« Mokhtar, pressé par les reproches de Mohammed-ben-Hanefiiah et des autres Schiites, qui l'accusaient d'avoir embrassé leur parti plutôt par politique que par conviction, et de montrer à l'égard des ennemis de la famille d'Ali une indulgence coupable, se fit donner une liste de tous ceux qui avaient pris part au combat de Kerbelâ, puis les fit périr successivement jusqu'à ce qu'il n'en restât plus un seul. Il poussa la rigueur, ou plutôt la cruauté, jusqu'à faire égorger Omar-ben-Zaad, qui avait épousé sa fille, ou, suivant d'autres, sa sœur. Scheïth-ben-Rebi et Mohammed-ben-Aschaath, étant parvenus à échapper au carnage, se réfugièrent à Basrah, auprès de Mosab-ben-Zobaïr, qui gouvernait cette ville au nom de son frère Abdallah, et le pressèrent de porter la guerre contre Mokhtar.

« Mosab n'était alors rétabli que depuis quelque temps dans son gouvernement, dont Abdallah, effrayé de ses prodigalités, l'avait brusquement rappelé. Ce prince, en effet, remarquable par ses talents et sa beauté, ne reculait devant aucun sacrifice lorsqu'il s'agissait de ses plaisirs. Il avait épousé à la fois deux femmes distinguées par une naissance illustre, Aïschah, fille de Talhah, et Sakaïnah, fille de Hoçaïn et petite-fille d'Ali. La première, qui avait eu pour mère Omm-Kelthoum, fille d'Abou-Bekr, avait d'abord été mariée à son cousin Abdallah, petit-fils du même Abou-Bekr. Ensuite elle épousa Mosab, qui lui assigna pour dot une somme de cent mille pièces d'or ; c'était la femme la plus belle de son temps, et jamais elle ne couvrait son visage d'un voile devant qui que ce fût. Mosab lui faisant un jour des reproches à ce sujet, elle lui dit : « Dieu m'ayant douée d'une « beauté parfaite, je veux que tous les

« hommes la voient, afin qu'ils jugent
« de la supériorité que j'ai sur eux
« sous ce rapport. Je me garderai
« bien de me cacher sous un voile, car
« ma figure n'offre pas un défaut qui
« puisse être l'objet des plaisanteries
« de personne. » Elle était d'un caractère difficile, comme toutes les femmes de la tribu de Taïm. Étant un jour fâchée contre son mari Mosab, elle avait juré qu'elle ne lui parlerait pas ; en conséquence, elle se plaça dans une chambre haute, où elle fit porter tout ce dont elle pouvait avoir besoin. Mosab employa inutilement toutes sortes de moyens pour lui faire rompre le silence : il la fit solliciter par Ebn-Kaïs-Rokiah : comme ce dernier la pressait beaucoup, elle lui demanda ce que deviendrait son serment ; il lui répondit qu'elle n'avait qu'à consulter Schabi, le plus grand jurisconsulte de l'Irak. Schabi, ayant été amené chez elle, lui protesta qu'un pareil serment devait être regardé comme non avenu. Aïschah, de son côté, déclara que l'homme qui l'avait déliée de ses scrupules ne devait pas sortir de chez elle sans avoir reçu une marque de sa reconnaissance, et elle fit remettre à Schabi une somme de quatre mille pièces d'argent. Un jour, Mosab entra chez elle, portant huit perles qui valaient vingt mille pièces d'or ; elle était endormie et toute couverte de parfums : Mosab se fit un plaisir de la réveiller et de lui répandre ces perles sur le sein ; mais elle protesta qu'elle aurait préféré son sommeil à ces bijoux.

« Mosab ne pouvait obtenir ses caresses qu'après avoir essuyé de sa part des querelles violentes et avoir été contraint de la frapper. Il se plaignait un jour à Ebn-Abi-Ferwah, son secrétaire, qui s'engagea, si son maître voulait le laisser faire, de réduire cette femme à son devoir. Mosab déclara qu'il l'autorisait à agir comme il le voudrait ; « car, ajouta-t-il, je n'ai rien tant à cœur au monde. » Le secrétaire se présenta une nuit chez Aïschah, accompagné de deux nègres, et demanda à être introduit. « Eh quoi ! dit Aïschah, à une pareille heure ? — Oui, dit Ebn-Abi-Ferwah, il faut que j'entre. » Lorsqu'il fut entré, il commanda aux deux nègres de creuser dans cet endroit une fosse. La jeune esclave qui servait Aïschah, ayant demandé ce qu'il prétendait faire, il répondit : « Je suis chargé d'une commission fâcheuse pour ta maîtresse : l'émir m'a recommandé de l'enterrer toute vive ; car c'est de tous les hommes le plus prompt à commettre un meurtre. » Aïschah, effrayée, s'écria : « Accorde-moi un délai afin que j'aille trouver Mosab. — Non, dit le secrétaire, cela est impossible. » En même temps il enjoignit aux deux nègres de continuer à creuser. Aïschah, voyant que la chose était sérieuse, se mit à pleurer et s'écria : « Quoi donc ! Ebn-Abi-Ferwah, tu vas me faire périr sans que je puisse échapper à la mort ! » Il répondit que c'était un point décidé, et ajouta : « Mon maître pourra un jour être puni de Dieu ; mais actuellement il est en colère, et la fureur le met hors de lui. » Aïschah, ayant demandé quel était le motif de cette colère, il répondit : « Parce que vous repoussez constamment ses caresses, il se persuade que vous le haïssez et que vous avez des inclinations pour un autre, et ce soupçon le jette dans le délire. » Elle le conjura d'aller intercéder pour elle auprès de son maître ; il déclara qu'il avait peur d'être égorgé. Alors elle se mit à fondre en larmes, ainsi que tous ses esclaves. Le secrétaire déclara qu'il se sentait attendri et qu'il consentait à exposer sa vie ; « mais, ajouta-t-il, que dirai-je à mon maître ? — Tu peux, lui dit-elle, promettre en mon nom que désormais je ne ferai plus rien qui puisse lui déplaire. » Le secrétaire ayant demandé quelle serait sa récompense, elle l'assura que tant qu'il vivrait, elle lui témoignerait sa reconnaissance, et le lui promit avec serment. Ebn-Abi-Ferwah dit alors aux deux nègres de laisser là leur ouvrage. Il se rendit auprès de Mosab, lui apprit le succès de sa démarche, et l'engagea à exiger d'Aïschah des serments formels. Elle y consentit, et depuis ce moment elle ne lui donna aucun sujet de plainte. La seconde femme de Mosab fut Sokaïnah, fille de Hoçaïn et petite-fille d'Ali : elle joignait à une rare beauté des talents et une éloquence admirables ; sa maison était le rendez-vous des littérateurs et des poëtes. Elle épousa Mosab, qui lui assigna pour dot un million de pièces d'argent. Elle eut de lui une fille nommée Rebah ; elle la couvrait de perles et disait : « Je ne l'en pare qu'afin de faire voir qu'elles ne brillent point auprès de ma fille (*). »

Abdallah-ben-Zobaïr, en apprenant de quel prix son frère payait l'amour d'une femme, le rappela près de lui, et confia le gouvernement de Bassorah à un de ses fils nommé Hamzah, qui avait tous les défauts de Mosab sans avoir ses brillantes qualités. Aussi fit-il bientôt regretter son prédécesseur, et les plaintes, qui de tous côtés parvinrent à Abdallah, faisant craindre à ce khalife de voir la ville de Bassorah échapper à son pouvoir, il rappela son fils et rendit à Mosab les fonctions dont il l'avait privé. Ce fut alors (an de l'hég. 67) que plusieurs habitants de Coufah, poursuivis par Mokhtar comme ennemis des Alides, échappèrent à sa vengeance et vinrent chercher un refuge auprès du frère d'Abdallah, qu'ils engagèrent à marcher contre leur persécuteur. Mosab écrivit à la Mecque, et fit part à son frère des circonstances nouvelles qui pouvaient favoriser la conquête de Coufah. Abdallah saisit avec empressement cette espérance, et enjoignit à Mohalleb-ben-Abi-Safrah, l'un des chefs les plus influents de l'Irak, de se joindre à Mosab pour combattre Mokhtar. Tous deux marchèrent sur Coufah, dont les habitants, sous les ordres de Mokhtar, sortirent à leur rencontre. Les deux armées en vinrent aux mains près des murailles de la ville, et les Coufiens, vaincus, se retirèrent à l'abri de leurs remparts. Mokhtar voulut les ramener au combat ; mais les cruautés dont il s'était rendu coupable lui avaient aliéné toute affection : bientôt il se vit contraint à se renfermer avec quelques troupes fidèles dans le château, où il fut assiégé à la fois par l'armée de Mosab et par les habitants eux-mêmes, heureux qu'ils étaient d'échapper à sa tyrannie. Au bout de quelques jours, les troupes de Mokhtar, privées de vivres, souffraient toutes les horreurs de la famine. On parla de se rendre, et on voulut contraindre Mokhtar à demander une capitulation ; mais cet homme énergique avait résolu de ne pas survivre à sa défaite. Il fit une sortie à la tête de quelques compagnons qui voulaient partager son sort et tomba percé de coups. La garnison se rendit alors à discrétion, et Mosab, excité par les plaintes des habitants de Coufah, la fit passer au fil de l'épée : elle se composait encore de six mille hommes.

Tous les Coufiens et les habitants de l'Irak se soumirent dès lors à Abdallah-ben-Zobaïr, auquel ils prêtèrent serment d'obéissance dans la personne de son frère, et Mosab, ayant ainsi terminé sa glorieuse campagne, se rendit à la Mecque vers la fin de l'année 67, pour y accomplir la cérémonie du pèlerinage. Il reçut d'Abdallah, comme récompense de ses succès, le gouvernement de l'Irak, et, continuant à faire de Bassorah sa résidence, il donna à Harith le gouvernement de la ville de Coufah. Abdallah-ben-Zobaïr était ainsi arrivé à l'apogée de sa puissance, et la mort de Mokhtar, en abattant le parti des Alides, lui inspira assez de courage pour qu'il osât intimer à l'imam Mohammed-ben-Hanefiiah l'ordre de se soumettre ou de sortir de la Mecque. Préférant l'exil au désistement des droits qu'il croyait tenir de sa naissance, Mohammed se retira à Taïef, en appelant sur la tête du fils de Zobaïr les malédictions de Dieu ; et l'un des personnages les plus éminents de l'islamisme, Abdallah, fils d'Abbas, renonçant au serment de

---

(*) Extrait du Commentaire sur le Hamasah de Tebrizi, par M. Ét. Quatremère, Nouv. Journ. asiat., t. X, p. 47-50.

fidélité qu'il avait, tardivement il est vrai, prêté à Abdallah-ben-Zobaïr, alla rejoindre le fils d'Ali dans son exil : tant était grande la vénération qu'inspiraient encore les descendants de celui qui avait été le premier disciple et le fils d'adoption du prophète.

Vers le même temps, le poëte Farazdak, l'un des hommes qui ait le plus illustré l'ancienne littérature arabe, se rendait à la Mecque et faisait intervenir le khalife dans les querelles qu'il avait avec sa femme Newar. Comme cette aventure est intéressante sous le rapport de la connaissance des mœurs de cette curieuse époque, nous en emprunterons le récit à M. Caussin de Perceval. « Newar, fille d'Ayan, fils de Sassaa, était cousine germaine de Farazdak. Elle avait perdu son père lorsqu'elle fut demandée en mariage par un jeune homme de la famille des Benou-Abdallah-ben-Darem. Trouvant à son gré celui qui la recherchait, elle pria son cousin de conclure pour elle ce mariage. Farazdak ne voulut remplir en cette circonstance les fonctions de tuteur qu'à une condition : il exigea que Newar commencerait par jurer qu'elle accepterait pour époux celui qu'il lui donnerait. Newar ayant fait ce serment en présence de témoins, les deux familles furent invitées à la cérémonie du mariage. Les parents du prétendu, qui, suivant quelques auteurs, avait chargé Farazdak de sa procuration, vinrent en si grand nombre qu'ils remplissaient la mosquée des Benou-Medjachè à Bassorah, que Farazdak habitait alors. Quand tout le monde fut réuni, Farazdak s'avança et prit la parole. Il rendit à Dieu des actions de grâce; ensuite il dit : « Vous « tous qui êtes ici présents, vous savez « que Newar s'est engagée par ser- « ment à agréer le choix que je ferais « pour elle; soyez donc témoins de ce « choix. Le mari que je lui donne, « c'est moi-même. Je mérite mieux « que personne le titre de son époux. « Je lui destine pour présent de noces « cent chamelles au poil roux et aux « prunelles noires. » Newar, indignée de cette supercherie, voulait faire rompre ce mariage; mais elle ne trouva pas de cadi dans Bassorah qui consentît à prononcer le divorce entre elle et Farazdak, parce qu'aucune des personnes qui auraient pu attester qu'elle avait été trompée, n'osait rendre ce témoignage. La crainte de devenir l'objet des satires du poëte, leur fermait la bouche. Newar n'en persista pas moins à refuser de reconnaître Farazdak pour son époux, et, afin de se soustraire à ses yeux, elle se réfugia chez les Benou-Kaïs-ben-Acem. Farazdak se vengea de la protection que cette famille accordait à sa femme, en composant quelques vers si mordants contre les Benou-Kaïs, que ceux-ci le menacèrent de le tuer s'il y ajoutait un seul mot. Il cessa de s'attaquer à eux; mais il avait atteint son but, car Newar fut obligée de quitter cet asile. Elle en chercha un nouveau dans une autre famille, du sein de laquelle Farazdak la fit sortir par le même moyen. Il dirigea successivement ses traits satiriques contre toutes les familles qui accueillirent Newar, et la poursuivit ainsi de retraite en retraite sans pouvoir vaincre sa résistance.

Newar, ne trouvant plus de refuge dans aucune maison de Bassorah, résolut de quitter cette ville et de se rendre auprès d'Abdallah-ben-Zobaïr; mais personne ne voulait se charger de la conduire, de peur de s'attirer l'inimitié de Farazdak. Enfin elle s'adressa aux Benou-Necir, famille alliée à la sienne : elle les conjura, par les liens de parenté qui les unissaient, d'être ses protecteurs. Cédant à ses instances et à celles de sa mère, ils consentirent à la mener à la Mecque. Farazdak fut bientôt instruit des circonstances de son départ. Aussitôt il fit un appel à la générosité de quelques habitants de Bassorah, qui s'empressèrent de lui fournir des chameaux chargés de provisions et de l'argent pour sa dépense. Il se mit alors en route en suivant les traces de sa femme fugitive. Mais Newar était parvenue à la Mecque avant son mari, et s'étant présentée à la femme d'Abdallah-ben-Zobaïr, nommée Khaulé, fille de Manzour, elle se mit sous sa protection. Farazdak arriva bientôt après. Sa renommée l'avait précédé, et tout le monde le rechercha avec empressement. Il se logea chez les fils même d'Abdallah, qui prirent grand plaisir à entendre ses vers et sa conversation. Il gagna surtout les bonnes grâces de Hamzah, qui avait été quelque temps gouverneur de Bassorah et dont ses louanges avaient flatté l'amour-propre. Appuyé de leur recommandation, il sollicita Abdallah d'obliger Newar à se réunir à lui. Le khalife parut d'abord disposé à céder à la prière de ses enfants; mais sa femme Khaulé, qui avait beaucoup de crédit sur son esprit et s'intéressait à la position de Newar, le fit changer d'avis. Il répondit un jour aux instances de Farazdak : « Pourquoi « t'obstiner à rechercher Newar, puis- « qu'elle te repousse ? Rends-lui mé- « pris pour mépris, et renonce à tes « prétentions sur elle. » Farazdak vit qu'Abdallah prenait parti contre lui; il témoigna son mécontentement avec véhémence. Abdallah, qui était vif, s'emporta et lui dit : « Ô toi, le plus « méprisable des hommes, qui es-tu « pour parler ainsi ? Qu'est-ce que ta « famille, les Benou-Temim, sinon « une race de bannis ? » Il le fit ensuite mettre à la porte, et dit aux personnes qui avaient été présentes à cette scène : « Cent cinquante ans « avant l'islamisme, les Benou-Temim « osèrent s'emparer du temple de la « Mecque et le livrer au pillage. Les « Arabes se réunirent contre eux pour « les punir de cette profanation sans « exemple, et les bannirent de la con- « trée de Téhama. » Farazdak dit en s'éloignant : « Le khalife ne m'or- « donne de répudier ma femme que « pour en jouir lui-même. » Dans son dépit, il composa contre Abdallah plusieurs épigrammes, et entre autres celle-ci :

« Il n'a pas eu égard à la prière de « ses enfants, mais il a accueilli celle « de la fille de Manzour.

« Une solliciteuse toute nue a bien « de l'avantage sur un solliciteur ha- « billé. »

Abdallah eut connaissance de ces vers et de ce propos. Il en conçut un vif ressentiment. Étant sorti de sa maison le premier jour de dhou'l-hidjèh, revêtu de ses habits de cérémonie, pour aller accomplir ses devoirs religieux, il aperçut Farazdak à la porte de la mosquée. Comme il passait auprès du poëte, il le saisit par le cou et lui courba la tête jusqu'à la mettre entre ses genoux. Après l'avoir ainsi humilié, il eut l'idée de s'assurer un moyen d'échapper à ses satires, et offrit à Newar de la débarrasser à jamais de son mari, soit en l'exilant en pays ennemi, soit en le faisant mourir sous quelque prétexte. Newar rejeta cette proposition. « Eh « bien, lui dit Abdallah, cet homme « est ton cousin, il t'aime : veux-tu « que je sanctionne votre union ? » Farazdak, dans le temps même où il avait employé auprès d'Abdallah l'intercession de ses fils, n'avait pas négligé de plaider lui-même sa cause auprès de Newar. Il lui avait adressé plusieurs pièces de vers pour essayer de la toucher en sa faveur. Soit que le danger auquel les sentiments d'Abdallah exposaient Farazdak eût excité l'intérêt de Newar, ou qu'elle eût fini par être flattée de la constance avec laquelle un homme si justement célèbre la recherchait, soit enfin qu'elle cédât de guerre lasse, elle consentit à reconnaître Farazdak pour son époux.

En conséquence, Abdallah confirma leur union; mais, avant que leur rapprochement fût consommé, il exigea de Farazdak qu'il comptât à Newar dix mille drachmes, pour la valeur du don nuptial qu'il avait promis. Farazdak ne possédait pas cette somme, et ne savait comment se la procurer dans une ville où il était étranger. Il s'informa s'il y avait à la Mecque quelque personnage assez généreux pour le lui fournir. On lui conseilla de s'adresser à Salem-ben-Zyad, qui était alors en prison par ordre d'Abdallah. Farazdak se fit introduire auprès de lui, lui expliqua l'espoir qu'il avait mis dans sa libéralité, et lui récita des vers à sa louange. Salem, après l'avoir entendu, lui dit : « La « somme que tu me demandes, est à « toi, et je t'en accorde une autre pa- « reille pour tes dépenses courantes. » En effet, il fit donner sur-le-champ vingt mille drachmes au poëte. Omm-Osman, femme de Salem, blâma son époux à ce sujet et lui dit : « Peux-tu « bien donner ainsi vingt mille drach- « mes, tandis que tu es en prison ? » En réponse à ce reproche, Salem fit les vers suivants :

« Une femme a eu l'impertinence « de blâmer ce que j'ai fait et de vou- « loir que je sois avare.

« Moi, dont la générosité est le ca- « ractère, je lui ai répondu : Un « homme tel que moi peut-il refuser « un bienfait qui lui est demandé ?

« Trêve de remontrances ! Je ne me « dépouillerai pas de mon naturel ; je « ne cesserai pas de prodiguer mes « largesses ;

« Je ne repousserai point un hôte, « à quelque heure de la nuit qu'il se « présente. Avant moi, mon père n'ac- « cueillait-il pas l'étranger ?

« Eh ! pourquoi deviendrais-je avare ? « Une honteuse parcimonie prolonge- « rait-elle le terme de mes jours ? Non, « pas plus que la libéralité ne hâtera « l'instant de ma mort. »

Farazdak remit à Newar le présent de noces et entra en possession de ses droits d'époux ; mais la paix ne dura pas longtemps entre eux. Ils quittèrent la Mecque pour retourner à Bassorah. Ils voyageaient tous deux sur le même chameau dans un *mahmel*, c'est-à-dire placés chacun dans une espèce de grand panier, et se servant l'un à l'autre de contre-poids. Pendant la route, Newar ne cessait de quereller son mari, parce qu'étant d'une vertu rigide et fort attachée aux devoirs de piété, elle ne pouvait souffrir les sentiments irréligieux de Farazdak. Celui-ci, apparemment impatienté de trouver dans sa compagne un censeur sévère, prit une seconde femme en chemin. Il épousa une chrétienne nommée Hadra, d'une famille d'Arabes nomades qui descendaient du fameux Khaled. Farazdak s'engagea à donner cent chameaux pour présent de noces. La jeune Hadra, comme la plupart des femmes bédouines, dont la vie est active et la nourriture frugale, manquait de ce genre de beauté qui consiste dans la rondeur des formes. Newar, au contraire, élevée dans la mollesse des villes, était amplement pourvue de cette sorte d'appas qu'elle prisait infiniment. Elle fut doublement piquée de l'injure qui lui était faite et du mauvais goût de son mari : « Peux- « tu bien, lui dit-elle, donner cent « chameaux pour obtenir la main « d'une Bédouine aux pieds sales, aux « jambes minces et décharnées ? » Farazdak répondit par ces vers, dans lesquels il faisait allusion à la condition servile de la mère de Newar :

« La jeune fille qui compte Selil et « Abou-Sahma parmi ses ancêtres et « qui sort du sang de Khaled,

« Est bien plus digne d'un riche pré- « sent nuptial que celle dont l'enfance « a été bercée dans le giron des es- « claves.

« La charmante nomade qui repose « sous une tente agitée par le souffle « du Zéphire,

« Est semblable à la tendre gazelle « ou à la perle, objet des vœux du « plongeur ; lorsqu'elle s'avance, on « dirait une nuée éclatante.

« Combien sa taille svelte est plus « agréable à mes yeux que l'embon- « point massif de cette femme qui « nage dans la sueur si les éventails « cessent de rafraîchir l'air autour « d'elle ! »

Newar, pour se venger, eut recours au poëte Djérir, et le pria de faire des vers contre Hadra. Djérir servit parfaitement sa haine ; mais le hasard la servit mieux, car Hadra mourut bientôt. Cette mort cependant ne rétablit pas la concorde entre les deux époux : ils se brouillaient et se réconciliaient alternativement. Newar ne cessait de reprocher à son mari de l'avoir épousée par supercherie : querelles et prières, elle mettait tout en œuvre pour amener Farazdak à lui rendre la liberté. Elle obtint enfin qu'il la répudierait; mais il voulut qu'elle s'engageât à ne point s'éloigner de lui, à ne point prendre d'autre logement que sa maison, à ne pas contracter de nouveau mariage et à lui laisser la gestion de ses biens. Newar consentit à tout ; elle exigea seulement que Farazdak déclarât la répudiation en présence de Haçan-el-Basry. Ils se rendirent chacun de leur côté chez Haçan. Farazdak n'avait amené avec lui que deux de ses amis, qui faisaient profession de réciter ses vers. Newar s'était fait accompagner de beaucoup de monde; mais ses témoins se tinrent cachés dans une pièce voisine, afin de ne pas être aperçus de Farazdak. Haçan-el-Basry demanda aux époux ce qu'ils désiraient de lui. Farazdak lui dit : « Soyez témoin que Newar est répudiée trois fois, » c'est-à-dire irrévocablement; car la loi mahométane, qui permet au mari de reprendre sa femme après une première et une seconde répudiation, ne lui accorde plus cette faculté après une troisième, qu'à une condition très-dure, équivalente à une défense formelle. La femme doit épouser un autre homme : ce nouveau mariage doit être consommé et ensuite dissous, soit par la mort, soit par la volonté du second mari (*). En sortant de chez Haçan-el-Basry, Farazdak dit à l'un de ses deux compagnons nommé Abou-Chafkal : « J'ai du regret de ce que je viens de « faire. — Il est trop tard, » lui répondit son ami. Alors Farazdak composa ces vers :

« J'ai répudié Newar et j'éprouve un
« repentir égal à celui de Kossaï.

« C'était mon paradis, et je l'ai
« quitté; j'ai imité Adam que le sé-
« ducteur a fait sortir du paradis de
« délices.

« Mon malheur est semblable à celui
« d'un insensé qui s'est arraché les
« yeux de ses propres mains et pour
« qui la lumière du jour ne se lève
« plus (*). »

Abd-el-Melik n'avait pas appris sans une vive inquiétude les succès d'Abd-Allah dans l'Irak et la soumission complète de cette province au khalife de l'Arabie. Pressé tout à la fois par le désir qu'il avait de rétablir à son profit l'unité de l'empire, et par les sollicitations des habitants de Coufah et de Bassorah, qui l'appelaient à leur secours pour échapper aux exactions de Mosab-ben-Zobaïr leur gouverneur, ce prince rassembla toutes les troupes que purent lui fournir la Syrie et l'Egypte. Mosab, de son côté, résolu d'aller au-devant de l'ennemi, vint camper près de Masken sur les bords du Dodjaïl, au milieu d'une plaine dont l'étendue permettait à son armée de manœuvrer en toute liberté. Arrivé à trois parasanges du camp de Mosab, Abd-el-Melik, qui avait confié le commandement de son avant-garde à un de ses meilleurs généraux, Hadjadj-ben-Ioucef, fit tenter par des émissaires la fidélité des principaux officiers de l'armée d'Abd-Allah. Plusieurs d'entre eux cédèrent aux promesses du khalife de Syrie et vinrent le trouver pendant la nuit qui précéda le combat. « Mosab, sans se laisser intimider par cette défection, fit ses préparatifs pour une bataille qui, suivant toute apparence, devait être décisive. A la pointe du jour, les deux armées s'ébranlèrent. Mosab avait donné à Ibrahim-el-Aschtar le commandement de la cavalerie qui formait l'avant-garde de son armée, et celle d'Abd-el-Melik était sous les ordres de son frère Mohammed-ben-Merwan. Les deux partis firent des prodiges de valeur, et le combat se prolongea toute la journée : des renforts arrivaient continuellement aux deux généraux. Enfin, à l'entrée de la nuit, Ibrahim était parvenu à repousser Mohammed, dont le porte-étendard resta sur le

(*)V. le chap. De l'Islamisme et du Coran, p. 214.

(*) M. Caussin de Perceval, Notice sur les trois poëtes arabes Akhtal, Farazdak et Djérir. Voy. le Nouv. Journ. asiat., t. XIII, p. 519 à 533.

20e *Livraison.* (ARABIE.)

champ de bataille. Mosab avait envoyé au secours de son général un Arabe nommé Attab-ben-Warka, quoiqu'on lui eût conseillé de ne pas se fier à cet homme, dont la fidélité devait lui être suspecte. En effet, cet officier, jaloux de la victoire qui paraissait devoir couronner les efforts d'Ibrahim, dit à celui-ci, que les soldats étant prodigieusement fatigués, il fallait donner l'ordre de la retraite : « Comment, dit Ibrahim, nos troupes reculeraient en présence de l'ennemi ! » Attab l'engagea à faire du moins retirer l'aile droite. Ibrahim ayant également rejeté cette proposition, Attab, malgré ses ordres, se rendit à l'aile droite et donna le signal de la retraite. Dès que ces troupes eurent quitté leur poste, la gauche de Mohammed fondit sur les rangs ennemis, où la confusion ne tarda pas à se mettre. Les plus braves guerriers de l'armée syrienne dirigèrent leurs efforts contre Ibrahim. Les traits pleuvaient sur lui de tout côté; il les ramassait et s'en servait en guise de lances. Enfin, abandonné de tous ses soldats, renversé de son cheval, il fut accablé par la foule des ennemis, et succomba sous leurs coups : sa tête détachée du tronc fut portée à Abd-el-Melik. Cependant Mosab, inquiet sur le sort de son général, avait ordonné à un corps d'Arabes de voler à son secours; mais ces hommes perfides, alléguant des prétextes spécieux, refusèrent de quitter leur poste. Mosab, dans une perplexité cruelle, demandait à tout moment des nouvelles d'Ibrahim : enfin, il ne put plus douter de son malheur, et sentit que ce désastre allait entraîner la ruine totale de son parti. Dès ce moment, il se résigna à la mort. Au point du jour, Abd-el-Melik ayant quitté son camp, arriva sur le lieu qui avait été le théâtre du premier combat. Là, il reçut la soumission des Arabes de Rebiah, et voulant soustraire Mosab à une mort qui paraissait inévitable, il lui envoya son frère Mohammed-ben-Merwan, pour l'engager à ne pas prolonger une lutte inutile : « Viens me trouver, lui disait-il; non-seulement je te promets « une amitié entière, mais je m'engage « à te faire part de tous les biens que « je possède, sauf le khalifat, qui ne « souffre pas de partage. » Mosab répondit qu'il ne pouvait se rendre auprès d'Abd-el-Melik; que le seul prince des croyants résidait à la Mecque : « Du reste, ajouta-t-il, je suis sous la « protection de Dieu, et je n'en cher« che point d'autre; ou il m'accordera « la victoire, ou je mourrai martyr. » Mohammed alla rendre compte à son frère de l'inutilité de sa démarche. Le combat ne tarda pas à recommencer. La défection se mit dans les rangs de Mosab, qui fut abandonné successivement de tous les Arabes de Modar et du Yémen qui se trouvaient sous ses drapeaux; bientôt il ne vit plus autour de lui qu'un petit nombre de guerriers. Dans cette extrémité, Mosab s'adressa à son fils Isâ qui avait déployé dans cette journée un courage héroïque et lui dit : « Pars, mon fils, « quitte un champ de bataille où tu « ne saurais te promettre aucun suc« cès; va à la Mecque auprès de ton on« cle Abd-Allah, et rapporte-lui quelle « a été envers moi la perfidie des ha« bitants de l'Irak. Dis adieu à ton « père qui n'a plus que peu de mo« ments à vivre. » Isâ lui déclara qu'il ne partirait pas. « Non, dit-il, je ne « m'exposerai pas à entendre les Ko« réischites me reprocher un jour que « j'ai abandonné mon père au milieu « du péril. Je n'oserais jamais pro« noncer votre nom devant eux, et le « mien serait couvert d'un opprobre « éternel. » Mosab lui dit : « Eh bien, « mon fils, puisque tu refuses de me « quitter, précède-moi au tombeau, « afin que ta mort soit pour moi un « sacrifice méritoire. » Le jeune homme, après une longue résistance, vit égorger autour de lui tous ses compagnons; atteint lui-même d'un coup violent, il fut renversé par terre. Un Syrien s'approchait pour lui couper la tête, lorsque Mosab se précipita sur lui. Les Syriens crièrent à leur compatriote de se mettre en défense; mais Mosab le prévint, et l'étendit sur la place : son cheval ayant eu les jarrets coupés, il se trouvait forcé de combattre à pied. Dans ce moment, Obaïd-Allah courut l'attaquer, et les deux champions se chargèrent avec fureur. Mosab reçut un coup d'épée sur la tête ; bientôt il fut couvert de blessures, et enfin un dernier coup le renversa sans vie. Obaïd-Allah lui coupa la tête et vint la présenter à Abd-el-Melik ; à cette vue, ce prince se prosterna pour rendre grâce à Dieu. Au même instant, Obaïd-Allah, mettant la main sur la garde de son épée, la tira presque entièrement du fourreau, dans l'intention de tuer le khalife tandis qu'il était prosterné ; mais rentrant en lui-même, il s'arrêta tout à coup. Dans la suite il répéta souvent : « L'audace n'existe plus parmi les « hommes, puisque j'ai médité un « coup hardi, et ne l'ai point exécuté ; « j'aurais eu l'honneur de tuer dans « l'espace d'une heure Mosab et Abd-« el-Melik. » La mort de Mosab arriva le mardi 13ᵉ jour du mois de djoumada premier de l'an 72. Abd-el-Melik ordonna que les corps de Mosab et d'Isâ reçussent la sépulture, et ils furent ensevelis dans le monastère de Djâthelik (*). »

« Après avoir reçu le serment de fidélité des habitants de l'Irak, Abd-el-Melik se dirigea vers la ville de Coufah et en prit possession sans coup férir. Étant entré le palais, il y fit exposer la tête de Mosab. A cette vue, un des assistants nommé Abd-el-Melik-ben-Omaïr éprouva un frissonnement involontaire. Le khalife lui en ayant demandé le motif, cet homme lui dit : « J'ai vu dans ce même endroit la tête de Hoçaïn placée devant Obaïdallah-ben-Ziad ; ensuite la tête de celui-ci devant Mokhtar ; puis la tête de Mokhtar devant Mosab, et enfin je vois la tête de Mosab exposée devant vous ! » Abd-el-Melik, saisi lui-même d'un mouvement d'horreur, donna ordre de démolir l'arcade qui couronnait la salle. Ce prince séjourna quarante jours à Coufah : pendant ce temps il s'occupa de remplir les engagements qu'il avait contractés dans ses correspondances secrètes avec les habitants. Tous obtinrent la confirmation de leurs emplois, des robes d'honneur, des présents en argent et des donations de propriétés territoriales. Il nomma au gouvernement de Basrah, Khalid-ben-Abdallah, et confia celui de Coufah à Bescher-ben-Merwan, auprès duquel il laissa des hommes sages et prudents pour l'assister de leurs conseils (*). »

Abd-el-Melik reprit ensuite le chemin de la Syrie, non pour s'y reposer de ses victoires, mais pour y préparer les moyens d'aller attaquer son ennemi au centre de sa puissance. La possession de la Mecque était pour Abdallah, aux yeux des Musulmans, un titre dont son rival comprenait toute la valeur. Si ses sujets allaient, à l'époque du pèlerinage, accomplir autour de la Caaba les rites sacrés, ils y entendaient les imprécations prononcées du haut de la chaire par le fils de Zobaïr contre l'usurpateur de Syrie, et ces protestations solennelles ébranlaient les plus dévoués partisans d'Abd-el-Melik. Aussi ce prince avait-il tenté d'élever autel contre autel en faisant bâtir à Jérusalem une mosquée vers laquelle il dirigeait les Syriens lorsque revenait le mois du pèlerinage ; mais il n'en sentait pas moins combien la possession des villes saintes était nécessaire à sa puissance, et il résolut de réunir toutes les forces dont il disposait pour accabler Abdallah. Ce fut Hadjadj-ben-Ioucef qui, par ordre du khalife, prit le commandement de l'armée d'invasion ; et ce général, parti de Damas, traversa le territoire de Médine sans y exercer aucun ravage, puis se rendit à Taïef, où il séjourna plusieurs mois. De cette place, dans laquelle il avait concentré ses forces, il tentait des excursions sur le territoire de la Mecque, et, dans les différents combats auxquels ces tentatives

---

(*) M. Quatremère, Mémoire sur Abdallah-ben-Zobaïr, Nouv. Journ. asiatiq., t. X, p. 78 à 82.

(*) Id. ibid., p. 138-139.

donnèrent lieu, ses soldats eurent presque toujours l'avantage. Il les accoutuma ainsi à l'idée effrayante pour beaucoup d'entre eux, de porter la guerre dans une contrée que les préjugés religieux faisaient considérer comme inviolable; puis, quand il les crut rassurés par le succès, quand il eut reçu de nouveaux renforts, il descendit des hauteurs de Taïef et vint au mois de ramadhan mettre le siége devant la Mecque.

Voici comment M. Quatremère, auquel nous avons déjà fait plusieurs emprunts, raconte dans son savant mémoire sur la vie d'Abdallah-ben-Zobaïr, les derniers moments de ce khalife et la prise de la Mecque : « Abdallah-ben-Zobaïr avait appris avec une profonde douleur la mort de son frère ; cet événement tragique, qui devait lui être, à tous égards, si sensible, portait un coup mortel à sa puissance, et ne lui laissait plus entrevoir qu'un funeste avenir. Si l'on en croit un scoliaste inconnu (*), Abdallah, en apprenant le désastre de Mosab, se contenta de réciter ce vers : « O hyène, réjouis-toi ; dévore et traîne la chair d'un héros qui n'a pu trouver aujourd'hui un défenseur. » Mais suivant le témoignage d'historiens respectables (**), Abdallah tint un langage bien plus convenable à la circonstance et bien plus digne d'un homme à la fois vertueux et résigné. Dès qu'il eut appris cette funeste nouvelle, montant dans le *menber* (la chaire), en présence de ses partisans consternés, il prononça les paroles suivantes : « Louanges à Dieu à « qui seul appartiennent le pouvoir de « créer et la puissance suprême. O « Dieu, vous donnez et vous ôtez l'em- « pire à qui il vous plaît; vous élevez « et abaissez les hommes à votre gré; « mais l'homme qui a pour lui la jus- « tice, n'est jamais humilié, quand

(*) Note marginale sur l'histoire de Mahmoud, par Otbi, Manuscr. de Ducauroy, fol. 31 verso. M. E. Q.

(**) Masoudi, *Moroudj*, t. Ier, fol. 412 recto et verso. — Makrisi, *Moukaffa*, fol. 147 verso. Note de M. E. Q.

« même il se trouverait complétement « seul; celui qui a choisi Satan pour « son protecteur, n'est jamais élevé, « quand même tous les hommes se « réuniraient en sa faveur. Nous avons « reçu de l'Irak une nouvelle qui nous « a tout à la fois remplis de tristesse « et de joie. Mosab a péri sous les « coups de nos ennemis (puisse Dieu « lui faire miséricorde!). La tristesse « est bien légitime lorsque nous nous « voyons privés d'un ami, dont la « mort est pour nous une blessure « cuisante, qui ne laisse à l'homme « sensé que la ressource de la rési- « gnation et de la patience. Ce qui « cause ma joie, c'est que Dieu, en « accordant à mon frère la gloire du « martyre, a voulu lui donner, ainsi « qu'à nous, un témoignage de sa « bienveillance. Les habitants de l'I- « rak sont des hommes fourbes et « hypocrites qui ont trahi mon frère « et l'ont vendu au plus vil prix. Pour « nous, si nous périssons, nous ne « mourrons pas d'hydropisie, comme « meurent les fils d'Alas ; car aucun « d'eux, ni sous le paganisme, ni de- « puis l'islamisme, n'a péri de mort « violente ; pour nous, nous ne pé- « rissons que percés par les lances, « ou succombant sous les coups du « glaive. La vie de ce monde n'est « rien qu'un prêt que nous fait le roi « suprême, dont la puissance ne périra « pas et dont l'empire ne cessera ja- « mais. Si ce monde se livre à moi, je « ne le saisis pas avec l'empressement « d'un homme étourdi et téméraire ; « s'il s'éloigne de moi, je ne pleurerai « point comme un animal insensé. Du « reste, j'implore pour moi et pour « vous le pardon du Très-Haut. »

« Les tristes pressentiments d'Abdallah avaient été bientôt justifiés par les événements, ainsi que nous l'avons vu, et Hadjadj ayant fait le siége de la Mecque, cette ville se trouva bloquée de toutes parts. Le mois de ramadhan se passa, et les mois de schewal et de dhou'l-kadah furent marqués par une suite de combats presque continuels. Une partie des troupes d'Abdallah resta sur le champ de bataille; une autre partie se réfugia dans le Yémen ou à Médine, et il se trouva renfermé dans la Mecque avec environ 2,000 hommes. Le premier jour du mois de Dhou'l-hidjah fut signalé par un engagement meurtrier. Hadjadj plaça sur le mont Abou-Kobaïs des machines de guerre qui lançaient sans interruption des pierres sur la Caaba et sur les quartiers voisins. Ce chef, à la tête de ses partisans, accomplit, cette année, les cérémonies du pèlerinage, si ce n'est qu'il dut renoncer à faire le tour de la Caaba et la course entre Safa et Meroua. Un nombre immense de pieux Musulmans était arrivé à la Mecque pour faire le pèlerinage. Les vivres manquèrent bientôt dans la ville. Les dévots, d'un autre côté, ne pouvaient accomplir les rites prescrits par la religion, attendu qu'Abdallah, qui remplissait les fonctions d'imam, n'osait se rendre à Arafah. Hadjadj fit proclamer qu'ils n'avaient qu'à venir et faire sous sa direction les cérémonies sacrées: les pèlerins refusèrent de se rendre à son invitation. Abdallah, fils du khalife Omar, était arrivé à la Mecque pour le pèlerinage. Il écrivit à Hadjadj une lettre conçue en ces termes: « Si tu ne veux pas attirer sur « toi la colère du Très-Haut, cesse « momentanément de lancer des pier- « res sur la ville; car c'est l'époque « du pèlerinage; c'est ici un mois sa- « cré, et les pierres de tes balistes « empêchent les pieux Musulmans de « faire le tour de la Caaba. » Hadjadj, sensible à ces remontrances, ordonna à ses troupes de ne plus lancer de pierres jusqu'à ce que les cérémonies du pèlerinage fussent terminées. Après quoi, il fit proclamer que les pèlerins étrangers eussent à partir pour regagner leur pays, et que les hostilités allaient recommencer immédiatement.

« Le siége durait depuis plusieurs mois. La ville était en grande partie détruite; une famine terrible la désolait et allait chaque jour en croissant. Les défenseurs de la place avaient, pour la plupart, péri sous le fer de l'ennemi; d'autres avaient fui un lieu qui ne leur offrait pour perspective que la disette et la mort; d'autres enfin, ayant obtenu une amnistie, passèrent en foule dans le camp de Hadjadj. Celui-ci, apprenant l'état cruel où était réduit Abdallah, lui écrivit pour le conjurer de ne pas chercher une mort inutile, mais de céder au sort et d'accepter une capitulation honorable, s'engageant à lui faire accorder toutes les conditions qu'il demanderait; cette proposition fut rejetée avec dédain. Cependant la ville était livrée à toutes les horreurs de la plus affreuse disette. Une poule s'y vendait dix pièces d'argent et un boisseau de dourra vingt dirhems. Abdallah-ben-Zobaïr fit tuer son propre cheval et en distribua la chair à ses compagnons: mais, si l'on en croit plusieurs historiens, cet homme, d'un caractère peu généreux, avait des maisons remplies de froment, d'orge, de dourra et de dattes. Les troupes de Syrie attendaient le moment où leur ennemi aurait épuisé toutes ses ressources. Mais Ebn-Zobaïr conservait ces provisions avec un soin extrême, et n'en distribuait qu'autant qu'il en fallait pour empêcher les siens de mourir de faim. Il prétendait que ses compagnons conserveraient du courage tant que ce magasin de vivres ne serait pas vide.

« Bientôt la désertion se mit parmi ses soldats, qui se rendaient en foule au camp de Hadjadj après avoir obtenu de ce général une amnistie: dix mille hommes environ prirent ce parti. Deux fils d'Abdallah, Hamza et Khobaïb, abandonnèrent leur père, et obtinrent du général ennemi un acte qui leur garantissait la vie sauve. Abdallah dit à son fils Zobaïr: « Hâte-toi, à « l'exemple de tes frères, de solliciter « une amnistie; car, au nom de Dieu, je « désire par-dessus tout voir votre vie « en sûreté. » Le jeune homme protesta qu'il ne consentirait jamais à sauver ses jours aux dépens de ceux de son père. En effet, il continua à combattre avec courage, jusqu'à ce qu'il fût tué sous les yeux d'Abdallah. Celui-ci comptait parmi ses plus braves généraux Abdallah-ben-Safouan. Se voyant sans ressources, il invita cet officier à accepter l'amnistie, déclarant qu'il le dégageait de ses serments; mais cet intrépide guerrier protesta que s'il avait combattu jusqu'alors, c'avait été pour défendre les intérêts de la religion, et qu'il attendrait tranquillement la mort. Le siége avait duré, suivant quelques historiens, six, suivant d'autres, huit mois.

« Cependant Hadjadj, dont le parti grossissait à vue d'œil, avait étendu son armée depuis Hadjoun jusqu'aux portes de la mosquée. Ebn-Zobaïr voyant alors sa perte assurée, se retira dans la Caaba, où il passa la nuit entièrement occupé d'exercices religieux. Dès le matin, entouré d'un petit nombre d'amis résignés comme lui à la mort, il fit sa prière, revêtit son armure et se prépara, sinon à repousser l'ennemi, du moins à vendre chèrement sa vie. Déjà les troupes syriennes entraient en foule dans la mosquée, et un autre corps d'ennemis occupait le passage de la Caaba. Ebn-Zobaïr ayant demandé à ses compagnons à quel pays appartenaient ces soldats, et ayant appris que c'étaient des Égyptiens, il s'écria : « Voilà les « meurtriers d'Othman, prince des fi- « dèles. » En disant ces mots, il fondit sur les ennemis et frappa l'un d'entre eux, dont il coupa l'oreille. Les troupes de Syrie et d'Égypte accoururent en foule pour accabler Abdallah; mais celui-ci, infatigable malgré son âge avancé, portait partout des coups si terribles, qu'il repoussa l'ennemi hors de la mosquée, et mérita l'admiration de ses adversaires eux-mêmes. Cependant les pierres pleuvaient de toutes parts, et les ennemis plus nombreux revenaient à la charge ; en ce moment une pierre lui frappa le front et le couvrit de sang, ce qui ne l'empêcha pas de repousser l'ennemi de la mosquée; puis revenant auprès du petit nombre d'amis qui lui étaient restés fidèles, il leur dit : Jetez les fourreaux de vos épées, et que personne ne demande où est Abdallah; quiconque veut le trouver le rencontrera au premier rang. En même temps il s'écria : « O mon Seigneur, les « troupes de Syrie m'attaquent en « grand nombre, et ont déjà déchiré « une partie des voiles qui couvrent ton « sanctuaire. O mon Seigneur, je suis « faible et pressé de toutes parts; en- « voie tes phalanges à mon secours. »

« Des milliers d'ennemis se précipitaient par toutes les portes. Abdallah s'élança pour les attaquer, mais il se vit accablé sous une grêle de pierres : en même temps un soldat inconnu, ou, suivant un autre récit, un Arabe nommé Ebn-Bahdal (*) le frappa d'une tuile sur la tête et le renversa par terre. Deux de ses affranchis se jetèrent sur leur maître et lui firent un rempart de leurs corps, jusqu'à ce qu'ils périssent sous les coups de l'ennemi. Un Arabe de la tribu de Morad coupa la tête d'Abdallah et la présenta à Hadjadj. Ce général, à la vue d'un trophée qui lui annonçait une victoire complète, se prosterna pour rendre grâces à Dieu. Ensuite ayant fait réunir cette tête avec celles des principaux partisans d'Abdallah, il les envoya à Médine, avec ordre de les porter de là à Damas. Tous les compagnons d'Abdallah se débandèrent et cherchèrent leur salut dans la fuite. Le brave Abdallah-ben-Safouan reçut la mort au moment où il tenait embrassés les voiles de la Caaba. Cet événement tragique eut lieu le mardi quatorzième jour du mois de djoumada premier de l'an de l'hégire 73 (de J. C. 692). Avec Abdallah périrent, entre autres personnages marquants, Abdallah-ben-Moti, Abderrahman-ben-Othman, sans compter une foule d'hommes plus obscurs. Au moment où les troupes de Syrie eurent acquis la certitude de la mort du fils de Zobaïr, elles poussèrent à l'envi le cri : *Dieu est grand*. Ce bruit parvint aux oreilles d'Abdallah, fils du khalife Omar, qui résidait alors à la Mecque. Ce vieillard aveugle et infirme, entendant ces

---

(*) Tebrizi *ad Hamas.*, p. 758. Note de M. E. Q.

clameurs, en demanda la cause, et apprit qu'elles avaient pour objet la mort tragique d'Ebn-Zobaïr : « Hélas ! s'écria-t-il, quel rapprochement extraordinaire ! Ces mêmes Musulmans, qui au moment de la naissance d'Abdallah faisaient, en signe de joie, entendre la formule *Dieu est grand*, poussent aujourd'hui le même cri pour célébrer le martyre de cet homme respectable. »

« Ainsi périt Abdallah-ben-Zobaïr, qui par son courage et ses vertus méritait sans doute un sort moins cruel. Il se distinguait entre tous les Musulmans par sa bravoure, son éloquence et son zèle à accomplir toutes les pratiques, même les plus minutieuses, de la religion. Mais en rendant toute justice au mérite de cet homme, on peut dire qu'il lui manquait plusieurs qualités éminentes qui conviennent à un souverain, et qui étaient surtout nécessaires à l'époque où vivait Abdallah, lorsque la guerre civile déchirait l'empire musulman, et que le trône devait rester au plus digne et au plus heureux compétiteur. Abdallah, ainsi que je l'ai déjà dit, avait pour lui mille chances de succès. A coup sûr ses rivaux ne pouvaient opposer leurs titres aux siens, et il est très-probable que si, au lieu de rester paisiblement à la Mecque, il avait envahi la Syrie avec toutes ses forces, il n'eût pas tardé à détruire les Omeyyades et à se voir reconnu universellement dans toutes les provinces soumises à la domination musulmane. Mais, il faut le dire, Abdallah ne sut pas profiter de tout ce que la fortune avait fait en sa faveur. Le courage personnel ne suffit pas pour un prince ; il faut y joindre l'activité, le talent de gagner les cœurs, et bien d'autres qualités qui manquaient à Abdallah. Un défaut honteux dans un particulier, mais qui chez un souverain présente un caractère complétement ignoble, une avarice sordide eût suffi pour ternir l'éclat des vertus que possédait ce prince. Cette avarice était portée si loin, qu'elle a passé en proverbe chez les Arabes. Les Omeyyades, sans doute, ont bien pu charger le tableau et exagérer les torts d'un homme dont ils avaient à cœur de flétrir la mémoire ; mais l'histoire nous a conservé des anecdotes contre lesquelles il est difficile de s'inscrire en faux. C'est ainsi que pendant le dernier siége de la Mecque, Abdallah, dans l'espérance mal fondée de retenir plus longtemps ses partisans sous les drapeaux, avait ménagé avec une parcimonie odieuse les provisions qui remplissaient ses magasins, et laissé mourir de faim et de misère les hommes qui s'étaient dévoués à la défense de sa cause. Au temps de sa prospérité, il fit un jour donner à Abou-Djehem mille pièces d'argent. Cet homme lui témoigna sa reconnaissance par des remercîments et par des vœux fervents adressés au ciel : « Eh quoi ! lui dit Abdallah, j'ai « appris qu'ayant reçu jadis de Moa- « wiah une somme de cent mille piè- « ces d'argent, tu avais trouvé le don « mesquin, et que tu avais témoigné « ton mécontentement. Comment donc « me montres-tu une telle reconnais- « sance ? » Abou-Djehem répondit : « Cent mille pièces étaient peu de « chose pour Moawiah, et mille sont « beaucoup pour vous. » Abdallah baissa la tête et ne répondit rien (*). »

Avec Abdallah, ce premier né des Mohadjériens (**), de qui l'importance historique dépasse celle que lui ont accordée jusqu'à présent les écrivains occidentaux, disparaissent ces derniers compagnons de Mahomet, qui exerçaient une influence immédiate sur l'islamisme, influence due au respect que ressentaient les Musulmans pour des hommes dont leur prophète avait béni le berceau. Le fils d'Abbas, ceux d'Omar, d'Aboubekr, d'Ali, l'ont précédé ou suivi de près dans la tombe.

(*) Voy. M. Quatremère, Nouv. Journ. asiat., t. X, p. 139 à 163.

(**) Abdallah fut le premier enfant qui naquit à la Mecque de parents mohadjériens ; sa naissance fut un grand sujet de joie pour tous les réfugiés, parce qu'elle démentit une prédiction des Juifs, qui assuraient qu'ils étaient condamnés à mourir sans postérité.

Ce ne sont plus les auteurs du grand drame arabe qui vont figurer sur la scène, plus d'Ansariens, plus de Mohadjériens : les ans, la guerre, les dissensions civiles les ont tous dévorés; mais la tradition qui s'attache à leurs exploits ou à leurs enseignements portera leurs noms d'âge en âge, et éternisera leur mémoire chez les sectateurs de l'islam. A la mort du fils de Zobaïr, les villes saintes perdent aussi l'importance politique que leur a rendue momentanément le rival d'Abd-el-Melik : elles seront toujours saintes et vénérées ; chaque année leurs temples seront visités par des pèlerins qui accompliront avec ardeur et recueillement ce grand acte de la religion mahométane ; mais le mouvement intellectuel et littéraire n'est plus là. Il est à Damas où il se développe avec la conquête, il sera bientôt à Baghdad, et nous essayerons d'en tracer la portée. N'ayant pas toutefois à écrire une histoire du khalifat, nous voyons se resserrer notre cadre. L'Arabie a accompli sa destinée, en rejetant de ses déserts ces armées invincibles qui parcourent le monde avec l'éclat de la foudre et le vol rapide de la pensée : nous allons achever d'en retracer la marche, puis nous apprécierons, d'après le peu de monuments qui nous restent, l'organisation de cet empire immense, héritier du monde romain.

Pendant le dernier siége que venait de soutenir la ville sainte, les machines de guerre placées sur les hauteurs qui avoisinent la Mecque, avaient battu en brèche les murailles de la Caaba, et ce temple vénéré était encore plus ruiné que lorsque Abdallah, quelques années plus tôt, avait résolu d'en relever les murs chancelants. Une fois maître de la place, Hadjadj n'eut pas de soin plus empressé que de réparer le mal qu'il avait causé : il fit fouiller la terre pour retrouver les fondations de la première construction élevée par les Koréischites, et prenant le plan de leur travail pour base du sien, il diminua l'édifice du côté où se trouvait la pierre noire, d'une longueur de six coudées. C'était la troisième fois que le temple changeait de forme depuis la naissance de Mahomet.

Ces soins pieux pris par Hadjadj après son éclatante victoire, mirent le comble à la réputation de ce guerrier. Il s'était élevé par son seul mérite d'une condition servile à la plus haute fortune, et l'obscurité de sa naissance semblait donner plus d'éclat à ses succès. Le premier poëte du temps, Djérir, consacra son triomphe par les louanges les plus délicates; et les vers dans lesquels il célébrait ses hauts faits, excitèrent dans l'esprit d'Abd-el-Melik, malgré l'immense service que ce général venait de lui rendre, un sentiment de jalousie et de dépit qui lui inspira contre le poëte une injuste prévention. « Hadjadj entreprit de la détruire. Il envoya à Damas son fils Mohammed, et le chargea de recommander de sa part au khalife, Djérir qui l'accompagnait. Arrivé à la cour, Mohammed pria Abd-el-Melik de recevoir Djérir ; il essuya d'abord un refus ; mais sans se rebuter, il représenta que le protégé de son père ne pouvait être soupçonné de peu de zèle pour le fils de Merwan : « Commandeur des croyants, lui dit-il, voulez-vous que les Arabes racontent à l'avenir que votre serviteur fidèle et votre glaive vengeur, Hadjadj, a sollicité votre intérêt en faveur d'un poëte que vous aurez renvoyé sans l'admettre en votre présence ? » Abd-el-Melik, cédant à ces instances, fit introduire Djérir. Celui-ci parut aussitôt, et demanda la permission de réciter des vers en l'honneur du khalife : « Ah ! que pourrais-tu dire de moi, lui répondit Abd-el-Melik, après les éloges pompeux que tu as donnés à Hadjadj ? N'est-ce pas toi qui as fait pour lui ce vers :

« Quelle main a étouffé le schisme ?
« Quelle valeur est comparable à la
« valeur de Hadjadj ? »

« Sache cependant que ce n'est point à Hadjadj, mais à la religion musulmane et au khalife que Dieu a prêté son secours. Je devrais te punir de ton audace ; éloigne-toi de mes yeux à l'instant. » Trois jours après, Mohammed fit une nouvelle tentative auprès d'Abd-el-Melik : « Commandeur des croyants, lui dit-il, je me suis acquitté du message de votre serviteur Hadjadj, je vous ai transmis sa prière en faveur de Djérir. L'accueil que vous avez fait à ce poëte, les paroles que vous lui avez adressées l'ont atterré et l'ont rendu la fable de ses ennemis. Vous lui auriez causé une peine moins cruelle en persistant à ne point le recevoir. Je vous conjure par les services de mon père et les miens de pardonner à Djérir les fautes qui ont pu mériter votre colère. » Le khalife consentit de nouveau à faire introduire Djérir; mais il ne voulut pas entendre le panégyrique que celui-ci avait préparé pour lui. « Ne me récite pas d'autres vers, lui dit-il, que ceux que tu as composés à la louange de Hadjadj : tu es le poëte de Hadjadj. » Djérir fut obligé de se conformer à la volonté d'Abd-el-Melik, qui le congédia ensuite sans lui faire aucun présent.

« Le moment approchait où Mohammed devait retourner auprès de son père. Djérir lui dit : « Si je pars sans que le khalife ait écouté mes vers en l'honneur de sa maison, et sans qu'il m'ait accordé une marque de bienveillance, ma réputation est perdue à jamais. Je ne veux pas quitter la cour avant d'avoir atteint le but de mon ambition; va sans moi rejoindre Hadjadj. » Mohammed, résolu de tenter un dernier effort, alla trouver Abd-el-Melik, lui baisa la main et le pied, et obtint que Djérir parût encore une fois devant lui. Lorsque Djérir demanda au khalife la permission de lui réciter son panégyrique, Abd-el-Melik ne répondit pas. « Parle, » dit aussitôt Mohammed, interprétant favorablement ce silence. Djérir commença, et quand il fut parvenu à ce vers :

« N'êtes-vous pas les meilleurs de
« ceux qui montent les chameaux do-
« ciles? Est-il dans l'univers des mains
« aussi généreuses que les vôtres? »

« Abd-el-Melik l'interrompit en disant : « Oui, nous sommes généreux, et nous le serons toujours. » De ce moment une expression de plaisir se peignit sur sa figure; il prêta une oreille plus attentive; il dit à Djérir qui finissait : « Voilà comme nous aimons à être loués. » Ensuite il commanda qu'on lui donnât cent chamelles de la plus belle espèce: « Prince des fidèles, dit Djérir, je crains qu'elles ne s'échappent, si elles n'ont pas de gardiens. — Je t'accorde huit esclaves pour les garder, reprit le khalife.—Il ne me manque plus qu'un vase pour les traire, » ajouta Djérir en regardant de grands vases d'or placés devant Abd-el-Melik. Celui-ci sourit et lui en donna un. Depuis lors Djérir fut compté au nombre des poëtes de la cour du khalife. Une pension de quatre mille drachmes lui fut assignée, et il recevait en outre, chaque fois qu'il allait rendre ses hommages au khalife, des habits d'honneur et divers cadeaux (*). »

La jalousie qu'avaient inspirée au khalife les éloges donnés à Hadjadj par Djérir, prouve tout le prix qu'on attachait à cette renommée, dont les grands poëtes étaient alors, chez les Arabes, les seuls dispensateurs; mais Abd-el-Melik était trop habile pour se priver, par un étroit esprit de rivalité, des services de son meilleur général. Le Hedjaz étant complètement pacifié, il lui confia le gouvernement de l'Irak, du Khoraçan et du Sedjestan, où les Azraki excitaient de grands troubles. Hadjadj eut de nombreuses occasions, dans ce nouveau poste, d'exercer ses talents militaires et son inflexible sévérité. Il réprima par une discipline exacte, par de fréquentes exécutions, l'esprit turbulent des habitants de Bassorah et de Coufah; il combattit à plusieurs reprises un chef habile des schismatiques nommé Schabib, que son courage, son habileté rendaient digne de lutter avec le vainqueur d'Abdallah-ben-Zobaïr. Déjà,

(*) Voy. M. Caussin de Perceval, Notice sur les trois poëtes arabes *Akhtal*, *Farazdak* et *Djérir*; Nouv. Journ. asiat., t. XIV, p. 15 à 18.

moins d'un siècle après l'hégire, des sectes nombreuses s'étaient élevées, sectes qui, sous le manteau de la religion, se recrutaient de tous les factieux, et n'avaient d'autre but que d'échapper au pouvoir de cette double tiare divine et terrestre dont les khalifes prétendaient ceindre leur front. Schabib, chef des Sofrieh (*), et Salah, à la tête d'un parti puissant des hérétiques qui portaient le nom d'Azraki, s'étaient réunis pour soulever l'Irak entier contre les Omeyyades. Les lieutenants de Hadjadj envoyés contre eux eurent d'abord à essuyer quelques défaites ; mais l'habile capitaine s'étant mis lui-même à la tête de nombreux renforts que lui avait envoyés Abd-el-Melik, Salah périt dans un combat, et quelque temps après, Schabib, mis en fuite, se noya en passant le Tigre.

Tandis que Hadjadj réprimait d'une main ferme les troubles qui s'étaient élevés dans les provinces les plus orientales de l'empire, Abd-el-Melik, tournant ses regards vers l'Occident, envoya en Afrique, à la tête d'un corps de troupes considérable, Haçan-ben-el-Nooman-el-Ghaçani. Ce chef avait pour mission de reconquérir cette riche province qui, pendant que toutes les forces du khalife de Syrie étaient dirigées contre le khalife de la Mecque, s'était soustraite au joug des Musulmans. Arrivé à Caïroüan, Haçan marcha contre Carthage dont il s'empara par un assaut, et la détruisit si complétement, dit Ebn-Khaldoun, que les habitants grecs ou francs furent contraints de s'enfuir en Sicile et en Andalousie. Plus tard ils voulurent se rassembler à Setfoura et à Bizerte ; mais il les mit une seconde fois en déroute, et ceux qui purent s'échapper se réfugièrent à Badjah et à Bône, où ils se fortifièrent contre ses attaques (*). Les Grecs une fois chassés des places principales dont ils s'étaient emparés, restaient encore les Berbers, qui, sans faire précisément cause commune avec eux, s'étaient retranchés dans les montagnes de l'Auras (**). Voici en quels termes Nowaïri raconte la guerre de Haçan contre la reine Kahina qui les commandait. « Haçan, « après avoir apaisé les troubles de « l'Afrique, songea à porter la guerre « dans les États de la reine Kahina. « Il avait demandé aux habitants du « pays de lui servir de guides contre « ceux des chefs de tribu dont la « puissance pouvait encore lui porter « ombrage. « Nous devons donc te « guider, lui dirent-ils, contre Kahina, « reine des Berbers qui habitent les « montagnes de l'Auras. Comme elle « est de race berbère, toutes ces tribus « se sont rassemblées autour d'elle « après la mort de Kaçila : elle prédit « l'avenir, et les événements qu'elle « nous a annoncés, nous les avons toujours « vus se réaliser plus tard. » Enfin, « ils vantèrent à Haçan sa puissance, « et lui dirent que si une fois elle « n'existait plus, les Berbers ne songeraient « plus à la révolte. Excité « par ces renseignements à frapper « dans la personne de Kahina le chef « d'une ligue puissante, Haçan se mit « en marche. Dès qu'elle eut appris « que les Arabes venaient l'attaquer, « elle détruisit de fond en comble « la forteresse de Baghaïa, pensant « que leur seul but était de s'emparer « des places fortes ; mais le « chef musulman ne se laissa pas « ainsi détourner de son dessein, et, « continuant à s'avancer vers elle, il la « rencontra sur les bords du fleuve « Nini. C'est là que les deux armées se « livrèrent un combat acharné, dans « lequel les Musulmans furent mis en « fuite, après avoir perdu un grand « nombre des leurs. Les Arabes qui

---

(*) « De la famille de Sarih, issu de Te-
« mim, sortirent Abdallah, fils d'Ibadh,
« chef des hérétiques appelés Ibadhieh, et
« Abdallah fils de Saffar, chef de la secte
« des Sofrieh. » Voy. Ebn-Khaldoun, volume qui traite de l'histoire des Arabes avant l'islamisme, fol. 146 verso.

(*) Voy. Ebn-Khaldoun dans mon Histoire des Aghlabites, p. 24-25.

(**) L'Aurasius des Romains : nos troupes aujourd'hui poursuivent les Berbers au milieu de ces mêmes montagnes.

« tombèrent entre les mains de Ka-
« hina furent traités par elle avec tou-
« tes sortes d'égards, et elle les rendit
« à la liberté, à l'exception de Khalid-
« ben-Iezid-el-Caïci, homme brave et
« éloquent, qu'elle adopta comme son
« enfant. Haçan, fuyant devant les
« vainqueurs, avait quitté l'Afrique, et
« il écrivit à Abd-el-Melik pour lui
« faire connaître les revers qu'il ve-
« nait d'essuyer. Le khalife lui répon-
« dit aussitôt de ne point quitter son
« poste qu'il n'eût reçu des ordres :
« en conséquence, il resta cinq années
« dans le district de Barca et le lieu
« de sa résidence prit le nom de châ-
« teau de Haçan. Pendant ce temps, la
« reine Kahina s'était rendue maî-
« tresse de toute l'Afrique et en trai-
« tait les habitants avec une extrême
« rigueur. Abd-el-Melik se décidant
« enfin à venger la défaite de ses trou-
« pes, envoya à Haçan des soldats, de
« l'argent, et lui ordonna de rentrer en
« Afrique. A cette nouvelle, Kahina
« harangua son armée : « Que veu-
« lent les Arabes ? dit-elle aux Ber-
« bers ; occuper les villes, s'emparer
« des trésors qu'elles contiennent, tan-
« dis que nous n'avons besoin que de
« champs et de pâturages. Nous n'a-
« vons d'autre moyen d'arrêter ces
« hommes avides que de ravager la
« contrée qu'ils convoitent, de ma-
« nière à ce qu'ils perdent tout désir
« de l'occuper. » A sa voix, des hor-
« des de Berbers se répandent de tous
« côtés, partout ils portent la dévas-
« tation. Ils détruisent les villes de
« fond en comble, coupent les arbres,
« emportent les métaux précieux. Ab-
« derrahman-ben-Ziad nous dit à ce
« sujet, que l'Afrique n'était aupara-
« vant qu'une longue suite de villages
« et d'habitations depuis Tripoli jus-
« qu'à Tanger, mais que tout fut dé-
« truit. Aussi, en approchant de cette
« malheureuse province, Haçan vit
« arriver à lui tous les Grecs qui ve-
« naient implorer son secours contre
« les fureurs de la reine ; et leur con-
« cours, dans cette occasion, le remplit
« de joie. C'est ainsi qu'à Cabès, la
« population tout entière vint se sou-
« mettre à lui, tandis qu'auparavant
« elle se renfermait dans ses rem-
« parts à l'approche des émirs. Il plaça
« un de ses lieutenants à la tête de la
« ville, et marcha sur Cafça et Castilia,
« qui se soumirent pareillement. En
« apprenant sa venue, Kahina manda
« près d'elle ses enfants, ainsi que
« Khalid-ben-Iezid, et leur dit : « Je
« dois périr dans la bataille que nous
« allons livrer ; allez trouver Haçan et
« demandez-lui la vie. » Ils y allèrent
« en effet. Le général musulman con-
« fia les enfants de la reine à des per-
« sonnes chargées de veiller sur eux,
« et nomma Khalid au commande-
« ment de la cavalerie : il joignit en-
« suite l'armée de Kahina et engagea
« le combat. La mêlée fut terrible ;
« plusieurs fois les Musulmans se cru-
« rent perdus. Mais Dieu puissant leur
« accorda la victoire. Les Berbers s'en-
« fuirent, après avoir laissé sur le
« champ de bataille un grand nombre
« des leurs, et la reine, qui avait aussi
« pris la fuite, fut atteinte et tuée dans
« le combat (*). » Cette victoire livra
aux Arabes non-seulement les montagnes de l'Auras et les contrées qui en
dépendent, mais le pays tout entier.
L'une des principales forteresses qui
tomba alors entre leurs mains, fut le
bel amphithéâtre élevé par les Romains
dans l'ancienne Tisdra : Kahina en
avait fait une place de refuge, ainsi
qu'on le voit par le passage suivant du
géographe arabe El-Bekri : « Le château
de Ledjem, dit-il, ancien séjour de la
reine Kahina, a un mille de circuit. Il
est bâti en pierres dont chacune a de
longueur vingt-cinq palmes ou environ ; son élévation est de vingt-quatre
toises. Tout l'intérieur est en gradins
par lesquels on monte jusqu'au sommet ; ses portes, disposées par étages
les unes au-dessus des autres, sont
d'une construction extrêmement solide (**). » Il est difficile de méconnaî-

(*) Voy. Nowaïri, Ms. ar. de la Bib.
royale, n° 702, fol. 7, recto et verso, et
mon Histoire de l'Afrique sous les Aghlabites, p. 26-27.

(**) Voy. El-Bekri, traduit par M. Qua-

tre à cette description l'amphithéâtre de Tisdra, l'El-Djemmè du docteur Schaw. Ce voyageur vit encore, au siècle dernier, les beaux restes de ce monument, qui avait dû être autrefois composé de soixante-quatre arcades et décoré à l'extérieur de quatre rangs de colonnes superposées. Ce n'est pas, du reste, la seule fois que ces vastes édifices consacrés par les Romains à leurs plaisirs aient servi de places de guerre pendant l'invasion des barbares au moyen âge. L'une des conséquences les plus importantes de l'heureuse expédition de Haçan contre Kahina, c'est que les tribus berbères se soumirent, pour quelques années du moins, au Kharadj, et que douze mille guerriers choisis parmi elles furent incorporés à l'armée musulmane, pour suivre son chef partout où il lui plairait de porter la guerre.

Pendant que ces faits s'accomplissaient en Afrique, Abd-el-Melik exemptait l'Arabie d'un tribut fâcheux pour elle, en créant un système monétaire complétement arabe, tandis que jusqu'alors les Arabes avaient reçu de l'empire grec ou de la Perse, les monnaies d'or et d'argent nécessaires aux besoins de leurs transactions. Comme cette création a été un sujet de dissentiment entre les orientalistes, nous entrerons à son sujet dans quelques détails. Makrizi, le seul auteur arabe qui ait traité des monnaies musulmanes, et qui malheureusement en a traité d'une manière trop superficielle, rapporte que dès l'an 18 de l'hégire, Omar avait fait frapper des *dirhems* ou pièces d'argent aux mêmes empreintes qui étaient en usage du temps de Cosroes, et de la même forme, si ce n'est qu'il ajouta sur les uns *louanges à Dieu*; sur d'autres, *Mahomet est l'envoyé de Dieu*; sur quelques autres, *il n'y a point de Dieu autre que le seul Dieu*; sur d'autres enfin, *Omar*. Othman, dit le même auteur, imita l'exemple de son prédécesseur, avec cette différence qu'il mit sur ses dirhems la légende *Dieu est grand*. Enfin Moawiah, enchérissant sur eux, fit frapper aussi des dinars ou pièces d'or, sur lesquels il était représenté ceint d'une épée. Cependant ces faits, affirmés par Makrizi d'une manière absolue, ont été rejetés par le plus grand nombre des numismates, qui y voient une contradiction manifeste avec le témoignage de plusieurs autres historiens orientaux, dont le récit attribue à Abd-el-Melik les premières monnaies frappées avec des légendes arabes (*). Il y a déjà vingt-cinq ans à peu près que M. Fræhn fit voir qu'il y avait quelque témérité à nier des faits rapportés d'une manière également précise et circonstanciée, par un écrivain digne d'ailleurs de confiance, et que la contradiction qu'on avait cru remarquer entre son récit et celui d'autres chroniqueurs n'existe plus quand on pèse avec soin les expressions de ces derniers. Ceux-ci n'ont voulu parler que des monnaies vraiment musulmanes, et dont le type n'avait rien de commun avec celles des infidèles; et c'est pour cela qu'ils en ont fixé l'origine à l'an 76 de l'hégire, sous le règne d'Abd-el-Melik. Ils n'ont rien dit, il est vrai, des monnaies d'or et d'argent frappées antérieurement à cette époque par les khalifes, et dont les types étaient presque entièrement empruntés des monnaies grecques et persanes; mais ils n'en ont pas nié pour cela l'existence, et leur silence ne doit pas être interprété comme un témoignage opposé à celui de Makrizi. Toutefois, une réponse bien plus forte que ce raisonnement, et que M. Fræhn oppose aux détracteurs de Makrizi, c'est que nous possédons en Europe un assez grand nombre de ces monnaies frappées par les khalifes antérieurement à l'an 76 de l'hégire; et si l'on s'est refusé à admettre les faits rapportés par cet historien, c'est qu'on a méconnu la nature de ces monnaies, ainsi que l'époque de leur fabrication. En effet, dit M. Fræhn, il est certain qu'il existe

---

tremère (Not. et ext. des man. de la bib. du roi, t. XII, 482.)

(*) Voy., entre autres, Elmacin, *Hist. Sarac.*, p. 64.

des monnaies du khalife Abd-el-Melik, sur lesquelles on voit la figure de ce prince ceinte d'une épée ; et puisque ce fait avancé par Makrizi et qu'on avait regardé comme inconciliable avec la doctrine de l'islamisme est aujourd'hui démontré d'une manière évidente, pourquoi les autres faits rapportés par le même écrivain seraient-ils révoqués en doute? En outre, M. Frœhn paraissait très-porté à croire qu'un certain nombre de monnaies moitié grecques, moitié arabes, qui portent dans leur type une figure humaine et que plusieurs antiquaires ont attribuées à Léon Khazar ou à quelque autre empereur de Constantinople, pourraient bien être du nombre de celles dont parle Makrizi, et qu'il attribue à Moawiah (*).

Depuis le mémoire publié par le savant académicien de Saint-Pétersbourg, M. de Saulcy, dans une suite de lettres adressées à M. Reinaud, s'est occupé à son tour de la numismatique arabe; et comme les historiens de ce pays, quelle que soit leur opinion au sujet des monnaies antérieures à l'an 76, ne parlent que d'espèces d'or ou d'argent, il a recherché quelle pouvait être l'origine de certaines monnaies de cuivre bilingues, c'est-à-dire portant une légende moitié grecque, moitié arabe, dont on trouve quelques échantillons dans les cabinets de l'Europe. « On sait, dit ce savant, que ce qui décida le khalife Abd-el-Melik à fabriquer des monnaies purement arabes, fut l'altercation qu'il eut avec l'empereur grec à propos d'une lettre qu'il avait écrite à ce prince, et qui, commençant par ces mots : *Dis : il est le seul Dieu*,

(*) Voy. l'art. de M. Silvestre de Sacy sur les monnaies des khalifes avant l'an 75 de l'hégire, Journal asiat. t. II, p. 258 à 260, et la dissert. de M. Frœhn, insérée dans le second volume des Mémoires annuels de la société de Courlande, et intitulée : *Die Chosroen-Münzen der Frühern Arabischen Khalifen : eine Ehrenrettung des Arabers Makrisy, von Academiker D<sup>r</sup> Frœhn zu S<sup>t</sup>.-Petersburg*. Voy. aussi le supplément à ce mémoire, inséré dans le Journal asiat., t. IV, p. 331 à 347.

était en outre datée de l'année de l'hégire et contenait le nom du prophète. Le monarque chrétien se scandalisa grandement de la présence de ces formules musulmanes, et répondit aussitôt au khalife, que s'il ne se dispensait à l'avenir de les employer dans ses lettres, lui, chrétien, mentionnerait le prétendu prophète sur les monnaies d'or impériales, d'une manière qui serait peu agréable aux Arabes. L'empereur, dont la susceptibilité eût pu se montrer un peu moins présomptueuse, ne réussit qu'à irriter Abd-el-Melik, qui sur-le-champ assembla ses officiers et tint conseil avec eux sur ce qu'il avait à faire dans cette conjoncture. Iezid-ben-Khaled lui conseilla de frapper monnaie lui-même et de détruire les monnaies impériales. Ceci fut aussitôt exécuté, et celui que le khalife chargea de fabriquer les espèces à mettre en cours fut un juif originaire de la ville de Tayma, et nommé Somaïr. Le nouveau type fut envoyé à Hadjadj-ben-Ioucef, avec l'ordre de commencer dans l'Irak la fabrication de la monnaie. Ce gouverneur se crut obligé d'en envoyer quelques échantillons aux compagnons de Mahomet qui vivaient encore, afin qu'ils pussent les examiner et dire si elles leur paraissaient convenables. L'un d'eux, Saïd-ben-Mosaïb, s'en étant servi sans scrupule, fit connaître ainsi son approbation. Évidemment cette émission était une nouveauté, puisque Hadjadj, ministre de la volonté du khalife dans cette circonstance, pensait devoir consulter les amis de Mahomet, pour savoir si les pièces frappées par son ordre leur paraissaient bonnes à mettre en circulation. D'une autre part, ce fut un juif que l'on chargea du soin de diriger la fabrication des monnaies; très-probablement parce que les Arabes eux-mêmes étaient alors plus guerriers qu'artistes, et se seraient fort mal tirés de cette besogne. Enfin, il n'est nullement question, dans les différents passages des historiens arabes qui traitent de cette matière, de la monnaie de cuivre, de la monnaie du peuple, qu'il fallait pourtant d'abord songer à créer; car, pas plus alors qu'à présent, le morceau de pain de chaque jour ne se payait avec des monnaies d'or ou d'argent. La monnaie du pauvre, voilà celle que toute puissance qui vient de naître se hâte de répandre : la monnaie du riche n'est qu'en seconde ligne.

« Que conclure de tout ceci ? Que, puisque de toute nécessité il fallait une monnaie de cuivre pour satisfaire aux premiers besoins du peuple, cette monnaie existait; que, puisque avant l'émission des monnaies purement arabes, les espèces d'or et d'argent en circulation étaient des monnaies grecques et persanes, ou des imitations de celles-ci, et que de plus, la monnaie vulgaire de cuivre ne pouvait évidemment affluer des confins de l'empire grec ou de la Perse vers les provinces conquises par les Musulmans, en assez grande quantité pour subvenir aux besoins des populations de ces provinces, il fallait nécessairement qu'il y eût sur place une fabrication d'espèces de petite valeur, ou de cuivre; que, puisque ces pièces devaient avoir cours aussi bien chez les Arabes que chez les chrétiens, elles devaient arriver promptement à être munies de légendes mixtes et équivalentes, dont partie serait intelligible pour les uns, et partie pour les autres; qu'enfin il n'y a rien d'étonnant à ce que les chrétiens tributaires aient commencé par frapper des monnaies purement grecques de cuivre, en y plaçant librement des types chrétiens. Mais que bientôt ces monnaies répandues parmi les classes arabes les moins éclairées durent porter des légendes arabes, et recevoir, quand les exigences des vainqueurs devinrent plus grandes, quelques-unes des formules religieuses de l'islamisme (*). »

Toutes ces conclusions, légitimées par l'opinion, motivées plus longuement que nous n'avons pu le faire,

(*) Voy. Lettres sur quelques points de la numismatique arabe, adressées à M. Reinaud par M. de Saulcy, Journal asiat., 3ᵉ série, t. VII, p. 423 à 427.

de numismates érudits, nous portent à résumer ainsi l'histoire des monnaies arabes. Avant Mahomet, les Arabes n'avaient pas de monnaie qui leur fût propre; ils recevaient en échange de leurs produits l'argent frappé à la cour de Constantinople ou à celle des Sassanides, et ces pièces étrangères ayant cours parmi eux servaient amplement aux nécessités de leurs transactions particulières. Quand leurs besoins augmentèrent avec la conquête, et que l'obligation d'organiser un vaste empire leur eut fait sentir la nécessité d'un signe représentatif des richesses qu'ils accroissaient chaque jour, ils imitèrent grossièrement les types qu'ils avaient sous les yeux, et, à l'aide d'ouvriers chrétiens moins habiles qu'ils ne l'étaient eux-mêmes, frappèrent ces monnaies bilingues, où Grecs et Arabes retrouvaient les signes de leur nationalité. Sous Abd-el-Melik seulement, à la suite de l'altercation qui s'était élevée entre ce prince et Justinien II, empereur de Constantinople, ainsi que nous venons de l'exposer, un système de monnaie musulmane, pure de toute formule étrangère, fut créé par le khalife.

Cette création, d'après ce qu'en disent les historiens du Bas-Empire, occasionna une guerre mortelle entre les Arabes et les Grecs. L'empereur Justinien refusa d'accepter la monnaie nouvelle comme payement des redevances auxquelles s'étaient soumis les Arabes, en échange de celles de leurs provinces qui faisaient autrefois partie de l'empire, et envoya au khalife une déclaration de guerre. Un corps nombreux d'Esclavons, qu'il avait autrefois transplanté en Asie, fut armé par ses ordres et entra en Cilicie. Là, ces troupes furent rejointes par Justinien lui-même, à la tête de toute sa cavalerie, qui vint camper auprès de l'antique Sébaste, vis-à-vis de l'île Eléusa. Abd-el-Melik voulant se donner l'avantage d'une feinte modération, publia un manifeste par lequel il protestait de son désir de conserver la paix, et assumait sur la tête de l'ennemi toute la responsabilité des malheurs qu'allait entraîner cette collision. En même temps il faisait des levées considérables, et confiait le commandement de son armée à son frère, Mohammed-ben-Merwan, chef habile et plein de valeur. Ce général se conformant à la politique du khalife, envoya représenter à l'empereur *qu'il se rendait criminel en violant un traité confirmé par son propre serment, et que le bras du Tout-Puissant, suspendu sur les deux nations, allait foudroyer le parjure et combattre en faveur du peuple fidèle*. Cet appel à la modération n'eut d'autre effet que d'exaspérer la colère de l'empereur ; il fit chasser de sa présence le mandataire qui avait osé lui porter ces paroles hautaines, et ordonna le combat. Toujours fidèles à leur système, les Musulmans attachent au haut d'une lance le traité qui va être violé, et marchent sous ce nouvel étendard. Ils étaient inférieurs en nombre, et malgré leur courage commençaient à être ébranlés, lorsque Mohammed fait passer au chef des Esclavons un carquois rempli de pièces d'or. Qu'elles fussent à l'effigie de l'empereur ou à celle du khalife, l'histoire ne le dit pas, mais dans tous les cas leur effet fut instantané. Le chef, gagné à la cause des Arabes, passe de leur côté, entraînant vingt mille des siens. La victoire les suit et abandonne l'armée impériale : l'empereur prend la fuite, arrive sur les bords de la Propontide, et se venge d'une trahison par une trahison encore plus coupable. Il fait saisir les femmes, les enfants des Esclavons qui ont abandonné ses drapeaux, et par son ordre on les précipite du haut d'un rocher dans le golfe de Nicomédie (\*). Quant aux Arabes, ils récompensèrent les transfuges, auxquels ils devaient la victoire, en leur donnant des terres ; ils en établirent sept mille dans les environs d'Antioche et dans l'île de Chypre.

C'est à la suite de ce succès qu'Abd-el-Melik, affranchi de l'espèce de tribut qu'il payait aux Romains, et se voyant l'un des plus puissants princes de la terre, fit faire le dénombrement de tous les habitants de son vaste empire. L'exactitude la plus rigoureuse avait été prescrite à tous les officiers chargés de dresser les rôles : pas un individu, pas un arbre, pas une tête de bétail ne devait échapper à ce recensement, sur lequel le prince voulait baser le revenu de ses nouveaux États. L'opération une fois terminée, il imposa le kharadj, tribut personnel que tous les sujets non mahométans de l'empire devaient payer. Les femmes, les esclaves, les enfants, les infirmes et les moines en étaient dispensés.

Il y avait quatorze ans qu'Abd-el-Melik, seul khalife par la mort d'Ab-Allah-ben-Zobaïr, régnait sur le plus grand empire qui fût alors dans l'univers, lorsqu'il mourut, à l'âge de soixante ans, vers le milieu du mois de schewal de l'année 86 de l'hégire (J. C. 705). C'était jusqu'à son avénement, dit Aboulféda, un homme d'une haute sagesse, d'un jugement sûr, instruit dans l'étude des lois et dans la religion ; mais depuis qu'il fut monté sur le trône, l'amour des plaisirs de ce monde et le luxe qui les suit le détournèrent de ses devoirs. Ce jugement sévère de l'historien arabe lui a peut-être été inspiré par la passion qu'Abd-el-Melik avait pour les poëtes, passion qui l'entraîna à de grandes prodigalités. C'était alors l'époque où florissaient les trois plus grands poëtes des premiers temps du khalifat, Akhtal, Farazdak et Djérir. Abd-el-Melik, qui avait eu d'abord contre ce dernier une injuste prévention, ainsi que nous l'avons vu, finit par les combler tous trois d'honneurs et de richesses ; mais Akhtal, bien que chrétien, était celui qu'il préférait, et il faisait plier aux exigences de ce favori jusqu'aux lois rigoureuses de la religion musulmane. « Un jour qu'il le priait de lui réciter des vers : — J'ai le gosier sec, répondit le poëte, veuillez me faire apporter à boire. — Qu'on lui donne de l'eau, dit le khalife à ses serviteurs. —

(\*) Voy. Théophan., p. 305-306.

C'est la boisson des ânes, reprit Akhtal ; d'ailleurs je ne manque pas d'eau chez moi. — Qu'on lui donne du lait. — Du lait ! Il y a longtemps que je suis sevré. — Qu'on lui donne de l'eau miellée. — C'est bon pour un malade. — Hé ! que veux-tu donc? — Du vin. — Comment ! suis-je dans l'usage de faire présenter cette liqueur maudite aux personnes que je reçois ? Sans l'estime que j'ai pour ton talent, je te traiterais comme tu le mérites. » Akhtal savait que si le khalife observait lui-même fidèlement le précepte de la loi mahométane, ses gens étaient moins scrupuleux. Il sortit et demanda du vin à un domestique du palais ; il en but plusieurs verres ; ensuite, les yeux troublés et la démarche chancelante, il rentra dans l'appartement d'Abd-el-Melik et se mit à lui réciter un panégyrique de la maison d'Omeyyah, qui était un de ses chefs-d'œuvre. Le khalife le voyant en cet état d'ivresse, ordonna à un esclave de le prendre par la main et de l'emmener à sa demeure : mais loin de le punir, loin de témoigner du courroux contre lui, il lui fit donner des habits d'honneur et une somme d'argent considérable. « Chaque famille, dit-il, a un chantre de sa gloire ; le chantre des Omeyyades, c'est Akhtal. » « Djérir a prétendu qu'il ferait votre éloge en trois jours, disait une autre fois Akhtal à Abd-el-Melik ; moi j'ai mis un an à composer pour vous un panégyrique dont je ne suis pas encore content. — Fais-le-moi connaître, » dit le khalife. Akhtal obéit. Abd-el-Melik en l'écoutant se redressait avec orgueil ; il fut si flatté de ses louanges qu'il s'écria : « Veux-tu que je publie un manifeste pour te déclarer le premier des poëtes arabes? — Il me suffit, répondit Akhtal, que la bouche du prince des croyants m'ait rendu témoignage. » Une grande coupe se trouvait en ce moment placée devant le khalife ; il commanda qu'on la remplît d'or et qu'on la donnât à Akhtal. Il le fit ensuite revêtir d'une robe d'honneur et accompagner par un de ses officiers, qui répétait à haute voix : « Voici le poëte du commandeur des croyants ! voici le plus grand des poëtes arabes ! »

La faveur d'Akhtal auprès d'Ab-el-Melik ne se démentit jamais, et fit plusieurs fois l'étonnement et l'envie des Musulmans. Vêtu de superbes habits de soie, le cou orné d'une chaîne d'or entremêlée de gros grains du même métal, le poëte chrétien entrait familièrement dans l'appartement du khalife sans se faire annoncer, et souvent portant encore sur sa barbe des gouttes du vin qu'il venait de boire. Accoutumé aux largesses d'Abd-el-Melik, il dédaignait les dons peu considérables. On raconte qu'un jour il récita au prince Hescham, fils du khalife, des vers qu'il avait composés à sa louange. Celui-ci, pour lui témoigner sa satisfaction, lui donna cinq cents pièces d'argent. Akhtal trouvant le présent mesquin, sortit et employa aussitôt la somme entière à acheter des pommes qu'il distribua aux enfants du quartier. C'est cependant ce même Akhtal, si fier de la faveur du commandeur des croyants, qui, à la voix de son chef spirituel, se laissait mettre aux arrêts dans l'église chrétienne de Damas. Un jour qu'il avait encouru cette peine disciplinaire, un noble musulman nommé Ishak entra dans l'église, conduit par la curiosité. Akhtal le pria d'aller demander sa grâce au curé. Ishak y consentit et alla solliciter la liberté du poëte. « C'est un homme indigne de votre intérêt, lui dit le ministre de l'autel, un scélérat qui attaque l'honneur de tout le monde par ses satires. » Le curé céda cependant aux instances d'Ishak, et se rendit avec lui à l'église. Quand il fut près d'Akhtal, il leva sur lui son bâton et lui dit : « Ennemi de Dieu, diras-tu encore des injures à ton prochain ? poursuivras-tu encore de tes satires les hommes et les femmes ? — Je ne recommencerai plus, » disait Akhtal en baisant les chaussures du prêtre. Après cette scène, Ishak sortit de l'église avec Akhtal, et lui dit : « Tout le monde t'estime, le khalife te comble de faveurs, tu as à la cour une position élevée, et tu t'humilies devant ce prêtre jusqu'à lui baiser les pieds! — Juge d'après cela, répondit Akhtal, ce que c'est que notre religion (*). »

## Walid, Soliman, Omar II, Yézid II, Hescham.

Abd-el-Melik laissait en mourant plusieurs fils, dont quatre régnèrent après lui. L'aîné d'entre eux, Walid, désigné par le testament de son père comme son successeur, fut salué khalife, le jour même où Abd-el-Melik venait de fermer les yeux. Sans posséder les qualités de son prédécesseur, Walid vit illustrer son règne par la plus belle comme l'une des plus durables conquêtes de l'islamisme : c'est par son ordre que l'Espagne fut soumise; et l'empire des Omeyyades, en Asie, celui des Abbassides, après eux, s'étaient écroulés depuis longtemps, que les rois arabes de Grenade avaient encore, au XVᵉ siècle, la cour la plus civilisée de l'Europe. Le premier soin de Walid, en montant sur le trône, ayant été de réunir le gouvernement de l'Afrique à celui de l'Égypte, qui était alors aux mains de son oncle Abd-el-Aziz-ben-Merwan, Haçan-ben-el-Nooman, le vainqueur des Berbères, reprit le chemin de Damas. Ce général, chargé des dépouilles arrachées à l'ennemi, cacha dans des outres, dit Nowaïri, les joyaux, l'or, les perles qu'il avait recueillis, et arrivé en Égypte il offrit à Abd-el-Aziz deux cents jeunes esclaves les plus beaux et les mieux faits, choisis parmi cinq mille captifs qu'il traînait à sa suite. Abd-el-Aziz ne se contenta pas de ce présent, mais il retint encore d'autres prisonniers et un grand nombre de chevaux à sa convenance. Arrivé à Damas, Haçan, admis à l'audience du sultan, se plaignit amèrement de la conduite du gouverneur de l'Égypte, et faisant vider les outres qui contenaient ses trésors : « O commandeur des croyants, dit-il, je suis loin de me plaindre dans mon intérêt personnel. Tout ceci est à vous, car je n'ai fait la guerre aux infidèles qu'en vue de la gloire du Très-Haut, et je n'ai rien pris de ce qui appartenait à Dieu tout-puissant ou au khalife. » Walid, touché de ces paroles, voulut lui rendre son gouvernement, mais il refusa de l'accepter, et le khalife voulant du moins punir Abd-el-Aziz de l'avidité qu'il avait montrée, lui retira l'Afrique, qu'il donna à Mouça-ben-Noçaïr (*).

A cette époque, la monarchie des Goths, en Espagne, était en proie à des troubles avant-coureurs de sa prochaine dissolution. Roderic, fils de Théodred, s'était emparé, à la suite d'une conspiration, du trône occupé par Witiza; mais son pouvoir, comme tout pouvoir usurpé, était chancelant. Les fils du monarque dépossédé avaient rallié autour d'eux un parti nombreux, et parmi leurs plus fidèles soutiens se trouvait le comte Julien, gouverneur de Ceuta, qu'il avait jusqu'alors courageusement défendue contre les Arabes. Le désir de se venger de Roderic changea complètement ses dispositions à l'égard des conquérants de l'Afrique. Il prit le parti de s'appuyer sur eux, et les appela à l'aide de ses passions politiques, ne prévoyant pas sans doute que son imprudence enlevait l'Espagne au christianisme, et plaçait l'Europe entière sur les bords d'un abîme (**). Mouça-ben-Noçaïr saisit avec le plus vif empressement les ouvertures qui lui furent faites, et écrivit à Damas pour demander la permission au khalife d'ajouter à son empire un pays dont le climat était plus doux que celui de la Syrie, les terres plus fertiles que celles du Yémen, les plantes plus embau-

___

(*) Voy. le mém. de M. Caussin de Perceval sur les trois poètes arabes Akhtal, Farazdak et Djérir. Nouveau Journal asiat., t. XIII, p. 299, 311 et 313.

(*) Voy. Nowaïri, Ms. de la Bib. royale, n° 702, fol. 7 verso.

(**) D'après la plupart des chroniqueurs orientaux, le comte Julien aurait voulu venger sa fille Florinde, déshonorée par Roderic, mais les meilleurs historiens modernes ont rejeté cette tradition comme apocryphe.

mées que celles de l'Inde, les montagnes plus riches en mines précieuses que celles du Katay, les rivages plus fleuris que l'Éden. Il eût fallu bien du mauvais vouloir pour repousser une offre aussi séduisante; cependant Walid exhorta le gouverneur de l'Afrique à se méfier des traîtres et à ne pas risquer sans examen la vie des Musulmans confiés à ses soins. En conséquence, Mouça, voulant tenter une reconnaissance dans le pays, donna à un de ses officiers nommé Tharik, Berbère de nation, le commandement de quelques troupes et de quatre vaisseaux à l'aide desquels il débarqua, en l'an de l'hégire 92 (de J. C. 710), sur la presqu'île d'Algéziras. Cette première exploration ayant complétement réussi, et Tharik ayant rapporté un immense butin sans avoir rencontré d'ennemis, douze mille hommes, confiés à celui qui s'était déjà si bien acquitté de sa mission, traversèrent le détroit et vinrent camper au pied de ce rocher qui a gardé le nom de leur chef, et s'appelle encore Djebel-Tharik ou Gibraltar.

Un Goth nommé Théodmir gouvernait alors l'Andalousie au nom du roi Roderic. Bien que les forces dont il disposait fussent de beaucoup inférieures à celles des Arabes, il tenta de se défendre, et envoya demander des secours à Roderic, alors occupé à apaiser les troubles excités par les fils de Witiza. Ce prince, ému d'une nouvelle si menaçante, se hâta de rassembler une armée nombreuse, armée composée de partis divisés entre eux, et bien éloignée, par conséquent, de posséder l'enthousiasme à l'aide duquel les Goths pouvaient espérer de repousser l'invasion. Les deux peuples se rencontrèrent non loin de Cadix, dans la plaine arrosée par le Guadalété. Pendant trois jours entiers les Goths, couverts de fer, vinrent se heurter contre ces cavaliers du désert que leur blanc burnous et leur léger turban semblaient devoir si mal défendre contre les armes pesantes de leurs ennemis; pendant trois jours la victoire fut indécise; mais la défection des fils de Witiza, une dernière charge de Tharik, plus vigoureuse encore que les autres, firent triompher l'étendard de l'islam. Les Goths, enfoncés de toutes parts, se virent contraints à prendre la fuite. Roderic, qui du moins avait vaillamment défendu sa couronne, fût tué dans la mêlée, et sa tête, envoyée à Walid, devint, ainsi que nous l'apprend Nowaïri, le plus glorieux trophée de la victoire.

A la nouvelle de cet immense succès, Mouça ne put se défendre d'un sentiment de jalousie contre le Berbère qui, en quelques jours, venait de porter le coup mortel à une puissante monarchie. Il résolut de revendiquer du moins sa part du butin, et se hâta de passer en Espagne à la tête de dix mille cavaliers et de huit mille fantassins, parmi lesquels on comptait un grand nombre de guerriers appartenant à la noble famille de Koréisch. Le premier soin de Mouça en mettant le pied sur le sol de la Péninsule, fut d'envoyer à Tharik l'ordre de suspendre sa marche, et le Berbère comprit à l'instant le sentiment d'envie qui s'attachait à sa victoire. Devait-il obéir et perdre le fruit de ses succès? devait-il résister à l'ordre de celui qui représentait le khalife? Il se décida pour la résistance, et résolut du moins de la faire partager à ses soldats. Dans ce but il les assemble, les consulte; chacun se tait; le comte Julien seul trouve dans sa haine implacable le courage qui manquait à tous : « Laisserons-nous, dit-il, aux chrétiens en fuite, abattus par la défaite, le temps de se rallier et de reprendre courage? Marchons contre eux l'épée haute, poursuivons-les sans relâche, emparons-nous de leurs principales cités : nous n'aurons accompli notre tâche que quand nous serons dans les murs de Tolède. » Les troupes s'animent à ces paroles; attendre, ce serait trahir les intérêts du khalife, et Tharik, heureux de céder à un enthousiasme qu'il appelait de tous ses vœux, se hâte de partager son armée en trois corps, dont l'un marche sur Elvira, l'autre sur Cordoue, et le troisième sur Tolède, la capitale des rois goths.

La première ville devant laquelle se présentèrent les Musulmans fut Ecija, à l'ouest du Xenil, dans une plaine défendue par deux hautes montagnes. Les débris de l'armée des Goths détruite à la bataille de Guadalété s'étaient réfugiés dans cette place. Confiants dans leur force, les habitants firent une sortie et furent défaits au pied de leurs remparts. Le siége aurait pu cependant traîner en longueur, car cette ville était forte; mais les Arabes eurent recours, suivant Macari, à une ruse singulière pour frapper leurs ennemis de terreur. Ils firent cuire la chair des cadavres restés sur le lieu du combat, et feignirent de s'en nourrir en présence de leurs prisonniers, qu'ils renvoyèrent ensuite. Ces hommes, émus d'un tel spectacle, firent, en rentrant dans leurs murs, une affreuse peinture des Arabes. « Comment résisterions-nous, disaient-ils, à des ennemis qui ne manquent jamais de vivres, puisqu'ils vont les prendre sur le champ de bataille? » La ville se rendit, et ces prétendus barbares traitèrent les habitants avec une telle douceur, que Malaga et Elvira, entraînées par l'exemple, ouvrirent aussi leurs portes aux Musulmans.

Cependant le second corps d'armée, arrivé sur les bords du Bétis, que les Arabes nommèrent le grand fleuve, Oued-el-Kebir (Guadalquivir), était venu mettre le siége devant Cordoue. Les habitants avaient refusé de se rendre, et se confiaient dans leurs épaisses murailles bâties par les Romains. Un berger vint apprendre au chef des Arabes qu'une partie du mur, sapée par les eaux du fleuve, s'était ouverte et formait une brèche étroite. Les Musulmans en profitèrent : mille cavaliers prirent chacun en croupe un fantassin, et pendant la nuit, mettant leurs chevaux à la nage, traversèrent le Bétis. Arrivés sur l'autre bord, ils pénètrent par la brèche, arrivent dans l'intérieur de la place, massacrent les sentinelles, ouvrent les portes au reste de l'armée : au point du jour la ville était prise. Le gouverneur et quatre cents soldats, réfugiés dans une église, où ils s'étaient fortifiés au premier tumulte, se défendirent jusqu'à la dernière extrémité et périrent dans les flammes. Tout le reste s'était soumis; et bien que la ville eût été prise d'assaut, ce qui, d'après le code militaire des Arabes, entraînait le pillage, on l'épargna aux habitants.

Tharik avait pris en personne le commandement des troupes qui devaient assiéger Tolède. C'est là que les populations fugitives avaient d'abord cherché un asile; mais à l'approche du chef redouté elles avaient fui de nouveau, et les principaux seigneurs appartenant à la race gothique avaient été se réfugier dans les vallées les plus profondes des Pyrénées, ou s'embarquer pour l'Italie avec toutes leurs richesses. La ville était pour ainsi dire sans défenseurs quand les Musulmans se présentèrent devant elle. Entourée par le Tage, protégée par une citadelle placée sur la hauteur, elle pouvait présenter de grands obstacles; mais les cœurs vaillants sont encore les plus sûrs remparts d'une cité, et devant un ennemi toujours vainqueur les Goths ne se sentaient plus de courage; ils capitulèrent à la première sommation, livrèrent les chevaux, les armes, et, en se soumettant au tribut, conservèrent la jouissance de leurs biens. C'est au mois d'avril de l'an de J. C. 712 que les Arabes entrèrent ainsi sans coup férir dans la capitale de la monarchie gothique. Tharik ne pouvait rassasier ses yeux des richesses amassées par vingt-cinq rois de cette race jadis toute-puissante. Chacun d'entre eux, dit la tradition, avait déposé dans le trésor royal une couronne d'or massif, et ce n'était là qu'un échantillon de toutes les merveilles qu'offrait aux vainqueurs cette belle cité.

A peine maître de Tolède, Tharik marchait à de nouvelles conquêtes. Il se dirigea vers le nord, et, dans la ville de Medina-Celi, d'autres disent dans Alcala de Henarès, il s'empara de certaine table d'or entourée de pierres précieuses, qui est célèbre dans les chroniques arabes sous le nom de Table de Salomon. Tandis qu'il espérait acquérir ainsi de nouveaux droits à la reconnaissance du khalife, Mouça, n'espérant plus l'arrêter dans sa glorieuse désobéissance, voulut au moins jouer à son tour le rôle de conquérant, s'empara de Séville, de Carmona, et se mit en marche vers la Lusitanie. Parvenu sur les bords de la Guadiana dans l'Estramadoure, il se vit arrêté longtemps devant les murs de Mérida. Cette grande cité, où aujourd'hui encore, un aqueduc, un cirque, une naumachie, témoignent du goût que les Romains avaient eu pour sa résidence, comptait alors une population nombreuse et aguerrie. A peine les Arabes avaient-ils assis leur camp au pied des murailles, que les tentes en étaient renversées ou brûlées dans une vigoureuse sortie des habitants. Mouça, n'osant pas escalader des remparts défendus avec tant d'audace, traça tout autour de la ville une ligne de blocus, et écrivit à son fils Abd-el-Aziz, qu'il avait laissé pour gouverner l'Afrique à sa place, de lui amener des troupes nouvelles. Les deux partis en attendant se livraient chaque jour de petits combats dans lesquels les chrétiens avaient souvent le dessus. Le général arabe ne put ressaisir l'avantage qu'à l'aide d'une ruse qui lui réussit complètement. Il fit cacher dans une profonde caverne, dont il avait découvert l'entrée, une partie de ses troupes, et ayant réussi, dans une sortie de la garnison, à l'attirer jusque-là, il put l'envelopper de toutes parts et la détruire presque entièrement. Malgré cette perte irréparable, les habitants ne pensaient pas encore à se rendre, lorsque Abd-el-Aziz arriva d'Afrique à la tête de sept mille cavaliers. Sa venue leur fit perdre toute espérance. Décimés par les combats, affaiblis par la disette, ils ouvrirent leurs portes, et pour gage de leur fidélité livrèrent des otages, au nombre desquels se trouvait la reine Égilona, la veuve de Roderic.

De Mérida Mouça se porta sur Tolède, où il rejoignit enfin Tharik, dont la soumission tardive ne put désarmer sa colère. En vain ce chef lui remit-il tous les trésors qu'il avait conquis et lui fit-il connaître que son seul mobile avait été la gloire de Dieu et celle du khalife. Mouça le priva de son commandement, et voulut même, selon quelques auteurs, le faire battre de verges; mais cette menace à l'égard d'un héros excita une telle fermentation dans l'armée, que le gouverneur d'Afrique ne jugea pas à propos de la mettre à exécution. Il se contenta de faire jeter Tharik dans une prison; et ce dernier, qui avait de nombreuses intelligences à la cour de Damas, ne tarda pas à être élargi, puis rétabli dans tous ses honneurs militaires par ordre du khalife Walid. Pendant ce temps-là, Abd-el-Aziz, après la prise de Mérida, avait été apaiser une révolte dans Séville. Il se dirigea ensuite vers le royaume de Murcie où Théodmir, ce Goth valeureux que nous avons vu s'opposer le premier à l'invasion des Arabes, ralliait tous ceux de son parti qui n'avaient pas renoncé à se défendre, et s'efforçait de reconstituer un État indépendant. Malgré des forces inférieures, il disputa longtemps le passage à l'ennemi dans les montagnes, et lui fit payer cher l'entrée du pays. Forcé dans les retranchements qu'il avait fortifiés, il fut enfin obligé d'accepter la bataille au milieu des plaines de Lorca, où l'avantage du nombre donna encore une fois la victoire aux infidèles. Théodmir se réfugia dans les murs d'Orihuela. Ne disposant à peine que de quelques soldats, il fit armer les femmes de casques et de cuirasses; leurs cheveux tressés venaient se nouer sous le menton, pour figurer la barbe, et ainsi vêtues il les plaça sur le haut des remparts. Abd-el-Aziz, trompé par ce stratagème, crut la ville défendue par une nombreuse garnison; il proposa la capitulation la plus avantageuse, qui fut acceptée, et Théodmir, en se soumettant au tribut, conserva la souveraineté de la province.

Tharik, remis à la tête de ses troupes, et Mouça-ben-Noçaïr avaient résolu d'achever la conquête de la Péninsule; ils se divisèrent le pays, et tandis que Tharik s'avançait vers l'orient, Mouça perçait droit au nord, ne s'arrêtant qu'à Astorga, au pied des Pyrénées que, pour cette fois, il n'essaya pas de franchir. Les deux généraux se rejoignirent devant Saragosse, et la chute de cette place fut le dernier épisode de cette suite de victoires, qui, en moins de trois ans, venaient de soumettre l'Espagne entière à la domination musulmane. Peut-être une aussi rapide conquête allait-elle devenir le premier acte d'un grand drame qui aurait changé pour toujours la face de l'Occident. On dit que Mouça, voulant prendre l'Europe du couchant au levant par les Gaules et l'Allemagne, avait formé le dessein de revenir en Syrie par Constantinople, enserrant la Méditerranée comme dans un réseau, et rangeant tout l'ancien monde sous l'étendard de Mahomet. Si telle était sa pensée, s'il avait conçu un plan aussi gigantesque, quel dut être son désespoir, lorsqu'un ordre de Walid le rappela à la cour de Damas! Le khalife avait connu la mésintelligence qui régnait entre les deux généraux auxquels il devait la possession des Espagnes. Leur rivalité, que rendait encore plus ardente la différence de nationalité, puisque, ainsi que nous l'avons dit, l'un d'eux était Arabe et l'autre Berbère, faisait craindre à Walid que tant de prospérités ne fussent suivies de quelque catastrophe. Pour ne pas paraître injuste à leur égard, il les rappela tous les deux, et tous deux s'arrêtèrent au sein de la victoire ; tous deux obéirent, Tharik voyageant par journées rapides et n'ayant avec lui que les présents qu'il destinait au commandeur des croyants; Mouça traînant à sa suite trente mille captifs et les immenses trésors dont la renommée fabuleuse l'avait déjà précédé à la cour du khalife (*).

(*) Voy. Nowaïri, Ms. de la Bib. royale, n° 702, fol. 8, 9 et 10; Ebn-Khaldoun, Ms. n° 2402, fol. 54 et suivants; Ahmed-el-Makari, Ms. n° 704, *Historia de la dominacion de los Árabes en España*; 1er vol. *Cartas para illustrar la Historia de la España árabe*, par Faustino Borbon; *Bibliotheca arabico-hispana Escurialensis*, par Casiri ; *History of the Mahommedan empire*

C'était un heureux prince que Walid : sans sortir de Damas, où il se trouvait alors assez puissant pour enlever aux chrétiens la plus riche église de l'Orient et en faire une mosquée, il reculait les bornes de ses États à l'orient comme à l'occident. Son frère Moslemah portait la guerre sur les terres de l'empire grec, et s'emparait de la Cappadoce, tandis que le fameux Hedjadj, gouverneur de l'Irak, poussait ses conquêtes au delà de l'Indus. « D'après certains témoignages de Thabari et d'autres écrivains arabes, dit M. Reinaud, l'amour de la gloire et le fanatisme religieux ne furent pas les seuls mobiles qui firent agir Hedjadj. Mieux à portée que personne de voir le peu de solidité des bases sur lesquelles le gouvernement des Omeyyades était appuyé, et craignant pour lui-même les chances d'une fortune toujours volage, il voulait reculer les frontières de l'empire et se créer un asile au besoin. Par ses ordres, une armée musulmane franchit l'Oxus, et subjugua successivement la Bokharie, le Kharizm et le pays de Kaschgar; une autre armée fut chargée de réduire le roi de Kaboul; enfin, une troisième armée s'avança vers le cours inférieur de l'Indus, à travers le Sedjestan et le Mekran. Le roi de Kaboul, moyennant certaines concessions, parvint à se maintenir dans ses États. Pour les contrées baignées par l'Indus, depuis les montagnes qui terminent la vallée du Cachemir, au midi, jusqu'à la mer, elles furent soumises aux lois du Coran. »

« D'après le récit de Béladori, le prince le plus puissant dans la vallée de l'Indus était alors un personnage nommé Dâher, dont les sujets paraissent avoir professé le bouddhisme. Ce prince était maître d'une ville nommée Daybal, laquelle était située sur les bords de la mer, à l'occident des bouches de l'Indus, et faisait un riche commerce. Il possédait également la ville d'Alor ou Aror, située sur

*in Spain*, par Murphy; *Histoire d'Espagne* par M. Rosseeuw Saint-Hilaire, t. I et II.

la rive orientale de l'Indus, à quelques lieues au sud-est de la ville actuelle de Bakkar; mais il paraît que la cité principale, celle qui avait le rang de capitale, était la ville fondée par le prince achéménide de Perse, Bahman, petit-fils de Gustasp, et qui portait en conséquence le nom de Bahman-Abad. Cette ville était située à l'orient du cours actuel de l'Indus, sur un canal de dérivation, non loin de l'endroit où fut fondée la ville arabe de Mansourah. A côté de l'autorité exercée par Dâher, était celle d'autres princes moins puissants. Du moins l'on voit apparaître immédiatement après la chute de Dâher, outre deux de ses fils, d'autres chefs de principauté. Ce qu'il y a de certain, c'est que les pays marécageux que l'Indus inonde au moment de ses débordements, étaient occupés par des peuplades indépendantes nommées Zath ou Djath et Meyde. Il est parlé de ces peuplades dès les plus anciens temps. Pour les Zaths ou Djaths, non-seulement ils se sont maintenus jusqu'à présent dans le pays, mais ils se sont répandus au nord et à l'orient, et ils ont joué un rôle important dans les circonstances les plus critiques de l'histoire de l'Inde (*). »

L'armée à laquelle Hedjadj avait confié la mission de subjuguer la vallée de l'Indus, était commandée par son cousin Mohammed, fils de Cassem, jeune homme de la plus grande espérance, qui avait déjà exercé les importantes fonctions de gouverneur de la province de Farès. Les préparatifs de l'expédition avaient été faits avec le plus grand soin, et les troupes s'étaient rassemblées à Schyraz, d'où une partie d'entre elles devait s'embarquer sur le golfe Persique. Après avoir soumis quelques places depuis qu'il avait franchi les frontières de l'Inde, il arriva devant Daybal, où sa flotte lui amena des renforts et des machines de guerre. Sur le haut de la pagode la plus vénérée de la ville, se dressait un mât auquel était attaché un drapeau rouge dont les larges plis ondoyaient à chaque souffle du vent. Les Arabes ayant su que ce drapeau était regardé par les habitants de la ville comme une espèce de palladium, dressèrent à l'endroit de leur camp qui y faisait face, une espèce de baliste que cinq cents hommes faisaient manœuvrer. Les projectiles lancés par elle eurent bientôt renversé mât et drapeau, et les Indiens, découragés par un aussi triste présage, n'opposèrent plus qu'une faible résistance. Des échelles avaient été dressées contre les remparts, qui furent aussitôt escaladés : dès le jour même la ville était prise, et pendant les trois jours suivants les Musulmans la mirent au pillage. Mohammed y laissa ensuite quatre mille hommes de garnison et marcha contre Byroun. Les habitants de cette cité n'avaient pas attendu sa venue pour traiter de la paix. Ils avaient députe deux des leurs à Hedjadj pour en obtenir une capitulation. Aussi se montrèrent-ils prêts à ouvrir leurs portes à Mohammed, et à lui fournir toutes les provisions dont il pouvait avoir besoin. Remontant alors le cours de l'Indus, le général musulman se disposa à le franchir pour aller attaquer Dâher au centre même de ses États. Le passage aurait offert de grands dangers s'il avait été défendu par l'ennemi; mais la confiance du prince indien le perdit : il laissa jeter un pont sur le fleuve, et l'armée arabe était tout entière arrivée sur l'autre bord, lorsqu'il se présenta pour la repousser. Toutefois le combat fut opiniâtre. Dâher, monté sur un éléphant, donnait à ses troupes l'exemple du courage; mais il fut tué sur le soir, et les Indiens prirent la fuite. Les Musulmans en tuèrent un grand nombre dans la déroute. La mort de Dâher et la défaite de son armée déterminèrent promptement la soumission de toute la vallée de l'Indus. Cependant quelques corps de troupes s'étaient ralliés auprès de Bahman-Abad; Mohammed marcha contre elles, les défit et s'empara de la ville.

---

(*) Voy. fragments arabes et persans relatifs à l'Inde, recueillis par M. Reinaud, observations préliminaires, Journal asiat., 3ᵉ série, t. V, p. 124 et 125.

Il prit ensuite Alor et se porta sur Moultan. Le siége en fut long : les vivres étant venus à manquer, on fut réduit dans le camp arabe à se nourrir de la chair des ânes qui servaient à transporter le bagage : heureusement un homme de la campagne vint découvrir aux Musulmans le conduit par lequel l'eau nécessaire à la consommation de la ville y arrivait. Mohammed le fit couper, et les habitants pressés par la soif furent obligés de se rendre. Les richesses dont les Arabes s'emparèrent à Moultan, et parmi lesquelles se trouvait l'or offert par la piété des pèlerins au temple splendide que cette ville avait consacré au soleil, furent envoyées à Hedjadj. Il avait dépensé environ soixante millions de dirhems pour les frais de l'expédition, et le butin se montait à cent vingt millions. Aussi disait-il à ce sujet : « Nous avons assouvi notre colère, et nous avons vengé notre injure; il nous reste en sus soixante millions de dirhems avec la tête de Dâher (*). »

Mohammed, dont les troupes s'étaient recrutées d'un grand nombre d'Indiens qui avaient embrassé l'islamisme, se disposait à envahir l'empire de Canoge (**) et à pénétrer jusqu'en Chine, tandis que Kotayba, gouverneur du Khoraçan, qui par l'ordre de Hedjadj avait pénétré dans la Transoxane soumettant Bokhara, Fergana, Nakschib, Samarkand, s'avançait jusqu'à Kaschgar, atteignant ainsi de son côté les extrêmes limites du céleste empire. Chacun de ces deux généraux redoublait d'efforts pour arriver sur le territoire chinois, car Hedjadj avait promis le gouvernement de cette vaste contrée à celui de ses deux lieutenants qui le premier pourrait y parvenir. Le vainqueur d'Abdallah-ben-Zobaïr, se méfiant des caprices de la fortune, et brouillé avec Soliman, l'héritier du trône, cherchait probablement à se créer un pouvoir indépendant dans ces lointains climats. Il avait même poussé la précaution jusqu'à recommander à ses généraux, s'ils venaient à apprendre la mort de Walid, de ne pas reconnaître d'autre pouvoir que le sien. Mais ce fut lui qui mourut avant d'avoir pu, par ses plans ambitieux, porter une atteinte funeste à l'unité de l'empire, et sa mort, bientôt suivie de celle de Walid, arrêta, de ce côté, la conquête arabe, quand il ne lui restait plus que quelques pas à faire pour atteindre l'océan Pacifique, comme elle venait d'atteindre l'Atlantique sur les pas de Mouça-ben-Nocaïr.

Ce nom nous ramène à la cour de Damas, où Tharik, rappelé par le khalife ainsi que son rival, venait d'arriver le premier. Il rendit compte de sa conduite; et le récit de ses exploits, sa prompte obéissance lui valurent de grands éloges. La maladie qui mit Walid au tombeau, ne lui permit pas de donner au vainqueur de l'Espagne d'autre récompense. Ce prince mourut au moment où la gloire de ses armes retentissait d'une extrémité de l'ancien monde jusqu'à l'autre. Les courriers qui lui apportaient la nouvelle des victoires que ses armées remportaient à l'orient et à l'occident, franchissaient, pour se rejoindre à Damas, la moitié de la circonférence du globe terrestre sans quitter les terres de l'islam. Si les progrès de ses armes n'avaient pas été aussi rapides dans les expéditions qu'il avait tentées sur les possessions de l'empire grec, cependant les exploits de Moslemah, la prise de Tyane, lui avaient ouvert la Cappadoce, dont elle était la capitale. La terreur s'était de nouveau répandue parmi les Grecs, qui avaient repris courage pendant la lutte des Omeyyades contre Abdallah-ben-Zobaïr. Une preuve bien frappante de cette terreur, c'est qu'un parti de trente Arabes osa traverser toute l'Asie Mineure, pénétra jusqu'à Chrysopolis vis-à-vis de Constantinople, égorgea tous les habitants, mit le feu aux vaisseaux qui se trouvaient dans

(*) Voy. l'extrait de l'ouvrage de Beladori, intitulé : *Kitab-Foutouh-el-Bouldan*, publié par M. Reinaud, Journ. asiat., février-mars 1845.

(**) La ville de Canoge, déjà mentionnée par Ptolémée, était située sur la rive occidentale du Gange, au nord du confluent de ce fleuve avec la Djomna.

le port, et revint joindre l'armée dont il s'était détaché, sans avoir perdu un seul homme. En vain l'empereur Philippique, pour peupler et défendre ce qui restait aux Romains dans la petite Arménie, y avait fait passer des colonies de la grande Arménie, et les avait logées dans Mélitène et dans les places d'alentour; Moslemah, bravant ces faibles remparts, pénétra dans le Pont, prit Amasée avec les châteaux des environs, et dépeupla le pays. Ainsi, à l'est, à l'ouest, au nord, au midi, Walid avait été victorieux, non pas par lui-même, puisqu'il ne prit jamais les armes, mais par d'habiles et vaillants généraux.

Walid mourut au mois de djoumada second de l'an 96 de l'hégire (de J. C. 715). Il avait alors quarante-deux ans et en avait régné près de dix. Son frère Soliman, qui se trouvait à Ramla, se hâta de revenir à Damas, où il fut dès le jour de son arrivée salué khalife par tous les grands de l'empire. Les chroniqueurs arabes sont d'accord pour représenter Soliman comme un prince bon, clément, doué d'un grand jugement, d'une haute éloquence; et cependant, le premier trait que nous rencontrons dans le récit de son règne est une flagrante injustice. Mouça, traînant après lui les dépouilles de l'Espagne, était enfin arrivé à Damas, quelques instants avant que Walid rendît le dernier soupir. Sans doute Mouça s'était montré rival envieux de la gloire que Tharik s'était acquise; peut-être même méritait-il les reproches qu'on lui adressa de s'être approprié, au détriment du khalife, de riches joyaux; mais il n'en avait pas moins conçu le premier le plan d'une conquête au succès de laquelle il avait vaillamment contribué. Soliman ne fut pas pour lui un juge, mais un bourreau. « Il le manda devant lui, et avec cette dissimulation orientale, qui cache si bien la haine sous les dehors de l'amitié, il s'entretint longtemps avec lui de ses campagnes. « As-tu trouvé, lui dit-il, dans la Péninsule, des peuples bien vaillants? — Oui, seigneur, plus vaillants que je ne pourrais te le dire, répondit Mouça. — Et que me diras-tu des chrétiens? — Ce sont des lions dans leurs châteaux, des aigles à cheval, des femmes à pied, et des chèvres pour s'enfuir dans leurs montagnes quand ils sont vaincus. — Et les Berbères? — Ils ressemblent fort aux Arabes dans leur manière d'attaquer, de combattre et de se soutenir; ils sont patients, sobres et hospitaliers comme eux; mais ce sont les gens les plus perfides du monde: promesse ni parole ne sont sacrées pour eux. — Et que penses-tu des Francs? — Ils sont si nombreux qu'on ne saurait les compter, prompts à l'attaque et braves dans le combat, mais timides et découragés dans la retraite. — Et les as-tu défaits, ou t'ont-ils vaincu? — Non par Allah! jamais une de mes bannières n'a fui devant eux, et mes soldats n'ont jamais hésité à les attaquer, ne fussent-ils que quarante contre quatre-vingts. » Malgré ces réponses, non moins remarquables par la finesse d'observation que par le courage enthousiaste qui les avait dictées, l'inflexible Soliman n'en vengea pas moins sur le vieux soldat les injures de Walid et les siennes. Le conquérant de l'Espagne, vieillard septuagénaire, fut ignominieusement battu de verges et exposé tout un jour au brûlant soleil de Damas sur la place publique; il fut de plus condamné à payer cent mille mithcals d'or; d'autres disent deux cent mille; énorme amende qui le réduisit à la pauvreté. « L'homme qui avait eu entre ses mains tous les trésors de la Péninsule fut contraint, dit Murphy, à aller mendier son pain de tribu en tribu dans les déserts de l'Arabie. » Mais nous verrons bientôt la haine de Soliman lui réserver une épreuve plus cruelle encore (*). »

Tandis que Mouça recevait un si cruel traitement, en échange des services qu'il avait rendus à la monarchie arabe, son fils Abd-el-Aziz, qui avait fixé sa résidence à Séville, y avait établi un divan chargé, sous sa direction,

---

(*) Voy. M. Rosseeuw Saint-Hilaire, Histoire d'Espagne depuis les premiers temps historiques jusqu'à la mort de Ferdinand VII, t. II, p. 57 à 58.

d'organiser le pays sur les bases adoptées par la loi de l'islam. Peut-être cette loi ne répondait-elle pas aux vues d'Abd-el-Aziz, qui sentait le besoin de confondre les deux peuples en un seul pour mieux assurer la conquête; peut-être aussi la passion qu'il ressentait pour une belle chrétienne, lui rendait-elle trop difficiles à observer les prescriptions du Coran relatives à l'union des Musulmans avec les infidèles; le fait est que, séduit par les charmes d'Égilona, la jeune veuve de Roderic, il l'épousa en grande pompe, et permit qu'elle continuât à se livrer aux exercices de sa religion. Cette infraction aux lois de Mahomet donna contre lui des armes puissantes. On l'accusa non seulement d'avoir foulé aux pieds ce qu'il y a de plus saint dans le Coran, mais on le dépeignit à Damas comme aspirant à une indépendance complète. Sa femme, disait-on, aussi ambitieuse que lui, lui essayait tous les matins une couronne qu'elle posait sur sa tête, et cédant à ses perfides suggestions, il avait fait abaisser la porte de la salle du conseil, afin que tous les hommes du divan eussent à incliner la tête en paraissant devant lui. En vain il répondait à ses accusateurs par de nouvelles victoires, soumettait la Lusitanie entière, et imposait le tribut aux habitants des Pyrénées depuis la Galice jusqu'à Pampelune; Soliman n'écouta que le ressentiment qu'il avait conçu contre Mouça et toute sa famille. Il envoya secrètement des ordres aux principaux chefs de l'armée d'Espagne, les chargeant d'ôter à la fois à Abd-el-Aziz le commandement et la vie. L'infortuné chef, loin de prévoir son sort, s'était levé un matin, pour aller faire la prière au peuple, quand une troupe de meurtriers se précipita dans son palais. Surpris sans défense, il fut percé de mille coups, et sa tête fut envoyée à Damas comme une preuve sanglante de la soumission des Arabes aux ordres de leur khalife. Soliman poussa la barbarie jusqu'à forcer Mouça à contempler ce triste trophée : « Reconnais-tu ces traits? lui dit-il.—Oui je les reconnais,

répondit le vieux guerrier : ce sont ceux d'un homme brave et fidèle, mille fois supérieur à celui qui a ordonné sa mort. » Il sortit du palais en disant ces mots, et alla cacher au fond du Hedjaz sa douleur et sa misère (*).

Tel fut le sort de ceux qui avaient doté le khalifat d'une conquête aussi précieuse qu'elle avait été rapide. En moins de trois ans (de 712 à 715), l'Espagne entière avait été soumise, et ce succès pour ainsi dire sans exemple tenait sans doute à la tolérance que les vainqueurs déployèrent en faveur des vaincus. Si Mouça s'était montré sévère, si le désir de grossir ses trésors l'avait porté à de coupables exactions, Tharik et Abd-el-Aziz n'avaient été occupés qu'à adoucir les malheurs de la guerre. Les charges qu'ils imposaient étaient modérées; la religion, les mœurs, jusqu'aux habitudes, étaient respectées; les Espagnols avaient conservé le privilége d'être jugés d'après leurs lois; et on peut croire que si des malheurs particuliers, des bouleversements inévitables avaient signalé la conquête arabe, somme toute, les habitants étaient peut-être moins malheureux qu'à l'époque où la monarchie gothique, se débattant dans les convulsions d'une lente agonie, abandonnait ce beau pays à la rapacité ou à l'ambition du premier venu. D'anciennes chroniques arabes ou latines nous ont conservé plusieurs traités conclus entre les Musulmans et les chrétiens pendant l'invasion. Ils prouvent évidemment la modération du

---

(*) D'après Nowaïri, Soliman poussa la haine contre Mouça-ben-Noçaïr jusqu'à envoyer à Mohammed-ben-Iézid, gouverneur de l'Afrique, l'ordre de se saisir de tous ceux qui appartenaient à la famille de ce chef, et de les garder jusqu'à ce qu'ils eussent satisfait au payement de 300,000 dinars, dont Mouça était redevable. En conséquence, il fit jeter dans une prison, à Caïrouan, Abdallah-ben-Mouça, qui avait été gouverneur de l'Afrique avant lui, et l'y garda avec soin jusqu'au jour où un courrier du khalife lui apporta l'ordre de le faire mettre à mort. Voy. **Ms. de la Bibl. roy.**, n° 702, fol. 10 verso.

vainqueur. « Les chrétiens ne seront pas molestés, y est-il dit souvent : leurs églises seront respectées, leurs personnes inviolables, à la condition par eux de ne point accueillir les ennemis du khalife, de lui rester fidèles, et de payer à son trésor, pour chaque noble, un dinar d'or par an, quatre mesures de froment, quatre d'orge, quatre de vin doux, quatre de miel, quatre d'huile. Les personnes d'un rang inférieur payeront seulement la moitié de ce tribut (*). »

Comme si tous les hommes qui avaient contribué sous le règne précédent à la grandeur de l'empire, devaient sous celui-ci expier leur gloire, Mohammed-ben-Cacem, le conquérant de la vallée de l'Indus, et Kotaïbah, vainqueur de la Transoxane, avaient été rappelés par Saleh-ben-Abdelrahman, successeur de Hedjadj dans le gouvernement de l'Irak (**). Le nouveau khalife semblait concentrer tous ses efforts contre Constantinople. On dépouillait par ses ordres les montagnes du Liban de leurs forêts de cèdres, et ces bois étaient transportés à Alexandrie, pour y construire la flotte qui devait bloquer la capitale de l'empire grec. Pendant ce temps, l'armée de terre, sous la conduite de Moslemah, traversait l'Asie Mineure, et le 15 août de l'année de J. C. 717, la vieille Byzance se trouvait de nouveau investie par les ennemis les plus implacables : jamais elle n'avait vu devant ses murs un nombre si prodigieux d'assaillants. Les tentes de l'armée de terre occupaient tout le rivage depuis la Corne d'or jusqu'à la Propontide, et dix-huit cents voiles couvraient le Bosphore. Le même agent destructeur qui avait déjà sauvé Constantinople de la fureur des Musulmans, la protégea encore cette fois. Des brûlots chargés de feu grégeois furent dirigés contre les bâtiments ennemis, par un vent favorable, tandis que les mêmes feux lancés du haut des murailles allaient incendier les machines de guerre. Les Arabes découragés renoncèrent pour le moment à emporter la ville de vive force; mais, loin de songer à la retraite, ils attendaient la présence du khalife, qui avait voulu être témoin de la soumission du seul rival qu'il eût encore. Soliman, déjà en marche pour Constantinople, fut atteint à Dabek, près de Kenesrin, d'une maladie qui l'enleva en quelques jours; il avait régné seulement deux ans et huit mois. Il avait, dit-on, l'esprit orné, une parfaite élégance dans les manières; et ces qualités semblent difficilement s'allier à une avidité gloutonne que lui reprochent quelques historiens, avidité qui avait été la cause de sa mort. Il aurait avalé, d'après eux, en un seul repas le contenu de deux immenses corbeilles dont l'une était remplie d'œufs et l'autre de figues, présent qui lui avait été offert en voyage par un chrétien de Syrie. L'indigestion qui résulta de cet acte d'intempérance le mit au tombeau.

Soliman, en mourant, avait désigné pour son successeur, Omar son cousin, fils d'Abd-el-Aziz-ben-Merwan, que nous avons vu gouverneur de l'Egypte sous le règne d'Abd-el-Melik. Ce prince s'annonça au monde arabe sous les plus heureux auspices. Pieux, simple dans ses habitudes, il rappelait l'austère vertu du fameux khalife dont il portait le nom. Les poëtes pensionnés par ses prédécesseurs étaient venus pour lui faire leur cour et le féliciter sur son élévation au rang suprême. De ce nombre étaient Djérir et Farazdak. Omar, qui voulait supprimer les dépenses superflues dont le luxe des derniers khalifes avait grevé le peuple, et qui parmi ces dépenses comptait le traitement accordé aux poëtes, refusa de

---

(*) Voy. aussi, sur les relations des Arabes et des chrétiens dans les villes soumises à la conquête, une charte curieuse donnée en 734 à la population chrétienne de Coïmbre par un gouverneur arabe nommé Ebn-Mohammed-el-Homar. Elle a été publiée par Sandoval, *Historias de Idacio*, p. 88, et par M. Rosseeuw Saint-Hilaire, *Histoire d'Espagne*, Pièces justificatives, t. II, p. 477.

(**) Non-seulement ces deux généraux furent brusquement arrachés à leurs conquêtes, mais ils périrent bientôt misérablement.

les recevoir. Tandis qu'ils étaient dans l'antichambre, un docteur de la loi se présenta pour entrer chez le khalife. Djérir lui adressa ces deux vers :

« Docteur qui laisses flotter les deux bouts de ton turban, le bon temps est arrivé pour toi, et pour moi il est passé.

« Dis à notre khalife, si tu as l'honneur de l'approcher, que je suis ici à la porte comme enchaîné, avec mes compagnons d'infortune. »

Le docteur entra et demanda à Omar la permission d'introduire Djérir. Le khalife y consentit. Djérir parut et récita une pièce de vers qui commençait ainsi :

« Quand le ciel nous refuse ses pluies bienfaisantes, nous demandons au khalife les secours que nous attendions du ciel.

« Omar était digne de la grandeur et de la puissance dont il est revêtu, comme Moïse de la haute mission que lui confia son Seigneur. »

Le poëte faisait ensuite le tableau de la misère qui affligeait une partie des Musulmans, et de l'espoir que tous les malheureux mettaient dans la générosité et l'humanité du khalife.

« L'habitant des villes, disait-il, et l'habitant des déserts, également pressés par le besoin, ne peuvent mutuellement s'entr'aider.

« Combien de veuves errent dans les lieux publics les cheveux épars ! Des orphelins à la voix faible et aux yeux languissants

« Vous invoquent éperdus, comme si l'obsession d'un génie malfaisant ou la violence des hommes leur avait fait perdre la raison.

« Ils pensent que vous leur tiendrez lieu de père; ils sont comme de petits oiseaux abandonnés dans le nid et qui n'ont pas la force de voler. »

« Omar fut attendri au point de « verser des larmes :—Fils de Khatfi, « dit-il à Djérir, si tu appartiens aux « familles de ceux qui ont accompagné le « prophète dans sa fuite de la Mec- « que, ou de ceux qui l'ont accueilli à « Médine et se sont déclarés ses auxi- « liaires, tu as droit de réclamer les « avantages qui leur sont accordés. Si « tu es pauvre, je t'assignerai des se- « cours sur la caisse de charité ; si tu « es voyageur, je te ferai donner des « provisions et des frais de route, et « l'on te changera ta monture dans le « cas où la tienne ne pourrait plus te « porter.—Commandeur des croyants, « répondit Djérir, je ne suis rien de « tout cela : je jouis d'une honorable « aisance dans ma tribu ; mais je viens « vous demander une faveur à laquelle « m'ont accoutumé les khalifes vos « prédécesseurs. C'est une pension de « quatre mille drachmes, sans compter « les habits d'honneur et les divers « présents dont ils étaient dans l'usa- « ge de me gratifier. — Dieu qui juge « les actions des hommes, reprit le « khalife, rendra à chacun selon ses « œuvres. Pour moi je ne te reconnais « aucun titre pour toucher cette som- « me sur le trésor public qui est la « propriété de Dieu et des pauvres, et « dont l'emploi doit être réglé par « une sévère justice. Au surplus, at- « tends que je fasse les distributions. « Lorsque j'aurai remis à chacun ce « qui lui sera légitimement dû, et pris « de quoi faire subsister ma famille et « moi-même pendant une année, alors « s'il reste quelque chose, je te le don- « nerai.—Non, répliqua Djérir, met- « tez-le plutôt en réserve pour l'em- « ployer plus utilement ; je ne m'en « irai pas moins content.—A la bon- « ne heure, dit le khalife, j'aime encore « mieux cela. » Djérir se retira.

« A peine était-il hors de l'apparte- « ment qu'Omar le fit rappeler et lui « dit : « J'ai à moi quarante dinars et « deux habillements, dont je porte l'un « quand je fais laver l'autre. Je t'of- « fre de partager avec toi, et cepen- « dant Dieu sait que j'ai moi-même « plus besoin que toi des vingt dinars « et de l'habit que je te propose. — « Gardez ces dons, commandeur des « croyants, répondit Djérir ; je vous « assure que je suis content.—En les « acceptant, ajouta Omar, je t'avoue « que tu m'aurais occasionné de la « gêne. Ton désintéressement me fait « encore plus de plaisir que les louan- « ges dont tu m'as comblé. Va, et que

« la bénédiction de Dieu t'accompa-
« gne. »

« Quand Djérir fut sorti, les autres
poëtes qui l'attendaient avec anxiété, lui
demandèrent comment le khalife l'avait
traité. « Omar, leur dit Djérir, est
l'ami des pauvres et non l'ami des poëtes. Mais pour moi, je suis content de
lui. » Aussitôt il monta sur son chameau
et partit. Lorsqu'il eut rejoint sa tribu, on le questionna encore sur l'accueil qu'il avait reçu du khalife. Il répondit par ces deux vers :

« Vous avez à Damas un ami qui
vous est attaché par des liens forts et
indissolubles.

« La magie des vers n'a pas de prise
sur lui, et pourtant le démon qui
m'inspire est un puissant magicien (*). »

Il était digne du khalife qui repoussait la flatterie, toujours si douce
à l'oreille des rois, d'interdire les malédictions que l'on prononçait publiquement dans les prières contre la famille infortunée des Alides. Depuis
la lutte ardente soutenue par Moawiah
contre le fils adoptif du prophète, les
Omeyyades avaient cru remédier à la
faiblesse de leurs droits par les injures qu'ils prodiguaient à des rivaux
malheureux. Omar fit cesser ce scandale et remplaça des paroles de haine
par ce verset du Coran : Dieu vous a
ordonné d'être justes et bienfaisants ;
il veut que vous vous aidiez les uns
les autres : faites le bien, fuyez le mal,
voilà son précepte.

Le khalife, qui était monté sur le
trône au mois d'octobre, trop tard
pour secourir, avant l'hiver, l'armée
qui assiégeait Constantinople, fit partir
d'Égypte, dès les premiers jours du
printemps, une flotte de quatre cents
bâtiments chargés d'armes et de vivres. Craignant les terribles effets du
feu grégeois, cette flotte n'osa pas s'a-
vancer jusqu'à l'armée qu'elle était
chargée de ravitailler, et vint mouiller sur les côtes de Bithynie. Là ces
marins, Égyptiens pour la plupart, et
conservant peut-être quelque attachement pour l'empire dont ils avaient si
longtemps fait partie, formèrent le dessein de déserter la cause des Musulmans.
En conséquence, ils montèrent pendant
la nuit sur les chaloupes de leurs vaisseaux, et ramèrent vers le port de
Constantinople, où ils entrèrent en
criant : Vive l'empereur des Romains.
Ils furent reçus tout autrement qu'ils
ne s'y attendaient : soit que les Grecs
aient cru que c'était une ruse, soit
qu'ils fussent sans pitié pour des traîtres, ils firent tourner sur leurs barques ces redoutables tubes d'airain qui
lançaient des flammes qu'on ne pouvait éteindre au milieu des flots de la
mer. L'incendie fut rapide, général.
Les matelots, obligés de se lancer hors
de leurs chaloupes, étaient noyés ou
percés à coups de traits, et les Grecs
poursuivant leur avantage, allèrent
brûler la flotte entière, dont ils enlevèrent toutes les provisions. Ainsi privés de tout secours, les Arabes de l'armée de Moslemah commencèrent à
souffrir les horreurs de la famine. Ils
se débandaient chaque jour, cherchant
à piller quelques aliments dans les
campagnes de la Bithynie; mais là, les
attendaient de nouveaux dangers. Les
Grecs, armés à la légère, leur dres-
saient de tous côtés des embuscades.
Les bois, les rochers, les ravins leur
servaient de retraites, et ils tombaient
à l'improviste sur un ennemi affaibli par le jeûne. Après avoir ainsi
perdu une grande partie de son armée,
Moslemah se décida enfin à lever le
siége. Mais la retraite amena pour lui
de nouveaux désastres : l'armée n'atteignit la flotte qui l'attendait sur
la côte qu'après avoir été décimée
par une attaque des Bulgares; et ses
vaisseaux, battus par la tempête, furent
en grande partie brisés contre les
écueils. Omar fut vivement affecté
d'une si honteuse défaite : ses prédécesseurs venaient de soumettre des empires, et il échouait devant une seule
ville. Sa piété en devint plus austère,
plus sombre; il se vengea sur les chrétiens de ses États, en les persécutant,
de la honte que leurs coreligionnaires
venaient d'imprimer à ses armes. Est-

---

(*) Kitab-el-Aghani, II, fol. 124, trad.
de M. Caussin de Perceval.

ce à la haine que cette persécution excita contre lui, ou bien est-ce à la défiance des Omeyyades qui ne le voyaient pas sans une vive terreur se rapprocher du parti des Alides, que l'on doit attribuer sa mort précoce? C'est ce qu'il est difficile de décider. Ce qui paraît certain, c'est qu'on lui fit prendre un poison subtil dont il mourut au mois de redjeb de l'année 101 de l'hégire (février 720).

Soliman, en choisissant Omar, son cousin, pour successeur, avait déclaré qu'à la mort de ce prince, le trône reviendrait à Iezid-ben-Abdelmelik, son propre frère. En conséquence, Iezid fut salué khalife dans la chaire de Damas, et les premiers temps de son règne furent employés à apaiser une révolte excitée dans le Khoraçan, par un autre Iezid fils de Mohalleb, gouverneur de cette province, où il s'était fait de nombreux partisans. Ce chef espérait se rendre indépendant; et les troubles occasionnés par ses prétentions s'étendaient jusqu'en Mésopotamie, lorsque le khalife envoya Moslemah pour le combattre. Les deux partis en vinrent aux mains dans les environs de Bassorah. Iezid-ben-Mohalleb fut tué, et ceux de ses frères qui avaient été compromis dans ce mouvement se sauvèrent au delà de l'Indus, où ils furent poursuivis et tués à leur tour, nous dit Belori, par Helal-ben-Ahouar des Benou-Temim.

Vers cette même époque, les Arabes, maîtres de toute la péninsule espagnole, franchirent la haute barrière des Pyrénées, pour venir chercher en France un nouvel aliment à leur passion de conquêtes. « Les provinces méridionales de la France, dit M. Reinaud, se trouvaient hors d'état d'opposer à ces formidables ennemis une résistance efficace. On était au temps des *rois fainéants*; le Languedoc se trouvait en partie dans la limite des pays échus à Eudes, duc d'Aquitaine. Mais Eudes, qui se glorifiait d'être issu du sang de Clovis, et qui par conséquent était parent des princes du nord de la France, voyait avec ombrage l'ascendant que les maires du palais prenaient dans cette partie de l'empire, et toute sa politique consistait à empêcher ces ministres ambitieux de supplanter leurs maîtres. De leur côté, les maires du palais ne songeaient qu'à accroître leur autorité; et d'ailleurs, occupés à maintenir la domination des Francs qui s'étendait alors fort loin en Allemagne, ils voyaient avec quelque indifférence les progrès des Sarrasins dans le Midi. C'est alors qu'Alsamah, chef également célèbre comme administrateur et comme guerrier, s'avança dans le Languedoc et forma le siége de Narbonne. La ville ayant été obligée d'ouvrir ses portes, les hommes furent passés au fil de l'épée, les femmes et les enfants emmenés en esclavage. Narbonne, par sa situation près de la mer et au milieu des marais, offrait un accès facile aux navires qui venaient d'Espagne, et était en état, du côté de la terre, d'opposer une longue résistance. Alsamah résolut d'en faire la place d'armes des Musulmans en France, et il en augmenta les fortifications. Il fit de plus occuper les villes voisines; puis il marcha du côté de Toulouse. Cette ville était alors la capitale de l'Aquitaine. Eudes, craignant pour elle, accourut avec toutes les troupes qu'il put rassembler. Les Sarrasins avaient commencé le siége, et ils mettaient en usage les machines qu'ils avaient apportées. De plus, avec leurs frondes, ils cherchaient à repousser les habitants de dessus les remparts; la ville était sur le point de se rendre, lorsque Eudes arriva. Au rapport des auteurs arabes, telle était la multitude des chrétiens, que la poussière soulevée par leurs pas obscurcissait la lumière du jour. Alsamah, pour rassurer les siens, leur rappela ces paroles du Coran : « Si Dieu est pour nous, qui sera contre nous? » Les deux armées, ajoutent les Arabes, s'avancèrent l'une contre l'autre avec l'impétuosité des torrents qui se précipitent du haut des montagnes. La lutte fut terrible et le succès longtemps incertain. Alsamah se montrait partout; semblable à un lion que l'ardeur anime, il excitait les siens de la voix et du geste, et on reconnaissait son passage aux longues traces de sang que laissait son épée; mais pendant qu'il se trouvait au plus épais de la mêlée, une lance l'atteignit et le renversa de cheval. Les Arabes l'ayant vu tomber, le désordre se mit dans leurs rangs, et ils se retirèrent, laissant le terrain couvert de leurs morts. Cette bataille se donna au mois de mai de l'année 721, et il y périt un grand nombre d'illustres Sarrasins, notamment de ceux qui avaient eu part aux conquêtes précédentes. Abderrahman, appelé par nos vieilles chroniques Abdérame, prit le commandement des troupes et les ramena en Espagne. (*) »

Il y avait à peine quatre ans révolus que Iezid était monté sur le trône, lorsqu'il mourut du regret que lui avait inspiré la perte d'une de ses femmes, nommée Hababa (an de l'hégire 105, de J. C. 724). Son frère Hescham lui succéda, et les incursions des Arabes dans les Gaules recommencèrent sous son règne avec plus de violence. « L'année même de son avènement, dit M. Reinaud, le nouveau gouverneur d'Espagne, Ambissa, franchit avec une nombreuse armée les Pyrénées, et résolut de pousser la guerre avec vigueur. Carcassonne fut prise et livrée à toute la fureur du soldat. Nîmes ouvrit ses portes, et des otages choisis parmi ses habitants furent envoyés à Barcelone, pour y répondre de leur fidélité. Les conquêtes d'Ambissa, suivant Isidore de Béja, furent plutôt l'ouvrage de l'adresse que de la force; et telle fut l'importance de ces conquêtes, que sous le gouvernement d'Ambissa, l'argent enlevé de la Gaule fut le double de ce qui en avait été retiré les années précédentes. Le cours de ces dévastations fut un moment ralenti par la mort d'Ambissa, qui fut tué dans une de ses expéditions en 725; son lieutenant Hodeysa fut obligé de ramener l'armée sur la frontière; mais bientôt la guerre reprit avec une nouvelle fureur, et de grands secours étant venus d'Espagne, les chefs, enhardis par le peu de résistance qu'ils rencontraient, ne craignirent pas d'envoyer des détachements dans toutes les directions. Le vent de l'islamisme, dit un auteur arabe, commença dès lors à souffler de tous côtés contre les chrétiens. La Septimanie jusqu'au Rhône, l'Albigeois, le Rouergue, le Gévaudan, le Velay, furent traversés dans tous les sens et livrés aux plus horribles ravages. Ce que le fer épargnait était consumé par les flammes. Plusieurs d'entre les vainqueurs eux-mêmes furent indignés de tant d'atrocités. »

« C'est probablement à la même époque, bien que les écrivains arabes ne s'expliquent pas clairement, et que les auteurs chrétiens varient entre eux, qu'il faut placer l'invasion des Sarrasins en Dauphiné, à Lyon et dans la Bourgogne. Un écrivain mahométan s'exprime ainsi (*) : « Dieu avait jeté la terreur dans le cœur des infidèles; si quelqu'un d'eux se présentait, c'était pour demander merci. Les Musulmans prirent des pays, accordèrent des sauvegardes, s'enfoncèrent, s'élevèrent jusqu'à ce qu'ils arrivèrent à la vallée du Rhône. Là, s'éloignant des côtes, ils s'avancèrent dans l'intérieur des terres. » On ne connaît les lieux où pénétrèrent les Sarrasins que par les souvenirs des dégâts qu'ils y commirent. Aux environs de Vienne, sur les bords du Rhône, les églises et les couvents n'offraient plus que des ruines. Lyon eut à déplorer la dévastation de ses principales églises; Mâcon et Chalon-sur-Saône furent saccagées; Beaune fut en proie à d'horribles ravages; Autun vit ses églises de Saint-Nazaire et de Saint-Jean livrées aux flammes; le monastère de Saint-Martin auprès de la ville fut abattu; à Saulieu, l'abbaye de Saint-Andoche fut pillée; près de Dijon, les Sarrasins abattirent le monastère de Bèze. Ces diverses incursions des Arabes, qui, suivant l'opinion commune, se seraient éten-

---

(*) Voy. *Invasions des Sarrasins en France*, par M. Reinaud; Paris, 1836, p. 18-20.

(*) Maccary, Ms. arabe de la Bibl. roy., n° 704; fol. 72 recto.

dues d'un côté sur les bords de la Loire et de l'autre jusqu'en Franche-Comté, étaient faites sans un plan arrêté d'avance : néanmoins elles ne rencontrèrent qu'une faible résistance, ce qui montre l'état déplorable où se trouvait la France, et l'absence de tout gouvernement tutélaire. Mais en les comparant à ce qui s'était passé quelques années auparavant en Espagne, elles font voir que nulle part, si on excepte quelques individus sans religion et sans patrie, les envahisseurs ne trouvèrent de la sympathie; que nulle part une portion notable de la population ne fit cause commune avec eux. Dans les villes mêmes, telles que Narbonne, Carcassonne, où les Sarrasins s'établirent d'une manière fixe, la masse resta fidèle aux lois de l'Évangile (*). »

Si les Arabes, malgré l'anarchie à laquelle la France était alors livrée, ne purent y faire de conquêtes durables, il faut encore en attribuer la cause à l'instabilité du pouvoir dans les provinces qui leur étaient entièrement soumises. L'esprit de fatalisme dont leur religion est imbue portait déjà ses tristes fruits. N'empruntant du passé aucune expérience, ne prévoyant pas l'avenir, ils avaient foi en cette série de victoires qui leur avait livré la moitié du monde, et ne pouvaient croire que pour eux les armes fussent journalières. Enivrés de succès, les khalifes de Damas cédaient au caprice du moment. La faveur ou la disgrâce faisaient succéder les uns aux autres des gouverneurs qui arrivaient dans un pays conquis dont ils ne connaissaient ni les besoins ni les ressources, et le quittaient au moment où ils auraient pu lui être utiles. Aussi, comme les proconsuls romains, ne songeaient-ils, pour la plupart, qu'à amasser des trésors qu'ils pourraient emporter quand l'heure du rappel viendrait à sonner, et ces exactions déterminaient des révoltes qui devançaient souvent le caprice du maître. On s'effraye pour l'avenir du pays, à voir le grand nombre d'hommes qui furent successivement appelés dans les dernières années de la dynastie des Omeyyades à gouverner l'Afrique et l'Espagne.

Beschr-ben-Safouan-el-Kelbi, nommé par Iezid gouverneur de l'Afrique, étant mort au retour d'une expédition qu'il avait dirigée en personne contre la Sicile, Hescham nomma à ce poste Obeïdah-ben-Abderrahman, qu'il rappela bientôt pour envoyer à sa place Obeïd-Allah-ben-el-Habhab. Ce nouveau chef, qui embellit la ville de Tunis de plusieurs monuments publics et d'un arsenal pour la construction des navires, résolut de faire reconnaître l'intérieur du continent plus profondément que ne l'avaient encore fait ses prédécesseurs. En conséquence, après avoir envoyé en Espagne Okbah-ben-Hadjadj, il dirigea vers le Maghreb, à la tête d'une nombreuse armée, Habib-ben-abi-Obeïdah. Cette expédition eut tout le succès désirable. Habib pénétra au delà de Sous-el-Akça et entra dans le Soudan. Les tribus berbères qui voulurent entraver sa marche furent repoussées et soumises ; or, argent, captifs, lui fournirent un butin considérable et il ne revint qu'après avoir proclamé dans tout le Maghreb la loi de l'islam. A son retour, Obeïdah lui confia le commandement d'une flotte à l'aide de laquelle il devait essayer de soumettre la Sicile. En effet, il parut devant Syracuse, y leva d'énormes contributions, et se mit à ravager le pays. Peut-être aurait-il poussé plus loin ses avantages; mais les Berbères des environs de Tanger s'étant révoltés contre leur gouverneur, dont l'avidité frappait d'un impôt, contrairement à la loi du Coran, ceux d'entre eux qui s'étaient convertis à l'islamisme, Habib fut rappelé de Sicile pour venir soumettre ces populations indignées. La révolte avait fait d'immenses progrès quand il revint; le gouverneur de Tanger avait été tué, et l'Afrique entière était en armes. Vainqueur dans ses précédentes expéditions, Habib avait promis à Obeïdah un nouveau succès. Il s'avança vers les tribus soulevées, espérant

(*) Invas. des Sarrasins, p. 22 à 32.

que son nom seul leur inspirerait la terreur; mais il avait affaire à un ennemi aussi brave que lui, et les deux armées se séparèrent après un combat opiniâtre dans lequel aucun des deux partis n'avait eu l'avantage. Khalid-ben-Habib-el-Fahri fut ensuite chargé par Obeïdah du commandement en chef, et se présenta de nouveau pour combattre les Berbères. Cette seconde affaire fut désastreuse pour les Arabes; ils furent mis en fuite, et Khalid fut tué dans la déroute avec l'élite des soldats qui l'accompagnaient. La grande quantité d'hommes marquants qui succombèrent dans cette journée la fit appeler la journée des Schérifs. Le bruit en parvint bientôt en Espagne, et les populations, excitées par le succès des tribus africaines, chassèrent à leur tour le gouverneur que leur avait envoyé Obeïdah, pour lui substituer Abd-el-Melik ben-Katan-el-Fahri. Okbah-ben-el-Hadjadj, ainsi dépossédé par la révolte, alla mourir à Carcassonne (*).

Quand la nouvelle de tous ces désastres parvint à Damas, Hescham en fut vivement irrité; il accusa d'un revers si inattendu l'incapacité d'Obeïdah-ben-el-Habhab, et le rappela aussitôt, envoyant à sa place Kolthoum-ben-Ayad à la tête de douze mille hommes choisis parmi les meilleurs soldats de la Syrie. Son avant-garde, commandée par Baldj - ben - Beschr, étant arrivée à Caïrouan, ces nouveaux venus se conduisirent avec une insolence qui leur aliéna bientôt la population de cette ville restée fidèle : ses habitants portèrent leurs plaintes au vainqueur du Maghreb, Habib-ben-Abi-Obeïdah, qui était alors à Tlemcen. Habib se hâta d'écrire à Kolthoum, l'engageant à réprimer l'audace de ses lieutenants, s'il voulait réussir dans l'objet de sa mission : bientôt les deux chefs se rejoignirent, et mettant de côté tout sujet de dissension, marchèrent de concert contre les Berbères qui étaient en armes auprès de Tanger. Cette fois encore les Arabes furent défaits complétement : Kolthoum, le nouveau gouverneur, resta sur le champ de bataille, et ceux qui parvinrent à s'échapper se réfugièrent à Ceuta sous la conduite de Baldj. De là ils envoyèrent demander à Abd-el-Melik-ben-Catan, gouverneur de l'Andalousie, la permission de passer en Espagne, permission qui leur fut accordée pour le malheur de leur hôte, car Baldj, à la tête de ses Syriens, excita contre lui une révolte dans laquelle il fut tué, et s'empara du commandement. Cette trahison, du reste, ne lui profita pas longtemps; les deux fils d'Abd-el-Melik l'attaquèrent à leur tour, et il fut blessé à mort en les combattant (*). Les Berbères, à cette époque, étaient redevenus les véritables maîtres de l'Afrique. A peine si la ville de Caïrouan, fondée par les Arabes, leur était demeurée fidèle; et les choses restèrent dans cet état désespéré pendant quelque temps; car une révolte plus dangereuse occupait alors le khalife, et détournait sa pensée de ce qui se passait à l'une des extrémités de son vaste empire.

Le parti des Alides avait été comprimé, mais il n'était pas abattu. Ces petits-fils du prophète avaient conservé dans leur infortune les sympathies d'un grand nombre de Musulmans, et le khalife Hescham, avant de monter sur le trône, en avait recueilli des preuves, qui avaient fait sur lui une vive impression : c'était l'année où il accomplit le pèlerinage de la Mecque, vers la fin du règne d'Abd-el-Melik son père (**). Il avait déjà fait les tournées d'usage, et cherchait à s'approcher de la pierre noire; mais la foule des pèlerins étant trop compacte, il ne put la percer. En attendant qu'elle fût écoulée, il se fit dresser une estrade, s'y plaça et s'occupa à considérer le spec-

(*) Voy. Ebn-Khaldoun, Ms. de la Bibl. roy., n° 2402, fol. 55 recto.

(*) Ainsi que nous le verrons plus bas, Abd-el-Melik-ben-Catan avait été envoyé en Espagne pour y succéder au fameux Abdérame, et recueillir les débris de l'armée arabe, défaite à Poitiers par Karl-Martel.

(**) Voy. Ebn-Khaldoun, Ms. n° 2402, loc. laud.

Khoraçan, craignant que les changements qui signalaient l'avénement du nouveau souverain, ne l'atteignissent aussi, souleva toute la province, et rassembla autour de lui une troupe nombreuse de rebelles, aguerris par ces habitudes de montagnards qui faisaient des Khoraçanites les meilleurs soldats de l'armée arabe. Yezid-ben-Mezid fut choisi par El-Mahdi pour aller réprimer cette dangereuse révolte. Il y réussit après un combat acharné ; fit prisonniers Ioucef ainsi qu'un grand nombre de ses compagnons d'armes, et les ramena en triomphe. Arrivés au Nahar-Ouan, les malheureux captifs furent placés, en signe de mépris, la tête tournée du côté de la queue du chameau qui leur servait de monture, et c'est ainsi qu'ils firent leur entrée dans le faubourg de Baghdad nommé El-Rasafa. On coupa ensuite les pieds et les mains à Ioucef, qui fut mis en croix sur le pont de Baghdad (*).

Il y avait à peine une année qu'El-Mahdi était monté sur le trône, lorsqu'il voulut accomplir le pèlerinage de la Mecque, et visiter en même temps la tombe de son père, mort aux portes de la ville sainte. De ses deux fils, Hadi et Haroun-el-Reschid, il laissa le premier à Baghdad pour y gouverner en son nom, et prit le second avec lui pour compagnon de voyage. Jamais pèlerinage n'avait jusqu'alors donné lieu à un tel déploiement de luxe. Un grand nombre de princes de la maison d'Abbas accompagnaient le khalife, qui arriva à la Mecque sans avoir épuisé la provision de neige que des chameaux avaient portée à travers le désert, afin que cette cour brillante eût moins à souffrir des ardeurs du climat. Les voiles qui recouvrent la Caaba et en cachent les murailles, s'ajoutaient depuis longtemps les uns aux autres, sans qu'on prît le soin d'enlever l'ancien quand on en mettait un nouveau, et leur poids avait fini par donner de l'inquiétude pour la solidité des murs. Les habitants de la Mecque profitèrent de la présence du khalife pour le prier de les enlever, et il se rendit à leur demande. Celui de ces voiles qui avait été le plus récemment posé sur l'édifice était en soie brodée d'une grande épaisseur ; il avait été donné à la maison sainte par le khalife omeyyade Abd-el-Melik-ben-Hescham (*). Trente millions de dirhems fournis par l'Irak, trois cent mille dinars apportés d'Égypte, et deux cent mille du Yémen, furent distribués aux habitants de la Mecque, ainsi que cent cinquante mille robes d'étoffes choisies. Le khalife fit encore agrandir la mosquée de Médine, et ce fut à l'occasion de ce pèlerinage qu'il forma un corps de cinq cents descendants des Ansariens, dont il se fit une garde d'honneur, et auquel il assigna des terres dans l'Irak (**). El-Mahdi avait pu juger dans ce long voyage, malgré le luxe inusité avec lequel il l'avait accompli, des fatigues sans nombre qui venaient assaillir les pauvres pèlerins au milieu des stériles contrées qui séparent l'Euphrate du Hedjaz : il résolut d'y pourvoir par de pieuses fondations, et de laisser ainsi de son passage un souvenir plus durable que les largesses qu'il avait partagées entre les habitants des villes saintes. Il fit donc tracer avec soin la route qui conduit de Baghdad à la Mecque, en marqua les divisions par des bornes milliaires, et fit construire aux différentes étapes des espèces de caravansérails, où les pèlerins pouvaient du moins

---

(*) Voy. Ebn-el-Athir, ms. ar., n° 537, fol. 16 recto.

(*) Ebn-el-Athir, auquel nous empruntons ces faits, ne dit pas que El-Mahdi ait recouvert la Caaba de nouveaux voiles après l'avoir dépouillée des anciens ; mais on lit dans l'histoire de la Mecque du scheïkh Kotbeddin-el-Hanéfi : Des hommes montés sur le haut du toit de la Caaba versèrent des fioles de civette musquée sur les quatre murailles ; puis se tenant aux poulies sur lesquelles on attachait les étoffes qui couvraient la maison sainte, ils l'oignirent de parfums : ensuite, on la revêtit de trois voiles : le premier en étoffe appelée *kibati*, le second en filoselle, le troisième en brocart.

(**) Voy. Ebn-el-Athir, ms. ar., n° 537, fol. 18 recto et verso.

trouver un abri. Des puits ou citernes, creusés de distance en distance, devaient pourvoir à l'un des besoins les plus impérieux qu'éprouve le voyageur dans ces immenses solitudes. Enfin, une communication rapide de Médine à la Mecque et de la Mecque au Yémen fut assurée, dans l'intérêt de l'administration, par des relais de mulets ou de chameaux établis sur toute la route (*).

La dynastie des Abbassides n'en avait pas encore fini avec les mécontentements nombreux qu'avait soulevés sa rapide élévation, et plus d'une fois encore, malgré les bienfaits d'une administration plus régulière que celle qui avait régi jusqu'alors la vaste étendue de l'empire arabe, des fanatiques, mus par la politique ou la religion, devaient troubler la tranquillité de l'État. Au nombre des plus dangereux était un chef de secte, habitant obscur de la ville de Mérou dans le Khoraçan. Il s'appelait Hakima; mais on l'appelait Mocanna ou *le Voilé*, parce qu'il avait l'habitude de se couvrir le visage d'un masque d'or. Sa doctrine consistait à prétendre que Dieu s'était incarné plusieurs fois : d'abord, sous la figure d'Adam, puis, sous celle de Noé, ensuite, sous celle d'Abou-Moslem, et que lui-même enfin était une dernière incarnation de la divinité. On voit que cet ambitieux plagiaire, qui voulait dépasser dans ses prétentions la mission divine que s'était attribuée Mahomet, avait espéré exploiter à son profit les souvenirs qu'Abou-Moslem avait laissés dans le Khoraçan; aussi, dans ses prédications, le mettait-il au-dessus du prophète. Il eut bientôt rassemblé autour de lui un grand nombre de sectaires, qui ne se contentèrent pas longtemps d'écouter sa doctrine, mais regardèrent comme de bonne prise les biens des Musulmans, et organisèrent en conséquence des expéditions dans lesquelles ils pillaient le pays. Plusieurs généraux furent envoyés contre Mocanna, et ne purent venir à bout de le détruire. Ce ne fut que dans l'année 161 de l'hégire qu'il dut enfin succomber devant les forces considérables qu'avait déployées le khalife dans cette circonstance. L'armée chargée de le combattre était commandée par Mouz-ben-Moslem et Saïd-el-Djoraschi, qui remportèrent d'abord quelques avantages en rase campagne; mais bientôt les sectaires se retirèrent à l'abri de la forteresse qui depuis longtemps leur servait de refuge, et les Musulmans durent en faire le siège. Pendant les opérations que nécessitait cette mesure, la discorde éclata entre les deux généraux du khalife, et Saïd écrivit à Baghdad pour obtenir d'être seul chargé de la conduite de la guerre. Il obtint satisfaction complète à cet égard; et son généreux rival, en se retirant, lui laissa son fils ainsi que tous les secours qui pouvaient assurer le succès de l'entreprise. L'unité de plan et de direction ne tarda pas à produire ses avantages ordinaires : les rebelles furent pressés de toutes parts, et un grand nombre d'entre eux proposa secrètement au général arabe d'abandonner la cause de Mocanna, sous la condition d'avoir la vie sauve. Trente mille hommes quittèrent ainsi les drapeaux de leur chef, qui n'eut plus autour de lui qu'environ deux mille disciples, dont le fanatisme était prêt à braver la mort. Dès lors, l'issue du siége ne fut plus douteuse; les fossés furent comblés, les remparts franchis, et, nouveau Sardanapale, Mocanna, perdant tout espoir de se défendre plus longtemps, empoisonna dans un banquet ses femmes, ses esclaves, puis, allumant un vaste incendie, ne laissa en possession de ses ennemis que des murailles noircies par les flammes (*).

Il est facile d'observer que, depuis bien des années, dans le cours de cette histoire, on ne retrouve plus chez les Arabes cette valeur impétueuse qui, vers les premiers temps de l'islamisme, leur avait fait une part si large dans l'ancien monde. Soit que les schismes

(*) Ebn-el-Athir, fol. 27 recto.

(*) Voy. Ebn-el-Athir, fol. 14 verso, et 19 recto.

religieux, les dissensions politiques occupassent alors cette activité dévorante qui les avait conduits des rives de l'Indus aux colonnes d'Hercule; soit que l'enthousiasme, inspiré par les promesses du prophète en faveur des martyrs de la foi, eût perdu sa puissance; soit que, devenus riches et maîtres des plus belles contrées de la terre, ils n'eussent plus de mépris pour une vie qu'ils s'étaient faite douce, l'ardeur des conquêtes semblait éteinte parmi eux. Des armées, dix fois plus nombreuses que celles qui avaient soumis l'Afrique, l'Espagne ou la Perse, suffisaient à peine pour tenter quelques expéditions sur le territoire du faible empire de Constantinople; et l'Asie Mineure, unique barrière qui restât du côté de l'orient pour la défense des Romains dégénérés, était disputée entre les deux nations avec une alternative de succès ou de revers. El-Mahdi, monté sur le trône la même année que Léon IV, profita de la faiblesse de ce prince, auquel sa santé perdue ne laissait aucune énergie, pour faire pénétrer en Phrygie, sous la conduite de Haçan-ben-Katabah (*), une armée nombreuse qui mit le siège devant la ville de Dorylée. N'osant pas exposer ses troupes aux hasards d'une bataille, l'empereur donna l'ordre à ses généraux de garnir les places fortes, et de tenir la campagne avec quelques corps armés à la légère qui pourraient inquiéter les convois de l'ennemi, et détruire les détachements chargés de se procurer des vivres ou des fourrages. Cette tactique réussit complètement aux Romains: après dix-sept jours de siège, les vivres manquèrent aux Arabes, et le fourrage à leurs chevaux, qui périrent presque tous. Haçan, désespérant de forcer la ville, se retira vers Amorium, dans l'espoir de s'assurer au moins cette conquête; mais ayant reconnu la force de la place, il se retira en Syrie (**).

L'année suivante, le khalife se résolut à venger en personne les revers que ses troupes venaient d'éprouver en combattant les Romains. Il leva dans le Khoraçan un grand nombre de ces soldats montagnards, qui avaient déployé dans toutes les guerres de l'Islam autant de vigueur que de courage, et rassembla son armée sur les bords du Tigre dans les plaines de Bardan. Ce fut en présence de ses troupes qu'il confia ses pouvoirs à son fils aîné, Mouça-el-Hadi, auquel il assigna Baghdad pour résidence; puis il partit, emmenant avec lui Haroun-el-Reschid, son second fils. Après avoir traversé toute la Mésopotamie, et s'être arrêté à Mossoul, il arriva à Halep, où il déploya contre quelques sectes hérétiques, qui s'étaient formées dans le pays, une extrême sévérité, mettant à mort les plus coupables, et faisant brûler les livres où ils avaient consigné leurs erreurs. Il s'engagea ensuite dans les défilés de la Cilicie, et vint camper sur les bords du Pyrame (*). Là, il détacha de son armée un corps expéditionnaire, à la tête duquel il plaça son fils Haroun, qu'accompagnaient quelques officiers choisis, au nombre desquels on comptait Iça-ben-Mouça, Abd-el-Melik-ben-Saleh, Rébi, Haçan-ben-Katabah, Haçan et Soleïman, tous deux de la famille des Barmécides. Le commandement général, que Haroun était trop jeune pour exercer de fait, avait été remis entre les mains de Yahia-ben-Khaled-ben-Barmek, auquel depuis quelques années le khalife avait confié l'éducation de son fils. Haroun assiégea pendant trente-huit jours une forteresse nommée Samalou par le chroniqueur arabe (**), et revint après s'en être emparé (***).

Voici déjà deux fois que nous avons eu l'occasion de parler des Barmécides, et nous n'avons pas dit encore quelle était l'origine de cette famille célèbre qui jeta un vif éclat sur les premiers temps de la dynastie des Abbassides. D'après l'opinion la plus

---

(*) Ebn-el-Athir, fol. 21 verso.
(**) Théoph., p. 381.

(*) Les Arabes le nomment le Djihan.
(**) Théophane l'appelle τὸ Σημαλοῦος κάστρον.
(***) Ebn-el-Athir, fol. 22 verso.

générale des chroniqueurs orientaux, les Barmécides étaient originaires de la ville de Balck dans le Khoraçan, et y occupaient un rang distingué. Vers la fin du premier siècle de l'hégire, des circonstances, expliquées différemment par quelques auteurs, amenèrent à la cour de Damas le chef de cette famille, qui se convertit à l'islamisme sous le règne de Hescham, et reçut de ce khalife le surnom d'Abdallah. Dès lors, les talents que déployèrent les Barmécides en plusieurs circonstances, leurs grandes richesses, leur science, les appelèrent à jouer un rôle important. Ce ne fut toutefois qu'après l'avénement des enfants d'Abbas qu'ils furent admis au conseil des khalifes. Khaled-ben-Barmek fut vizir d'Abou-'l-Abbas-es-Saffah : nous avons vu que sous le règne d'El-Mançour il jouissait d'un crédit étendu, et El-Mahdi, ainsi que nous venons de le dire, avait confié à Yahia, fils de Khaled, le soin d'élever Haroun, auquel il destinait le trône.

A la suite de l'expédition, pendant laquelle Haroun avait porté les armes pour la première fois contre les ennemis de l'islamisme, son père lui avait confié le gouvernement de l'Aderbaïdjan et de l'Arménie : mais bientôt la guerre avait éclaté de nouveau entre les deux empires de Baghdad et de Constantinople. Léon IV venait de mourir, laissant la couronne à Constantin Porphyrogenète. Ce jeune prince n'avait alors que dix ans, et ne trouvant dans ses oncles que des hommes jaloux de son pouvoir, il n'aurait vu s'ouvrir devant lui qu'une carrière semée d'embûches, si le génie de sa mère Irène ne l'eût protégé : génie ambitieux toutefois, ne soutenant le sceptre dans la main débile d'un enfant que pour le porter elle-même, et devant, plus tard, lorsqu'il voulut s'affranchir de sa dépendance, sacrifier ce fils avec la barbarie d'une marâtre. Irène voyait avec un extrême regret l'empire affaibli de toutes parts. L'Italie conquise par Charlemagne échappait à son pouvoir ; elle reporta tous ses efforts sur l'Orient, et dirigea contre les Arabes une armée de quatre-vingt-dix mille hommes, commandée par le patrice Michel Lachonodracon, gouverneur des provinces qui formaient le thème des Thracésiens, c'est-à-dire, de la petite Phrygie, de la Lydie et de l'Ionie. Les Arabes, sous les ordres d'un général du nom d'Abd-el-Kébir, envahirent de leur côté la Cilicie, et se rencontrèrent avec les Grecs près d'une place nommée Milos (*). Si l'on en croit Théophane, les Romains demeurèrent vainqueurs, et obligèrent leurs ennemis à repasser en désordre les défilés qui séparaient la Cilicie de la Syrie. Ce fut alors que le khalife rappela son fils Haroun de l'Aderbaïdjan pour lui confier le soin de venger l'islamisme d'une défaite à laquelle il n'était pas accoutumé. Haroun rassembla quatre-vingt-quinze mille soldats, que les chroniqueurs byzantins appellent *maurophores* ou *vêtus de noir*, car telle était, ainsi que nous l'avons dit, la couleur adoptée par les Abbassides, et, à la tête de cette nombreuse armée, il entreprit de traverser l'Asie Mineure pour aller porter la guerre sous les murailles de Constantinople. A la nouvelle de cette invasion menaçante, Irène avait rassemblé toutes les forces dont elle pouvait disposer, et en avait confié le commandement au patrice Nicetas, qu'Ebn-el-Athir appelle le Comte des Comtes, *Coumas-el-Couamiseh*. Yezid, de la tribu des Benou-Schaïban, fut chargé par le fils du khalife de repousser les Grecs ; il les combattit en effet avant qu'ils eussent atteint le principal corps d'armée, blessa dangereusement Nicetas, et força son armée de se retirer auprès du *Domestique,* nom que les Grecs donnaient au gouverneur général des provinces asiatiques de l'empire. Après cette défaite de l'armée grecque, rien ne s'opposant plus à la marche de Haroun, il arriva bientôt sur les rives du Bosphore, et, des fenêtres du palais de Blaquerne, Irène put voir les feux de son camp. Pendant ce temps-là, un corps de troupes

---

(*) Théophane, p. 383.

détaché de l'armée des Arabes était entré en Lydie, où Lachonodracon, le vainqueur de la campagne précédente, disposait encore d'une force de trente mille hommes. Les Grecs avaient cette fois à leur tête le meilleur général qui fût alors dans l'empire; aussi la victoire fut-elle longtemps disputée dans les plaines de Darène, où chrétiens et musulmans s'étaient rencontrés. Lachonodracon se montra digne de sa réputation : mais l'ascendant des Arabes l'emporta : il fut obligé d'abandonner un champ de bataille où quinze mille de ses soldats étaient tombés sous le fer de l'ennemi. Cette dernière défaite avait jeté dans Constantinople l'alarme la plus vive. Irène se hâta de demander la paix, et n'obtint qu'une paix honteuse. Il fallut que cette orgueilleuse princesse, après avoir perdu cinquante-quatre mille soldats, soumît l'empire à un tribut annuel de soixante-dix milles dinars, fournît à l'armée des guides, des provisions pour le retour, et la vît traîner à sa suite six mille prisonniers, vingt mille bêtes de somme, cent mille têtes de bétail (\*).

Les dernières années du règne d'El-Mahdi s'écoulèrent à combattre, non plus l'ennemi extérieur qui était vaincu, mais ces sectes diverses, ces hérétiques qui se séparaient chaque jour de l'unité de l'islamisme, et échappaient ainsi au despotisme religieux du khalifat, dans lequel l'inflexible niveau du Coran avait voulu concentrer tous les pouvoirs. Ces hérésies furent en général de deux sortes. Les premières appartenaient à des fourbes en qui la fourbe de Mahomet avait éveillé l'ambition de l'apostolat, et qui prétendaient être des prophètes, ou tout au moins sentir en eux une intelligence divine ayant la vertu des miracles ; les secondes mutilaient la doctrine du Coran pour l'adapter à leurs besoins ou à leurs passions. Tels étaient, pour la première catégorie, les sectaires de Mocanna que la mort de cet imposteur n'avait pas convaincus, et qui attendaient son retour dans cette province, au delà de l'Oxus, que les Arabes appellent Mawarelnahr ; tels étaient aussi, pour la catégorie suivante, les Rawendites, les Zenadikeh, les Mohammarah, et autres hérésiarques dont les dogmes sont assez confusément expliqués par les chroniqueurs, mais dont les manifestations devenaient presque toujours politiques, les mécontents se joignant à eux dès qu'il s'agissait d'attaquer la puissance de la dynastie régnante.

Par le courage qu'il avait déployé dans un grand nombre d'expéditions, par son amour des lettres, par ses qualités aimables, Haroun avait su se concilier l'affection presque exclusive de son père, qui désirait vivement le faire reconnaître pour héritier du khalifat, au détriment de son fils aîné Mouça, surnommé El-Hadi, alors dans le Djordjan, où il se préparait à réduire quelques rebelles du Tabarestan.

Vers le commencement de l'année de l'hégire 168 (de J. C. 784), El-Mahdi se résolut à exécuter le projet qu'il avait conçu à cet égard, et à déclarer à son peuple, en présence de ses deux fils, quel était celui qu'il choisissait en qualité de vicaire du prophète. Il rappela donc El-Hadi à la cour de Baghdad; mais le prince soupçonnant l'intention de ce rappel, refusa de s'y rendre, et ne répondit à une seconde sommation qu'en faisant périr le messager qui en était porteur. Une telle résistance détermina le khalife à marcher en personne contre son fils rebelle, et il se mit en route, accompagné de Haroun-el-Reschid. Arrivé dans la province de Masandan, il y mourut (\*). On a donné plusieurs versions différentes de cette mort précoce, car El-Mahdi n'avait alors que quarante-trois ans : les uns prétendent qu'il fut empoisonné (\*\*); d'autres di-

(\*) Voy. Théoph., p. 383, 384, et Ebn-el-Athir, fol. 24 verso.

(\*) Ebn-el-Athir, ms. ar., n° 537, fol. 29 verso.

(\*\*) Ebn-el-Athir raconte ainsi la cause de cet empoisonnement. Une jeune fille, appartenant au khalife et jalouse de l'attention qu'il accordait à une de ses compagnes, avait envoyé à sa rivale une corbeille

sent que, se livrant un jour au plaisir de la chasse, ses chiens tombèrent sur la piste d'une gazelle qu'ils poursuivaient avec ardeur. A cheval, derrière eux, le khalife les animait de la voix, et la gazelle, se voyant sur le point d'être forcée, se précipita au fond d'une masure abandonnée qui s'élevait au milieu de la campagne. Emporté par la passion de la chasse, El-Mahdi voulut la suivre à son tour; mais la porte étant trop basse, il eut les reins brisés par le choc qu'il reçut, et mourut à l'instant (*).

Les historiens arabes représentent El-Mahdi comme un prince généreux, ami de la justice qu'il rendait à ses sujets dans des audiences publiques où chacun était admis à lui adresser ses demandes, et où il s'entourait de jurisconsultes habiles qui pussent éclairer son jugement dans les questions difficiles. On est étonné, en parcourant les annales de son règne, des changements fréquents qu'eurent à subir de son temps les gouverneurs de province : peut-être faut-il voir dans ces mutations rapides le désir qu'il avait d'éviter les exactions qu'avait eues à supporter le peuple au temps d'El-Mançour, où les hommes placés par ce prince à la tête des principales contrées de l'empire arabe n'avaient eu que trop de tendance à abuser de leur autorité. Ce qu'on ne saurait refuser à El-Mahdi, c'est le soin avec lequel il entra dans les détails de l'administration. Aboulféda mentionne pour la première fois, dans l'histoire de son règne, la charge de *mohtesib*, c'est-à-dire, juge du marché et intendant de la police; charge importante dans l'administration municipale des villes arabes,

de poires dont elle avait empoisonné la plus belle. Le khalife, qui vit ces poires et qui les aimait, en prit une, mais c'était justement celle qui contenait le poison. A peine l'eut-il mangée, qu'il poussa des cris de douleur. La jeune fille coupable accourut aussitôt et sa douleur fut sans égale. « Hélas! s'écriait-elle au milieu de ses sanglots, j'ai voulu te posséder seule, et voilà que tu meurs par ma faute. » Voy. ms. 537, fol. 3o recto.

(*) Ebn-el-Athir, fol. 3o recto.

et dont Mawardi a décrit avec détail les attributions toutes relatives aux garanties que le peuple devait trouver dans les transactions commerciales nécessitées par les besoins d'une grande ville. La charge de *mohtesib* s'est conservée jusqu'à nos jours dans les pays musulmans. Le *mohtesib* fait sa ronde dans les marchés pour y surveiller l'exécution des ordonnances et vérifier les poids ou mesures. Toujours à cheval, entouré de soldats qui sont en même temps les exécuteurs de ses ordres souverains, il rend une justice sommaire, et les coupables, s'il y en a, sont punis avant qu'il ait quitté le lieu où ils ont été saisis.

El-Mahdi eut la gloire d'embellir par des constructions nouvelles les trois mosquées les plus saintes de l'Islam : celles de la Mecque, de Médine et de Jérusalem. Toutes les fois qu'il paraissait en public, il faisait distribuer de l'argent au peuple (*), et ces largesses n'étaient pas onéreuses à l'Etat, par cela même qu'il avait su apporter une direction meilleure dans la perception des impôts. Cependant El-Mahdi ne fut pas à l'abri des piéges que tendent à un souverain, quelque disposé qu'il soit à rendre une justice exacte, les jalousies ou l'ambition de ses courtisans : la disgrâce de Iacoub-ben-Daoud en fut une preuve irrécusable. Ce ministre, qui avait été dans sa jeunesse secrétaire de Nasr-ben-Sayyar, gouverneur du Khoraçan sous le dernier khalife omeyyade, se trouva compromis dans les troubles survenus à l'occasion de l'avénement des Abbassides, et fut jeté en prison par ordre d'El-Mançour. A la mort de ce souverain, il fut mis en liberté, et appelé à la cour d'El-Mahdi, où il ne tarda pas à jouir d'une grande faveur; faveur qui croissait chaque jour, et ne s'arrêta que lorsqu'il fut parvenu à la place de vizir, c'est-à-dire, de premier ministre des volontés du khalife ; car ce prince croyait, en portant Iacoub au premier rang, obéir à la volonté cé-

(*) Voy. Masoudi, Moroudj-el-Dheheb, ch. cxvi.

leste : il assurait l'avoir vu en songe avant de le connaître, et le regardait comme prédestiné, par cette manifestation surnaturelle, au choix qu'il avait fait de lui. Le nouveau vizir, fier de son pouvoir, appela aux principales charges de l'Etat ses anciens compagnons, qui presque tous avaient été partisans de la dynastie déchue : aussi le poëte Beschar-ben-Zeïd dit-il à cette occasion :

« Réveillez-vous de votre long sommeil, fils d'Omeyyah, le khalifat est aux mains de Iacoub-ben-Daoud :

« Peuple arabe, le khalifat n'est plus: cherchez le successeur du prophète au milieu des lyres et des flûtes (*). »

Cette attaque contre le vizir était calomnieuse, car, loin de faire concourir au profit de sa puissance le goût naturel d'El-Mahdi pour le luxe et le plaisir, Iacoub le gourmandait quelquefois sur la dissipation de sa vie; mais la calomnie est souvent écoutée à la cour des rois. Tous les courtisans envieux de la faveur d'Iacoub se liguèrent contre lui, représentant au khalife que toutes les provinces de l'empire se trouvaient au pouvoir du vizir et de ses créatures, qu'il pouvait les soulever en un jour et changer la face du monde. Ces perfides insinuations furent répétées souvent, et enfin écoutées. Iacoub-ben-Daoud, dépouillé de tous ses emplois, fut chargé de fers, et ne recouvra la liberté que sous le khalifat de Haroun-el-Reschid (**).

El-Mahdi était mort, ainsi que nous l'avons dit, avant d'avoir assuré à son fils Haroun la succession immédiate du khalifat, qui devait lui revenir seulement après la mort de son frère: aussi, Mouça-el-Hadi fut-il proclamé khalife à Baghdad, où Haroun avait ramené les troupes qui accompagnaient El-Mahdi dans son voyage. L'avénement d'un nouveau souverain parut aux Alides une circonstance favorable pour protester encore une fois, les armes à la main, en faveur des droits qu'ils tenaient de leur naissance. Hocaïn-ben-Ali, arrière-petit-fils de ce Haçan qui avait été dépouillé du khalifat par Moawiah-ben-Abou-Sofian, habitait Médine, dont le gouvernement venait d'être confié à Omar-ben-Abd-el-Aziz, l'un des descendants du khalife Omar-ben-el-Khattab. Des discussions s'étant élevées entre ces deux hommes, tous deux orgueilleux du sang qui coulait dans leurs veines, Hocaïn prit les armes, et, appuyé de nombreux partisans, il contraignit Omar à sortir de la ville; puis se rendit à la mosquée, où tous les habitants vinrent lui jurer fidélité sur le Coran, comme au légitime successeur du prophète. Déjà ce mouvement avait pris le caractère d'une grave révolution; et peut-être Hocaïn, s'il eût concentré ses forces à Médine, où il avait trouvé des ressources dans le pillage du trésor qui appartenait au temple du prophète, aurait eu bientôt une armée puissante à opposer aux forces des fils d'Abbas; mais il se rendit à la Mecque, où l'époque du pèlerinage avait amené des différentes parties de l'empire un immense concours de pèlerins, parmi lesquels les Abbassides comptaient de nombreux défenseurs. La lutte entre les deux partis fut longue et terrible. Hocaïn avait recruté son armée de tous les esclaves des pays voisins, auxquels il avait promis la liberté s'ils venaient se ranger sous ses étendards; mais les troupes du khalife étaient sous les ordres de Mohammed-ben-Soliman, habile général, qui l'emporta sur son antagoniste après un combat sanglant livré à trois milles de la Mecque. Les malheureux Alides laissèrent sur le champ de bataille cent guerriers, au nombre desquels se trouvait le fauteur de cette infructueuse tentative. Leurs têtes furent portées à Baghdad; mais le khalife, dit-on, ne vit plus qu'avec horreur ceux qui avaient trempé leurs mains dans le sang des descendants du prophète (*). Singulière pitié qui commandait le

---

(*) Ebn-el-Athir, fol. 25 verso.

(**) Voy. Ebn-el-Athir, fol. 25 verso, et 26 recto.

(*) Ebn-el-Athir, fol. 33 et 34 recto et verso.

meurtre et repoussait le meurtrier. Edris-ben-Abdallah, cousin de Hoçaïn, avait échappé au massacre de sa famille : il parvint à passer en Égypte, où un certain partisan de sa maison, Wadhih, affranchi de Saleh-ben-el-Mançour, avait la surintendance des postes. A peine ce fidèle serviteur eut-il appris le sort d'Edris, qu'il vint le trouver dans la retraite où il était caché, et favorisant sa fuite à l'aide des relais dont il pouvait disposer, le fit partir pour le Maghreb. Arrivé dans cette contrée de l'Afrique, qui forme aujourd'hui la partie méridionale du Maroc, et que les Arabes appelaient Maghreb-el-Acsa, Edris, accompagné d'un affranchi nommé Reschid, en qui il avait la plus grande confiance, s'établit à Oualili, où plusieurs chefs de tribus berbères le reconnurent pour leur souverain. Nous le retrouverons, au règne de Haroun-el-Reschid, puissant et fort de l'ascendant qu'il avait pris sur elles (*).

El-Hadi ne survécut que pendant quatorze mois à son père, et tous les efforts de ce règne si court furent dirigés vers un but unique, celui d'assurer la couronne à El-Djafar, fils aîné du khalife, au mépris de la volonté formelle d'El-Mahdi qui, n'ayant pu parvenir à faire reconnaître Haroun-el-Reschid comme son successeur immédiat, l'avait du moins désigné pour succéder à son frère. Rien ne fut négligé de la part du khalife pour réussir dans ses projets : par des caresses, par des présents, il sut gagner à sa cause les principaux chefs de l'empire, et Iezid-el-Schahibani, Abd-el-Melik-ben-Malek, Ali-ben-Iça, ainsi que d'autres généraux ou gouverneurs de province, consentirent à prêter serment d'obéissance à Djafar dans la mosquée de Baghdad. Un homme cependant avait résisté à toutes les tentatives de séduction formées contre lui. Cet homme, chez qui la religion du serment fut plus forte que l'ambition ou la crainte, était Yahia-ben-Khaled, de la famille des Barmécides. Il avait pour Haroun la tendresse qu'un maître porte toujours à son élève; il conservait aussi, pour les dernières volontés d'El-Mahdi dont il avait été le confident, le respect dû à la mémoire d'un homme qui l'avait comblé de bienfaits, et ces deux motifs s'unissaient dans son esprit pour lui faire repousser toute proposition contraire à ce qu'il regardait comme un devoir (*). Dans la

---

(*) Voy. Ebn-Khaldoun, ms. de la Bibl. roy., n° 2402, fol. 6 verso.

(*) Voici ce qu'on lit à ce sujet dans Fakhr-eddin-Razi : « El-Hadi ayant pris Yahya à part, lui donna 20,000 pièces d'or, et lui fit part de son projet. Yahya lui représenta que s'il agissait ainsi, il donnerait à ses sujets la funeste leçon d'enfreindre leurs engagements, et de mépriser leurs serments, et qu'ils pourraient s'enhardir au point d'imiter son exemple : « si, au contraire, ajouta-t-il, vous conservez à votre frère Haroun son droit reconnu au khalifat, et que vous vous contentiez de déclarer Djafar pour son successeur, la disposition que vous aurez faite en faveur de votre fils sera plus solide et son exécution plus assurée. » Hadi abandonna pour quelque temps son projet; mais ensuite, l'affection paternelle l'emportant, il fit appeler de nouveau Yahya, et lui demanda encore une fois ce qu'il en pensait. « Prince, lui dit Yahya, si, après avoir dépouillé votre frère de son droit au trône, et lui avoir substitué votre fils Djafar, vous venez à mourir, laissant ce prince encore enfant et hors d'état par son âge de gouverner, croyez-vous que la couronne soit bien assurée sur sa tête, et que la famille de Haschem consente à le reconnaître pour khalife? — Non pas, dit El-Hadi. — Eh bien, reprit Yahya, laissez donc là ces projets pour mieux assurer l'exécution de vos vœux. Quand même Mahdi n'aurait pas appelé au trône votre frère Haroun, vous devriez le faire reconnaître vous-même pour votre successeur, afin que l'empire ne sorte point de la maison de votre père. » Fakhr-eddin-Razi, qui prête à Yahya un langage si modéré, lui attribue cependant un motif d'ambition personnelle, et prétend que Yahya étant secrétaire de Haroun désirait son avénement par l'espoir de devenir vizir si son maître parvenait au khalifat. Voy. Chrest. ar. de M. de Sacy, t. II, p. 11. Voy. aussi la même conversation rapportée par Ebn-el-Athir, ms. 537, fol. 36 recto.

discussion qui s'établit à ce sujet entre lui et le khalife, Khaled avait si peu ménagé son puissant adversaire, que non-seulement El-Hadi renonça à obtenir son adhésion, mais jura de lui ôter la vie; serment qu'il aurait accompli sans doute, puisqu'après l'avoir emprisonné, il avait déjà transmis à Horthomah-ben-Aïan l'ordre de lui apporter la tête du Barmécide, si dans la nuit de cette exécution il n'eût péri lui-même, emportant dans la tombe et sa vengeance et le secret de sa mort. Les chroniqueurs diffèrent à ce sujet: les uns prétendent qu'il succomba à un abcès dans le bas-ventre; d'autres le font périr d'une mort violente, et accusent sa mère d'avoir hâté la fin de ses jours. Cette princesse, nommée Khaïzaran, avait pris la direction des affaires à la mort d'El-Mahdi, et son influence dans le gouvernement était si bien reconnue, dit Ebn-el-Athîr, que, soir et matin, sa porte était assiégée par tous ceux qui avaient des comptes à rendre ou des demandes à faire. Le khalife se fatigua bientôt de cette tutelle officieuse qui le laissait complètement dans l'ombre; et la préférence que les personnages les plus influents de l'empire semblaient accorder à Khaïzaran, l'irrita au point qu'il en conçut un vif ressentiment. Elle vit avec peine, de son côté, les efforts que faisait le khalife pour enlever à Haroun le droit de lui succéder, et le mutuel éloignement qu'ils éprouvaient l'un pour l'autre fut porté bientôt à un degré si violent, qu'il se manifesta par les plus déplorables excès. El-Hadi avait fait porter chez sa mère, à la suite d'une feinte réconciliation, un gâteau de farine de riz, en l'engageant à en manger pour l'amour de lui; mais les confidents de cette princesse se défièrent d'un tel présent, et l'engagèrent à n'y toucher qu'après en avoir fait l'essai: leur prudence lui sauva la vie. Un chien, auquel on en jeta un morceau, mourut à l'instant; et la même nuit, deux jeunes filles que Khaïzaran avait données à son fils pour le soigner dans la maladie dont il était atteint, l'étouffèrent sous des coussins (*). On était alors au milieu du mois de rébi-el-aoual de l'année 170 de l'hégire (de J. C. 786).

### Haroun-el-Reschid.

Nous voici arrivés au nom le plus populaire parmi ceux des khalifes arabes; populaire non-seulement chez les Arabes eux-mêmes, mais aussi dans les contrées de l'Occident, où les contes charmants des *Mille et une Nuits* nous initient dès notre jeune âge à l'éclat que jetèrent en Orient Haroun-el-Reschid et Djafar son grand vizir. Si la brillante imagination des Orientaux a placé sous le règne de ce prince les récits merveilleux où elle a prodigué ses plus riches couleurs, c'est que ce règne porte en lui un caractère de grandeur qui inspirait sans peine les fictions les plus hardies; c'est que la fable choisit le plus souvent ses héros parmi les héros de l'histoire, et que c'est là un hommage qu'elle rend presque toujours à la vérité. Haroun fut contemporain de Charlemagne: ces deux hommes qui s'étaient partagé le monde, ont aussi partagé le privilége d'inspirer les poëtes ou les romanciers, et les exploits fabuleux de l'empereur d'Occident ou de ses preux, tout ainsi que les aventures du khalife dans sa bonne ville de Baghdad, se sont entés sur les profondes racines qu'avait jetées dans l'esprit des peuples le souvenir de leur glorieuse vie.

Lorsque la mort d'El-Hadi fit monter Haroun-el-Reschid sur le trône des khalifes, il avait à peine vingt-deux ans, nous dit Ebn-el-Athîr, car il était né à Raï au mois de moharrem de l'an 148 de l'hégire. Fadhl-ben-Yahya le Barmécide, frère de Djafar, et qui devint vizir avec lui, était né seulement sept jours avant Haroun, et les deux mères, celle de Fadhl ainsi que celle du jeune prince, unies par les liens de la plus vive amitié, échangèrent leurs nourrissons, donnant chacune au

(*) Voy. Ebn-el-Athîr, fol. 35 verso, 36 et 37 recto et verso.

fils de son amie le lait que la nature avait destiné à son propre fils (*). Le nouveau khalife n'avait pas besoin de revenir à ces souvenirs de la première enfance pour appeler les Barmécides à partager sa puissance; il n'avait qu'à se rappeler les soins donnés à sa jeunesse par Yahya-ben-Barmek, et le dévouement dont ce zélé serviteur venait de lui donner la preuve, en bravant pour lui rester fidèle menaces et dangers de toute sorte. Aussi, lorsque Yahya vint au milieu de la nuit l'éveiller pour lui apprendre qu'il était le maître de l'empire, Haroun lui donna le titre de son vizir, et, en faisant ainsi le choix d'un bon ministre, commença son règne sous les auspices les plus heureux. « La famille des Barmécides, dit un chroniqueur arabe dans son emphase orientale, fut à son siècle ce qu'est un ornement sur le front, une couronne sur la tête. Leurs actions généreuses passèrent en proverbe : on se rendait de toutes parts à leur cour ; toutes les espérances reposaient sur eux. La fortune leur prodigua tout ce que ses faveurs ont de plus séduisant, et les combla de ses dons. Yahya et ses fils étaient comme des astres brillants, de vastes océans, des torrents impétueux, des pluies bienfaisantes. Tous les genres de connaissances et de talents se trouvaient réunis en foule auprès d'eux, et les hommes de mérite y recevaient un accueil distingué. Le monde fut vivifié sous leur administration, et l'empire porté au plus haut point de splendeur. Ils étaient le refuge des affligés, la ressource des malheureux, et c'est d'eux que le poëte Abou-Nowas a dit :

« Depuis que le monde vous a per-
« dus, ô fils de Barmek, on a cessé de
« voir les routes couvertes de voya-
« geurs au lever de l'aurore et au cou-
« cher de l'astre du jour. »

« Chargé de tout le fardeau du gouvernement, Yahya apporta dans l'exercice de son ministère les talents et les soins les plus distingués : il mit les frontières en état de défense, et répara tout ce qui manquait à leur sûreté. Il remplit le trésor public, fit fleurir toutes les provinces, augmenta et porta au plus haut point l'éclat du trône ; enfin, seul, il fit face à toutes les affaires de l'empire. C'était un ministre éloquent, sage, instruit, ferme, d'un bon conseil ; habile administrateur, qui savait tenir avec fermeté tout ce qui dépendait de lui, et se rendre supérieur aux affaires dont il était chargé. Par sa générosité, il était une source abondante de félicité : semblable à un vent bienfaisant qui amène les nuages dont les eaux fécondent la terre. Voici un trait qui fera connaître jusqu'à quel point s'étendait son humeur généreuse. Lorsque Reschid renversa la famille des Barmécides, et entreprit d'anéantir jusqu'à leur nom, il fit, dit-on, défense à tous les poëtes de composer des élégies sur leur disgrâce, et ordonna que l'on punît ceux qui y contreviendraient. Un jour, comme un des soldats de la garde du prince passait auprès de quelques édifices abandonnés, il aperçut un homme debout, qui tenait en main un papier : c'était une complainte sur la ruine de la maison des Barmécides, que cet homme récitait en versant des larmes. Le soldat l'arrêta et le conduisit au palais de Reschid : il conta toute l'aventure au khalife, qui se fit amener le coupable, et après s'être convaincu par son propre aveu de la vérité de la dénonciation, « Ne savais-tu pas, lui dit-il, que j'avais défendu de réciter aucune complainte sur la famille des Barmécides ? Certes, je veux te traiter comme tu le mérites. — Prince, repartit cet homme, si tu le permets, je te conterai mon histoire; quand tu l'auras entendue, agis comme bon te semblera. » Reschid lui ayant permis de parler, il lui dit : « J'étais un des moindres commis de Yahya-ben-Khaled ; un jour il me dit : Il faut que tu me donnes à manger chez toi. — Seigneur, lui répondis-je, je suis bien au-dessous

(*) Voy. Ebn-el-Athir, ms. ar., fol. 40 verso. La mère de Haroun était Khaïzaran. Elle avait été esclave, et s'était trouvée affranchie par la naissance de son fils, comme c'était la coutume. Khaïzaran était née dans la ville de Djorschah au Yémen. Ibid.

d'un si grand honneur, et ma maison n'est pas propre à vous recevoir. Non, dit Yahya, il faut absolument que cela soit ainsi. En ce cas, repris-je, vous voudrez bien m'accorder quelque délai pour que je prenne les arrangements convenables, et que je dispose ma maison; après quoi, vous ferez ce qu'il vous plaira. Là-dessus, il voulut savoir quel délai je désirais : je lui demandai d'abord un an; et ce délai lui ayant paru excessif, je le priai de m'accorder quelques mois. Il y consentit, et aussitôt je me mis à disposer ma maison et à préparer tout ce qui était nécessaire pour le recevoir. Quand tous les préparatifs furent achevés, j'en fis part au vizir, qui me promit de venir le lendemain même. Retourné chez moi, je m'empressai de préparer à boire et à manger, et de tenir prêt tout ce dont on pouvait avoir besoin. Le lendemain, le vizir se rendit effectivement chez moi avec ses deux fils, Djafar et Fadhl, et un petit nombre de ses plus intimes amis. A peine fut-il descendu de cheval, ainsi que ses fils, que, m'appelant par mon nom, il me dit : — Un tel, dépêche-toi de me faire servir quelque chose, car j'ai grand appétit. — Son fils Fadhl me dit qu'il aimait beaucoup les poulets rôtis, et m'engagea à lui faire présenter ceux que j'avais préparés; je le fis : et quand le vizir eut mangé, il se leva, se mit à parcourir la maison, et me demanda de la lui faire voir tout entière : — Seigneur, lui dis-je, vous venez de la voir, je n'en ai pas d'autres que cela. — Vraiment, si, me dit-il, tu en as une autre. J'eus beau l'assurer au nom de Dieu que je n'en possédais pas d'autres, il fit venir un maçon, et lui ordonna de percer une porte dans le mur. Le maçon se mettant en devoir d'exécuter cet ordre, je dis au vizir : — Seigneur, peut-on se permettre de faire une ouverture pour pénétrer dans la maison de ses voisins, après que Dieu a commandé de respecter les droits du voisinage ? — N'importe, dit-il; et quand le maçon eut fait l'ouverture, il y passa avec ses fils. Je les suivis, et nous entrâmes dans un jardin délicieux, bien planté, arrosé par des jets d'eau : dans ce jardin étaient des pavillons et des tables ravissantes ornées de toutes sortes de meubles et de tapis, et servies par des esclaves de l'un et de l'autre sexe, le tout d'une beauté parfaite. — Cette maison, me dit alors le vizir, et tout ce que tu vois est à toi. Je m'empressai de lui baiser les mains et de faire des vœux pour lui; et je compris alors que du jour même où il m'avait parlé pour la première fois de le recevoir chez moi, il avait fait acheter le terrain de mon logis, y avait fait construire une belle maison, et l'avait fait garnir et orner de toute sorte de choses, sans que j'en susse rien. Je voyais bien que l'on y bâtissait, mais je croyais que c'était quelqu'un de mes voisins qui faisait faire ces travaux. Yahya, adressant ensuite la parole à son fils Djafar, lui dit : Voilà bien une maison et des domestiques; mais avec quoi fournira-t-il à leur entretien ? — Je lui ai donné, répondit Djafar, telle ferme avec toutes ses dépendances, et je lui en passerai contrat. — Fort bien, dit le vizir en se retournant vers Fadhl, son autre fils; mais jusqu'à ce qu'il ait reçu quelque revenu de ses terres, où trouvera-t-il de quoi fournir à sa dépense ? — Je lui dois dix mille pièces d'or, répondit Fadhl, et je les ferai porter chez lui. — Dépêchez-vous l'un et l'autre, reprit Yahya, de satisfaire aux engagements que vous avez contractés envers lui. Djafar me fit effectivement une donation de la ferme, et Fadhl fit porter chez moi la somme qu'il m'avait promise, en sorte que je me trouvai tout d'un coup dans une grande aisance. Je gagnai dans la suite, avec ces premiers fonds, de grandes richesses dont je jouis encore aujourd'hui. Aussi, prince des croyants, je n'ai manqué, Dieu le sait, aucune occasion de chanter leurs louanges et de faire des vœux pour eux, afin de satisfaire à ce que je dois à leur générosité; mais jamais je ne pourrai m'en acquitter entièrement. Si tu veux me faire mourir pour cela, fais ce qu'il te plaira. Reschid attendri le laissa aller, et rendit à chacun la liberté de pleurer sur la fin tragique des fils de Barmek (*). »

Ce Yahya si généreux, que l'histoire de ses libéralités, dont nous venons d'emprunter un trait au livre naïf d'un chroniqueur arabe, ressemble à un récit des Mille et une Nuits, avait, ainsi que nous l'avons dit, deux fils, dont les talents répondaient dignement à l'éducation brillante qu'ils avaient reçue. Fadhl, l'aîné, était de l'âge de Haroun, et, dès l'avénement du khalife, Yahya lui avait confié la direction d'une partie des affaires publiques. Djafar, plus jeune que son frère, était entré encore plus avant dans l'intimité du prince, auquel l'égalité de son humeur, ses manières douces et faciles, son caractère enjoué, plaisaient beaucoup. Aussi, Reschid avait-il insisté pour qu'il prît part aux affaires. Un jour qu'on désignait en sa présence Fadhl sous le nom du *petit vizir*, le khalife demanda à Fadhl pourquoi Djafar n'était pas également désigné sous ce titre : « Commandeur des croyants, répondit Yahya, c'est que mon fils Fadhl me sert de lieutenant, tandis que l'assiduité de Djafar à vous faire la cour, son empressement à vous suivre en tout lieu, ne me permettent pas de le charger des soins de l'administration. — Et moi, reprit le khalife, j'exige que Djafar partage ton pouvoir ainsi que le fait son frère. » Yahya, se rendant à un désir si formellement exprimé, et voulant en même temps donner à Djafar une charge qui ne l'éloignât pas du khalife, le nomma à la surintendance du palais. Depuis lors on l'appela aussi le petit vizir.

Bientôt la faveur de Djafar augmentant par l'intimité même que ses nouvelles fonctions établissaient entre lui et le khalife, ce prince voulut ôter le ministère du sceau à Fadhl pour le donner à Djafar : toutefois ce changement était si peu justifié par la conduite de Fadhl qui s'acquittait de ses fonctions avec une extrême régularité, que le prince ne savait comment lui annoncer cet acte d'arbitraire. Aussi ne trouva-t-il d'autre moyen que d'en charger Yahya, qui écrivit à son fils en ces termes : Le prince des croyants, dont Dieu daigne augmenter la puissance, t'ordonne d'ôter ton anneau de la main droite pour le mettre à la main gauche. Fadhl répondit aussitôt : J'ai obéi à l'ordre que le prince m'a donné au sujet de mon frère : je ne crois pas être privé d'une faveur quand elle passe à celui qui m'est uni de si près par les liens du sang, et je ne pense pas avoir perdu une dignité dont il est revêtu (*).

(*) Voici une anecdote qui peut donner une idée de l'adresse que Djafar déployait dans son ministère, et de l'attention qu'il apportait à entretenir la concorde entre tous les grands fonctionnaires de l'État : nous l'empruntons à la Chrestomathie arabe de M. de Sacy, t. II, p. 26 à 30. Il y avait, dit-on, entre le vizir Djafar et le vice-roi d'Égypte une inimitié réciproque, et chacun d'eux évitait d'avoir aucun rapport avec l'autre. Dans cet état de choses, un particulier s'avisa de contrefaire une lettre sous le nom de Djafar, adressée au gouverneur d'Égypte, par laquelle Djafar lui marquait que le porteur de cette lettre était un de ses meilleurs amis; qu'il avait voulu se procurer le plaisir de voir l'Égypte, et qu'en conséquence il le priait de lui faire l'accueil le plus favorable. Cette recommandation était conçue en termes très-pressants. Muni de cette lettre, il se rendit en Égypte, et la présenta au gouverneur de cette province, qui, l'ayant lue, en fut fort surpris et en eut une extrême joie. Cependant, il ne laissa pas d'avoir quelques doutes, et d'avoir des soupçons sur son authenticité. Il fit donc au porteur de la lettre l'accueil le plus gracieux; il lui assigna un magnifique hôtel pour son logement, et eut le plus grand soin de fournir à tous ses besoins : mais en même temps il envoya la lettre à son chargé d'affaires à Baghdad, en lui marquant qu'elle lui avait été présentée par un des amis du vizir; que néanmoins, doutant qu'elle fût véritablement écrite par le vizir, il voulait qu'il prît là-dessus des informations, et qu'il s'assurât si l'écriture de la lettre était effec-

(*) Fakhr-eddin-Razi, Chrest. ar. de M. de Sacy, t. II, p. 10-15.

Bien que l'administration des vastes États de Haroun-el-Reschid fût contivement celle de Djafar. La prétendue lettre de Djafar était jointe à celle du vice-roi. Quand son homme d'affaires les eut reçues, il alla trouver l'économe du vizir, lui conta l'aventure et lui fit voir la lettre. Celui-ci l'ayant prise de ses mains, la porta à Djafar, et lui fit part de ce qu'il venait d'apprendre. Djafar lut la lettre, et, reconnaissant l'imposture, il la montra à un certain nombre de personnes de sa cour et de ses subalternes qui se trouvaient chez lui, et leur dit : Est-ce là mon écriture? Après l'avoir considérée, ils déclarèrent tous qu'ils ne la reconnaissaient pas, et que c'était une lettre contrefaite. Alors il leur conta toute l'affaire, leur dit que l'auteur de cette lettre était en ce moment auprès du vice-roi d'Égypte, et que celui-ci n'attendait que sa réponse pour savoir à quoi s'en tenir sur son compte : puis, il leur demanda quel était leur avis, et comment ils pensaient que l'on dût traiter ce faussaire. Les uns furent d'avis qu'il fallait le faire mourir, pour couper court à une pareille perfidie, et empêcher que qui que ce fût osât imiter son exemple; d'autres voulaient qu'on lui coupât la main qui avait commis ce faux; quelques-uns dirent qu'il suffisait de lui faire donner la bastonnade et de le laisser aller; enfin, ceux dont l'avis était le plus modéré voulaient qu'on se contentât, pour toute punition, de le frustrer du fruit de son crime; qu'on instruisît le vice-roi d'Égypte de son imposture, pour qu'il n'eût aucun égard à la prétendue recommandation. Il serait, disaient-ils, assez puni d'avoir fait le voyage de Baghdad en Égypte, et d'être contraint, après un si grand trajet, à revenir sans en avoir tiré aucun profit. Quand ils eurent fini de parler, Djafar leur dit : Grand Dieu, n'y a-t-il donc parmi vous personne capable de discernement? Vous savez l'inimitié et l'opposition mutuelle que le vice-roi d'Égypte et moi nous avions l'un pour l'autre; vous n'ignorez pas qu'un sentiment de hauteur et d'amour-propre nous empêchait respectivement de faire le premier pas pour une réconciliation; Dieu a lui-même suscité un homme qui nous a ouvert les voies d'un accommodement, nous a procuré l'occasion de lier une correspondance et a mis fin à cette inimitié. Faudra-t-il que pour récompense du service important qu'il nous a rendu, nous lui fassions subir les peines

fiée à des mains fermes et puissantes, les premières années de son règne ne furent pas exemptes des secousses qui avaient ébranlé le trône de ses prédécesseurs. La fin tragique des derniers princes alides qui avaient combattu pour leurs droits, n'avait pas éteint chez ces arrière-petits-fils du prophète l'espérance de recouvrer le pouvoir; et le parti nombreux qui n'avait jamais cessé de leur être dévoué, favorisait trop souvent leurs ambitieuses pensées. Vers l'an de l'hégire 176 (de J. C. 792), Yahya-ben-Abdallah (*), qui s'était retiré dans le Daïlem après l'insuccès des dernières tentatives formées par les Alides, trouva dans la population de cette province un si grand nombre de partisans de sa famille, qu'il crut l'occasion favorable pour

que vous proposez? En même temps, il prit une plume, et écrivit au roi d'Égypte sur le dos de la lettre : « Comment avez-vous pu douter que ce fût là mon écriture? Cette lettre est écrite de ma main, et cet homme est de mes amis : je désire que vous le combliez de bienfaits et que vous me le renvoyiez promptement; car je soupire après son retour, et sa présence ici m'est nécessaire. » Le vice-roi d'Égypte, ayant reçu la lettre avec la réponse du vizir qui était écrite sur le dos, ne se sentit pas de joie : il n'oublia rien de ce qui pouvait être agréable à cet homme, et le combla de riches présents. Ce même personnage, étant ensuite retourné à Baghdad dans la situation la plus brillante, se présenta à l'audience de Djafar, et baisa la terre en pleurant. « Qui es-tu, mon ami? lui demanda Djafar.— Seigneur, répondit-il, je suis votre serviteur, votre ouvrage; je suis ce malheureux faussaire, cet impudent menteur. » Djafar, connaissant qui il était, le fit asseoir devant lui, et lui demanda comment il avait été reçu du vice-roi d'Égypte. Puis, sur la réponse qu'il lui fit, qu'il en avait reçu cent mille pièces d'or, il ajouta : Demeure avec moi, afin que je double cette somme. En effet, cet homme s'attacha au service de Djafar pendant quelque temps, et y gagna une somme égale à celle qu'il avait gagnée dans son voyage d'Égypte.

(*) Il était fils d'Abdallah, fils de Haçan, fils de Haçan, fils d'Ali, fils d'Abou-Taleb.

conquérir un trône, et annonça publiquement ses prétentions au khalifat. Dès que ce mouvement, qui s'annonçait avec une certaine gravité, fut connu à la cour de Baghdad, le khalife rassembla une armée de cinquante mille hommes, dont il donna le commandement à Fadhl, auquel il confiait en même temps le gouvernement du Djordjan, du Tabaristan, de Ray et autres contrées limitrophes. Fadhl partit, emportant avec lui des sommes importantes, car il comptait autant sur le succès des négociations et des promesses que sur celui des armes. Il eut raison, car Yahya-ben-Abdallah, effrayé des préparatifs rassemblés contre lui, excité par les promesses d'une position brillante à Baghdad, consentit, après un échange de correspondances, où les menaces et les caresses avaient été tour à tour employées par le vizir, à se soumettre aux fils d'Abbas. Il exigeait seulement que le khalife lui envoyât des lettres de sauvegarde écrites de sa main, et dans lesquelles devaient intervenir comme garants les principaux cadis, les jurisconsultes les plus renommés, et les personnages les plus considérables de la grande famille des Benou-Haschem. Haroun-el-Reschid accepta avec empressement les conditions qui pouvaient éviter une collision sanglante dont il est toujours difficile de prévoir l'issue. Les lettres de sauvegarde furent expédiées munies de tout ce qui pouvait leur assurer l'authenticité la plus complète, et à leur arrivée Yahya fit sa soumission. Fadhl se mit alors en route pour retourner à Baghdad, emmenant comme compagnon de voyage celui qu'il était venu combattre comme adversaire: Haroun leur fit un brillant accueil, et on n'aurait pas pu reconnaître, à son empressement égal pour les deux voyageurs, quel était le vizir qui l'avait délivré d'un grand péril, quel était le compétiteur qui venait de lui disputer la couronne. Un palais richement meublé, des fonds considérables furent assignés au prince alide, qui partageait depuis quelques mois les plaisirs de la cour de Baghdad, lorsque cette bonne harmonie fut troublée par de calomnieux rapports. Ils avaient pour auteur un homme appartenant à la famille de Zobaïr-ben-Awam, qui vint trouver le khalife, et accusa près de lui le prince alide d'avoir ourdi de nouvelles intrigues, dans l'espoir coupable de s'emparer du khalifat. Haroun, cédant aussitôt à ces instigations, fit saisir Yahya-ben-Abdallah, et le fit amener en sa présence pour le confronter avec son accusateur. Là, le débat s'établit entre eux, Yahya niant avec force toute participation à des menées quelconques, et l'homme de la famille de Zobaïr soutenant son assertion. « Eh bien, dit enfin Yahya, si ce que tu dis est la vérité, jure-le sous la foi du serment. — *Par le Dieu qui recherche les coupables et les punit infailliblement*, reprend l'accusateur; et il allait achever la formule du serment, lorsque l'Alide l'interrompt et lui dit: — Laisse là cette formule, car Dieu ne se hâte pas de punir l'homme qui le glorifie. Jure par la formule du serment imprécatoire; en voici la forme: *Que je n'aie plus aucun droit ni aucune part au secours de la puissance et de la force du Très-Haut, et que je sois abandonné à ma propre puissance comme à mes propres forces, si ce que j'affirme est un outrage à la vérité.* » En entendant cette formule, le dénonciateur frémit et refusa de la prononcer. « Si vous n'avez pas cherché à m'en imposer, lui dit alors le khalife, que peut avoir cette formule qui vous effraye, et pourquoi balancez-vous? » Ainsi pressé par les nécessités de la position dans laquelle il s'était placé, le calomniateur jura; mais, ajoute le chroniqueur qui raconte ce fait, à peine était-il sorti de l'audience du khalife, qu'ayant heurté du pied contre le seuil de la porte du palais, il se tua dans sa chute. Quant à Haroun-el-Reschid, soit qu'il fût convaincu de la culpabilité du prince alide, soit que la politique eût fait taire cette fois dans son cœur la voix de l'équité, il annula, après avoir pris l'avis de son conseil, la sauvegarde qu'il avait accordée à Yahya, et le fit périr dans la prison où il avait été enfermé (*).

Les soupçons de Haroun étaient éveillés: il redoutait les mouvements auxquels pouvait prendre part quelque membre important de la famille des Alides, car ceux-là seulement avaient de la gravité. Aussi prit-il la résolution de s'assurer de Mouça-ben-Djafar, auquel son père Djafar-ben-Mohammed avait en mourant laissé le titre d'Imam, ainsi que nous l'avons dit au règne d'El-Mançour. Ce chef d'un parti redouté avait cependant cherché par une vie pieuse à se faire oublier de ses ennemis. Il était surnommé par ses partisans le *débonnaire* ou le *patient*, parce que, habitué dès sa naissance aux persécutions et aux épreuves de ce monde, il avait appris à retenir sa colère (**); mais sa modération ne put le garantir des tristes conséquences de la célébrité qui s'attachait à son nom. Il fut accusé près du khalife de recevoir le tribut que lui payaient un grand nombre de Musulmans, qui le regardaient comme l'Imam véritable, ayant seul droit à l'impôt du cinquième de leurs biens imposé par le Coran. Souvent répétées et commentées avec malveillance, ces accusations firent impression sur le khalife. Il profita d'un pèlerinage aux villes saintes, pour faire saisir secrètement Mouça dans la maison qu'il habitait à Médine, et l'envoyer à Baghdad dans une litière entièrement fermée, afin que personne ne vînt à le reconnaître pendant le voyage. Une fois arrivé au chef-lieu de l'empire des Abbassides, le danger n'était plus le même: la cour des khalifes était peuplée de leurs créatures, et le malheureux descendant d'Ali, bien que soigneusement gardé, fut traité d'abord avec les égards que méritait son rang. Plus tard, on se fatigua d'une surveillance qui ne pouvait dissiper toutes les inquiétudes, et Mouça fut empoisonné. C'est là du moins un crime dont on accuse ce khalife, qui a été surnommé El-Reschid ou le juste, et sa conduite à l'égard des infortunés petits-fils du prophète ne justifie guère une semblable épithète (*). Il chercha toutefois à se laver du soupçon qui pesait sur lui, et des témoins pris parmi les hommes de loi les plus distingués furent appelés par son ordre pour constater que la mort de Mouça était naturelle. Leur affirmation n'a point effacé les reproches que les sectateurs d'Ali se croient en droit de faire à Haroun-el-Reschid.

Si Haroun se montrait cruel pour ceux qui menaçaient sa puissance, il exerçait cette puissance avec grandeur et dans l'intérêt bien senti des peuples confiés à sa loi. L'agrandissement extérieur, l'organisation intime l'occupaient tour à tour. Il avait cru s'apercevoir que, malgré le tribut imposé à Irène, la puissance des Arabes s'affaiblissait sur la frontière romaine; que leurs expéditions n'étaient plus que des courses rapides, de simples pillages, et il pensait avec raison que la mauvaise organisation militaire de cette partie de son empire nuisait aux succès de ses troupes. Les régions montueuses qui séparent la Syrie de la Cilicie, et même les parties de cette dernière province qui avaient été conquises par les Musulmans, dépendaient du gouverneur de Kenesrin ou de celui de la Mésopotamie, en sorte qu'elles étaient éloignées de tout centre d'action, tandis qu'une action puissante y était constamment nécessaire. Haroun

---

(*) Voy., sur la révolte de Yahya, Ebn-el-Athir, ms. 537, fol. 46 verso, et Fakhr-eddin-Razi, Chrest. ar. de M. de Sacy, t. II, p. 3 à 5.

(**) Voy. M. Reinaud, Monuments arabes, turcs et persans du cabinet de M. le duc de Blacas, t. I, p. 372. Aboulféda représente Mouça comme un des plus saints personnages de l'islamisme, passant en prières ou en méditations sur le Coran toutes les heures du jour et de la nuit, à l'exception de quelques instants qu'il donnait au sommeil, lorsque le soleil, parvenu au plus haut de l'horizon, rendait la chaleur accablante. Voyez Aboulféda, *Ann. moslem.*, t. II, p. 76-78.

(*) Voy. Fakhr-eddin-Razi, Chrest. ar. de M. de Sacy, p. 8. Mouça mourut au mois de redjeb de l'an de l'hégire 183 (de J. C. 799).

le comprit, et forma de ces cantons une province nouvelle qui prit le nom de Awasem. Toutes les places de guerre qui y existaient furent mises sur un pied de défense respectable et renforcées de garnisons nombreuses. Faradj, officier de cette milice turque qui commençait à paraître à la cour des khalifes, où elle devait plus tard jouer un rôle si important, fut chargé de relever les murs de Tarse, où les gouverneurs firent leur résidence. On rétablit aussi l'antique Anazarbe sur les bords du Djihan, et, sur l'ordre du khalife, une colonie formée des belliqueux habitants du Khoraçan vint l'habiter.

Ces sages mesures ne tardèrent pas à rétablir l'influence des armes musulmanes dans l'Asie Mineure. Ishak-ben-Soliman pénétra en Phrygie à la tête d'une armée, et défit dans une grande bataille le gouverneur grec de la province, nommé Diogène, qui resta sur le champ de bataille (*). Pendant ce temps, Haroun avait armé une flotte qui menaçait l'île de Chypre, et, pour la défendre, Irène avait rassemblé tout ce qu'elle possédait de vaisseaux dans les ports de l'Asie Mineure. Ce fut dans le golfe de Satalie, sur les côtes de la Pamphylie, que les deux armées navales se rencontrèrent : la bataille, engagée de part et d'autre avec ardeur, fut fatale aux Grecs ; ils perdirent un grand nombre de vaisseaux coulés à fond ou pris par les Musulmans. Un des plus braves officiers d'Irène, nommé Théophile, se trouvait au nombre des captifs. Plein d'admiration pour sa brillante valeur, l'amiral musulman le conduisit à Baghdad, et le présenta au khalife, comme l'un des plus précieux trophées de la victoire ; ce qui détermina Haroun à employer, pour l'attacher à son service, les promesses les plus flatteuses et les plus terribles menaces. Mais il fallait trahir son pays, il fallait embrasser l'islamisme, et, plutôt que d'abjurer sa religion, Théophile aima mieux braver la mort. Il obtint en effet la couronne du martyre : Haroun, irrité de sa résistance invincible, lui fit trancher la tête. Théophane est, du reste, l'auteur sur lequel s'appuie ce récit, et parmi les écrivains orientaux, Aboulfaradj, chrétien lui-même, a été le seul qui ait fait mention de cette guerre (*).

Tous les chrétiens n'avaient pas, du reste, le même amour pour leur patrie, la même constance pour leur foi. Parmi les capitaines qui, à la tête des armées musulmanes, ravagèrent le territoire de l'empire grec, sous le règne de Haroun, on voit figurer à plusieurs reprises un chrétien nommé Helpidius. Il avait autrefois gouverné la Sicile au nom d'Irène, mais cette princesse l'accusant d'avoir pris part à un complot contre son autorité, avait fait arrêter sa femme et ses enfants qu'il avait laissés à Constantinople. On les rasa, on les battit de verges, on les mit en prison ; puis une flotte nombreuse alla réclamer, chez les Siciliens, Helpidius réservé sans doute au dernier supplice. Il n'attendit pas son sort ; mais ayant réuni tout ce qu'il possédait de richesses, il se réfugia sur les côtes d'Afrique. Les Sarrasins l'accueillirent avec empressement, et bientôt, sous le nom de Helbid, qu'il porte dans les chroniques arabes, il devint un des chefs de leurs expéditions contre les chrétiens. C'est ainsi que, de concert avec Soliman, il pénétra, en l'an de l'hégire 175 (de J. C. 792), jusqu'à Samsoun, sur la rive méridionale du Pont-Euxin (**).

Ce n'était pas toujours en la personne de ses lieutenants que Haroun attaquait les provinces du vieil empire romain. Il avait voulu venir lui-même juger de l'exécution des travaux qu'il avait ordonnés, et, en l'an 797 de J. C. (de l'hég. 181), il s'avança dans l'Asie Mineure, où il prit la forteresse de Safsaf, qui porte chez les modernes, selon Hadji-Khalfah, le nom de Sokoud. Effrayée de sa marche, Irène

---

(*) Théophane, p. 391.

(*) Aboulfar., *Chron. syr.*, p. 136, et Théoph., p. 392.
(**) Aboulfaradj, *Chron. syr.*, p. 136.

envoya près de lui Dorothée, abbé d'un monastère à Chrysopolis, et Constantin, garde des archives de la grande église, chargés tous deux de traiter de la paix. La négociation n'aboutit qu'à un échange de captifs, et ce fut du reste le premier traité de ce genre qui eut lieu entre ces deux grandes puissances. Un auteur arabe, Maçoudi, le place même huit ans plus tard, en l'an de l'hégire 189. Ce fut sur les bords d'un petit fleuve nommé Lamus, à trente-cinq milles de Tarse, dans la Cilicie, que se réunirent les délégués chargés de présider à l'échange. Trois mille sept cents captifs musulmans, tant hommes que femmes, furent rachetés. Les Grecs s'étaient rendus au lieu des conférences dans des barques chargées de captifs, et les Arabes de leur côté s'y rassemblèrent au nombre de cinq cent mille, venant au-devant, qui d'un père, qui d'un fils, qui d'un époux. Les opérations du rachat durèrent douze jours, et pendant tout ce temps Haroun resta campé dans la plaine de Merdj-Dabek, dépendante du territoire de Kenesrin (*). Dès l'année suivante, trois corps de cavalerie arabe traversaient toute l'Asie Mineure, portant partout le pillage et la désolation. Abd-el-Melik s'avança jusque sur le Bosphore en face de Constantinople, et enleva tous les chevaux des écuries de l'impératrice qui se trouvaient de ce côté du détroit. Un autre corps s'était jeté en Lydie; un troisième envahit l'Hellespont. Le patrice Paul, gouverneur de la province, chercha à repousser l'ennemi; il fut battu; et de cette triple invasion les Arabes rapportèrent une immense quantité de butin.

Une attaque des Khazars vint distraire le khalife de ses succès en Asie Mineure. Ces peuples avaient fait une irruption dans la partie de l'Arménie soumise aux Musulmans, et tel avait été l'imprévu de leur attaque, qu'en quelques jours ils avaient réuni plus de cent mille captifs. La cause de cette guerre est rapportée diversement par la tradition. Selon les uns, la fille du khacan ou roi des Khazars se rendait auprès de Fadhl-ben-Yahia le Barmécide, qu'elle devait épouser. Elle mourut en route, et ceux qui l'accompagnaient dans son voyage revinrent à la cour du roi son père, accusant les Musulmans de l'avoir assassinée. Selon d'autres versions, un meurtre commis par Saïd-ben-Selam détermina le fils de la victime à se réfugier chez les Khazars, auxquels il s'adressa pour obtenir vengeance. Leur chef écouta ses plaintes et envahit l'Arménie, où, pendant plus de deux mois, tout fut mis à feu et à sang. Khozaïmah-ben-Hazem et Iezid-ben-Mezid furent mis par le khalife à la tête des troupes chargées de repousser les barbares; ils réussirent dans leur mission, et les rejetèrent au delà des provinces musulmanes (*).

Ces invasions faites ou repoussées, les dissensions intérieures combattues à Damas, à Mossoul, en Égypte (**),

___

(*) Voy. Maçoudi, Not. et ext. des manuscrits de la Bib. roy., t. VIII, p. 194.

(*) Voy. Ebn-el-Athir, ms. ar. de la Bib. roy., n° 537, fol. 60 recto et verso.

(**) La lutte qui ensanglanta Damas pendant longtemps prouve que sous les khalifes abbassides les mœurs des tribus n'avaient pas changé, et qu'on retrouvait encore parmi elles cet amour de *vendetta*, cette suite de meurtres pour venger un premier meurtre, dont nous avons donné quelques exemples dans l'histoire antéislamique des Arabes. La querelle éclata pour le plus futile motif. Un homme de la tribu des Benou-Caïn, menant son grain à moudre dans les environs de Balca, passa près d'un jardin qui appartenait à un Lakhmite. Il y prit une pastèque, et le propriétaire lui fit des reproches amers de cet abus de confiance. Mais il ne se borna pas à s'être ainsi vengé en paroles, il assembla quelques hommes de sa tribu, et quand le Caïnite revint du moulin où il avait affaire, il fut attaqué et frappé avec violence. D'autres Caïnites vinrent à leur tour prêter secours, et dans le conflit qui s'ensuivit un Lakhmite fut tué. La tribu qui avait fait cette perte se crut dès lors autorisée à en poursuivre la vengeance; et chaque parti s'étant recruté parmi les tribus de sa race, la querelle devint bientôt générale entre les Yemanites et les

n'avaient apporté aucune entrave au goût profond que Haroun avait pour les lettres. Jamais la cour des khalifes n'avait été plus brillante, et le succès qui avait couronné les guerres étrangères ou anéanti les révoltes, lui avait bientôt permis de favoriser chez les Arabes cette culture perfectionnée des arts de l'esprit, qui est une preuve infaillible de la supériorité d'une nation. Les savants, les jurisconsultes, les grammairiens, les kadhis, les poëtes, les musiciens étaient accueillis, encouragés, récompensés plus qu'ils ne l'avaient été à aucune époque. Les louanges délicates exprimées dans le langage de la poésie étaient, pour le khalife, la plus douce récompense de ses travaux : mais il savait apprécier et récompenser aussi les leçons d'une austère morale. Un jour qu'il donnait un festin à ses courtisans, et qu'il avait fait orner de la manière la plus brillante les salles destinées à cette fête, au milieu de l'éclat des fleurs, de l'enivrement des parfums, de l'harmonie des flûtes ou des guitares, le poëte Abou'latahia se leva pour décrire par ses vers, sur l'ordre qu'il venait de recevoir, cette scène voluptueuse :

« Vis longtemps au gré de tes désirs, dit-il d'abord ; vis heureux et bien portant sous les voûtes élevées de tes riches palais.

« Que tout ce qui t'entoure, quand vient le matin, quand arrive le soir, ne forme d'autre vœu que celui de satisfaire à tes moindres désirs. »

— A merveille, dit Haroun en entendant ce distique ; voyons ce que tu vas nous dire encore. Le poëte reprit :

« Au jour cependant où la respiration haletante luttera péniblement contre les hoquets de la mort, tu connaîtras, hélas! que tout ce bonheur était une illusion. »

En entendant ce dernier vers, le khalife fondit en larmes, et Fadhl, en les voyant couler, ne put s'empêcher d'adresser au poëte des reproches ; mais Reschid les interrompit aussitôt : « Il a bien fait, dit-il à son vizir, et il mérite des éloges ; car il nous a vu dans l'aveuglement, et il n'a pas voulu nous y plonger encore davantage. » C'était non-seulement par des présents, par de riches pensions que Haroun témoignait aux hommes éminents de son siècle l'estime qu'il avait pour leurs talents ; il leur accordait encore des égards personnels, dont ils étaient peut-être plus touchés que des dons les plus précieux. Abou-Moawiah, surnommé l'Aveugle, l'un des hommes les plus doctes de son temps, racontait que mangeant un jour chez le khalife, ce prince lui versa de l'eau sur les mains, et lui dit : « Abou-Moawiah, savez-vous quel est celui qui vous a donné à laver? il lui répondit qu'il l'ignorait : Eh bien, c'est moi-même, reprit Haroun. — C'est donc alors la science que vous voulez honorer en ma personne, dit le vieillard (*). »

Benou-Caïs, que différents motifs divisaient déjà depuis longtemps. Une fois que cette affaire eut pris des dimensions aussi vastes, on compta de chaque côté les morts par centaines, et les gouverneurs de Damas ne purent éteindre ce foyer de discorde qui s'étendait à chaque nouvel engagement. Les lieutenants du khalife ne pouvaient eux-mêmes se défendre de prendre parti, tant les liens de parenté sont durables et puissants chez les Arabes, en sorte qu'il fallut l'intervention du khalife lui-même pour mettre fin à une lutte qui menaçait d'embraser les plus riches provinces de l'empire. Cinq pages du manuscrit arabe d'Ebn-el-Athir sont consacrées au récit de cette querelle (*voyez ms.* 537, fol. 47 verso, 48 et 49 recto et verso.) Quant à la révolte de la ville de Mossoul, elle fut fomentée par El-Ataf-ben-Sofian-el-Azdi, qui avait dans le pays un parti nombreux. Pendant deux ans il resta maître de la ville, et Reschid fut obligé de marcher en personne pour la faire rentrer sous son obéissance : il en rasa les murailles après s'en être emparé. *Ibid.*, fol. 52 recto et verso. Les Égyptiens, mécontents de leur gouverneur Isak-ben-Soliman, avaient secoué le joug du khalife: Horthomah, gouverneur de la Palestine, fut envoyé contre eux, les réduisit, les gouverna quelque temps, et fut remplacé dans cette importante province par Abd-el-Melek-ben-Saleh. (*Ebn-el-Athir*, fol. 52 verso.)

(*) Chrest. ar. de M. Sylvestre de Sacy, t. II, p. 2 et 3.

A sa générosité, à sa doctrine, à son éloquence, dont les historiens orientaux nous font de grands récits, Haroun joignait encore une piété solide, et, pendant la durée de son khalifat, il se passa peu d'années sans qu'il fît le voyage de la Mecque. Dans ce cas-là, il était accompagné de cent docteurs de la loi qui faisaient partie de son cortége. Si les soins de l'administration ou de la guerre le retenaient loin des villes saintes, à cette époque de l'année il faisait habiller richement trois cents pèlerins, et, les défrayant généreusement, les envoyait à sa place. Dans un des pèlerinages qu'il accomplit en personne, il était accompagné de ses deux fils aînés, Amin et El-Mamoun; arrivés à la Mecque, les trois princes, assistés chacun de l'un des trois Barmécides, c'est-à-dire Haroun assisté de Yahia, Amin de Fadhl, et El-Mamoun de Djafar, présidèrent l'un après l'autre à trois distributions d'argent ou de vêtements; distributions si abondantes qu'elles passèrent en proverbe, et que cette année fut nommée par excellence l'année des trois distributions. On conçoit, en effet, quelles devaient être les libéralités du khalife d'après celles que ses vizirs faisaient en leur propre nom. Yahya, quand il devait monter à cheval, préparait des bourses qui contenaient chacune deux cents pièces d'argent, et il les distribuait à ceux qui se présentaient à sa rencontre (*).

C'est sous le règne de Haroun-el-Reschid que s'établit en Afrique une dynastie qui démembra plus tard le vaste empire des khalifes, mais dont l'établissement fut un bienfait pendant de longues années, pour le pays et pour l'empire. Nous avons vu qu'à l'époque des troubles excités en Afrique par l'avénement des Abbassides, les Berbères, et parmi eux surtout la tribu puissante des Werfadjoumah, étaient parvenus à se maintenir pendant plusieurs années contre les forces de l'Orient. Au nombre des guerriers envoyés pour les combattre, se trouvait El-Aghlab, de la tribu des Benou-Temim : après avoir contribué puissamment au rétablissement de l'autorité des khalifes, il fut investi du gouvernement de la province du Zab, et bientôt de celui de toute l'Afrique. Peut-être les successeurs d'El-Saffah eurent-ils dès lors la pensée que des chefs envoyés de la Syrie, de la Mésopotamie ou du Khoraçan, pour gouverner un pays qui leur était entièrement inconnu, ne pouvaient appuyer sur des bases solides l'action de leur puissance. L'imprévu de leurs changements rapides, rappelés qu'ils étaient souvent par un caprice du maître, ne devait-il pas, en effet, nuire à toute fondation durable, à toute pensée d'avenir? Ce qui paraît certain, c'est que Haroun-el-Reschid, dès les premières années de son avénement, en nommant de suite trois gouverneurs de l'Afrique choisis dans la même famille (*), semblait admettre, pour ce poste important, le principe de succession qu'il consacra bientôt par l'avénement des Aghlabites.

En l'an 184 de l'hégire (800 de J. C.), il accorda à Ibrahim, fils d'El-Aghlab, et à ses enfants après lui, l'investiture du gouvernement de l'Afrique; c'est ainsi que chez les races du Nord, les grands vassaux commis à la garde des frontières possédaient à titre de fief et transmettaient à leurs fils le territoire qu'ils devaient défendre. Depuis lors, jusqu'à l'expulsion de cette dynastie par les Obeydites, elle ne cessa d'administrer le pays avec une autorité presque illimitée, bien qu'elle reconnût la suprématie du khalife, chef temporel et spirituel dont elle tenait ses pouvoirs.

La décision de Haroun-el-Reschid renfermait en elle quelque chose de vital et de créateur dont l'influence fut promptement sentie. Des villes nouvelles s'élevèrent en Afrique, et dans les villes anciennes on mit en œuvre

---

(*) Fakhr-eddin-Razi, ibid., p. 15 et 16.

(*) Yezid-ben-Hatem, Ronh-ben-Hatem son frère, et Fadhl-ben-Ronh, fils de ce dernier.

les riches débris de l'art romain dont l'usage n'était pas interdit par les prescriptions religieuses. Casr-el-Cadim, et plus tard Raccadah, furent fondées et devinrent la demeure favorite des princes aghlabites. Caïrouan, loin d'avoir à leur envier ce privilége, vit s'élever dans ses murs des mosquées en marbre, et se creuser près de ses ports d'immenses réservoirs dont l'eau fraîche et limpide ne tarissait pas dans les plus grandes chaleurs de l'été. Des ponts étaient jetés sur les ravins au fond desquels coulent, dans la saison des pluies, de rapides torrents. Des palais, des jardins plantés d'arbres de toute espèce, ornaient les principales cités. A Tunis, deux vastes citernes, dans lesquelles on avait introduit l'eau de la mer, fournissaient aux princes de la famille d'Aghlab les poissons les plus délicats de la Méditerranée. La défense du pays n'avait pas été négligée parmi ces travaux divers. Les villes démantelées étaient entourées de murailles ; de nombreux châteaux forts protégeaient les frontières du Maghreb, et un système de signaux, à l'aide de feux allumés sur les côtes, pouvait, en une seule nuit, porter un ordre du détroit de Gibraltar en Égypte. Un système régulier de communication reliait en outre les points les plus éloignés de l'empire. La surintendance des postes était devenue l'une des premières charges de l'État, et des relais toujours préparés faisaient franchir rapidement aux envoyés du prince les plus longues distances. Souvent même on employait le vol des oiseaux, et les nouvelles importantes, confiées à l'aile d'un pigeon, parvenaient au souverain avec une célérité qui semblait tenir du prodige.

Le commerce, facilité dans ses relations avec l'intérieur par la pacification des tribus ; l'agriculture, encouragée par la modération et la taxe régulière des impôts, suffisaient aux dépenses exigées par des améliorations qui renouvelaient la face du pays. C'était la prévision de ce que peut effectuer à ce sujet une volonté ferme et constante qui avait déterminé les promesses d'Ibrahim-ben-El-Aghlab à Haroun-el-Reschid. Jusqu'alors l'Afrique, ajoutée à l'empire des khalifes, n'avait été, pour les Omeyyades et les Abbassides après eux, qu'une possession onéreuse. Cent mille pièces d'or passaient chaque année d'Égypte à Caïrouan comme subsides, et suffisaient à peine pour conserver dans ce pays aux souverains de Baghdad une autorité chaque jour plus contestée. En sollicitant l'investiture, Ibrahim renonça aux subsides du khalife, et promit au contraire d'envoyer chaque année à Baghdad quarante mille dinars ; en sorte que l'organisation nouvelle donnée à l'Afrique eut le double avantage d'assurer la prospérité du pays, en même temps qu'elle transformait en un revenu certain une charge pesante pour le gouvernement des khalifes (*). Si la puissance que donnait à l'islamisme, en Afrique, l'établissement de vice-rois héréditaires, était favorable aux souverains de Baghdad, elle fut fatale aux nations chrétiennes de l'Europe méridionale. C'est des ports de l'Afrique que sortirent les armées qui s'emparèrent de la Sicile, où les Arabes s'établirent pendant deux cents années ; c'est encore de l'Afrique que partaient ces galères rapides qui, aux neuvième et dixième siècles, ravageaient si souvent l'Italie depuis les côtes qui bordent la mer d'Ionie jusqu'au golfe de Gênes.

Mais à l'époque où nous voici parvenus, loin d'être en guerre avec l'Europe, le khalife entretenait des relations amicales avec le puissant monarque qui venait de se faire couronner dans la ville éternelle comme empereur des Romains. Depuis plus de quatre siècles, la préférence que Constantin avait donnée à Byzance sur l'ancienne capitale du monde, inspirait à Rome une jalousie bien justifiée par l'abandon dans lequel elle était tombée. Lorsque la division de l'empire donna

---

(*) Voy. dans mon Histoire des Aghlabites, l'introduction, p. xvii à xx, et la trad. du texte d'Ebn-Khaldoun, p. 84.

des maîtres particuliers à l'Occident, elle s'était encore vu préférer tour à tour Milan et Ravenne : plus tard l'invasion des Lombards vint lui apporter tous les maux de la guerre : les exarques, sans force, sans énergie, étaient plutôt pour elle des tyrans que des défenseurs. Aussi les Romains trouvant auprès des papes un génie ferme et étendu, une prudence éclairée, un zèle à la fois ardent et sage pour leurs intérêts, s'étaient ralliés autour de leurs pasteurs, et leur avaient accordé autant d'autorité dans l'ordre civil que dans les affaires religieuses. Les papes s'en servirent pour protéger les Romains contre les abus du pouvoir de Constantinople; et quand Charles, appelé par eux, eut détruit le royaume des Lombards, ils lui conférèrent d'abord la dignité de patrice, et bientôt l'oignirent de l'huile sainte dans la basilique de Saint-Pierre, comme légitime successeur des empereurs romains. Alors disparut à jamais, en Occident, tout vestige de l'empire grec; alors le puissant souverain qui possédait cette vaste étendue de pays comprise entre la Baltique et la Méditerranée, l'Elbe et l'Océan; qui avait porté ses armes là où les Romains n'avaient jamais pénétré; qui commandait à toutes les villes où les empereurs d'Occident avaient, à différentes époques, établi leur résidence; qui régnait à Trèves, Arles, Milan, Ravenne, et qui venait enfin de devenir maître de Rome, ce prince, parvenu au plus haut point de sa puissance, à l'apogée de sa gloire, crut devoir s'unir par des présents et des paroles de paix au monarque dont les armées victorieuses avaient, de leur côté, porté la guerre jusque sous les murs de Constantinople.

Ce fut un juif nommé Isaac qui se rendit à Baghdad, accompagné de deux députés français. Il devait offrir au khalife les vœux que formait l'empereur d'Occident pour sa prospérité, et lui demander en même temps sa protection pour les nombreux pèlerins qui de toutes les contrées habitées par des chrétiens commençaient dès lors à se rendre à Jérusalem. Haroun-el-Reschid accueillit avec empressement les envoyés de Charlemagne. Non-seulement il leur accorda de précieuses franchises pour le pèlerinage en terre sainte, mais il les fit accompagner, lorsqu'ils revinrent, par des ambassadeurs chargés d'offrir au prince français de riches présents. Dans son retour de Baghdad en Europe, l'ambassade prit terre au port de Tunis, chargée qu'elle était d'obtenir d'Ibrahim-ben-el-Aghlab la permission d'emporter le corps de saint Cyprien, enterré près de Carthage. Cette seconde mission n'eut pas moins de succès que la première. Ibrahim y répondit à son tour par l'envoi d'un des émirs de sa cour, et tous débarquèrent à Pise, d'où ils allèrent porter à Charlemagne les dons offerts par le khalife (*). Un éléphant, animal inconnu en Europe depuis les guerres puniques, un pavillon en étoffe de soie assez grand pour abriter Charlemagne et les officiers de son palais, les parfums les plus précieux de l'Arabie, une horloge qui marquait et sonnait les douze heures du jour, excitèrent l'admiration de la cour de l'empereur d'Occident alors à Aix-la-Chapelle, et lui donnèrent une haute idée de la civilisation de ces barbares, qu'on n'avait connus jusqu'alors que par les ravages de leurs armes.

C'est au moment où le nom du khalife Haroun-el-Reschid retentissait depuis les plateaux de l'Asie centrale jusqu'au fond de la Germanie, qu'il se priva volontairement, par une disgrâce aussi complète qu'elle était inattendue, des ministres dont les brillantes qualités avaient puissamment contribué à

(*) Unus enim ex eis erat Persa de Oriente legatus regis Persarum... Alter Sarracenus de Africâ legatus admirati Abraham. Voy. *Annales de gestis Caroli magni*. Recueil des historiens de France, par dom Bouquet, t. V, p. 53. Eginhard et les écrivains occidentaux de cette époque donnent au khalife le titre d'*Émir-el-Mouminin*, ou Prince des Croyants, qui était réellement son titre officiel; mais ils l'appellent aussi quelquefois le roi des Perses.

la gloire de son règne. Jamais pouvoir n'avait été plus complet, jamais faveur plus grande que ceux des fils de Barmek à la cour de Baghdad : toutes les grâces passaient par leurs mains, toutes les demandes adressées par eux étaient exaucées, et tout à coup, de la plus haute fortune qu'il soit donné aux hommes d'atteindre, ils furent précipités au milieu des plus affreux revers. Constatons d'abord leur puissance, nous chercherons ensuite quelle est la cause probable de leur malheur. Depuis l'avénement de Haroun, ainsi que nous l'avons dit, Yahya, Fadhl, Djafar se partageaient l'administration du vaste empire des Arabes : chefs d'armée, gouverneurs, kadhis étaient nommés par eux; ils présentaient leurs rapports sur toutes les affaires à la sanction du khalife, qui se décidait toujours par leur avis, et ce prince voyait en eux, non-seulement d'habiles administrateurs, mais d'aimables compagnons, des amis chers dont le caprice même devait être écouté. Voici, parmi beaucoup d'autres, une preuve de l'influence qu'avait sur le souverain de l'Arabie son vizir Djafar. Ce favori, voulant un jour se reposer du souci des affaires, et passer le temps gaiement, s'était enfermé dans son palais avec quelques joyeux compagnons. L'officier chargé de la garde des portes avait pour consigne de refuser l'entrée à tous ceux qui se présenteraient, à l'exception d'un jeune ami du vizir qui n'était pas arrivé avec les autres, et qu'on nommait Abd-el-Melik-ben-Saleh. Son absence n'empêcha pas la brillante assemblée de se mettre à table, et bientôt on n'entendit que le son des guitares ou le choc des coupes pleines d'un vin écumeux. La joie était à son comble, quand tout à coup la porte de la salle du festin s'ouvre pour donner passage à un parent du khalife, homme de mœurs austères, rigide observateur des prescriptions religieuses, que le khalife lui-même avait en vain engagé bien des fois à partager ses plaisirs. Il se nommait aussi Abd-el-Melik-ben-Saleh-ben-Ali, petit-fils d'Abbas, et le chambellan, trompé par la conformité des noms, avait introduit le dévot intolérant au lieu du gai convive. Le premier moment de cette singulière entrevue appartint tout entier à la stupeur ; Djafar était demeuré interdit en se voyant surpris par un si grave personnage au milieu d'une partie de débauche, et Abd-el-Melik, qui venait pour traiter d'affaires sérieuses, avait compris du premier coup d'œil que le moment était mal choisi. Ce fut lui toutefois qui se remit le premier : « Qu'on me donne aussi des habits de fête, dit-il, et permettez-moi, ajouta-t-il en s'adressant à Djafar, de prendre part au festin. » A ces mots, il s'assit sur le divan où se pressaient les convives, et tendant sa coupe à l'échanson, il prit part si franchement aux joyeux propos qu'inspiraient aux amis du vizir les vins capiteux de Schiraz, que Djafar sentit son trouble se dissiper entièrement, et fut plein de reconnaissance pour l'hôte aimable qui avait, en sa faveur, fait violence à ses habitudes. « Quelle était, lui dit-il à la fin du repas, l'affaire qui vous amenait près de moi ? — Une triple requête, répondit Abd-el-Melik, que j'aurais à présenter au khalife, et pour laquelle j'obtiendrai de favorables réponses, si vous voulez bien en être l'intermédiaire. Je voudrais d'abord que toutes mes dettes fussent acquittées ; elles montent à un million de dirhems. Je voudrais encore que vous fissiez obtenir à mon fils le gouvernement d'une des grandes provinces de l'empire, afin que, revêtu de cette charge, il pût prétendre à la main de la fille du khalife : c'est là la troisième faveur que j'espère obtenir, grâce à votre intervention. — Dieu, répondit Djafar, a rempli vos vœux : la somme que vous désirez va être à l'instant même portée chez vous ; je donne à votre fils le gouvernement de l'Égypte, et je lui ai d'avance assuré pour épouse la fille du khalife, avec une dot digne de sa haute naissance. Vous pouvez donc vous retirer et bénir le Seigneur. » Abd-el-Melik, en rentrant dans sa demeure, y trouva le million de dirhems dont il avait fait la demande; et le lendemain Djafar, se rendant dès le matin au palais du khalife, lui apprit que la main de sa fille, ainsi que le gouvernement de l'Égypte, étaient promis depuis la veille. Reschid fut surpris sans doute, mais il ratifia les promesses de son vizir. On fit appeler le kadhi de la grande mosquée, et Djafar ne quitta pas le khalife que les lettres patentes qui appelaient le fils d'Abd-el-Melik à gouverner une nation tout entière, et le contrat qui lui assurait la main de la jeune princesse, n'eussent été dressés dans les formes voulues par la loi (*).

Quelles furent les causes qui changèrent en haine implacable cette vive affection dont le khalife donnait à ses vizirs des preuves si complètes? Les historiens arabes ne sont pas d'accord à ce sujet. Selon les uns, Haroun avait autant de goût pour la société de sa jeune sœur Abbaça que pour celle de son cher Djafar: il ne se trouvait heureux que lorsqu'il se trouvait avec l'une ou avec l'autre, et son bonheur aurait été complet s'il avait pu les réunir. Malheureusement les usages du harem ne permettaient pas qu'Abbaça pût paraître sans voile aux yeux de Djafar qui n'était qu'un étranger pour elle, et le khalife voulant respecter les nécessités de la bienséance, tout en goûtant le plaisir de se trouver sans cesse en présence de deux personnes qui lui étaient si chères, imagina de les unir par un mariage; mariage qui ne devait être qu'une simple formalité, et dont il était défendu à Djafar de réclamer les droits; car, quel que fût le rang où l'avait porté la faveur de son maître, il n'était pas d'un sang qui pût se mêler à celui des fils d'Abbas. Mais l'amour n'a jamais su obéir aux exigences de l'étiquette: les époux étaient tous deux beaux, tous deux jeunes; ils oublièrent un jour les conditions imposées à leur hymen, et Abbaça mit au monde un fils dont la naissance ne put être tenue secrète. Telle fut, dit-on, la cause de la disgrâce qui vint frapper Djafar, disgrâce dans laquelle furent enveloppés son père et son frère, tout innocents qu'ils étaient (*). Parmi les historiens qui n'admettent pas la vérité de cette anecdote, quoiqu'elle n'ait rien d'incompatible avec les probabilités historiques, il nous faut compter Ebn-Khaldoun. Ce chroniqueur, l'un des écrivains les plus sérieux de l'Orient, a développé dans ses Prolégomènes les conditions que doit remplir une tradition pour mériter d'être introduite dans l'histoire par les hommes qui se proposent d'écrire les annales d'un peuple. Dans ce petit traité de la certitude historique, l'auteur montre plus d'esprit de critique que n'en ont généralement les annalistes de sa nation: il repousse le récit du prétendu mariage de Djafar avec la sœur du khalife, comme indigne de la gloire de ce prince, et croit trouver les causes de la disgrâce des Barmécides dans l'abus qu'ils faisaient de leur pouvoir, dans les nombreux ennemis que leur avait suscités la faveur sans exemple dont ils jouissaient, dans les concussions dont ils s'étaient rendus coupables. Le fait est qu'il serait facile de trouver, même dans les louanges prodiguées à la libéralité des Barmécides, plus d'une preuve de l'étrange manière dont ils comprenaient leurs devoirs de ministres d'un grand empire. Voici un trait singulier rapporté par Ishak-ben-Ibrahim de Mossoul: « J'avais élevé, dit-il, une jeune fille d'une grande beauté, à laquelle j'avais fait donner par les meilleurs maîtres tous les talents qui peuvent compléter l'éducation. Lorsque je la vis parfaite de tous points, je l'offris au vizir du khalife Fadhl le Barmécide, qui me dit: Ishak, il vient d'arriver à Baghdad un envoyé du vice-roi d'Égypte, chargé par son maître de me demander quelque faveur. J'exigerai de lui qu'il me fasse présent de cette jeune fille:

---

(*) Voy. Fakhr-eddin-Razi, Chrest. ar. de M. de Sacy, t. II, p. 24 à 26.

(*) Voy. Ebn-el-Athir, ms. 537, fol. 64 v°.

garde-la donc chez toi; et comme il ira sans doute te trouver, garde-toi bien de la lui donner, à moins de cinquante mille pièces d'or. — En effet, je ramenai chez moi la jeune fille, et bientôt je vis arriver l'envoyé du vice-roi d'Égypte, qui venait traiter du prix de cette séduisante beauté. Je la lui fis voir, et tout d'abord il m'en offrit dix mille pièces d'or, puis, sur mon refus, doubla la somme: j'eus encore la force de refuser, quelque tentation que j'éprouvasse de céder à une offre si généreuse; mais quand il ajouta encore dix mille pièces d'or, et m'en offrit trente mille, je ne pus me tenir plus longtemps, et lui livrai la jeune fille contre le payement d'une somme qui dépassait toutes mes espérances. Le lendemain j'allai retrouver le vizir; et dès qu'il m'aperçut, il me demanda combien j'avais vendu mon esclave. — Trente mille pièces d'or, lui répondis-je. — Mais ne t'avais-je donc pas défendu, reprit-il, de la donner pour moins de cinquante mille? d'où vient cette hâte de conclure? — Seigneur, vous m'êtes plus cher que mon père et ma mère; mais quand j'ai entendu résonner à mes oreilles cette promesse de trente mille pièces d'or, je n'ai pu me contenir plus longtemps: voilà la vérité. — Eh bien, me dit-il en riant, l'empereur des Grecs vient aussi de me faire demander quelque chose par son ambassadeur: je lui imposerai, comme je l'ai fait à l'envoyé du vice-roi d'Égypte, la condition de me donner cette jeune fille, et lui indiquerai ta demeure: prends-la donc et reconduis-la chez toi; songe bien seulement qu'il faut cette fois ne céder ton esclave qu'au prix de cinquante mille pièces d'or. — Je revins chez moi, bien décidé cette fois à obéir, et je ne tardai pas à voir arriver l'ambassadeur de l'empereur des Grecs auquel Fadhl avait fait part de son désir. D'abord je lui demandai fièrement le prix convenu; mais il se récria aussitôt que c'était beaucoup trop cher, et me proposa trente mille pièces d'or.

A peine cette offre me fut-elle faite, que je succombai encore à la tentation de l'accepter: il me paya et emmena la jeune fille, qu'il conduisit chez le vizir. J'y retournai moi-même le lendemain, et Fadhl en me voyant entrer me fit la même question que la première fois. Ma réponse m'attira les mêmes reproches. — Seigneur, lui répondis-je, que Dieu daigne détourner sur moi tous les malheurs qui pourraient menacer vos jours! mais en vérité, au mot trente mille, toute ma force m'a abandonné. — Il ne put s'empêcher de rire, et me dit: Reprends ton esclave, emmène-la à ton logis; demain tu verras arriver l'envoyé du vice-roi du Khoraçan: tâche de faire bonne contenance, et je ne doute pas qu'il n'atteigne le prix que je t'ai fixé. — Tout se passa comme le vizir me l'avait annoncé. L'envoyé du vice-roi du Khoraçan vint chez moi: je lui fis voir la jeune fille, dont je lui demandai cinquante mille pièces d'or. Il s'écria, comme l'ambassadeur du roi des Grecs, que c'était beaucoup trop cher, et m'en offrit trente mille. Cette fois je tins bon, et me fis violence au point de refuser; mais quand il m'en offrit quarante mille, mes belles résolutions s'évanouirent et le marché fut conclu. Je courus alors chez le vizir. Seigneur, lui dis-je, ne me faites pas de reproche, j'ai vendu mon esclave quarante mille pièces d'or. Je vous jure que quand j'ai entendu cette offre de quarante mille, j'ai cru que j'en deviendrais fou. Grâce à vos bontés, que je ne saurais reconnaître, cette jeune fille m'a valu cent mille pièces d'or: c'est une fortune inespérée pour moi; je n'ai plus rien à souhaiter: que Dieu vous récompense comme vous le méritez. — Alors Fadhl se fit amener la jeune fille, et, me la présentant, il me dit: Prends ton esclave et emmène-la. — J'ai compris, en entendant ces paroles, que cette fille était vraiment pour moi une source incomparable de bonheur: je lui ai donc donné la liberté; je l'ai épousée devant le kadhi ; elle est la mère de mes enfants (*). »

L'anecdote que nous venons de rapporter d'après la foi d'un chroniqueur, prouve sans aucun doute l'extrême générosité du vizir barmécide ; mais elle peut aussi justifier jusqu'à un certain point le ressentiment que dut concevoir le khalife, lorsqu'il apprit à l'aide de quels sacrifices on pouvait obtenir quelque faveur de ses favoris. Du reste, plusieurs motifs se réunirent sans doute pour renverser des hommes dont les libéralités faisaient encore plus d'envieux que d'obligés : le récit de leurs bienfaits fatiguait l'oreille de ceux même qui les avaient acceptés : il n'était bruit que de la gloire de leur maison ; on ne pouvait parvenir que par eux ; vingt-cinq personnes de leur famille remplissaient à la cour de Baghdad, à l'armée ou dans la magistrature, les postes les plus élevés ; les plus beaux domaines qui avoisinaient la ville leur appartenaient, et les abords de leur palais étaient plus encombrés par la foule des courtisans que ceux de la demeure du khalife : cet empressement doit être compté, peut-être, au nombre des causes les plus directes de leur chute. Voici en quels termes s'exprimait à cet égard un médecin du khalife, nommé Bakhtischou : « J'entrai un jour dans l'appartement de Haroun-el-Reschid : il habitait alors le palais nommé Casr-el-Khould à Baghdad. Les Barmécides logeaient de l'autre côté du Tigre, et il n'y avait entre eux et le palais du khalife que la largeur du fleuve. Reschid, remarquant la multitude de chevaux qui étaient arrêtés devant leur hôtel, et la foule qui se pressait à la porte de Yahya-ben-Khaled, se mit à dire : Que Dieu récompense Yahya ; il s'est chargé seul de tout l'embarras des affaires, et, en me soulageant de ce soin, il m'a laissé le temps de me livrer aux plaisirs. Quelque temps après, je me trouvai de nouveau chez lui : il commençait déjà à ne plus les voir du même œil : regardant donc par les fenêtres de son palais, et observant la même affluence de chevaux que la première fois, il dit : Yahya s'est emparé seul de toutes les affaires ; il me les a toutes enlevées : c'est vraiment lui qui exerce la puissance du khalife, et je n'en ai que le nom. Je connus dès lors, ajoutait Bakhtischou, qu'ils tomberaient dans la disgrâce, ce qui arriva effectivement dans la suite (*). »

Au mécontentement caché, à la jalousie toujours croissante du khalife contre ses ministres, vint se joindre, disent la plupart des historiens, un manquement commis par Djafar. Haroun l'avait chargé de faire périr secrètement un descendant des Alides, dont l'influence pouvait devenir redoutable (**). Soit pitié pour cette famille infortunée, soit attachement à leurs principes politiques, ce qui paraît peu probable, Djafar fit évader le malheureux remis à sa garde, action qui fut bientôt rapportée au khalife, avec tous les commentaires qui en pouvaient aggraver les conséquences. Le ressentiment du prince, à cette occasion, devint la goutte de fiel qui fit déborder la coupe de la colère. La cour allait entreprendre le pèlerinage de la Mecque : Haroun le fit encore sans rien témoigner de ses funestes projets ; et cependant on entendit Yahya, comme s'il eût eu quelque vague pressentiment du péril, adresser cette prière au ciel, tandis qu'il était prosterné sur le parvis du temple : « Mon Dieu, si c'est ton bon plaisir de me dépouiller de toutes les faveurs dont tu m'as comblé ; si tu dois m'enlever mes serviteurs, mes biens, mes enfants, fais comme il te plaira ; je n'en excepte que Fadhl, mon fils. » — Il se retirait ensuite ; mais, après avoir fait quel-

(*) Voy. Fakhr-eddin-Razi, Chrest. de M. Sylvestre de Sacy, t. II, p. 18 à 20.

(*) Id. ibid., trad. de M. de Sacy, p. 30.
(**) Il s'appelait Yahya-ben-Abdallah-ben-Haçan-ben-Haçan-ben-Ali, d'après Ebn-el-Athir (ms. 137, fol. 65 r°), et Yahya-ben-Abdallah-ben-Haçan-ben-Hoçaïn-ben-Ali, d'après Ebn-Khaldoun. On voit que, dans les deux cas, il était arrière-petit-fils du prophète par Fatima son aïeule.

ques pas, il revint et dit : « Mon Dieu, c'est une chose indigne qu'un homme comme moi fasse quelque réserve avec toi ; prends Fadhl aussi, mon Dieu, et que ta volonté soit faite. » — A son retour des villes saintes, Haroun se rendit par eau de Hira à Anbar : il s'arrêtait chaque fois sur les bords de l'Euphrate, passant la nuit dans les festins et les plaisirs de toute sorte. Djafar l'avait quitté pour aller prendre, dans les plaines voisines du fleuve, le plaisir de la chasse ; mais les dons du khalife le suivaient partout, et chaque jour il voyait arriver sous sa tente quelque messager du prince lui apportant quelque présent précieux, en marque de souvenir. En sa faveur, Haroun s'était privé de son médecin Bakhtischou ; il lui avait aussi laissé son poëte favori Abou-Zaccar l'aveugle, qui l'égayait de ses improvisations au retour de la chasse. C'était justement à l'heure du repas, et Abou-Zaccar chantait quelques vers philosophiques sur l'inconstance du sort, lorsque Djafar vit entrer brusquement sous sa tente Mesrour, le chef des eunuques, qui, contre toute étiquette, se présentait sans s'être fait annoncer. « Je te vois avec plaisir, » lui dit Djafar, quoiqu'il sût bien avoir en lui un ennemi ; » mais je m'étonne que tu ne te sois pas fait précéder de quelque serviteur pour m'annoncer ta visite. — Le sujet qui m'amène est trop grave, répondit Mesrour, pour permettre ces futiles formalités : le commandeur des croyants demande ta tête. » En entendant ces mots, Djafar atterré se jeta aux pieds de l'eunuque. « Un tel ordre n'est pas possible, s'écria-t-il, ou du moins c'est l'ivresse qui l'a fait donner : retourne auprès du khalife, je t'en conjure, et tu verras qu'il aura déjà révoqué ses paroles. — Je ne puis reparaître en présence du khalife, reprit Mesrour, que ta tête à la main : écris tes dernières volontés, c'est la seule grâce qu'il me soit possible de t'accorder. » Quelques heures plus tard, Mesrour, de retour au campement du khalife, entrait sous le pavillon de ce prince, portant sur un bouclier la tête de Djafar. Dès le lendemain, l'ordre fut donné d'arrêter Yahya, Fadhl, et tous les Barmécides qui occupaient des charges ou des emplois : on les plongea dans des cachots ; on les punit ; on les dépouilla de tous leurs biens : femmes, enfants, serviteurs, erraient sans asile. Jamais disgrâce n'avait été plus rapide et plus complète. « J'ai ouï raconter par un témoin de cette catastrophe, disait à ce sujet l'historiographe Amrani, qu'étant entré dans les bureaux du divan, il avait jeté les yeux sur les registres d'un des employés, et y avait lu ces mots : *Pour un habit de gala, donné en présent à Djafar-ben-Yahya 400,000 pièces d'or* ; et qu'étant retourné dans le même bureau, peu de jours après, il avait lu dans le même registre, au-dessous de cet article : *Naphte et roseaux pour brûler le corps de Djafar-ben-Yahya, 10 deniers*(\*). »

La chute des Barmécides les a fait connaître plus encore peut-être que leur gloire et leur puissance. Ils n'avaient pas obligé que des ingrats ; et, malgré les défenses du khalife, leurs infortunes furent chantées par les poëtes. Aussi, le souvenir de cet épisode de l'histoire des khalifes est-il parvenu jusqu'en Occident, où il a servi plus d'une fois de sujet à nos littérateurs modernes. Voltaire, faisant l'éloge de cette poésie d'image et de sentiment qui fleurissait à la cour de Haroun-el-Reschid, en donne pour exemple quatre vers composés à l'occasion de la disgrâce de Djafar, et dont il donne ainsi la traduction :

Mortel, faible mortel, à qui le sort prospère
Fait goûter de ses dons les charmes dangereux,
Connais quelle est des rois la faveur passagère ;
Contemple Barmécide et tremble d'être heureux.

Reschid, après avoir ainsi brisé les vizirs qui, depuis dix-sept ans, administraient l'empire, confia le soin de les remplacer à Fadhl-ben-Rebi, qui avait exercé la charge de chambellan sous les khalifes El-Mançour, El-Mahdi, El-Hadi, et auprès de Reschid

(\*) Voy. Fakhr-eddin-Razi, Christ. ar. de M. de Sacy, t. II, p. 33 et 34.

lui-même. C'était, d'après Fakhreddin-Razi, un adroit courtisan qui connaissait parfaitement le caractère de son maître, flattait ses goûts, et savait quelle conduite il avait à tenir pour se conserver dans ses bonnes grâces. Aussi affecta-t-il, dès son avénement au ministère, de s'entourer des poëtes, des savants, des littérateurs, dont la voix reconnaissante avait porté si haut le nom de ses prédécesseurs, et jeté un vif éclat sur le règne du khalife. Bientôt toutefois des soins plus importants réclamèrent son attention. Dans l'année même de la chute des Barmécides (de l'hégire 187, de J. C. 802), une de ces révolutions si fréquentes à Constantinople vint ôter la couronne à Irène, pour la mettre sur la tête de Nicéphore, prince sans mœurs, sans foi, aussi avare qu'il était avide (*). Le nouveau souverain, mesurant ses forces à son insolence, crut qu'il lui serait facile de réprimer les courses que faisaient sans cesse les Musulmans de Syrie sur les terres de l'empire, et de se soustraire au tribut consenti par Irène. La dernière expédition des Arabes avait été conduite par le fils même du khalife, El-Kacem-ben-el-Reschid. Au mois de schaaban de l'an de l'hégire 187, il avait mis le siége devant le château de Senan, qu'il avait bientôt réduit à toute extrémité, et n'avait enfin consenti à se retirer que sur la remise de trois cent vingt Musulmans captifs qui lui avaient été renvoyés sans rançon comme prix de la trêve (**). A peine monté sur le trône, Nicéphore écrivit au khalife une lettre conçue en ces termes : « Nicéphore, empereur des Romains, à Haroun, souverain des Arabes : L'impératrice qui régnait avant moi vous a traité, si je puis faire ici allusion au jeu des échecs, comme si vous étiez la tour, pouvant parcourir toute la longueur de l'échiquier, et qu'elle fût un simple pion ne pouvant franchir qu'une case à la fois. Aussi, croyait-elle devoir arrêter l'essor de vos courses en vous payant un tribut, tandis que c'est vous qui auriez dû lui en envoyer un d'une valeur double de celui qu'elle vous accordait. Or ce tribut, vous ne le devez qu'à sa timidité; car c'était une faible femme. Maintenant c'est un homme qui vous parle : vous aurez donc à me rendre, aussitôt que vous aurez lu ma lettre, tout l'argent que vous avez reçu de Constantinople. Autrement, ce sera l'épée qui décidera entre vous et moi. » On comprend quelle fut la colère de Reschid en recevant une lettre dont les termes étaient si peu en rapport avec la faiblesse du fantôme d'empereur assis sur le trône de Byzance. Il ne crut devoir répondre qu'en renvoyant à Nicéphore son orgueilleuse missive, sur le dos de laquelle il avait écrit : « Au nom de Dieu clément et miséricordieux : Haroun-el-Reschid, commandeur des croyants, à Nicéphore, chien des Romains. J'ai lu ta lettre, ô fils d'une infidèle, et tu verras ma réponse au lieu de l'entendre. » En effet, le khalife assemble une armée, entre sur le territoire de l'empire grec, traverse l'Asie Mineure, assiége Héraclée, pille, brûle, renverse tout sur son passage, et ne s'arrête que lorsque Nicéphore, aussi timide en présence du danger qu'il s'était montré hardi loin du péril, eut imploré la paix au prix d'un tribut annuel. Après avoir ainsi démontré la puissance de ses armes, Haroun s'était retiré en Syrie vers la fin de l'automne. A peine fut-il rentré sur les terres de l'Islam, que l'hiver sévit avec une rigueur inaccoutumée. L'empereur, espérant que les neiges et les glaces avaient intercepté les passages des montagnes, refusa de payer au terme convenu ; mais, malgré les rigueurs de la saison, le khalife franchit de nouveau les défilés de la Cilicie, et força son faible rival à remplir les conditions qu'il lui avait imposées (*).

(*) C'est ainsi que s'exprime Théophane, historien contemporain, toutes les fois qu'il a occasion de parler de cet empereur. Aboulfaradj (*Chron. syr.*) s'exprime tout différemment, et en parle comme d'un prince qui ne manquait pas de courage.

(**) Voy. Ebn-el-Athir, ms. ar. 537, fol. 68 v°.

(*) Ebn-el-Athir, fol. 69 r°.

L'année suivante (an de l'hégire 189, de J. C. 804), des troubles qui s'élevèrent dans le Khoraçan forcèrent Reschid à se rendre dans cette partie de son empire. Il y avait pour gouverneur Ali-ben-Iça, homme dissolu et avide, aux yeux duquel ni les biens ni les personnes n'étaient sacrés dès qu'il s'agissait de ses plaisirs. Sa conduite avait indisposé les habitants d'une province qui, de tout temps, s'est montrée jalouse de ses droits, et les personnages les plus influents s'étaient réunis pour envoyer leurs plaintes à Reschid, lui faisant entendre que si jusqu'alors Ali-ben-Iça avait méconnu les devoirs d'un gouverneur envers ses administrés, il pourrait bientôt méconnaître ceux d'un vassal envers son suzerain. Le khalife, effrayé des conséquences d'un mouvement dans cette contrée belliqueuse, partit au mois de djomadi premier, emmenant avec lui deux de ses fils, El-Mamoun et El-Kacem. Il s'arrêta à la ville de Raï, où Ali-ben-Iça vint le trouver par son ordre. Mais cet adroit gouverneur connaissait le moyen d'apaiser le ressentiment du prince. Il avait apporté avec lui tant de présents, et les distribua avec une telle profusion aux courtisans, aux secrétaires, aux ministres, aux fils même du khalife, que chacun trouva mille raisons d'excuser sa conduite, et que Haroun crut lui faire stricte justice en le rétablissant dans son gouvernement (*). Après un séjour de quatre mois dans la ville de Raï, Haroun reprit le chemin de l'Irak, et rentra à Baghdad au mois de dhôu'l-hidja. En passant sur le pont qui unissait les deux rives du Tigre, il y vit les ossements de Djafar le Barmécide, exposés depuis deux ans aux regards de la multitude. Ce triste aspect aurait pu éveiller un regret dans l'âme du khalife; mais, au lieu de donner une sépulture honorable aux restes de l'homme qui avait été son ami, il les fit brûler et jeter au vent. Quelque temps après, Fadhl et Yahya (**)

mouraient en prison. L'injure qui fut si cruellement vengée devait être bien vive : il est probable que les chroniqueurs arabes, au milieu de leurs différentes conjectures, ne nous l'ont pas fait connaître. Le khalife ne fit que passer à Baghdad : il alla se fixer à Raccah, et ne revint plus habiter, depuis, la ville que pendant tant d'années il s'était plû à embellir. On lui prête, à ce sujet, ces paroles : « Il est bien vrai que de l'orient à l'occident je ne connais pas de ville plus heureuse et plus riche que Baghdad; je sais qu'il n'en est pas une dans tout mon empire plus digne d'être le séjour des nobles fils d'Abbas : mes ancêtres n'ont jamais eu qu'à s'en louer, et cependant je vais quitter cette heureuse cité pour aller m'établir là où je ne verrai plus autour de moi que des dissensions, des schismes, des révoltes, des trahisons; où l'on préfère ouvertement, à la souche légitime des héritiers du khalife, cet arbre parasite, d'où sont sortis les usurpateurs omeyyades (*). » C'est ce prompt abandon de Baghdad que le poète Abbas-ben-el-Ahnaf a déploré dans les vers suivants :

« A peine avions-nous ordonné aux chameaux de plier le genou, qu'il a fallu nous remettre en route, et l'on n'a pu distinguer l'arrivée du départ.

« Nos amis venaient s'informer de nos nouvelles et nous souhaiter la bien-venue au retour : nous devions leur répondre par un adieu (**). »

Les traités ne gênaient jamais Nicéphore. Il profita des troubles qui

---

(*) Ibid., fol. 71 v°.
(**) Fadhl mourut en l'an de l'hégire 193,

la même année que le khalife; Yahya était mort deux ans plus tôt.
(*) Voy. Ebn-el-Athir, fol. 72 r°. Aboulféda rapporte les mêmes paroles; mais avec une négation qui en altère gravement le sens; le manuscrit dont Reiske s'est servi mentionne d'ailleurs les Abbassides comme les usurpateurs de l'imamat. Voy. *Ann. moslem.*, p. 88, t. II. Ce non-sens a été relevé par le traducteur, qui a averti le lecteur dans une note, qu'il s'agissait probablement des Omeyyades ou des Barmécides. Le passage d'Ebn-el-Athir décide la question.
(**) Ebn-el-Athir, 72 r°.

avaient éclaté dans le Khoraçan, et du voyage de Reschid, pour se soustraire à un tribut qui coûtait encore plus à son avarice qu'à son honneur. Il réunit une des armées les plus nombreuses que l'empire grec eût rassemblées depuis longtemps, et marcha contre la Syrie. On était alors au mois de schewal de l'année 190 de l'hégire (*). Haroun ne laissa pas longtemps à son rival l'avantage de l'avoir prévenu; il pénétra sur les terres de l'empire à la tête d'une armée composée de cent trente-cinq mille hommes, tandis que Daoud-ben-Iça-ben-Mouça, à la tête d'une division de soixante-dix mille soldats, attaquait, sur un autre point, Héraclée, dont le siége dura trente jours. Une ville habitée par des Esclavons, Malcoubiah ou Malécopée, Thébase, plusieurs autres places encore, furent prises par les Arabes, et, dans une bataille où Nicéphore reçut trois blessures, il aurait été fait prisonnier sans les efforts de quelques officiers dévoués qui l'arrachèrent des mains de l'ennemi. Cette rude épreuve lui servit enfin de leçon : il envoya demander la paix, se soumettant aux conditions du vainqueur. Parmi celles qui lui furent imposées, il y en avait une dont son orgueil dut avoir à souffrir. Outre le tribut ordinaire, il lui fallut payer le kharadj ou capitation que les Arabes exigeaient des infidèles établis sur le territoire musulman : l'empereur de Constantinople fut, à ce titre, imposé à quatre pièces d'or; son fils dut en payer deux. Du reste, généreux dans son triomphe, Haroun consentit à lui renvoyer une jeune Grecque demeurée captive à la prise d'Héraclée, et qui devait épouser son fils le César Staurace (**). L'une des

(*) L'année précédente, d'après Ebn-el-Athir, un des lieutenants du khalife, nommé Ibrahim-ben-Djebraïl, avait pénétré en Asie Mineure par le défilé de Saf-Saf, et avait remporté sur Nicéphore une victoire dans laquelle 40,700 Grecs avaient péri. Voy. ms. 537, fol. 71 r°.

(**) Ebn-el-Athir, fol. 73 r° et v°. D'après Théophane, l'extrémité où Nicéphore se voyait réduit l'avait rendu éloquent; il

conventions arrêtées entre les deux souverains avait été que les différentes forteresses démantelées par les Arabes ne seraient plus rétablies : mais, une fois l'ennemi retiré, Nicéphore viola ce traité comme il en avait violé tant d'autres. Son manque de foi devint, pendant l'année suivante, l'occasion d'expéditions de terre et de mer, dans lesquelles les malheureuses provinces de l'empire grec eurent à souffrir toutes les horreurs d'une guerre d'autant plus implacable que les Musulmans, trompés tant de fois, avaient encore à faire expier aux chrétiens la mort d'un de leurs chefs. Iezid-ben-Mokhalled-el-Hobaïri avait été tué à son entrée sur le territoire grec à la tête de dix mille hommes, et c'était avec grande peine que ses troupes avaient échappé au même sort (*). Cet échec fut bientôt vengé : Thébase fut reprise une seconde fois, l'île de Chypre saccagée, ses églises détruites, et une grande partie de ses habitants emmenés en esclavage. De là, la flotte

écrivit au khalife en ces termes : « Prince, à quoi bon verser tant de sang et franchir tant de fois les bornes de l'empire que vos pères ont établi? Votre prophète ne vous a-t-il pas recommandé de regarder les chrétiens comme vos frères? Nous sommes, vous et moi, les maîtres de nos peuples; mais Dieu est leur père. Vous voit-il avec plaisir égorger ses enfants? Ne nous fatiguons pas par des guerres éternelles, comme si nous étions immortels. Pensons que nous devons mourir et comparaître devant un juge incorruptible qui nous demandera compte de la vie du moindre de nos sujets. Une guerre injuste rend le prince coupable d'autant d'homicides qu'il y perd de ses sujets, et qu'il y fait périr d'ennemis. » C'est probablement à la suite de ce traité qu'eut lieu le second rachat de captifs par les Musulmans, cité dans Maçoudi, et auquel présida Thabet-ben-Nasr-Khozaï, commandant des provinces frontières de la Syrie. L'échange dura sept jours : il y eut un concours de deux cent mille personnes; deux mille cinq cents captifs des deux sexes furent rachetés. Voy. Not. et extr. des manuscrits, t. VIII, p. 194.

(*) Ebn-el-Athir, fol. 77 v°. Ce fait s'était passé à deux journées de Tarse.

musulmane se dirigea sur l'île de Rhodes, dont la capitale seule échappa au ravage par sa courageuse résistance. Les Arabes revinrent ensuite sur la côte de Lycie, où ils pillèrent la ville de Myre. Ils voulurent briser le tombeau de saint Nicolas, autrefois évêque de cette ville, espérant y trouver de grands trésors. Leur précipitation ou la volonté divine ne permit pas que les cendres du saint évêque fussent profanées : ils se trompèrent de sépulture et violèrent un autre tombeau. La flotte ayant été assaillie à son retour par une terrible tempête, les chrétiens virent dans son désastre une preuve de la vengeance céleste. Un grand nombre de vaisseaux avaient été brisés par la foudre ou engloutis par les flots.

Pendant que les forces de Reschid triomphaient en Asie de toute autre puissance que de celle des éléments, ce khalife cherchait en vain à arrêter en Afrique la puissance croissante d'un descendant des Alides. Édris, qui s'était réfugié chez les Berbères sous le règne d'El-Mahdi, avait acquis sur ces tribus sauvages une puissante influence. Tout ce qu'il n'avait pu séduire par la parole, dans le Maghreb, il l'avait soumis par la force des armes. Après plusieurs expéditions heureuses, dans l'une desquelles il s'était emparé de Tlemçen, il revint à Oualili dont il avait fait sa capitale. Là, il fut joint par un messager secret de Haroun, qui, sous le faux prétexte d'une disgrâce, s'était rendu dans le Maghreb, où il n'avait d'autre but que de faire périr le prince alide. En effet, le récit de ses prétendues infortunes avait intéressé Édris en sa faveur. Il avait été accueilli par lui avec une extrême bienveillance, et était devenu bientôt son compagnon inséparable : il profita des facilités que lui donnait cette familiarité pour empoisonner son hôte, et prit la fuite. Un affranchi favori d'Édris, son compagnon au temps de sa fuite, son ministre au temps de sa puissance, poursuivit l'assassin et l'atteignit sur les bords de la rivière Maloula. Il l'attaqua bravement l'épée à la main, et d'un revers lui abattit le poignet, en sorte qu'ayant voulu traverser le fleuve à la nage, l'émissaire du khalife ne put parvenir à l'autre bord (*). L'affranchi avait ainsi vengé son maître ; mais il lui restait encore un devoir non moins sacré à accomplir. La femme d'Édris, qui se trouvait enceinte lors de la mort de son mari, mit au monde un fils, auquel Reschid (ainsi se nommait le fidèle affranchi) sut rallier les tribus soumises à son père : il l'éleva avec un soin extrême, et protégea ses jeunes années jusqu'au jour où il succomba lui-même sous les embûches que lui tendait Ibrahim-ben-el-Aghlab, à l'instigation de Haroun. Abou-Khalid-ben-Iezid-ben-Elyas-el-Abdi lui succéda dans la charge de veiller sur le jeune prince, que les tribus du Maghreb-el-Akça reconnurent solennellement pour Imam et souverain, en lui prêtant serment d'obéissance dans la grande mosquée de Oualili, en l'an de l'hégire 188. Le rejeton des Alides devint ainsi le fondateur de la dynastie des Édrisites, qui enleva sans retour aux Abbassides toute la partie occidentale de l'Afrique formant aujourd'hui le Maroc. Ne pouvant, malgré tous leurs efforts, les renverser du trône qu'ils avaient conquis, les khalifes de Baghdad cherchèrent du moins à attaquer la légitimité de leur naissance, et accréditèrent le bruit que le prétendu fils posthume d'Édris était le fruit d'un adultère commis par l'affranchi Reschid. Plusieurs historiens arabes, et entre autres Ebn-Khaldoun dans ses Prolégomènes, se sont élevés avec force contre ces assertions mensongères.

Vers l'année 192 de l'hégire (de J. C. 807), Haroun, jeune encore (il n'avait que quarante-six ans), se sentait atteint d'un mal dont il redoutait les

(*) Voy. Ebn-Khaldoun, ms. ar. de la bibl. roy., n° 2402, fol. 6 v° et r°. Le même récit se retrouve avec quelques circonstances différentes dans le Cartas, traduit en portugais par le père Moura (*Historia dos Soberanos mohametanos que reinarao na Mauritania*).

funestes conséquences. Il se vit obligé, toutefois, d'entreprendre le voyage du Khoraçan, où de nouveaux troubles, excités par Rafi-ben-Leith-ben-Nasr-ben-Sayyar, rendaient sa présence nécessaire. Quittant, en conséquence, la ville de Raccah, dont il laissa le gouvernement à son fils El-Kacem, il vint à Baghdad, d'où il repartit le 5 du mois de schaaban, se dirigeant vers Nahrwan. Il avait chargé El-Amin du soin de gouverner Baghdad en son absence, et avait d'abord décidé que El-Mamoun resterait aussi avec son frère; mais ses instances le déterminèrent à l'emmener avec lui. Tout puissant qu'il était, le khalife n'avait pas à se louer de l'affection des fils auxquels il destinait l'empire. Dès le début de ce voyage, dont il ne devait plus revenir, il le témoigna douloureusement à l'un de ses courtisans: c'était El-Sebah-el-Tabari qu'il avait ainsi choisi pour confident de ses tristes pensées; et comme cet officier cherchait à le rassurer sur les présages de mort qui venaient l'assaillir, il le tira à l'écart; puis, lorsqu'il se vit éloigné des hommes de sa suite; que l'ombre épaisse d'un arbre le cacha aux regards indiscrets, il ouvrit sa robe pour lui faire remarquer un bandage de soie qui lui enveloppait le ventre: « J'ai là, dit-il, un mal profond, incurable: tout le monde l'ignore; mais j'ai autour de moi des espions chargés par mes fils de guetter ce qui me reste de vie; car elle est trop longue pour leurs ambitieux désirs, et ces espions, ils les ont choisis parmi les serviteurs que je croyais les plus fidèles: Mesrour est l'espion d'El-Mamoun, Bakhtischou, mon médecin, celui d'El-Amin. Veux-tu connaître jusqu'où va leur soif de régner? Je vais appeler pour demander qu'on m'amène une monture, et au lieu de me présenter un cheval à la fois doux et vigoureux, ils m'amèneront un animal épuisé dont le trot inégal puisse augmenter ma souffrance. » En effet, le khalife ayant demandé un cheval, on le lui amena tel qu'il l'avait décrit à son confident, sur lequel il jeta un triste regard en acceptant avec résignation la monture qu'on lui présentait (\*). Si telle était la conviction de Haroun-el-Reschid; s'il a pu croire, dans les dernières années de sa vie, que ses fils étaient autant d'ennemis ligués contre ses jours, il a cruellement expié l'abus qu'il avait fait de sa puissance, et les Barmécides dans leurs cachots étaient plus heureux que lui. Le reste de l'année se passa à calmer les troubles qui s'étaient élevés dans les provinces septentrionales de l'empire, et, comme il l'avait pensé, le khalife ne revit plus ni Raccah, ni Baghdad. Il mourut à Tous, disant à Fadhl-ben-Rabi, son vizir: « Voici donc l'instant redouté qui s'approche: j'étais pour tous les hommes un sujet d'envie, et maintenant pour qui ne serais-je pas un objet de pitié! Prenons courage, cependant, et soyons digne de nous-même; car, pitié ou envie, les regards du monde sont fixés sur nous. » On était alors au troisième jour du mois de djomadi second de l'année de l'hégire 193 (de J. C. 808). Haroun, âgé de 47 ans cinq mois et cinq jours, d'après Aboulféda, succombait à la maladie qui le rongeait depuis longtemps (\*\*). Il avait régné 22 ans deux mois et dix-huit jours.

(\*) Voy. Ebn-el-Athir, n° 53_7, fol. 78 r° et v°.

(\*\*) Quelques chroniqueurs rapportent que le khalife avait déjà, depuis quelque temps, été averti en songe de sa fin prochaine. Il avait vu pendant son sommeil une main étendue au-dessus de sa tête: cette main contenait une poignée de terre rouge, et une voix s'écria: « Voici la terre qui doit servir de sépulture à Haroun. — Quel est le lieu de la sépulture? dit une autre voix. — La ville de Tous, répondit la première. » Cette vision n'était jamais sortie du souvenir du khalife. Lorsque les progrès de son mal l'obligèrent de s'arrêter à Tous, il témoigna une vive inquiétude, et envoya Mesrour chercher une poignée de terre aux environs de la ville. Ce chef des eunuques étant rentré dans la chambre du khalife porteur d'une poignée de terre de couleur rougeâtre: « Hélas! dit le khalife, voici ma vision accomplie: la mort est proche. »

*Coup d'œil sur la civilisation de l'ancien monde, au temps de Haroun-el-Reschid et de Charlemagne.*

Haroun-el-Reschid, dont nous venons de raconter le règne, et Charlemagne, son émule en Occident, ont eu tous deux, ainsi que nous l'avons dit au commencement du chapitre précédent, une grande influence sur leur époque. Quel a été précisément le caractère de cette influence? Jusqu'à quel point ces deux hommes ont-ils modifié par leurs qualités propres le mouvement naturel des siècles et le travail des âges? Quelle a été la durée de leur action, et cette action a-t-elle agi réciproquement sur chacun des deux vastes empires qu'ils gouvernaient en même temps? Ce sont autant de questions qu'il n'est pas sans intérêt d'examiner rapidement. Il y a dans la marche successive des événements certaines haltes obligées où il est bon de caractériser l'ensemble de toute une époque, afin de bien reconnaître d'où l'on vient et où l'on va : c'est à cette seule condition que la série des faits constitue une science profitable, et que l'histoire des peuples devient l'enseignement de l'avenir par le passé.

Nous avons vu, au commencement du septième siècle de notre ère, Mahomet développer rapidement chez les Arabes, alors à l'enfance de leur civilisation, une civilisation nouvelle fondée sur une législation religieuse, dont le double caractère temporel et spirituel amena, par la confusion de l'autorité morale et de la force matérielle, le pouvoir entièrement despotique des khalifes ou successeurs du prophète. Vers le même temps, les diverses races germaniques, qui s'étaient partagé avec les Arabes l'empire romain, rédigeaient aussi par écrit les coutumes qui les gouvernaient. C'est du sixième au huitième siècle que les lois de presque tous les peuples barbares furent écrites : jusque-là, ils n'avaient été régis que par des usages, des coutumes confiées à la tradition, tandis qu'à l'époque dont nous parlons, on vit apparaître les codes réguliers contenant la législation des Francs-Saliens, des Francs-Ripuaires, des Saxons, des Frisons, des Visigoths, des Lombards; codes insuffisants, toutefois, essais informes, ayant avec le code arabe la grande différence d'avoir été composés pour un temps qui n'était plus. En effet, l'état social des barbares qui avaient inondé l'Europe s'était modifié par leur séjour sur le territoire de l'empire romain, par leur contact avec les nations qu'ils avaient soumises : en échangeant la vie nomade pour la vie sédentaire; leurs habitudes de chasseurs, de pasteurs ou de guerriers, pour la condition de propriétaires sur un sol fertile, ils avaient vu s'ouvrir devant eux des voies nouvelles; et les vieilles coutumes de la Germanie, qu'ils venaient d'ériger en corps de lois, n'étaient plus en harmonie avec leurs idées ou leurs besoins. C'est surtout dans le midi de l'Europe que la civilisation romaine avait survécu plus qu'ailleurs aux invasions des barbares. Les idées d'indépendance municipale, le principe de l'administration des villes par les citoyens, tels que l'antiquité romaine les avait toujours reconnus, n'ont jamais complétement disparu sous la domination des Lombards, et ont exercé une immense influence sur le développement des institutions populaires dans les villes libres de l'Italie pendant le moyen âge. Dans la Gaule méridionale, en Espagne surtout, la race gothique avait encore reçu, peut-être, une influence plus directe de l'ancienne civilisation romaine ou des nouvelles lumières du christianisme. Mais du moins les lois rédigées par les rois goths se ressentirent de cette influence : les mals, ou assemblées de guerriers, y sont remplacés par des conciles; le système bizarre des conjurateurs ou témoins assermentés, qui dispensent le juge de rechercher les preuves du fait, le *Judicium Dei* ou contrat judiciaire, le wehr-geld ou tarif d'amendes différentes, selon la condition de l'homme attaqué dans sa personne, ont disparu du code en usage chez les Goths : barbare, Romain, homme libre, leude, y sont égaux aux yeux de la loi. On y rencontre à chaque pas les traces d'une sage philosophie, qui ne peut être, à cette époque, que l'empreinte de l'esprit du clergé, chez lequel seul s'étaient réfugiés, au milieu de la désorganisation sociale du monde romain, les principes d'une saine morale. Cependant cette législation plus épurée ne les garantit pas de la conquête arabe : ils n'ont plus pour eux la force brutale des populations barbares ; ils n'ont pas encore les ressources d'une civilisation avancée, et la monarchie gothique s'écroule emportée par les phalanges de l'Islam. Quant à la Gaule septentrionale, quant à l'Allemagne, l'empreinte de la civilisation romaine n'a pas été assez profonde pour résister aux flots de Germains qui se sont pressés sur leur territoire. Les populations y sont sans cesse déplacées, refoulées les unes par les autres : rien de fixe ne peut s'y établir, à moins qu'un de ces hommes providentiels qui se révèlent au monde à de certaines époques, ne vienne mettre l'ordre au sein du chaos, comme Charlemagne.

Ce qui caractérise la gloire de l'empereur d'Occident, c'est la lutte incessante qu'il soutint en faveur de la civilisation contre la barbarie. Accueil aux savants de tous les pays, faveur accordée aux ecclésiastiques, institution des corps enseignants, réforme des règles anciennes dans les monastères de l'Europe, tout avait pour but d'agir sur une société placée entre les limites d'un passé dont le souvenir s'effaçait chaque jour, et d'un avenir qui n'était pas mûr encore pour un progrès constant. Le défaut de maturité dans l'esprit des populations fut l'écueil contre lequel vinrent échouer les nobles efforts de Charlemagne. En vain il étudiait, sous Pierre de Pise et sous le Saxon Alcuin, la grammaire, la rhétorique, l'astronomie ; en vain il favorisait le luxe et les arts qu'il amène avec lui, embellissant sa ville d'Aix des marbres enlevés à Ravenne ; en vain il cherchait à introduire l'ordre et l'unité dans l'administration de ses vastes États ; les hommes de son temps n'étaient pas aussi avancés qu'il le supposait : et si d'autre part il réveillait à son profit les souvenirs de l'empire romain, s'il parvenait à parler la langue latine comme la sienne propre (*), s'il formait la hiérarchie de ses officiers d'après celle des ministres impériaux, cette restauration était désormais impuissante à ranimer la civilisation romaine profondément atteinte dans son principe vital par l'invasion des barbares. Aussi Charlemagne, qui fut un grand prince, n'a-t-il pas pu fonder un grand empire ; et le système de gouvernement qu'il voulait faire prévaloir, ne tarda pas à s'écrouler après lui. Il fallut attendre encore plus d'un siècle pour que de la barbarie naquît la féodalité, et que les populations, fixant leurs droits de province à province, d'homme à homme, vinssent toutes se soumettre au système féodal, étrange civilisation dont la rapide extension prouve à elle seule la nécessité à cette époque.

Si nous portons maintenant nos regards vers l'Orient, si nous étudions les éléments dont se compose la puissance arabe, nous ne retrouverons aucun de ceux qui constituaient l'empire de Charlemagne. Haroun voulait, ainsi que son rival, appeler à une civilisation meilleure les peuples qu'il gouvernait. Le but de ces deux souverains était le même ; mais bien différent était le point de départ. Jusqu'à la naissance de l'islamisme, les Arabes, séparés du monde entier par une vaste ceinture de déserts, avaient conservé, ainsi que nous l'avons vu, les habitudes d'un peuple nomade, chez lequel la famille avait formé la tribu. A peine avons-nous pu découvrir parmi ces tribus diverses quelques vestiges d'un lien fédératif, et ce lien s'est brisé à la voix du prophète appelant son peuple à l'unité. Les Arabes n'ont donc pas de passé, pas de souve-

(*) Latinam ità didicit, ut æque illà ac patriâ linguâ orare esset solitus. Eginh. *in Kar. M.*, 25.

nirs : c'est vers l'avenir qu'ils se sentent instinctivement portés. Cet avenir s'ouvre brillant à leurs regards; en quelques années ils se rendent maîtres des plus belles parties du monde alors connu. Le fanatisme religieux les pousse, les entraîne à l'orient, à l'occident, au nord, au midi; rien ne saurait leur résister, car ils volent au combat pour vaincre ou plutôt pour mourir. Le khalife Abou-Bekr, le successeur immédiat du prophète, veut mettre un habile guerrier à la tête des troupes qu'il se dispose à envoyer contre les Grecs. Il choisit le plus digne, et lui confie le commandement; mais il n'obtient qu'un refus, qu'aucune instance ne saurait vaincre : « J'ai déjà commandé deux fois l'armée des Musulmans, répond au khalife le chef qu'il a nommé; deux fois j'ai dû ménager ma vie, car la vie du général, c'est pour son armée la condition du triomphe : il est bien temps que, simple soldat, je puisse aller chercher la mort; la mort, c'est le paradis. » Deux autres officiers font à Abou-Bekr la même réponse. Il faut enfin tout le dévouement de Khaled pour qu'il consente à retarder l'heure où il ira jouir des délices promises par Mahomet. Des armées animées d'un tel esprit ne peuvent pas connaître d'obstacles; sa conquête s'étend avec une incroyable rapidité. Nous l'avons suivie dans toutes les phases sous les quatre successeurs du prophète, sous les premiers khalifes omeyyades; mais enfin elle s'arrête après avoir atteint l'Indus et l'Atlantique : la dynastie des Omeyyades tombe lorsqu'elle n'est plus soutenue par la victoire, et les Abbassides, qui lui succèdent, semblent avoir pour mission d'organiser, pour les arts de la paix, ce vaste empire qui n'a jusqu'alors vécu que pour la guerre.

Nous avons vu toutefois que l'œuvre d'organisation n'avait pas été complétement négligée par les successeurs immédiats du prophète. Dès la bataille de Cadesiah, dans la quinzième année de l'hégire (de J.-C. 636), Omar, par la concession d'appointements fixes aux employés du gouvernement, et par l'établissement des *Diwans*, c'est-à-dire, de la chambre des finances et de la chancellerie d'État (*), avait fondé, pour ainsi dire, une des parties les plus importantes de l'administration musulmane. Bientôt le même khalife envoya, dans les pays nouvellement conquis, des administrateurs chargés de rendre la justice. Voici la lettre qu'Othman, son successeur, écrivait à Abou-Mouça-el-Aschari sur les devoirs du juge : « Les de-
« voirs du juge se trouvent tous
« énoncés dans les commandements
« dont la *Sunna* exige la pratique.
« Comprends donc ce que tu dois
« comprendre avant tous les au-
« tres. Prononce avec la plus grande
« équité dans les procès qui te sont
« soumis, afin que le riche ne soit
« pas tenté de chercher à t'entraîner
« vers ce qui est injuste, et que le
« pauvre ne désespère jamais de ta
« justice. C'est au demandeur à four-
« nir les preuves, et le serment doit
« être prêté par celui qui nie. Lorsque
« les deux parties adverses professent
« la religion musulmane, elles peuvent
« procéder entre elles par voie d'ar-
« rangement ou de compromis, à
« moins qu'il ne s'agisse de défendre
« ce qui est permis ou de permettre
« ce qui est défendu. Que le juge-
« ment que tu as prononcé hier ne
« t'empêche pas de rentrer dans le
« chemin du droit, si aujourd'hui tu
« penses que ton âme est plus pure :
« car le droit existe de tout temps, et
« il vaut mieux retourner en arrière
« que de persévérer dans l'erreur. Si
« dans ton cœur s'élèvent quelques
« doutes sur des cas dont la solution
« ne se trouve ni dans le Coran ni
« dans la *Sunna*, cherche à t'éclairer
« par l'examen des cas semblables
« précédemment jugés, et décide-toi
« par analogie. Accorde un délai à
« celui qui doit fournir les preuves,
« afin qu'il les fournisse et que tu lui
« accordes son droit ou qu'il renonce

(**) Aboulféda, *Ann. moslem.*, t. I<sup>er</sup>, 224.

« à sa plainte. C'est par cette sage « lenteur qu'on peut lever tous les « doutes et rendre la vue aux aveu- « gles. Tous les Musulmans sont ad- « mis à servir de témoins les uns « contre les autres ; sont exceptés « toutefois : celui qui subit la puni- « tion d'un crime, celui qui est con- « vaincu d'avoir porté un faux témoi- « gnage, et celui dont la naissance « légitime est douteuse. Dieu, qui « mérite toutes louanges, a de l'in- « dulgence pour celui qui croit, et les « preuves seules ont de la valeur. « Garde-toi d'impatience dans la re- « cherche de la vérité ; à celui qui la « troúve, Dieu garde sa récompense. » C'est encore aux premiers khalifes que sont dues les premières fonda- tions pieuses dont on dota les mos- quées et les écoles, fondations qui se sont perpétuées dans toutes les villes musulmanes. Ali, successeur d'Oth- man, fut le premier, nous dit Soïouti, qui ordonna que toutes les archives concernant les différentes branches de l'administration fussent réunies dans un même local pour y être con- servées. Outre le secrétaire d'État et le grand juge, les deux seuls grands fonctionnaires publics dont on con- naisse l'existence sous le règne de ses prédécesseurs, on voit paraître de son temps le chambellan (Hadjib), chargé d'introduire auprès de lui tous ceux qui ont à l'instruire des affaires de l'empire, et le chef des gardes, Sahèb-el-Schoota, chargé spécialement de la police dans la capitale.

Moawiah, le premier khalife de la maison d'Omeyyah, fonda l'hérédité du khalifat, jusqu'alors électif, en obligeant l'armée à prêter serment à son fils Nézid, comme à son légitime successeur. Ce fut lui qui établit les premiers relais de poste, à l'aide des- quels une communication rapide se trouvait établie entre les différentes provinces de l'empire, et qui ajouta à l'institution de la chambre des finan- ces le diwan du sceau (diwan-el-kha- tem), chargé spécialement de contrô- ler les payements faits par le trésor. Lorsque les Abbassides supplantèrent à leur tour la dynastie des Omeyya- des, l'empire arabe, parvenu à l'apogée de sa gloire et de sa puissance, de- mandait une administration régulière dont les rouages compliqués pussent agir à la fois sur les provinces qui s'étendaient de l'Atlantique aux fron- tières du Thibet. Voici, d'après Ebn- Khaldoun, quels étaient les revenus du khalifat à la mort de Reschid et à l'avénement d'El-Mamoun, son fils (*) :

Le prix du blé fourni par les cam- pagnes qui environnent Coufah mon- tait à 27 millions 780 mille dirhems.— Nedjran, dans le Yémen, donnait 200 vêtements précieux. — Thintan four- nissait 240 rottls de terre sigillée, chaque rottl évalué à 130 drachmes. — Kesker donnait 11 millions 600 mille dirhems. — La vallée du Tigre, 20 millions 800 mille dirhems. — Hol- wan, 4 millions 800 mille dirhems. — Ahwas, 25 mille dirhems et 30 mille rottls de sucre réservés à l'office du khalife. — Le Fars, 27 millions de dirhems, 30 mille flacons d'eau de rose et 20 mille rottls de raisin de Corinthe. — Kerman, 4 millions 200 mille dirhems, 500 vêtements pré- cieux, 20 mille rottls de dattes et mille rottls de cumin. — Mekran, 400 mille dirhems. — Le Sind, 11 millions 500 mille dirhems et 150 rottls d'aloès indien.— Le Sedjestan, 4 millions de dirhems, 300 ballots d'étoffes et 20 mille rottls de sucre. — Khoraçan, 28 millions de dirhems, 2 mille plateaux d'argent, 4 mille che- vaux, mille esclaves, 27 mille ballots d'étoffes et 3 mille rottls de noix de cocos. — Le Djordjan, 12 millions de dirhems et mille bottes de soie. — Koumis, 4 millions 500 mille dirhems et mille lingots d'argent. — Le Taba- ristan, 6 millions 300 mille dirhems, 600 tapis de Tabarieh, 200 vêtements, 500 pièces d'étoffes, 300 essuie-mains et 300 tabliers pour les bains. — Raï, 1 million de dirhems et 20 mille rottls de miel purifié. — Hamadan, 11 mil-

(*) Voy. Ebn-Khaldoun, au 16e chap. de la 3e section du 1er livre de ses Prolégo- mènes.

lions 800 dirhems, mille rottls de confitures de grenades, 12 mille rottls de figues sèches. — Masindan et Robban, 400 dirhems. — Schehrsor, 400 mille dirhems. — Mossoul, 24 millions de dirhems et 100 rottls de miel blanc; tous les pays entre Bassorah et Coufah, 1 million 700 mille dirhems. — L'Aderbaïdjan, 4 millions de dirhems. — La Mésopotamie, 34 millions de dirhems. — Le district de Kertsch, 300 mille dirhems. — Djélan, 7 millions de dirhems, 1,000 esclaves, 1,200 outres de miel, 10 caisses de sucre, 20 vêtements. — L'Arménie, 13 millions de dirhems, 20 tapis, 200 mules et 30 caisses de sucre. — Kenesrin, 4 mille pièces d'or, 1,000 charges de raisin de Corinthe. — Damas, 420 mille pièces d'or. — La vallée du Jourdain, 96 mille pièces d'or. — La Palestine, 310 mille pièces d'or et 300 rottls d'huile. — L'Égypte, 2 millions 920 mille pièces d'or. — Barka, 1 million de dirhems. — L'Afrique, 13 millions de dirhems et 120 pièces de drap de laine d'Afrique. — Le Yémen, 370 mille pièces d'or. — Le Hedjaz, 300 mille pièces d'or.

On voit, par ce tableau, que le revenu de l'État, sous le règne de Haroun-el-Reschid, se composait de 272 millions 305 mille 800 dirhems, et de 4 millions 420 mille pièces d'or, sans compter les prestations en nature, résultat bien différent de ce qui se passait sous les premiers khalifes, dont toutes les ressources consistaient dans le prélèvement du *quint* ou cinquième partie du butin fait à la guerre. En effet, depuis l'annexion à l'empire des provinces soumises par la conquête, les vaincus n'avaient obtenu le libre exercice de leur religion qu'au prix d'impôts réguliers, dont les rentrées, désormais certaines, facilitaient les différents services de l'État. Les impôts se divisaient en deux classes principales : la capitation (djeziyeh) et la contribution foncière (kharadj). « La capitation, dit Ma- « wardi (\*), est un impôt personnel. Sa

(\*) Abou'l-Haçan-Ali-ben-Mohammed-

« dénomination vient du mot *djeza*,
« récompense, attendu que cet impôt
« est payé par les infidèles en récom-
« pense de la sûreté et de la protec-
« tion que les Musulmans leur pro-
« mettent et leur accordent. Elle est
« établie d'après le texte du Coran,
« qui dit : Opprimez-les jusqu'à ce
« qu'ils payent la capitation, et qu'ils
« soient humiliés (sourate IX, v. 30).
« Les jurisconsultes ne sont pas d'ac-
« cord sur la valeur réelle de la capi-
« tation. Abou-Hanifa la divise en
« trois classes, d'après la fortune des
« individus qui y sont soumis : en
« sorte que les riches payent 48 dir-
« hems, la classe moyenne 24, et les
« pauvres 12; mais cette somme peut
« varier. Il est défendu aux gouver-
« neurs de province de l'exiger par la
« force des armes. Schafeï en fixe le
« minimum à un ducat. » Quant à la contribution foncière, voici la manière dont s'exprime le même jurisconsulte : « Le *kharadj* est l'impôt
« qui se prélève sur les biens-fonds des
« juifs et des chrétiens (\*). Il dépend
« de l'iman, suivant le verset du Co-
« ran où il est dit : Leur demanderas-
« tu le kharadj ? » Un autre docteur du droit musulman a dit : « Toute
« terre est grevée, soit du kharadj,
« soit de la dîme. Les terres qui
« payent le kharadj sont celles qui ont
« été conquises par les Musulmans,
« mais dont ils ont laissé la possession
« aux infidèles, sous la condition de
« payer un impôt. Cet impôt est le
« kharadj ou la rémunération du droit
« qui leur est accordé de cultiver, à
« leur profit, une terre qui ne leur ap-
« partenait plus. Si les terres conqui-
« ses par les Musulmans ont été dis-
« tribuées comme butin aux vain-

ben-Haleb-Mawardi, grand juge de Bagdad, est mort en 450 de l'hégire, à l'âge de 80 ans. Il a laissé sept ouvrages, dont les quatre principaux traitaient du droit politique et administratif.

(\*) Il faut observer qu'en Turquie le mot *kharadj* se prend au contraire pour la capitation, qui s'exprime en arabe, ainsi que nous venons de le voir, par le mot *djeziyeh*.

« queurs, et qu'ils les cultivent eux-mêmes, ces terres ne sont grevées que de la dîme. Le kharadj se règle sur le produit du sol, sur la facilité de l'arrosement, de manière que les intérêts du propriétaire et ceux du gouvernement soient également respectés. Othman-ben-Ahnaf avait imposé les dix verges carrées de vigne à 10 dirhems, la même mesure de plantation de palmiers à 8, les cannes à sucre à 6, les prairies arrosées à 5, et les terres arides à 4 dirhems. Quant aux terres grevées de la dîme, ce sont : 1° les terres vagues mises en culture par des Musulmans ; 2° les terres dont les possesseurs se sont convertis à l'islamisme sans y être obligés par la force des armes ; et 3° les terres prises sur les infidèles, mais possédées par des Musulmans à titre de butin. »

Telles furent, au temps des khalifes, les principales ressources du trésor public : ces princes y joignaient en outre les droits de douane; la possession de toutes les terres vagues ou incultes, qu'ils pouvaient donner ou affermer, selon leur bon plaisir; les biens de ceux qui mouraient sans héritiers; enfin l'exploitation des mines. L'ensemble de tous ces revenus était administré par une commission particulière qui portait le nom de *diwan*. « Le *diwan* de la perception des impôts, dit Ebn-Khaldoun (*), est institué pour surveiller la rentrée des revenus de l'État, conserver les droits du souverain, équilibrer les recettes avec les dépenses, faire le recensement des troupes, en régler l'entretien et la solde. On n'emploie à cet effet que les calculateurs les plus habiles, qui prennent le nom d'écrivains du diwan : on donne aussi ce nom de diwan à l'édifice qui leur sert de lieu de réunion. Ceux qui ont cherché à se rendre raison de ce nom en ont donné l'étymologie suivante : ils prétendent que Chosroës ayant vu un jour les écrivains de son diwan calculer tout haut, comme s'ils parlaient seuls, les appela *diwaneh* (maniaques) : de là le nom du bureau où ils travaillaient ; le *eh* fut élidé par l'usage, et il ne resta plus que le nom de diwan, qu'on appliqua à l'administration dont ces employés faisaient partie. »

D'autres chroniqueurs ont assigné au mot diwan une étymologie différente, et assurent que, par cette expression, qui signifie *démon* en persan, on a voulu exprimer la promptitude, l'habileté, la finesse nécessaires pour débrouiller et régler la comptabilité d'un grand État. Ce qui paraît certain, c'est que l'institution est, ainsi que le mot qui la désigne, d'origine étrangère : il est probable que les Arabes l'empruntèrent aux Persans, après la conquête de la Perse, et la modifièrent peut-être d'après les règlements usités en pareille matière à la cour de Constantinople : « Le diwan des perceptions, dit encore Ebn-Khaldoun, était resté persan dans l'Irak, et grec dans la Syrie. En conséquence, les employés qui y travaillaient étaient Grecs ou Persans ; mais lorsque Abd-el-Melik-ben-Merwan parvint au trône ; lorsque les tribus arabes passèrent de l'état nomade à la vie civilisée des grandes villes; lorsqu'elles échangèrent l'ignorance contre l'instruction, et virent s'élever parmi elles des hommes habiles dans les sciences et la littérature, Abd-el-Melik ordonna à Soleïman-ben-Saad, gouverneur de la ville du Jourdain, de faire traduire du grec en arabe les règlements du diwan qui étaient usités en Syrie. » A l'époque où nous sommes arrivés, c'est-à-dire dans les beaux temps du khalifat des Abbassides, toute l'administration de l'empire était confiée à quatre diwans ou chancelleries différentes. La première embrassait tout ce qui regarde la guerre, la solde, les mouvements et l'approvisionnement des troupes ; la seconde réglait la perception des impôts ; la troisième, plus particulière-

---

(*) Prolégomènes, chap. III, § 33.

ment chargée du personnel, nommait aux emplois de receveurs ou percepteurs des contributions; la quatrième, qui avait quelque rapport avec notre chambre des comptes, réglait les revenus et les dépenses de l'État (*). Mawardi a consacré quelques pages à décrire l'organisation de ces différents diwans. Le diwan des troupes ou chancellerie de la guerre devait, dans le recrutement de l'armée, choisir les hommes aptes au service militaire, et juger s'ils remplissaient les conditions d'admission. Ces conditions étaient au nombre de cinq : quiconque voulait faire partie de l'armée devait être : 1° de condition libre; 2° parvenu à l'âge de virilité; 3° Musulman; 4° sain de corps et d'esprit; 5° rompu aux exercices militaires. La classification des troupes se faisait ou par tribus dans les levées générales, et alors chaque tribu prenait son rang selon que sa généalogie la rapprochait de la famille du prophète; ou par individu, et alors l'ancienneté dans l'islamisme, le courage plus ou moins éprouvé, les services rendus à l'État, décidaient de la préséance.

Le second diwan, d'après le même auteur, c'est-à-dire, le diwan chargé de la perception des impôts, devait former le rôle des contributions dans les différentes provinces de l'empire; décider s'il y avait lieu de frapper les propriétés de la dîme ou du kharadj; classer les terres d'après leurs produits; dresser la liste des sujets non musulmans domiciliés dans chaque province; tenir registre des mines et des résultats de leur exploitation; arrêter quels seraient les lieux soumis aux charges imposées aux pays frontières. Le troisième diwan, ou diwan de l'installation, nommait aux emplois vacants, choisissait entre les candidats, examinait les droits de chacun, et se déterminait d'après le mérite. Quant au quatrième diwan, nous avons déjà dit qu'il avait pour emploi spécial d'apurer les comptes de recette et d'ordonnancer les dépenses.

(*) Voy. Ebn-Khaldoun, Proleg., 2ᵉ partie, 2ᵉ et 3ᵉ chap.

Outre ces quatre principales divisions de l'administration générale, Ebn-Khaldoun mentionne un cinquième diwan, connu sous le nom de diwan du sceau, et chargé, sous la présidence du secrétaire d'État, de revêtir d'une forme convenable les actes émanés du khalife : « A ce diwan, dit « l'historien arabe (*), étaient confiées « les fonctions de rédiger en présence « du souverain les décrets ou ordon- « nances rendues en réponse aux péti- « tions adressées à son conseil. Ces « fonctions exigeaient, de la part de « ceux qui avaient à les remplir, un « style élégant et une profonde con- « naissance des finesses de la langue « arabe. Djafar-ben-Yahya, le Barmé- « cide, fut le modèle le plus accompli « de ce que devait être un secrétaire « d'État. C'était lui qui se chargeait « de la rédaction des ordonnances de « Haroun-al-Raschid, et elles étaient « conçues en si bons termes, écrites « avec tant d'élégance, que les hommes « les plus lettrés les étudiaient comme « des modèles d'éloquence, et en « payaient chaque exemplaire au poids « de l'or. »

Nous venons de faire connaître rapidement, et d'après les Arabes eux-mêmes, le système d'administration qui régissait les vastes provinces de l'empire des khalifes au temps de Haroun. Tous les ressorts de cette machine gouvernementale, d'autant plus compliquée qu'elle devait agir sur tant de peuples divers, venaient aboutir entre les mains du vizir, personnage auquel les khalifes abbassides confiaient entièrement le pouvoir exécutif. Revêtus à la fois du pouvoir temporel et spirituel, les premiers successeurs du prophète n'avaient pas trouvé que cette double couronne fût trop pesante pour leur front; mais, à l'époque où nous sommes parvenus, les princes de la maison d'Abbas avaient investi du titre de Vizir, mot qui signifie en arabe Porteur de fardeau, l'homme qu'ils chargeaient de veiller pour eux aux intérêts matériels de leurs peuples.

(*) Voy. Ebn-Khaldoun, Proleg., ib.

Une grande partie de la gloire de Haroun consiste, sans contredit, à avoir su choisir, comme dépositaire de son autorité, l'illustre famille des Barmécides. Ces ministres, aussi habiles qu'ils étaient ambitieux, avaient élevé leur fortune personnelle sur la fortune de l'empire; par leur influence, Haroun, ainsi que Charlemagne, avait étendu et fortifié ses frontières là où elles pouvaient être menacées par un ennemi puissant. Les Grecs une fois vaincus, les vizirs du khalife avaient achevé par des travaux d'administration intérieure l'œuvre qu'avait commencée la conquête. Les impôts, basés sur le produit du sol, avaient doublé avec la paix : grâce à l'organisation des diwans, la rentrée s'en faisait avec promptitude : l'État était plus riche qu'il ne l'avait jamais été, et Haroun savait dépenser noblement l'or que l'Asie et l'Afrique lui fournissaient à l'envi. Comme Charlemagne, il aimait les arts, il aimait les lettres, et les grands personnages de sa cour se modelaient sur leur souverain. Zobéide, sa femme, fit bâtir à ses frais un aqueduc qui conduisait à la Mecque l'eau des montagnes voisines, et dont les frais de construction s'élevèrent, dit-on, à la somme de 1,700,000 ducats. Cette princesse fut la première qui se servit de vases d'or rehaussés de pierres précieuses, et qui fit dresser pour elle des tentes dont l'étoffe était tissue avec des fils d'argent; elle portait aussi, nous dit encore Maçoudi (*), des robes de soie doublées d'hermine, et des pantoufles toutes brodées de perles fines : tant étaient loin des esprits, à cette époque, la simplicité d'Omar, son bâton de pèlerin, et sa robe de poil de chameau.

Nous avons remarqué déjà que l'un des caractères communs aux deux règnes qui, vers le commencement du neuvième siècle de notre ère, illustrèrent à la fois l'Orient et l'Occident, fut la protection accordée aux hommes de lettres de tous les pays; mais une ressemblance non moins frappante, c'est la vanité des efforts tentés par les deux princes pour fonder un empire durable. Haroun, il est vrai, laissa un fils qui fut aussi grand que lui : mais cette glorieuse influence de deux règnes successifs tenait aux personnes, et non pas aux institutions. Un code à la fois religieux et politique, la confusion de l'autorité morale et de la force matérielle restèrent le vice originel de l'islamisme. Le successeur du prophète, investi d'un pouvoir sans égal, sans contrôle, devait être un sage à l'abri de toutes les faiblesses humaines, ou un tyran; et les sages sont rares en ce monde. Plus l'empire des Arabes s'étendit par la conquête, et plus les vices inhérents à sa constitution devinrent apparents. Les khalifes déléguèrent à des étrangers le pouvoir exécutif, et trop souvent, ainsi que Haroun, ils brisèrent l'instrument dont ils s'étaient servis, peut-être parce qu'il était trop parfait. Aux hommes éminents, aux grandes familles, le Coran n'avait fait aucune place. Si nous avons vu à la tête des tribus, dans le siècle qui précéda Mahomet, une noblesse ardente, brave à la guerre, aimant de passion la poésie, rappelant notre chevalerie du moyen âge, nous ne retrouvons plus rien de semblable dans la société arabe telle que l'avait organisée le législateur. Son joug de fer avait tout courbé sous le même niveau. Les seuls Haschemites avaient aux yeux du peuple, comme parents du prophète, un éclat qui, du reste, était plus apparent que réel; et cependant, chaque jour, la guerre, la conquête, la faveur, quelquefois le hasard, élevaient au-dessus du vulgaire des hommes énergiques, puissants, qui, se sentant une valeur propre, s'accommodaient mal de l'abaissement relatif dans lequel tendait sans cesse à les replacer la puissance théocratique des successeurs de l'envoyé de Dieu. De là les haines, les révoltes, les insurrections qui ne tardèrent pas à déchirer l'empire. Ne trouvant pas dans la civilisation musulmane de place qui leur convînt, les hommes dont nous parlons s'en séparèrent par l'hérésie,

(*) Prairies d'or, chap. cxvi.

ou s'ils restèrent dans le sein de l'islam, ils tentèrent souvent d'échapper au pouvoir terrestre des khalifes, et de fonder, dans les provinces où s'exerçait leur influence, un état indépendant qu'ils pussent transmettre à leurs fils. Telle fut, nous le pensons, l'une des causes sérieuses de la dissolution de l'empire des khalifes. Le grand pouvoir accordé aux affranchis, l'insolence de la milice turque, la faiblesse des derniers princes de la maison d'Abbas, hâtèrent aussi la chute du khalifat; et si les descendants de Haroun conservèrent plus longtemps que ceux de Charlemagne une puissance qui n'existait plus que de nom, il n'en est pas moins vrai que les deux grands princes dont nous avons esquissé le parallèle, ne fondèrent pas un empire durable, parce qu'ils n'avaient pas su, ou peut-être pas pu, faire une part suffisante à la liberté et à l'intelligence.

### El-Amin.

Haroun, en mourant, laissait douze fils et quinze filles. Ses fils étaient: Mohammed-El-Amin, fils de Zobéide, seule épouse légitime du khalife (*); El-Mamoun; El-Kacem, qui, plus tard, fut nommé Motamen; Mohammed, qui prit le nom de Motasem; Salehem; Abou-Iça-Mohammed; Abou-Iacoub; Abou'l-Abbas-Mohammed; Abou-Soleyman-Mohammed; Abou-Ali-Mohammed; Abou-Mohammed; enfin, Abou-Ahmer-Mohammed, tous fils de différentes concubines. Dans un pèlerinage qu'il avait entrepris à la Mecque, en l'an de l'hégire 186 (802 de J.-C.), Haroun avait fait suspendre son testament à la Caaba. Dans cet acte, il déclarait Amin son successeur immédiat au khalifat. El-Mamoun devait succéder à son frère El-Amin, et avait, à titre d'apanage, toute la partie orientale de l'empire. Mohammed avait en partage le Djezireh, le Tsaghour, l'Awassem et l'Arménie. Le khalife exprimait également le désir qu'il succédât à El-Mamoun, mais sans ôter cependant à ce dernier le droit de choisir un autre successeur. Pour donner à son testament plus d'autorité, Haroun en avait envoyé une copie dans toutes les provinces de son empire.

A la mort du khalife, El-Mamoun, ainsi que nous l'avons dit, résidait dans le Khoraçan : El-Amin se trouvait à Baghdad. Fadhl-ben-Rabi, le vizir de Haroun, qui venait de recevoir à Tous les dernières paroles et le dernier soupir de son maître, se hâta de rassembler toutes les troupes, même celles qui étaient dans le Khoraçan, pour les conduire à Baghdad et les ranger sous l'autorité du nouveau khalife El-Amin. C'était porter atteinte aux droits d'El-Mamoun, à qui son père avait laissé en partage le Khoraçan et les troupes qui s'y trouvaient ; mais, par ce dévouement aveugle aux intérêts d'El-Amin, Fadhl-ben-Rabi gagnait sa confiance, se faisait confirmer dans la dignité de vizir, et s'assurait l'exercice de la toute-puissance sous un prince faible, insouciant, entièrement adonné à ses plaisirs.—Depuis lors, le vizir se montra toujours l'ennemi déclaré d'El-Mamoun, et ne manqua aucune occasion de faire partager sa haine au khalife, et d'amener entre les deux frères la lutte que nous allons voir éclater bientôt.

Ainsi le glorieux Haroun était à peine descendu au tombeau, et déjà, par l'effet de ses dernières dispositions, cette unité compacte, que sa puissante énergie avait su donner au vaste empire des Arabes, s'était dissoute. Fatale erreur d'un père qui, en divisant ses états entre ses fils, au lieu d'émules de justice et de gloire, n'avait créé que des rivaux de pouvoir, des compétiteurs acharnés.

Cependant El-Mamoun jura fidélité au nouveau khalife, qui, de son côté, reconnut la souveraineté de son frère sur le Khoraçan. Mais cet accord dura peu : Haroun, par son testament, avait légué à El-Mamoun les trésors

---

(*) El-Amin fut le seul des Abbassides, ainsi que l'a remarqué El-Macin, qui fût Haschémite de père et de mère. En effet, Zobéide était la cousine de Haroun.

et les meubles que renfermait son palais de Baghdad. El-Amin (le Juste), au mépris de son nom et des droits de son frère, lui fit annoncer qu'il avait disposé autrement de ces richesses; en même temps, et toujours par les conseils de son vizir, il ne discontinua pas de rappeler à Baghdad toutes les troupes qui se trouvaient dans le Khoraçan. En privant son frère de ses trésors et de ses soldats, il pensait sans doute pouvoir un jour le dépouiller facilement de ses États. Mais l'autorité d'El-Mamoun s'appuyait sur la justice, sur la libéralité, sur l'affection de ses sujets, soutiens plus solides et plus inaltérables de la puissance que l'or et le fer des despotes. Aussi, tandis qu'El-Amin laissait avilir entre ses mains inhabiles la dignité suprême du khalifat, et s'en remettait du soin de son empire à l'ambitieux Fadhl-ben-Rabi, El-Mamoun, son frère, guidé par les sages conseils de son vizir, Fadhl-ben-Sahl, se consacrait tout entier aux affaires publiques, rendait la justice, se montrait bienveillant et généreux pour tous, préparant ainsi le succès de sa cause quand viendrait l'heure de la lutte.

La popularité dont jouissait El-Mamoun dans le Khoraçan ne tarda pas à inspirer au vizir Fadhl-ben-Rabi de sérieuses inquiétudes. Comme à tous les mauvais ministres, l'exemple voisin d'une bonne administration lui parut odieux et d'une contagion redoutable. Ne voulant donc point imiter El-Mamoun, il résolut de le perdre, et conseilla au faible Amin de dépouiller son frère du droit de succession au khalifat.

Ce funeste conseil fut approuvé par la plupart des grands de la cour : il rencontra chez d'autres une courageuse mais inutile résistance. El-Amin céda enfin à la fatale influence de son vizir. C'était la coutume que l'imam, dans la prière solennelle du vendredi, nommât d'abord le khalife, et après lui son héritier présomptif ou son successeur immédiat. Depuis la mort de Haroun-el-Reschid et conformément à ses volontés, El-Mamoun avait toujours été nommé après son frère. Le 14 octobre 809 (194 de l'hégire), le khalife ordonna que le nom de Mamoun fût supprimé et qu'on y substituât celui de Mouça, son propre fils, enfant de 5 ans, qu'il fit décorer du titre pompeux de Nathack-bi'-Lhhak, c'est-à-dire, parlant selon Dieu et la vérité(*). El-Mamoun se trouvait ainsi frustré dans les droits qu'il tenait de la dernière volonté de son père. Il comprit qu'il ne pouvait les reconquérir que les armes à la main, et se mit en devoir de le faire. Sans armée, sans subsides, il se sentait fort de la justice de sa cause et de l'affection de ses peuples. D'ailleurs une nouvelle injustice de El-Amin lui assurait un nouvel allié dans la personne de son frère Motasem. Celui-ci venait d'être également dépossédé du gouvernement des provinces que Haroun lui avait laissées en apanage. Des négociations avaient été précédemment entamées entre El-Mamoun et le khalife, qui voulait l'attirer à Baghdad pour l'admettre, disait-il, dans son conseil. Éclairé par son vizir, celui-ci vit le piège, et se garda bien d'aller risquer dans une entrevue sa personne et sa vie. Dès lors toute communication régulière entre Baghdad et le Khoraçan fut rompue ; le service des courriers ordinaires cessa entièrement. En même temps, le nom de El-Amin disparaissait pour faire place à celui de El-Mamoun sur la monnaie et les étendards du Khoraçan. Tous les hommes puissants de cette contrée vinrent lui offrir leurs services ; il se déclara leur chef, et fit lui-même la prière dans les assemblées. C'était prétendre ouvertement au khalifat ; c'était déclarer la guerre.

A la première nouvelle de cette révolte, El-Amin leva une armée de cinquante mille hommes et la passa en revue. Jamais, dit-on, Baghdad n'avait vu sortir de ses murs une armée

(*) Quelques plaisants de la ville changèrent ce nom en celui de *Natha-Billah*, c'est-à-dire, celui qui, par la grâce de Dieu, commence à parler. Biblioth. orientale, art. Amin, p. 101.

si nombreuse et si richement équipée (*). Le commandement en fut confié à Ali-ben-Aïça-ben-Mahan, vieillard vénérable, mais général inhabile. De son côté, El-Mamoun avait choisi pour général Taher-ben-Hoçaïn, capitaine d'un talent éprouvé. Celui-ci rassembla quatre mille hommes d'élite et marcha à la rencontre des troupes nombreuses du khalife. Il n'est peut-être pas sans intérêt de rapporter ici les paroles prononcées par Zobéide, mère d'El-Amin, et qui prouveront la confiance qu'inspirait aux partisans du khalife la supériorité numérique de leur armée. Cette princesse, renfermée à Baghdad dans l'intérieur de son palais, y menait, depuis la mort de Haroun, une vie tranquille et retirée, lorsque le général du khalife se présenta devant elle pour lui faire ses adieux : « Bien que le commandeur des croyants soit mon fils et l'unique objet de ma tendresse, lui dit-elle alors, les humiliations qu'a dû supporter Abd-Allah (elle désignait ainsi El-Mamoun) ont su toucher mon cœur et m'ont inspiré pour lui un vif intérêt. Mon fils, tout khalife qu'il est, a violé l'équité en le dépossédant de la succession au trône. Apprends à Abd-Allah quels droits lui donne sa naissance. Si j'ai une recommandation à te faire, c'est de le ménager dans tes paroles, car tu n'es pas son égal. Garde-toi de le traiter comme un esclave ou de le charger de fers et d'entraves. N'éloigne de son service ni les pages, ni les femmes. Pendant la route, il ne faut ni marcher à ses côtés, ni pousser ta monture en avant de la sienne. Ton devoir est de lui présenter l'étrier, et s'il lui arrive de t'adresser des reproches, supporte-les avec patience. » En parlant ainsi, elle donna au général une chaîne d'argent, et ajouta : « Dès que ce prince deviendra ton prisonnier, c'est avec les anneaux d'un métal précieux que tu l'enchaîneras. » Ali-ben-Aïça promit d'exécuter ses ordres (**).

(*) Traité de la conduite des rois, trad. par M. A. Cherbonneau. Voy. Journal asiatique, 4ᵉ série, tome VII, avril 1846.

(**) Traité de la conduite des rois, trad.

Les deux armées se rencontrèrent sous les murs de Rey, l'an 195 de l'hégire (810 de J.-C.). Taher, à la tête de ses braves Koraçaniens, attaqua le premier : le combat fut acharné, la victoire longtemps incertaine. Enfin l'habileté et la valeur triomphèrent du nombre ; l'armée du khalife fut mise en déroute. Ali-ben-Aïça périt de la main d'un soldat nommé Dadou, et sa tête fut portée à Taher, qui expédia aussitôt deux messagers, l'un à Merou vers El-Mamoun, l'autre à Baghdad vers le khalife. Le message adressé à ce dernier était ainsi conçu : « Voici ce que j'écris au commandeur des croyants, que Dieu prolonge son existance ! La tête d'Ali-ben-Aïça est tombée en mon pouvoir ; son anneau est à mon doigt et ses troupes se sont rendues à moi. Salut. » Le courrier, après avoir franchi en trois jours un espace de 250 parasanges, se présenta devant le khalife tandis qu'il se divertissait à la pêche sur les bords d'un canal : « Ne trouble pas mon plaisir, répondit El-Amin en apprenant l'événement qui menaçait sa couronne, car mon affranchi Kouther a déjà pris deux poissons, et moi je n'en ai pas pris un seul. »

Contre un tel adversaire, le succès d'El-Mamoun ne pouvait être douteux. Ce ne fut plus dès lors pour conserver ses droits à la succession du khalifat qu'il continua la guerre, mais pour s'emparer du khalifat lui-même. Tout semblait conspirer à hâter son triomphe : l'habileté de son général, l'indolence et l'incapacité du khalife, les discordes qui ensanglantaient Baghdad. L'an 196 de l'hégire (811 de J.-C.), El-Amin, pour arrêter les progrès de Taher, mit en campagne deux armées, qu'il confia, l'une à Ahmed-ben-Mezid, l'autre à Abdallah-ben-Homaïd-ben-Cahtaba. Les deux généraux s'avancèrent ensemble vers Holwan et s'apprêtaient à repousser les troupes ennemies. Mais la mauvaise intelligence qui s'établit bientôt

par M. A. Cherbonneau. Voy. l'extrait publié dans le Journal asiatique, avril 1846.

entre eux, et que l'habile Taher eut soin d'entretenir à l'aide d'agents habiles qu'il envoyait secrètement dans le camp ennemi, permit à ce dernier de s'emparer sans coup férir de la ville d'Holwan et de poursuivre à son aise le cours de ses conquêtes. Quant aux généraux du khalife, ils retournèrent à Baghdad sans avoir pu parvenir à s'entendre, sans même avoir vu l'ennemi. Sur ces entrefaites, El-Mamoun avait envoyé de nouvelles troupes sous les ordres de Horthomah, qui devait partager le commandement avec Taher. Ce dernier, à l'arrivée de ce renfort, remit au pouvoir de son collègue toutes les villes qu'il avait soumises, et s'avança seul vers l'Awazem, qui tenait encore pour El-Amin.

Si les succès appellent les succès, les revers entraînent les revers. Hocaïn-ben-Ali-ben-Aïça-ben-Mahan, un des généraux de El-Amin, se révolta contre lui. Il s'était rendu à Baghdad, dont les habitants, fatigués d'obéir à un prince sans énergie, l'accueillirent avec enthousiasme, et il profita des dispositions des grands et du peuple pour faire déposer le khalife. Le onzième jour du mois de redjeb, El-Amin fut jeté en prison, et son frère fut proclamé khalife à sa place. Ici se présente un fait dont l'histoire des révolutions politiques offre plus d'un exemple. En voyant l'humiliation et le malheur d'El-Amin, ses sujets furent émus de pitié, et quelques jours après sa déposition, une violente réaction s'opérait à Baghdad en sa faveur. Une partie des troupes déclara qu'elle voulait rester fidèle à son souverain légitime. Hocaïn-ben-Ali-ben-Aïça, à la tête des nouveaux et nombreux partisans d'El-Mamoun, s'efforça d'étouffer les germes de cette contre-révolution. La ville devint alors le théâtre d'une lutte longue et acharnée. Enfin, la cause du dévouement triompha, et El-Amin, délivré de ses fers, remonta pour quelques jours encore sur un trône fortement ébranlé. Vaincu dans une seconde bataille, Hocaïn fut pris et livré au khalife, qui lui reprocha sa perfidie. Hocaïn reconnut ses torts envers son souverain légitime, et s'en remit à sa justice. Soit faiblesse, soit générosité, El-Amin lui fit grâce; il le fit même revêtir d'une pelisse d'honneur, et après lui avoir confié une forte somme d'argent destinée à servir de subsides pour les troupes, il le chargea d'aller combattre Taher. Mais le repentir d'Hocaïn n'était qu'une trahison nouvelle. A peine eut-il traversé le pont qui conduisait hors de la ville, qu'il prit la fuite avec deux de ses affranchis. El-Amin se hâta d'envoyer à sa poursuite des soldats qui l'atteignirent, lui coupèrent la tête et la rapportèrent au khalife (*).

Cependant Taher et Horthomah soumettaient successivement toutes les provinces et toutes les villes qui reconnaissaient encore le pouvoir d'El-Amin. La Mésopotamie, la Syrie, l'Arabie étaient presque entièrement subjuguées, et l'Égypte elle-même, répudiant le khalife légitime, chassait le gouverneur qui la régissait en son nom et recevait d'El-Mamoun un nouveau chef.

La guerre civile touchait à son terme. Horthomah et Taher, grâce à des renforts que leur envoyait sans cesse El-Mamoun, menaçaient déjà le souverain dans sa capitale. Les deux armées vinrent enfin s'étendre l'une à droite, l'autre à gauche, sur les rives du Tigre, et se joignirent sous les murs de Baghdad. Le siège commença, en l'an de l'hégire 197 (812 de J.-C.). L'indolence et l'inertie dont le khalife avait déjà donné tant de preuves, ne se démentirent pas dans une circonstance aussi critique. Lorsqu'on vint lui annoncer que Taher venait de faire commencer les travaux nécessaires pour investir la place, on le trouva gravement occupé à défendre une partie d'échecs contre un de ses favoris : « Laissez-moi, répondit-il au messager, une seule distraction pourrait m'empêcher de faire mon adversaire échec et mat. »

Un des assistants ne pouvant maî-

___

(*) Voy. El Macin, hist. sarrac., livre II, p. 161.

triser son indignation, se mit, dit-on, à réciter ces vers : « Malheur au souverain qui passe la nuit occupé à des jeux frivoles, il se condamne, lui et les siens, à n'éprouver que des revers. Le soleil s'affaiblit quand il est entré dans le signe de la Balance : c'est qu'il sort de celui de la Vierge, et qu'il a séjourné dans la demeure des jeux et de la danse (*). »

Le siége était à peine commencé, que déjà le découragement des habitants de Baghdad était à son comble. Taher fit bientôt jouer contre la ville toutes les machines et tous les engins qu'il avait fait préparer pour battre les murailles. Il déploya dans son système d'attaque une rare habileté et un incroyable acharnement. « Alors, dit El-Macin, les calamités furent grandes, la misère profonde ; l'eau, le feu, le fer exercèrent sur la ville de continuels ravages; la plupart des maisons furent ruinées ; la splendeur de Baghdad fut ternie, et sa magnificence à jamais souillée(**). » Les habitants trouvèrent, il est vrai, dans leur désespoir même, quelques élans d'une héroïque énergie ; mais enfin, après plusieurs assauts, le général d'El-Mamoun s'empara de la partie orientale de la ville. Le khalife, abandonné de ses troupes, se retira avec sa mère et ses enfants dans la partie occidentale. Les habitants, effrayés, quittaient déjà leurs maisons et s'apprêtaient à l'y suivre, lorsque Taher, par la voix d'un héraut, promit la vie sauve à tous ceux qui déposeraient les armes et resteraient dans leurs maisons. Cette promesse, qui impliquait nécessairement une menace, fixa les irrésolutions des habitants. On se réunit, par l'ordre du général vainqueur, dans la grande mosquée de la ville. El-Amin y fut de nouveau déposé, et El-Mamoun proclamé khalife. Cependant une circonstance inattendue faillit compromettre le triomphe de Taher. Au moment de s'emparer de la partie occidentale de la ville qui se défendait encore, ses soldats ayant éprouvé quelque retard dans le payement de leur solde, se mutinèrent et refusèrent de marcher au combat. El-Amin crut pouvoir entretenir ces dispositions favorables à sa cause, en faisant passer quelque argent aux troupes révoltées. Mais Taher leur distribua à son tour des sommes considérables, et tout rentra dans l'ordre. Les deux généraux d'El-Mamoun avaient de nouveau réuni leurs efforts et leurs troupes contre la partie de la ville qui résistait encore. Refoulé dans sa dernière retraite, réduit aux plus dures extrémités, manquant d'eau et de farine, le malheureux prince songea alors à implorer la clémence de ses vainqueurs. L'acharnement qu'avait montré Taher pendant toute la campagne, et surtout pendant le siége de Baghdad, ôtant à El-Amin toute espérance de recevoir auprès de lui un accueil favorable, il résolut de traiter de préférence avec Horthomah. En vain ses amis essayèrent-ils de l'en détourner, en lui représentant Taher comme un homme susceptible et jaloux de sa propre autorité. Pour toute réponse, El-Amin leur raconta un songe qu'il avait eu précédemment. Il se trouvait, disait-il, assis sur le faîte d'une muraille élevée, lorsque tout à coup il aperçut Taher qui en sapait les fondements : la muraille s'était aussitôt écroulée. Les amis du khalife avaient cependant raison. Taher ne voulait pas céder à Horthomah l'honneur d'une capture qui était due à ses efforts, et qu'il regardait comme le plus beau trophée de sa victoire. Il fut donc décidé, dans l'assemblée des chefs, que El-Amin livrerait sa personne à Horthomah, mais qu'il ferait remettre d'abord entre les mains de Taher son sceau, son sceptre et le manteau royal. Bien que ces conditions eussent été acceptées par Taher lui-même, El-Amin nourrissait de noirs pressentiments (*). Ils ne tar-

---

(*) Les astronomes arabes représentent la Vierge une lyre à la main. Voy. d'Herbelot, Biblioth. orient., p. 102, a.

(**) Voy. Hist. sarrac., liv. II, p. 161-2.

(*) Ibrahim-ben-Mahad rapporte qu'il se trouvait à cette époque avec El-Amin, à

dèrent pas à être réalisés. Voici, d'après Ebn-el-Athir, les circonstances et les détails de la catastrophe qui termina à la fois son règne et sa vie :

Mansour, dans son château de la Porte-d'or. « Une nuit, dit-il, il sortit pour respirer un peu d'air pur, et m'envoya chercher. « Ibrahim, dit-il en m'apercevant, ne trouves-tu pas que la nuit est douce et que la lune est brillante? Nous sommes sur les bords du Tigre ; ne veux-tu pas boire? — Qu'il soit fait ainsi que tu le désires, répondis-je : Dieu m'a fait ton esclave. Il fit apporter une mesure de vin, et la but; puis il m'ordonna d'en faire autant. Ensuite je lui chantai des airs que je savais lui être agréables. — Si je faisais venir quelqu'un, me dit-il, afin que sa voix répondit à la tienne? — Cela ne peut que m'être utile, répondis-je. Et il appela une jeune fille, nommée Daafa, qui faisait partie de sa maison : Chante, lui dit-il. Elle chanta ces vers de Nabéga :

« Je désespère de la vie. Presque tous mes amis sont morts, et leur sang crie vengeance. »

Prends ceci comme un augure, me dit El-Amin. Puis s'adressant à la jeune fille : Chante-nous autre chose, ajouta-t-il. Elle chanta :

« Pleurez leur départ, ô mes yeux, pleurez leur départ. La perte d'un ami mérite bien des larmes. »

Dieu te maudisse! s'écria El-Amin; ne sais-tu pas d'autres chansons? — Prince, reprit-elle, j'ai cru chanter des choses qui t'étaient agréables, et n'ai pas voulu te déplaire. Puis elle continua :

« O Dieu du repos et du mouvement! avec quelle rapidité se succèdent nos malheurs! Le jour et la nuit ne changeront pas; jamais les étoiles ne viendront errer sur la surface du ciel. Pourquoi donc un roi chéri voit-il son pouvoir passer entre les mains d'un autre? Mais il est un roi dont le trône est éternel; celui-là ne meurt pas, et nul ne partage sa puissance. »

Lève-toi, et sois maudite, s'écria de nouveau El-Amin. Il y avait là une coupe en cristal, d'un beau travail, et que le khalife aimait beaucoup; la jeune fille, l'ayant heurtée dans sa précipitation, la brisa. « Hélas! ajouta tristement El-Amin, n'as-tu pas entendu, Ibrahim, ce qu'a dit cette jeune fille? n'as-tu pas vu ce qu'elle a fait de cette coupe? Dieu du ciel, je ne doute

« Lorsque El-Amin se disposa à fuir « vers Horthomah, il se sentit con-« sumé d'une grande soif, et voulut « prendre de l'eau pour l'étancher : « mais les vases étaient vides. Le 5 « du mois de moharrem, il sortit dans « la cour de la maison qu'il habitait, « couvert d'habits blancs et d'un man-« teau noir. A ce moment, il reçut de « Horthomah un message conçu en ces « termes : « Ne partez pas cette nuit, « car j'ai vu quelque mouvement sur « le rivage, et je crains que nous ne « tombions, vous et moi, dans une « embuscade dressée par Taher; restez « donc; et, la nuit prochaine, j'irai « moi-même à vous, prêt à vous défendre au péril de ma vie. » El-Amin « répondit au messager : « Dis à Hor-« thomah que je vais me rendre auprès « de lui à l'instant même. Certes, je « n'attendrai pas jusqu'à demain. Gardes, affranchis, amis, tous m'abandonnent ; je suis seul au monde; et « si Taher venait à l'apprendre, il pour-« rait aisément fondre sur moi, et s'em-« parer de ma personne. » Il appela « alors ses fils, les tint étroitement « embrassés, et, au moment de les « quitter peut-être pour toujours, il « pleura amèrement. Puis il monta à « cheval, et se rendit sur la rive où « se trouvait amarrée la barque de « Horthomah : il y entra. Ce qui suit « est le récit de Ahmed-ben-Selam, le « justicier, un des acteurs dans ce « triste drame : « J'étais avec Hortho-

pas que ma fin ne soit proche! » Je lui répondis : « Que Dieu prolonge ta vie, affermisse ton trône et confonde ton ennemi! » J'avais à peine achevé ces paroles, que nous entendîmes, du côté du Tigre, une voix qui disait : « Elle est jugée la question qui vous occupe. » — As-tu entendu? me dit le khalife. — Non, lui répondis-je. Je mentais. Je me dirigeai vers la rive, en répétant : Seigneur, je n'entends rien. Aussitôt la même voix répéta : « Elle est jugée la question qui vous occupe. » Il bondit de saisissement; puis il monta à cheval et retourna à son château. »

Ce récit d'Ibrahim est tout entier dans El-Macin, à qui nous l'empruntons.

Voy. Hist. sarrac., p. 164 et suiv.

« mah dans la barque, et lorsque El-
« Amin y monta, nous nous levâmes
« tous par respect, à l'exception de
« Horthomah, qui était malade de la
« goutte; mais il le serra contre sa
« poitrine, et lui baisa les pieds et les
« mains. Puis il ordonna de gagner le
« large. Mais voici que tout à coup les
« compagnons de Taher nous aper-
« çoivent. Ils poussent de grands cris
« et sautent aussitôt dans leurs em-
« barcations. Nous sommes poursuivis
« et atteints d'une grêle de flèches et
« de pierres. Notre barque, percée à
« coups de lance, fait eau, sombre et
« disparaît; nous nous trouvons au
« milieu des flots. Une main saisit
« Horthomah par les cheveux, et le
« retire; El-Amin avait quitté ses ha-
« bits en tombant à l'eau, et regagnait
« le bord à la nage. Quant à moi, je
« tombai entre les mains d'un de ceux
« qui nous poursuivaient; je fus con-
« duit vers un des compagnons de
« Taher, et désigné comme un de ceux
« qui se trouvaient dans la barque de
« Horthomah; il me demanda qui j'é-
« tais : « Je suis, lui répondis-je, Ah-
« med-ben-Selam, justicier et affran-
« chi du prince des croyants. » Il
« reprit : « Tu mens, dis-moi la vé-
« rité. » — « J'ai dit la vérité, » répli-
« quai-je. Il me dit alors : « Qu'est
« devenu le déposé? » Je lui répondis :
« Je l'ai vu se dépouiller de ses habits,
« et gagner le rivage. » Aussitôt il
« monta à cheval, me mit une corde
« au cou, et m'entraîna dans sa course
« rapide. Bientôt la fatigue m'empê-
« cha de le suivre. Alors il ordonna
« qu'on me tranchât la tête, et je ne
« rachetai ma vie que par la promesse
« de lui payer dix mille dirhems. Il me
« fit garder dans une tente où se trou-
« vaient pour tout mobilier quelques
« nattes et deux coussins, jusqu'à ce
« que je pusse rassembler la rançon
« que je lui avais promise. La nuit
« n'était pas encore avancée, quand
« tout à coup je vis soulever le voile
« qui servait de porte à la tente. On fit
« entrer El-Amin; il était presque nu;
« il n'avait plus que ses caleçons et son
« turban; ses épaules étaient couvertes
« d'un haillon. On le laissa seul avec
« moi, et je lui rendis hommage, dé-
« plorant son sort et le mien. Il me
« demanda mon nom; je le lui fis
« connaître. Alors il me pria de le
« presser dans mes bras, se plaignant
« de son isolement, privé qu'il était
« de tous ceux qui lui étaient chers.
« Ensuite, il me dit : « Oh! Ahmed,
« qu'est devenu mon frère? » — « Il est
« vivant, » répondis-je. — « Que Dieu
« confonde, reprit-il, le courrier qui
« avait annoncé sa mort. » Il disait ces
« paroles, comme pour s'excuser de
« l'avoir combattu. J'ajoutai : « Que
« Dieu confonde tes vizirs. » — « Crois-
« tu, dit-il, qu'ils veuillent ma mort,
« ou qu'ils observent l'aman qu'ils
« m'ont accordé? » — « Ils l'observe-
« ront, » répondis-je. En ce moment,
« il ramena sur ses épaules le haillon
« qui les couvrait, comme s'il eût souf-
« fert du froid. Je voulus ôter un de
« mes vêtements pour le lui donner;
« mais il me dit que c'était un bien de
« souffrir par la volonté de Dieu.
« A peine achevait-il ces paroles, que
« je vis entrer un homme qui s'avança
« vers nous et regarda notre visage.
« Avant qu'il se fût retiré, j'avais eu
« le temps de le reconnaître. C'était
« Mohammed-ben-Ahmid-el-Taheri.
« Je compris alors que El-Amin était
« destiné à mourir. En effet, vers le
« milieu de la nuit, la porte se rou-
« vrit pour donner passage à une
« troupe de Persans; ils avaient à la
« main le sabre nu. A cette vue, El-
« Amin se leva : « Nous sommes à Dieu,
« dit-il, nous devons retourner à Dieu. »
« Tous ces hommes se pressèrent vers
« la porte en se poussant les uns les
« autres. El-Amin saisit dans sa main
« un coussin et s'écria : « Je suis le
« petit-fils de l'oncle du prophète de
« Dieu, je suis le fils de Haroun, je
« suis le frère d'El-Mamoun; Dieu ven-
« gera mon sang. » Il parlait encore,
« lorsqu'un de ces hommes lui porta
« un coup d'épée qui l'atteignit sur le
« devant de la tête. El-Amin le frappa
« au visage avec le coussin qu'il tenait,
« et voulut lui prendre son épée, en
« criant : « Au meurtre, au meurtre. »

« Mais toute la troupe était déjà au « milieu de la tente : le khalife reçut « un coup de pointe dans le côté; il « tomba, et les meurtriers l'achevè- « rent en le frappant par derrière. « Puis ils lui tranchèrent la tête et la « portèrent à Taher. » Taher, conti- nue Ebn-el-Athir, fit exposer cette tête sur le sommet d'une tour, en di- sant : « Voici la tête de Mohammed le « déposé »; et tous les habitants de Baghdad sortaient de leurs maisons pour aller la voir. Quant à l'armée, elle ne tarda pas à regretter cette mort; Taher envoya la tête de El- Amin à El-Mamoun en lui annonçant sa victoire. Dhou-el-Riasetin, vizir du nouveau khalife, la plaça sur un bouclier et la présenta à son maître, avec le manteau, l'anneau et le bâton, insignes du khalifat que Taher avait envoyés en même temps que son san- glant trophée (*).

El-Amin mourut avant d'avoir at- teint sa trentième année. Il avait ré- gné 4 ans 8 mois et quelques jours. El-Macin et Aboulféda nous ont laissé son portrait. Il était d'une taille éle- vée, d'une large carrure, avait la che- velure longue et épaisse, le front dé- couvert, les yeux petits, le nez aqui- lin, la peau unie et brillante. L'abus des plaisirs l'avait vieilli avant l'âge. Le règne de ce prince est placé comme une transition funeste entre les deux époques les plus glorieuses du khali- fat. Il avait à lutter contre les souve- nirs que laissait son père et contre les espérances que son frère puîné fai- sait concevoir. Pour soutenir le poids de ce double parallèle, il lui aurait fallu, à défaut des qualités éminentes qui font admirer les grands princes, au moins les mérites modestes qui font to- lérer les princes ordinaires, à savoir, la justice et la bonne volonté. El-Amin eut tous les défauts opposés. Jamais on n'a- vait vu sur le trône plus de despotisme mêlé à plus d'indolence, de faiblesse et de lâcheté. Il se livra sans mesure et sans pudeur à tous les excès de l'ivrognerie et de la volupté. On l'a dit hospitalier. Son palais était, il est vrai, l'asile des histrions de tous les pays; mais l'en- trée en était interdite à tous les princes de sa famille. On vanta sa libéralité : ses trésors et ceux de l'État se dissi- paient en folles prodigalités aux mi- nistres et aux compagnons de ses dé- bauches. Mais la misère du peuple n'obtint jamais de lui ni compassion, ni soulagement. Sa conduite à l'égard du traître Hoçaïn laisserait croire que tout sentiment généreux n'était pas éteint dans son cœur, s'il n'était plus juste d'attribuer à la pusillani- mité le pardon qu'il s'empressa d'ac- corder à un sujet sans foi et sans hon- neur. Enfin son entrevue avec Ibrahim dans la tente, et les paroles qu'il échangea avec lui semblaient respirer une noble et ferme résignation : ses derniers moments eussent pu rache- ter toutes les faiblesses de sa vie, si la vue du fer prêt à le frapper ne lui eût arraché un cri de détresse et de désespoir; si, après avoir vécu en femme, comme le dernier roi de Ba- bylone, comme lui du moins il avait su mourir en homme.

### El-Mamoun.

Le lendemain du jour où El-Amin mourait assassiné, El-Mamoun était pour la deuxième fois proclamé khalife à Baghdad. — Son avénement, appelé de tous les vœux, semblait devoir met- tre un terme aux maux de la guerre civile, et rendre à l'empire musulman l'ordre si nécessaire à la prospérité des États. Il n'en fut pas ainsi; les flots ne s'apaisent pas immédiatement après la tempête, et le règne d'El-Mamoun, pendant lequel les arts, les sciences, les lettres, cultivés et favorisés par le khalife, jetèrent un si vif éclat, ce règne, un des plus glorieux que l'his- toire mentionne, eut des commence- ments pleins de troubles et d'orages.

El-Mamoun, heureux d'un succès qui, pendant longtemps, lui avait sem- blé difficile à conquérir, s'était montré reconnaissant jusqu'à l'imprudence

---

(*) Voy. Ebn-el-Athir, fol. 100, v°; fol. 101, r° et v°; fol. 102, r°; ms. ar. de la Bibl. roy., n° 537.

envers Taher et Fadhl-ben-Sahl, à l'habileté desquels il devait son triomphe. Un de ses premiers actes, comme khalife, fut de conférer à Taher le gouvernement de la Syrie et de la Mésopotamie avec un pouvoir presque absolu. Quelques années après, le gouvernement de ces provinces devenait héréditaire dans la famille de ce chef redoutable. C'était une faute politique, et le khalife en reconnut plus tard toute l'importance ; mais peut-être voulait-il éloigner à tout prix l'homme qui avait tué son frère, et dont la présence éveillait en lui de douloureux souvenirs et de cuisants remords. Quoi qu'il en soit, telle fut, ainsi que nous le verrons, l'origine de la dynastie des Tahérites, dont les accroissements devaient bientôt inquiéter sérieusement la puissance des Abbassides. Quant à Fadhl-ben-Sahl (*), El-Mamoun lui confia à la fois l'administration politique de ses États, lui conférant aussi un pouvoir plus étendu que celui d'aucun des précédents vizirs de la maison d'Abbas. La même année, il nomma Haçan-ben-Sahl, frère de Fadhl, gouverneur de toutes les provinces dont Taher s'était emparé après la mort de El-Amin, telles que El-Djibal, la Perse, l'Ahwaz, le Hedjaz et le Yémen (*). Une fortune si rapide, une puissance si complète remise aux mains du vizir et de son fils, devinrent la cause ou le prétexte des premiers troubles qui éclatèrent. Tandis que Nasr-ben-Scha-beth-el-Ocaïli se révoltait dans la Mésopotamie (**), que l'Égypte était déchirée par la guerre civile, et que quelques Alides s'emparaient des villes saintes, l'an 199 de l'hégire (814), Mohammed-ben-Ibrahim, autre descendant d'Ali (***), connu sous le nom de Ebn-Tabataba, souleva contre le khalife les habitants de Coufah (****). Toujours vaincus jusqu'alors, les petits-fils du prophète n'abandonnaient jamais leurs droits, et chaque convulsion nouvelle qui agitait l'empire était pour quelqu'un d'entre eux le signal de réclamer son héritage. Le pouvoir extraordinaire dont Fadhl-ben-Sahl avait été investi, fut habilement exploité par le nouveau prétendant au khalifat. Ce ministre insolent, disait-il, avait mis en tutelle un prince sans énergie, et le retenait éloigné de sa famille ainsi que des grands de son empire. Presque tous les Haschémites embrassèrent la cause d'Ebn-Tabataba et lui prêtèrent serment. Mais il fallait à ce chef de parti un général habile qui pût conduire vigoureusement la guerre. A cet effet, il jeta les yeux sur Abou-Seraïa. « Cet Abou-Seraïa, dit Ebn-el-Athir, « avait d'abord été loueur d'ânes. Son « commerce ayant prospéré, il avait

---

(*) « Fadhl fut surnommé Dhou'l-Riacetin, c'est-à-dire, le maître des deux administrations, parce qu'il réunissait dans sa main la plume et l'épée. Il descendait, dit-on, des rois mages de la Perse : Sahl, son père, élevé dans la religion des mages, avait embrassé la foi de Mahomet sous le règne de Haroun-el-Reschid. On ajoute que, voyant la générosité d'El-Mamoun éclater pendant la première année de son enfance, Fadhl-ben-Sahl, qui était habile en astronomie, tira son horoscope. Les astres lui apprirent que ce prince deviendrait khalife. Ce fut la raison pour laquelle il s'attacha à son service et parvint à se rendre nécessaire par son habileté dans les affaires. Lorsque El-Mamoun arriva au khalifat, il investit du vizirat Fadhl-ben-Sahl, qui était un homme bienfaisant, libéral, l'émule des Barmécides en générosité ; aussi rigide dans le châtiment que prompt à pardonner, plein de mansuétude, éloquent ; connaissant parfaitement les devoirs des rois ; esprit fécond en ressources, de bon conseil et habile dans l'administration des finances : on l'appelait généralement le vizir-émir. » Extrait du ms. 895 de la Bibl. roy., intitulé Traité de la conduite des rois, et traduit par M. Cherbonneau, Journal asiatique, avril 1846.

(*) Voy. Ebn-el-Athir, fol. 106 v°.
(**) Voy. Ebn-el-Athir, fol. 111 v°.
(***) Il était fils d'Ibrahim, fils d'Ismaïl, fils d'Ibrahim, fils de Haçan, fils d'Hoçaïn, fils d'Ali, fils d'Abou-Taleb. Voy. Ebn-el-Athir, fol. 108 r°.
(****) La révolte éclata à Coufah, le 10 du mois de djomadi second. Voy. Ebn-el-Athir, loc. laud.

« rassemblé quelques hommes dont il « se fit le chef, et avec lesquels il ex- « ploitait les grands chemins, arrêtant « et détroussant les voyageurs. Dans « une rencontre qui eut lieu en Méso- « potamie, il avait tué un homme de la « tribu des Benou-Temim et pillé tous « ses bagages. Poursuivi pour ce fait, « il s'était caché d'abord, puis avait « traversé l'Euphrate et gagné la Syrie, « afin d'y exercer le même métier. « Plus tard, à l'époque des divisions « qui éclatèrent entre El-Amin et « son frère, il prit du service dans l'ar- « mée de Horthomah, et lorsque la « guerre se termina par le meurtre « d'El-Amim, il était devenu un chef « important, et se trouvait à la tête de « deux mille hommes. Horthomah, à « la paix, ayant réduit la solde de ses « soldats, Abou-Seraïa obtint la per- « mission de faire le pèlerinage, et re- « çut en outre 20,000 dirhems, qu'il « partagea entre ses compagnons ; « puis, les ayant engagés à se disper- « ser, il ne garda près de lui que deux « cents hommes déterminés, dont le « nombre s'accrut par la suite, et avec « lesquels il exerçait le brigandage en « grand, ravageant et rançonnant les « villes et les campagnes; il poussa « même la hardiesse jusqu'à faire le « siége d'Anbar, qu'il prit et pilla après « en avoir tué le gouverneur (*). » Tel était l'homme que Ebn-Tabataba choisit pour chef militaire et pour soutien de sa cause. C'était, comme on le voit, un homme énergique, un capitaine habile et valeureux, mais d'une fidélité fort douteuse. A la nouvelle du soulèvement de Coufah, Haçan-ben-Sahl avait expédié contre les révoltés un corps de dix mille hommes commandés par Zohaïr-ben-Mozib. Les Coufiens marchèrent à sa rencontre, et remportèrent une victoire éclatante le dernier jour du mois de djomadi second. Le lendemain, premier jour du mois de redjeb, Ebn-Tabataba mourut subitement, empoisonné, dit-on, par Abou-Seraïa, qui, fatigué de jouer un rôle secondaire et n'espérant pas pouvoir parvenir à dominer un prince plein d'énergie, voulait mettre à sa place un autre descendant d'Ali, Mohammed-ben-Mohammed, dont l'extrême jeunesse convenait mieux à ses ambitieux projets (*). Cependant Haçan, à la nouvelle de la défaite de ses troupes, avait envoyé contre les rebelles un nouveau corps de quatre mille cavaliers sous les ordres de Abdoun-ben-Ali-Mohammed. Abou-Seraïa marcha contre eux, les attaqua avec vigueur, et les extermina complétement. Cette seconde victoire, suivie de la prise de Bassorah, rendit les Alides maîtres de toute la Mésopotamie. Abdallah-ben-Saïd, gouverneur de Waset, abandonna son poste à l'approche des vainqueurs, et s'enfuit vers Baghdad. Abou-Seraïa, auquel tout réussissait comme par enchantement, se disposait à l'y poursuivre, lorsque Haçan, reconnaissant son impuissance, songea enfin à opposer à ce terrible champion un adversaire digne de lui (**). Il implora le secours d'Horthomah, et lui confia la conduite de la guerre. La seule présence d'un chef connu par ses succès changea la face des affaires, et les Alides se virent bientôt réduits à défendre les villes qu'ils avaient conquises avec tant de facilité. Tandis que Ali-ben-Abou-Saïd reprenait Madaïn et Waset, Horthomah refoulait jusque sous les remparts de Coufah les troupes d'Abou-Seraïa. Après plusieurs combats d'avant-poste, une bataille décisive s'engagea, et les Alides, vaincus, furent forcés de se retirer dans la ville. Ils

(*) « Ebn-Tabataba mourut subitement « le 1er du mois de redjeb. On croit qu'il « fut empoisonné par Abou-Seraïa, dont il « avait voulu arrêter le pillage après la vic- « toire : or, les troupes ayant obéi à la voix « de l'Alide, Abou-Seraïa reconnut qu'il ne « serait jamais le maître avec un homme « qui avait autant d'énergie, et il l'empoi- « sonna pour mettre à sa place un autre « Alide, jeune homme imberbe, appelé « Mohammed-ben-Mohammed, sous le « nom duquel il régnait complétement. » Voy. Ebn-el-Athir, fol. 108 v°.

(*) Voy. Ebn-el-Athir, fol. 108 r° et v°.

(**) Voy. Ebn-el-Athir, fol. 108 r° et v°.

27e *Livraison.* (ARABIE.)

allaient y être serrés de près, lorsque l'époque du pèlerinage vint pour quelque temps suspendre les hostilités (*).

(*) « Abdallah-ben-Saïd-el-Horschi était
« gouverneur de Waset, au nom de Haçan-
« ben-Sahl. A l'approche de l'armée d'A-
« bou-Seraïa, il s'enfuit vers Baghdad, et
« Haçan, voyant que ses troupes ne pou-
« vaient pas tenir devant celles d'Abou-
« Seraïa, envoya demander du secours à
« Horthomah, qui marcha sur Coufah au
« mois de schaaban, tandis que Haçan en-
« voyait vers Madaïn et Waset Ali-ben-
« Abi-Saïd. La nouvelle en étant parvenue
« à Abou-Seraïa, qui était au château
« d'Ebn-Hobaïrah, il envoya vers Madaïn
« une armée qui y pénétra vers le mois de
« ramadhan. Bientôt Horthomah et Abou-
« Seraïa, qui marchaient l'un contre l'autre,
« ne furent plus séparés que par le fleuve
« Sarsar. Cependant Ali-ben-Abi-Saïd ar-
« riva au mois de schewal vers Madaïn, et
« y combattit les troupes d'Abou-Seraïa,
« qu'il mit en fuite; puis il s'empara de la
« ville. Abou-Seraïa, à la nouvelle de
« cette défaite, quitta les rives du fleuve
« Sarsar pour rentrer au château d'Ebn-
« Hobaïrah; mais Horthomah se mit à sa
« poursuite, atteignit un corps de troupes
« qu'il tailla en pièces, et envoya leurs têtes
« au vizir. Horthomah ayant enfin atteint
« Abou-Seraïa, il y eut entre eux un grand
« combat, dans lequel furent tués un grand
« nombre des compagnons d'Abou-Seraïa,
« qui se retira à Coufah, où le reste de ses
« troupes, pour venger leurs défaites, se
« portèrent aux plus violents excès contre
« la personne et les biens des Benou-el-
« Abbas et de tous ceux qui étaient atta-
« chés à leur parti, brûlant leurs fermes,
« pillant les dépôts qui leur appartenaient ;
« en un mot, commettant à leur égard les
« actions les plus répréhensibles. Cepen-
« dant l'époque du pèlerinage approchait.
« Horthomah avait fait connaître qu'il vou-
« lait être le guide des pèlerins, et il avait
« retenu tous ceux qui arrivaient du Kho-
« raçan ou d'autres provinces, pour se di-
« riger vers le Hedjaz. Il envoya à la Mec-
« que Daoud-ben-Iça, tandis qu'Abou-Se-
« raïa y envoyait de son côté Hoçaïn-ben-
« Haçan, qui entra dans la ville sainte sans
« rencontrer la moindre opposition. Lorsque
« Daoud-ben-Iça apprit qu'Abou-Seraïa
« avait envoyé Hoçaïn-ben-Haçan à la Mec-
« que comme guide des pèlerins, il assem-
« bla les partisans de la maison d'Abbas,

Dès que la trêve sainte fut expirée, Horthomah poussa le siège avec vigueur, et se rendit maître de la place malgré l'héroïque résistance des habitants. Abou-Seraïa, contraint de se réfugier à Cadesiah avec 800 hommes, se vit bientôt abandonné du peu de soldats qui lui étaient restés fidèles, et tomba, ainsi que Mohammed, entre les mains de l'ennemi. Conduits devant Haçan, ils furent jugés par lui selon leurs mérites. Le jeune Mohammed dont on avait fait un drapeau fut relégué dans le Khoraçan; Abou-Seraïa fut mis à mort et sa tête envoyée à El-Mamoun, qui la fit exposer aux regards du peuple sur le pont de Baghdad (*).

« parmi lesquels se trouvait Mesrour-el-
« Kebir à la tête de deux cents cavaliers.
« Ce chef, tout disposé à combattre, de-
« manda à Daoud de se mettre à leur tête,
« ou du moins de leur donner pour les
« commander un de ses enfants; mais Daoud
« refusa de donner son assentiment à un
« combat qui devait se livrer dans l'enceinte
« sacrée. — Si je voyais nos ennemis entrer
« par une porte, dit-il, je sortirais immé-
« diatement par l'autre, pour ne pas rompre
« la trêve sainte. Il se tint donc à l'écart,
« ainsi que tous ceux de son parti, et Mes-
« rour reprit la route de l'Irak. » Voy. Ebu-
el-Athir, fol. 108 v°.

(*) « Cependant Horthomah, à la tête
« de ses troupes, avait attaqué, dans Coufah,
« Abou-Seraïa, qui se défendit d'abord
« avec vigueur, mais qui, étant pressé sans
« relâche et voyant que ses soldats lâchaient
« pied, s'enfuit à la tête de huit cents ca-
« valiers, emmenant avec lui Mohammed-
« ben-Mohammed, en sorte que Horthomah
« resta maître de la ville, dont il gracia les
« habitants. La fuite d'Abou-Seraïa eut lieu
« le 16 du mois de moharrem; il se retira
« à Cadesiah, puis de là à Sous dans le Khou-
« zestan. Il tomba ensuite entre les mains
« de Haçan, qui était dans le Mahrwan, et
« qui, après lui avoir fait couper la tête,
« l'envoya à El-Mamoun. Quant à Hortho-
« mah, il ne resta qu'un jour à Coufah, où il
« nomma pour gouverneur Içan-ben-Abi-el-
« Khor, et marcha contre Ebn-Saïd, qui était
« encore maître de Bassorah, dont il s'em-
« para. Entre la révolte d'Abou-Seraïa et
« sa mort dix mois s'étaient écoulés. » Voy.
Ebn-el-Athir, fol. 112 r° v°.

Privés de leurs chefs, les révoltés perdirent courage, et, dix mois après le commencement de la révolte, il ne restait pas une seule ville de l'Irak qui ne fût de nouveau soumise à l'autorité du khalife (*) (200 de l'hég., 815 de J.-C.). Si la cause des Alides semblait perdue sur les bords du Tigre et de l'Euphrate, elle ne tarda pas à reprendre une vigueur nouvelle dans le midi de l'Arabie. Ibrahim-ben-Mouça-ben-Djafar-ben-Mohammed, après s'être emparé de la Mecque, s'était dirigé sur le Yémen, alors gouverné au nom d'El-Mamoun par un des parents du khalife, nommé Ishak-ben-Mouça. A l'approche des troupes d'Ibrahim, ce chef crut devoir quitter la ville de Sanaa, dont il avait fait sa résidence, pour se porter à son tour vers la Mecque, tandis que le rebelle, resté maître de la plus riche province de l'Arabie, pillait les villes et les campagnes, frappait les partisans de la maison d'Abbas de mort ou de captivité, en un mot, se conduisait avec tant de cruauté à l'égard des vaincus, qu'il recevait d'eux le triste surnom d'El-Djezar ou le boucher.

Cependant Horthomah, après avoir apaisé les troubles de l'Irak, se rendit à Mérou auprès du khalife, pour chercher à l'éclairer sur l'opinion publique, et lui faire connaître le mécontentement qu'excitait dans l'État la domination des deux favoris.

Malgré les services que venait de rendre ce serviteur dévoué, son zèle et sa franchise furent mal récompensés. Trompé par les faux rapports et les intrigues de Haçan, le khalife conçut des doutes sur la fidélité du plus ancien, et peut-être du plus habile de ses généraux. Horthomah fut dépeint par le vizir et ses partisans comme un complice de cet Abou-Seraïa, dont ses efforts venaient de délivrer l'empire, et El-Mamoun, sans même daigner l'entendre, le fit battre de verges et jeter dans un cachot, où il mourut peu de jours après (**) (201 de l'hég., 816 de J.-C.). Son fils Hatem, gouverneur de l'Arménie, où il avait su se faire de nombreux partisans, se préparait à demander compte au khalife du sang de son père, quand la mort le surprit lui-même au milieu de ses projets de révolte.

A cette époque Baghdad, déjà désolée par les factions, était devenue la proie des assassins et des incendiaires. Telle était leur audace, dit Aboulféda, qu'ils enlevaient en plein jour les femmes et les enfants, et mettaient toutes les habitations au pillage. Dans les bourgs voisins de la ville, des bandes régulières s'étaient organisées sous la conduite d'un chef redoutable, nommé Khaled-ben-Darius. Personne n'osait lui résister, et la terreur la plus profonde régnait dans la ville, lorsqu'on vit apparaître un certain Sahl-ben-Salama, descendant d'une famille andarienne. Sans autre talisman que le livre saint suspendu à son cou, cet homme ranimait le courage des habitants, s'élançait au-devant de cette multitude sans pitié, et l'apostrophait durement au nom de Dieu et du prophète. Plus d'une fois ses paroles pleines d'enthousiasme et de foi sauvèrent les habitants de Baghdad de la fureur des brigands (*).

Mais à peine la sécurité commençait-elle à renaître, que les dissensions excitées par les partisans des Alides éclatèrent avec un nouvel acharnement. L'esprit de discorde, concentré d'abord dans l'Irak et le Hedjaz, s'était étendu dans toutes les provinces. Partout sévissait l'anarchie avec tous les fléaux qu'elle entraîne après soi. C'est alors que El-Mamoun, voyant dans les prétentions rivales des descendants du prophète une menace incessante pour les princes de la maison d'Abbas, crut pouvoir arrêter cette fermentation générale des esprits, et risqua un coup d'État qui faillit lui faire perdre le trône et la vie. Il résolut d'appeler les Alides à ce pouvoir qu'ils regardaient toujours comme leur

---

(*) Ebn-el-Athir, fol. 113 r°.
(**) Ebn-el-Athir, fol. 114 v°.

(*) Voy. Aboulféda, Ann. mosl., tome II, p. 112.

légitime héritage, et de désigner l'un d'eux pour son successeur, au préjudice de sa propre famille. Cette résolution lui fut-elle inspirée par sa conscience ou imposée par l'ascendant de son vizir? Les chroniqueurs ne sont pas d'accord à ce sujet. Cependant l'aveugle confiance qu'il avait de tout temps accordée à Fadhl-ben-Sahl, et l'attachement bien connu de ce dernier à la cause des Alides, peuvent faire supposer qu'en cette circonstance encore le khalife ne fut que l'instrument des volontés de son tout-puissant ministre (*). Toujours est-il que cette année-là, 201 de l'hég. (816 de J.-C.), il fit venir à Mérou l'imam Ali-ben-Mouça-el-Rédha, arrière-petit-fils de Hoçaïn(**), et le fit reconnaître solennellement pour son successeur. Après avoir confirmé ce choix par un écrit solennel, il voulut obtenir l'assentiment d'Ali-ben-Mouça lui-même; mais ce fut de ce côté qu'il rencontra les plus sérieux obstacles, et le prince alide, moins ambitieux que quelques-uns de ses parents, commença par refuser ces dangereux honneurs. Il se rendit enfin aux instances du khalife, et écrivit au bas du rescrit impérial : « Je m'engage à me conformer aux volontés du khalife, bien que la perspective du puits et de la corde me conseille le contraire (***). » La cérémonie eut lieu en présence de témoins, le deuxième jour du mois de ramadhan. Dès lors le khalife combla de faveurs l'élu de son choix et ne le quitta plus; il lui donna sa fille en mariage; il abandonna le noir, qui était la couleur des Abbassides, pour prendre le vert, couleur réservée aux descendants du prophète, et prescrivit le même changement à tous les officiers civils ou militaires de son empire. En un mot, il témoigna en faveur des Alides une préférence si marquée, qu'elle devint le signal d'une révolte presque générale; car, dit Aboulféda, d'après un dernier dénombrement fait quelques mois auparavant, il y avait en Arabie plus de 33 mille descendants de la maison d'Abbas, tant hommes que femmes, épars dans les diverses provinces de l'empire. Ce fut surtout à Baghdad où résidait une partie de cette puissante famille, qu'eut lieu la plus éclatante protestation. Non-seulement on refusa le serment au nouvel héritier du khalifat, exigé par Iça-ben-Mohammed-ben-Khaled, gouverneur de cette ville, mais encore El-Mamoun fut publiquement déposé le 26 du mois de dhou'lhidjah (*), et son oncle Ibrahim-ben-el-Medhi proclamé khalife avec

(*) Voy. Extrait de la Conduite des rois, trad. par M. A. Cherbonneau. Journal asiatique, 4ᵉ série, tome VII, p. 338 et suiv.; et Aboulféda, Ann. mosl., tome II, p. 112 et suiv.

(**) Ali-ben-Mouça-ben-Djafar-ben-Mohammed-ben-Ali-ben-el-Hoçaïn-ben-Ali-ben-Abou-Taleb. Voy. Ebn-el-Athir, fol. 119 rᵒ.

(***) Voy. l'extrait du manuscrit 895 de la Bibl. roy., publié par M. Cherbonneau, dans le Journal asiatique, tome III, 4ᵉ série, p. 339.

(*) Voici, selon Aboulféda, comment les Abbassides firent déposer El-Mamoun. Le 26 du mois de dhou'lhidjah, la révolte était patente, et les Abbassides avaient renoncé publiquement à rendre hommage au khalife. Afin de donner plus d'éclat à leur défection et d'en faire partager la complicité au plus grand nombre possible d'habitants, ils eurent recours à ce moyen. Ils choisirent deux hommes qui, pendant la prière publique du vendredi, au moment où l'assemblée adresse au Ciel des vœux pour la conservation du prince régnant, se levèrent ensemble et firent mine d'entrer en altercation. L'un d'eux demandait, tant en son nom qu'au nom de ses partisans, qu'on fît des vœux d'abord pour El-Mamoun, comme khalife régnant, ensuite pour Ibrahim, comme successeur désigné. — Quant à nous, répondit l'autre, nous ne voulons qu'une chose, c'est que le nom d'El-Mamoun soit complètement effacé, et qu'on prête serment d'abord à Ibrahim-ben-Mehdi, puis à Ishak, fils d'Ibrahim. Cette dernière proposition fut appuyée par la masse, et prévalut. Telle fut, ajoute Aboulféda, la préoccupation des fidèles, que ce jour-là on ne put achever dans la mosquée les cérémonies du culte si rigoureusement prescrites par la loi de Mahomet. Voy. Aboulféda, Ann. moslem., t. II, p. 114.

le surnom de Moubarek. A peine élu, ce dernier prétendant dut songer, comme tous les autres, à défendre son nouveau titre par la force des armes. Il se mit donc à la tête de ses partisans, puis après avoir laissé le gouvernement de Baghdad à Abbas son frère et à Ishak son fils, il marcha sur Coufah dont il se rendit maître.

Cependant El-Mamoun ignorait encore la révolte qui venait de lui enlever la capitale de ses États. Fadhl-ben-Sahl avait mis tous ses soins à ce qu'aucune nouvelle politique n'arrivât jusqu'à lui; ce fut Ali-ben-Mouça-er-Rhéda, cause involontaire de la rébellion, qui vint lui-même trouver El-Mamoun et lui dit : « Prince des Croyants, les habitants de Baghdad sont mécontents de ce que tu m'as choisi pour successeur et de ce que tu as renoncé à la couleur noire toujours portée par tes ancêtres : ils t'ont déposé, et ont proclamé khalife ton oncle Ibrahim-el-Mehdi. C'est à toi maintenant de soutenir tes droits. » El-Mamoun convoqua aussitôt une partie des caïds et autres officiers de l'empire, afin de s'assurer du fait. L'assemblée garda tout d'abord un profond silence; mais enfin l'un des émirs prit la parole : « Nous n'osons, dit-il, te faire entendre des paroles de vérité, car ton vizir garde les avenues de ton palais, afin que de telles paroles ne puissent arriver jusqu'à toi : si tu veux nous garantir contre sa colère, nous allons te parler avec franchise. » El-Mamoun leur donna une sauvegarde écrite de sa main. Alors ils lui dévoilèrent toutes les préventions qu'excitaient la conduite de Fadhl-ben-Sahl et sa prédilection pour les Alides ; en sorte que le khalife, comprenant enfin tout le danger de sa situation, résolut d'en sortir par lui-même. Il quitta le Khoraçan, laissant le gouvernement de cette province à Khacan-ben-Abadah, et se dirigea vers Baghdad. A Sarkhas, le vizir fut trouvé assassiné dans son bain, le 27ᵉ jour du mois de schaaban. Parmi ses assassins se trouvaient Ghaleb-el-Masoudi-el-Asouad, Constantin le Grec, Fardj le Daïlémite, et Moufak le Sicilien. Tous prirent la fuite, et le khalife promit dix mille dinars à quiconque pourrait les atteindre. Ce fut El-Abbas-ben-el-Hitham-el-Daniouri qui se rendit maître de leurs personnes et les amena au khalife. Quand ils furent en présence d'El-Mamoun, ils lui dirent : « C'est toi qui nous a commandé de tuer Fadhl-ben-Sahl, et maintenant tu veux nous faire mourir? — Vous avouez donc votre crime? s'écria le khalife ; que cet aveu soit votre condamnation. Quant aux ordres que vous prétendez avoir reçus de moi, c'est un mensonge, et vous ne sauriez en apporter la preuve. » Ce disant, il les fit décapiter, et envoya leurs têtes à Haçan-ben-Fadhl, avec une lettre de condoléance. Il lui accordait en même temps la charge de son frère (*). La

(*) « El-Haçan-ben-Sahl occupait le poste « le plus élevé à la cour d'El-Mamoun, qui « aimait particulièrement sa conversation. « Le prince prolongeait à plaisir leurs entretiens, et chaque fois que le ministre « manifestait le désir de s'en aller, il le retenait, de façon que les journées d'El-« Haçan se trouvaient coupées. Cette obligation de rester auprès d'El-Mamoun lui « devint si onéreuse, qu'il renonça à se « rendre au conseil d'État, et envoya à sa « place un de ses secrétaires, tantôt Ahmed-« ben-Abi-Khaled, tantôt Ahmed-ben-Iou-« çouf. Bientôt, cédant au chagrin que lui « causait la mort de son frère, il fut atteint d'hypocondrie, et se confina dans « son hôtel, afin de se faire donner des « soins et de se séparer du commerce des « hommes. Cependant il n'en demeura pas « moins le plus haut dignitaire de l'État. « Alors El-Mamoun confia la charge de « vizir à Ahmed-ben-Abi-Khaled, qui joignait à l'élévation de son rang une haute « intelligence. Ministre habile, il était ferme, « éloquent, judicieux et fin politique. El-« Mamoun lui dit : « El-Haçan-ben-Sahl! a « quitté la cour; je veux te faire vizir à sa « place. » — « Chef des croyants, répondit « Ahmed, fais-moi la grâce de ne pas m'appeler au vizirat; accorde-moi seulement « une position telle, que mes amis puissent « mettre en moi leurs espérances, et que « mes ennemis soient forcés de me craindre ; car le sage a dit : Après la prospé-

même année, le khalife voulut être fiancé à la jeune Bouran, fille de Haçan, et donna pour femme Omin-Habid, sa propre fille, à Ali-ben-Mouça-er-Rédha (*).

Il reprit ensuite sa marche vers l'Irak. Mais un événement qui allait mettre fin aux longues dissensions de l'empire, le força de s'arrêter à Tous. Ali-ben-Mouça y mourut subitement à la suite d'un repas où il avait mangé avec excès du raisin qu'il aimait beaucoup. El-Mamoun parut profondément affecté de ce malheur. Il rendit à Ali les honneurs suprêmes et le fit enterrer à la droite de Haroun-el-Reschid, dans le mois de safar de l'année 203 de l'hég. (de J.-C. 818) (**). Les historiens arabes n'accusent pas en termes formels le khalife de ce double meurtre; nous devons imiter leur réserve et nous borner à dire que la mort de Fadhl et celle d'Ali-ben-Mouça firent plus, pour le raffermissement d'El-Mamoun sur son trône ébranlé, que n'auraient fait d'éclatantes victoires. En effet, avec ces deux hommes disparaissaient les causes de la guerre civile. Le khalife le comprit bien, car il se rendit aussitôt près de Baghdad, que menaçaient ses troupes sous la conduite de Hamid, et écrivit aux habitants : « Ce qui vous déplaisait dans l'affaire d'Ali-ben-Mouça n'existe plus; car il vient de mourir, celui qui avait excité votre ressentiment. »

A partir de ce moment, les dispositions des révoltés changèrent, et Ibrahim, leur créature, déjà trahi quelques mois auparavant par El-Mottaleb-ben-Abdallah-ben-Malek, le principal auteur de son élévation, vit se détacher de lui, non-seulement la masse des habitants de Baghdad, mais aussi ses plus chauds et ses plus dévoués partisans. Ceux-là même qui l'avaient élevé au rang suprême, devaient l'en précipiter. Depuis longtemps, dit Ebn-el-Athir, il avait conçu des soupçons sur son lieutenant Iça-ben-Mohammed, qui, plusieurs fois, s'était excusé de combattre Hamid, le général du khalife, se contentant de défendre Baghdad par des tranchées pratiquées devant les portes. Enfin, irrité contre lui, il le fit venir, lui adressa de violents reproches, sans même lui laisser le temps de se défendre, et le fit jeter dans un cachot. Les compagnons d'Iça ne furent pas à l'abri des mauvais traitements d'Ibrahim; quelques-uns partagèrent complètement sa captivité; d'autres, moins coupables ou plus heureux, furent rendus à la liberté : au nombre de ces derniers se trouvait El-Abbas, lieutenant d'Iça. Indigné de la conduite d'Ibrahim envers son chef, El-Abbas court chez tous ses amis, les rassemble, et demandant justice contre Ibrahim, et écrit en même temps à Hamid, pour l'engager à se rapprocher de Baghdad, où les adhérents désormais ne lui manqueront pas. Ce dernier s'avança en effet jusqu'au Nahr-Sarsar, et y plaça son camp. El-Abbas et, avec lui, les principaux habitants de Baghdad, vinrent l'y trouver. Une convention intervint entre les deux partis, et fut réglée dans les termes suivants : chaque soldat d'Ibrahim devait recevoir d'Hamid 50 dirhems; par contre, le vendredi suivant, dans la grande mosquée de Baghdad, Ibrahim devait être déposé et El-Mamoun reconnu khalife. Quand la nouvelle de cette convention parvint à Ibrahim, il s'empressa de relâcher Iça, réclamant ses services et son dévouement; et, lorsqu'au jour fixé Hamid arriva à Baghdad pour distribuer aux soldats la somme stipulée, Iça vint de son côté trouver les troupes, au nom d'Ibrahim, et leur offrit les mêmes avantages que leur promettait son adversaire; mais il fut refusé. Réduit à combattre, il fut bientôt enveloppé et fait prisonnier avec quelques-uns des siens; ceux qui échappèrent revinrent vers Ibrahim

« rité, l'adversité. » Cette réponse plut à El-« Mamoun, qui lui dit : « Il faut que mon « vœu s'accomplisse. » Puis il décerna à « Ahmed l'investiture du vizirat. » Extrait de la Conduite des rois, par M. Cherbonneau, Journal asiatique, avril 1846.

(*) Ebn-el-Athir, fol. 128, r° et v°, fol. 129 r° et v°.

(**) Ebn-el-Athir, fol. 130 r°.

lui annoncer sa défaite. Depuis lors, chaque jour fut marqué par une défection nouvelle. Voyant ses affaires désespérées, le khalife improvisé prit le parti de se retirer secrètement, et de se dérober dans une retraite ignorée à la vengeance du vainqueur. Hamid, instruit de sa fuite, se rapprocha de Baghdad, et fit son entrée dans cette ville au mois de dhou'l-hidjah. Ainsi se termina le règne passager d'Ibrahim; il avait duré un an dix mois et douze jours (*).

El-Mamoun se disposa alors à entrer dans sa capitale où l'appelaient les vœux de ses sujets. Il se mit donc en route, et rencontra, aux portes de la ville, tous ses parents, issus de la famille d'Abbas, et les principaux habitants qui venaient au-devant de lui, pour le saluer comme souverain légitime et le prier de quitter la couleur verte, livrée des Alides, pour reprendre la couleur noire, toujours portée jusqu'alors par les Abbassides (**). Malgré cette prière, El-Mamoun fit son entrée triomphale revêtu d'une robe verte : c'était agir en vainqueur. Il se rendit d'abord à Rasafa, puis à son palais bâti sur les bords du Tigre, et là il n'admit à sa cour que ceux qui portaient la couleur des Alides. Ce ne fut qu'au bout de huit jours qu'il consentit à reprendre les vêtements noirs, si chers aux descendants d'Abbas.

A compter de ce moment, les armes du khalife triomphèrent partout. En Arabie, les Alides, profitant de la révolte de Baghdad, étaient rentrés en campagne avec plus d'acharnement que jamais. Mamoun employa tour à tour avec eux les négociations et la force des armes. Enfin ils se virent vaincus, soumis, prisonniers; et ceux d'entre eux qui pouvaient encore exciter quelque inquiétude, furent envoyés dans le Khoraçan, d'où ils ne revinrent plus.

Ici seulement, on peut le dire, commence le règne d'El-Mamoun. Affranchi de la tutelle où le tenait son vizir, il pense, il voit, il agit par lui-même, et l'empire ressent bientôt les effets de sa bonne administration. Cependant, malgré ses efforts pour rétablir la paix, et préparer les esprits au mouvement scientifique et littéraire qui a déjà commencé à se produire, El-Mamoun n'étouffe pas d'un seul coup l'esprit de trouble et d'anarchie; il aura encore plus d'une lutte à soutenir, plus d'une plaie à cicatriser, et, comme si le ciel était jaloux de ses succès, la nature semble conspirer contre le repos de son peuple. Dès l'année 203 de l'hégire, de violents tremblements de terre avaient désolé le Khoraçan et les autres provinces au delà de l'Oxus. Pendant soixante-dix jours, un grand nombre d'habitations, renversées par les convulsions du sol, étaient devenues le théâtre des plus horribles malheurs. Celles de Balkh, du Djordjan, du Nawar-el-Nahr, avaient été presque entièrement détruites et leurs habitants ensevelis sous les ruines (*). L'année suivante,

---

(*) Voy. Ebn-el-Athir, fol. 130 r° et v°.

(**) Zeynab, fille de Soleyman-ben-Ali-ben-Abdallah-ben-Abbas, faisait partie du cortège. Cette princesse était du sang d'El-Mançour. Les enfants d'Abbas avaient pour elle une haute considération, et c'est d'elle qu'ils font descendre les Zeynabites. Elle dit à El-Mamoun : « Chef des croyants, quel motif t'a déterminé à faire passer la couronne sur la tête d'Ali ? » — « Ma tante, répondit le khalife, j'ai vu Ali, pendant son règne, faire du bien aux enfants d'Abbas, donner à Abdallah le gouvernement de Bassorah, à Obeid-Allah celui du Yémen, à Roucham celui de Samarkande; mais je n'ai jamais vu aucun prince de ma famille, devenu possesseur du trône, agir avec la même générosité à l'égard des enfants d'Ali. C'est pourquoi j'ai voulu m'acquitter envers sa mémoire, en les comblant de faveurs. » La princesse reprit : « Chef des croyants, tu es plus à même de leur faire du bien, alors que tu es au pouvoir, que s'ils y étaient eux-mêmes. » Après ce discours, elle lui demanda de renoncer à la couleur verte. Il le lui promit, etc. (Extrait de la Conduite des rois, Journal asiatique, 4ᵉ série, t. VII.)

(*) Voy. Aboulféda, Ann. mosl., t. II, p. 120.

une cruelle sécheresse fournit au khalife l'occasion de manifester sa bienfaisance et sa piété : il voulut qu'on apaisât le ciel par des pénitences publiques, et lui-même, sortant de sa capitale à la tête de tous les Musulmans, fit la prière en pleine campagne, et renouvela, jusqu'à trois fois, les rites prescrits par la loi religieuse, sans que le ciel exauçât ses vœux. Désespéré du peu de succès de sa pieuse démarche, il ordonna que les chrétiens et les juifs prendraient part à cette expiation ; et le jour même où ils se rendirent à ses ordres, une pluie abondante vint abreuver les moissons desséchées. Le khalife, surpris et presque chancelant dans sa foi, assembla les oulémas et leur demanda l'explication de ce mystère. L'un d'eux lui répondit avec assurance que les prières des Musulmans étaient si agréables à Dieu, qu'il tardait quelquefois à les exaucer pour avoir le bonheur de les entendre plusieurs fois ; qu'au contraire il avait les infidèles en telle horreur, qu'il se hâtait de satisfaire leurs vœux, pour n'être plus fatigué de leur voix importune.

Mais ces malheurs n'étaient pas les seuls qui désolaient l'empire, et El-Mamoun avait à expier, dans toutes leurs conséquences, les fautes qu'il avait commises dans la première partie de son règne. La puissance de Taher se consolidait de jour en jour, et le khalife, qui le sentait bien, loin de chercher à l'inquiéter dans les provinces dont il lui avait confié le gouvernement, augmentait au contraire, par de nouvelles attributions, l'importance d'un homme en qui il pressentait un terrible ennemi. L'an 205 de l'hégire (820 de J.-C.), à l'instigation de son nouveau vizir, Ahmed-ben-Abi-Khaled (*), il lui octroya le gouvernement du Khoraçan et de toute la partie orientale de ses États, c'est-à-dire de ce vaste territoire qui s'étendait depuis les limites de la province de Baghdad jusqu'aux frontières de l'empire les plus reculées à l'est. Dès l'origine, Taher crut voir, dans cette nouvelle faveur, un signe de défiance de ses services plutôt qu'une récompense, et jugea qu'on n'avait étendu son pouvoir que pour l'éloigner de la cour : il résolut, en conséquence, de se rendre indépendant, et, après avoir employé deux années à faire les préparatifs d'une sérieuse défense, il fit retrancher le nom du khalife des prières que l'on récitait tous les vendredis dans les mosquées de son gouvernement : c'était répudier l'autorité des Abbassides, et se substituer à eux comme maître souverain ; c'était entrer en révolte ouverte. El-Mamoun, à la réception de cette fâcheuse nouvelle, prévit une lutte longue et sérieuse : Taher était à la fois le plus habile et le plus populaire de ses généraux. Le khalife, d'ailleurs, était las des guerres civiles, et aimait mieux couper le mal dans sa racine qu'avoir à en subir toutes les conséquences. Il s'adressa à Ahmed-ben-Abi-Khaled, qui était devenu son vizir depuis la retraite de Haçan, et qui s'était porté garant de la fidélité de Taher, le menaçant de lui faire trancher la tête s'il ne portait pas remède au mal que son imprudente confiance avait causé. Le ministre, effrayé, promit de réparer sa faute. Il envoya donc à Taher, entre autres présents, quelques khamikhs, sorte de gâteaux que ce dernier aimait passionnément. Quelques jours après, le 26 du mois de djomadah 207, le courrier vint annoncer au khalife que le gouverneur du Khoraçan avait subite-

---

(*) Ahmed-ben-Abi-Khaled mourut dans l'année 210 de l'hégire. Il eut pour successeur Ahmed-ben-Iouçouf, qui fut disgracié pour une sortie inconvenante qu'il s'était permise contre le khalife, et mourut du chagrin que lui causa cette disgrâce. Abou-Abbad, homme savant dans les sciences mathématiques, mais d'un caractère violent et emporté, lui succéda. Le dernier vizir d'El-Mamoun fut Abou-Abdallah-Mohammed-ben-Souïad ; il avait reçu une brillante éducation, et le khalife avait en lui toute confiance. (Voy. le Traité de la Conduite des rois, trad. par M. Cherbonneau, Journal asiat., avril 1846.)

ment cessé de vivre (\*). Avec Taher disparaissait le seul homme dont la popularité eût pu donner à El-Mamoun de sérieuses inquiétudes. Son pouvoir avait de si profondes racines, que ses successeurs, bien qu'ils aient reconnu la domination des khalifes, leur furent plutôt soumis de nom que de fait, et l'établissement des Tahérites a toujours été regardé comme le premier démembrement de l'empire des khalifes en Orient.

Si la mort de Taher était la suite d'un complot tramé par le khalife et son vizir, il est présumable du moins que le secret fut bien gardé. Le fils même de la victime, Abdallah-ben-Taher, était si éloigné d'accuser de la perte de son père la perfidie de la cour de Baghdad, qu'il accepta bientôt après la charge d'aller combattre, dans les montagnes de l'Arménie et de l'Aderbaïdjan, un imposteur nommé Babek, qui avait réuni autour de lui un grand nombre d'aventuriers. Ce chef de secte, dont l'histoire et les dogmes nous sont peu connus, avait admis de nouveaux principes sur la transmigration des âmes, et les avait entremêlés d'erreurs puisées dans le magisme ou dans la secte des Ismaëliens adonnés au culte des sens et au libertinage le plus honteux. Une licence effrénée, le meurtre, le pillage étaient au nombre des dogmes de cette absurde doctrine; et, comme elle favorisait les plus mauvaises passions, tout le rebut des populations se porta vers elle avec enthousiasme. Babek devint bientôt un chef redoutable, et le talent militaire d'Abdallah-ben-Taher, envoyé contre lui pour réprimer ses désordres, échoua complétement. Longtemps encore la secte des Ismaëliens devait infester l'empire, inquiéter la puissance du khalife, et son chef audacieux ne devait succomber que sous le successeur d'El-Mamoun.

Depuis que le khalife avait fixé sa résidence à Baghdad, l'Irak était tranquille; et Ibrahim-el-Mahdi qui, depuis six ans traînait dans un village une existence pauvre et misérable, crut pouvoir venir dans la capitale pour y sonder le terrain, dans l'espérance que sa révolte serait oubliée et qu'il pourrait se hasarder à implorer d'El-Mamoun le pardon de ses méfaits. Un certain Harès le découvrit se cachant sous des vêtements de femme, et l'amena au khalife. Celui-ci le fit d'abord jeter en prison; mais sa clémence naturelle étouffa bientôt dans son cœur toute idée de ressentiment et de vengeance. Il lui accorda son pardon et lui rendit ses bonnes grâces. Aboulféda attribue la clémence du khalife aux prières de Bouran, la jeune fille de Haçan-ben-Sahl (\*). El-

(\*) Voy. Journal asiatique, tome VII, p. 352. Extrait de la Conduite des rois, trad. par M. A. Cherbonneau.

Aboulféda ne charge pas du poids de ce crime la mémoire d'El-Mamoun et de son vizir : « L'an 207, dit-il, mourut Taher, emporté par la fièvre. Sa mort arriva à propos : une lutte sérieuse allait s'engager entre lui et El-Mamoun, sans l'intervention du destin. »

El-Macin n'attribue sa mort à aucune cause violente. « C'était, dit cet historien, un grand capitaine, magnanime, libéral et ami des lettres ; il faisait des vers. Ceux-ci sont de lui :

« J'ai dompté les peuples en maître, et terrassé les géants terribles. Par moi, le khalifat a passé d'El-Amin à Mamoun, qui s'est élancé pour le saisir. »

Ailleurs :

« J'ai tué le khalife dans son palais et renversé sa puissance avec l'épée. »

Sa générosité égalait son amour pour la poésie. Un Arabe avait fait trois vers à sa louange. Taher lui fit donner 3,000 drachmes, en disant : « Si tu avais été plus prodigue envers nous, nous eussions été moins avare envers toi. »

Il était borgne, dit encore Aboulféda, mais ambidextre ; ce qui lui fit donner le nom de Dhou-el-Iamenin. De là le sens de ces vers :

« O toi qui as deux mains droites et un seul œil, si tu as un œil de moins, tu as une main de trop : c'est une double merveille ! »

(Voy. Aboulféda, Ann. mosl., tome II, p. 140-142. El-Macin, Hist. sarr., p. 166 et suiv.)

(\*) Voy. Aboulféda, Ann. mosl., tome II, p. 144.

Macin semble croire qu'il se rendit aux arguments du coupable : « Prince des Croyants, aurait dit Ibrahim, Dieu vous a fait juge de tous les criminels ; si vous vous vengez, vous usez de vos droits ; si vous pardonnez, vous montrez votre vertu. — Eh bien, mon oncle, aurait répondu le khalife, je vous pardonne. » Il lui fit ensuite compter dix mille écus d'or en lui disant : « Mon oncle, soyez heureux et allez vous réjouir avec vos amis ; vous n'aurez plus désormais rien à craindre de ma justice. » Docile à cette recommandation, Ibrahim alla trouver ses amis, passa ses jours dans les plaisirs de la table, et prouva ainsi au khalife, ainsi qu'aux partisans qui auraient pu lui rester, qu'il n'avait gardé nul souvenir ou du moins nul regret de sa prospérité passée (*).

El-Mamoun ne s'était pas conduit avec moins de générosité à l'égard de Fadhl-ben-Rabi. L'ancien vizir d'El-Amin, qui s'était longtemps caché pour se soustraire à la vengeance du khalife, avait tout à coup reparu à Baghdad lors de la révolte des Abbassides. Il avait même été un des fauteurs les plus zélés d'Ibrahim. Aussi quand, après la soumission de la ville, il vint à tomber au pouvoir du vainqueur, devait-il s'attendre à une rigoureuse et juste punition. Cependant il trouva grâce devant le khalife, qui se l'attacha par des bienfaits.

Aboulféda raconte qu'il fut moins indulgent pour l'Abbasside Ibrahim-ben-Mohammed-ben-Abd-el-Wahab-ben-Ibrahim, appelé vulgairement le fils d'Aïescha. Comme Fadhl-ben-Rabi, il avait soutenu, lors de la révolte de Baghdad, les prétentions de l'usurpateur, qui était son oncle (**). Tombé entre les mains d'El-Mamoun, il fut le premier des Abbassides qui subit le supplice de la croix ; mort infâme aux yeux des Arabes, et qu'on tâcha de pallier en lui accordant du moins une sépulture honorable.

(*) Voy. El-Macin, Hist. sarr., p. 172.
(**) Voy. Aboulféda, Ann. mosl., tome II, p. 146.

C'est à l'époque où nous sommes parvenus qu'El-Mamoun épousa Bouran, fille de son ancien vizir Haçan-ben-Sahl, avec laquelle il avait été fiancé sept ans auparavant, et les merveilles de ces noces ont occupé longuement les chroniqueurs arabes (*) Depuis longtemps déjà Haçan se reposait des fatigues d'une charge qu'il avait quittée volontairement. C'est à Foumm-es-Soulehh, près de Waset, lieu de sa retraite, que fut célébré le mariage de sa fille. Il y reçut son souverain avec une magnificence jusqu'alors sans exemple. Selon le récit d'Aboulféda, la mère de Haçan répandit sur la tête de l'illustre fiancé mille perles du plus grand prix ; on fit brûler un cierge d'ambre du poids de 40 mannes (80 livres). Haçan imagina encore une libéralité nouvelle, à laquelle devaient participer tous les assistants. Il avait fait confectionner une assez grande quantité de flèches, sur chacune desquelles se trouvait inscrit le nom d'une de ses propriétés. Ces flèches innocentes furent jetées

(*) Voici comment Ebn-Khaldoun raconte, d'après Ebn-abd-Rabbihi, le commencement des amours du khalife avec Bouran : « Une nuit qu'El-Mamoun parcourait « les rues de Baghdad, il aperçut une cor- « beille que l'on tenait suspendue du haut « d'une terrasse par des cordes de soie. La « curiosité l'ayant porté à se coucher dans « la corbeille, il se sentit enlever dans les « airs, et fut amené dans une salle que les « plus brillants tapis, les vases les plus ri- « ches, décoraient à l'envi. A peine avait-il « mis pied à terre, que des rideaux s'en- « tr'ouvrirent pour donner passage à une « jeune fille d'une fraîcheur et d'une beauté « sans égales : c'était Bouran. Elle salua le « prince avec grâce et l'invita à prendre « place à côté d'elle. La nuit se passa dans « les plaisirs du banquet, et le khalife sortit « du palais de Bouran si épris de ses char- « mes, qu'il la fit de suite demander en « mariage à son père. » Il est vrai qu'après avoir raconté cette gracieuse anecdote, Ebn-Khaldoun en dénie l'authenticité, comme n'étant pas compatible avec les mœurs sévères du khalife. (Voy. Ebn-Khaldoun, Prolégomènes, 1re partie, manuscrit de la Bibl. roy., n° 539-3, supplément arabe.)

au hasard dans le groupe des émirs conviés à la fête, et chacun devint possesseur de la terre dont le nom se trouvait inscrit sur la flèche qui l'avait atteint (\*). On assure que les frais de la fête se montèrent à 50,000,000 de dirhems. A l'endroit où devait s'asseoir le khalife, on avait étendu sur le sol une natte tressée de fils d'or et parsemée de perles d'une rare grosseur. « Ne dirait-on pas, s'écria le khalife émerveillé, qu'Abou-Nowas a vu cette couche éclatante lorsqu'il a composé ce vers :

« Il semble que les bulles que forme le vin dans la coupe sont un semis de perles sur une terre d'or (\*\*). »

El-Mamoun était alors à l'apogée de sa puissance et de sa gloire. Le calme semblait rétabli dans son empire. Une nouvelle faute du khalife faillit ranimer la discorde et la guerre. Il avait soulevé les haines de tout un parti en dépossédant sa famille en faveur de celle d'Ali; en attaquant l'esprit et les traditions du culte, il faillit se perdre dans l'esprit de tous ses sujets. L'an 211 (826), il rendit une loi par laquelle il était ordonné de maudire publiquement la mémoire de Moawiah, le premier khalife de la dynastie des Omeyyades, et qui permettait de mettre à mort quiconque ferait l'éloge de ce prince. L'année suivante, il proclama publiquement la prééminence d'Ali sur les autres disciples du prophète. Par la même loi il ordonna de reconnaître que le Coran était un livre non pas éternel, mais créé. C'était, dans l'opinion des vrais croyants, proclamer une insigne hérésie qui souleva une immense réprobation. En attaquant l'éternité du Coran pour faire descendre ce livre divin au rang de chose créée, le khalife portait atteinte à l'unité de la foi dont il devait être le fidèle gardien et le premier défenseur, et cette atteinte était fatale au principe même de l'islamisme. Il livrait les dogmes immuables émanés de Dieu lui-même par l'intermédiaire de son prophète, à l'esprit de froid examen, de controverse et de querelles subtiles qui tue la croyance et l'enthousiasme. Là fut la faute d'El-Mamoun. N'étaient-ce pas en effet la foi et l'enthousiasme religieux qui en deux siècles avaient fait, des tribus isolées et barbares de l'Arabie, la première nation du monde? N'étaient-ce pas les commandements et les promesses du Coran qui, soutenant l'énergie guerrière des enfants de Mahomet, stimulant leur courage et ouvrant à leurs espérances les éternelles félicités du paradis, les faisaient voler de conquêtes en conquêtes, et leur avaient soumis un empire plus vaste que celui d'Alexandre? El-Mamoun eut donc le tort, dans cette question religieuse, de toucher à l'arche sainte, et le tort encore plus grand de chercher à établir par les persécutions ce que la persuasion ne pouvait amener.

Toutefois, si cette atteinte à la pureté de la croyance eut quelque retentissement en Asie et y troubla les consciences, la ferveur du prosélytisme était encore dans toute sa force en Afrique, et l'islamisme venait de faire sur la chrétienté une importante conquête. La Sicile, cette reine de la Méditerranée, était aux mains des Musulmans. Nous avons vu que Haroun avait accordé, l'an 184 de l'hégire (800 de J.-C.), à Ibrahim, fils de El-Aghlab, et à ses enfants l'investiture du gouvernement de l'Afrique. Cet acte politique eut, ainsi que nous l'avons dit, une immense et heureuse influence sur les développements de la puissance arabe. Les provinces d'Afrique, désormais affranchies des changements fréquents de gouverneurs, virent s'établir, sous la jeune dynastie, une administration constante et régulière. L'islamisme eut ainsi en Afrique un nouveau foyer de vie, un nouveau centre d'expansion, d'où s'élançaient ces indomptables légions qui

---

(\*) D'autres chroniqueurs disent que cette espèce de loterie se tirait au moyen de boules d'ambre creusées pour contenir les billets gagnants.

(\*\*) Voy. Aboulféda, Ann. mosl.; t. II, p. 146, et l'extrait de la Conduite des rois, trad. par M. Cherbonneau. Journal asiat., 4e série, t. VII, p. 348 et suiv.

tentaient, pour ainsi dire, chaque année, l'envahissement de l'Europe. La conquête de la Sicile fut une des conséquences les plus fatales à la chrétienté de l'accroissement de force que l'islamisme reçut en Afrique par l'établissement de la dynastie des Aghlabites.

Nous avons essayé ailleurs de composer l'histoire de leur invasion d'après les documents que le temps a respectés (*). Pendant plus de deux siècles les Arabes ont occupé la Sicile, et nous savions à peine l'ordre de la conquête, le nom de quelques chefs, la prise de quelques cités. Quant à l'organisation intérieure, au mode de gouvernement, à la question de savoir s'il y eut seulement occupation militaire, ou si l'on peut supposer quelque fusion entre la race conquise et celle des vainqueurs, nous n'avions à former que des conjectures; et cependant le tableau de leur séjour dans ce petit coin de l'ancien monde est d'un effet plus général que ne semblent le comporter les bornes de temps ou de lieu dans lesquelles il se trouve circonscrit.

Depuis les premières années qui suivirent la naissance de l'islamisme et l'agrandissement de la puissance arabe, les Musulmans avaient dirigé vers la Sicile des expéditions qui préparaient la conquête que, deux siècles plus tard, ils devaient faire de l'île entière. On lit, dans Anastase le Bibliothécaire (**), que le premier débarquement des Arabes sur les côtes de la Sicile eut lieu dans l'année de J.-C. 651 et 652 (31 et 32 de l'hégire), c'est-à-dire, alors que les Musulmans venaient pour la première fois de pénétrer dans la province d'Afrique. Novaïri rapporte à Abdallah-ben-Caïs, lieutenant de Moawiah-ben-Khodaïdj, la gloire d'avoir le premier porté la guerre en Sicile. Ce serait environ vers l'an de l'hégire 45 (de J.-C. 665-666.) C'est à cette expédition qu'on pourrait peut-être rattacher celle dont parle Paul Diacre (*). D'après Rampoldi (**), un navire commandé par Mohammed-ben-Abdallah aurait aussi tenté d'exercer des ravages sur les côtes orientales de l'île, dans l'an 673 de notre ère. Enfin Mohammed-ben-Abi-Edris-el-Ansari, sous le khalifat d'Iezid-ben-Abdelmelik, Beschr-ben-Safouan sous celui de Hescham, Habib-ben-Abi-Obeïdah en 122 de l'hégire, et son fils Abderrahman, quelques années après, tentèrent diverses expéditions qui eurent en général un succès momentané, mais qui n'annonçaient pas, de la part des Arabes, l'idée d'un établissement fixe et durable dans la belle île placée si près de leurs possessions. Ce fut seulement dans les premières années du troisième siècle de l'hégire qu'une circonstance favorable appela en Sicile les Arabes d'Afrique, qui, cette fois, n'en devaient plus sortir que chassés par les Normands.

« A cette époque, dit Ebn-Khaldoun, « la Sicile, l'une des possessions de « l'empire grec, obéissait à des gou- « verneurs envoyés par l'empereur « de Constantinople. Dans l'année 211 « de l'hégire, elle était régie par un pa- « trice, nommé Constantin. Ce gou- « verneur nomma au commandement « général de la flotte chargée de la dé- « fense de la Sicile un officier grec, « nommé Euphémius, rempli de pru- « dence et de bravoure, qui se porta « sur les côtes de l'Afrique et les « ravagea. Quelque temps après, « l'empereur écrivit à Constantin pour « lui donner mission de s'emparer de « cet officier et de le faire mettre à « mort; mais celui-ci, averti de cet « ordre, leva l'étendard de la révolte, « et, aidé de ses compagnons d'armes, « se rendit maître de Syracuse. Cons- « tantin, s'étant présenté pour le

(*) Histoire de l'Afrique sous la dynastie des Aghlabites, et de la Sicile sous la domination musulmane; texte arabe d'Ebn-Khaldoun, avec une traduction française et des notes.
(**) *Vit. pontif. rom.*, p. 51.

(*) *De gestis Longobard.*, lib. V, c. XIII : *Gens Saracenorum subito cum multis navibus venientes Siciliam invadunt, Syracusas ingrediuntur.*
(**) Cité par Martorana ; *Notizie storiche dei Saraceni siciliani*, t. I$^{er}$, p. 200.

« combattre, fut mis en fuite, et le
« rebelle, devenu maître de Catane,
« envoya à sa poursuite des troupes
« qui le saisirent et le tuèrent. Ce chef
« révolté, s'étant ainsi emparé de la
« Sicile entière, s'en déclara le souve-
« rain, et confia l'un des cantons de
« l'île à un nommé Plata. Cet homme,
« et l'un de ses cousins, nommé Mi-
« chel, gouverneur de Palerme, se ré-
« voltèrent contre leur nouveau maî-
« tre, et Plata s'empara à son tour de
« Syracuse. Alarmé de cet échec, Eu-
« phémius, à la tête de sa flotte, se
« rendit en Afrique, où il implora les
« secours de Ziadet-Allah, qui lui ac-
« corda une armée, commandée par
« Açad-ben-el-Firat, cadi de Caï-
« rouan (*). L'expédition partit au mois
« de rébi de l'année 212 de l'hég., et vint
« aborder à Mazzara; de là on mar-
« cha contre Plata. Les Arabes se te-
« naient d'abord par défiance à l'écart
« d'Euphémius et des Grecs de son
« parti ; mais, s'étant ensuite réunis,
« ils mirent en fuite Plata et son ar-
« mée, dont ils pillèrent tous les ba-
« gages. A la suite de cette défaite,
« Plata s'enfuit en Calabre, où il fut
« tué, et les Musulmans s'étant em-
« parés d'un grand nombre de forte-
« resses de l'île, parvinrent jusqu'à la
« ville désignée par les chroniqueurs
« arabes sous le nom de Calaat-el-Ke-
« rad, où s'étaient rassemblés un
« grand nombre de Grecs. Le cadi
« Açad-ben-el-Firat, au moment où il
« se préparait à les assiéger, reçut de
« leur part, des propositions de paix et
« l'offre de se soumettre à payer le
« tribut ; mais ce n'était qu'une feinte,
« et une fois prêts à soutenir le siége,
« ils rompirent toutes les négocia-
« tions. Açad, alors, les pressa vive-
« ment, et envoya, de différents côtés,
« des partis de cavalerie qui firent un
« grand butin. Il concentra ensuite
« toutes ses forces pour s'emparer de
« Syracuse, qu'il assiégea par terre et
« par mer. Ayant en même temps re-
« çu des secours d'Afrique, il les diri-
« gea contre Palerme, tandis que les
« Grecs marchaient au secours de Sy-
« racuse, pressée de près par les Mu-
« sulmans. Ces derniers faisaient de
« rapides progrès, lorsque les mala-
« dies se mirent dans leur camp et
« leur enlevèrent beaucoup de monde.
« Açad-ben-el-Firat, ayant été grave-
« ment atteint, mourut et fut enterré
« à Palerme : il eut pour successeur
« Mohammed-ben-Abi-el-Djouari. A
« cette époque une flotte arriva de
« Constantinople, apportant aux Grecs
« de nombreux renforts, et les Musul-
« mans levant le siége, avaient mis à
« la voile pour retourner en Afrique,
« quand ils rencontrèrent la flotte im-
« périale qui leur barra le passage. Ils
« revinrent alors, brûlèrent leurs vais-
« seaux sur la plage, résolus à braver
« tous les dangers, et, assiégeant la
« ville de Mazzara, s'en emparèrent
« en trois jours : ils prirent aussi Gir-
« gente, et se dirigèrent vers Casr-
« Jani, l'ancien Enna, toujours ac-
« compagnés du traître Euphémius,
« qui les avait appelés en Sicile. Cet
« homme, attiré dans une embuscade
« par la garnison de cette ville, fut tué
« sur la place, et des renforts arrivés
« de Constantinople vinrent présenter
« la bataille aux Musulmans. L'action
« s'engagea : les Grecs furent mis en
« fuite, un grand nombre d'entre eux
« périrent, et ceux qui échappèrent se
« réfugièrent dans les murs de Casr-
« Jani. — Le chef des Musulmans,
« Mohammed-ben-el-Djouari, étant
« mort, eut pour successeur Zohaïr-
« ben-Aoun (*). A cette époque, Dieu

(*) Il était né dans le Khoraçan, à Ni-
capour. Arrivé en Afrique, encore jeune, il
resta quelques années à Tunis, où il étudia
le Coran et la jurisprudence. Il passa ensuite en Orient, où il étudia principalement
la doctrine de l'Imam Malek. Revenu en
Afrique, il y apporta les éléments d'un
grand ouvrage qui a pris de lui le nom
d'El-Acadieh. Il fut nommé cadi par Ziadet-Allah, auquel il resta fidèle à l'époque
de la révolte d'El-Mançour; en sorte que
ce prince, pour le récompenser, lui donna
le commandement de l'expédition contre la
Sicile. (Voy. ms. de la Bibl. roy., n° 752.)

(*) Ce chef est appelé Zohaïr-ben-Bar-
ghouth par Nowaïri (702, fol. 69 v°); Ebn-

« éprouva les Musulmans : mis plu-
« sieurs fois en fuite par les Grecs,
« ils se virent pressés vivement dans
« leur camp et bientôt réduits à toute
« extrémité. Les Arabes de Girgente
« sortirent alors de cette ville après
« l'avoir détruite, et se dirigèrent vers
« Mazzara ; mais n'ayant pu réussir à
« rejoindre leurs frères, les choses de-
« meurèrent en cet état jusqu'en l'an-
« née 214. Ils étaient enfin sur le
« point de succomber, lorsqu'un grand
« nombre de bâtiments africains et
« une flotte partie d'Andalousie pour
« faire la guerre sainte, s'étant réunie
« au nombre de 300 vaisseaux, vinrent
« aborder dans l'île. Les Grecs, ef-
« frayés, levèrent le siége, et les Musul-
« mans purent reprendre l'offensive.
« En 217 ils s'emparèrent de Palerme
« par capitulation (*), et deux ans
« après, ils marchèrent contre la ville
« de Casr-Jani, sous les murs de la-
« quelle les Grecs furent défaits, l'an
« 220 de l'hégire (**). »

Quoique les Grecs doivent encore pendant longtemps défendre pied à pied le terrain contre les Arabes, la conquête peut être regardée comme accomplie lors de la capitulation de Palerme. Malgré les efforts continuels des populations chrétiennes pour s'affranchir, la domination arabe a pris racine dans le sol de la Sicile, et doit s'y maintenir pendant près de deux cents ans. Nous ne suivrons pas plus longtemps la narration aride de l'historien arabe. La longue défense des Grecs, la succession des différents gouverneurs envoyés par les Aghlabites et les Obéydites, se retrouvent avec exactitude dans les chroniques arabes dont nous avons donné ailleurs les extraits. Parmi les répétitions continuelles de villes assiégées, de tributs levés sur les Grecs, de campagnes ravagées par les deux partis, il est facile d'extraire un récit complet de l'arrivée des Arabes, de suivre d'année en année le progrès de leurs armes, et de voir comment les dissensions amenèrent la chute de leur puissance, alors qu'ils ne furent plus réunis par la nécessité de combattre l'ennemi commun. Malgré la sécheresse et la concision des textes, il est même possible de pénétrer, par un examen attentif, dans l'organisation intérieure du pays, de soulever enfin le voile qui cache l'histoire de l'administration des Arabes en Sicile, leurs rapports avec les princes d'Afrique, et la politique suivie par ces souverains pour conserver une conquête qui laissait à leur discrétion toute la côte méridionale de l'Italie.

Deux opinions ont divisé les hommes de l'Occident qui ont écrit jusqu'à présent sur l'histoire de la Sicile, pendant la domination des Arabes. La plupart d'entre eux ont regardé la période sarrasine comme un temps de désolation, pendant lequel l'île, en proie au prosélytisme barbare des Musulmans, avait vu disparaître tous les monuments de son ancien culte.

Selon eux, les enfants étaient soumis de force à la circoncision, les hommes réduits à apostasier ou à périr dans les tourments. Des autorités imposantes ne manquent pas aux historiens qui partagent ce sentiment. Le pape Urbain II, rendant grâce au Seigneur, qui a permis la conquête des Normands, le remercie d'avoir regardé d'un œil de miséricorde les misères de l'Église de Sicile, où la dignité de la foi chrétienne a péri (*christianæ fidei dignitas interiit*).

---

el-Athir lui donne le nom de Zohaïr-ben-Ghouth (ms. 45, fol. 123 v°).

(*) Ebn-el-Athir raconte ainsi le siége de Palerme : « Les Musulmans marchèrent
« contre Palerme, dont ils pressèrent le
« siége avec tant de vigueur, que le gou-
« verneur de la ville se vit contraint à ca-
« pituler, et demanda pour lui et les habi-
« tants la vie sauve, ainsi que la faculté
« d'emporter ses richesses. L'accord fut con-
« clu à ces conditions, et il s'embarqua pour
« Constantinople. Les Musulmans alors en-
« trèrent dans la ville, où ils ne trouvèrent
« plus que trois mille habitants, bien qu'il y
« en eût soixante-dix mille au commence-
« ment du siége : le reste avait péri. » Voy.
ms. n° 537, fol. 124 r°.

(**) Voy. Hist. de l'Afrique et de la Sicile, d'Ebn-Khaldoun, p. 103 et suiv.

Albert Sinolo de Messine, dans son ouvrage intitulé : *De jure antiquo Ecclesiæ Siculæ*, va jusqu'à prétendre que toutes les traces du catholicisme avaient disparu dans l'île sous la domination musulmane. Les récits du moine Théodore, tombé entre les mains des Sarrasins au siége de Syracuse (*); la mort de quelques martyrs, immolés par eux et sanctifiés par l'Église (**), ont fourni de nouvelles preuves à ceux qui ne voulaient reconnaître chez les Arabes qu'un fanatisme cruel.

Sans admettre ce qu'il y a de trop absolu dans cette opinion, il faut critiquer avec grand soin quelques-uns des arguments employés par ses adversaires. A en croire le dominicain Corradin, prieur de Sainte-Catherine de Palerme, le souverain de Tunis et de Palerme avait accordé à tous les chrétiens l'autorisation de se rassembler pour exercer leur culte, et aux prêtres, la permission de sortir avec leurs vêtements sacerdotaux pour porter le viatique aux malades. L'abbé Maurocoli raconte que, dans les cérémonies publiques, à Messine, on déployait deux étendards : le premier, qui appartenait aux Sarrasins, représentait une tour de couleur noire sur champ vert; le second, qui servait aux chrétiens, portait une croix d'or brodée sur champ rouge. Il est peu probable que, irrités par l'énergique défense des Grecs, qui résistèrent pendant près de cent ans au joug de l'islamisme, les Arabes aient accordé à la religion de leurs adversaires plus de priviléges que, dans les temps les plus paisibles, n'en ont obtenu les chrétiens de l'Orient; mais il n'est pas possible de douter que le catholicisme ait persisté en Sicile à l'époque même où le pouvoir des Musulmans s'étendit sur l'île entière.

Leur système d'expéditions consistait en ces courses rapides et ces dévastations que nous nommons, d'après eux, *razia*, depuis que notre contact avec ces peuples sur la terre d'Afrique nous a rendu familière leur manière de combattre. Partis de Palerme ou d'un autre lieu soumis à leur puissance, ils désolaient les campagnes, ravageaient les moissons, enlevaient les bestiaux, emmenaient captifs les habitants dont ils pouvaient s'emparer; et quand les villes, fatiguées de ces attaques incessantes, leur ouvraient enfin leurs portes, elles se rachetaient d'une destruction totale en se soumettant à forte contribution. On sait que de tout temps l'islamisme offrit aux vaincus deux partis : embrasser la foi musulmane ou payer tribut au vainqueur. Les Sarrasins se conduisirent en Sicile ainsi qu'ils l'avaient fait en Espagne et dans les provinces de l'Asie qu'ils avaient conquises sur l'empire grec. Une fois la conquête accomplie, ils renoncèrent probablement aux mesures sévères qu'ils avaient adoptées d'abord pour frapper de terreur tout ce qui avait une pensée de résistance. L'île, qui, depuis les Carthaginois, avait formé deux provinces, la Syracusaine et la Panormitaine, fut partagée en trois vals, division bien mieux appropriée à la nature géographique du pays. Chacun d'eux formait un certain nombre de districts, administrés par des caïds du gouverneur; les stratéges, magistrats imposés autrefois par les empereurs de Constantinople, avaient conservé leur ancien nom, leurs fonctions et leurs priviléges (*). L'agriculture dut aux Arabes les plus grands progrès : le coton, apporté par eux des champs syriens; la canne à sucre, trouvée par les premiers pèlerins sur les champs de Tripoli, et que les Arabes naturalisèrent sur la terre féconde de leur nouvelle conquête; le frêne qui produit la manne, le pistachier, ne sont connus en Sicile qu'à partir de l'époque arabe (**); ils introduisirent

---

(*) Voy. Caruso, Bibl. historica Siciliæ, t. I$^{er}$, p. 29.

(**) Cajetanus. Vitæ SS. Siculorum, V. 2, passim.

(*) Degli Arabi in Sicilia, memoria di Pietro Lanza, principe di Scordia. Palermo, 1832, p. 33.

(**) Principe di Scordia. Loc. cit., p. 37.

encore dans l'île ce mode d'aqueducs en siphon, dont l'usage est devenu, pour le pays, d'une incontestable utilité. L'industrie ne fut pas moins protégée par les vainqueurs.

Bien que les historiens attribuent au comte Roger l'importation de l'art de travailler la soie, il suffit du fameux manteau de Nuremberg, fait par ordre de Roger et rapporté en Allemagne par Henri VI, en 1196, pour prouver que, puisque ce vêtement, à l'usage des souverains de la Sicile, porte brodée à l'aiguille une longue inscription en caractères coufiques avec la date de l'hégire, il fut fabriqué par des ouvriers arabes, déjà fort habiles dans ce genre de travail. D'ailleurs l'époque indiquée (année de l'hégire 528, qui se rapporte à l'année de J.-C. 1133), est antérieure à l'expédition du prince de Sicile en Grèce, expédition à la suite de laquelle on voudrait qu'il eût rapporté avec lui les premiers éléments de l'art de tisser les étoffes de soie. Il faut ajouter à tant d'avantages un commerce aussi étendu qu'il l'ait jamais été à aucune époque, dans un pays si favorisé par sa position. Nous n'en voulons pour preuve que les droits de douane, de fisc, de gabelle, dont la nombreuse nomenclature se retrouve encore dans d'anciens diplômes, et qui, imposés par les Normands à leur entrée dans le pays, prouvaient qu'ils durent agir sur une industrie commerciale beaucoup plus développée qu'on ne pourrait le présumer. Si pour tout ce qui précède les renseignements sont rares et peu précis, il n'en est pas de même lorsqu'il s'agit de reconnaître que les princes aghlabites et obeydites qui ont régné en Sicile, ont doté le pays de monuments d'architecture dignes de la haute civilisation où ils étaient alors parvenus. Le comte Roger apporte son propre témoignage aux belles et nombreuses constructions élevées par les Arabes. Benjamin de Tudelle, Léandre Alberti, le moine Théodose, racontent les palais ornés de jaspes précieux et d'éclatantes mosaïques, les viviers de marbre remplis de poissons de toute espèce et couverts de barques dorées, les jardins immenses, les pavillons élégants, où l'on avait épuisé tout le luxe des cours de l'Asie; et, bien que tant de merveilles aient disparu, cependant les environs de Palerme offrent encore quelques monuments arabes échappés aux nombreuses révolutions qui ont, pour ainsi dire, nivelé le sol de la Sicile. Le joli château de Ziza, ceux de Cuba et de Mardollé peuvent donner une idée vraie du style élégant et noble de l'architecture orientale.

Quoique les arts, l'agriculture et l'industrie n'aient reçu leur plus grand développement en Sicile que dans les siècles postérieurs à celui d'El-Mamoun, on peut en rapporter la gloire à ce dernier, ou plutôt à son époque déjà si avancée. L'influence du savant khalife sur les Arabes d'Asie se communiquait à leurs frères d'Afrique. Rien d'étonnant si cette influence se fit sentir en Sicile dès les premières années de la conquête. Cette conquête, dont les Grecs n'avaient pu se garantir, dépouillait l'empire de Constantinople d'un des derniers lambeaux de cette pourpre qui ne couvrait plus que les misères d'un corps en dissolution.

Depuis la mort de Nicéphore, que nous avons vu lutter contre Haroun, l'empire grec, tourmenté à l'intérieur par les querelles religieuses, à l'extérieur, par l'excursion des Bulgares, ne songeait guère à défendre ses possessions éloignées, et encore moins à porter la guerre chez ses voisins. Constantinople, sous les successeurs de Nicéphore, avait offert comme dans le passé le spectacle des luttes les plus déplorables. L'un d'eux, Michel, avait été forcé d'abdiquer, l'autre, Léon, avait été assassiné; le troisième, Michel le Bègue, n'avait échappé au poignard que par une mort prématurée. Quant à son successeur Théophile, il annonçait, dès son avénement, des dispositions trop pacifiques pour que son puissant voisin pût croire qu'il songerait jamais à troubler la paix de l'Asie. Cependant, en l'an de l'hég. 215, une guerre nouvelle éclata entre les Grecs et les Arabes : la cause de cette guerre fut précisément ce qui semblait devoir être une garantie de paix entre les deux souverains, c'est-à-dire, leur affection pour la science et pour les hommes qui la cultivent. El-Mamoun cherchait à rassembler à sa cour tous les savants en renom, quelle que fût du reste leur religion, leur laissant toute liberté à cet égard. Un des émirs de sa cour avait au nombre de ses esclaves un jeune Grec qu'il avait fait captif dans une expédition, et dont il vantait les talents et le savoir. Le khalife voulut le voir et l'interroger lui-même. Qui donc t'a appris tant de choses diverses? lui demanda-t-il. — Je suis disciple de Léon, répondit l'esclave. El-Mamoun apprit alors que ce Léon, né à Constantinople, avait consacré sa vie à la science, et qu'il vivait dans l'indigence malgré son savoir et sa célébrité. Le khalife aussitôt s'empresse d'adresser à Constantinople une lettre écrite de sa main, par laquelle il engage le savant méconnu à venir à sa cour, lui promettant honneurs et richesses. Loin de se trouver flatté de cette offre, Léon se croit coupable pour avoir reçu une lettre d'un ennemi des chrétiens : il va trouver Théophile et lui remet la missive d'El-Mamoun. Qui ne sait combien ce que nous possédons sans avoir su l'apprécier, prend une valeur à nos yeux si nous le voyons envié par d'autres? Non-seulement l'empereur défendit à Léon d'aller porter ses talents chez un peuple infidèle, mais il lui assigna une riche pension, et lui donna l'église des Quarante-Martyrs pour y donner des leçons publiques (*). El-Mamoun, de son côté, fit de nouvelles mais vaines instances pour attirer à sa cour ce savant d'un si grand mérite. L'empereur lui répondit en comblant Léon de nouvelles faveurs, et le khalife irrité prit les armes (**). Aidé de son frère Motassem, il dirigea contre les Grecs une expédition qu'il voulut commander en personne. Ce fut au mois de moharrem qu'il se mit en marche, laissant pour gouverner Baghdad Ishak-ben-Ibrahim-ben-Mosaab, auquel il confia en outre le commandement de tout l'Irak arabique, d'Holwan et des bourgs du Tigre. Quant à lui, il prit, à la tête de son armée, la route de Mossoul, de Dabek, d'Antioche, de Masisa, et arriva à Tarsous, sur les confins de la Cilicie, d'où il entra sur les terres de l'empire grec au mois de djomadi premier. Là il prit quelques forteresses, ravagea les campagnes, fit un assez grand nombre de prisonniers, et, sans pousser plus loin ses succès, revint à Damas pour y prendre ses quartiers d'hiver (*). Dès le printemps de l'année suivante (de l'hégire 216), Théophile fit quelques propositions de paix; mais comme dans la lettre qu'il avait écrite à ce sujet, l'empereur de Constantinople avait placé son nom avant celui du khalife, celui-ci se crut offensé, et, refusant tout accommodement, entra de nouveau dans l'Asie Mineure avec son frère Abou-Ishak-el-Motassem. Ils assiégèrent Héraclée, s'emparèrent de trente forteresses, firent un grand nombre de prisonniers, et vers la fin de l'automne revinrent encore à Damas attendre une meilleure saison (**). La troisième année de la guerre vit recommencer cette suite de razzias, et El-Mamoun vint, cette fois, mettre le siége devant Louloua, forteresse importante de la Cilicie (***). Mais, rebuté par les difficultés du siége, il se retira au bout de cent jours, laissant autour de la place un de ses officiers nommé Adjif, auquel il confia le commandement d'un nombreux corps de troupes. Trompé par une ruse des habitants, ce général fut fait prisonnier, et relâché au bout de trois mois par une cause

(*) Voy. Cedr., p. 430, t. II.
(**) Voy. Cont. Théoph., p. 115 et suiv.; Siméon, p. 424 ; Georg., p. 523-524.

(*) Voy. Ebn-el-Athir, fol. 154, r° et v°.
(**) Voy. Ebn-el-Athir, fol. 155 r°.
(***) Φρούριόν τι τῇ Ταρσῷ ἀγχίθυρον ἐπί τινος ὑψηλοτάτου λόφου καὶ ἐρυμνοῦ ἑδρυμή-σαντο Λοῦλον τῷ φρουρίῳ τὸ ὄνομα (Cedren., t. II, p. 551).

que le chroniqueur arabe n'explique pas. Il se préparait à reprendre le siége interrompu par sa captivité, lorsque l'arrivée subite de Théophile vint changer la face des affaires. D'assiégeant qu'il était, Adjif devint assiégé. Il se voyait vigoureusement pressé entre la garnison et l'armée de l'empereur, lorsque le khalife, traversant en hâte les défilés de la Cilicie, vint à son secours. Théophile, à son approche, s'était retiré, comme s'il eût craint d'engager la bataille (*). La guerre continua ainsi avec des chances diverses et sans résultat décisif pendant les années 217 et 218 de l'hégire (832-833 de J. C.). C'est vers cette époque qu'une persécution sérieuse sévissait à Baghdad par les ordres du khalife, dans le but de faire prévaloir ses opinions personnelles sur la nature du Coran. Aboulféda s'est longuement étendu sur ce sujet, ainsi qu'Ebn-el-Athir, et nous leur emprunterons une partie de leur récit. Lors de sa première expédition contre les Grecs, disent ces historiens, le khalife avait chargé Isbak-ben-Ibrahim-ben-Mosaab, gouverneur de Baghdad, d'assembler tous les jurisconsultes de la capitale, et de demander à chacun d'eux son sentiment sur le Coran. Obéissant à cet ordre, Ishak assembla les juges de la ville, parmi lesquels se trouvait Beschr-ben-Walid, de la tribu de Kenda, grand juge, Mocatel, Ahmed-ben-Hambal, Cotaïb, Ali-ben-Sadi, et il leur lut deux fois la lettre d'El-Mamoun, afin qu'ils en comprissent bien toute la portée. Interrogé ensuite le premier, Beschr répondit que le Coran était la parole de Dieu. Ishak, mécontent de cette réponse évasive, demanda une solution formelle à cette question : Le Coran a-t-il été créé ou non ? — Dieu est le créateur de toutes choses, dit Beschr. — Or, le Coran est une chose, ajouta l'interrogateur. — Oui, répondit Beschr. — Donc, dans votre pensée, le Coran est créé. — Évidemment, répliqua Beschr, le Coran n'est pas le créateur. — Ce n'est pas là la question. Expliquez-vous clairement : le Coran est-il créé, oui ou non ? — Beschr protesta qu'il ne saurait trouver de meilleures réponses à faire. D'après l'ordre d'Ishak, un scribe était présent et prenait note de tout cet interrogatoire. Chacun dut le subir à son tour, et répondit à peu près comme l'avait fait le grand juge de Baghdad. Ishak envoya au khalife un procès-verbal exact de toutes leurs réponses. Le khalife lui répondit d'interroger de nouveau Beschr et Ibrahim-ben-Madhi, de les livrer au supplice s'ils persistaient dans leur entêtement, et de lui envoyer tous les autres jurisconsultes chargés de fers. Cette fois, les menaces du khalife avaient ébranlé les convictions. La peur de la mort parlait plus haut que la conscience, et parmi tous les hommes de loi que renfermait une ville aussi peuplée que Baghdad, quatre seulement se montrèrent prêts à devenir les martyrs de leur opinion. C'étaient Ahmed-ben-Hanbal, Couariri, Sedjadah et Mohammed-ben-Nouh-el-Masroub ; tous quatre furent jetés en prison. Là, les horreurs du cachot triomphèrent de la constance de Sedjadah et de Couariri, qui reconnurent le Coran pour un livre créé. Quant à Ahmed et à Masroub, ils furent chargés de chaînes et envoyés à Tarse, où se trouvait alors le khalife avec son armée. Sur ces entrefaites, arriva à Baghdad une troisième lettre du khalife : « Nous avons appris, disait-il, que Beschr et quelques autres interprètes de la loi ont adhéré à notre opinion. Mais nous avons réfléchi que celui qui cède à la force conserve en lui sa croyance : qu'ainsi Beschr et ses compagnons, quoiqu'ils professent de bouche la vraie doctrine, doivent cependant être encore attachés à l'erreur. » Il ordonnait en conséquence à Ishak de les lui envoyer également à Tarse, où ils attendraient la fin de la guerre contre les Grecs. Ces nouveaux ordres furent exécutés : Beschr et ses compagnons furent acheminés vers la Ci-

---

(*) Voy. Aboulféda, Ann. mosl., t. II, p. 155 ; El-Macin, Hist. sarr., p. 137 ; Ebn-el-Athir, fol. 156 r°.

licie. Toutes ces malheureuses victimes d'un caprice ou d'une erreur venaient d'arriver à Raccah, lorsque la nouvelle de la mort du khalife leur rendit la liberté et peut-être la vie (*).

Depuis quelques jours déjà, le khalife était tombé malade, et de fâcheux symptômes faisaient prévoir sa mort prochaine. Nous empruntons à Ebnel-Athir le récit des circonstances qui amenèrent cette maladie. Le chroniqueur arabe dit lui-même ce récit à Saïd-ben-el-Alak-el-Karaï, qu'il fait parler ainsi : « El-Mamoun me fit un « jour appeler près de lui : je le trou- « vai assis sur le bord du Bedidoun. « Motassem était assis avec lui. Tous « deux avaient les jambes plongées « dans l'eau. Le khalife m'engagea à « les imiter et à prendre le bain avec « eux. L'eau était fraîche, limpide, et « je m'écriai : O prince des Croyants, « qui a jamais vu source plus pure « que celle-ci ! — Il serait agréable, « dit alors le khalife, d'avoir quelque « chose à manger en buvant de cette « eau si claire et si rafraîchissante : « quel dommage de n'avoir pas des « dattes bien fraîches ? — Et moi je « l'approuvais et disais comme lui. « Tandis que nous parlions ainsi, le « bruit des anneaux qui ornent la « bride d'un cheval harnaché pour le « voyage se fit entendre. Nous tour- « nâmes la tête, et nous aperçûmes la « mule d'un courrier qui portait à « l'arçon de la selle un sac renfermant « quelques provisions. Le khalife dit « à un de ses serviteurs : Va voir si « parmi ces provisions ne se trouve- « raient pas quelques dattes fraîches. « Il s'en trouvait justement, et cette « prompte réalisation du vœu que « nous formions tout à l'heure, nous « parut une faveur céleste dont nous « remerciâmes la Providence. Nous « mangeâmes donc, en buvant de l'eau « du fleuve : mais quand nous voulû- « mes nous lever, nous tremblions tous « de la fièvre. Alors commença la ma- « ladie qui devait conduire El-Ma- « moun au tombeau (*). »

Le khalife, se sentant près de sa fin, transmit le souverain pouvoir à Motassem, son frère, en présence d'Abbas son fils; puis, dans une longue et touchante allocution, il lui recommanda de craindre Dieu et de tout faire pour le bonheur de son peuple. Je confie à ta garde, lui dit-il, le pacte solennel qui lie Dieu aux hommes, et qui renferme les promesses dont le prophète a été l'interprète et le garant. Tu rempliras sur la terre les fonctions du souverain créateur dans le ciel : ce que les fidèles doivent à la Divinité, tu l'exigeras d'eux ; récompense la soumission à Dieu. Je te lègue le fardeau de l'empire, si tu souscris à ces conditions. — Je te promets de les observer fidèlement, répondit Motassem, et que Dieu me vienne en aide ! El-Mamoun ajouta : Traite avec humanité les descendants d'Ali, jadis le chef des fidèles; et s'ils se trompent dans la voie qu'ils doivent suivre, sache oublier leurs erreurs (**).

El-Mamoun mourut le sixième jour de sa maladie, le 18 du mois de redjeb de l'an 218 de l'hégire (833 de J. C.). Il était âgé de 48 ans, et en avait régné vingt depuis la mort de son frère. Son corps fut porté à Tarse, où son fils et son frère le firent ensevelir dans la maison de Djaalan, ancien serviteur de Haroun-el-Reschid.

Plusieurs chroniqueurs arabes nous ont laissé le portrait de ce prince. Selon les uns, il avait le teint blanc et brillant, la taille carrée, la barbe peu épaisse, longue et se terminant en pointe ; selon les autres, il était haut en couleur, avait le dos voûté, les yeux grands et très-noirs, la barbe fournie, le front déprimé. Aboulféda, El-Macin, El-Athir et presque tous les écrivains orientaux ont célébré à l'envi son courage, sa clémence, sa justice, la pureté de ses mœurs, et surtout sa libéralité. Il porta jusqu'à

---

(*) Voy. Aboulféda, Ann. mosl., t. II, p. 154 et suiv.; et Ebn-el-Athir, fol. 156 v°, et 157 r° et v°.

(*) Voy. Ebn-el-Athir, fol. 158 r° v°.
(**) Voy. Aboulféda, Ann. moslem., t. II, p. 162.

l'excès cette dernière qualité si chère aux Arabes. Un fait entre mille pourra en donner une idée. On raconte qu'il se trouvait à Damas dans un moment où son trésor était épuisé par les dépenses de la guerre. Motassem, qui gouvernait plusieurs provinces en son nom, s'empressa, sur sa demande, de lui envoyer trente millions de dirhems, revenu annuel de son gouvernement. A l'approche du convoi, El-Mamoun dit à Yahya-ben-Actam : Viens avec moi voir les trésors qui me sont envoyés. Le convoi était déjà aux portes de la ville : ils sortirent donc, et avec eux une foule immense. Tous, le khalife lui-même, se montrèrent émerveillés à la vue de la longue file de mulets qui portaient les ballots chargés d'argent. Cependant El-Mamoun se tournant vers Yahya : Nous éloignerons-nous, lui dit-il, sans combler les désirs de nos amis? Il appelle aussitôt son secrétaire, Mohammed-ben-Redad; puis, sans descendre de cheval : Fais, lui dit-il, une donation de tant de milliers de dirhems pour la famille de celui-ci, autant pour celui-là; et continua ainsi jusqu'à ce qu'il eût distribué vingt-quatre millions. Il abandonna le reste à l'intendant de l'armée pour l'entretien des troupes, sans en faire entrer un seul dirhem dans son trésor (*).

Mais si cette libéralité, tant vantée par les historiens arabes, fut chez lui une vertu qu'on ne saurait lui contester, on ne doit pas, sur la foi de ces mêmes historiens, souvent trop indulgents ou trop aveugles, lui accorder sans restriction tous les autres éloges qu'ils se sont plu à lui prodiguer. El-Mamoun, qui ne manquait pas d'un certain courage, ne paya cependant pas autant de sa personne sur le champ de bataille que l'avait fait son père Haroun-el-Reschid; il dut la plupart de ses succès aux généraux habiles qu'il avait au moins le mérite, si essentiel à un souverain, de savoir toujours bien choisir. D'un naturel porté à la douceur, il disait souvent : « Si les hommes savaient quel plaisir j'éprouve à pardonner, tous viendraient d'eux-mêmes me confesser leurs crimes. » Toutefois, cette clémence se démentit dans plus d'une occasion, et il étouffa souvent la voix d'un instinct généreux pour ne céder qu'à l'impulsion d'un caprice ou d'une égoïste prévoyance. La faiblesse de son caractère le conduisit jusqu'à l'injustice, l'injustice jusqu'à la cruauté. La mort de Hortomah est une tache sanglante dans sa vie et un reproche à sa mémoire.

Malgré quelques fautes et quelques faiblesses, El-Mamoun n'en est pas moins l'un des plus grands princes de l'Arabie. Son père et lui jetèrent sur la dynastie d'Abbas un éclat que nul autre prince ne put égaler. Les règnes de Reschid et d'El-Mamoun se complètent, pour ainsi dire, l'un par l'autre. Le premier avait organisé d'une manière durable le vaste empire conquis par les Arabes dans les deux premiers siècles de l'hégire; le second acheva son œuvre; à la gloire des armes, à celle plus pure et plus solide d'une administration durable et régulière, il unit le vif éclat que les sciences et les lettres jettent sur un État. On a dit avec raison que le règne de El-Mamoun exerça en Orient la même influence que ceux des Médicis et de Louis XIV en Europe. On pourrait ajouter que le mouvement intellectuel imprimé à l'Orient par El-Mamoun prépara et annonça en quelque sorte la brillante époque de la renaissance en Occident. Malgré les efforts de El-Mancour et de Haroun lui-même, l'Arabie, à l'avénement d'El-Mamoun, était encore sous le rapport des sciences exactes et naturelles dans un état presque voisin de la barbarie. Sa cour devint bientôt l'asile de tous les savants et le foyer de toutes les branches des connaissances humaines. « Il regardait les savants, dit Abulfa« radj, comme des êtres choisis par « Dieu pour perfectionner la raison : « c'étaient les flambeaux du monde, « les guides du genre humain ; sans

---

(*) Voy. l'extrait de la Conduite des rois, trad. par M. A Cherbonneau. Journ. asiat., 4ᵉ série, t. II, p. 336-337.

« eux la terre devait retourner à la « barbarie primitive. » Nous réserverons, pour un examen spécial, l'énumération détaillée des travaux et des découvertes dont la science lui est redevable. Il nous suffira de dire, pour en faire pressentir l'importance, qu'il ne fut arrêté par aucune difficulté de temps ou de lieu, et nous l'avons vu entreprendre une longue guerre pour enlever à Constantinople un savant renommé. Il fit transcrire du grec les ouvrages qui traitaient d'astronomie, de géométrie, de mathématiques, de médecine, de philosophie; et les fit traduire d'abord en syriaque, puis en arabe, par les plus habiles interprètes de ses États. Tous les habitants de son vaste empire pouvaient aussi être initiés à des connaissances qui depuis si longtemps étaient le partage d'un petit nombre d'élus. Un enseignement public fut organisé dans toutes les cités importantes. A l'examen des théories on joignait les leçons de l'expérience. Deux observations sur l'obliquité de l'écliptique, entreprises l'une à Baghdad, l'autre à Damas, et une opération ayant pour but de mesurer la circonférence de la terre, devinrent, pour les sciences mathématiques, des points de départ d'une haute importance. El-Mamoun assistait lui-même aux conférences publiques où se traitaient les matières les plus ardues. Doué d'un esprit intelligent, et vraiment passionné pour la recherche de la vérité, il acquit en peu de temps des connaissances profondes, surtout en astronomie, pour l'étude de laquelle il avait une véritable prédilection. Malheureusement égaré par cette prédilection-là même, il franchit la limite qui sépare la certitude mathématique des folles erreurs de l'imagination : il crut à l'astrologie.

On peut diviser le règne d'El-Mamoun en trois époques bien distinctes : la première, qui s'ouvre au meurtre d'El-Amin, n'est qu'une longue succession de troubles, de révoltes, de guerres civiles. Le khalife croit calmer l'orage en favorisant le parti des Alides, et lui faisant espérer d'arriver à ce trône qu'il réclame depuis deux siècles comme son héritage; mais cette décision, loin d'apaiser les dissensions, les ranime à l'instant : c'est que le règne d'El-Mançour, celui de Haroun, ont assuré la couronne sur la tête des Abbassides. Cette puissante famille a désormais jeté de profondes racines dans le pays, et son chef n'est plus le maître de renoncer au titre de commandeur des Croyants. La mort de l'Alide Ibrahim rend la paix à l'empire. Cette seconde époque forme la partie la plus glorieuse d'un règne glorieux. L'État, riche et puissant, est administré d'une main ferme; les vaincus versent leur or dans le trésor du khalife, et cet or y reçoit un généreux emploi. Les richesses amènent le luxe; le luxe favorise les arts, la littérature, la science. La cour de Baghdad devient le séjour préféré des savants de l'Asie ou de l'Europe : les esprits, éclairés par eux, prennent en dégoût les mœurs grossières, les idées confuses, les formes barbares de leur temps; chacun se modèle sur les goûts du souverain. Les manuscrits grecs sont recherchés, publiés dans les vastes provinces de l'empire; les idées scientifiques ou philosophiques qu'ils contiennent se répandent dans une société toute neuve, qu'elles rendent à la fois plus régulière et plus développée.

Mais là commence une troisième époque, époque de décadence, car l'Arabie a atteint l'apogée de sa gloire. L'étude des institutions de l'antiquité, de ses opinions, de sa philosophie, a formé rapidement une école de libres penseurs, et le khalife à leur tête veut imposer au peuple arabe les nouvelles idées qu'il a conçues sur la nature du Coran. C'était tenter de déraciner cette foi aveugle et profonde qui faisait la force de l'Arabie; c'était briser aux mains des Arabes l'arme irrésistible qui leur avait soumis le monde. Telle fut de tout temps la plaie de l'islamisme. Dans son despotisme absolu, la loi religieuse y presse la société tout entière d'un cercle étroit dont elle ne peut sortir. Ce despotisme, favorable à la conquête, ne permettait pas l'examen. Conquérants et missionnaires, les Arabes avaient été plus puissants qu'aucun peuple du monde; quand l'heure du raisonnement sonna pour eux, ils ne tardèrent pas à se diviser, et perdirent rapidement l'influence qu'ils devaient à leur enthousiasme.

## COMMENCEMENT DE LA DÉCADENCE DES ABBASSIDES.

*Motassem, Watek, Motawakkil.*

A l'époque de l'histoire des Arabes où nous voici parvenus, notre tâche s'avance et se simplifie. Cette tâche, en effet, n'était pas d'écrire une histoire complète du khalifat : le jour n'est peut-être pas encore venu où l'on pourra tenter cette vaste entreprise, que les nouvelles conquêtes de l'Europe sur le domaine littéraire de l'Orient rendront bientôt plus facile (*). Nous avons entrepris de décrire l'Arabie, son peuple, sa religion, l'établissement de l'islamisme, la grande conquête qui, sous les successeurs de Mahomet, soumit à quelques tribus sorties du désert un empire qui touchait les deux frontières de l'ancien monde. Nous avons essayé de tracer un tableau de l'organisation établie dans leurs vastes États par les Abbassides ; nous avons vu la pensée puissante du législateur qui leur sert de guide mettre en relation des civilisations diverses, séparées, indépendantes l'une de l'autre. La fusion de toutes ces sociétés en une seule s'est accomplie : forcément, il est vrai ; car les éléments sont trop distincts pour se confondre, et cette fusion est plutôt un contact immédiat qu'une union véritable. Maintenant ces éléments, ralliés momentanément par le fanatisme et l'enthousiasme, vont se disjoindre de nouveau. La prospérité de l'État a favorisé la science, la philosophie, le raisonnement ; et le raisonnement est incompatible avec l'islamisme. Une main ferme pourrait seule contenir encore tant de peuples soumis par le droit du sabre ; et les fils d'Abbas n'auront plus ni vertu ni courage. Nous assisterons rapidement à l'agonie de cette dynastie, qui, pendant un siècle, remplit le monde de sa gloire, et mit ensuite cinq siècles à s'éteindre, perdant sous chaque règne quelque chose de son éclat (*). Nous résumerons ensuite, dans une sorte de conclusion des destinées de l'Arabie proprement dite, et nous terminerons par un coup d'œil sur la littérature arabe, dont les paisibles trophées survivent depuis si longtemps à la puissance des khalifes ; tant les conquêtes de l'intelligence sont supérieures à celles qui ne s'appuient que sur la force des armes.

El-Mamoun, en désignant son frère Motassem pour son successeur, usait du droit que lui avait conféré Haroun par son testament. Cependant l'avénement du nouveau khalife rencontra dans l'armée une violente opposition. Un parti puissant s'organisa en faveur

---

(*) Les soins intelligents et empressés du Conservatoire de la bibliothèque du roi viennent d'acquérir, à ce précieux dépôt des connaissances humaines, un document bien essentiel à celui qui voudra connaître dans tous ses détails l'histoire du khalifat. Nous voulons parler d'un exemplaire complet de la grande chronique d'Ebn-el-Athir, acheté récemment à Constantinople. On a pu juger, d'après les nombreux emprunts que nous avons faits aux volumes que possède déjà la bibliothèque, combien l'acquisition du manuscrit complet intéresse tous ceux qui s'occupent de l'histoire de l'Orient.

(*) L'histoire des dynasties indépendantes qui, à partir de l'époque où nous sommes parvenus, s'élèvent chaque jour sur les débris de l'empire des khalifes, ne peut entrer dans nos plans ; et cependant la formation de ces dynasties, leurs annales, constituent la partie la plus intéressante de l'histoire des derniers temps du khalifat. Le récit en appartient à ceux de nos collaborateurs qui ont été chargés, dans l'*Univers*, de la description des pays où elles ont exercé leur puissance. Nous n'avons donc plus qu'à jeter un rapide coup d'œil sur l'ensemble de la décadence incessante des fils d'Abbas.

d'Abbas, fils de El-Mamoun (*), et c'en était fait de la puissance de Motassem, sans la générosité et le désintéressement de son neveu. Au moment même où la révolte allait éclater avec le plus de violence, Abbas, en présence de toute l'armée, vint se jeter aux pieds de son oncle en lui jurant fidélité. El-Kacem, troisième fils de Haroun et frère aîné du nouveau khalife, malgré quelques manifestations de l'armée en sa faveur, imita la noble conduite d'Abbas. Toute semence de discorde fut étouffée, et le premier jour du mois de rhamadan 218 de l'hég. (833 de J. C.), Motassem fit avec Abbas son entrée solennelle dans Baghdad.

Le mouvement qui venait de compromettre l'élection du nouveau khalife était moins un effet des sympathies de l'armée pour Abbas qu'une protestation énergique contre les volontés de El-Mamoun.

Les dernières années du règne de ce prince l'avaient perdu dans l'esprit des Arabes, et l'on se défiait du successeur qu'il s'était donné, comme on se serait défié de lui-même; ce n'était peut-être pas sans raison. Motassem arriva au pouvoir suprême, sinon avec les idées, du moins avec la volonté de faire triompher les idées de son frère sur le Coran. Comme lui, il eut recours à la persécution. Cette opinion avait, il est vrai, rencontré quelques partisans sincères dans la classe des savants et des lettrés; mais Beschr et ses adhérents comprenaient sans doute que le triomphe d'un pareil système, en détruisant les bases de la croyance chez les fidèles, devait entraîner la ruine de la puissance musulmane. De là leur résistance.

Au reste, Motassem, aussi ignorant que El-Mamoun était éclairé, soutenait les idées adoptées par son frère, moins par conviction que par reconnaissance pour sa mémoire. Beschr mourut l'année même où Motassem prit comme souverain possession de Baghdad. Mais l'exemple de sa résistance ne fut pas perdu pour ses successeurs. En 219, l'imam Ahmed-Ebn-Haubal devint, à son tour, l'objet des plus vives persécutions. Séduit par l'espoir de ramener à son sentiment l'un des champions les plus zélés de l'orthodoxie musulmane, Motassem l'avait fait appeler en sa présence, et, pour le convaincre, avait employé tour à tour les arguments et les menaces. Ahmed résista: alors le khalife, dans un accès de colère, le fit battre de verges avec tant de violence, que la chair tombait en lambeaux de ses épaules, et le fit jeter tout couvert de plaies au fond d'un cachot où furent amenés successivement plusieurs docteurs de la loi, coupables de la même résistance (*).

Cette persécution n'était pas, du reste, le seul motif d'animosité du peuple contre Motassem. Ce prince venait de former un nouveau corps de troupes spécialement destiné à veiller sur sa personne. Ce corps qui, plus tard, devait être pour les khalifes eux-mêmes un si redoutable embarras, se composait des prisonniers qui avaient été faits dans les longues guerres du Turkhestan. Les excès de tout genre auxquels se livra dans la ville cette milice protégée par le khalife, ne soulevèrent d'abord que de sourds mécontentements; mais l'impunité augmentant l'audace de cette soldatesque, Baghdad se vit menacé d'un soulèvement général. Il était alors trop tard pour arrêter le mal, et le khalife comprit qu'il y avait autant de danger pour lui à sévir contre une milice sans discipline et sans frein, qu'à braver la juste colère des habitants de sa capitale. N'osant donc sévir ni contre sa garde ni contre les citoyens, il prit le parti de quitter la ville. A cet effet, il fit jeter à douze lieues de Baghdad, dans l'année 220 de l'hégire, les fondements de Sarmanray ou Samarah (**),

(*) Voy. Ebn-el-Athir, fol. 163, r°.

(*) Voy. Aboulféda, Ann. mosl., t. II, p. 168. Ahmed resta en prison jusqu'au règne de Motavakka, deuxième successeur de Motassem; ce khalife lui rendit la liberté après l'avoir comblé de présents.

(**) Le continuateur de Théophane la

décidé qu'il était à y fixer sa résidence. Quant à Baghdad, il en confia le gouvernement à son fils Vatek (*).

Tandis que Motassem signalait son avénement par des actes d'intolérance et de despotisme, l'imposteur Babek qui, depuis près de vingt ans, désolait la Perse et l'Arménie, en cherchant à y introduire à main armée ses coupables doctrines, avait acquis à son parti un développement et une importance qu'il fallait à tout prix arrêter. Ses intelligences avec les Grecs pouvaient d'un moment à l'autre faire tomber entre les mains de l'empereur de Constantinople les plus belles provinces de l'empire musulman. Malgré les efforts des généraux arabes, il s'était continuellement maintenu dans les deux contrées infestées de ses doctrines, et, à l'époque où nous en sommes arrivés, il menaçait d'en sortir pour fondre sur Baghdad. Dans ce péril imminent, le khalife confia le commandement d'une armée considérable à Haïdar, fils de Kaous, que l'on surnommait Afschin. Ce général, Turk et esclave de naissance, devait sa fortune rapide tant à la protection du khalife qu'à son mérite personnel. Il se rendit dans l'Aderbaïdjan, où se trouvait Babek, et, au lieu de compromettre le succès par quelque mesure imprévoyante, il acquit des lieux une connaissance aussi exacte que celle de l'ennemi, déjouant ses plans et ses manœuvres par une sage lenteur. Ce fut alors seulement qu'il risqua une grande bataille, à la suite de laquelle Babek, entièrement défait, se retira dans Cadabeg, où le vainqueur vint l'assiéger. De là il se réfugia sur les terres de l'empereur grec, puis auprès de Sahal-ben-Sanbat, gouverneur d'Arménie, qui le livra à Afschin, l'an 222 de l'hégire (837 de J. C.). Il fut conduit à Baghdad avec un de ses frères et 3300 de ses prosélytes. Le jour de son entrée dans la ville fut un jour de fête pour les Musulmans. Après avoir été promené de rue en rue sur le dos d'un éléphant, et livré à toutes les insultes de la multitude, il fut remis entre les mains des bourreaux, qui lui coupèrent les bras et les jambes; son cadavre resta plusieurs jours exposé sur le pont du Tigre. Par la mort de Babek, le parti dont il avait été l'âme perdit toute importance politique. Quant à l'esprit des doctrines de cet imposteur, il se propagea longtemps encore, et donna par la suite naissance à plusieurs sectes d'hérétiques.

La mort de El-Mamoun avait suspendu les hostilités avec l'empire grec. Mais, à la faveur des troubles suscités en Mésopotamie par Babek, l'empereur Théophile songea à venger ses défaites, et la guerre se ralluma : cette fois la Cappadoce en fut le théâtre. Vaincus en 218 par Abou-Khasar, vainqueurs l'année suivante, les Grecs éprouvent de nouveau un sanglant échec en 220, et Théophile ne doit son salut qu'au courage et au dévouement de Manuel, un de ses meilleurs généraux. C'est ce même Manuel qui, quelque temps après, ayant encouru la disgrâce de l'empereur, se réfugia à la cour de Motassem, où il fut reçu avec tous les égards dus au courage et au malheur. Le khalife comprit bientôt toute l'importance d'un pareil hôte. Pour s'attacher Manuel, il le combla d'honneurs, et fit pour lui ce que son frère El-Mamoun avait fait pour les savants qu'il attirait à sa cour, il lui laissa le libre exercice de sa religion. Le général grec ne tarda pas à justifier la haute opinion que le khalife avait conçue de lui et à se rendre digne des faveurs qu'il en avait reçues. Le Khoraçan, si souvent agité, venait de se soulever encore. Manuel ne demanda pour réduire les rebelles que les prisonniers grecs qu'on retenait dans les fers. Il partit à leur tête, et en peu de jours il put annoncer au khalife que l'ordre était rétabli dans cette partie

---

nomme Σάμαρα, et la place sur l'Euphrate. Il se trompe; elle était sur le Tigre. Elle devint pendant longtemps la résidence favorite des khalifes et de leur maison militaire, quoique Baghdad fût resté le centre du gouvernement et de l'administration.

(*) Voy. Aboulféda, Ann. moslem., t. II, p. 164.

Longitude du Méridien de Paris.

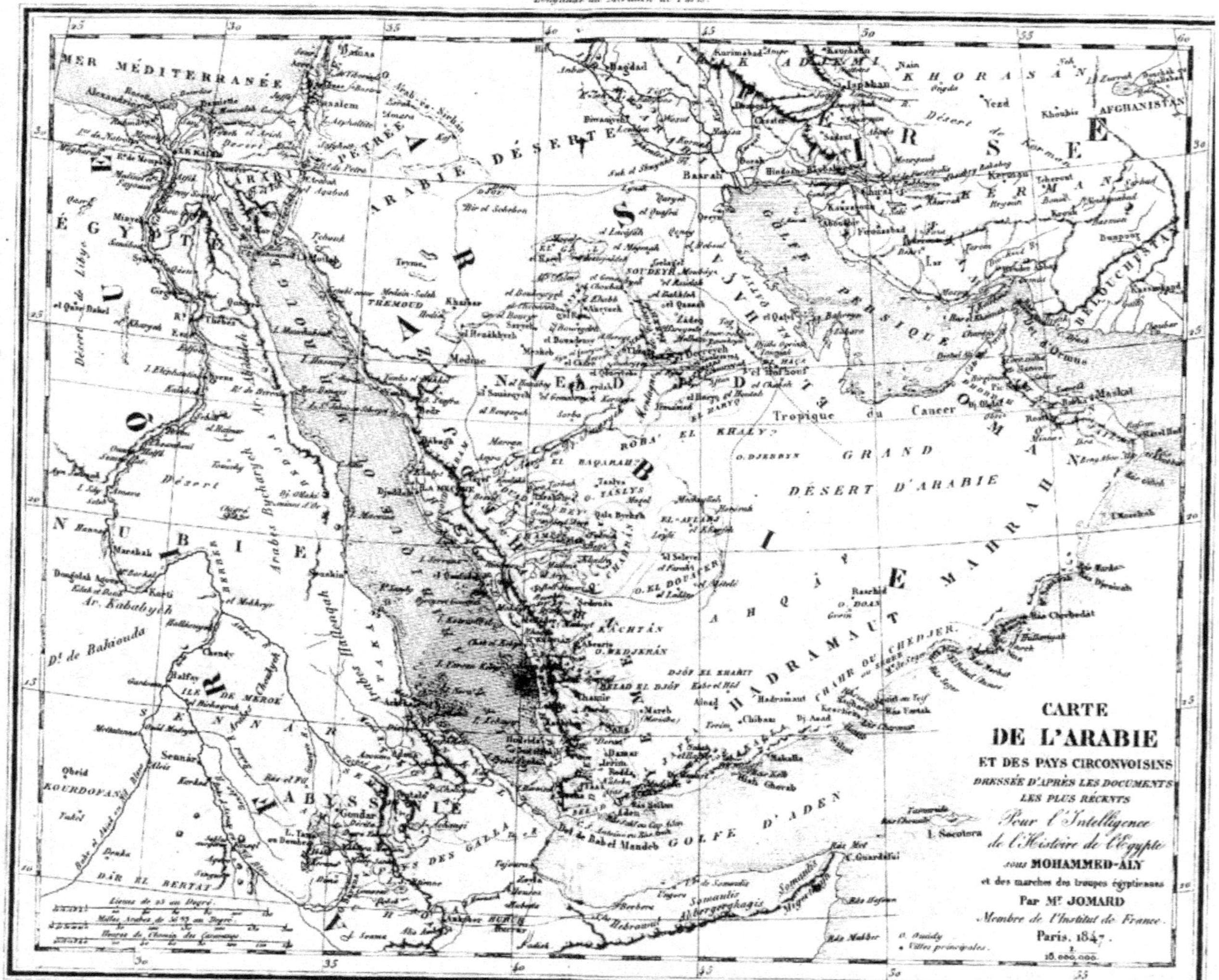

de son empire. La même année et avec les mêmes troupes, il délivra le pays d'une prodigieuse multitude de bêtes sauvages qui, sorties des déserts de Mawarelnahar, désolaient toutes les contrées voisines de l'Oxus. Cependant sa dette de reconnaissance n'était pas encore acquittée aux yeux du khalife. Ce que désirait surtout Motassem, c'était de se servir du général grec pour combattre les Grecs eux-mêmes. De son côté, Théophile songeait à ramener à lui un homme qui, après lui avoir rendu tant de services, pouvait lui devenir si redoutable. Tel fut l'objet du voyage que fit à Baghdad Jean Lecanomante, son ancien précepteur. Le rachat de prisonniers grecs était la cause apparente de cette ambassade; et, pour éloigner tout soupçon, Lecanomante, apportant au khalife des paroles de paix, cachait le véritable but de sa démarche sous l'affectation d'une frivole magnificence. Outre les riches présents destinés à Motassem, l'envoyé de Constantinople avait reçu de son maître quatre cents livres d'or pour les répandre à la cour de Baghdad. Motassem, ne voyant dans la démarche de l'empereur qu'un défi porté à sa libéralité, avait accepté le combat sur ce terrain. Il fit apparaître au milieu d'un somptueux repas cent prisonniers grecs superbement vêtus, et dit à l'ambassadeur : « Vous veniez les racheter, je vous les donne; conduisez-les à votre maître. » Théophile, piqué d'honneur, avait à son tour envoyé au khalife cent prisonniers musulmans revêtus de robes magnifiques (*). Cependant Jean Lecanomante était parvenu, par l'entremise d'un de ses agents, moine adroit et rusé, à faire comprendre à Manuel le but caché de sa mission. Aussitôt après le départ de l'ambassade, l'illustre exilé, feignant une profonde animosité contre sa patrie, demanda au khalife et en obtint une armée pour envahir la Cappadoce; mais, arrivé sur les frontières de cette province, il découvrit au jeune prince Watek, qui l'avait accompagné, le dessein qu'il avait formé de retourner à Constantinople; puis il le quitta les larmes aux yeux, en s'applaudissant toutefois d'avoir écouté la voix du devoir envers sa patrie sans avoir trahi les lois de l'hospitalité. L'armée musulmane, malgré le brusque départ du général grec, était restée en Cappadoce, mais sans y faire le moindre progrès. Théophile, profitant de cette inaction, se mit à la tête de cent mille hommes et vint foudre sur la Syrie, l'an 222 de l'hégire (836 de J. C.). Partout il porta le ravage, s'avança jusqu'à l'Euphrate, saccagea plusieurs des villes placées sur ses bords, et vint mettre le siége devant Sozopétra (*), où Motassem était né. Touché du péril que courait le lieu de sa naissance, le khalife écrivit aussitôt à Théophile : « C'est mon berceau, lui disait-il; je vous abandonnerais plutôt une province entière. Songez que, si je suis surpris aujourd'hui, je puis me venger demain. » Malgré cette prière tant soit peu menaçante, l'empereur presse le siége, s'empare de Sozopétra, passe les hommes au fil de l'épée, traîne en esclavage les enfants et les femmes. De là, l'armée victorieuse passe à Malatia, l'ancienne Mélitène, pour s'y livrer aux mêmes excès. Mille Musulmanes sont emmenées captives, et Théophile retourne triompher à Constantinople. Sa joie fut de courte durée. La destruction de Sozopétra avait mis le khalife en fureur. Il rassemble une armée telle que n'en avaient jamais commandée les successeurs du prophète : elle se montait, dit Abulfaradj, à 220,000 hommes. A la tête de ce formidable armement, auquel ont contribué les provinces les plus éloignées, Motassem se dirige vers Amorium, ville alors la plus peuplée et la plus riche de l'empire grec. Pour annoncer sa réso-

(*) Voy. Cedr., t. II, p. 526-527; Zon., l. 15, t. II, p. 149; Cont. Théoph., p. 73-74-75.

(*) Les Arabes l'appellent Zobathrah; Siméon Logothète, Σάπετρον; le continuateur de Théophane, Σοζοπέτρας.

lution, il avait fait écrire sur le bouclier de chaque soldat le nom d'*Amorium* (\*). Le khalife, arrivé à Tarse, résolut, avant de commencer le siège, de livrer bataille à Théophile. Il confia donc à son fils Watek cinquante mille hommes, entre lesquels étaient dix mille Turks, et lui adjoignit le lieutenant Omar-ben-Abdallah, gouverneur de Mélitène, guerrier d'une valeur et d'une prudence éprouvées. Ce dernier, avec Aphschin, chef des Turks, commandait l'aile droite de l'armée; Aschnas, autre général habile, aussi de race turque, commandait la gauche; le khalife s'était réservé le commandement du centre; et, dans cet ordre, il vint camper à Dazymène, à l'entrée de la Phrygie. Théophile, de son côté, s'était mis en marche avec son armée. A la vue du camp ennemi, il monte sur une éminence avec ses principaux officiers; il voit que les Arabes sont supérieurs en nombre, et tient conseil sur le parti qu'il doit prendre. Manuel voulait attaquer pendant la nuit; il est contredit par les autres officiers, et le combat ne s'engagea qu'au point du jour. Les troupes de la maison de l'empereur chargèrent au commencement avec tant de vigueur, que les Arabes plièrent et tournèrent le dos; mais les dix mille Turks postés sur les ailes laissèrent les vainqueurs s'engager au milieu d'eux et firent pleuvoir sur eux une telle grêle de flèches habilement dirigées, qu'à chaque coup ils abattaient hommes ou chevaux. Cette diversion changea la face du combat. Les Grecs prirent la fuite à leur tour, et abandonnèrent l'empereur qui s'était lui-même engagé au milieu des ennemis. Il ne resta autour de sa personne que les officiers de ses gardes;

et si la nuit ne fût survenue avec une pluie qui mit les arcs des Turks hors d'état de servir, nul doute que Théophile ne fût resté sur le champ de bataille.

Les Musulmans, qui n'avaient perdu que trois mille hommes, marchèrent vers Amorium et l'investirent au mois d'août. Les Turks tiraient sans cesse pour abattre ceux qui se montraient sur la muraille, et les Arabes faisaient jouer des machines de guerre. Les Grecs, de leur côté, se défendaient avec ardeur et foudroyaient avec le feu grégeois les batteries des assiégeants. Peut-être le khalife, qui perdait beaucoup de monde, se serait-il lassé le premier, si une trahison ne fût venue à son secours. Un habitant, ayant eu querelle avec le commandant, avertit les Arabes, par une lettre attachée à une flèche, qu'ils prendraient aisément la ville s'ils plantaient l'escalade à l'endroit qu'il leur indiquait; ce qui fut exécuté la nuit suivante. Les Arabes, en pénétrant dans la ville, firent un horrible carnage. La plus grande partie des habitants étaient déjà massacrés, lorsque Motassem ordonna d'épargner les autres et de les mettre aux fers. Pour consommer sa vengeance, il fit mettre le feu aux édifices, et ne laissa qu'un monceau de ruines à la place de la ville alors la plus florissante de l'Orient (\*).

Là ne s'arrêta pas encore l'horreur des représailles. Théophile, ayant envoyé une ambassade pour traiter du rachat des prisonniers, le khalife répondit par les prétentions les plus exagérées. Il voulait que l'empereur lui fît remettre le cœur de Nazar, partisan de Babek, qui s'était réfugié à la cour de Constantinople, où il s'était fait chrétien; qu'il lui livrât Manuel, à qui il n'avait pu pardonner sa fuite, et qu'en outre il payât le rachat de chaque prisonnier ce qu'il offrait pour la rançon de tous, à savoir, deux mille quatre cents livres d'or. Théophile, ainsi pressé par ces dures exigences,

(\*) Aboulféda prête à Motassem des idées moins étroites: il attaqua Amorium, dit-il, parce que c'était la clef de l'empire des chrétiens, et que les Arabes tenaient plus à la prise de cette ville qu'à celle de Constantinople. Depuis l'établissement de l'islamisme, ajoute-t-il, c'est la première fois que les Musulmans s'approchaient d'Amorium. T. II, p. 171.

(\*) Voy. l'Histoire du Bas-Empire, tome XIII, p. 140 et suiv.

et désespérant de ses propres forces, avait envoyé demander du secours aux princes d'Occident. Ses ambassadeurs avaient été bien accueillis à la cour de France, et Louis le Débonnaire paraissait disposé à lui accorder du secours, lorsque la mort presque simultanée de ces deux souverains mit fin aux négociations (*). Ce n'était pas seulement sur les prisonniers grecs que Motassem exerçait sa cruauté, c'était aussi sur tout ce qui dans son empire pouvait inquiéter son caractère jaloux et ombrageux. Fatigué depuis longtemps par la popularité de son neveu Abbas et par le souvenir de sa généreuse abnégation, il ne cherchait qu'un prétexte pour se délivrer du fardeau de la reconnaissance. L'occasion se présenta d'elle-même. Il revenait du siége d'Amorium, lorsqu'il apprit qu'un mouvement avait eu lieu dans Baghdad en faveur du jeune prince, et que plusieurs généraux voulaient le rétablir malgré lui sur le trône de son père. Aussitôt Motassem le fit arrêter. Peu de jours après, on apprit qu'il était mort de soif (223 de l'hégire). Quant aux auteurs véritables de la révolte, ils tombèrent tous également entre les mains du khalife, qui les fit périr par différents genres de supplices.

L'année suivante, Barabas-ben-Daran souleva contre Motassem une partie du Tabaristan. Abdallah, fils de Taher, alors gouverneur du Khoracan, après une lutte assez longue, s'empara du rebelle et le fit conduire à Motassem, qui le fit battre de verges. Bientôt Afschin lui-même, ce chef favori des armées du khalife, devint suspect à son maître. La gloire et les services du vainqueur de Babek offusquaient ce prince ombrageux. Il l'accusa de pratiquer le magisme du feu et d'avoir cherché à le rétablir en Perse. Accuser et condamner, c'était tout un pour le khalife : Afschin fut jeté en prison et mis à mort.

Motassem ne lui survécut que d'un an. Il mourut à Sarmanray, l'an 227 de l'hégire (841), âgé de 48 ans. Il était né le huitième mois de l'année 179, et avait régné huit ans et huit mois. Il laissait huit fils, huit filles, huit mille esclaves, huit millions de dinars et quatre-vingts millions de dirhems. Aussi, dit El-Macin en faisant cette énumération, ce prince fut-il surnommé le huitainier. Il fut aussi le premier khalife qui joignit à son nom celui de Dieu, en prenant le titre de Motassem-Billah. Cet exemple fut suivi par ses successeurs d'abord, et plus tard par les princes musulmans de l'Afrique, de l'Espagne et de l'Arabie. Les historiens arabes vantent sa beauté et surtout sa force prodigieuse. On raconte qu'il soulevait un poids de dix quintaux, et que, par la seule pression de son pouce, il effaçait l'effigie d'une pièce de monnaie. Quant à ses qualités morales, on ne peut guère louer que son courage dans les combats et son excessive libéralité (*). Il était soupçonneux, cruel, et ne put, comme son frère, justifier son intolérance par l'autorité d'une raison éclairée ou d'un savoir étendu ; car, dit El-Macin, il était d'une ignorance complète et savait à peine écrire.

Nous avons remarqué sous le règne de El-Mamoun combien peut-être avaient été funestes à la puissance de l'islamisme les idées du khalife sur la nature du Coran. Motassem, en embrassant et en soutenant par la persécution les croyances de son prédécesseur, continua l'œuvre d'affaiblissement de la foi et de destruction de l'unité religieuse, ouvrant ainsi une large carrière aux hérésies et aux sectes sans nombre qui vont diviser les enfants du prophète.

A cette cause profonde de décadence il s'en joignit une autre non moins active dans l'ordre politique : ce fut l'admission des étrangers aux charges

(*) Voy. Leo Gramm., p. 454 ; Cedr., t. II. p. 529 et suiv. ; Abou'lfaradj, Chr. syr., p. 159.

(*) Ebn-Abou-Daoud raconte qu'il dépensa en aumônes et en dons près de cent millions de dirhems, durant les huit années de son règne.

privées d'abord, puis aux charges publiques ; ce fut la toute-puissante influence que leur donna cette faveur. El-Mamoun, en mourant, recommandait à son fils Mahdy de bien traiter les affranchis, ajoutant qu'ils étaient l'appui de son pouvoir (*) : recommantion funeste, et que Motassem suivit comme si elle lui eût été adressée à lui-même. Les esclaves turcs affranchis jouissaient dans l'administration, sous le règne de ce prince, d'une autorité et d'une influence égale à celle des affranchis romains. Non content d'en augmenter le nombre, il accrut leur pouvoir. El-Mamoun les avait faits percepteurs d'impôts dans les provinces, à la place des Arabes qui occupaient cet emploi ; Motassem leur ouvrit les portes de son conseil. Ainsi, d'une part, la foi religieuse ébranlée, de l'autre, l'admission d'une race étrangère dans les plus hauts emplois du gouvernement, tel est le double germe des malheurs qui vont précipiter vers sa ruine le puissant empire des khalifes.

Abou-Djafar-Haroun-el-Wathek-Billah, fils aîné de Motassem, fut salué khalife à Baghdad le 18 du mois de rébi premier de l'année 227 (842), et les premiers actes de son règne annoncèrent encore une époque de troubles et de persécutions.

Les idées de El-Mamoun revivaient en ses successeurs. Elles semblaient être devenues partie intégrante de son héritage. Adoptées avec enthousiasme par Motassem, qui les avait défendues sans les comprendre, elles trouvèrent dans Wathek-Billah un champion plein d'une fanatique ardeur (**). A peine monté sur le trône, il confirma par un édit la loi de Mamoun sur la création du Coran. Cette nouvelle atteinte contre l'essence divine du livre saint rencontra des résistances nouvelles, et Wathek-Billah étouffa, comme son oncle El-Mamoun, les mouvements d'un cœur naturellement juste et généreux, pour se livrer comme lui à tous les excès d'une aveugle intolérance. L'exemple qu'en cite Abou'lfaradj dans sa chronique arabe, suffit pour en donner une idée. Après la mort de Théophile et pendant la minorité de Michel III son fils, les Grecs, attaqués par Omar, émir de Mélitène, venaient d'éprouver de nouveaux revers. Après qu'ils eurent éprouvé plusieurs défaites, la princesse Théodora fit proposer au khalife l'échange des prisonniers (*). Ce prince accepta. Les commissaires des deux nations se rendirent au bord du fleuve Lamès, à une journée de Tarse, 231 de l'hégire (846). Les prisonniers furent échangés successivement un contre un. Mais le khalife avait expressément ordonné qu'on laissât au pouvoir de l'ennemi tous ceux qui ne professeraient pas les doctrines des Motazalites, c'est-à-dire, qui refuseraient de déclarer que le Coran était créé et que dans l'autre vie on ne verrait pas Dieu face à face. L'appât de la liberté ne triompha pas des convictions. Le nombre des captifs était immense : il n'y en eut que quatre mille cinq cents qui furent rendus à leur patrie. Cette lutte continuelle soutenue par les khalifes eux-mêmes contre leurs sujets, commençait à porter de tristes fruits. Tandis que vers cette même époque les Arabes d'Afrique achevaient la conquête de la Sicile, que ceux d'Espagne s'emparaient de la Crète, ceux d'Asie, trop vivement persécutés dans leur foi pour se livrer avec la même ardeur aux hasards de la guerre, renouvelaient sans succès leurs expéditions contre les Grecs. La rigueur des saisons, les armes des ennemis, les avaient frappés à la fois. Les uns étaient morts de froid avant la fin de la campagne ; les autres avaient été taillés en pièces dans les environs de Tarse, et ceux qui avaient échappé au fer avaient péri dans leur fuite en traversant les défilés de la Cilicie, 231 (846).

---

(*) Voy. Afou'lfaradj, Histoire Dynast., p. 142.

(**) Voy. Aboulféda, Ann. mosl., t. II, p. 176.

(*) Voy. Abou'lfaradj, Chr. ar., p. 167-168 ; Chr. syr., p. 164.

Wathek-Billah, affligé de ces désastres, mourut le 23ᵉ jour du mois de dzoulhidja de l'année suivante, après un règne de cinq ans et neuf mois. Devenu hydropique par suite de ses excès dans tous les genres de plaisir, il entreprit un jour de calmer ses souffrances en se plongeant dans une étuve. Soulagé par cette première épreuve, il la renouvela le lendemain; mais il fit élever du double la température, et la chaleur l'étouffa : il avait à peine trente-deux ans (*).

Wathek encouragea les sciences, et surtout la poésie, qu'il cultivait lui-même; mais ces nobles penchants étaient gâtés par une confiance aveugle dans l'astrologie. Il égala et surpassa peut-être la munificence de ses prédécesseurs. Médine et la Mecque, surtout, furent pour lui l'objet d'une prédilection particulière. Sous son règne, dit Aboulféda, on n'y rencontrait pas un mendiant (**). Comme El-Mamoun, il entoura d'une grande faveur les descendants d'Ali, et persécuta avec un égal acharnement, et les chrétiens qui persistaient dans leur foi (*), et les Musulmans qui refusaient d'adopter les doctrines nouvelles. Wathek fut enterré dans la ville de Harounia, qu'il avait fondée près de Sarmanray.

### Motawakkel-Billah.

Wathek était mort sans désigner son successeur. Les principaux personnages de l'État jetèrent d'abord les yeux sur son fils Mohammed ou Muhtadim. Mais ils l'avaient à peine ceint de la tiare et revêtu du manteau royal, qu'ils changèrent de résolution. Outre son extrême jeunesse, ce prince laissait entrevoir un esprit lourd et peu propre aux affaires. Après de longues contestations, les suffrages se réunirent sur le frère de Wathek, Motawakkel-Billah. En conséquence, le 23ᵉ jour du mois de dzoulhidjah 232 (847), ce prince reçut à son tour des mains de Ahmed-ben-Abou-Daoud, cadi de Baghdad, la tiare et le manteau (**). Il avait alors 26 ans. Le premier acte qui signala son pouvoir fut le supplice du vizir Mohammed-ben-Abd-el-Melik, qui, sous le règne précédent, n'avait laissé échapper aucune occasion de lui nuire. Motawakkel le fit d'abord plonger dans un cachot; puis, après l'avoir empêché de dormir pendant plusieurs nuits, il le fit enfermer dans un fourneau de fer, hérissé à l'intérieur de pointes aigues et rougies par le feu. Mohammed y mourut dans

---

(*) El-Macin raconte sa mort avec d'autres circonstances : « Wathek, dit-il, aimait beaucoup les femmes. Il demanda, un jour, à son médecin, un remède aphrodisiaque. — Prince des fidèles, lui répondit celui-ci, craignez que l'emploi d'un tel remède ne vous vieillisse avant l'âge. Le khalife insista. — Il faut, dit le médecin, prendre trois drachmes de chair de lion, rien de plus. Le khalife fit égorger un lion, en fit cuire la chair dans du vinaigre, et en mêla une certaine quantité dans sa boisson. Quelques instants après l'avoir avalée, il tomba en défaillance : — Tous les hommes sont égaux en présence de la mort, murmura-t-il; aucun ne lui échappe, ni le sujet ni le souverain. Ensuite il se laissa tomber à terre et s'écria : — O toi dont le règne ne passe pas, aie pitié de celui dont le règne est passé..... Après sa mort, et pendant l'inauguration de son successeur, on raconte qu'un lézard, sortant des jardins du palais, se glissa vers le corps de Wathek et lui mangea les yeux. On ne s'en aperçut que lorsqu'on commença à laver le cadavre. » (El-Macin, Hist. sarr., p. 185.)

(**) Voy. Aboulféda, Ann. mosl., t. II, p. 182.

(*) Dès le commencement de son règne, il avait fait venir Ahmed-ben-Nasser-el-Koraï, accusé de conspiration contre lui, et convaincu surtout de dissidence avec le khalife touchant la nature du Coran. Irrité par la fermeté d'Ahmed, il se précipita sur lui et le tua de son épée. Plus tard, s'il faut en croire les historiens chrétiens, il fit décapiter quarante-deux officiers grecs, prisonniers depuis sept ans, parce qu'ils refusaient d'apostasier. (Cont. Théoph., page 82.)

(**) Le cadi, en lui donnant l'accolade, lui adressa ces paroles : « Salut, prince des orthodoxes. » C'est la première fois qu'on se servit de cette formule de salutation. (Aboulféda, Ann. mosl., t. M, p. 184.)

les plus horribles souffrances. Le khalife assista lui-même à cet odieux supplice, répétant sans cesse au malheureux vizir : « La pitié est une faiblesse. » Cette phrase était la maxime favorite de Mohammed. Quant au genre de torture, il en était l'inventeur. Dans l'esprit des Arabes, il méritait un pareil traitement : la cruauté du khalife n'était qu'un acte de justice (*). Motawakkel, du reste, avait lui-même tristement signalé son génie inventif par la découverte de supplices nouveaux.

Un imposteur, nommé Mahmoud-ben-Faradj, venait de s'ériger en prophète, se faisant passer pour Moïse, et, à l'aide de ce grossier mensonge, il était parvenu à s'attacher vingt-sept misérables que leur aveugle stupidité rendait peu redoutables. Le khalife les fit saisir et condamner à une captivité perpétuelle : mais avant de les enfermer, il obligea chacun d'eux à donner au prétendu prophète dix coups de poing sur la tête, et Mahmoud expira sous les coups de ses sectateurs, qui espéraient peut-être faire adoucir leur propre sentence par le zèle qu'ils déployaient contre leur chef, l'an de l'hégire 235 (850).

Motawakkel désirait vivement rendre le khalifat héréditaire dans sa descendance directe. L'année même de son avénement, il avait donné à son fils Monthaser le gouvernement des deux villes saintes, la Mecque et Médine, ainsi que celui de toute l'Arabie Heureuse. L'année 235 (850), il le choisit pour successeur, désignant après lui deux de ses autres fils, Motaz et Mowaïed. Il donna à chacun d'eux, dit El-Macin, deux étendards : l'un noir, qui était l'étendard de l'alliance; l'autre blanc, qui était celui du pouvoir. Après quoi, il leur partagea le gouvernement des provinces de son empire. Mosaz avait l'Arménie, la Perse, le Khoraçan, le Thabaristan, la surintendance des finances dans tout l'empire et le droit de battre monnaie à son effigie. Motvaïed reçut la Palestine, les provinces de Damas et d'Émesse. Quant à Montasir, il eut en partage toute la partie orientale de l'empire (*).

Cette mesure était surtout une protestation contre les tendances de ses prédécesseurs en faveur des Alides. En effet, Motawakkel s'était annoncé comme l'ennemi déclaré de cette famille, à qui il voulait, par ce partage, ôter toute espérance de ressaisir la couronne. La haine de Motawakkel contre la famille d'Ali se manifesta bientôt par des mesures énergiques. Il proscrivit leur mémoire, et fit détruire la mosquée construite sur le tombeau de Hocaïn à Kerbelak, et défendit aux Schiites d'en visiter l'emplacement. Non content d'attaquer les Alides dans leur liberté et dans leurs biens, il les insultait dans leurs croyances, et prenait à gage des bouffons chargés de tourner en dérision la personne, les mœurs et le sacerdoce d'Ali (**).

En même temps qu'il persécutait la famille d'Ali, Motawakkel soumettait les chrétiens et les juifs de son empire aux avanies les plus dures et les

_____

(*) Il mérita les horreurs d'un supplice qu'il avait inventé pour les autres, et qu'il avait fait éprouver lui-même quelque temps auparavant à Ebn-Asbat, après l'avoir dépouillé de tous ses biens. (*Idem, ibidem.*)

(*) Voy. El-Macin, Hist. sarr., p. 188.
(**) Parmi ses courtisans se trouvait un bouffon nommé Abada, qui, pour exciter l'hilarité de son maître, s'attachait un ventre postiche, et se découvrant pour laisser voir sa tête, qu'il avait fait raser, avait coutume de danser en s'accompagnant de ces paroles : « Voici venir le prince des fidèles; il est chauve et ventru. » Cet Abada renouvela un jour cette scène devant Montasir, fils du khalife. Indigné, le jeune homme alla vers son père : « Prince, lui dit-il, Ali nous est attaché par les liens du sang; faut-il livrer sa mémoire aux bouffonneries de ce chien et de ses pareils. » Motawakkel, sans s'émouvoir, ordonna aux musiciens de chanter : « Le jeune homme s'est épris d'un beau zèle pour son parent. Qu'il lui arrive malheur! » Abada n'était pas le seul histrion chargé de livrer à la risée publique le gendre du prophète; il était secondé par une foule d'autres bouffons de son espèce. (Aboulféda, Ann. mosl., t. II, p. 188.)

plus humiliantes; c'est lui qui, pour les distinguer des Musulmans, leur interdit l'usage des étriers, leur enjoignit de ne monter que sur des ânes et des mulets, d'attacher aux portes de leurs habitations des figures de chiens et de singes : il les exclut de toutes les fonctions et charges publiques, et leur défendit, sous les peines les plus rigoureuses, de s'habiller comme les fidèles, et d'envoyer leurs enfants aux écoles dirigées par des sectateurs du prophète (*).

Peut-être faut-il attribuer à ces persécutions la révolte qui éclata en 237 dans l'Arménie. Le gouverneur de cette province ayant été tué par les rebelles, le khalife envoya contre eux le Turk Bougha, qui rencontra dans le pays une longue et vigoureuse résistance. Ce ne fut qu'en 241 que les révoltés furent complétement réduits. Cette révolte était à peine étouffée, que l'Égypte réclamait impérieusement le secours du khalif. Les Grecs, inquiétés si souvent dans leurs possessions par les Arabes, venaient à leur tour d'opérer une descente sur les côtes de l'Égypte (238). Damiette fut pillée et incendiée; 600 femmes musulmanes furent enlevées et portées sur les vaisseaux des Grecs. Motawakkel, pour prévenir une nouvelle invasion, fit fortifier Damiette d'un double mur, du côté du Nil, et d'une triple muraille du côté de la terre. Quelques années après (de l'hégire 243), il quitta sa résidence de Sarmanray, et vint se fixer à Damas, sans doute afin de pouvoir surveiller et prévenir plus aisément les dangers qui menaçaient les côtes de la Méditerranée. Cependant, les milices turques, devenues presque indispensables aux khalifes, acquéraient d'année en année une importance qu'elles traduisaient par de continuelles prétentions et de fréquentes révoltes. Pour les contenir et occuper leur ardeur, Motawakkel ne trouva rien de mieux que de porter la guerre dans l'Asie-Mineure. Le gouverneur de Mélitène, Omar, dont nous avons déjà vu les exploits sous un autre règne, était pour l'empire de Constantinople un voisin très-incommode. Vaillant, infatigable, il faisait un désert de la Cappadoce, du Pont, de la Cilicie. Michel III, alors empereur des Grecs, rassembla 45,000 hommes pour le combattre, et en donna le commandement à Manuel, qui, après avoir passé plusieurs années dans la retraite, fut rappelé pour s'opposer aux progrès des Arabes. Les deux armées se rencontrèrent près d'Amasie, sur les bords de l'Iris, et en vinrent aussitôt aux mains. Après une courte lutte, les Musulmans enfoncèrent la phalange des Macédoniens, qui faisait la force principale de l'armée impériale, et le jeune empereur prit la fuite, suivi par la plus grande partie de ses troupes. La chaleur était excessive, et les chevaux ainsi que les hommes se trouvant excédés de fatigue au bout de deux lieues, on gagna le haut d'une montagne escarpée où les fuyards ne tardèrent pas à se voir enveloppés par les Arabes vainqueurs. Aussitôt commença l'attaque de cette forteresse naturelle, d'où les Grecs, sous les ordres de Manuel, repoussèrent les assaillants avec tant de vigueur et de courage, qu'Omar, manquant d'ailleurs d'eau et de fourrage, prit le parti de se retirer à quelque distance; et tandis que les Arabes, harassés et couverts de blessures, se reposaient des travaux d'une si rude journée, les Grecs, non moins fatigués, mais animés par la nécessité de fuir ou de périr, gagnaient la plaine et se trouvaient au point du jour hors de l'atteinte des vainqueurs.

Motawakkel avait de nouveau transféré sa résidence de Damas à Sarmanray, où il avait fait construire un palais magnifique qu'il appela Djafariah. On le nommait aussi Hira, parce qu'il était construit sur le modèle de celui des rois de Hira. La salle du trône, qui prit le nom de Rewak, surpassait en somptuosité tout ce qu'on avait vu

---

(*) Voy. le Mémoire de M. Hammer sur l'administration des provinces arabes, à l'époque du khalifat, p. 26. Berlin (All.), 1835.

jusqu'alors; deux autres salles non moins richement ornées s'ouvraient à droite et à gauche de la salle du trône : l'une était la chambre du trésor, l'autre la chambre de la dépense.

Cette magnificence du khalife, la splendeur de son palais et de sa cour ne suffisaient pas à faire oublier l'impression fâcheuse qu'avaient laissée dans beaucoup d'esprits son intolérance et sa prévention. La haine qu'il avait vouée aux sectateurs d'Ali avait excité contre lui une réprobation générale. Des prodiges de toute espèce avaient frappé les esprits superstitieux des Musulmans, qui les regardaient comme autant de fléaux envoyés par la colère divine (*). Ce n'est pas que le nom de Motawakkel fût complétement impopulaire. Il protégeait les sciences et les lettres, et s'intéressait à tous les besoins de son peuple. C'est lui qui fit construire dans l'île de Rhoudha, en Égypte, un nilomètre destiné à remplacer celui du khalife Soliman. Il soulageait, selon ses forces, les misères de son peuple. Mais si les chroniques musulmanes témoignèrent de son affabilité envers les faibles et les pauvres, ces mêmes chroniques rapportent plus d'un exemple de sévérité souvent injuste et cruelle envers les hauts dignitaires de l'État et les personnes qui composaient sa cour. Grossier dans ses plaisirs, il cherchait souvent à effrayer ses convives par l'apparition inattendue d'animaux féroces au milieu d'un festin, et jouissait de la terreur que chacun éprouvait à cette vue. Son fils Montasir, qu'il avait pris en aversion à cause de ses principes religieux, avait été plus d'une fois victime de ses cruelles fantaisies. Le khalife le forçait à boire avec excès, et, après l'avoir enivré, il l'accablait d'outrages et de coups. Mais l'ennemi le plus sérieux et le plus redoutable de Motawakkel était Wassif le Turk, qu'il avait dépouillé de plusieurs domaines pour enrichir son vizir Fathah-ben-Khacan. Wassif s'était promis de se venger et ne devait pas manquer à sa parole. Il organisa un complot dans lequel entrèrent un grand nombre de mécontents, et dans la nuit du 5 de schewal 247 (12 décembre 861), à la suite d'une orgie, Motawakkel fut assailli à l'improviste par les chefs de la milice turque, qui le massacrèrent avec son vizir et en présence de son fils. On avait fait, en apparence, de ce dernier l'âme et le chef du complot; il n'en était que le prétexte, et sous son nom se cachaient la vengeance et l'ambition de Wassif. La milice turque destinée à jouer sous les derniers khalifes abbassides le rôle qu'avait joué jadis à Rome la garde prétorienne, préludait par ce meurtre aux exécutions sanglantes qui devaient par la suite remettre en ses mains les destinées du khalifat et de l'empire. Motawakkel était âgé de 40 ans; il en avait régné près de 15. Il laissait cinq

---

(*) El-Macin rapporte que, dans la partie occidentale du royaume, il y eut, en 245, des tremblements de terre qui renversèrent des châteaux, des maisons et des ponts. Plusieurs villes de la Perse, de l'Arabie, de la Syrie, éprouvèrent de violentes secousses. Laodicée fut détruite sans qu'il restât debout une seule maison. Les puits de la Mecque tarirent. Il y eut, la même année, à Antioche, un tremblement de terre qui renversa cinq cents maisons et quatre-vingt-dix tours. On entendit les cris épouvantables de ceux qui étaient écrasés sous les ruines. Une montagne voisine, violemment détachée de sa base, tomba dans la mer : les flots s'agitèrent, et il s'éleva une fumée épaisse et une odeur fétide. Une parasange plus loin, une rivière disparut, sans qu'on pût en retrouver la trace. Tout ceci, ajoute El-Macin, se trouve consigné dans le livre de Tabari, auteur digne de foi.

L'année suivante, le bruit se répandit qu'il avait plu du sang.

(Hist. sarr., p. 190 et suiv.)

Le Niguiaristan rapporte que l'eau du Tigre parut dans Baghdad, pendant trois jours, aussi jaune que de l'or fondu, et que tout à coup, sous les yeux des habitants effrayés, elle prit une teinte rouge et sanglante, qu'elle conserva pendant quelques jours.

Dans une bourgade d'Égypte, nommée Souida, il tomba une grêle de pierres, dont chacune pesait dix livres.

(Voy. d'Herbelot, p. 641.)

fils : Montaser, Motaz et Mowaïed, qu'il avait appelés à sa succession; Motamed et Mowaffek, qu'il en avait exclus.

*Montasir - Billah, Mostaïn - Billah, Motaz-Billah, Mohtadi, Motamed-Billah, Motaded-Billah, Moktafa-Billah.*

La nuit même de la mort de son père, Abou - Djafar - Mohammed fut proclamé khalife sous le nom de Montasir-Billah. Son installation eut lieu dans le palais même où Motawakkel venait d'être assassiné, dans ce palais que le malheureux prince avait fait élever à si grands frais une année auparavant. Le premier acte d'administration du nouveau khalife montre assez que Montaser n'avait été pour la milice turque qu'un instrument passif et docile. Cédant aux volontés de Bougha-Saghir, de Bougha-Kébir, et de Bagher, officiers de la garde turque et acteurs dans le complot qui venait de le mettre sur le trône, il se disposait à priver de leurs droits à la succession ses deux frères Motaz et Mowaïed, qui s'annonçaient comme les vengeurs de leur père, lorsque ceux-ci, n'osant engager une lutte inégale, prévinrent cette injustice en se démettant eux-mêmes de leurs prétentions au trône. Montaser, nous l'avons vu, avait combattu le fanatisme de son père et son intolérance à l'égard des Alides; devenu khalife, il tâcha d'en arrêter les effets et d'en effacer le souvenir. Aussi s'empressa-t-il de faire relever les tombeaux d'Ali et de Hoçaïn. Les pèlerinages furent rétablis, et l'on mit un terme aux persécutions dirigées, sous le règne précédent, contre les partisans de cette malheureuse famille. Tel fut le seul acte important du triste règne d'un parricide. Dominé d'un côté par la terreur que lui inspiraient ses dangereux protecteurs, de l'autre par les remords de la complicité involontaire qui l'attachait à eux, Montaser ne songea guère à s'acquitter activement des devoirs d'un souverain. Atteint d'une mélancolie profonde, et tourmenté par de noirs pressentiments (*), il quitta bientôt le palais de Djafarriah, dont le séjour était devenu pour lui un reproche continuel, et transféra sa résidence à Sarmanray. Là il essaya vainement d'étouffer dans les plaisirs et la débauche la voix de la conscience. Il succomba le 6 raby 248 (862), âgé de 26 ans à peine, après un règne de cinq mois. Quelques auteurs prétendent qu'il mourut empoisonné. Quoi qu'il en soit, son fils Abd-el-Wahab, qu'il avait désigné comme son héritier légitime, ne devint pas son successeur. Ce n'était déjà plus la volonté des khalifes qui disposait de l'empire.

*Mostaïn-Billah.*

Aboul - Abbas-Ahmed, surnommé Mostaïn-Billah, avait pour père Mohammed, un des huit fils de Motassem. Il était donc cousin de Montasir. Ce fut lui que les chefs de la milice turque élevèrent au khalifat, au mépris des droits de Motaz et de Mowaïed, fils de Motawakkel, et de ceux d'Abd-el-Wahab, fils de Montasir. Les assassins de Motawakkel voyaient, dans les héritiers directs de ce prince, des vengeurs prêts à leur faire expier le meurtre de leur père; aussi s'empressèrent-ils de leur fermer l'accès du trône en y appelant le fils de Mohammed qui fut proclamé sous le nom de Mostaïn-Billah. L'avénement de ce prince devint une espèce de marché: en échange de la tiare, il livrait à Wassif, Bougha et Saghir la liberté de ses frères, 248 de l'hégire (863). Le peuple arabe n'avait pas encore pris l'habitude de ces honteux compromis, et l'indignation publique se traduisit par une violente révolte. Ce fut la ville d'Émesse qui en fut le théâtre. Le sang coula pendant plusieurs jours,

(*) On rapporte qu'ayant trouvé un jour, dans le palais de Djafarriah, un tapis représentant le roi de Perse Cobad-Schirouïeh, qui, après avoir assassiné son père, n'avait régné que six mois, Montaser se persuada qu'il ne devait pas régner davantage : de là ses tourments continuels.

et la mort du gouverneur représentant du khalife put seule calmer la fureur des révoltés. Ce n'était là que le prélude des sanglantes querelles qui désolèrent le règne de Mostaïn-Billah.

Cependant la crainte de l'ennemi commun suspendit un instant les luttes intestines. La dernière année du règne de Motawakkel, le gouverneur de Mélitène, Omar-ben-Abdallah s'était remis en campagne, dans l'année 247, et, pénétrant jusque dans le Pont, il était arrivé au port d'Amise, pillant toute la contrée, et enlevant hommes et troupeaux. On prétend qu'aussi extravagant que Xercès, arrivé sur les bords de la mer, il l'avait fait battre de verges pour la punir d'opposer aux Musulmans une barrière infranchissable. A la nouvelle de cette marche hardie, et en sachant les Arabes campés sur les bords du Pont-Euxin, Michel III s'était ému. Il rappela d'Éphèse son frère Pétronas, alors gouverneur du thème des Thracésiens (la Lydie), et lui confia l'élite de l'armée impériale. A la tête de ces troupes choisies, composées surtout de soldats de la Thrace et de la Macédoine, le nouveau général marcha contre les Arabes, et les rencontra campés près d'Amasie, dans un vallon environné de roches escarpées. Trois gorges étroites donnaient seules entrée dans cette vallée, et, pour bloquer complétement l'armée d'Omar, Pétronas n'eut qu'à faire garder ces passages par trois corps de troupes. Omar ne s'aperçut de la faute qu'il avait faite, en plaçant son camp d'une manière si désavantageuse, que lorsqu'il n'était plus temps d'y remédier. Toutefois il ne perdit pas courage, et relevant celui de ses soldats par le souvenir de leurs exploits, il leur ordonna de fourbir leurs lances et leurs épées pour les teindre du sang des Grecs. Dès le point du jour, il leur fait prendre les armes, et marche à leur tête pour forcer un des passages. La difficulté du lieu, la vive résistance qu'il y rencontra, rendirent ses efforts inutiles. Il retourne en arrière pour attaquer le passage opposé; il le trouve encore imprenable. Enfin, réunissant toutes ses forces, il les porta sur le poste où Pétronas commandait en personne; c'était l'endroit le mieux défendu par l'élite de l'armée. Après plusieurs charges inutiles, Omar, écumant de rage, s'élance sur le fer des ennemis, et tombe percé de coups. En même temps, les Grecs pénètrent dans l'enceinte, et les Arabes enveloppés sont taillés en pièces sans qu'il en échappe un seul. Le fils d'Omar avait déjà passé l'Halys lorsqu'il apprit la défaite et la mort de son père; il fut pris avec son détachement comme il fuyait vers Mélitène. Les Grecs, vainqueurs, étendirent leurs courses jusqu'aux frontières de Mésopotamie. Un général arabe, Ali-ben-Yahya, voulut, par ordre du khalife, venger la mort d'Omar; il rassembla une nombreuse armée en Arménie; mais il fut vaincu et périt comme celui qu'il espérait venger. Pétronas porta la tête d'Omar à Constantinople et triompha dans le cirque (*).

Cette double victoire ouvrait aux Grecs une route facile vers le centre des possessions musulmanes. L'empire arabe était à découvert.

Les chefs de la milice turque, qui, depuis que l'enthousiasme n'animait plus les sectateurs du prophète, devaient leur importance à d'éclatants services militaires, pouvaient seuls désormais détourner le péril. Mais, loin de songer au salut de l'État, ils concentraient toute leur ambition dans des rivalités et des querelles de palais. Mostaïn, déjà livré à l'influence de sa mère et de l'eunuque Schahek, venait d'accorder au Turc Atamesch, avec le titre de vizir, un pouvoir à peu près illimité. Ces trois personnages disposaient à leur gré des trésors et des revenus de l'État. Cette influence déplaisait vivement aux chefs de la milice turque, Bagher, Bougha et Wassif: ils avaient fait un khalife pour eux, non pour les autres. La ruine des favoris fut donc résolue. La populace et l'armée, qui s'étaient d'a-

(*) Histoire du Bas-Empire, par Lebeau, livre LXX, § XLIX et L.

bord soulevées contre cette soldatesque étrangère, dont les excès devenaient intolérables, se joignent bientôt à elle pour renverser les détenteurs du trésor public. Sarmanray est livrée à l'anarchie la plus complète, Atamesch est massacré, son palais mis au pillage ; plusieurs édifices éprouvent le même sort ; un pont sur le Tigre est livré aux flammes ; et la fureur des insurgés ne s'apaise que faute de victimes et de résistance (*).

Ces désordres réveillent l'ambition des partis. En 250 de l'hégire, l'Alide Abou-el-Hoçaïn-Yahya s'empare de Coufa et s'y fait proclamer khalife. Le petit-fils de Taher, le fils du fidèle Abdallah, marche contre lui. Il est vainqueur, et envoie au khalife la tête de Yahya. Le parti des Alides est plus heureux dans le Tabaristan. Haçan, prince de la même famille, s'empare de cette contrée et l'enlève pour jamais, ainsi que le Djordjan, à la dynastie des Abbassides. Les révoltes se multiplient sur tous les points de l'empire. Émesse s'insurge de nouveau contre son gouverneur. Monça, fils de l'aîné des Bougha, triomphe des rebelles entre Homs et Rastana. Mais bientôt c'est entre les maîtres de l'empire eux-mêmes qu'éclate la mésintelligence. Bagher, jaloux de Wassif et de Bougha le jeune, trame leur perte. Prévenu dans ses desseins, il est arrêté dans le palais même du khalife. Les Turcs se soulèvent en sa faveur. Mostaïn, cédant aux conseils de Bougha et de Wassif, croit calmer les séditieux en leur jetant la tête de Bagher ; il les irrite davantage, et cette fois les irrite contre lui-même. Assiégé dans son palais, réduit à confier à une frêle embarcation son salut et celui de ses deux favoris, il arrive à Baghdad. Cependant les Turcs comprennent que, pour lutter contre le prestige religieux qui s'attache encore au nom de khalife, il leur faut un autre khalife. Motaz est tiré de prison et salué prince des Croyants. Une armée de 50,000 hommes, commandée par Mowaffek, frère de Motaz, vient investir Baghdad. Après trente jours d'un siège pendant lequel les habitants sont réduits à se nourrir de chair humaine, Mostaïn se voit abandonné par ceux-là mêmes dont les conseils lui ont suscité tant d'embarras : Wassif et Bougha vont se remettre à la discrétion du vainqueur. Alors, le malheureux khalife trouve dans son abandon même une énergie qu'on était loin de soupçonner ; il redouble d'ardeur, combat avec courage, supporte les plus affreuses privations, jusqu'à ce qu'une nouvelle défection le contraigne enfin de résigner le pouvoir suprême, et de renvoyer à son frère le bâton, le manteau et l'anneau de Mahomet, insignes de la puissance (4 moharrem 252, de J. C. 866). Pour prix de son sacrifice, il n'obtient pas même la vie. Motaz lui donne une escorte pour l'accompagner à Bassorah ; mais, arrivé à Wasit, il est livré à Saïd-ben-Saleh, qui le fait expirer sous les verges, et envoie sa tête au nouveau souverain.

Abou-Abdallah-Mohammed surnommé Motaz-Billah, rappelé au trône de son père par ceux-là mêmes qui l'en avaient exclu quelque temps auparavant, résolut de s'affranchir d'un patronage que ses prédécesseurs avaient payé de leur vie. Mais pour soutenir une lutte contre la puissance envahissante et souveraine de la milice turque, il fallait une énergie et une habileté qui manquaient au nouveau khalife. Sa conduite à l'égard de ses frères fut odieuse et impolitique. Il avait d'abord rétabli Mowaïed dans ses droits à la succession ; mais bientôt, cédant à d'injustes soupçons, il le fit arrêter et mettre à mort. Mowaffek, qui, par ses victoires, lui avait assuré le khalifat, expia dans l'exil le tort d'avoir favorisé un tyran. Le khalife se privait ainsi de ses deux plus fermes soutiens. Aussi sa première tentative contre les chefs turcs tourna-t-elle contre lui. Soupçonné et convaincu d'avoir médité leur ruine,

(*) Voy. Aboulféda, Ann. mosl., t. II, p. 206 et suivantes ; El-Macin, Histoire sarr., p. 199.

il se vit obligé par eux de les investir d'une autorité sans bornes; heureux de sauver sa vie au prix de sa dignité (*). En 253, l'armée, qui réclamait vainement quatre mois de solde arriérée, se mutina contre Wassif, qui perdit la vie en voulant étouffer la sédition. Bougha, son collègue, s'enfuit à Mossoul, d'où il revint bientôt, se croyant assez fort pour châtier les rebelles. Mais cette fois le khalife s'était fait chef de la révolte; il eut la joie de vaincre le chef qui l'avait si longtemps retenu en tutelle. Bougha fut pris et décapité; mais Motaz ne gagna rien à la mort de ces deux hommes. L'année suivante, 254, les Turcs, qui ne voulaient obéir qu'à des hommes pris parmi eux, se choisirent pour chefs Saleh et Mohammed, les fils mêmes de Wassif et de Bougha, pillèrent le palais du vizir, et assiégèrent celui du khalife. Ils réclamaient toujours l'arriéré de leur solde, et demandaient impérieusement cinquante mille dinars. Dans l'état de dilapidation où avaient été si longtemps les finances de l'empire, une seule personne était assez riche pour sauver Motaz de la fureur des Turcs : c'était sa mère. Elle refusa de sauver son fils à ce prix. Les soldats exaspérés forcent alors le palais, saisissent le khalife, le frappent de leurs armes; puis, l'ayant dépouillé de ses vêtements, ils l'exposent aux ardeurs du soleil, et le contraignent à abdiquer le pouvoir suprême. Motaz espérait, comme l'avait espéré son prédécesseur, avoir la vie sauve en abdiquant; comme lui il devait souffrir, après la honte d'une abdication forcée, les horreurs d'une mort violente. Il fut plongé dans un cachot, où bientôt on devait le laisser périr de faim et de soif (mois de redjeb 255).

Aussitôt après la déposition de Motaz, les Turcs avaient fait venir de Baghdad un des fils de Wathek, et l'avaient proclamé khalife sous le nom de Abou-Abdallah-Mohammed-el-Mohtady-Billah. La conduite noble et désintéressée de Mohtady avant son avénement annonçait un prince capable de régénérer l'empire par ses vertus, s'il n'eût pas été trop tard pour que les qualités d'un seul homme pussent redonner la vie à un État trop gravement compromis dans ses institutions. Loin d'imiter la conduite de Motaz à l'égard de Mostaïn, et de hâter la mort de son rival afin de consolider sa propre puissance, El-Mohtady, en montant sur le trône, fit tous ses efforts pour réconcilier la milice turque avec le khalife prisonnier; mais ses instances ne firent que hâter la triste destinée de son prédécesseur, qui, ainsi que nous l'avons dit, mourut d'inanition dans son cachot. Mohtady entreprit alors une réforme générale. Il comprenait que le retour aux croyances primitives, que la soumission aux préceptes du Coran pouvaient seuls rendre au peuple de Mahomet la puissance et la prospérité qu'il avait perdues. Convaincu que la grandeur de la nation arabe avait disparu avec la pureté des mœurs, il défendit le jeu, le vin, le luxe; et, se soumettant le premier aux lois de Mahomet, il chassa de sa présence les musiciens, les danseurs, les bouffons qui assiégeaient la cour de ses prédécesseurs et les endormaient dans la mollesse. La justice et la jurisprudence devinrent surtout l'objet de ses soins : il examinait les arrêts des juges, et lui-même, deux fois par semaine, le lundi et le jeudi, donnait audience au peuple, faisant droit aux plaintes et aux réclamations de chacun. Les rentrées du trésor public, qu'il soumit à un contrôle régulier et minutieux, se firent avec exactitude, et la réforme du luxe de la cour permit au khalife de diminuer les impôts de moitié. Tout semblait annoncer une ère nouvelle de prospérité; mais l'esprit de désordre et d'anarchie avait poussé de trop profondes racines. Mohtady venait trop tard pour le bonheur de l'empire. La turbulence des milices turques n'attendait qu'un prétexte pour faire expier à ce prince les

---

(*) Voy. Aboulféda, Ann. mosl., t. II, p. 216.

réformes qu'il avait tentées. Saleh, son vizir et l'exécuteur de ses volontés, fut assassiné par un chef de la milice turque jaloux de sa puissance. Le khalife sévit contre le coupable : sa sévérité aigrit l'insolente milice ; le palais est investi. Mohtady brave la fureur des mutins et leur jette la tête de l'assassin. Sermanraï devient alors le théâtre d'une lutte sanglante. A la fin, la révolte triomphe, et le khalife, tombé entre les mains des séditieux, est sommé d'abdiquer. Il résiste : on l'accable d'outrages, de coups ; on le renverse, on lui marche sur la tête, sur le ventre ; mais, au milieu de ces horribles tortures, il défie la rage des assassins. Enfin, frappé d'un coup de poignard, il meurt, mais il meurt khalife, 256 (21 juin 870).

Soit lassitude, soit repentir, la milice turque fit enfin trêve à ses odieux excès. Aboul-Abbas-Ahmed-el-Motamed-Billah, fils de Motawakkel, tiré de prison pour succéder à son cousin-germain, régna vingt-trois ans, et ne dut peut-être qu'à la nullité de son caractère le bonheur d'échapper au sort de ses prédécesseurs. Deux grands événements s'accomplirent sous son règne, et furent comme le signal de ces démembrements successifs qui, de chaque province importante de l'empire arabe, devaient faire un État séparé, et du premier aventurier heureux le chef d'une dynastie indépendante.

C'est à peu près vers cette époque que la Perse orientale et l'Égypte se détachaient violemment du khalifat de Baghdad, et se soumettaient, l'une à la dynastie des Soffarides, l'autre à celle des Toulounides. Le fondateur de la première, fils d'un chaudronnier (Soffar), et ayant commencé lui-même par suivre la même profession, s'appelait Yacoub-ben-Laïth. Il dut sa brillante fortune moins à son rare courage qu'à son noble et généreux caractère. De bonne heure il avait quitté l'humble métier qu'il exerçait dans un village, et s'était mis à la tête d'une petite troupe de gens déterminés comme lui à tout braver pour se faire un nom dans les armes. Son intrépidité, mais surtout son désintéressement et sa libéralité envers ses compagnons lui avaient acquis une prompte célébrité. Un émir du nom de Salih-ben-Nasr, émerveillé des récits qui se répandaient sur le compte de Yacoub, l'avait pris à sa solde (237), et s'était servi de lui pour enlever le Seïstan aux Tahérides. Après la mort de Salih, Yacoub, appelé à lui succéder par le suffrage unanime des soldats, voulut tout à la fois sanctionner son usurpation par l'équité, et étendre sa domination par les armes. A la faveur des troubles qui déchiraient l'empire des Abbassides, il fait une invasion dans le Khoraçan, et force le Tahéride Mohammed à reconnaître sa nouvelle royauté (253 de l'hégire). Ses rapides progrès dans le Kerman réduisent le khalife Motamed à lui faire du moins une cession authentique du Seïstan. Il tourne alors ses armes contre les souverains idolâtres du Kaboul et rétablit l'islamisme dans ce pays. Une révolte excitée par la famille de Salih le met de nouveau en contact avec le Khoraçan et les Tahérides, qui ont donné asile aux révoltés. Les hostilités recommencent. Yacoub, maître de Nichabour et vainqueur de Mohammed, met fin à la dynastie des Tahérides, 259 de l'hégire (873). Elle avait subsisté pendant plus de cinquante années.

De là le vainqueur marche contre Haçan-ben-Zeïd, souverain du Tabaristan, qui avait également prêté son appui aux révoltés. Il s'empare de Sari, d'Amoul, et défait dans une bataille décisive Haçan lui-même, qui se réfugie dans le Deylem. Motamed, au bruit de ces exploits, loin d'accorder à Yacoub l'investiture des provinces conquises, le déclare ennemi public, du haut de la chaire des mosquées de Baghdad, et lui suscite par cette mesure de nombreux adversaires. Yacoub, pressé de toutes parts, fait face à tous les dangers : il s'empare du Farsistan, de l'Ahwaz, et se dirige enfin sur Baghdad. Le khalife lui oppose une armée commandée par Mowaffek, son frère, et une bataille importante s'engagea dans les environs de Waset (redjib 262). C'est là que la fortune devait abandonner Yacoub. Vaincu, mais non découragé, il retourne dans les provinces qui lui obéissent, lève une nouvelle armée et marche à grandes journées vers la ville du khalife. Une maladie inflammatoire, résultat des fatigues qu'il brave sans cesse, le force à s'arrêter à Djoudischabour. Le khalife ne saurait être rassuré par cette nouvelle : il tremble, quoiqu'il sache son ennemi étendu sur un lit de douleur, et lui accorde l'investiture de toutes les provinces conquises. Soit incrédulité, soit désir de vengeance, le conquérant ne veut écouter aucune proposition de paix. Il fait introduire les ambassadeurs du khalife dans sa tente, où ils le trouvent couché sur une natte, ayant près de lui son épée, des oignons et un pain noir, fait avec de la farine d'orge et du son : « Rapportez mes paroles à votre maître, leur dit-il ; qu'il tremble si je recouvre la santé : cette épée terminera nos querelles ; si la fortune m'est contraire, il me reste ce pain noir, ces oignons et ma vie d'autrefois. » Yacoub ne devait pas goûter le plaisir de la vengeance ; il succomba au mois de schewal 265, emportant au tombeau la consolation d'avoir fondé une dynastie. Amrou, son frère et son successeur, obtint facilement du khalife, en échange d'un vain hommage et d'une soumission illusoire, l'investiture solennelle qui consacrait sa souveraineté sur les provinces conquises par Yacoub.

Avant de perdre le Seïstan, le Kerman, le Khoraçan, le Tabaristan, le Farsistan et l'Ahwaz, le khalifat s'était vu enlever la plus belle, la plus fertile, la plus importante de ses provinces, l'Egypte.

Ahmed-ben-Touloun, fils d'un affranchi qui avait su obtenir de El-Mamoun et de ses successeurs plusieurs emplois honorables, avait hérité lui-même de la faveur de son père. Envoyé par Motaz en Égypte comme gouverneur, il s'était fait reconnaître, à la faveur de l'affaiblissement de l'empire, comme souverain absolu dans cette province. Sous Motamed, il fit une invasion en Syrie et s'empara de Damas, d'Émesse, d'Haman, d'Alep et d'Antioche. A Tarse s'étaient arrêtées ses conquêtes, en l'an de l'hégire 264. Peut-être aurait-il poussé plus loin l'envahissement successif de ces riches contrées, si Mowaffek, frère du khalife, n'avait trouvé moyen d'exciter contre cet actif ennemi un de ses propres affranchis, nommé Loulou, qui se révolta contre lui et lui enleva plusieurs places importantes, entre autres Alep, Émesse, Kenesrin, Dyar-Modhar. Ahmed-ben-Touloun, accoutumé aux succès, ne supporta pas sans une vive peine ces échecs causés par la trahison. Il jura de se venger de Mowaffek, qu'il regardait comme la cause première de sa défaite ; et, marchant contre les villes qui venaient d'échapper à son pouvoir, les soumit de nouveau ; mais la mort le frappa avant qu'il eût pu comprendre Mowaffek dans sa vengeance. Son but n'en était pas moins rempli, et une nouvelle dynastie enlevait aux khalifes une part de ce vaste territoire si rapidement conquis et si promptement perdu.

Au milieu de ce démembrement continuel de ses États, le khalife, cessant de porter ses regards vers les provinces qui lui échappaient, désirait du moins depuis longtemps se soustraire à la tutelle de son frère, qui régnait en son nom et qu'il avait été contraint de désigner pour son successeur, au préjudice de son propre fils. Le sort le servit à souhait ; car Mowaffek mourut en 277 ; mais Motamed, pour qui le poids des affaires était un trop lourd fardeau, alla de lui-même au-devant d'un nouveau maître, et ne sut refuser à son neveu Motadhed la puissance qu'il avait accordée à son père. Deux ans après, Motamed mourait à Baghdad des suites d'une indigestion (277 de l'hégire ; de J. C. 892). « Il aimait la société, « les vers et les petits festins, nous dit « Maçoudi ; on vit paraître sous son

« règne quantité d'ouvrages ayant
« pour objet l'art de jouir de la vie,
« et qui, pour la plupart, étaient des
« traités sur les qualités nécessaires
« aux gens du monde, aux serviteurs,
« aux favoris, ou de petites disserta-
« tions sur le chant, la danse, les
« compliments, les réponses, les jeux,
« les mets, les vins, etc. »

Comme tous les khalifes qui ont protégé la race d'Ali, Aboul-Abbas-Ahmed-el-Motadhed-Billah est devenu pour les historiens arabes l'objet de jugements tout à fait contradictoires. Les Sunnites l'ont accusé d'être arrivé au trône en hâtant la mort de Motamed ; mais cette accusation et plusieurs autres encore, quand bien même elles ne seraient pas réfutées par les Schiites, tomberaient d'elles-mêmes devant un examen impartial du règne de ce prince. L'indépendance des Toulounides, reconnue par lui, il est vrai, mais reconnue en échange d'un tribut considérable (*) ; des efforts toujours constants, sinon toujours heureux, pour arrêter les progrès des Carmathes (**), nouvelle secte de fanatiques qui devait pendant près d'un siècle ensanglanter l'Arabie, la Syrie et l'Égypte ; l'extinction de la dynastie des Soffarides, tels sont en quelques mots les actes de ce prince, que des chroniqueurs, circonvenus par l'esprit de parti, nous représentent comme inhabile et indolent. Il continua les travaux de réforme entrepris par Mohtady ; comme lui, il améliora le sort du peuple en réduisant les impôts, et ne s'appliqua pas moins à rétablir la discipline militaire que l'obéissance aux lois. Le nom de Motadhed fut de tout temps cher aux fidèles. C'est ce prince qui, en 281, répara à la Mecque les désastres causés par l'invasion des Carmathes. Il reconstruisit les murs de la mosquée, fit de nouvelles portes, auxquelles il donna de nouveaux noms ; il élargit l'édifice du côté de l'ouest, en y ajoutant l'espace occupé autrefois par le Dar-el-Nedoua, antique bâtiment, célèbre dans l'histoire des anciens Arabes, et qui avait toujours été, ainsi que nous l'avons vu, le lieu d'assemblée des Koréischites. Seul d'entre les khalifes peut-être, Motadhed favorisa les sciences sans croire aux astrologues et aux géomanciens. Il mourut le 5 du mois de rébi 2$^e$, 289 de l'hégire (902), laissant le trône à son fils.

Moktafy-Billah était en tout point digne de succéder à son père. Dans des temps meilleurs, l'énergie de son caractère et la haute portée de ses intentions eussent eu pour l'État des résultats féconds et salutaires. Mais telle était alors la destinée des successeurs de Haroun, qu'ils recevaient des hommes et des choses l'impulsion qu'ils auraient dû donner, et obéissaient en esclaves alors qu'ils auraient dû commander en maîtres. Contraint dès son avènement à lutter les armes à la main contre ses propres sujets, il avait à peine étouffé la révolte de l'un des émirs de sa cour, qu'il dut envoyer une armée considérable en Sy-

(*) Le tribut payé par les Toulounides se montait à un million et demi de pièces d'or. (El-Macin, Hist. sarr., p. 224.)

(**) Le fondateur de cette secte se nommait Hamdan, fils d'El-Aschath. Le surnom de *Carmath*, sous lequel il est plus connu, lui fut donné, selon les uns, parce qu'il avait les yeux rouges, selon d'autres, parce qu'il avait les pieds courts et ne pouvait faire que de petits pas. Quoi qu'il en soit, Hamdan, né dans une condition obscure, au second siècle de l'hégire, ayant contracté des liaisons avec un missionnaire de la secte des Ismaéliens, embrassa leurs doctrines et les répandit dans les environs de Coufah. Bientôt il obtint un tel ascendant sur ses sectateurs, qu'il entreprit d'établir parmi eux la communauté des biens, et jusqu'à celle des femmes. Il ne s'en tint pas là, et enseigna le mépris pour toute révélation, ne craignant pas de publier hautement que, par la connaissance de la doctrine qu'il prêchait, les fidèles étaient dispensés du jeûne, de la prière, de l'aumône, qu'ils pouvaient égorger les ennemis de leurs croyances, piller leurs biens, en un mot, fouler aux pieds toutes les lois. (Voy. M. Silvestre de Sacy, Biogr. univ., t. VII, p. 163-64.)

rie pour s'y opposer aux brigandages des Carmathes. Dans une première rencontre, le général qui commandait les forces du khalife fut vaincu près d'Alep; mais il prit sa revanche l'année suivante, à Bakka, et remporta sur ces farouches sectaires une éclatante victoire. Les supplices infligés à leurs prisonniers ne firent que redoubler leur rage : ils allèrent attendre au désert la caravane de la Mecque, la pillèrent et massacrèrent vingt mille pèlerins. Ces sanglantes représailles armèrent contre eux toute l'Arabie; ils furent défaits de nouveau, et Zacrowiah, le lieutenant de Carmath, fut pris et mis à mort. Cette défaite et la perte d'un chef renommé arrêtèrent pour quelque temps les fureurs de ces hérétiques : ils laissèrent quelque répit au khalife, qui en profita pour enlever l'Égypte aux Toulounides. Ce fut son dernier exploit (*). Moktafy mourut l'an 295 de l'hégire (908). Son activité, son énergie, relevèrent un instant la gloire militaire de l'empire. Mais cette grandeur passagère devait bientôt s'évanouir, et la décadence reprendre son cours rapide et continu.

*Moctader-Billah*, origine des *Fatimites*.

Moctader n'avait que treize ans lorsqu'il fut installé dans la chaire du prophète. Cette extrême jeunesse, dont les annales musulmanes n'avaient pas encore offert d'exemple, occasionna une violente sédition dans Baghdad. Une faction puissante, trouvant indigne d'elle d'obéir à un enfant, prêta serment à Abdallah, fils de Motaz; mais le parti du jeune prince triompha; la mort violente de son compétiteur et le courage de ses adhérents fixèrent la couronne sur sa tête. Autant Moktafy avait déployé d'énergie, autant Moctader se montra faible et indolent. Gouverné par ses femmes et ses eunuques, il assista sans s'é-

(*) Voy. El-Macin, Hist. sarr., p. 230 et suiv.

mouvoir à l'agonie de l'empire, sur lequel fondirent à la fois des calamités de toute espèce.

Les Grecs avaient envahi la Mésopotamie et emmené une foule de captifs à Constantinople.

Ils auraient peut-être poussé plus loin leurs succès si l'impératrice Zoé, inquiétée par une invasion de Bulgares, n'eût été la première à envoyer à Moctader des ambassadeurs chargés de traiter du rachat des prisonniers.

A en croire les chroniqueurs arabes, la réception que leur fit le khalife fut d'une magnificence merveilleuse. Une armée de cent soixante mille hommes était sous les armes. Venait ensuite la maison du khalife, composée de quatre mille eunuques blancs, trois mille eunuques noirs, sept cents gardes de la porte. Tout le cours du Tigre était couvert de riches embarcations; des lions énormes domptés et promenés dans les rues de la ville par des esclaves, donnaient à cette fête un étrange aspect. Dans une salle immense s'élevait un arbre moitié or, moitié argent, dont les fruits merveilleux rappelaient les plus beaux contes des Mille et une nuits. En un mot, les trésors du khalife avaient été épuisés pour éblouir les envoyés de Constantinople. Mais à peine une trêve si chèrement achetée venait-elle d'être conclue, que les Carmathes se montrèrent à leur tour et recommencèrent leurs brigandages en Syrie. L'indolence du khalife et son inaction en présence du péril lui aliénèrent tous les cœurs. L'eunuque Mounès, qui parmi les partisans du khalife avait seul montré jusqu'alors du courage et de l'énergie, se mit lui-même à la tête des mécontents, fit déposer Moctader et proclamer à sa place son frère, qui fut reconnu à Baghdad sous le nom de Caher-Billah, le 14 du mois de moharrem, 317 de l'hég. (27 février 929.) A peine le nouveau prince est-il assis sur le trône des khalifes, que, sur son refus de faire distribuer à l'armée la gratification d'usage à chaque avénement, une contre-révolution s'opère; Moctader, délivré de ses fers et porté en triomphe par les soldats, est replacé dans la chaire de Mahomet, trois jours après en avoir été ignominieusement renversé.

A la faveur de ces continuelles vicissitudes, Nasr-ed-Daoulet proclamait à Mossoul l'indépendance qu'il avait sourdement conquise sous Moktafy, et fondait dans cette ville une dynastie dont l'héritage était un nouveau démembrement de l'empire.

Les Carmathes, à leur tour, sous la conduite d'un nouveau chef nommé Abou-Daher, s'emparaient de la Mecque, faisaient, comme sous le règne de Moktafy, un massacre considérable des pèlerins, comblaient de leurs cadavres le puits de Zemzem, pillaient la Caaba, enlevaient la pierre noire, et souillaient de leurs crimes comme de leur impiété les lieux consacrés par le prophète (*). Le souverain de Baghdad, car déjà les khalifes ne méritent plus guère d'autre nom, ne pouvait songer à délivrer la Mecque des fléaux qui la désolaient. Sa ville capitale était agitée par des troubles sans cesse renaissants. Les troupes réclamaient violemment leur solde et se répandaient furieuses dans tous les quartiers de la cité.

A la faveur de ces désordres, un aventurier nommé Mardawig enleva aux khalifes une partie de la Perse, y fonda la dynastie des Zaïarides et rétablit la religion des mages (**). La victoire qu'il remporta sur l'armée des Abbassides, près de Hamadan, jeta l'épouvante dans Baghdad : on crut voir surgir un nouveau Yacoub; mais, soit hasard, soit calcul, le terrible vainqueur négligea une conquête devenue facile et s'éloigna du côté de Tabaristan.

Baghdad respirait à peine qu'elle se vit en proie à de nouveaux désordres.

Une intrigue de palais fit disgracier

(*) Voyez, dans les notes de mon édition de la Vie de Mahomet par Aboulféda, la manière dont la pierre noire fut rendue à la dévotion des fidèles.

(**) Voy. Aboulféda, Ann. moslem., t. II, p. 368 et suiv.

Mounès, qui, malgré sa première trahison, avait repris toute sa faveur. Irrité et menaçant, ce puissant ennemi vint mettre le siége devant Baghdad. A l'aspect du péril, et cédant aux conseils de ses favoris, le khalife se revêt du manteau du prophète, puis, précédé des fakihs ou jurisconsultes et des oulémas, qui portaient chacun un exemplaire du Coran, il s'avance contre l'armée des rebelles. Il espérait, par ce spectacle, leur imposer ou les émouvoir : il fallut en venir aux mains. Vaincu, Moctader prend la fuite, et tombe entre les mains de soldats africains. « Respectez la majesté du kha-
« life, de celui qui est le vicaire du
« prophète sur la terre, leur cria-t-il.
« — Nous te connaissons bien, ré-
« pondent-ils ; tu es le représentant du
« diable et non celui de Mahomet. »
Ce disant, ils le massacrèrent sans pitié. (Fin du mois de schewal de l'hégire 320, de J.-C. 932.) (*).

Le règne de Moctader, l'un des plus longs qu'on eût vus jusqu'alors, fut le règne des femmes et des eunuques. Toutes les tentatives de réformes faites par ses prédécesseurs furent abandonnées par lui. Une femme, dit El-Macin, présidait aux jugements criminels (**).

Le trésor s'épuisait en scandaleuses libéralités ; Moctader dépensa, ajoute le même auteur, 70 millions de pièces d'or. C'était plus que n'en avait amassé Haroun-el-Reschid, durant son règne glorieux.

Un prince incapable de maintenir l'ordre dans l'administration intérieure de son empire, impuissant même à réprimer les désordres de son palais, devait, par sa faiblesse, encourager les prétentions des ambitieux, et laisser le champ libre à leurs tentatives d'usurpation. Des villes, des provinces entières, reconnurent la souveraineté de chefs audacieux qui faisaient trembler le khalife jusque dans Baghdad. C'est à ce règne malheureux qu'il faut

(*) Voy. Aboulféda, Ann. moslem., t. II, p. 366.

(**) El-Macin, Hist. sarr., p. 245.

rattacher un des événements les plus importants qui aient hâté la ruine des Abbassides : nous voulons parler de l'établissement des Fatimites en Afrique.

« Le premier de cette famille, dit « M. Quatremère, qui manifesta des « prétentions à la qualité de khalife, « fut Obaïd-Allah-Abou-Mohammed, « surnommé Madhi-Billah, fils de Mo-« hammed-Habib, fils de Djafar-el-« Moussaddak, fils de Mohammed-el-« Maktoum (le caché), fils de l'imam « Ismaïl, fils de Djafar-el-Sadek (le « véridique), fils de Mohammed-Albâ-« ker, fils d'Ali-Zein-el-Abédin, fils de « Hoçaïn, fils de l'imam, prince des « croyants, Ali, fils d'Abou-Taleb. « Telle est du moins, selon Makrisi(*), « la généalogie que produisait Obaïd-« Allah. Ses descendants prirent le « nom de Fatimites de Fatimah, « femme d'Ali, fille du prophète. »

La prétention d'Obaïd-Allah à cette illustre origine était-elle fondée? On serait tenté de le croire, en songeant aux luttes longues et sanglantes que les Alides soutinrent presque continuellement contre les fils d'Abbas. Cependant, si les Fatimites trouvèrent parmi les historiens arabes de nombreux et zélés défenseurs, Ebn-Khaldoun, par exemple, il faut dire que plusieurs autres ont persisté à ne voir en eux que d'habiles imposteurs qui se sont servis d'un nom cher aux sectateurs du prophète pour enlever à une dynastie que ses faiblesses et ses malheurs avaient rendue impopulaire, une de ses provinces les plus importantes. M. Quatremère, après avoir examiné dans un long et savant mémoire (**) les arguments dont les différents historiens ont étayé leurs opinions, penche pour l'opinion de ceux des chroniqueurs arabes qui ont révoqué en doute la généalogie des Fatimites. « Une raison, dit-il, qui, à mon avis, « milite fortement contre les préten-« tions des Fatimites, est, à coup sûr, « la différence des opinions qui règnent « chez les historiens au sujet de la « généalogie de ces khalifes. Qu'on ne « dise pas que ce sont leurs ennemis, « les partisans des Abbassides, qui ont « cherché à répandre des nuages sur « le titre de descendants d'Ali, que « s'arrogeaient leurs rivaux. En effet, « il importait peu aux Abbassides que « leurs adversaires tirassent leur ori-« gine de tel ou tel personnage de « la famille de Mahomet; mais ils « étaient fort intéressés à démontrer « que les Fatimites n'étaient que des « imposteurs dans les veines desquels « ne coulait aucune goutte du sang « du prophète. Il est donc évident que « les assertions contradictoires trans-« mises par ces historiens relative-« ment à la descendance des khalifes « d'Égypte, ne peuvent avoir leur « source que dans les récits de ces « princes et de leurs adhérents. Or, « s'ils avaient été bien convaincus de « la certitude de leurs prétentions, ils « auraient, à coup sûr, adopté pour « eux-mêmes une généalogie fixe, qui, « répandue dans leur empire, et re-« gardée comme indubitable, aurait été « copiée et transmise par les écrivains « sans aucune variante. Il est bien « clair que les Fatimites ne pouvaient « descendre tout à la fois, en ligne « paternelle, de Hoçaïn et d'Akil, « fils d'Ali. Il est donc à présumer « qu'ils ne tiraient pas leur origine « de l'un plus que de l'autre; et ces « contradictions, si je ne me trompe, « ne démontrent rien autre chose que « les tâtonnements maladroits d'hom-« mes peu sûrs de leur fait, et qui « voulaient, à quelque prix que ce fût, « s'enter sur une famille illustre. Le « khalife Moëzz, interrogé sur les « preuves de la parenté qui l'unissait « au prophète, répondit fièrement, en « portant la main sur la garde de son « épée : « Voilà l'auteur de ma race; » « et en jetant une poignée de pièces « d'or : « Voilà mes titres généalogi-« ques. » Un pareil langage décèle l'or-« gueil d'un guerrier audacieux, qui, « vainqueur dans toutes ses entre-

---

(*) Voir le Mémoire historique de M. Quatremère, sur la dynastie des Fatimites. *Journal asiatique*, août 1836, p. 97 et suiv.

(**) Voy. *Journal asiat.*, août 1836.

« prises, se voyait maître d'un empire
« florissant, et en état de braver la fu-
« reur et les armes de l'ennemi ; mais
« en même temps ces paroles an-
« noncent que Moëzz ne tenait pas
« beaucoup aux prétendus droits de sa
« naissance, que, redevable de ses suc-
« cès à la force de ses armes, il
« comptait sur elles seules pour se
« maintenir et poursuivre le cours de
« ses conquêtes; et que, reconnais-
« sant lui-même la faiblesse des ar-
« guments employés par ses pères, il
« aimait mieux couper le nœud que
« d'essayer de le délier. »

Quoi qu'il en soit de la généalogie des Fatimites, il paraît qu'une prédiction avait annoncé que, vers l'an 300 de l'hégire, devait se montrer, en Afrique, le Mahdy (chef des fidèles), annoncé dans le Coran, et que l'aïeul et le père d'Obaïd-Allah avaient songé à tirer parti de cette prédiction pour leur postérité, en la propageant en Syrie, et même en Afrique. Obaïd-Allah, poursuivi par le khalife Moktafy, s'était enfui en Égypte, avec son fils Abou'l-Kacem-Mohammed. Une révolution s'opéra bientôt en faveur des nouveaux prétendants que l'émir de Sedjelmesse retenait captifs. Abou-Abdallah, un de leurs partisans les plus dévoués, avait soulevé contre les Aghlabites la plupart des tribus de l'Afrique septentrionale, et ses victoires venaient de mettre fin à la puissance des fils d'Aghlab lorsque Moctader monta sur le trône de Baghdad. L'avénement de ce prince, si peu soucieux des intérêts de son empire, hâta le triomphe d'Obaïd-Allah. Dans l'année de l'hégire 296, ce souverain, monté sur le trône qu'Abou-Abdallah avait su lui conquérir, ajouta au titre de mahdy celui d'émir-el-moumenin, titre réservé aux successeurs de Mahomet. C'était rompre tout lien d'obéissance envers les Abbassides. L'an 303, après avoir fait périr Abou-Abdallah, à qui il devait sa brillante et rapide fortune, il fonda, à quelque distance de Tunis, la ville de Mahdyah, dont il fit sa capitale; soumit à une administration régulière les provinces qui se trouvaient sous son autorité, et enleva à Moctader la ville de Barca, qui devint la limite orientale de son empire. Il tenta aussi, mais sans succès, de s'emparer de l'Égypte : cette conquête était réservée à un de ses successeurs. Il mourut deux ans après le khalife de Baghdad, en l'an de l'hégire 322, laissant à son fils un empire assez puissant déjà pour inquiéter à la fois les Abbassides, les Omeyyades d'Espagne, et tous les princes chrétiens dont les États bordaient la Méditerranée.

*Derniers khalifes abbassides, fin du khalifat.*

Caher-Billah, frère de Moctader, porté de nouveau sur le trône par les mêmes hommes qui l'y avaient fait monter une première fois pour l'en faire aussitôt descendre, voulut s'affranchir de leur tutelle. Il fit emprisonner son neveu Abou'l-Abbas, dont les droits lui causaient de l'inquiétude, et fit mourir sa mère dans les tortures pour lui arracher le secret d'un trésor qu'elle ne possédait pas. Ces deux crimes émurent les émirs de sa cour, non pas parce qu'ils leur faisaient pressentir le règne d'un prince cruel, mais parce qu'ils crurent voir en lui un esclave qui voulait briser ses chaînes, et, dix-huit mois après l'avoir salué khalife, ils le détrônèrent encore. Cette fois, on voulut prévenir tout retour de fortune; on lui creva les yeux avant de le plonger dans un cachot, d'où cependant, à en croire un chroniqueur, il sortit deux ans plus tard. Rendu à la liberté, errant, réduit à mendier son pain, il se tenait à la porte des mosquées, et disait aux fidèles qui se rendaient à la prière : « Ayez pitié d'un pauvre vieillard, autrefois votre khalife, aujourd'hui implorant votre aumône. »

Abou'l-Abbas, tiré de prison après la déposition de son oncle, et proclamé khalife sous le nom de Rady-Billah, se montra docile aux volontés de ceux à qui il devait son élévation. Le triste exemple de ses prédécesseurs lui avait appris qu'à cette seule condition il pouvait conserver le khalifat et la vie. Comme s'il avait eu hâte de répudier les dernières apparences du pouvoir, ce prince, en l'an 324 de l'hégire, créa, en faveur d'Abou-Bekr-Mohammed-Ebn-Raïek, gouverneur ou plutôt souverain de Waset, de Coufah, de Bassorah, et de presque tout l'Irak-Arabi, la charge d'émir-el-omrah (prince des princes). Ce nouveau fonctionnaire, comme autrefois Fadh-ben-Sahl sous El-Mamoun, fut chargé de l'administration des affaires civiles et militaires. De plus, il suppléait le khalife dans les fonctions sacerdotales, et se faisait nommer après lui dans les prières publiques. Le khalifat, disent les chroniqueurs arabes, ne fut plus dès lors qu'une ombre vaine. Le khalife ne pouvait disposer d'un dinar sans la permission de l'émir-el-omrah. Quant au vizirat, il subsista de nom quelque temps encore, et disparut bientôt, absorbé par ce nouveau pouvoir.

Rady-Billah fut le dernier khalife qui, le vendredi, ait parlé au peuple à la mosquée, qui ait pu faire quelques dons en son nom, qui ait eu une cour, une suite, une maison militaire. Ici donc cesse le règne des khalifes, et commence celui de ces maires du palais dont la triste influence porta le dernier coup à la dynastie des Abbassides.

Les Carmathes, sous le règne de Caher et sous celui de Rady-Billah, s'étaient montrés plus audacieux et plus cruels que jamais. L'émir-el-omrah se vit obligé d'acheter, au prix d'un traité honteux, la liberté du pèlerinage de la Mecque. Le nombre des usurpateurs s'accroissait de jour en jour, et tout brigand audacieux venait réclamer, les armes à la main, sa part de l'empire. Il ne restait au khalife que Baghdad; tant de vastes provinces, qui lui obéissaient autrefois, étaient devenues la proie d'une foule de dynasties nouvelles. Le Khoraçan, le Kerman et la Transoxane étaient possédés par les princes Samanides. Une grande partie de la Perse était occupée par Waschmeghyr, frère de Mardawidj. Le reste était tombé au pouvoir d'Imad-ed-Daoulet, qui y fonda la dynastie des Bouïdes, du nom de son père Bouïah, ou plutôt Bowaïah.

La famille des Lamdanides régnait en Mésopotamie, et l'Égypte obéissait à Abou-Bekr-Mohammed-el-Ikhschid. Quoique ces provinces fussent complétement indépendantes du khalife pour tout ce qui regardait la politique extérieure ou intérieure, il en était resté le chef spirituel. Mais l'Arabie, que possédaient presque entièrement les Carmathes, l'Afrique, où venaient de s'établir les Fatimites, ne reconnaissaient même pas sa souveraineté nominale. Abou-Mohammed-el-Haçan, qui avait fondé vers l'an 323 la dynastie des Hamdanides à Mossoul, voulut aussi conquérir une complète indépendance. Le Turc Yakem, qui depuis quelques années avait supplanté Ebn-Raïek dans les importantes fonctions d'émir-el-omrah, se rendit à Mossoul avec le khalife, et força Haçan à prendre la fuite (328 de l'hég.). Ce fut là le seul succès qui signala le règne de Rady-Billah. Il mourut, l'année suivante, d'une hydropisie attribuée par El-Maim à un usage immodéré des plaisirs du harem.

Le Turc Yakem lui donna pour successeur son frère Abou-Ishak-Ibrahim, qui prit le nom de Mottaky-Billah. La mort de cet émir, assassiné dans le Kourdistan quelques jours après l'avénement de Mottaky, réveilla de toutes parts des ambitions toujours si facilement excitées sous le faible gouvernement des princes abbassides. Obeïd-Allah, souverain de Bassorah, vint assiéger le khalife dans Baghdad. Haçan lui offre un asile dans Mossoul, chasse Obeïd-Allah, et obtient pour prix de ses services la charge d'émir-el-omrah avec le titre de nasr-el-daoulet (protecteur de l'empire). Touroun, ancien lieutenant de Yakem, proteste les armes à la main contre le choix du khalife. Baghdad est de nouveau menacé; les troubles renaissent. Ykschid, gouverneur d'Égypte, propose alors à Mottaky un refuge dans son gouvernement contre ces prétentions sans cesse renaissantes ; mais Touroun, craignant de voir le khalife se soustraire ainsi à son influence, trouve moyen de l'attirer dans sa tente, et là lui fait crever les yeux en présence de ses femmes et de ses eunuques, dont il couvre les gémissements par le bruit des timbales ( 333 de l'hég., de J.-C. 944). Touroun donna pour successeur à Mottaky Abou'l-Cacem, fils de Mostafy, qui fut salué sous le nom de Mostacfy-Billah. Ce prince, comme ses prédécesseurs, ne fut qu'un instrument passif entre les mains de ses ministres. Un nouvel émir-el-omrah, Zaïrak-ben-Chyr-zad, devint tellement odieux aux habitants de Baghdad par sa cupidité et ses violences, que ceux-ci implorèrent les secours des Bouïdes. Ahmed, troisième prince de cette dynastie, entra dans Baghdad, enleva le pouvoir à Zaïrah, et prit sa place sous le nom de Moëzz-ed-Daoulet. Quant à Mostacfy, il n'avait fait que changer de maître. Cédant aux conseils d'Alam, sa favorite, il osa conspirer contre son vizir ; mais les successeurs d'Haroun-el-Reschid n'avaient même plus assez d'énergie pour mener à bien une révolution de sérail. Ses projets furent découverts. Moëzz lui fit crever les yeux et fit arracher la langue à sa complice. Il y avait alors dans Baghdad trois khalifes déposés et privés de la vue : Mottaky, Caher et Mostacfy. Ce dernier mourut en 338, Caher l'année suivante. Quant à Mostacfy, moins heureux, il eut à vivre vingt ans encore dans les ténèbres et le malheur. Moëzz avait eu d'abord la pensée de rendre aux descendants d'Ali le titre illusoire de khalife ; mais ce titre pouvait reprendre quelque valeur entre les mains des petits-fils du prophète. La nullité complète de Fadhl, fils de Moctader, lui parut une garantie plus sûre pour la conservation du pouvoir. Il le tira de prison et le fit proclamer sous le nom de Mothy-Billah. Non-seulement à cette époque l'émir-el-omrah jouissait d'une puissance illimitée dans Baghdad, mais il était reconnu comme chef spirituel dans tous les royaumes qui venaient de se former en Asie des débris de l'empire arabe. Quant à Mothy, il n'eut pas même de vizir. Moëzz lui accorda un simple secrétaire et une modique pension. Naszed-Daoulet, prince de Mossoul, voulut à son tour saisir le pouvoir et essaya de lutter contre Moëzz ; mais il échoua et fut contraint de payer tribut. Nous avons dit déjà que Moëzz avait eu le projet d'appeler au trône un prince alide. Sa prédilection pour cette famille se manifesta bientôt par un acte solennel. Il fit afficher aux portes des mosquées les plus terribles imprécations contre Moawiah et ses successeurs. C'était la première fois que de telles proscriptions contre les khalifes sunnites étaient formulées par écrit. Aussi vit-on bientôt éclater dans Baghdad un mécontentement général. Une nouvelle ordonnance, qui instituait des fêtes publiques en commémoration de Hoçaïn, fils d'Ali, acheva d'aigrir les esprits, et une révolte générale était devenue imminente, lorsque l'émir-el-omrah mourut (13 de rebi second, 356), après avoir gouverné l'empire pendant 22 ans. Malgré son impopularité, Moëzz avait établi son pouvoir sur de si fortes bases, qu'il le transmit à Azz-ed-Daoulet, son fils ; et cependant, en vendant les charges, en mettant à l'encan toutes les faveurs de la couronne, il avait avili le gouvernement sans l'enrichir. Si l'on en croit certains historiens, le khalife, pour satisfaire l'avidité de son ministre, aurait vendu le mobilier de son palais et n'en aurait retiré que 40,000 dirhems, tant était déchue cette cour de Baghdad, dont le luxe avait étonné, un siècle auparavant, l'Europe et l'Asie. Tandis que la dynastie des Abbassides s'affaissait ainsi dans la honte et la misère, les Fatimites étaient arrivés, sous Moëzz-Ledin-Allah(*), au plus haut

―――――――――
(*) Moëzz était le quatrième khalife fatimite. Obaïd-Allah, le fondateur de cette dynastie, avait laissé le trône à son fils

période de leur puissance et de leur gloire. Ce prince était, à cette époque, le vrai, le seul vicaire du prophète. En 348, une guerre sanglante ayant éclaté dans le Hedjaz entre deux familles puissantes, la famille de Haçan et celle de Djafar, il était intervenu comme médiateur, et, grâce aux efforts de ses émissaires, à des sacrifices d'argent, il avait réconcilié les tribus rivales et rétabli la paix dans cette contrée. Quelques années plus tard, il devait jouer un rôle plus important encore dans les affaires du khalifat, et enlever un nouveau fleuron à cette couronne déjà si déchue. Comme ses prédécesseurs, il avait toujours convoité l'Égypte, que sa position géographique semblait devoir rattacher à ses États. L'eunuque Cafour venait de mourir au mois de djomadi second de l'an 357 de l'hég., laissant la souveraineté à Abou'l-Fawaris-Ahmed, petit-fils d'Ikhschid, alors mineur (*). Les querelles qui éclatèrent pendant sa minorité entre le vizir Djafar-ben-Forat et le régent Hoçaïn-ben-Abdallah, la famine et la peste qui à la même époque désolaient l'Égypte, semblèrent à Moëzz une occasion favorable de mettre à exécution ses projets de conquête. Il donna à un de ses généraux, nommé Djauher, le commandement d'une armée considérable qui partit de Caïrouan le samedi 14e jour du mois de rébi-awal 358. Arrivé à Teroudjeh, Djauher adressa aux habitants de l'Égypte une proclamation dans laquelle il les exhortait à se soumettre au seul khalife véritable, au descendant du prophète. Les habitants de Fostat, qui avaient d'abord montré des intentions favorables aux Fatimites, prirent tout à coup une attitude hostile. Djauher les attaqua avec vigueur, et remporta sur les troupes égyptiennes une victoire qui lui ouvrit les portes de Fostat. Il entra dans la ville, où, loin d'abuser de la victoire, il accorda au nom de son souverain une amnistie générale. Mais voulant en même temps consacrer d'une manière éclatante l'avénement de la nouvelle dynastie, il jeta les fondements d'une ville qu'il nomma El-Kahirah (la Victorieuse), ville qui depuis lors est restée la capitale de l'Égypte. Un de ses premiers soins fut encore d'abolir en Égypte tout ce qui rappelait la souveraineté des Abbassides. Il ordonna qu'aucune mention ne fût faite dans la khotba des princes de la maison d'Abbas, et le nom de Mothy fut remplacé sur la monnaie par celui de Moëzz. Le blanc, couleur des Fatimites, fut substitué partout à la couleur noire, symbole des Abbassides; enfin rien ne rappela plus bientôt, non-seulement en Égypte, mais dans l'Arabie, qui subit le même sort, qu'il y avait encore à Baghdad de malheureux princes héritiers directs du khalifat, dont l'unité se trouvait si violemment brisée.

L'Égypte était soumise; le Yémen, les villes saintes, où le khalife fatimite avait recueilli les fruits de son adroite modération, ne priaient plus qu'au nom des descendants d'Ali. Un des lieutenants de Djauher s'empara de la Syrie et de la Palestine; mais là, la puissance des Fatimites eut à lutter contre une puissance non moins formidable : c'était celle des Carmathes, dont le chef, nommé Haçan-ben-Ahmed, s'était toujours montré un habile et vaillant capitaine. Ce hardi partisan, mettant au service du khalife abbasside l'épée avec laquelle il avait jusqu'alors ravagé ses États, lui offrit, s'il voulait l'investir du gouvernement de l'Égypte, de repousser les Fatimites au delà des sables de la Libye. Déjà même il avait repris Damas; mais le khalife Mothy, qui aurait pu, en encourageant ses efforts, arrêter

Caïm-Biamr-Allah; à Caïm avait succédé El-Mançour, père et prédécesseur de Moëzz.

(*) Abou-Bekr-Mohammed-el-Ikhschid, fondateur de la dynastie des Ikhschidites, avait laissé à Cafour, son affranchi, la régence de l'Égypte, qu'il possédait sous la suzeraineté du khalife de Baghdad, pendant la minorité de ses enfants. Voy. le Mémoire de M. Quatremère, sur la dynastie des Fatimites, inséré dans le *Journal asiatique*.

l'essor de son dangereux rival, aima mieux rester indifférent à la lutte qui s'engageait. Haçan, trahi par un de ses généraux, fut vaincu; et Mothy forcé d'abdiquer, parce qu'il était devenu paralytique (an de l'hég. 363, de J. C. 974), laissa à son fils Aboubekr-abd-el-Kerim un vain titre, qui n'avait plus ni pouvoir ni prestige.

Le fils de Mothy prit le nom de Thaï-Lillah; il régna ou plutôt vécut en paix. Le titre de khalife n'excitait plus l'envie. On n'en voulait qu'à la charge d'émir-el-omrah. Bakhteïar-ezz-ed-Daoulet consentit d'abord à partager son pouvoir avec Adhad-ed-Daoulet, qui appartenait, ainsi que lui, à la puissante famille des Bouïdes; mais la concorde était alors aussi difficile entre deux émirs qu'elle l'eût été jadis entre deux khalifes. Les deux princes bouïdes s'armèrent bientôt l'un contre l'autre. Adhad, vainqueur, prit le titre alors inusité de schahinschah (roi des rois). Il transmit en mourant sa charge à ses trois fils, Samsam, Chérif et Boha-ed-Daoulet, qui l'occupèrent successivement. Boha, le dernier, aussi avare qu'ambitieux, accusa le khalife de soustraire à son profit quelques-uns des deniers dont le ministre se réservait le maniement, et Thaï, arrêté, maltraité, malgré ses protestations et ses larmes, fut forcé d'abdiquer (an de l'hég. 381).

Cader-Billah, petit-fils de Moctader, régna 41 ans sous la tutelle des Bouïdes, et n'exerça qu'une autorité purement spirituelle. Pendant que l'orgueilleuse famille qui gouvernait Baghdad au nom des fils dégénérés d'Abbas, préparait, par des divisions et des luttes continuelles, le moment de sa chute, Aboul-Cacem-Mahmoud-el-Ghaznevi consolidait ou plutôt fondait en Perse le vaste empire des Ghaznevides. Placé entre les sectateurs de Brama ou de Bouddha dans l'Inde, et les adorateurs du feu qui habitaient en grand nombre plusieurs provinces de la Perse, Mahmoud résolut d'assurer de nouveau le triomphe de l'islamisme par la force des armes. Après avoir vaincu les Guèbres, il entreprit avec succès plusieurs expéditions dans le Caboul, le Mawar-el-Nahr et le Guzarate, dont il fit la conquête. Mais ses succès ne le portèrent jamais à inquiéter la faiblesse de Cader-Billah, dont il consentit au contraire à recevoir l'investiture des provinces qu'il avait conquises. Mahmoud mourut en 421, trop tôt peut-être pour la cause de l'islamisme, qu'il avait si vaillamment défendue. L'année suivante, Cader-Billah mourut lui-même, laissant aux Bouïdes un pouvoir toujours illimité, mais déjà chancelant et menacé par l'ambition d'une dynastie plus puissante. Ce fut sous Caïm-Biamzillah, successeur de Cader-Billah, qu'eut lieu la sanglante révolution qui devait livrer aux Turcs Seldjoukides le gouvernement de Baghdad. Cette tribu, originaire de l'Asie centrale, d'où l'avaient chassée les Chinois et les Tartares, était venue s'établir quelques années auparavant à l'est du fleuve Sihoun, sous la conduite de Seldjouk (*). Thoghrul-Beig, petit-fils

(*) La contrée où vint s'établir Seldjouk était occupée déjà par une famille de princes turks qui se servirent du nouveau venu pour renverser la dynastie des Samanides et s'emparer de la Transoxane. Pour prix de son puissant appui, Seldjouk obtint l'autorisation de fonder un établissement dans le Mawar-el-Nahr : mais ce n'est pas là que devait être le siège de l'immense empire de ses descendants. Le fondateur de la dynastie des Ghaznevides, Mahmoud, s'étant bientôt après rendu maître de Mawar, engagea Mikhaïl, fils de Seldjouk, à traverser le Djihoun (l'Oxus), et cantonna la tribu des Turcomans dans la partie septentrionale du Khoraçan, aux environs de Mérou. La puissance envahissante de Mikhaïl donna bientôt au conquérant du Caboul de vives inquiétudes. Une guerre semblait imminente entre le suzerain et son vassal; elle n'éclata que sous leurs successeurs. Ce fut Thoghrul-Beig, fils de Mikhaïl, qui en donna le signal. Pour arrêter ses fréquentes excursions dans le Kharizme, Masoud, successeur de Mahmoud, lui opposa successivement plusieurs généraux. Thoghrul avait pour lui une valeur indomptable, et l'amour de toutes les tribus voisines pleines d'admiration pour sa justice et sa libéralité.

de ce dernier, et véritable fondateur de la dynastie des Seldjoukides, venait de conquérir la Perse, lorsque le khalife Caïm implora son appui contre les insultes et les projets ambitieux d'un émir révolté.

Thoghrul entra dans Baghdad au mois de ramadhan 447 (1055), malgré la résistance des habitants, et s'empara à la fois de la personne et de la place de l'émir-el-omrah contre lequel le khalife avait réclamé son secours. La dynastie des Bouïdes s'éteignit en la personne de ce ministre, nommé Melik-er-rahim; mais celle des Seldjoukides lui succéda, et devint bientôt tellement puissante, qu'en 455 Thoghrul épousa la fille du khalife. Il mourut quelque temps après, à l'âge de soixante-dix ans. Il laissait à son neveu Alp-Arslan le titre de sultan, un empire florissant et un pouvoir sans contrôle.

Quant à Caïm, il jouit paisiblement du khalifat sous la tutelle de Alp-Arslan et de Melik-Schah, jusqu'en 467, époque de sa mort.

Son petit-fils Moktady-Biamr-Allah dut à la puissance de Melik-Schah l'honneur et la satisfaction de recouvrer sur l'Arabie sa suprématie spirituelle. A Médine et à la Mecque, son nom remplaça dans la khotba celui des khalifes fatimites. C'était là, du reste, une jouissance de vanité qui ne pouvait plus avoir aucune conséquence favorable au pouvoir temporel du khalife. Son prédécesseur avait longtemps hésité à accorder sa fille au sultan Thoghrul ; ce fut presque un honneur

pour Moktady d'épouser la fille de Melik-Schah. Mais ce mariage, qui semblait devoir resserrer l'union des deux princes, rompit au contraire la bonne intelligence qui jusqu'alors avait régné entre eux. Le khalife, fatigué par l'humeur acariâtre de sa femme, la renvoya à son père. Mais il ne tarda pas à porter la peine de cet acte d'autorité. Melik-Schah le contraignit à désigner pour successeur l'enfant qu'il avait eu de sa fille, au préjudice d'Ahmed son fils aîné. Il exigea de plus que Moktady quittât Baghdad pour fixer sa résidence à Bassorah. Au moment où cet ordre allait s'accomplir, Moktady perdit son impérieux beau-père ; mais il ne lui survécut que de quelques mois. C'est sous le règne de son successeur Mosthader-Billah qu'eut lieu la première croisade.

« On a présenté les croisades, dit un historien moderne, comme un événement imprévu, inouï, né des récits que faisaient les pèlerins au retour de Jérusalem, et des prédications de Pierre l'Ermite. Il n'en est rien. Les croisades ont été la continuation, le zénith de la grande lutte engagée depuis quatre siècles entre le christianisme et le mahométisme. Le théâtre de cette lutte avait été jusque-là en Europe ; il fut transporté en Asie. Si je mettais quelque prix à ces comparaisons, à ces parallélismes dans lesquels on se plaît quelquefois à faire entrer de gré ou de force les faits historiques, je pourrais montrer le christianisme fournissant exactement en Asie la même carrière que le mahométisme en Europe. Le mahométisme s'est établi en Espagne, il y a conquis et fondé un royaume et des principautés. Les chrétiens ont fait cela en Asie. Il s'y sont trouvés, à l'égard des mahométans, dans la même situation que ceux-ci en Espagne à l'égard des chrétiens. Le royaume de Jérusalem et le royaume de Grenade se correspondent (*). »

Au mois de ramadhan 492 (1099),

---

Avec leur secours, il triompha des généraux de Masoud et de Masoud lui-même. On fit alors la khotba en son nom dans toutes les mosquées du Khoraçan ; et l'année 431, pendant laquelle ces faits s'accomplirent, est regardée comme la 1re de l'ère des Seldjoukides, qui étendirent bientôt leur domination sur la Perse entière. Thoghrul est représenté par les auteurs orientaux comme un prince sage, habile, juste, clément et courageux. Le seul reproche qu'ils lui fassent est de n'avoir pas protégé les lettres. Voy. Aboulféda, Ann. moslem., t. III, p. 103.

(*) Voy. Hist. de la civilisation en Europe, par M. Guizot, 8e leçon, p. 224.

Jérusalem tombait au pouvoir de Godefroy de Bouillon. Cette nouvelle répandit la consternation dans Baghdad; mais les fils d'Abbas ne pouvaient plus que faire des vœux impuissants pour que l'islamisme vît de meilleurs jours.

Le schisme qui divisait les Abbassides et les Fatimites, la lutte engagée entre les princes seldjoukides, avaient favorisé et devaient favoriser encore pendant quelque temps le progrès des chrétiens.

Mostadher mourut en 512, après avoir subi la loi de quatre émirs seldjoukides : Barkyarok, Melik-Schah, Mohammed et Mahmoud.

Mostarsched-Billah, fils de Mostadher, tenta de faire revivre la gloire militaire de ses ancêtres. Ce prince, intelligent et brave, eût pu, dans des temps plus prospères, rendre quelque éclat au khalifat de Baghdad. Mais il était trop tard. Profondément atteinte par la déconsidération qui s'était attachée à une longue suite de princes avilis, l'institution du khalifat avait besoin, pour être régénérée, d'éléments nouveaux. Aussi Mostarsched mourut-il victime de sa noble tentative. Vaincu par le sultan Mas'oud dont il avait voulu s'affranchir, il fut assassiné par une troupe d'Ismaéliens (an de l'hég. 529, de J. C. 1135). Ce fut le dernier prince qui prononça la khotba du haut de la chaire de Baghdad.

Reschid-Billah, son successeur, voulut marcher dans la même voie; il fut déposé après un an de règne et remplacé par son oncle Moktafy. Deux ans après, il tenta un nouvel effort qui ne fut pas plus heureux : après une déroute complète, il fut assassiné comme son père (an de l'hég. 532, de J. C. 1123).

Moktafy-Liamr-Allah retira quelque fruit des courageuses tentatives faites par ses deux prédécesseurs pour affranchir le khalifat. A la mort de Malek-Schah, l'empire des Seldjoukides s'était divisé; et quatre gouvernements dont les chefs prenaient le titre de sultans, s'étaient successivement formés : celui de Kerman (1040), d'Alep (1078), de Roum (1084) et de Damas (1095).

Les discordes amenées par cette division, la mort de Mas'oud et la captivité de son oncle Sandjar laissèrent enfin respirer Moktafy et son successeur Mostandjed.

Sous Mostady-Biarm-Allah, le grand schisme qui divisait l'islamisme cessa enfin. La dynastie des Fatimites fut détruite, et l'Égypte rentra sous l'autorité spirituelle des khalifes de Baghdad. Ce fut un des généraux de l'émir el-omrah Noureddin, le fameux Saladin, qui fit cette importante conquête (de l'hég. 567, de J. C. 1171). Il est vrai qu'il se maintint dans le pays comme sultan, qu'il y fonda la dynastie des Agoubites, et qu'il força en quelque sorte Nasser-Ledin-Allah, successeur de Mostady, à reconnaître son titre et à ratifier son usurpation.

On sait, du reste, combien ce vaillant guerrier fut un puissant auxiliaire pour l'islamisme; et les exploits de Saladin contre les croisés ont été racontés par nos chroniqueurs occidentaux, qui, ainsi que les historiens de l'Orient, ont rendu justice complète à son énergie, à son courage personnel et à sa modération dans la victoire. D'autres diront la bataille de Tibériade, la prise de Jérusalem, la lutte du prince agoubite contre Philippe-Auguste et Richard Cœur de Lion. Nous n'avons pas à faire l'histoire si intéressante des croisades, ni à suivre dans leur développement les nombreuses dynasties qui s'élevaient chaque jour sur les débris du khalifat : nous dirons seulement qu'après la mort de Saladin, le khalife s'occupa peu des querelles qui s'élevèrent entre ses fils. Mohammed-Ala-Eddin, fils et successeur de Takasch, sultan du Kharizm, menaçait alors non-seulement ce qui restait de pouvoir temporel aux mains des Abbassides, mais l'autorité spirituelle dont ils avaient joui jusqu'alors. Ce prince s'était fait reconnaître khalife dans toute la Perse, et partout la prière s'y faisait en son nom. Bientôt il marcha contre Baghdad, et Nasser, pressé dans sa capitale par une armée puissante, ne dut son salut qu'à la rigueur de la saison et à la terreur qu'inspira dans toute l'Asie occidentale l'approche d'un conquérant redoutable.

Djenghys-Khan, fils d'un simple chef d'une horde des Mongols (*), s'était emparé de la Tartarie, de la Chine, et menaçait l'empire de Mohammed : un affront que ce prince fit supporter aux envoyés de Djenghys-Khan alluma l'incendie qui devait anéantir la puissance arabe. Accompagné de ses fils, le chef mongol entra dans les États du sultan de Kharizm il s'empara de Khodjend, de Samarkande, de Bo-

----

(*) « La partie centrale de l'Asie bornée, « au nord, par des chaînes de montagnes « qui la séparent de la Sibérie; au midi, « par la Corée, la Chine, le Thibet, le fleuve « Sihoun et la mer Caspienne; cette zone « immense, qui s'étend depuis le Volga jus- « qu'à la mer du Japon, a été habitée de « temps immémorial par des nations no- « mades appartenant à trois races distinctes « qu'on peut désigner par les noms géné- « riques de Turque, Tatare ou Mongole et « Tonngouse ou Tchourtché. La nation mon- « gole possédait le pays situé au midi du « lac Baïcal. Suivant la tradition, 2000 ans « avant la naissance de Djenghys-Khan, les « Mongols avaient été vaincus et exterminés « par les autres nations de la Tartarie. Il « n'échappa du carnage que deux hommes « et deux femmes qui se réfugièrent dans « un pays enfermé par une chaîne de mon- « tagnes, appelé *Irguéné-çoun*, ou rochers « escarpés. Dans cette contrée dont le sol « était fertile, la postérité des deux fugitifs « se multiplia promptement et se divisa en « tribus. Plusieurs de ces tribus qui sortirent « d'Irguéné-çoun vers le huitième siècle, « avaient pour chef Bourté-Tchiné, dont le « huitième descendant Dounboun-Bayan « laissa en mourant une jeune veuve, qui, « plusieurs années après la mort de son « époux, devint enceinte. Les parents du « défunt lui en ayant fait des reproches, « elle les assura de son innocence, disant « que chaque nuit un rayon de lumière pé- « nétrait par le haut de sa hutte, et prenait « la forme d'un jeune homme. Elle accou- « cha de trois fils, dont le cadet fut le hui- « tième aïeul de Djenghys-Khan. » Voy. Hist. des Mongols, liv. I, chap. II.

----

khara, et une bataille décisive le rendit maître de la ville même de Kharizm, résidence du souverain. Le khalife de Baghdad, Nasser-Ledin-Allah, avait vu d'abord dans Djenghys-Khan un vengeur, et l'avait encouragé, dit-on, à renverser le sultan de Kharizm; mais bientôt la tempête qu'il avait provoquée allait frapper sa propre famille. Sous Dhaher-Billah et Mostanser-Billah, ses successeurs, l'invasion mongole fit d'immenses progrès. La Transoxane et le Khoraçan étaient soumis par Djenghys-Khan lui-même; un de ses généraux se dirigeait sur l'Inde; une armée faisait la conquête de l'Aderbaïdjan, une autre réduisait les princes de Kaptchac, malgré leur alliance avec les grands-ducs de Kiow, et la Chine septentrionale était presque conquise. Toutefois, c'était à un des petits-fils du héros mongol qu'était réservée la gloire d'achever et d'organiser la conquête de la Chine. Au milieu de cette ruine universelle, le khalifat de Baghdad dut le prolongement de son existence non pas aux légers succès remportés sur les Mongols; près de Sermenraï, par l'armée des princes abbassides, mais à la longue résistance des peuplades chinoises, et aussi à la mort presque subite de Djenghys-Khan, qui arriva le 10 de ramadhan 624 (24 août 1227). Aucun des enfants que le prince mongol avait eus de ses cinq cents concubines ne lui succéda. Il avait lui-même fait le partage de ses États entre les quatre fils de sa première femme légitime. Tchoutchi, l'aîné, étant mort, fut remplacé par Bathou, qui hérita de la souveraineté de Kaptchac; à Zagataï échurent la Transoxane et le Turkestan; Thouly eut le Khoraçan et une partie de la Perse; enfin, Octaï, que son père un peu avant sa mort avait désigné pour son successeur, eut en partage la grande horde, dans le Carakhataï, et toute la partie de la Chine qui avait été soumise.

Tandis que les héritiers de Djenghys-Khan achevaient d'envahir l'Asie, Mostasem-Billah montait sur le trône de Baghdad (an de l'hégire 640, de J. C.

1242). Ce prince, d'un caractère doux et affable, mais faible et indolent, avait justement ces vertus qui font le bonheur dans la vie privée, et qui perdent les empires. Sa confiance aveugle dans son vizir Mowaïed-eddin-Mohammed-el-Kamy compléta sa ruine, car ce vizir était un traître. El-Kamy, partisan des doctrines d'Ali, se crut blessé dans ses opinions par le fils même du khalife Abou'l-Abbas-Ahmed, et résolut de se venger en ouvrant à l'ennemi les portes de Baghdad. Pour arriver plus sûrement à son but, il persuada d'abord à Mostasem de réduire au quart son armée, qui était encore de cent mille hommes, et fit donner, aux personnages dont l'influence ou les talents pouvaient lui donner de l'ombrage, des gouvernements éloignés. C'est alors qu'il envoya des émissaires auprès du souverain des Mongols pour lui proposer la conquête de Baghdad, et lui faire valoir le prix de sa trahison. Ce souverain était alors Houlagou, l'un des fils de Thouly, auquel étaient échus, dans le partage des États de Djenghys-Khan, le Khoraçan et une partie de la Perse. Quand, à la mort de Thouly, son fils aîné Mangou lui succéda à titre de grand khan, Houlagou fut chargé du gouvernement des provinces occidentales, c'est-à-dire, ainsi que le disait l'édit d'investiture, des provinces comprises entre le Djihoun et le pays des Francs. Houlagou, jeune encore, annonçait un digne héritier des talents militaires de son aïeul. On peut croire que les instances de Mohammed-el-Kamy ne changèrent rien au sort que le jeune conquérant réservait à Baghdad, et que, depuis longtemps, il avait résolu l'anéantissement de l'empire des Abbassides.

Quoi qu'il en soit, le khalife attendait son sort dans la plus trompeuse sécurité, et ne voulut jamais soupçonner la fidélité de son ministre, malgré les avis les plus sincères et les plus désintéressés. Il ne crut au danger que lorsque, des fenêtres de son palais, il vit l'armée des Mongols se presser sous les murs de Baghdad. Cette armée était formidable; Houlagou avait appelé à la conquête de la ville des khalifes les généraux mongols dispersés dans l'Asie Mineure ou dans l'Arménie; et tous les princes tributaires lui avaient envoyé les troupes dont ils pouvaient disposer. Consterné par la vue d'un appareil si formidable, et comprenant combien la résistance était difficile, Mostasem envoya demander la paix, se soumettant d'avance aux conditions qui plairaient au vainqueur, pourvu qu'il conservât Baghdad et l'autorité spirituelle que lui assurait la loi de l'islam. Mais l'ambassadeur du khalife fut renvoyé avec mépris: il fallait consentir à n'être plus que l'humble sujet d'un prince mongol, ou tenter le sort des armes. Réduit à une position si pénible, le chef de l'islamisme retrouva quelques instants d'énergie. Batchou, le plus renommé des généraux d'Houlagou, avait commencé à investir la ville; les habitants tentèrent une vigoureuse sortie, et repoussèrent l'ennemi à quelque distance des murailles. Malheureusement, enivrés de ce premier succès, ils voulurent, malgré les avis de leurs chefs, demeurer campés hors des remparts. Pendant la nuit, les Mongols ayant rompu un des canaux du Tigre, l'emplacement occupé par l'armée musulmane se trouva inondé, et un grand nombre de soldats périrent dans les flots. Ceux qui parvinrent à échapper se renfermèrent dans la ville. Bientôt l'arrivée d'Houlagou y jeta la terreur et la consternation. De nouveaux ambassadeurs sont envoyés au prince, qui, cette fois, les fait charger de fers. Chaque jour, les travaux d'investissement font de nouveaux progrès, la ville est resserrée davantage: ses défenseurs succombent, les provisions s'épuisent, les murailles s'écroulent; enfin, le 29 de moharrem 656 (5 février 1258), les Mongols escaladent les remparts à demi renversés, et arborent l'étendard d'Houlagou sur la tour d'Adjémi, la plus haute des tours de Baghdad. Les chroniqueurs orientaux nous ont laissé des peintures effrayantes du sac de la ville la plus riche de l'Orient. Tout fut pillé, ravagé, détruit : le feu consumait les plus beaux palais, les plus riches mosquées ; le sang des habitants massacrés par les vainqueurs inondait les rues et les places publiques : « Telles « étaient les ressources que les hom- « mes avides d'instruction avaient pu « trouver dans cette ville avant une si « terrible catastrophe, a dit le scheïkh « Kotbeddin-el-Hanifi, que les Mon- « gols ayant jeté dans le Tigre tous « les livres des colléges, leur amon- « cellement forma un pont sur lequel « pouvaient passer les gens de pied et « les cavaliers, et l'eau du fleuve en « devint toute noire. »

El-Kamy consomma jusqu'au bout son œuvre de lâche trahison. Par son conseil, Mostasem, au lieu de chercher à fuir, se rendit au camp du vainqueur, entouré d'une multitude de femmes et d'eunuques, digne cortége d'une royauté que la mollesse et les plaisirs avaient énervée depuis longtemps. Le malheureux prince fut jeté dans une prison qui, quelques jours après, devint son tombeau (4ᵉ jour du mois de safar 656, 10 février 1258). En lui s'éteignit le khalifat d'Orient : il avait duré 626 ans, depuis la mort de Mahomet, et pendant 508 années était demeuré aux mains des fils d'Abbas.

C'est en vain que, trois ans plus tard, un rejeton de la race des Abbassides, qui, après la prise de Baghdad, s'était réfugié en Égypte auprès du sultan Bibars, voulut relever une dynastie éteinte. Il s'appelait, dit-on, Abou'l-Abbas, et était petit-fils de Mostady. A la tête de quelques partisans, il marcha contre Baghdad, et, arrivé sur les bords de l'Euphrate, livra au gouverneur de cette ville une bataille dans laquelle il perdit la vie. Un autre descendant des Abbassides vint, plus tard, chercher un asile en Égypte. Bibars fit constater juridiquement son origine, et le proclama khalife sous le nom de El-Hakem-Biamrillah. Ses fils héritèrent de ce titre illusoire, et, comme leur père, restèrent en Égypte sans pouvoir et sans influence. Cette ombre de souveraineté subsista jusqu'à la conquête de l'Égypte par les Turcs.

## LITTÉRATURE DES ARABES.

Nous avons conduit l'histoire de l'empire des Arabes jusqu'à la prise de Baghdad par Houlagou : mais il y avait longtemps, ainsi qu'on a pu le voir, qu'à cette époque le khalifat n'existait plus que de nom. Le grand progrès de l'islamisme avait cessé depuis plusieurs siècles. Ces vastes États que des guerriers missionnaires avaient réunis par la force de la parole et celle de l'épée, s'étaient séparés de nouveau. Nous avons suivi dans ses phases diverses ce démembrement successif d'une des plus grandes monarchies de l'ancien monde : nous avons vu l'Espagne, les Mauritanies, l'Égypte, la Syrie, la Perse, l'Arabie elle-même, échapper tour à tour au pouvoir des successeurs du prophète. L'histoire de la péninsule arabique appartient désormais à celle des différents États dont elle a dû subir la loi (*). Cepen-

(*) Ce n'est que dans une histoire complète de l'Orient au moyen âge qu'on pourrait suivre les fréquentes vicissitudes des dynasties qui s'étaient partagé l'empire des khalifes. A l'ouest, la monarchie arabe s'était vu successivement enlever, ainsi que nous venons de le dire, l'Espagne, l'Afrique, la vallée du Nil et les îles de la Méditerranée. En Asie, la dynastie des Gaurides, si puissante sous Mahmoud, son fondateur, avait à son tour disparu sous l'invasion des Mongols, qui étaient ainsi devenus les maîtres de la péninsule. La Perse, gouvernée pendant près d'un siècle par les successeurs d'Houlagou, devait reconnaître plus tard la souveraineté de l'aventurier Ismaël, fondateur de la dynastie des Sophis (1502). A l'invasion de Djenghys-Khan succéda, en 1730, celle de Timour, qui devint à son tour le maître de tous les pays conquis par le chef mongol. D'abord possesseur du trône de Zagataï, il aspira à de plus vastes conquêtes ; et bientôt son nom fut prononcé avec terreur depuis les bords du Gange jusqu'aux déserts de la Sibérie. Cependant, la dynastie ottomane, fondée par Othman l'an 700 de l'hégire, avait conquis,

dant nous ne croirions pas avoir atteint le but que nous nous sommes proposé, si nous ne cherchions à compléter le tableau du développement de sous les successeurs de ce prince, une grande partie de l'Asie Mineure. Amurat I<sup>er</sup>, franchissant le détroit qui le séparait encore de l'Europe, s'était emparé d'Andrinople, de Philippopolis, et avait parcouru en vainqueur la Thrace, la Macédoine, l'Albanie. Bajazet, son successeur, soumit la Cappadoce, la Phrygie, l'Arménie ; ravagea la Macédoine, et porta la terreur de ses armes jusque sous les murs de Constantinople. C'est alors que l'empereur grec, Manuel, songea à opposer au sultan victorieux le redoutable Timour-Lenk ou Tamerlan. Quelque temps après, la bataille d'Angora en Bithynie (1399) semblait anéantir pour jamais les forces ottomanes, et livrait Bajazet captif au pouvoir du conquérant tartare. Un instant écrasés par la puissance du vainqueur, les Ottomans ne tardèrent pas à se relever de leurs défaites. Après un règne de treize ans, Mahomet I<sup>er</sup> rendit à l'empire les provinces qu'il avait momentanément perdues. Amurat II soutint avec honneur, contre le redoutable Scanderbeg, des luttes sanglantes, et Mahomet II couronna cette période de succès par la prise de Constantinople (1453). L'empire ottoman était devenu dès lors le centre de la puissance musulmane. Quoique les sultans n'eussent pas encore le droit de se dire, comme les khalifes de Baghdad, descendants et successeurs du prophète, ils se posèrent en défenseurs de l'islamisme, et c'est au nom du Coran qu'ils entreprirent toutes leurs conquêtes. C'est comme propagateur de la foi que Selim I<sup>er</sup> voulut soumettre tous les royaumes indépendants de l'Asie Antérieure. Depuis l'an de l'hégire 859 (de J. C. 1454-5), la famille des Benou-Taher régnait dans le Yémen. Dès la prise de Baghdad, cette province de l'Arabie s'était déclarée indépendante, et, sous les Benou-el-Ghassani d'abord, puis sous les Benou-Taher, avait maintenu cette indépendance contre les tentatives des peuples voisins. Ce fut dans les premières années du dixième siècle de l'hégire que, pour le malheur de l'Arabie, les Portugais, ayant doublé le cap de Bonne-Espérance, pénétrèrent pour la première fois dans la mer des Indes. Le chef des Portugais, qui se nommait Ali-el-Mélindi, disent les chroniqueurs orientaux, et qu'il faut probablement identifier avec Vasco de Gama, arriva sur les côtes du Malabar, guidé par un pilote arabe nommé Ahmed-ben-Madjed. Le souverain de Guzarate, effrayé de l'apparition des Francs dans ces parages, implora contre eux les secours du sultan d'Égypte. Amer, prince du Yémen, dont les Etats étaient également menacés, en fit autant : mais Hoçaïn, chargé par le sultan d'Égypte d'arrêter les progrès des Francs, tourna ses armes contre Amer, qui lui refusait des vivres, et tenta de le dépouiller de son royaume. Dès la première rencontre, les peuples du Yémen, qui ne connaissaient pas encore l'usage des armes à feu, furent mis en fuite. Ils se réfugièrent dans Zébid, et y transportèrent avec eux les boulets de canon qui avaient fait tant de ravages dans leur armée. Ils ne pouvaient se lasser, nous dit un historien arabe, de considérer ces effrayants projectiles, et d'en admirer les terribles effets (*Kothbeddin-el-Mekki*, t. IV des Not. et extr. des Mss. de la Bib. du roi). Zébid tomba bientôt au pouvoir de Hoçaïn (de l'hégire 922), qui, pendant vingt-sept jours, y leva des taxes de toute espèce. Cependant, la puissance des Circassiens s'éteignait en Égypte, et Sélim, vainqueur du sultan Kansou-Ghawri, puis de Touman-beï, son successeur, venait de réunir la vallée du Nil aux provinces de l'empire ottoman. Seïd, schérif de la Mecque, s'empressa de rendre hommage au vainqueur de l'Égypte. Il chargea de cette mission son fils Abou-Némi, qui se rendit auprès de Sélim. Le sultan, flatté de cette soumission, accorda au schérif tous les droits de souveraineté sur le territoire de cette ville ; et c'est en vertu de cette concession, dit Kothbeddin, que les schérifs de la Mecque jouissent encore aujourd'hui de ces droits. Au retour d'Abou-Némi à la Mecque, la prière fut faite au nom du sultan Sélim, et Hoçaïn, arrêté, fut mis à mort. Son lieutenant voulut poursuivre ses projets et le venger : il s'empara même de Sanaa; mais son triomphe fut de courte durée; il périt quelque temps après, dans une bataille contre les Arabes. Après lui, un autre Hoçaïn, l'un des sandjaks qui avaient suivi le sultan Sélim en Égypte, fut nommé sandjak de Djidda par le pacha du Caire. Il trouva, à son arrivée à Djidda, un grand nombre de pièces d'artillerie, et un arsenal complet, rempli de munitions de guerre.

la civilisation islamique par un aperçu général de la littérature des Arabes.

Ayant appris que le Yémen était sans maître, il conçut le projet de s'en emparer; mais la mort de Sélim le fit renoncer à ce projet. En 1523, Iskander-Beg-el-Karmani, à la tête d'une troupe de partisans, s'empara de Zébid, où il fit faire la prière en son nom : ce fut alors que Hoçaïn, revenant à l'exécution du dessein qu'il avait formé, attaqua le Yémen et Iskander, qui succomba dans la lutte. Hoçaïn étant mort peu de temps après, son successeur eut à combattre Salman-el-reïs, nouvel aventurier que la révolte du pacha Ahmed avait forcé de quitter l'Égypte. La plus belle province de l'Arabie fut ainsi déchirée par les efforts de rivalités incessantes et stériles, jusqu'au moment où l'émir Ben-Souli, connu sous le nom d'Iskander-Mouz, aidé d'un pilote turc nommé Ahmed, se fut emparé de toute la contrée.

Après un gouvernement habile et sage, il transmit le pouvoir à son fils. C'est sous le règne de ce dernier que Scherezeddin, de la secte des Zeïdis, qui avait usurpé le titre d'Imam, s'empara de la partie montagneuse du Yémen, où il établit sa doctrine, sans cependant inquiéter les sunnites (Khothbeddin, Hist. de la conquête du Yémen, t. IV des not. et ext.). Pendant que le fils de Iskander-Mouz gouvernait paisiblement l'Arabie méridionale, le sultan Soliman s'efforçait de chasser les Portugais de l'Inde. Une flotte confiée au pacha d'Égypte Souleïman-el-Khadem, se dirigea vers Aden, et de là vers Diu : mais elle revint bientôt à Mokha. Cette ville et toutes celles qui bordent la côte reconnurent l'autorité du sultan : en peu de temps la péninsule tout entière devint une dépendance de l'empire des Osmanlis. Cependant, vers la fin du règne de Soliman, des troubles violents éclatèrent entre les différentes villes de l'Arabie, et deux pachaliks se formèrent dans le Yémen. Sous Sélim II, le parti des Zeïdis manifesta, sur cette province toujours enviée, des prétentions inquiétantes : le pacha Sinan fut envoyé contre eux, et ce ne fut qu'au bout de quatre ans de combats qu'il parvint à triompher de ces intrépides sectaires. L'Arabie, ainsi pacifiée pour un instant, fut confiée par le sultan de Constantinople à l'administration d'un gouverneur nommé Behram : un auteur arabe, Mohammed-ben-Yahia-el-Hanéfi, a écrit

La littérature est-elle, chez un peuple, l'expression ou la cause de la ci-

l'histoire du gouvernement de ce prince dans un livre nommé : *Le livre des vœux accomplis*. Après le départ de Sinan, dit cet auteur, il s'éleva un rebelle, nommé El-Mowaïha : il avait, quelque temps auparavant, livré à Behram l'entrée d'une place importante des Zeïdis, et pour prix de sa trahison avait été nommé aga des troupes qui se trouvaient dans cette place. Cependant il ne craignit pas d'exciter les Arabes à la révolte contre Behram; ses projets furent découverts, et il fut mis à mort. Malgré cette tentative de rébellion promptement réprimée, c'était alors, nous dit le même auteur, un beau temps pour l'Arabie. Behram avait de toutes parts mis fin aux désordres commis par les brigands; il faisait ouvrir des routes commodes dans les montagnes, jetait des ponts sur les rivières, retenait les torrents dans leur lit par des travaux d'endiguement; enfin, il avait chargé le cadi de Zébid de faire un dénombrement exact des palmiers de la vallée de Zébid, afin de ne prélever l'impôt que sur le sarbres en bon état; ce qui avait apporté aux contribuables un grand soulagement. Malheureusement cette ère de prospérité fut de courte durée. Behram fut déposé par le sultan Amurat III, le 25 janvier 1576, et céda son gouvernement à Mourad-pacha, son successeur. Avec ce nouveau chef recommencèrent les abus, dont Behram avait su faire justice. Les routes furent infestées, comme par le passé, par les bandes de voleurs, qui pillaient les caravanes et interceptaient aux pèlerins la route de la Mecque : ces hardis brigands prirent par la suite un tel développement dans le pays, qu'à la fin du dix-septième siècle on vit Ahmed II, prince faible et incapable, il est vrai, au lieu de chercher à les réduire par les armes, traiter avec eux de puissance à puissance. Moustapha, son successeur, donna l'ordre à Nadir-Shah, pacha de Tripoli, de marcher contre eux; mais des querelles religieuses firent avorter cette entreprise. Ainsi, l'autorité précaire des sultans turcs avait à lutter sans cesse contre des chefs de partisans, des scheikhs, des tribus entières, qui, profitant de leur position inexpugnable au milieu des déserts de sable qui isolent du reste de l'univers l'intérieur de la péninsule, proclamaient leur indépendance. Enfin, les Turcs se virent chassés du Yémen.

vilisation? C'est là une question dont la solution nous paraît complexe.

où leur gouvernement avait toujours été odieux, et furent obligés d'évacuer toutes les places situées sur les côtes, places qu'ils occupaient depuis plus d'un siècle. Les sultans, il est vrai, persistèrent à se dire souverains du Hedjaz; mais c'était là un titre pompeux ajouté à tant d'autres, et rien de plus. Maintenant encore la Porte peut nommer ou déposer quelque chef en Arabie; mais le plus souvent elle laisse impunie toute manifestation hostile à ses ordres. On peut donc dire que l'Arabie, après tant de vicissitudes, a retrouvé la forme simple de son gouvernement primitif. Chez les Bédouins, ce gouvernement patriarcal subsiste dans toute sa pureté: dans plusieurs autres tribus, il a subi quelques modifications tout en conservant les principaux éléments de sa constitution première. L'Arabie est maintenant divisée en une foule de petites souverainetés. Parmi les chefs dont l'importance est incontestable, il faut compter l'imam qui réside à Sanaa, et dont le pouvoir s'étend sur la partie la plus fertile de la péninsule. Le prince de Sanaa, qu'on peut regarder comme le roi du Yémen, fait remonter son titre et son origine jusqu'au célèbre Khacem, qui lui-même prétendait descendre du prophète. Cette dynastie s'établit en 1630, à l'époque de l'expulsion des Turcs. Quoique la couronne du Yémen soit héréditaire, plus d'une fois le droit de succession a été violé. Le pouvoir de l'imam est soumis au contrôle d'un tribunal suprême, dont il n'est que le président; mais les membres de ce tribunal sont choisis ou révoqués par lui, ce qui doit bien souvent rendre illusoire cette garantie accordée à ses sujets. Le premier ministre prend le simple titre de Fakih: chaque district a son gouverneur qui s'appelle Wali ou Daoulah. Le daoulah, dans le Yémen, a à peu près les mêmes attributions que le pacha en Turquie: il commande les troupes de son district, règle la police et perçoit les impôts. Il est tenu de rendre fréquemment un compte exact de son administration. Chacune des villes où réside un daoulah est aussi la résidence d'un cadi, qui seul a le droit de juger les affaires civiles ou religieuses. Les villages sont administrés par des scheikhs. Dans la première partie de cet ouvrage (Divisions actuelles de l'Arabie), nous avons fait, d'après les

Prise dans son ensemble, la littérature est sans aucun doute l'image fidèle, la

voyages les plus récents, la description de Sanaa et des autres villes du Yémen, nous n'aurions rien à y ajouter ici. L'Oman est gouverné en grande partie par l'imam de Mascate; le Hadramaut et Bahrëin par une foule de petits princes indépendants. Des bords de l'Euphrate à ceux de l'Indus campent de nombreuses tribus arabes vivant sous un régime indépendant, et n'obéissant qu'à leurs lois. La plus célèbre de toutes ces tribus est, sans contredit, celle des Anazès, qui, des plaines du Hauran, vont quelquefois pendant l'hiver dresser leurs tentes dans l'Irak. Au printemps, ils se rapprochent de la frontière de Syrie et forment une ligne de campements qui s'étend depuis Alep jusqu'à quelques journées de Damas. Ces Bédouins toujours avides ne laissent passer ni les caravanes de Syrie, ni même les pèlerins de la Mecque, sans exiger d'eux un tribut. D'Akaba aux frontières septentrionales du Yémen, vivent une foule d'autres tribus nomades, toutes soumises à la même forme de gouvernement. Chacune d'elles obéit à un chef, et les divers campements d'une même tribu sont chacun sous les ordres d'un scheikh. La dignité du chef est héréditaire, mais cette loi d'hérédité ne tient pas compte de l'ordre de primogéniture. A la mort du scheikh, les principaux personnages s'assemblent pour lui choisir librement un successeur, parmi ceux toutefois que leur naissance appelle à le remplacer. Du reste, la puissance des chefs de ces tribus nomades est excessivement bornée. Ils ne peuvent, sans l'assentiment général, déclarer la guerre à une autre tribu. S'ils infligent aux derniers de leurs sujets quelque léger châtiment, ce n'est souvent qu'en s'exposant à de terribles vengeances. Tout leur pouvoir consiste à conduire leurs troupes à l'ennemi, à diriger les négociations, quand il s'agit d'imposer quelque avanie aux caravanes, et à ordonner les dispositions du campement. Tout acte qui tendrait à franchir les bornes de leur autorité précaire, suffirait souvent pour les faire déposer. Ne prélevant aucun impôt sur leurs sujets, ils sont cependant obligés, pour faire honneur à leur titre, de supporter les dépenses d'une généreuse hospitalité: les tributs levés sur l'ennemi, le butin fait à la guerre, la rançon des voyageurs, voilà leur seul revenu; et les exigences de leur posi-

représentation complète d'une époque, et de tout temps, cependant, on a vu des hommes privilégiés devancer leur siècle, à la tête duquel ils se placent par la force de leur génie. Frappés du spectacle de l'immobilité sociale, sollicités par le besoin d'émettre les idées nouvelles dont le germe s'est développé en eux, ils créent, forment école, et l'adoucissement des mœurs, la civilisation meilleure, auxquels ils ont fortement contribué par leurs écrits, réagissent à leur tour sur la direction imprimée aux lettres chez les générations suivantes. Cet enchaînement des effets réciproques produits par quelques littérateurs arabes sur leur siècle, et par la marche du siècle sur la société arabe, constituerait une histoire complète de la littérature de l'Orient. Malheureusement, les origines de cette littérature nous échappent, et, quand elle nous apparaît pour la première fois, elle est sortie complète du désert, comme la Minerve tout armée du cerveau de Jupiter.

Quelle est, en effet, la filiation de ces poëmes antiques où le système compliqué de la grammaire arabe, ainsi que l'a observé M. de Sacy, est gardé peut-être avec plus de rigueur que dans le Coran; où les règles minutieuses d'une savante prosodie sont suivies avec une scrupuleuse exactitude? Comment sont-ils arrivés à ce degré de perfection qu'on n'a pas surpassé aux époques les plus glorieuses du khalifat? C'est ce qu'il ne nous est pas donné de connaître. Si nous avions à chercher quels ont été les premiers essais de la littérature latine, nous les trouverions vivifiés par le souffle de l'inspiration grecque. C'est la Grèce vaincue et soumise qui dicte la loi au vainqueur :

Græcia capta ferum victorem cepit, et artes
Intulit agresti Latio . . . . . . . . . . . . .

Nævius, Ennius, Labérius, Plaute, Térence, ont annoncé Virgile, Horace, Ovide, Catulle et Properce. C'est ainsi qu'en France Villon précède Marot ou Malherbe, qu'en Angleterre Chaucer devance Shakspeare : mais chez les Arabes, il en est autrement, et les premiers monuments de leur littérature qui soient parvenus jusqu'à nous, portent l'empreinte d'une maturité complète. Ne faudra-t-il pas en conclure que les siècles qui ont précédé l'islamisme avaient vu naître, ainsi que déjà nous l'avons pressenti, quelques-uns de ces génies qui impriment leur caractère à leur époque et influent fortement sur le mouvement littéraire des âges à venir. Nous avons parlé, à propos des coutumes de l'ancienne Arabie, des sept poëmes suspendus dans la Caaba, et qui, sous le nom de Moallakas, ont acquis une célébrité justifiée par la hardiesse des images, ainsi que par l'énergique justesse de l'expression. Schanfara, Nabéja, Caab, Ascha, bien qu'ils n'aient pas eu l'honneur de voir leurs poëmes orner les portiques de la maison sainte, n'ont pas un style moins riche et moins nerveux que celui de leurs rivaux. Nous ajouterons ici, aux extraits des Moallakas que nous avons donnés dans la partie de ce livre consacrée à l'Arabie avant l'islamisme, quelques fragments du poëme de Schanfara, où se retrouvent à la fois un rhythme qui annonce une grande perfection de langage, et toute la sauvage énergie des mœurs du désert :

« Partez, enfants de ma mère, retournez sur vos pas : il me faut désormais d'autres compagnons que vous, une autre famille que la vôtre.... Cette famille, je vais la trouver au désert : ce sera le loup, coureur infatigable; ce sera la panthère au poil ras et brillant, l'hyène au poil hérissé. Voilà mon monde : avec eux, un secret n'est jamais trahi, et le coupable n'est

tion expliquent jusqu'à un certain point leur esprit de rapine. Quant aux mœurs, aux habitudes, aux coutumes de ces guerriers pasteurs, nous les avons décrites en faisant l'histoire de l'Arabie avant l'islamisme. Mahomet a arraché les Bédouins à leur idolâtrie, et leur a fait reconnaître l'unité d'un Dieu créateur; mais, s'ils n'ont pas abandonné la religion qu'il leur a prêchée, leurs instincts ont triomphé de sa politique.

pas abandonné en punition de sa faute. Tous ils repoussent l'insulte, tous sont braves ; moins braves que moi cependant quand il faut soutenir le premier choc des chevaux de l'ennemi. Mais je leur cède le pas, quand il s'agit d'attaquer les vivres, alors que le plus glouton est le plus diligent.... Je ne suis pas de ces pasteurs toujours dévorés de la soif, qui n'osent s'écarter des puits, font paître, au soir, leurs troupeaux dans des lieux sans cesse parcourus et dépouillés de verdure : les petits de leurs chameaux font pitié à voir, bien que leurs mères n'aient pas d'entraves aux mamelles. — Je ne suis pas de ces lâches et stupides époux qui, toujours auprès de leurs femmes, n'ont jamais de secrets pour elles, et ne savent rien entreprendre sans avoir pris leurs conseils ; — ni de ces cœurs d'autruches qui s'élèvent et s'abaissent comme s'ils étaient portés sur les ailes d'un petit oiseau ; — ni de ces jeunes conteurs de fleurettes, vrais marchands de musc, rebut de leur famille, qui sont occupés du matin au soir à se parfumer ou à se teindre les paupières. Je ne suis pas non plus de ces voyageurs pusillanimes que les ténèbres saisissent d'effroi lorsque, égarés dans le désert, ils ne voient autour d'eux qu'un vaste horizon de sables où ne s'offre aucune route frayée qui puisse guider leurs pas. Mais la plante calleuse de mes pieds frappe la terre avec tant de force, qu'elle brise les cailloux et en fait jaillir l'étincelle. Si la faim me presse, je me refuse à écouter ses exigences ; je la trompe, je l'oublie, je la promène jusqu'à ce qu'enfin je la tue. Je mordrais la terre comme un loup affamé plutôt que de subir l'hospitalité d'un homme arrogant qui me croirait son débiteur parce qu'il m'aurait donné quelque nourriture....... Je replie donc mes entrailles sur la faim comme un fileur tord ses fils entre eux, et les enroule sur le fuseau.

« Dès le matin je me mets en course comme un loup aux fesses maigres, au poil grisâtre, qu'une solitude conduit à une autre. Il part au point du jour, entortillant la faim dans ses entrailles, trottant contre le vent, s'élançant au fond des ravins, et trottant de plus belle. Mais après une quête inutile, quand le besoin l'a chassé de tous les lieux où le besoin l'avait poussé, il appelle. A sa voix répondent des loups efflanqués comme lui. Ses hurlements sont lamentables : on croirait entendre, au désert, ces pleureuses qui du haut des collines gémissent sur la perte d'un époux ou d'un enfant. Après avoir hurlé, il se tait, et les loups rassemblés autour de lui se taisent à son exemple, malheureux qu'un malheureux console en se consolant avec eux. Il se plaint, et ils se plaignent, prêts à se résigner dès qu'il a su lui-même se soumettre à son sort. Eh ! qu'y a-t-il de mieux que la résignation, quand la plainte est inutile. Enfin, il retourne sur ses pas, ses compagnons le suivent au plus vite, et, malgré la faim qui les dévore, chacun d'eux fait bonne mine à son voisin....

« Combien de fois, par une de ces nuits glacées durant lesquelles le chasseur, pour se réchauffer, brûle jusqu'à son arc et ses flèches, combien de fois ne me suis-je pas mis en course au milieu des ténèbres et de l'ouragan, n'ayant pour compagnons que le froid, la faim et la terreur. Eh bien, la nuit était noire encore, et déjà bien des femmes étaient veuves, bien des enfants orphelins. Vers le matin qui suivit l'une de ces courses nocturnes, les Arabes de Ghomaysâ dans les montagnes du Nedjd parlaient de mes exploits. L'un d'eux disait : « Nos chiens, nos chiens, « ont murmuré la nuit passée ; je me « suis dit : « Serait-ce un loup qui rôde, « ou bien une jeune hyène qui s'ap- « proche de nos tentes ; mais ils n'ont « donné de la voix qu'un instant, et « se sont rendormis. J'ai dit alors : « Suis-je donc comme le Katha ou « l'épervier que le moindre bruit ré- « veille ? Nous ne connaissons que « trop, maintenant, la cause terrible « de ce bruit léger ; mais que penser « du meurtrier ? Si c'est un Djin qui « nous a visités dans la nuit, sa visite

« nous a été bien funeste. — Si c'est
« un homme!.... mais un homme
« n'eût pas fait tant de victimes. »

A côté de ce poëme, dont la traduction la plus exacte (*) ne peut rendre encore toute l'expression énergique, nous trouvons d'autres poëmes, d'autres pièces de vers, *Ghazel* ou *Cassidè*, qui nous initient à la vie aventureuse du guerrier arabe, aux émotions du désert, et cela dans un langage où l'art d'entrelacer les rimes, toute la science du mètre, tout le calcul des consonnances habilement mêlées, annoncent de profondes études dont l'origine nous échappe.

Telle était l'admiration des Arabes pour ces vieilles poésies, même à l'époque la plus florissante du khalifat, que des hommes d'un talent reconnu se sont acquis plus de renommée par le soin qu'ils ont pris de rassembler les œuvres des anciens, bien qu'ils appartinssent à un siècle de gloire littéraire pour les nations musulmanes. C'est ainsi qu'Abou-Témam, poëte estimable, a surtout immortalisé son nom chez les peuples de l'Orient, en publiant le recueil connu sous le nom de *Hamasa*, recueil où plus de huit cents pièces de vers, dont un grand nombre antérieures à Mahomet, sont devenues autant de modèles pour les littérateurs orientaux, et, pour nous, la preuve la plus évidente de l'antiquité du génie poétique dans la péninsule arabe.

Abou-Témam-Habib-ben-Aus, né l'an 190 de l'hégire, vers la fin du règne de Haroun-el-Reschid, s'était exercé, jeune encore, à des compositions littéraires, et, confiant dans un talent dont il espérait une brillante fortune, il fit le voyage du Khoraçan, pour présenter quelques-unes de ses poésies à Abdallah-ben-Taher, alors gouverneur de cette province. Admis à la cour de ce puissant émir, il obtint la faveur de lire ses œuvres devant une assemblée brillante, où se trouvaient les poëtes les plus habiles de la contrée, et se tira si bien de cette épreuve, qu'il reçut d'Abdallah un présent de mille pièces d'or. A son retour, il se vit retenu dans la ville de Hamadan par une neige profonde, qui avait rendu les routes impraticables. Là il trouva chez son hôte, Abou'l-Wéfa-ben-Salamah, une riche bibliothèque où les œuvres de tous les anciens poëtes avaient été recueillies avec un soin minutieux. L'heureux contre-temps qui empêchait Abou-Témam de poursuivre son voyage, devint l'occasion du travail de collecteur qu'il entreprit alors, travail dont le mérite et l'utilité ont été proclamés par les littérateurs les plus habiles de l'Arabie. Plusieurs érudits ont fait du *Hamasa* le but de leurs recherches, et, au cinquième siècle de l'hégire, Tébrizi, l'un des disciples du célèbre Abou'l-Ala, composait sur les textes du *Hamasa* trois savants commentaires.

Ces anciens recueils ont, en effet, le double mérite de représenter à nos yeux l'état de la littérature arabe à l'époque de l'établissement de l'islamisme, ou dans les premiers temps du khalifat, et de nous initier aux sentiments, aux passions, aux vertus, à l'histoire intime, en un mot, de la race du désert. Nous avons mis à contribution plus d'une fois, dans le courant de cet ouvrage, un précieux monument qui, sous le titre modeste de *Kitab-el-Aghani*, le Livre des chansons, présente un tableau richement coloré de l'ancienne Arabie. A propos de quelques fragments de vieilles poésies, de quelques vers isolés, les traditions les plus précieuses sont citées, analysées, approfondies, et donnent la vie à ce qui ne serait sous la plume des froids annalistes de l'Orient qu'une sèche chronique. Il en est de même de plusieurs recueils de proverbes, cette sentencieuse sagesse des nations, dont les Orientaux ont été de tout temps plus prodigues qu'aucun autre peuple de la terre. Dès les premiers siècles de l'hégire, un grand nombre

---

(*) Nous avons emprunté en grande partie notre traduction du poëme de Schanfara à un article publié par M. Fresnel dans le *Journal asiatique*.

de poëtes, de philologues, de littérateurs, avaient formé des collections de proverbes : Asmaï, Abou-Obeïdah, Moufaddal, Abou-Zeïd, furent de ce nombre. Plus tard, Abou-Fadhl-Ahmed-El-Méïdani, né à Nischapour, dans le Khoraçan, vers le commencement du sixième siècle de l'hégire, profita de leurs travaux. Le recueil qu'il nous a laissé, et qui est devenu un document d'un haut intérêt pour l'étude de l'Arabie considérée sous les rapports de son histoire ou de sa langue, se compose de plus de six mille proverbes, rangés dans un ordre alphabétique. Chaque proverbe donne lieu à des observations grammaticales, et, s'il y a lieu, au récit des événements qui ont donné naissance au proverbe. Ce double commentaire des plus anciens monuments de la langue arabe suffirait, si seul il avait survécu aux ravages du temps, pour suppléer, sous les rapports littéraire et historique, aux verbeuses dissertations des grammairiens comme aux sèches annales des chroniqueurs.

Si nous nous sommes arrêté quelque temps aux anciens monuments de la littérature arabe, dont nous avions parlé déjà dans la première partie de cet ouvrage, c'est que les poëtes les plus célèbres de la glorieuse époque des Abbassides, les Motenebbi, les Abou'l-Ala, les Ebn-Doraïd, les Tograï, les Omar-ben-Faredh, ont toujours considéré leurs devanciers comme des maîtres et, loin de les surpasser, souvent ne les ont pas atteints. Les Arabes, cependant, avaient alors rempli l'Asie, la côte africaine et le midi de l'Europe du luxe et de l'éclat des arts. Non-seulement Baghdad, Damas ou le Caire, mais Balkh et Samarcande, Caïrouan, Cordoue, Tolède, avaient des universités célèbres, des colléges, où venait s'instruire tout homme curieux d'échapper à la barbarie dans laquelle le reste du monde était plongé. La Grèce elle-même envoyait à Baghdad ses savants et ses manuscrits. Le siècle d'Auguste ou celui des Médicis n'ont pas été plus favorables aux lettres : jamais elles ne furent protégées avec plus de prédilection et de magnificence. Comment donc le siècle grossier qui vit naître l'islamisme, a-t-il inspiré plus de véritable grandeur aux chants des poëtes arabes, que les merveilles de la cour de Haroun-El-Reschid ou de son fils El-Mamoun? C'est qu'à toute cette littérature manquait la liberté du désert; et la liberté, c'est la vie pour les œuvres de l'esprit humain. Si la vérité se fit jour alors, ce fut sous le voile de l'allégorie : on vit fleurir une éloquence pompeuse où le vague de l'expression déguisait et affaiblissait la pensée, où la flatterie seule osait se montrer à découvert.

« Qu'il est beau le palais que tu remplis de ta gloire, disait un poëte de cour à Mançour, khalife de Cordoue, ô Roi! Tu nous rappelles le paradis quand tu nous montres ces salles immenses aux voûtes élevées. A cette vue, les fidèles multiplient les œuvres méritoires, et espèrent le jardin céleste et les robes de soie. Les pécheurs redressent leurs voies égarées et font, par expiation, de bonnes œuvres. C'est un ciel nouveau parmi les sept cieux : il peut mépriser l'éclat de la pleine lune; car il voit sur sa sphère lever l'astre de Mançour. Je crois rêver dans le paradis, quand je vois dans ce palais la magnificence de ta cour. Quand les esclaves en ouvrent les portes, elles semblent par le roulement de leurs gonds sonores souhaiter la bienvenue à ceux qui implorent ta faveur. Des lions mordent les anneaux de ces portes, et murmurent dans leurs gueules : « Dieu est grand. » Ils sont accroupis, mais prêts à dévorer quiconque s'approcherait du seuil sans être appelé. La pensée, libre du frein, s'élance pour atteindre à tant de grandeur, et tombe accablée de son impuissance. »

Hélas! elle n'était pas libre la pensée qui se traduisait par de tels vers. Quelque brillante que puisse être leur harmonie, quelque savante que soit leur forme, il y a loin de cette adulation craintive à l'énergique fierté des Moallakas. Si les poëtes, à cette époque, cessaient d'encenser les princes, c'était pour célébrer les plaisirs de l'amour : « Les chants arabes, a dit « Averroës, qui, du reste, juge bien « sévèrement, à ce qu'il nous semble, « les poëtes de sa nation, ne traitent « en grande partie que de choses las-« cives; car le genre qu'ils appellent « érotique n'est qu'une excitation au « vice. Aussi doit-on détourner les « jeunes gens de leur étude, et ne « mettre entre leurs mains que les « œuvres des poëtes qui font un appel « à la valeur. Encore ont-ils célébré « cette vertu bien moins pour encou-« rager les autres que par esprit de « vanterie. » Quelle que soit la valeur de cette boutade d'un philosophe de mauvaise humeur, il nous faudra reconnaître que plusieurs causes ont contribué à affaiblir le génie poétique, ou, du moins, à en changer la direction au temps des Abbassides. Dès l'époque du khalifat d'El-Mançour, les Arabes s'étaient épris des œuvres de la Grèce; mais malheureusement ce n'étaient pas les chefs-d'œuvre de la littérature grecque qu'ils avaient été chercher dans les bibliothèques du Bas-Empire. Le génie des deux langues était trop différent, pour que les Arabes pussent trouver quelque plaisir à lire Homère, Sophocle, Eschyle ou Pindare. Le génie oriental, tout conteur et ami du merveilleux, n'avait rien de dramatique. D'autre part, les Arabes avaient trop d'orgueil national pour prendre quelque intérêt à l'histoire des autres peuples. Ce qui les attirait vers la Grèce, ce qu'ils désiraient s'approprier par les traductions qu'ils en faisaient faire avec grand soin, c'était tout ce qui tenait à la science ou à la métaphysique. Les livres d'Aristote, ceux de l'école d'Alexandrie, voilà ce qu'ils étudiaient, ce qu'ils commentaient, ce qu'ils s'efforçaient de mettre d'accord avec le Coran; et la scolastique, avec son cortége d'arguties ou d'équivoques, eut bientôt toutes les sympathies. Dès lors s'introduisit, dans la poésie arabe, un mysticisme de mauvais goût. Les subtilités grammaticales, les allusions les plus dé-tournées, remplacèrent ce qu'il y avait de franche énergie chez les anciens poëtes. Si nous prenons pour exemple un des écrivains les plus célèbres parmi les Arabes, Omar-ben-el-Faredh, qui vivait en Égypte dans le septième siècle de l'hégire (*), nous trouverons en lui, à un haut degré, les beautés et les défauts qui caractérisent la plupart des poésies postérieures à la chute des Omeyyades. C'est à la peinture de l'amour divin qu'Ebn-Faredh a consacré ses chants. Son imagination est puissante, sa sensibilité s'exalte facilement, le début de ses compositions est écrit avec verve et enthousiasme; mais bientôt les idées bizarres, les tournures quinteuses et difficiles, les allégories sans fin, les extases mystiques, fatiguent le lecteur. Il a peine à suivre le poëte à travers ces dédales où il semble se plaire à égarer sa pensée. La passion n'a jamais parlé un tel langage, et l'abstraction des idées ou les jeux de l'esprit cachent mal l'absence d'un sentiment profond.

Résumons maintenant l'esquisse que nous venons de tracer, et disons que, pour prendre une juste idée de la poésie arabe, que, pour l'apprécier comme elle doit l'être, il nous faut écarter tout souvenir de l'antiquité grecque ou romaine. Si on a été chercher en Asie les origines de la littérature grecque, si on a vu, dans le souffle qui l'animait à son début, une émanation de la vie orientale, ce n'est pas du moins chez la race sémitique qu'il faudrait espérer quelques rapprochements. Par son allure vive, libre, légère, par son culte de la forme, par ses images hardies, par la préférence exclusive qu'elle accorde aux objets extérieurs, par la personnification poétique de toutes les parties de la nature, la poésie arabe diffère essentiellement de ce que nous appelons l'antiquité. Les Arabes ont entièrement ignoré, ainsi que nous l'avons dit, l'élément dramatique, dont les Grecs, et les Latins après eux, ont

(*) Omar-ben-el-Faredh est mort en l'an de l'hégire 632.

fait un si heureux usage. Quant à l'épopée antique, elle se retrouve, humainement parlant, dans les livres saints des Hébreux : ils résument toute une croyance, toute une époque, et les traduisent en poésies sublimes, comme l'a fait Homère, dans les siècles héroïques de la Grèce, ou le Dante au moyen âge. Mais les poëtes de l'Arabie, dont le génie a cependant une analogie intime avec le génie hébraïque, ne se sont jamais élevés à une si grande hauteur. C'est, du reste, dans la Bible que l'on peut espérer de trouver les sources de cette poésie orientale qui a précédé Mahomet. La description du coursier d'Amrou'l-Kaïs, dont nous avons cité quelques passages dans nos premiers chapitres, et l'image du cheval de guerre, si saisissante dans le livre de Job, peuvent mieux que toutes nos recherches donner une idée de cette commune origine. Brillante, nerveuse et, pour ainsi dire, biblique à son début, la poésie arabe ne s'est pas soutenue longtemps à la même élévation. Elle reste toujours savante, symétrique, artiste par la forme; mais, dans tout ce qui n'était pas le jeu de l'imagination, elle manquait de grandeur, et presque toujours elle manquait de sentiment.

A mesure que l'art remplaçait l'inspiration chez les poëtes, les prosateurs eux-mêmes ne se croyaient pas dispensés de soumettre leurs travaux aux règles les plus difficiles, pour créer à leur tour des effets d'harmonie. Ils multipliaient les consonnances, les allitérations dont le Coran avait offert déjà quelques exemples, les entrelaçaient, les distribuaient par échos, et tout littérateur qui recherchait la réputation d'élégant écrivain se croyait dans l'obligation d'écrire en prose rimée au moins la préface de son livre. Cette singulière prétention, cette espèce de moyen terme entre la prose et la poésie, avaient moins d'inconvénients en arabe qu'elles n'en auraient dans aucune des langues de l'Europe. Hariri (*) a écrit ainsi ses célèbres Séances, l'un des monuments les plus remarquables de la littérature orientale. La fable de ce livre est ingénieuse, et se prête aux formes variées dont l'auteur a su l'embellir. Dans une de ces académies que le désir de perfectionner les lettres ou d'étudier la philosophie avait multipliées dans l'empire arabe, Hariri suppose que son héros, nommé Hareth-ben-Hammam, raconte, aux personnes rassemblées pour l'entendre, ses nombreuses aventures et celles de son ami Abou-Zéid-el-Saroudji, espèce de Gusman d'Alfarache, gai compagnon, railleur spirituel, dont la verve maligne s'est plus d'une fois exercée aux dépens de son ami lui-même. Tour à tour, Abou-Zéid a emprunté le costume, l'accent de chaque province; il a entrepris tous les métiers, joué tous les rôles, et partout ceux auxquels il s'adressait lui ont ouvert leur cœur et leur bourse. Joyeux convive, aimant le plaisir et les enivrantes fumées du vin de Schiraz, il ne profite de la faveur qu'il doit à son esprit et à sa gaieté que pour satisfaire au jour le jour ses goûts épicuriens. Si quelque occasion se présente d'élever sa fortune sur des bases solides, il la néglige; car il ne trouve de vrai bonheur que dans la vie vagabonde. Tantôt nous le rencontrons prêchant les plus hautes vérités de la morale religieuse, et faisant verser à ses auditeurs des larmes d'attendrissement ou de repentir; tantôt c'est un avocat verbeux, qui plaide sa propre cause, et s'entend avec son adversaire pour duper son juge. Ici il est médecin, là maître d'école; plus loin, il joue le rôle de conteur, et récite sur la place publique ces histoires interminables qui font le bonheur des Arabes. Mais son métier de prédilection c'est celui de mendiant, et, pour attendrir les bons musulmans auxquels il s'adresse, il sait merveilleusement contrefaire le boiteux ou l'aveugle. Enfin, il se

---

(*) Hariri florissait à Bassorah dans les dernières années du cinquième siècle de l'hégire. Il est mort dans l'année 516 (de J. C. 1122).

trouve si bien de ses fréquents appels à la charité publique, que, sur la fin de sa vie, c'est le métier de mendiant que décidément il recommande à son fils. Puis, quand il lui a ainsi légué la meilleure recette pour mener joyeuse vie, il se retire à Saroudj, sa patrie, ne songe plus qu'à gagner le ciel par ses prières, et fait de touchants adieux à son ami Harith-ben-Hammam, qu'il rencontre alors pour la dernière fois. Sur ce canevas moitié sérieux, moitié burlesque, Hariri a écrit un livre qui, ainsi que nous l'avons dit tout à l'heure, passe pour un des chefs-d'œuvre de la langue arabe. Une douce philosophie, des pensées souvent élevées, de joyeux et piquants propos, conduisent le lecteur, sans le fatiguer jamais, jusqu'à la fin des cinquante séances ou *Mékamah* dont se compose l'ouvrage; et malgré ces assonances, ces allitérations dont presque tous les auteurs faisaient alors usage, le style est resté un modèle qu'étudient avec soin les Arabes les plus instruits du Caire ou de Damas.

Un tableau de la littérature arabe, quelque rapidement qu'il soit esquissé, serait incomplet, s'il ne retraçait pas la passion des Orientaux pour les contes, et s'il passait sous silence ce célèbre recueil de merveilleux récits presque aussi goûté dans notre Europe que dans les cafés d'Alep ou sous la tente du Bédouin. « Qu'on s'embarque sur le Tigre ou sur le Nil, dit M. de Hammer, qu'on parcoure les déserts de l'Irak ou les magnifiques plaines de la Syrie, qu'on visite les vallées du Hedjaz ou les solitudes délicieuses du Yémen, partout on trouve des conteurs dont les récits font le plus grand charme des habitants de ces contrées; on les rencontre dans la cabane du fellah, dans les cafés des simples villages, comme dans les bazars des plus riches cités. Lorsque la chaleur excessive du midi force la caravane à faire une halte, les voyageurs se rassemblent sous un arbre pour prêter une oreille attentive aux récits d'un conteur, qui, après avoir su exciter pendant plusieurs heures l'étonnement et la curiosité de ses auditeurs, s'interrompt tout à coup à l'endroit le plus intéressant, pour en prendre la suite, quand la fraîcheur du soir est arrivée; mais il ne la termine pas alors; il en ajourne la conclusion au lendemain, où il commence en même temps un nouveau récit. » C'est ainsi que la sultane des Mille et une Nuits, l'inépuisable Shéhérazade, excite chaque jour la curiosité du khalife qui a juré sa mort, ajoutant conte sur conte jusqu'à ce qu'il y en ait assez pour racheter sa vie, et former la volumineuse collection où nous apprenons dès l'enfance à connaître l'Orient.

L'origine arabe des Mille et une Nuits a été sérieusement contestée; plusieurs orientalistes ont cherché à établir leur origine persane ou indienne; M. Silvestre de Sacy les a revendiquées pour la littérature à laquelle il avait de préférence consacré ses travaux. Quoi qu'il en soit de ces débats, et quand même l'idée première qui lie ensemble ces ingénieux récits viendrait de l'Inde ou de la Perse, les éléments arabes dominent dans ce recueil. Coutumes, religion, descriptions géographiques, sont empruntées à l'empire des khalifes; et il ne serait pas moins injuste d'enlever les contes des Mille et une Nuits à la littérature arabe que de revendiquer Gilblas pour l'Espagne, parce que Lesage aurait trouvé dans quelque vieux roman espagnol quelques-unes des aventures qu'il prête à son héros. On a fait des recherches pour connaître quelle était à peu près l'époque à laquelle les contes arabes avaient été recueillis en un corps d'ouvrage, et plusieurs raisons portent à la placer vers le treizième ou le quatorzième siècle de notre ère. C'est, du reste, l'opinion adoptée par M. de Sacy. On voit, en effet, figurer dans l'un des premiers contes trois calenders, espèce de moines musulmans dont l'origine ne remonte guère plus haut que la moitié du douzième siècle. Plus loin, dans l'histoire si spirituellement racontée du barbier et de ses frères, le barbier, en prenant la hauteur du soleil dans la cour d'un palais de Baghdad, fait connaître l'année dans laquelle la scène se passe, et cette année est la 653ᵉ de l'hégire (1255 de J. C.). Si l'on considère enfin que, dans ce tableau si complet des mœurs de l'Orient, il n'est nulle part question du café, dont l'usage s'est répandu dans le Levant vers le quinzième siècle, il devient probable que, bien qu'un grand nombre des contes rapportés dans le recueil des Mille et une Nuits puissent avoir une origine beaucoup plus ancienne, le recueil lui-même doit avoir été formé dans les limites de temps que nous avons indiquées.

Si, grâce à leur ingénieuse composition et à la traduction de Galland, les Mille et une Nuits sont, pour ainsi dire, la seule production littéraire de l'Orient, qui soit populaire en Europe, les Arabes ont d'autres fictions non moins ingénieuses, qui ne leur ont jamais été contestées, et qui n'ont pas chez eux une popularité moins grande que celle des aventures du khalife Haroun-el-Reschid et de son grand-vizir Djiafar. « Le roman historique en prose mêlée de vers intitulé Aventures d'Antar, dit M. Caussin de Perceval, jouit en Orient, et particulièrement en Syrie, d'une célébrité égale à celle des Mille et une Nuits. Mais les aventures d'Antar prennent rang dans un ordre de littérature plus élevé. On y trouve une peinture fidèle de la vie de ces Arabes du désert, dont les mœurs semblent n'avoir reçu du laps des temps presque aucune altération. Leur hospitalité, leurs vengeances, leurs amours, leur libéralité, leur ardeur pour le pillage, leur goût naturel pour la poésie, tout y est décrit avec vérité. Des récits en quelque sorte homériques des anciennes guerres des Arabes, des principaux faits de leur histoire avant Mahomet, et des actions de leurs antiques héros; un style élégant et varié, s'élevant quelquefois jusqu'au sublime; des caractères tracés avec force et soutenus avec art, rendent cet ouvrage éminemment remarquable; c'est, pour ainsi dire, l'Iliade des Arabes (*). » On conçoit tout ce que ces récits pittoresques ont de charme pour les hommes ardents auxquels ils retracent la gloire des anciens jours. « Il faut avoir vu ces enfants du désert, s'écrie un voyageur, quand ils écoutent leurs contes favoris; comme ils s'agitent, comme ils se calment, comme leur œil étincelle sur leur visage basané! comme la colère succède à des sentiments tendres, et des rires bruyants à leurs pleurs! comme ils perdent et recouvrent tour à tour la respiration, comme ils partagent toutes les émotions du héros, et s'associent à ses joies et à ses peines! C'est un véritable drame, mais dont les spectateurs sont aussi les acteurs. Les poëtes de l'Europe, avec tous les moyens dont ils disposent, le prestige des beaux vers, le charme de la musique, la magie des décors, ne produisent pas sur les âmes engourdies des Occidentaux la centième partie des impressions que produit ce conteur à demi sauvage. Le héros de l'histoire est-il menacé d'un danger imminent, les auditeurs frémissent et s'écrient : « Non, non, Dieu l'en préserve! » Est-il au sein de la mêlée, combattant avec son glaive les troupes de son ennemi, ils saisissent leurs sabres, comme s'ils voulaient voler à son secours. Est-il enveloppé dans les piéges de la trahison, leur front se contracte péniblement, et ils s'écrient : « Malédiction aux traîtres! » A-t-il succombé sous le nombre de ses adversaires, un profond soupir s'échappe de leur poitrine, suivi des bénédictions ordinaires pour les morts : « Que Dieu le reçoive dans sa miséricorde, qu'il repose en paix! » Que si, au contraire, il revient triomphant et vainqueur, l'air retentit de ces bruyantes acclamations : « Gloire au Dieu des armées! » Les descriptions des beautés de la nature, et surtout celles du printemps, sont accueillies avec des cris répétés de

(*) Notice et extraits du roman d'Antar, par M. A. Caussin de Perceval, *Journal asiatique* d'août 1833.

*Taïb! taïb!* Bien! bien! Mais rien ne peut égaler le plaisir qui brille dans leurs regards, lorsque le conteur fait avec développement et *con amore* le portrait d'une belle femme. Ils l'écoutent en silence et la respiration suspendue; et quand il termine sa description en disant: « Gloire à Dieu qui a créé la femme! » ils répètent tous en chœur, avec un accent pénétré, cette expression d'admiration et de reconnaissance: « Gloire à Dieu qui a créé la femme (*)! »

La poésie et ses fictions ont, ainsi que nous l'avons vu, précédé l'islamisme. Mais, tout en s'abandonnant à leur imagination brillante, les Arabes avaient, sous les autres rapports, vécu, juqu'à Mahomet, dans une complète ignorance. L'apparition du Coran, en dirigeant leur esprit vers des idées de religion, de justice et de morale, donna naissance à trois branches des connaissances humaines, dont l'étude fut souvent confondue chez les musulmans. La théologie, la jurisprudence, la philosophie, ont eu un grand nombre d'adeptes, et la plupart d'entre eux ont traité conjointement ou successivement de ces sciences dans leurs ouvrages.

C'est du second siècle de l'hégire que date la législation religieuse. Jusque-là, il n'existait d'autre loi écrite que le Coran. Ce code universel, auquel on réunissait les traditions orales relatives à Mahomet, formait la seule règle de conduite des premiers khalifes et de leurs délégués. L'imam Abou-Hanifa, mort à Baghdad dans l'année 150 de l'hégire, fut le premier des théologiens et jurisconsultes qui composa un corps de doctrine destiné à fixer les incertitudes que des interprétations différentes avaient fait naître parmi les ministres de la loi islamique. Schafey, né en Syrie dans la même année où mourut Abou-Hanifa; Malek, mort à Médine en 179, et Hanbal, qui vivait dans les premières années du troisième siècle de l'hégire, imitèrent leur devancier, et sont les fondateurs de rites orthodoxes suivis dans les différentes contrées où règne l'islamisme. Aussi ces quatre théologiens sont-ils placés, par les musulmans sunnites, à la tête de tous les autres imams, comme chefs des quatre écoles canoniques hors desquelles il n'y a plus que schisme ou impiété. Ayant déjà traité, dans un précédent chapitre, du Coran sous ses différents rapports religieux, politiques, civils ou moraux, nous ne reviendrons pas sur l'immense quantité d'écrits auxquels a donné lieu l'interprétation de sa doctrine: nous dirons seulement que plusieurs de ses commentateurs, tels que Zamakschari (*), Beïdhawi (**), les deux Djelal-Eddin, et quelques autres encore, ont des qualités littéraires où un intérêt historique qui font de leurs œuvres autant de documents précieux pour quiconque veut étudier l'Orient.

Amenés, par l'étude du Coran, à réfléchir sur les problèmes de notre existence, les Arabes n'avaient pas tardé à chercher, hors du livre dicté par leur prophète, la confirmation des idées nouvelles auxquelles leur intelligence venait de s'ouvrir. Lorsque les Abbassides rassemblèrent de vastes bibliothèques, les livres d'Aristote, traduits par le médecin Honaïn et Yahya le grammairien, y occupèrent, pour ainsi dire, la première place: « Ce n'est pas un heureux hasard, dit M. Schmölders, ni un préjugé favorable à Aristote, qui attira de préférence les Arabes vers sa philosophie. Aristote, le génie le plus universel de l'antiquité, avait embrassé et fécondé toutes les branches de la science; ses livres formaient l'encyclopédie la plus vaste, la plus systématique du savoir

---

(*) *Revue britannique*, août 1828.

(*) L'imam Abou-Ishak-Cacem-Mahmoud-ben-Omar-el-Zamakschari était né dans un village du Kharisme, appelé Zamakschar; mais c'est à la Mecque qu'il a composé son Commentaire du Coran. Il est mort en l'an 508 de l'hégire.

(**) *Les lumières du Coran et les mystères de son interprétation*, tel est le titre du commentaire de Beïdhawi, qui l'écrivit dans le treizième siècle de notre ère.

humain. Qu'y avait-il donc de plus naturel pour un peuple qui ne savait encore rien, que de s'attacher à un maître qui répondait à toutes les questions, et à la suite duquel on pouvait traverser le monde moral et le monde physique; qui, enfin, éclaircissant toutes choses par les mêmes principes, et en vertu de la déduction la plus rigoureuse, était l'auteur d'une véritable science générale? Aristote, avec les commentaires de Porphyre, de Thémiste, d'Ammonius, etc., fut donc le philosophe dont les opinions appelèrent et dirigèrent les recherches philosophiques des Arabes; et, en effet, il offrait de quoi satisfaire la curiosité de ces hommes dont l'envie d'apprendre et de savoir ne recula devant aucune difficulté, ne s'effraya d'aucun labeur. Mais on se tromperait fort si l'on croyait qu'Aristote a été le seul philosophe grec que les Arabes aient étudié. Il n'est, au contraire, presque aucun philosophe de quelque importance chez les Grecs, dont ils n'aient eu quelque notion. Orphée même et Homère appartiennent, selon eux, à cette catégorie. Les noms des sept sages se rencontrent assez souvent dans les écrits arabes. Shahrestâni donne un exposé étendu des doctrines de Thalès, d'Anaximène, d'Héraclite, etc.; il parle d'une manière très-prolixe d'Empédocle; et Hadji-Khalfa cite même plusieurs livres qui circulaient parmi les Arabes, sous le nom de ce dernier. La doctrine de Démocrite et d'Anaxagore a été l'objet de divers traités spéciaux : les Éléates se trouvent mentionnés çà et là, et il n'y a guère de livres philosophiques où Socrate, ses disciples Euclide, Antisthène, Diogène le Cynique, Aristippe, etc., ne donnent matière à de longues dissertations. Les Arabes possédaient aussi des notions détaillées sur l'école d'Épicure et sur les stoïciens, bien qu'ils parlent moins fréquemment de ces derniers. Mais tout ce qu'ils rapportent sur les auteurs que nous venons de mentionner, est un mélange bizarre de faits véritables, d'erreurs et de futilités.

Les commentateurs d'Aristote et l'école d'Alexandrie ont été mieux connus. Sans citer tous les auteurs qui leur étaient familiers, je dirai seulement que c'est à Alexandre Aphrodisias, à Thémistius, à Ammonius et à Porphyre que s'attachaient principalement les Arabes. Après ceux-là, viennent les véritables chefs de l'école néoplatonicienne. Plotin et Proclus jouissaient d'une haute faveur auprès des Arabes, surtout le premier, qu'ils nomment d'ordinaire Platon l'Égyptien. Les doctrines d'Apollonius de Tyane, de Plutarque le Néopythagoricien, de Valentinien, de toute l'école théurgique et gnostique, furent très-répandues chez un bon nombre d'Arabes, à qui elles inspiraient les goûts de magie, d'alchimie et des sciences secrètes en général. On pourrait même soutenir, sans crainte d'être démenti, qu'il n'y a pas beaucoup de livres grecs de cette époque, sur des matières semblables, qui n'aient été traduits en arabe; et, aujourd'hui encore, il existe plusieurs de ces traductions dont les originaux grecs se sont perdus. Cette nomenclature, qu'on pourrait grossir bien davantage, suffira pour prouver que les sources grecques ne faisaient pas faute aux Arabes. Elle indique en même temps la direction que prirent de prime abord leurs travaux philosophiques. Si l'on y joint les notions qu'ils avaient de la philosophie que nous appelons orientale par excellence, et qui se confondait déjà dans l'école d'Alexandrie avec les dogmes grecs, et si l'on y ajoute enfin les connaissances qu'ils avaient des systèmes philosophiques des Indiens, on aura à peu près tout le fond de leur science historique en matière de philosophie (*). »

A peine les Arabes possédèrent-ils les éléments de cette science, dont la mission est de provoquer la réflexion

---

(*) Ce fragment est extrait d'une œuvre intéressante sur la philosophie arabe, publiée, il y a peu d'années, par M. Auguste Schmölders, sous ce titre : *Essai sur les écoles philosophiques chez les Arabes, et notamment sur la doctrine d'El-Ghazzali*, Paris, 1842, p. 92 et suiv.

sur les destinées de l'homme, et de la diriger dans la voie difficile où elle scrute les plus hautes vérités morales, qu'ils se trouvèrent en présence d'une religion révélée, dont la parole du prophète leur avait interdit l'examen. Il y eut donc bientôt scission entre les disciples de la philosophie grecque. Les uns, fidèles continuateurs d'Aristote, se contentèrent de laisser le Coran à l'écart; et, sans l'attaquer ni le défendre, ne reculèrent devant aucune des doctrines hétérodoxes que comportait l'étude du Stagirite: c'était l'école philosophique proprement dite. Les autres, qui prirent le nom de *motakhallims*, mot qu'on peut rendre par *dogmatiques* ou *scolastiques*, voulurent adapter aux exigences de l'islamisme les théories de l'école d'Alexandrie, et défendre la religion de Mahomet au nom des mêmes principes que leurs antagonistes, les philosophes, allaient puiser dans les œuvres d'Aristote. Acceptant la révélation apportée par leur prophète comme la dernière vérité à laquelle il nous soit permis de parvenir, ils rejetaient de la philosophie ce qui était incompatible avec les doctrines révélées, et laissaient subsister tout le reste du système des péripatéticiens, mais toutefois en le changeant ou le modifiant partout où ils en sentaient le besoin. Cependant, dès les premiers temps de l'islamisme, quelques esprits éclairés avaient reconnu, dans le Coran, les nombreuses contradictions que les distinctions les plus minutieuses, les plus ingénieux commentaires, n'avaient jamais pu dissimuler. Ce fut encore dans la philosophie grecque que ces dissidents surent trouver les moyens de donner à leur doctrine un ensemble méthodique, sans détruire entièrement l'œuvre du prophète. Acceptant les trois dogmes fondamentaux de l'islam, l'existence d'un seul Dieu, la mission de Mahomet, et la résurrection des morts, ils réclamèrent pour tout le reste les droits imprescriptibles de la raison. C'est ainsi qu'ils soutinrent que les principes intellectuels sont le fondement véritable des connaissances humaines, et qu'en fait et en droit, ils sont antérieurs à la révélation. De conséquences en conséquences ils en arrivèrent à nier que le Coran eût existé de toute éternité, et le déclarèrent une œuvre créée, prétention qui occasionna tant de troubles dans l'islamisme, ainsi que nous l'avons dit en racontant le règne d'El-Mamoun. Ces hommes qui se séparaient ainsi de l'orthodoxie des scolastiques, furent nommés *motazélites*, et se subdivisèrent entre eux, selon qu'ils suivaient les doctrines de tel ou tel imam, en formant autant de sectes différentes. Enfin, une quatrième école, qu'on pourrait appeler l'école mystique, et dont la secte la plus considérable est celle des *coufis*, se forma aussi de l'étude des philosophes étrangers, et se proposa, selon les expressions d'El-Ghazzali, d'arracher de l'âme les passions violentes, d'en extirper les penchants vicieux et les qualités mauvaises, jusqu'à ce qu'on fût parvenu à dégager le cœur de tout ce qui n'est pas Dieu, et à lui donner, pour seule occupation, la méditation de l'être divin. « Le coufisme, dit M. Schmölders, n'est pas un système philosophique proprement dit; il ne forme pas non plus une secte religieuse; c'est une sorte d'ordre monastique, si l'on veut, et rien de plus. Le coufi suppose que la vérité divine se manifeste immédiatement à l'homme qui la veut obtenir, pourvu que, retiré du monde, détaché de toutes les passions humaines, il se voue uniquement à la vie contemplative; et, comme cette sorte de révélation est individuelle; comme elle porte sur des choses indicibles et indéfinissables, il est clair qu'un système scientifique n'en saurait jamais résulter. Il y a, toutefois, une secte dans le coufisme, et c'est justement celle que l'on prend d'ordinaire pour l'expression du coufisme en général; il y a une secte qui renferme un fond essentiellement philosophique. Cette secte compte surtout parmi ses partisans les coufis de Perse; elle emploie de préférence les vers pour exposer ses doctrines, et elle a produit les plus beaux morceaux de la poésie musulmane. Elle professe un panthéisme complet, et il semble impossible qu'elle soit née dans l'islam, tant elle en diffère par ses principes. Quant à son origine, je me range volontiers à l'avis de M. de Sacy, qui pense qu'elle existait déjà en Perse avant l'établissement du mahométisme; et j'ajoute que, malgré le défaut de preuves historiques dignes de foi, je n'hésite pas à la considérer comme tirant de l'Inde son origine primitive. La partie fondamentale de ses doctrines correspond si complétement aux vues des Yogis indiens, que l'on ne saurait douter un seul instant de ce fait (*). »

Voici donc deux éléments, l'un indien, l'autre grec, concourant à former une école de philosophie musulmane. Mais si les mythes de l'Inde ont inspiré plusieurs de ces poëtes rêveurs et mystiques qui rachètent quelque peu par la beauté des formes le vague de la pensée, c'est la Grèce qui a dicté à l'Arabie ses dogmes philosophiques; et toutes les fois qu'on parle d'une philosophie arabe, ainsi que l'observe M. Schmölders, on ne doit entendre autre chose que la philosophie grecque, telle que les Arabes la cultivaient. Alkendi (**), Alfarabi (***), Ebn-Sina (Avicenne) (****), Ebn-Badjah (Avenpace), Abou-Roschd (Averroes) (*****), dont les doctrines influè-

(*) *Essai sur les écoles philosophiques des Arabes*, p. 206-8.

(**) Alkendi florissait à Baghdad sous le khalifat d'El-Mamoun.

(***) Alfarabi quitta, au dixième siècle de notre ère, la brillante cour de Baghdad pour se livrer, dans la retraite, aux pratiques de la morale la plus austère. Il avait coutume de dire: « Un pain d'orge, une source d'eau et un manteau de laine sont préférables aux voluptés qui finissent par le repentir. » Il a composé jusqu'à soixante traités, dit-on, dont les sujets lui avaient été fournis par les ouvrages d'Aristote.

(****) Avicenne était né en 980 de J. C., dans un petit village près de Bokhara. Nous aurons occasion d'en parler encore en traitant de la médecine chez les Arabes.

(*****) Averroës est né à Cordoue dans le

rent fortement sur l'enseignement de nos écoles au moyen âge, n'étaient, pour ainsi dire, que des disciples d'Aristote, ou de ses commentateurs néoplatoniciens. Quelques hommes, cependant, ont étudié tour à tour chaque système, approfondi la doctrine de chaque secte, et, sans s'attacher à aucune des grandes divisions que nous avons tracées, se sont créé une méthode qui leur était personnelle. Tel fut Ghazzali, qui, après avoir, au cinquième siècle de l'hégire, professé la théologie à Baghdad, parcourut la Syrie, l'Égypte, l'Arabie, avide de goûter dans chaque pays les fruits de l'arbre de la science, et se voua ensuite à la vie contemplative des çoufis. Écoutons-le décrire l'ardente recherche qu'il faisait de la véritable sagesse:

« Depuis l'ardeur de ma jeunesse, dit-il, jusqu'à présent où mon âge a dépassé un demi-siècle, je n'ai pas cessé de me précipiter dans le gouffre de cette mer profonde, de m'enfoncer dans ses abîmes, non pas en nageur craintif et timide, mais en plongeur courageux, pénétrant dans toutes les obscures retraites, m'emparant de toutes difficultés, sondant les dogmes de toute secte, dévoilant les mystères de toute école, pour distinguer les hommes qui professent la vérité de ceux qui proclament l'erreur. Je n'ai pas quitté un partisan des allégoristes sans avoir voulu approfondir sa doctrine allégorique; pas un formaliste, sans avoir tâché de connaître le but de son formalisme; pas un philosophe, sans avoir cherché à comprendre l'essence de sa philosophie; pas un dogmatique, sans m'être efforcé de savoir la tendance de son dogmatisme et de sa dialectique; pas un çoufi, sans avoir éprouvé un vif désir de pénétrer dans le mystère de son çoufisme; pas un orthodoxe, sans m'être familiarisé avec l'influence que son orthodoxie

douzième siècle de notre ère. Le désir qu'il avait de concilier les doctrines d'Aristote avec le Coran l'entraîna dans quelques propositions qui le firent accuser d'hérésie et, pendant plusieurs années, lui attirèrent des persécutions.

31.

exerce sur lui; pas un hérétique, sans m'être empressé de sonder en particulier les causes de son audace dans son hérésie... Après avoir constaté ces diversités d'opinions dans le genre humain, je me mis à examiner les causes qui ont produit tant de dissidences et rendu la foi si faible... Pendant quelque temps, j'examinai les hommes un à un, je les questionnai sur ce qui leur paraissait impossible dans l'accomplissement des préceptes religieux; je leur demandai compte de leurs doutes, et, sondant leur foi et leurs secrets, je dis : « Qu'y a-t-il donc d'impraticable pour toi? Si tu crois réellement à l'autre monde, tu ne t'y prépares pourtant pas; tu le vends même pour le monde actuel, ce qui est une folie, puisque tu ne voudrais certainement pas vendre deux pour un, et que tu donnes ce qui est sans fin pour des jours qui sont comptés. » L'un répondait : « S'il importait d'observer les préceptes religieux, les savants s'y conformeraient sûrement mieux; cependant, parmi les docteurs les plus célèbres, l'un ne fait pas sa prière, l'autre boit du vin; celui-ci dissipe les biens légués pour des œuvres saintes et la fortune des orphelins; celui-là se laisse corrompre par des présents pour donner un témoignage, etc. » Un second, prétendant à la science çoufique, disait : « Je suis arrivé au but. En me mettant au-dessus des besoins vulgaires, je suis arrivé jusqu'au dévouement. » Un troisième répliquait : « La vérité est difficile à trouver, le chemin qui y conduit est obstrué; les dissensions sont nombreuses; aucun système ne mérite la préférence sur les autres; les argumentations des savants se contredisent; on ne peut pas se fier aux raisons des rationalistes; notre imam, au contraire, qui nous engage à suivre la *doctrine*, tient une autorité suprême; il n'a plus besoin de preuves, et comment révoquer en doute les choses certaines? » Un dernier disait : « Ce que je fais, je ne le fais par l'autorité de personne; mais, après avoir étudié la philosophie, je comprends très-bien ce que c'est que le prophétisme : sagesse et perfectionnement moral, voilà ce qu'il veut. Ses commandements ont pour but d'imposer un frein au peuple, de l'empêcher de s'entre-détruire, de se quereller, de s'abandonner aux mauvais penchants; mais, quant à moi, je n'appartiens pas à ce peuple ignorant, de manière à être obligé de me gêner; j'appartiens aux sages, je cultive la sagesse, je la connais; elle me suffit, et je puis, par son moyen, me soustraire à l'autorité de la loi religieuse. » Après avoir passé en revue les différentes classes de la société, et reconnu jusqu'à quel point la foi s'y était affaiblie..., je me dis : « Comment te serait-il possible de débrouiller ce chaos et de combattre ces doctrines absurdes, dans un temps où l'on est blasé sur les matières religieuses, et à une époque où l'on n'aime que les choses futiles... » C'est pourquoi, sous prétexte de n'être pas capable de prouver la vérité par des démonstrations convaincantes, je fis à Dieu la sainte promesse de rester dans la retraite (*). »

Si les Arabes n'avaient été que les humbles disciples des anciens en fait de doctrines philosophiques, ils surent tirer un parti meilleur d'une autre branche des connaissances humaines à laquelle les avait également initiés l'école d'Alexandrie, et firent faire à la géographie de véritables progrès, soit par des travaux mathématiques dont nous parlerons plus tard, soit par les nombreuses observations que favorisaient si naturellement leur esprit aventureux ou leurs expéditions lointaines. Depuis la fin du second siècle de l'ère vulgaire jusqu'à l'époque où les Arabes ont paru sur la scène du monde, la géographie ne s'était, pour ainsi dire, enrichie d'aucune connaissance nouvelle : elle était demeurée telle que, après Strabon et Marin de Tyr, l'avait laissée Ptolémée. Mais, dès les premières conquêtes de l'islam, les khalifes ordonnèrent à leurs

---

(*) Al-Ghazzali. Avertissements sur les erreurs des sectes, suivis des notions sur les extases des çoufis, trad. de M. Schmölders.

généraux de faire dresser des descriptions géographiques des pays soumis par leurs armes. Le commerce vint à la suite de la conquête. Au neuvième siècle de notre ère, deux marchands arabes, Soliman et Abou-Zeïd de Bassorah, décrivaient les pays les plus reculés de l'Asie, qui avaient échappé à la connaissance des anciens. Ce livre, déjà traduit par Renaudot, a été dernièrement publié, texte et traduction nouvelle, par M. Reinaud, qui l'a fait précéder d'une savante introduction sur les promptes relations que, dès les premiers temps de l'islamisme, les Arabes ont entretenues avec l'Inde et la Chine. On peut juger, par le naïf récit des deux voyageurs mahométans, et par sa comparaison avec les relations des voyageurs modernes, combien sont immuables les coutumes du Céleste empire. Vers le troisième siècle de l'hégire, Abou'l-Haçan-Ali, surnommé El-Maçoudi, écrivait, sous le titre de Akhbar ez-Zéman, un volumineux traité où l'histoire et la géographie occupaient une place considérable. Cet ouvrage, qui semble avoir été une encyclopédie complète des connaissances alors acquises par les Arabes, n'a pas été retrouvé jusqu'ici ; mais, dans le but de faciliter l'étude des sciences dont il s'était fait l'interprète, Maçoudi avait abrégé son grand ouvrage ; et ce livre, qui porte le nom de *Moroudj-el-Dheheb*, ou *prairies d'or*, a été de tout temps, pour les écrivains orientaux, une mine précieuse où ils ont puisé, parmi beaucoup d'autres renseignements, un grand nombre de détails géographiques concernant particulièrement l'Afrique, l'Inde et l'Asie moyenne.

Abou-Ishak d'Istakhr, au dixième siècle de notre ère, traçait un tableau intéressant des contrées où avait pénétré l'islamisme (*), et le terminait par ces réflexions peu flatteuses pour la chrétienté : « Quant au pays des chrétiens, je n'en ferai qu'une mention légère, attendu que mon amour inné pour la sagesse, la justice, la religion et les gouvernements réguliers ne me laisse rien à louer ni à citer chez ces nations. » Abou-Ishak-el-Istakhri avait ajouté à son livre des cartes bien imparfaites sans doute, mais qui prennent un grand intérêt quand on réfléchit qu'à l'exception peut-être de quelques cartes chinoises, ce sont les premiers monuments de ce genre depuis les *Itineraria picta*, qui, chez les Romains, servaient à régler la marche des troupes, et dont la carte de Peutinger nous offre probablement un exemple.

Cent ans plus tard, le schérif Édrisi, le premier géographe de son siècle, composait, à la cour du roi Roger, en Sicile, un excellent traité de géographie, destiné à l'explication d'un globe terrestre en argent, dont le prince normand connaissait peu l'usage. C'était, alors, une chose rare et précieuse, en Europe, qu'un globe ou une sphère destinés à représenter la configuration des contrées sur la terre, ou la marche des astres dans le ciel. Le savant moine Gerbert, qui alla étudier dans les écoles arabes de Séville, et qui depuis fut pape sous le nom de Sylvestre II, en construisait de ses mains : « Nous ne t'envoyons pas la sphère, écrivait-il à un de ses amis ; nous ne l'avons pas encore achevée, et ce n'est pas chose de peu de travail à faire, au milieu de tant d'occupations. Si donc tu tiens à ces grandes études, adresse-nous le volume de l'Achilléide de Stace, soigneusement transcrit. Cette sphère que tu n'obtiendras jamais gratis, à cause de la difficulté d'un tel ouvrage, tu pourras me l'arracher par ton présent (*). » Divisée en sept climats, la géographie d'Édrisi, ce savant commentateur du globe de Roger, est restée le plus curieux dépôt des connaissances géographiques des Arabes à cette époque. L'exactitude des

(*) C'est la traduction d'un abrégé persan du *Livre des climats*, par Abou-Ishak, que sir W. Ouseley a publié au commencement de ce siècle, en l'attribuant à Ebn-Haukal.

(*) Voy. M. Villemain, Tableau de la littérature du moyen âge en France, en Italie, en Espagne et en Angleterre, p. 83.

mesures itinéraires, l'intérêt des détails en font encore maintenant un document précieux à consulter.

Abd-el-Raschid-ben-Saleh, surnommé El-Bakoui, a composé aussi un traité de cosmographie et de géographie, où il a fait entrer quelques détails sur l'histoire naturelle : comme Edrisi, il a divisé la partie géographique en sept sections, d'après l'ordre des sept climats adoptés par les géographes arabes; et chaque section renferme, par ordre alphabétique, le nom des principales localités de chaque climat. Sous le nom de *Perle des merveilles*, Ebn-el-Wardi composait à Alep, dans la première moitié du treizième siècle de notre ère, un livre de géographie physique où se trouvent un grand nombre de détails d'histoire naturelle sur l'Arabie, la Syrie et l'Afrique. Enfin, à ne citer ici que les voyages de l'infatigable Ebn-Bathouta, si intéressants pour l'Afrique intérieure; *le Traité des montagnes, des lieux et des sources*, par Zamakschari, le célèbre commentateur du Coran; *la Merveille des choses créées*, par Zaccaria-ben-Mohammed-el-Kaswini; le grand dictionnaire géographique du scheikh Abou-Abdallah-el-Yacouti; la description géographique de l'Inde par El-Birouni, etc., qu'il nous suffise de constater qu'entre la fin du douzième siècle, époque où avait paru la géographie d'Edrisi, et la fin du treizième, Aboulféda, auteur lui-même d'une description très-détaillée de la terre, par tables rangées suivant les climats, compte environ soixante géographes orientaux.

Les Arabes ont eu aussi un grand nombre d'historiens, et cependant il n'y a peut-être pas de science qu'ils aient plus complétement négligée que la critique historique. Enregistrer les traditions vraies ou fausses; recueillir les événements de toutes mains, et les exposer au lecteur sans en déduire les causes et les motifs, sans en étudier les ressorts; rejeter de leurs récits le tableau des différentes branches de l'administration, les sciences, les arts, l'éducation publique, pour y admettre une foule de faits insignifiants, et sur les mêmes faits rapporter différentes versions qui se contredisent entre elles : telle est l'œuvre de la plupart des historiens arabes; et cependant ces historiens, tout incomplets qu'ils nous semblent, ont certainement une valeur plus grande qu'on ne le supposerait d'abord. Si l'esprit s'effraye à l'idée d'accepter des faits qui n'ont subsisté qu'en passant de bouche en bouche, laissant ainsi un intervalle plus ou moins long entre leur date et l'époque où le souvenir en a été fixé d'une manière précise, il nous faut observer qu'en tout pays la première partie des annales nationales ne consiste guère qu'en traditions; or, il n'y a pas de race chez laquelle les témoignages se transmettent avec plus de fidélité que chez la race sémitique. Ces séries de noms propres, ces longues généalogies, qui nous fatiguent à chaque page dans l'histoire des Arabes, lient entre eux, comme les anneaux d'une chaîne, les événements les plus éloignés; et la mémoire fidèle des *rawis* ou rapporteurs de traditions les fait parvenir, sans les altérer, d'un lieu à un autre lieu, d'une génération à une autre génération. Quand, plus tard, les historiens se sont emparés de ces faits, et les ont consignés dans des narrations, ils les ont redits avec calme et sincérité, sans prendre parti, sans entrer dans le jeu des passions, sans scruter les intentions secrètes. Ils n'ont pas, comme Denys ou Tite-Live, fait parler leurs personnages en rhéteurs, pour le plaisir de composer de pompeuses harangues. Les paroles qu'ils inscrivent ont probablement été prononcées par ceux auxquels ils les prêtent, et ont la rude franchise de leur époque. N'ayant pas d'opinion personnelle, ils ne se prononcent pas entre les différentes traditions qui se rapportent à un même événement, et les enregistrent toutes à la fois. Aussi les lit-on sans charme, mais non pas sans instruction. Il y a, dans notre opinion, autant de confiance à accorder au récit des faits qui se sont écoulés entre la naissance de Mahomet et l'époque où on commença à rédiger en langue arabe des corps d'annales, qu'on peut en avoir dans l'histoire des nations modernes de notre Europe jusqu'au temps où elles eurent assez d'instruction pour composer des relations contemporaines.

Ce fut vers le troisième siècle de l'hégire qu'une grande partie des traditions relatives à l'histoire de l'islamisme furent recueillies et consignées par des historiens. Déjà Abou-Abdallah-ben-Mohammed-ben-Ismaël-el-Djofi, plus connu sous le nom de Bokhari, avait, au second siècle, rassemblé, parmi les traditions relatives à Mahomet, celles qui lui avaient paru les plus authentiques. Le soin qu'il apportait à n'admettre que ce qu'il y avait de bien avéré au nombre des faits parvenus à sa connaissance, a valu à son livre le titre de Sahih ou de Sincère. Quelques années plus tard, Abou-Djafar-Mohammed, surnommé El-Tabari, écrivait, sous le titre de *Tarikh-el-Molouk*, ou Annales des rois, une volumineuse histoire universelle commençant à la création du monde et finissant à l'an 302 de l'hégire. Nul historien arabe n'a plus fait abus que Tabari de cette érudition orientale dont nous parlions tout à l'heure, qui consiste à ne passer sous silence aucune des traditions relatives à un même fait. L'histoire des premiers khalifes y est traitée avec des détails fatigants par leur prolixité, et qui laissent, le plus souvent, l'esprit dans une complète incertitude sur la version qu'il faut choisir au milieu de tant de versions différentes. Mais si ce recueil nous offre moins que tout autre une histoire telle que nous la comprenons à notre époque, il n'en est pas moins précieux comme dépôt des témoignages les plus généralement admis dans l'islamisme sur les trois premiers siècles du khalifat.

Depuis lors, les historiens se succédèrent à la cour des khalifes, et nous avons trop souvent cité textuellement, dans le cours de cet ouvrage, les principaux d'entre eux, Maçoudi, Novaïri, Haneza d'Ispahan, Makrisi, Aboulféda, Aboulfaradj, El-Makin, Djémal-eddin-el-Soyouti, Ebn-Khallican, Fahr-eddin-Razi, etc., pour avoir besoin de parler de leurs qualités ou de leur style, dont nous avons cherché à faire juge le lecteur, en lui mettant sous les yeux des traductions aussi fidèles que possible. Nous ne ferons exception que pour deux historiens, Ebn-el-Athir et Ebn-Khaldoun. Nous n'avons pu profiter dans ce livre de la première partie des annales d'Ebn-el-Athir, qui n'existait pas à la Bibliothèque du roi; mais dorénavant les hommes qui s'occupent de l'histoire de l'Orient n'auront plus à regretter cette lacune, et l'ouvrage complet vient d'être acquis à la France : « Les annales d'Ebn-el-Athir, dit M. Reinaud (*), commencent à la création du monde, et se terminent à l'an 628 de l'hégire (de J. C. 1231). C'est le récit, année par année, de tout ce que la muse de l'histoire avait conservé de notable chez les musulmans ; c'est peut-être, en son genre, l'ouvrage le plus remarquable que nous aient laissé les Arabes. On voit, en le lisant, que l'auteur a recueilli les notices historiques éparses dans une foule de chroniques ; qu'il a lu les mémoires particuliers, et qu'il a eu communication des correspondances politiques de Saladin et des autres souverains de la même époque. Cet esprit de recherche, cet amour de la vérité, lui ont acquis la plus grande réputation en Orient ; les écrivains arabes sont unanimes dans l'éloge qu'ils font de son érudition. Aboulféda n'a pas craint d'avouer qu'il lui avait emprunté la meilleure partie de son récit. C'est également dans cet ouvrage qu'Ebn-Khaldoun a puisé la plus grande partie de ce qu'il dit dans son tableau des diverses dynasties musulmanes. A la fin, cependant, Ebn-el-Athir ne conserve plus la même critique et la même précision. On voit que, mettant successivement par écrit les événements de son temps

(*) Cat. Ms. des manuscrits arabes de la Bibliothèque du roi.

qui arrivaient à sa connaissance, il ne se donnait pas le temps de les confronter entre eux. Aussi se répète-t-il souvent, et se contredit-il quelquefois. »

Quant à Ebn-Khaldoun, qui, ainsi que l'observe M. Reinaud, a souvent été puiser ses documents dans la chronique d'Ebn-el-Athir, nous ne parlerons pas ici de l'histoire universelle qu'il a rédigée et qui, commençant ainsi que celle de son prédécesseur à la création du monde, se prolonge jusqu'à la fin du huitième siècle de l'hégire. Nous dirons seulement que la partie la moins connue de son sujet, et celle, en même temps, qu'il a traitée avec le plus de détails est l'histoire de ces tribus berbères qui, depuis les Romains jusqu'à nos jours, ont disputé pied à pied l'Afrique septentrionale à ses conquérants successifs. Profitant de sources historiques qui ne sont pas parvenues jusqu'à nous, et des informations que sa qualité de Tunisien lui avait permis de recueillir sur les lieux, il a été, sur ce point, plus explicite qu'aucun de ses devanciers. Mais l'œuvre d'Ebn-Khaldoun qui mérite une mention particulière, est l'introduction dont il a fait précéder son corps d'histoire. Démentant, dans ces *Prolégomènes*, les habitudes des annalistes orientaux, il n'a reculé devant aucun des problèmes que la critique historique se propose ordinairement de résoudre. Indiquant à ses lecteurs quel est le soin à apporter dans le choix des diverses traditions, quelles sont les règles les plus sûres pour juger de la véracité d'un historien, il leur apprend à se méfier de l'esprit de parti, des passions politiques ou religieuses ; il les engage à n'admettre pour vrai que ce qui est vraisemblable, puis ensuite il les initie à l'histoire des institutions, aux progrès de l'intelligence, aux études nécessaires pour connaître les ressources d'un État, afin que l'histoire d'un pays ne consiste pas dans les annales domestiques de la famille régnante, ou dans le récit plus ou moins complet de guerres qui se ressemblent toutes.

Les arts, les sciences, avaient fait, chez les sectateurs du prophète, des progrès encore plus rapides que la littérature ou la philosophie. On sait quels riches palais, quelles élégantes mosquées, les architectes arabes élevèrent à Damas, à Baghdad, au Caire, à Séville, à Cordoue. Grenade nous a conservé son Alhambra dont les coupes hardies et capricieuses saisissent si puissamment l'imagination du voyageur. Du haut de ces minarets élancés, brillants de marbre et d'or, on observait les astres, on étudiait leur marche, on mesurait leur orbite. Yacoub-el-Mançour fit bâtir à Séville, en 1195, la tour appelée maintenant *Giralda*, afin qu'elle servît d'observatoire aux astronomes de sa cour; mais, dès les premières années du neuvième siècle, El-Mamoun faisait traduire l'Almageste, et répandait ainsi, dans son vaste empire, les connaissances astronomiques de l'école d'Alexandrie. Du milieu des plaines de la Chaldée, sous un ciel sans nuages, les Arabes prenaient la hauteur du pôle, et tentaient de mesurer la terre. Aboulféda et quelques autres historiens nous ont décrit les procédés qu'ils employèrent pour déterminer la longueur d'un degré, et fixer à environ 24,000 milles la circonférence de notre globe. On évalua à 23 degrés et demi l'obliquité de l'écliptique, on corrigea les inexactitudes des tables de Ptolémée, on calcula le temps de la révolution de la terre autour du soleil, et on détermina la longueur de l'année sidérale à 365 jours 6 heures 9 minutes 12 secondes, ce qui ne différait que d'une ou deux minutes des calculs les plus exacts de notre époque ; enfin, on fixa la science par la composition de nombreux traités dont chaque jour nous apprécions mieux l'importance.

« Jusqu'au commencement de notre âge, dit un mathématicien initié aux langues de l'Orient (*), les écrits des astronomes arabes étaient en général peu connus. Le seul ouvrage un

(*) M. L.-A. Sédillot. Voy. le *Journal asiatique*.

peu important que l'on pût citer, l'*Introduction* aux tables de Mohammed-ben-Djeber-al-Batani, nommé par le traducteur Al-Bategni, écrit au neuvième siècle, et commenté avec soin par Regiomontanus, paraissait indiquer que les Arabes, imitateurs scrupuleux des Grecs, en avaient conservé les théories générales, qu'ils avaient un peu perfectionné les instruments, mieux déterminé l'obliquité de l'écliptique, l'excentricité du soleil, son mouvement moyen et la précession des équinoxes : qu'ils avaient employé les sinus au lieu des cordes, dans les calculs astronomiques; mais qu'ils n'avaient pas été plus loin, et que pour signaler de nouveaux progrès, il fallait recourir aux astronomes européens du seizième siècle. Quant au livre de Ahmed-ben-Ketir, surnommé Alfragan, qui vivait vers 950, on n'y avait trouvé qu'un extrait superficiel de Ptolémée, une copie de quelques chapitres d'Albategni, et Thebit-ben-Chorath, que Delambre appelle à juste titre le Ronsard de l'astronomie, s'était jeté dans des aberrations qui lui ôtaient toute autorité. Albategni semblait donc seul avoir des titres à l'estime des savants, et, en effet, Bailly le présentait comme le plus grand astronome qui eût paru sur la terre depuis Ptolémée jusqu'à Régiomontanus. La traduction de quelques chapitres d'Ebn-Djounis par M. Caussin, avait bien fait connaître en 1804 des observations d'éclipses et des conjonctions de planètes utiles pour la détermination des moyens mouvements; mais la doctrine, les méthodes, restaient dans l'obscurité. M. Sédillot compléta la traduction d'Ebn-Djounis, contenant un grand nombre de règles qui rapprochent la trigonométrie arabe de celle des modernes. Mais ce n'est pas tout : il existait un almageste d'Aboul-Wéfa, astronome de Baghdad du dixième siècle. Il contient les formules des tangentes et des sécantes, des tables de tangentes et de cotangentes pour tout le quart de cercle. Aboul-Wéfa en fait le même usage qu'on en fait aujourd'hui dans les calculs trigonométriques ; il change les formules des triangles; il en bannit ces expressions composées si incommodes, où se trouvaient à la fois le sinus et le cosinus de l'inconnue ; il complète enfin la révolution dont l'auteur était resté incertain ; on en faisait, sans aucun fondement, honneur à Régiomontanus. On n'en a donc joui en Europe que 600 ans après l'invention première par les Arabes. Montucla n'avait pas balancé à affirmer que la gnomonique des Arabes était perdue. M. Sédillot, par la traduction d'Aboul-Haçan-Ali de Maroc, nous donne un traité complet et très-détaillé de la gnomonique des Arabes. L'histoire des sciences réclamait, depuis longtemps, un livre qui fît connaître les instruments dont les Arabes se servaient dans leurs opérations. Celui d'Aboul-Haçan, qui vivait au commencement du treizième siècle, est le plus complet qui ait été composé sur ce sujet. Ces instruments sont, pour l'astronomie : quarts de cercle, sphère, planisphère, dix sortes d'astrolabes, sextant, anneaux et instruments spécialement destinés à l'observation des éclipses, des nouvelles lunes et de plusieurs autres phénomènes célestes. Les astronomes arabes cités dans son ouvrage sont : Albategni, qui a déterminé avec une grande précision pour son temps l'obliquité de l'écliptique, la position des équinoxes et l'excentricité de l'ellipse solaire; Djeber-ben-Alfah, qui a simplifié les méthodes trigonométriques; Albirouni, Alfragan, Avicenne, Aboul-Wéfa, commentateur d'Euclide, de Diophante, de Ptolémée; le géomètre Khosta-ben-Loukha; Mohammed-ben-Mouça, contemporain d'El-Mamoun, auteur des tables nommées Tables indiennes, et l'un des premiers qui se soient livrés à l'étude de l'algèbre; enfin, Arzachel qui observait à Tolède, vers la fin du onzième siècle, et Alkemâd, qui a déduit des observations de cet astronome trois tables toujours citées avec éloge par les écrivains arabes. »

Voilà bien des noms célèbres dans la science, et beaucoup de ces hommes si rapidement nommés ont dirigé leurs études sur plusieurs branches des connaissances humaines (*). Avicenne (**), Averroës, Djeber, El-Razi, Ebn-el-Beïthar (***), sont, le plus souvent à la fois, philosophes, chimistes, mathématiciens, naturalistes ou médecins. La médecine du moyen âge a été fortement empreinte, en Europe, de la doctrine des Arabes. Cette doctrine, ils l'avaient, il est vrai, empruntée aux Grecs : Hippocrate et Galien, Théophraste et Dioscoride, avaient été recherchés et traduits à la même époque qu'Aristote ou Platon. Mais les khalifes abbassides ne s'étaient pas contentés de faire puiser aux sources grecques les principes de la science. Ils l'avaient encouragée, en fondant des colléges, en y appelant d'habiles professeurs, en favorisant les recherches de tous genres; et telle était la célébrité de la médecine arabe, que, pendant près de six cents ans, elle a dominé, ainsi que nous venons de le dire, dans l'enseignement de nos écoles.

Après cette rapide esquisse du mouvement scientifique et littéraire chez les Arabes, il nous reste à apprécier le degré d'influence exercé par eux sur l'Europe, à une époque où la civilisation ancienne, affaiblie et dénaturée par l'invasion des barbares, tendait à se reconstituer. Sans doute elle emprunta les éléments qui se trouvaient à sa portée; mais l'élément arabe ne pouvait agir sur elle que d'une manière indirecte. L'Orient et l'Occident, l'Islamisme et le Christianisme, bien qu'en contact sur plusieurs points du bassin de la Méditerranée, étaient séparés par une barrière infranchissable. En effet, le christianisme appelait les races de l'Europe à une civilisation nouvelle, civilisation confuse, variée, où toutes les formes, tous les principes d'organisation sociale, se rencontraient à la fois, où tout était prêt pour la lutte, et où la lutte devait conduire les peuples au progrès et à l'affranchissement. Mais là où tout provenait de la conquête et d'une domination militaire, là où le pouvoir absolu du chef de tribu avait jeté les fondements de la constitution civile, elle devait être despotique; d'autant plus despotique, que le pouvoir temporel et spirituel, que la force matérielle et religieuse, étaient confondus. Ce lien indissoluble entre une législation qui doit changer avec le cours des âges et une religion immuable rendait, pour ainsi dire, impossible tout progrès social. Or, l'organisation défectueuse de la famille venait encore, chez les Arabes, opposer à ce progrès de nouveaux obstacles; car la constitution de la famille joue un rôle important dans l'histoire des civilisations. Mahomet, en consacrant la polygamie, avait affaibli les liens de l'amour paternel, et par là même l'intérêt que le citoyen prend à la conservation de l'État. Dans le christianisme, au contraire, ces liens étaient resserrés plus étroitement qu'ils l'avaient jamais été, et le père tendre, l'époux dévoué, sont toujours prêts à sacrifier le présent à l'avenir. L'antagonisme de ces deux civilisations, dont l'une devait passer comme un brillant météore, tandis que l'autre

(*) Le Dictionnaire bibliographique composé vers le milieu du dix-septième siècle par Hadji-Khalfa, est un ouvrage des plus précieux pour quiconque veut étudier l'histoire littéraire des musulmans. Ce recueil contient l'indication de plus de 40,000 œuvres différentes, avec le nom de 8,000 auteurs.

(**) Avicenne, dont nous avons déjà parlé comme philosophe, est plus célèbre encore comme médecin. Ses ouvrages, traduits en latin au moyen âge, ont longtemps servi aux études médicales de l'Occident. Le Canon d'Avicenne se compose de cinq livres, dont chacun contient un grand nombre de subdivisions. Le cinquième livre, qui traite des remèdes composés par les Arabes, vient d'être encore tout nouvellement traduit en langue allemande.

(***) Le Dictionnaire des plantes médicinales qu'Ebn-el-Beïthar, qui mourut à Damas au treizième siècle de notre ère, avait composé à la suite de longs voyages entrepris dans le but de s'initier aux mystères de la botanique, vient d'être traduit et publié en allemand par le Dr J. Sontheimer, de Stuttgart.

faisait chaque jour des progrès lents, mais sûrs, était donc trop prononcé pour que les Arabes aient pu, malgré leur gloire militaire, exercer sur l'Europe quelque influence civile ou politique. Restait l'influence des sciences ou de la littérature de l'Orient sur nos races du Nord; et quant aux sciences du moins, cette influence est incontestable.

Reportons-nous au neuvième et au dixième siècle, alors que la vie des temps féodaux était encore si rude en Europe; que les barons les plus puissants habitaient, au haut d'un rocher, quelque donjon massif où le jour, en pénétrant par d'étroites meurtrières, éclairait à peine de grossières armures, seul ornement des murs dénudés; alors qu'au fond des monastères, des moines, pleins de bonnes intentions et d'ignorance, grattaient avec soin les décades de Tite-Live, pour inscrire sur le parchemin quelque rituel en lettres onciales; reportons-nous à ce temps de barbarie, et jetons les yeux au delà des Pyrénées, sur Séville, Tolède, Grenade ou Cordoue. Là nous verrons toutes les magnificences de l'Orient, des palais découpés comme une fine dentelle, des dômes soutenus par des forêts de colonnes; là nous verrons aussi de vastes colléges richement dotés, où la grammaire, la rhétorique, la philosophie, la médecine, les sciences naturelles et mathématiques étaient enseignées au nombreux auditoire que la réputation des professeurs attirait de toutes parts. Nul doute que les hommes avides de science, qui ne trouvaient dans le reste de l'Europe aucun aliment à l'activité de leur esprit, n'aient été recevoir des Arabes cette instruction littéraire que le christianisme ne pouvait pas encore leur donner. Nous savons que les Juifs qui, depuis leur dispersion miraculeuse, sont les intermédiaires obligés des relations de l'Orient avec l'Occident, nous ont transmis, par la traduction, un grand nombre des ouvrages scientifiques composés par les Arabes; mais nous savons aussi que des Français, des Allemands, des Italiens, demandaient directement à l'Arabie ce butin intellectuel qu'elle-même avait enlevé à la Grèce. Ce fut à Séville que Gerbert, ce savant moine, étudia, pendant trois ans, sous des docteurs arabes; les mathématiques, la rhétorique, l'astrologie et même la magie, disent les chroniqueurs du temps (*). Sorti des écoles musulmanes, il devint précepteur du fils de Hugues Capet, puis évêque de Reims, archevêque de Ravenne, et enfin pape sous le nom de Sylvestre II. Qu'y a-t-il donc d'improbable, si des successeurs de saint Pierre avaient été quelquefois disciples des musulmans; qu'y a-t-il d'improbable que, de cette Espagne arabe si savante, si lettrée, il se soit répandu sur l'Europe une grande partie des connaissances qui, plus tard, ont contribué à la renaissance des lettres? Ne voyons-nous pas apparaître, vers les onzième, douzième et treizième siècles, de précieuses découvertes auxquelles on ne peut assigner une date précise, et dont on ne sait quel est l'auteur? Pourquoi ne pas en faire hommage au peuple qui, seul alors, encourageait les travaux de l'intelligence? L'usage du papier, la boussole, la poudre à canon (**), sont arrivés de l'Orient; et si nous devons en chercher les véritables inventeurs dans des contrées encore plus orientales que l'Arabie, nul doute, cependant, que nous

(*) Gerbert, dit Guillaume de Malmesbury, historien anglais du douzième siècle, ayant été en Espagne étudier l'astronomie et les autres sciences de ce genre enseignées par les Sarrasins, apprit encore à interpréter le langage des oiseaux et à faire sortir des spectres de l'enfer. Je ne parlerai pas de son habileté en fait d'arithmétique, de musique et de géométrie, dont il faisait peu de cas pour lui-même, mais qu'il s'est pourtant efforcé d'introduire en France (*De gestis reg. ang.*, lib. II, cap. 10).

(**) MM. Reinaud et le capitaine d'artillerie Favé ont publié dernièrement un ouvrage sur le feu grégeois et l'origine de la poudre. Il ressort de ce travail que la poudre à base de salpêtre fut inventée par les Chinois, et que les Arabes en ont perfectionné l'application.

n'en soyons redevables à nos relations avec ce peuple, dont l'empire s'étendait de l'Atlantique à l'Indus.

Mais si les sciences physiques et mathématiques, si l'enseignement de la dialectique et de la médecine, ont été dominés pendant toute la durée du moyen âge par les doctrines émanées des écoles arabes, quelle fut l'action de l'Arabie sur la pensée poétique, sur le développement de la littérature proprement dite en Occident? C'est là, maintenant, ce qu'il nous faut essayer de constater. Les Arabes n'avaient emprunté à l'antiquité que les travaux de ses savants et de ses philosophes: le génie de ses poëtes ou de ses historiens n'avait pour eux aucun charme, et c'est en vain que nous chercherions, parmi les nombreuses traductions entreprises sous le règne des Abbassides (*), quelques-unes des pages perdues de Tite-Live ou de Polybe. Or, les idiomes de l'Europe méridionale, formés du latin, sont trop étrangers au génie des langues sémitiques pour que, sous le rapport littéraire, nos ancêtres aient jamais été chercher leurs modèles dans la langue du Coran. D'ailleurs, quelques emprunts, quelques imitations souvent accidentelles, ne constituent pas une analogie véritable entre les littératures; il faut encore que les mœurs, le génie, les climats, les habitudes, s'appellent ou se rapprochent, et nous avons vu qu'aucun rapport de ce genre ne liait les musulmans aux chrétiens de l'Europe méridionale. En faudra-t-il conclure que la littérature des Arabes d'Espagne n'a pas influé sur la littérature de la Provence au moyen âge? Nous croyons que cette assertion ne serait pas exacte. Si la poésie des troubadours ne résulte pas de l'étude régulière des poëtes de l'Arabie, elle reçut, par mille détours, le souffle de la poésie arabe, et c'est par cette voie que la verve orientale vint animer les compositions de notre Occident: commerce intime nécessité par le voisinage, échange d'idées, traités, guerres, ou alliances, établirent de bonne heure entre les deux races une transmission invisible, espèce de contagion populaire dont les émanations insaisissables se révèlent par leurs effets. Un fragment latin cité par du Cange (*), nous apprend que souvent les chrétiens d'Espagne abandonnaient l'étude de la langue latine, séduits qu'ils étaient par les beautés de la littérature orientale. Au siège de Calcanassor, nous dit aussi Mariana, dans le onzième siècle de notre ère, un pauvre pêcheur chantait alternativement en arabe et en langue vulgaire une complainte sur le sort de cette malheureuse ville (**). Si nous observons, en même temps, que les tensons des troubadours ressemblent aux chants d'amour des poëtes musulmans, que la rime est orientale, et nous apparaît pour la première fois en Europe dans la poésie provençale, ne devons-nous pas conclure, en nous résumant, que l'influence arabe exercée par le voisinage des Etats, la communication des cours, le contact des peuples, s'est souvent fait sentir au delà des Pyrénées? Favorisées par une langue sonore et brillante, les compositions des poëtes de la Provence réagirent, à leur tour, sur d'autres contrées de l'Europe; nous pouvons donc, jusqu'à l'époque des croisades, dont nous n'avons pas ici à apprécier l'effet, considérer l'élément arabe comme ayant coloré de quelques rayons chauds et poétiques la littérature de l'Occident.

(*) M. Wenrich a fait imprimer dernièrement un mémoire dans lequel il traite des traductions d'auteurs anciens faites par les Orientaux. Djemâl-Eddin, Ebn-Osaïba, Hadji-Khalfa et Aboulfaradj lui ont fourni l'indication de cent cinquante-quatre traducteurs orientaux de livres grecs.

(*) Glossarium manuale ad scriptores infimæ latinitatis, præfatio, § XXIX. *Gentilitia eruditione præclari, arabico eloquio sublimati, linguam propriam non advertebant Latini, itâ ut ex omni Christi collegio vix inveniretur unus in milleno hominum genere, qui salutatorias fratri posset rationabiliter dirigere literas, cum reperirentur multiplices turbæ, qui erudite chaldaicas verborum explicarent pompas.*

(**) M. Villemain, déjà cité p. 485.

FIN.

# TABLE ALPHABÉTIQUE

### DES MATIÈRES CONTENUES

## DANS L'ARABIE.

AVIS. — Les deux lettres a et b qui accompagnent les chiffres de renvoi, dans le cours de cette table, désignent (a) la première colonne, et (b) la seconde colonne de chaque page.

### A

*Abada* (le bouffon), 446 b.
*Abassides* (dynastie des), 438 a—445 b, 459 b—468 b.
*Abassides* (costume des khalifes), 345 b; leur drapeau, 355 a.
*Abbaça*, sœur de Haroun-el-Reschid (épisode d'), 391 a, b.
*Abbas*, oncle du prophète Mahomet, cité p. 147 b, 186 a—187 a, 197 b, 238 a, 248 a.
*Abbas-ben-el-Ahnaf*, poëte arabe, cité p. 396 b.
*Abbas-ben-el-Mamoun*, 439 a, 443 a.
*Abbas-ben-Walid*, frère de Jezid III, 350 a.
*Abd-Allah* (l'armée des), 251 b—252 a.
*Abd-Allah*, fils d'Abbas, 251 b, 262 b, 264 a—264 b, 265 b, 282 a, 301 b, 302 a, 345 b, 346 a, 359 b.
*Abd-Allah*, fils de Zeïd, disciple de Mahomet, 153 a.
*Abd-Allah*, fils de Djahsch, 153 b.
*Abd-Allah*, fils de Massoud, 158 a.
*Abd-Allah*, fils de Tarek, 164 b.
*Abd-Allah*, fils de Hodhafa, 181 a.
*Abd-Allah*, fils de Rewaha, général de Mahomet, 184 a.
*Abd-Allah*, fils de Khatal (l'apostat), 188 b.
*Abd-Allah*, fils d'Omar-ben-el-Khattab, 229 a, 252 a, 309 a, 310 b—311 a.
*Abd-Allah-ben-Djaafar*, général arabe, 230 a, b.
*Abd-Allah-ben-Obayy*, 160 a, 161 b, 172 a, b, 174 b.
*Abd-Allah-ben-Saad*, frère de lait d'Othman, 188 a, 188 b, 243 a, 248 b, 249 a, 251 a, 252 a, 252 b, 253 a, 254 b, 255 a, 259 b, 260 a.
*Abd-Allah-ben-Zobaïr*, 252 a, 252 b, 253 a, 253 b, 254 b—255 a, 260 b, 261 a, 261 b, 262 a, 262 b, 263 b, 264 a, 282 a, 283 a, 284 b, 285 a, 285 b, 286 a, 292 a, b, 293 b, 294 a, 295 a, 295 b, 297 a, 298 a, b, 299 a, 301 a, 301 b, 303 a, 303 b, 307 b, 308 a, b, 309 b, 310 a, b, 311 a, b, 346 a.
*Abd-Allatif*, cité p. 243 a.
*Abd-el-Aziz*, fils de Merwan-ben-el-Hakim, 296 b, 297 a, 321 a, 321 b.
*Abd-el-Aziz*, fils de Mouça-ben-Noçaïr, 324 a, 324 b, 328 b—329 a, 329 b.
*Abd-el-Kébir*, général arabe, 372 b.
*Abd-el-Melik-ben-Katan-el-Fahri*, gouverneur de l'Espagne, 336 a, 336 b, 339 b, 342 b.
*Abd-el-Melik-ben-Merwan*, général de Moawiah-ben-Abou-Sofian, 276 b, 295 a, 295 b, 296 a, 297 b, 299 a, 305 b, 306 a, 306 b, 307 a, b, 312 b, 313 a, 313 b, 314 a, 315 a, 315 b, 316 a, 318 b, 319 a, 319 b, 320 a, 320 b, 346 b, 358 b.
*Abd-el-Melik-ben-Saleh*, officier arabe, 371 b, 385 a.
*Abd-el-Melik-ben-Saleh-ben-Ali* (épisode de), 390 a—391 a.
*Abd-el-Mottalib*, l'un des principaux chefs de la Mecque, 72 a. Fils et successeur de Hescham et grand-père de Mahomet, 102 a —103 b, 136 b, 138 a.
*Abd-el-Rahman*, fils d'Aouf, disciple de Mahomet, 141 a, 189 b, 223 a, 226 a.
*Abd-el-Raschid-ben-Saleh*, surnommé

*El-Bakoui*, cosmographe et géographe arabe, 486 a.

*Abd-el-Wahid*, chef arabe de tribu, 338 b, 339 a.

*Abd-er-Rahman*, fils d'Abou-Bekr, 251 b.

*Abdallah*, le plus jeune des fils d'Abd-el-Mottalib, qui fut le père de Mahomet, 102 b — 103 a, 137 a.

*Abdallah*, fils de Mahomet, 182 b.

*Abdallah*, fils de Merwan, 357 b.

*Abdallah-ben-Ali*, général arabe, oncle du khalife Abou 'l Abbas, 355 b, 356 a, 356 b, 358 a, 359 a, 360 a, 360 b.

*Abdallah-ben-Caïs*, général arabe, 428 a.

*Abdallah-ben-el-Thamir*, évêque de Nedjran, 69 b.

*Abdallah-ben-Homaïd-ben-Cahtaba*, général arabe, 410 b — 411 a.

*Abdallah-ben-Saïd*, gouverneur de Waset, 417 b, 418 a.

*Abdallah-ben-Taher*, général arabe, 425 a, b, 443 a.

*Abdel-Wahab*, fils de Montasir-Billah, 449 b.

*Abdérame*, célèbre chef arabe, 334 a, 336 b, 339 b — 340 a, 341 a, 341 b, 342 a, 358 b — 359 a.

*Abderrahman*, poëte ansarien, 281 a, b.

*Abderrahman* (v. Abdérame).

*Abderrahman-ben-Aouf*, désigné par Omar pour lui succéder, 246 a, 247 b, 248 a.

*Abderrahman-ben-Djahdam*, gouverneur de l'Égypte au nom d'Abdallah-ben-Zobaïr, 296 b.

*Abderrahman-ben-Habib*, 349 b — 350 a, 360 a, 361 a, b.

*Abderrahman-ben-Khaled*, 279 b.

*Abderrahman-ben-Moawiah*, roi de Cordoue, petit-fils du khalife Hescham, 363 a.

*Abderrahman - ben - Moldjem*, conjuré Khouaridj, 269 a, 269 b, 270 a.

*Abdkelal*, roi du Yémen, fils d'Amrou-Dhou'l-Awad, 65 b — 66 a.

*Abdmenaf*, fils aîné et successeur de Kosaï fils de Kelab, 102 a.

*Abdschems* (v. Saba).

*Abi-l'-Koudous* (le couvent d'), 230 a.

*Abou-Abbad* (le visir), savant mathématicien arabe, 424 a, b.

*Abou-Abdallah-el-Yacouti* (le scheikh), auteur arabe, 486 a.

*Abou-Abdallah-Mohammed-el-Mohtady-Billah* (le khalife), successeur de Mostaz-Billah, 452 a — 453 a.

*Abou-Abdallah-Mohammed-ben-Souad*, (le visir), 424 b

*Abou-Adina* (le poëte), cousin du roi Aswad, deuxième fils de Mondhir Iᵉʳ, cité p. 79 b — 80 a.

*Abou-Ahmer-Mohammed*, fils de Haroun-el-Reschid, 408 a.

*Abou-Aïoub l'Ansarien*, 150 b, 280 b.

*Abou-Ali-Amer* (le schérif), fils d'Iahia, 12 a.

*Abou-Ali-Mohammed*, fils de Haroun-el-Reschid, 408 a.

*Abou-Aoun-Abd-el-Melik-ben-Iezid-el-Azdi*, gouverneur de la place de Schaharzour, 355 b, 356 a, 359 b.

*Abou-Aoun-Abd-el-Melik-ben-Yezid*, gouverneur du Khoraçan, 568 b.

*Abou-Bekr-Abdallah-el-Maleki*, auteur arabe, cité p. 278 b.

*Abou-Bekr-es-Siddik* ou *le Véridique*, beau-père, disciple et successeur de Mahomet, 14 a, 141 a, 149 b, 150 a, 152 a, 154 b, 174 a, 178 a, 194 a, 195 a, 196 a, b; histoire de son règne, 218 b — 228 b; cité p. 270 b, 402 a.

*Abou-Bekr-Mohammed-Ebn-Raïek*, émir-el-omrah ou *prince des princes*, 460 a.

*Abou-Bera-Amer-ben-Malek*, surnommé *Molaib-el-Acinna* ou *celui qui joute contre les lances*, 165 a.

*Abou-Borda*, guerrier du combat d'Ohod, 162 a.

*Abou-Daher*, chef des Carmathes, 457 a.

*Abou-Djafar-Al-Cama-Dhomyali*, prétendu successeur de Noman III, roi du Hira, 81 b.

*Abou-Djafar-el-Mançour* (le khalife), frère du khalife Abou'l-Abbas, 359 b; histoire de son règne, 360 a — 368 b.

*Abou-Djafar-Haroun el-Watek-Billah*, fils aîné de Motassem, khalife, 440 a, 441 b, 442 a; histoire de son règne, 444 a — 445 b.

*Abou-Djafar-Mohammed* (v. Montaser).

*Abou-Djahl* (le père de l'ignorance), cité p. 149 a, 155 b, 157 b, 158 a.

*Abou-el-Aour-Saïd*, chef arabe, 251 b.

*Abou-el-Hoçaïn-Yahya*, khalife de Coufa, 451 a.

*Abou-el-Ward*, officier du khalife Merwan, 352 a, b, 359 a.

*Abou-Fadhl-Ahmed-el-Meïdani*, auteur arabe, 475 a.

*Abou-Hanifa* (l'imam), célèbre docteur de l'islamisme, 211 b — 212 a, 480 a.

*Abou-Haschem-Abdallah*, petit-fils d'Ali, 347 a.

*Abou-Haschem*, fils de Mohammed-ben-Ali, 347 b, 348 a.

*Abou-Horaïra*, 259 b.

*Abou-Iacoub*, fils de Haroun-el-Reschid, 408 a.

*Abou-Iça-Mohammed*, fils de Haroun-el-Reschid, 408 a.

*Abou-Ishak* d'Istakhr, géographe arabe, 485 a, b.

*Abou-Khalid-ben-Jezid-ben-Elyas-el-Abdi*, 398 a.

*Abou-Khasar*, général arabe, 440 b.

*Abou-Lahab*, 154 a, b, 159 b.

*Abou'latahia*, poëte arabe, cité p. 386 b.

*Abou-Malek*, fils et successeur de Schamar, roi du Yémen, 54 b.

*Abou-Moawiah*, surnommé l'*Aveugle*, savant arabe, 386 b.

*Abou-Mohammed*, fils de Haroun-el-Reschid, 408 a.

*Abou-Mohammed-el-Haçan*, 460 b.

*Abou-Moslem*, domestique d'Abou-Mouça-Iça-ben-Ibrahim, célèbre conspirateur, 348 b, 353 a, 353 b, 354 a, 354 b, 359 b, 360 a—361 a, 364 a, 365 a.

*Abou-Mouça-el-Aschari*, successeur de Saïd-ben-el-As, 244 a, 258 b, 266 b, 267 a, 267 b.

*Abou-Mouça-Iça-ben-Ibrahim*, sellier de profession, conspirateur arabe, 348 b.

*Abou-Némi*, fils du schérif Seïd, 469 b.

*Abou-Nowas*, poëte arabe, cité p. 378 a, 427 a.

*Abou-Obaïda*, compagnon du prophète, 152 a, 162 b, 222 a, 222 b, 223 a, 224 a, 225 b, 227 b, 229 b—230 a, 230 b, 231 a, 231 b, 232 a, 232 b, 233 b, 234 a, 234 b, 235 a, 237 a.

*Abou-Rafë*, affranchi de Mahomet, cité p. 178 b.

*Abou-Seraia*, général arabe, 416 b—417 a, b, 418 a, 418 b.

*Abou-Sofian*, fils de Harb, l'un des plus redoutables antagonistes de Mahomet, 153 b—154 a, 155 a—155 b, 159 b, 161 b, 162 a, 163 a, 166 b, 175 b, 180 a, 185 a, b, 186 a, 187 a, 194 a, 260 b, 272 a.

*Abou-Soleyman-Mohammed*, fils de Haroun-el-Reschid, 408 a.

*Abou-Taleb*, oncle de Mahomet, 138 a, 143 b, 144 a, 144 b.

*Abou-Témam-Habib-ben-Aus*, poëte arabe, auteur du *Hamasa*, 132 a, 474 a, b.

*Abou-Zaccar*, poëte arabe, 394 a.

*Abou'l-Abbas* (le khalife), surnommé *El-Saffah* (le sanguinaire), frère du khalife Ibrahim, 354 b, 355 a, 355 b; histoire de son règne, 357 b — 360 a.

*Abou'l-Abbas*, petit-fils de Mostady, 468 a.

*Abou'l-Abbas-Ahmed*, fils de Mostalem-Billah, 467 a.

*Abou'l-Abbas-Mohammed*, fils de Haroun-el-Reschid, 408 a.

*Abou'l-Abbas-Mohammed-ben-Iezid*, surnommé *Mabarred*, cité p. 268 b.

*Abou'l-As*, époux de Zaïnab, 159 b.

*Aboul-Fawaris-Ahmed*, petit-fils d'Ikschid, souverain d'Égypte, 462 a.

*Abou'l-Haçan-Ali-ben-Mohammed-ben-Haleb-Mawardi*, jurisconsulte arabe, 404 a, b.

*Abou'l-Kacem-Mohammed*, le fatimite, fils et successeur de Obaïd-allah-abou-Mohammed, 459 a, b.

*Abou'l-Khatar*, chef arabe, 339 b.

*Abou'l-Abbas-Ahmed*. (V. Mostaïn-Billah.)

*Aboul-Abbas-Ahmed-el-Motamed-Billah* (le khalife), fils de Motawakkel-Billah, successeur de Mohtady; histoire de son règne, 453 a — 455 b.

*Aboul-Bakhtari*, 157 b — 158 a.

*Aboul-Cacem-Mahmoud-el-Ghaznevi*, fondateur de l'empire des Ghaznevides, 463 a, b.

*Aboul-Wéfa*, astronome de Baghdad, 489 a, b.

*Aboulfaradj*, cité p. 79 a, 151 b, 228 a, 243 a, 274 b, 363 b, 384 b, 395 a, 441 b, 443 a, 444 a.

*Aboulféda*, historien et géographe arabe, cité p. 7 a, 8 a, 13 b, 16 a, b, 27 a, 27 b, 33 b, 51 a, 51 b, 52 a, 54 b, 55 b, 56 a, 70 a, 72 b, 84 b, 87 b, 88 a, 90 a, 99 b, 138 b, 139 b — 140 a, 140 b, 141 a, b, 142 a, b, 143 a, b, 144 b — 145 a, 145 b, 150 a, b, 151 a, 151 b, 152 a, 153 b, 160 b, 167 a — 167 b, 168 b, 170 a, 170 b, 175 b, 176 b — 177 a, 179 b, 181 a, 182 b — 183 a, 184 a, 186 a, 188 b — 189 a, 191 a, 195 a, 195 b, 196 b, 197 b, 219 a, 220 b, 221 b, 226 b, 227 b, 228 a, 228 b, 229 b, 238 a, 238 b, 243 b, 244 a, b, 245 b, 246 b — 247 a, 248 a, 257 b, 258 a, 259 a, 260 b, 263 a, 264 b, 265 b, 266 b, 267 b, 270 a, 273 b, 280 a, 289 b, 294 a, 296 a, 319 b, 349 b, 351 b, 352 a, 353 b, 354 a, 355 a, 356 a, 357 a, 358 a, 359 b, 365 b, 368 a, 374 a, 383 a, 402 b, 415 a, 419 b, 420 a, 420 b, 423 a, 425 a, 425 b, 426 a, 426 b, 427 a, 434 a, 435 a, 435 b, 439 b, 440 a, 442 a, 444 a, 444 b, 445 a, 445 b, 446 a, 446 b, 450 a, 452 a, 457 a, 457 b, 486.

*Abouloulou-Firouz*, esclave persan, meurtrier d'Omar, 246 a.

## TABLE ALPHABÉTIQUE

*Abraha*, surnommé *Dhou'l-Menar*, prétendu successeur de Harith, 52 b.

*Abraha*, fils d'El-Sabah, roi du Yémen, 68 b.

*Abraha*, surnommé *El-Aschram* ou le nez fendu, officier d'Aryat, auteur de sa mort et son successeur au trône du Yémen; son histoire, 71 a—72 b, 136 b.

*Abraham*, fils d'Euphrasius, ambassadeur de Justin près de Mondhir III, 82 a, 82 b.

*Abraham* (le patriarche); tradition religieuse que les Arabes rattachent à son nom, 98 b—99 a.

*Abyssins*; histoire de leur défaite par une troupe d'oiseaux, sous Abraha-el-Aschram; 72 a, b; origine attribuée par quelques écrivains orientaux à cette légende, 72 b—73 a.

*Acaba* (colline d'), aux portes de la Mecque, 145 a.

*Açad-Abou-Carib*, roi du Yémen, 12 b.

*Açad-ben-el-Firat*, cadi de Caïrouan, 429 a, b.

*Açaf*, divinité arabe, 134 b.

*Acrama*, fils d'Abou-Djhal, 157 b, 162 a, 188 a.

*Accomplissement* (visite de l'). V. Mahomet.

*Ad*, le père et le chef des Adites, 47 b—48 a.

*Aden*, l'ancienne Adane, 6 b; ville et port à l'entrée de la mer Rouge; sa description, 21 b—22 a.

*Adhad-ed-Daoulet*, prince bouide qui prit le titre de Schahinschah (roi des rois), 463 a.

*Adhroh* (ville d'), 193 a.

*Adi*, de la tribu des *Benou-Lakhm*, 77 a.

*Adi*, fils de Zeïd, puissant seigneur de la cour de Kesra, 85 b—86 a.

*Adites* (tribu des), courte notice historique les concernant, 48 a—49 a.

*Adjif*, général arabe, 433 b—434 a.

*Ælius Gallus*, fondé de pouvoirs d'Auguste, 57 b, 58 a, 58 b, 96 b.

*Afrikich* (ville d'), 52 b.

*Afrikis-ben-Abraha*, l'un des fils et le successeur d'Abraha, 52 b.

*Afrique*; limites et position de l'*Afrique des Arabes*, 249 a, b; Afrique romaine, 275 b.

*Afschin*. (V. Haïdar.)

*Aftan* (l'), principal fleuve de l'Arabie, 8 b.

*Agar et d'Ismail* (épisode d'); manière dont il a été traduit par les Arabes, 98 b.

*Agatharchide*, 3 b, 4 b, 50 b.

*Aghlabites* (dynastie des). (V. El-Aghlab.)

*Ahl-es-Saffa*, ou les hommes du banc, 198 b.

*Ahmed II* (le sultan), 470 b.

*Ahmed-ben-Abi-Khaled* (le vizir), 424 a, b.

*Ahmed-ben-Abou-Daoud*, cadi de Baghdad, 445 b.

*Ahmed-Ebn-Haubal* (l'imam), 439 b.

*Ahmed-ben-Humbal* (le juge), 434 a, b, 435 a.

*Ahmed-ben-Ioucef*, cité p. 13 b.

*Ahmed-ben-Ioucouf* (le vizir), 424 a.

*Ahmed-ben-Mezid*, général arabe, 410 b—411 a.

*Ahmed-ben-Touloun*, fils d'un affranchi, fondateur de la dynastie des Toulounides, 454 a, b.

*Ahmed-ben-Selam*; le justicier, cité pag. 413 b—415 a.

*Ahmed-el-Makari*, cité p. 325 a.

*Ahnaf*, fils de Kaïs, 246 a.

*Aiadh-ben-Ghanem*, capitaine arabe, vainqueur de la Mésopotamie, 237 a.

*Aiça* (statue du jeune) ou de Jésus, 134 b.

*Aiescha*, fille d'Abou-Bekr, femme de Mahomet, 152 a, 173 a—174 b, 195 b, 196 a, 196 b, 197 a, 261 a, 261 b, 263 a, 263 b, 264 a, 268 a.

*Aila* (ville d'), 193 a.

*Aïschah*, fille de Talhah, femme de Mosab-ben-Zobaïr, 299 b—301 a.

*Akabah* (forteresse d'), 33 b.

*Akaukal* (vallée d'), 155 b.

*Akhbar-ez-Zéman*, traité arabe d'histoire et de géographie. (V. El-Maçoudi.)

*Akhtal*, poëte arabe chrétien, 132 a, 281 b, 282 a, 319 b—321 a, 337 b.

*Akran*, successeur d'Abd-el-Malek au trône du Yémen, 54 b.

*Al-Bategni*, astronome arabe, 489 a.

*Ala d'Hadramant*, envoyé de Mahomet vers le prince de Bahreïn, 182 b.

*Alam*, favorite de Mostacfy-Billah, 461 a.

*Alamondar* (El-Mondhir III), roi arabe, 2 5 a.

*Alberti* (Léandre), cité p. 432 a.

*Aldhaa*, reine du Yémen, sœur des fils d'Amrou restés inconnus, 65 b.

*Alep*, l'ancienne Berrhée, 230 b; assiégée sous Omar, 234 a. V. aussi 465 a, b.

*Alexandre le Grand*, 93 b—94 a.

*Alexandre*, roi de Syrie, 96 a.

*Alexandrie* (siége et prise d'), sous Omar, 241 a, b; ses richesses, 242 a.

*Ali*, fils d'Abdallah-ben-Abbas, 346, a, b.

*Ali*, surnommé *Zeïn-el-Abedin* (l'imam),

fils de Hoçaïn, fils d'Ali; épisode, 337 a, b, 347 b.

*Ali-ben-Abou-Saïd*, général arabe, 417 b, 418 a.

*Ali-ben-Abou-Taleb*, époux de Fatima, neveu et disciple de Mahomet, 141 a, 149 a, b, 152 a, 156 a, 157 a, 162 a, 162 b, 168 a, b, 176 b, 178 b, 187 a, 188 b, 192 a, 194 a, 195 b, 196 a, 197 b, 219 a, 219 b, 244 b, 247 b, 248 a, 259 a, 259 b, 260 a, b; histoire de son règne, 260 b — 272 a, 403 a.

*Ali-ben-Aiça-ben-Mahan*, général arabe, 410 a, 410 b.

*Ali-ben-Iça*, gouverneur du Khoraçan, 396 a.

*Ali-ben-Mouca-el-Rédha* (l'imam), arrière-petit-fils d'Hocaïn, 420 a, 421 a, 422 a.

*Ali-ben-Sadi* (le juge), 434 a.

*Ali-el-Mélindi*, probablement *Vasco de Gama*, 469 a, b.

*Alides* (parti des), petits-fils du prophète, 336 b.

*Allah Akbar* ou Dieu seul est grand, formule de l'islamisme, 168 b.

*Alp-Arslan* (le sultan), fils de Thoghrul, 464 a.

*Alsamah*, guerrier et administrateur arabe célèbre, 333 b.

*Aly-Bey*, cité p. 12 a, 13 a.

*Aly-Mujessen*, principal personnage du pays d'Asyr, 18 a.

*Amalécite*; origine de ce surnom chez les Arabes, 77 b.

*Amar-ben-Jaser*, général arabe, 262 b, 265 a.

*Ambissa*, gouverneur arabe en Espagne, 334 a.

*Amer*, de la tribu des Benou-Kenana, 101 b — 102 a.

*Amer*, prince du Yémen, 469 b.

*Amer-ben-Tofaïl*, l'un des principaux chefs du Nedjd, 165 a.

*Amer-el-Azdi*, descendant de Saba par Cahlan, 54 b.

*Amina*, fille de Wahab, femme d'Abdallah, mère de Mahomet, 103 a, 137 a, 138 a.

*Ammien*, cité p. 97 b.

*Amorium*, ville grecque, 441 b; sa destruction, 442 b.

*Amran*, fils d'Amer, prétendu successeur, par droit de conquête, au trône du Yémen, 54 b, 61 b, 62 b — 63 a.

*Amrani*, historiographe arabe, cité pag. 394 b.

*Amrou*, surnommé *Mozaïkia* (celui qui déchire), prétendu copartageant de la royauté de son frère Amran, 54 b, 61 a, b, 62 a, b.

*Amrou*, surnommé *Dhou'l-Awad*, 2ᵉ fils d'Asad-Abou-Carib, 65 a, 65 b.

*Amrou*, fils et successeur d'Adi, chef de la dynastie des Lakhmites, 77 a, b, 86 a.

*Amrou II*, fils d'Amrou'l-Caïs, 77 b.

*Amrou*, fils de Lohaï, petit-fils de Hauth, frère de Thaléba, 101 a.

*Amrou*, roi de Hira, fils et successeur de Moudhir III, surnommé d'abord *fils de Hind*, et plus tard *Moharrek*, ou le Brûleur, 85 a, 85 b, 112 a, b.

*Amrou* (le prince), fils de Schourahbil, gouverneur de Monta au nom d'Héraclius, 183 b.

*Amrou*, fils de Bekr, conjuré Khouaridj, 269 a.

*Amrou-ben-Abd-Woudd*, 168 b.

*Amrou-ben-el-As*, guerrier célèbre, 183 a, 223 a, 234 a, 237 a, 239 b — 240 a, 240 b, 241 a, b, 242 a, 242 b, 248 b, 249 a, 264 b, 265 a, 266 a, 266 b, 267 a, 267 b, 268 a.

*Amrou-ben-Kelthoum* (le poète), 85 a, 112 a, 129 a.

*Amrou-ben-Maadi-Karb*, successeur de Noman, 245 b.

*Amrou-ben-Omaia*, 165 b.

*Amrou-ben-Saïd*, capitaine arabe, 237 a, 295 b, 296 b.

*Amrou'l-Caïs*, surnommé *El-Beda* ou le Premier, 77 b.

*Amrou'l-Caïs II*, surnommé *El-Moharrek* ou le Brûleur, fils d'Amrou II, 77 b.

*Amrou'l-Caïs III*, successeur d'Alcama au trône du Hira, 82 a.

*Amrou'l-Kais*, poète arabe, cité p. 46 a, b, 84 b, 129 a, 129 b.

*Amurat Iᵉʳ*, 469 a.

*Amurat II*, 469 a.

*Amurat III* (le sultan), 470 b.

*Anastase* (l'empereur), 80 b, 92 a.

*Anastase*, le Bibliothécaire, cité p. 428 a.

*Anazès* (tribu des), 471 b.

*Anbar*, résidence de Malek, origine de ce nom, 76 a; prise et détruite par Julien, 97 b; prise par Moawiah, 268 a.

*André*, eunuque, ministre de Constantin, 279 a, 279 b.

*Antar-ben-Scheddad*, poète et guerrier célèbre, 105 a, b, 120 b, 129 a; cité pag. 130 a, b, 479 a.

*Antigone*, maître de la Syrie et de la

Phénicie, au lieu et place de Ptolémée, 94 a, 94 b, 95 b.

Antioche (prise d'), 234 b — 235 b.

Antiochus-Dyonisius, souverain de Damas, 96 a.

Antiochus le Grand, 96 a.

Antoine (le triumvir), 96 b.

Apollinaire (l'hérésiarque), 239 b.

Apôtres (noms des douze) choisis par Mahomet, 148 a.

Arabes (nomenclature analytique des artistes, poëtes, littérateurs, savants, traducteurs, commentateurs, philosophes, médecins, etc.), de 468 b à 492 b.

Arabes (les), voy. Arabie.

Arabie (de l'). — Aspect général de son sol; sa situation; ses analogies de nom et de caractère; son étendue; existence nomade, esprit de conquête des Arabes; étendue de leur domination; énumération des contrées qu'ils occupèrent successivement; importance de leur commerce dès la plus haute antiquité; qualités guerrières qui les distinguent, et contre lesquelles vinrent échouer les Trajan, les Marc-Aurèle et les Sévère, 1 a — 2 b. — Délimitation de la péninsule arabe; sa division en Arabie Pétrée, Déserte et Heureuse, 2 b; description de l'Arabie Pétrée, 2 b — 3 b; description de l'Arabie Déserte, 3 b — 4 b; description de l'Arabie Heureuse (l'Arabia felix des anciens), 4 b — 7 b; métaux précieux et pierres fines que fournit son sol, 6 a, b; conformité des anciens noms de peuples et de lieux avec ceux de la nomenclature moderne, 6 b; incertitude concernant ses limites continentales, 7 b; sa situation géographique dans l'hypothèse du voyageur Burckhardt, 8 a; configuration de son sol, 8 a, b; ses cours d'eau, 8 b; ses montagnes divisées en deux systèmes : le système tauro-caucasien et le système arabique, 8 b — 9 a; ignorance où l'on est resté touchant la hauteur absolue des points culminants de ses différentes chaînes, 9 a; bizarreries de son climat, 9 a; morcellement de son territoire, 9 a; son climat, 37 b — 41 a; maladies communes dans ce pays, 38 b — 39 a; sa constitution géologique, 41 a — 42 a; son règne végétal, 42 a — 44 b; son règne animal, 44 b — 46 b; origine et formation du lien social en Arabie, 46 b; énumération des différents dialectes composant la famille des langues sémitiques, et qui constituaient le langage de cette contrée, 47 a; difficultés insurmontables dans la reconstruction de son histoire ancienne, 47 a; du peu de foi qu'il faut ajouter aux annalistes orientaux, 47 a, b; traditions fabuleuses qui accompagnent l'histoire de ses origines, 47 b; dénomination des neuf tribus primitives de l'Arabie, et leur plus ou moins de relations avec les anciennes généalogies bibliques, 49 b — 50 a; système de guerre suivi de tout temps par les Arabes, 84 a; leurs mœurs et leurs coutumes avant l'islamisme, 103 b — 136 a; richesse poétique de la langue arabe, 127 a; conjectures relatives à l'introduction de l'écriture dans ce pays, 127 a — 128 b; du goût littéraire et de la poésie chez les Arabes, 132 a — 134 a; religion des anciens Arabes, 134 a — 136 a; impulsion morale que la législation de Mahomet imprima aux peuples qui l'habitent, 194 b — 195 a; énumération des villes tombées en leur pouvoir dès le règne d'Omar, 235 b — 236 a; qualités de ses habitants, 242 a; situation morale de l'Arabie après l'extinction totale des races gouvernementales issues des Ansariens et des Mohadjériens, 312 a; considérations sur l'organisation d'un système monétaire régulier par Abd-el-Melik, 316 a — 318 b; relations des anciens Arabes avec les chrétiens, 329 b — 330 a; précis de l'histoire de l'invasion des Arabes en France, 333 a — 335 a, 340 a — 342 a; chute de la dynastie des Omeyyades, 344 b — 357 a; dynastie des Abbassides, 357 a — 377 b; de la Vendetta chez les Arabes, 385 b — 386 a; de l'état des lettres et des arts sous le khalife Haroun-el-Reschid, 386 a, b; commerce, agriculture, travaux et institutions d'utilité publique, organisation nouvelle sous ce même règne, 388 a, b; influence du règne d'El-Mamoun en Orient, 436 b — 437 a; littérature de ce peuple, 468 b — 492 b.

Arabique (le golfe), sa description, 35 a, b; ses dimensions, 37 a, b.

Arad (île d'), la plus petite du Bahreïn, 36 a.

Arados (île d'), voy. Bahreïn, 4 a.

Arafa (le mont), 10 b, 201 b.

Arbès (ville d'), sa situation, 362 b.

Ardan, voy. Riat.

Aretas (par corruption de Harith), appellation générale donnée par les Romains aux chefs des Arabes de Syrie, 88 b.

Arétas, roi de l'Arabie Pétrée, 96 a.

Arétas, prince arabe persécuteur de l'apôtre saint Paul, 96 b.

Aribah (les Arabes), ou de pur sang, 50 a, 50 b.

## DES MATIÈRES.

*Arrien*, cité p. 30 a, 35 b.
*Arim* (la digue), 53 a, 54 b; recherches sur la valeur de ce mot, 57 a, b.
*Aristobule*, cité p. 3 b, 96 a.
*Aristote* (les livres d') traduits en arabe, 480 b.
*Arsacides* (les), 76 a.
*Arsinoé* ou *Cléopatrie* (ville d'). 58 a.
*Artah*, porte-enseigne des Koréischites, 162 a.
*Artémidore*, cité p. 4 b, 37 a.
*Aryat*, chef abyssin, vainqueur et successeur de Dhou-Nowas au trône du Yémen, 69 a — 71 a.
*Asad-Abou-Carib*, fils de Colaïcarb; son histoire, 64 b — 65 a, 76 b.
*Asca* (ville d'), 58 a.
*Ascha* (le poëte); un épisode de sa vie, 104 b — 105 a, 132 b — 133 a.
*Aschnas*, général turc, 442 a.
*Aschter-Nakhai*, officier de l'armée d'Ali, 262 b.
*Asiatique* (Journal), cité p. 423 a.
*Asouad-el-Anasi*, imposteur qui se fit passer pour prophète après la mort de Mahomet, 219 b, 220 a.
*Asphaltite* (le lac), 95 a, b.
*Assemani*, cité p. 69 b.
*Asr* (la prière de l'), ou prière du soir, 169 a.
*Aswad*, deuxième fils de Mondhir I$^{er}$, successeur de Noman II, 79 b, 90 a.
*Aswad-ben-Mondhir*, 114 b, 115 a.
*Asyr* (pays d'), description de cette contrée nouvellement reconnue; noms des principaux districts dont elle est formée, 17 b — 18 a.
*Atamesch* (le Turc), 450 b.
*Atban*, fils de Malek, 152 a.
*Athénodore* (le philosophe), ami de Strabon, 3 a.
*Athrulla* (ville d'), 58 a, b.
*Aubais* (d'), cité p. 151 b.
*Auguste* (l'empereur), 57 b.
*Aurélien* (l'empereur), 97 a.
*Aus*, fils de Kallam, 77 b.
*Aus*, fils d'Haretha, des Benou-Tay, 121 a, 121 b, 122 a.
*Averroës* (le philosophe), 476 a.
*Avicenne*, médecin arabe, 490 a.
*Avitianus*, général grec, 79 a.
*Awal* (île d'), la principale du Bahreïn; description de la pêche aux perles qui fait le plus important objet de son commerce, 28 b — 29 b.
*Aws-ben-Hadjar*, poëte arabe, cité page 165 a.

*Awasem* (province d'), 384 a.
*Azaz* (prise du château d'), 235 b.
*Azdites* (émigration des); observations touchant ce fait historique, 63 b.
*Azraki*, sorte d'hérétiques, 314 a.
*Azz-ed-Daoulet*, émir-el-omrah, fils et successeur de Moezz, 461 b.

## B

*Baalbeck*. (V. Héliopolis.)
*Bab-el-Mandeb* (le), ou la Porte des larmes, 36 b.
*Babek*, imposteur arabe, chef de la secte des Ismaéliens, 425 b, 440 a, b.
*Babylone* (ville de), 75 b.
*Babylone* (la) d'Égypte, 240 b
*Babylonie*. (V. Chaldée.)
*Badhan*, gouverneur du Yémen au nom de Cosroës II, 181 a, b.
*Baghdad* (ville de), 75 b, 272 b, 364 b, 396 a, b; son siége en 812 de J. C., 411 b — 412 b; pillée sous El-Mamoun, 419 b; rendez-vous des savants, 437 b; mise à sac par les Mongols, 467 b — 468 b; V. aussi 475 a.
*Bagher*, l'un des chefs de la milice turque, 450 b, 451 a.
*Bahram*, roi de Perse, fils de Izdedjerd I$^{er}$, 78 a, 78 b, 79 a, b.
*Bahram*, surnommé *Gour* (l'âne sauvage), fils de Izdedjerd I$^{er}$, 68 b.
*Bahreïn* (les îles); leur identité probable avec celles de *Tylos* et d'*Arados*, 4 a.
*Bahreïn* (province de), sa description géographique, 27 a, b; villes principales, 28 a.
*Bailly*, cité p. 489 a.
*Bajazet*, successeur d'Amurat I$^{er}$, 469 a.
*Bakhteïar-ezz-ed-Daoulet*, émir-el-omrah, 463 a.
*Bakhtischou*, médecin de Haroun-el-Reschid, cité p. 393 a, b, 399 a.
*Bakhoui*, auteur arabe, cité p. 27 a.
*Balbi* (le géographe), cité p. 8 b.
*Baldj-ben-Beschr*, général arabe, 336 a, 336 b.
*Barabas-ben-Daran*, 443 a.
*Barahout* ou *Barhôt* (puits de la vallée de), 24 a.
*Barmécides* (famille des), 371 b — 372 a, 378 a, 391 b.
*Barrage* (nomenclature des principaux travaux de), à partir de la plus haute antiquité, 60 a, b.
*Barthème* (Louis de), 177 b.
*Bassora* (la ville de), fondée par Omar, 237 a, b, 417 b.

32.

*Batn-Marr*, refuge des exilés du Yémen, dans le voisinage de la Mecque, 75 a.

*Bedr* (combat de). V. Mahomet.

*Behrâm*, gouverneur de l'Arabie, 470 a, b.

*Beitallah*, la maison de Dieu. (V. Caaba.)

*Beja* (Isidore de), cité p. 334 a.

*Béladori*, cité p. 325 b, 327 a.

*Beled-el-Haram* (le), enceinte sacrée qui s'étend à plusieurs lieues autour de la Mecque ; ses limites, 9 b.

*Bélisaire*, général de l'empereur Justinien, 83 a, 83 b, 84 a, 125 a, 249 b—250 a.

*Belkis* (la reine), fille de Haddad, qui devint femme de Salomon ; légende arabe à son sujet, 53 a.

*Bélon* (le médecin), voyageur du XVIe siècle, cité p. 33 a, b.

*Benjamin de Tudelle*, cité p. 176 b, 432 a.

*Benou-Djadis* (tribu des); courte tradition qui s'y rattache, 49 a, b.

*Benou-Djorhom* (tribu des), liste incertaine de ses rois, suivant Aboulféda, 99 b.

*Benou-Salih* (tribu des), 88 a.

*Benou-Tasm* (tribu des), courte tradition qui s'y rattache, 49 a, b.

*Benou-Thakif* (les), habitants de Taïef, 193 b—194 a.

*Benou-Thamoud* (tribu des), 49 a.

*Benou-Thenoukh* (tribu des), de la Syrie, 234 b, 235 a.

*Berrhée*. (V. Alep.)

*Beschr-ben-el-Moundhir*, gouverneur du Yemamah, 368 b.

*Beschr-ben-Safouan*, guerrier arabe, 428 b.

*Beschr-ben-Safouan-el-Kebi*, gouverneur de l'Afrique, 335 b.

*Beschr-ben-Walid*, grand juge de Baghdad, 434 a, b, 439 a.

*Beyram* (la fête du), 210 b.

*Bithrapse* (ville de), probablement *Bir* ou *Birtha*, 80 b.

*Badail-ben-Warka*, compagnon d'Aboul-Sofian, 186 a, 186 b.

*Bohaira*, moine nestorien, l'ami de Mahomet, 138 b, 139 b.

*Bokhari*, historien arabe, 487 a.

*Borak* (la jument), 146 a.

*Borak*, fils d'Abdallah, conjuré Khouaridj, 269 a.

*Borbon* (Faustino), cité p. 325 a.

*Bordeaux*, prise et mise à sac par les Arabes, 340 a.

*Bosphore* (conquête du), 236 a, b.

*Bostra* (ville de) ; sa prise, 223 a.

*Bougha*, l'un des chefs de la milice turque, 447 a, 450 b, 451 b, 452 a.

*Bouides* (dynastie des), 460 b.

*Bouquet* (dom), cité p. 341 b, 389 a.

*Bouran*, fille de Haçan-ben-Sahl, et femme du khalife El-Mamoun, 422 a, 425 b, 426 b.

*Brué* (le géographe), 24 a.

*Buffon*, cité p. 15 b—16 a.

*Burckhardt* (le voyageur), cité p. 8 a, 9 b—10 a, 12 a, 13 a, 32 a, 38 a, 39 a, 41 a, 41 b, 45 b—46 a, 134 b, 137 b ; 149 b, 154 b, 177 b—178 a, 188 a.

## C

*Caab* (le poëte juif), fils d'Aschraf, 160 b, 161 a.

*Caab*, fils de Zeid, fils de Dathma, 165 b.

*Caaba* (la), ou le Saint des saints ; le plus ancien temple qui ait été consacré au vrai Dieu, d'après les croyances des Arabes, et dont la construction est attribuée par leurs historiens à Abraham ; sa description intérieure et extérieure, 11 a, 11 b—12 a, b. (V. aussi 98 b—99 b, 101 a, 134 a, 134 b, 135 a, 140 a, 144 a, 188 a, 293 a, 297 a, b, 312 a, b, 369 a, b, 457 a.)

*Cabès*, l'ancienne *Tacape*, 252 a.

*Cader-Billah* (le khalife), petit-fils de Moctader, successeur de Thaï-Billah, 463 a, 463 b.

*Cadesiah* (bataille de), 243 b.

*Cadi*, juge des affaires civiles, 471 a.

*Caféier* (le) ; ses différentes espèces, 43 b—44 a.

*Cafour* (l'eunuque), souverain de l'Égypte, 462 a.

*Caher-Billah* (le khalife), frère de Moctader, 456 b, 459 b.

*Cahlan*, l'un des enfants de *Saba*, 51 b, 52 a.

*Caïm-Biamzillah* (le khalife), successeur de Cader-Billah, 463 b, 464 a.

*Caïrouan* (ville de), en Afrique, 278 b, 336 b, 388 a, 475 a.

*Cajetanus*, cité p. 431 a.

*Calaat-el-Kerad* (ville de), en Sicile, 429 a.

*Calendrier arabe* (réforme du) par Mahomet, 195 b.

*Canne à sucre* (la), 431 b.

*Cannelle* (la). V. Cinnamomum.

*Canoge* (ville de), 327 a.

*Cantemir* (Démétrius), cité p. 162 b.

*Carcassonne*, prise par les Arabes, 334 a.

*Cardonne*, cité p. 276 a.
*Carmathes* (secte des). V. Hamdam.
*Carn*, l'ancienne Carna, principale ville des Minœens, 5 a, 6 b.
*Caruso*, cité p. 431 a.
*Casie* (la), espèce d'aromate; manière surprenante de le récolter, au dire d'Hérodote, 5 b.
*Casiri*, cité p. 325 a.
*Casr-el-Cadim* (ville de), 388 a.
*Casr-Jani* (ville de), en Sicile, 429 b, 430 a.
*Cassidè*, nom d'un certain genre de poëme chez les Arabes, 133 b.
*Cathema* (île de), 4 a.
*Cattabanes* (les), 5 a.
*Caussin de Perceval*, cité p. 23 b, 59 b, 78 b, 104 b, 108 b, 123 a—125 b, 126 b, 132 a, 133 a, 156 b, 157 b, 158 b, 169 b, 174 b, 179 a, b, 281 a, 282 a, 294 b, 302 a, 305 b, 332 a, 337 b, 479 a, 489 a.
*Césarée* (reddition de), 236 a.
*Chalcis*. (V. Kenesrin.)
*Chaldée* (la), nommée aussi *Babylonie* et *Irak-Arabi*, située entre l'Euphrate et le Tigre; sa description, 75 a, b.
*Chameau* (le), historique de cet animal en Arabie, 45 a, b.
*Chamelle*. Explication de l'usage qui déterminait les musulmans à couper les oreilles de cet animal, 160 b—161 a.
*Charlemagne*, 389 a, b, 401 a, b.
*Charles-Martel*. (V. Karl-Martel.)
*Chatramotites* (les), anciennement les Chatramotitæ; habitants actuels du Hadramant, 5 a, 6 b.
*Cherbonneau*, cité p. 410 a, 416 b, 420 a, 421 b—422 a, 424 b, 425 a, 427 a, 436 a.
*Cheval* (le), historique de cet animal en Arabie, 45 b—46 b.
*Chevaux* (les trois) du combat de Bedr, 154 a.
*Chypre* (conquêtes de), par les Arabes, 257 a, 397 b.
*Cinnamomum* (le) (la cannelle), fable racontée par Hérodote au sujet de sa récolte, 5 b.
*Cléopâtre*, reine d'Egypte, 96 b.
*Cléopatrie*. (V. Arsinoé.)
*Cobad*, fils de Firouz, roi de Perse, 80 b, 81 a, 81 b, 83 a, 83 b, 84 a.
*Col de l'Aigle* (le), 350 a.
*Colaicarb*, fils et successeur de Tobba, 64 b.
*Colzoum* (Suez) (ville de), 36 a.
*Colzoum* (mer de); sa description, 36 a, b.
*Compagnons de Mahomet* (les); observations relatives à l'emploi de ce terme, 153 a, b; autorité que conférait ce titre à ceux qui le portaient, 238 a, b.
*Conseil* (la maison du), 148 b.
*Constantin*, fils aîné d'Héraclius et son successeur, 231 b, 235 a, b, 236 a, 241 b.
*Constantin II* (l'empereur), 274 b, 276 b, 279 a, 279 b, 280 b.
*Constantin* (le patrice), gouverneur de la Sicile, 428 b—429 a.
*Constantin Porphyrogénète*, cité p. 274 a.
*Constantine* ou *Antoninopolis*, 81 a.
*Constantinople*, siège de sept ans sous *Moawiah-ben-Abou-Sofian*, 280, a, b; assiégée de nouveau sous le khalife Soliman, 330 a, b; nouvelle tentative infructueuse d'Omar, fils d'Abd-el-Aziz-ben-Merwan, contre elle, 332 a, b.
*Corail* (rocher de), 37 a.
*Coran* (le), cité p. 63 a, 146 b; esprit dans lequel il a été rédigé, 148 b; cité par extraits, p. 149 a, 149 b, 152 b, 155 a, 156 b, 159 a, 160 a, b, 161 a, 166 a, 168 b, 171 b, 172 b—173 a, 174 b, 175 a, 176 a, 183 a, 185 b, 190 a, b, 191 b, 192 b, 193 b, 194 a, b, 197 a, b, 198 a; examen critique de cette œuvre, 199 a—218 b; cité encore p. 200 a, 200 b, 201 a, 203 a, 203 b, 205 b, 208 a, 209 a, b, 210 a, 212 a, b, 213 a, 214 a, 215 a, 215 b 216 a, 216 b, 217 a, b, 217 b, 218 a; autre appréciation de l'auteur, concernant cette œuvre, 237 b.
*Cordoue* (ville de), assiégée et prise par les Arabes, 323 a, b.
*Cornélius Palma*, lieutenant de Trajan et gouverneur de la Syrie, 97 a.
*Corradin* (le dominicain), prieur de Sainte-Catherine de Palerme; son opinion combattue par l'auteur, 431 a.
*Cosroës* (palais des), à Taki-Eiwan, 364 b.
*Cosroës-Anouscherwan*, lieutenant du roi de Perse Kesra, occupant par intérim le trône du Hira, après la mort de Kabous, 85 b.
*Cosroës II Parviz* ou *Kesra-Parwiz*, roi de Perse, 73 b—74 a, 180 a, b, 181 a.
*Cotaïb* (le juge), 434 a.
*Coton* (le), 431 b.
*Couariri* (le juge), 434 b.
*Coufa* (la ville de), fondée par Omar, 237 a, b, 301 a, b.
*Coufis* (école des) ou mystiques, 482 b—483 a.
*Coulthoum*, fils d'El-Hadem, disciple de Mahomet, 150 b.

*Croisades* (les), appréciation concernant leur véritable origine, 464 b.
*Cruttenden*, cité p. 19 b—20 a, 38 a, 38 b, 44 a.
*Ctésiphon* ou *Madaïn* (les deux villes) bâtie sur les ruines de l'anc. Seleucie, 244 a.
*Ctésiphonte*, capitale des Parthes, 73 b.
*Cyrène*, 276 a.
*Cyrus*, archevêque d'Alexandrie, 240 a, b.

## D

*Daher*, prince indien, 325 b— 326 a, 326 b.
*Dahis* (le cheval); son histoire, 116 a — 117 a, 117 b, 118 a.
*Dahis* (guerre de), qui dura 40 ans entre les deux tribus d'Abs et de Dhobyan, 116 a —121 a.
*Dahya-ben-Holaïfa*, de la tribu des Benou-Kelb, ambassadeur de Mahomet près l'empereur Héraclius, 181 b.
*Damas* (gouvernement de), 465 a, b.
*Damas* (ville de), son siège par Khaled-ben-Walid, 225 a — 227 b, 272 b, 339 b; sa prise par Iézid III, 349 b; assiégée sous Merwan, 352 a. Voy. aussi 475 a.
*Damdam*, fils d'Amrou, 154 a.
*Damiette* (ville de), saccagée sous Motawakkel-Billah, 447 a.
*Daoud*, oncle d'Abou'l-Abbas, 355 b, 359 b.
*Daoud-ben-Iacoub* (le vizir), affranchi des Benou-Soulaïm, 368 b.
*Daoud-ben-Ica-ben-Mouça*, général arabe, 397 a, 418 a, 418 b.
*Daoulah*. (Voy. Wali.)
*Daoumat-el-Djandal* (ville de), 193 a, 266 b.
*Darène* (bataille de), 373 a.
*Darius*, fils d'Hystaspe, roi des Perses, 53 b.
*Daunou* (l'historien), cité p. 151 b, 152 a, 163 a.
*David-ben-Ali*, oncle d'Abou'l-Abbas, 355 a, 355 b.
*Dazymène* (ville de), 442 a.
*Delambre*, cité p. 489 a.
*Démétrius Poliorcète*, 3 b.
*Démétrius*, fils d'Antigone, 94 b — 95 a, 95 b.
*Derbend* (ville de), assiégée par Moslemah, 343 b.
*Désert* (tourment de la soif dans le); récit d'un terrible épisode dont le nord de l'Arabie Déserte a été le théâtre, 39 b — 41 a.

*Déserte* (Arabie). (Voy. Arabie.)
*Dharifa-al-Khair*, femme d'Amran, 61 b.
*Dhat-er-Rika* (la montagne de); origine de cette dénomination, 166 a, b.
*Dhérar*, héros célèbre dans les chroniques arabes; récit merveilleux de ses exploits, 224 a — 225 a, 226 a, 230 b.
*Dhou-el-Riasetin* (le vizir), 415 a.
*Dhou-Habschan*, successeur d'Akran, roi du Yémen, 64 a.
*Dhou-Kar* (combat de), 86 b.
*Dhou-Nowas* (le Bouclé), surnommé *le seigneur de la fosse ardente*, successeur de l'usurpateur *Dhou-Schenatir* au trône du Yémen, 69 b — 70 a, 82 b.
*Dhou-Schenatir*, usurpateur de la couronne du Yémen après Hassan-ben-Amrou; son histoire, 69 a, b.
*Dhou'l-Ficar* (le sabre), appartenant à Mahomet, 158 b, 270 b.
*Dhou'l-Karnaïn* (celui qui a deux cornes), prétendu successeur de Harith, célèbre dans les légendes merveilleuses de l'Arabie, 52 a, b, 53 b.
*Dieu* (du dogme de l'unité de), chez les Musulmans, 199 b — 203 a.
*Dinar*, pièce de monnaie arabe, en or, 316 b.
*Diodore de Sicile*, cité p. 3 b, 4 b, 34 b, 51 a, 93 b, 94 a, 95 b, 99 b.
*Diomède*, gouverneur de la Phénicie, 90 b.
*Dion* (l'historien), 97 a.
*Dioscore* (le patriarche), 182 a.
*Diran*, frère de Vahan de Camsar, 256 a.
*Dirhem*, pièce de monnaie arabe, en argent, 316 a.
*Divorce* (du) chez les Musulmans, 214 b — 215 a.
*Diwan-el-Khatem* (le) ou Diwan du sceau, 403 a.
*Diwans* (les), 402 b; origine de ce mot, 405 a, b; diverses espèces de Diwans, 405 b — 406 b.
*Djaad*, précepteur du khalife Merwan, 357 a.
*Djabalah-ben-Aïham*, roi de Ghassan, 231 b, 239 a.
*Djadd*, fils de Kaïs, 176 a.
*Djafar*, vizir du khalife Haroun-el-Reschid, 377 b, 379 a, b, 380 a, 380 b, 387 a, 390 a, b, 393 b, 394 a, 396 a.
*Djafar-ben-Abou-Taleb*, général de Mahomet, 183 b — 184 a.
*Djafar-ben-Mohammed* (l'imam), auteur arabe, 365 b — 366 a.
*Djafariah* (palais de), 447 b — 448 a.

*Djahdjah*, de la tribu des Benou-Ghafar, 172 a.

*Djami-et-Rahmet*, ou la mosquée de la Miséricorde, 249 a.

*Djar* (le) (le Guadalaviar), 339 b.

*Djarrah*, général sous les ordres du khalife Hescham, 343 a.

*Djassas-ben-Morrah*, de la tribu des Benou-Bekr, beau-frère et meurtrier de Koulaïb, 110 b.

*Djauher*, général de Moëzz, 462 a, b.

*Djebel-Akhdar* (le), ou montagne verte, 26 a.

*Djebel-Nagam* (cime du), 19 a.

*Djebel-Schammar* (le), 8 b.

*Djeber-Thour* (montagne et caverne du), au sud de la Mecque, 149 b—150 a.

*Djébraïl-ben-Yahia*, frère de Hamza, gouverneur de Samarcand, 368 b.

*Djelal-ed-Din-el-Soyouti*, auteur arabe, cité p. 49.

*Djenaha*, souverain de l'Afrique romaine, 275 b, 276 a.

*Djenghys-Khan*, 466 a, b.

*Djennabi*, auteur arabe, cité p. 51 a.

*Djerir*, poëte arabe, 134 a, 294 b, 312 b, 313 a, 313 b, 330 b—332 a, 338 a.

*Djewhari*, célèbre lexicographe arabe, cité p. 122 a.

*Djeziyeh* ou capitation, 404 a, b.

*Djidda* (ville de); sa description, 14 b—15 a; humidité extraordinaire de son atmosphère, 38 a.

*Djihan* (ville de), 384 a.

*Djihan-Nouma*, géographie turque citée par extrait p. 16 b.

*Djinn* (les), ou génies de la cosmogonie arabe, 201 a.

*Djoda*, fils d'Amrou, chef des Yémanites, 88 a, 88 b.

*Djodhaïmah*, surnommé *El-Abrasch* ou le Lépreux, fils et successeur de Malek roi de Hira, 76 b, 77 a.

*Djofna le Petit*, roi de Ghassan, 90 a, b.

*Djoraïr-ben-Abdallah*, 244 a.

*Djowaïria*, fille de Harith-ben-Abou-Dherar, et femme de Mahomet, 172 a.

*Doân* (région de), au N. de Moukallah (la Maccala de Ptolémée), 24 a, b.

*Doldol* (la mule), 182 b, 190 b.

*Domestique* (le), surnom du gouverneur général des provinces asiatiques de l'empire, 372 b.

*Doraïd*, fils de Samma, poëte et guerrier, 106 b, 107 a, b, 108 a, 190 a, 190 b, 191 a.

*Dorylée* (ville de), assiégée sous El-Mahdi, 371 a.

*Dovin*, capitale de l'Arménie; siége et sac de cette ville par les Arabes, 256 a, b.

*Du Cange*, cité p. 492 b.

*Ducauroy*, cité p. 308 a.

E

*Ebn-abd-Rabbini*, cité p. 120 b.

*Ebn-Abou-Daoud*, cité p. 443 b.

*Ebn-Batouta*, scheikh maughrebin, voyageur arabe, cité p. 44 a, b, 486 a.

*Ebn-el-Athir*, auteur arabe, cité p. 367 a, 368 b, 369 a, 369 b, 370 a, 370 b, 371 a, 371 b, 373 b, 374 a, 375 a, 375 b, 376 b, 377 b, 378 a, 383 a, 385 b, 386 a, 391 b, 393 b, 395 a, 395 b, 396 a, 396 b, 397 a, 397 b, 399 b, 415 a, 416 b, 417 a, 417 b, 418 b, 419 a, 420 a, 422 b, 423 b, 430 a, 433 b, 434 a, 435 a, 435 b, 438 a, 439 a, 487 b.

*Ebn-el-Beïbhar*, médecin et botaniste arabe, 490 a.

*Ebn-el-Wardi*, géographe arabe, 486 a.

*Ebn-Haukal*, auteur arabe, cité p. 16 b.

*Ebn-Kamia*, 162 a, b.

*Ebn-Khaldoun* (l'historien), cité p. 23 b, 48 b, 250 a, 292 a, 314 a, 314 b, 325 a, 336 a, 336 b, 339 b, 358 b—359 a, 363 a, 367 b, 376 a, 391 b, 393 b, 398 b, 403 b, 405 a, 405 b, 406 a, 406 b, 426 b, 428 a, 428 b, 430 a, 430 b, 458 a, 487 b, 488 a.

*Ebn-Khallican*, auteur arabe, cité p. 337 b.

*Ebn-Saïd*, le *Maghrebin*, cité p. 51 b.

*Ecija* (ville de), en Espagne, prise et assiégée par les Arabes, 323 a.

*Edris-ben-Abdallah*, cousin de Hoceïn-ben-Ali, 376 a, 398 a.

*Édrisi*, célèbre géographe arabe, cité p. 7 a, 9 a, 15 a, 17 a, b, 18 a, b, 21 a, 22 a, 22 b—24 a, 27 a, 28 a—29 b, 33 b, 36 a, 252 a, 362 b, 485 b, 486 a.

*Égarement* (désert de l'), 33 a, b.

*Egilona*, veuve de Roderic, 324 a, 329 a.

*Eginhard*, chroniqueur français, cité p. 389 b, 401 b.

*Égypte* (conquête de l'), par Omar, 239 b—241 b. et plus tard par Moawiah-ben-Abou-Sofian, 268 a, 339 b; par Saladin, 465 b.

*Eichhorn* (M.), cité p. 81 b.

*El-Abd-ben-Abraha*, surnommé *Dhou'l-Azhar* (celui qui répand la terreur), l'un des fils d'Abraha, successeur de son frère Afrikis, 52 b.

*El-Aghlab-ben-Salem*, général arabe, 363 a; fondateur de la dynastie des Aghlabites, 387 b.

*El-Akhaf* (sables d'), séparant le Nedjd du Hadramaut, 16 a.

*El-Amin* (le khalife), fils d'Haroun-el-Reschid, 387 a, 399 a; histoire de son règne, 408 a—415 b.

*El-Arisch*, l'ancienne Rhéna-Colura, 240 a.

*El-Aschtar*, général du khalife Ali, 268 a.

*El-Attilioun*, souverain de l'Afrique romaine, successeur de Djenaha, 275 b.

*El-Azraki*, historien de la Mecque, cité p. 99 a, 134 b, 135 a.

*El-Behri*, cité p. 252 a, 315 b.

*El-Belid* (ville d'), 25 b.

*El-Berat* (la sourate), ou l'*Immunité*, 194 a.

*El-Derrey'eh*, ville du Nedjd, ancienne capitale des Wahabites, 16 b—17 a.

*El-Djafar*, fils aîné de Mouça-el-Madi, 376 a.

*El-Habib*, fils aîné d'Abdurrahman, 362 a, b.

*El-Haça* (ville d'), dans la province de Bahreïn, 27 b.

*El-Hakem-Biamrillah*, dernier khalife de nom, 468 a, b.

*El-Harith-Okbah-ben-Nafi*, lieutenant gouverneur d'Abd-Allah-ben-Saad, 252 a.

*El-Kaçem*, fils aîné de Mahomet, 182 a.

*El-Kacem-ben-el-Reschid*, 395 a, 396 a, 399 a, 439 a.

*El-Kahineh* (la devineresse), 103 a.

*El-Kahirah*, capitale de l'Égypte, 462 b.

*El-Katif* (golfe d'), 3 b—4 a.

*El-Katif* (ville d'), que l'on croit être l'ancienne *Gerrha* ; district et baie du même nom, 27 b—28 a.

*El-Lat* (le rocher), idole des Benou-Thekif, 101 a.

*El-Macin*, historien arabe, cité p. 222 a, 223 a, 316 a, 344 a, 355 a, 360 b, 361 a, 411 b, 413 b, 415 a, 425 a, 426 a, 434 a, 443 a, 445 a, 446 b, 448 a, 450 a, 455 a, 457 b.

*El-Maçoudi*, géographe arabe, 485 a.

*El-Mahdi-ben-Abou-Djafar-el-Mançour* (le khalife), 367 a, b; histoire de son règne, 368 b—375 a.

*El-Mamoun* (le khalife), fils de Haroun-el-Reschid, 387 a, 396 a, 399 a, 408 a, 408 b, 409 a, 409 b, 410 a, 410 b, 411 a, 411 b, 412 a, 415 a; histoire de son règne, 415 b—438 a.

*El-Sebah-el-Tabari*, confident d'Haroun-el-Reschid, 399 a.

*El-Tabari*, auteur d'une histoire universelle arabe, 487 a.

*Elana* (ruines d'), ses dénominations diverses, 33 b.

*Elanitique* (le golfe), 33 b; constatation de l'impossibilité qui a toujours existé relativement à sa prétendue communication avec le lac Asphaltite, 34 b—35 a.

*Elbira* (Elvira), pays de Damas, 339 b.

*Eléphant* (la guerre de l'), 72 a, b.

*Elyas*, frère et meurtrier d'Abderrahman-ben-Habib, 361 b, 362 a, 362 b.

*Emèse* (siège et prise d'), 231 a, b.

*Encens* (l'), 5 a, b, 6 a.

*Eratosthène*, cité p. 4 b—5 a, 50 b.

*Esdras* (le patriarche), 256 a.

*Eudes* (le duc), commandant les Aquitains et les Vascons contre les Arabes, 340 a—340 b.

*Eugène*, commandant de la Syrie euphratésienne, 80 b.

*Euphémius*, officier grec, commandant général des forces navales de la Sicile, 428 b—429 a, 429 b.

*Eusèbe*, cité p. 135 b.

*Eutrope* (l'historien), 97 a.

*Eutychès*, 182 a, 239 b.

*Eutychius*, historien byzantin, cité p. 223 b, 225 a, 236 a, 241 a, 249 a.

*Evagrius*, cité p. 80 b.

*Exode* (l'), cité par extrait, p. 32 b, 33 a.

*Ezéchiel* (le prophète), cité p. 4 a, 7 a.

## F

*Fadak* (bourg de) ; sa prise, 179 a.

*Fadhl*, fils d'Abbas, 196 a.

*Fadhl-ben-Rebi* (le chambellan), 394 b—395 a, 408 b, 409 a, 426 a.

*Fadhl-ben-Sahl*, vizir de El-Mamoun, 409 a, 409 b, 416 a, 416 b, 420 a, 421 a.

*Fadhl-ben-Saleh*, gouverneur de l'Irak, 368 b.

*Fadhl-ben-Yahya* (le vizir), frère de Djafar, 377 b—378 a, 378 b, 379 a, b, 380 a, 380 b, 382 a, 385 b, 386 b, 387 a, 390 a, 391 b, 392 a, b, 394 b, 396 a.

*Fakih* ou premier ministre, 471 a.

*Fakr-eddin-Rasi*; cité p. 228 b—229 a, 346 a, 376 b, 380 a, 383 a, 383 b, 387 a, 391 a, 393 a, 393 b, 394 b, 395 a.

*Farazdak*, célèbre poète arabe, 133 a, 134 a, 302 a—305 b, 330 b; cité 337 a, b.

*Farines* (la journée des), 159 b.

*Fathah-ben-Khacan* (le vizir), 448 b.

*Fatima* ou *Fatime*, 1<sup>re</sup> fille du prophète Mahomet et femme d'Ali-ben-Abou-Taleb, 14 a, 152 a, 188 b, 219 a, 219 b.

*Fatimah*, surnommée *Moundjibât* (qui a donné naissance à des héros), fille de Khourschoub, épouse de Ziad, 105 b, 106 a.

*Fatimah* (les fils de), surnommés *Kamalah* ou les parfaits, 105 b—106 b.

*Fatimites* (dynastie des), 456 a; leur établissement en Afrique, 458 a—459 b.

*Fauriel* (M.), cité p. 342 a.

*Favé* (le capitaine), cité p. 491 b.

*Fehr-ben-Malec*, commandant des descendants de Kenana, 65 b.

*Firouz* (Perozès), fils de Isdedjerd II, roi de Perse, 70 a, 255 b.

*Firouzan*, surnommé *Dhou'l-Hadjib*, ou le chambellan, 245 b.

*Foi musulmane* (les six articles fondamentaux de la), 204 a, b.

*Fostat* (la ville de), construite sur l'emplacement de la Babylone d'Égypte, 243 a.

*Frêne* (le), 431 b.

*Fresnel* (Fulgence), cité p. 17 b, 20 b, 23 b, 24 a, b, 25 b, 59 a, b, 87 a, 105 b, 106 a, 114 a, 115 a, 119 a, 125 b—126 a, 134 b, 474 a.

*Freytag*, cité p. 364 a.

*Frœn* (M.), cité p. 316 b, 317 a.

## G

*Gabœens* (les), peut-être les *Sabœens*, selon Ératosthène, 5 a.

*Gabinius* (le proconsul), 96 a, b.

*Gargroï* (combat de), 256 a.

*Gefr* (le livre), attribué au khalife Ali, 271 a.

*Genèse* (la), citée p. 50.

*Gennadius* (l'exarque), 250 b.

*Gerrha* (l'ancienne), 3 b.

*Gerrhéens* (les), colonie de Chaldéens émigrés de Babylone, 3 b.

*Ghaleb*, de la famille de Medjaschè, 104 b.

*Ghassanides* (dynastie des); son origine; histoire de son établissement; leur dépendance de la suprématie romaine; leurs mœurs guerrières, 87 a—90 a.

*Ghassanides* (liste des princes) d'après Hamza, d'Ispahan, 89 a—90 a; leur tableau chronologique, d'après M. Caussin de Perceval, 91.

*Ghaznevides* (empire des). (V. Aboul-Cacem-Mahmoud-el-Ghaznevi.)

*Ghazzali*, professeur arabe de théologie, 483 b—484 b.

*Gibraltar*, en arabe *Djebel-Tharik*, 322 a.

*Giralda* (la tour de) à Séville, 488 b.

*Girgente* (ville de) en Sicile, 429 b, 430 a.

*Gosselin* (M.), cité p. 56 b, 57 a, 57 b, 58 b—59 a.

*Grangeret de Lagrange* (M.), cité pag. 223 b.

*Greaves* (l'Anglais), cité p. 151 b.

*Grégeois* (le feu), 491 b.

*Grégoire* (le patrice), 252 a, 252 b, 253 b.

*Guadalaviar* (le). (V. Djar.)

*Guadaleté* (bataille de), 322 a, b.

*Guerre* (prescriptions religieuses sur la) chez les Musulmans, 213 a, b.

*Guizot* (M.), cité p. 464 b.

## H

*Habib-ben-abi-Obeïdah*, général arabe, 335 b, 336 a.

*Habib-ben-Moslemah*, commandant de Kinesrin, en Syrie, 237 a, 256 b.

*Habbar-ben-Asouad* (le proscrit), 188 b.

*Haçan*, fils du khalife Ali, 259 b, 260 a, b, 262 a, 270 a, 273 a, 274 a.

*Haçan*, fils et successeur de *Kahtabah*, 354 b, 371 a, 371 b.

*Haçan-ben-Amed*, chef carmathe, 462 b —463 a.

*Haçan-ben-el-Nooman-el-Ghaçani*, chef arabe, sous les ordres d'Abd-el-Mélik, 314 a, 314 b, 321 a, 321 b.

*Haçan-ben-Sahl*, frère de Fadhl, 416 b, 417 a, 417 b, 418 a, 418 b, 419 a, 421 b, 426 b—427 a.

*Haçan-ben-Zeïd*, souverain du Tabaristan, 453 b

*Hacin-ben-Nomaïr*, chef des Syriens, successeur de Moslem-ben-Okbah, 293 b, 294 a.

*Hadi-ben-el-Mahdi*, gouverneur de Baghdad, 369 a.

*Hadjadj-ben-Joucef*, chef arabe, sous les ordres d'Abd-el-Melik, 307 b, 308 b, 309 a, 309 b, 310 a, 310 b, 312 a, 312 b, 313 a, 313 b, 314 a, 314 b, 315 a, 315 b, 325 b, 326 a, 327 a, 327 b.

*Hadjib* (le), ou chambellan, 403 a.

*Hadra*, seconde femme du poëte Farazdak, 304 b

*Hadramaut* (le pays du), à l'est du Yemen; sa description, 22 a—24 b.

*Hadramitæ* (les), actuellement les gens de Hadramaut, 6 b.

*Haddad-ben-Scherhabil*, descendant de Ouathil-ben-Himyar, 52 b.

*Hafça*, fille d'Omar, femme de Mahomet, 183 a, 220 b.

*Haïdar*, surnommé *Afschin*, fils de Kaous, général turk, 440 a, 442 a, 443 a.

*Haïm*, fils de Djabalah, prince des Ghassanides, 224 a.

*Hakem-ben-el-As*, 258 b.

*Hakima* ou *Mocanna* (*le Voilé*), chef de secte arabe, 370 a, b ; ses sectaires, 373 a, b.

*Hakim-ben-Hazam*, compagnons d'Abou-Sofian, 186 a, 186 b.

*Halima*, de la tribu des Benou-Saad, mère d'adoption de Mahomet, 137 b — 138 a.

*Halma*, cité p. 151 b.

*Hamal*, frère de Hodhaïfah, 120 a.

*Hamasa*, poëme arabe. (V. Abou-Témam.)

*Hamdam*, surnommé *Carmath*, fils d'*El-Aschath*, fondateur de la secte des Carmathes, 455 a, b.

*Hamdanides* (dynastie des), 460 b.

*Hamid*, général du khalife El-Mamoun, 422 b, 423 a.

*Hammad*, le récitateur, 133 b.

*Hammer* (M.), cité p. 447 a, 478 a.

*Hamza*, oncle du prophète Mahomet, 137 a, b, 142 b, 157 a, 162 a, 162 b, 163 a.

*Hamza*, auteur arabe, cité p. 52 a, 52 b, 53 a, 53 b, 54 a, 54 b, 64 a, 65 a, 65 b, 68 b, 70 a, 80 a, 81 b, 85 a, 87 b.

*Hamza-ben-Yahia*, gouverneur du Sedjestan, 368 b.

*Hamzah*, fils d'Abdallah-ben-Zobaïr, 301 a.

*Hamza-el-Isfahani*; cité p. 51 b, 53 b, 89 a—90 a.

*Handhalah*, fils de Thalabah, 86 b.

*Handhalah-ben-Safouan-el-Kelbi*, gouverneur de l'Égypte sous Hescham, 338 b, 339 a, b.

*Hani*, chef guerrier de la tribu des Benou-Bekr, 86 a — 86 b.

*Hanica*, fille cadette de Aus, fils d'Haretha, 122 a.

*Hariri*, écrivain arabe, 477 a—478 a.

*Harith* (le phylarque) fils de Djabala, chef des Ghassanides, 82 b, 84 b ; de son identité possible avec *Harith IV, El-Acbar*, nommé aussi *Djabala III*, 90 b.

*Harith* (Arétas), prince des Nabatéens, l'an 170 avant J. C, 96 a.

*Harith* des Benou-Dhobyan (aventures de), 112 b, 113 b —114 a, 114 b, 115 a, 115 b.

*Harith*, fils d'Aouf, 121 a, 121 b, 122 a.

*Harith - ben - Abi- Schamar*, prince des Ghassanides, 132 a.

*Harith-ben-Abi-Schamir*, roi ghassanide, 129 a.

*Harith-ben-Abou-Dherar*, chef des Benou-Mostalak, 171 b.

*Harith-ben-Amrou-ben-Hodjr*, de la tribu de Kenda, remplaçant par intérim de Mondhir III, 84 b.

*Harith-ben-Hilliza* (le poëte), 85 a, 85 b, 112 a, 129 a.

*Harith-ben-Obbad*, guerrier et chef bekride, 111 b, 112 a.

*Harith-ben-Omaïr*, envoyé de Mahomet près du gouverneur de Bostra, 183 b.

*Harith-el-Raisch* (celui qui enrichit), roi du Yemen et du Hadramaut, 52 a.

*Harmozan*, satrape intendant de la Suziane, 244 b—245 b.

*Haroun-el-Reschid-ben-el-Madhi* (le khalife), 369 a, 371 b, 372 a, 372 b, 373 b, 376 a ; histoire de son règne, 377 a—400 a ; examen de l'influence de son règne sur l'Arabie, 400 a—408 a.

*Harounia* (ville de), 445 b.

*Harra* (le mont), 140 b.

*Harrah* (la journée de), 293 a.

*Haschemites* (les), parents du prophète, 407 b.

*Hase* (M.), cité p. 250 b.

*Hassan*, roi du Yémen, premier fils d'Asad-Abou-Carib, 65 a.

*Hassan-ben-Amrou*, roi du Yémen, successeur de son cousin Sabbah, 69 a.

*Hassan-ben-Thabet*, 174 a.

*Hateb-ben-Abou-Baltaa*, traître musulman, 185 b—186 a.

*Hatem*, fils du général Horthomah, 419 b.

*Haut* (l'Arabe), de la tribu d'Iarbou, 116 a, b.

*Hedjaz* (province du), la plus célèbre de l'Arabie, où l'islamisme prit naissance ; sa physionomie ; dangereux pèlerinage auquel elle sert annuellement de halte, 9 b ; son climat, 38 a.

*Hedjr* (ville de), capitale de la province de Bahreïn, 27 a, 192 b—193 a ; vallée du même nom, 193 a.

*Heeren*, savant allemand, cité p. 3 b, 4 a, 30 a, 75 b.

*Hégire* (l'), 148 a, b ; fixation de sa date, 150 b—152 a ; histoire de ses premières années, 152 a—153 a.

*Hélal*, fils d'Alkaniah, 244 a.

*Helbid*. (V. Helpidius.)

*Heliopolis*, aujourd'hui Baalbeck, 230 b.

*Helpidius* ou *Helbid*, capitaine chrétien, commandant les armées musulmanes contre l'empire grec, 384 b.

*Hend*, femme d'Abou-Sofian, 161 b, 162 b, 188 b.

*Héraclée*, ville de l'Asie-Mineure, assiégée, 395 b, 397 a.

*Héracléonas*, fils de Martine et d'Héraclius, 241 b.

*Héraclius* (l'empereur), 180 a, 180 b, 181 b, 182 a, 222 a, 224 a, 225 a, 229 a, b, 231 b, 239 b, 240 a, 241 a, 241 b, 250 b.

*Herbelot* (d'), cité p. 370 a, 412 a, 448 a.

*Hérode*, 96 b.

*Hérodote*, cité p. 5 a—6 a, 75 a, b, 93 b.

*Hescham*, successeur d'Abdmenaf, 102 a.

*Hescham*, de la tribu des Benou-Bekr, 172 b.

*Hescham*, frère et successeur du khalife Iezid-ben Abdelmelik, 334 a—344 b, 348 b, 349 a.

*Hescham-ben-Omar*, gouverneur du Sind, 366 a.

*Heureuse* (Arabie). (V. Arabie.)

*Himyar*, l'un des enfants de Saba, 51 b.

*Himyarite* (le langage), parlé par les habitants du Schedjer, 23 a, b.

*Hira* (ville de), résidence d'Amrou, fils d'Adi, 77 a, 90 a.

*Hira* (tableau chronologique des rois de), 87 a, b.

*Hobal* (l'idole), 101 a, 102 b, 134 a.

*Hoçaïn*, général arabe, 262 a.

*Hoçaïn*, compétiteur d'*Amer*, 469 b.

*Hoçaïn*, sandjak de Djidda, 469 b, 470 a.

*Hoçaïn-ben-Ali-ben-Aiça-ben-Mahan*, général arabe révolté, 411 a, b.

*Hoçaïn-ben-Haçan*, général arabe, 418 a.

*Hoceïn*, fils du khalife Ali, 270 a, 282 a, 284 b, 285 a, 285 b, 286 a, 286 b, 287 b, 288 a, 288 b, 289 a, b, 375 a, 375 b.

*Hodaïbia* (la source); prétendu miracle du prophète dont elle fut le théâtre, 175 a.

*Hodhaifah*, chef des Benou-Dhohyan, 117 a, b, 118 a, 118 b, 119 a, 119 b, 120 a.

*Hodjr*, fils de Harith des Benou-Kenda, 92 a.

*Holaïl*, le Djorhomite, intendant de la Caaba, 101 b.

*Holeïma*, fille de Harith fils de Djabala, 84 b.

*Homeritæ* (Homérites ou Himyarites)(les), actuellement les gens de Himyar, 6 b, 51 b —52 a, 57 b; renseignements importants sur la chronologie de leurs rois, 58 b—60 a; fin de leur empire, 70 a.

*Hormouzan*, général persan, 244 a.

*Horthomah*, général arabe, 411 a, 411 b, 412 b, 413 b, 414 a, 417 a, 417 b, 418 a, 418 b, 419 a.

*Houd* (tombeau du patriarche), 24 a.

*Houd* (le prophète), 48 a.

*Houdha-ben-Ali*, chef du Yemama, 182 a.

*Houlagou*, prince mongol, 467 a, b.

*Howaireth-ben-Nofail*, 188 b.

*Hygiéniques* (prescriptions) du Coran, 211 a, b.

*Hyrcan*, fils d'Antiochus le Grand, 96 a.

## I

*Iacoub-ben-Daoub*, ministre arabe, 374 b, 375 a.

*Iacouba* (bataille de), 251 b—254 a.

*Iafour* (l'âne), 182 b.

*Iahkem* (le Turc), maître de Baghdad, 12 a.

*Iarob*, fils de Kahtan, roi du Yémen, 51 b.

*Iasasin*, roi du Yémen, oncle de la reine Belkis, surnommé *Naschir-el-Niam* (celui qui donne des richesses), 53 a, b.

*Iaschob*, fils de *Iarob*, 51 b.

*Iathrib*, l'ancienne Iatrippa, 6 b.

*Ibn-Haukal*, auteur arabe, cité p. 30 b.

*Ibrahim*, fils d'El-Aghlab, 387 b, 398 b.

*Ibrahim*, fils de Mahomet et de Marie la Copte, 182 a.

*Ibrahim* (le khalife), frère et successeur de Iezid III, 351 a, 354 a.

*Ibrahim*, frère de Mohammed-Madhi, 365 a, b.

*Ibrahim-ben-el-Medhi* (le khalife), surnommé *Moubarek*, oncle du khalife El-Mamoun, 420 b—421 a, 422 a, b, 423 a, 425 b, 426 a.

*Ibrahim-ben-Madhi* (le juge), 434 b.

*Ibrahim-ben-Mahad*, cité p. 412 b—413 b.

*Ibrahim-ben-Mohammed-ben-Abd-el-Wahab-ben-Ibrahim* (l'Abbasside), appelé vulgairement *le fils d'Aïescha*, 426 a.

*Ibrahim-ben-Mouça-ben-Djafar-ben-Mohammed*, général arabe, 419 a.

*Ibrahim-el-Aschtar*, général aux ordres de Mosab, 305 b—306 a.

*Iça-ben-Mohammed*, lieutenant du général *Ibrahim-ben-el-Medhi*, 422 b.

*Iça-ben-Mouça*, neveu d'El-Mançour, 365 a, b, 371 b.

*Ideler*, cité p. 151 b.

*Iezdedjerd II*, roi de Perse, 222 a, 243 b, 244 a, 244 b, 246 a, 255 a, b.

*Iezid III* (le khalife), cousin et successeur de Walid II, 349 b; histoire de son règne, 350 a—351 a; v. aussi 358 b.

*Iezid-ben-Abdelmelik*, frère des khalifes Soliman et Walid, et successeur d'Omar fils d'Abd-el-Aziz-ben-Merwan, 333 a—334 a.

*Iezid-ben-Abou-Sofian*, général arabe, 225 b, 233 b, 234 a, 236 a, 237 a.

*Iezid-ben-Hobaïrah*, gouverneur de la province de l'Irak, 354 b.

*Iezid-ben-Mezid*, officier khazar, 385 b.

*Iezid-ben-Mohalleb*, gouverneur du Khoraçan, 333 a.

*Iezid-ben-Mokhalled-el-Hobaïri*, chef arabe, 397 b.

*Iezid-ben-Soliman*, homonyme et cousin de Iezid III, khalife, 350 a, 350 b.

*Ignorance* (époque appelée de l') par les Musulmans, 132 a.

*Ihram* (l'), ou manteau pénitentiel des pèlerins musulmans, 209 b, 367 a, b.

*Ikhschidites* (dynastie des), 462 a.

*Ilasarus* (Ilasare), roi des Rhamanites, 58 b.

*Indépendantes* (histoire des dynasties arabes); note de l'auteur, 438 b.

*Ioucef-ben-Ibrahim*, gouverneur du Khoraçan, 368 b—369 a.

*Ioucef-ben-Omar*, gouverneur arabe, 338 a.

*Irac* (compagnons de), 30 b.

*Irak-Arabi* (v. Chaldée).

*Irène*, mère de Porphyrogénète, 372 a, 372 b, 373 a, 384 a, b, 385 a, 395 a.

*Isâ*, fils de Mosab, 306 b—307 a.

*Isaac* (le juif), ambassadeur de Charlemagne auprès de Haroun-el-Reschid, 389 a, b.

*Ishak-ben-el-Sebah*, gouverneur de Coufa, 368 b.

*Ishak-ben-Ibrahim*, de Mossoul, cité p. 391 b—393 a.

*Ishak-ben-Ibrahim-ben-Mosaab*, gouverneur de Baghdad, 433 b, 434 a, b.

*Ishak-ben-Mouça*, gouverneur du Yémen, 419 a.

*Ishak-ben-Soliman*, général arabe, 384 a.

*Iskander-Beg-el-Karmani*, maître du Zébid, 470 a.

*Iskander-Mouz* ou *Ben-Soulï* (l'émir), 470 a.

*Islam* (traditions fabuleuses de l'), mêlées à quelques-uns de nos récits bibliques, 201 a—203 a.

*Ismaël*, aventurier, fondateur de la dynastie des Sophis, souverain de la Perse, 468 b.

*Ismaéliens* (secte des) (v. Babek).

*Ismaélites* (les), ou Arabes du Hedjaz, 50 a, b.

*Ismail*, fils d'Abraham, prétendu père des Arabes Moustarribes, 50 a, 50 b, 98 b, 99 a.

*Ismail*, fils de Djafar-ben-Mohammed, 366 a.

*Istakhar*, l'ancienne *Persépolis*, 255 a, b.

*Iyas*, fils de Cabiça, roi de Hira, successeur de Noman V, 86 a, 86 b, 87 a.

*Izdedjerd I$^{er}$*, roi de Perse, 68 b, 78 a, 78 b.

*Izdedjerd II*, fils de Bahramgour, roi de Perse, 68 b.

## J

*Jean*, général de l'empereur Justin, 82 a.

*Jean*, seigneur d'Aila, 193 a.

*Jectanides* (les), ou Arabes du Yémen (v. Yémana).

*Jérémie* (le prophète), cité p. 4 b.

*Jérusalem* (siège de) sous Omar, 232 b; mosquée de Jérusalem, 374 b; prise par Godefroy de Bouillon, 465 a.

*Jésus* (v. Aïça); croyance des Musulmans à l'égard de sa mort, 197 a, b.

*Jeûne* (le), prescriptions relatives aux cinq espèces dans lesquelles il a été divisé par le Coran, 208 a—209 a.

*Jomard*, savant géographe, cité p. 6 b—7 a, 8 b, 10 a, 16 a, 16 b, 17 b—18 a, 18 b.

*Jonathan*, frère de Judas Machabée, 96 a.

*Josèphe* (l'historien), cité p. 96 a, 241 a.

*Josué Stylites*, cité p. 81 b.

*Judas Machabée*, 96 a.

*Jugement universel* (de la croyance au) chez les Musulmans, 203 a—204 a.

*Juifs* (état politique des) en Arabie, vers la septième année de l'hégire, 177 a, b.

*Julien* (l'empereur), 97 b.

*Julien* (le comte), gouverneur de Ceuta, 321 b, 322 b.

*Justinien* (l'empereur), 83 a, 318 b.

## K

*Kaakan-ben-Amrou*, chef arabe, 235 a.

*Kabous*, roi de Hira, frère et successeur d'Amrou le Brûleur, 85 b.

*Kahina*, reine des Berbers, 314 b—315 b.

*Kahtabah-ben-Schabid*, chef arabe, 354 b.

*Kahtan*, considéré ordinairement comme ayant été le *Jectan* de la Genèse, père des Arabes *Moutaárribes*, 50 a; prétendu premier roi du Yémen, 51 b.

*Kais-ben-Obairah*, général arabe, 226 a.

*Kais*, fils de Zohaïr, 113 a, 116 a, 116 b — 117 a, 117 b, 118 a, 119 a, 120 a.

*Karl-Martel* ou Charles-Martel, 336 b, 340 b, 341 a, 341 b.

*Kasimirski* (M.), traducteur du Koran, cité p. 172 b — 173 a, 176 a.

*Kemal-Eddin*, cité p. 235 a.

*Kenda* (tribus de), vice-rois des Arabes pour les Tobba, Maad, Kelab, 92 a.

*Kenesrin*, l'ancienne Chalcis, 231 a.

*Kerbela* (journée de), 288 a — 289 b.

*Kerbelak* (mosquée de), 446 b.

*Kerman* (gouvernement de), 465 a, b.

*Kesoua*, voy. Kassaf.

*Kesra*, usurpateur de la couronne de Perse, 78 b.

*Kesra* ou *Cosroës*, roi de Perse, successeur de Cobad fils de Firouz, 84 a, 86 a, 86 b.

*Khadidja*, fille de Khowaïled et femme du prophète Mahomet, 139 b, 140 b, 144 b.

*Khaïbar* (la ville de), 177 b.

*Khaïzaran*, mère du khalife Mouça-el-Hadi, 377 a, 378 a.

*Khaled-ben-Darius*, redoutable chef de partisans arabes, 419 b.

*Khaled-ben-Saïd*, général musulman, 225 a.

*Khaled*, fils de Walid, commandant des Koréischites, 162 a, 183 a, b, 184 a, 184 b, 187 a, 187 b, 189 b, 190 a, 193 a, 220 b, 221 a, 221 b, 222 a, 223 a, 224 b, 225 a, 225 b, 226 a, 227 b, 229 b, 230 b, 231 a, 231 b, 232 a, 232 b, 234 b, 235 a, 237 a, 267 a.

*Khaled*, fils du roi Iézid, 296 a.

*Khaled-ben-Barmek*, seigneur persan, 364 b.

*Khalid* (l'Arabe), meurtrier de Zohaïr, 113 a.

*Khalid-ben-Habib-el-Fahri*, chef arabe, 336 a.

*Khalifat d'Orient*; sa durée, 468 a.

*Khalifes* (costume des premiers), 247 a, b.

*Khamsin* ou *Semoun* (vent du), ses redoutables effets, 39 a, b.

*Kharadj* (tribut du), 319 b, 397 a, 404 b — 405 a.

*Kharidja*, fils de Sinan, 121 a, 122 a, 122 b.

*Kharidja*, fils de Zeïd, 152 a.

*Kharidja*, lieutenant d'Amrou-ben-el-As, 269 a.

*Kharrah* (montagnes de), 8 b.

*Kharsiane* (château de), en Cappadoce, 343 b.

*Khassaf*, nom primitif de la couverture de la Caaba, 12 b.

*Khazars* (les), nation caucasienne, 342 — 343 a.

*Khazz*, sorte d'étoffe, 361 b.

*Khilat* (le), vêtement d'investiture chez les Arabes, 361 b.

*Khobaïb*, fils d'Adi, 164 b — 165 a.

*Khoraçan* (violent tremblement de terre dans le), sous El-Mamoun, 423 b.

*Khoraïba* (bataille de), 262 a — 264 a.

*Khorkhosra*, envoyé de Badhan vers le prophète, 181 a.

*Khorzad*, frère de Roustam, 244 a.

*Khotba* (la) ou prière publique, 355 a.

*Khouaridj* (les) ou schismatiques, 267 b.

*Khoums* (le) ou quint de Dieu, 169 a.

*Khozaa* ou *séparation* (la tribu de), habitée par les Benou-Khozaa ou Khozaïtes devenus les intendants de la Caaba, 100 a, b.

*Khozaimah-ben-Hazem*, officier khazar, 385 b.

*Khozaïtes* (les), héritiers des Benou-Djorhom, 75 a.

*Kibla* (la), 278 a.

*Kil*, commandant de la tribu des Adites, 48 a, 48 b.

*Kirwasch*, de la tribu d'Iarbou, 116 a, 120 a.

*Kitab-el-Aghani* (le Livre des chansons), 126 b, 474 b.

*Kolthoum-ben-Ayad*, successeur d'Obeïd-Allah-ben-el-Habhab, 336 a, 336 b.

*Koreischites* (les), 57 a.

*Kosaï*, fils de Kélab, de la tribu des Koréischites, souverain et fondateur de la Mecque, 101 b — 102 a.

*Kosaïr*, meurtrier de la reine Zobba, 77 a.

*Kotaïba*, transfuge koréischite, 184 a.

*Kotbeddin-el-Hanifi* (le scheikh), cité p. 468 a.

*Kothbeddin-el-Mekki*, historien arabe, cité p. 469 b, 470 a.

*Koulah*, sœur du célèbre Dhérar, 224 a, 224 b, 225 b — 226 a.

*Koulaïb-Waïl*, chef des Taghlibites, 110 a, b.

L

*Laborde* (Léon de), voyageur, cité page 34 a, 34 b, 36 b.

*Ladanum* (le), espèce d'aromate; fable

racontée par Hérodote au sujet de sa récolte, 5 b — 6 a.
*Lamdanides* (dynastie des), 460 b.
*Lamus* (traité de), 385 a.
*Lat*, divinité favorite des Benou-Thakif, 193 b.
*Lebeau* (l'historien), cité p. 184 b, 223 b, 450 b.
*Lebid*, poëte arabe, 129 a; cité p. 130 b — 131 b.
*Lecanomante* (Jean), précepteur de l'empereur Théophile, 441 a.
*Lenglet-Dufresnoy*, cité p. 151 b.
*Léon*, savant célèbre de Constantinople, 433 a.
*Léon IV*, 371 a, 372 a.
*Leukècomè* (ville de), 58 a.
*Lokman*, chef de la tribu du dernier *Ad*, 48 b, 60 a.
*Louis le Débonnaire*, 443 a.
*Loulona* (forteresse de), en Cilicie.
*Lucien* (l'historien), 97 a.
*Lucullus* (le proconsul), 96 a, b.
*Lunaire* (année), chez les Arabes, 123 a — 125 b.

## M

*Muadh*, fils d'Amrou, 157 b.
*Mandj-Karb*, frère de Hodjr, fils de Harith, commandant la tribu de *Kaïs-Ailan*, 92 a.
*Maawiah*, fils d'Abou-Sofian, fondateur de la dynastie des Ommiades, 225 b, 233 b.
*Mabad*, fils de Zorarah, 115 a.
*Maccary*, écrivain mahométan, cité p. 323 a, 334 b, 341 a.
*Maçoudi* ou *Masoudi* (l'historien), cité p. 24 b, 55 b, 60 b — 61 a, 63 a, 73 a, 88 a, 138 b, 262 b, 308 b, 385 b.
*Madain*. (Voy. Ctésiphon.)
*Mahdyah* (ville de), 459 a.
*Mahmoud*, 10 a.
*Mahmoud* (l'éléphant), 72 a.
*Mahmoud-ben-Faradj*, imposteur arabe se faisant passer pour Moïse, 446 a.
*Mahomet* (le prophète); sa naissance, 72 b et 136 b; prodiges qui, selon les Arabes, accompagnèrent l'événement de sa naissance; son surnom; sa généalogie, 137 a; apparition miraculeuse qu'il eut à l'âge de trois ans, 138 a; son initiation à la connaissance de l'Ancien Testament, 138 b; ses premières armes, 138 b — 139 a; sa physionomie; surnom qu'il reçut de ses compatriotes les Koréischites, 139 a, b; son mariage, 139 b; sa mission, 140 a — 148 b; sa fuite (date de l'*hégire*), 148 b — 152 a; ses faits et gestes durant les premières années de l'hégire, 152 a — 153 a; combat et victoire de Bedr, 153 a — 159 b; faits importants qui le concernent durant l'espace de temps qui sépare le combat de Bedr de celui d'Ohod, 159 b — 161 a; vainqueur au combat d'Ohod, 161 a — 163 b; jugement de l'auteur sur Mahomet, au point de vue de la morale, 162 b — 163 a; quatrième année de l'*hégire*, 163 b — 166 b; il repousse l'attaque des Koréischites, surnommée *la guerre du fossé*, contre Médine, 166 b — 168 b; son expédition contre les Benou-Koraïzha, 169 a — 170 a; opinion de l'auteur sur le caractère moral du prophète, 170 a — 171 b; son expédition contre les Benou-Mostalak, 171 b — 174 b; son voyage à Hodaïbia, 174 b — 177 a; il assiège et prend Khaïbar, 177 a — 180 a; il envoie des députés à divers souverains, 180 a — 182 b; sa visite aux lieux saints, appelée *visite de l'Accomplissement*, 182 b — 183 b; sa première guerre contre les Grecs, 183 b — 184 b; il prend la Mecque, 184 b — 189 a; combat de Honaïn, 189 a — 191 b; expédition de Tabouk, 191 b — 195 a; son pèlerinage d'adieu; sa mort; appréciation que les traditions arabes nous ont laissée de lui, 195 a — 199 a.
*Mahomet* (mosquée et tombeau de), à Médine; sa description, 14 a, b.
*Mahomet I*$^{er}$, 469 a.
*Mahomet II*, 183 b, 469 a.
*Mahrah* (contrée de), 24 a.
*Maïçoun*, mère du roi Iézid, fils de Moawiah, 294 a.
*Maimoun-ben-Kaïs*, surnommé *Ascha*, auteur arabe, cité p. 63 b.
*Maimouna*, fille de Harith, femme du prophète, 183 a, 195 b.
*Makrisi*, historien arabe, cité p. 308 a, 316 a, 458 a.
*Malaga*. (Voy. Riat.)
*Malala* (chronique de), citée p. 90 b.
*Malatia*, l'ancienne *Mélitène*, 441 b.
*Malcoubiah* ou *Malécopée* (ville de), 397 a.
*Malécopée*. (Voy. Malcoubiah.)
*Malek*, fils de Fahm, roi de Hira, chef des exilés de Batn-Mar, 76 a, b.
*Malek*, fils de Nowaïrah, prince des Benou-Iarbou, 221 a.
*Malek-ben-Aouf*, chef des Arabes païens, 190 a, 191 a.
*Malik*, frère de Zohaïr, 118 b.
*Mulik*, fils de Soubay, 119 b.
*Manuel* (l'Arménien), commandant des troupes d'Héraclius, 240 a, 248 b.

*Manuel*, général grec, 440 b — 441 a, 441 b, 442 a, 447 b.
*Maranitæ* (les), actuellement les gens de Mahrah, 6 b.
*Mardawig*, aventurier, fondateur de la dynastie des Zaïarides, 457 a.
*Mariana*, cité p. 492 b.
*Marianus*, chambellan d'Héraclius, 240 a, 240 b.
*Marcellin* (le proconsul), 96 a, b.
*Mâreb*. (Voy. *Mariaba* et *Saba*.)
*Marhab* (le Juif), chef de la garnison de Khaïbar, 178 b.
*Mariaba* (Saba), actuellement Mâreb, capitale des Sabéens; description exagérée de ses richesses par Strabon, 4 b, 6 b, 7 a; examen des opinions contradictoires relatives à la prétendue identité de Mariaba avec Saba, 20 b — 21 a; sa description, 21 a, b; sa destruction, 63 a, b.
*Mariage* (du) chez les Musulmans, 213 b —214 a.
*Marie* (statue de la Vierge), 134 b — 135 a, 188 a.
*Marie la Copte*, fille de Siméon, concubine de Mahomet, 182 a.
*Maroc* (le), 398 b.
*Marsyaba* (Mareb?), 58 b; recherches relatives à sa position géographique, 59 a, b.
*Martine* (l'impératrice), deuxième femme d'Héraclius, 241 b.
*Martorana*, cité p. 428 b.
*Maskat* (ville de), dans le pays de l'Oman; son histoire et sa description, 26 b — 27 a.
*Masoudi*, cité p. 308 a.
*Masrouk*, second fils d'Abraha *El-Aschram* et successeur de Yacsoum, 73 a, 74 a.
*Matala*, cité p. 83 a.
*Maurocoli* (l'abbé); son opinion combattue par l'auteur, 431 a.
*Maurophores* ou Vêtus de noir, surnom des soldats d'Haroun-el-Reschid, 372 b.
*Mawardi*, cité p. 374 b.
*Mazzara* (ville de) en Sicile, 429 b.
*Mecque* (la), surnoms ambitieux que lui donnent ses habitants; son importance; sa situation; physionomie de ses environs; son aspect; ses constructions; ses dimensions; distribution intérieure des maisons qui la composent; sa malpropreté; rareté de l'eau; richesse de son marché; 9 b — 10 b; population ancienne et moderne, 13 a; son climat, 38 a; son fondateur, 59 a; histoire de sa fondation, 102 a; berceau du mouvement civilisateur en Arabie, 136 a; prise par Mahomet, 184 b — 189 a; assiégée et prise par Abd-el-Melik, 308 b — 310 b;

prise sous le khalife El-Mamoun, 419 a; embellie sous Wathek-Billah, 445 a; réparée par Motadhed-Billah, 455 b; prise par les Carmathes, 457 a.
*Mecque* (route de Médine à la), 369 b— 370 a.
*Mecque* (le baume de la) (balsamodendron, opobalsamum), 43 b.
*Mecque* (les schérifs de la), ou descendants de Mahomet; coutume qu'ils ont conservée pour leurs enfants, en souvenir du prophète, 137 b.
*Mecque* (temple de la); sa description, 11 a, b, 374 b.
*Mecque* (pèlerinage de la); principaux commandements dictés par le prophète à cette occasion; pratiques et cérémonies y relatives, 209 a — 211 a.
*Médine*, l'ancienne *Iathreb*, devenue *Medinet-el-Nebi*, la Ville du prophète; appelée aussi *Taibah*; ses fondateurs; noms sous lesquels elle était le plus généralement désignée sur les 95 qui lui ont été attribués; sa situation; ses constructions; sa population, 13 a — 14 a; surnom d'*Ansariens* donné à ses habitants, 146 b; son siége par les Koréischites, 166 b—168 b; son invasion sous le khalife Othman, 259 a—260 b; sa prise par Moawiah, 268 a; assiégée sous le roi Iézid, 293 b; sa mosquée agrandie, 369 b; embellie, 374 b, 445 a.
*Mehemet-Ali*, 10 a.
*Mehras* (le), ruisseau près du mont Ohod, 358 a.
*Meïdani*, cité p. 114 a, 122 b.
*Melik*, fils d'El-Yaman, gouverneur du pays de Mareb, après l'émigration, 63 a.
*Melik-Schah* (le sultan), beau-père du khalife Moktady, 464 a, b.
*Mélitène* (ville de), prise d'assaut par Abou-Djafar-el-Mançour, 363 b.
*Mémorial de Sainte-Hélène* (le), cité p. 136 a, b.
*Menat*, idole arabe, 135 a.
*Meracid-el-Ittila*, dictionnaire géographique arabe, cité p. 12 a, b, 22 b—23 a, 27 a, 44 b, 76 a, 140 b, 166 a, 249 a, b.
*Merdj-Dabek* (plaine de), 385 a.
*Mérida* (ville de), sa reddition entre les mains de Mouça-ben-Noçaïr, 324 a.
*Méroua* (colline de), 13 a.
*Merwan-ben-el-Hakim*, lieutenant d'Othman, gouverneur de Médine, 252 a, 258 b, 259 b, 260 a, 282 a, b, 284 a, 295 a, 295 b, 296 a, 296 b, 297 b.
*Merwan-ben-Mohammed-ben-Merwan*, successeur de Moslemah, 343 b.

*Merwan-ben-Mohammed*, surnommé *l'âne de la Mésopotamie*, gouverneur de cette province sous Iézid III, 350 b, 351 a; histoire de son règne, 351 b—357 a.

*Mesched-Ali*, ou *lieu du martyre d'Ali*, 271 a.

*Mesrour*, chef des eunuques, 394 a, b, 399 a.

*Mesrour-el-Kebir*, chef arabe, 418 b.

*Meurtre* (rachat du), chez les Arabes, 109 b—110 a.

*Micdad*, fils d'Amrou, 154 b.

*Michel*, gouverneur de Palerme, 429 a.

*Michel*, l'un des successeurs de Nicéphore, 432 b.

*Michel Lachonodracon* (le patrice), 372 b, 373 a.

*Michel le Bègue*, l'un des successeurs de Nicéphore, 432 b.

*Michel III*, fils de l'empereur Théophile, 444 b, 447 b, 450 a.

*Mihran*, général persan, 244 a.

*Mikyas*, frère de Hescham, 172 b—173 a, 188 b.

*Mille et une nuits* (contes des), 377 b, 478 b—479 a.

*Minæens* (les), anciennement les *Minæi*, actuellement les gens de Mina, 5 a, 6 b.

*Mistah*, cousin d'Abou-Bekr-es-Siddik, 174 a.

*Mithridate*, 96 b.

*Moafir* (voy. *Khassaf*).

*Moallakas* (les), ou poëmes *suspendus*, 112 b, 128 b—129 a.

*Moawiah*, des Benou-Kelb, prince de Hadjar, 120 b.

*Moawiah*, fils de Hescham, 342 a, 344 a, 358 b.

*Moawiah-ben-Abou-Sofian*, gouverneur de la Syrie et puis khalife, 48 b, 258 b, 260 b—261 a, 264 a, 264 b, 265 b, 266 a, 267 a, 267 b, 268 a, 269 a; cité p. 270 b, 272 a; histoire de son règne, 273 a—284 a, 403 a.

*Moawiah-ben-Khodaidj*, partisan des Omeyyades, 268 a, 276 a, 277 a, 278 b.

*Moawiah II*, fils et successeur éphémère de Iézid, 295 a, b.

*Moçaïlama*, imposteur qui prit le titre de prophète après la mort d'Asouad-el-Anasi, 220 a, 220 b.

*Mocaoucas*, gouverneur de la Babylone d'Égypte, 241 a.

*Mocatel* (le juge), 434 a.

*Moctader-Billah* (le khalife), successeur de Moktafy-Billah; histoire de son règne, 456 a—459 b.

*Moëzz-ed-Daoulet*, ou *Ahmed*, troisième prince des Bouïdes, émir-el-omrah, 461 a, b.

*Moëzz-Ledin-Allah*, quatrième khalife fatimite, 461 a—461 b.

*Moghaira-ben-Schoba*, disciple de Mahomet, vainqueur de la province d'Aderbaïdjan, 175 b, 194 a, 246 a, 248 b, 264 a.

*Mohadjériens* (les), 152 a.

*Mohalleb*, 133 b—134 a.

*Mohammarah* (les), sectaires arabes, 373 b.

*Mohammed*, fils d'Abou-Bekr, successeur de Merwan, 259 b, 262 a, 263 a, 263 b, 264 a, 268 a.

*Mohammed*, fils de Bougha, chef de la milice turque, 452 a.

*Mohammed*, fils de Cassem, gouverneur de la province de Farès, 326 a, b, 327 a, 330 a.

*Mohammed*, fils de Talha, 260 b, 261 b.

*Mohammed*, fils de Zeïn-el-Abedin, 338 a.

*Mohammed* ou *Motassem* (le khalife), fils de Haroun-el-Reschid, 408 a, 408 b, 409 b, 433 a, 433 b, 436 a; histoire de son règne, 438 b, 444 a.

*Mohammed* ou *Muhtadim*, fils du khalife Watek-Billah, 445 b.

*Mohammed-Ala-Eddin* (le sultan), reconnu khalife dans toute la Perse, 465 b.

*Mohammed-ben-Abd-el-Melik* (le vizir), 445 b—446 a.

*Mohammed-ben-Abdallah*, navigateur arabe, 428 b.

*Mohammed-ben-Abi-Edris-el-Ansari*, guerrier arabe, 428 b.

*Mohammed-ben-Abi-el-Djouari*, successeur de Açad-ben-el-Firat, 429 b.

*Mohammed-ben-Ali*, 346 b, 347 a, b, 348 a, 349 a.

*Mohammed-ben Hanefiiah* (l'imam), fils d'Ali, 298 a, b, 299 a, 299 b, 301 b.

*Mohammed-ben-Ibrahim*, surnommé *Ebn-Tabataba*, descendant d'Ali, chef arabe révolté, 416 b, 417 a, b.

*Mohammed-ben-Merwan*, frère d'Abd-el-Melik, 305 b, 306 a, 312 b, 313 a, 319 a.

*Mohammed-ben-Meslémé* (l'Ansarien), 251 b.

*Mohammed-ben-Mohammed*, descendant d'Ali, 417 b, 418 b.

*Mohammed-ben-Mouça*, mathématicien arabe, 489 b.

*Mohammed-ben-Nouh-el-Masroub* (le juge), 434 b, 435 a.

*Mohammed-ben-Redad*, secrétaire du khalife El-Mamoun, 436 a.

*Mohammed-ben-Soliman*, gouverneur de l'Égypte, 368 b, 375 b.

*Mohammed-Mahdi*, surnommé *Nefs-Zakiiah* (l'âme juste), arrière-petit-fils d'Hoçaïn, 365 a.

*Mohtesib*, ou juge du marché, 374 a, b.

*Moïlah*. (V. Leukecomè.)

*Mokaoukas-Djarih* (le Copte), fils de Matta, gouverneur de l'Égypte, 182 a.

*Mokha* (ville et port de), à l'entrée de la mer Rouge, 21 b.

*Mokhtar*, chef célèbre de la province de l'Irak, 298 a, b, 299 a, 299 b, 301 a, 301 b.

*Moktady-Biamr-Allah* (le khalife), petit-fils et successeur de Caïm, 464 a, b.

*Moktafy-Billah* (le khalife), fils et successeur de Motamed-Billah, 455 b—456 a.

*Moktafy-Liamr-Allah* (le khalife), successeur de Reschid-Billah, 465 a, b.

*Monde* (ancien); coup d'œil sur sa civilisation au temps de Haroun-el-Reschid et de Charlemagne, 400 a—408 a.

*Mondhar V*, fils de Noman III, surnommé El-Maghour, roi de Babylonie, 222 a.

*Mondher*, fils d'Omar l'Ansarien, 165 a.

*Mondhir I<sup>er</sup>*, roi du Hira, fils et successeur de Noman le Borgne, 78 a, b, 79 a, 79 b.

*Mondhir II*, troisième fils de Mondhir I<sup>er</sup>, successeur d'Alward, 79 b, 82 b.

*Mondhir III*, fils et successeur d'Amroul-Caïs III au trône de Hira, 82 a, 82 b, 83 a, 83 b, 84 a, 84 b, 85 a, 90 b.

*Mondhir IV*, troisième fils de Mondhir III et frère de Kabous, roi du Hira, 85 b.

*Mondhir-ben-Sawa*, prince de Bahreïn, 182 b.

*Montaser* ou *Montasir-Billah* (*Abou-Djafar-Mohammed*) (le khalife), fils et successeur de Motawakkel-Billah, 446 a, b, 448 b; histoire de son règne, 449 a, b.

*Montucla*, cité p. 489 b.

*Morale* (préceptes de) des Musulmans, 212 a, b.

*Morier* (le voyageur), cité p. 29 b—30 a.

*Moroudj-el-Dheheb* ou *Prairies d'or*, voy. *El-Maçoudi*.

*Morrah*, père de Djassas-ben-Morrah, le meurtrier de Koulaïb-Waïl, 110 b, 111 a.

*Morthadh*, commandant de la tribu des Adites, 48 a, 48 b.

*Morthed*, fils d'Abd-Kelal, roi du Yémen, 68 a.

*Mosab-ben-Zobaïr*, frère d'Abdallah, gouverneur de Basrah, 299 b, 300 a, b, 301 a, 301 b, 305 b, 306 a, 306 b.

*Mosca Portus* (le), 25 b, 26 b.

*Moslemah*, frère de Walid, 325 b, 327 b, 328 a, 332 b.

*Moslem-ben-Makhlid*, gouverneur d'Égypte et d'Afrique, 278 b.

*Moslem-ben-Ocaïl*, descendant d'Ali, 286 b, 287 a, b.

*Moslem-ben-Okbah*, surnommé *Mousrif* ou le Prodigue, 293 a, 293 b.

*Moslemah-ben-Abdelmelik*, frère d'Hescham, 343 a, 343 b, 344 a.

*Mostacfy-Billah* (le khalife), successeur de Mottaky-Billah, 461 a.

*Mostady-Biamr-Allah* (le khalife), successeur de Moktafy, 465 b.

*Mostarsched-Billah* (le khalife), fils et successeur de Mosthader, 465 a.

*Mostasem-Billah* (le khalife), 466 b, 467 a, b, 468 a.

*Mosthader-Billah* (le khalife), successeur de Moktady, 464 b, 465 a.

*Mossab-ben-Omaïr*, des Benou-Abd-Eddar, disciple du prophète, 147 a, 162 a.

*Mostaïn-Billah* (*Aboul-Abbas-Ahmed*) (le khalife), cousin et successeur de Montaser-Billah, 449 b.

*Motakhallims* (dogmatiques ou scolastiques), 482 a.

*Motasem*, voy. *Mohammed*.

*Motawakkel-Billah* (le khalife), frère et successeur de Wathek-Billah; histoire de son règne, 445 b—449 a.

*Motaz-Billah* ou *Abou-Abdallah-Mohammed* (le khalife), fils de Motawakkel-Billah, 446 a, 449 a, 451 b; histoire de son règne, 451 b—452 a.

*Motazalites* (secte des), 444 b, 482 b.

*Motenebbi*, poète arabe, 132 a.

*Mothy-Billah* (le khalife), successeur de Mostacfy, 461 a, b, 462 b.

*Mottaky-Billah* ou *Abou-Ishak-Ibrahim* (le khalife), frère et successeur de Rady-Billah, 460 b—461 a.

*Mouallafa-Couloub-Houn* (les), 191 b.

*Mouballigh* (transmettant) (fonction du) chez les Arabes, 126 a.

*Mouça* (l'Imam), fils de Djafar-ben-Mohammed, 366 a, 383 a—383 b.

*Mouça*, surnommé *Nathack-bi-Lllak* ou *parlant selon Dieu et la vérité*, fils du khalife El-Amin, 409 b.

*Mouça-ben-Noçaïr*, gouverneur de l'Afrique sous Walid, 321 b, 322 a, 322 b, 324 a, 324 b, 325 a, 328 a, b, 329 a, b.

*Mouça-el-Hadi* (le khalife), fils de El-Mahdi-ben-Abou-Djafar-el-Mançour, 371 b, 373 b, 375 a, 375 b, 376 a, 377 a, b.

*Moudjaddir*, fils de Ziad, 158 a.

*Mouhallil* (le poëte), surnommé *Zirannica* ou *le conteur de fleurettes*, vengeur de son frère Koulaïb-Waïl, 110 b, 111 a, b.

*Moultan* (siége et prise de), 327 a.

*Mounès* (l'eunuque), 456 b, 457 b.

*Moura* (le père), cité p. 398 b.

*Mourad-Pacha*, successeur de Behram, 470 b.

*Mouschegh*, général arménien, 256 a.

*Moustapha* (le sultan), successeur d'Ahmed II, 470 b.

*Mostárribes* (les Arabes), indigènes du Hedjaz et du Tehama ou Ismaélites, 50 a, 50 b, 98 a, b.

*Moutaárribes* (les Arabes) ou du Yémen, descendants de *Kahtan* ou *Jectan*, 50 a, 51 b.

*Mouz-ben-Moslem*, général arabe, 370 b.

*Mowaffek*, fils de Motawakkel-Billah, 451 b, 453 b — 454 a, 454 b.

*Mowaïed*, fils de Motawakkel-Billah, 446 a, b, 449 a, 451 b.

*Mowaïed-Eddin-Mohammed-el-Kamy*, vizir du khalife Mostasem-Billah, 467 a, 468 a.

*Muezzin* (le), 153 a, 207 a.

*Murcie*, voy. *Tadmir*.

*Murphy*, cité p. 325 b, 328 b.

*Musulmane* (commencement de l'ère), 238 a.

*Myos-Hormos* (Cosseïr) (port de), 58 b.

*Myre* (ville de), 398 a.

*Myrrhe* (la), espèce d'aromate, 6 a.

## N

*Nabatéens* (les), habitant le désert qui sépare la Palestine de la mer Rouge; leur histoire, 92 a — 98 a.

*Nabet*, l'un des fils et le successeur d'Ismail, 99 a.

*Nadhr*, fils de Kenana, 64 a, b.

*Nadhr-ben-Harith*, contempteur de Mahomet, 158 b.

*Nadir-Shah*, pacha de Tripoli, 470 b.

*Naïlah*, divinité arabe, 134 b.

*Namaz* ou prière des Musulmans; conditions dont l'accomplissement de cette prescription du Coran doit être entourée, 205 b — 208 a.

*Narbonne*, assiégée et prise par les Arabes, 333 b.

*Narsès* (le général), 180 b.

*Nasr*, idole arabe.

*Nasr-ben-Sayyar*, gouverneur du Koraçan, 350 b, 351 a, 353 a, 353 b, 354 a, 354 b.

*Nasr-ben-Scha-Beth-el-Ocaïli*, chef arabe révolté, 416 b.

*Nasser-Ledin-Allah* (le khalife), successeur de Mostady-Biarm, 465 b, 466 a, 466 b.

*Néarque* (voyage de), sous Alexandre, 35 b.

*Nedjd* (plaines du), 15 b, 16 a; leur division en districts et en provinces; nomenclature des villes et gros villages qu'elles renferment, classés selon leur population respective, 16 b; population totale, 17 a.

*Nedjran*, l'ancienne Negrana (ou Anagrana), 6 b.

*Nestorius* (l'hérésiarque), 239 b.

*Newar*, femme du poëte Farazdak, 302 a — 305 b.

*Ni-ni-ché*, fils de Firouz, 255 b.

*Nicée* (ville de), siége qu'elle soutint sous Hescham, 342 b.

*Nicéphore*, cité p. 222 b, 223 b, 241 b, 280 b.

*Nicéphore* (l'empereur), 395 a, b, 396 b — 397 a, b.

*Nicetas* (le patrice), 372 b.

*Niebuhr* (le voyageur), cité p. 9 b, 15 b, 22 b, 24 b, 41 b, 44 a, 177 b.

*Niger*, le rival de Sévère, 97 a.

*Niguiaristan* (le), cité p. 448 a.

*Nilomètre*, 448 b.

*Nîmes*, occupée par les Arabes, 334 a.

*Noël des Vergers* (M.), cité p. 249 b, 290 b, 291 b, 388 b, 457 a.

*Nomades* (chefs des tribus), 471 b.

*Noman*, général arabe, 225 b, 245 b.

*Noman le Borgne*, roi du Hira, 77 b — 78 a.

*Noman II*, premier fils et successeur de Mondhir Iᵉʳ, 79 b.

*Noman III*, neveu et successeur du roi Mondhir II, 80 a, 80 b — 81 a, 81 b.

*Noman*, fils de Mondhir III, 83 b.

*Noman V*, fils et successeur de Mondhir IV, roi du Hira, 85 b, 86 a.

*Noman*, fils de Béchir, personnage ansarien, 281 b, 282 a, 286 b, 296 a.

*Nowaïri*, cité p. 51 b, 52 b, 54 b, 56 a, 64 a, 65 b, 70 a, 73 a, 120 b, 138 b — 139 a, 242 b, 253 b, 275 b, 276 a, 276 b, 277 a — 278 b, 279 a, 290 a, b, 291 b, 314 b — 315 b, 321 b, 322 b, 325 a, 329 b, 338 b — 339 a, 361 a, b, 366 b, 367 a, 428 b, 429 b.

*Numides* (origine mystérieuse des), 450 b.

*Nuremberg* (le manteau de), 432 a.

## O

*Obaïd-Allah-Abou-Mohammed*, surnommé *Madhi-Billah*, premier des Fatimites, 458 a, b, 459 a.

*Obaïd-Allah-ben-Zobaïr*, frère d'Abdallah-ben-Zobaïr, 295 a.

*Obeïd-Allah-ben-el-Habhab*, gouverneur de l'Afrique, 335 b, 336 a, 342 a.

*Obeïda* (l'ancienne Obada), 6 b.

*Obeïda*, fils de Harith, 157 a.

*Obeïdah-ben-Abderrahman*, gouverneur de l'Afrique, 335 b.

*Obeïdallah*, fils de Merwan, 357 b.

*Obeïdallah-ben-Ziad*, successeur de Noman-ben-Bechir, 286 b, 287 a, 287 b, 289 b, 292 b, 293 a, 295 b, 296 a, 299 a, 307 a.

*Obodas* (Abd-Waad), prince arabe, 96 a.

*Ocaïd*, fils de Hossaïn, 147 a.

*Ocaïdar-ben-Abd-el-Malek*, gouverneur arabe chrétien de Daoumat-el-Djandal, 193 a, b.

*Ocama*, fils de Zeïd, affranchi de Mahomet, 195 b, 221 b, 222 a.

*Ocba*, fils d'Abou-Monaït, 154 b.

*Okascha le Sofrite*, chef de tribus berbères, 338 b, 339 a.

*Okbab-ben-Hadjadj*, chef arabe, 335 b, 336 a.

*Okbah-ben-Nafi*, gouverneur de la province d'Afrique, 277 a—278 b, 289 b—291 b.

*Ockley* (l'historien), cité p. 223 b, 236 a, 249 a.

*OElsner* (M.), cité p. 238 b.

*Ohsson* (Mouradjha d'), cité p. 162 b.

*Okadh* (foire d'); espèce de concours poétique où les héros arabes venaient célébrer leurs exploits, 125 b—126 b.

*Omaïa*, fils Abou-Salt, poëte arabe, cité p. 160 b—161 a.

*Omaïr*, de la famille de Schéiban (voy. *Ghaleb*).

*Omaïr*, fils de Hammam, 157 b.

*Oman* (contrée de l'), 25 b—27 a.

*Oman-Haçana*, fille de Djahsch, 174 a.

*Omanitæ* (les), actuellement les gens d'Oman, 6 b.

*Omar* (mosquée d'), 233 a, b.

*Omar*, fils de Dakhr, 85 a.

*Omar*, fils d'Abd-el-Aziz-ben-Merwan, successeur de son cousin Soliman, 330 b—333 a, 375 b.

*Omar-ben-Abdallah*, général arabe, 442 a, 444 b, 447 b, 450 a, b.

*Omar-ben-el-Faredh*, écrivain arabe, 476 b.

*Omar-ben-el-Khattab*, l'un des successeurs de Mahomet, premier constructeur du temple de la Mecque, 11 a, 14 a, 142 b—143 a, 152 a, 162 a, 172 a, 172 b, 175 b, 178 a, 186 a, 217 a, 219 a, 219 b, 221 b, 223 a; histoire de son règne, 228 b—247 a, 402 b.

*Omar-ben-Hafs-Hezarmed*, gouverneur d'Afrique, successeur de El-Aghlab-ben-Salem, 366 a, b.

*Omeyya*, fils de Khalaf, l'un des chefs de la tribu des Koréischites, chef de la dynastie des Omeyyades, 154 b, 272 a.

*Omeyyades* (considérations générales sur la dynastie des), 272 a—273 a. Voy. aussi *Arabie*, et p. 358 b—359 a.

*Omm-Habiba*, fille d'Abou-Sofian et femme du prophète, 180 a, 185 a.

*Omm-Hakim*, fille d'Abdallah-ben-Zobaïr, 283 a.

*Omm-Kolthoum*, quatrième fille de Mahomet, 159 b, 188 b.

*Omm-Salama*, ou *Selmah*, femme de Mahomet, 183 a, 261 a, 261 b.

*Oraïdh* (vallée d'), 159 b.

*Orientale* (bibliothèque), citée p. 409 b.

*Origène*, cité p. 135 b.

*Orona*, fils de Maçoud, député des habitants de Taïef vers Mahomet, 175 a, b.

*Otba*, fils de Rabia, 157 a.

*Otba*, fils d'Abou-Lahab, premier mari de Rokaïa, 159 b.

*Otba*, fils d'Abou-Waccas, 162 b.

*Otbah*, frère de Khalid, le meurtrier de Zohaïr, 113 b, 114 a.

*Otbi*, cité p. 308 a.

*Otba-ben-Abou-Lahab*, poëte et guerrier arabe haschémite, cité p. 219 a.

*Othman*, fondateur de la dynastie ottomane, 468 b.

*Othman-ben-Abou'l-As*, 244 a.

*Othman-ben-Affan*, disciple de Mahomet, successeur d'Omar, époux de Rokaïa en premières noces, et d'Omm-Kolthoum en secondes, 141 a, 159 b, 162 b, 175 b, 176 a, 176 b, 192 a, 247 b; histoire de son règne, 247 a—260 b, 402 b—403 a.

*Ouadi-el-Kora* (bourg de), 179 b.

*Ouadi-Khass* (vallée de), 179 a.

*Ouseley* (sir W.), cité p. 485 a.

*Ozza*, nom que les Khozaïtes avaient donné au dattier dont ils avaient fait leur idole, 101 a, 134 b.

## P

*Palerme* (ville de), en Sicile, 430 a, 432 b.

*Palmyre*, voy. *Tadmor*.

*Paul*, commandant les forces de Damas, frère de Pierre, 225 b, 226 a.

*Paul Diacre*, cité p. 428 b.

*Péluse* (ville de), remplacée par *Périmoun* ou *Farma*, 240 b.

*Pénale* (de la législation) chez les Musulmans, 216 b — 218 a.

*Persépolis*, voy. *Istakhar*.

*Persique* (golfe) ou mer Érythrée, ses pêcheries de perles, 29 b — 30 a; sa description, 35 a, b.

*Petra*, ancienne capitale des Nabathéens, 3 a, b; surnommée la ville aux tombeaux; sa description, 34 a, b; Prise de cette ville sous Antigone, 94 a, b.

*Pétrée* (Arabie), voy. *Arabie*; sa soumission sous l'empereur Trajan, 97 a.

*Petronas*, frère de l'empereur Michel III, 450 a, b.

*Philagrius*, trésorier d'Héraclius, 241 b.

*Philippe* (le chef de tribu), des environs de Bostra, nommé préfet du prétoire sous Gordien III, 97 a, b.

*Philoponus* (Jean), célèbre philosophe et grammairien d'Alexandrie, 242 b.

*Philosophique* (école) en Arabie, 481 b — 482 a.

*Philostorge*, cité p. 66 a, 135 b.

*Phocas* (le tyran), 180 a, 180 b.

*Phylarques* (les), premiers souverains de la Syrie, 87 b.

*Pierre*, commandant les forces de Damas, au temps de son siège par Khaled-Walid, 225 b, 226 a.

*Pierre noire* (la) du sanctuaire de la Caaba; son histoire et sa description, 11 b — 12 b.

*Pistachier* (le), 431 b.

*Plata*, gouverneur sicilien, 449 a.

*Plèthre* (le), mesure d'étendue chez les Arabes, 93 b.

*Plutarque*, cité p. 96 b.

*Poitiers* (bataille de), sous Karl-Martel, 351 a, b.

*Pompée* (le proconsul), 98 a, b, 99 b.

*Porphyrogénète*, successeur de Léon IV, 372 a.

*Prédestination* (le dogme de la) chez les Musulmans, 204 b — 205 b.

*Prière* (institution de la) chez les Musulmans, 152 b.

*Procope*, cité p. 82 a, 82 b, 83 b, 84 a, 125 a, 250 a, 276 b.

*Profession de foi* chez les Musulmans, 205 b.

*Prophète* (les secrétaires du) dont les noms sont parvenus jusqu'à nous, 176 b.

*Ptolémée*, cité p. 6 b, 8 b, 9 a, 24 a.

*Ptolémée*, roi d'Égypte, 94 a.

*Ptolémée Philometor*, 96 a.

*Pyrame* (le) ou *Djihan*, 371 b.

*Pyrrhus* (le patriarche), 241 b.

## Q

*Quatre amis* (partisans des) ou *Sunnites*, application de cette désignation par les Musulmans, 271 b.

*Quatremère* (Étienne) (M.), cité p. 58 a, 86 a, 92 a, 189 a, 243 a, 252 a, 253 b, 262 a, 262 b, 264 a, 283 a, 284 b, 286 b, 295 b, 296 a, 297 a, 301 a, 307 a, 308 a, 344 b — 345 b, 346 b — 348 a, 458 a — 459 a, 462 a.

*Qûmt* (prélèvement du), 204 a.

## R

*Rabi*, fils de Ziad et de Fatimah, surnommé le *Parfait*, 118 a, b, 119 a, 120 a.

*Rabia*, fils de Réfi, meurtrier du poète Doraid, 190 b — 191 a.

*Rabiah* (le guerrier), fils de Mokaddem, 106 b — 108 a.

*Raccadah* (ville de), 388 a.

*Rady-Billah* ou *Aboul-Abbas* (le khalife), neveu et successeur de Caher-Billah, 459 b — 460 b.

*Ramadhan* (le jeûne du), 153 a.

*Rampoldi*, cité p. 428 b.

*Ravendites* (secte des), 364 a, b, 373 a, b.

*Rawia*, nom donné, chez les Arabes, aux rapsodes ou récitateurs, 133 b.

*Rawis* (les) ou rapporteurs de traditions, 486 b.

*Rayan* (l'Arabe), 114 a.

*Razia*, 431 b.

*Rébi*, officier arabe, 371 b.

*Rebia-ben-Nasr*, usurpateur de la couronne du Yémen, 65 a, 77 a.

*Refy-ben-Omeirah*, général arabe, 226 b.

*Reinaud* (M.), cité p. 22 b, 27 b, 243 b, 257 a, 272 a, 325 b, 326 b, 327 b, 333 a, 334 a, b, 335 a, 341 a, 383 a, 405 b, 487 b, 491 b.

*Reiske*, cité p. 57 b, 364 a, 396 b.

*Renaudot* (M.), cité p. 185 a.

*Répudiation* (de la) chez les Musulmans, 214 a, b.

*Reschid*, affranchi et ministre de Edris-ben-Abdallah, 398 a, b.

*Reschid-Billah* (le khalife), fils et successeur de Mostarsched, 465 a.

*Réservoirs*, leur construction ingénieuse dans le désert, 93 b.

*Rhamanites* (Iemanites?), 58 b.

*Rhodes* (colosse de), 274 a.

*Rhodes* (île de) ravagée, 398 a.

*Riat* ou *Malaga*, appelée aussi *Ardan*, 339 b.

*Rihana*, fille d'Amrou, maîtresse du prophète, 170 a.

*Rika* (le), portion de la prière Namaz chez les Musulmans, 206 a, b.

*Rodah* (ville de), résidence favorite des négociants de Sana; richesse extraordinaire de son terroir, 20 a.

*Roderic* (le Goth), fils de Theodred, usurpateur du trône de Witiza, roi d'Espagne, 321 b, 322 b.

*Roger* (le comte), 432 a.

*Rokaïa*, troisième fille de Mahomet, 159 b.

*Romain*, général commandant les forces de Bostra, 223 a.

*Rouge* (mer), sa description, 35 b; dissertation relative à l'origine de son nom, 36 b; propriété phosphorescente de ses eaux, 37 a.

*Rosseeuw Saint-Hilaire* (M.), cité p. 325 b, 328 b, 363 a, 363 b.

*Roum* (gouvernement de), 465 a, b.

*Roustam*, gouverneur général de l'Aderbaïdjan, 222 a, 243 b.

*Rüppel* (le voyageur), cité p. 9 a.

## S

*Saad*, fils de Mondhir III, 85 a.

*Saad*, fils d'Abou-Waqqas, disciple de Mahomet, 141 a, 235 a, 243 b, 244 a, 244 b, 247 b, 259 b.

*Saad*, fils de Moadh, chef des Benou-Aws, 152 a, 155 a.

*Saad-ben-Moadh*, chef des Benou-Aws de Médine, 147 a, 169 b, 170 a.

*Saad-ben-Abbada*, commandant sous les ordres de Mahomet, 187 a.

*Saba*, fils de Iaschob, fondateur de la ville du même nom et chef des Sabéens, 51 b.

*Saba* ou de *Mareb* (contrée de), sa description, 60 a—61 a; traditions qui se rattachent à l'histoire de l'émigration de ses habitants, 61 a—64 a.

*Sabaratha*, ville de l'Afrique romaine, 276 b.

*Sabéens* (les), anciennement les Sabaï, actuellement les gens de Saba (ou Mariaba), 5 a, 6 b.

*Sabbah*, fils d'Abraha, roi du Yémen et successeur de Sahban, 68 b, 69 a.

*Sacrés* (mois) ou de trève, chez les Arabes, 122 b—123 a.

*Sacrifices humains* (des), chez les Arabes, 135 b.

*Sacrilège* (la guerre du), version de Nowaïri à ce sujet, 138 b—139 a.

*Sacy* (M. de), cité p. 105 a, 128 a, 128 b—129 a, 132 b—133 a, 229 a.

*Sadif*, poète arabe, cité p. 357 b.

*Sadlier* (le capitaine), cité p. 8 b, 28 a.

*Safa* (colline de), 13 a.

*Safouan-ben-Amar*, 230 b.

*Safouan*, fils de Moattal, 173 b.

*Safra* (village et vallée de), au sud-ouest de Médine, 154 b.

*Safya*, femme et affranchie de Mahomet, 179 a.

*Sahal-ben-Sanbat*, gouverneur d'Arménie, 440 a.

*Sahban*, roi du Yémen, fils de Mohrith, successeur d'Abraha, 68 b.

*Sahèb-el-Schoota* ou chef des gardes, 403 a.

*Sahl-ben-Saluma* (l'Andarien), 419 b.

*Sahour*, prince des Andsévatsiens, 256 a.

*Saï*, marche faisant partie des rites du pèlerinage à la Mecque, 13 a.

*Saïd*, fils d'Othman, gouverneur du Khoraçan, 281 a.

*Saïd*, général sous les ordres du khalife Hescham, 343 b.

*Saïd-ben-el-As*, gouverneur de Coufa, 258 b.

*Saïd-ben-Selam*, 385 b.

*Saïd-el-Djordschi*, général arabe, 370 b.

*Saint-Cyprien* (corps de), 389 b.

*Saint-Martin* (M. de), cité p. 70 a, 79 a, 83 a, 223 b, 225 a, 246 a, 255 b, 256 a, 257 a, 264 b—265 a, 275 b—276 a, 349 b.

*Saint Nicolas* (tombeau de), 398 a.

*Saint Paul* (l'apôtre), prédicateur dans le royaume des Ghassanides, 135 b.

*Saint Thomas* (l'apôtre), prédicateur dans l'Arabie Heureuse, 135 b.

*Sainte-Catherine* (couvent de), sur le mont Sinaï, fondé par l'empereur Justinien et sa femme Théodora; sa description, 31 a—32 a.

*Saladin*, fondateur de la dynastie des Agoubites, 465 b.

*Saleh* (le prophète), 49 a.

*Saleh*, fils de Wassif, chef de la milice turque, 452 a.

*Saleh*, frère d'Abdallah-ben-Ali, 356 b, 357 a.

*Salehem*, fils de Haroun-el-Reschid, 408 a.

*Salem-ben-Ziad*, gouverneur du Khoraçan, 289 b.

*Salit-ben-Amrou*, envoyé du prophète vers le chef du Yémana, 182 a.

*Salluste* (l'historien), cité p. 250 b.

*Salman* (le Persan), 167 a; cité p. 167 b —168 a.

*Salman*, fils de Rabiah, lieutenant de Habib, 256 b.

*Sulman-el-Reis* (l'aventurier), 470 a.

*Salomon* (la Table de), 323 b.

*Samanides* (les), 460 a.

*Samarah* (v. *Sarmanray*).

*Samarcande* (ville de), dans la Sogdiane; origine de son nom, 53 b.

*Samosate* (ville de), sur l'Euphrate, 83 b.

*Samuel-ben-Adia* (le Juif), 129 a.

*Sanâ* (ville de), 7 a; description de ses richesses, 19 a, b; son climat, 38 a; sa célèbre église, 71 b; sa prise sous Cosroës Parviz, 74 a.

*Sanaa* (l'imam), 471 a.

*Saphar Metropolis* (Ruines de la) de Ptolémée; leur situation probable, 25 b.

*Sapharites* (les), actuellement les gens de Zhafar (ou Safar), 6 b.

*Sapor* (v. *Shapour*).

*Shapour* ou *Sapor*, général sassanide commandant en Arménie, 279 a, b.

*Sapor II*, roi de Perse, 68 b, 76 a, 97 b.

*Sarmahray* ou *Samarah* (fondation de), résidence favorite des khalifes, 439 b—440 a, 451 a.

*Sarrasins scénites* (les), 80 b.

*Sassaa*, aïeul de Farazdak, l'un des meilleurs poètes des premiers temps de l'islamisme, cité p. 108 b—109 a.

*Safsaf* ou *Sokoud* (forteresse de), 384 b.

*Satalie* (bataille navale du golfe de), 384 a.

*Saulcy* (M. de), cité p. 317 a—318 a.

*Savoni*, cité p. 151 b.

*Sawaa*, idole arabe, 135 a.

*Sayar* de la tribu de Dhoubyan, 115 a.

*Scanderberg*, 469 a.

*Scaurus* (le proconsul), 96 a, b.

*Schabib*, complice d'Abderrahman le meurtrier d'Ali, 269 b.

*Schabl-ben-Abdallah* (l'affranchi), poëte arabe, cité p. 358 a—358 b.

*Schah-Abbas*, roi de Perse, en 1622, 26 b.

*Schahek* (l'eunuque), 450 b.

*Schahrokh*, général persan, 244 a.

*Schaiba*, frère d'Otba, 157 a.

*Schamar*, fils d'Amrou, de la suite de Moudhir III, 84 b.

*Schamar-Iarasch-Abou-Carib*, surnommé *le Trembleur*, fils d'Afrikis et successeur d'Iasasin au trône du Yémen, 53 b —54 b.

*Schanfara*, poète arabe, cité par extrait, p. 472 b—474 a.

*Schaw* (le docteur), cité p. 316 a.

*Scheddad*, père du fameux Antar, cité p. 98, 120 a.

*Scheddad*, fils de Ad; son histoire fabuleuse, 48 a.

*Schedjer* (pays de), à l'orient du Hadramaut, 23 a—24 a.

*Scheikh*, (administrateur de village), 471 a.

*Scherahbil*, fils d'Aswad-ben-Mondhir, 114 b.

*Scherezeddin* (le faux imam), de la secte des Zeïdis, 470 a.

*Schérifs* (journée des), 336 a.

*Schibam*, l'une des villes principales du Hadramaut, 22 b, 24 a.

*Schiites* (les), surnommés *défenseurs de la justice*, 271 b, 272 a.

*Schmolders* (Auguste), cité par extrait, 480 b—481 b, 482 b; cité p. 483 a, 484 b.

*Schodja*, de la tribu des Benou-Açad, député par Mahomet vers le prince des Ghassanides, 182 a.

*Schourahbil*, fils de Haçanah, général arabe, 225 b, 233 b, 237 a.

*Sedillot* (M. L.-A.), cité p. 488 b, 489 a, 489 b.

*Sedjadah* (le juge), 434 b.

*Seetzen*, cité p. 19 a.

*Seïd*. (V. *Zeïd*.)

*Seïd*, schérif de la Mecque, 469 b.

*Seïf-Ben-Dhou-Yezin*, descendant de la race royale des Himyarites, 73 a.

*Seïl-el-arim* (le), ou l'inondation de la digue, 57 b, 60 a; récit de la légende merveilleuse qui se rattache à cet événement, 61 a—63 a; examen des causes et de la date qu'il lui faut assigner, 63 a—64 a.

*Seldjouk*, 463 a.

*Seldjoukides* (dynastie des). (V. *Thoghrul-Beig*.)

*Séleucie* (ville de), 75 b.

*Sélim Ier*, 469 a, 469 b, 470 a.

*Sélim II* (le sultan), 470 a.

*Sémitiques* (langues). (V. *Arabie*.)

*Semoum*. (V. *Khamsin*.)

*Sénan*, père d'Abou-Saïd, 162 b.

*Senan*, de la tribu des Benou-Djohaïna, 172 a.

*Serapion* (la bibliothèque du), 242 b.

*Sergius*, gouverneur de Césarée, 222 a, 222 b.

*Sergius*, évêque de Joppé, successeur de Sophronius, 233 b.

*Sergius*, officier de Sapor, 279 a, 279 b.

*Sévère* (l'empereur), 97 a.

*Séville*, peuplée par les habitants de Homa, 339 b.

*Sewad*, fils d'Yrya, 156 b.

*Seywoum* (ville de), à l'est de Terim, 24 a.

*Sicile* (la) conquise, 427 b—432 b.

*Sidonia* ou *Xérès*, 339 b.

*Sylvestre de Sacy*, cité p. 20 b, 346 a; 355 a, 376 b, 380 b—381 b, 383 a, 386 b, 393 b, 455 b, 472 a, 478 b, 483 a.

*Siméon*, évêque de Beth-Arsam, cité p. 69 b, 70 a.

*Siméon-Logothète*, cité p. 441 b.

*Sinaï* (presqu'île et désert du); physionomie de cette contrée; son règne végétal, 30 b—31 a; ascension au Sinaï, 32 a—33 a.

*Sinan* (le pacha), 470 a, b.

*Sind* (province du), 366 a.

*Sinn schérif*, ou dents sacrées, 162 b.

*Sinolo* (Albert), de Messine, cité p. 431 a.

*Sirat-er-Recoul* (le), ou la Vie du prophète, ouvrage cité p. 12 b, 135 a, 147 b—148 a, 191 a, 197 a.

*Siroës*, fils de Cosroës II, 180 b, 181 a, 181 b.

*Socrate* (l'historien), cité p. 79 a.

*Soffarides.* (V. Yacoub-ben-Laïth.)

*Sofrieh*, sorte d'hérétiques, 314 a.

*Sohaïl-ben-Amrou*, député des Koréischites vers Mahomet, 176 b.

*Sohar* (ville de), sur le golfe Persique, 27 a.

*Soïouti*, cité p. 403 a.

*Sokaïnah*, petite-fille d'Ali, femme de Mosab-ben-Zobaïr, 301 a.

*Sokoud.* (V. Safsaf.)

*Soleïmah*, meurtrier de Malek, 76 b.

*Soleïman*, officier arabe, 371 b.

*Soliman* (le sultan), 470 a.

*Soliman*, fils de Hescham, 344 a, 350 a, b, 351 a, b, 352 b, 357 b, 358 a.

*Soliman*, frère du khalife Walid et son successeur, 328 a, 329 a, 330 a, 330 b, 346 b, 347 a.

*Somptuaires* (des lois) prescrites par le Koran, 211 b—212 a.

*Southeimer* (le Dr), de Stuttgart, cité p. 490 a.

*Sophis* (dynastie des). (V. Ismaël.)

*Sophronius* (le patriarche), 232 b, 233 a.

*Soraca*, de la tribu des Benou-Modhledj, 150 a.

*Soubay*, fils d'Amr, beau-frère de Hodhaïfah, 119 b.

*Souraïr* (la vallée de), 179 a.

*Sozopétra* ou *Zobathrah* (ville de), 441 b.

*Staurace* (le *César*), fils de Nicéphore, 397 a.

*Strabon*, cité p. 3 a, 3 b, 4 b, 6 b, 35 a, 35 b, 37 a, 42 a, 50 b, 57 b—58 a, 58 b, 240 b.

*Styrax* (le), sorte de résine, 5 a.

*Succession* (des droits de) chez les Musulmans, 215 b—216 b.

*Sufétula* (ville de), en arabe *Sobeïtala*, capitale de la Byzacène, 254 a; récit de son siège par les Arabes, 254 b—255 a.

*Sunnites* (les), surnommés partisans des Quatre amis, 271 b, 272 a.

*Syllæus* (Saleh), chef nabathéen, 57 b.

*Sylvestre II* (le pape), 485 b, 491 b.

*Sylvestre de Sacy*, cité p. 54 b—55 a, 57 b, 60 a, 61 a, 62 b—63 a, 63 b, 64 a, 64 b, 65 b, 68 b, 70 a, 70 b, 78 a, 81 b, 112 b, 151 b, 247 a, b, 317 a.

*Syméon*, cité p. 433 a.

*Syrie* (la); ses campagnes, 30 b; considérations philosophiques relatives à la perte de cette province, berceau du christianisme, 336 a—337 b.

## T

*Tabari*, cité p. 73 b, 76 a, 325 b.

*Tabouk* (ville de), 193 a.

*Tacape.* Voy. *Cabès.*

*Tadmir* (Murcie), ou pays d'Égypte, 339 b.

*Tadmor* ou Palmyre (ville de), 30 b, 97 a.

*Taher*, fils de Mahomet, 182 b.

*Taher-ben-Hocaïn*, général arabe, 410 a, 410 b, 411 a, 411 b, 412 a, 412 b, 415 a, 416 a, 424 a, 424 b—425 b.

*Tahérides* (dynastie des), 453 b.

*Taïeb*, fils de Mahomet, 182 b.

*Taïef* (ville de); sa description, 15 a.

*Taizanès*, chef de tribu arabe, 83 a.

*Talha*, fils d'Obaïd-Allah, disciple de Mahomet, 141 a, 259 a, 261 a, 262 b, 263 b.

*Talion* (peine du), (voy. *Pénale* [de la législation])

*Tanna*, résidence royale des Cattabanes, 5 a.

*Tarafa-ben-Abd*, poëte arabe, 129 a; cité p. 129 b—130 a.

*Tarikh* (le), ou ère des Islamites, 151 a.

*Tarim*, l'une des villes principales du Hadramaut, 22 b, 24 a.

*Tarse* (ville de), 384 a.

*Tébrizi*, cité p. 316 b.

*Tehama* (province du), 18 a, b.

*Tekbir* (l'invocation du), 206 a, b.

*Telbiyé* (le cantique), 210 a.

*Tenoukh* (rois de la famille des), 88 a.

*Teyemmom* (le), ou ablution du sable, 173 a.

*Thaalebites* (les Arabes), 8 b.

*Thag-Lillah* ou *Abou-Bekr-abd-el-Kerim* (le khalife), fils et successeur de Mothy-Billah, 463 a.

*Thalaba*, frère de Djoda, fils d'Amrou, fils de Moudjalih, roi des Ghassanides, 88 a.

*Thalaba*, fils d'Amrou, fils de Djofna, successeur du roi ghassanide de même nom, 88 a.

*Thaleba*, fils d'Amrou, 102 a.

*Thalebe*, de la famille de *Mankar* (voy. Ghaleb).

*Thalhah-ben-Abdallah*, compétiteur d'Othman dans la succession d'Omar, 247 b.

*Thamoud*, fondateur des Thamoudites, 49 a.

*Thamoudeni* (les), actuellement les gens de Thamoud, 6 b.

*Tharik*, lieutenant de Mouça-ben-Noçair, 322 a, 322 b, 323 b, 324 a, b, 325 a, 327 b, 329 b.

*Thébase* (ville de), 397 a, 397 b.

*Théodomir*, gouverneur de l'Andalousie pour Roderic, 322 a, 322 b, 324 b.

*Théodora* (la princesse), 444 b.

*Théodore*, lieutenant du gouverneur de la Palestine, 184 a.

*Théodore*, frère de l'empereur Héraclius, 224 b, 225 a.

*Théodore*, prince des Reschdouniens, 256 a, 257 a.

*Théodore* (le moine), 431 a.

*Théodose* (le moine), cité p. 432 a.

*Théogonie* (la) musulmane, 200 b—201 a.

*Théophane*, cité p. 92 a, 151 b, 184 a, 184 b, 223 b, 233 a, 239 b, 240 a, 274 a, 274 b, 280 a, 280 b, 319 a, 342 b, 366 b, 371 a, 371 b, 372 b, 373 a, 384 a, 395 a, 397 a.

*Théophane* (le continuateur de), cité p. 433 a, 439 b, 441 a, 441 b, 445 b.

*Théophile*, 135 b—136 a.

*Théophile*, lieutenant d'Irène, 384 a, b.

*Théophile*, successeur de Michel le Bègue, 432 b, 433 a, 433 b, 434 a, 440 b, 441 a, 441 b, 442 a, b.

*Théophraste*, cité p. 6 a.

*Thoghrul-Beig*, petit-fils de Seldjouk, fondateur de la dynastie des Seldjoukides, 463 b—464 a.

*Thomas*, gendre d'Héraclius, 227 a.

*Thouwaiba*, nourrice du prophète Mahemet, 137 a.

*Tibère*, aventurier natif de Pergame, 344 a.

*Timostrate*, général de l'empereur Justin, 82 a.

*Timour*, succède à la puissance de Djenghys-Khan, 468 b.

*Timour-Lenk* ou *Tamerlan*, 469 a.

*Tisdra* (amphithéâtre de), 315 b—316 a.

*Titus* (l'empereur), 97 a.

*Tlemcen* (ville de), 398 a.

*Tobba*, surnom honorifique que prirent successivement les rois du Yémen, à partir de Harith-el-Raisch, 52 a, 54 b.

*Tobba* (le), roi du Yémen, frère et successeur de Dhou-Habechan, 64 a.

*Tobba* (le), fils de Hassan et petit-fils d'Asad-Abou-Karib, roi du Yémen et introducteur du judaïsme dans ce pays; son histoire 66 a—67 b.

*Tobna* (ville de), son siège sous Abou-Djafar-el-Mançour, 366 b.

*Tolède* (ville de); sa capitulation en présence de Tharik, 325 b.

*Touaf* (le), cérémonie religieuse chez les Musulmans, 99 a, 210 a.

*Toueyk* (la chaîne de), 8 b.

*Toulounides* (voy. Ahmed-ben-Touloun).

*Toulouse*, assiégée par les Arabes, 333 b—334 a, 339 b.

*Touroun*, lieutenant de Yakout, 460 b, 461 a.

*Trajan* (l'empereur), 97 a.

*Trebizi*, écrivain arabe, 310 b.

*Trithirios* (Théodore), sacellaire ou garde du trésor sous Héraclius, 225 a.

*Tryphon*, 96 a.

*Tylos* (l'île de) (voy. Bahrein).

U

*Ulugh-Begh* (l'astronome), cité p. 151 b.

*Urbain II* (le pape), 430 b.

V

*Vahan*, général grec, 225 a, 226 b, 232 a.

*Vahan de Camsar*, prince arménien du canton de Darou, 256 a.

*Valentia* (lord), cité p. 21 b.

*Valentin*, écuyer du trésorier Philagrius, 241 b.

*Vasco de Gama*, voy. *Ali-el-Melindi*.

*Verdan*, complice d'Abderrahman le meurtrier d'Ali, 269 b.

*Villemain* (M.), cité p. 485 b, 492 b.

*Vizir* (porteur de fardeau), 406 b.

*Volney*, cité p. 48 b.

*Voltaire*, cité p. 394 b.

*Voyageurs*; nomenclature de ceux qui, dans les temps modernes, ont le plus développé les connaissances géographiques sur l'Arabie, 7 b.

## W

*Wadhih*, surintendant des postes, 376 a.

*Wadi-Araba* (vallée du), sa physionomie; pauvreté de sa flore, 33 b — 34 a.

*Wadi-Mokatteb* (le), 31 a.

*Wahraz-ben-Kamkhan*, général persan, 74 a.

*Wahschi* (l'Abyssin), 162 a, 220 b.

*Wakedi*, historien arabe du temps du khalife Haroun-el-Reschid, cité p. 223 b, 225 a, 235 b, 239 b.

*Wakfs* (les) ou fondations pieuses chez les Musulmans, 208 a.

*Wakia*, roi du Yémen, fils et successeur de Morthed, 68 a.

*Wali* ou *Daoulah* (gouverneur de district), 471 a.

*Walid*, fils d'Otba, 157 a.

*Walid*, fils aîné et successeur du khalife Abd-el-Melik, 321 a, 324 b, 325 a, 325 b, 327 b, 328 a, 346 b.

*Walid II*, fils de Iezid II, successeur d'Hescham; son histoire, 349 a, b.

*Walid-ben-Atabah*, parent et successeur de Merwan, gouverneur de Médine, 284 a, b, 285 a, 292 a.

*Walid-ben-Moawiah*, général arabe, 356 a.

*Walid-ben-Ocba*, frère de mère du khalife Othman, 248 b.

*Waraka*, cousin de Khadidja, femme du prophète Mahomet, 140 b.

*Warnefrid* (Paul), cité p. 342 a.

*Wassif* (le Turc), l'un des chefs de la milice turque, 448 b, 449 b, 451 a, b, 452 a.

*Weil*, bibliothécaire à Heidelberg, cité p. 157 b.

*Wellsted* (le lieutenant), cité p. 21 b, 25 b, 26 a, 27 a, 41 b.

*Wenrich* (M.), cité p 492 a.

*Witisa*, roi goth d'Espagne, 321 b.

*Woudd*, idole arabe, 135 a.

## X

*Xérès*, voy. *Sidonia*.

## Y

*Yacoub-ben-Laïth*, fils du chaudronnier *Soffar*, chef de la dynastie des Soffarides, en Perse, 453 a, b, 454 a.

*Yacsoum*, premier fils et successeur d'Abraha *El-Aschram*, 73 a.

*Yaghout*, idole arabe, 135 a.

*Yahia*, frère du khalife Abou'l-Abbas, 359 a, b.

*Yahya-ben-Abdallah*, fils d'Abdallah, fils de Haçan, fils d'Ali, fils d'Abou-Taleb, 381 b, 382 a, 382 b, 383 a.

*Yahya-ben-Actam*, 436 a.

*Yahia-ben-Khaled-ben-Barmek*, commandant général des forces arabes, 371 b, 372 a, 376 a, b, 377 a, 378 a, 378 b, 379 a, 379 b, 380 a, 387 a, 390 a, 393 a, b, 394 b, 396 b.

*Yakem* (le Turc), successeur d'Ebn-Raïek dans la charge d'émir-el-omrah, 460 b.

*Yanbo* (ville de), port sur les bords de la mer Rouge; sa description, 14 b.

*Yarmouk* (ville d'), qui donna son nom à une bataille, 226 b, 231 b.

*Yauk*, idole arabe, 135 a.

*Yémana* ou *Yémen* (Arabie Heureuse) (province du), 17 a, b, 19 a; exposé des motifs de l'incertitude où l'histoire est restée relativement à la constitution politique de ce pays, 50 b — 51 b; nomenclature de quelques-uns de ses rois connus seulement de nom, 52 a; considérations critiques sur l'exagération de la durée moyenne des différents règnes de ses rois, 55 a — 57 a; incertitude où l'on est resté sur le nom du Tobba auquel on doit attribuer l'introduction du judaïsme dans cette contrée, 67 b — 68 a; examen comparé des notions recueillies par les Grecs relativement au changement de dynastie survenu dans cette province sous le roi Dhou-Nowas, 70 a — 71 a; tableau chronologique des rois de ce pays, 74 a, b.

*Yezid*, chef guerrier des Benou-Schayban, 86 a.

*Yézid*, fils et successeur de Moawiah-ben-Abou-Sofian, 273 b, 279 b, 280 b, 281 a, 281 b, 282 a; histoire de son règne, 284 a — 295 a.

*Yezid*, général arabe, 372 b.

*Yezid-ben-Amr*, parent des Ghassanides, 115 b.

*Yezid-ben-Hatem*, successeur d'Omar-ben-Hafs-Hezarmed, 366 b—367 a, 368 b.

*Yezid-ben-Mezid*, général arabe, 369 a.

*Ykschid*, gouverneur d'Égypte, 460 b, 461 a.

*Youkinna*, gouverneur d'Alep, 234 a, 235 b.

*Ystasf*, voy. *Darius*.

## Z

*Zabdiel*, chef nabatéen, 96 a.

*Zaccaria-ben-Mohammed-el-Kaswini*, auteur arabe, 486 a.

*Zaïarides* (dynastie des), voy. *Mardawig*.

*Zaïnab*, deuxième fille de Mahomet, 159 b.

*Zaïnab*, femme de Zeïd fils de Haritha, en premières noces, et plus tard du prophète, 171 a, 195 b.

*Zaïnab* (la juive), fille de Harith, 179 b.

*Zaïrak-ben-Chyr-Zad*, émir-el-omrah, 461 a.

*Zamakschari*, auteur et commentateur arabe, 480 b, 486 a.

*Zat-Arouat* (l'arbre), idole des Koreïschites, 101 a.

*Zath* ou *Djath* (les peuplades), de l'Inde, 326 a.

*Zeïd*, fils de Dathna, 164 b.

*Zeïd* ou *Seïd*, fils de Haritha, fils adoptif du prophète, 159 a, 171 a, 183 b, 251 b.

*Zeïd*, khalife à Coufa, fils de Zeïn-el-Abedin, 338 a, b.

*Zeïd-ben-Thabet*, 259 b.

*Zein-el-Abedin*, voy. *Ali*.

*Zemzem* (le puits de), construction qui s'élève, selon les croyances arabes, sur l'emplacement de la source d'Agar, mère d'Ismaël; sa description, 12 b — 13 a; voyez aussi 98 b, 102 a, b.

*Zenadikeh* (les), sectaires arabes, 373 b.

*Zénobie* (la reine), 97 a.

*Zéra*, troisième fils d'Asad-Abou-Carib, 65 a.

*Zhafár* (ville de), ancienne capitale des Himyarites, probablement le *Saphar* de la Genèse; dissertation relative à cette dernière identité, 7 a, 24 b — 25 b.

*Ziad*, fils adultérin d'Abou-Sofian, 274 b, 275 a, b.

*Ziadet-Allah*, 429 a.

*Zobaïr-ben-Awam*, cousin de Mahomet, 247 b, 259 a, 260 b, 261 a, 262 b.

*Zobaïr-ben-Caïs*, successeur d'Okbah-ben-Nafi, 291 b.

*Zobba* (la princesse arabe), reine de la Mésopotamie et d'une portion de la Syrie, 77 a.

*Zobéide*, femme du khalife Haroun-el-Reschid; aqueduc portant son nom, 10 b (voy. aussi 407 a, 410 a).

*Zobéir*, fils d'Awam, disciple de Mahomet, 141 a, 156 a, 187 a.

*Zoé* (l'impératrice), 456 b.

*Zohaïr*, fils de Djazimah, chef de la tribu d'Abs, 113 a.

*Zohaïr-ben-Abi-Solma*, poëte arabe, 121 a, 129 a.

*Zohair-ben-Aoun*, successeur de Mohammed, chef des Musulmans en Sicile, 429 b.

*Zohaïr-ben-Mozib*, général arabe, 417 a.

*Zoura*, cité p. 280 b.

*Zouhhal* (la planète Saturne), adorée à la Mecque, 134 a, b.

# TABLE INDICATIVE

## POUR LE PLACEMENT DES GRAVURES DE L'ARABIE.

| Planches. | Pages. |
|---|---|
| 26 Schérif de la *Mecke* (1). — Scheik ul harem, gouverneur de Médine (2) | 9 |
| 15 Temple de la Mecque | 11 |
| 23 *Caaba* et voile qui le recouvre (1). — *Pierre noire et sa coupe* (7). — Fragments divers servant au culte dans le *Temple de la Mecque* | id. |
| 20 *Puits Zemzem* | 12 |
| 33 *Djidda* | 14 |
| 34 Prêtre de *Djidda* (1). — Arabe de distinction (2). — Chef de *Wahabites* (3) | 15 |
| 19 *Aufat* | 19 |
| 8 *Mokha* | 21 |
| 41 Château du sultan d'Aden à *Lahadj* | id. |
| 3 Couvent de Sainte-Catherine (Mont Sinaï) | 30 |
| 27 Habitants du Mont *Sinaï* | id. |
| 2 Mont *Mokatib* | 31 |
| 4 Rocher de *Moïse* | 32 |
| 5 Vue de la *Khasné* | 34 |
| 6 Tombeau du prophète *Aaron* | id. |
| 7 *Mousa* | id. |
| 9 Costumes à *Mousa* | id. |
| 10 Ruines d'un arc de triomphe et d'un temple à *Pétra* | id. |
| 11 *Amphithéâtre à Pétra* | id. |
| 12 Intérieur d'un tombeau | id. |
| 37 Vue de *Bulgóse*, sur les montagnes qui produisent le *café* | 44 |

| Planches. | Pages. |
|---|---|
| 38 Café-Baune | 44 |
| 43 *Bagdad* | 75 |
| 44 Tombeau de Zobéide à *Bagdad* | id. |
| 18 *Chameau sacré et Chameau suppléant* | 103 |
| 35 Salut des *Arabes* | id. |
| 36 *Arabe* jouant du violon | id. |
| 40 Distillerie | id. |
| 13 Ascension de *Mahomet* | 146 |
| 17 *Médine* et sépulcre du prophète | 150 |
| 14 *Muezzin* annonçant la prière | 153 |
| 16 Attitudes d'un musulman pendant la *prière appelée Namas* | 206 |
| 25 *Ferasch* ou gardien de la sépulture du prophète (1). Mahométan vêtu du manteau *Jehram* dans les jours de pèlerinage | 209 |
| 21 *Safa* | 210 |
| 24 Porte du temple nommé *Bab-Estafa* | id. |
| 22 *Meroua* | 211 |
| 28 *Mosquée d'Omar à Jérusalem* | 233 |
| 1 *Chameau* sellé pour le voyage | 471 |
| 32 Halte d'*Arabes* | id. |
| 39 Femmes arabes | id. |
| 42 Audience auprès de l'imam de *Sanâa* | id. |
| 29 *Damas* | 475 |
| 30 Intérieur d'un palais à *Damas* | id. |
| 31 Habitant de *Damas* | id. |

# NOTE SUR LA CARTE D'ARABIE. Avril 1847.

Depuis la première publication de la carte d'Arabie jointe au présent volume, plusieurs voyages de découvertes ont été accomplis, tant sur le littoral que dans l'intérieur de cette vaste péninsule. Quoiqu'il reste encore plus de points à déterminer qu'on n'en a reconnus jusqu'à présent, l'auteur de la carte a cru cependant ne pouvoir se dispenser, en la reproduisant après ne années, de la mettre au niveau des connaissances actuelles, et d'y introduire les changements résultant des nouvelles découvertes. Une douzaine de cartes générales ont paru en 1839 et depuis, mais, la plupart, sans rectifications; on devait négliger les compilations, et s'en tenir uniquement aux cartes ou aux observations originales. Les voyages par terre dans l'Yemen sont ceux de MM. le baron de Wrede, Botta, Sainte-Croix-Pajot, Hulton, Crutlenden et Arnoud (lequel a pu pénétrer jusqu'à Mareb, l'ancienne Saba), et, dans la péninsule de Sinaï, MM. De Laborde et le Dr Lepsius. Aucun voyage nouveau n'a été effectué dans l'Acyr, le Hedjaz, le Nedjd. M. Pray et d'autres ont résidé à Djeddah, M. Fulgence Fresnel y réside depuis longtemps comme consul de France; mais ces messieurs n'ont publié aucun travail cartographique. M. Antoine d'Abbadie et d'autres Français ont touché à Aden, mais ils n'ont rien ajouté aux connaissances antérieures, ou du moins n'ont donné aucune carte.

Plusieurs changements ont été faits ici dans l'Arabie Pétrée et dans la Palestine d'après les nouveaux documents. Pour la côte méridionale de la presqu'île, le détroit d'Ormus, et le littoral contigu du golfe Persique, on a mis à profit toutes les reconnaissances des officiers de la marine britannique de l'Inde. La côte d'Oman et la partie voisine du golfe ont été dessinées d'après M. Wellsted; la côte de Mahrah (Hadramaut) et de Chedjer, d'après M. Haines, aujourd'hui gouverneur à Aden; la côte de Makalla et du reste de la presqu'île jusqu'à Aden, d'après le même M. Haines (1). En général, tout le littoral entre Aden et Râs-el-Hedd, c'est-à-dire, du 41$^e$ au 59$^e$ degré *est* environ, et jusqu'à la partie *sud* du golfe Persique a été entièrement refait, ce qui a permis d'indiquer les hautes montagnes récemment observées, et les lieux antiques où ont été découvertes des ruines et des inscriptions en langue hémyarite. L'île Socotora a également été corrigée d'après les reconnaissances des officiers anglais. Bien que ces additions soient peu apparentes à une aussi petite échelle, le soin avec lequel ont été réduits les matériaux permettra cependant d'en prendre une idée très-exacte. Les montagnes, depuis Aden jusqu'après le mont Chedjer, qui domine la plaine de Dhafar, ont de 1,250 à 1,700 mètres de haut; après le 52$^e$ degré de longitude, elles se changent en plateaux et s'abaissent de plus en plus, pour se relever ensuite, parallèlement à la côte d'Oman. JOMARD.

*P. S.* Le temps n'a pas permis de rectifier le cours du Bahr el-Abyad, d'après les découvertes de l'expédition égyptienne (consulter le Bulletin de la Société de géographie, année 1843.

(1) Voyez *Journal of the Royal Geographical society*.

www.ingramcontent.com/pod-product-compliance
Lightning Source LLC
Chambersburg PA
CBHW070409230426
43665CB00012B/1304